出版文化人物事典

江戸から近現代・出版人1600人

稲岡 勝 監修

日外アソシエーツ

A Biographical Dictionary of Persons Concerned with Japanese Publishing Culture

Supervised by
Masaru INAOKA

Compiled by
Nichigai Associates, Inc.

©2013 by Nichigai Associates, Inc.
Printed in Japan

本書はディジタルデータでご利用いただくことができます。詳細はお問い合わせください。

●編集担当● 河原 努
装丁：赤田麻衣子

序　文

　「消え去った書肆の業績を活字に残すのも徒事ではない」とは、自著『明治前期思想史文献』(1976年)に他書には例のない書肆索引を付けた明治堂・三橋猛雄の言葉。また自らの収書の特色を「有名人の有名書は揃ってゐなくとも、無名人の駄書のまじってゐる」ことだと揚言している。
　同じことは"日本の出版界を築いた人々"についても言えるのではあるまいか。例えば岩波茂雄、野間清治、大橋佐平といった有名人にはいくらでも伝記があり、どの人名事典を見ても人物経歴の載らないものはない、いわば常連のお歴々が一方にいる。他方で、かつては大いに活躍したのに今はまるで存在しなかったかのように、どんなに探しても見あたらない人たちも少なくない。歴史は英雄豪傑だけが創るものではなく、大多数をしめる無名の人々の営為の結果とするなら、出版の歴史においても、埋もれた人物を出来るだけ掘り起こし光を当てないことには、言葉の正しい意味での出版史にはならないと思われる。この点で従来の出版史は目配りが一面的で飽き足りない点がすくなくない。その偏りを正すためにも、忘れ去られた出版人の人と業績を掬い上げる試みはそれなりの意義があるし、実はこの手間ばかりかかる厄介な事典作りを引き受けた理由もそこにあった。掘り起こそうとする人がいなければ、埋もれた人物が浮かばれる機会は永久にめぐってこないではないか。
　むろん出版文化人物事典である以上、物故した出版業界人の紳士録としての側面を忘れていては用をなさない。比較的近い時期に亡くなった出版者（創業者）、取次、小売書店、古書各業界の主だった人々の経歴活動が一覧できる人名録としても、当然ながら役に立つように配慮した。もっともこの種のものはすでに鈴木徹造『出版人物事典』（出版ニュース社 1996年）の先例があって、六百数十名を収録した労作。本書はそれ以降の増補版の性格をもっているといえよう。
　ただ鈴木事典に欠けているのは、過去に活躍したが今は消えてしまった

明治の出版人については甚だ手薄と云うことである。無論それは近代出版史研究の領域であって望蜀と云うべきかも知れないが、なんとかその不備を補う事典が出来ないものかと秘かに考えてきた。またかつて吉田公彦氏は、共有し得る基盤の欠如が出版史研究の進展を阻害する要因とされ「相互の共同作業でいくつかの出版史研究の基礎ツールを作成することが望まれる」（『日本出版史料―制度・実態・人』の刊行について）と述べられた。今回事典の話があった時、これまでに蓄積してきた資料やノート・メモ書を生かして、吉田氏の提言に応えられるような内実を備えた基礎ツール造りをすべく一歩を踏み出したというわけである。

もとより限られた時間と人員で行った作業であり、十全なものに程遠いことはよく自覚している。ことに江戸期の人物については本来書誌学や近世文学の研究領域であって、ご愛嬌の域を出ないことを予め断っておきたい。行く行くは吉田氏が希望されたように、これを土台に衆智を結集してヨリ完全な人物事典が完成する日の来ることを願っている。

なお編集作業中には、近代書誌懇話会の精鋭諸氏に関係資料の提供や有益な情報の案内、また適切な助言と激励をいただいた。この事典に外にはない何かの取柄があるならば、その多くは彼等の無私にして半端でない肩入れに負っていることをとくに記し、感謝と御礼を申し上げたい。

2013 年 4 月

稲岡　勝

目　　次

凡　例……………………………………………………………… (6)

出版文化人物事典……………………………………………………　3
出版社・団体名索引………………………………………………… 439
人名索引……………………………………………………………… 477

凡　例

1. 基本方針

　　本書は、江戸期以降の日本出版史上に名を残した版元や出版社創業者・経営者、編集者を中心に、取次・小売・古書・装丁など出版に関わる1,638人を収録した人物事典である。功績の定まった物故者を収録対象とする。

2. 人名見出し

　1）見出しには、出版人として一般的に使用されている名前を採用した。採用されなかった著名な名前については、嵯峨信之→大草実のように「を見よ」の形で参照見出しを立てた。

　2）漢字は原則として新字体に統一したが、一部旧字体を用いたものもある。

3. 見出し人名の排列

　1）見出し人名は、姓・名をそれぞれ一単位とし、姓・名の順に読みの五十音順に排列した。

　2）濁音・半濁音は清音扱い、促音・拗音は直音扱いとし、長音符は無視した。ヂ→ジ、ヅ→ズとして排列した。

4. 記載事項

　記載事項およびその順序は以下の通り。

　1）見出し人名／人名読み／職業・肩書／生年月日／没年月日／国籍／出生地／出身地／本名／旧名／別名等／学歴・学位／資格／経歴／家族・親族／叙勲／受賞

　2）参考文献は追悼集・追悼記事、自伝、評伝の主要なものを各1点ずつ、最大3点挙げた。ただし、利用者の便を図るため同種の文献を複数挙げたものもある。可能な限り現物にあたり内容を反映するように努めたが未見のものもあり、また調査の手が及ばず付与できなかった文献も多い。社史に関しては収録者の伝記的要素・記述のあるもののみを採用した。

5. 出版社・団体名索引

　本文収録者に関わる団体（社名・店名・団体名など）を五十音順で排列し、その見出し人名（および該当頁）を示した。

　河出書房、河出書房新社のように継続した歴史を持ち、索引で直近に排列される社名は項目を統合したが、アサヒ芸能出版社と徳間書店のように排列が遠いものは項目を分けた。また、東京堂、東京堂書店、東京堂出版のように取次・小売・出版と働きが分けられる場合は別項目とした。団体名は、東京書籍商組合などの業界団体・親睦団体は除き、日本出版会のような戦中及び敗戦直後の統制団体に限った。

6. 人名索引

　本文収録者に関わる人名（家族関係・交流関係のあった人及び別名・号・通称など）を五十音順で排列し、その見出し人名（および該当頁）を示した。本文に見出しのある人名は太字とした。また、原則として外国人は除いた。

7. 主要参考文献

データベース「WHO」（日外アソシエーツ）

『商海英傑伝』瀬川光行著　冨山房　1893（複製　ダイヤモンド社　1978）

『東京名物志』（書肆之部）松本道別著　公益社　1902

『実業家人名辞典』古林亀治郎著　東京実業通信社　1911（複製　立体社　1990）

『東京書籍商組合史及組合員概歴』東京書籍商組合編　1912（複製『日本書誌学大系 2　東京書籍商伝記集覧』青裳堂書店　1978）

『日本出版大観』（所収「人と事業」）出版タイムス社　1930（複製『出版・書籍商人物情報大観―昭和初期』大久保久雄監修　金沢文圃閣　2008）

『現代出版業大鑑』現代出版業大鑑刊行会　1935（複製『出版文化人名辞典』第 3 巻　日本図書センター　1988）

『全国書籍商総覧』新聞之新聞社　1935（複製『出版文化人名辞典』第 4 巻　日本図書センター　1988）

『出版人の横顔』夏川清丸著　出版同盟新聞社　1942（複製『出版書籍商人物事典』第 1 巻　大久保久雄監修　戸家誠解題　金沢文圃閣　2010）

『出版書籍商人物事典』第 2 巻　大久保久雄監修　戸家誠解題　金沢文圃閣　2010（第 1 巻未収録『出版同盟新聞』連載記事及び『帆刈出版通信』不

定期連載記事集成）

『現代の出版人五十人集』出版ニュース社 1956

『日本出版文化史』岡野他家夫著 春歩堂 1959

『出版社調査録』第 1 版 丸之内興信所 1965

『日本出版百年史年表』日本書籍出版協会 1968（デジタル版がインターネットで公開）

『出版社調査録』第 2 版 丸之内リサーチセンター 1969

『出版の先駆者　一業を興した異才たち』田所太郎著 光文社 1969

『出版社調査録』第 5 版 丸之内リサーチセンター 1975

『日本出版人総鑑 1976 年版』文化通信社 1976

『明治前期思想史文献』三橋猛雄著 明治堂書店 1976

『江戸の本屋さん　近世文化史の側面』今田洋三著 日本放送出版協会 1977（平凡社ライブラリー 2009）

『出版社調査録』第 6 版 丸之内リサーチセンター 1977

『書店人国記』1〜4 巻 田中治男著 東販商事・メディアパル 1977〜92

『対談・出版社のトップは何を考えているか』（正続）戸田寛著 講談社 1977・1978

『日販三十年のあゆみ』日本出版販売 1980

『近世京都出版文化の研究』宗政五十緒著 同朋舎出版 1982

『東京組合四十年史　別冊』東京都書店商業組合 1982

『大坂本屋仲間記録』第 7 巻 大阪府立中之島図書館 1985

『日本の出版界を築いた人びと』鈴木省三著 柏書房 1985

『明治新聞雑誌関係者略伝』宮武外骨・西田長寿著 みすず書房 1985

『日本出版クラブ三十年史』日本出版クラブ 1987

『日本の書店百年　明治・大正・昭和の出版販売小史』尾崎秀樹・宗武朝子編 青英舎 1991

『出版トップからの伝言　インタビュー集』小林二郎著 小学館 1992

『資料による近代浮世絵事情』永田生慈著 三彩社 1992

『尾張出版文化史』太田正弘著 六甲出版 1995

『出版人物事典　明治─平成物故出版人』鈴木徹造著 出版ニュース社 1996

『時代を創った編集者 101』寺田博編 新書館 2003

『出版社大全』塩澤実信著 論創社 2003

『戦後名編集者列伝　売れる本づくりを実践した鬼才たち』桜井秀勲著 編書房 2003

『沼津兵学校の研究』樋口雄彦著 吉川弘文館 2007
『アイデア』354 号「特集：日本オルタナ出版史 1923-1945 ほんとうに美しい本」2012

『図書月報』1902 〜 34（複製 全 63 巻 ゆまに書房 1985 〜 87）
『出版年鑑』1926 〜 2012（国際思潮研究会／日本出版協同／出版ニュース社）
『出版通信・出版同盟新聞』1933 〜 43（複製 全 11 巻 新文化通信社発行・吉田則昭解説 2001）
『出版新報』1948 〜 64（出版新報社 国立国会図書館所蔵分）
『帆刈出版通信』1951 〜 52（帆刈出版研究所 国立国会図書館所蔵分）
『出版クラブだより』1955 〜 2013（日本出版クラブ 合本 10 冊及び以後発行分）
『新文化』1968 〜 2013（新文化通信社 国立国会図書館／東京都立中央図書館所蔵分・縮刷版及び以後発行分）

出版文化人物事典

西村正三郎肖像
『教育時論』389号（明治29年）

辻敬之肖像
『教育時論』264号（明治25年）

古代文化人事物典

【あ】

相江 茂文　あいえ・しげふみ
アイエ書店社長

[生年月日]大正10年（1921年）10月14日
[没年月日]平成16年（2004年）1月12日
[出生地]宮城県仙台市　[学歴]横浜専門学校二部〔昭和18年〕卒

日本鋼管浅野船渠勤務を経て、昭和20年陸前産業監査、23年アイエ書店社長。日本書店組合連合会副会長、出版文化産業振興財団常務理事を兼任した。

相島 敏夫　あいじま・としお
法政大学出版局長 科学評論家

[生年月日]明治38年（1905年）9月14日
[没年月日]昭和48年（1973年）2月17日
[出生地]東京都　[学歴]東京帝国大学工学部冶金学科〔昭和6年〕卒

昭和6年朝日新聞社に入社、18年日本出版会に転出するまで学芸部記者を務めた。同会雑誌第一課長、日本出版協会雑誌課長、事務局次長などを経て、24年法政大学出版局長。学術専門書、教科書、翻訳書を積極的に出版した。また、科学評論家としても活躍した。共著に「こんなことがまだわからない」などがある。
[受賞]科学技術庁長官賞〔昭和41年〕,NHK放送文化賞（昭和43年度）

相田 岩夫　あいだ・いわお
日本出版販売社長 大蔵省預金部長官

[生年月日]明治27年（1894年）6月14日
[没年月日]昭和57年（1982年）10月6日
[出生地]山形県東置賜郡高畠町　[学歴]米沢中卒、一高卒、東京帝国大学法学部政治学科〔大正8年〕卒

大正8年大蔵省に入省。銀行検査官時代の昭和9年、帝人事件に巻き込まれたが、12年無罪判決を受ける。14年理財局長、15年銀行局長を経て、16年預金部長官。17年普通銀行統制会理事長、20年日本銀行理事となるが、21年公職追放。23〜26年日本銀行監事。この間、24年日本出版販売の発足に際して一万田尚登日銀総裁の推挙により初代社長に就任。44年会長。出版取次懇話会会長、日本出版取次協会会長などを務め、昭和20年代後半に投機的出版や出版物の生産過剰状態を改善するために出版正常化運動を主導した。
[家族等]岳父＝浜口雄幸（首相）　[叙勲]勲二等瑞宝章〔昭和43年〕
[参考]『日販50年のあゆみ』日本出版販売2000

青木 堯　あおき・たかし
東京出版販売副社長

[生年月日]明治34年（1901年）9月8日
[没年月日]昭和49年（1974年）11月14日
[出身地]長野県須坂市

大正4年東京堂に入店して小売部、買物係で修業。昭和16年日本出版配給が誕生すると同社企画課長、配給課長、長野支店長を歴任。24年東京出版販売（現・トーハン）設立に参画して取締役となり、48年副社長。42年東販自動車社長も務めた。傍ら、小説も執筆し、都新聞の懸賞小説に当選した「暗夜」は1年間連載した。著書に「小猿の三吉」などがある。

青木 武彦　あおき・たけひこ
啓明書房創業者

[生年月日]生年不詳
[没年月日]平成9年（1997年）10月3日

昭和47年啓明書房を創業。ガイド書「資格と特技」シリーズの他、一般書から実用書まで幅広く手がけた。

青木 恒三郎　あおき・つねさぶろう
　　青木嵩山堂創業者

[生年月日] 文久3年（1863年）9月24日
[没年月日] 大正15年（1926年）6月5日
[出生地] 大坂

大坂の書籍商上田屋・上田文斎（維暁，天保2年〜明治40年）の三男で、明治11年青木家を継ぐ。既に8年書籍商中川勘介（明善堂）方に丁稚奉公し、13年独立、書林組合に加入して医書を扱う古本屋を開く。18年挿絵が豊富に入った「世界旅行万国名所図会」全8冊が大ヒット、2匹目の泥鰌「内国旅行日本名所図会」もよく売れた。19年上田屋を継いだ兄の転業により、屋号を継承する形で青木嵩山堂と称したようだ。20年代には東京日本橋に支店を設け、一般図書の販売、漢書・美術画譜・小説の出版、唐本の輸入など多彩な出版活動を展開した。出版では求版本が多いのが特色で、かつての政治小説も2度目のお勤めに出ている。21年11月からは分厚い「内外書籍出版発兌目録」を毎月無代価で配布して書籍の通信販売を開始した。この書目は扱い品のリストで大正時代まで継続刊行、通販の始祖とも言うべき新しい商法である。国定教科書時代には大阪書籍を設立して取締役となり、大正5年大阪図書出版協会が結成されると初代会長に就任したが、翌年紙型・在庫品を市で売却して閉店した。
【参考】戸家誠「茫洋たる彼方に消えた青木嵩山堂」（「文献継承」21号 2012.9）

青木 春男　あおき・はるお
　　青木書店創業者

[生年月日] 大正6年（1917年）10月5日
[没年月日] 平成18年（2006年）4月28日
[出生地] 神奈川県秦野市　[別名等] 筆名＝青木春雄　[学歴] 横浜専〔昭和14年〕卒

横浜専門学校在学中の昭和14年、主婦之友社編集局に入社して文化部員、美術主任、満州版編集主任を務める。19年応召、20年相模原で敗戦を迎える。21年退社。22年青木書店を創業。マルクス主義に基づく人文・社会科学書を出版した。32年日本書籍出版協会理事、43年副理事長。日本出版クラブ、出版梓会などの要職も歴任した。
[家族等] 二女＝青木冨貴子（ジャーナリスト）

青木 日出雄　あおき・ひでお
　　航空ジャーナル社創業者　航空評論家

[生年月日] 昭和2年（1927年）2月8日
[没年月日] 昭和63年（1988年）6月8日
[出生地] 北海道旭川市　[学歴] 陸軍航空士官学校（第59期）卒, 札幌文科専門学院卒

電気通信省を経て、昭和31年航空自衛隊に入隊。米国留学後、空幕運用課飛行運用幕僚輸送航空団防衛班長、第二航空団防衛班長を経て、41年退官。酣燈社に入り月刊誌「航空情報」編集長を務めた後、49年航空ジャーナル社を創業して月刊誌「航空ジャーナル」を発行。また、年鑑形式で「世界の軍用機」「世界の民間機」を出した。傍ら、航空評論家として活躍、日航ジャンボ機墜落事故、スペースシャトル爆発事故、SDIなどでの評論活動で知られた。60年甲状腺の全摘手術を受け、航空ジャーナル社社長を退任。63年3月闘病記「ガンを見すえて生きる」を出版したが、6月に亡くなった。航空ジャーナル社も経営が悪化し、事実上倒産した。著書に「空軍」「ソ連戦闘機の全貌」「戦略兵器」「空からみた地政学」などがある。
[家族等] 長男＝青木謙知（航空評論家），甥＝中村浩美（航空評論家・テレビキャスター）

青地 晨　あおち・しん
　　「世界評論」編集長　日本ジャーナリスト専門学校校長

[生年月日] 明治42年（1909年）4月24日
[没年月日] 昭和59年（1984年）9月15日
[出生地] 富山県　[出身地] 佐賀県　[本名] 青木滋　[学歴] 文化学院文学部卒

父は陸軍少将の青木助次郎で、桜井忠温のベストセラー「肉弾」に青木連隊長として登場する。富山県で生まれ、間もなく佐賀県に移る。佐賀高校に入るが自治会の自由を巡るストの首謀者と目されて放校処分を受け、文化学院に学ぶ。雑誌「セルパン」編集者を経て、昭和13年中央公論社に入社。17年「中央公論」編集次長を最後に退社したが、19年戦時下最大の言論弾圧として知られる横浜事件に巻きこまれて検挙された。敗戦直後の20年9月に釈放され、同年懲役2年、執行猶予3年の有罪の判決を受けた。21年小森田一記と世界評論社を設立、雑誌「世界評論」初代編集長。創刊号にゾルゲ事件で獄死した尾崎秀実が獄中から妻子に送った書簡の一部を掲載して大きな反響を呼び、翌年「愛情はふる星のごとく」として出版されるとベストセラーとなった。23年同社解散後はいくつかの筆名を用いて評論活動を行い、28年「好敵手物語」刊行以降は青地晨の名前で活動。32年大宅壮一が結成したノンフィクション・クラブに創立から参加し、その中心的存在となった。後進の育成にも努め、49年日本ジャーナリスト専門学校講師、57年同校が学校法人に組織変えすると初代校長に就任。48年の金大中拉致事件後は、日韓問題に深く関わり、日韓連帯連絡会議代表として活躍する一方、横浜事件の経験から冤罪や再審事件に積極的に発言した。著書に「叛逆者」「冤罪の恐怖」「反骨の系譜」「現代の英雄」などがある。
[家族等]父＝青木助次郎（陸軍少将）
【参考】『師は我らと共に生き 青地晨追悼文集』青地晨先生追悼文集編集委員会編 1985

青戸　陸子　あおと・むつこ
読書人取締役

[生年月日]昭和8年（1933年）4月8日
[没年月日]平成22年（2010年）9月5日
昭和33年書評紙「週刊読書人」の創刊に参加、長く現場の責任者として同社を支えた。平成6年読書人取締役。

青野　友三郎　あおの・ともさぶろう
文魁堂創業者

[生年月日]文久2年（1862年）8月6日
[没年月日]昭和15年（1940年）12月23日
[出生地]加賀国金沢（石川県金沢市）
はじめ郷里・金沢の池善書店の見習いとなるが、明治14年上京し、わんや書店の江島伊兵衛の下で修業。20年独立して東京・京橋区南槙町で書籍取次業の青野書店を開業。24年には大鋸町に移転して出版業にも着手し、30年日本橋通4丁目の筆墨商・文魁堂を買収して店舗を拡大、新刊書籍や雑誌の販売も始めた。主に学習参考書を出版。大正11年東京書籍商組合評議員に推されたほか、東京雑誌販売組合、東京図書雑誌小売組合などの幹事も務めた。

青山　鉞治　あおやま・えつじ
三信図書社長

[生年月日]大正2年（1913年）4月18日
[没年月日]昭和63年（1988年）2月12日
[出身地]愛知県名古屋市　[別名等]筆名＝青山憲三　[学歴]名古屋高商卒

昭和13年改造社に入社。総合雑誌「改造」の編集部員であった19年1月、編集活動そのものが共産主義運動にあたるとして特高警察に逮捕され、拷問を含む取調を受けた（横浜事件）。敗戦直後の20年8月末、懲役2年、執行猶予3年の有罪の判決を受けた。20年東海出版社、27年大蔵財務協会出版部、30年新評論社を経て、38年三信図書社長。61年7月、約41年ぶりに、判決の無効を訴えて横浜地裁に再審請求の申し立てを行ったが、平成3年最高裁により棄却された。著書に「横浜事件 元『改造』編集者の手記」がある。
【参考】『横浜事件 元「改造」編集者の手記』青山憲三著 希林書房 1986

青山 清吉（8代目） あおやま・せいきち
雁金屋青山堂主人

[生年月日] 慶応2年（1866年）12月13日
[没年月日] 没年不詳
[出生地] 江戸

享保年間に初代儀助が江戸に書籍業を開き、2代を清吉と称し以降代々清吉を襲名し、小石川伝通院前で書肆を営む。とくに3代清吉は狂歌を好み雅名を平々山人、蜀山人大田南畝とも親しくしたという。8代は江戸生れ、9代大島屋武田伝右衛門の次子で幸次郎と称し、明治12年吉川半七に仕え、20年7代青山清吉の養子となる。養父の病で中止していた営業をこの時に再開、専ら和漢の古書を売買した。24年養父の死去により相続して8代清吉を襲う。22年図書出版に着手、中等教科書を吉川などと共に発行。25年各地に中学校増設を見ると国史国文学の教科書及び参考書を出し、また書画骨董の鑑定書など美術書も従来通り出版した。33年松浦詮、小杉榲邨、井上頼圀らが14年に組織した好古社を再興、年4回「好古類纂」を会員配布した。35年東京書籍商組合評議員に当選、37年まで重任し、その後神田区美土代町に移転した。

青山 虎之助 あおやま・とらのすけ
新生社創業者

[生年月日] 大正3年（1914年）3月12日
[没年月日] 平成1年（1989年）2月3日
[出生地] 岡山県岡山市　[別名等] 筆名＝蝶々三郎　[学歴] 岡山高商卒

早くから文学に眼を開き、岡山高等商業学校在学中から「童心」「世紀」「新光詩学」などの同人誌を発行。卒業後は岡山県出身の詩人の作品を集めた「岡山詩人選集」を刊行した。昭和9年同人誌「車」を創刊して小説を発表。戦時中は丸善石油、東亜特殊製鋼などに勤務する傍ら、北村千秋の同人誌「茉莉花」に参加し、編集を担当。16年廃刊後は「文芸世紀」などに小説を執筆した。一方で太平洋戦争の終結を見越して新雑誌創刊を企図し、敗戦直後の20年9月宇野浩二、室伏高信、三宅晴輝らの協力を得て新生社を設立。11月総合誌「新生」を発刊し、民主主義的な評論を掲載する一方で永井荷風、正宗白鳥、谷崎潤一郎ら大家に多額の原稿料を支払って小説や随筆などを執筆させ、話題を呼んだ。21年雑誌「女性」、22年「花」「東京」を創刊したが、経済統制によって業績が急激に悪化し、23年「女性」「花」「新生」、24年「東京」を廃刊。のち新生社はそのままに自身は出版業から手を引いて青山産業を創立、実業界に転じた。著書に「紅灯手帖」「美食と共に」などがある。
【参考】『回想の新生 ある戦後雑誌の軌跡』「新生」復刻編集委員会 1973

青山 正明 あおやま・まさあき
「危ない1号」編集長

[生年月日] 昭和35年（1960年）
[没年月日] 平成13年（2001年）6月17日
[出生地] 神奈川県横須賀市　[学歴] 慶応義塾大学法学部法律学科〔昭和58年〕卒

大学在学中からタブー情報を扱う同人誌「突然変異」を発行。その後、若者向け音楽情報誌、ビデオ雑誌、株式情報専門誌、旅行誌、学習誌などの編集に携わりながら、ドラッグ情報、少女売春ルポ、ビデオ・レビューなど、ライターとしても活躍。平成6年編集プロダクション・東京公司の設立に参画。7年「危ない1号」を創刊。裏カルチャー（サブカルチャー）のカリスマとして知られた。著書に「別冊宝島EX タイ読本」「危ない薬」などがある。

赤石 喜平 あかいし・きへい
講談社営業部長

[生年月日] 明治11年（1878年）9月10日
[没年月日] 昭和32年（1957年）3月28日
[出生地] 茨城県　[旧名] 宇津木　[学歴] 群馬師範〔明治31年〕卒

宇津木家の二男で、群馬師範を卒業後、小学校で教鞭を執る。明治34年赤石家に婿入り。野間清治とは師範学校の同級で、招かれ講談社に入社。営業部長、広告部長などを務め、野間の片腕として業務方面を一手に引き受け、社業の伸張を支えた。また報知新聞社常務として同社の経営にも当たった。「講談倶楽部」編集長を務めた岡田貞三郎は、自身が推薦して講談社に入社させた教え子である。

赤尾 稔　あかお・みのる
東京出版販売社長

[生年月日]明治37年（1904年）9月13日
[没年月日]昭和63年（1988年）5月2日
[出生地]福井県福井市　[学歴]東京帝国大学経済学部〔昭和6年〕卒

昭和6年東京堂に入社。16年日本出版配給が発足すると本店総務部長、のち取締役。24年同社の閉鎖機関指定により東京出版販売（現・トーハン）設立に参画し、25年常務、29年専務、39年副社長を経て、44年社長、52年会長。56年顧問に退く。日配時代に健康保険組合設立を推進し、22年日配健保を発足させ理事長。24年日配閉鎖後は出版健康保険組合として新発足し、初代理事長となった。また、31年設立の社団法人出版科学研究所初代所長。45年、49年から各2年間、日本出版取次協会会長を務めた。
[家族等]岳父＝大野孫平（東京堂社長）、女婿＝馬渡一眞（国鉄副総裁）　[叙勲]勲四等瑞宝章〔昭和51年〕
【参考】伊東新太郎「赤尾稔様を偲んで」（「出版クラブだより」1988.8.10）

赤尾 好夫　あかお・よしお
旺文社創業者　テレビ朝日社長

[生年月日]明治40年（1907年）5月5日
[没年月日]昭和60年（1985年）9月11日
[出生地]山梨県東八代郡英村中川（笛吹市）
[学歴]日川中〔大正15年〕卒、東京外国語学校イタリア語部〔昭和6年〕卒

父は肥料商で、7人きょうだいの三男。東京外国語学校（現・東京外国語大学）イタリア語部に学び、昭和6年欧文社通信添削会を創業。受験生向けの通信添削を始め、7年雑誌「受験旬報」を創刊（16年「蛍雪時代」として月刊化）。9年「受験英語単語熟語の綜合的研究」（綜単）、10年「英語基本単語集」（豆単）、16年「英語の綜合的研究」（英綜）を出版、綜単・豆単・英綜は"赤尾のトリオ"と呼ばれ、教育出版社としての地歩を固めた。17年旺文社に社名変更、19年株式会社として社長に就任。59年会長。21〜23年公職追放。27年カトリック教会が布教のために日本文化放送協会を設立すると「大学受験ラジオ講座」を開始。31年同社が文化放送として株式会社化した際には取締役として経営に参画し、43年代表取締役、54年会長。33年より同局をキー局としてラジオ基礎英語講座「百万人の英語」を放送。また、32年日本教育テレビ（現・テレビ朝日）開局に伴い初代社長。38年日本英語検定協会を設立して英語検定（英検）を開始。50年日本ラーニング・ラボラトリー教育センター（LLセンター）を設立。社会通信教育協会会長なども務め、社会教育の振興・発展にも力を注いだ。
[家族等]長男＝赤尾一夫（旺文社社長）、二男＝赤尾文夫（旺文社社長）、弟＝赤尾豊（日新印刷社長）　[叙勲]紺綬褒章〔昭和41年〕、藍綬褒章〔昭和42年〕、勲一等瑞宝章〔昭和60年〕　[受賞]社会教育功労者文部大臣賞〔昭和34年〕、日本児童文芸家協会児童文化功労者（第20回）〔昭和53年〕、山梨県県政功績特別功績賞〔昭和56年〕
【参考】『私の履歴書』第47集 日本経済新聞社 1973／『追憶赤尾好夫』赤尾好夫追憶録刊行委員会編 旺文社 1987

赤木 健介　あかぎ・けんすけ
アカハタ編集部文化部長

[生年月日]明治40年（1907年）3月2日
[没年月日]平成1年（1989年）11月7日
[出生地]青森県青森市　[本名]赤羽寿　[別

名等]別筆名=伊豆公夫　[学歴]姫路高文科甲類〔大正15年〕中退

検事の二男として青森県で生まれ、父の転勤に従って各地を転々とする。姫路高校在学中の大正14年、個人誌「世界人」に発表した「新象徴主義の基調に就いて」が川端康成に注目され、「文芸時代」に再掲される。15年学内で軍事教練反対運動などに取り組んで検挙され、卒業目前で退学処分を受けた。昭和2年九州帝国大学法文学部聴講生となったが、3年五・一五事件で検挙され放校処分。6年土屋喬雄の下で「明治前期財政経済史料集成」の編集助手となり、伊豆公夫の筆名で「現代自然科学の弁証法による反省」を処女出版。7年日本共産党に入党して地下活動に入り、8年検挙された。10年出獄し日本古代史の研究に従事する傍ら、「短歌評論」に参加。13年再び検挙・留置され、15年処分保留により帰宅。16年日本評論社に勤務したが、19年実刑判決が確定して下獄。20年10月釈放。戦後は日本民主主義文化連盟（文連）の機関紙「民主の友」編集長、24年アカハタ編集部文化部長、26年「人民文学」編集長。この間、24年参院選、27年衆院選に立候補した。31年春秋社に入社、「日本秀歌」（全13巻）、「窪田空穂文学選集」（全8巻）、「石川啄木選集」（全7巻）などの企画編集に携わった。55年退社。歌人としては新日本歌人協会に属し、口語表現を主張して行分け自由律作品を発表。詩人としては詩サークルの育成に努め、「詩運動」編集長、詩人会議運営委員などをし、24年「叙事詩集」を刊行した。

[受賞]透谷賞次席（第4回）〔昭和15年〕「在りし日の東洋詩人たち」, 埼玉県歌人会賞〔昭和54年〕

【参考】『一灯を凝視めて 赤木健介拾遺集』上原章三・増岡敏和編 ながらみ書房 1992／『赤木健介追悼集』赤木健介遺稿集編纂委員会 1993

赤城　正蔵　あかぎ・しょうぞう
文庫本の先駆といえる「アカギ叢書」を出版

[生年月日]明治23年（1890年）
[没年月日]大正4年（1915年）3月11日
[出生地]東京都　[学歴]東京府立一中卒

同文館に入社したが独立し、大正3年「アカギ叢書」を刊行。同年3月から12月にかけて、第1編の村上静人訳のイプセン「人形の家」以降108編を刊行、1冊100頁前後の小型本として今日の文庫本出版の先駆者となったが、4年25歳で早世した。

赤坂　亀次郎　あかさか・かめじろう
集成社創業者

[生年月日]安政5年（1858年）5月
[没年月日]昭和17年（1942年）12月12日
[出生地]陸奥国上遠野村（福島県いわき市）
[学歴]慶応義塾〔明治11年〕卒

18歳の時に慶応義塾に入学、明治11年末に卒業。横浜の丸家商社の社員となり、ついで丸善本店出版部の支配人。17年犬養毅訳「圭氏経済学」を本人名義で出版。この書は保護貿易主義を主張する犬養が訳述したもの。19年小野梓が自らの主義主張を世に広めるため創立した東洋館の経営を引継ぎ、神田小川町に集成社を創業。22年東京書籍商組合副頭取に選任。この間、政治の季節を反映して、尾崎行雄「経世偉勲」「新日本」、中江兆民「理学鈎玄」「三酔人経綸問答」、藤田茂吉「済氏偉業録」など著名運動家の著作を数多く出版した。また、犬養「政海之灯台」は伊藤博文が高く評価し多部数買上げて府県官吏に配布したという。36年福島県選出の衆院議員にも当選、1期務めた。

赤坂　長助　あかさか・ちょうすけ
東京堂取締役

[生年月日]明治11年（1878年）8月2日

[没年月日]昭和29年（1954年）5月28日
[出生地]新潟県新潟市

明治32年東京堂に入店。集品・販売業務を経て仕入主任となり、大正6年同社の株式会社改組に伴い取締役に就任。以来、昭和16年まで仕入部長を務めた。同年日本出版配給が誕生すると同社参与となった。

秋 朱之介　あき・しゅのすけ
限定版製作者　詩人

[生年月日]明治36年（1903年）2月12日
[没年月日]没年不詳
[出生地]鹿児島県川内市（薩摩川内市）　[本名]西谷小助　[別名等]筆名＝西谷操

大正9年上京、偶然にも海音寺潮五郎と同じ下宿から正則英語学校に通う。逓信省貯金局の吏員をしつつ文学を志し、「文章倶楽部」への投稿や、同人誌「奢霸都」に参加をする。14年頃、堀口大学に師事。「変態・資料」に詩を投稿したことから上森子鉄と知り合い、吏員を辞めて上森の経営する文芸資料研究会編集部に移り、美麗な装本を手がけるようになった。上森が去ったのちも南柯書院などで凝った装丁の軟派本を出していたが、昭和4年横浜・本牧に書局梨甫を設立。「イヴォンヌ」など出版したものの多くが発禁となり、罰金未納で横浜刑務所に収監。以後、軟派本界から足を洗い限定本出版の道に入る。平井功の「游牧記」に刺激され、平井らと面識を得る。5年五十沢二郎の雅博那（やぼんな）書房に寄寓し川上澄生の「ゑげれすいろは」装丁を担当。6年に以士帖（えすてる）印社を創立。処女出版の佐藤春夫「魔女」は酒井潔や川上の協力を得たものだった。8年竹内道之助の興した三笠書房へ迎えられ、内田百閒本の装丁や書物誌「書物」の編集を担当。この延長上で会員制の日本限定版倶楽部を創り、清朝体活字を多用した美本づくりに取り組むが、9年事情により退社。同年裳鳥会限定版倶楽部を創るも、翌年解消。この頃、沢田伊四郎の龍星閣を手伝う。10年驪人荘、11年伸

展社、12年美容科学研究会を次々と創立しつつ長谷川巳之吉の第一書房の客員。17年昭南書房で再起し、18年操書房と改名。この頃、不遇な山本周五郎を援助する。戦後はカストリ雑誌「猟奇読物」（24年7月〜）や「山本周五郎選集」などを出版。24年頃まで活動した。平成10年前後に死去か。「ウィーンの裸体倶楽部」（昭和4年）が訳書とされるが真偽不明。
【参考】『書物游記』秋朱之介著　書肆ひやね1988／城市郎「特装版装幀名人、西谷操」（「発禁本Ⅲ」平凡社2002）

秋田 一季　あきた・かずすえ
日本教文社専務

[生年月日]大正4年（1915年）12月23日
[没年月日]平成9年（1997年）3月30日
[出身地]東京都　[学歴]学習院、東北帝国大学経済学科〔昭和17年〕卒

旧陸奥三春藩主・秋田子爵家の当主。高等部まで学習院で学び、昭和17年東京帝国大学を卒業して南洋倉庫に入社。同年応召して満州へ送られ、23年復員。24年日本教文社に入り、26年営業部長、33年常務を経て、専務。平成元年退社。昭和52年〜平成元年出版梓会の幹事長として手腕を振るった。学習院初等部から大学までの剣道部監督や、宮中歌会始の詠み手の集まり・披講会の名誉会長も務めた。
[家族等]父＝秋田重季（貴院議員），祖父＝秋田映季（貴院議員），大原重朝（貴院議員）

秋田 貞夫　あきた・ていお
秋田書店創業者

[生年月日]明治42年（1909年）6月24日
[没年月日]平成8年（1996年）9月10日
[出生地]岡山県岡山市　[学歴]岡山二中卒，日本大学専門部〔昭和5年〕中退

岡山二中時代から文学に目覚め、雑誌「曙」を発行。一時家出して和歌山県で電信工夫として働いたが復学して中学を卒業。昭和5年同郷の林麟四の紹介で小学館に入社、雑誌

「小学五年生」などの編集長を務めた。創業者の相賀武夫が亡くなると14年同社を離れ、15年朝日新聞社の出版局に転じて「アサヒグラフ」や「週刊少国民」の編集に従事。太平洋戦争中は海軍に入隊、一兵卒として敗戦を迎えた。23年朝日新聞社を退社して秋田書店を創業。24年漫画雑誌「少年少女冒険王」（のち「冒険王」）を創刊、明々社の「冒険活劇文庫」（のち「少年画報」）、集英社の「おもしろブック」と並んで少年たちから人気を博し、一時代を築いた。44年少年漫画誌「週刊少年チャンピオン」、49年少女漫画誌「月刊プリンセス」を創刊、「ドカベン」「ブラックジャック」などの人気漫画を送り出す。「サンデー新書」「サンデーノベルズ」といった一般向け書籍も出版、「サンデーコミックス」は新書版コミックスの嚆矢といわれる。
[家族等] 長男＝秋田貞美（秋田書店社長）
[叙勲] 紺綬褒章〔昭和40年〕、勲四等瑞宝章〔昭和55年〕
【参考】秋田貞夫「冒険王物語 秋田貞夫（秋田書店）のあゆみ」（「出版クラブだより」1983.7.10）

秋元 克己　あきもと・かつみ
秋書房創業者

[生年月日] 大正9年（1920年）1月3日
[没年月日] 昭和62年（1987年）10月26日
[出生地] 東京都品川区　[学歴] 東京府立一商〔昭和12年〕卒

昭和12年東京府立第一商業学校を卒業し、家業の菓子製造販売業に従事。16年応召して満州へ送られ、ハルビンで敗戦を迎える。戦後はシベリアに抑留され、23年復員して山海堂に入社。24年三十書房の創立に参加、35年あかね書房に転じて取締役営業部長。のち常務。52年秋書房を創業、児童図書出版を手がけた。

秋山 謙和　あきやま・けんわ
国民社創業者

[生年月日] 明治45年（1912年）2月23日
[没年月日] 没年不詳
[出生地] 岡山県　[学歴] 岡山商卒

昭和5年小学館に入社、営業部仕入や販売課などに勤務。16年退社後、国民社を創業し、主に幼児向けの雑誌や絵本を出版した。戦時の企業整備により9社を傘下に統合させ、小説や教養書の分野でも活躍。戦後、22年大衆雑誌「ラッキー」を創刊した。一方、永岡弥と共同で取次業の東京共成社を経営した。

秋山 孝男　あきやま・たかお
東京創元社社長

[生年月日] 大正2年（1913年）4月14日
[没年月日] 平成12年（2000年）2月26日
[出生地] 岡山県総社市　[学歴] 明治大学文芸科〔昭和12年〕卒

昭和13年大阪の創元社に入社。戦後、東京支店が分離独立して東京創元社として発足、26年編集部長、30年総務部長。36年経営危機により東京創元新社となる。41年より同社長を務め、46年東京創元社に社名を戻した。我が国初の推理小説専門文庫「創元推理文庫」など推理小説の出版で有名にした。

秋山 正美　あきやま・まさみ
新世紀書房社長

[生年月日] 昭和4年（1929年）2月10日
[没年月日] 平成13年（2001年）10月1日
[出生地] 京都府京都市　[別名等] 筆名＝亜左摩顕　[学歴] 中央大学法学部中退

10代から無資格教員として小学校に勤務、子供会・口演童話・紙芝居などの運動に加わる。旺文社、学習研究社などの学習雑誌に実用記事を執筆。新世紀書房代表を経て、昭和40年頃自宅に昭和文学館（現・昭和少年少女文学館）を設立、代表。昭和初中期の子どもの暮らしに関わる単行本、雑誌や付録、絵本、絵はがき、パンフレット、プログラム、レコード、新聞、紙芝居などを収集し、公開した。著書に「仏さまのファッション」「子どもの

昭和史」「名作コミック集」「ラジオが語る子どもたちの昭和史」(全3巻)、「少女たちの昭和史」「葬儀のあとの寝室」、7年がかりで編集した「小学生新聞に見る戦時下の子どもたち」など。

秋山 実　あきやま・みのる
「短歌」編集長　「俳句」編集長

[生年月日] 昭和16年(1941年)2月1日
[没年月日] 平成19年(2007年)11月7日
[出生地] 岡山県倉敷市　[別名等] 筆名=秋山巳之流　[学歴] 倉敷青陵高卒、国学院大学文学部国文学科卒

昭和40年折口博士記念古代研究所副手時代、岡野弘彦に短歌を学び、岡野主宰「天若彦」、香川進主宰「地中海」に参加。44年小学館「週刊ポスト」編集部を経て、45年雑誌「短歌手帳」の創刊に参加。46年角川書店に転じて総合誌「短歌」「俳句」の編集長を務め、文芸誌「野生時代」の編集にも携わった。平成8年退社して学習研究社編集顧問、9年朝日新聞社「短歌朝日」創刊顧問、13年北溟社「俳句界」編集顧問、15年文学の森「俳句界」編集顧問。一方、昭和47年第一詩集「心臓形式の象」を刊行。また、角川書店時代に角川照子主宰「河」で作句を始め、62年河賞を受賞。「河」同人。平成13年第一句集「萬歳」を刊行した。他の著書に句集「うたげ」「花西行」、評論集「魂に季語をまとった日本人」「わが夢は聖人君子の夢にあらず」「利休伝」などがある。
[受賞] 河賞〔昭和62年〕、北溟社評論賞(第3回)〔平成12年〕
【参考】『秋山巳之流全句集』北溟社 2012

阿久津 信道　あくつ・のぶみち
「冒険王」編集長　秋田書店取締役編集局長

[生年月日] 大正11年(1922年)12月31日
[没年月日] 平成19年(2007年)9月12日
[出生地] 茨城県　[学歴] 大東文化学院国漢科〔昭和18年〕卒

昭和18年大東文化学院(現・大東文化大学)を卒業して学徒出陣、20年マレーシアで敗戦を迎える。21年復員後、日本放送出版協会で月刊誌「子供の時間」を担当。二葉書店で学年誌「小学六年」編集長を経て、25年秋田書店に入社。少年漫画雑誌「冒険王」「漫画王」編集長や42年取締役編集局長を務めた。60年退任、平成4年まで同社顧問。秋田書店の入社面接の際、社長に古本で購入した手塚治虫の漫画「ロストワールド」を手渡したのが同社と手塚との付き合いの始まりとなり、自身も手塚担当の名物編集者の一人として知られ、漫画のキャラクターにも名前を使われた。
【参考】『神様の伴走者 手塚番13+2』佐藤敏章 ビッグコミック1編集部編 小学館 2010

浅井 光之助　あさい・みつのすけ
文光堂創業者

[生年月日] 明治8年(1875年)1月19日
[没年月日] 昭和16年(1941年)5月18日
[出生地] 東京府本郷(東京都文京区)　[旧名] 山本

薬種商の二男として生まれたが、生家は幕末維新の動乱に際して幕府より多額の御用金を拠出させられ没落。両親も他界し、乳母夫妻の養子となって山本姓から浅井姓に変わった。書店に勤めた後、明治25年生まれ育った東京・本郷に文光堂を創業。一般書や国定教科書の販売を手がける一方で医学書や看護学書を出版して医学専門出版社として発展した。全国書籍商組合会会計主任、東京書籍商組合評議員、東京図書雑誌小売業組合幹事などを歴任。

浅川 満　あさかわ・みつる
太郎次郎社創業者

[生年月日] 昭和7年(1932年)9月10日
[没年月日] 平成20年(2008年)7月7日
[出生地] 東京都台東区浅草　[学歴] 中央大学

法学部卒

昭和30〜32年現代社編集長。33年麦書房設立に参加、35年代表者。44年一ツ橋書房創立に参加。47年太郎次郎社を設立、48年月刊教育誌「ひと」を創刊（平成10年3月休刊）。数学者・遠山啓の"水道方式"を実践した。
[家族等]二女＝北山理子（「ひと」編集長）

朝倉 鉱造　あさくら・こうぞう
朝倉書店創業者

[生年月日]明治41年（1908年）7月21日
[没年月日]平成6年（1994年）1月17日
[出生地]東京都　[学歴]中央大学専門部中退

大正13年同文館に入社。昭和4年独立して東京・神田神保町に賢文館書店を創業。教育書、農業書を手がけ、やがて自然科学・人文科学・家政学分野にも進出。19年株式会社朝倉書店に改組改称して社長。敗戦後、シベリアに抑留され、22年復員。24年全国出版協会理事を務め、28年東京出版販売（現・トーハン）監査役、のち相談役。35年より22年間、出版健康保険組合理事長も務めた。

麻田 駒之助　あさだ・こまのすけ
中央公論社創業者

[生年月日]明治2年（1869年）10月14日
[没年月日]昭和23年（1948年）11月24日
[出生地]京都府京都市　[別名等]号＝椎花
[学歴]京都府立中卒

室町時代から代々西本願寺の寺侍を務める家に生まれる。大谷光瑞とその弟妹たち（大谷光明,大谷尊由,九条武子）の教育係を務め、明治28年光瑞から西本願寺主宰の雑誌「反省雑誌」の庶務係を命じられ、29年同誌発行所が東京に移転した後も引き続きその任に当たった。当初、同誌は禁酒運動の機関誌であり、また西本願寺主宰のため仏教精神に基づいた一般評論雑誌のような位置付けにあったが、32年高楠順次郎、杉村楚人冠の勧めで「中央公論」に改称して文芸欄を創設するなど総合雑誌に転換。37年には同誌を出版する反省社の社長に就任し、編集と庶務の一切を取り仕切った。さらに同年入社した滝田樗陰の献策によって創作欄を拡充、45年滝田が主幹となってからは明治末期の自然主義文学の興隆を先取りして急速に売上げを伸ばし、文壇での権威を高めた。大正元年西本願寺から独立して社が麻田個人の所有となり、3年社名を中央公論社に改称。また、大正期に入ってからは吉野作造らの論文を多数掲載し、大正デモクラシーの鼓吹に寄与した。5年嶋中雄作を主幹に「婦人公論」を創刊。9〜11年東京雑誌協会幹事長を兼務。14年滝田が病気のため退社すると、雑誌は精彩を欠くようになり、たびたび経営不振に陥ったため、昭和3年社長職を嶋中に譲り退任した。以後は西本願寺から本山勘定（他宗の檀家総代に相当）を委嘱されて門主の側近となった。高浜虚子門下で俳句をよくし、茶道、謡曲、書道なども嗜んだ。

朝野 文三郎　あさの・ぶんさぶろう
正文堂主人 朝野書店主人

[生年月日]文久1年（1861年）9月23日
[没年月日]没年不詳
[出生地]下総国佐原（千葉県香取市）　[別名等]号＝蝸牛

文政12年（1829年）下総国佐原に朝野泰平が書肆正文堂を開き、5代にわたり同業を営む。釜屋朝野利兵衛の名は江戸泉市の往来物や草双紙の売弘所に見える。文三郎は5代目の弟、明治10年分家して上京し、芝神明前の山中市兵衛に雇われ、後に銀座支店に移り、18年退店。19年京橋区南鞘町に朝野書店を創業。翌年須藤南翠「新粧之佳人」「緑簑談」を春陽堂の専売で出版。以後、銅板絵本の流行にのって菊判半裁のポンチ絵本を出し大いに売った。中でも内地雑居未来ポンチは偽版が出た程だが、木版墨刷の素朴なものにカッパ刷で着色した工夫が珍しくて評判を呼んだようだ。「朝鮮京城挑戦図」など日清戦争錦絵

も発行した。40年東京地本彫画営業組合の評議員に当選、以後30年以上にわたり継続して精勤した。以上の長い経験をもとに執筆したのが「江戸絵から書物まで」(昭和9年)、「明治初年より二十年間図書と雑誌」(12年)、何れも近代出版史研究の基本文献である。

浅見 文吉　あさみ・ぶんきち
文林堂創業者

[生年月日] 明治4年 (1871年) 1月1日
[没年月日] 昭和4年 (1929年) 12月4日
[出生地] 愛知県名古屋市

明治22年上京して書籍取次商の鶴屋（鶴喜）で修業を積む。31年独立、日本橋大伝馬町に書籍取次の文林堂を創業。同店はのちに東京堂・北隆館・東海堂などと並ぶ7大取次の一つに数えられ、43年にはこれらの取次書店間における取引問題の覚書協定にも加わった。また、雑誌の出版にも手を染め、大正3年には東京雑誌販売業組合の設立に発起人の一人として参画。関東大震災後は取次業から遠ざかり、教科書や参考書の販売に力を入れた。

足助 素一　あすけ・そいち
叢文閣創業者

[生年月日] 明治11年 (1878年) 1月1日
[没年月日] 昭和5年 (1930年) 10月29日
[出生地] 岡山県川上郡地頭村（高梁市）　[学歴] 同志社中〔明治32年〕卒, 札幌農学校〔明治37年〕卒

同志社中学中に安部磯雄の影響を受ける。札幌農学校では有島武郎らの土曜会に参加。明治37年卒業後は山梨県に勤めたが、40年辞職。41年札幌で貸本屋の独立社を開業。大正3年事業一切を棄て上京、相場に失敗して2000円を失い、4年有島命名の焼きいも屋・イポメ屋を始める。7年叢文閣を起こし、新潮社から「有島武郎著作集」第6輯以降の版権を譲り受け、11年には有島の個人誌「泉」を創刊したが、有島没後の14年、トラブルから有島関係の全ての出版権を放棄した。昭和に入ると左翼系の出版にも手を染めた。没後、妻・たつは別に一誠社を営んだ。

【参考】『足助素一集』足助たつ 1931／『貸本屋独立社とその系譜』藤島隆著 北方新書 2010

吾妻 健三郎　あずま・けんざぶろう
印刷技術者 東陽堂創業者

[生年月日] 安政3年 (1856年) 2月9日
[没年月日] 大正1年 (1912年) 10月26日
[出生地] 出羽国米沢（山形県米沢市）

16歳で東京に出て、石版印刷に着手し、明治14年頃石版による新技法の3色印刷を開発する。内務省地理局が東北地図の印刷出版を企画し3年間を要すると見込んだものを、わずか6ケ月間で完成させ、以来地理局の信任を得て各種印刷を託された。神田駿河台に東陽堂を設立し、22年日本で最初の月刊グラフィック雑誌「風俗画報」を創刊した。明治20年代に多くの雑誌が登場する中、文章では描写しきれないものを絵で補足して伝えることを主旨に画報と命名、石版印刷技術を駆使して発行された出色の雑誌である。論説・人事・服装・飲食・土木・動植物・叢談・漫録といった部門に分かれ、明治維新以降急速に変化し廃れていく風俗や行事、生活用具などを網羅し、当時一流の画家による挿絵を満載、変わり行く時代を映す鏡の役割を果たした。大正5年廃刊になるまで28年間517冊を数え、災害や事件、時事問題にも触れ、増刊号を随時発行し、東陽堂・吾妻健三郎の名を不滅のものとした。特に別冊の「新撰東京名所図会」などは著名で明治史研究の貴重な資料とされ、戦後全冊の復刻版が出て、「風俗画報索引」も出版された。

足立 欽一　あだち・きんいち
聚芳閣社主 劇作家

[生年月日] 明治26年 (1893年) 7月10日
[没年月日] 昭和28年 (1953年) 12月29日

[出生地]東京都新宿区

徳田秋声に師事して創作を発表する傍ら、出版社聚芳閣を起こし、大正13年自分自身の戯曲集「愛闘」をはじめ「迦留陀夷」「女人供養」などを刊行、また秋声の「恋愛放浪」や豊島与志雄、里見弴などの文芸書を多く刊行。社員に井伏鱒二や武野藤介がいた。秋声の「仮装人物」のモデルとしても知られる。

安達 政義　あだち・まさよし
安達図書創業者

[生年月日]大正1年(1912年)9月16日
[没年月日]昭和62年(1987年)8月18日
[出生地]新潟県柏崎市　[学歴]刈羽高小〔昭和2年〕卒

昭和2年上田屋書店に入店。16年日本出版配給に統合される。24年取次の安達図書を創業、25年株式会社に改組。社長に就任。新潮社、文藝春秋、音楽之友社、旺文社、研究社、白水社など約50社ほどに取引出版社を特定し、特に新潮社と文藝春秋に強い取次として独自の地位を築いた。

足立 隆一　あだち・りゅういち
⇒石原 龍一(いしはら・りゅういち)を見よ

厚木 淳　あつき・じゅん
東京創元社取締役編集部長

[生年月日]昭和5年(1930年)3月9日
[没年月日]平成15年(2003年)5月19日
[出生地]東京市日本橋区(東京都中央区)
[学歴]京都大学経済学部〔昭和28年〕卒

昭和27年から創元社(のち東京創元社)に勤務。創元推理文庫の創刊編集長を務め、42年東京創元社取締役編集部長に就任。57年監査役。在社中から翻訳者不足のため翻訳を手がけ、E.R.バローズの〈火星〉シリーズなど数多くのSFやミステリ小説を翻訳した。また音楽評論、日本刀と鍔の専門家としても知られた。

穴山 篤太郎　あなやま・とくたろう
有隣堂創業者

[生年月日]生年不詳
[没年月日]明治15年(1882年)7月30日
[出生地]大和国郡山(奈良県大和郡山市)
[旧名]生形

大和郡山藩士生形外記の第2子。幼くして穴山氏を襲ぎ、後に藩の役人として勧業・郡村政に参与したが辞して京都に出、書籍業村上勘兵衛に雇われ更に東京支店に転じた。明治7年独立して京橋区南伝馬町に書肆を開き、農業書など殖産興業に関する図書を出版販売した。15年に病死、その後は弟・貞治郎が襲名し営業を続けた。長男(明治17年4月25日生)は慶応義塾に学び37年以後店務に従事し、43年家督を相続した。10歳の幼い録(田山花袋)が奉公に来た「京橋の大通の角の前の本屋」とは有隣堂のこと、「士族から商業に転じたような家族で、主として農業の書を出版していた」(「東京の三十年」)。谷中霊園に初世から4代までの墓がある。

阿武 天風　あぶ・てんぷう
「冒険世界」主筆

[生年月日]明治15年(1882年)9月8日
[没年月日]昭和3年(1928年)6月22日
[出生地]山口県阿武郡三見村(萩市)　[本名]阿武信一　[別名等]別号=阿武激浪庵、虎髯大尉　[学歴]海兵(第32期)〔明治37年〕卒

私立萩学校から海軍兵学校に進む。同期に山本五十六、塩沢幸一、嶋田繁太郎、吉田善吾、堀悌吉らがいた。明治38年海軍少尉に任官。日露戦争では巡洋艦千代田に乗り組んで朝鮮海峡警備や日本海海戦に従軍。海上勤務で脚を悪くしたため海軍を辞め、40年予備役に編入。のち作家を志し、尊敬する押川春浪が主筆を務める博文館発行の雑誌「冒険世界」の常連寄稿者となり、海軍随筆、探検実話、

冒険小説などを発表。同時に春浪と交流を深め、春浪らが主宰したスポーツ愛好団体・天狗倶楽部にも参加した。44年博文館に入社、45年春浪の後を継いで「冒険世界」の編集兼発行人となる。この間、「妖魔王国」「巨腕鉄公」「極南の迷宮」などの冒険小説を発表。大正6年博文館を退社して春浪が設立した武侠世界社に移り、7年頃には同社から特派されて革命直後のロシアを訪問。晩年は講談社系の雑誌で活動した。著書に「海上生活 恕濤譚」「露艦隊全滅行」「太陽は勝てり」、春浪との共著「波濤武人」などがある。
【参考】『少年小説大系』18巻 会津信吾・横田順弥編 三一書房 1992

安部 豊　あべ・ゆたか
「演劇界」編集者 演劇評論家

[生年月日]明治19年(1886年)10月25日
[没年月日]昭和32年(1957年)11月27日
[出生地]大分県

明治39年上京、泰明小学校教員となり、演芸画報社の中田辰三郎社主に誘われ「演芸画報」編集に従事。一時「新演芸」に移ったが再び戻り、昭和18年演劇誌統合で「演劇界」となっても継続、25年の解散時まで携わった。坪内逍遙、5代目中村歌右衛門、6代目尾上菊五郎らに信頼され豪華写真集「舞台の団十郎」「五世尾上菊五郎」「魁玉歌右衛門」、個人写真集「舞台のおもかげ」、歌舞伎の型の記録芸談集「魁玉夜話」などを編集出版した。

阿部 義任　あべ・よしとう
成文堂創業者

[生年月日]大正10年(1921年)8月25日
[没年月日]昭和58年(1983年)7月18日
[出身地]佐賀県　[学歴]佐賀県師範〔昭和16年〕卒

昭和16年佐賀県師範学校を卒業して小学校訓導となるも応召。20年復員、22年上京して早稲田鶴巻町に文化堂を設立。のち成文堂書店を開き、新制大学の学部増設により書籍の大量調達・納品で業務を拡大。35年出版部門を独立して株式会社成文堂を設立、法律書を中心とする専門書の出版に力を尽くした。
【参考】『追想の阿部義任』成文堂 1985

尼子 挨一　あまこ・きいち
中央社専務

[生年月日]明治34年(1901年)2月25日
[没年月日]昭和41年(1966年)11月30日
[出生地]京都府京都市　[学歴]菊川小〔大正3年〕卒

大正3年東京・本所の菊川小学校を卒業。9年北隆館に入社、昭和9年取締役営業主任。16年日本出版配給が誕生すると仕入部長に就任。業務部長、企画部長などを歴任、戦後は監査役を務めた。24年同社閉鎖が決定すると清算事務に従事、26年新取次である中央社専務に就任。32年退任。21年「リーダーズ・ダイジェスト」日本版の創刊に際して、10万部・返品無しの買い切り扱いを条件に独占的配給を実現させた。

尼子 止　あまご・とまる
モナス創業者

[生年月日]明治13年(1880年)7月1日
[没年月日]昭和12年(1937年)4月9日
[出生地]大分県別府市

郷里の大分県の小学校・中学で教鞭を執った後に上京、教職の傍ら、同文館に勤めて雑誌「教育学術界」の編集を主宰。大正3年独立して大日本学術協会及びモナスを創業。月刊「教育学術界」「算術教育」を発行する一方、教育・哲学・数学・心理学などの書籍を出した。昭和元年養嗣子の尼子静(明治28年2月13日島根県生)に一切の経営を委ねて顧問に退き、専ら社会教育事業に奔走した。著書に「平民宰相若槻礼次郎」などがある。
[家族等]女婿＝尼子静(モナス主宰)

雨宮 庸蔵　あめのみや・ようぞう
「中央公論」編集長　中央公論社出版部長

［生年月日］明治36年（1903年）1月1日
［没年月日］平成11年（1999年）12月2日
［出生地］山梨県南巨摩郡鰍沢町（富士川町）
［学歴］早稲田大学社会哲学科〔昭和2年〕卒

昭和3年中央公論社に入社。4年「中央公論」編集長、7年出版部長を歴任、嶋中雄作社長の右腕として活躍し、谷崎潤一郎の「源氏物語」現代語訳の担当編集者も務めた。12年「中央公論」編集長に復帰したが、13年同誌3月号が石川達三の小説「生きてゐる兵隊」掲載により発売禁止になり、責任を取って退社。新聞紙法違反で起訴され、9月禁固4ケ月、執行猶予3年の判決を受けた。14年嶋中が設立した民間アカデミー・国民学術協会の主事に就任。戦後は読売新聞社に入って科学部長、論説委員を務め、のち日本科学技術情報センター主任情報員、業務部長として活躍。晩年は失明した。回想録「偲ぶ草 ジャーナリスト六十年」がある。
［家族等］従弟＝雨宮綾夫（東京大学名誉教授）
［参考］『偲ぶ草 ジャーナリスト六十年』雨宮庸蔵著 中央公論社 1988／『父庸蔵の語り草』雨宮広和編

鮎貝 秀三郎　あゆがい・ひでさぶろう
健文社創業者

［生年月日］明治23年（1890年）2月28日
［没年月日］没年不詳
［出生地］茨城県水戸市

明治35年上京して目黒書店に入り、目黒甚七の薫陶を受ける。38年頃には目黒らが設立した六盟館に移り、2年間勤務。その後、明治図書、東京書籍、三省堂などを経て、大正5年東京辞書出版社に移り、主事として同社の興隆を支えた。8年同社に在勤中ながら神田表神保町に小売業の健文社を創業。12年独立して出版業にも着手し、主に学習参考書を刊行、特に英語に関する参考書や中等教科書の解説書に定評があった。傍ら、学生之友社、鮎書房を設立し、前者では自習書を、後者では文芸書を出版。昭和22年社屋を神田司町に移転し小売部を併設。旭印刷工業社長も務めた。

新井 弘城　あらい・こうじょう
⇒南部 新一（なんぶ・しんいち）を見よ

荒川 実　あらかわ・みのる
丸善社長

［生年月日］明治11年（1878年）1月5日
［没年月日］昭和39年（1964年）8月7日
［出生地］兵庫県出石郡出石町（豊岡市）　［学歴］一高中退

明治30年一高を中退して丸善に入社。主に洋書・外国雑誌の仕入販売に従事し、32年外国雑誌を出版社から直接顧客に送付する方法を案出・実施して好評を博した。大正2年書籍部長、8年取締役、昭和11年常務、12年専務を経て、18年社長。
［参考］『丸善百年史』丸善 1981

荒木 伊兵衛（5代目）　あらき・いへえ
荒木書店店主

［生年月日］明治28年（1895年）3月2日
［没年月日］没年不詳
［別名等］幼名＝幸太郎，号＝蟹行堂主人

生家は大阪の老舗古書店の荒木書店。大正15年古書組合副組長なども務めた父の4代目伊兵衛が没すると、家業を継いで5代目伊兵衛を襲名した。古書店としては主に珍本稀書を扱い、傍ら、昭和2年古書研究雑誌「古本屋」を創刊。また、ドイツ人と提携してドイツ医薬書の輸入も手がけた。学究肌で内田魯庵や幸田成友らと親交があり、自らも大著「日本英語学書志」を上梓した。4年店舗を大阪の中心地である心斎橋に移転。
［家族等］父＝荒木伊兵衛（4代目）

荒木 精之　あらき・せいし
日本談義社創業者 作家

[生年月日] 明治40年（1907年）1月7日
[没年月日] 昭和56年（1981年）12月30日
[出生地] 熊本県阿蘇郡長陽村（菊池市）　[学歴] 熊本通信講習所〔大正12年〕卒、日本大学史学科〔昭和9年〕卒

小学校校長の長男で、母も教員。高等小学校を卒業後、郵便局に勤めたが、退職。昭和3年文学を志して上京、日本大学に学ぶ。在学中から「新早稲田文学」などに作品を発表、石川達三、中山義秀らと交わる。7年初の著書「青年作家」を刊行。9年帰郷、10年郷土の歴史に取材した最初の作品である戯曲「菊池氏一族」を九州日日新聞に連載。11年文芸誌「地方派」を発行（14年まで）。13年月刊文化雑誌「日本談義」を創刊、熊本を拠点に独力で編集・発行を続けたが、20年7月の熊本空襲で自宅が焼失して自然休刊。8月敗戦を知ると有志と尊皇義勇軍を結成して占領軍に抗しようと藤崎八幡宮にこもったが、慰撫されて解散した。21年古書店の梓書房を開くが、25年閉店。同年「日本談義」を復刊。38年熊本県文化懇話会、45年熊本県文化協会を設立して代表世話人、会長を務めるなど、熊本県の文化振興に尽くした。55年自身の名を冠した荒木精之文化賞が創設された。明治9年に熊本で反乱を起こした神風連の研究と顕彰をライフワークとし、神風連志士122人全員の墓碑を探し当て確認。53年には熊本市の桜山神社境内に財団法人神風連資料館を開設して理事長に就任した。
[叙勲] 勲五等瑞宝章〔昭和54年〕　[受賞] 熊日社会賞〔昭和34年〕、熊本県近代文化功労者〔昭和37年〕、西日本文化賞〔昭和38年〕
【参考】『荒木精之物語』須田耕史著 荒木精之顕彰期成会 1999

荒木 博　あらき・ひろし
「週刊現代」編集長 「週刊ポスト」編集長

[生年月日] 昭和6年（1931年）5月30日
[没年月日] 昭和60年（1985年）7月10日
[出生地] 東京都　[学歴] 東京教育大学国文科卒

昭和29年講談社に入社。雑誌「婦人倶楽部」の編集を振り出しに「たのしい三年生」「日本」「若い女性」を次々と担当。39年「週刊現代」編集部へ移籍、3年後同誌編集長となり発行部数をトップクラスに伸ばしたが、編集をめぐって幹部と対立し退社。44年小学館が新しく発行した「週刊ポスト」初代編集長にスカウトされ、ライバル誌への移籍は出版界の話題となった。その後、同社版「昭和文学全集」編集長となったが、60年入水自殺した。

荒巻 隆　あらまき・たかし
大阪書籍社長

[生年月日] 大正5年（1916年）5月27日
[没年月日] 平成11年（1999年）6月28日
[出身地] 秋田県湯沢市　[学歴] 京都帝国大学法学部〔昭和15年〕卒

昭和15年南満州鉄道（満鉄）に入社。17年陸軍騎兵少尉となり、20年8月満州に侵入してきたソ連軍と戦う。22年復員。戦後、日東工業常務、三共毛織企画部長、サンクラット代表などを歴任。42年幸福相互銀行から大阪書籍に出向。43年専務、44年副社長を経て、50年社長、60年会長。
[叙勲] 勲四等旭日小綬章〔昭和61年〕

有賀 新　ありが・あらた
大月書店社長

[生年月日] 明治38年（1905年）6月17日
[没年月日] 昭和45年（1970年）5月12日
[出生地] 群馬県

高等小学校を卒業後、独学で一高に入学する

が社会運動で放校処分となった。出版関係労働者の組織活動に力を注ぎ、昭和13年機械工の友社を創業して月刊「機械工の友」を創刊。19年空襲で被災して社を解散した。敗戦直後の20年11月に民主評論社を創業、月刊「民主評論」を創刊。32年親友である大月書店の小林直衛社長に請われ同社に入り、37年社長に就任。新聞及出版用紙割当委員会委員、日本出版協会理事を歴任。

有木 勉　ありき・つとむ
「群像」編集長 講談社常務

[生年月日] 大正7年（1918年）10月11日
[没年月日] 平成2年（1990年）7月31日
[出生地] 静岡県　　[学歴] 早稲田大学英文科卒

昭和18年講談社に入社。「群像」「講談倶楽部」編集長などを務めた。

有本 不二継　ありもと・ふじつぐ
飛鳥園相談役

[生年月日] 生年不詳
[没年月日] 平成12年（2000年）6月7日
[出生地] 奈良県

印刷会社を経て、昭和43年文化財写真と美術出版の飛鳥園に入社。企画、営業を担当、歴史好きと印刷経験が役立ち、寺院美術の出版を受け持った。興福寺の国宝十大弟子や八部衆の彫刻を群像として撮るユニークなアイデアを出し、同社社長・小川光三の写真が評判を呼んだ。

有本 芳水　ありもと・ほうすい
「日本少年」主筆

[生年月日] 明治19年（1886年）3月3日
[没年月日] 昭和51年（1976年）1月21日
[出生地] 兵庫県姫路市　　[本名] 有本歓之助
[別名等] 別号＝芳波　　[学歴] 関西中卒、早大高等師範部国文科［明治42年］卒

関西中学時代から芳波、芳水と号して同人雑誌「血汐」（のち「白虹」に改題）に短歌や詩を発表。次いで「新潮」「文庫」「新声」などにも新体詩を寄稿。明治38年早大高等師範部に進んだ後は若山牧水、正富汪洋、前田夕暮らと車前草社（おおばこしゃ）を結成、河井酔茗の詩草社にも参加した。42年実業之日本社に入社。雑誌「婦人世界」から「日本少年」記者となり、45年同誌主筆に就任。少年向けの詩や小説を次々と発表して読者から絶大な支持を受け、一時は20万部を発行するに至った。大正3年同誌に掲載された詩を集めて刊行された「芳水詩集」は300版近く版を重ねるベストセラーとなる。8年「実業之日本」編集長。昭和4年実業之日本社取締役となるが、19年同社を退職。20年妻の郷里である岡山に帰住し、同地の高校、短大、大学で明治を中心とした日本近代文学を講じた。回想録「笛鳴りやまず」がある。

[叙勲] 勲四等瑞宝章〔昭和40年〕　[受賞] 日本児童文芸家協会児童文化功労者（第2回）〔昭和35年〕, 岡山県文化賞〔昭和44年〕
【参考】『笛鳴りやまず ある日の作家たち』有本芳水著 日本文教出版 1971（中公文庫 1986）／『わが心の有本芳水』後藤茂著 六興出版 1992

安藤 明　あんどう・あきら
明屋書店創業者

[生年月日] 大正6年（1917年）2月25日
[没年月日] 平成24年（2012年）7月28日
[出生地] 福岡県鞍手郡勝野村（小竹町）　[学歴] 萩市明倫高小〔昭和6年〕卒

昭和7～8年山口県萩市のスズラン楽器店、9～11年大阪市心斎橋のミヤコ蓄音器店を経て、14年松山市で貸本業の明文堂書店を開業。店名の"明"は自らの名前にちなむ。22年貸本・古本に合わせて新本販売にも進出、25年株式会社化して明屋書店とし、34年本店を漏電火災で焼失したが見事に復興させた。平成3年まで社長、20年まで会長を務めた。

[家族等] 孫＝安藤大三（明屋書店社長）
【参考】『踏んでもけっても 書店の道を求め

安東 仁兵衛　あんどう・じんべえ
現代の理論社代表

[生年月日]昭和2年（1927年）6月5日
[没年月日]平成10年（1998年）4月24日
[出生地]東京都大田区　[別名等]筆名＝笹田繁　[学歴]東京大学法学部〔昭和25年〕中退
旧制水戸高時代、日本共産党に入党。東大在学中の昭和23年、全学連創設に参加。のちイールズ事件に関与し、戦後東大第1号となる退学処分を受ける。36年共産党を離党。34年左翼の理論誌として注目を集めた「現代の理論」創刊から関わり、39年の第二次「現代の理論」から編集代表となる（平成元年11月休刊）。51年社民連政策委員長となり、総選挙に立候補したこともある。

安藤 富造　あんどう・とみぞう
大阪屋常務

[生年月日]明治33年（1900年）10月2日
[没年月日]平成2年（1990年）12月6日
[出生地]大阪府　[学歴]関西商工〔大正5年〕卒
取次の福音社に入社。昭和16年同社が日本出版配給に統合されると同社に移り、大阪支店営業所次長。24年同社が閉鎖機関に指定されると大阪屋の設立に参加、東京支店長に就任。26年取締役を経て、38年常務。45年退任。
【参考】『大阪屋三十年史』大阪屋 1981

【い】

飯島 虚心　いいじま・きょしん
浮世絵研究家

[生年月日]天保12年（1841年）
[没年月日]明治34年（1901年）8月1日
[出生地]江戸　[別名等]通称＝飯島半十郎
幕臣・飯島善蔵の長男で、昌平黌に学ぶ。慶応年間には成島柳北の配下となってその薫陶を受け、のちには騎兵指図役にまで昇った。戊辰戦争が始まると榎本武揚に従って幕府軍艦回天に乗艦、仙台、箱館と転戦。戦後は東京に戻り、明治5年より文部省編集局に勤務して教科書の編集に従事。この頃、大槻如電・文彦兄弟らの知遇を得、8年洋々社の創立に参加して「洋々雑誌」の編集に当たった。やがて官を辞して武蔵松山で教鞭を執る傍ら、浮世絵への傾倒を深め、26年「浮世絵師便覧」「葛飾北斎伝」を刊行、浮世絵研究に先鞭をつけた。その後も「小日本」に「東錦歌川列伝」を連載するとともに「河鍋暁斎翁伝」を執筆。晩年は住居を転々とした。他の著書に「木曽沿革史」「浮世絵師歌川列伝」「天言筆記」などがある。

飯島 庚子郎　いいじま・こうしろう
中教出版社長

[生年月日]明治33年（1900年）10月30日
[没年月日]昭和42年（1967年）6月4日
[出生地]東京都　[学歴]慶応義塾大学経済学部〔大正14年〕卒
東洋海上保険を経て、昭和7年冨山房に入社。17年戦時の企業整備により誕生した中等学校教科書株式会社（現・中教出版）に移籍。21年取締役となり、26年傍系の中教印刷に転じて取締役、27年社長。33年中教出版に復帰し、35年社長となった。

飯島 将嘉　いいじま・まさよし
照林堂創業者

[生年月日]明治28年（1895年）3月25日
[没年月日]没年不詳
[出生地]長野県諏訪郡諏訪町（諏訪市）
明治41年上京して六合館に入り、勤続二十余年で支配人にまで昇進。昭和3年末に同店を辞し、4年東京・神田錦町に取次業の照林堂

を創業。地方取引を主とし、約60に及ぶ取引先の出版社の「特選名著特売目録」を作成して通信市を行うなど、新機軸を打ち立てた。16年統合により日本出版配給に入り、教科書営業所長に就任。18年共立出版に参加して取締役を務めるが、戦後の21年には照林堂を出版業として再開した。

飯島 幡司　いいじま・まんじ
日本出版文化協会専務理事

[生年月日]明治21年（1888年）5月12日
[没年月日]昭和62年（1987年）1月11日
[出生地]大阪府大阪市　[別名等]筆名＝飯島曼史　[学歴]神戸高商〔明治44年〕卒, 東京高商専攻部〔大正2年〕卒 経済学博士〔昭和11年〕

各地を転々として育ち、明治30年9歳の時に受洗。35年大阪明星商業学校に入り、プイサン神父の薫陶を受けた。神戸高等商業学校から東京高等商業学校専攻部へ進み、大正2年卒業。3年神戸高商講師を経て、教授となるが、7年久原房之助の懇請により久原商事に入社して大阪支店長、支配人を務めた。11年久原系の日本汽船常務、15年大阪鉄工所（現・日立造船）専務を兼任、大阪鉄工所の再建に取り組み、今日の日立造船の基礎を築く。昭和7年朝日新聞社に論説委員として入り、出版局長、相談役などを歴任。16年出版統制団体である日本出版文化協会の専務理事に就任、その運営責任者として出版物の事前審査や用紙割り当てなどの実務に当たった。17年退任して朝日新聞社監査役。22年関西経済連合会会長となるも、23年公職追放に遭った。25年朝日放送の設立に奔走し、追放解除後の27年社長。34年会長、38年顧問。

[叙勲]聖グレゴリオ勲章（ローマ法王庁）〔昭和25年〕, イタリア・グランデウフィチアレ勲章〔昭和36年〕　[受賞]大阪文化賞〔昭和40年〕

【参考】『生きがいを求めて 究極なるものへの思慕』飯島幡司講話 教育文化研究所 1981

飯塚 昭男　いいずか・あきお
選択出版創業者 「選択」発行人

[生年月日]昭和8年（1933年）12月1日
[没年月日]平成15年（2003年）8月18日
[出生地]新潟県　[学歴]早稲田大学教育学部〔昭和34年〕卒

三鬼陽之助の主宰雑誌「財界」の記者となり、昭和49年同誌編集長となるが、同年財界研究所を退社、びっぷ出版（現・選択出版）を設立。50年総合情報誌「選択」を創刊、政・官・財界などのリーダーに読者をしぼって雑誌を直販し、"直販方式総合情報誌"の草分け的存在となった。

飯泉 新吾　いいずみ・しんご
丸善社長

[生年月日]明治38年（1905年）1月23日
[没年月日]平成6年（1994年）3月6日
[出生地]茨城県

大正9年丸善に入社。昭和31年取締役、38年常務、45年専務、46年社長、57年会長、平成元年相談役を歴任。

飯田 淳次　いいだ・じゅんじ
鶉屋書店主人

[生年月日]大正10年（1921年）3月3日
[没年月日]平成1年（1989年）3月4日
[出生地]東京市本郷区湯島（東京都文京区）
[学歴]本郷商中退

父は挽物の工芸家で、宮内省ご用達となった。本郷商業に学ぶが在学中に肋膜炎に罹り、中退。昭和17年応召して衛生兵として従軍、21年復員。同年東京・谷中で古本屋を開業。40年弘文荘の反町茂雄に認められて明治古典会の振り手に抜擢され、以来同会の中核を担った。また、下町地区の古書店主たちを推薦し、同会に加入させた。47年同副会長、50年会長。詩歌を中心とした文学書や、大衆文学、落語関係、趣味書などを専門とした。

【参考】『鶉屋書店飯田淳次氏の仕事と人』反町茂雄編 弘文荘 1990／『ある古本屋の生涯』青木正美著 日本古書通信社 2006

飯田 貴司　いいだ・たかし
編集者

[生年月日]昭和15年（1940年）1月4日
[没年月日]平成13年（2001年）3月2日
[出生地]神奈川県鎌倉市　[学歴]慶応義塾大学商学部〔昭和37年〕卒

昭和37年大学を卒業して3年間ドイツへ遊学。42年河出書房に入社、51年編集部第一課長。編集者として森敦「月山」、江藤淳「成熟と喪失」、吉本隆明「情況」などを手がけた。

家村 吉兵衛　いえむら・きちべえ
大阪参文社社長

[生年月日]明治7年（1874年）10月21日
[没年月日]昭和43年（1968年）6月5日
[出生地]大阪府大阪市東区豊後町

江戸中期に創業された書肆・文蘴堂の3代目当主として和本や法帖類を出版し、のちには絵本・絵草紙から各種書籍の出版、絵葉書・絵草紙の卸売りも兼ねた。大正9年大阪参文社創業により常務、のち社長。大阪書籍雑誌商組合副組合長を務めるなど大阪の業界で重きをなし、昭和16年日本出版配給設立に際しては関西の中小取次業者の代表として創立委員を務め、大阪参文社の統合後は日配大阪支店長となった。

五百木 良三　いおぎ・りょうぞう
政教社社長 「日本及日本人」編集長 俳人

[生年月日]明治3年（1870年）12月14日
[没年月日]昭和12年（1937年）6月14日
[出生地]愛媛県松山　[別名等]号＝飄亭　[学歴]松山医学校〔明治18年〕卒

明治22年上京し、正岡子規らと句を競う。日清戦争に看護長として従軍し、「日本」に「従軍日記」を連載。帰国後の28年日本新聞社に入社し、33年国民同盟会を結成するなどしたが、俳壇からは離れた。昭和4年政教社に入社、雑誌「日本及日本人」を主宰し、以来、対外硬論を唱えた。のち社長に就任。10年国体明徴運動に参加。没後の33年「飄亭句日記」が刊行された。

【参考】『昭和史を陰で動かした男 忘れられたアジテーター・五百木飄亭』松本健一著 新潮社 2012

伊賀 弘三良　いが・こうざぶろう
祥伝社社長

[生年月日]昭和3年（1928年）3月16日
[没年月日]平成10年（1998年）11月22日
[出生地]兵庫県神崎郡香寺町（姫路市）　[学歴]六高卒,東京大学文学部仏文科〔昭和28年〕卒

昭和28年光文社に入社、同期に桜井秀勲や藤岡俊夫がいた。神吉晴夫の薫陶を受け、34年31歳で「カッパノベルス」創刊編集長に抜擢される。その後、「カッパブックス」や「宝石」編集長を兼務。43年取締役となるが、45年光文社争議のため桜井や藤岡らと退社、祥伝社設立に参画。同年末には「ノンブック」を発刊して成功を収め、松原泰道「般若心経入門」や五島勉「ノストラダムスの大予言」シリーズは大ベストセラーとなった。48年には「ノンノベル」を創刊。55年常務、60年社長。平成5年退任後は一編集者に戻って本作りに取り組んだが、10年70歳で病没した。

五十嵐 一弘　いがらし・かずひろ
日本出版販売社長

[生年月日]昭和4年（1929年）1月5日
[没年月日]平成10年（1998年）10月26日
[出身地]東京都　[学歴]立教大学経済学部〔昭和24年〕中退

大学在学中の昭和24年、創立されたばかりの日本出版販売でアルバイトとして働き、25

年入社。45年経理部次長、49年同部長、51年取締役、53年常務、57年専務、60年副社長を経て、61年社長。平成10年取締役相談役に退く。同社の念願であった売上高業界首位を実現させた。6年出版文化産業振興財団（JPIC）理事長、8年副理事長。日本出版取次協会会長も務めた。
【参考】『日販50年のあゆみ』日本出版販売 2000

五十嵐 勝弥　いがらし・かつや
光文社社長

[生年月日]明治30年（1897年）3月6日
[没年月日]昭和50年（1975年）1月2日
[出生地]群馬県佐波郡豊受村（伊勢崎市）
[学歴]中央大学経済学部卒

5人兄弟の末子で、生家は養蚕業を営む。代用教員を経て、20歳の時に上京。警視庁巡査となった際、正力松太郎刑事部長から「特に勉強しろ」と励まされた。1年で国民銀行員に転じて頭取の書生となり、夜間は中央大学経済学科に学んだ。大正15年講談社に入り、主に経理畑を歩む。昭和14年製作課長。19年陸軍の肝煎りにより作られた日本報道社の設立準備に奔走。敗戦後の20年10月同社が衣替えして光文社が誕生すると、取締役として残留。茂木茂を専務として迎え、編集担当の神吉晴夫と三本柱の布陣で、雑誌「光」創刊から活動が始まると業務畑で活躍。少年少女向け雑誌「少年」「面白倶楽部」「少女」は戦後の娯楽の少ない時代に熱狂的に歓迎された。29年新書版の「カッパブックス」を開始、数々のベストセラーを生んだ。45年光文社争議で退陣した神吉社長のあとをうけて社長に就き、争議の解決に力を尽くした。
[叙勲]勲五等旭日双光章〔昭和45年〕
【参考】『日々是好日 追想の五十嵐勝弥』光文社 1976／『出遇うことの素晴らしさ 五十嵐勝弥の出版人生』竹沢芳雄著 ケイツー 2002

五十嵐 太右衛門（11代目）　いがらし・たうえもん
八文字屋社長

[生年月日]大正10年（1921年）1月31日
[没年月日]昭和56年（1981年）12月20日
[出生地]山形県

八文字屋の歴史は古く元禄頃初代が荷受問屋を開き、その後代々上方との交易で筆墨文具や書籍を移入し貸本屋を営む。明治になると学校教育の普及を見て教科書や教育本を出版し、書籍・文具商として県内一の大店となった。山形県教科書供給所社長、山形県書店組合理事長を歴任。

生田 蝶介　いくた・ちょうすけ
博文館編集次長　歌人

[生年月日]明治22年（1889年）5月26日
[没年月日]昭和51年（1976年）5月3日
[出生地]山口県豊浦郡長府村（下関市）　[本名]生田調介　[旧名]田島　[学歴]早稲田大学英文科中退

代々毛利家に仕える家に生まれ、明治35年13歳で京都に出て叔父の養子となる。40年早稲田大学英文科に入学、41年同級の坪田譲治と回覧雑誌「黒煙」を出した。42年浅田江村の勧めで臨時雇として博文館に入社、44年より正社員。大正10年雑誌「講談雑誌」の編集責任者となり、雑誌に初めて歌壇欄を設け、多くの短歌愛好者を育てた。昭和2年編集次長で退職。一方、中学時代から「中学文壇」などに投稿し、大学中退後は小説や短歌、詩、戯曲、小説評、劇評などを次々と発表。大正5年第一歌集「長旅」を刊行。13年より歌誌「吾妹」を創刊・主宰。短歌と大衆小説を手がけたが、のち短歌に専念した。
[家族等]長男＝生田友也（歌人）
【参考】『生田蝶介全歌集』短歌新聞社 1990

井口 長次　いぐち・ちょうじ
「少年少女譚海」編集名義人

[生年月日]明治32年(1899年)2月11日
[没年月日]昭和53年(1978年)3月16日
[出生地]栃木県那須郡黒磯町(那須塩原市)
[出身地]東京府北豊島郡日暮里町(東京都荒川区)　[別名等]別名=山手樹一郎、井口朝二
[学歴]明治中〔大正6年〕卒

鉄道員の長男として栃木県で生まれ、東京・日暮里で育つ。中学を卒業して中西屋に勤め、小学新報社発行の「少女号」編集者となる。昭和2年博文館に入社、「少女世界」編集長、7年「少年少女譚海」編集名義人。12年「新少年」編集に移り、14年同誌廃刊のため退社。この間、「少年少女譚海」に「大剣聖荒木又右衛門」を発表。8年同人誌「大衆文学」を創刊、井口朝二名義で「矢一筋」を書く。これが大橋進一社長の眼にとまり編集者執筆禁止令の社規にふれると注意を受けたことから、以前山本周五郎につけた筆名・山手樹一郎を取り返して自らの筆名とした。退社後、長谷川伸が主宰する十五日会(のち新鷹会)に加わり、作家活動に専念。15年初の新聞小説「桃太郎侍」を岡山の合同新聞(現・山陽新聞)に連載、作家としての地位を固めた。筆が速く数多くの時代小説を書きつづけ、明朗でユーモアと痛快さにあふれた作風で広く大衆の心を掴み、"貸本屋のベストセラー作家"といわれた。創作の一方で、26年小説研究会・要会をつくり、後進の指導育成にも力を注いだ。

[家族等]長男=井口朝生(小説家)、二男=井口樹生(慶応義塾大学教授)　[叙勲]勲三等瑞宝章〔昭和52年〕　[受賞]野間文芸奨励賞(第4回)〔昭和19年〕「獄中記」「檻送記」「蟄居記」、日本児童文芸家協会児童文化功労者(第11回)〔昭和44年〕
【参考】『聞き書き山手樹一郎』上野一雄著　大陸書房　1985

池沢 丈雄　いけざわ・たけお
文潮社創業者

[生年月日]明治43年(1910年)11月25日
[没年月日]昭和26年(1951年)2月16日
[出身地]兵庫県洲本市　[学歴]日本大学法科卒

百貨店員、製薬会社広告部員、雑誌記者、日本出版配給嘱託を経て、昭和21年文潮社を創業。雑誌「文潮」や文芸書を出したが、24年廃業した。著書に「創作と随筆」がある。

池島 興治　いけじま・こうじ
日本図書普及専務

[生年月日]大正12年(1923年)12月25日
[没年月日]平成7年(1995年)12月12日
[出生地]東京都

昭和24年日本出版販売に入社。営業畑を歩き、44年株式会社全日本ブッククラブ創立と共に出向して取締役。48年同社解散により日本出版販売に復帰して取締役総務部長。50年日本図書普及株式会社に転じ、51年取締役。図書券の流通問題に取り組み、それまでの切り取り式から一枚券に改めて事務処理の大幅合理化を実現させ、その流通拡大に大きく貢献した。

[家族等]兄=池島信平(文藝春秋社社長)

池島 信平　いけじま・しんぺい
「文藝春秋」編集長　文藝春秋社社長

[生年月日]明治42年(1909年)12月22日
[没年月日]昭和48年(1973年)2月13日
[出生地]東京市本郷区春木町(東京都文京区)
[学歴]東京府立五中〔昭和2年〕4年修了、新潟高文科甲類〔昭和5年〕卒、東京帝国大学文学部西洋史学科〔昭和8年〕卒

東京・本郷の牛乳屋・北星舎の二男。昭和8年文藝春秋社の第1回公募入社試験を受けて合格(合格者6名)。菊池寛の薫陶を受け、菊池の代筆で「日本合戦譚」「日本武将譚」な

どを執筆した。15年「話」改め「現地報告」編集主任。18年満州文藝春秋社設立のために渡満、同社編集部長。19年帰国して「文藝春秋」編集長に就任したが、20年5月応召して海軍の一兵卒となり、8月北海道千歳で敗戦を迎えた。21年菊池が文藝春秋社の解散を決意すると、車谷弘、沢村三木男、鷲尾洋三らと伊東に隠棲していた佐佐木茂索に出馬を要請し、文藝春秋新社を設立（41年株式会社文藝春秋に社名変更）。取締役編集局長に就き、23～26年、31～32年「文藝春秋」編集長を兼務。36年専務を経て、41年佐佐木の死去を受け3代目社長に就任。この間、「文藝春秋」24年6月号にサトウハチロー、辰野隆、徳川夢声の3人が昭和天皇の御前で行った放談を再現した座談会「天皇陛下大いに笑ふ」を掲載して大評判となり、戦後の同誌飛躍のきっかけとなった。以後、歴史家としての見識とすぐれたバランス感覚をもとに、「リーダーズ・ダイジェスト」誌に範をとってシュガーコート編集法を取り入れ、新鮮なトピックや事実に即した一等資料を読者によみやすい形で提供するノンフィクション路線で部数を大幅に伸ばし、国民雑誌の域に高めた。33年ライバル誌である「中央公論」に連載した「雑誌記者」を中央公論社より出版。35年には同社の大型企画「世界の歴史」（全16巻別巻1）の共同監修者に名を連ねた。NHKラジオ「文壇よもやま話」「歴史よもやま話」の司会者としても手腕をみせた。
[家族等] 弟＝池島興治（日本図書普及専務）
[受賞] 放送文化賞（第19回、昭和42年度）〔昭和43年〕
[参考] 『池島信平文集』文藝春秋 1973／『文藝春秋編集長 菊池寛の心を生きた池島信平』塩澤実信著 展望社 2005

池田 郁雄　いけだ・いくお
ベースボール・マガジン社社長

[生年月日] 昭和15年（1940年）6月25日
[没年月日] 平成10年（1998年）10月12日
[出身地] 東京都新宿区　[学歴] 早稲田大学第一政経学部経済学科〔昭和38年〕卒、ブダペスト国際ジャーナリストスクール〔昭和42年〕修了

米国プレンティスホール社、タイム社で研修。昭和42年父が創業したベースボール・マガジン社に入社、54年編集発行人、57年副社長。平成4年2代目社長に就任したが、10年急逝。80代半ばの父が復帰し、弟・哲雄が社長を継いだ。
[家族等] 父＝池田恒雄（ベースボール・マガジン社会長）、妹＝猪谷晶子（恒文社インターナショナル社長）、工藤美代子（ノンフィクション作家）、池田嘉子（スポーツライター）、弟＝池田哲雄（ベースボール・マガジン社社長）

池田 菊夫　いけだ・きくお
池田書店社長

[生年月日] 昭和14年（1939年）6月15日
[没年月日] 平成20年（2008年）4月8日
[出身地] 東京都　[出身地] 神奈川県藤沢市
[学歴] 慶応義塾大学法学部〔昭和39年〕卒

池田書店創業者・池田敏子の二男。昭和41年池田書店に入り、46年常務、49年専務を経て、60年兄の後を受け3代目社長に就任。平成8年会長、16年相談役。
[家族等] 母＝池田敏子（池田書店創業者）、兄＝池田菊敏（池田書店会長）

池田 菊敏　いけだ・きくとし
池田書店社長

[生年月日] 昭和7年（1932年）
[没年月日] 平成12年（2000年）4月15日
[出身地] 東京都　[出身地] 神奈川県藤沢市
[学歴] 慶応義塾大学法学部卒

池田書店社長を経て、ペン・エンタープライズ社代表となり、著述業兼出版プランナーとして活動。韓国文化への造詣が深く、古代韓国語で古文献を読む月刊通信誌を主宰。著書に「韓国旅行会話手帳」、訳書に高英煥「平壌25時 金王朝の内幕」、金賢姫「いま、女と

して 金賢姫全告白」などがある。
[家族等]母=池田敏子(池田書店創業者),弟=池田菊夫(池田書店社長)

池田 恒雄　いけだ・つねお
ベースボール・マガジン社社長 恒文社社長

[生年月日]明治44年(1911年)5月3日
[没年月日]平成14年(2002年)2月9日
[出生地]新潟県北魚沼郡小出町(魚沼市)
[学歴]小千谷中卒,早稲田大学文学部英文科〔昭和10年〕卒

昭和6年早大時代から博文館の雑誌「野球界」編集部でアルバイト、卒業後に入社し、12年編集長。以後、野球雑誌編集に情熱を傾ける。21年国立の自宅で恒文社を設立し、「ベースボール・マガジン」を創刊。ベースボール・マガジン社として「週刊ベースボール」をはじめ各種スポーツ誌を発行する一方、恒文社から「ハンガリー史」など東欧関係書を出版。またスポーツを通じて欧州各国とも交流、ハンガリー、ルーマニア、ポーランドなどから勲章を受けた。58年日本セイシェル協会会長。平成元年出版業界で初の野球殿堂入り。
[家族等]長男=池田郁雄(ベースボール・マガジン社社長)、長女=猪谷晶子(恒文社インターナショナル社長)、二女=工藤美代子(ノンフィクション作家)、二男=池田哲雄(ベースボール・マガジン社社長)、三女=池田嘉子(スポーツライター)　[叙勲]勲三等瑞宝章〔昭和62年〕

池田 敏雄　いけだ・としお
平凡社編集局次長 民俗学者

[生年月日]大正5年(1916年)8月6日
[没年月日]昭和56年(1981年)3月31日
[出生地]島根県簸川郡荘原村(出雲市)　[学歴]台北第一師範〔昭和10年〕卒

5人弟妹(3男2女)の長男。大正13年両親と台湾・台北に移住。昭和10年台北第一師範学校を卒業後に龍山公学校教員となり、台湾人生徒を教える傍ら、同地の民俗を調査・採集した。13年生徒の一人・黄氏鳳姿(のちに夫人となる)の文才を見出し、彼女に家庭内の日常や習慣を文章に綴るよう指導。15年にはそれらをまとめた「七娘媽生」が刊行され、日本でも大きな反響を呼んだ。同年教職を退いて台湾総督府情報部に入り、機関誌「新建設」の編集などに従事。一方で16年人類学者・金関丈夫を主宰者に迎えて月刊誌「民俗台湾」を発行し、編集を担当するとともに匿名でコラムや論文を執筆した。19年応召、陸軍に入隊して20年屏東で敗戦を迎える。22年引き揚げ、島根新聞社に入社して主に文化欄を受け持ち、25年文化部長、28年論説委員を歴任。29年平凡社に転じて「世界大百科事典」「中国古典文学全集」「東洋文庫」などの編集に当たり、44年編集局次長にまで昇った。51年定年退職。
[参考]「台湾近現代史研究」4号 1982.10

池田 敏子　いけだ・としこ
池田書店創業者

[生年月日]明治37年(1904年)1月13日
[没年月日]昭和59年(1984年)7月5日
[出生地]山形県山形市　[別名等]筆名=近藤信緒　[学歴]東京保母伝習所卒

教材社を経て、昭和24年池田書店を創業。35年に刊行した謝国権の性交態位解説書「性生活の知恵」は人形写真を使用するという独創的なアイデアで評判を呼び、150万部以上のベストセラーとなった。また、近藤信緒の筆名で「人を知る法」などの著作がある。
[家族等]長男=池田菊敏(池田書店社長),二男=池田菊夫(池田書店社長)

池田 秀男　いけだ・ひでお
北方出版社社主

[生年月日]明治39年(1906年)
[没年月日]平成1年(1989年)11月
[出生地]兵庫県芦屋市　[学歴]早稲田大学〔昭和6年〕卒

大学卒業後、王子製紙秘書課長・渡部道太郎の助手として「和紙類考」の編集に専念。やがて渡部の紹介で北方文化出版社の東京支社に勤め、昭和19年戦時の企業整備により同社を含む北海道の出版社4社が統合して北方出版社が誕生すると同社専務に就任。北海道帝国大学につながる人脈を駆使して学術叢書「理学モノグラフ」を出した他、「生物」「北方医学」など数々の学術雑誌を創刊。北海道という立地を生かし、戦後の科学出版の口火を切った。傍ら、21年札幌市の自宅で個人経営の出版社・鶴文庫（ぐるすぶんこ）を設立。趣味と民芸の本を中心に、28年まで書籍21点と雑誌3種を刊行した。32年東京に転居し、33年北方出版社を解散。その後、義弟が社長を務めるラジオ公論社で業界誌「ラジオ公論」の編集に携わった。また、三茶書房・岩森亀一と親交があり、49年同書房から和紙研究を集大成した「和紙年表」を出した。
【参考】『北の科学者群像〈理学モノグラフ〉1947-1950』杉山滋郎著 北海道大学図書刊行会 2005

池辺 伝　いけべ・つたえ
東京出版販売社長

[生年月日]明治24年（1891年）11月14日
[没年月日]昭和57年（1982年）8月5日
[出生地]福岡県　[学歴]福岡県立農〔明治45年〕卒

昭和11年産業組合中央会に入り、経理課長、常務理事、専務理事を務める。24年東京出版販売（現・トーハン）設立に際して常務として入社。25年専務を経て、27年社長。44〜48年会長。44年全国出版協会理事長となり、日本取次協会会長を4期務めるなど、出版業界の近代化と発展に貢献した。50年私財を投じ筑紫奨学会を設立した。
[叙勲]勲四等瑞宝章〔昭和45年〕

伊坂 一夫　いさか・かずお
伊坂美術印刷社長　ニューハウス出版社長

[生年月日]明治36年（1903年）11月25日
[没年月日]昭和63年（1988年）1月5日
[出生地]東京都　[学歴]大倉商〔大正10年〕卒

伊坂印刷所創業者・伊坂留吉の一人息子。大正10年大倉商業学校を卒業して家業に就き、昭和12年父の死により代表社員に就任。32年合資会社伊坂美術印刷所に商号変更、53年伊坂美術印刷株式会社に改組。58年会長。47年全日本印刷工業組合連合会副会長。この間、40年住宅専門誌の草分けである「ニューハウス」などを発行するニューハウス出版に出資して子会社とし、同社長も務めた。
[家族等]父＝伊坂留吉（伊坂印刷所創業者）
[叙勲]黄綬褒章〔昭和43年〕，勲五等双光旭日章〔昭和50年〕　[受賞]日本印刷工業会印刷功労賞〔昭和53年〕
【参考】『ある印刷人の昭和史 伊坂一夫の生涯』本間健彦編 伊坂美術印刷株式会社 1989

五十沢 二郎　いざわ・じろう
雅博那書房創業者

[生年月日]明治36年（1903年）
[没年月日]昭和23年（1948年）
[出生地]神奈川県　[本名]伊沢二郎　[学歴]慶応義塾大学中退

昭和3年発藻堂書院から「伎道一夕話」を出版。5年雅博那（やぽんな）書房を創業、限定版で川上澄生の詩画集などを出した他、佐藤春夫編集責任の文芸誌「古東多万」を発行。8年竹村書房より四書五経の自由訳「東方古典叢書」（全10巻）を刊行した後、渋沢敬三のアチック・ミューゼアムで「叢書採輯日本古典書目索引」の編纂や渋沢栄一の伝記作成なども手がけた。

石井 恭二　いしい・きょうじ
現代思潮社創業者

[生年月日]昭和3年（1928年）2月13日
[没年月日]平成23年（2011年）11月29日
[出生地]東京都　[学歴]東京府立十一中卒

昭和32年現代思潮社（現・現代思想新社）を創業。埴谷雄高、吉本隆明、渋沢龍彦らの先駆的な思想、哲学、文学の紹介や、サド、ブルトン、トロッキー、バタイユ、ブランショなど古典の出版を行い、平成8年まで社主・編集責任者を務めた。この間、昭和34年サド著・渋沢訳「悪徳の栄え」を発行、文学と性表現をめぐって社会的な関心を呼び、発行者として渋沢とともに起訴され、罰金刑を受けた。その抗議に、出版から退くとき無修正版「悪徳の栄え」を刊行した。一方、20代の頃から道元の「正法眼蔵」を読み、平成8年出版業から引いて以後は、道元研究・著述に専念した。

石井 計記　いしい・けいき
甲陽書房創業者　小説家

[生年月日]大正7年（1918年）11月21日
[没年月日]平成11年（1999年）2月22日
[出生地]山梨県

東京の創元社に勤務し、海軍報道班員、陸軍報道班員として従軍。戦後は高須書房編集長、第一書店出版部長、諏訪書房企画部長などを経て、同人誌「中部文学」を主宰。昭和23年甲陽書房を創業して書籍出版を開始、社名は出身地の山梨県にちなむ。著書に「天目山」「黎明以前　山県大弐」などがある。
[受賞]日本文芸大賞歴史文学賞（第4回）〔昭和59年〕「黎明以前　山県大弐」、前田晁文化賞（第4回）〔平成2年〕

石井 研堂　いしい・けんどう
「少国民」編集者　明治文化研究家

[生年月日]慶応1年（1865年）6月23日
[没年月日]昭和18年（1943年）12月6日
[出生地]陸奥国郡山（福島県郡山市）　[本名]石井民司　[学歴]郡山金透小〔明治12年〕卒

6人兄弟の3男。明治16年より母校・郡山金透小学校で教鞭を執る。18年上京し、岡千仭の塾に入門。19年脚気のため一時帰郷するが、21年再度上京して東京教育社の雑誌「貴女之友」や書方改良会の機関紙「国民必読」の編集を手伝った。22年有馬小学校訓導となるが、傍ら同年から学齢館「小国民」（のち「少国民」）の編集に従事し、24年以降は教職を辞して同誌の編集を専業とし、児童文化の育成に大きな影響を与えた。33年春陽堂書店に入社し、「今世少年」編集人となるが、約1年で休刊。以後、博文館の「理科十二ケ月」「少年工芸文庫」の刊行に携わり、39年有楽社「世界之少年」編集を経て、41年博文館「実業少年」の編集兼発行人に就任した。一方で、明治文化研究に力を注ぎ、同年幕末・明治期に日本に伝来又は勃興した事物の起源をまとめた「明治事物起原」を刊行。同書は以降も大正11年、昭和19年と改訂版を出し、ライフワークとなった。大正元年博文館退社後は著述に専念。13年吉野作造らと明治文化研究会を設立し、「明治文化全集」「幕末明治新聞全集」などの編纂に当たった。錦絵の蒐集・研究家としても有名で、「地本錦絵問屋譜」「錦絵の改印の考証」「錦絵の影と摺」の3部作は錦絵鑑定のツールとして現在も有用である。
[家族等]弟＝浜田四郎（三越広告部主任）
【参考】『石井研堂　庶民派エンサイクロペディストの小伝』山下恒夫著　リブロポート　1986

石井 慎二　いしい・しんじ
洋泉社社長

[生年月日]昭和16年（1941年）6月22日
[没年月日]平成22年（2010年）2月12日
[出生地]東京都　[旧名]鈴木　[学歴]早稲田大学政経学部〔昭和41年〕卒

学生時代は大学新聞に参加。東京都庁交通局に入るが1年で退職。以来、文学全集の編集、

週刊誌の編集、記者、英米のエンターテインメントの翻訳物の編集と、多彩な出版経験を持つ。昭和45年JICC出版局（現・宝島社）に入社。「月刊宝島」編集長を経て、52年「別冊宝島」創刊編集長。「現代思想・入門」「朝鮮・韓国を知る本」「欠陥英和辞典の研究」など新しいジャンルでヒットを生んだ。単行本、ブックレット、ムック、ビデオとあらゆるジャンルを手がけ、平成3年取締役出版一局局長。10年より関連会社・洋泉社の社長に就任。

石井　晋　いしい・すすむ
日本出版販売副社長

[生年月日]明治34年（1901年）1月4日
[没年月日]平成1年（1989年）12月2日
[出生地]千葉県　[学歴]慶応商〔大正8年〕卒

大正11年東京堂に入社。昭和16年同社が日本出版配給に統合されると淡路町営業所事業課長、駿河台支店次長を務める。24年日本出版販売に移り、26年取締役雑誌販売部長、29年仕入部長、32年販売部長、36年常務、41年専務を経て、47年副社長。
[叙勲]勲五等双光旭日章〔昭和53年〕

石井　立　いしい・たつ
筑摩書房編集次長

[生年月日]大正12年（1923年）2月19日
[没年月日]昭和39年（1964年）1月3日
[出生地]神奈川県　[学歴]京都帝国大学文学部史学科卒

大地書房を経て、昭和22年筑摩書房に入社。太宰治「人間失格」の編集担当者で、「井伏鱒二選集」などの編集にも携わる。23年太宰が玉川上水に投身自殺した時にはその遺体の引き揚げに加わった。また、小山清、原田康子らの作家も担当した。父は翻訳家の石井正で、共同でショーペンハウエル「幸福について」「女について」「自殺について」などを翻訳した。

[家族等]息子＝石井耕（北海学園大学教授），父＝石井正（翻訳家）

石井　時司　いしい・ときじ
学燈社社長

[生年月日]大正15年（1926年）8月28日
[没年月日]平成16年（2004年）4月18日
[出身地]新潟県柏崎市　[学歴]陸軍航空研究所卒

昭和25年学燈社に入社。41年社長。雑誌「国文学 解釈と教材の研究」をはじめ、国文学専門出版社として知られた。

石井　白露　いしい・はくろ
実業之日本社主筆

[生年月日]明治3年（1870年）12月
[没年月日]大正5年（1916年）1月8日
[出生地]大阪府　[本名]石井勇　[学歴]同志社〔明治24年〕中退，慶応義塾〔明治26年〕卒

父は鳥取県士族で、役人勤めのため各地に転任する。明治21年9月新島襄を慕って同志社に入学したが、その死により24年退学。上京して慶応義塾に入り、26年卒業。同年12月読売新聞編輯局に入社。31年4月新潟新聞主筆に招聘されたが、33年5月読売に復帰し編集長・主筆になる。35年12月期することあって読売新聞を退社、36年4月実業之日本社に入る。社長の増田義一を助けて社業の発展に尽力すること十数年、同社理事に進む。この間、その雄健で円熟の境に入る文章によって広く読者の人気を博し、また全国各地の講演会に臨んで人生修養を説いた。胃潰瘍により45歳で急逝。
【参考】『白露遺稿』 1917

石井　彦澄　いしい・ひこずみ
東京出版販売特販部長　全国出版協会出版科学研究所所長

[生年月日]大正8年（1919年）7月7日
[没年月日]平成16年（2004年）10月16日

石井　茂吉　いしい・もきち
印刷技術者　写真植字機研究所創業者

［生年月日］明治20年（1887年）7月21日
［没年月日］昭和38年（1963年）4月5日
［出生地］東京府北豊島郡王子（東京都北区）
［学歴］東京帝国大学工科大学機械科〔明治45年〕卒

　明治45年大学を卒業して神戸製鋼所に入社。大正12年星製薬に移るが、13年退社して森沢信夫と共に邦文写真植字機の開発に取り組み、14年試作機を完成させる。15年東京・王子に石井写真植字機研究所を創立。昭和3年商工省から発明奨励金を受けて写植機の試作に没頭し、4年には写植実用機を開発して共同印刷、凸版印刷、日清印刷など各社に納品した。6年には潮汐表の組版のため海軍水路部に写植機を納め、同年恩賜奨励金を受けた。その後も写植機や写植文字の開発を進め、11年「A型機」、17年「SK1号機」を完成。戦時中は軍需生産への転換を拒否するが、20年4月の空襲により工場を失った。戦後、森沢と再度提携して写植機の生産及び写植文字の開発を再開し、22年石井細明朝体を製作。25年社を株式会社写真植字機研究所（写研）に改組し、社長に就任。27年から諸橋轍次「大漢和辞典」の原字5万字を製作。29年「SK2型機」、30年「SK3型機」、33年「SK4-E型機」を次々と開発するなど植字機の改良に尽力。35年写真植字機の発明と石井文字制作により菊池寛賞を受賞した。

［家族等］長女＝石井裕子（写研社長）　［叙勲］紺綬褒章〔昭和37年〕　［受賞］菊池寛賞（第8回）〔昭和35年〕、科学技術長官賞〔昭和36年〕
【参考】『追想石井茂吉』写真植字機研究所石井茂吉追想録編集委員会編 1965／『石井茂吉と写真植字機』写真植字機研究所石井茂吉伝記編纂委員会 1969

［出生地］東京市神田区（東京都千代田区）
［学歴］明治大学商学部〔昭和17年〕卒

　父は千勝古流を創流した華道家元。昭和9年東京堂に入店、東京堂教習所に学び、同校が発展した実践商業学校を第1期生として卒業。明治大学夜間部にも学んだ。16年同社の日本出版配給への統合により同社銀座営業所に移籍したが、17年応召。近衛歩兵第四連隊に入隊して中国へ送られ、21年復員。同年日配に復職。24年東京出版販売（現・トーハン）設立準備委員となり、41年名古屋支店長、47年教科書部長、50年教科書教材部長、51年特販部長などを経て、同年全国出版協会出版科学研究所の2代目所長に就任。62年退任。著書に「限りなき『出版統計』の道を求めて」がある。
【参考】石井彦澄「行雲流水 苦節五十年（1～5）」（「出版クラブだより」1991.4.10～9.10）

石井　満　いしい・みつる
日本出版協会会長　社会評論家

［生年月日］明治24年（1891年）2月9日
［没年月日］昭和52年（1977年）11月13日
［出生地］千葉県富津　［学歴］東京帝国大学法科大学政治学科〔大正6年〕卒

　鉄道院事務官、東京市電気局総務課長、大里児童育成会理事を経て、昭和20年戦時統制団体であった日本出版会の解散を受けて誕生した日本出版協会に入り常務理事兼事務局長、間もなく理事長・会長に就任。21年同協会は戦犯出版社追放問題で紛糾、戦犯として追及された出版社が同協会を離脱して日本自由出版協会を作る分裂騒動を起こした。28年日本出版クラブ設立に際して発起人世話人を務め、創立後は同顧問を務めるなど、戦後混乱期の出版界に名を残した。新渡戸稲造の薫陶を受けたリベラリストで、ホイットマン関係の研究と文献収集で知られる。

石上 文七郎　いしがみ・ぶんしちろう
　　　續文堂創業者

[生年月日] 明治24年（1891年）7月13日
[没年月日] 昭和37年（1962年）6月5日
[出生地] 静岡県

明治37年上京。三協印刷や報知新聞活版部に勤めた後、大正11年京橋木挽町に青文社印刷所を創業。関東大震災で焼失したがすぐに復興し、主に教科書の組版に従事した。昭和22年東京・神田錦町で續文堂を創業して出版業に転じ、科学啓蒙書や検定教科書、学習参考書・自習書などを出版。中学館の商号も併用して自習書を出した。32年日本書籍出版協会の設立に関わり、創立から34年まで監事。教科書協会監事、日本出版クラブ理事なども務めた。
[家族等] 長男＝石上昭（續文堂社長）

石川 数雄　いしかわ・かずお
　　　主婦の友社社長

[生年月日] 明治38年（1905年）5月12日
[没年月日] 昭和57年（1982年）4月27日
[出生地] 大分県宇佐郡高家村（宇佐市）　[旧名] 井上　[学歴] 宇佐中〔大正12年〕卒、福岡高理科乙類〔昭和2年〕卒、九州帝国大学医学部〔昭和6年〕卒　医学博士〔昭和10年〕

父は主婦の友社創業者・石川武美のいとこ。5人きょうだい（2男3女）の長男。昭和6年九州帝国大学医学部副手、10年助手、12年講師を経て、16年助教授。20年7月同大附属医学専門部教授を兼任。放射線医学を専門とし、10〜12年ドイツへ留学。20年8月長崎に原爆が投下されると、9月より被害調査や診療に従事した。この間、10年石川の長女と結婚、14年養子縁組して石川姓となった。21年退官して上京、石川医院を開いたが、同年養父の公職追放問題などが起こり、主婦の友社社長に就任。52年会長。医学者出身ということもあり、家庭医学出版に力を注いだ。41年より日本雑誌協会理事長を6期12年間務めた他、日本出版クラブ理事、日本書籍出版協会理事、出版文化国際交流会理事を歴任。著書に「写真集 旅の眼」などがある。
[家族等] 長男＝石川晴彦（主婦の友社社長）、二男＝石川康彦（主婦の友社社長）、与謝野馨（衆院議員）　[叙勲] 勲三等旭日中綬章〔昭和50年〕
[参考] 『追憶石川数雄』主婦の友社 1983

石川 正作　いしかわ・しょうさく
　　　東洋社創業者 東京書籍社長

[生年月日] 元治2年（1865年）3月11日
[没年月日] 昭和15年（1940年）11月12日
[出生地] 伊勢国（三重県）　[学歴] 東京高師卒

三重県師範学校の教師を経て、文学社、国光社などで編集に従事。明治30年東洋社を創業して婦人雑誌「女子之友」を創刊。婦人・家庭書、教育書を出版。また各科目の教授用標本や模型を製作販売した。42年国定教科書の翻刻発行会社として東京書籍株式会社が設立されると主事として入社。同社支配人を経て、3代目社長に就任した。東京書籍商組合評議員、日本製紙や東洋印刷の各取締役も務めた。東書文庫の庭に胸像あり。

石川 度治　いしかわ・たくじ
　　　東京出版販売社長

[生年月日] 明治42年（1909年）12月20日
[没年月日] 平成5年（1993年）5月8日
[出身地] 愛知県豊橋市　[学歴] 日本大学法学部〔昭和11年〕卒

大正13年東京堂に入る。昭和16年同社が日本出版配給に統合され、22年仕入部書籍課長。24年東京出版販売（現・トーハン）設立と同時に入社、27年取締役。38年常務、42年専務、48年副社長を経て、52年社長。59年から会長。62年顧問。日本出版取次協会会長、出版文化国際交流会顧問、読書推進運動協議会常務理事、日本出版クラブ副会長を歴任。
[叙勲] 勲四等瑞宝章〔昭和56年〕

石川　武美　いしかわ・たけよし
　　主婦の友社創業者　日本出版配給社長
　　東京出版販売社長

[生年月日]明治20年（1887年）10月13日
[没年月日]昭和36年（1961年）1月5日
[出生地]大分県宇佐郡安心院町（宇佐市）
[学歴]宇佐中〔明治37年〕中退

生家は農家で、6人きょうだい（4男2女）の3番目の二男。"武義"と命名されたが、戸籍に"武美"と記録されてしまったため、生涯訂正せずにその名を名のった。明治37年宇佐中学を中退すると小学校の恩師で後年に千葉市長となった久保三郎を頼って上京、同文館に入社。早稲田支店の書店員や本店で雑誌「婦女界」の営業を担当。44年退社。この間、39年海老名弾正よりキリスト教の洗礼を受け、40〜42年兵役に就く。44年婦人之友社に入社するも、大正元年退社して自ら「国民倶楽部」を創刊。同誌が3号で廃刊となると「婦女界」を経て、5年東京家政研究会を設立した。同会から出版した「貯金の出来る生活法」が版を重ね、6年雑誌「主婦之友」（現・「主婦の友」）を創刊。10年主婦之友社に社名変更。13年株式会社に改組。同誌は庶民的な主婦層を対象に、実用的記事を掲載した婦人雑誌として新生面を開き、創刊3年で発行部数業界第1位となった。この間、12年国民新聞社を援助して同社副社長となるが、13年退社。昭和16年文化事業報国会（現・石川文化事業財団）を設立して理事長。18年日本出版配給社長に就任。20年日本出版会会長。21年主婦之友社社長を退任。22年自宅書庫を整備してお茶の水図書館を開館。同年公職追放。25年追放解除となると東京出版販売（現・トーハン）の初代社長となった。27年会長。
[家族等]孫＝石川晴彦（主婦の友社社長），石川康彦（主婦の友社社長），女婿＝石川数雄（主婦の友社社長）　[受賞]印刷文化賞（第1回）〔昭和32年〕，菊池寛賞（第6回）〔昭和33年〕
【参考】『主婦の友　石川武美』栗田書店 1968／『ひとすじの道　主婦の友社創業者・石川武美の生涯』吉田好一著　主婦の友社 2001

石川　寅吉　いしかわ・とらきち
　　興文社創業者

[生年月日]明治27年（1894年）1月16日
[没年月日]昭和17年（1942年）8月4日
[出生地]東京市深川区（東京都江東区）　[旧名]金子　[学歴]開成中〔大正1年〕卒

大正13年安政年間に創業した版元（錦森閣）を株式会社興文社に改組して取締役、15年専務。中等教科書や英語関係書などを刊行した。昭和初期の"円本ブーム"にアルスの出した「日本児童文庫」の向こうを張って、菊池寛・芥川龍之介編纂の「小学生全集」を出版。熾烈な競争は訴訟にまで及んだ。

石崎　釗　いしざき・つとむ
　　石崎書店創業者

[生年月日]明治39年（1906年）7月30日
[没年月日]昭和48年（1973年）3月8日

昭和22年石崎書店を創業。40年株式会社に改組。人事院規則及び関係法規を主力出版物とした。
[家族等]妻＝石崎多賀（石崎書店社長）

石田　忠兵衛　いしだ・ちゅうべえ
　　積善館社長

[生年月日]明治19年（1886年）6月10日
[没年月日]昭和29年（1954年）8月5日
[出生地]大阪府大阪市　[別名等]幼名＝梅次郎

先代の石田忠兵衛の長男で、父が大阪・心斎橋で起こした積善館の2代目社長。「懐中日記」「ポケット日記」「当用日記」「婦人日記」など各種日記を出して"日記の積善館"として知られた。中学や高等学校の教科書も出版した。大阪書籍、学習社の取締役も務めた。

石田 松太郎　いしだ・まつたろう
柳原書店社長

[生年月日]明治16年(1883年)10月10日
[没年月日]昭和29年(1954年)
[出生地]東京市京橋区(東京都中央区)

大阪の取次・柳原書店に入社。大正7年合資会社に改組すると代表社員となり営業一切を主宰して戦前の取次業界で重きをなし、大阪書籍雑誌商組合長などを歴任。昭和16年日本出版配給の創立に際して創立発起人の一人となり、取締役を務めた。24年日配閉鎖とともに柳原書店を復活させ、同社長に就任した。

石橋 勝治　いしばし・かつじ
日本標準創業者

[生年月日]明治44年(1911年)2月6日
[没年月日]平成6年(1994年)11月10日
[出生地]岩手県大船渡市　[学歴]岩手師範専攻科卒

昭和6年大船渡尋常高等小学校に教師として赴任して以来、岩手県内で小学校教師を務める。その後、上京して東京で教師生活を送り、25年日本標準テスト会を創業。32年株式会社に改組。45年日本標準に商号変更。教育図書・児童図書を出版した。60年会長。
[叙勲]勲六等単光旭日章〔昭和58年〕

石橋 湛山　いしばし・たんざん
東洋経済新報社長 首相

[生年月日]明治17年(1884年)9月25日
[没年月日]昭和48年(1973年)4月25日
[出生地]東京府麻布区(東京都港区)　[出身地]山梨県　[別名等]幼名=省三、別名=霜亭
[学歴]早稲田大学文学部哲学科〔明治40年〕卒、早稲田大学大学院宗教研究科〔明治41年〕修了

日蓮宗の僧・杉田日布の長男で、母方の石橋姓を継ぐ。少年時代を山梨県で過ごし、山梨一中から早大文学部哲学科に進み、田中王堂、島村抱月らに師事。明治41年抱月の紹介で東京毎日新聞社に入社するが、42年社内の内紛のために退社。44年東洋経済新報社に移り、「東洋時論」編集担当から「東洋経済新報」記者となり、独学で経済学を研究するとともに政治・経済論を執筆。同誌の文体を口語文に切り替えたり、「小評論」を設けたりするなど、紙面の刷新に手腕を発揮。大正3年植原悦二郎、田川大吉郎らと自由思想講演会を設立。10年同社の合名会社化により取締役に挙げられ、13年「東洋経済新報」主幹、14年同社代表取締役に就任。昭和9年からは英文経済誌「オリエンタル・エコノミスト」主幹も兼ねた。満州事変勃発後は軍部の独裁や日独伊三国同盟締結に反対し続け、日米開戦後も当局からの圧力を受けながら早期終戦を主張し、18年石渡荘太郎蔵相を説得して大蔵省内に戦時経済特別調査室を設置させた。戦後は第一次吉田内閣の蔵相となったのをきっかけに政界入りし、衆院議員に通算6選。31年12月第2代自由民主党総裁となり石橋内閣を組織したが、病のため在職2ケ月で辞任した。日ソ協会会長、日本国際貿易促進協会総裁を務め、ソ連・中国との関係改善に尽くした。自伝「湛山回想」がある。
[家族等]長男=石橋湛一(実業家)、父=杉田湛誓(久遠寺81世法主)　[叙勲]勲一等旭日大綬章〔昭和39年〕
【参考】『湛山回想』石橋湛山著 毎日新聞社 1951(岩波文庫 1985)／『石橋湛山 人と思想』長幸男編 東洋経済新報社 1974

石原 俊明　いしはら・しゅんめい
国際情報社創業者 大法輪閣創業者

[生年月日]明治21年(1888年)1月21日
[没年月日]昭和48年(1973年)1月17日
[出生地]静岡県小笠郡大須賀町(掛川市)
[学歴]掛川中

4歳で母を亡くし、静岡県新野村(現・御前崎市)の曹洞宗寺院・想慈院の住職である白鷺洲喚三につく。また、可睡斎で日置黙仙、足立宗法、足羽雪艇の指導を受けた。16歳で上

京後、郷里の先輩である松本君平の手引きで出版事業に携わり、大正11年東京・京橋山下町に有限会社国際情報社を設立して月刊グラフ誌「国際写真情報」を発刊、書店に卸さない外交販売（直販）専門で成功した。12年の関東大震災で社屋は灰燼に帰したが、すぐに「関東大震災特集号」40万余部を発行してグラフ誌としての偉力をみせた。13年「国際写真タイムズ」「婦人グラフ」を創刊。昭和8年仏教総合雑誌「大法輪」を創刊、13年初の書籍である沢木興道「禅談」を刊行。20年3月以降は太平洋戦争の戦局悪化を受け「大法輪」以外の出版物を休刊したが、26年株式会社国際情報社を設立して「国際写真情報」「映画情報」「世界画報」を復刊。34年月刊婦人誌「家庭全科」を創刊。41年国際情報社から有限会社大法輪閣を独立させた。44年財団法人石原育英会を設立。晩年は「正法眼蔵全講」（全24巻）の刊行に尽力した。
[家族等] 長男＝石原明太郎（国際情報社社長）、二男＝石原恒夫（国際情報社専務）
【参考】「大法輪」1973.3

石原 龍一　いしはら・りゅういち
求龍堂社長

[生年月日] 明治32年（1899年）11月20日
[没年月日] 昭和59年（1984年）11月25日
[出生地] 兵庫県　[本名] 足立隆一（あだち・りゅういち）　[学歴] 関西学院大学〔大正8年〕卒

大正後期に関西から上京、義兄・石原雅夫が創業した画材商・出版業の石原求龍堂を手伝い始めた。梅原龍三郎（社名の名付け親でもあり求龍堂はフランス語のCurieuxを漢字に移したもの）、安井曽太郎をはじめとする多くの画家や青山二郎らと親交を結び、画商として大成する傍ら、出版活動も行い、昭和15年同社初の画集「梅原龍三郎近作画集」を刊行。太平洋戦争末に急逝した義兄の後を継ぐも、戦時の企業整備により同社は文藝春秋社に統合された。敗戦時は静岡県伊東に疎開していたが、25年疎開仲間の青山、小林秀雄と豪華な美術文学雑誌を計画し、創元社から共同編集で雑誌「創元」を出版。27年渡欧から帰国後、三層出版を吸収する形で求龍堂を株式会社に改組。数々の画集や図録を手がけ、読売文学賞を受賞した白洲正子「能面」、大著「茶道名器鑑」（全6巻）、「茶道美術全集」（全15巻）などで美術出版社としての地位を高めた。53年会長。初代洋画商協会会長も務めた。
[家族等] 息子＝足立龍太郎（求龍堂社長）、孫＝足立欣也（求龍堂社長）、義兄＝石原雅夫（求龍堂創業者）　[叙勲] 勲五等双光旭日章〔昭和52年〕
【参考】『求龍堂の六十年 石原龍一の仕事を中心とした』求龍堂 1991

石山 賢吉　いしやま・けんきち
ダイヤモンド社創業者

[生年月日] 明治15年（1882年）1月2日
[没年月日] 昭和39年（1964年）7月23日
[出生地] 新潟県西蒲原郡曽根村（新潟市）
[学歴] 慶応義塾商業学校〔明治39年〕卒

生後間もなく父を亡くし、母の実家で育つ。小学校卒業後は郵便局に勤め、明治36年上京。最初は芸者評判録発行所に勤めるがすぐに辞し、日本大学、慶応義塾商業学校、正則英語学校などに学んだ。39年慶応義塾商業学校を首席で卒業後、同校で知り合った野依秀市らと「三田商業界」（のち「実業之世界」に改題）を創刊したが、やがて野依と意見が食い違うようになり、44年退社。大正2年福沢桃介や松永安左ヱ門、日本橋の毛織物問屋の主人・米倉嘉兵衛の後援によりダイヤモンド社を設立し、経済誌「ダイヤモンド」を創刊。以来、広告と編集を切り離して絶対に筆をまげず、"数字"を基礎とした独自の観点で会社を分析するという方針が読者に受け入れられ、第一次大戦後の好景気も相まって売上げを伸ばし、我が国を代表する経済雑誌としての地位を確立した。一方、創刊以来ほぼ毎号自身

の筆になる論文を掲載、特に「決算報告の見方」は好評を博し、4年同社最初の単行本として出版され、長期にわたって版を重ねた。将棋にも深い関心を持ち、12年プロ棋士・大崎熊雄8段の雑誌「新棋戦」創刊を支援している。昭和8年ダイヤモンド社を株式会社に改組し、社長に就任。12年東京市議。15年満州経済社を興して「満州経済」を創刊。20年空襲によりダイヤモンド社屋が全焼。22年衆院議員に当選したが、直後に公職追放となった。追放解除後の23年、取締役顧問としてダイヤモンド社に復帰し、26年会長。31年日本雑誌協会の発足とともに会長に選ばれた。
［受賞］菊池寛賞（第3回）〔昭和30年〕
【参考】『回顧七十年』石山賢吉著 ダイヤモンド社 1958／『人智無極 石山賢吉翁生誕百年記念』石山賢吉翁生誕百年記念編纂委員会編 ダイヤモンド社 1980／『石山賢吉物語 生涯一記者を貫いて』石山賢吉記念顕彰会編著 2007

石山 四郎　いしやま・しろう
ダイヤモンド社社長 プレジデント社創業者

［生年月日］大正8年（1919年）11月16日
［没年月日］平成4年（1992年）5月3日
［出生地］東京市赤坂区（東京都港区）　［学歴］早稲田大学理工学部機械工学科〔昭和18年〕卒、早稲田大学大学院特別研究生〔昭和23年〕修了

ダイヤモンド社創業者である石山賢吉の長男。昭和23年ダイヤモンド社に入社。編集局長、副社長を経て、社長。48年退社。この間、38年プレジデント社を設立し、雑誌「プレジデント」を創刊した。51年新しい経営者像の会（AKK）を設立。有限会社エイケー研究所社長。
［家族等］父＝石山賢吉（ダイヤモンド社創業者）

伊集院 俊隆　いじゅういん・としたか
新読書社社長

［生年月日］昭和4年（1929年）2月16日
［没年月日］平成16年（2004年）9月1日
［出生地］大阪府大阪市　［学歴］東京外国語大学ロシア語学科〔昭和26年〕卒、プーシキンロシア語大学外国人ロシア語教師通信教育学部（ロシア）〔昭和54年〕修了

九段書房、世界ニュース社を経て、昭和28年より新読書社勤務。出版活動の傍ら、社会評論、教育評論、翻訳等執筆、社会活動に従事。のち本郷ロシア語文化研究所、本郷ロシア語クールスも主宰した。

井筒屋 庄兵衛（初代）　いずつや・しょうべえ
井筒屋主人

［生年月日］元和7年（1621年）
［没年月日］宝永6年（1709年）または7年（1710年）
［本名］筒井重勝

初代筒井重勝は松永貞徳の門人で、俳諧宗匠たちの歳旦三つ物を印刷刊行することから俳書出版を始めた。延宝期の中頃から出版点数が増えるが、京都俳壇の談林化によるもの。当時の俳書出版では、京都の寺田重徳、大阪の深江屋太郎兵衛両肆の方が井筒屋を上回る活動をしていた。しかし貞享以降は井筒屋の出版点数が著しく増えて寺田、深江屋を圧倒した。成功の要因は俳諧三つ物所としての信用、蕉門俳書の独占的出版、地方俳人選集や雑俳書の刊行などにあった。井筒屋は他書には目もくれずひたすら俳書出版に専念し成功した俳諧書肆であった。
【参考】雲英末雄「俳諧書肆の誕生 初代井筒屋庄兵衛を中心に」（「文学」1981.11）

泉 三太郎　いずみ・さんたろう
　　　図書出版社社長 ロシア文学者

[生年月日]大正15年(1926年)4月21日
[没年月日]平成15年(2003年)1月10日
[出生地]東京都目黒区　[本名]山下三郎
[学歴]東京外事専門学校〔昭和24年〕卒

図書出版社代表取締役の他、出版流通対策協議会会長、相談役を務めた。この間、昭和20〜30年代に「新日本文学」「人民文学」誌上でロシア文学、演劇を紹介。訳書にアルブーゾフ「イルクーツク物語」、小説に「黒い種子」などがある。

出雲寺 和泉掾　いずもじ・いずみのじょう
　　　　出雲寺主人

[生年月日]生年不詳
[没年月日]宝永1年(1704年)9月14日
[別名等]名＝時元,号＝白水

林氏。寛永末から正保年間に初代時元が京都今出川に創業。その出版活動は仏書、和歌物語、歴史軍書、和刻本と多分野にわたり、筋目のよい底本を入手、校合して読者に配慮した本造りを行った。京都と江戸を往来し、また江戸に屋敷を新築、これはやがて江戸店の設置につながる。文人・蔵書家で交友は広く公家、寺院の僧侶、林家はじめ武家に及んだ。寛文4年(1664年)隠居すると一条小川に松栢堂と称する隠宅を構え、内には和漢の群籍を蔵する書庫と茶店があった。多くの写本を作らせたが、「本朝通鑑」編修の際には国史館へ書籍を提供した。この功で幕府出入が許され元禄10年(1697年)頃に書物奉行配下の書物師を拝命、徳川家康が創設した紅葉山文庫の管理と運営にあたった。同様に「大日本史」編修時には水戸彰考館に多くの書籍を調達して協力し、書物への見識の高さを示した。禁裏と幕府の御用を務め、家格の高さを誇る書肆出雲寺は時元以降11代を数えたが、明治になって廃業した。

【参考】『近世書籍文化論 史料論的アプローチ』藤實久美子著 吉川弘文館 2006

磯部 辰次郎　いそべ・たつじろう
　　　磯部甲陽堂創業者

[生年月日]明治13年(1880年)1月18日
[没年月日]没年不詳
[出生地]山梨県甲府市

明治30年上京、32年古本屋・一心堂の住み込み店員となる。35年独立して日本橋蛎殻町に古本屋兼貸本屋の磯部甲陽堂を創業。やがて出版業にも乗り出し、松崎天民、岡本一平、奥野他見男ら人気作家による通俗的な読み物から、鳥居龍蔵「有史以前の日本」、大野雲外「古代日本遺物遺跡の研究」、太田亮「姓氏家系大辞典」、岡田朝太郎「寛政改革と柳樽の改版」などの学術書・辞書に至るまで、硬軟取り混ぜた書籍を出版した。

磯部 太郎兵衛(3代目)　いそべ・たろうべえ
　　　磯部屋文昌堂主人

[生年月日]嘉永6年(1853年)3月1日
[没年月日]没年不詳

初代太郎兵衛は周防国室積に生まれ、天保元年(1830年)江戸京橋伝馬町に書籍販売及貸本屋を開く。2代目は江戸生まれ、嘉永3年(1850年)麹町に移転して新古書籍及貸本屋を営む。3代目は明治3年より貸本屋を廃し出版及古書店を営業、松本万年「田舎繁昌記」などを刊行した。自由民権運動に熱中し、自由党員として活動。中江兆民「平民の目さまし」を出版した。名立たる老舗なので業界の信用も厚く、東京古本商組合副頭取を長く務め、書籍商組合の評議員にも当選した。

市川 肇　いちかわ・はじめ
　　　教育芸術社社長

[生年月日]大正6年(1917年)3月31日

[没年月日]平成5年(1993年)8月7日
[出身地]静岡県　[学歴]巣鴨商卒

兄は作曲家の市川都志春。昭和25年兄が設立した教育芸術社の社長に就任。小学校・中学校・高校用音楽教科書でトップシェアを誇る出版社に育て上げた。

[家族等]兄=市川都志春(作曲家)　[叙勲]勲四等旭日小綬章〔昭和62年〕

市島　謙吉　いちしま・けんきち
国書刊行会創立者　早稲田大学図書館長

[生年月日]安政7年(1860年)2月17日
[没年月日]昭和19年(1944年)4月21日
[出生地]越後国北蒲原郡水原(新潟県新発田市)　[別名等]幼名=雄之助、号=春城　[学歴]東京大学文学部〔明治14年〕中退

越後屈指の豪農一族の出身。明治8年上京、東京英語学校、大学予備門を経て、11年東京大学文学部に入学して高田早苗、坪内逍遙らと親交を結ぶ。在学中から演説グループの共話会に参加するなど政治に関心を持ち、同大中退後の15年、高田や岡山兼吉らと小野梓を頂いて鷗渡会を結成。さらに大隈重信の知遇を得、同年大隈が結党した立憲改進党にも参加した。同年「内外政党事情」を発刊するが3ケ月で廃刊。16年帰郷して「高田新聞」を創刊、主筆となるが、筆禍のため投獄された。出獄後の18年東京へ戻り、大隈の創立した東京専門学校(現・早稲田大学)講師となり、政治原理、論理学を担当。19年高田の要請で「新潟新聞」主筆に就任、22年新潟で改進党系の越佐議政会を組織。23年の第1回選挙に立候補したが落選した。24年高田の後任として「読売新聞」主筆。27年より衆院議員に連続3選。35年早大図書館長に就任、大正6年まで在職する一方、同大の幹事、理事、名誉理事などを歴任して大学の発展・充実に貢献。38年大隈を総裁として国書刊行会を創設し、貴重な古書の復刻・刊行に努めた。40年日本文庫協会会頭に選出され、41年同会が日本図書館協会に改組されると引き続き43年まで会長を務めた。大正7年〜昭和10年日清印刷社長。蔵書家として名高く公私にわたり10万冊に近い本を収集。大正期以降は随筆をよくし、著書に「春城随筆」「文墨余談」「政治原論」「擁炉漫筆」「市島春城古書談叢」などがある。

一戸　直蔵　いちのへ・なおぞう
現代之科学社創業者　天文学者

[生年月日]明治11年(1878年)8月14日
[没年月日]大正9年(1920年)11月27日
[出生地]青森県西津軽郡越水村吹原(つがる市)　[学歴]二高卒,東京帝国大学理科大学星学科〔明治36年〕卒　理学博士〔明治44年〕

小学校卒業後、家業の農業に従事。明治26年学問を志して家出し、青森市の東奥義塾に学ぶ。28年上京、青山学院、錦城中学、二高を経て、33年東京帝国大学星学科に入学し、寺尾寿らに師事した。36年同大学院に進学すると共に東京天文台助手となり、38年シカゴ大学附属ヤーキース天文台へ留学、天体物理学を学ぶ傍ら変光星観測に従事。40年帰国して東京帝大講師・東京天文台観測主任。41年日本天文学会創立に参画し、機関誌「天文月報」の主筆を務めた。東京天文台移転をめぐっては赤城山頂を主張して三鷹移転案の寺尾台長と対立。また、台湾の新高山天文台建設の希望を持ち、2回渡台したが実らず、44年11月帝大講師を解任され、天文台も退職した。大正2年裳華房より科学啓蒙雑誌「現代之科学」を創刊。間もなく同社が手を引いたため、自ら現代之科学社を設立、以後は独力でその編集と経営に当たった。しかし、6年頃から発行期日が遅れ、7年同誌の経営を大鐙閣に移譲するも、8年休刊。9年日本図書出版社から再刊した。海軍大学校、早稲田大学、青山学院などでも教鞭を執った。変光星研究の先駆者として知られる。

【参考】『一戸直蔵 野におりた志の人』中山茂著 リブロポート 1989

市橋 正晴　いちはし・まさはる
　　大活字社社長

[生年月日] 昭和21年（1946年）8月4日
[没年月日] 平成9年（1997年）4月23日
[出生地] 東京都立川市　[学歴] 明治学院大学社会福祉学科〔昭和45年〕卒、近畿大学通信教育部司書課程〔昭和53年〕修了

緑内障により先天性強度の弱視であったが、一般の小・中・高校で学ぶ。昭和45年大学を卒業して川崎市役所に入所、川崎市社会福祉会館、49年川崎市立盲人図書館、58年川崎市心身障害センター療育相談所に勤務。平成8年弱視者向けの大活字本専門出版を志して大活字社を設立したが、9年交通事故に遭い、50歳で急逝した。視覚障害者、特に弱視者の立場からの社会環境整備の必要性を訴え、視覚障害者の読書環境整備に尽力した。
[家族等] 長男＝市橋正光（大活字社社長）
【参考】『読む自由を求めて 市橋正晴氏追悼』点字図書館問題研究会 1997

逸見 俊吾　いつみ・しゅんご
　　青林書院創業者 勁草書房編集主幹

[生年月日] 大正12年（1923年）3月27日
[没年月日] 平成14年（2002年）1月18日
[出生地] 富山県西礪波郡石動町（小矢部市）
[学歴] 早稲田大学法学部〔昭和22年〕卒

父は真宗大谷派の僧侶で4人きょうだい（3男1女）の三男。早大在学中の昭和18年、海軍に入隊して主計兵科を志願、大津航空隊で敗戦を迎える。戦後は加越能青年文化連盟を設立して文化人の講演会や音楽会などを企画、日本学生文化連盟2代目委員長も務めた。23年井村徳二から事業を起こす際に援助を受ける約束を取り付け、安倍能成に相談すると出版を勧められたことから、井村が経営するデパートの出版部門として東京・銀座に勁草書房を創業し編集主幹に就任（社名は安倍の命名）。26年退任。27年請われて松村謙三衆院議員秘書となったが、旧知の柴田良太に出版界に戻るよう説得され、28年柴田と共同で青林書院を創業（命名は再び安倍の手による）。31年より自身の単独経営としたが、36年フォノシートを利用した「日本音楽全集」（全20巻）の失敗により倒産。同年青林書院新社として再スタートを切り、39年社長に復帰。法学・経済学の専門書を中心とした出版で業績を回復させ、59年社名を青林書院に戻した。
[家族等] 妻＝逸見久美（聖徳大学人文学部教授）、長男＝逸見慎一（青林書院社長）、従兄＝沼田稲次郎（東京都立大学名誉教授）、岳父＝翁久允（小説家・ジャーナリスト）
【参考】『青林書院三十五年史』青林書院 1989／『青林忌 逸見俊吾三回忌を迎えて』逸見久美編 青林書院 2004

伊藤 岩次郎　いとう・いわじろう
　　誠之堂主人

[生年月日] 安政5年（1858年）11月8日
[没年月日] 大正9年（1920年）
[出生地] 江戸日本橋本石町（東京都中央区）

明治元年大坂の書肆柳原喜兵衛に雇われ勤続数年、5年帰京し英学塾で修学の後自家に戻る。父が2年より開いた書籍業に従事、再三の火災にもめげず経営を維持し、31年神田今川橋通に移転した。中等教育用教科書の中で国語漢文の講義書は最も得意とする分野で他店の追随を許さない出版点数を誇った。他に医学書、ドイツ語会話文法および独和辞典などの良書を発行した。大正9年2月嗣子小四郎が相続した。

伊藤 英治　いとう・えいじ
　　編集者

[生年月日] 昭和20年（1945年）
[没年月日] 平成22年（2010年）12月3日
[出生地] 愛媛県西条市

書評紙「図書新聞」、雑誌「日本児童文学」を経て、編集プロダクション・恒人社に所属。松谷みよ子、椋鳩十、まど・みちおといった

児童文学者・詩人の作品集を数多く編集した。編書に「椋鳩十の本」「乙骨淑子の本」「体験的児童文学史」「児童文学アニュアル」「まど・みちお全詩集」「現代児童文学作家対談」などがある。

[受賞]産経児童出版文化賞大賞(第40回)〔平成5年〕「まど・みちお全詩集」、にっけん児童図書出版文化賞(第2回)〔平成9年〕

伊藤 貫一　いとう・かんいち
清水屋書店主人

[生年月日]明治18年(1885年)3月6日
[没年月日]昭和17年(1942年)8月14日
[出生地]兵庫県赤穂郡赤穂町(赤穂市)　[旧名]加藤

明治34年上京して至誠堂に入る。43年見込まれて絵草紙屋の清水屋書店・伊藤家の養嗣子となり、書籍雑誌の販売にも進出。東京市内でも一流の書店とし、東京図書雑誌小売組合幹事などを歴任した。

伊東 新太郎　いとう・しんたろう
栗田出版販売社長

[生年月日]明治41年(1908年)9月17日
[没年月日]平成6年(1994年)5月26日
[出生地]長野県

大正12年栗田書店に入社。昭和16年日本出版配給に入り書籍課長。22年栗田書店に復帰、仕入部長、営業部長を経て、28年取締役。49年栗田出版販売に社名変更。39年常務、41年専務と進み、52年8月創業者である栗田確也の死去により社長代行、12月社長。62年会長、平成2年相談役、3年顧問となった。日本出版取次協会常務理事、出版文化国際交流会評議員、日本出版クラブ評議員を歴任。
【参考】『栗田出版販売七十五年史』栗田出版販売 1993

伊藤 長蔵　いとう・ちょうぞう
ぐろりあそさえて創立者

[生年月日]明治20年(1887年)
[没年月日]昭和25年(1950年)
[出生地]兵庫県　[学歴]神戸高商卒

貿易業を営む傍ら、出版人として活躍。大正10年日本人による初のゴルフ雑誌「阪神ゴルフ」を神戸で創刊(のち「ゴルフドム」と改題)。14年渡英し、英米のゴルフの文献から抜粋した資料を「ゴルファーズ・トレジャーズ」と名付けてロンドンの出版社から出版。わずか1000部の出版で、発行後は版権侵害訴訟などで打撃を受けるが、日本人が海外で出版した唯一のゴルフ書として名を残した。昭和2年愛書家団体ぐろりあそさえてを創立、同年11月雑誌「書物の趣味」を創刊した(7冊で休刊)。さらに寿岳文章「キルヤム・ブレイク書誌」や保田与重郎「民族と文芸」などを刊行した。

伊藤 長夫　いとう・ながお
伊藤書店創業者

[生年月日]明治35年(1902年)7月
[没年月日]没年不詳
[出生地]長野県

大正5年育生社に入社。13年独立して名古屋で三益社を創業し、主に数学関係書を出版した。のち東京辞書出版社が特約販売制度を設けたのに対抗して健文社、パイロット社と販売同盟を結成し、これがきっかけで三益社が健文社に吸収合併されると、健文社の重役となる。昭和14年再び独立して伊藤書店を興し、文芸書や通俗的な経済書を出版した。

伊東 阪二　いとう・はんに
日本国民社創業者

[生年月日]明治31年(1898年)8月25日
[没年月日]昭和44年(1969年)
[出生地]三重県鈴鹿郡加太村(亀山市)　[本

名]松尾正直

米穀商の三男。明治41年父が株取引で多額の借金を抱え、42年名古屋の小学校に転入したがなじめず中退。以後、大日本国民中学会の講義録で独学。大正元年上京、新聞配達などで生計を立てる中で占星術の紹介者として知られる隈本有尚の知遇を得た。6年本名で「苦学十年」を出して作家デビュー。続けて「独逸伯林城下の誓い」「熱血宰相ケレンスキー」「苦学実験物語」などを出すが行き詰まり、名古屋に戻った。14年懲役刑を受けて下獄したが、15年病気を理由に保釈されそのまま逃亡。同年上京の際に"伊東阪二"を名のった。この名前は「故郷である伊勢の"伊"と、少年時代から青年時代を過ごした東京の"東"と、今後も活躍の舞台にしようとし、また従来とも関係の深かった大阪の"阪"と、それから私が再び世に出るため、つまり第二の松尾正直の更生を記念するための"二"」に由来する。昭和6年金解禁・再禁止を背景にした相場で50万円という巨額の利益を得、陸軍に1万円を献じて一躍その名を知られた。7年日本国民社を創業して総合雑誌「日本国民」を創刊、また国民新聞を買収して大々的に出版・新聞業界に進出したが、相場で大敗を喫して半年も経たずに撤退を余儀なくされた。その後、新東洋主義を唱えて各地を遊説し、川島芳子と浮き名を流したが、10年詐欺容疑で逮捕され、以後断続的に獄中生活を送った。この間、自らの作詩による宣伝歌「オシャカサン」を、若き日の藤山一郎の作曲・歌唱で発売している。戦後も巨額の詐欺事件で逮捕され、"昭和の天一坊"といわれた。
【参考】『昭和の天一坊伊東ハンニ伝』河西善治著 論創社 2003

伊東 芳次郎　いとう・よしじろう
東亜堂主人

[生年月日]明治14年(1881年)11月29日
[没年月日]没年不詳
[出生地]東京市京橋区(東京都中央区)

薪炭商紅屋伊東安兵衛の三男。明治36年東京・本郷で書籍小売業を開始、翌年8月より出版業を兼営した。43年12月神田鍛冶町に移転し出版専業となる。幸田露伴を顧問に文芸叢書などを出していたが、安定経営にはほど遠いことは露伴の日記からも伺える。大正11年頃に行き詰まって廃業した模様である。

稲 義人　いな・よしと
法政大学出版局編集代表

[生年月日]生年不詳
[没年月日]平成14年(2002年)1月24日
[出身地]茨城県　[本名]稲儀平

法政大学出版局の哲学、思想書の翻訳シリーズ「叢書ウニベルシタス」などを長年企画、編集を手がけ、海外の思想の紹介に努めた。

稲垣 房男　いながき・ふさお
光村図書出版社長

[生年月日]明治44年(1911年)8月20日
[没年月日]昭和57年(1982年)1月3日
[出生地]三重県　[学歴]大阪商科大学〔昭和10年〕卒

昭和10年東京書籍に入社。25年光村図書出版常務、36年専務を経て、46年社長。51年から6期連続教科書協会会長を務め、教科書問題をめぐり、自民党と文部省との折衝を一手に引き受けた。56年国民政治協会などへの政治献金問題が明るみに出て会長を辞任。光村図書出版社長も辞め、会長に退いた。
【参考】『光村図書出版五十五年史』光村図書出版 2004

稲田 政吉　いなだ・まさきち
山城屋奎章閣主人

[生年月日]嘉永6年(1853年)3月29日
[没年月日]大正5年(1916年)2月29日
[出身地]江戸南天馬町(東京都中央区)

江戸時代から続く玉山堂山城屋佐兵衛の分家で山城屋政吉と称す。2代目は奎章閣と号し

成島柳北「柳橋新誌」、永峰秀樹「支那事情」、服部誠一「東京新繁昌記」等で大当たりをとる。明治14年「東洋自由新聞」の社主。政治的野心もあって、13年京橋区議、15年同区選出の東京府議、22年より市議。27年衆院議員に当選、1期。東京書籍商組合副頭取なども務める。書肆廃業後は珍書蒐集家として古版本・古地図を多数愛蔵した。後にこのコレクションは大阪の久原文庫に入り、関東大震災による焼失を免れた。

【参考】『衆議院議員候補者列伝 一名・帝国名士叢伝』第2編 大久保利夫著 六法館 1890

稲庭 桂子　いなにわ・けいこ
童心社創業者

[生年月日]大正5年（1916年）12月18日
[没年月日]昭和50年（1975年）10月24日
[出生地]岩手県盛岡市　[本名]村松桂子
[学歴]青山女学院卒

昭和10年頃より「保育紙芝居」の提唱者である高橋五山と共に演劇脚本を執筆。17年日本教育紙芝居協会に入社。23年民主紙芝居人集団を結成して、戦後の紙芝居運動の推進役となる。32年村松金治と共に紙芝居出版社の株式会社童心社を創業し、以後、1000点を越える紙芝居を出版。自らも稲庭桂子の筆名で「くまたろうあぶない!」「なかよしけんか」「おかあさんのかお」などの脚本を手がけた。35年には浜田広介の「あいうえおのほん」を皮切りに児童書の出版も開始。44年子どもの文化研究所を設立し、事務局長となる。49年にはあい書房を創立してその代表に就任した。

[家族等]弟＝秋山呆栄（紙芝居師）

【参考】『子どもを見つめて 稲庭桂子遺稿集』稲庭桂子遺稿集刊行委員会 1977

稲沼 瑞穂　いなぬま・みずほ
岩波書店編集第二部長

[生年月日]明治41年（1908年）8月3日
[没年月日]昭和40年（1965年）7月29日
[出生地]東京市小石川区（東京都文京区）
[学歴]一高理科甲類〔昭和4年〕卒, 東京帝国大学理学部物理学科〔昭和8年〕卒

昭和8年岩波書店編集部に入る。10年「理化学辞典」刊行。12年病気療養のため退職。18年文部省図書局第二編修課に勤務、師範学校の物象教科書の編纂に従事する。23年文部省を退き、岩波書店編集部に復帰、25年編集第二部長、「科学の事典」刊行。28年「理化学辞典」第二版、29年「科学の学校」（全36冊）完結、30年「岩波講座 現代物理学」（全12巻）完結。激務の傍ら物理学の基本図書を翻訳刊行する。33年宿痾の再発で休職、以後復帰と休職入院を繰り返し、40年逝去。科学・技術教育に、科学史研究に、それらの出版に力を尽し多くの後進を育てた。

【参考】『稲沼瑞穂さん』稲沼さんを偲ぶ会 1986

稲葉 通雄　いなば・みちお
トーハン総研社長

[生年月日]昭和8年（1933年）10月6日
[没年月日]平成22年（2010年）11月11日
[出生地]東京市本郷区本郷春木町（東京都文京区）　[別名等]筆名＝稲葉有　[学歴]法政大学〔昭和29年〕中退

昭和26年東京出版販売（現・トーハン）に入社。46年神戸支店長、53年書籍部次長、57年営業企画部長代理、58年取締役営業企画部長、のち中国四国支社長。平成2年常務近畿支社長。営業企画推進部長。のちトーハン総研社長。この間、昭和60年流通の現場から見た出版業界の諸問題、身辺雑記などを書いた「本、それはいのちあるもの」を著わす。若い頃、「文芸首都」に参加して以来、同人雑誌に参加、小説を執筆。文芸同人誌「新現実」編集同人。著書に「矢ぐるまの花」「本の想い人の想い」「ある愛のかたち」、絵本「What is this なにかしら」などがある。

稲橋 兼吉　いなはし・けんきち
むさし書房創業者

[生年月日]大正2年(1913年)10月1日
[没年月日]平成16年(2004年)2月9日
[出身地]埼玉県

昭和24年むさし書房を創業。児童書、絵本の出版から始め、小・中学校の学習参考書へと重心を移し、特に小学生の英語学習書で知られる出版社へと発展した。
[叙勲]勲五等瑞宝章〔平成1年〕

乾 信一郎　いぬい・しんいちろう
「新青年」編集長 小説家

[生年月日]明治39年(1906年)5月15日
[没年月日]平成12年(2000年)1月29日
[出生地]米国シアトル　[出身地]熊本県　[本名]上塚貞雄　[学歴]青山学院高等学部商科〔昭和5年〕卒

明治末年頃に母と帰国し、熊本に住む。昭和3年「新青年」に翻訳を投稿し、採用される。5年博文館に入社。「新青年」編集部を経て、10年「講談雑誌」編集長、12年「新青年」編集長。13年退社後は文筆生活に入る。戦後はNHKの連続放送劇「青いノート」「コロの物語」の放送作家として活躍。ユーモア小説家として知られ、代表作に「羽のある鯨」「炉辺夜話」など。動物をテーマにした著作も多く、翻訳でも知られている。
【参考】『「新青年」の頃』乾信一郎著 早川書房 1991

井上 堅　いのうえ・かたし
大修館書店社長

[生年月日]明治38年(1905年)9月11日
[没年月日]昭和51年(1976年)4月6日
[出生地]岡山県

経済安定本部、名古屋国税局、会計検査院を経て、昭和30年大修館書店取締役。43年社長、48年会長。
[叙勲]勲五等瑞宝章〔昭和50年〕

井上 源之丞　いのうえ・げんのじょう
凸版印刷社長 巴川製紙所社長

[生年月日]明治12年(1879年)11月3日
[没年月日]昭和26年(1951年)11月20日
[出生地]東京府八丁堀鉄砲洲(東京都中央区)
[学歴]東京府立四中〔明治32年〕卒,東京外国語学校別科〔明治35年〕修了

巴川製紙所創業者である井上源三郎の長男。明治32年東京府立第四中学を卒業して愛国銀行に勤務。34年印刷所・親鴬社の経営に携わり、38年農商務省嘱託として渡米、印刷製紙事業を視察。41年凸版印刷副支配人、44年支配人となり、同社へのオフセット印刷導入を企図するも河合辰太郎社長の反対に遭い、2年実績作りのため東京オフセット合名会社の設立に参画。5年凸版印刷取締役となると東京オフセットを合併させオフセット印刷への転換を実現させた。8年専務を経て、12年社長。昭和23年会長。米国のHB製版法の特許権獲得に成功して写真製版法の普及に貢献した他、凹版彫刻の印刷法を応用して紙幣や国債などの特殊印刷技法を確立させた。この間、大正6年巴川製紙所支配人も務め、9年父がスペイン風邪で急逝したため同社長にも就任。また、東京セロファン紙、昭和写真工業、日本製紙、東京書籍の各社長や、東京印刷工業組合初代理事長、城北学園理事長なども歴任した。
[家族等]父=井上源三郎(巴川製紙所創業者),孫=井上貴雄(巴川製紙所社長),女婿=井上篤(巴川製紙所社長)　[叙勲]緑綬褒章〔大正12年〕　[受賞]逓信大臣表彰〔昭和15年〕
【参考】『井上源之丞』佐藤文四郎編 1954

井上 四郎　いのうえ・しろう
平楽寺書店社長

[生年月日]大正1年(1912年)8月1日
[没年月日]平成12年(2000年)1月10日
[出身地]滋賀県　[学歴]商業高校卒

江戸時代からの流れをくむ仏教学術書の出版

社・平楽寺書店代表。自ら企画し、昭和50年から出版を始めた「仏教思想」は11巻まで刊行された。

井上　正也　いのうえ・まさなり
芸文社創業者

[生年月日]明治31年（1898年）1月7日
[没年月日]昭和50年（1975年）12月3日
[出身地]鳥取県　[学歴]早稲田大学商学部〔大正12年〕卒

森永製菓に勤務を経て、昭和20年東京・銀座に公友社を創業、月刊誌「読物と講談」「女性の友」「読切倶楽部」などを発行。29年株式会社に改組して芸文社に改名。「漫画天国」「漫画パック」「コミックVAN」「事件劇画」といった漫画雑誌や、車の総合誌である月刊「ピットイン」やモータースポーツ月刊誌「プレイドライブ」などを発行した。

今井　彰　いまい・あきら
松江今井書店代表社員

[生年月日]明治45年（1912年）2月28日
[没年月日]平成14年（2002年）7月26日
[出身地]鳥取県　[学歴]米子中〔昭和5年〕卒、慶応義塾大学経済学部〔昭和12年〕卒

昭和12年米子今井書店に入社。14年松江今井書店に転勤。25年島根県教科図書販売専務、38年社長、平成3年会長。昭和37年島根県出版物小売業組合理事長。
[家族等]二男＝今井直樹（今井書店社長）
[叙勲]勲五等双光旭日章〔昭和57年〕

今井　堅　いまい・かたし
少年画報社創業者

[生年月日]明治41年（1908年）10月17日
[没年月日]平成9年（1997年）12月3日
[出身地]東京都　[学歴]日本大学卒

昭和4年小学館に入社。20年少年画報社を創業。23年絵物語の月刊誌「冒険活劇文庫」を創刊、26年「少年画報」と改題。同誌から「赤胴鈴之助」「ビリーパック」などのヒット漫画を生み出し、31年から33年にかけて児童誌最高の読者数を誇った。38年漫画誌「週刊少年キング」を創刊。中堅の漫画出版社としての地位を固めた。
[家族等]長男＝今井勲（少年画報社社長）

今井　兼文　いまい・かねふみ
米子今井書店社長

[生年月日]明治23年（1890年）11月1日
[没年月日]昭和61年（1986年）2月2日
[出身地]鳥取県東伯郡東伯町（琴浦町）　[学歴]早稲田実〔明治44年〕卒

米子今井書店に入社、昭和12年代表社員に就任。以後、戦前戦後を通じて鳥取県教科図書販売、島根県教科図書販売の社長を歴任、鳥取・島根両県の書店組合理事長をはじめ、地元商工会議所副会頭などを務めた。29年全国教科書供給協会会長、日本書店組合連合会（現・日本書店商業組合連合会）副会長に就任、教科書公正取引協議会副委員長など、小売書店、教科書販売業界の発展に尽くした。
[叙勲]黄綬褒章〔昭和38年〕、勲五等双光旭日章〔昭和40年〕
【参考】『100年の歩み』米子今井書店 1972

今井　甚太郎　いまい・じんたろう
克誠堂出版創業者

[生年月日]明治12年（1879年）6月19日
[没年月日]昭和25年（1950年）1月8日
[出身地]東京市日本橋区三代町（東京都中央区）

明治25年頃に吐鳳堂に入店して修業し、主人・田中増蔵の片腕として活躍。大正3年独立して東京・本郷に医書出版の克誠堂出版を創業。処女出版は竹内薫兵「小児病診療法及類症鑑別」で、同年月刊「実験医報」も創刊。昭和18年戦時統合により金原商店と吐鳳堂と合併して日本医書出版が誕生したが、戦後の22年に分離独立して克誠堂出版を復活さ

せた。

【参考】『今井甚太郎君を偲ぶ』1956／田中正明「田中増蔵〔聚精堂〕と今井甚太郎〔杏林舎〕」(『柳田國男の書誌 書誌的事項を中心として』)岩田書院 2003／大屋幸世「田中増蔵」(『追悼雑誌あれこれ』日本古書通信社 2005)

今井　龍雄　いまい・たつお
保育社創業者

[生年月日]大正2年(1913年)3月28日
[没年月日]平成7年(1995年)3月30日
[出生地]高知県土佐郡鏡村小浜七(高知市)
[学歴]高知商〔昭和6年〕卒

昭和6年岡本ノートに入社。16年同社出版部を創設してその責任者となり、19年統合会社である昭和出版の編集責任者。22年大阪で保育社を創業して社長に就任、絵本を主に出版したことから社名をつけた。63年会長。オフセット印刷の知識があったことから、大阪が東京より進んでいたオフセットのカラー印刷に目を付け、色刷りの子ども向け学習図鑑を手がけて大ヒット。29年には横山光夫「原色日本蝶類図鑑」を刊行、高価だった原色図鑑を安価で提供することに成功し、「原色図鑑」シリーズは同社の看板の一つとなった。以来、カラー印刷を生かした企画に特色を発揮し、37年カラー写真をふんだんに用いた書き下ろしカラー文庫という異色シリーズ「カラーブックス」をスタートさせ、「ヒマラヤ」「桂離宮」「犬」の3冊から始まった同シリーズは好評を博して約900点が刊行された。また、入江泰吉の写真による豪華本「古色大和路」「吉兆」も評判を呼び、57年「萬葉大和路」が"世界で最も美しい本"として東ドイツ・ライプツィヒで開催された世界造本コンクールでゴールドメダルを受賞。一方、同社の原色図鑑を愛用していた昭和天皇から自身の研究論文出版を望まれるとこれを引き受け、42年「日本産1新属1新種の記載をともなうカゴメウミヒドラ科Clathrozonidaeのヒドロ虫類の検討」を出版。以降も論文や一般向け著作「那須の植物誌」「皇居の植物」を出版した。35年大阪出版協会理事長、43年出版文化国際交流会副会長などを歴任。

【家族】長男=今井悠紀(保育社社長)　【叙勲】紺綬褒章〔昭和42年〕、勲四等瑞宝章〔昭和59年〕　【受賞】大阪府社会教育功労者表彰〔昭和43年〕、大阪市文化功労者表彰〔昭和61年〕、鏡村名誉村民〔平成1年〕
【参考】『私の履歴書』今井龍雄著 保育社 1989

今井　直一　いまい・なおいち
三省堂社長 印刷研究家

[生年月日]明治29年(1896年)8月31日
[没年月日]昭和38年(1963年)5月15日
[出生地]東京市本郷区(東京都文京区)　[学歴]東京美術学校製版科卒

大正9年農商務省実務練習生として米国に留学中、三省堂の亀井寅雄を知り、帰国後の11年三省堂に入社。いち早く号数制に代えて明朝ポイント制活字を採用、ベントン母型彫刻機を導入、インディア紙を用いて小型辞書の製作に画期的な方法を考案し、印刷、出版業の発展に貢献した。取締役、専務を経て、昭和26年社長。文部省国語審議会委員、33年日本印刷学会会長。著書に「書物と活字」。
[受賞]野間賞〔昭和34年〕、印刷文化賞〔昭和36年〕

今井　政兵衛　いまい・まさべえ
稲元屋寸金堂主人

初代はもとは相模国平塚の呉服太物商。明治10年代に書籍商に転じた。板木師に板木をおこさせ、「小学珠算必携」などの算術教科書や習字本を出版し大いに繁昌した。20年代検定教科書時代では府県広域採択制となって、東京の大手教科書肆が断然有利になる。地方の書肆はその販売網に組み込まれ、寸金堂もその例にもれなかった。「四郡発売元相州平塚町寸金堂今井政兵衛之章」と押捺された教科書の例は県下の四つの郡内で一手専売権を得ていたことを示している。

今泉 幹一郎　いまいずみ・かんいちろう
今泉本店代表社員

[生年月日]大正14年（1925年）7月11日
[没年月日]平成18年（2006年）8月22日
[出生地]青森県　　[学歴]福島経済専門学校〔昭和23年〕卒

今泉本店は明治25年先々代道次郎により青森県弘前で創業。県内から東北及北海道に雄飛すべく各地に支店を設けたが、大正11年病没。子息が2代目道次郎を継ぎ、小売のほか県内書店に卸もなし又国定教科書特約販売所も経営し商勢を拡大した。日本書店組合連合会理事、青森県書店組合理事長を歴任。

今井田 勲　いまいだ・いさお
「ミセス」編集長 文化出版局局長

[生年月日]大正4年（1915年）8月1日
[没年月日]平成1年（1989年）6月24日
[出生地]鹿児島県熊毛郡南種子町　　[学歴]日本大学芸術科〔昭和11年〕卒

昭和13年主婦之友社に入社、石川武美と本郷保雄の薫陶を受け、「主婦之友花嫁講座」（全12巻）「続主婦之友花嫁講座」（全8巻）などを手がける。太平洋戦争中、南方へ送られる途中輸送船が撃沈されて一昼夜の漂流の末、九死に一生を得た。ラバウルで敗戦を迎え、オーストラリアの捕虜収容所では謄写版刷りの新聞「かがみ新聞」と雑誌「かがみ」を作った。21年復員して婦人書房を創業、雑誌「婦人の国」を発行。26年請われて文化服装学院出版局に入り、「装苑」編集長として手腕を発揮。36年「ミセス」の他「ハイファッション」「季刊銀花」などを創刊、婦人雑誌の新しい潮流をつくった。46年文化出版局長になった後も、編集者として第一線で活躍、新人デザイナー発掘のため装苑賞を創設するなど戦後のファッション・ジャーナリズムをリードした。豆本コレクターとしても有名で、著書に「私の稀覯本」「当世豆本版元銘々伝」や、「婦人公論」編集長を務めた三枝佐枝子との共著「編集長から読者へ 婦人雑誌の世界」などがある。
[受賞]衣服文化賞（第7回）〔昭和61年〕
[参考]『今井田勲さんの遺した言葉』今井田勲さんを偲ぶ会 1995

今里 広記　いまざと・ひろき
九州書院創業者 日本精工社長

[生年月日]明治40年（1907年）11月27日
[没年月日]昭和60年（1985年）5月30日
[出生地]長崎県東彼杵郡波佐見町　　[学歴]大村中〔大正14年〕卒

長崎で家業の酒造業に携わるが、事業意欲が強く、昭和9年九州採炭に関与。14年日本航空機材工業などを設立。この時、上森子鉄も加わるが、「変態・資料」購読以来の知り合いだという。戦後は経済同友会設立に参加し、日本精工の再建に成功するなど経済界の名調整役として活躍。"財界の官房長官"と呼ばれた。21年自分のライフワークにしようと出版業に進出。九州書院を興すが、菊池寛に雑誌「モダン日本」の再建を依頼され、新太陽社と合併。九州書院や新太陽社の編集者には、のち作家となった石川利光、辻勝三郎、吉行淳之介、詩人・田中冬二、小説家・牧野信一の弟、牧野英二らがいた。
[叙勲]紫綬褒章〔昭和45年〕、勲一等瑞宝章〔昭和54年〕
[参考]『私の財界交友録』今里広記著 サンケイ出版 1980

今田 見信　いまだ・けんしん
医歯薬出版創業者

[生年月日]明治35年（1902年）5月25日
[没年月日]昭和52年（1977年）8月18日
[出生地]島根県　　[学歴]東洋歯科医学校実地科〔大正7年〕卒

歯科開業医であった大正9年、歯苑会を創立。10年歯科医師試験の受験指導雑誌として「歯苑」を創刊、11年同誌を改題して業界誌「日

本之歯界」とした。同年歯苑社に改名し、昭和4年株式会社に改組。19年戦時の企業整備により同社は日本医学雑誌、日本医書出版となった。22年日本医学雑誌社長。25年医学書院と改称、26年退社。この間、23年長男の今田喬士を社長に歯苑社の書籍部門を復興させ、26年同社を母体に医歯薬出版を創立して社長。46年会長。自然科学書協会理事長、日本出版クラブ監事などを歴任。著書に「W.C.イーストレーキ先生伝」などがある。
［家族等］長男＝今田喬士（医歯薬出版社長）、女婿＝筑紫義男（建帛社創業者）
【参考】『わが社の歴史』今田見信著 医歯薬出版 1975

今田 喬士　いまだ・たかし
医歯薬出版社長 ドメス出版社社長

［生年月日］大正13年（1924年）1月1日
［没年月日］平成11年（1999年）11月24日
［出身地］東京都　［学歴］日本大学医学部卒

戦前から歯科関係雑誌を手がけた今田見信の長男。昭和23年歯苑社の書籍部門復興に伴い社長に就任。26年同社が母体となり医歯薬出版が設立され専務、46年社長。44年ドメス出版社を設立して社長。
［家族等］父＝今田見信（医歯薬出版創業者）、義兄＝筑紫義男（建帛社創業者）

今堀 文一郎　いまほり・ぶんいちろう
愛隆堂創業者

［生年月日］大正6年（1917年）3月23日
［没年月日］昭和49年（1974年）3月31日
［出身地］滋賀県　［学歴］明治大学法科卒

新聞記者を経て、昭和21年東京・飯田町で愛隆堂を創業。23年株式会社に改組。実用書の出版社として知られた。著書に「杉浦重剛」「井伊直弼」「中江藤樹」などがある。
［家族等］長男＝今堀信明（愛隆堂社長）

今村 金次郎　いまむら・きんじろう
鴻盟社主人

［生年月日］生年不詳
［没年月日］明治39年（1906年）6月12日
［出生地］長野県伊那郡大島村（松川町）

鴻盟社は明治14年仏教伝道の目的で大内青巒が創立した書肆。23年その業務一切を社員今村金次郎が譲受け、芝愛宕下ついで芝露月町に店舗を移し、主に「正法眼蔵私記」「碧巌集講話」等の仏書や雑誌「伝道」を発行した。2代目延雄（明治35年7月6日生）は中学卒業と共に家業を継ぎ、父業を更に盛大にした。
［家族等］長男＝今村延雄（鴻盟社主人）

今村 謙吉　いまむら・けんきち
福音社社主

［生年月日］天保13年（1842年）7月7日
［没年月日］明治31年（1898年）8月20日
［出生地］加賀国金沢（石川県金沢市）

加賀藩主前田家に仕える重臣八家の一つで3万石を領した横山家の用人。明治2年上京、3年慶応義塾に学ぶ。同年山東直砥の北門義塾助教授、4年高知県英学校教師を経て、5年大阪府庁土木課に勤務。同地で宣教師オラメル・ギューリックと出会い、お互いに日本語と英語を教えあった。7年ギューリックの帰郷に同行してハワイへ渡り、半年間滞在。帰国後洗礼を受けた。8年村上俊吉と神戸市に便利舎というキリスト教書店兼干物屋兼英語塾を開いたが、間もなく閉鎖。同年雑報社を設立して社長兼工場長に就任、ギューリックを顧問、村上を編集長として我が国初の週刊キリスト教新聞「七一雑報」を創刊した。16年社名を福音舎（間もなく福音社）、紙名を「福音新報」に改称。17年大阪に移転、18年「福音新報」を廃刊して日刊の「太平新聞」に切り替えたが翌月には行き詰まった。以後、書籍印刷業及びキリスト教書の出版販売に従事したが、29年病に倒れ廃業。印刷機は青木嵩山堂が、在庫書籍は元社員の警醒社・福永

今村 源三郎　いまむら・げんざぶろう
偕成社創業者

[生年月日]明治30年（1897年）2月19日
[没年月日]昭和49年（1974年）9月16日
[出生地]埼玉県大里郡秦村（熊谷市）　[学歴]東京帝国大学法学部〔大正14年〕卒

農家の三男で、熊谷中学に進むが家計逼迫のため中退。その後、プロテスタントの布教師であった次兄・正一の援助を受け、大正14年東京帝国大学法学部を卒業。安田銀行に勤めたが、昭和11年東京・日本橋で偕成社を創業した。社名は"ともに成る"の意で、処女出版はW.ホワイト「人は何故に失敗するか」。児童書の他、政治・教養書を出版し、15年に出した大迫倫子「娘時代」「娘の真実」は合わせて50万部を超える大ベストセラーとなった。21年児童書専門出版社へと舵を切ったが、同年公職追放に遭った（23年解除）。24年株式会社に改組。同年「ベーブ・ルース」を第1巻とした「偉人物語文庫」を開始、30年までに全110巻を刊行した。また、25年世界文学を読みやすく翻訳した「世界名作文庫」（全140巻）、26年には児童向け科学の本「図説文庫」（全44巻）をスタートさせ、初期の三大シリーズとして成功を収めた。40年には浜田広介の創作童話などを収録した本格的な絵本シリーズ「ひろすけ絵本」（全10巻）を刊行、いわさきちひろが挿絵を手がけた「りゅうのめのなみだ」は国内外で高い評価を得た。同社を児童書出版の有力出版社に育て上げた。
[家族等]兄＝今村正一（女子聖学院副院長），女婿＝今村広（偕成社社長），岳父＝小林富次郎（実業家）　[叙勲]勲四等瑞宝章〔昭和47年〕　[受賞]日本児童文芸家協会児童文化功労者（第10回）〔昭和43年〕
[参考]『偕成社五十年の歩み』偕成社 1987

今村 秀太郎　いまむら・ひでたろう
日本書票協会会長

[生年月日]明治40年（1907年）1月2日
[没年月日]平成6年（1994年）4月12日
[出身地]東京都

昭和12年東京・銀座に吾八を開店。趣味誌「これくしょん」を刊行し、川上澄生、武井武雄、関野準一郎らの版画作品を製作・販売した。また蔵書票の普及に努め、日本書票協会会長に就任。平成4年札幌で世界書票大会を開催した。
[参考]『限定本五十年』今村秀太郎著 日本古書通信社 1994

今村 広　いまむら・ひろし
偕成社社長

[生年月日]大正11年（1922年）12月5日
[没年月日]平成20年（2008年）11月15日
[出生地]東京市本郷区（東京都文京区）　[出身地]埼玉県浦和市（さいたま市）　[学歴]東京帝国大学法学部〔昭和22年〕卒

昭和22年通産省に入省。28年偕成社に入り、取締役を経て、45年社長。平成4年会長、MOE出版会長を兼務。この間、昭和49年～平成元年日本児童図書出版協会会長、昭和45年～平成元年日本書籍出版協会常任理事などを歴任した。
[家族等]岳父＝今村源三郎（偕成社創業者），女婿＝今村正樹（偕成社社長）　[叙勲]藍綬褒章〔昭和63年〕，勲四等瑞宝章〔平成6年〕
[受賞]日本児童文芸家協会児童文化功労者（第29回）〔平成1年〕

井村 寿二　いむら・じゅじ
勁草書房社長

[生年月日]大正12年（1923年）10月27日
[没年月日]昭和63年（1988年）1月24日
[出身地]石川県金沢市　[学歴]金沢医科大学

医学部〔昭和21年〕卒
父は実業家・政治家の井村徳二で4人弟妹（2男2女）の長男。昭和21年祖父が創業した金沢市のデパート・大和に入社。27年取締役を経て、33年社長、37年会長。23年同社は逸見俊吾を編集主幹として出版部門・勁草書房を東京・銀座に設立（命名は安倍能成）、26年逸見の金沢転任に伴い社を継承。45年同部を独立させて株式会社に改組、主に人文社会系の学術書を出版、羽仁五郎「都市の論理」、浅田彰「構造と力」などのベストセラーを送り出し、戸坂潤、高見順、勝海舟、吉本隆明らの全集を刊行した。また、旅の案内書以外にアジアについての研究・紹介書の不足に気づき、別会社の井村文化事業社を設立、東南アジアの本を専門に地道な出版活動を続けた。
[家族等]父＝井村徳二（実業家・政治家）、弟＝宮太郎（大和社長）、妹＝井村喜代子（慶応義塾大学名誉教授）　[受賞]毎日出版文化賞（第12回）〔昭和33年〕「近代経済学教室」

入沢 美時　いりさわ・よしとき
入沢企画制作事務所主宰

[生年月日]昭和22年（1947年）
[没年月日]平成21年（2009年）3月31日
[出生地]埼玉県児玉郡神川町　[学歴]新宿高卒

昭和41年美術出版社に入社。57年出版・編集を行う入沢企画制作事務所を設立。季刊の陶芸雑誌「陶磁郎」編集長を務めた。平成18年より木の家をテーマにした季刊誌「もくたろ」の創刊準備に取り組んだが、21年創刊号刊行直後に亡くなった。
【参考】「入澤美時さんを悼んで」（「陶説」677号 2009.8）

岩浅 時三　いわあさ・ときぞう
開文社創業者

[生年月日]明治34年（1901年）11月6日
[没年月日]没年不詳
[出身地]千葉県船橋市

研究社に30年以上勤めた後、昭和25年開文社を創業。26年株式会社に改組。英語教科書、学習参考書を出した。

岩崎 勝海　いわさき・かつみ
岩波書店編集部副部長

[生年月日]大正14年（1925年）3月19日
[没年月日]平成12年（2000年）8月18日
[出生地]長崎県長崎市　[学歴]立教中卒、第二早稲田高等学院〔昭和19年〕卒、早稲田大学第一法学部〔昭和22年〕卒

長崎市で生まれ、小学校時代に東京に移る。昭和19年第二早稲田高等学院を繰り上げ卒業して応召、無線通信兵となり、20年8月栃木県矢板で敗戦を迎える。22年早大を卒業して岩波書店に入社。30年「岩波新書」編集部に配属され、46年編集長。50年「岩波文庫」編集長を兼務。53年には「岩波ジュニア新書」の創刊に携わって同編集長となり、新書ジャーナリズムに新分野を開拓した。55年編集部副部長。60〜63年編集顧問。また、34年岩波労組副委員長、36年委員長。退職後は日本エディター・スクールや専修大学文学部などで後進の育成に当たる一方、宮守正雄ら元編集者達によるコマエスクール同人の中心となって平成4から年刊同人誌「20c.〜21c. マスコミ・ジャーナリズム論集」を発行した。著書に「出版ジャーナリズム研究ノート」「編集長二十年」などがある。
【参考】橋本進ほか「追悼・岩崎勝海」（「20c.〜21c. マスコミ・ジャーナリズム論集」9号 2001）／『言論に理性を出版に文化を　岩崎勝海の仕事と生き方』岩崎勝海追悼集刊行委員会編 2002

岩崎 鉄次郎　いわさき・てつじろう
大学館創業者

[没年月日]生没年不詳
[出身地]和歌山県

紀州の人、法律学校出身のほかは出自経歴な

ど不詳。明治30年代初め「受験問答全書」が人気を得、その余勢で文学書に手を染め「名家文庫」数篇を刊行すると時好に投じて大ヒットし業界を驚かせた。33年から同館に入り表紙や口絵を描いた岡落葉によると、主人は一風変った気概の持主で、編輯方面のことは万事井上唖々に任せていた。荷風の親友として知られる唖々は病気のため文科大学独文科を中退し書店に勤めたが、英独語に通じ学問の素養の深い人物。発表の場の少ない若い文士たちに執筆の機会を与え、ことに巖谷小波門下より成る木曜会の押川春浪、生田葵山、西村渚山、寒川鼠骨などはその恩恵を蒙った。月刊の文学雑誌「活文壇」や、月刊のシリーズ「豪傑叢談」、「国色史叢」、「少年叢書」など書生向けの廉価本を続々と出版して異彩を放った。宇野共次は15年勤続して支配人になったが、大正3年独立して宇野出版社を創立した。

【参考】岡落葉「大学館のころ」(「日本古書通信」1955.4)

岩崎 徹太　いわさき・てつた
岩崎書店創業者

[生年月日]明治38年(1905年)2月11日
[没年月日]昭和55年(1980年)11月9日
[出生地]東京市本所区(東京都墨田区)　[本名]岩崎乙巳(いわさき・おとみ)　[学歴]中央商〔大正11年〕卒,早稲田大学専門部政経科〔昭和3年〕卒

東京・日本橋で木綿問屋を営む家の三男。大正3年父を亡くし、12年関東大震災で本所にあった家作など一切を失う。昭和3年「軍港よろず」新聞記者を経て、4年逓信省に勤めたが、6年浜口雄幸内閣の緊縮財政による全国官吏減俸問題で省内に1200人の反対同盟を組織したことから検挙され、退職。7年三田の慶応義塾大学前に社会科学書専門の古書店・フタバ書房を開業、白揚社や改造社、ナウカ社などの発禁本を上手に隠して慶応の教授や学生に頒布したことから"発禁堂"の異名を取った。8年からは新刊書も扱い、9年慶応書房に改名して出版業にも進出。科学技術史の名著出版の草分けとなる。18年治安維持法違反で検挙され、慶応書房も戦時の企業整備のため廃業させられた。戦後の20年10月日本出版協会の設立に参画、21年株式会社岩崎書店を設立して出版界に復帰。23年戦時中に出版した加田哲二や木下半治の著書がG項パージに抵触し公職追放に遭い、25年解除されて社長に復帰。39年岩崎美術社、40年岩崎学術出版を設立。46年時代出版社を設立して月刊総合誌「時代」を刊行。48年岩崎書店会長、51年顧問。同社は児童出版分野で確固たる地位を築いた。また、ソ連図書の輸入・翻訳出版を手がけ、日ソ親善にも尽力した。この間、業界の指導者として出版団体の梓会と二山会の創立に加わり、両会の事務局長に就任、事務所を岩崎書店社内に置いた。28年日本児童図書出版協会を設立、32年日本書籍出版協会創立委員。50年長年の出版功労により叙勲の推薦を受けたが、これを拒否して反骨ぶりを示した。没後の57年、学校図書館協議会により岩崎徹太賞が設けられた。

[家族等]妻=岩崎治子(岩崎美術社会長)、長男=岩崎徹也(東海大学名誉教授)、二男=岩崎駿介(筑波大学助教授)、三男=岩崎弘明(岩崎書店社長)、孫=岩崎夏海(作家)　[受賞]日本児童文芸家協会児童文化功労者(第17回)〔昭和50年〕

【参考】『追想岩崎徹太』岩崎徹太追想集刊行会編 1981

岩崎 好正　いわさき・よしまさ
巌々堂主人

[生年月日]生年不詳
[没年月日]明治33年(1900年)11月19日

遅くとも明治10年9月には神田雉子町団々社の隣に書籍雑貨店を開いた。間もなく諸新聞雑誌売捌に重点を移し、また「東洋立志編」などの出版にも手を染めた。16年経営悪化回避のため新聞雑誌売捌東京同盟組を結成して

代価の前金励行を申し合せ、20年代には代表的大売捌店に成長した。23年から2度、府下16の新聞社による「東京朝日新聞」の非売運動が起ったが、朝日側について実利を得る。25年乱売防止などを目的として東京雑誌売捌営業者組合が設立、初代頭取に選任された。同業中で常にリーダーシップを発揮したことがわかる。28年家事の都合から雑誌部を福田金次郎の北隆館に譲渡、これは同館の飛躍的な成長の要因となった。以後妻、長男を続けて亡くして後継に恵まれず、33年享年53で死去した。
【参考】山口順子「明治前期における新聞雑誌の売捌状況―巌々堂を中心にして」(「出版研究」16号 1985.3)

岩下 小葉　いわした・しょうよう
「幼年の友」主筆

[生年月日]明治17年(1884年)11月28日
[没年月日]昭和8年(1933年)4月24日
[出生地]熊本県菊池郡西合志村(合志市)
[本名]岩下天年　　[学歴]早稲田大学英文科〔明治42年〕卒

明治43年実業之日本社に入社。「日本少年」「少女の友」の編集に携わる。大正3年「幼年の友」主筆。8年再度「少女の友」担当となり5年間務める。昭和6年より同社監査役。著書に「心のふる郷」、翻訳に「秘密の花園」など。

岩瀬 順三　いわせ・じゅんぞう
ベストセラーズ創業者

[生年月日]昭和8年(1933年)5月19日
[没年月日]昭和61年(1986年)5月18日
[出生地]広島県尾道市三軒家町　[学歴]立教大学文学部英米文学科〔昭和33年〕卒

昭和36年光琳書院を経て、37年清水幾太郎の紹介で青春出版社へ移り、41年取締役編集局長、編集長。42年河出書房と提携して河出ベストセラーズを設立したが、河出書房倒産のため独立してベストセラーズ(KKベストセラーズ)を創業、処女出版はPL教団教主・御木徳近の「愛 愛する愛と愛される愛」。光文社「カッパブックス」に対抗してカッパを食べるワニを商標にした「ワニブックス」を創刊、糸山英太郎「怪物商法」、藤田田「ユダヤの商法」、奈良林祥「新HOW TO SEX」、ビートたけし「ツービートのわっ毒ガスだ」、馬場憲治「アクション・カメラ術」などの数々のベストセラーを送り出した。200万部以上を売り上げた江本孟紀「プロ野球を10倍楽しく見る方法」では、ゴーストライターの存在を明かして「本人が書くより読者サービスになる」と発言するなど、独特の感覚を持つベストセラーの仕掛け人として知られ、59年に創刊した男性向け雑誌「ザ・ベストマガジン」は半年で100万部に達した。61年52歳で急逝。野坂昭如の小説「水虫魂」のモデルといわれる。

岩田 岩吉　いわた・いわきち
文修堂創業者

[生年月日]明治30年(1897年)11月13日
[没年月日]没年不詳
[出生地]千葉県香取郡小見川町(香取市)

大正6年書籍業を志して上京し、文盛堂に入って修業。9年独立して取次業の文修堂を開店し、大日本図書会社や帝国書院などの取次店となって堅実に業績を伸ばした。のちには出版業にも乗り出し、中等・高等専門学校の教科書や学習参考書を主に刊行した。昭和16年同社が日本出版配給に吸収されると同社錦町営業所次長、駿河台営業所長を歴任。19年退社して非凡閣常務となったが、戦後に文修堂を再興し、出版を専業とした。

岩田 僊太郎　いわた・せんたろう
金港堂支配人　晩成處主人　漢詩人

[生年月日]文久2年(1862年)11月
[没年月日]昭和28年(1953年)1月17日
[別名等]号=鶯崖

明治11年10月金港堂入店、20年代には会計主任など財務担当の支配人となる。30年系列会社帝国印刷株式会社の創業に際し取締役、ついで専務に就任した。教科書事件後金港堂の経営が傾くと、目黒甚七から資金援助をうけて晩處を開き美術教育関係の出版活動を始める。東京美術学校及び東京高等師範学校の人脈を同人にして美育振興会を組織し、初等中等学校向けの図画教科書や美術鑑賞用教材「美育教典」等々を編集発行し、発売元は目黒書店が引き受けた。大正末には私財を投じて財団法人図画教育奨励会を設立、美校など諸団体に寄付金を贈り続けた。鴬崖と号する漢詩人でもあって「鴻爪録」（昭和3年）「雪泥集」（5年）「杜国集」（7年）などの漢詩集を自費出版した。中でも「坐湯集」（9年）は"係鴬崖翁温泉游浴中作"230余首を集めたもので、当時の温泉地の写真がいくつもあって貴重である。

岩田 発太郎　いわた・はつたろう
栗田雑誌販売取締役

[生年月日]明治34年（1901年）6月28日
[没年月日]昭和34年（1959年）6月9日
[出生地]神奈川県横浜市

大正7年同文館に入社、倉庫係や品渡し係などを務める。昭和4年退社して栗田書店に移るが、16年同社が日本出版配給に統合されると、本店厚生部長、錦町営業所長、駿河台支店長を歴任。24年日配閉鎖とともに栗田書店に復帰、取締役。同年栗田雑誌販売株式会社創業に際して取締役総務部長に就任した。

岩出 貞夫　いわで・さだお
東京堂社長

[生年月日]大正8年（1919年）3月19日
[没年月日]平成7年（1995年）6月22日
[出生地]東京市神田区駿河台（東京都千代田区）　[学歴]明治大学商学部〔昭和16年〕卒

昭和16年台湾製糖に入社。21年退職して兄の関係する合成化学品販売会社・藤本化学に移り、33年取締役経理部長。30年から東京堂社外重役を務め、43年実兄で同社6代目社長であった大橋勇夫の死去により7代目社長に就任。積極的に若い人材を登用、また社史「東京堂の八十五年」を発行した。
[家族等]兄＝大橋勇夫（東京堂社長），岩出豊彦（藤本産業社長）
[参考]『東京堂の八十五年』岩出貞夫編　東京堂　1976

岩波 茂雄　いわなみ・しげお
岩波書店創業者　貴院議員（多額納税）

[生年月日]明治14年（1881年）8月27日
[没年月日]昭和21年（1946年）4月25日
[出生地]長野県諏訪郡中洲村（諏訪市）　[学歴]日本中〔明治33年〕卒、一高、東京帝国大学文科大学哲学科選科〔明治41年〕卒

杉浦重剛に私淑し、明治32年杉浦が校長を務める日本中学に編入。一高在学中の36年、同じ一高生である藤村操の投身自殺に衝撃を受けて学業を放擲して落第、一学年下だった安倍能成らと同級となる。一高除籍後は東京帝国大学文学部哲学選科に入り、41年卒業。42年より神田高等女学校教頭として修身などを教えたが、大正2年退職、神田神保町に古書店・岩波書店を開業。当時の古本屋としては画期的な正札販売を断行し、東京帝国大学哲学科出身の肩書きも手伝って顧客を獲得。3年夏目漱石に「こゝろ」を自費出版させて出版業に乗り出し、一高時代からの盟友である安倍や阿部次郎らを編集者に据えた「哲学叢書」（4～6年）が成功した他、哲学・思想書を相次いで出版し、社業の基礎を築いた。漱石没後には安倍、阿部、寺田寅彦、小宮豊隆、森田草平といった漱石門下生たちの協力を得て「漱石全集」（6～8年）を独占出版。以降、芥川龍之介、幸田露伴、二葉亭四迷、寺田らの全集を次々出版し、厳密な校正と編集で高い信用を受けた。単行本でも阿部「合本三太郎の日記」、倉田百三「出家とその弟子」など

がベストセラーとなった。昭和2年には古典の普及を目指して廉価・小型の「岩波文庫」を発刊し、学生や知識人たちから圧倒的な支持を獲得した。次いで8年「岩波全書」、13年「岩波新書」などをスタートさせ、教養主義・文化主義の時代の担い手として独自の地位を築き、"岩波文化"ともいわれた。15年に津田左右吉の「神代史の研究」などの出版により起訴され、17年禁錮2年、執行猶予2年の判決を受けたが、19年免訴となる。20年多額納税者として貴院議員となった。戦後の21年総合雑誌「世界」を創刊。同年文化勲章を受章した。
[家族等]二男＝岩波雄二郎（岩波書店社長）、女婿＝小林勇（岩波書店会長）　[叙勲]紺綬褒章〔昭和15年〕、文化勲章〔昭和21年〕
【参考】『岩波茂雄伝』安倍能成著　岩波書店 1957／『惜櫟荘主人 一つの岩波茂雄伝』小林勇著　岩波書店 1963（講談社文芸文庫 1993）

岩波　雄二郎　いわなみ・ゆうじろう
岩波書店社長

[生年月日]大正8年（1919年）6月25日
[没年月日]平成19年（2007年）1月3日
[出生地]神奈川県鎌倉市　[学歴]東京帝国大学文学部西洋史学科〔昭和19年〕卒

岩波書店創業者・岩波茂雄の二男。昭和21年1月岩波書店に入り、4月父の死去により店主となり、24年4月株式会社設立と同時に社長に就任。53年会長、平成10年相談役に退く。50年の長きにわたり、岩波書店の経営にあたり、同社の社会的意義と果たすべき役割の堅持に努め、営利出版社としての基礎を固めるとともに「岩波文庫」による古典の刊行に力を注いだ。さらに出版の国際交流にも早くから取り組み、昭和22年中国五大学に同社発行図書全点寄贈を開始、41年には日中文化交流協定による第1回出版代表団の副団長として訪中し、以後8度正式に中国を訪問した。また、日本書籍出版協会評議員、日本出版クラブ理事、岩波ホール社長など多くの役職を務めた。

[家族等]父＝岩波茂雄（岩波書店創業者）、義妹＝高野悦子（岩波ホール総支配人）

岩野　真雄　いわの・しんゆう
大東出版社社長　僧侶

[生年月日]明治26年（1893年）2月12日
[没年月日]昭和43年（1968年）1月9日
[出生地]東京市下谷区三ノ輪（東京都台東区）
[学歴]宗教大学〔大正5年〕卒

浄閑寺の長男。仏教学研鑽に励み、渡辺海旭に師事。大正15年東京・芝に大東出版社を設立、一切経（大蔵経）の日本語全訳に着手。昭和3年「国訳一切経」第1巻を刊行、戦中戦後の中断をはさんで出版を続け、43年に12巻を残して死去。没後、遺族が遺志を継ぎ、63年全255巻の完結にこぎつけた。

[家族等]長女＝岩野文世（大東出版社社長）
[受賞]仏教伝道文化賞（第1回）〔昭和42年〕

岩堀　喜之助　いわほり・きのすけ
マガジンハウス創業者

[生年月日]明治43年（1910年）4月25日
[没年月日]昭和57年（1982年）10月8日
[出生地]神奈川県小田原市　[学歴]小田原中卒、日本大学専門部法科〔昭和6年〕卒

昭和3年中学卒業後に上京、働きながら明治大学政治学部に通い新聞部に属するが、学費滞納のため中退。次いで日本大学専門部法科に学ぶ。6年卒業後一時警察官になるが、新聞記者を志して再度上京。11年時事新報社に入社したが、同年末同社が東京日日新聞社と合併した際の人員整理で解雇されたため、中国に渡って宣撫工作に従事。18年帰国して大政翼賛会宣伝部に転じ、清水達夫や花森安治らを知る。敗戦直後から新しい雑誌作りを企て、20年10月清水らを誘って凡人社を創立し月刊「平凡」を発刊（誌名は下中弥三郎の命名）、即日で3万部を売り上げて戦後雑誌ブームの火付け役となる。当初は総合雑誌的な性格の強い文芸誌であったが、23年頃から"歌

と映画の娯楽雑誌"をキャッチフレーズにして歌謡界・映画界のスターを取り上げる方針に転換し、若年層を中心に幅広い読者の支持を獲得した。27年には売上げ100万部を突破し。29年社名を平凡出版（現・マガジンハウス）に改称して社長に就任。その後も「週刊平凡」「平凡パンチ」「an・an」「ポパイ」など常に若者を意識した大胆かつ斬新な雑誌を次々と創刊し、戦後の大衆文化に大きな役割を果たした。

[家族等]娘＝新井恵美子（作家）

【参考】『岩堀喜之助を偲ぶ』平凡出版 1983／『マガジンハウスを創った男 岩堀喜之助』新井恵美子著 出版ニュース社 2008／『「平凡」物語 めざせ!百万部 岩堀喜之助と雑誌『平凡』と清水達夫』塩澤幸登著 河出書房新社 2010

岩村 蓬　いわむら・よもぎ
講談社児童局長

[生年月日]大正11年（1922年）6月8日
[没年月日]平成12年（2000年）11月4日
[出生地]東京市牛込区（東京都新宿区）　[本名]岩村光介　[別名等]別号＝明河　[学歴]東京大学経済学部〔昭和25年〕卒

昭和16年台北帝大予科に入学。松村一雄教授に師事し、俳句と連句の実作を学ぶ。戦後講談社に入り、児童書の編集に携わる。児童局長を最後に定年退職。この間、37年「麦」の同人となり、「氷海」「狩」を経て、62年「草苑」同人。

岩本 五一　いわもと・ごいち
達摩屋待買堂主人

[生年月日]文化14年（1817年）10月12日
[没年月日]慶応4年（1868年）7月18日
[出生地]江戸築地南小田原町（東京都中央区）

尾紀両家御蔵預岩本文三郎の末子。12歳の文政11年（1828年）日本橋十軒店の書舗西村宗七（層山堂）方へ丁稚奉公、16歳の天保3年（1832年）同店閉店により英文蔵方へ移る。22歳両国広小路の山田方の番頭となるが出て、芝西久保切通に露肆を開く。天保14年（1843年）妻を迎え浜松町に一家を構え、男女二児にめぐまれる。弘化3年（1846年）の大火で焼出され日本橋四日市に居を移し珍書屋の看板を掲げて店舗を開く。その名声が広まり好事家でにぎわった。嘉永6年（1853年）薩州侯建白書漏洩の罪で手鎖五十日の刑を受けた。安政4年（1857年）蒐集した珍書を「燕石十種」と名付けて顧客に提供。文久2年（1862年）麻疹大流行により愛児を失い、紙屋徳八方に勤める若者を養嗣子に迎え2世の達摩屋活東子と名のらせた。慶応2年（1866年）四日市の店を退き浅草蔵前に隠居店を開いたが健康をそこね4年享年52で維新の日本を見ることなく病没。大正6年岩本五一遺稿「瓦の響しのぶぐさ」が編まれた。

【参考】『瓦の響しのぶぐさ』岩本米太郎編 1917（複製『本屋のはなし』青裳堂書店 1981）

岩本 常雄　いわもと・つねお
「改造文芸」編集長 草土社社長

[生年月日]生年不詳
[没年月日]平成2年（1990年）4月19日
[出身地]栃木県

改造社で昭和25年「改造文芸」編集長、編集局次長。34年雪華社で第六次「早稲田文学」編集長を務め、吉村昭らを起用。36年白鯨社より「紳士読本」を創刊、軽妙洒脱なエンターテインメント雑誌として常盤新平・久里洋二らの新人を発掘した。草土社を設立し、41年製薬会社日本メルク万有の季刊PR誌「CREATA（クレアータ）」を創刊、医療関係の出版に寄与した。

【参考】『編輯者 岩本常雄』岩本常雄を偲ぶ会編 草土社 1992

巖本 善治　いわもと・よしはる
「女学雑誌」創刊者 明治女学校校長

[生年月日]文久3年（1863年）6月15日
[没年月日]昭和17年（1942年）10月6日
[出生地]但馬国出石（兵庫県豊岡市）　[旧名]

井上　[別名等]号＝井上次郎,月の舎しのぶ,山下石翁,撫象子,如雲

商人・井上家の二男で,慶応4年(1868年)因幡鳥取藩士の巌本琴城の養子となる。明治9年上京して中村正直の同人社に入り,次いで津田仙の学農社に転じて同社発行の「農業雑誌」にたびたび寄稿。在学中,津田の影響でキリスト教を信仰するようになり,16年下谷教会の木村熊二の下で受洗。17年卒業後は同誌編集に携わる傍ら,キリスト教的立場から婦人に対する啓蒙活動に関心を寄せ,17年近藤賢三とともに「女学新誌」を刊行したのを経て,18年新たに近藤らと「女学雑誌」を創刊(当初は月2回刊)。以後,社説などを中心にほぼ毎号にわたって寄稿し,女性の知識向上や廃娼などを唱え,19年の近藤の急死後はその署名編集人を務めた。20年木村が創立した明治女学校の教頭に招かれキリスト教精神に基づく自由教育を実践。また,島崎藤村,北村透谷,星野天知らを教師に迎え,藤村・天知・透谷や内村鑑三,田中正造らを「女学雑誌」に寄稿させた。22年天知らと女子学生に対する文才・情操の教育を目的とした雑誌「女学生」を創刊。25年明治女学校校長。27年押川方義,本多庸一,松村介石らと大日本海外教育会を設立,これを機に「女学雑誌」も月刊となったが,29年2月の明治女学校校舎焼失や妻・若松賤子の急死など不幸が続き,33年の高等女学校令・私立学校令の発布による高等教育機関が全国的な充実などもあって学校経営は立ち行かなくなり,37年「女学雑誌」を廃刊,41年には明治女学校も廃校となった。その後,実業界に転身して明治殖民会社を設立。内外通信会社や日活などにも関係した。

[家族］妻＝若松賤子(「小公子」の訳者),養父＝巌本琴城(漢学者),孫＝巌本真理(バイオリニスト)

【参考】『女性解放思想の源流 巌本善治と「女学雑誌」』野辺地清江著 校倉書房 1984

岩本　和三郎　いわもと・わさぶろう
文体社創業者 双雅房創業者

[生年月日]生年不詳
[没年月日]昭和20年(1945年)5月
[別名等]号＝柯青　[学歴]慶応義塾卒

東京堂に勤務し「東京堂月報」を編集。昭和6年7月斎藤昌三,柳田泉らと書物誌「書物展望」を創刊し,書物展望社を設立。傍ら8年より文体社を経営し,横光利一「花」を皮切りに限定本を刊行した。のち斎藤と袂を分かち,10年双雅房を創業,引き続き限定本の出版に当たり,久保田万太郎,平田禿木,丹羽文雄,真船豊,小野賢一郎らの著書を手がけ,凝った装丁で知られた。11年には書物誌「読書感興」を発刊。戦時中は東宝書房に関係したが,20年疎開先へ荷物を運ぶ途中に死去した。

巌谷　小波　いわや・さざなみ
「少年世界」主筆 児童文学者

[生年月日]明治3年(1870年)6月6日
[没年月日]昭和8年(1933年)9月5日
[出生地]東京府麹町平河町(東京都千代田区)
[本名]巌谷季雄　[別名等]別号＝漣山人,大江小波,楽天居

旧近江水口藩医で書家・漢詩人の巌谷一六の三男。明治20年硯友社に入って尾崎紅葉,石橋思案,川上眉山らと親交を結び,機関誌「我楽多文庫」に言文一致による処女作「真如の月」を発表。同年杉浦重剛の主宰する称好塾に入塾し,江見水蔭,大町桂月とともに"称好塾の文学三羽烏"と称された。22年独逸協会学校専修科を中退して本格的に文学への道を進み「妹背貝」で注目を集める。24年創作童話「こがね丸」で日本の児童文学に新たな地平を開き,以降は児童読物の執筆に専念。27年博文館に入社,28年「少年世界」創刊に際して主筆となり,毎号巻頭に掲載されるお伽噺を担当。29年より「日本お伽噺」,32年より「世界お伽噺」を刊行し,「桃太郎」「花

咲爺」「舌切り雀」「かちかち山」などの古民話を再生させた。31年1月から同誌に「新八犬伝」を連載し、長編児童文学に新機軸をもたらす。33～35年渡欧。帰国後も博文館に勤め、39年「幼年画報」「少女世界」を創刊。同年芳賀矢一の推薦で文部省嘱託となり、国定教科書の編集に携わった。大正6年博文館を退社してからは日本国内のみならず朝鮮、樺太、ハワイなどへ童話口演に出かけ、各地の少年少女に親しまれた。一方で博文館顧問として引き続き同社の雑誌にお伽噺を寄せたが、昭和2年アルス「日本お伽噺集」にまつわる版権の問題から絶縁。3年木村小舟を編集長として千里閣出版部を設立し、「小波お伽全集」（全12巻）の刊行を始めた。晩年は説話大事典「大語園」の編集に努めた。
[家族等]長男＝巌谷槇一（劇作家）、二男＝巌谷栄二（児童文学研究家）、四男＝巌谷大四（文芸評論家）、父＝巌谷一六（書家・元老院議官）、兄＝巌谷立太郎（鉱山学者）、日下部弁二郎（土木技師・実業家）
【参考】『私の今昔物語』巌谷小波著 早稲田大学出版部 1928／『小波遺影』巌谷栄二編 1933／『波の聾音 巌谷小波伝』巌谷大四著 新潮選書 1974（文春文庫 1993）

巌谷 大四　いわや・だいし
「文芸」編集長　「週刊読書人」編集長

[生年月日]大正4年（1915年）12月30日
[没年月日]平成18年（2006年）9月6日
[出生地]東京市芝区高輪南町（東京都港区）
[学歴]早稲田大学文学部英文科〔昭和15年〕卒
巌谷小波の四男。菊池寛が遠戚だった関係で、文芸家協会に入り、以後長く文壇の中枢部でまとめ役的な役割を果たす。太平洋戦争中は文芸協会書記、日本文学報国会事業課長を務めた。戦後は、鎌倉文庫出版部長や、河出書房の「文芸」編集長を経て、昭和33年日本書籍出版協会の機関紙として創刊された「週刊読書人」の初代編集長に就任。39年日本書籍出版協会から独立して株式会社読書人が設立されると取締役編集部長。41年退任。また、40年頃より評論活動に入り、「非常時日本文壇史」「戦後日本文壇史」「現代文壇人国記」を著すなど、文壇消息通として知られた。父の生涯をまとめた「波の聾音 巌谷小波伝」の他、「本のひとこと」「蓄音機と西洋館」など著書は数多い。
[家族等]父＝巌谷小波（児童文学者）、兄＝巌谷槇一（劇作家）、巌谷栄二（児童文学研究者）
[叙勲]勲三等瑞宝章〔平成1年〕　[受賞]大衆文学研究賞（第5回）〔平成3年〕「明治文壇外史」

岩谷 満　いわや・みつる
岩谷書店創業者　詩人

[生年月日]大正5年（1916年）5月1日
[没年月日]没年不詳
[別名等]筆名＝岩谷健司

"天狗煙草"で知られる実業家・岩谷松平の孫。堀口大学の弟子筋で、岩谷健司の筆名で詩を書いた。昭和21年詩人仲間の推理小説作家・城左門に詩誌創刊を持ちかけたところ推理小説雑誌発刊を勧められ「宝石」を創刊、大ヒットとなった。同年詩誌「ゆうとぴあ」（22年「詩学」に改題）を発行。また、「雑誌研究」なども出した。ミネルヴァ書房創業者・杉田信夫は親戚にあたる。1950年代に亡くなったと思われる。詩集に「哀しき渉猟者」がある。
[家族等]祖父＝岩谷松平（実業家）

【う】

殖栗 文夫　うえくり・ふみお
日本リーダーズ・ダイジェスト社極東総支配人

[生年月日]明治34年（1901年）6月3日
[没年月日]昭和60年（1985年）5月18日
[出生地]新潟県　[学歴]早稲田大学商科〔大

正14年〕卒

大正14年東京YMCA主事となり、同年賀川豊彦らが設立した日本キリスト教救癩協会に参加して奉仕活動を続ける。昭和9年教文館支配人。戦後の21年、リーダーズ・ダイジェスト日本支社に入社して広告部長を務め、31年極東総支配人。38年パレスサイドビル常務。著書に「わかり易いパブリック・リレーションズ」「セールスマンシップ」などがある。

植田　熊太郎　うえだ・くまたろう
　　輝文館主人

[生年月日]明治6年（1873年）12月
[没年月日]昭和13年（1938年）1月27日

大阪市東区横堀で輝文館を経営。大阪パック社も兼営した。
[家族等]弟＝植田寅之助（徳島紡績取締役）

植田　虎雄　うえだ・とらお
　　研究社社長

[生年月日]明治39年（1906年）1月27日
[没年月日]平成13年（2001年）7月24日
[出生地]岡山県倉敷市　[学歴]東京帝国大学文学部英文科〔昭和4年〕卒

昭和21年研究社に入社。34年辞書編集部長、50年副社長、52年会長を経て、54年社長に就任。のち再び会長を務めた。

上野　久徳　うえの・ひさのり
　　三省堂会長 弁護士

[生年月日]大正8年（1919年）2月14日
[没年月日]平成16年（2004年）3月10日
[出生地]鹿児島県出水郡阿久根村（阿久根市）
[学歴]出水中〔昭和4年〕卒、陸士（第51期）〔昭和13年〕卒、陸大（第57期）〔昭和18年〕卒、九州大学法文学部〔昭和25年〕卒

8人きょうだいの長男。昭和13年陸士第51期、18年陸大第57期を卒業、陸士戦術学教官、第五十九師団参謀、第十三軍参謀などを歴任。20年陸軍少佐で敗戦を迎えた。復員後、九州大学法文学部を卒業。26年東京で弁護士を開業。以後、破産・管財・更生関係業務に従事し、管財人や法律顧問などとして三栄百貨店、ベースボール・マガジン社、河出書房新社、名古屋精糖、大映などの再建に尽力した。50年破産した三省堂の管財人を引き受け、労組との信頼関係構築や、54年本社社屋建設に踏み切るなど思い切った手腕を発揮し、59年同社の再建に成功した。同年会長に就任。61年同じく経営の悪化した平凡社会長となった。平成8年三省堂名誉会長。サンポール会長、湘南工科大学理事も務めた。著書に「新版倒産整理と計数管理（改訂版）」「倒産整理と担保権」「新・倒産処理と法的技法」などがある。
【参考】『上野久徳伝 陸軍参謀から企業再建弁護士へ』加藤恭子ノンフィクション・グループ著　三省堂 2007

植野　録夫　うえの・ろくお
　　東京地形社創業者

[生年月日]明治24年（1891年）10月21日
[没年月日]昭和60年（1985年）6月11日
[出生地]北海道　[学歴]小樽高商〔大正7年〕卒

北海道小樽の今井百貨店を経て、大正13年文献堂を開き書籍の小売業に着手。昭和7年東京地形社を創業して地図出版を始め、東京35区区分図やポケット地図帳を出版。一方、マウンテン書房の名で旅行雑誌「ハイキング」などを出した。15年日本統制地図社長。のち日地出版社長。戦後、軍事機密だった旧陸海軍の太平洋戦争資料を入手、日本海軍艦船喪失一覧図、日本陸軍戦力喪失一覧図を発行したが、直後に連合国軍総司令部（GHQ）に没収された。60年遺族会などから復刻の声が寄せられ復刻したが、直後に病死した。

上原　才一郎　うえはら・さいいちろう
　　光風館創業者

[生年月日]慶応2年（1868年）2月3日

[没年月日]昭和15年（1940年）8月16日
[出生地]信濃国諏訪郡中洲村（長野県諏訪市）

小学校を卒業後、松本市の高美書店に11年間勤める。明治22年上京、神田に上原書店を創業して書籍・雑誌の小売業を営む。27年神保町に店舗を移し、屋号を光風館として出版業にも進出。のち小売業を退いて出版専業となり、小学校・中等教科書を出版した。「理学界」などの雑誌も創刊し、科学書や科学雑誌の出版に力を注いだ。東京書籍商組合長、東京出版協会協議員、中等教科書協会幹事なども歴任。
[家族等]女婿＝四海民蔵（四海書房創業者）

植松 有信　うえまつ・ありのぶ
板木師

[生年月日]宝暦8年（1758年）12月4日
[没年月日]文化10年（1813年）6月20日

尾張藩士・植松信貞の三男。17歳の時父が浪人したため京都で板木彫刻の業につく。天明6年（1786年）本居宣長「古事記伝」上巻の稿が成り、その板刻を担当した。寛政元年（1789年）宣長が名古屋で講筵を開くと誓詞を納めて門弟となる。これ以降絶えず歌文を送りその指導を受け、また和歌山や京都に随行することもあった。享和元年（1801年）宣長の訃報を得て松坂に赴き、山室山の葬儀に参列後、そのまま山上の庵室で七夜を過ごした。その記録が「山室日記」である。宣長の信を得て多くの著書を彫刻したが、「古事記伝」は有信没後、文政5年（1822年）に養子の茂岳の代にようやく完成をみた。
[家族等]養子＝植松茂岳（国学者）
【参考】『植松有信』植松茂著　愛知県郷土資料刊行会　1979

上本 将　うえもと・すすむ
研数書院創業者

[生年月日]大正4年（1915年）7月30日
[没年月日]平成14年（2002年）7月1日

[出身地]広島県

太平洋戦争に従軍し、左目と左足を失う。昭和21年東京・神田で出版業を始め、25年株式会社研数書院を設立して社長。主に学習参考書を手がけ、松葉づえをついて全国を注文とりに回った。築田多吉「家庭における実際的看護の秘訣」は隠れたベストセラー。
[叙勲]勲五等瑞宝章〔昭和62年〕

臼井 喜之介　うすい・きのすけ
白川書院創業者　詩人

[生年月日]大正2年（1913年）4月15日
[没年月日]昭和49年（1974年）2月22日
[出生地]京都府京都市　[本名]臼井喜之助
[学歴]京都市立二商卒

昭和10年詩誌「新生」を創刊。17年同人誌の統合により「詩想」「岩壁」となり、戦後は「詩風土」を経て、40年から「詩季」と改題して主宰。この間、ウスヰ書房を起こして第一詩集「ともしびの歌」を出版。同書房は戦時の企業整備で大八洲出版に統合され消滅したが、21年営業を再開。25年白川書院に改称して月刊誌「京都」を編集発行。自著「京都文学散歩」「京都味覚散歩」など主に京都にまつわる出版物を刊行、京都ブームの種を蒔いた。他の詩集に「望南記」「童説」「海の抒情」「愛と孤独」などがある。
【参考】「詩季　臼井喜之介追悼号」1974

臼井 史朗　うすい・しろう
淡交社副社長

[生年月日]大正9年（1920年）1月27日
[没年月日]平成22年（2010年）9月2日
[出生地]岐阜県　[本名]臼井憲定（うすい・けんじょう）　[学歴]大谷大学文学部宗教学科〔昭和18年〕卒

昭和26年より出版社・淡交社に勤め、35年取締役、37年常務、51年専務を経て、副社長。茶道を中心に日本伝統文化や京都を素材にした出版企画を手がけた。「古寺巡礼」（全66

巻)の刊行ではその総指揮に当たった。著書に数々の文化人との交流を回想した「弟子三尺」「疾風時代の編集者日記」や、「ありがたき神々」「教祖誕生」「神・人・仏の闘争」「不安の時代の宗教王国」などがある。また、米国で日本文化を紹介するカルチャーセンターを開設し茶道普及にも注力した。
[受賞]茶道文化賞(特別功労賞,第8回)〔平成22年〕

臼井 吉見　うすい・よしみ
「展望」編集長 筑摩書房顧問 文芸評論家

[生年月日]明治38年(1905年)6月17日
[没年月日]昭和62年(1987年)7月12日
[出生地]長野県南安曇郡三田村(安曇野市)
[学歴]松本中〔大正12年〕卒、松本高〔大正15年〕卒、東京帝国大学文学部国文学科〔昭和4年〕卒　[資格]日本芸術院会員〔昭和50年〕

長野県の自作農の二男。松本中学、松本高校の同級に古田晁、1級上に唐木順三がおり、東京帝国大学文学部でも古田と一緒だった(自身は国文科で古田は倫理学科)。昭和4年古田から将来の進路について相談を受けた際、即座に出版の道を勧め、古田は筑摩書房を創業。卒業後は国語教師となり、双葉中学や伊那中学、松本女子師範学校で教鞭を執ったが、18年退職して上京。同年応召して陸軍少尉となり、20年九十九里浜で伐木隊長として敗戦を迎えた。筑摩書房創業以来、常に編集の中心にあって古田を援け、21年総合雑誌「展望」を創刊して編集長に就任。椎名麟三ら多くの作家を育てる一方、「現代日本文学全集」(全97巻)、「現代教養全集」(全28巻)、「日本短編文学全集」(全48巻)、「明治文学全集」(全100巻)などの企画編集に手腕をみせ、筑摩書房の発展に大きく貢献した。文芸評論家、小説家としても活躍し、「近代文学論争」で芸術選奨文部大臣賞を、5部作になった大河小説「安曇野」で谷崎潤一郎賞を受賞。53年発表の川端康成をモデルとした小説「事故のて

んまつ」は遺族と裁判となった(のち和解)。
[受賞]芸術選奨文部大臣賞(文学・評論部門,昭和31年度)〔昭和32年〕「近代文学論争」、NHK放送文化賞(第18回,昭和41年度)、谷崎潤一郎賞〔昭和49年〕「安曇野」
【参考】『蛙のうた ある編集者の回想』臼井吉見著 筑摩書房 1965(筑摩叢書 1972)

内川 千裕　うちかわ・ちひろ
草風館社長

[生年月日]昭和12年(1937年)3月
[没年月日]平成20年(2008年)8月4日
[出生地]長野県松本市　[学歴]上智大学文学部卒、立教大学大学院中退

上智大学では日本史(日朝関係史)を専攻、卒業後は長野県で教職に就くが、再び上京して立教大学大学院に入り、41年人物往来社に入社。52年独立して編集プロダクションを興し、54年草風館を設立。自己を映し出す鏡として沖縄、アイヌ文化を含め、朝鮮、台湾、中国など、近隣の文化を扱った書籍の刊行を続けた。

内田 篤次　うちだ・あつじ
内田老鶴圃社長

[生年月日]明治38年(1905年)11月3日
[没年月日]昭和36年(1961年)7月3日
[出生地]長野県上田市　[旧名]吉沢　[学歴]慶応義塾大学理財科〔昭和3年〕卒

昭和3年第一銀行に入行。内田老鶴圃の3代目社長・内田作蔵の長女と結婚して養嗣子となり、4代目社長となった。自然科学関係の書籍や雑誌に力を入れた。太平洋戦争中は企業整備により自然科学出版社数社を合併して盈科舎を設立したが、戦後同社解散と共に内田老鶴圃社長に復帰。出版梓会幹事長、日本書籍出版協会理事、出版文化国際交流会理事、日本出版クラブ評議員などを歴任。
[家族等]岳父=内田作蔵(内田老鶴圃社長)

内田 勝　うちだ・まさる
「週刊少年マガジン」編集長 講談社取締役

[生年月日]昭和10年（1935年）4月22日
[没年月日]平成20年（2008年）5月30日
[出生地]北海道天塩郡天塩町　[学歴]東京教育大学教育学科〔昭和34年〕卒

昭和34年講談社に入社、創刊準備中の「週刊少年マガジン」編集部に配属される。初のプロデュース作品は平井和正原作・桑田二郎画の「8マン」で、原作・作画を分けた漫画の最初の大ヒット作となった。拳銃や切手の誌上プレゼントを企画して大きな反響を呼び、38年副編集長、40年3代目編集長に就任。同年水木しげる「ゲゲゲの鬼太郎」の連載開始を皮切りに劇画を積極的に取り入れ、大学生が漫画を読むという漫画読者層の年齢上昇もあって部数を伸ばし、梶原一騎原作の「巨人の星」（画・川崎のぼる）や「あしたのジョー」（画・ちばてつや）、赤塚不二夫「天才バカボン」といった漫画史上に残る傑作群を連載陣に擁して発行部数150万部の雑誌に育てあげた。「あしたのジョー」では、人気キャラクター・力石徹の告別式を寺山修司らと企画して話題となった。また、大伴昌司を起用したカラー図解シリーズも部数増加に一役買った。その後、46年「現代」編集長、54年から雑誌「ホットドッグ・プレス」編集長、58年「MISS HERO」編集長、59年第四編集局長を経て、60年取締役に就任。講談社退社後、ソニー・マガジンズ・スーパーバイザーとしてスカイパーフェクTVのANIMAX設立に参画した。自伝に「『奇』の発想 みんな『少年マガジン』が教えてくれた」がある。
【参考】『『奇』の発想 みんな「少年マガジン」が教えてくれた』内田勝著 三五館 1998

内田 勇輔　うちだ・ゆうすけ
栗田出版販売常務

[生年月日]明治26年（1893年）8月14日
[没年月日]昭和61年（1986年）10月1日
[出生地]福岡県福岡市　[学歴]福岡市尋常高小〔明治41年〕卒

明治45年上京し、外地専門取次の大阪屋号書店に入社。昭和16年日本出版配給設立と同時に銀座営業所配給課長となり、本社運輸部長兼海運課長、駿河台営業所次長兼業務課長などを務めた。20年満州・大連に設立された関東州書籍配給統制の営業部長に転じ、敗戦を迎えた。23年栗田書店（現・栗田出版販売）に入社。24年栗田雑誌販売創立とともに移籍、取締役雑誌販売部長、運輸部長、販売監査部長などを歴任。41年同社は栗田書店に吸収され同社常務秘書室長。50年退任。
【参考】内田勇輔「ぶらり散策 私の出版業界」（「出版クラブだより」1981.4.10）

内田 芳兵衛　うちだ・よしべえ
内田老鶴圃創業者

[生年月日]生年不詳
[没年月日]明治31年（1898年）9月16日
[出生地]福井県今立郡岡本村（越前市）

和紙の里の名家に生まれ、明治7年頃に上京。日本橋横山町の書肆内田弥兵衛方で7年修業後に独立、日本橋西河岸で絵草紙屋と和紙仲介業を営み、書籍の仲買業にも携わった。13年「老鶴万里の心」と題する書籍を出版、店名を内田老鶴圃に改めた。20年日本橋大伝馬町に移り、この頃より中等教科書や学術書、参考書の出版で名を売った。病没後は未亡人が店務を執ったが、40年内田作蔵（明治10年10月8日〜昭和25年4月23日、三重県津市生）が養嗣子となり事業の一切を継承した。

内田 魯庵　うちだ・ろあん
「学鐙」編集長 評論家

[生年月日]慶応4年（1868年）閏4月5日
[没年月日]昭和4年（1929年）6月29日
[出生地]江戸下谷車坂六軒町（東京都台東区）
[本名]内田貢（うちだ・みつぎ）　[別名等]

幼名＝貢太郎、別号＝不知庵、藤阿弥、三文字屋金平　［学歴］大学予備門中退、東京専門学校〔明治20年〕中退

幕府御家人の家に生まれる。少年時代は江戸文学を耽読。また早くから外国文学に開眼し、明治17年親戚の井上勤の翻訳助手となって井上の主宰する翻訳雑誌「文学之花」の編集にも携わった。大学予備門や東京専門学校（現・早稲田大学）などに学ぶがいずれも中退し、21年評論「山田美妙大人の小説」を「女学雑誌」に発表して文壇に登場、以後小説や批評などを発表。22年には嵯峨の屋おむろからドストエフスキーを教えられ、以降はロシア文学に傾倒した。23年二葉亭四迷を知り、大いに影響を受ける。同年国民新聞社に入社、島田三郎や矢野龍渓らとの論争を通じて新進評論家として注目された。27年三文字屋金平の戯名で当時の文壇人を批評した「文学者となる法」を刊行し、物議を醸す。また、文学は常に社会・人生の問題と真剣に取り組むべきことを主張し、31年社会小説「くれの廿八日」、35年「社会百面相」などを発表した。34年丸善に入社し、書籍部顧問として「学の燈」（のち「学鐙」「学鑑」）の編集に手腕を発揮した。後半生は趣味人、読書人として生き、該博な知識とユーモアを基に優れた随筆、文壇回想記を執筆した。他の著書に「きのふけふ」「獏の舌」「バクダン」などがある。

［家族等］息子＝内田巌（洋画家）、孫＝内田莉莎子（児童文学者）

【参考】『内田魯庵伝』野村喬著 リブロポート 1994

内山 完造　うちやま・かんぞう
内山書店主人

［生年月日］明治18年（1885年）1月11日
［没年月日］昭和34年（1959年）9月20日
［出身地］岡山県後月郡芳井町（井原市）　［学歴］高小中退

高等小学校を4年で中退し、明治30年大阪へ出て洋反物店の大塚商店の丁稚となる。34年京都の赤野商店に移り、約10年にわたり番頭格として悪戦苦闘した。この間、45年京都教会の牧野虎次牧師の下でキリスト教に入信。大正2年牧野の世話で薬商・参天堂の上海店に入り、大学目薬の行商で揚子江流域を歩き回った。5年キリスト者の井上美喜子と結婚。6年聖書の販売を思い立ち、上海に内山書店を開業。日本から文学書や医学書、社会科学書などを輸入して販売し、昭和初年には日本の"円本ブーム"に乗じて財を成した。一方、昭和2年以降毎日のように来店していた魯迅と親交を結んだ他、日本語の社会学書を求めて陳独秀や李大釗らも訪れており、彼らとの交遊を通じて日中親善に大きく貢献。内地からは谷崎潤一郎、佐藤春夫らが店に立ち寄った。7年の上海事変に際しては魯迅一家をかくまった。10年魯迅の序文を得て随筆「生ける支那の姿」を刊行、中国語に訳されて評判となる。11年魯迅の死に際しては葬儀委員を務めた。22年帰国し、東京・神田に内山書店を開店。以後は書店経営の傍ら日中友好に身を捧げ、24年中国貿易促進会常任理事、日中友好協会理事長などを歴任。28年北京に渡り、中国在留日本人の帰国交渉に尽力。34年中国人民対外文化協会に招かれ中国で病気療養に当たるが、回復せず客死した。他の著書に「上海漫語」「上海夜話」「そんへえ・おおへえ」「花甲録」などがある。

［家族等］弟＝内山嘉吉（版画家）、義妹＝内山松藻（内山書店店長）、甥＝内山籬（内山書店社長）

【参考】『内山完造伝 日中友好につくした偉大な庶民』小沢正元著 番町書房 1972

内山 港三郎　うちやま・こうざぶろう
集英堂書店創業者

［生年月日］万延1年（1860年）8月2日
［没年月日］昭和19年（1944年）
［出生地］江戸浅草七軒町（東京都台東区）
［出身地］栃木県

下野宇都宮藩の江戸藩邸で生まれる。廃藩置

県後に栃木県に戻るが、明治11年上京。同郷の小林八郎が経営する集英堂に奉公し、主人に小学教科書用の袋の廃止とその表紙綴糸の改良を進言して採用されるなど、若くして才覚を現した。25歳のとき抜擢されて同店の宇都宮支店支配人に就任。23年同店宇都宮支店が廃止されるが、それを譲り受けて業務を続け、主に小学教科書・学習参考書や栃木の郷土関係書籍などを刊行して同店を栃木県屈指の大書肆に成長させた。25年下野民報社を創立。41年宇都宮市議に当選。栃木県国定教科書販売所代表者や栃木県書籍雑誌商組合長なども務めた。

[家族等]養子＝内山馨（集英堂書店代表）

内山 松藻　うちやま・まつも
内山書店店長

[生年月日]生年不詳
[没年月日]平成3年（1991年）3月8日
[出生地]長崎県島原市　[本名]内山マツ

小学6年のとき上海へ渡り、上海の内山書店創設者・内山完造に養女同様に育てられる。戦前、中国の知識人や日本人の文学、芸術家らが集まり日中民間交流の拠点となった同書店での生活を通じて完造の思想を吸収。昭和6年完造の実弟で版画家の内山嘉吉と結婚。10年帰国後、東京・世田谷で中国図書専門の内山書店を経営。のち、神田に移転。

[家族等]夫＝内山嘉吉（版画家）、三男＝内山籬（内山書店社長）、義兄＝内山完造（内山書店主人）　[受賞]倉石賞（第2回）〔平成2年〕

内山 基　うちやま・もとい
「少女の友」主筆 モード・エ・モード社創業者

[生年月日]明治36年（1903年）9月16日
[没年月日]昭和57年（1982年）10月15日
[出生地]神奈川県横浜市　[学歴]第一早稲田高等学院卒、早稲田大学文学部文学科〔昭和3年〕卒

内山守太郎の四男。明治37年父の「釜山日報」創刊に従い朝鮮へ渡り、中学までを同地で過ごす。第一早稲田高等学院、早稲田大学に学び、昭和3年実業之日本社に入社、「日本少年」編集部に配属された。6年より「少女の友」主筆として中原淳一や松本かつぢのイラスト、吉屋信子らの少女小説、宝塚歌劇の記事などを中心とした抒情路線の誌面作りを進める一方、通信欄「友ちゃんくらぶ」や投稿欄「緑の部屋」に力を入れ、読者集会「友ちゃん会」を行うなど、少女たちの紙面参加を整備して同誌の全盛期をつくった。12年新創刊の「新女苑」主筆を兼務。21年高級ファッション誌「私のきもの」を創刊。23年独立して東和社を設立、引き続き「私のきもの」を発行。35年誌名を「モード・エ・モード」に改め、57年に亡くなる直前まで編集長を務めた。

[家族等]妻＝内山多美野（モード・エ・モード社専務）、長女＝内山美樹子（早稲田大学名誉教授）、岳父＝内田百閒（小説家）　[受賞]日本児童文芸家協会児童文化功労者（第15回）〔昭和48年〕

【参考】『「少女の友」とその時代 編集者の勇気内山基』遠藤寛子著 本の泉社 2004

内山 勇次　うちやま・ゆうじ
金原出版社長 医学研修出版社社長

[生年月日]大正5年（1916年）2月23日
[没年月日]昭和58年（1983年）2月15日
[出身地]神奈川県　[学歴]中央大学甲種商業〔昭和10年〕卒

昭和5年金原出版に入社、45年社長、50年会長。52年医学研修出版社社長を務めた。

宇都宮 源平　うつのみや・げんぺい
宇都宮書店創業者

[生年月日]万延1年（1860年）6月27日
[没年月日]昭和5年（1930年）6月1日
[出生地]加賀国小松（石川県小松市）

加賀国小松の絹問屋の長男。明治12年家業の傍ら、同地で書籍文具店を開く。24年新聞雑誌の取次迅速化のため北陸三県の同業者に呼

びかけ、東京に北国組出張所を作る。26年金沢支店開設、31年片町の益智館跡に移転、本店とし、小松を支店とする。37年国定教科書の特約販売所に指定される。大正9年株式会社に組織変更。石川県書籍雑誌商組合長、石川県国定教科書販売所所長などを務めた。
[家族等]養子＝宇都宮与四（宇都宮書店社長），孫＝宇都宮熙志（うつのみや社長）
【参考】『創業百年の歩み』冨沢友治編著 うつのみや 1979

宇都宮 熙志　うつのみや・ひろし
うつのみや社長

[生年月日]昭和4年（1929年）10月17日
[没年月日]平成12年（2000年）12月12日
[出生地]石川県金沢市　[学歴]金沢大学工学部専門学校課程電気通信科〔昭和25年〕卒

昭和25年より電気通信省施設局に勤務。27年宇都宮書店に入社、45年社長に就任。46年うつのみやに社名変更。この間、39年金沢青年会議所理事長、40年日本青年会議所理事。
[家族等]長男＝宇都宮元樹（うつのみや社長），父＝宇都宮与四（宇都宮書店社長），祖父＝宇都宮源平（宇都宮書店創業者）　[叙勲]勲五等双光旭日章〔平成11年〕
【参考】『創業百年の歩み』冨沢友治編著 うつのみや 1979

宇都宮 与四　うつのみや・よし
宇都宮書店社長

[生年月日]明治31年（1898年）8月30日
[没年月日]昭和45年（1970年）8月2日
[出生地]石川県小松市　[旧名]麦谷　[学歴]東京商科大学〔大正12年〕卒

酒造業を営む素封家の四男。大正6年宇都宮源平の養子となり、12年大学を卒業して宇都宮書店に入る。昭和5年初代の死去により2代目社長に就任。戦時中は業務を縮小するも、22年卸売業務を再開した。また、20年日本出版物小売業組合全国連合会の設立に参画し、常任理事や副会長を歴任した。

[家族等]息子＝宇都宮熙志（うつのみや社長），養父＝宇都宮源平（宇都宮書店創業者），孫＝宇都宮元樹（うつのみや社長）　[叙勲]紺綬褒章、勲四等瑞宝章〔昭和43年〕　[受賞]文部大臣表彰〔昭和43年〕
【参考】『創業百年の歩み』冨沢友治編著 うつのみや 1979

宇野 豊蔵　うの・とよぞう
実教出版社長

[生年月日]明治44年（1911年）5月20日
[没年月日]平成19年（2007年）7月13日
[出生地]滋賀県守山市　[学歴]神崎商〔昭和2年〕卒

昭和10年工学図書に入社。16年実教出版の創立に参画。常務、専務を経て、50年社長に就任。58年会長となる。市ケ谷出版社長、実教エンタープライズ社長も務めた。
[家族等]甥＝宇野宗佑（首相）　[叙勲]勲四等旭日小綬章〔昭和57年〕

梅沢 信二　うめざわ・しんじ
日本医事新報社社長

[生年月日]昭和11年（1936年）5月25日
[没年月日]平成9年（1997年）6月26日
[出身地]東京都　[学歴]日本大学医学部〔昭和38年〕卒

昭和39年インターンを終え、日本医事新報社に入社。40年専務を経て、44年父の死により社長となった。
【参考】「追悼・梅沢信二氏を偲んで（座談会）」（「陶説」537号 1997.12）

梅沢 彦太郎　うめざわ・ひこたろう
日本医事新報社創業者　古陶器蒐集家

[生年月日]明治26年（1893年）5月23日
[没年月日]昭和44年（1969年）8月23日
[出生地]東京市本所区尾上河岸（東京都墨田区）　[別名等]号＝曙軒　[学歴]東京慈恵会医学専門学校〔大正3年〕中退

江戸指物師の長男。大正3年東京慈恵会医学専門学校を中退し、日刊の新聞社に勤務。5年日本之医界社に迎えられ雑誌「日本之医界」編集長に就任。10年日本医事新報社を創業、週刊医学誌「日本医事新報」を創刊した。日本出版協会と日本書籍出版協会との間で「日本読書新聞」譲渡問題が紛糾した昭和34年、日本出版協会会長として解決に当たった。また、美術収集を趣味とし、特に古陶磁の収集で知られ、42年東洋古美術を中心に文化財の保存・展覧・研究を目的とした梅沢記念館を開設した。25年日本陶磁協会理事長。
[家族等]二男＝梅沢信二（日本医事新報社社長）　[叙勲]勲四等旭日小綬章〔昭和42年〕
【参考】森孝一「梅澤彦太郎・その生涯と業績─三十三回忌に因んで」（『陶説』579号 2001.6）

梅原 北明　うめはら・ほくめい
文芸市場社主宰者

[生年月日]明治34年（1901年）1月15日
[没年月日]昭和21年（1946年）4月5日
[出生地]富山県富山市惣曲輪　[本名]梅原貞康　[別名等]筆名＝吾妻大陸、別号＝談奇館主人　[学歴]早稲田大学英文科〔大正9年〕中退

父は保険代理業を営む。富山中学、金沢中学と教師排斥ストを主導したために相次いで退学となり、京都の平安中学を経て、早稲田大学英文科に学ぶが、大正9年中退。片山潜の影響で部落解放運動に携わった後、14年「デカメロン」の全訳版を刊行、ベストセラーとなる。同年自ら編集代表となって「文芸市場」を創刊し、反資本主義を掲げてプロレタリア文学運動に身を投じる一方、変態資料の蒐集・研究にも力を注ぎ、昭和2年以降の同誌は性文献資料的な性格を強めた。この間、大正15年雑誌「変態・資料」を、昭和3年には雑誌「グロテスク」を発刊。また、文芸資料研究会として「変態十二史」を出す。4年から6年にかけて社会資料集「明治大正綺談珍聞大集成」（全3巻）を刊行するなど多くの著作を出したが、たびたび出版法違反で罰金刑や長期拘留を受けた。その後、英語教師や鍼医師など職を転々とし、9年日劇支配人に就任。17年科学技術振興会を創立し、海外の科学技術資料を翻訳・出版した。他の著書に「近代世相全史」「明治性的珍聞史」、訳書に「露西亜大革命史」「世界好色文学史」などがあり、吾妻大陸などの筆名で、通俗小説も著した。
[家族等]息子＝梅原正紀（宗教評論家）

宇山 日出臣　うやま・ひでおみ
講談社文芸局第三出版部長

[生年月日]昭和19年（1944年）4月9日
[没年月日]平成18年（2006年）8月3日
[出生地]京都府京都市左京区　[本名]宇山秀雄　[学歴]同志社大学経済学部〔昭和42年〕卒

大学生の時に長く絶版状態だった中井英夫のミステリー小説「虚無への供物」を読み、文庫化を志して講談社に入社。文庫出版部に配属され、35年間にわたってミステリー編集一筋に従事。日本ミステリーの育ての親の一人とされ、昭和62年の綾辻行人「十角館の殺人」を皮切りに法月綸太郎、歌野晶午、摩耶雄嵩らを輩出し、講談社ノベルスからミステリー小説の一ジャンルである"新本格"を生み出した。平成15年最後の仕事として温めてきた子ども向けの書き下ろしシリーズ「ミステリーランド」を刊行。16年長年の功績が評価され、本格ミステリ大賞の特別賞を受賞した。
[受賞]本格ミステリ大賞（特別賞, 第4回）〔平成16年〕

浦上 脩二　うらかみ・しゅうじ
日刊現代取締役編集総局長

[生年月日]昭和18年（1943年）2月2日
[没年月日]平成12年（2000年）8月18日
[出生地]中国上海　[出身地]東京都　[学歴]武蔵大学経済学部経済学科〔昭和41年〕卒

昭和41年講談社に入社、「週刊現代」編集部に配属。同誌企画部、47年「週刊ヤングレディ」副編集長を経て、50年日刊ゲンダイ設立にともに講談社から独立。53年編集局編集長、59年第二編集局長、61年取締役編集総局長を歴任した。
【参考】『浦上脩二追悼集 じゃあネェ～。』須藤偉平編 2001

浦城 光郷　うらき・みつさと
さ・え・ら書房創業者

[生年月日]明治38年（1905年）5月30日
[没年月日]平成11年（1999年）12月9日
[出生地]富山県魚津市　[学歴]アテネ・フランセ〔昭和4年〕卒

大正14年より白水社に勤め、のち営業部長。昭和18年日本出版会に徴用され配給部、業務部長室主任。20年長野支部長に転じ、22年退職。23年さ・え・ら書房を創業。社名はフランス語で"こちらとあちら"の意味で、白水社から出版された辰野隆の随筆集の書名に由来する。処女出版は直良信夫「地球と生物の生いたち」。以来、児童図書一筋に出版に励んだ。日本書籍出版協会常任理事、日本児童図書出版協会会長、日本出版クラブ理事を歴任。
[家族等]長男＝浦城寿一（さ・え・ら書房社長）　[叙勲]勲四等瑞宝章〔昭和51年〕　[受賞]日本児童文芸家協会児童文化功労者（第21回）〔昭和54年〕

卜部 宗嘉　うらべ・むねよし
日本出版販売取締役

[生年月日]明治31年（1898年）11月18日
[没年月日]昭和32年（1957年）11月18日
[出生地]大阪府大阪市

大正2年名倉昭文館に入り取次業を修業。10年東京で昭文館を創業して独立、出版業も兼ねた。昭和16年統合により日本出版配給に入社、淡路町支店長などを務める。24年日本出版販売創立に際して取締役に就任。取引書店の拡大など基盤作りに尽力、32年仙台出張所開設の陣頭指揮を執ったが、同年末に急逝した。

瓜谷 侑広　うりたに・ゆうこう
たま出版創業者

[生年月日]大正4年（1915年）10月30日
[没年月日]平成9年（1997年）8月21日
[出生地]中国大連　[本名]瓜谷敏郎　[学歴]東京帝国大学経済学部〔昭和14年〕卒

父は大連商工会議所会頭を務めた実業家・瓜谷長造で、9人きょうだいの2番目の長男。昭和14年大学を卒業して父が経営する瓜谷特産工業に入社。同年海軍主計科短期現役士官として海軍経理学校に学び、海軍主計中尉に任官。18年駐満州国大使館付武官から、20年7月本省軍務局第三課に転じて敗戦を迎えた。21年から共栄商会という商事会社を経営、33年西応に社名変更。化粧紙を主力商品としたユニークな紙商社として知られたが、43年倒産。45～50年王子建材工業に勤務。この間、いくつもの宗教団体を遍歴して心霊行脚を続け、精神世界の探求を志す。44年西応の出版部門を切り離し、たま出版を設立。精神世界を専門とした出版業務と、専門誌「たま」を中心とした研究・評論活動に従事した。たまメンタル・ビジネス研究所社長、ホロニック・マインド・クラブ主宰者なども務めた。著書に「深層自己の発見」「霊性の復権」「宇宙本位宣言」、自伝「無私の愛よ永遠に」、訳書にエドガー・ケイシー「我が信ずること」などがある。
[家族等]二男＝瓜谷綱延（文芸社社長）、父＝瓜谷長造（実業家）、弟＝瓜谷郁三（名古屋大学名誉教授）、岳父＝中西敏憲（衆院議員・武生市長）
【参考】『無私の愛よ永遠に』瓜谷侑広著 たま出版 1990

漆原 利夫　うるしばら・としお
学校図書社長

[生年月日]昭和4年（1929年）3月1日

［没年月日］平成22年（2010年）11月28日
［出生地］群馬県北群馬郡子持村（渋川市）
［学歴］渋川中卒，専修大学商学部卒

代用教員をした後、上京して専修大学で学ぶ。卒業後、学校図書に入社。主に小・中・高校の教科書編集に携わり、昭和45年取締役、46年常務、52年専務を経て、56年社長。
［叙勲］藍綬褒章〔平成3年〕、勲三等瑞宝章〔平成11年〕

漆島 嗣治　うるしま・つぐじ
桎出版社創業者

［生年月日］昭和16年（1941年）9月7日
［没年月日］平成23年（2011年）8月21日
［出身地］東京都　［別名等］別名＝漆島治武
［学歴］慶応義塾大学法学部政治学科〔昭和39年〕卒

昭和39年東レに入社。45年東邦出版社副社長を経て、57年社長。この間、48年桎出版社を創業し、社長に就任。平成19年会長となった。著書に「古賀一飛曹の零戦 太平洋戦争の流れを変えた一機」がある。

鱗形屋三左衛門・孫兵衛　うろ
こがたやさんえもん・まごべえ
鱗形屋鶴鱗堂主人

三左衛門の開業は万治頃、出版の主流はまだ上方にあったので噺本、仮名草子などの下り本を中心に営業。一方安房出身の絵師菱川師宣を登用して早くも延宝頃には「百人一種像讃抄」等の絵本を出版した。後継者の孫兵衛は草双紙、吉原細見の出版で知られる。正月の縁起物宝船を印刷発売して「数万艘鱗形屋ハ暮に摺り」と詠まれた。安永年間黄表紙の嚆矢恋川春町「金々先生栄花夢」や朋誠堂喜三二の人気作品を次々と出した頃が全盛時代であった。その後「早引節用集」の商売でつまづき、明和9年（1772年）行人坂の大火の追い打ちがあって経営は著しく悪化、吉原細見の板株を蔦重に売却し黄表紙出版も旧刊の増刷が精一杯、新刊には手が回らず、寛政元年（1789年）のものを最後に間もなく廃業したと見られる。

【え】

江上 和久　えがみ・かずひさ
「ジャッピー！」編集長

［生年月日］昭和37年（1962年）11月21日
［没年月日］平成9年（1997年）9月1日
［出生地］東京都　［学歴］中央大学卒

協同印刷勤務を経て、昭和63年池袋文芸坐に就職し、文芸坐しねふぇていっく店長に就任。平成2年映画ミニコミ誌「ジャッピー！」を創刊、初代編集長を務める。著書に「疾風怒涛 江上和久仕事集」がある。
【参考】『疾風怒濤 江上和久仕事集』喜怒哀楽社 1999

江川 政之　えがわ・まさゆき
江川書房創業者

［生年月日］明治42年（1909年）
［没年月日］没年不詳
［出生地］長野県

白水社で文芸物出版に携わった後、カルピスに転じた。昭和6年横光利一、小林秀雄を顧問に迎えて江川書房を創業。7年堀辰雄「聖家族」を刊行したのを皮切り、8年嘉村礒多「一日」まで、11冊の限定本と限定500部の雑誌「本」を刊行した。
【参考】『江川と野田本』今村秀太郎著 日本古書通信社 1970／『江川・山本・野田の限定本』高橋啓介著 湯川書房 1982

江草 斧太郎　えぐさ・おのたろう
有斐閣創業者

［生年月日］安政4年（1857年）11月12日

[没年月日]明治41年（1908年）2月15日
[出生地]武蔵国埼玉郡忍（埼玉県行田市）

父は武蔵忍藩士で、4人弟妹（3男1女）の長男。明治維新の前後、藩校・培根館で数学や習字を学んだ。明治7年上京して同郷の伊藤徳太郎が経営する京橋の書店・慶雲堂に入店し、3年間にわたって出版・編集・印刷の実務を修業。10年独立して神田一ツ橋に古書店・有史閣を開業。12年店名を有斐閣に改めて出版業に進出し、当初は小林儀俊編「東京全図」などの地図や木版もの、翻刻英語読本などを刊行した。17年火災により店舗を焼失したが、18年再建。20年法学士・江木衷の「現行刑法汎論」を出版して以来、奥田義人、美濃部達吉、寺尾亨、岡松参太郎らといった当時の代表的な法学者の著書を矢継ぎ早に上梓し、法律専門の出版社としての地歩を固めた。25年有斐閣雑誌を併設して新刊雑誌・文学書の販売を始め、同年畠山健の編集による「小学歴史入門」で初等教科書出版にも進出。また、明治20年代の初め頃には殖産事業を志して小笠原諸島を視察し、同地に幽閉されていた朝鮮の志士・金玉均と親交を結んだ。30年には田島錦治著「最近経済論」を刊行して経済書や財政学書なども手がけるようになった。36年東京書籍商組合副組合長に就任。38年国定教科書の翻刻発行規則の改正に伴い博文館の大橋新太郎らとともに国定教科書共同販売所を設立して理事長代理に選ばれ、39年同所の株式会社化により常務となった。一方、城北銀行取締役などを歴任した他、37年より神田区議を務めた。41年親交のある奥田、大橋に後事を託して亡くなり、同社は養子の重忠の代に学術出版の雄として大きく成長を遂げた。
[家族等]養子＝江草重忠（出版人）

江草　重忠　えぐさ・しげただ
有斐閣社長　日本出版配給初代社長

[生年月日]明治10年（1877年）2月2日
[没年月日]昭和19年（1944年）10月8日
[出生地]三重県員弁郡神田村（東員町）　[旧名]水谷　[学歴]東京帝国大学農科大学〔明治37年〕卒

有斐閣初代社長江草斧太郎の養子。明治41年養父の死後、同社経営に当たり、法律書、経済書など学術書出版を続けた。森戸事件をはじめ学問の自由がファシズムの攻撃にさらされると美濃部達吉の「憲法撮要」「逐條憲法精義」は発禁処分に遭った。昭和11年東京出版協会会長、16年全国の取次店統合により成立した日本出版配給株式会社の初代社長となった。
[家族等]養父＝江草斧太郎（有斐閣創業者），孫＝江草忠允（有斐閣社長），江草忠敬（有斐閣社長），女婿＝江草四郎（有斐閣社長）

江草　四郎　えぐさ・しろう
有斐閣社長

[生年月日]明治33年（1900年）12月9日
[没年月日]平成4年（1992年）8月14日
[出身地]兵庫県神戸市　[本名]竹中　[学歴]神戸一中、三高、東京帝国大学法学部英法科〔大正13年〕卒

大正13年台湾総督府に入る。15年江草重忠の長女と結婚。のち内務省社会局、鳥取県社会課長を経て、昭和4年家業の有斐閣に入り、8年岳父の引退に伴い店主となる。戦後は25年株式会社に改組して社長に就任。以降、法律専門書から社会科学全般に出版領域を広げ、「六法全書」の復刊、実用法律雑誌「ジュリスト」の創刊、「有斐閣選書」「有斐閣双書」の発刊、「法律学全集」（全60巻）の刊行などを進めた。42年会長、57年社主。また、出版梓会の創立に参画して幹事長を務めた他、日本書籍出版協会や日本出版クラブの創立にも関与した。62年自らの土地を処分して財団法人社会科学国際交流江草基金を設立した。
[家族等]長男＝江草忠允（有斐閣社長），二男＝江草忠敬（有斐閣社長），岳父＝江草重忠（有斐閣社長）　[叙勲]勲三等瑞宝章〔昭和48年〕
[受賞]著作権功労賞（第6回）〔昭和60年〕

江草 忠允　えぐさ・ただあつ
　　　有斐閣社長

［生年月日］昭和6年（1931年）5月19日
［没年月日］昭和59年（1984年）5月19日
［出生地］東京都　　［学歴］東京大学経済学部〔昭和29年〕卒

昭和33年有斐閣に入社。43年社長。58年退任。

江崎 千萬人　えざき・ちまと
　　　江崎書店社長

［生年月日］昭和3年（1928年）3月8日
［没年月日］平成17年（2005年）12月28日
［出生地］静岡県賀茂郡南伊豆町　　［学歴］豆陽中〔昭和19年〕4年修了, 早稲田大学専門部政経科〔昭和22年〕卒

昭和23年従兄の代理としてアルバイトのつもりで江崎新聞店に入る。同年創業者・江崎銀兵衛の五女と結婚、設置されたばかりの同店書籍部を若夫婦で始めることに。33年書店として独立して社長に就任、静岡県内の有力書店に育てあげた。平成3年会長。昭和58年全国書店新風会会長。平成2〜7年静岡県教育委員長を務めた他、静岡県出版文化協会会長、静岡県社会福祉協議会会長などを歴任した。童話作家の江崎雪子は長女。

［家族等］長女＝江崎雪子（童話作家）　　［叙勲］勲五等瑞宝章〔平成14年〕

江崎 誠致　えさき・まさのり
　　　冬芽書房創業者 小説家

［生年月日］大正11年（1922年）1月21日
［没年月日］平成13年（2001年）5月24日
［出生地］福岡県久留米市　　［学歴］明善中〔昭和14年〕中退

昭和14年明善中学を中退、上京して図書館講習所を出て小山書店営業部に勤める。18年応召、21年復員。24年小山書店から独立して冬芽書房を創業、翌年解散し共産党の政治活動に従事。32年「ルソンの谷間」で第37回直木賞を受賞。出版界を描いた初期佳作に「裏通りの紳士」（筑摩書房,33年）がある。囲碁に通じ、囲碁にまつわる本も多い。

江島 伊兵衛　えじま・いへえ
　　　わんや書店社長 能楽研究家

［生年月日］明治28年（1895年）4月10日
［没年月日］昭和50年（1975年）10月10日
［出生地］東京市日本橋区（東京都中央区）
［別名等］幼名＝欽次郎,筆名＝荏寺枚平（えじ・まいへい）　　［学歴］商工中〔明治45年〕卒,東京高商〔大正6年〕卒

椀屋7代目江島伊兵衛の長男で、明治32年4歳で父を亡くして8代目伊兵衛を襲名。大正6年東京高等商業学校を卒業、一年志願兵を経て、10年松下塗料専務。昭和3年謡本・能楽関係図書の出版販売を手がけるわんや書店社長に就任。4年春秋社社長を兼ねたが、7年同社専務の手形詐欺事件に連座して警視庁に留置され、同房となった浅沼稲次郎から感化を受けた。10年能楽の文献や絵画などを架蔵する鴻山文庫を設立、資料の収集に努めるとともに、これを公開した。18年戦時の出版統制により能楽図書出版協会を設立して専務理事。36年わんや書店会長。著書に「車屋本の研究」、共著「鴻山文庫本の研究 謡本の部」「図説光悦謡本」がある。没後、鴻山文庫収蔵品は法政大学能楽研究所に寄贈された。

［家族等］父＝椀屋伊兵衛（7代目）　　［叙勲］勲四等旭日小綬章〔昭和46年〕
【参考】「故江島伊兵衛氏の略歴と研究業績」（「能楽研究」1977.3）

江副 浩正　えぞえ・ひろまさ
　　　リクルート創業者

［生年月日］昭和11年（1936年）6月12日
［没年月日］平成25年（2013年）2月8日
［出生地］大阪府大阪市天王寺区　　［学歴］甲南高卒,東京大学教育学部教育心理学科〔昭和35年〕卒

父は中学教師。2人姉弟の長男で、姉は夭折した。幼い頃に母と別れ、昭和20年疎開先の

佐賀市で敗戦を迎えた。戦後、大阪へ戻り、甲南中学・高校から東京大学教育学部へ進学。在学中、東京大学新聞の広告取りのアルバイトを手がけて成功し、学生としては異例の年収を得ていた。35年卒業すると、そのまま大学新聞広告代理業を開始。やがて40を超える大学新聞と専属契約を結び、同年10月株式会社大学広告を設立して社長に就任。36年米国の就職情報誌にヒントを得、亀倉雄策にデザインを依頼して「企業への招待」（のち「リクルートブック」）を創刊。38年日本リクルートメントセンター、さらに日本リクルートセンターと改称。59年リクルートとした。雑誌「就職情報」「住宅情報」「エイビーロード」「カーセンサー」「ビーイング」「とらばーゆ」「フロムエー」「ダ・ヴィンチ」などを発行、同社を情報産業の大企業に成長させた。63年1月会長となり、リクルート情報出版、リクルートコスモス（不動産業）など関連会社の代表取締役や会長を兼任したが、7月店頭登録直前のリクルートコスモス株を政財官界に大量にばらまいたリクルート事件で辞任。平成元年2月贈賄容疑で逮捕され、15年3月東京地裁は懲役3年、執行猶予5年の有罪判決を言い渡し、検察・被告ともに控訴せず、判決が確定した。その後、ラヴォーチェ代表としてオペラほかの制作興行を行った。
[受賞] 経済界大賞〔昭和55年〕
【参考】『かもめが翔んだ日』江副浩正著 朝日新聞社 2003

越後谷 勇治郎　えちごや・ゆうじろう
ダヴィッド社社長

[生年月日] 大正2年（1913年）11月25日
[没年月日] 平成10年（1998年）8月20日
[出生地] 秋田県秋田市　[学歴] 本郷高〔昭和3年〕卒

昭和3年盛文堂書店に入る。6年三省堂に移り、京城・新京・チチハルと販路拡張に努める。18年応召。20年手島運送を経て、25年ダヴィッド社に営業部長として招かれ、47年社長。

榎本 文雄　えのもと・ふみお
大鐙閣創業者

[生年月日] 明治33年（1900年）7月19日
[没年月日] 没年不詳
[出生地] 和歌山県　[学歴] 早稲田大学政治経済科卒

早稲田大学卒業後、知人の勧めで破産寸前の出版社を買収して大鐙閣を創業。以後、経済・歴史・考古学・数学など学術書の発行に力を注ぎ、高橋誠一郎「経済学史研究」、福田徳三「流通経済講話」などを刊行した。

榎本 松之助　えのもと・まつのすけ
法令館創業者

[生年月日] 慶応1年（1865年）6月
[没年月日] 昭和18年（1943年）2月4日
[出生地] 紀伊国海草郡野上村（和歌山県）

20歳の頃に上京して職を転々とするが、いずれも失敗し、大阪に戻る。日露戦争後、地図の需要に着目して法令館を創業、世界地図の印刷・発行で財を成す。さらに絵草紙ものを印刷し汽車内で販売して評判となり、のちには講談や小説など大衆読物の出版にも手を着けるなど、一時は自前の印刷工場を2ケ所設ける隆盛を誇った。やがて他社の大衆読物に圧されて勢いを失い、東京の大鐙閣に出資して高級図書の発行で挽回をはかったがうまくいかなかった。

遠藤 健一　えんどう・けんいち
東京出版販売社長

[生年月日] 大正10年（1921年）8月7日
[没年月日] 平成20年（2008年）9月8日
[出身地] 東京都　[学歴] 法政大学高等師範部〔昭和18年〕卒

昭和11年東京堂、16年日本出版配給を経て、24年東京出版販売に入社。IBM室副長、雑誌

販売部次長を経て、44年販売企画部長、同年取締役、52年常務、54年専務、59年副社長、62年社長、平成3年会長。平成4年にトーハンに社名変更。7年顧問。

遠藤 左介　えんどう・さすけ
主婦と生活社会長

[生年月日]明治44年（1911年）1月1日
[没年月日]平成5年（1993年）1月23日
[出身地]新潟県西蒲原郡巻町（新潟市）　[学歴]明治大学政経学部〔昭和7年〕中退

明治大学在学中の昭和7年、ダンスホールのフィリピン人楽団員が持っていた小さなおもちゃを面白いと思い、友人らの出資を受けて「ヨーヨー」の名で商品化したところ大ヒット。同年大学を中退してヨーヨーの販売で得た大金を元手に満州でネオン会社を創立し、大連、青島、天津、上海などに工場・支店を開設した。13年からは上海に拠点を置き、物資調達など軍関係の仕事に従事。19年福岡の博多鉄工所社長に就任。戦後、同社を自転車工場に転換させ、西日本自転車を創業。また、自転車工業会の常任理事を務めていた関係から競輪に着目し、23年日本初の競輪場となる小倉競輪場の開場を実現させた。22年西日本紡織を設立し、23年西日本紡績と改称して社長となる。31年日本繊維化工（現・ピラミッド）社長、38年森林都市社長。40年実兄・大島秀一の死去に伴い、兄の創業した主婦と生活社の代表取締役会長に就任。以降は出版、不動産経営、ゴルフ場経営など多角的に事業を展開した。
[家族］息子＝遠藤昭（主婦と生活社社長）、兄＝大島秀一（主婦と生活社創業者）

遠藤 忠夫　えんどう・ただお
ウニタ書舗主人

[生年月日]大正14年（1925年）1月19日
[没年月日]平成20年（2008年）11月24日
[出生地]宮城県仙台市　[学歴]仙台高等工業建築科〔昭和19年〕卒

昭和19年国鉄仙台鉄道局建築課に入る。20年9月国鉄当局の労働組合役員指名に対して労働組合革新連盟を設立し、労組の自主性を主張、国労仙台地方連合会執行委員となった。同年12月日本共産党に入党、22年の二・一ゼネストでは最年少の中央闘争委員として活躍。7月国鉄を辞め、共産党委員会宮城県委員長に就任した。24年上京して党本部財政部に勤務。25年の党分裂に際しては国際派に属したが、脱党して東京・神田で反体制文献専門書店のウニタ書房（のちウニタ書舗）を創業。30年第6回全国協議会（六全協）で復党するも、再び離党した。ウニタ書房は、'60年安保から全共闘運動が盛り上がった頃にかけて学生たちの支持を得たが、左翼運動の退潮の中で経営不振となり、57年閉店した。60年にレバノンのベカー高原を訪れて重信房子と会見、日本赤軍編集の月刊誌「中東レポート」の発売元を引き受けるなど、日本赤軍の国内窓口でもあった。

【お】

及川 篤二　おいかわ・あつじ
桜楓社創業者

[生年月日]昭和9年（1934年）9月18日
[没年月日]没年不詳
[学歴]国学院大学〔昭和32年〕卒

昭和31年より南雲堂内において桜楓社の名前で個人創業。41年南雲堂より独立して株式会社に改組。国文学の専門書を出版した。

及川 伍三治　おいかわ・ごさんじ
養賢堂創業者

[生年月日]明治22年（1889年）4月22日
[没年月日]昭和53年（1978年）12月17日
[出生地]宮城県仙台市

書肆裳華房に勤めた後、大正3年東京・日本橋上槇町に養賢堂を創業。昭和10年株式会社に改組。「農業及び園芸」「畜産の研究」「機械の研究」などの雑誌や「農学大事典」「畜産大事典」など、多数の農学や工学、生物学などに関わる出版で知られる。長男・及川鋭雄（大正7年1月11日〜平成2年2月4日）が家業を継承した。
[家族等]長男＝及川鋭雄（養賢堂会長）、孫＝及川清（養賢堂社長） [叙勲]藍綬褒章〔昭和39年〕、勲四等瑞宝章〔昭和41年〕

相賀 武夫　おうが・たけお
小学館創業者

[生年月日]明治30年（1897年）4月2日
[没年月日]昭和13年（1938年）8月12日
[出生地]岡山県都宇郡加茂村（岡山市） [別名等]筆名＝林更吉、後名＝相賀祥宏 [学歴]小学校〔明治43年〕卒

2人兄弟の長男で、生家が没落したため小学校時代から苦学し、朝は新聞配達、下校後は農業の手伝いをして家計を支えた。明治43年尋常小学校を卒業後、高松農学校の書記見習となる。この頃から裁判官を志し、「中学講義録」で勉強しながら雑誌に作文を投稿。45年同校教諭の紹介で岡山市の吉田書店店員となり、その働き振りが店主・吉田岩次郎に評価され、大正3年系列の教育関係書籍出版社・研文館東京出張所主任に抜擢された。5年吉田が共同出版社を設立すると、引き続き同社東京支店長に任ぜられ、関東以北への販路拡大に努める。10年吉田が病気で再起不能になったことから独立を決意し、11年東京・神田神保町に小学館を創業。大正自由教育の主導者の一人である斎藤栄治の協力を得て、同年「小学五年生」「小学六年生」を創刊したのを皮切りに、小学1年生から6年生にいたる学年別学習誌を順次発行し、今日の総合出版社に成長する礎を築いた。小学館の事業が軌道に乗り始めたため、14年掛け持ちをしていた共同出版社を退社して小学館の経営に専念。15年姉妹社である集英社を設立。同年"円本ブーム"に乗じ、生方敏郎・佐々木邦を責任編集者として「現代ユウモア全集」（正続全24巻）の刊行を開始し、好評をもって迎えられた。昭和4年結核で倒れ、9年に及ぶ闘病生活の間も病床から社員に指示を出し続け、6年「子供園」「幼稚園」といった幼児向けの雑誌も創刊したが、13年41歳で亡くなった。
[家族等]長男＝相賀徹夫（小学館社長）、孫＝相賀昌宏（小学館社長）、弟＝相賀寿次（小学館専務）、岳父＝佐々木覚太夫（小学館副支配人）
[参考]『相賀祥宏君追悼録』 小学館 1987

相賀 徹夫　おうが・てつお
小学館社長

[生年月日]大正14年（1925年）6月15日
[没年月日]平成20年（2008年）12月21日
[出生地]東京都 [学歴]東京大学文学部〔昭和26年〕中退

小学館創業者・相賀武夫の長男。昭和19年陸軍の特別操縦見習士官として入隊。20年10月20歳で社長となり、22年集英社を再開。平成4年取締役相談役、5年相談役に退く。学年別学習誌の出版社から、百科事典や文学全集に進出して総合出版社への道を歩み、やがて34年「週刊少年サンデー」、38年「女性セブン」、44年「週刊ポスト」などの週刊誌を創刊、我が国最大の出版社の一つに育て上げた。日本書籍出版協会理事長、日本雑誌協会理事長などを務め、出版界の実力者として知られた。
[家族等]父＝相賀武夫（小学館創業者）、母＝相賀ナヲ（小学館社長）、長男＝相賀昌宏（小学館社長）、祖父＝佐々木覚太夫（小学館副支配人）、叔父＝相賀寿次（小学館専務）

相賀 ナヲ　おうが・なお
小学館創業者・相賀武夫の妻

[生年月日]明治33年（1900年）11月18日
[没年月日]平成15年（2003年）8月2日
[旧名]佐々木　[別名等]別名＝相賀章子

東京の浅草区助役を務めた佐々木覚太夫の長女。大正9年相賀武夫と結婚し、11年夫が出版社の小学館を創業。昭和4年夫が結核で倒れると介護に努め、9年に及ぶ闘病生活を支えた。6年夫が病平癒を祈念して祥宏と改名した際、自身も章子と改名し、一時期この名前を名のった。13年夫が病没すると長男・徹夫がまだ年少だったため、小学館発行全雑誌の名義人となった。以後、同社の行く末を見守りつづけ、平成15年102歳で長逝した。
【家族等】夫＝相賀武夫（小学館創業者），長男＝相賀徹夫（小学館社長），孫＝相賀昌宏（小学館社長），父＝佐々木覚太夫（小学館副支配人）
【参考】『創業の灯を見守って 相賀ナヲ 1900-2003』小学館 2003

扇谷 正造　おうぎや・しょうぞう
「週刊朝日」編集長

[生年月日] 大正2年（1913年）3月28日
[没年月日] 平成4年（1992年）4月10日
[出生地] 宮城県遠田郡涌谷町　[学歴] 東京帝国大学文学部国史学科〔昭和10年〕卒

東京帝大在学中は「帝国大学新聞」編集部に在籍。昭和10年朝日新聞社に入社。社会部記者、中国・マニラ各特派員、整理部次長などを経て、22年「週刊朝日」副編集長、27年同編集長に就任。複数人執筆のトップ記事や、徳川夢声の連載対談「問答有用」、吉川英治の連載小説「新・平家物語」などが人気を呼び、編集部異動当時わずか10万部だった発行部数を約140万部にまで引き上げ、週刊誌ジャーナリズムの確立者となる。大宅壮一は「文藝春秋」の池島信平、「暮しの手帖」の花森安治と並んで名編集長の一人に数えた。33年退任して朝日新聞学芸部長、論説委員を歴任。43年退社後は日本青少年研究所理事長などを務め、評論活動に入った。
【家族等】義兄＝大泉吉郎（宮城交通社長）
【受賞】菊池寛賞（第1回）〔昭和28年〕,NHK放送文化賞〔昭和58年〕

大井 久五郎　おおい・きゅうごろう
郁文堂創業者

[生年月日] 明治2年（1869年）4月23日
[没年月日] 昭和24年（1949年）8月16日
[出生地] 長野県北佐久郡岩尾村（佐久市）
[学歴] 東京高商卒

東京・本郷森川町に古本屋の郁文堂を創業、明治32年書店専業となる。店名は「論語」の「郁郁乎文哉」に由来する。42年東京帝国大学正門前に移店。明治末頃よりドイツ語教科書の出版を始め、大正末頃にはドイツ活字を取り寄せて印刷所を経営して専門組版出版の先駆となった。ドイツ図書の輸入も手がけた。昭和6年合資会社に改組。18年隠居した。
【家族等】四男＝大井敏夫（郁文堂社長），女婿＝田中房次郎（芸文書院創業者）
【参考】『株式会社郁文堂創業八十年記念誌』1979

大井 敏夫　おおい・としお
郁文堂社長

[生年月日] 大正5年（1916年）7月21日
[没年月日] 平成18年（2006年）8月29日
[出身地] 東京都　[学歴] 東京商科大学〔昭和15年〕卒

郁文堂創業者・大井久五郎の四男。昭和15年日本郵船勤務を経て、21年郁文堂に入社して出版部長、24年出版部門を分離し郁文堂出版有限会社社長。45年株式会社に改組して郁文堂社長。「郁文堂 独和辞典」「ドイツ中世文学叢書 トリスタンとイゾルデ」など、ドイツ語、ドイツ文学関係の書籍の刊行を手がけた。
【家族等】父＝大井久五郎（郁文堂創業者），義兄＝田中房次郎（芸文書院創業者）
【参考】『株式会社郁文堂創業八十年記念誌』1979

大内 青巒　おおうち・せいらん
鴻盟社社主 仏教運動家

[生年月日] 弘化2年（1845年）4月17日

[没年月日]大正7年（1918年）12月16日
[出生地]陸奥国仙台（宮城県仙台市）　[本名]大内退（おおうち・まかる）　[別名等]字＝巻之、別号＝藹々、露堂

幼い頃に父母を失い、陸奥仙台藩士・但木土佐に育てられた。のち水戸に出て曹洞宗の照庵のもとで出家し、泥牛と号す。万延元年（1860年）師に従って江戸に移り、禅を原坦山、仏典を福田行誡、漢学を大槻磐渓に学んだ。明治初年推薦されて西本願寺法主・大谷光尊の侍講を務めるが、やがて禅浄一致を説いて還俗。以後、在家主義を主張して布教活動を進め、5年にはキリスト教を排撃した「駁尼去来問答」を刊行した。7年島地黙雷、赤松連城らと「共存雑誌」「報四叢談」を、8年「明教雑誌」を創刊し、護法論、信教自由論、戒律論などを幅広く論じて仏教啓蒙思想家として活躍した。12年各宗連合の共同により和敬会を結成。14年東京・麻布本村町に書肆鴻盟社を創立、仏教新聞「中外郵便週報」を発刊したが16年廃刊。店舗を京橋に移し仏教雑誌及び単行本を刊行したが、23年長野県人今村金次郎に業務一切を譲渡した。20年には在家化道に関心を持つ曹洞宗の僧侶や信者を集めて曹洞扶宗会を創立、同会における民衆教化の指針として「洞上在家修証義」を著述し自由信教・自由布教を唱えたが、結局同会はのちに曹洞宗団に吸収された。22年仏教徒の政治団体・尊王奉仏大同団を設立し、尊王と奉仏の両立を説いた「尊皇奉仏論」を発表。さらに鴻盟社を組織してその指導者となり、多くの門弟を育てた。大正3年東洋大学学長。7年永平寺参詣中に急死した。
[家族等]息子＝大内青坡（洋画家）、大内青圃（彫刻家）、女婿＝木村五郎（彫刻家）

大江　恒吉　おおえ・つねきち
光村図書出版創業者

[生年月日]明治31年（1898年）11月11日
[没年月日]昭和48年（1973年）10月22日
[出生地]東京都　[学歴]東京美術学校製版科〔大正10年〕卒

大正10年大江印刷に入り、昭和5年大江美術印刷社社長。東京高等工芸学校や母校の講師も務めた。19年光村原色版印刷所に入り、24年光村図書出版設立に際して社長に就任。小・中学校の教科書出版に従事した。
[家族等]祖父＝大江卓（政治家）　[叙勲]勲四等旭日小綬章〔昭和44年〕

大川　錠吉　おおかわ・じょうきち
大川屋書店創業者

[生年月日]弘化2年（1845年）6月9日
[没年月日]大正15年（1926年）3月6日
[出生地]武蔵国（埼玉県）

江戸・浅草の書肆・浅倉屋に入って貸本部を受け持つ。慶応4年（1868年）独立して深川で貸本屋を開き、翌年浅草三好町に移った。18年貸本業を廃業して出版業と取次業に転じ、「袖珍大川文庫」と称して主に講談種の「岩見重太郎」「義士銘々伝」「幡随院長兵衛」などを出版。表紙が赤いことから"赤本"と呼ばれ、赤本の老舗として知られた。25年より31年まで東京地本彫画営業組合評議員、翌年以後同頭取に就任。また東京書籍商組合の協議員、35年より評議員に当選し業界の発展に尽力した。
[家族等]甥＝大川義雄（集文堂社長）

大川　義雄　おおかわ・よしお
集文堂社長

[生年月日]明治29年（1896年）1月29日
[没年月日]昭和63年（1988年）3月22日
[出生地]埼玉県

明治41年小学校を出て叔父・大川錠吉の大川書店に入る。シベリア出兵に従軍。大正11年独立して南千住に集文堂を創業。主に他社から紙型・版権を買いとり、講談本の「大川文庫」や子供向けの「桜文庫」シリーズを出版販売。空襲で店舗を焼失するが、すぐに復活。昭和26年株式会社に改組した。22年日本

出版物小売統制組合全国連合会（のち日本出版物小売協同組合連合会、現・日本書店商業組合連合会）理事となり、30〜44年会長。書店の地位向上に尽くした。
［家族等］息子＝大川一雄（集文堂専務）、女婿＝木村五郎（彫刻家）、叔父＝大川錠吉（大川屋書店創業者）　［叙勲］勲四等瑞宝章〔昭和42年〕

大木 武雄　おおき・たけお
日教販取締役

［生年月日］明治22年（1889年）11月20日
［没年月日］昭和36年（1961年）2月12日
［出生地］茨城県筑波郡谷田部町（つくば市）
［学歴］早稲田大学中退

昭和2年第五十銀行から茨城中等書籍に転じて同支配人。16年日本出版配給の設立後は同社神保町支店業務部長。24年日本教科図書販売（現・日教販）設立に参画して業務部長、25年取締役。33年退任して教育図書取締役。

大草 実　おおぐさ・みのる
「文藝春秋」編集者 矢の倉書店創業者 詩人

［生年月日］明治35年（1902年）4月18日
［没年月日］平成9年（1997年）12月28日
［出生地］宮崎県北諸県郡都城町（都城市）
［別名等］筆名＝嵯峨信之、諏訪沙吉　［学歴］高輪中中退

7人弟妹の長男。大正10年頃より詩作に熱中。12年萩原朔太郎に師事し、高橋元吉宅の食客となる。14年より「文藝春秋」編集の手伝いを始め、同社に正式入社。初期の同誌を事実上統括した。昭和5年「モダン日本」担当に移り、12年瀬尾梢との社内恋愛が菊池寛の忌諱に触れ退社。13年今村信吉の援助を受けて東京・牛込で矢の倉書店を創業、各界人士の寄稿による随筆集の編纂に手腕を見せた。16年雑誌「科学人」を発行したが20冊で休刊。18年財団法人科学文化協会の雑誌「科学文化」の経営雑誌発行を引き受け、黒字に転換させ

たが、同誌も5号で休刊した。20年大阪市で敗戦を迎える。22年岩谷書店で「雑誌研究」を編集。23年鉄社を創業。25年より「詩学」編集に参加、26年より木原孝一と設立した詩学社で発行を引き継いだ。戦後は嵯峨信之の筆名で詩人として活動、32年第一詩集「愛と死の数え唄」を刊行。他の詩集に「魂の中の死」「開かれる日、閉ざされる日」「土地の名〜人間の名」などがある。
［受賞］芸術選奨文部大臣賞（第46回、平成7年度）〔平成8年〕「小詩無辺」、現代詩花椿賞（第4回）〔昭和61年〕「土地の名〜人間の名」、現代詩人賞（第13回）〔平成7年〕「小詩無辺」
［参考］『黄金の砂の舞い 嵯峨信之さんに聞く』栗原澪子著 七月堂 1999／『嵯峨信之全詩集』思潮社 2012

大久保 正太郎　おおくぼ・しょうたろう
新世界社創業者

［生年月日］明治40年（1907年）
［没年月日］昭和59年（1984年）
［出生地］茨城県稲敷郡古渡村（稲敷市）　［学歴］茨城師範二部〔昭和2年〕卒

高等女学校教員を経て岩波書店に入社。中等国語教科書の編集に携わる。18年同盟通信社に入社。20年新世界社を設立し、「子供の広場」などの児童雑誌を発行。編著書に「日本古典名作選」「少年少女のための日本歴史」など。

大倉 孫兵衛　おおくら・まごべえ
大倉書店創業者 日本陶器設立者

［生年月日］天保14年（1843年）4月8日
［没年月日］大正10年（1921年）12月17日
［出身地］江戸四谷（東京都新宿区）

父から絵草紙出版の万屋錦栄堂を継ぐ。明治8年大倉書店、22年大倉洋紙店を創業。一方、妻の兄である森村市左衛門が森村組を開業して貿易業を始めると、請われて森村の事業に

協力。やがて森村組が陶磁器を主要貿易品とするようになり、37年森村、飛鳥井孝太郎らと愛知県鷹羽村則武（現・名古屋市）に日本陶器合名会社（現・ノリタケカンパニーリミテド）を設立。その後も、長男の和親とともに東洋陶器、日本碍子などを設立し、日本窯業界に大きく貢献した。
[家族等] 長男＝大倉和親（東洋陶器創業者）、義兄＝森村市左衛門（森村組創業者）、義弟＝大倉保五郎（大倉書店社長）
【参考】『製陶王国をきずいた父と子 大倉孫兵衛と大倉和親』砂川幸雄著 晶文社 2000／「大倉山論集 特集大倉孫兵衛の事跡と思想の研究」2008.3

大倉 保五郎　おおくら・やすごろう
大倉書店社長

[生年月日] 安政4年（1857年）5月4日
[没年月日] 昭和12年（1937年）4月14日
[出生地] 上総国木更津（千葉県木更津市）
[旧名] 鈴木

鈴木家に生まれ、大倉家の養子となる。明治8年義兄・大倉孫兵衛から万屋錦栄堂の経営を譲り受けて大倉書店を創業し、画譜錦絵のほか各種語学辞典など数多くの書籍を刊行する。教科書国定時代にはその翻刻発行者、ついで日本書籍常務となった。東京書籍商組合長、東京出版協会会長などを歴任し出版業界の長老として活躍した。
[家族等] 義兄＝大倉孫兵衛（実業家）

大迫 忍　おおさこ・しのぶ
ゼンリン社長

[生年月日] 昭和20年（1945年）8月13日
[没年月日] 平成17年（2005年）6月18日
[出生地] 中国北京　[出身地] 福岡県　[学歴] 小倉高〔昭和39年〕卒、中央大学文学部〔昭和43年〕卒

昭和20年敗戦直前に中国・北京で生まれ、21年大分県宇佐市に引き揚げる。29年父が経営する善隣出版社の移転に伴い福岡県小倉へ移り住む。43年父の会社に入り、55年父の死を受けて社長に就任。58年ゼンリンに社名変更。早くから日立製作所と共同でコンピュータマッピングシステムの開発に取り組み、59年住宅地図製作自動化システム、住宅地図利用システムを開発。平成3年初の市販型カーナビゲーションソフト「ゼンリン・ナビソフト」を発売。8年には東証第二部上場を果たすなど（没後の18年第一部上場）、地図の電子化などを通じて九州の地図会社から日本最大の住宅地図会社に育て上げた。13年最高顧問。15年本社ビルに地図の資料館を開館した。また、10年北九州商工会議所副会頭、11年福岡経済同友会副代表幹事も歴任。
[家族等] 父＝大迫正富（善隣出版社社長）
[受賞] 石川賞（第18回）〔昭和62年〕、国土交通省地域活性化貢献企業大賞〔平成13年〕
【参考】『追想 大迫忍』杉尾政博著 2011

大迫 正富　おおさこ・まさとみ
善隣出版社社長

[生年月日] 大正10年（1921年）
[没年月日] 昭和55年（1980年）5月23日
[出生地] 大分県宇佐市

農家の三男。10歳の時に台湾にいた叔父の寺へ養子に出され、台湾の旧制中学を卒業すると渡満して大連の語学専門学校で中国語を学ぶ。中国語の一等通訳の資格を持ち、南満州鉄道（満鉄）の関連会社であった華北交通の総務部長付通訳兼秘書を務めた。昭和21年郷里の大分県へ引き揚げ、23年別府で観光文化宣伝社設立に参画。半年後に解散した際、出版部門を継承して華交観光協会と命名、別府の名所旧跡や温泉旅館を紹介する地図をつけた観光案内「年鑑別府」を出版した。25年華北交通の経営理念ともいえる「善隣協和の大義を宣揚すべし」にちなんで善隣出版社に社名変更。観光客が観光案内よりも附録の地図に興味を持っていることを知ると、住宅案内地図の製作販売に進出。九州一円から全国へと手を広げ、日本最大の住宅地図会社へと発

展する基礎を固めた。44年株式会社に改組。
[家族等]息子＝大迫忍（ゼンリン社長）
【参考】『永劫の星と輝く 大迫正富の生涯』

大沢 一六　おおさわ・いちろく
吉田書店店主 弁護士

[生年月日]明治19年（1886年）2月7日
[没年月日]昭和35年（1960年）
[出生地]群馬県佐波郡赤堀村（伊勢崎市）
[学歴]東京帝国大学法科大学英法科〔大正3年〕卒

明治43年野間清治らと大日本雄弁会を設立。大正3年弁護士を開業し、出版関係の顧問として活躍した。戦後、吉田庄造らによる雑誌「潮流」の創刊に参加し、22年からは吉田書店の店主となった。著書に「浮世哲学」「実用法律の智識」「大衆法律教程」「貞操の解剖」「大地は搖ぐ」などがある。

大下 敦　おおした・あつし
美術出版社社長

[生年月日]昭和7年（1932年）3月14日
[没年月日]平成23年（2011年）12月7日
[出生地]東京都　[学歴]慶応義塾大学工学部応用化学科〔昭和28年〕卒・経済学部〔昭和30年〕卒

美術出版社社長・大下正男の長男。昭和30年凸版印刷を経て、33年美術出版社に入社。38年専務、41年父が飛行機事故により急逝したため社長に就任。美術出版デザインセンター社長も兼務。平成20年両社を統合・再編し、美術出版ホールディングス、美術出版社、美術出版サービスセンター、美術出版ネットワークスの4社体制となった。
[家族等]長男＝大下健太郎（美術出版社社長）、父＝大下正男（美術出版社社長）、祖父＝大下藤次郎（水彩画家・美術出版社創業者）

大下 藤次郎　おおした・とうじろう
美術出版社創業者 水彩画家

[生年月日]明治3年（1870年）7月9日
[没年月日]明治44年（1911年）10月10日
[出生地]東京府本郷真砂町（東京都文京区）
[別名等]号＝汀鷗

中丸精十郎、原田直次郎に師事し、水彩画を専門とする。明治31年軍艦金剛の遠洋航海に便乗してオーストラリアへ。34年太平洋画会の結成に参加、同年「水彩画之栞」を刊行。35〜36年欧米に遊学、独自の"点画"の画法を作り出した。38年水彩画の研究団体・春鳥会（美術出版社の前身）をおこして雑誌「みづゑ」を創刊、翌39年日本水彩画会を創立し、水彩画法の普及に努めた。著書に「水彩画写生旅行」「写生画の研究」など。
【参考】『水絵の福音使者 大下藤次郎』2005

大下 正男　おおした・まさお
美術出版社社長 建築家

[生年月日]明治33年（1900年）1月10日
[没年月日]昭和41年（1966年）2月4日
[出生地]東京市小石川区（東京都文京区）
[学歴]早稲田中〔大正6年〕卒、早稲田大学建築科〔大正14年〕卒

水彩画家・大下藤次郎の長男で、正月に生まれたことから"正男"と名付けられる。明治44年11歳の時に父を失う。早大建築科で構造学を専攻、大正14年卒業して曽祢・中条建築事務所に入所。構造計算を主とし、「井上眼科医院」「三井銀行大阪支店」「慶應義塾大学三田校舎新館」「川端龍子アトリエ」「満州国立美術学校東京分校」などの建設に関与した。昭和11年中条精一郎死去により事務所が解散、13年旧同僚であった岡本馨と大下・岡本建築事務所を設立。16年同事務所を解散。この間、大正11年より母を手伝って父の起こした美術雑誌「みづゑ」の編集にも従事。昭和16年戦時の雑誌統制により「みづゑ」を「新美術」に改め、18年には当局の指示により

8誌を統合して日本美術出版を設立して社長に就任。20年疎開先の青梅で敗戦を迎えた。21年「みづゑ」を復刊、23年社名を美術出版社に改めた。31年制作社（現・美術出版デザインセンター）を設立。昭和20年代から30年代にかけて、「三彩」「美術手帖」「国際建築」「美学」「美術批評」「リビングデザイン」などの雑誌を相次いで創刊する一方、数々の美術書を出版して社業を大きく発展させた。41年羽田沖の全日空機事故で遭難死した。
［家族等］長男＝大下敦（美術出版社社長）、父＝大下藤次郎（水彩画家）、孫＝大下健太郎（美術出版社社長）
【参考】『追想 大下正男』「追想 大下正男」編纂委員会 1967

大柴 四郎　おおしば・しろう
朝香屋創業者

［生年月日］安政3年（1856年）3月3日
［没年月日］昭和4年（1929年）10月17日
［出生地］大分県

明治16年上京して東京稗史出版社に勤めた後、19年神田鍛冶町で朝香屋を創業。当初は初代三遊亭円朝の口述講談本などを売り出したが、翌年から医学書の出版を専門とした。25年一専門分野の団体としては最初期に出来た医書組合の初代組長に就き、43年〜大正4年東京書籍商組合組長を務めた。日本書籍取締役、東京書籍常務なども歴任。

大島 敬司　おおしま・けいし
日本文華社創業者

［生年月日］明治40年（1907年）1月29日
［没年月日］没年不詳
［出生地］愛知県　［学歴］東京高師, 文化学院

昭和4年文藝春秋社、5年モダン日本社編集長、出版部長、13年興亜日本社社長を歴任。戦後、21年日本文華社（現・ぶんか社）を創業し、25年株式会社に改組。漫画を中心とした主に大衆娯楽雑誌を発行した。

大島 重次　おおしま・しげじ
主婦と生活社社長

［生年月日］大正15年（1926年）2月17日
［没年月日］平成15年（2003年）10月10日
［出生地］埼玉県　［学歴］豊島商〔昭和18年〕卒

中島飛行機三鷹研究所に入社。昭和20年父の経営する自転車部品の太陽製作所に入り、26年主婦と生活社監査役を兼任。27年同社に移り、40年1月取締役、4月父の死により社長に就任。60年代表取締役副会長。
［家族等］父＝大島秀一（主婦と生活社創業者）、叔父＝遠藤左介（主婦と生活社会長）

大島 秀一　おおしま・ひでいち
主婦と生活社創業者

［生年月日］明治30年（1897年）2月28日
［没年月日］昭和40年（1965年）4月8日
［出生地］新潟県西蒲原郡　［学歴］信愛学院〔大正11年〕卒

大正10年太陽印刷を創業。昭和21年新元社を創業して雑誌「主婦と生活」を創刊。23年主婦と生活社に社名変更。32年河出書房から「週刊女性」を譲り受け、我が国初の女性週刊誌として成功させた。日本出版協会会長、日本出版販売取締役を歴任。この間、政界に進出。27年新潟1区から衆院議員に当選、30年3月、33年5月にも当選、通算3期。通産政務次官、衆院商工常任委員長などを務めた。
［家族等］息子＝大島重次（主婦と生活社社長）、弟＝遠藤左介（主婦と生活社会長）　［叙勲］勲三等旭日中綬章

大曽根 銈治　おおそね・けいじ
大地屋書店創業者

［生年月日］明治31年（1898年）11月2日
［没年月日］昭和54年（1979年）12月3日
［出生地］神奈川県都筑郡中里村（横浜市）

専売局勤務を経て、大正12年東京・池袋に大地屋書店を創業。昭和3年東京雑誌販売組合幹事や、東京書籍雑誌小売業組合専務理事、

18年東京都出版物小売統制組合理事長を務め、戦後の20年12月日本出版物小売業組合全国連合会(現・日本書店商業組合連合会)の設立に際して初代会長に就任。30年まで同職にあり、組織の基盤作りと小売書店の地位向上に努めた。
[叙勲]勲四等瑞宝章〔昭和44年〕

太田 馬太郎　おおた・うまたろう
日本書籍常務

[生年月日]明治2年(1869年)9月13日
[没年月日]昭和11年(1936年)7月4日
[出生地]出雲国松江(島根県松江市)

明治20年上京、勝海舟の家に仕えて薫陶を受け、28年博文館に入社。34年博進社工場支配人を経て、36年国定教科書制度により日本書籍が創立されると同社に転じたが、間もなく東亜公司に移って書籍部を担当。42年日本書籍取締役支配人、昭和7年常務。

大田 菊子　おおた・きくこ
「生活と趣味」発行人

[生年月日]明治24年(1891年)7月12日
[没年月日]昭和34年(1959年)1月1日
[出生地]北海道根室　[学歴]清水谷女学校卒

大正6年出版社の東光園に入社。7年婦女界社の記者となり、12年編集長。昭和9年生活と趣味之会を設立し、雑誌「生活と趣味」を発行。24年婦人経済連盟創立発起人、理事。27年「日本婦人新聞」の編集にあたった。

太田 金右衛門　おおた・きんえもん
和泉屋玉巌堂主人

[没年月日]生没年不詳

慶元堂松沢老泉に3人の有能な奉公人がいて、金右衛門はその一人。文化頃に独立して玉巌堂を開く。「江戸買物独案内」に唐本、和本、石刻、仏書御経類の書物問屋と載っており、とくに唐本は評判が高く、「江戸名物詩」の七絶に「和泉屋唐本」と賦された程である。

また儒者太田錦城、医者片岡鶴陵などの著作や、諸藩の藩学の蔵版物を製本販売もした。とりわけ水戸藩との関係は深く藤田東湖、会沢正志斎の著述を出版した。幕末までいかに繁盛したかは「玉巌堂製本頒行書目」を見れば明白であろう。明治になると横山町郵便局主任になり、5年6月創刊「郵便報知新聞」の発兌人を50号(6年4月)まで務めた。しかし、家運が傾き所有の板木を次々と手放し、13年には虎の子の「板木買戻の訴訟」で甲府の内藤伝右衛門に敗訴した。この後ほどなく廃業した模様。なお梅巌堂太田勘右衛門は初代の次子で、明治初年の新刊書目「戊辰以来新刻書目便覧」(7年)を輯録した。9年4月東京府に出願した彼の私学開業願によると市ケ谷富久町に住み当時62歳余、文政6年(1823年)から天保7年(1836年)まで14年間旧幕臣波多野氏に漢学素読を従学したという。勘右衛門は店を閉じると丸善の分店中西屋に入り和書を担当した。

【参考】服部清道「江戸の書肆和泉屋金右衛門」(「風俗」1967.3)／『森銑三著作集』第10巻　中央公論社 1971

太田 信義(初代)　おおた・のぶよし
太田胃散創業者

[生年月日]天保8年(1837年)2月5日
[没年月日]明治30年(1897年)12月3日
[出生地]下野国都賀郡壬生(栃木県下都賀郡壬生町)

下野壬生藩士の第五子。維新後三重県官吏として殖産興業に従事したが、明治11年辞して上京。偶然知り合った頼山陽の息・支峰の依頼で、「日本外史」「日本政記」の版権取り戻しに尽力。大阪の書肆浅井吉兵衛に巨額の補償金を支払い、再び版板を頼家のものにし、この報酬として両書の分板権を得た。本業の太田胃散の製造販売が繁忙になると薬業一筋に励み書籍業は休止した。初代没後長男信が2代目襲名。40年日本電報通信社設立に参画して監査役となり、売薬の宣伝広告の一環と

して「新婦人」などの雑誌に出稿した。また同年1月本人名義の橋南堂が書籍商組合に加入、2年後名義人を夫人に変更、大正2年には日本橋呉服町に移転した。「橋南堂は太田胃散の道楽で、前田曙山斎藤松洲を顧問として春陽堂流の出版を始めた本屋」だが、「一年ばかりで見事に失敗して閉店」(内田魯庵)した訳でもないようだ。最も著名な出版物は石井研堂「明治事物起源」初版であろう。

[家族等] 長男＝太田信義(2代目)、四男＝太田信義(3代目)、五男＝吉田五十八(建築家)

大竹 博吉　おおたけ・ひろきち
ナウカ社社長

[生年月日] 明治23年(1890年)3月8日
[没年月日] 昭和33年(1958年)1月22日
[出生地] 愛知県　[別名等] 筆名＝瓜生信夫、広尾猛　[学歴] 東洋学院〔大正10年〕卒

中学校中退後、文選工、新聞社校正係、編集係などを経て、明治44年以降は新聞記者として東京中央新聞社、国民新聞社、東京日日新聞社、読売新聞社、東方通信社などに勤務。大正8年ロシアのウラジオストックへ渡り、10年東洋学院を卒業。12年東方通信社ウラジオストック支局長、モスクワ特派員を務め、14年帰国。昭和2年退職して文筆活動に入り、4年ロシア問題研究所を創設して「ウィッテ伯回想記 日露戦争と露西亜革命」などを出版。6～7年モスクワに滞在、ソ連情報を日本に伝えた。7年ソ連図書の輸入商社・ナウカ社を創立。やがて出版部も設置し、ソ連文献の普及に努めたが、12年軍機保護法違反と治安維持法違反で検挙され、14年東京地裁で懲役4年の実刑判決を受けた。戦後、25年ソ連の農学者トロフィム・ルイセンコの学説を紹介する「ルイセンコとその学説」を翻訳出版、26年長野県下伊那郡と更級郡に研究所を設け、その実践を試みた。27年ナウカ社を株式会社に改組、図書輸入の発展に努めた。瓜生信夫、広尾猛の筆名でレーニンの著書など多くのソ連の情報・文献を翻訳している。

[参考]『大竹博吉・遺稿と追憶』大竹会 1961

大谷 高一　おおたに・たかいち
そしえて創業者

[生年月日] 昭和6年(1931年)
[没年月日] 平成4年(1992年)10月18日
[出生地] 北海道札幌市　[学歴] 北海道大学法経学部卒

穂別高校、中教出版を経て、昭和46年そしえて(société)を創立。自然との関係をふりかえり、貴重な教訓を掘り起こそうと平成2年季刊誌「そしえて21」を創刊。「川と人間」を最初の特集とし、山、海、動物、植物など自然と人間に関するテーマでの編集を計画した。

大谷 仁兵衛　おおたに・にへえ
帝国地方行政学会社長 内外出版創業者

[生年月日] 慶応1年(1865年)8月3日
[没年月日] 昭和31年(1956年)10月21日
[出身地] 近江国(滋賀県)　[旧名] 栗田

明治26年京都の吉野屋津建堂・大谷家の養子となる。同家は幕末草紙類の出版で栄えた本屋であるが、30年帝国地方行政学会(現・ぎょうせい)の経営を継承。以後経営方針を一変し、雑誌「地方行政」や数多くの地方行政法規関係図書を刊行し、該分野の専門書肆として成功した。大正14年株式会社に改組、社長に就任。9年内外出版(のち内外出版印刷)を設立。

大塚 桂三　おおつか・けいぞう
秋田屋宋栄堂専務

[生年月日] 明治27年(1894年)10月12日
[没年月日] 昭和37年(1962年)12月11日
[出生地] 大阪府大阪市南区　[学歴] 大阪高商〔大正4年〕卒

父は秋田屋宋栄堂5代目の後見人であった大塚卯三郎。大正9年店主であった5代田中太右衛門が死去し、その子も幼かったため、後見

人として店の業務を取り仕切った。大阪図書出版組合副組長、大阪書籍監査役、秋田屋専務などを歴任した。

大塚 周吉　おおつか・しゅうきち
大洋堂創業者

[生年月日]明治1年(1868年)10月1日
[没年月日]昭和7年(1932年)8月28日
[出身地]大阪府大阪市

明治天皇の大阪行幸の際に市内の小学校から選抜されて御前講演の栄に浴したという。上京して、明治22年浅草に大塚書店を創業。28年大洋堂とする。当初は古本を扱っていたが、やがて新刊・雑誌に進出し、雑誌取次にも手を伸ばした。関東大震災後は取次を廃して小売り専業となり、東京市内有数の小売り書店となった。東京書籍商組合副組長などを務めた。

大坪 半吾　おおつぼ・はんご
税務経理協会創業者

[生年月日]大正4年(1915年)5月14日
[没年月日]平成3年(1991年)3月5日
[出身地]福岡県八女市　[学歴]久留米商〔昭和7年〕卒、中央大学経済学部〔昭和16年〕卒

昭和7年税務官史となり、東京の品川税務署に赴任すると中央大学に学んだ。その後、税理士の傍ら、新聞統制会(現・日本新聞協会)に勤務。21年税務経理協会を創業して月刊誌「税経通信」を発行。以後、27年「簿記と検定」、31年「税経セミナー」、38年「経営教室」などの雑誌を創刊、税務経理関係の専門出版社として確固たる地位を築いた。
[家族等]長男=大坪嘉春(税務経理協会社長)
【参考】大坪嘉春「父・大坪半吾の生涯と業績」(「出版クラブだより」1991.7.10)

大坪 昌夫　おおつぼ・まさお
光文社専務

[生年月日]大正11年(1922年)

[没年月日]平成17年(2005年)8月30日
[出生地]佐賀県　[学歴]東京大学法学部〔昭和23年〕卒

昭和23年光文社に入社。「女性自身」「宝石」各編集長を経て、51年取締役、55年常務、63年専務。平成6年監査役、9年顧問に退いた。

大坪 芳介　おおつぼ・よしすけ
大坪書店主人

[生年月日]明治26年(1893年)9月16日
[没年月日]没年不詳
[出生地]佐賀県佐賀市　[学歴]久留米商卒

父は佐賀の書籍商・惇信堂大坪書店の創業者である大坪萬六。明治45年父の病気により大坪書店の業務一切を任され、九州のみならず満州・朝鮮・中国・台湾にも販路を伸ばすなど、同書店の隆盛に大きく貢献した。昭和11年東京発行の書籍雑誌の九州地方における取次販売を目的に東京出版九州共同販売所(九州共販)を創立、代表に就任。戦後は佐賀市が戦災を免れたことからいち早く業務を再開し、書籍・文具の卸小売において九州全域に勢力を伸ばした。佐賀県書籍組合理事長、佐賀県国定教科書供給所代表者、日本出版配給九州支店長などを歴任した。
[家族等]父=大坪萬六(惇信堂大坪書店創業者)

大伴 昌司　おおとも・しょうじ
編集者　作家

[生年月日]昭和11年(1936年)2月3日
[没年月日]昭和48年(1973年)1月27日
[本名]四至本豊治　[別名等]筆名=大本俊司
[学歴]慶応義塾大学文学部史学科〔昭和33年〕卒、シナリオ研究所卒

ジャーナリスト・四至本八郎の一人息子で、2歳から5歳までをメキシコで暮らす。大学在学中は推理小説同好会に加入、高校同期の紀田順一郎とミステリー研究・批評を手がける。昭和36年雑誌「マンハント」の連載「現代ア

マノジャク入門講座」で商業誌デビュー。「宝石」「ヒッチコック・マガジン」「SFマガジン」「キネマ旬報」など各誌に執筆、日本SF作家クラブの事務局長も務め、45年に開催された国際SFシンポジウムの開催に尽力した。一方、テレビ番組のシナリオ・構成なども手がけ、特撮番組「ウルトラQ」「ウルトラマン」に登場する怪獣に設定を与えて"怪獣博士"として子どもたちの尊敬を集めた。「週刊少年マガジン」では怪獣や妖怪の図解特集から始まって、41年より「巻頭カラー大図解シリーズ」をスタート。取材・構成・コピー・コンテ・レイアウト・レタリングを一人でこなし、週刊ペースで「情報社会」「深夜放送の舞台裏」「ビートルズ」「公害の実態」といった様々な事象を取り上げ、高度な内容をわかりやすくビジュアルで紹介することに特異な才能をみせた。
[家族等]父＝四至本八郎（ジャーナリスト）
[参考]『証言構成 OHの肖像 大伴昌司とその時代』竹内博編 飛鳥新社 1988／『「奇」の発想 みんな「少年マガジン」が教えてくれた』内田勝著 三五館 1998

大沼 正吉　おおぬま・しょうきち
技報堂創業者 技報堂出版創業者

[生年月日]大正3年（1914年）1月5日
[没年月日]昭和53年（1978年）11月7日
[出生地]千葉県市原郡里見村（市原市）

8人きょうだいの5番目の四男。昭和3年上京、薬局や衛生配管工などを経て、9年坂本特許事務所に製図係として入所。傍ら、従兄と版下製図社を興した。その後、特許局の出す公報を集めて一冊の本にするアイデアを思いつき、11年特許関係の出版業として発明公報協会を設立。14年前年中に特許局に登録され公報された化学関係特許の集大成である「化学特許総覧」を刊行、45年まで全31巻が刊行されるロングセラーとなった。以後も「合成樹脂の研究資料」「航空計測器」などの化学・工学書を刊行。19年戦災により出版外注が難しくなったことから、自ら印刷業にも進出した。戦後の21年、"技術報国"を名前に冠して株式会社技報堂を創業、本格的に出版印刷業に乗り出すとともに、文芸ものを出す赤坂書房、国文・学習関係の文教社の2社を設立。両社はやがて技報堂出版部に吸収され、同社は叢書「技報堂全書」などの刊行を通じ理工学書の出版社として成長。便覧や理工関係の辞書に定評があり、「能率ハンドブック」「土木工学ハンドブック」などの成功で"ハンドブックの技報堂"と呼ばれた。印刷業でも東京都印刷工業組合副理事長を務めるなど業界の指導的地位に立った。51年出版部門を独立させ技報堂出版を創業した。
[家族等]妻＝大沼アイ子（技報堂会長），長男＝大沼光靖（技報堂社長）
[参考]『大沼正吉を偲ぶ』技報堂 1979

大野 富士松　おおの・ふじまつ
金港堂支配人 大野書店創業者

[生年月日]文久1年（1861年）8月
[没年月日]没年不詳

明治10年金港堂に入店。24年大阪支店主原亮五郎の後見人となる。33年書籍商組合の雇人奨励規程により勤続22年の表彰を受け、また帝国印刷取締役を兼任するなど幹部社員として精励した。教科書疑獄事件後の38年書籍商組合に加盟して大野書店を開き、図書雑誌の取次販売を始めた。2代目（旧名幹一，明治23年1月1日東京日本橋生）は大正4年まで名古屋愛知銀行に勤務したが、父の死により父業を継ぎ教科書取次の中堅となった。

大野 孫平　おおの・まごへい
東京堂社長

[生年月日]明治12年（1879年）12月18日
[没年月日]昭和38年（1963年）2月4日
[出生地]新潟県南魚沼郡塩沢町（南魚沼市）

越後の縮緬商の長男。12歳で上京し、銀座の羅紗問屋・小山商店に5年間奉公。その後、ウ

ラジオストックで貿易に従事したが、従兄である博文館の大橋新太郎の紹介で同社系列の博進社会計主任となる。37年系列の博愛堂薬店に転じ、専務として同店の建て直しに尽力。44年従兄・大橋省吾の創業した書籍取次の東京堂に入社。代表社員を経て、大正6年株式会社化に伴い専務に就任。特に雑誌の取次に注目し、4大取次のトップとして確固たる位置に押し上げた。また、乱売防止のため、3年東京雑誌組合、東京雑誌販売業組合を設立し、雑誌の定価販売制度を推進。昭和16年東京堂社長に就任したが、同年日本出版配給の設立により取次部門は同社に吸収され、小売部門と出版部門のみが残された形となった。戦後は21年から販売業務を再開。33年会長。この間、10年少年店員の教育のため東京堂学園実践商業学校を創立、今日の実践学園中学・高校へと発展した。

[家族等] 父＝大野金太郎（出版人）、異母弟＝大野圭治（日本出版配給経理課長）、伯父＝大橋佐平（博文館創業者）、女婿＝赤尾稔（東京出版販売社長）、義弟＝角屋正隆（東京出版販売社長）

[参考]『ものがたり東京堂史 明治、大正・昭和にまつわる出版流通の歩み』田中治男著 東販商事 1975

大野屋 惣八　おおのや・そうはち
貸本屋大惣主人

[生年月日] 享保13年（1728年）
[没年月日] 文化8年（1811年）11月4日
[出生地] 尾張国名古屋（愛知県名古屋市）
[本名] 江口　[別名等] 幼名＝富太郎、号＝胡月堂

はじめ名古屋樽屋町で薬種商を営み本重町に移転後失敗して破産。性来の本好きで写本を多数持つ上、岐阜に住む富商の兄からの資金援助で数百冊の書物を買い整え伝馬町長者町角に貸本屋を開いた。その後長島町に移転して盛業の一途をたどり日本一の貸本屋と言われる。享和2年（1802年）名古屋にきた滝沢馬琴は大惣を訪れ、求めによって「伏槖」（口上）を書いた。これは明治まで店に懸けてあったという。蔵書甚だ多く「書庫二箇と店に積む所と、巻数いまだ幾許あるを知らず」状態から、嘉永5年（1852年）改正「胡月堂蔵書目」が完成した。旧目録の点検を済せて錯乱を正し、分類編成の宜しきを得て初めて蔵書の全貌が明らかになった。4代惣太郎（明治30年9月24日没）後の32年廃業、大方の蔵書は処分され帝国図書館、京都帝国大学などに入った。これについては柴田光彦「大惣蔵書目録と研究」本文・索引篇（青裳堂、昭和58年）を参照。

[参考]「貸本文化増刊 特集・貸本屋大惣」1982

大葉 久吉　おおば・ひさきち
宝文館創業者

[生年月日] 明治6年（1873年）5月17日
[没年月日] 昭和8年（1933年）11月8日
[出生地] 岐阜県岐阜市竹屋町　[学歴] 岐阜中〔明治24年〕中退

岐阜中学在学中の明治24年、濃尾地震に遭い中退。大阪に出て宝文館・吉岡平助の店員となる。33年上京し、34年大阪宝文館東京出張所を譲り受けて独立、教科書を出版する宝文館を創業し、哲学・文学・経済などの分野にも進出して数多くの書籍を刊行。昭和2年株式会社に改組して社長。この間、大正11年月刊誌「令女界」を創刊し一時期非常な人気を博した。同誌は戦時中休刊したが、戦後復刊し、昭和25年まで刊行した。また、8年NHKのラジオ家庭大学講座の番組で大島正徳の哲学に関する話を聞き「哲学の話」としてまとめたものが放送物の出版の先駆けといわれる。傍ら、歌舞伎座、日本書籍、日本製紙などの取締役のほか、東京辞書出版社、中外印刷、日本ノート学用品など数社の重役を兼任した。

[参考]「大葉久吉君追悼録」故大葉久吉君追悼録編纂会編 1935

大萩 登　おおはぎ・のぼる
　　　南天荘書店主人

[生年月日]生年不詳
[没年月日]平成12年（2000年）9月13日

兵役を経て、昭和21年姉の嫁ぎ先である神戸の南天荘書店に入り専務となる。翌年古書店として独立するが、店舗経営が性に合わず閉店、以後、"セドリ"（地方の古書店をめぐり、古書を買ってきては売り捌く古書業者）の旅をつづけ、63年に南天荘書店を開店し、セドリ稼業に終止符を打った。
【参考】『大萩登追悼集 南天荘書店』川下浩・島元健作・間島保夫編 大萩登追悼集刊行会 2001

大橋 勇夫　おおはし・いさお
　　　東京堂社長

[生年月日]明治45年（1912年）5月19日
[没年月日]昭和42年（1967年）7月9日
[出生地]東京都　[旧名]岩出　[学歴]東京帝国大学経済学部〔昭和12年〕卒

石油販売商・岩出脩三の五男。大学を出て古河電気工業に入社。昭和15年東京堂2代目社長・大橋省吾の長女と結婚して大橋姓となり、東京堂取締役。16年日本出版配給の成立で取次部門は閉業、専務となり小売と出版に全力を傾注。戦中戦後の困難な時期を乗り切り、33年社長に就任。39年販売と出版を分離して、東京堂書店と東京堂出版を創立した。42年心筋梗塞のため55歳で急逝。
[家族等]弟=岩出豊彦（藤本産業社長）, 岩出貞夫（東京堂社長）, 岳父=大橋省吾（東京堂主人）

大橋 乙羽　おおはし・おとわ
　　　博文館支配人 小説家

[生年月日]明治2年（1869年）6月4日
[没年月日]明治34年（1901年）6月1日
[出生地]出羽国米沢（山形県米沢市）　[本名]大橋又太郎　[旧名]渡部　[別名等]別号=乙羽庵, 二橋生, 蚯蚓庵　[学歴]小卒

小学校卒業後、商家に奉公するが、早くから文学を志し明治19年処女小説「美人の俤」を執筆。21年小野川温泉で静養中に会津磐梯山の噴火に遭い、その実見記を「出羽新聞」に掲載。それが東陽堂の社主・吾妻健三郎に認められ、上京して同社の美術記者となり、「風俗画報」「絵画叢誌」などの編集に当たった。22年政治小説「霹靂一声」を刊行したのを機に小説家の石橋思案や尾崎紅葉を知り、硯友社の同人となった。以後、同社の機関誌「文庫」（のち「我楽多文庫」に改称）や硯友社系の新聞・雑誌に「露小袖」「霜庭の虫」などの風俗小説を発表。傍ら、「中央新聞」記者としても活躍した。26年伝記「上杉鷹山公」を博文館から上梓したのがきっかけで社主・大橋佐平の知遇を得、27年佐平の長女・時子と結婚して大橋家に入婿。次いで博文館に入社して支配人となり、「太陽」「少年世界」「文芸倶楽部」を創刊して同館の出版王国としての基礎を確立した。多忙な業務の合間に小説や随筆などを執筆、特に「千山万水」「耶馬渓」などの紀行文で知られる。他の著書に「累卵之東洋」「若菜籠」「花鳥集」「欧山米水」などがある。
[家族等]岳父=大橋佐平（博文館創業者）

大橋 光吉　おおはし・こうきち
　　　共同印刷社長

[生年月日]明治8年（1875年）8月26日
[没年月日]昭和21年（1946年）7月3日
[出生地]兵庫県城崎郡五荘村（豊岡市）　[旧名]森垣　[学歴]豊岡小高等科〔明治23年〕卒

5人兄姉（4男1女）の末っ子。明治26年小学校准訓導を退職して大阪へ出、薬局に勤務。やがて古本市をみて出版を志望し、店主の旧知であった博文館主人・大橋佐平を紹介され、27年上京。兵役を満期除隊後は佐平の五男・幹二が始めた博愛堂薬店で働いたが、31年佐平の三女と結婚して大橋姓を名のり、博進社

印刷工場（38年博文館印刷所に改称）に転じた。37年日露戦争を背景とした絵葉書ブームにのり日本葉書会を設立、機関誌「ハガキ文学」を創刊。39年絵はがきや絵本の製造販売を主目的に印刷所の精美堂を設立。出版事業も手がけ、三宅克己「水彩画手引」「水彩画指南」など水彩画を中心とする趣味の書物を刊行した。大正10年株式会社に改組。11年精美堂印刷学校を開設。14年博文館印刷所と合併して共同印刷を設立、初代社長に就任。近代的総合印刷所の実現に努め、"東洋一の印刷王国"と称された。日本書籍、東京印刷、一色活版所の各社長や、東京印刷同業組合組長、日本全国印刷組合連合会会長なども歴任した。15年操業短縮を断行した際に大規模な労働争議が起こり、この一件は徳永直の小説「太陽のない街」のモデルとなった。
[家族等]長男＝大橋松雄（共同印刷専務）、二男＝大橋芳雄（共同印刷社長）、三男＝大橋貞雄（共同印刷社長）、孫＝大橋栄一（共同印刷常務）、大橋淳男（東京インキ社長）、岳父＝大橋佐平（博文館創業者）、義兄＝大橋新太郎（博文館創業者）　[叙勲]紺綬褒章〔昭和7年〕、緑綬褒章〔昭和17年〕
[参考]『大橋光吉翁伝』浜田徳太郎編 1958

大橋　貞雄　おおはし・さだお
共同印刷社長　チャイルド本社社主

[生年月日]明治41年（1908年）3月13日
[没年月日]平成21年（2009年）3月28日
[出生地]東京都　[学歴]東京商科大学〔昭和5年〕卒

昭和5年帝国教育会出版部に入社、8年出版部長。19年国民図書刊行会を設立、社長を経て、52年会長。のちチャイルド本社と改称。22年東京インキ社長、61年相談役。この間、31年共同印刷取締役、32年社長、52年会長、63年取締役相談役、平成2年相談役名誉会長。
[家族等]二男＝大橋淳男（東京インキ社長）
[叙勲]藍綬褒章〔昭和43年〕、勲三等瑞宝章〔昭和53年〕　[受賞]印刷文化賞〔昭和46年〕

文京区民栄誉賞〔平成13年〕
[参考]『チャイルド本社五十年史』チャイルド本社 1984

大橋　佐平　おおはし・さへい
博文館創業者

[生年月日]天保6年（1835年）12月22日
[没年月日]明治34年（1901年）11月3日
[出生地]越後国長岡（新潟県長岡市）　[旧名]渡辺　[別名等]幼名＝熊吉

材木商の二男で、弘化2年（1845年）兄が没して事実上の長男となる。安政3年（1856年）酒造業を開いて三国屋佐平を称し、藩の御用達となった。文久3年（1863年）より大橋姓を名のる。維新後は小学校の新設や洋式教育の振興、信濃川への渡船場設置を行うなど町政に貢献。また、長岡出版会社の創立や「北越雑誌」の創刊など、郷里の文化発展にも寄与した。自由民権運動の急進化に対して中正穏健主義の新聞発行を企図し、明治13年北越新聞社を創立。同紙は資金難により150号で廃刊したが、14年には「越佐毎日新聞」を創刊した。17年筆禍により下獄。19年仏教新聞を興すが、短命に終わった。同年51歳で上京し、20年本郷弓町に博文館を創業、主要雑誌の重要記事を無断転載した「日本大家論集」を発行して成功を収める。20年「日本之教学」「日本之女学」「日本之商人」、21年「日本之殖産」「日本之法律」「やまと錦」、22年「日本之少年」など分野ごとの新雑誌を次々と創刊また統廃合して雑誌出版社としての基礎を固めた。また図書出版にも進出し、24年の「温知叢書」や25年「教育全書」「日本百科全書」、26年「帝国文庫」など全集叢書ものを相次いで刊行。日清戦争時には雑誌として初めて写真版を使用したといわれる「日清戦争実記」を発刊し、破天荒の売上げを示した。28年には従来の各雑誌を改廃統合して「太陽」「少年世界」「文芸倶楽部」を創刊し、これらの隆盛によって同社は明治期最大の出版社に成長。同年博文館の事業を嗣子の新太郎に譲

り、小石川の別荘に退隠。一方で27年に内外通信社、30年洋紙専門店の博進堂(のち博進社)、同年印刷会社の博文館印刷所(現・共同印刷)をそれぞれ創立し、取次業の東京堂にも関係するなど、出版業の多方面にわたって業績を残した。34年には創業15周年を記念して日本最初の私立図書館・大橋図書館を創設した。

【家族等】三男＝大橋新太郎(博文館創業者)、女婿＝大橋光吉(共同印刷社長)、大橋乙羽(小説家)、甥＝大野孫平(東京堂社長)

【参考】『大橋佐平翁伝』坪谷善四郎編 博文館 1932／『龍の如く 出版王大橋佐平の生涯』稲川明雄著 博文館新社 2005

大橋 鎮子　おおはし・しずこ
暮しの手帖社社長

[生年月日]大正9年(1920年)3月10日
[没年月日]平成25年(2013年)3月23日
[出生地]東京市深川区木場(東京都江東区)
[学歴]東京府立第六高女〔昭和12年〕卒,日本女子大学中退

3人姉妹の長女で早くに父を結核で亡くした。昭和12年日本興業銀行に入行、調査課に配属される。16年「日本読書新聞」に入り、一時日本出版文化協会秘書室に出向して飯島幡司の秘書を経験。「日本読書新聞」では田所太郎編集長の下で働く。戦後、田所の紹介で花森安治に出版の相談を持ちかけたのをきっかけに、21年花森と衣裳研究所を設立、「スタイルブック」を発行。23年花森と「美しい暮しの手帖」を創刊(28年より「暮しの手帖」に改題)。社長として編集長の花森を助け、53年花森の没後は編集責任者を務めた。名物企画「商品テスト」を柱に、広告は一切とらない編集方針を貫いた。平成16年社主。自伝『暮しの手帖』とわたし」がある。

【家族等】義弟＝横山啓一(暮しの手帖社代表取締役)

【参考】「『暮しの手帖』とわたし」大橋鎮子著 暮しの手帖社 2010

大橋 省吾　おおはし・しょうご
東京堂主人

[生年月日]明治1年(1868年)10月9日
[没年月日]明治44年(1911年)1月30日
[出生地]越後国長岡(新潟県長岡市)

博文館創業者・大橋佐平の二男で、叔父の高橋新一郎が東京・神田神保町に開いた書籍文具類の小売店である東京堂に入店。養子となり、明治24年2代目主人となる。小売りの他に取次業・出版業にも進出した。40代で夭折したが、この間東京堂の基礎を固め、出版業界における取次業の地歩を確立した。文武堂の名で新刊書を出版した中に、幸徳秋水「社会主義神髄」、田岡嶺雲「下獄記」のあるのは異色である。

【家族等】父＝大橋佐平(博文館創業者)、弟＝大橋新太郎(博文館創業者)、叔父＝高橋新一郎(東京堂創業者)、甥＝大橋進一(博文館社長)、大橋達雄(東京堂専務)

【参考】『東京堂百年の歩み』東京堂 1990

大橋 進一　おおはし・しんいち
博文館社長

[生年月日]明治18年(1885年)7月1日
[没年月日]昭和34年(1959年)11月29日
[出生地]新潟県

大橋新太郎の長男で、大橋佐平の孫。明治35年から祖父と父が興した博文館の副館主を務め、大正7年株式会社改組に際して3代目社長に就任。昭和21年日本自由出版協会の設立に際して初代会長に就任した。戦後、博文館は解体。25年長女のまさ(大正7年〜昭和35年6月20日没)が日記出版を継承した博文館新社を設立、事実上の4代目となったが早世した。

【家族等】長男＝大橋太郎(博文館支配人)、長女＝大橋まさ(博文館新社創業者)、父＝大橋新太郎(博文館創業者)、弟＝大橋達雄(東京堂専務)、祖父＝大橋佐平(博文館創業者)、叔父＝大橋省吾(東京堂主人)

大橋 新太郎　おおはし・しんたろう
博文館創業者

[生年月日] 文久3年（1863年）7月29日
[没年月日] 昭和19年（1944年）5月5日
[出生地] 越後国長岡（新潟県長岡市）

明治14年父と「北越新聞」を発行した後、「越佐毎日新聞」を創刊、また大橋書店を経営した。19年上京し、20年父と共に本郷弓町に博文館を創設、「日本大家論集」を発行、続いて「日本之商人」「日本之殖産」「日本之女子」「日本之教学」など雑誌を次々創刊して成功した。28年には「太陽」「少年世界」「文芸倶楽部」などを創刊。34年父の死で館主となり、父の遺志を継いで日本初の私立図書館・大橋図書館を創立、大橋育英会も興し、貸費生を養った。また早大、慶大図書館など7団体に金1000円を寄付した。35年衆院議員に当選、38年東京商業会議所副会頭、39年中国に渡り、東亜製粉、南満製粉、満豪毛織などを創立、社長となった。また朝鮮興業、大日本麦酒、日本硝子などの会長を務め、さらに王子製紙、白木屋、三共製薬、三井信託などの役員となり、関係会社70余社に及んだ。大正15年勅選貴院議員、東京商業会議所特別議員、昭和10年日本工業倶楽部理事長となり、14年同評議員会会長となった。
[家族等] 父＝大橋佐平（博文館創業者）、長男＝大橋進一（博文館社長）、四男＝大橋達雄（東京堂専務）、孫＝大橋太郎（博文館支配人）、長女＝大橋まさ（博文館新社創業者）
【参考】『大橋新太郎伝』坪谷善四郎著 博文館新社 1985

大橋 達雄　おおはし・たつお
東京堂専務 日本出版配給専務

[生年月日] 明治38年（1905年）5月26日
[没年月日] 昭和29年（1954年）10月13日
[出生地] 東京都　[学歴] 東京大学経済学部卒

大橋新太郎の四男で、大橋進一の弟。王子製紙勤務を経て、昭和8年東京堂に入社して専務。16年日本出版配給の設立後は同社専務として采配を振るった。戦後は出版界から遠ざかり、神崎製紙、大日本図書などの取締役を務めた。
[家族等] 父＝大橋新太郎（博文館創業者）、兄＝大橋進一（博文館社長）、祖父＝大橋佐平（博文館創業者）、叔父＝大橋省吾（東京堂主人）

大橋 太郎　おおはし・たろう
博文館支配人

[生年月日] 明治41年（1908年）2月25日
[没年月日] 昭和11年（1936年）5月20日
[学歴] 東京府立四中卒、早稲田大学政経科卒

博文館社長・大橋進一の長男。昭和9年父の経営する博文館に入社、取締役兼支配人となったが、11年急逝した。
[家族等] 父＝大橋進一（博文館社長）、妹＝大橋まさ（博文館新社創業者）、祖父＝大橋新太郎（博文館創業者）

大橋 松雄　おおはし・まつお
共同印刷専務

[生年月日] 明治37年（1904年）3月5日
[没年月日] 昭和17年（1942年）4月23日
[学歴] 早稲田大学〔昭和3年〕卒

共同印刷創業者である大橋光吉の長男。昭和3年共同印刷に入社。12年常務を経て、14年専務。17年38歳の若さで病死した。
[家族等] 父＝大橋光吉（共同印刷創業者）、弟＝大橋芳雄（共同印刷社長）、大橋貞雄（共同印刷社長）、祖父＝大橋佐平（博文館創業者）
【参考】『大橋光吉翁伝』浜田徳太郎編 1958

大畑 達雄　おおはた・たつお
大畑書店創業者 日本評論社編集部長

[生年月日] 明治23年（1890年）
[没年月日] 昭和10年（1935年）9月24日
[出生地] 茨城県真壁郡黒子村（筑西市）　[学歴] 早稲田大学卒

茨城県黒子村（現・筑西市）の豪農の家に生

まれ、早稲田大学を優秀な成績で卒業して日本評論社に入る。編集部長として「社会経済体系」「現代法学体系」など多くの出版物を刊行。昭和7年独立して大畑書店を創業、処女出版は今中次麿「現代独裁政治学概論」。8年結核のため中野療養所に入院、10年45歳で亡くなった。この間、約2年間に平野義太郎、長谷川如是閑、鈴木安蔵、戸坂潤、笠信太郎らの著作44点を次々と刊行、中でも滝川幸辰「刑法読本」は発行後10ケ月を経て発売禁止となり、滝川事件の端緒となった。ダーウィン「人間の由来」の訳書もある。
【参考】『戦前戦中を歩む 編集者として』美作太郎著 日本評論社 1985

大淵 渉　おおぶち・わたる
駸々堂創業者

[生年月日]安政2年（1855年）7月23日
[没年月日]明治40年（1907年）5月12日
[出生地]京都府京都市上京区

真宗派の僧侶であったが僧籍を離れ、明治14年京都で書肆駸々堂を開業。17年大阪の心斎橋北詰に進出、坪内逍遙や尾崎紅葉らの文学書や講談本、実用書、法律書などを次々と出して出版業界の地位を築いた。21年書店部を開き、関西の国鉄駅構内にも出店、また31年旅行案内部を設けて汽車時刻表や鉄道地図も発行した。「百千鳥」などの文芸雑誌や日記類なども出版。
【参考】『心斎橋北詰 駸々堂の百年』駒敏郎著 駸々堂出版 1997

大洞 正典　おおほら・まさのり
創文社編集長 「アルプ」編集長

[生年月日]生年不詳
[没年月日]平成17年（2005年）4月26日
[出身地]愛媛県

昭和13年より弘文堂に勤め、26年同社社長であった久保井理津男の独立に従って創文社設立に参加。33〜58年串田孫一責任編集で発行した山岳芸術誌「アルプ」の編集に携わった。

大村 弘毅　おおむら・ひろよし
秀英出版常務編集部長 演劇研究家

[生年月日]明治31年（1898年）3月9日
[没年月日]昭和59年（1984年）11月19日
[出生地]兵庫県神戸市　[学歴]早稲田大学文学部英文科〔大正12年〕卒

坪内逍遙の研究助手となり、「逍遙選集」の編集主任を務め、演劇博物館設立に尽力した。昭和3年開館後、館員となる。5年劇向上会（のちの逍遙協会）評議員、8年大日本図書編集長。その後、冨山房編集部、中等教科書などを経て、戦後、24年秀英出版常務編集部長を務めた。56年逍遙協会理事長。著書に「坪内逍遙」など。

大森 直道　おおもり・なおみち
「改造」編集長 鎌倉文庫編集局長

[生年月日]明治44年（1911年）3月27日
[没年月日]昭和60年（1985年）10月27日
[出生地]東京市小石川区表町（東京都文京区）
[学歴]東京府立四中〔昭和3年〕卒、水戸高文科乙類〔昭和7年〕卒、東京帝国大学文学部仏文科〔昭和10年〕卒

昭和10年改造社に入社。15年総合雑誌「改造」編集長に就任したが、17年同誌に掲載した細川嘉六の論文「世界史の動向と日本」が問題となり、発禁処分の責任を取って退社。18年大東亜省嘱託として上海へ赴き、外務省嘱託として在上海日本大使館事務所に勤務。19年治安維持法違反容疑で逮捕され、横浜に留置。戦時下最大の言論弾圧として知られる横浜事件に巻きこまれ、敗戦直後の20年8月末、懲役2年、執行猶予3年の有罪判決を受けた。21年木村徳三の勧めで鎌倉文庫に編集局長として入社、総合雑誌「社会」編集長を兼務。24年5月取締役に進んだが、10月解散のため退社。25年時事通信社出版局嘱託。26年ラジオ東京（現・TBS）開局とともに入社し、

37年テレビ編成局長、39年取締役を経て、40年常務。43年監査役。没後、蔵書約2500冊が「大森直道文庫」として鎌倉市立鎌倉文学館に寄託された。
[参考]『大森直道さんを偲ぶ』大森直道さんを偲ぶ刊行委員会 1986

大矢 金一郎　おおや・きんいちろう
白桃書房創業者

[生年月日] 明治37年（1904年）8月27日
[没年月日] 昭和48年（1973年）7月8日
[出生地] 東京市本郷区（東京都文京区）

大正9年冨山房出版部教科書課に入る。敗戦後の昭和20年12月、白桃書房を創業。社名は歌人・斎藤茂吉の命名による。当初は文学書の出版を志したが、経営学・会計の専門書出版に転じた。日本書籍出版協会評議員、日本出版クラブ評議員を歴任。
[家族等] 息子＝大矢順一郎（白桃書房社長）

大宅 壮一　おおや・そういち
人物評論社創業者 評論家

[生年月日] 明治33年（1900年）9月13日
[没年月日] 昭和45年（1970年）11月22日
[出生地] 大阪府三島郡富田村（高槻市）　[別名等] 筆名＝猿取哲　[学歴] 三高文科乙類〔大正11年〕卒、東京帝国大学文学部社会学科〔大正14年〕中退

小学校時代から盛んに少年雑誌へ投稿。大正7年茨城中学を中退。8年徳島大学での専門学校入学者検定試験（専検）に100人中唯一合格し、三高から東京帝大社会学科へ進む。在学中から社会主義に傾倒、13年日本フェビアン協会創立とともに主事。14年新潮社の嘱託として「社会問題講座」編集に従事、同年大学を中退。15年「文壇ギルドの解体期」を初めて署名入りで発表して評論家デビュー。昭和4年大木惇夫、戸田謙介らを擁して綜合翻訳団を組織、「千夜一夜物語」を集団で翻訳した。5年ナップ（全日本無産者芸術連盟）に参加。8年雑誌「人物評論」を創刊。14年理研映画常務製作部長、16年満州映画協会啓民映画部責任者、17年ジャワ映画公社理事長などを歴任。19年より農業に携わったが、戦後は猿取哲の筆名で評論活動を再開、25年より本名を用いる。30年「無思想人宣言」を発表、あらゆる党派から中立、"無思想"の立場で評論を行い、新聞・雑誌・ラジオ・テレビの全メディアを席巻して"マスコミの4冠王"と称された。造語の才も卓抜で"駅弁大学""太陽族""口コミ""一億総白痴化""恐妻""男の顔は履歴書である"などの言葉を生み出した。青地晨、草柳大蔵、梶山季之らを組織してノンフィクション・クラブを作り、後進の指導にも力を注いだ。没後、膨大な雑誌コレクションをもとに大宅壮一文庫が開設された他、大宅壮一ノンフィクション賞が制定された。
[家族等] 妻＝大宅昌（大宅壮一文庫理事長）, 長男＝大宅歩, 三女＝大宅映子（ジャーナリスト）　[受賞] 菊池寛賞（第13回）〔昭和40年〕「炎は流れる」
[参考]『大宅壮一と私 追悼文集』ノンフィクション・クラブ編 季竜社 1971／『大きな駄々っ子』大宅昌著 蒼洋社 1981

大和 和明　おおわ・かずあき
大和書房社長

[生年月日] 昭和27年（1952年）12月15日
[没年月日] 平成6年（1994年）1月14日
[出身地] 東京都　[学歴] 東京都立大学卒, 東京都立大学大学院〔昭和61年〕博士課程中退

昭和61年大和書房に入社。平成元年社長。学生時代から朝鮮史研究を続け、同社から「朝鮮人物事典」を立案刊行した。
[家族等] 父＝大和岩雄（大和書房創業者）, 大和謙二（大和書房社長）

大輪 盛登　おおわ・もりと
図書新聞社長

[生年月日] 昭和6年（1931年）12月22日
[没年月日] 平成2年（1990年）11月3日

[出生地]長野県松本市　[学歴]学習院大学政経学部政治科卒

昭和30年図書新聞に入社。50年創業者・田所太郎（義兄）が経営苦から自殺した後を、社の再建に努力し、51年から社長。57年本木昌造、グーテンベルク、ベンジャミン・フランクリンの詳伝「メディア伝説 活字を生きた人びと」を出版。近畿大学助教授も務めた。他の著書に「書物列伝」などがある。
[家族等]義兄＝田所太郎（図書新聞創業者）

大渡 順二　おおわたり・じゅんじ
保健同人社創業者

[生年月日]明治37年（1904年）8月17日
[没年月日]平成1年（1989年）6月4日
[出生地]岡山県岡山市　[学歴]東京商科大学予科中退、京都帝国大学哲学科選科〔昭和4年〕中退

昭和4年朝日新聞社に入社。社会部、政治部で記者として活動したが、16年社内の新体制運動に挫折して政治経済部次長を最後に退社。同年国策会社である日本木材株式会社の創設に参画、企画部長に就任。18年結核を発病、19年胸郭成形手術を受け、敗戦まで絶対安静の療養生活を送った。この闘病経験から結核啓蒙のジャーナリズムの必要性を痛感、21年保健同人社を創業して雑誌「保健同人」を発行。23年株式会社に改組。同年千葉保之・所沢政夫共著「結核初感染の臨床的研究」を処女出版、翌年出版した隈部英雄「結核の正しい知識」は"結核療養のバイブル"といわれた。29年守屋博との共同創案で国立東京第一病院において「短期間入院特別健康精査室」を開設、これが我が国における人間ドックの嚆矢となった。医事評論家として患者の立場に立った提言を行う一方、財団法人保健同人事業団を発足させ予防医学の実践活動にも尽力した。著書に「医者の選び方」「結核療養のコツ」などがある。
[家族等]長男＝大渡肇（保健同人社社長）、父＝大渡忠太郎（六高教授）　[受賞]毎日出版文化賞〔昭和49年〕、結核予防会厚生大臣功労賞〔昭和52年〕
【参考】『病めるも屈せず 大渡順二文集Ⅰ』保健同人社 1981

岡 角次　おか・かくじ
鷺書房創業者

[生年月日]明治45年（1912年）5月8日
[没年月日]昭和61年（1986年）2月11日
[出生地]兵庫県神崎郡福崎町　[学歴]福崎尋常高小卒

小学校卒業後、兵庫県姫路の福井書店に奉公に出る。昭和7年大阪の取次・柳原書店に勤めていた村上勝樹（のち大阪屋専務）の勧めで出版を志し、8年その紹介で大阪の湯川弘文社に入社。13年応召、19年再度召集され、20年朝鮮で敗戦を迎える。同年復員。21年大阪で鷺書房を創業、社名は郷里のシンボルである姫路城の別名・白鷺城にちなむ。処女出版は書翰文研究会「今すぐに役立つ新時代書翰文範」で、当初は漫画本や絵本、子ども向け読み物などの"赤本"を手がけたが、25年頃より学習参考書に進出。27年株式会社に改組した。54年会長。検定教科書準拠の家庭学習書を出版するにあたり、黒橋粂一から"繰り返し実践しながら深めていく"というニュアンスを持つ教育用語の"ドリル"を書名に用いることを提案され、これを採用。以降、数々の「ドリル」を出版して、反復練習の学習書の書名に定着させた。
[家族等]長男＝岡久博（鷺書房社長）　[叙勲]紺綬褒章〔昭和55年〕
【参考】『七十年のあしあと 本とあゆんだ私の小径』岡角次著 鷺書房 1982

岡 圭介　おか・けいすけ
「小説現代」編集長 講談社文庫出版局長

[生年月日]生年不詳
[没年月日]平成17年（2005年）11月7日

「小説現代」編集長などを歴任。浅田次郎、高

村薫、桐野夏生の代表作を手がけた。

岡 茂雄　おか・しげお
岡書院主人 梓書房主人

[生年月日]明治27年（1894年）7月27日
[没年月日]平成1年（1989年）9月21日
[出身地]長野県松本市　[学歴]陸士（第28期）〔大正5年〕卒

陸軍幼年学校から陸軍士官学校に進み、大正5年卒業して陸軍少尉に任官。同期には池田純久、長勇、馬奈木敬信、宮崎周一、森赳らがいた。9年中尉を最後に軍籍を離れた後は東京帝国大学人類学教室の選科生となり、鳥居龍蔵に師事した。関東大震災を機に出版を志し、13年岡書院を創業、師・鳥居の「人類学及人種学上より見たる北東亜細亜」を皮切りに、主として考古学・人類学関係の書籍を刊行。南方熊楠、柳田国男らにも親炙し、南方「南方随筆」「続・南方随筆」、柳田「雪国の春」など民俗学関係の書籍も多い。並行して昭和4年には山岳書を中心とする梓書房を設立、山階芳麿「日本の鳥類と其の生態」などを出版し、番頭格の坂口保治に継がせるつもりだったが、9年坂口が独立して文教閣・坂口書店を起こしたため果たさなかった。7年には考古・人類学雑誌「ドルメン」を創刊したほか、山岳雑誌「山日記」「山」、中西悟堂主宰「野鳥」などの雑誌も発行した。一方、装丁にこだわり、恩地孝四郎、和田万吉、庄司浅水らと装釘同好会を結成し、雑誌「装釘」を出した。11年岡書院・梓書房を廃業して出版業から離れた後は新村出の「広辞苑」の前身である「辞苑」の改訂作業を手伝った。戦時中は軍に嘱託として徴用され、戦後は一時的に岡書院を再興し、長谷川如是閑「凡愚列伝」などを出版。49年回想記「本屋風情」で第1回日本ノンフィクション賞を受賞。他の著書に「閑居漫筆」「炉辺山話」などがある。
[家族等]息子＝岡並木（交通評論家）、弟＝岡正雄（人類学者）　[受賞]日本ノンフィクション賞（第1回）〔昭和49年〕「本屋風情」
【参考】『本屋風情』岡茂雄著 平凡社 1974（中公文庫 1983）

岡島 真七　おかじま・しんしち
岡島宝玉堂（河真）創業者

[生年月日]天保11年（1840年）
[没年月日]明治27年（1894年）7月10日
[出生地]大坂島之内綿谷町

8歳の時、大坂・船場の書籍店河内屋三木佐助（河佐）方に奉公。忠実に勤めたので慶応2年（1866年）別家を許され、4年本町4丁目心斎橋に店舗を構え宝玉堂河内屋真七（河真）と称し業界に入る。やり手で強引な商法もとったが、福沢諭吉著作の関西大売捌を始め、政治・法律書など多分野の書物を発売し順調に成績をあげた。明治8年自店隣に活版印刷工場を設け、自家出版物の印刷製本を開始。また新聞雑誌の取次業務も急拡大すると別店舗に新聞課を設置、更に16年備後町に土地家屋を求め岡島支店とし以後新聞課の業務一切はここで扱った。これが今も盛業中の岡島新聞舗となる。19年2月新刊情報誌「出版月報」を創刊、四六倍判・8頁建てで毎回3万部を無料配布した。"大阪書林の雄鎮"と呼ばれた全盛時代に可能な事業であった。しかし真七が死去すると本店の宝玉堂は32年閉店、印刷所も縮小整理のうえ37年廃業。岡島真蔵の岡島新聞舗のみが経営を維持し今日に至っている。
【参考】『大阪の新聞』福良虎雄編 岡島新聞舗 1936

岡島 善次　おかじま・ぜんじ
天理時報社社長 養徳社社長

[生年月日]明治27年（1894年）7月9日
[没年月日]昭和36年（1961年）4月9日
[出生地]大阪府　[別名等]筆名＝岡島藤人
[学歴]東洋大学第一科〔大正8年〕卒

大正8年東洋大学を卒業後、福岡で天理教の布教にあたる。その後、天理中学教諭、天理教校講師などを歴任。昭和12年道友社編集主任

の後、同社長。15年天理時報社発足と同時に社長(33年まで)、16年同出版部を創業。20〜23年と26〜36年養徳社社長を、23〜35年よろづ相談所所長を兼務した。19年本部准員。戦前・戦後の天理教出版事業の最前線に立ち、自ら筆を執って文書布教に尽力した。

岡田 栄治郎　おかだ・えいじろう
日本出版販売社長

[生年月日]明治43年(1910年)9月5日
[没年月日]平成1年(1989年)3月13日
[出生地]奈良県　[学歴]錦城中〔大正15年〕中退

昭和2年北隆館に入社。集金、発送、帳場など取次店のほとんどの業務を経験。戦中の取次店統合により日本出版配給に移ったが、24年同社が閉鎖機関に指定されると"四十七士の連判状"といわれる「日販に対する職員の誓約書」に署名して日本出版販売の創立に参加。36年大阪支店長、39年取締役、40年常務、49年専務、51年副社長を経て、57年社長。61年取締役相談役、63年相談役に退く。
【参考】『日販50年のあゆみ』日本出版販売 2000

岡田 貞三郎　おかだ・ていざぶろう
「講談倶楽部」編集長

[生年月日]明治29年(1896年)2月29日
[没年月日]昭和47年(1972年)5月3日
[出生地]群馬県佐波郡伊勢崎町(伊勢崎市)
[別名等]号=刀川　[学歴]群馬県立工卒

7人きょうだい(6男1女)の三男で、父は織物会社を経営した。生来、右目がみえず、左目もかなりの弱視であった。明治43年新設された群馬県立工業学校(現・伊勢崎工業高校)染料科に入学。卒業後東京で働いていた時に、高等小学校の担任であった赤石喜平の勧めで、大正6年講談社に入社。主に雑誌「講談倶楽部」の記者を務め、9年より同誌専属、昭和3年からは同誌編集主任(編集長)。昭和に入る頃には自分で原稿を読めないほどに眼疾が悪化し、編集部員に原稿を音読させていたが、小説鑑賞力は社内随一といわれた。16年萱原宏一に編集長を譲り、編集総務室に移る。20年退社。著書に「大衆文学夜話」がある。
【参考】『大衆文学夜話』岡田貞三郎述 真鍋元之編 青蛙房 1971

尾形 英夫　おがた・ひでお
「アニメージュ」初代編集長 徳間書店常務

[生年月日]昭和8年(1933年)2月20日
[没年月日]平成19年(2007年)1月25日
[出身地]宮城県気仙沼市　[学歴]明治大学卒

昭和36年アサヒ芸能出版社(現・徳間書店)に入社。週刊誌「アサヒ芸能」編集部に在籍した後、児童誌「月刊テレビランド」編集長。52年アニメ「宇宙戦艦ヤマト」の劇場公開に合わせ同誌増刊として発行した「ロマンアルバム・ヤマト」が成功、これを受けて53年我が国初のアニメ専門誌「アニメージュ」を創刊して初代編集長に就任。自ら命名した誌名は「ANIMATION・IMAGE」を縮めたもの。大学生を中心としたアニメファンを編集部に出入りさせて積極的にファンの意見や情報を紙面に反映させる一方、各地で大小のイベントを開催して読者サービスに努め、数十万部を売り上げる人気雑誌に育て上げアニメ雑誌の存在を定着させた。56年アニメーター・宮崎駿の漫画「風の谷のナウシカ」を同誌に連載させ、59年には同作品の映画化を企画プロデュース。以後、宮崎・高畑勲のアニメ映画の企画プロデュースを手がけ、スタジオジブリの設立にも尽力した。平成6年徳間書店常務を最後に退職、編集プロダクションのTMFを設立。自伝「あの旗を撃て!『アニメージュ』血風録」がある。
【参考】『あの旗を撃て!「アニメージュ」血風録』尾形英夫著 オークラ出版 2004

岡田 吉弘　おかだ・よしひろ
　　　海文堂出版社長

[生年月日]昭和17年(1942年)5月25日
[没年月日]平成23年(2011年)2月27日

海文堂出版社長を務める一方、日本書籍出版協会(書協)監事、理事、評議員を歴任。複写権をはじめとする著作権問題に長年にわたり尽力した。

岡野 他家夫　おかの・たけお
　　　日本出版会参事 近代文学研究家

[生年月日]明治34年(1901年)8月14日
[没年月日]平成1年(1989年)11月6日
[出生地]富山県高岡市　[旧名]岡野智山
[別名等]筆名=丘竹之介、竹青居主人、井荻山房主人　[学歴]高岡中卒、東京外国語学校、東京帝国大学文学部選科修了 文学博士

大正15年から東京帝国大学図書館に勤務。明治文化研究会同人から刺戟を受け、吉野作造、姉崎嘲風の勧めにより明治文学の歴史的研究を志向。その基礎的研究として対象とする資料文献類の調査収集を始める。それらの成果を各種の書物雑誌に発表する一方、昭和11年自らの備忘のため書物雑誌「訪書」を編集・発行したが、4号で終わった。13年初の著書「明治文学研究誌」を刊行。その後、戦時統制団体の日本出版会参事に転じ、出版相談課長、図書室長を務め、専ら良書推薦の実務や全出版物の整備管理に当たった。20年4月長年収集した明治文学のコレクションを都防衛局所管の戦時特別買い上げで手放した。戦後は3年間の公職追放の後、日本大学新聞学科創設に際して教授に招聘され、7年間勤務。政府発起・国費支弁により組織された開国百年記念文化事業会の編纂主事に転じて「明治文化史」(全14巻)、「日米文化交渉史」(全6巻)の編集業務に従事し、同会解散後も無給で収集資料などの後始末を行い、著作権・収集資料は東洋文庫に寄贈した。41～56年国士舘大学文学部教授。東京作家クラブ会長なども務め

た。著書に「書物から見た明治の文芸」「明治文学研究文献総覧」「日本出版文化史」「書国畸人伝」「近代日本名著と文献」などがある。
【参考】稲岡勝「専門家訪問 『明治文学研究文献総覧』の岡野他家夫氏」(「書誌索引展望」1981.2)

岡村 千秋　おかむら・ちあき
　　　郷土研究社創業者

[生年月日]明治17年(1884年)5月17日
[没年月日]昭和16年(1941年)10月21日
[出生地]長野県南安曇郡明盛村(安曇野市)
[学歴]松本中〔明治36年〕卒, 早稲田大学英文科〔明治40年〕卒

農家の二男。明治40年大学を卒業して読売新聞社に入社。柳田国男と交流を持ち、その長兄である松岡鼎の二女と結婚。44年退社し、東華洋行、通信省、武侠世界社などに勤めた後、柳田の紹介で博文館に入社。傍ら、大正2年柳田の雑誌創刊の志を援けて郷土研究社を創業、雑誌「郷土研究」の発行業務に従事した。また、柳田の肝煎りによる「甲寅叢書」「炉辺叢書」の出版にも尽力。15年博文館を退社して郷土研究社に専念、「第二叢書」や復刊した「郷土研究」などを出した。晩年畝傍書房に入社したが、職場に出勤した直後に脳溢血で倒れ、急逝した。
[家族等]兄=岡村千馬太(教育家), 岳父=松岡鼎(医師), 女婿=石田英一郎(文化人類学者)
【参考】『柳田国男・ジュネーブ以後』柳田国男研究会編 三一書房 1996

岡本 経一　おかもと・きょういち
　　　青蛙房創業者

[生年月日]明治42年(1909年)3月25日
[没年月日]平成22年(2010年)11月15日
[出生地]岡山県勝田郡勝間田町(勝央町)
[学歴]法政大学高師部国漢科〔昭和5年〕卒

13歳で上京、額田六福の紹介で劇作家・岡本綺堂の書生となり、専検をとって法政大学の

夜学に通う。昭和12年綺堂の養嗣子となる。9年サイレン社、13年大東出版社を経て、19年応召、戦後ソ連に抑留され、22年復員。30年出版社・青蛙房を設立し、江戸風俗や演芸の関係書などを出版。42年菊池寛賞を受賞。55年出版社の25周年を記念し、自らの執筆によるあとがきをまとめた「私のあとがき帖」を出版。平成2年引退。編書に「岡本綺堂日記〈正・続〉」がある。
[家族等]長男＝岡本修一（青蛙房社長），養父＝岡本綺堂（劇作家）　[受賞]菊池寛賞（第15回）〔昭和42年〕，長谷川伸賞（第24回）〔平成1年〕

岡本　三郎　おかもと・さぶろう
偉業館主人

[生年月日]明治1年（1868年）
[没月日]没年不詳
[出生地]能登国（石川県）

親類の岡本仙助が経営する大阪の出版業・偉業館で修業。仙助に嗣子がいなかったことから、その娘と養子縁組し、仙助の没後は家業を継いで偉業館の経営に当たった。同店では小学読本や講談本などを刊行し、近畿地方のみならず九州などにも販路を持った。大阪書籍雑誌商組合や大阪出版業組合に設立当初から評議員として参加した。
[家族等]養父＝岡本仙助（偉業館創業者）

岡本　正一　おかもと・しょういち
恒星社厚生閣創業者

[生年月日]明治22年（1889年）3月7日
[没年月日]昭和53年（1978年）5月19日
[出生地]大阪府大阪市

大阪の書肆・光塩堂に生まれ、出版を志して上京。警醒社で15年間修業。大正11年厚生閣を創業して宗教書や教育書を出版。また電気関係雑誌を創刊。昭和19年戦時の企業整備により恒星社と合併して恒星社厚生閣となり、同社社長。学術書の専門出版社として同社を発展させた。
【参考】曾根博義「厚生閣（書店）とモダニズム文学出版」（「日本近代文学館年誌」2005.5）

岡本　政治　おかもと・せいじ
増進堂社長　受験研究社社長　錦城出版社社長

[生年月日]明治28年（1895年）1月24日
[没年月日]昭和31年（1956年）3月27日
[出生地]大阪府大阪市

大阪の書肆・岡本増進堂の店員となり、創業者である岡本増次郎の女婿となる。大正14年岳父の隠居により2代目社長に就任すると、講談小説の出版から小中学受験参考書の出版に転じ、昭和2年には試験制度の改定に伴い敞文館の商号で中等教科書の出版に着手した。木山淳一の手による「木山の長帖」「木山の模範読方」などの参考書で一世を風靡し、戦後も「小学算数自由自在」をはじめとする〈自由自在〉シリーズがロングセラーとなった。息子の政一（のち恵年と改名）に社長を譲って会長職に退くと、錦城出版社として昭和16年頃から東京に編集部を置いて文芸書の出版に乗り出し、17年刊行した富田常雄「姿三四郎」はベストセラーとなるも、戦時の企業統合で増進堂に吸収合併された。
[家族等]岳父＝岡本増次郎（増進堂創業者・受験研究社創業者）
【参考】『創業80周年 増進堂・受験研究社』増進堂・受験研究社 1969／『増進堂百年の歩み』増進堂・受験研究社 1995

岡本　弘　おかもと・ひろむ
日本ジャーナル出版社長

[生年月日]昭和9年（1934年）9月3日
[没年月日]平成19年（2007年）10月29日
[出身地]高知県宿毛市宿毛　[学歴]明治大学法学部卒

昭和32年国民タイムス（現・東京スポーツ）に入社。42年日本ジャーナル社に転じ、会社の再建に参画。営業担当役員を経て、62年社

長に就任。

岡本 増次郎　おかもと・ますじろう
増進堂創業者　受験研究社創業者

[生年月日] 元治1年（1864年）10月7日
[没年月日] 昭和15年（1940年）11月3日

荒物屋で修業を積んだが、畑違いの書籍業界に移って小売、世利取り、露店商人を経験。明治23年岡本増進堂を創業。当初は教養趣味の本、次いで講談小説を出版したが、2代目岡本政治の代から学習参考書の出版を手がけ、受験研究社の商号を併用した。
[家族等] 女婿＝岡本政治（増進堂社長・受験研究社社長）、義弟＝立川熊次郎（立川文明堂創業者）
[参考] 『創業80周年 増進堂・受験研究社』増進堂・受験研究社 1969／『増進堂百年の歩み』増進堂・受験研究社 1995

岡本 陸人　おかもと・むつと
あかね書房創業者

[生年月日] 明治44年（1911年）12月28日
[没年月日] 平成19年（2007年）1月4日
[出生地] 長野県上水内郡日里村（長野市）
[学歴] 専修商科学校中退

6人兄姉の末っ子の四男で、6番目であることと明治天皇の御名"睦仁"にちなんで"陸人"と命名された。大正15年小学校を卒業して東京堂に少年社員として入社。小売部を経て、外売部、出版部営業担当を経験。昭和20年1月退社し、田中清玄が経営していた土木建設会社・神中組（21年三幸建設に改称）に入社。23年東京堂時代の先輩である石川度治の紹介で東海書房に営業部長兼経理担当として入り、傍系の児童図書出版アテネ出版社を起こして企画・編集に携わったが、24年37歳で独立してあかね書房を創業した。処女出版は「日本おとぎ文庫」（全3巻）で、社名は万葉歌人・額田王の「あかねさす…」の歌にちなむ。同年巌谷大四を出版部長に迎え、「世界名作物語選書」「世界童話集」シリーズを発行。26年株式会社に改組。30年「少年少女日本文学選集」（全30巻）を刊行、初めて現代かなづかい、当用漢字を使用した画期的な子ども向け文学全集として大きな反響を呼び、32年産経児童出版文化賞を受賞した。以降も児童向けのノンフィクション全集「少年少女世界ノンフィクション全集」（全12巻）や「少年少女20世紀の記録」（全40巻）などを出版、45年から刊行を始めた写真図鑑「科学のアルバム」シリーズは全104巻を数え、約2000万部の大ベストセラーとなった。59年長男に社長を譲って会長に退いた。
[家族等] 長男＝岡本雅晴（あかね書房社長）
[叙勲] 紺綬褒章〔昭和39年〕、勲四等瑞宝章〔昭和58年〕　[受賞] 日本児童文芸家協会児童文化功労者（第24回）〔昭和57年〕
[参考] 『あかね書房三十年のあゆみ』あかね書房 1979／『来し方の記』7 信濃毎日新聞社 1984

岡本 芳雄　おかもと・よしお
細川書店専務

[生年月日] 大正1年（1912年）10月2日
[没年月日] 平成7年（1995年）1月26日
[出生地] 高知県　[出身地] 北海道　[学歴] 日本大学芸術科中退

高知県で生まれ、5歳で母の再婚にともない北海道へ。昭和5年上京。兵役を経て、10年日大芸術科夜間部に入学し伊藤整らに創作を学ぶ。12年応召、毒ガス部隊に入り、15年帰国。翌年学芸社に半年ほど勤め野村胡堂の作品などを出版、傍ら小説を発表し、18年・19年に刊行。21年戦友の細川武夫を代表取締役として細川洋行の出資で細川書店を創立、専務。主に文芸書を手がけ、資材入手難な敗戦直後にありながら用紙・印刷・製本から校訂まで細やかな神経を配った瀟洒な装丁の造本を世に示し、特製限定版も多い。挟み込まれた栞「細川だより」は葉書形態を含めて101号に達し、作者の言葉や苦心の制作の詳細

を伝えた。特に22年刊行開始の「細川叢書」は、一篇一冊の純粋造本を謳って全12冊、野田書房の「コルボオ叢書」に範を取りつつその普及化を目指したもので、半ばは雲井貞長（27年独立し雲井書店を起こす）の提案による。23年に天野貞祐「生きゆく道」だけはベストセラーとなるが、26年頃より実質倒産状態、27年以降新刊が無く、29年最後の2冊を出版。閉業後は細川の援助でシール印刷を始める。この間、28年の「日本文壇史」など、他社刊の伊藤整著の装丁を幾つも手がけた。33年特殊印刷業多連堂を設立、53年代表取締役を退く。55年旧友らと同人誌「疎林」（3号より「遡河」と改題）を遡河詩社より創刊。晩年に小説集「流亡」「山河抄」を刊行した。
【参考】『岡本芳雄』曾根博義著 エディトリアルデザイン研究所 1997

岡本 美雄　おかもと・よしお
ひかりのくに創業者

[生年月日]大正3年（1914年）7月5日
[没年月日]平成12年（2000年）3月13日
[出生地]福岡県小倉市（北九州市）　[旧名]牧野　[学歴]成城中〔昭和7年〕卒, 関西学院高商〔昭和11年〕卒

官営八幡製鉄所の創設に関わった牧野立の三男。昭和11年日本レイヨンに入社。16年岡本家の婿養子となって岡本ノート株式会社の後を継ぎ、17年出版部を設置して児童出版に乗り出す。18年昭和出版株式会社を設立したが、19年応召。20年復員。21年月刊教育絵本「ヒカリノクニ」を創刊。27年ひかりのくに昭和出版株式会社、45年ひかりのくに株式会社に商号変更。27年雑誌「月刊保育カリキュラム」を創刊、保育界初の指導実践書として注目を集める。幼児教育関連の雑誌・書籍の発行のほか保育用品販売も行い、業容を拡大した。31年大阪出版協会初代理事長、49年日本書籍出版協会副理事長、52年出版文化国際交流会理事などを歴任した。
[家族等]長男＝岡本健（ひかりのくに社長）、父＝牧野立（八幡製鉄所研究課長）、祖父＝牧野毅（陸軍少将）　[叙勲]藍綬褒章〔昭和52年〕、勲五等双光旭日章〔昭和60年〕　[受賞]大阪府産業功労者表彰〔昭和46年〕、児童福祉文化奨励賞〔昭和47年〕
【参考】『ひかりのくに50年史』ひかりのくに 1995

岡山 猛　おかやま・たけし
筑摩書房社長

[生年月日]大正10年（1921年）2月12日
[没年月日]平成4年（1992年）8月23日
[出生地]東京市下谷区上野（東京都台東区）
[学歴]東京帝国大学法学部法律学科〔昭和18年〕卒

昭和20年「日本読書新聞」を経て、24年筑摩書房に入社して雑誌「展望」の編集に従事、40年同誌復刊に際して編集長。36年取締役、43年編集部長、45年編集局長、46年常務、48年専務、50年副社長兼編集局長、52年副社長兼営業局長、同年社長に就任。53年同社経営悪化に伴い会社更生法適用を申請して退任した。

小川 一真　おがわ・かずま
玉潤館館主 写真家 印刷業者

[生年月日]万延1年（1860年）8月15日
[没年月日]昭和4年（1929年）9月6日
[出生地]武蔵国忍（埼玉県行田市）　[本名]原田朝之助

明治6年上京、有馬学校で英国人に写真を学び、8年熊谷の吉原秀雄写場で湿板法写真術を習得。13年再び上京して築地のバラー学校で英語を学び、横浜警察で通訳を務める。15年渡米してボストンの写真館で写真技術・コロタイプ印刷技術を修めた。17年帰国、18年東京・飯田町（麹町）に写真館・玉潤館を開業、カーボン写真永久不変を謳い、東京有数の写真師として知られるようになり、また陸軍参謀本部の陸地測量部写真班の教官も委嘱された。21年臨時全国宝物取調局による関西

古社寺宝物検査に参加。同年日本初のコロタイプ写真製版・印刷を開始。22年京橋区日吉町（横浜）に小川写真製版所を開き、雑誌「国華」の図版部分をコロタイプで印刷するとともに、休刊していた写真雑誌「写真新報」を復刊させ、その編集兼発行人となった。さらに同年写真技術の向上を図るためバートンらと日本写真会を結成。23年第3回内国勧業博覧会で1等賞を受賞。26年シカゴで開催された万国写真公会に評議員として出席した後、最新の写真網目銅板製造機や印刷機を携えて帰国、27年から写真銅板の製版・印刷に着手。28年英国王室写真協会会員に推された。33年義和団事変ののち伊東忠太らによって行われた北京の文化財調査に同行し、「清国北京皇城写真帖」を刊行。40年日本乾板創立とともに専務に就任した。43年帝室技芸員。晩年撮影はやめたが、大正2年小川写真化学研究所を創設して乾板製造を追究した。
[家族等] 兄=原田庄左衛門（博文堂創業者）
[叙勲] 藍綬褒章、勲五等旭日章、イタリア王冠四等勲章、スウェーデンワザ三等勲章

小川　菊松　おがわ・きくまつ
誠文堂新光社創業者

[生年月日] 明治21年（1888年）3月25日
[没年月日] 昭和37年（1962年）7月3日
[出生地] 茨城県東茨城郡川根村（茨城町）
[学歴] 高小中退

半農半商の家の二男。明治35年上京、書籍小売及び卸売業の大洋堂を経て、37年書籍取次業の至誠堂に入る。45年独立して神田錦町に取次専門の誠文堂を創業。大正2年渋川玄耳「わがまゝ」を出して出版業に転じ、7年発売の加藤美侖「是れ丈は心得置くべし」（全16巻）が5年間で120万部を売り上げ、社業の基礎を確立した。関東大震災で店舗を焼失するが、直後に「大震大火の東京」を刊行、9月だけで2万8000部を売り切った。13年にはラジオに着目し、苦米地貢「趣味の無線電話」「ラジオ部分品の製作と取扱法」など、他社に先駆けてラジオ書籍を出版。一方で、11年「商店界」、13年「子供の科学」、14年「無線と実験」、15年「実際園芸」などの雑誌を発行し、それぞれ成功を収めた。15年新光社の再建に乗り出し、社長に就任。昭和に入ると"円本ブーム"に乗じて「大日本百科全集」（全36巻）の予約販売を開始。以降も「日本地理風俗大系」「家庭医学全集」「哲学講座」など全集や講座ものを多数出版。10年新光社を合併して誠文堂新光社を設立し、社長となる。13年軍隊の典範類の発行を目的とした日本兵書出版を設立。敗戦から1ケ月後の20年9月15日に「日米会話手帳」を発刊、360万部を売り上げたといわれ、戦後最初のベストセラーとなった。21年社長を長男・誠一郎に譲り、23年公職追放。25年追放解除に伴い会長として同社に復帰。狩猟と射撃を趣味とし、36年雑誌「狩猟界」を独立させ狩猟界社を興したが、37年猟銃自殺した。著書に「商戦三十年」「出版興亡五十年」などがある。
[家族等] 長男=小川誠一郎（誠文堂新光社社長）、孫=小川雄一（誠文堂新光社社長）、女婿=川崎嘉信（誠文堂新光社社長）
[参考] 『出版興亡五十年』小川菊松著　誠文堂新光社 1953／『おやじさん 小川菊松追悼録』鈴木艮編　誠文堂新光社 1963

小川　五郎　おがわ・ごろう
「文芸」編集主任

[生年月日] 明治41年（1908年）7月17日
[没年月日] 平成20年（2008年）1月9日
[出生地] 静岡県田方郡下大見村（伊豆市）
[別名等] 筆名=高杉一郎　[学歴] 韮山中〔大正15年〕卒、東京高師〔昭和5年〕卒、東京文理科大学英文科〔昭和19年〕卒

父は静岡県下大見村長を務めた。東京高等師範学校から東京文理科大学に進み、福原麟太郎の教えを受けた。昭和8年改造社に入社。11年「文芸」編集主任となり戦時下の文芸雑誌編集に手腕を発揮。自らも筆名でツヴァイクやショウなどの海外作品を翻訳・掲載し

た。19年同社解散直後に満州二六〇三部隊に入隊。20年ハルビンで敗戦を迎え、捕虜としてシベリアに抑留された。24年復員。25年静岡大学講師となり、32年助教授、40年教授。47年定年退官、48年和光大学人文学部教授。この間、25年高杉一郎の筆名でシベリア抑留体験を綴った「極光のかげに」を刊行、ベストセラーとなり、戦後を代表する記録文学として知られる。また、エスペランチストとしても知られ、大正期に来日した盲目のロシア人エスペランチスト詩人エロシェンコの全集（全3巻）を独力で編訳。本国ソ連でのエロシェンコ再評価に寄与するなど、高い評価を得た。児童文学の名作ピアス「トムは真夜中の庭で」の翻訳でも名高い。没後、加藤周一の提案により追悼集「高杉一郎・小川五郎追想」が編まれたが、私家版1500部はすぐに完売し、改めてかもがわ出版より新装版が刊行された。
[受賞]日本エスペラント学会小坂賞，静岡県文化協会賞，毎日出版文化賞（第34回）〔昭和55年〕「源氏物語の英訳の研究」
[参考]『若き高杉一郎 改造社の時代』太田哲男著 未来社 2008／『高杉一郎・小川五郎追想』「高杉一郎・小川五郎追想」編集委員会編 かもがわ出版 2009

小川　誠一郎　おがわ・せいいちろう
誠文堂新光社社長

[生年月日]大正2年（1913年）9月21日
[没年月日]昭和52年（1977年）2月19日
[出生地]東京都　[学歴]慶応義塾大学経済学部〔昭和12年〕卒

誠文堂新光社創業者・小川菊松の長男。昭和12年誠文堂新光社に入社、16年取締役、17年副社長を経て、21年2代目社長に就任。46年会長。29年玉川大学と出版提携を結び、「玉川百科大辞典」「玉川こども百科」を出版。また、29年「原色園芸植物図譜」、31年「原色日本野外植物図鑑」、32年「世界史大系」（全17巻）、「囲碁大辞典」（全3巻）、34年「日本地理風俗体系」、37年「世界地理風俗体系」などの大型企画を推進した。37年洋画や日本画の複製絵画を制作・販売する大日本絵画巧芸美術株式会社を創立。42年国際文化交易株式会社を設立し、社長に就任。一方で全国の教育施設に絵画を寄贈するなど、学校美術館運動にも尽力した。日本書籍出版協会常任理事、日本雑誌協会常務理事、日本出版クラブ理事、文化産業信用組合理事長などを歴任。慶大在学中はホッケー選手として活躍、39年の東京五輪ではホッケー競技役員を務めた。
[家族等]息子＝小川光二（大日本絵画社長），父＝小川菊松（誠文堂新光社創業者）　[叙勲]紺綬褒章〔昭和46年〕，勲四等瑞宝章〔昭和52年〕
[参考]『という話・百四題 小川誠一郎追悼録』鈴木艮編 1979

小川　多左衛門　おがわ・たざえもん
小河屋柳枝軒主人

茨木氏。正保年間から京都六角通御幸町で出版活動を始める。初代方淑（元禄14年没）は水戸藩蔵版書の支配を任され、以後その関係は密で徳川光圀が開設した修史局である彰考館に多くの書物を献上したりした。2代方道は貝原益軒の仮名教訓書、紀行類等の版権を得、何れも良く売れて金箱となった。享保頃から小川彦九郎が江戸日本橋南通で出店的な活動—上方版の売弘所—を開始するが、寛延3年（1750年）江戸地店の南組と類版をめぐる係争事件をおこし、その後は押されて開版をやめたようである。京の柳枝軒は明治まで続き7代方興は日露戦争後に東京へ移転したが直後に急死した。
[参考]『近世京都出版文化の研究』宗政五十緒著 同朋舎出版 1982

小川　道明　おがわ・みちあき
リブロ社長 リブロポート社長

[生年月日]昭和4年（1929年）8月9日
[没年月日]平成8年（1996年）12月23日

おくかわ

［出生地］東京市麹町区（東京都千代田区）
［学歴］慶応義塾大学経済学部〔昭和27年〕卒
理論社、合同出版社、フヨー・エージェンシー（現・富士アドシステム）を経て、昭和49年西友ストアー広報室長、50年西武百貨店に移り書籍事業部長。のちリブロ社長、リブロポート社長に就任。平成6年取締役相談役に退く。著書に「棚の思想 メディア革命時代の出版文化」がある。

奥川 栄　おくがわ・さかえ
奥川書房創業者

［生年月日］明治31年（1898年）10月4日
［没年月日］昭和18年（1943年）4月15日
［出生地］静岡県志太郡大富村（焼津市）

大正5年同郷人の縁故で大手取次業者の東海堂に入社、返品部長などを歴任。のち独立して知人との共同事業による駿南社を経て、奥川書房を創業。主に大衆小説を出版する一方で、水谷不倒「選択古書解題」など書誌学関係の書籍も手がけた。同社には戸田城聖が出資していたともいわれる。また、釣之研究社を興し、釣り関連の書籍や釣り雑誌「釣之研究」を刊行した。

奥西 保　おくにし・たもつ
新学社創業者

［生年月日］大正8年（1919年）10月17日
［没年月日］平成13年（2001年）9月2日
［出身地］大阪府枚方市

昭和32年文芸評論家の保田与重郎らとともに新学社を設立。小中学生向けの家庭学習教材「月刊ポピー」などを出版した。

奥原 潔　おくはら・きよし
家の光協会副会長

［生年月日］明治30年（1897年）6月24日
［没年月日］昭和62年（1987年）8月13日
［出生地］島根県松江市　　［学歴］松江農林〔大正4年〕卒

詩文家・郷土史家の奥原碧雲の長男。大正4年松江農林学校を卒業後、今市農学校などで教鞭を執る。8年より千石興太郎の下で産業組合運動に従事し、官吏として島根県、埼玉県、長野県に勤めた。昭和13年全国購買組合連合会に入り、戦後は全国農業会を経て、家の光教会専務理事に就任。38～48年同副会長。
［家族等］父＝奥原碧雲（詩文家・郷土史家）
［叙勲］勲四等瑞宝章〔昭和44年〕

奥村 貞夫　おくむら・さだお
大東出版社編集長

［生年月日］明治33年（1900年）
［没年月日］昭和59年（1984年）
［出生地］和歌山県海南市　　［学歴］東洋大学哲学科卒

大東出版社編集長として多数の仏教専門書を編集、同時に鹿野苑を創立して「密教概説」「秘密事相の解説」など優れた仏教書を出版。東京都日野市の東京山地蔵院で生涯居士（仏門に入りながら僧ではない）として布教活動。布教のための小冊子を多く著した。著書に「美しい生死を支える一言」がある。

奥山 清平　おくやま・きよへい
東京ニュース通信社創業者

［生年月日］明治34年（1901年）8月10日
［没年月日］昭和46年（1971年）1月6日
［出生地］東京市下谷区御徒町（東京都台東区）
［学歴］国民英学会〔大正13年〕卒

小学校卒業後は職工となったが、人相見から「外国語の天分があり、職業は新聞記者が第一」と言われたことから一念発起して東京・神田錦町にあった夜学の英学校・国民英学会に入学、英語の基礎を身につけた。たまたま目にした英字紙「ジャパン・アドヴァタイザー」の受付掛募集広告が縁で同社に入り、受付からボーイ兼メッセンジャー、秘書と進み、大正12年22歳で編集記者となる。その後、新聞連合社（現・共同通信社）に転じた

が、その日の新聞各紙の重要記事を翻訳して午前9時までに供給する早朝英文通信の内職を思いつき、他社が1ケ月80銭のところ30円という破格の高値で始めたところ半月で20軒の得意先が出来たことから、昭和8年奥山サービスとして独立。16年日米開戦の早朝、スパイ容疑で逮捕され、17年3月まで拘留された。22年東京ニュース通信社に改称。24年海運専門紙「シッピング・アンド・トレード・ニュース」を創刊、27年芝均平と英文夕刊紙「東京イブニング・ニュース」を創刊、28年同紙は朝日新聞社に譲られ「アサヒ・イブニング・ニュース」となった。37年には日本文のテレビ週刊誌「TVガイド」を創刊した。
[叙勲]藍綬褒章〔昭和43年〕,勲四等瑞宝章〔昭和46年〕
【参考】『英文記者 ベテラン10人の体験』白井楽山編 研究社出版 1965

小倉 一春　おぐら・かずはる
メヂカルフレンド社社長

[生年月日]昭和5年（1930年）7月3日
[没年月日]平成20年（2008年）10月13日
[出生地]鹿児島県　[学歴]川内中卒、大蔵省税務講習所〔昭和24年〕卒

昭和24年大蔵省税務講習所を卒業して税務官吏となる。東京国税局勤務の際、同郷のメヂカルフレンド社社長・肥後栄吉（太田千鶴夫）の家に下宿したことが縁で、35年同社再建に際して専務として入社。福原誠一社長を補佐して実質的に業務を仕切り、再建を成し遂げた。41年社長、平成8年会長に就任。医学に於ける用語問題解決のため、パリのマッソン社出版の「医学生物学辞典」を原典とし、7年の歳月と5億円の費用をかけて「医学生物学大辞典」（全6巻）を完成させ、昭和59年第1回渋沢クローデル賞日本側特別賞を受けた。また、43年国際看護交流協会を設立して看護分野における国際協力事業にも力を注いだ。
[家族等]弟＝小倉啓宏（メヂカルフレンド社社長）　[叙勲]勲三等瑞宝章〔平成14年〕

[受賞]渋沢クローデル賞（日本側特別賞，第1回）〔昭和59年〕,HFAメダル〔昭和63年〕
【参考】『メヂカルフレンド社創業五十年史』1999

小倉 真美　おぐら・しんび
「自然」編集長

[生年月日]明治40年（1907年）5月
[没年月日]昭和42年（1967年）9月27日
[学歴]京都帝国大学文学部仏文科〔昭和4年〕中退

数学者・小倉金之助の長男。昭和10年岩波書店に入社、13年より「物理学講座」（全22巻）の編集に携わる。16年中央公論社に転じ、17年「図解科学」編集員心得、18年編集長。19年社は解散。20年10月中央公論社の再建に参加して第三出版部長、21年科学雑誌「自然」を創刊して編集長を務めた。37年定年退職。映画評論家、テレビ評論家としても活動した。
[家族等]父＝小倉金之助（数学者）
【参考】『弾圧に抗して 編集者・小倉真美の回想』塩沢茂編 1970

尾崎 冨五郎　おざき・とみごろう
佐野屋錦誠堂主人

[生年月日]文政5年（1822年）
[没年月日]明治26年（1883年）12月
[別名等]号＝五葉舎万寿、万寿老人

嘉永年間より江戸日本橋で通称佐野冨（錦盛堂）で知られた錦絵版元。役者絵、名所絵、双六などを刊行、中でも芳年・芳幾「英名二十八衆句」（慶応2～3年）は血みどろ絵の傑作として名高い。慶応3年（1867年）開港場の横浜に移り、野毛町に佐野屋を開業。従来と同じ品々を扱ったほか、店主自らが作者となり絵師となって出版を始めた。縮尺を明記した「横浜全図」をはじめとする横浜の絵地図を次々と10点製作発行。貿易に必須の英語入門書は11冊刊行、その内には岸田吟香撰「英語手引草」がある。学制発布後には「郵便用文章」「両仮名千字文」「開化女用文」など教科

書副読本11点を出版。また「諸国紙名録」「神奈川県官員録」のような名鑑類も出したが、雷名商家や名店を業種毎に相撲番附に見立てた「商業取組表」(諸品、食類、諸芸)は明治10年代初めの世相風俗を知る上で好史料としてよく引用される。
【参考】石橋正子「錦誠堂尾崎冨五郎出版目録(稿)」(「出版研究」23号 1993.3)

小沢 淳男　おざわ・あつお
湘南堂社長

[生年月日]大正12年(1923年)3月21日
[没年月日]平成13年(2001年)7月30日
[出生地]東京都杉並区高円寺南　[学歴]立教大学〔昭和21年〕卒

昭和21年湘南堂に入社、45年社長。平成6年東京第一教科書供給社長、2年日本図書普及取締役などを歴任。6～9年日本書店商業組合連合会会長、他に出版物小売業公正取締役協議会副会長、出版物文化産業振興財団(JPIC)副理事長などを務めた。
[受賞]文部大臣表彰(教科書供給功労)〔平成5年〕

小沢 作二郎　おざわ・さくじろう
湘南堂創業者

[生年月日]明治20年(1887年)1月1日
[没年月日]昭和45年(1970年)5月5日
[出生地]神奈川県　[学歴]日本大学商経科卒

神奈川県湘南の出身。ノルウェー、英国、カナダと渡り、カナダのハリファックス・ハイスクールに学ぶ。帰国後、日本大学商経科を卒業。取次の至誠堂に勤めたが、同店の閉店を受けて、大正12年東京・杉並高円寺に湘南堂を開店。昭和20年日本出版物小売統制組合連合会(現・日本書店商業組合連合会)の設立発起人となり、同組会長に就任した。37年相談役。
[叙勲]勲五等双光旭日章〔昭和41年〕

小沢 武雄　おざわ・たけお
日貿出版社社長

[生年月日]明治38年(1905年)8月10日
[没年月日]昭和63年(1988年)1月18日
[出生地]長野県　[学歴]早稲田大学専門部政経科〔昭和3年〕卒

昭和3年渡米、月刊誌「日本とアメリカ」の編集やサンフランシスコの日本語新聞「日米」の記者として活躍した。戦後はシカゴ新報東京支局長などを務め、42年日貿出版社社長、50年会長となった。

小沢 正元　おざわ・まさもと
内外社創業者

[生年月日]明治32年(1899年)5月
[没年月日]昭和63年(1988年)9月9日
[出生地]長野県諏訪市　[別名等]筆名=一城
[学歴]東京帝国大学法学部卒

在学中の大正11年より「帝国大学新聞」編集員、次いで新人会に加入。卒業後、昭和2年東京朝日新聞社に入社、調査部員。同僚の尾崎秀実と親交する。4年四・一六事件で起訴猶予処分となり、5年大宅壮一と前中央公論社出版部長の服部之総から持ち込まれた企画「綜合ヂャーナリズム講座」のために朝日を辞して内外社創立に出資、社長に就く。大宅・服部に加え手当ゼロの重役として林達夫も助勢という錚々たる陣容であり、「綜合プロレタリア芸術講座」なども刊行したが、経営は不振で閉業。8年頃より関口泰ら一匡社発行「社会及国家」、日本外事協会発行「国際評論」などの雑誌編集に従事。16年企画院事件で起訴される。戦後は日本大学講師。25年の日中友好協会設立に参画、初代事務局長を務めた。51～56年雑誌「現代アジア」を主宰し現代アジア文庫会長。著書に「内山完造伝 日中友好につくした偉大な庶民」などがある。
【参考】『激動の中国と友好八十年』小澤正元著 谷沢書房 1987

小沢 和一　おざわ・わいち
青春出版社創業者

[生年月日]昭和6年（1931年）1月30日
[没年月日]平成3年（1991年）2月20日
[出生地]長野県松本市　[学歴]松本市立高〔昭和25年〕卒

昭和25年葦出版社に入社。大和岩雄と独立して、30年青春出版社を設立、社長に就任。当時人気を博した「カッパブックス」と同じ版型の「プレイブックス」を刊行、曽野綾子「誰のために愛するか」、野末陳平「頭のいい税金の本」、和泉宗章「天中殺入門」、川津祐介「こんなにヤセていいかしら」など次々とベストセラーを生み出して社業を確立。55年男性誌「BIG tomorrow」、58年女性誌「SAY」を創刊、定着させた。
[家族等]妻＝小沢三和子（青春出版社会長），長男＝小沢源太郎（青春出版社社長）

押川 春浪　おしかわ・しゅんろう
「冒険世界」主筆　小説家

[生年月日]明治9年（1876年）3月21日
[没年月日]大正3年（1914年）11月16日
[出生地]愛媛県松山市小唐人町　[本名]押川方存（おしかわ・まさあり）　[学歴]東京専門学校英文科・政治科卒

日本キリスト教界の元老・押川方義の長男。伝道師であった父に従い、明治14年一家を挙げて仙台に移住。小学校卒業後に上京して明治学院に入り、続いて父が創立した東北学院に転学したが粗暴な振る舞いから放校処分となり、札幌農学校、水産実習所と移るも長続きしなかった。28年東京専門学校（現・早稲田大学）英文科に入学し、31年卒業後は同校政治科に進学。同在学中の33年、巌谷小波の推薦で「海島冒険奇譚 海底軍鑑」を刊行、続いてデュマ「黒チューリップ」の翻訳である「ヘーグの奇怪塔」を出し、作家として一躍名を高めた。小波から一字を貰って"春波"の号を与えられたが、すぐに"春浪"に改名。以後、小波の後援を受けて博文館の「少年世界」「中学世界」などに次々と新作を発表し、「地底の王冠」「南極の怪事」「武侠の日本」「新日本島」などの作品により"冒険小説"の分野を確立。37年博文館に入社、「日露戦争 写真画報」主幹となる。41年同誌を廃刊して「冒険世界」を創刊し、「怪人鉄塔」などを連載して少年読者から絶大な支持を受けた。一方で少年時代より野球に打ち込んだことからスポーツの振興に力を注ぎ、42年中沢臨川らとスポーツ社交団体・天狗倶楽部を結成。また「東京朝日新聞」の野球害毒論に対して真っ向から批判し、それがもととなって44年博文館を退社。45年小杉未醒らと「武侠世界」を創刊・編集、引き続き冒険小説を執筆して蛮カラの気風を鼓吹したが、大正3年病没した。
[家族等]父＝押川方義（教育家・宗教家），弟＝押川清（野球人）

尾高 豊作　おだか・ほうさく
刀江書院社長

[生年月日]明治27年（1894年）7月9日
[没年月日]昭和19年（1944年）1月4日
[出生地]秋田県　[学歴]東京高商〔大正6年〕卒

実業家・渋沢栄一の孫。古河鉱業に入り、ロンドン出張所員を経て浅野セメント、服部製作所、朝鮮興業、埼玉銀行などの役員を歴任。大正14年教育学術出版の刀江書院を創業。民族学・教育学に造詣が深く、昭和5年小田内通敏らと郷土教育連盟を創設、機関誌「郷土教育」を発行、また自著「独逸の新教育」「学校教育と郷土教育」など学術書を出版した。12年さらに日本技術教育協会を設立し会長となり、技能者養成会による技能者養成出版社を創設した。
[家族等]祖父＝渋沢栄一（実業家），父＝尾高次郎（実業家・漢学者），弟＝尾高朝雄（法哲学者），尾高鮮之助（美術研究家），尾高邦雄（社会学者），尾高尚忠（指揮者）

小竹 即一　おだけ・そくいち
万里閣創業者

[生年月日]明治33年（1900年）7月13日
[没年月日]没年不詳
[出生地]新潟県佐渡郡真野村（佐渡市）　[学歴]佐渡中中退

佐渡中学に学ぶが、詰込み教育に疑問を感じて中退。大正8年上京し、実業之世界社に入って雑誌記者として活躍。関東大震災後に独立し、雑誌「事業之日本」を創刊。15年万里閣を創業した。

小谷 重　おたに・じゅう
金港堂書籍取締役

[生年月日]明治7年（1874年）6月
[没年月日]没年不詳
[出生地]兵庫県揖西郡西栗栖村（たつの市）
[学歴]帝国大学文科大学哲学科〔明治27年〕卒

第三高等中学を経て、明治27年帝国大学文科大学を卒業。直ちに文部省に入り図書課勤務。30年図書審査官、33年図書課長心得と累進したが、34年12月退職して金港堂入り編輯部長となる。35年3月創刊の「文芸界」主筆に京都時代の親友佐々醒雪を招聘した。教科書事件では収賄容疑で裁判になるが、36年7月控訴審で原裁判取消無罪となる。同年11月金港堂との合弁会社商務印書館が上海の地に成立、長尾雨山と共に日清合同で画期的な「最新国文教科書」を編纂発行した。

落合 雄三　おちあい・ゆうぞう
落合書店創業者

[生年月日]昭和3年（1928年）3月7日
[没年月日]平成17年（2005年）6月29日
[出生地]茨城県筑西市

昭和28年新日本文学会員となり、31年宇都宮市に移住、32年書店開業。同年江口渙と「文芸山脈」を創刊。48年より栃木県芸術祭「文芸栃木」の編集に携わり、栃木県文化協会常任理事。平成2年「栃木県近代文学全集」（全6巻）を編纂。栃木県書店商業組合理事長。

尾中 郁夫　おなか・いくお
日本加除出版社長

[生年月日]昭和5年（1930年）5月28日
[没年月日]昭和63年（1988年）3月21日
[出身地]東京都　[学歴]早稲田大学文学部〔昭和27年〕卒

父は日本加除出版社長を務めた尾中幾三。昭和27年同社に入社して大阪営業所長、31年取締役出版部長、33年専務を経て、39年4代目社長に就任。日本出版クラブ評議員、日本出版協会理事長も務めた。没後、尾中郁夫・家族法学術賞、同学術奨励賞、同新人奨励賞が制定された。
[家族等]父＝尾中幾三（日本加除出版社長）
【参考】河中一学「尾中郁夫氏を悼む」（「出版クラブだより」1988.5.10）／『縁 尾中郁夫追想録』日本加除出版 1989

小貫 英　おぬき・ひで
協和出版販売社長

[生年月日]明治37年（1904年）2月27日
[没年月日]平成8年（1996年）5月25日
[出生地]茨城県東茨城郡長岡村（茨城町）

9人きょうだい（7男2女）の4番目の四男で、父は村長を務めた。大正7年小学校を卒業して上京、日本橋数寄屋町の出版取次会社・六合館に入る。昭和5年独立して神田で図書取次の拓文堂を創業。16年同社が日本出版配給に統合されると厚生課長に就任。20年4月退社。22年柳沢盛平と協同書籍を創業して神田に戻り、23年共同経営を解消。24年には出版事業部門を分離して協同出版を設立。雑誌を主とした中堅取次として地歩を固め、36年書籍中心の取次である神田図書と合併して協和出版販売を設立、総合取次へと業容を拡大した。37年東京書籍雑誌卸業協同基金組合初代理事長、38年東京出版物卸業協同組合初代理事長

を歴任。
[家族等]四男=小貫輝雄（協同出版社長）
[叙勲]勲五等双光旭日章〔昭和55年〕
【参考】『茨の道 協和出版販売五十年を省みて』小貫英著 協和出版販売五十年史編纂室 1981

小野 梓　おの・あずさ
東洋館創業者 法学者

[生年月日]嘉永5年（1852年）2月20日
[没年月日]明治19年（1886年）1月11日
[出生地]土佐国宿毛村（高知県宿毛市）　[別名等]号=東洋

土佐藩家老の家臣で薬種問屋も兼業する軽格の武士の家の二男。戊辰戦争では土佐藩の機勢隊に属し、越後・出羽国境を転戦。明治2年上京して昌平黌に入るが間もなく帰郷し、3年上海に渡った。4年米国に留学し、途中で官費留学生に選ばれて英国に転学。7年帰国後、三好退蔵らと共存同衆をつくり、8年「共存雑誌」を創刊して論説を発表。9年「羅馬律要」の翻訳が認められて司法省に出仕、会計管理法などの起草に携わった。この間、大隈重信の知遇を得、明治十四年の政変で大隈とともに下野。大隈が河野敏鎌らとともに政党結成の準備に入ると、自身も高田早苗、市島謙吉（春城）らを擁して青年グループ・鷗渡会を創設してこれを助け、15年立憲改進党結成を実現させた。さらに同年大隈の東京専門学校（現・早稲田大学）創立にも協力。16年私擬憲法「国憲私案」を起草、英国流の立法君主制実現をめざした。傍ら、14年に喀血して以降、肺病に悩まされながら、「国憲汎論」の著述を進め、18年全3巻を刊行。それらの一方で、政治・経済・教育などの欧米原書の輸入販売と翻訳書の出版のため、16年東洋館を創業。没後、社員の坂本嘉治馬が経営を引き継ぎ冨山房となった。主著に「民法の骨」「条約改正論」「東洋論集」などがある。
【参考】『東洋小野梓君伝』山田一郎編 東京専門学校同攻会 1886／『小野梓の研究』早稲田大学大学史編集所編 早稲田大学出版部 1986

小野 二郎　おの・じろう
晶文社創業者 英文学者

[生年月日]昭和4年（1929年）8月18日
[没年月日]昭和57年（1982年）4月26日
[出生地]東京府豊多摩郡杉並町高円寺（東京都杉並区）　[学歴]東京大学教養学部教養学科〔昭和30年〕卒、東京大学大学院人文科学研究科比較文学比較文化専攻〔昭和33年〕修士課程修了

父は宮内官で、3人きょうだいの二男。昭和19年東京府立六中から海軍兵学校予科に入るが、20年敗戦のため六中に復学。一高、東大を経て、同大学院で島田謹二に師事。33年弘文堂編集部に入社、谷川雁「原点が存在する」、中村真一郎「文学的感覚」、森有正「流れのほとりにて」などや、「現代芸術論叢書」シリーズを企画・刊行。35年中村勝哉と晶文社を創業、以後没するまで編集担当役員を務め、寺田透「理知と情念」や「島尾敏雄全集」などを手がけた。37年武井昭夫の紹介で新日本文学会に入り、「新日本文学」に評論を発表。44年第一評論集「ユートピアの論理」を刊行。45年「新日本文学」編集長。傍ら、東海大学や明治大学で教鞭を執り、46年明治大学文学部教授に就任。社会主義と民衆芸術の問題に関心を持ち、生活に密着した芸術や技術に論及。また、"モダン・デザインの父"といわれる詩人ウィリアム・モリスの研究・翻訳を長く続け、48年「ウィリアム・モリス ラジカル・デザインの思想」を発表した。
[家族等]義弟=高平哲郎（演出家・編集者）
【参考】『大きな顔 小野二郎の人と仕事』晶文社 1983／「ポイエーシス 小野二郎追悼特集」Vol.6 ポイエーシス同人会（明治大学英文研究室内）1984.4

小野 慎一郎　おの・しんいちろう
博友社創業者

[生年月日]明治40年（1907年）1月15日

[没年月日]平成15年（2003年）7月20日
[出生地]東京市下谷区上野（東京都台東区）
[学歴]東京市立商〔昭和2年〕卒

東京・上野黒門町で生まれたが、生後間もなく青梅に住む叔母の家に里子に出される。大正10年生家に戻り、同年父の旧知であった大橋進一が経営する博文館に入社。昭和18年営業部長。23年同社の廃業を受けて出版の諸権利を譲渡され、博友社設立に参画して常務、34年社長。外国語辞書を中心に出版を続けた。日本書籍出版協会常任理事、自然科学書協会常任理事、文化産業信用組合常任監事、日本出版クラブ評議員を歴任。
【参考】小野慎一郎「博文館と私」（「出版クラブだより」1995.5.1）

小野 松二　おの・まつじ
作品社編集長

[生年月日]明治34年（1901年）5月2日
[没年月日]昭和45年（1970年）4月9日
[出生地]大阪府大阪市東区南久宝寺町　[学歴]京都帝国大学文学部英文科卒

大阪に商家の二男として生まれる。同人誌「1928」「1929」「1930」などで活動。昭和5年から「作品」の編集にあたり、のち編集長。小説集に「十年」、共訳にJ.ジョイス「若き日の芸術家の肖像」がある。
[家族等]弟＝小野勇（関西大学名誉教授）
【参考】林哲夫「小野松二と作品社」（「舢板」第3期全13回連載 2003～2008）

小野 康人　おの・やすひと
編集者

[生年月日]明治41年（1908年）5月7日
[没年月日]昭和34年（1959年）1月5日
[出生地]東京府豊多摩郡千駄ケ谷町（東京都渋谷区）　[学歴]法政大学英文科〔昭和13年〕卒

昭和6年法政大学予科を卒業後、実兄である築井健人の営む出版業を手伝う。10年法政大学英文科に進み、13年卒業して改造社に入社。

雑誌「大陸」「改造時局版」「改造」などの編集に従事。18年戦時下最大の言論弾圧として知られる横浜事件に巻きこまれ、富山県内で共産党再建の準備会議を開いたという容疑で特高警察に逮捕される。拷問を含む取調を受け、20年7月病気保釈、敗戦直後の9月に懲役2年、執行猶予3年の有罪の判決を受けた。戦後は東西出版社を設立したが数年で廃業。リンガフォン日本支社に勤めた後、34年死去。

小野高 久良　おのだか・ひさよし
博友社創業者

[生年月日]明治40年（1907年）7月17日
[没年月日]昭和39年（1964年）1月2日
[出生地]埼玉県比企郡西吉見村（吉見町）
[学歴]日本大学中退

昭和3年博文館に入社。12年より出版部長を務めたが、戦後は同社廃業に伴いその出版の諸権利を譲渡され、23年小野慎一郎、高森栄次、道広栄（明治34年8月～昭和36年11月26日没）らと博友社を創業。博文館から継承した木村謹治「和独大辞典」の他、戦後10年を費やして「独和大辞典」を完成させた。24年東京出版販売（現・トーハン）設立を推進した一八会の一員で、その実現に努めた。34年出版ニュース社取締役。日本雑誌協会理事、日本書籍出版協会常任理事、辞典協会会長、日本出版クラブ理事を歴任。

小汀 良久　おばま・よしひさ
新泉社創業者

[生年月日]昭和7年（1932年）1月27日
[没年月日]平成11年（1999年）12月19日
[出生地]愛知県蒲郡市　[学歴]出雲高〔昭和24年〕卒、島根大学文理学部〔昭和26年〕中退

昭和26年大学を中退して上京。未来社に入社して営業代表を務め、38年ぺりかん社創設に参加して39年専務。43年"出したい本、残さねばならない本、どこからも出されない本"の出版を標榜して新泉社を創業、サルマン・

ラシュディ「悪魔の詩」日本語版（平成2年）などを出版した。出版業界の論客の一人で、"出版の原点は小・零細出版社にある"を持論とし、昭和44年小・零細出版社の相互扶助を目的としてNRの会を結成、54年にはNR出版協同組合へと発展させ、平成9年まで理事長を務めた。平成元年救仁郷建の後任として出版流通対策協議会（流対協）の2代目会長に就任（9年まで）。中小出版社の立場から再販制擁護を訴え、平成元年の消費税導入に当たって公正取引委員会が「再販価格は消費税込みの価格である」と業界を指導したことを違法として消費税定価訴訟を起こしたが、10年上告は棄却され敗訴が確定した。著書に「出版戦争」などがある。

小原 国芳　おばら・くによし
玉川学園出版部創立者 教育家

[生年月日]明治20年（1887年）4月8日
[没年月日]昭和52年（1977年）12月13日
[出生地]鹿児島県川辺郡坊津町（南さつま市）
[学歴]京都帝国大学文科大学哲学科〔大正7年〕卒 哲学博士

早くに父母を失い中学校に進めず13歳で電信学校に入り、電信技師となった。5年間勤めたのち、鹿児島師範に入学、合科教育の主唱者である木下竹次の影響を受けた。広島高師に進み、香川師範で教職に就く。京都帝国大学哲学科を卒業後、広島高師附属小学校主事を経て、沢柳政太郎が創設した成城小学校に招かれて主事に就任。傍ら、イデア書院を設立して「教育の根本問題としての哲学」「母のための教育学」「ペスタロッチーを慕ひて」などの自著や雑誌「イデア」「全人」「女性日本」などを発行。新教育運動の指導者として活躍する一方、昭和4年町田市に幼稚園、小学校、中学、塾からなる玉川学園を創立し学園長に就任。同時にイデア書院も玉川学園出版部（現・玉川大学出版部）に改め、7年日本初の子ども向けの百科辞典「児童百科大辞典」（全30巻）を刊行した。8年成城事件により成城学園を退き、以後は玉川学園の教育と経営に専念。17年興亜工業大学（現・千葉工業大学）を開校。22年玉川大学、23年高等部を設置。"全人教育"をはじめとする12ケ条からなる教育理念を掲げ、幼稚園から大学までを持つ一大学園に育て上げた。

[家族等]長男＝小原哲郎（玉川学園名誉総長）, 孫＝小原芳明（玉川学園理事長）, 義弟＝高井望（玉川大学名誉図書館長）

小尾 俊人　おび・としと
みすず書房創業者

[生年月日]大正11年（1922年）3月2日
[没年月日]平成23年（2011年）8月15日
[出身地]長野県諏訪郡豊平村（茅野市）
[学歴]諏訪蚕糸学校卒

昭和15年諏訪蚕糸学校（現・岡谷工）を卒業して上京、衆院議員の羽田武嗣郎が経営する羽田書店に入社。18年12月学徒出陣で入隊、暁部隊（通信隊）に所属。戦後、20年信州出身の友人2人とみすず書房を創業。編集責任者を45年間務めた。「ロマン・ロラン全集」（全43巻）、「ゾルゲ事件」3巻を含む「現代史資料」（全45巻）の編集などを担当。一時社長を務めたが、平成2年退職し、文筆活動を続けた。一方、9年より政治学者・丸山真男の埋もれた講演や座談会の記録発掘を続け、雑誌「丸山真男手帖」を発行する編集会議メンバーとしても活躍。著書に「本が生まれるまで」「本は生まれる。そして、それから」「昨日と明日の間 編集者のノートから」「出版と社会」などがある。

[受賞]日本出版学会賞（特別賞,第29回）〔平成20年〕「出版と社会」

小保方 宇三郎　おほかた・うさぶろう
講談社副社長 光文社社長

[生年月日]明治36年（1903年）10月6日
[没年月日]平成17年（2005年）3月9日

[出生地]群馬県藤岡市　[学歴]美九里実業補修学校卒

大正11年大日本雄弁会講談社に入社。昭和21年人事課長、22年総務局長、25年経理局長、26年取締役、31年常務、36年専務を経て、39年副社長。49年最高顧問。50～55年光文社社長を務めた。平成17年101歳で亡くなった。
[叙勲]勲四等瑞宝章〔昭和49年〕、紺綬褒章〔昭和51年〕

小箕 俊介　おみ・しゅんすけ
未来社社長

[生年月日]昭和12年（1937年）2月17日
[没年月日]平成1年（1989年）7月29日
[出生地]千葉県　[学歴]東京教育大学哲学科〔昭和34年〕卒

昭和34年未来社に入社。55年取締役編集長を経て、58年社長。平成元年交通事故により52歳で急逝した。この間、「宮本常一著作集」「フィロソフィア双書」などの企画・編集に携わった。訳書にバーリン「カール・マルクス」、ルカーチ「美と弁証法」、A.ヘラー「個人と共同体」（共訳）、S.ペイン「ファランヘ党」などがある。

小柳津 要人　おやいず・かなめ
丸善社長

[生年月日]天保15年（1844年）2月15日
[没年月日]大正11年（1922年）6月21日
[出身地]三河国岡崎（愛知県岡崎市）

三河岡崎藩士の長男。文久3年（1863年）江戸に出て大鳥圭介の塾に入門し、兵学と洋学を修める。ついで幕府の開成所に学んだが、明治維新に際して旧幕府軍に属して転戦、箱館戦争では榎本武揚の下で一隊を率いた。明治3年郷里での謹慎を解かれて東京へ向かい、途中、沼津兵学校の英学教授・乙骨太郎乙の学僕となったが、上京して大学南校、慶応義塾に学んだ。福岡県柳川で英学教師をした後、6年横浜の丸屋商社（丸善）に入社。10年大阪支店支配人、15年本店支配人。書籍部で洋書輸入や国内出版物の販売、自社出版事業を統括し、33年社長に就任。大正5年退任。この間、明治20年東京書籍商同業組合の発起世話人に名を連ね、22年副頭取、25～42年頭取を務めた。43年この功績により彰功記念品贈与式が挙行された。
[家族等]五男＝小柳津宗吾（丸善製品販売社長）　[受賞]岡崎市名誉市民〔昭和36年〕
【参考】『小柳津要人追遠』富沢淑子編 1978

小山 久二郎　おやま・ひさじろう
小山書店創業者

[生年月日]明治38年（1905年）9月7日
[没年月日]昭和59年（1984年）1月12日
[出生地]愛媛県温泉郡南吉井村（東温市）
[別名等]別名＝小山二郎　[学歴]法政大学専門部中退

安倍能成の甥で、大正8年岩波書店に入社。昭和8年独立して小山書店を創業、処女出版は野上弥生子「入学試験お伴の記」。宇野浩二の勧めで火野葦平「糞尿譚」、間宮茂輔「あらがね」、中山義秀「厚物咲」といった新進作家たちの作品を刊行し、多くの芥川賞受賞作を生み出す一方、間宮・武田麟太郎・川端康成を選者とした小説の年間アンソロジー集「日本小説代表作選集」を年2冊ずつ刊行、文芸出版社としての地歩を固めた。他にも「新風土記叢書」や、下村湖人「次郎物語」、岩下俊作「富島松五郎伝」、三木清「読書と人生」などを世に送った。小泉八雲のノートブックを復刻した限定豪華本「妖魔詩話」や、永井荷風「すみだ川」など、自ら装丁を手がけた書物も多い。20年3月の空襲で社が焼失すると青森県板柳に移り、同地で敗戦を迎えた。戦後は総合雑誌と婦人雑誌の発刊を企画したが、実現には至らなかった。その後、「チェーホフ選集」（全7巻）などロシア文学の翻訳や「小山文庫」、大部の「私たちの生活百科事典」などを出版して社の再建を進めた。25年D.H.ロレンス作、伊藤整訳「チャタレイ夫人

の恋人」がベストセラーとなったが、同書がわいせつ文書に当たるとして起訴され、27年1月一審の東京地裁は罰金25万円の有罪判決を下した（訳者の伊藤は無罪）。12月二審の東京高裁は小山の罰金25万円に加えて、伊藤にも罰金10万円を科す有罪判決を下し、32年3月最高裁が上告を棄却して二審判決が確定。同裁判はわいせつと表現の自由が問われた日本初の本格的文芸裁判として名高い。この事件の余波を受け、小山書店は倒産した。40年赤ちゃんとママ社を設立、日本初の育児雑誌「赤ちゃんとママ」を出した。自伝「ひとつの時代 小山書店私史」がある。
[家族]長男＝小山堯司（赤ちゃんとママ社社長）、叔父＝安倍能成（教育者・哲学者）、安倍恕（東京高裁長官）
【参考】『ひとつの時代 小山書店私史』小山久二郎著 六興出版 1982

折戸　俊雄　おりと・としお
栗田書店常務

[生年月日]明治44年（1911年）7月28日
[没年月日]昭和48年（1973年）11月3日
[出生地]岐阜県

大正15年栗田書店に入社。昭和16年日本出版配給の設立に際し栗田書店が同社に統合されると入社を勧められたが断り、栗田書店出版部に在籍。応召・復員を経て、23年再開された栗田書店に再入社。書籍仕入部長として手腕を発揮して"仕入れの神様"の異名を取った。36年常務、41年相談役。

尾張　真之介　おわり・しんのすけ
講談社専務 東京出版販売会長 歌人

[生年月日]明治25年（1892年）1月2日
[没年月日]昭和48年（1973年）4月20日
[出生地]千葉県銚子市　[別名等]号＝穂草、筆名＝紙魚子　[学歴]東洋大学〔明治45年〕卒

大正2年講談社に入り、3年11月に創刊された「少年倶楽部」初代編集主任となる。5年退社したが、昭和6年復帰。20年取締役を経て、21年専務。28年退職して顧問となった。24～25年東京出版販売（現・トーハン）会長、全国出版協会常務理事、日本出版団体連合会会長などを歴任。また、歌人として知られ、40年「潮光」を創刊・主宰。紙魚子の筆名で「出版クラブだより」などに出版評論も執筆した。歌集に「白砂集」「松かさ」「くろはえ」「潮光」「犬吠」などがある。
[叙勲]勲四等瑞宝章〔昭和43年〕　[受賞]日本児童文芸家協会児童文化功労者（第4回）〔昭和37年〕

恩田　貢　おんだ・みつぐ
内外タイムス社長・会長

[生年月日]昭和4年（1929年）6月15日
[没年月日]平成15年（2003年）1月31日
[出生地]東京都中野区白鷺　[学歴]早稲田大学政治経済学部卒

昭和32年文藝春秋社の専属ライターとなり、のち同社に入社。気鋭のジャーナリストとして注目され、文春退社後、雑誌「勝利」の発行に参画。47年ビクトリー出版社を創立。57年政界往来社社長、61年ぴいぷる社社長、平成9年内外タイムス社長兼会長を歴任。

恩地　孝四郎　おんち・こうしろう
装丁家 版画家 挿絵画家

[生年月日]明治24年（1891年）7月2日
[没年月日]昭和30年（1955年）6月3日
[出生地]東京府南豊島郡淀橋町（東京都新宿区）　[学歴]東京美術学校西洋画科〔大正4年〕中退

判事・式部官の恩地轍の四男。父の希望で医者を目指し、独逸学協会中学から一高に受験するが失敗。この間、竹久夢二の知遇を得て画家志望に転じ、白馬会洋画研究所、東京美術学校（現・東京芸術大学）西洋画科に学ぶ。大正3年田中恭吉、藤森静雄と、詩と版画の同人誌「月映（つくばえ）」を創刊。5年「感

情」同人となり、表紙デザインを担当するとともに詩を寄稿。7年山本鼎らと日本創作版画協会を結成。以来、同協会展や帝展、国画会などに出品して創作版画運動を推進し、抽象的かつ超現実的な木版画で知られた。9年野島康三経営の兜屋画堂で初の個展を開催。11年より創作版画協会誌「詩と版画」編集に従事。12年夢二とどんたく図案社を設立したが、関東大震災のため短命に終わった。昭和3年日本版画協会に参加、常任委員。一方で、美校在学中に西川光二郎「悪人研究」を手がけて以来、萩原朔太郎「月に吠える」、室生犀星「抒情小曲集」、北原白秋「白秋小唄集」など単行本の装本・装幀にもすぐれた手腕を示す。24年博報堂主宰で装幀相談所を開設し、副所長、所長を歴任。28年日本アブストラクト・アート・クラブを設立し、世界各国の国際版画展にも出品、好評を博した。版画の代表作に「リリック」連作や「フォルム」連作があり、新興写真の影響を受けた写真やフォトグラムも数多く制作した。著書に「工房雑記」「本の美術」「日本の現代版画」、詩集に「季節標」「虫・魚・介」などがある。

[家族等]娘=恩地三保子(翻訳家)、長男=恩地邦郎(画家)
【参考】『恩地孝四郎 一つの伝記』池内紀著 幻戯書房 2012

【か】

開原 朝吉 かいはら・あさきち
満州書籍配給専務

[生年月日]明治20年(1887年)7月7日
[没年月日]昭和31年(1956年)1月28日
[出生地]広島県尾道市　[別名等]号=冬草

東京堂に少年店員として入社。計算部長などを務めたが、昭和16年同社が日本出版配給に合併させられると同社淡路町営業所次長、錦町営業所長、九段営業所長を歴任。18年満州書籍配給が設立されると同社に出向、19年専務。戦後、23年栗田雑誌販売に入社したが、29年退社。一時、小売書店の開文堂を開店した。一方、俳句をよくし、原石鼎に師事。大正10年長谷川零余子を擁して「枯野」を創刊。零余子没後の昭和3年、同誌は夫人の長谷川かな女を主宰として「ぬかご」と改題。5年かな女が「水明」を創刊すると幹部同人となった。

加賀見 忠作 かがみ・ちゅうさく
小学館取締役編集局長

[生年月日]明治35年(1902年)2月15日
[没年月日]没年不詳
[出生地]東京都　[学歴]早稲田大学中退

早大中退後の大正14年、小学館に入社。編集部、宣伝部、広告部などに在籍、同社の学年別学習雑誌の編集にも携わり、自ら童話や童謡を書いた。昭和14年児童編集部長兼販売部長を最後に退社。15年出版業の至文社を創立したが、18年戦時の企業整備によって同社を統合した国民社に入り、編集企画を担当。戦後の22年には自身の創案により大衆雑誌「ラッキー」を創刊。23年小学館に取締役編集局長として復帰した。

[受賞]日本児童文芸家協会児童文化功労者(第14回)〔昭和47年〕

角谷 奈良吉 かくたに・ならきち
東京文芸社創業者

[生年月日]大正2年(1913年)3月11日
[没年月日]昭和56年(1981年)12月11日

昭和34年東京文芸社を創業。大衆娯楽小説の出版に従事した。

覚張 良次 がくはり・りょうじ
覚張書店社長

[生年月日]大正9年(1920年)2月15日
[没年月日]昭和52年(1977年)3月24日

［出生地］新潟県　［学歴］慶応義塾大学政治学科〔昭和17年〕卒

覚張書店2代目覚張義平の長男。昭和17年三井信託銀行に入行。太平洋戦争応召・復員を経て、22年覚張書店社長。新潟県書籍雑誌商組合長、新潟県教科書供給所社長、全国教科書供給会会長、日本書店組合全国連合会理事などを歴任した。

［家族等］父＝覚張義平（覚張書店主人）、祖父＝覚張治平（覚張書店創業者）

風間 歳次郎　かざま・さいじろう
風間書房創業者

［生年月日］明治31年（1898年）5月24日
［没年月日］昭和55年（1980年）2月7日
［出生地］千葉県東葛飾郡鎌ケ谷村（鎌ケ谷市）

旧制中学を中退。昭和2年忠孝之日本社に入り、8年東京・早稲田に出版及び書籍販売業の風間書房を創業。22年株式会社に改組、23年神田神保町に移転した。学術図書の出版に努め、文部省の科学研究費補助金による教育学・心理学の学位論文公刊で出版業界一の実績を挙げた。東京出版協同組合理事、日本出版クラブ評議員。

［家族等］養子＝風間務（風間書房社長）

鍛治 忠一　かじ・ちゅういち
日本出版販売取締役

［生年月日］明治34年（1901年）2月1日
［没年月日］昭和56年（1981年）1月29日
［別名等］号＝風雪

東京堂に入社。昭和16年同社が日本出版配給に統合されると、同社九段営業所地方配給課長、販売計算課長などを務める。24年日本出版販売創立に際して取締役仕入部長に就任、のち取引部長、総務部長。36年お茶の水商事社長。著書に「ベストセラーは女性から」などがある。

［受賞］アカデミア賞〔昭和41年〕

梶川 甚蔵　かじかわ・じんぞう
誠志堂主人

［生年月日］明治23年（1890年）4月21日
［没年月日］没年不詳
［出生地］埼玉県北足立郡加納村（桶川市）

明治35年上京して南川円太郎経営の小売書店・誠志堂に入店。やがてその忠勤ぶりと商才が認められ、店主に代わって店の業務を取り仕切るようになり、大正元年店主の隠退に伴って誠志堂を譲られた。以後、本業の書籍販売を発展させるのみならず、喫茶部、撞球部、洋品部を新設するなど、時代に即して業容を拡大。また月刊誌「武蔵野」を発行し、読書家の間で好評を博した。

［家族等］弟＝梶川弥兵衛（早稲田誠志堂創業者）

梶川 弥兵衛　かじかわ・やへえ
早稲田誠志堂創業者

［生年月日］明治32年（1899年）11月3日
［没年月日］没年不詳
［出生地］埼玉県北足立郡加納村（桶川市）

大正元年上京して兄・甚蔵の経営する麻布区六本木町の小売書店・誠志堂に入って修業。14年独立して早稲田に早稲田誠志堂を開店。特に日蓮宗に帰依して田中智学や里見岸雄らの指導を受け、渡辺専一「日蓮主義と耕地整理」といった日蓮宗関連書を出版した。

［家族等］兄＝梶川甚蔵（誠志堂主人）

加島 謙次　かしま・けんじ
至誠書院創業者

［生年月日］明治27年（1894年）10月10日
［没年月日］没年不詳
［出生地］東京市本郷区（東京都文京区）　［旧名］渋谷

取次業の至誠堂に入店、その才能を見込まれて店主・加島虎吉の長女と結婚、養嗣子となった。昭和に入り分家・独立して至誠書院

を創業し、通信販売による出版を開始。中川久四郎「新式辞典」など各種辞典類の出版で知られた。
[家族等]岳父＝加島虎吉（至誠堂創業者）

加島 虎吉　かしま・とらきち
至誠堂創業者

[生年月日]明治4年（1871年）1月10日
[没年月日]昭和11年（1936年）10月3日
[出生地]兵庫県城崎郡豊岡町（豊岡市）

明治25年上京して本所の青木石材店に入るも2年で辞め、27年露店を出して画本雑書類を商う。翌年日本橋区住吉町に貸本古本業の至誠堂を開く。32年人形町に移り書籍雑誌の販売と取次業を兼営。業績を伸ばし、41年本石町に大店舗を構え6大取次の一つに数えられるに至る。さらに翌年以降、和田垣謙三「青年諸君」を処女出版として各種出版に着手、「漢文叢書」「大正名著文庫」、井上十吉「英和大辞典」等々、また雑誌「新婦人」を発行して全盛期を迎えた。洋画家・川村清雄が図書の挿絵・口絵や雑誌の表紙絵を描き、装丁を担当したことも注目される。大正12年関東大震災で店舗・商品の全てを焼失する大打撃を受け挽回に努めたが、14年負債総額100万円を超え破綻した。破産整理には私財全てを投じた他、取次業務に関しては当初大誠堂、のちには大東館が受け皿となった。平成17年「加島コレクション」（加島家に秘蔵されてきた川村清雄作品35点）が寄贈を受けた目黒区美術館で初公開された。この作品群は美術史研究は無論のこと、出版史研究に資することも確かであろう。
[家族等]女婿＝加島謙次（至誠書院創業者）

鹿島 守之助　かじま・もりのすけ
鹿島研究所出版会創業者 参院議員（自民党）

[生年月日]明治29年（1896年）2月2日
[没年月日]昭和50年（1975年）12月3日
[出生地]兵庫県揖保郡半田村（たつの市）
[旧名]永富　[学歴]龍野中〔大正2年〕卒、三高〔大正6年〕卒、東京帝国大学法学部政治学科〔大正9年〕卒 法学博士（東京帝国大学）〔昭和9年〕

旧家の四男で、龍野中学時代は三木清らと同人雑誌を作った。大正9年外務省に入省。卒業論文にフランスのサンジカリズム研究を提出するなど東京帝大在学中から社会主義に興味を持ち、活発な執筆活動を行う。やがてカレルギー・クーデンホーフの汎ヨーロッパ論に共鳴してその知遇を得、15年「汎亜細亜運動と汎欧羅巴論」を出版。昭和2年にはクーデンホーフの「パン・ヨーロッパ」を翻訳・紹介した。大正14年帰国すると本省で外交文書の研究に従事。昭和2年鹿島組社長・鹿島精一の長女と結婚してその婿養子となり、5年帰国して退官。11年鹿島組に取締役として入社、12年副社長、13年社長に就任。請負業の近代化を図って業績を急速に回復させ、22年鹿島組から鹿島建設に社名変更した。この間、17～18年大政翼賛会調査局長。21～26年公職追放。28年自由党から参院議員に当選して以来3期務め、32年第一次岸信介内閣で北海道開発庁長官として初入閣。38年鹿島研究所出版会（現・鹿島出版会）を、41年には国際平和・外交一般に関する調査研究を行う機関として鹿島平和研究所を設立。出版会からは建築雑誌「SD」を始め、建築・土木・都市環境・デザインなどに関する出版物を刊行する傍ら、編著「日本外交史」（全34巻、別巻4）、「鹿島守之助外交論選集」（全12巻、別巻3）、「鹿島守之助経営論選集」（全13巻、別巻2）をはじめとする多くの自著を出版。34年日本学士院賞を受け、48年には文化功労者に選ばれるなど、外交史研究家としても一家をなした。
[家族等]妻＝鹿島卯女（鹿島建設社長）、長男＝鹿島昭一（鹿島建設社長）、三女＝平泉三枝子（鹿島平和研究所常務理事）、岳父＝鹿島精一（鹿島組社長）、従兄＝内藤吉之助（法制史学者）、岡田要（動物学者）　[受賞]日本学士

賀集 喜一郎　かしゅう・きいちろう
　　　海文堂出版創業者

[生年月日]明治8年（1875年）1月13日
[没年月日]昭和15年（1940年）2月10日
[出生地]兵庫県

朝鮮で約5年間海運業に従事した後、大正3年神戸市で賀集書店を創業。一般書籍・雑誌販売に加え、海事図書の出版を始める。15年海文堂、昭和15年海文堂出版に改称。同社を海事図書出版社として発展させた。

柏 佐一郎　かしわ・さいちろう
　　　大阪宝文館社長

[生年月日]明治14年（1881年）2月11日
[没年月日]昭和34年（1959年）8月18日
[出生地]広島県比婆郡上高野村（庄原市）

明治32年渡米を志して神戸に出たが、同郷の先輩であった鹿島房次郎の勧めで吉岡宝文館神戸支店の住み込み店員となり、のち支店長。大正初めの同社整理に際して再建の矢面に立ち、第一次大戦を背景とした好況もあって6年で全ての債務を消却、11年株式会社に改組した。取次の他、中等学校教科書や小中学校参考書、経済図書の出版にも取り組んだ。兵庫県書籍雑誌商組合長、大阪中等教科書販売協会会長、全国書籍雑誌商地方協会会長などを歴任。昭和16年の日本出版配給誕生の折には設立発起人の一人に名を連ね、設立後は監査役となった。

梶原 正弘　かじわら・まさひろ
　　　浪速書林主人

[生年月日]生年不詳
[没年月日]平成20年（2008年）11月11日

昭和31年大阪市で日本近代文学書を専門に扱う古書店・浪速書林を創業。初版本や限定本の収集・販売で知られ、「浪速書林古書目録」は作家研究の資料としても重宝された。また、49年谷沢永一が匿名で新聞に連載した読書コラムを「署名のある紙礫」としてまとめ、私家版で出版。文筆家としての谷沢の飛躍のきっかけを作った。

[家族等]長男＝梶原武文（浪速書林主人）

加瀬 昌男　かせ・まさお
　　　草思社創業者

[生年月日]昭和6年（1931年）9月25日
[没年月日]平成23年（2011年）8月29日
[出生地]神奈川県横浜市　[学歴]早稲田大学文学部〔昭和30年〕卒

「現代詩」の編集者を経て、音楽会社のPR誌「ヤマハ・ニュース」を編集。昭和43年出版社の草思社、52年アパレル会社のアンヌ・モネを設立。草思社からは徳大寺有恒「間違いだらけのクルマ選び」、中野孝次「清貧の思想」や、谷川俊太郎訳「マザー・グースのうた」などのベストセラー、ロングセラーを送り出した。

[受賞]青い麦編集者賞（第8回）〔平成11年〕「日本はどのように建造物をつくってきたか」

樫原 雅春　かたぎはら・まさはる
　　　「文藝春秋」編集長 文藝春秋常務

[生年月日]大正12年（1923年）3月16日
[没年月日]昭和56年（1981年）6月7日
[出生地]東京都　[学歴]東京大学法学部政治学科〔昭和22年〕卒

昭和22年文藝春秋社に入社。「文学界」編集次長、「オール読物」「週刊文春」の各編集長を務め、42年「文藝春秋」編集長。43年出版局長、46年取締役を経て、常務。

片桐 仲雄 かたぎり・なかお
片桐開成社社長

[生年月日]明治23年(1890年)3月5日
[没年月日]昭和53年(1978年)7月7日
[出生地]高知県高知市　[学歴]高知商卒

賤ケ岳七本槍の一人・片桐且元の一族という。明治41年初代が亡くなったのを受けて家業の片桐開成社を継承。高知県書籍雑誌商組合長、日本書店組合連合会理事を歴任。

片野 東四郎 かたの・とうしろう
永楽屋東壁堂主人

初代直郷は風月堂孫助店に奉公し安永5年(1776年)別家して独立。天明3年(1783年)尾張藩校明倫堂が創建されてその御用達に任じ永楽屋の基礎を築いた。2代善長は手代から器量を見込まれて養子となったが、期待どおり三都にも稀な大店に育てた。本居宣長及びその一門の国学書、「北斎漫画」などの絵本類と出版分野を広げ、大垣や江戸に出店を設置、江戸店の場合は周到にも江戸進出の足掛りを確保するため蔦重と提携した。享和2年(1802年)名古屋に来た滝沢馬琴は「書肆は風月堂、永楽屋」と述べている(「羈旅漫録」)。天保7年(1836年)2月没。4代善功は本屋兼業の実業家で国会議員にもなった。明治27年没。
【参考】『尾張出版文化史』太田正弘著 六甲出版 1995

片柳 治 かたやなぎ・おさむ
「すばる」編集長

[生年月日]昭和24年(1949年)
[没年月日]平成17年(2005年)6月16日
[出生地]埼玉県さいたま市　[学歴]一橋大学社会学部卒

集英社に勤務し、平成9～16年文芸誌「すばる」の編集長を務めた。小説家の荻野アンナが癌の闘病生活を支え、それをもとにした小説「蟹と彼と私」を同誌に連載していたが、連載中に病没した。

片山 修三 かたやま・しゅうぞう
思索社創業者

[生年月日]大正4年(1915年)1月1日
[没年月日]昭和57年(1982年)6月5日
[出生地]兵庫県西宮市　[学歴]慶応義塾大学文学部中退

横光利一に師事し、「三田文学」に小説を発表。戦後は小説を断念し、昭和21年「思索」を編集発行。思索社を経営し、「哲学」「個性」などの雑誌を編集したが倒産。角川書店で角川源義とともに「昭和文学全集」の企画を進めて成功を収めると河出書房に移って「週刊女性」の創刊に携わった。同社倒産により同誌及び編集部員と主婦と生活社に移籍したが、間もなく浪人。再び河出書房新社で「世界大音楽全集」「世界文学全集」を手がけた後、編集企画会社の日本アートセンターを設立。43年同社を弟の千賀四郎に任せて思索社を再建した。高度成長期に各社の大型企画を次々に成功させた名出版プロデューサーとして知られた。
[家族等]弟＝千賀四郎(日本アートセンター社長)

加藤 一夫 かとう・いちお
光文社取締役出版局長

[生年月日]明治44年(1911年)12月8日
[没年月日]平成2年(1990年)4月2日
[出身地]長野県

光文社に入社。昭和29年「カッパブックス」初代編集長に就任。「人間の歴史」「頭の体操」など多くのベストセラーを出した。

加藤 勝代 かとう・かつしろ
筑摩書房専務

[生年月日]大正8年(1919年)12月21日
[没年月日]平成2年(1990年)11月15日
[出生地]石川県金沢市野町　[学歴]石川県立三中〔昭和12年〕卒, 四高〔昭和15年〕卒, 東京帝国大学文学部国文学科〔昭和17年〕卒

昭和17年大学卒業と同時に金沢第七連隊に入営。20年北国新聞社に入社、学芸部記者を務める。29年臼井吉見の紹介で角川書店に入社、同社で編集部長、営業部長を務める。38年再び臼井の紹介で編集局次長として筑摩書房に入り、42年編集局長第三部長、47年教科書部長、のち専務。60年より4年間、金沢経済大学教授を務めた。また、30年「赤門文学」復刊第1号に発表した小説「馬のにほひ」は第33回芥川賞候補となった。59年には「別冊文藝春秋」に角川源義をモデルにした実名小説「主我の人」を発表、話題を呼んだ。著書に「わが心の出版人」がある。
【参考】『馬のにほひ 加藤勝代作品遺稿集』1992

加藤 謙一　かとう・けんいち
「少年倶楽部」編集長 講談社取締役

[生年月日] 明治29年（1896年）5月28日
[没年月日] 昭和50年（1975年）6月30日
[出生地] 青森県弘前市　[学歴] 青森県師範卒

小学校教師の後、上京、大正10年大日本雄弁会講談社に入社。間もなく雑誌「少年倶楽部」の編集長になった。その間、田河水泡、島田啓三、吉川英治、佐藤紅緑、佐々木邦、山中峯太郎ら人気作家を起用、発行部数100万に近い大雑誌に育てた。昭和11年「講談社の絵本」編集長として一流画家を起用、多色印刷で大部数発行に成功。19年編集局長、20年取締役。戦後22年公職追放、25年解除。妻とともに学童社を創立し「漫画少年」を創刊、石森章太郎（のち石ノ森章太郎）、藤子不二雄、赤塚不二夫らを育てた。27年顧問として講談社に復帰した。著書に「少年倶楽部時代」がある。
[家族等] 四男＝加藤丈夫（富士電機ホールディングス会長）、従弟＝上法快男（芙蓉書房創業者）　[受賞] 日本児童文芸家協会児童文化功労者（第7回）〔昭和40年〕
【参考】『少年倶楽部時代 編集長の回想』加藤謙一著 講談社 1968／『「漫画少年」物語 編集者・加藤謙一伝』加藤丈夫著 都市出版 2002／『実録!"漫画少年"誌 昭和の名編集者・加藤謙一伝』文京ふるさと歴史館 2009

加藤 幸三　かとう・こうぞう
スイングジャーナル社社長

[生年月日] 大正13年（1924年）9月1日
[没年月日] 平成13年（2001年）7月4日
[出生地] 神奈川県　[出身地] 群馬県　[学歴] 拓殖大学卒

音楽好きの2人の兄の影響でジャズが好きに。大学卒業後、通信社に入社。のち退社し、昭和22年ジャズ雑誌「スイングジャーナル」創刊に携わる。25年10月号から発行人となり、30年社長に就任。米国のジャズ情報などを日本に紹介し、楽器ごとに好きなミュージシャンを選ぶ人気投票を企画するなどファンの裾野を広げた。また懸賞で論文を募り、多くのジャズ評論家を生み出し、東京や横浜のジャズクラブで若いジャズメンを発掘するなどジャズ界の発展に貢献した。
[家族等] 長男＝加藤達朗（スイングジャーナル社社長）

加藤 駒二　かとう・こまじ
金港堂書籍取締役

[生年月日] 文久1年（1861年）
[没年月日] 大正6年（1917年）6月20日
[出生地] 越後国刈羽郡鯖石村（新潟県柏崎市）
[学歴] 東京外国語学校独語科卒

16歳で上京、外国語学校卒業後、明治18年文部省に出仕。21年参事官属4等と累進するが、森有礼不敬事件起るや辞官、実業界に入る。26年金港堂（金港堂書籍）に入社し出版業に従事。28年三宅米吉の退社以降は会社経営の中枢に座り、33年には欧米出版事情視察のため長期に外遊、ベルリンで同文館の森山章之丞に会った。36年秋渡清、上海の商務印書館との合弁会社設立について大いに活動した。帰国後は取締役となるが教科書事件の打撃は

大きく、金港堂の頽勢挽回に至らなかった。42年東京書籍の創立に参画。

加藤　知正　かとう・ちせい
南光社創業者

[生年月日]明治6年（1873年）11月
[没年月日]昭和22年（1947年）4月23日
[出生地]新潟県古志郡塩谷村（長岡市）　[学歴]東京高等蚕糸学校〔明治33年〕卒

明治33年東京高等蚕糸学校を卒業後、北越蚕糸講習所教頭、大日本蚕糸会編輯主任、同会参事兼技師などを歴任。大正4年には出版業の南光社を設立、中等学校受験雑誌「受験と復習」を発行した他、養蚕・理科・教育関係の書籍や学習参考書などを出版し、特に小林房太郎「世界地理精義」が評判となった。13年衆院議員に当選し、通算6期務めた。著書に「蚕業大辞典」「高等秋蚕講習録」「工女訓」「日本之蚕糸業」などがある。

加藤　咄堂　かとう・とつどう
護法書院創業者　仏教学者

[生年月日]明治3年（1870年）11月2日
[没年月日]昭和24年（1949年）4月2日
[出生地]京都府亀岡　[本名]加藤熊一郎
[学歴]英吉利法律学校卒

丹波亀岡藩士の子。有隣小学校を卒業後、師範学校を受験するが体格試験で失格となり、母校の代用教員となる。間もなく辞してオリエンタルホールで英語を、京都法律学校で法学を学ぶ。明治22年上京し、英吉利法律学校に入学。23年築地本願寺内の積徳教校の教師となり、傍ら仏教を独学して民衆教化・仏教宣伝のための講演を行う。のち曹洞宗中学林や浄土宗支校で教えた他、護法書院を起こして出版事業を始め、「仏教概論」「日本仏教史」などを刊行した。25年仏教新聞「明教新誌」主筆に就任。30年聖徳太子を称揚する上宮教会に参加し、その講師として全国各地を巡り、平易にして通俗的に仏教の精神を説いてまわった。一方で著述も盛んに行い、35年「日本宗教風俗志」を、大正6年から7年にかけて「日本風俗志」（全3冊）を刊行。13年社会教化の功労者表彰を受け、それを記念して精神社を設立、雑誌「精神」を創刊。同年中央教化団体連合会が発足すると理事となり、団体運営に尽くした。昭和3年上宮教会長。
[受賞]社会教化功労者賞〔大正13年〕,文部省表彰〔昭和3年〕

加藤　一　かとう・はじめ
三洋堂書店社長

[生年月日]昭和3年（1928年）1月7日
[没年月日]平成11年（1999年）6月6日
[出身地]愛知県瀬戸市　[学歴]東海中卒

昭和22年三洋堂書店を個人創業。34年㈱中三洋堂を設立、社長。53年三洋堂書店を株式会社に改組して社長。平成8年退任。ビデオ・CDのレンタル・販売やパソコンソフトの販売なども手がけ、昭和54年からは書店のフランチャイズ（FC）事業を開始。直営店・FC店を合わせて60店舗を超える三洋堂チェーンの基礎を築いた。

加藤　八郎　かとう・はちろう
日本出版販売社長　大蔵省国有財産局長

[生年月日]明治35年（1902年）2月15日
[没年月日]昭和60年（1985年）3月18日
[出身地]山形県　[学歴]東京帝国大学法学部英法科〔昭和2年〕卒

大蔵省に入省、昭和20年国有財産局長。特別調達庁経理局長、配炭公団清算人を務めた後、26年商工組合中央金庫理事、34年副理事長。36年日本出版販売に副社長として入社、44年社長。物流拠点の整備や電算化などに取り組んだ。47～49年日本出版取次協会会長。
[叙勲]勲二等瑞宝章〔昭和47年〕
【参考】『日販50年のあゆみ』日本出版販売2000

加藤　康司　　かとう・やすし
　　　　朝日新聞社出版校閲部長

[生年月日]明治36年（1903年）8月8日
[没年月日]昭和53年（1978年）2月4日
[出生地]愛知県

昭和3年朝日新聞社に入社。編集局校閲部次長、出版校閲部長を歴任し、33年定年退職。その後、請われて文藝春秋社の嘱託となり、校閲一筋に生きた。著書に「赤えんぴつ　新聞づくり三十年」「赤えんぴつ四十年」「校正おそるべし」などがある。

加藤　雄策　　かとう・ゆうさく
　　　　非凡閣創業者

[生年月日]明治34年（1901年）1月6日
[没年月日]昭和20年（1945年）5月26日
[出生地]埼玉県　[学歴]商船学校卒

商船学校を卒業後、平凡社に入社して同社専務となったが、昭和4年雑誌「平凡」失敗の責任をとって退社。6年非凡閣を創業して文学書・法律書を中心に出版、11年の「横光利一全集」（全10巻）で名高い。一方で競走馬の馬主としても知られた。20年空襲により戦災死した。

加藤木　重教　　かとうぎ・しげのり
　　　　電友社創業者

[生年月日]安政4年（1857年）3月15日
[没年月日]昭和15年（1940年）12月1日
[出生地]陸奥国平（福島県いわき市）　[学歴]慶応義塾中退、電信修技校卒、工部大学校卒

陸奥磐城平藩士の二男。父は戸田流武術の師範であったが、万延元年（1860年）陸奥三春藩に移った。明治4年藩命により上京し、慶応義塾に学ぶが中退。次いで海軍兵学校に志願するも失敗したため、電信修技校に入り、8年からは工部大学校に通学して電気技術を修めた。10年工部省技術官を拝命し、電信技師として盛岡に赴任。15年より東京の工部省電信局に勤務するが、21年退官して田中製作所に入社した。23年渡米して最新の電信技術事情を視察。帰国後は三吉電機工場に勤める傍ら、24年日本初の電気雑誌「電気之友」を創刊。さらに独立して電友社を設立、電話機の改良と普及に力を尽くす一方で、出版事業にも乗り出し、自身や電気技術の大家による解説書・学術書などを刊行した。著書に「文明利器電話機使用問答」「電話必携」「電話機使用問答」「日本電気事業発達史」「重教八十路の歌日記」などがある。

角川　源義　　かどかわ・げんよし
　　　　角川書店創業者

[生年月日]大正6年（1917年）10月9日
[没年月日]昭和50年（1975年）10月27日
[出生地]富山県新川郡水橋町（富山市水橋）
[学歴]国学院大学国文学科〔昭和16年〕卒　文学博士〔昭和36年〕

8人きょうだいの末っ子。神通中学時代の昭和5年頃より句作を始め、俳誌「白山」「草上」などに投稿。10年能登での万葉調査がきっかけで民俗学に関心を持ち、国学院大学在学中には折口信夫、柳田国男に師事した。卒業後は東亜学院教授の傍ら著作に従事し、17年第一作「悲劇文学の発生」を刊行。19年城北中学教諭に転じ、20年応召して富山野戦部隊に配属。戦後教職に復帰するが短期間で辞し、20年11月角川書店を創業。21年佐藤佐太郎の歌集「歩道」を皮切りに国文学関係書籍の出版を開始し、堀辰雄「絵はがき」、阿部次郎「合本・三太郎の日記」などで社業の基礎を確立。24年「角川文庫」を発刊して戦後の文庫本時代の先端を切り、27年「昭和文学全集」（全60巻）の刊行を開始し、全集物ブームの火付け役となった。一方で雑誌「俳句」「短歌」の創刊、角川俳句賞・短歌賞・蛇笏賞・迢空賞の創設、俳人協会・俳句文学館の設立などを通じて戦後の俳句・短歌ジャーナリズムの活性化に貢献。33年俳誌「河」を創刊し、自ら主宰となった。平成20年杉並区の

旧居が遺族により区に寄贈され、幻戯山房・すぎなみ詩歌館として一般に開放された。
[家族等]妻＝角川照子（俳人）、長女＝辺見じゅん（作家）、長男＝角川春樹（角川春樹事務所特別顧問）、二男＝角川歴彦（角川グループホールディングス会長・CEO）　[受賞]日本エッセイストクラブ賞（第20回）〔昭和47年〕「雉子の声」、読売文学賞（詩歌・俳句賞、第27回）〔昭和50年〕「西行の日」
【参考】『角川源義読本』「俳句」編集部編　角川学芸出版 2005

門野 虎三　かどの・とらぞう
　　門野書店創業者

[生年月日]明治35年（1902年）1月20日
[没年月日]没年不詳
[出生地]滋賀県坂田郡南郷里村（長浜市）
[学歴]南郷里村尋常高小〔大正2年〕中退

大正2年高等小学校を中退して大阪へ出、貿易商やセルロイド工場で働く。8年上京して書籍取次の上方屋書店に入店、店主の福岡益雄に認められ、翌年には番頭格となった。10年同店が金星堂の名で出版を開始すると販売主任として主人を助け、関東大震災で店舗や在庫を焼失し甚大な被害を受けた際も大阪に出張中であったことから同地で仕入れを行い、大きな利益を上げた。昭和5年独立して門野書店を創業、岡本増進堂など関西の出版物の卸売に従事したが、16年日本出版配給への統合のため廃業。戦後、学習書房を設立して学習参考書類を出版するも、32年妻の死をきっかけに出版業界から引退した。著書に「金星堂のころ」「語ろう会のころ」がある。
【参考】『金星堂のころ』門野虎三著　ワーク図書 1972（複製　金沢文圃閣 2011）／『語ろう会のころ』門野虎三著　ワーク図書 1978（複製　金沢文圃閣 2011）

金井 英一　かない・えいいち
　　日本出版会理事・業務部長

[生年月日]明治33年（1900年）6月12日

[没年月日]昭和57年（1982年）4月22日
[出身地]東京都　[学歴]東京帝国大学法学部政治学科〔大正14年〕卒

父は金井信生堂創業者である金井直造。大学卒業後、三井物産に入社。昭和7年家業を継ぐ。18年日本出版会の設立とともに業務部員として入会、日本出版配給との販売調整などに携わる。19年業務部長。石川武美会長の下で終戦処理に努めた。出版会解散後の23年、石川より清算人を受け継ぎ、日本出版クラブ設立までその財産を守った。日本出版クラブ発起人世話人で、創立後は30年まで監事。のち顧問。日本読書サークルの創立にも関わり、総支配人を務めた。
[家族等]父＝金井直造（金井信生堂創業者）、二男＝金井弘夫（国立科学博物館植物研究部長）

金井 直造　かない・なおぞう
　　金井信生堂創業者

[生年月日]明治11年（1878年）3月11日
[没年月日]昭和27年（1952年）9月13日
[出身地]長野県

中学を中退後、木版の版木屋から石版印刷業に転じた長兄の下で修業。明治28年金井信生堂を開き、5銭や10銭の絵本を数多く出版した。昭和14年日本児童絵本出版協会の設立に尽くした。
[家族等]息子＝金井英一（日本出版会理事）、孫＝金井弘夫（国立科学博物館植物研究部長）

金尾 種次郎　かなお・たねじろう
　　金尾文淵堂主人

[生年月日]明治12年（1879年）4月21日
[没年月日]昭和22年（1947年）1月28日
[出生地]大阪府船場　[別名等]号＝思西

生家は仏教書の出版を専らとした書肆・金尾文淵堂。明治27年父の死により家督を継ぎ、同店主となる。俳句や文学を好み、当初は従来通り仏教書を手がけたが、32年文芸誌「ふ

た葉」、薄田泣菫の詩集「暮笛集」を出し、文芸書の出版を開始。33年には泣菫・角田浩々歌客・平尾不孤を編集として「小天地」を創刊。36年児玉花外「社会主義詩集」を刊行するが発禁処分となり、刻版印本を没収されるなど打撃を受けた。38年東京に店を移し、大倉桃郎の家庭小説「琵琶歌」のヒットで社業の基礎を確立。以後、綱島梁川、木下尚江、高安月郊、正岡子規らの著書を刊行し、杉浦非水、橋口五葉、結城素明ら当代一流の画家による装丁・造本も好評を博した。39～41年第二次「早稲田文学」の発行も手がける。40年頃より「仏教大辞典」を企画・刊行するが、その制作費用がかさみ、41年経営破綻。間もなく出版事業を再開し、文学書のほか宗教書・美術書・旅行書をラインナップに加えて再建を図り、45年には与謝野晶子による「新訳源氏物語」を刊行した。関東大震災後は大阪に戻り、仏教書を中心に細々と出版を続け、昭和13年晶子の「新新訳源氏物語」(全10巻)を出すが、20年大阪空襲により京都に移転した。
【参考】『金尾文淵堂をめぐる人びと』石塚純一著 新宿書房 2005

金岡 昭治　かなおか・しょうじ
京都書房創業者

[生年月日]昭和6年(1931年)11月3日
[没年月日]平成20年(2008年)9月3日
[出身地]京都府京都市　[学歴]立命館大学卒
昭和37年京都書房を創業、処女出版は「解釈と鑑賞 小倉百人一首」。44年に刊行した国語資料集「新国語総覧」が全国1000校余の高校に採択されるなど、国語図書専門の教育出版社として発展させた。

金刺 源次　かなさし・げんじ
芳流堂創業者

[生年月日]元治1年(1864年)5月
[没年月日]昭和10年(1935年)11月5日
[出生地]大坂
明治26年東京・神田で芳流堂を創業。石川千代松「動物学講義」をはじめ、法律・数学・国漢・語学などの参考書を出版。創業以来印刷製本工場の火災9回に及び、その都度大きな打撃を被ったが、業礎は微動だにしなかった。

金沢 末吉　かなざわ・すえきち
丸善社長

[生年月日]慶応1年(1865年)1月11日
[没年月日]昭和31年(1956年)8月28日
[出生地]美濃国恵那郡岩村(岐阜県恵那市)
明治11年横浜丸屋薬店に入社。細流社に移るとその経営下に入った横浜丸屋書店の経営を担当。21年唐物店の横浜出張所に転じ、丸善大阪出張所主任から出張所の支店昇格により大阪支店長に就任。33年東京本社に転じ、書籍部出版主任兼地方販売課主任、本店改築主任を経て、41年取締役に就任して調査部長を兼務。大正9年～昭和4年頃まで横浜支店監督、大阪支店監督。11年副社長に進み、12年社長となった。
【参考】『丸善百年史』丸善 1981

金山 豊作　かなやま・ほうさく
電波技術社社長 近代科学社社長

[生年月日]明治30年(1897年)11月29日
[没年月日]没年不詳
[出身地]富山県　[学歴]明治専電気科〔昭和3年〕卒
NHK、日本放送出版協会などを経て、昭和28年電波技術社取締役、33年社長。34年無線従事者教育協会の出版部門を独立させ近代科学社を創業、同社長も兼任した。

金子 誠司　かねこ・せいじ
金子書房社長

[生年月日]大正13年(1924年)4月23日
[没年月日]平成11年(1999年)11月4日
[出身地]東京都　[学歴]昭和第一商〔昭和19

年〕卒

父の経営する金子印刷に入り、昭和21年金子書房を設立。30年常務、46年専務を経て、社長。
[家族等]兄＝金子善蔵（金子書房社長），父＝金子富次（金子書房創業者）

金子 善蔵　かねこ・ぜんぞう
金子書房社長

[生年月日]大正8年（1919年）10月11日
[没年月日]平成14年（2002年）3月3日
[出生地]東京都　　[学歴]早稲田大学商学部〔昭和16年〕卒

大学卒業後、家業の金子印刷に従事。昭和21年金子書房を設立。23年株式に改組し、社長に就任。雑誌「児童心理」「社会と学校」を創刊した。
[家族等]弟＝金子誠司（金子書房社長），父＝金子富次（金子書房創業者）

金児 杜鵑花　かねこ・とけんか
素人社・素人社書屋創業者 俳人

[生年月日]明治27年（1894年）3月14日
[没年月日]昭和13年（1938年）2月21日
[出生地]北海道余市郡余市町　[本名]金児農夫雄（かねこ・のぶお）　[学歴]札幌師範卒

札幌師範学校を卒業して小学校訓導となり、最初の教え子の中に伊藤整がいた。シベリア出兵に従軍後、大正9年上京して新潮社に勤めるが、12年退社して素人社（しろうとしゃ、昭和3年より素人社書屋）を創業。文芸誌「現代文芸」や総合俳誌「現代俳句」「俳句月刊」「俳句世界」を発行し、主に萩原朔太郎「詩論と感想」、前川佐美雄「植物祭」、山口誓子「凍港」など詩歌・俳句関係書を出した。自らも杜鵑花と号して作句。13年脳溢血のため43歳で急逝した。
【参考】曾根博義「金児杜鵑花と雑誌『現代文芸』」（「日本古書通信」2004.4）／曾根博義「金児杜鵑花・伊藤整・素人社」（「舳板」第3期11号 2005.10）

金子 富次　かねこ・とみじ
金子書房創業者

[生年月日]明治25年（1892年）1月10日
[没年月日]平成1年（1989年）6月13日
[出生地]新潟県

昭和21年東京・大塚に金子書房を創業。22年月刊誌「児童心理」を創刊し、25年から「教育大学講座」（全35巻）の刊行を始めるなど、心理学・教育学図書の専門出版社として成長させた。また、佐々木高政「英文構成法」、江川泰一郎「英文法解説」などの英語参考書のロングセラーも有名。
[家族等]息子＝金子善蔵（金子書房社長），金子誠司（金子書房社長）

金子 富太郎　かねこ・とみたろう
城北堂創業者

[生年月日]明治22年（1889年）8月13日
[没年月日]昭和11年（1936年）2月7日
[出生地]東京市深川区常盤町（東京都江東区）

小学校卒業後、丸藤問屋に奉公に出るも、読書好きから大正6年東京・小石川に古本店を開く。関東大震災後、自動車工学や電気工学の関連書を出版、東京書籍商組合評議員や東京図書雑誌小売業組合幹事を務めるまでになったが、昭和初期に廃業した。一時、名古屋で石鹸製造業を営んだ後、再び出版に手を染めるも病死した。

金田 亨　かねだ・とおる
⇒金 亨燦（きん・きょうさん）を見よ

金原 一郎　かねはら・いちろう
医学書院社長

[生年月日]明治27年（1894年）8月30日
[没年月日]昭和61年（1986年）7月22日
[出生地]東京市本郷区（東京都文京区）　[学歴]東京帝国大学文学部〔大正8年〕卒

金原医籍店創業者・金原寅作の二男。兄弟で家業の株式会社金原商店を経営し、昭和18年

同社長。19年戦時の企業整備により日本医学雑誌常務、21〜22年社長。25年同社と長男・元が専務をしていた学術書院が合併、26年今田見信社長の独立を受けて後任社長に就任。49年退社。"まむし"の愛称で知られ、徳冨蘆花「みみずのたわごと」をもじった「まむしのたわごと」と称する随筆を書き続け、全18集を出版した。日本書籍出版協会副会長なども歴任した。

[家族等]長男＝金原元（医学書院社長）、二男＝金原健（学術図書印刷社長）、父＝金原寅作（金原出版創業者）、母＝金原鋳（金原商店代表）、兄＝金原作輔（金原出版社長）、弟＝金原二郎（金原出版販売社長）、金原四郎（金原出版社長）、孫＝金原優（医学書院社長）、金原俊（医学書院副社長）、女婿＝半田剛（大蔵省造幣局長）、椿忠雄（神経内科学者）

【参考】『医学書院50年史』医学書院 1995

金原 作輔　かねはら・さくすけ
金原出版社長

[生年月日]明治25年（1892年）6月27日
[没年月日]昭和40年（1965年）1月15日
[出生地]東京都文京区　[別名等]幼名＝三郎、寅作　[学歴]名古屋商〔明治43年〕卒、ヒッチングラマースクール（英国）卒

金原医籍店創業者・金原寅作の長男。明治41年父の死により寅作を襲名。43年名古屋商業学校を卒業して英国ヒッチングラマースクールに留学、大正2年帰国。6年間宮英宗について得度し、作輔に改名した。7年家業の合名会社金原商店に入り、12年石原忍の「石原式国際色盲表」を刊行。関東大震災以降は出版に専念し、15年同社より出版販売部門を独立させて株式会社金原商店を創立、社長となった。以後、「日本眼科全書」「人体解剖図譜」といった医学書や医学誌「臨床の日本」「医界展望」「臨床医学講座」などを出版した他、医療器械、薬品なども取り扱った。昭和19年同社の業務のうち、書籍出版部門を日本医書出版株式会社、雑誌出版部門を日本医学雑誌株式会社（現・医学書院）に分離。28年日本医書出版を金原出版株式会社に改称。医学書の他、農学・薬学・理工学書の出版にも進出した。東京出版販売（現・トーハン）創設に参画した他、36年医学書出版社を糾合して日本医書出版協会を設立、同理事長や医書同業会会長などを歴任した。

[家族等]父＝金原寅作（金原出版創業者）、母＝金原鋳（金原商店代表）、弟＝金原作輔（金原出版社長）、弟＝金原一郎（医学書院社長）、金原二郎（金原出版販売社長）、金原四郎（金原出版社長）

【参考】『作輔の面影』金原おやじ追慕の会編 金原出版 1966

金原 四郎　かねはら・しろう
金原出版社長

[生年月日]明治33年（1900年）5月19日
[没年月日]平成4年（1992年）1月19日
[出生地]東京都　[学歴]京都帝国大学経済学部〔大正15年〕卒

金原医籍店創業者・金原寅作の四男。昭和19年金原商店の書籍出版部門を分離し同業5社と合同して設立された日本医書出版の筆頭常務となる。24年金原商店社長を経て、28年日本医書出版の金原出版への改組に伴い社長に就任、引き続き医学書を手がけた他、農学・薬学・理工学書の出版にも着手した。43年合名会社金原商店業務執行役員。45年金原出版社主。日中医学交流や法人会活動にも貢献した。

[家族等]二男＝金原秀雄（金原出版社長）、父＝金原寅作（金原出版創業者）、母＝金原鋳（金原商店代表）、兄＝金原作輔（金原出版社長）、金原一郎（医学書院社長）、金原二郎（金原出版販売社長）　[叙勲]勲四等瑞宝章〔昭和46年〕、紺綬褒章〔昭和48年・51年〕、勲三等瑞宝章〔昭和55年〕　[受賞]日本医師会最高有功賞〔昭和44年〕

【参考】『目でみる金原の111年』1985

金原　鑄　かねはら・とう
　　金原商店代表

[生年月日]明治2年(1869年)4月24日
[没年月日]昭和43年(1968年)9月15日
[出生地]東京府下谷根岸(東京都台東区)
[旧名]鈴木

明治21年金原寅作と結婚、4男2女をもうけた。41年夫が病没すると合名会社金原商店の業務執行役員となり、その発展に尽力。大正15年同社の書籍出版部門を分離して株式会社金原商店を設立、長男・作輔が社長に就任。昭和43年数え100歳で長逝した。
【家族等】夫＝金原寅作(金原出版創業者)、長男＝金原作輔(金原出版社長)、二男＝金原一郎(医学書院社長)、三男＝金原二郎(金原出版販売社長)、四男＝金原四郎(金原出版社長)
【参考】『寅作と鑄 金原出版の草創』金原出版 1969

金原　寅作　かねはら・とらさく
　　金原医籍店創業者

[生年月日]天保14年(1843年)5月10日
[没年月日]明治41年(1908年)4月3日
[出生地]遠江国浜名郡曳馬村(静岡県浜松市)

万延元年(1860年)上京して彫物細工を修業、3年の修業後に帰郷。明治3年再び上京し、8年湯島で質屋を開業。同じ頃に金原医籍店を開いて医学書古書の売買を始める。11年医学原書も扱い始め、14年にはドイツから原書輸入を開始。同年鈴木孝之助訳補『詳約薬物学』を出版して医学書の出版にも手を染めた。21年鈴木鑄と結婚。33年銀行業にも進出したが失敗。41年合名会社金原商店を創立したが、間もなく亡くなった。
【家族等】妻＝金原鑄(金原商店代表)、長男＝金原作輔(金原出版社長)、二男＝金原一郎(医学書院社長)、三男＝金原二郎(金原出版販売社長)、四男＝金原四郎(金原出版社長)
【参考】『父寅作の憶い出 医書出版の先覚』金原一郎著 医学書院協力会 1958/『寅作と鑄 金原出版の草創』金原出版株式会社編 金原出版 1969

金原　元　かねはら・はじめ
　　医学書院社長

[生年月日]大正13年(1924年)1月1日
[没年月日]昭和53年(1978年)9月9日
[出生地]東京市本郷区(東京都文京区)　[学歴]東京府立五中〔昭和16年〕卒、東京府立高文科乙類〔昭和19年〕卒、東京帝国大学文学部西洋史学科〔昭和23年〕卒

金原一郎の長男で、1月1日生まれから"元"と命名される。昭和19年学徒出陣で陸軍に入隊、千葉県の九十九里浜で兵役に就く。20年除隊して東京帝国大学に復学、「帝国大学新聞」の編集に従事。21年学生書房の創立に参加。23年卒業と同時に学術書院に入社して専務、25年医学書院設立に際して同専務。49年父の後を受けて社長に就任したが、53年食道がんにより54歳で急逝した。
【家族等】長男＝金原優(医学書院社長)、二男＝金原俊(医学書院副社長)、父＝金原一郎(医学書院社長)、弟＝金原健(学術図書印刷社長)、祖父＝金原寅作(金原出版創業者)、祖母＝金原鑄(金原商店代表)、伯父＝金原作輔(金原出版社長)、叔父＝金原二郎(金原出版販売社長)、四男＝金原四郎(金原出版社長)、従弟＝北川龍一(筑波大学教授)
【参考】『金原元 1924.1.1-1978.9.9』医学書院 1979

加納　勲　かのう・いさお
　　「少年倶楽部」編集長 勁文社創業者

[生年月日]大正8年(1919年)9月15日
[没年月日]平成5年(1993年)7月19日
[出身地]北海道　[学歴]早稲田大学政経学部〔昭和16年〕卒

講談社で雑誌「少年倶楽部」編集長を務め、昭和36年に勁文社を創立した。
【家族等】長男＝加納将光(勁文社社長)

壁村 耐三　かべむら・たいぞう
「週刊少年チャンピオン」編集長　秋田書店取締役

[生年月日]昭和9年（1934年）2月21日
[没年月日]平成10年（1998年）12月8日
[出身地]大分県　[学歴]倉敷工〔昭和27年〕卒

昭和33年秋田書店に入社。漫画雑誌「まんが王」、「冒険王」編集長を経て、47年「週刊少年チャンピオン」編集長。「ドカベン」を柱に「ブラック・ジャック」「がきデカ」「マカロニほうれん荘」「魔太郎が来る！」などの連載作を次々ヒットさせ、就任時30万部ほどの部数を52年には200万部、最盛期には少年雑誌として最高の240万部に到達させ同誌の黄金時代を築いた。

鎌田 敬止　かまた・けいし
白玉書房創業者　歌人

[生年月日]明治26年（1893年）8月5日
[没年月日]昭和55年（1980年）5月19日
[出生地]千葉県君津郡小糸（君津市）　[別名等]別号＝虚燒　[学歴]木更津中卒、三高卒、東京帝国大学医科大学中退

生家は醸造業を営む。三高を経て、東京帝国大学医学部に進むが中退。大正5年岩波書店に入り、「漱石全集」の編纂に従事。10年アルスを経て、昭和5年頃に平凡社で地名辞典編纂に協力。この間、歌誌「水甕」「アララギ」「珊瑚礁」同人となり、大正8年「行人」「日光」の創刊に参加。北原白秋に師事。昭和14年八雲書林を設立。筏井嘉一、加藤将之、五島美代子、斎藤史、佐藤佐太郎、館山一子、常見千香夫、坪野哲久、福田栄一、前川佐美雄の合同歌集「新風十人」や佐藤の第一歌集「歩道」といった近代短歌史における重要歌集や、同居していた小説家・野溝七生子の小説「女獣心理」などを送り出したが、19年戦時の企業整備により青磁社に統合され同社編集長。戦後の23年、白玉書房を創業。寺山修司「田園に死す」をはじめ、近藤芳美、葛原妙子、岡井隆、塚本邦雄らの歌集を次々と刊行し、戦後を代表する短歌出版社となった。
【参考】『野溝七生子というひと　散けし団欒』矢川澄子著　晶文社　1990

上条 勇　かみじょう・いさむ
地人書館創業者

[生年月日]明治33年（1900年）9月10日
[没年月日]昭和50年（1975年）1月2日
[出生地]長野県松本市

大正3年上京。富山房、中興館で修業し、昭和5年神田錦町に地人書館を開いた。社名は地質学者の小川琢治命名により、処女出版は「地理学講座」（全14巻）。理工学・医学薬学関係書や実用書、自然科学の一般向け解説書、自然観察書などを出版、特に「新標準星図」「天文観測年表」といった書籍で天文・宇宙科学分野で知られる出版社に育て上げた。9年に創刊した月刊誌「天気と気候」は、24年「天文と気象」を経て、59年「月刊天文」となった。

上村 勝弥　かみむら・かつや
「改造」編集主任　第一公論社副社長・編集長

[生年月日]明治29年（1896年）
[没年月日]没年不詳
[出身地]鹿児島県　[学歴]中央大学法科

改造社に勤務して「改造」編集主任を務める。その後、先進社社長や、新京印書館代表を経て、兄・哲弥が社長を務める第一公論社副社長・編集長として国策的総合誌「公論」の編集に従事。昭和21年同社は戦犯出版社としてやり玉に挙げられ、解散して出版業を廃した。
[家族等]兄＝上村哲弥（第一公論社社長）

上村 哲弥　かみむら・てつや
第一公論社社長　教育事業家

[生年月日]明治26年（1893年）7月31日
[没年月日]昭和53年（1978年）3月28日

[出身地]鹿児島県薩摩郡上甑村（薩摩川内市）
[旧名]上村清彦　[学歴]東京帝国大学法科大学政治学科〔大正8年〕卒

大正8年南満州鉄道（満鉄）に入社。東亜経済調査局に勤務し、社会事業研究のため欧米に留学。昭和3年松本亦太郎を会長に迎え日本両親再教育協会を設立し、機関誌「いとし児」を発行。7年満州国文教部学務司長を経て、11年満鉄参事兼総裁室福祉課長。その後、第一公論社社長として国策的総合誌「公論」を発行したが、21年同社は戦犯出版社としてやり玉に挙げられ、出版業を廃した。戦後は日本女子大学教授などを務めた。
[家族等]弟＝上村勝弥（編集者）

上森　子鉄　かみもり・してつ
キネマ旬報社社長

[生年月日]明治34年（1901年）3月12日
[没年月日]平成1年（1989年）8月16日
[出生地]石川県金沢市　[別名等]筆名＝上森健一郎　[学歴]松ケ枝尋常小〔大正2年〕卒

金沢市議などを務め私立金沢盲唖学校を創立した上森捨次郎の三男。父の活動で家が傾いたため、13歳で指物屋に奉公すべく上京。新聞配達をしながら苦学する中、配達先であった菊池寛の知遇を得、通い書生となる。その後、頑健な体躯を活かし、大正15年共同印刷争議に職工側で活躍。同じ頃、用心棒として梅原北明の文芸市場社に出入りしたのをきっかけに出版業に参入する。北明の去った後、会員制雑誌「変態・資料」を引き継ぐとともに「変態十二史」を昭和3年に完結させ、さらに発езе堂書院を経営。やがて映画興行に転じ、6年には松竹から三大スターを引き抜いて独立プロを旗揚げするという不二映画事件を起こした。古川ロッパのマネージャーや映画会社の顧問を務めるなど興行界の顔役となり、親友の財界人・今里広記の縁で日本航空機工業取締役なども兼務。18年文藝春秋社監査役。21年には鎌倉商工会議所初代会頭に就任。25年丸ビル内に千代田商事を設立。戦後は永田雅一や藤山愛一郎らの依頼もあって株主総会のしきり役を務め、三菱グループや証券界に影響力を持つ総会屋として知られた。政治にも関心を持ち、戦中・戦後を通じて衆院選に5回立候補している。出版では34年競馬業界紙「競馬新報」を創刊。現代評論社取締役。また、キネマ旬報社のオーナーとして52年、竹中労の連載を中断させるキネマ旬報事件を起こした。
[家族等]父＝上森捨次郎（石川県議）
【参考】香村啓文「"最後の総会屋"上森子鉄物語」（「月刊times」2006.4〜6）

神山　裕一　かみやま・ゆういち
実業之日本社常務

[生年月日]明治42年（1909年）4月11日
[没年月日]平成13年（2001年）4月11日
[出生地]埼玉県

実業之日本社に入社、30代で女性教養雑誌「新女苑」の編集長を務める。戦後、出版部長、編集局長、常務、実業之日本事業出版部代表取締役を歴任。昭和18〜19年陸軍報道部臨時嘱託として徴用され南方占領地に送られた。歌誌「香蘭」所属。59年現代歌人協会入会。歌集に「黒姫」「影」「流れの岸」などがある。

上山　義雄　かみやま・よしお
中統教育図書社長

[生年月日]生年不詳
[没年月日]平成8年（1996年）3月23日
[出生地]兵庫県神戸市

昭和22年中統教育図書を設立。高校進学のための学力試験・中統テストで知られる。学習図書の出版事業とともに、講演の企画や自ら創作童話を執筆。平成8年中国の北京大学で学ぶ若い研究者を支援しようと、北京大学上山出版基金を設立。
【参考】『道 上山義雄の足跡』中統教育図書 1997

亀井 蔀　かめい・しとみ
法律文化社創業者

[生年月日]大正1年(1912年)11月13日
[没年月日]昭和43年(1968年)9月18日
[出生地]京都府京都市　[学歴]立命館大学法学科〔昭和9年〕卒

昭和23年、21年に吉川大二郎が創刊した月刊誌「法律文化」を継承し、法律文化社を法人化した。社会科学・人文科学の学術書を手がけ、末川博監修「法学講座」(全3巻)や、「新文化選書」「学術選書」「市民教室」などのシリーズを出版。同社の基礎を固めた。35年日本出版書籍協会理事、36年京都支部長。

亀井 忠一　かめい・ただかず
三省堂創業者

[生年月日]安政3年(1856年)6月30日
[没年月日]昭和11年(1936年)1月30日
[出生地]江戸小石川(東京都文京区)　[旧名]中川　[別名等]幼名=鑑五郎

幕臣の五男。明治3年亀井家の養子となり、次兄・石川貴知の勧めで新宿に履物屋を開業。14年新宿の大火で店を失ったため、神田神保町に移って古本屋兼貸本屋の三省堂(さんしょうどう)を創業、16年には新刊書店に転換した。16年兄ら同業者と同盟四書房を設立して「ライト氏平面幾何学教科書」「ウヰルソン氏・第一リードル独案内」などを刊行し、出版事業にも着手。17年三省堂で独自に「英和袖珍字彙」を刊行したのを皮切りに、次々と翻訳書・辞典の出版を進め、のちには教科書・地図の出版にも乗り出した。23年店名の読みを"さんせいどう"に改める。28年からは自営の印刷所を持つようになり、インディアン紙の使用を始めるなど印刷技術の革新にも力を注いだ。41年本格的百科事典をめざして「日本百科大辞典」の刊行を開始、当初は全1巻の予定であったが、編集作業は困難を極め、最終的には全10巻という大規模なものになったことから経営が行き詰まり、45年倒産。大正4年に書店部門と出版・印刷部門を分割して株式会社化することで再建、以後は顧問となった。8年「日本百科大辞典」の刊行が完結した。

[家族等]妻=亀井万喜子(三省堂創業者)、四男=亀井寅雄(三省堂社長)、五男=亀井豊治(三省堂社長)、女婿=斎藤精輔(辞書編纂者)、神保周蔵(三省堂社長)
[参考]『三省堂の百年』三省堂 1982

亀井 辰朗　かめい・たつお
三省堂書店社長

[生年月日]大正6年(1917年)2月18日
[没年月日]平成8年(1996年)7月16日
[出生地]東京都　[旧名]坂巻　[学歴]東京帝国大学経済学部〔昭和14年〕卒

昭和14年大正海上火災入社。15年三省堂に転じ、24年常務、26年専務を経て、35年社長に就任。

[家族等]祖父=亀井忠一(三省堂書店創業者)、長男=亀井忠雄(三省堂書店社長)

亀井 龍夫　かめい・たつお
「新潮45」編集長 新潮社取締役

[生年月日]昭和5年(1930年)8月6日
[没年月日]平成22年(2010年)10月23日
[出生地]京都府京都市　[学歴]東京大学文学部仏文科〔昭和29年〕卒

昭和29年河出書房に入社、主に文芸出版を担当。32年よりフリーライターとなり、テレビ関係の仕事もする。36年新潮社に入社。「週刊新潮」編集部に所属し、60年「新潮45」の創刊編集長。同社取締役。

亀井 豊治　かめい・とよじ
三省堂書店会長

[生年月日]明治25年(1892年)8月22日
[没年月日]昭和35年(1960年)11月7日
[学歴]慶応義塾大学卒

父は三省堂創業者の亀井忠一で、11人きょ

うだいの五男（事実上の二男）。慶応義塾大学を卒業して三省堂に入社。大正8年取締役を経て、11年常務。昭和3年同社の株式会社化後も引き続き常務を務め、主に対外交渉で活躍した。5年兄・寅雄の社長就任伴い専務。16年には社長となり戦時中の困難な時代を乗り切ったが、戦後には独占禁止法により書店業務と出版業務を分離した。35年三省堂書店会長。

【家族等】父＝亀井忠一（三省堂創業者）、母＝亀井万喜子（三省堂創業者）、兄＝亀井寅雄（三省堂社長）、女婿＝盛田昭夫（ソニー創業者）。

亀井 寅雄　かめい・とらお
三省堂社長

[生年月日] 明治23年（1890年）11月20日
[没年月日] 昭和26年（1951年）1月1日
[出生地] 東京都　[学歴] 東京府立四中卒、一高卒、東京帝国大学法科大学〔大正5年〕卒

父は三省堂創業者の亀井忠一で、11人きょうだいの四男だが、上3人が早世したため事実上の長男として育つ。一高の寮では近衛文麿と同室。大正5年大学を卒業して社業に従事。8年常務、12年専務を経て、昭和5年社長。16年実弟・豊治に社長を譲り会長に退く。20年戦時の企業整備により三省堂出版が誕生すると同社長となった。

【家族等】息子＝亀井要（三省堂社長）、父＝亀井忠一（三省堂創業者）、母＝亀井万喜子（三省堂創業者）、弟＝亀井豊治（三省堂社長）。

【参考】『亀井寅雄追憶記』故亀井寅雄追憶記編纂準備会編 1956

亀井 万喜子　かめい・まきこ
三省堂創業者

[生年月日] 安政2年（1855年）3月6日
[没年月日] 昭和2年（1927年）3月24日
[出生地] 江戸駿河台（東京都千代田区）

江戸に生まれ、明治維新後に徳川氏の駿河移封に従って沼津に移住。明治3年同地で中川忠一を婿養子に迎える。14年神田神保町に移り、夫とともに古本屋・三省堂を開業。学問を好み、商売に精勤する傍ら英語塾で外国語を学ぶが、当時英語の辞書が高価であったことから、ウェブスター大辞書の翻訳を思いついた。17年に翻訳を開始し、21年に発売された同書の邦訳版は26万部以上の売れ行きを示し、これによってのちの三省堂の基礎が確立された。その後も夫を助けて書店の経営に尽力。

【家族等】夫＝亀井忠一（三省堂創業者）、四男＝亀井寅雄（三省堂社長）、五男＝亀井豊治（三省堂社長）、女婿＝斎藤精輔（辞書編纂者）、神保周蔵（三省堂社長）。

【参考】『故亀井萬喜子刀自追想録』三省堂 1928

亀谷 行　かめや・ぎょう
光風社創業者 漢詩人

[生年月日] 天保9年（1838年）11月
[没年月日] 大正2年（1913年）1月21日
[出生地] 対馬国厳原（長崎県対馬市）　[別名等] 号＝省軒

対馬厳原の出身で裕福な捕鯨業の家に生まれ、幼い時から学問を好む。24歳で藩を致仕、家督も譲って諸国を遊学し漢詩文を学ぶ。維新後、岩倉具視の知遇を得て官途に就いたが、明治6年辞官。上野不忍池畔に家塾を開き、傍ら光風社をおこして著述を出版、生活の資とした。幸い出版は大成功、恒産が出来るとこれを閉じ、以後は専ら漢詩文の創作に傾注した。和漢洋の嘉言善行を集録した「修身児訓」は明治10年代の修身教科書として広く普及した。

亀山 巌　かめやま・いわお
豆本製作者 名古屋タイムス社長

[生年月日] 明治40年（1907年）2月20日
[没年月日] 平成1年（1989年）5月23日
[出生地] 愛知県名古屋市　[学歴] 愛知県立工〔大正13年〕卒

昭和3年名古屋新聞社（現・中日新聞社）入社。

27年取締役編集局長、31年相談役となり、37～49年名古屋タイムス社長を務めた。自ら"遊民"と称し、「作家」などの同人誌の表紙を手がけ、51年には個展「黒の世界」を開く。性器や直腸を素材にしたカット類は熱烈なファンを産んだ。一方、42年より年4冊カレンダー1冊、計5冊のペースで「名古屋豆本」を制作（限定300部）、亡くなるまでに豆本144冊を出版した。画集に「亀山巌の絵本」がある。
【参考】『亀山巌の絵本』亀山巌著 作家社 1975／「象 亀山巌の小宇宙」18号 1994

萱沼 肇　かやぬま・はじめ
友愛書房主人

[生年月日]大正5年（1916年）4月1日
[没年月日]昭和63年（1988年）4月12日
[出生地]山梨県南都留郡瑞穂村（富士吉田市）
[学歴]専修大学経済専科卒、正則英語学校卒

昭和3年上京、牛乳配達をしながら専修大学夜間部の経済専科、正則英語学校に学ぶ。15年近衛師団に入隊し、16年中国大陸で従軍。22年復員後、賀川豊彦の書生を経て、25年神田神保町でキリスト教関係専門の古書店・友愛書房を開業。キリスト教書以外にも明治期の社会主義関係や江戸時代の洋学書などを扱い、大胆な手腕で知られた。東京都古書籍商業協同組合理事長、明治古典会会長も務めた。
【参考】『紙魚の昔がたり 昭和篇』反町茂雄編 八木書店 1987

萱原 宏一　かやはら・こういち
「講談倶楽部」編集長 講談社取締役編集局長

[生年月日]明治38年（1905年）4月10日
[没年月日]平成6年（1994年）1月14日
[出生地]香川県　[学歴]早稲田大学政経学部卒

昭和2年講談社に入社して、「講談倶楽部」「キング」編集長を経て、取締役編集局長。戦後、放送界に移り、文化放送常務、フジテレビ常務、フジ・サウンド社長を歴任。のち文筆に専念。主著に「私の大衆文壇史」「八方破れ野球放送」「戦中比島嘱託日誌」、共著に「老記者の置土産 昭和を通じての人物談義」など。
[受賞]長谷川伸賞〔昭和59年〕
【参考】『私の大衆文壇史』萱原宏一著 青蛙房 1972

茅原 茂　かやはら・しげる
日本評論社創業者

[生年月日]明治8年（1875年）
[没年月日]大正14年（1925年）
[出生地]東京都　[別名等]筆名=小松蘭雪

博文館編集部、東京日日新聞記者を経て、大正元年雑誌「東京評論」を創刊。6年兄の茅原華山が主宰した「日本評論」と合併、発行所を日本評論社とした。7年末頃から出版部を設けて、同誌が5号で休刊した後は本格的に書籍出版を始めたが、14年早世した。
[家族等]兄=茅原華山（ジャーナリスト）

唐木 邦雄　からき・くにお
「図書新聞」編集部長

[生年月日]大正5年（1916年）10月18日
[没年月日]昭和60年（1985年）2月12日
[出生地]広島県呉市　[出身地]長野県上伊那郡中箕輪村（箕輪町）　[学歴]伊那中〔昭和9年〕卒、松本高文科乙類〔昭和14年〕卒、東京帝国大学文学部国史学科〔昭和16年〕卒

医師の長男として広島県呉市で生まれ、大正15年父の郷里での開業に伴い長野県箕輪に移る。東京帝国大学在学中は「帝国大学新聞」の編集に従事、昭和16年繰り上げ卒業して同盟通信社に入社。17年応召、18年南方戦線に送られ、陸軍中尉としてインパール作戦に従軍した。21年復員して日本出版協会編集室に入り、機関紙「日本読書新聞」を編集、24年同紙編集長。28年図書新聞に転じ、30年書評紙「図書新聞」編集部長。50年同社閉鎖により退社した。36年より日本酒愛飲家の集い・

樽の会の代表世話人も務めた。
【参考】『回想唐木邦雄』金達寿編 審美社 1987／『塒 唐木邦雄文集』唐木邦雄著 審美社 1987

唐沢 好雄　からさわ・よしお
桃園書房創業者

[生年月日]大正10年（1921年）9月23日
[没年月日]平成8年（1996年）9月3日

畝傍書房勤務を経て、昭和23年東京・神田に桃園書房を創業。月刊誌「小説倶楽部」を発行し、43年「小説CLUB」に改題。また、41年釣り雑誌の「つりmagazine」、47年「月刊へら」を創刊。同社は娯楽書や成人向け書籍を手がける出版社へと成長した。
[家族等]長男＝唐沢俊介（桃園書房社長）

河井 酔茗　かわい・すいめい
女性時代社創業者 詩人

[生年月日]明治7年（1874年）5月7日
[没年月日]昭和40年（1965年）1月17日
[出生地]大阪府堺市北旅籠町　[本名]河井又平　[別名等]幼名＝幸三郎　[学歴]東京専門学校中退　[資格]帝国芸術院会員〔昭和12年〕

生家は呉服商を営む。少年時より物語や新体詩に親しみ、明治24年頃から「少年文庫」「いらつめ」などに詩歌や小説を投稿。28年上京して「文庫」（「少年文庫」の後身）の記者となり、同誌を中心に詩を発表した。その後一旦帰郷し、30年小林天眠、高須梅渓、中村吉蔵ら大阪在住の文学者たちと浪華青年文学会（のち関西青年文学会）を結成。34年処女詩集「無弦弓」を刊行。同年再び上京し、東京専門学校（現・早稲田大学）で聴講。36年山県悌三郎の紹介で「電報新聞」に入社し、社会面に配属、のち同主任。39年人員整理のため同社を退社した後は女子文壇社に勤務し、「女子文壇」の編集に当たった。40年「文庫」を離れ、有本芳水、川路柳虹らと詩草社を興して「詩人」を発刊し、口語自由詩運動を推進するが、41年同誌は10号で休刊。以後は「女子文壇」のほか「少年世界」「学生」などで詩の選評を務めた。大正2年婦人之友社に移り、「子供之友」「新少女」の編集に従事。12年退社後はアルス出版部嘱託を経て、昭和5年女性時代社を設立、「女性時代」を創刊して女流詩人の育成指導に尽力するとともに相馬黒光「黙移」、島本久恵「長流」などを刊行した。12年帝国芸術院会員。戦後の23年、女性時代社を塔影詩社に改称し、機関紙「塔影」を発行した。
[家族等]妻＝島本久恵（小説家・歌人）

川合 晋（初代）　かわい・すすむ
東海堂創業者

[生年月日]万延1年（1860年）10月23日
[没年月日]大正5年（1916年）4月2日
[出生地]遠江国中内田村（静岡県菊川市）
[旧名]平野

明治8年浜松師範の分校舜養学校卒業、数年同校で教鞭を執り18年上京。19年京橋で東海堂を創業して新聞雑誌の売捌業を始め、やがて書籍の取次にも進出。同社を戦前の4大取次の一つに育て上げた。31年新聞部門を独立させ東海信文合資会社を創設。東京書籍商組合評議員、東京雑誌販売業組合幹事長などを歴任。
[家族等]長男＝川合晋（2代目）、女婿＝林善七（林平書店社長）
【参考】『藤の園 川合晋追悼録』東海堂 1941

川合 晋（2代目）　かわい・すすむ
東海堂社長

[生年月日]明治31年（1898年）9月15日
[没年月日]昭和15年（1940年）2月14日
[出生地]東京市（東京都）　[旧名]川合一男
[学歴]慶応義塾大学経済学部〔大正12年〕卒

父は書籍の4大取次の一つ、東海堂を創業した初代川合晋。大正5年父が亡くなると、支配人国領友太郎が後見役となり社業を維持した。12年大学を卒業して東海堂代表社員に就

任。15年欧米各国の出版業界を視察し、2代目川合晋を襲名。昭和2年帰国。12年株式会社に改組したが、15年42歳で急逝した。
[家族等] 父＝川合晋（初代），義弟＝林善七（林平書店社長）

河合 善次郎　かわい・ぜんじろう
新日本法規出版創業者

[生年月日] 大正4年（1915年）10月22日
[没年月日] 平成11年（1999年）9月23日
[出生地] 岐阜県益田郡下呂町（下呂市）　[学歴] 日本大学専門部商経科〔昭和12年〕卒

昭和11年帝国法規出版に入社。15年社会保険協会営業部長、18年第一法規出版大阪営業所長を経て、23年新日本法規出版を創業した。

河相 全次郎　かわい・ぜんじろう
八重洲ブックセンター社長 鹿島研究所出版会社長

[生年月日] 昭和4年（1929年）5月20日
[没年月日] 平成22年（2010年）7月10日
[出生地] 広島県福山市　[学歴] 慶応義塾大学文学部〔昭和28年〕卒

鹿島建設に入り、昭和39年鹿島研究所出版会に出向。46年専務、51年副社長を経て、55～60年社長を務めた。傍ら、53年八重洲ブックセンター社長となり、60年会長。61年鹿島出版会副会長、平成5年鹿島建設副社長を兼務。この間、4年日本書籍出版協会相談役。著書に「嘘か真か幻か」「無」がある。
[家族等] 兄＝河相誠一郎（鹿島建設副社長）

河合 徹　かわい・とおる
玄文社主宰

[生年月日] 明治44年（1911年）8月15日
[没年月日] 平成4年（1992年）2月23日
[出生地] 兵庫県神戸市　[学歴] 一高文科卒、東北帝国大学法文学部〔昭和11年〕卒

昭和12年全国農民組合関東出張所書記となるが、人民戦線事件に連座し、13年逮捕される。15年昭和研究会に勤務したが、16年再び拘禁された。21年日本共産党に入党、34年同党公認で岡山市議に当選。38年党を除名されたが、46年まで市議に3選。引退後は玄文社を創業した。著書に「回想録 十五年戦争の中の青春」がある。
【参考】『回想録 十五年戦争の中の青春』河合徹著 日本図書刊行会 1988

川合 仁　かわい・やすし
学芸通信社創業者

[生年月日] 明治33年（1900年）12月22日
[没年月日] 昭和38年（1963年）10月29日
[出生地] 山梨県東山梨郡上万力村（山梨市）
[学歴] 山梨県立農林学校〔大正10年〕卒

山梨県で300年続く農家の長男。大正12年上京して平凡社に入社。社長・下中弥三郎の啓明会運動に積極的に参加し、機関誌「文化運動」の編集に従事。同年末同郷の前田晁の紹介で日本電報通信社文芸部に入り、地方紙への原稿配信業務に携わった。14年「潮流」同人となり、以後「文芸解放」などに参加。昭和3年電通を退社し、4年新聞文芸社を設立。地方紙8社を集めて地方新聞小説連盟を作り、三上於菟吉、直木三十五、徳田秋声らの小説を地方紙へ配稿した。同社社員第1号は川崎長太郎で、伊藤永之介、遠藤斌、石田博英らも在籍した。10年同社機関紙として「日本学芸新聞」を創刊、15年同業8社と合同して日本学芸新聞社を設立、社長に就任。20年7月陸軍少尉として召集されたが即日除隊。同じ頃、社も運営が不可能になり解散した。21年自由新聞社創立に参画、総務部長兼文化部長（23年解散）。24年仁書房を開き、石川三四郎「西洋社会運動史」改訂版などを出版したが、同年学芸通信社を再建（25年仁書房を閉鎖）。28年学芸通信社を株式会社に改組して社長に就任、取り扱い新聞小説で業界首位に育て上げた。
[家族等] 長男＝川合澄男（学芸通信社社長）
【参考】『回想・川合仁』回想・川合仁刊行会

編 1975

川上 市郎　かわかみ・いちろう
大修館書店副社長

[生年月日]大正6年（1917年）7月23日
[没年月日]平成5年（1993年）6月13日
[出身地]東京都　[学歴]早稲田実〔昭和11年〕卒

昭和11年大修館書店に入社。取締役を経て、48年副社長。「大漢和辞典」「スタンダード仏和辞典」「スタンダード和仏辞典」などの編集に携わった。辞典協会理事長も務めた。

川口 芳太郎　かわぐち・よしたろう
好学社創業者 図書印刷社長 学校図書社長

[生年月日]明治29年（1896年）12月20日
[没年月日]昭和60年（1985年）4月27日
[出身地]静岡県　[学歴]沼津商〔大正3年〕卒

大正15年家業の印刷業を継ぎ、昭和18年改組して川口印刷社長に就任。19年数社を合せて帝国印刷と改称、さらに22年図書印刷と改称。23年学校図書社長。21年好学社を創業、23年株式会社に改組。52年会長。
[叙勲]勲三等瑞宝章〔昭和42年〕

川崎 吉蔵　かわさき・きちぞう
山と渓谷社創業者 登山家

[生年月日]明治40年（1907年）10月15日
[没年月日]昭和52年（1977年）8月24日
[出生地]東京市芝区（東京都港区）　[別名等]別名＝大森三郎　[学歴]早稲田大学政経学部政治学科〔昭和5年〕卒

昭和5年5月中島喜代志らと谷川岳一の倉沢、二の倉沢登頂に成功、同年山と渓谷社を創立、日本で初めての山岳雑誌「山と渓谷」を創刊した。6年には「アルパイン、カレンダー」を創刊、15年株式会社に改組、19年社名を山とスキー社と改め、「山と渓谷」も「山とスキー」にした。戦後21年1月社名、誌名ともに復興し、35年4月には創業30周年を記念して山渓山岳賞を設定し、山岳ジャーナリズム開拓に貢献した。
[家族等]長男＝川崎吉光（山と渓谷社社長）
【参考】『川崎吉蔵遺稿集』山と渓谷社 1978

川崎 竹一　かわさき・たけいち
文藝春秋出版部長 フランス文学者

[生年月日]明治37年（1904年）3月23日
[没年月日]昭和57年（1982年）4月28日
[出生地]長崎県　[学歴]九州帝国大学文学部仏文科〔昭和4年〕卒

昭和4年文藝春秋社に入社。14年「文学界」編集長となり、企画、出版、調査各部長を歴任した。19年以降著述業に入る。著書に「若き日の島崎藤村」などがあり、仏文学者としてもJ.ルマルシャンの「成功する考え方」、ジョルジュ・サンド「彼女と彼」、ジュール・ロマン「善意の人々」などの翻訳がある。

川崎 文治　かわさき・ぶんじ
ピーケー通信社長 東西南北社社長

[生年月日]明治28年（1895年）11月25日
[没年月日]昭和42年（1967年）2月1日
[出生地]福島県平市（いわき市）　[学歴]中央大学経済科中退

常盤毎日新聞社長を経て、昭和20年10月日本出版協会に入り専務理事。ピーケー通信社長、東西南北社社長の他、日本出版協会常務理事、東京出版協同組合理事長、日本出版クラブ評議員を歴任。

川島 喜代詩　かわしま・きよし
川島書店創業者 歌人

[生年月日]大正15年（1926年）10月29日
[没年月日]平成19年（2007年）4月24日
[出生地]東京都台東区浅草　[学歴]明治大学専門部政治経済学科〔昭和25年〕卒

昭和22年朝倉書店、31年誠信書房を経て、39年川島書店を設立、社長。この間、19年佐藤

佐太郎歌集「しろたへ」に接し、強く傾倒する。26年発刊間もない「歩道」に入会。58年長沢一作らと「運河」を創刊、同人。歌集に「波動」「層灯」「星雲」などがある。
[受賞]現代歌人協会賞〔昭和45年〕「波動」、短歌研究賞〔昭和56年〕

川頭 九郎次　かわず・くろうじ
川頭春陽堂社長

[生年月日]明治26年(1893年)3月23日
[没年月日]昭和43年(1968年)3月12日
[出生地]佐賀県

明治44年川頭春陽堂を創業。書籍の小売業を営み、駅の構内に新刊雑誌の売店を設置。また、ホテルや病院内のスタンドなどへの卸売りも行った。昭和2年三共商会を設立し、代表社員に就任。

河出 静　かわで・しず
河出書房社長

[生年月日]明治40年(1907年)
[没年月日]平成13年(2001年)1月25日
[出身地]東京都

河出書房の前身である成美堂創業者・河出静一郎の長女。夫の孝雄が社長時代に文芸出版社としての地位を確立したが、昭和32年倒産。同年夫が河出書房新社を設立後も河出書房を存続させ、主に自費出版事業などを行った。
[家族等]夫=河出孝雄(河出書房新社社長)、父=河出静一郎(成美堂創業者)、長男=河出朋久(河出書房取締役)

河出 静一郎　かわで・せいいちろう
河出書房創業者

[生年月日]安政4年(1857年)2月15日
[没年月日]昭和11年(1936年)3月2日
[出生地]美濃国羽島郡小熊村(岐阜県羽島市)

明治19年勤めていた出版・取次業の成美堂の東京進出に伴い、上京。のち独立して数学・理学・地理学・農学系の学術書を手がける出版社・成美堂を創業した。尾関正求「数学三千題」や次田潤「万葉集新講」など、東京大学系の教科書や国文学書も多く刊行。昭和5年養子の孝雄に店を任し、引退した。8年同社は成美堂・河出書房から河出書房に社名変更し、文芸専門の出版社として発展を遂げた。
[家族等]養子=河出孝雄(河出書房新社社長)

河出 孝雄　かわで・たかお
河出書房新社社長

[生年月日]明治34年(1901年)4月20日
[没年月日]昭和40年(1965年)7月22日
[出生地]徳島県三好郡山城町(三好市)　[旧名]島尾孝雄　[学歴]東北帝国大学法文学部〔大正15年〕卒

大正15年成美堂に入社。昭和5年同社社長・河出静一郎の養嗣子となり経営を引き継ぐ。8年河出書房に改称。以後、成美堂以来の農業書に加え文芸書一般にも進出。13年「知性」を創刊し、19年には改造社から「文芸」を継承するなど、雑誌の面からも文芸界に貢献した。22年社長。「ドストエーフスキー全集」や「現代日本小説大系」「世界文学全集」など内外に渡る大胆な出版企画を実施し、そのため経営危機におそわれたがそれも克服し、総合出版社化に成功した。
[家族等]兄=島尾秀一(河出書房副社長)

河中 一学　かわなか・いちがく
良書普及会社長

[生年月日]大正10年(1921年)12月2日
[没年月日]平成13年(2001年)10月29日
[学歴]京都帝国大学法学部〔昭和21年〕卒

良書普及会創業者・河中俊四郎の長男。昭和21年良書普及会編集部、専務を経て、46年社長。河中自治振興財団常務理事、出版梓会監事も務めた。
[家族等]父=河中俊四郎(良書普及会創業者)、弟=河中二講(成蹊大学名誉教授)
【参考】久世公堯「河中一学さんを偲ぶ」(「自治実務セミナー」2002.1)

河中　俊四郎　かわなか・しゅんしろう
良書普及会創業者

[生年月日]明治21年（1888年）4月30日
[没年月日]昭和45年（1970年）12月31日
[出生地]広島県深安郡下加茂村（福山市）
[学歴]日本大学法科卒

大正3年文部省嘱託として「良書新報」を創刊。5年良書普及会を創設、同代表。14年月刊誌「自治研究」、昭和4年「警察研究」、37年「自治実務セミナー」を創刊した他、各種法令集や地方行政、警察行政の学術専門書を数多く発行。14年日本加除式出版商業組合を設立して理事長。34年良書普及会を株式会社に改組。36年日本官公図書出版協会初代理事長、45年日本出版協会会長を歴任。同年私財を投じて河中自治振興財団を設立した。
[家族他]長男＝河中一学（良書普及会社長），二男＝河中二講（成蹊大学名誉教授）　［叙勲］勲四等瑞宝章〔昭和41年〕
【参考】『地方自治論文集』良書普及会 1972

川仁　宏　かわに・ひろし
現代思潮社編集長

[生年月日]昭和8年（1933年）6月19日
[没年月日]平成15年（2003年）2月5日
[出生地]東京市淀橋区（東京都新宿区）　［出身地］東京府北多摩郡小金井村（東京都小金井市）　［別名等］筆名＝穴木照夫, フーダニット
[学歴]慶応義塾大学卒

東京市淀橋区（現・新宿区）に二男として生まれ、府下小金井村（現・小金井市）で育つ。慶応義塾大学を卒業、卒論テーマは「サルトル」。昭和37年山口健二らの自立学校設立に関与して運営委員。38年から今泉省彦らと形象社の美術雑誌「形象」「機関」の編集に加わる。40年赤瀬川原平らの千円札事件で起訴され、千円札事件懇談会を組織して同事務局長。42年2月山口・太田竜らとレボルト社を設立、46年まで「世界革命運動情報」を発刊。この間、42年10月現代思潮社に入社。企画部次長（編集長）として美学校の構想や千円札裁判などに関わりながら、47年10月の退社まで旺盛に編集・出版活動に従事、中村宏画集「望遠鏡からの告示」、唐十郎「腰巻お仙」、土方巽「鎌鼬」、赤瀬川「オブジェを持った無産者」、「稲垣足穂大全」（全6巻）などを手がけてアングラ芸術への関心を惹起した。49年西神田の自宅にてフーダニットの名で編集の仕事を始める。赤瀬川は、「企む」人・川仁の優れたプロデュース力を政治（運動）性と芸術（遊び）性を同時にあわせ持つものと評した。以後、執筆・編集・デザインの仕事をしながら、美術家や舞踏家との競演によるライブを50回以上行う。平成15年自室で転倒して急死した。
【参考】『口もなし、舌もなし、喉もなし 川仁宏追悼集』川仁宏追悼集刊行会編 2005

河野　源　かわの・げん
成光館創業者

[生年月日]明治13年（1880年）9月5日
[没年月日]昭和29年（1954年）5月27日
[出生地]長野県上伊那郡東春近村（伊那市）

幼少時に一家をあげて上京するが、家計が苦しいため9歳の頃から日本橋の老舗書店・中島書店で働く。明治39年独立して神田元佐久間町に成光館を創業。当初は小額の資本であったため苦労するが、見切り本に着目し、その再版と卸売りとして成功した。大正12年の関東大震災で大打撃を受けるが、復興に力を尽くし、以前にも増して盛業を見たという。

河原　武四郎　かわはら・ぶしろう
河原書店創業者

[生年月日]明治33年（1900年）3月29日
[没年月日]昭和43年（1968年）7月11日
[出生地]京都府北桑田郡神吉村（南丹市）
[学歴]京都一中卒

一條書店代表、大八洲出版取締役を経て、昭和2年京都・下鴨にカハラ書店を創業。8年頃

から茶道関係の出版を行い、12年河原町通りに移転した後は茶道・華道・謡曲・美術などの専門出版社としての地位を固める。21年商号を河原書店とし、25年には出版を行う河原書店と小売を行う河原書房に社を分けた。

川辺　博　かわべ・ひろし
博文社社長

[生年月日]明治36年（1903年）11月12日
[没年月日]平成8年（1996年）8月16日
[出身地]長野県南安曇郡

昭和2年川辺書店設立。22年博文社設立、社長、61年会長。

川又　銀蔵　かわまた・ぎんぞう
川又書店社長

[生年月日]明治18年（1885年）4月1日
[没年月日]昭和22年（1947年）3月18日
[出生地]茨城県水戸市

中学卒業後、父が開業した清水屋川又書店を継承。新刊書籍・雑誌や中等教科書、文房具類を取り扱った他、茨城県下の国定教科書取次や出版業も行う。日本出版物小売業組合全国連合会幹事、茨城県書店連合会会長を歴任。

河村　昭三　かわむら・しょうぞう
レッスンの友社創業者

[生年月日]昭和3年（1928年）2月5日
[没年月日]平成20年（2008年）2月6日
[出生地]富山県　[学歴]国立音楽学校（現・国立音楽大学）中退

太平洋戦争末期に志願兵として戦車部隊に入隊、戦後シベリアに抑留される。復員後、国立音楽学校（現・国立音楽大学）でピアノを学び、ピアノ教師として子どもの教育に携わる。その中でピアノ教材に疑問を持ち、ソ連の作曲家ドミトリー・カバレフスキーに手紙を出してその作曲による子どものためのピアノ曲の楽譜を日本で初めて出版。昭和38年家庭芸術社を創業し、同年我が国初のピアノ専門誌「レッスンの友」を創刊。40年レッスンの友社に社名変更、47年株式会社に改組。61年我が国唯一の弦楽器専門誌「ストリング」を創刊した。平成12年会長。
[家族等]長男＝河村純一（レッスンの友社社長）

河村　敏雄　かわむら・としお
大日本図書社長

[生年月日]明治34年（1901年）7月11日
[没年月日]昭和63年（1988年）5月11日
[出生地]岐阜県岐阜市　[学歴]東京府立工芸〔大正10年〕卒

大正14年大日本図書編集部に入る。昭和15年常務、21年専務を経て、34年社長、45年会長。
[叙勲]勲三等瑞宝章〔昭和46年〕

神吉　晴夫　かんき・はるお
光文社社長

[生年月日]明治34年（1901年）2月15日
[没年月日]昭和52年（1977年）1月24日
[出生地]兵庫県印南郡西神吉村（加古川市）
[学歴]東京外国語学校仏語部貿易科〔大正11年〕卒,東京帝国大学文学部仏文科〔昭和2年〕中退

農家の二男。昭和2年講談社に入社、主に宣伝部門を担当。16年太平洋戦争開戦時は出版局児童課長。20年10月光文社創立に参画し常務として編集を担当、専務の茂木茂、取締役の五十嵐勝弥と三本柱の布陣で、雑誌「光」創刊から活動が始まると編集畑で活躍。南博「社会心理学」を皮切りに、波多野勤子「少年期」、松本清張「点と線」などの大ヒットを出す。29年には伊藤整「文学入門」、中村武志「サラリーマン目白三平」の2冊を第1弾とする新書版「カッパブックス」を刊行、34年小説叢書「カッパノベルズ」を、38年ビジネスマン向けの「カッパビジネス」を創刊。著書からの持ち込み原稿をあてにするのではなく、自ら企画立案して著者と苦労を共にして原稿を完成させ、宣伝によって読者人口を開

発する "創作出版" を信条とし、岩田一男「英語に強くなる本」、多湖輝「頭の体操」など多くのベストセラーを手がけ、ベストセラーづくりの名人といわれた。また、ベストセラーであることを新聞紙への全面広告によって強く読者に印象づける手法で、一層の効果を上げた。40年社長に就任したが、45年光文社争議で退陣。同年〜51年サンケイ新聞出版局顧問。52年かんき出版を設立した。

【参考】『カッパ大将 神吉晴夫奮戦記』片柳忠男著 オリオン社出版部 1962

神田 山陽（2代目） かんだ・さんよう

⇒浜井 弘（はまい・ひろむ）を見よ

神田 豊穂 かんだ・とよほ
春秋社創業者

[生年月日]明治17年（1884年）3月4日
[没年月日]昭和16年（1941年）8月6日
[出生地]茨城県行方郡麻生村（行方市） [別名等]号=石秋，一路，筆名=神田意智楼 [学歴]麻布中卒

生家は常陸麻生藩主新庄家の客分で、家老格の家柄。著述を生業とした神田民衛の末っ子の三男。キリスト教牧師を志したが断念し、文学を志望。明治末に神田意智楼の筆名で「文芸倶楽部」「新潮」などに文章を発表した。久米邦武の助手として雑誌「能楽」の記者を務めた後、大正7年春秋社を創立。昭和10年株式会社に改組。我が国初の「トルストイ全集」「ドストエフスキー全集」を刊行した他、西田天香「懺悔の生活」、中里介山「大菩薩峠」なども評判を呼んだ。円本ブームの際には「世界大思想全集」（第1期全124巻、第2期全29巻）を出版、10万部以上を発行した。

[家族等]息子=神田龍一（春秋社社長）、寺尾貢（春秋社社長）、父=神田民衛（著述家）
【参考】『能楽のために』神田龍一編 1943

神田 龍一 かんだ・りゅういち
春秋社社長

[生年月日]明治44年（1911年）3月10日
[没年月日]昭和55年（1980年）6月12日
[出生地]東京都 [学歴]慶応義塾大学中退

春秋社創業者・神田豊穂の長男。昭和初期に大学を中退して春秋社に入社。21年復員後は瀬藤五郎を編集に迎えて再出発し、経済書の出版社として一時代を拓いた。

[家族等]父=神田豊穂（春秋社創業者）、弟=鷲尾貢（春秋社社長）

上林 暁 かんばやし・あかつき

⇒徳広 巌城（とくひろ・いわき）を見よ

上林 吾郎 かんばやし・ごろう
「文藝春秋」編集長 文藝春秋社社長

[生年月日]大正3年（1914年）7月30日
[没年月日]平成13年（2001年）6月21日
[出生地]京都府京都市 [学歴]早稲田大学文学部国文科〔昭和14年〕卒

昭和14年文藝春秋社に入社。「文学界」「オール読物」「文藝春秋」編集長を経て、34年「週刊文春」の初代編集長を務めるなど名編集者として知られた。36年取締役、43年常務、54年専務、57年副社長を歴任し、59年社長に就任。63年会長、平成5年取締役相談役に退いた。

[受賞]日本宣伝賞（大賞、第40回）〔平成7年〕

神戸 文三郎 かんべ・ぶんざぶろう
大明堂創業者

[生年月日]明治24年（1891年）12月6日
[没年月日]昭和37年（1962年）10月22日
[出生地]埼玉県北足立郡鴻巣町（鴻巣市）

明治38年上京。東亜堂で修業した後、大正7年小売店の大明堂を創業。11年駿河台に移転して出版業に進出、処女出版は村上浪六「水車」。「受験生」「教員受験生」「文検受験生」などの月刊受験雑誌を発行したが、昭和19年

戦時の企業整備により旺文社と合併した。戦後、同社を再興して人文科学系の学術書の出版に努めた。日本書籍出版協会理事、日本出版クラブ評議員を歴任。
[家族等]息子＝神戸祐三（大明堂社長）

【き】

木内 高音　きうち・たかね
中央公論社出版部長 児童文学者

[生年月日]明治29年（1896年）2月28日
[没年月日]昭和26年（1951年）6月7日
[出生地]広島県尾道市　[出身地]長野県北佐久郡志賀村（佐久市）　[学歴]早稲田大学英文科〔大正8年〕卒

尾道で生まれ、神戸、小樽と移り住み、10歳より父の郷里・長野県北佐久郡で過ごす。早大卒業後は広島県で中学教師を務めた後、大学在学中より傾倒していた鈴木三重吉主宰の雑誌「赤い鳥」編集を手伝う。大正12年同誌に「お耳の薬」を発表して以来、32編の作品を同誌に発表したが、創作よりも三重吉の綴り方教室や綴り方読本の普及の業績で名高い。生前の宮沢賢治の作品を、東京で初めて評価した編集者ともいわれる。昭和4年中央公論社に移り、14年出版部長、15年参与。のち日本新聞協会に勤めた。童話集「ジョンの馬車」「スフィンクス物語」「無人島の少年」「水菓子屋の要吉」などがある。

桔梗 五郎　ききょう・ごろう
編集者

[生年月日]明治43年（1910年）6月8日
[没年月日]昭和20年（1945年）8月20日
[別名等]筆名＝青木照夫　[学歴]明治大学文芸科〔昭和11年〕卒

改造社に入社。文芸誌「文芸」編集部に在籍。敗戦後の昭和20年8月20日、ルソン島で戦病死した。
[家族等]兄＝桔梗利一（編集者）
【参考】「批評 桔梗五郎追悼号」8巻2号 1946.10／西村孝次「回想の『批評』〔3〕 桔梗五郎のこと」（「日本古書通信」1992.3）

菊竹 嘉市　きくたけ・かいち
金文堂主人

[生年月日]慶応4年（1868年）5月1日
[没年月日]昭和10年（1935年）4月16日
[出生地]筑後国久留米米屋町（福岡県久留米市）　[学歴]久留米中〔明治18年〕中退

生家は父が創業した筑後久留米の書籍商・二文字屋で、5人弟妹の長男。明治18年父の病気のため学業を中退して家業を継ぐ。店名を金文堂と改め、卸問屋兼業、定価現金販売、陳列式店舗などの新機軸を打ち出した。42年火災で店舗・家財を焼失するが、業務を発展させ、大正6年には福岡に支店を出した。15年金文堂を合資会社に改組して退隠。普請建築を趣味とし、店舗改造や新築の図面は自ら手がけた。また、10年勤続した店員には独立開業を後援し、九州各地に本店の屋号である"金"の字を付けた系列店が広まった。福岡県書籍雑誌商組合長、久留米商工会議所会頭も務めた。
[家族等]長男＝菊竹大蔵（金文堂社長）
【参考】『菊竹嘉市翁伝』故菊竹嘉市追悼録編纂会編 1936

菊竹 大蔵　きくたけ・たいぞう
金文堂社長

[生年月日]明治26年（1893年）10月31日
[没年月日]昭和31年（1956年）5月19日
[出生地]福岡県久留米市　[学歴]久留米商卒

金文堂主人・菊竹嘉市の長男。父の後を継いで金文堂社長となり、福岡県出版物小売業組合理事長に就任。昭和16年日本出版配給が誕生すると同社取締役。20年日本出版物小売統制組合全国連合会（現・日本書店商業組合連合会）の発足に際して常任幹事となった。

[家族等]父＝菊竹嘉市（金文堂代表）

菊池 寛　きくち・かん
文藝春秋社創業者 小説家

[生年月日]明治21年（1888年）12月26日
[没年月日]昭和23年（1948年）3月6日
[出生地]香川県高松市七番丁　[本名]菊池寛（きくち・ひろし）　[別名等]筆名＝菊池比呂士、草田杜松太郎　[学歴]京都帝国大学文科大学英文科〔大正5年〕卒

讃岐高松藩儒を務めた家柄で、漢詩人・菊池五山は祖先に当たる。明治43年一高に入り、芥川龍之介、久米正雄、成瀬正一らを知るが、大正2年友人の窃盗の罪を着て退学。京都帝大英文科選科に進み、3年芥川らの勧めで第三次、第四次「新思潮」に参加。5年時事新報社会部に入社したが、6年頃から本格的に創作を開始、7年「無名作家の日記」「忠直卿行状記」、8年「恩讐の彼方に」、9年短編「蘭学事始」などを発表して、作家としての地位を確立。9年の「真珠夫人」以降は通俗小説にも手を染めて話題作を次々と送り出し、一躍流行作家となった。12年文藝春秋社を創立して「文藝春秋」を創刊、それまで版元の顧使に甘んじてきた文学者たちに独立した活躍の場を与えるとともに斬新な編集手法と内容で当時のジャーナリズムに多大な衝撃と影響を与えた。一方、文学者の社会的地位向上にも深い関心を持ち、10年劇作家協会と小説家協会を結成、15年には両者を合併して文芸家協会を組織した。文壇の大御所として重きをなし、10年日本文学振興会を設置して芥川賞、直木賞を設けた。12年帝国芸術院会員（22年辞任）。戦後、文藝春秋社を解散したが、社員であった池島信平らはかつて同社副社長を務めた佐佐木茂索を擁立して文藝春秋新社を発足させ、社を存続させた。

【参考】『半自叙伝』菊池寛著 平凡社 1930（岩波文庫 2008）／『形影 菊池寛と佐佐木茂索』松本清張著 文藝春秋 1982（文春文庫 1987）

木佐木 勝　きさき・まさる
「中央公論」編集長 改造社出版部長

[生年月日]明治27年（1894年）10月27日
[没年月日]昭和54年（1979年）1月10日
[出生地]東京都　[学歴]早稲田大学英文科〔大正8年〕卒

大正8年中央公論社に入社。滝田樗陰の下で「中央公論」の編集に従事し、14年に樗陰が没すると高野敬録、伊藤茂雄との合議による体制で同誌を引き継ぎ、昭和2年同誌編集長となる。4年同社に新設された出版部の部長就任を依頼されたが、固辞して退社。8年改造社に入社し、20年出版部長。同社解散後は文筆生活に入る。33年より中央公論社入社後から書き始めた詳細な日記を「図書新聞」に連載し、50年「木佐木日記」（全4巻、現代史出版会）として刊行。大正から昭和にかけてのジャーナリズムにおける貴重な史料として注目された。

岸 他丑　きし・たちゅう
つるや書房創業者

[生年月日]明治11年（1878年）10月26日
[没年月日]昭和31年（1956年）3月21日
[出生地]石川県　[学歴]陸士卒

父は加賀藩士で、維新後は富山県で判事を務めた。明治30年富山中学から陸軍士官学校に進み、卒業後は陸軍幼年学校教官となった。36年頃、東京・飯田町に書籍販売つるや書店を創業。大正2年絵葉書販売業者で日本絵画協会を創立、理事長に就任。関東大震災で店舗を焼失したが再興、新刊書籍・雑誌の他、参謀本部陸地測量部地図元売捌所、教科書特約販売所を置いた。東京図書雑誌販売業組合常任幹事、東京書籍商組合副組合長などを歴任。竹久夢二の最初の妻である岸他万喜の実兄。

[家族等]息子＝岸龍雄（報文社創業者）、妹＝岸他万喜（竹久夢二の最初の妻）

岸上 質軒　きしがみ・しっけん
「戦争画報」主宰　漢詩人

[生年月日] 万延1年（1860年）9月1日
[没年月日] 明治40年（1907年）6月2日
[出生地] 江戸浅草七軒町（東京都台東区）
[本名] 岸上操　[別名等] 別号＝叱剣、聴剣、観花聴剣楼、蜃気楼主人、松見列樹　[学歴] 栃木県師範〔明治9年〕卒、司法省法学校〔明治16年〕中退

下野宇都宮藩士の子。宇都宮県学校から栃木県師範学校に進み、卒業後は栃木県下の小学校で教職に就いた後、栃木県庁会計課に勤務。明治11年上京して小山正太郎の塾で洋画を、外国語学校でフランス語を学び、13年司法省法学校に入学するが、16年病を得て退学した。19年友人・坂部訓正の紹介で大蔵省に入って主税属となり、「貿易概覧」の編集に従事。傍ら、江戸時代の制度や文化の研究を進め、戸川残花、大槻如電らの江戸会に参加して「江戸会誌」編集主任を務めた。23年退官して博文館に入社、和漢洋の学問に通じ、「事物原始一千題」「俳諧文選」「羅馬戦史」「明治二百五十家集」などを編集した。一方で漢詩人としても名を成し、野口寧斎、大久保湘南、北条鴎所、本田種竹らと交友。37年日露戦争に際し「戦争画報」を主宰したが、40年博文館退社後間もなく病没した。著書に「通俗徳川十五代史」などがある。
【参考】『岸上質軒の漢詩と人生』濱久雄著 明徳出版社 2009

岸田 吟香　きしだ・ぎんこう
楽善堂主人

[生年月日] 天保4年（1833年）4月8日
[没年月日] 明治38年（1905年）6月7日
[出生地] 美作国久米郡垪和村（岡山県久米郡美咲町）　[本名] 岸田銀次　[別名等] 幼名＝太郎、通称＝銀次郎、諱＝国華

美作津山藩儒・昌谷精渓に漢学を習う。江戸に出て林図書頭の塾に通い、次いで安政3年（1856年）より水戸派の藤森天山に師事。安政の大獄で師が投獄されると、累が及ぶのを恐れて逃亡し、深川の妓楼に雇われるなど潜伏生活を送った。元治元年（1864年）横浜で米国人医師ヘボンに眼の治療を受けたのが縁で、ヘボンによる辞書「和英語林集成」の編纂を助けるようになり、同書を印刷するためヘボンと共に上海へ渡航。慶応元年（1865年）米国帰りの浜田彦蔵（ジョセフ・ヒコ）による「海外新聞」の発行にも関与したとされる。4年米国人ヴァン・リードと「横浜新報もしほ草」を発刊。同紙の終刊後には新潟で石油採掘などに携わったが、明治6年招かれて「東京日日新聞」の主筆に就任。7年の台湾出兵に際しては日本初の従軍記者として戦地に赴き、同紙に「台湾従軍記」を掲載、好評を博した。一方、8年銀座に楽善堂薬舗を開店し、ヘボンから直伝された点眼薬「精錡水」を製造・販売して成功を収め、10年「東京日日新聞」退社後は売薬事業を本業とした。また、盲人の教育にも力を注ぎ、13年前島密らと盲唖学校の先駆である訓盲院（現・筑波大学附属盲学校）を創立。同年上海楽善堂を英租界に開き、科挙参考書を銅版袖珍本で出版し多額の利益をあげた。その後清国各地に楽善堂薬舗の支店を設置した他、日清貿易研究所、東亜同文書院などの設立にも関係した。
[家族等] 四男＝岸田劉生（洋画家）、女婿＝大野洒竹（俳人）
【参考】『岸田吟香 資料から見たその一生』杉浦正著 汲古書院 1996／吉田昭子「岸田吟香の袖珍本」（「日本出版史料」4号 1999.3）

岸田 義国　きしだ・よしくに
新農林社社長

[生年月日] 明治38年（1905年）12月14日
[没年月日] 昭和61年（1986年）10月1日
[出身地] 北海道　[学歴] 早稲田工手学校機械本科〔大正14年〕卒、日大高〔昭和2年〕卒

昭和8年中外農林新聞社を創業。15年新農林新聞社を創立して旬刊「新農林」、日刊「農

機情報」を発行。18年新農林社に改称した。
[家族等]息子=岸田義典(新農林社社長)
[叙勲]藍綬褒章〔昭和36年〕,勲四等瑞宝章〔昭和47年〕

木島 力也　きじま・りきや
現代評論社社長

[生年月日]大正15年(1926年)11月4日
[没年月日]平成5年(1993年)
[出身地]新潟県北蒲原郡紫雲寺町(新発田市)
[別名等]別名=鬼嶋力也　[学歴]荏原工卒

政治家を志して上京後、総会屋の世界に入り、頭角を現わす。昭和35年現代評論社を設立、総合雑誌「現代の眼」を創刊。同誌は一時期左翼の教典的役割を果たし、注目された。その後は総会屋の世界から引退し、出版業に専念。57年10月施行の商法改正の影響で「現代の眼」を廃刊した後は単行本の発行のみに専心。ハイセイコーの馬主としても知られる。

岸本 栄七　きしもと・えいしち
盛文館創業者

[生年月日]安政2年(1855年)5月12日
[没年月日]昭和6年(1931年)10月17日
[出生地]京都府京都市下京区東洞院松原
[出身地]大坂

京都に生まれ、幼くして大阪に移り、15歳の時、独力で貸本屋を営む。明治8年吉岡宝文館に入り、24年大阪の取次業、吉岡平助・柳原喜兵衛・梅原亀吉が共同で創業した盛文館書店の支配人となり、30年同書店の解散により個人経営で盛文館としてこれを引き継ぐ。昭和3年株式組織に改め社長に就任、書籍・雑誌の取次販売並びに出版を始める。大正3年大阪雑誌販売業組合が設立された際、創立委員を務め、初代幹事長となり、定価販売の実施に尽力した。9年大阪書籍商組合との合併により新設された大阪書籍雑誌商組合の組合長を務めた。また大阪参文社社長、京都書籍社長、大阪書籍取締役などを兼任し関西出版界の重鎮として活躍した。
[参考]『盛文遺芳』岸本善次郎編 1932

北島 織衛　きたじま・おりえ
大日本印刷社長

[生年月日]明治38年(1905年)12月31日
[没年月日]昭和55年(1980年)4月27日
[出生地]東京市小石川区(東京都文京区)
[学歴]東京府立四中〔大正12年〕卒,二高〔大正15年〕卒,東京帝国大学法学部法律学科〔昭和4年〕卒

大日本印刷社長を務めた青木弘の三男で、北島家を継ぐ。昭和4年秀英舎(現・大日本印刷)に入社。15年営業部長、18年常務、20年専務を経て、30年社長。54年会長。大日本印刷を世界最大の印刷会社にするとともに、インテリア、清涼飲料、電気部品などに進出、多角化を図った。外国誌印刷、ブッククラブ設立など国際化・総合情報産業化にも力を入れた他、23年には教育出版を創立、教科書出版にも乗り出した。大日本紙倉庫、北海道コカ・コーラボトリング、大日本金属印刷の各社長や、23年全国紙工業協会会長、36年教科書協会会長、51年教科書研究センター理事長などを歴任。
[家族等]長男=北島義俊(大日本印刷社長),父=青木弘(大日本印刷社長)　[叙勲]藍綬褒章〔昭和42年〕,勲二等瑞宝章〔昭和51年〕
[受賞]財界研究所経営者賞(昭和49年度)〔昭和50年〕
[参考]『ときわぎ 北島織衛 遺文集』北島義俊 1982

北野 民夫　きたの・たみお
みすず書房社長 俳人

[生年月日]大正2年(1913年)4月5日
[没年月日]昭和63年(1988年)10月31日
[出生地]東京府北豊島郡王子町(東京都北区)
[別名等]号=青山三郎　[学歴]中央大学専門部法学科〔昭和11年〕卒

旅館業の三男。昭和3年三省堂に入社。11年

中央大学専門部法科二部を卒業、三省堂を退社して病気療養に努める。その後、友田製薬を経て、18年旭倉庫に入社。49年社長。26年請われてみすず書房社長に就任、長く務めた。この間、16年同人誌「文芸首都」の中村草田男選に投句、21年草田男主宰の「萬緑」創刊に参加。30年第2回萬緑賞を受賞。53年第一句集「私暦」を出版。58年師の没後、「萬緑」代表となり、みすず書房刊行の「中村草田男全集」(全19巻)編纂の中心を担った。他の句集「夢殿」がある。
[家族等]義兄＝平塚正雄(北海タイムス代表取締役)　[叙勲]勲四等旭日小綬章〔昭和63年〕　[受賞]萬緑賞(第2回)〔昭和29年〕,萬緑功労者表彰〔昭和41年〕
【参考】『回想・北野民夫』小尾俊人編 みすず書房 1989

北野　登　きたの・のぼる
学文社創業者 北樹出版社長 俳人

[生年月日]大正15年(1926年)9月9日
[没年月日]昭和62年(1987年)10月14日
[出生地]東京都　[学歴]足利工ероз

昭和25年冨国出版社に入社。28年有信堂を経て、32年東京・目黒区で学文社を創業。社会科学・自然科学のテキストや辞書を発行した。俳人としては、21年「葛飾」に入会。28年「鶴」復刊と同時に入会、29年同人。49年「泉」を創刊し、発行。句集に「早蟬」「遠鴨」などがある。
[受賞]潺湲賞〔昭和53年〕

北原　次郎　きたはら・じろう
法学書院創業者

[生年月日]明治40年(1907年)8月1日
[没年月日]昭和57年(1982年)9月30日
[出生地]長野県　[別名等]筆名＝野田照夫

昭和11年東京・初台で法学書院を創業、高等文官試験など国家試験関係の参考書出版を手がける。戦時の企業整備のため一時活動中止を余儀なくされたが、23年再興、26年株式会社に改組。同年国家試験総合誌「受験新報」を創刊。また、番傘川柳本社同人で「川柳博物誌」「ことわざ博物誌」などの著書がある。
【参考】『浮き沈み二十年』野田照夫著 法学書院 1955

北原　武夫　きたはら・たけお
スタイル社創業者 小説家

[生年月日]明治40年(1907年)2月28日
[没年月日]昭和48年(1973年)9月29日
[出生地]神奈川県小田原市　[本名]北原健男
[学歴]小田原中卒、慶応義塾大学文学部国文科〔昭和7年〕卒

内科医の長男。小田原中学在学中から文学に親しみ、川崎長太郎と同人誌を作るが1号で終わる。大正15年慶大文学部に進んでからはフランス文学に傾倒。当初は「三田文学」に文芸評論や小説を寄せ、やがて大学内の同人誌「素質」一派に近付き、昭和6年「新三田派」を創刊した。7年都新聞社に入社。8年坂口安吾らと同人誌「桜」を出し長編「悪徳の街」を連載したが、2号で廃刊。宇野千代の勧めで作家生活に入る決心をし、11年都新聞を退社して宇野とスタイル社を起こして雑誌「スタイル」を発行。同誌を日本初の婦人ファッション専門誌として成長させた。13年「文芸」に寄稿した小説「妻」が宇野や井伏鱒二らに賞賛され、出世作となる。14年宇野と結婚。16年陸軍報道班員としてジャワ島へ赴いた。19年戦時の企業整備で「スタイル」は休刊を余儀なくされ、21年復刊すると爆発的な売行きを見せた。25年男性向けの「男子専科」を創刊したが次第に経営が悪化、32年会社更生法の適用を受けて再出発を図るも、34年倒産した。以後は執筆活動に専念し、39年宇野と離婚した。著書に「桜ホテル」「マタイ伝」「告白的女性論」などがある。
【参考】『北原武夫と宇野千代 華麗なる文学の同伴者 北原武夫生誕百年記念文学回顧展』壬生町立歴史民俗資料館 2009

北原 鉄雄　きたはら・てつお
アルス創業者

[生年月日]明治20年（1887年）9月5日
[没年月日]昭和32年（1957年）3月28日
[出生地]福岡県柳川　[学歴]慶応義塾大学中退

詩人・北原白秋の弟。慶大を中退後、出版を志して金尾文淵堂に勤務するが、大正4年兄を顧問として阿蘭陀書房を創業。芸術誌「ARS」を創刊するとともに兄の「わすれなぐさ」「雲母集」などを刊行。6年同社を他人に譲り、新たにアルスを創業、以後、兄の「兎の電報」「雀の卵」「トンボの目玉」などや「白秋全集」（全18巻）をはじめとして芸術・文芸・音楽・思想・写真・全集など幅広い分野にわたる出版活動を行った。10年三宅克己を顧問、高桑勝雄を主筆とし、一般アマチュアや初心者向けに編集された写真誌「カメラ」を、次いで11年雑誌「芸術写真研究」をそれぞれ発刊、芸術写真の高揚に大きく貢献した。同年兄と山田耕筰を主幹に「詩と音楽」を創刊。昭和2年には"円本ブーム"に乗じて「日本児童文庫」を刊行し、興文社の「小学生全集」と熾烈な販売合戦を繰り広げ、一時は訴訟にまで発展した。18年弟・義雄のアトリエ社、従弟・正雄の玄光社などと合併し北原出版株式会社を設立した（のちアルスに改称）。
[家族等]兄=北原白秋（詩人）、弟=北原義雄（アトリエ社創業者）、義弟=山本鼎（洋画家）、従弟=北原正雄（玄光社創業者）　[受賞]日本写真協会賞（第4回）〔昭和29年〕

北原 正雄　きたはら・まさお
玄光社創業者

[生年月日]明治29年（1896年）1月19日
[没年月日]昭和58年（1983年）11月17日
[出身地]福岡県

北原白秋の従弟。白秋の弟である鉄雄が経営するアルスに入社。同支配人を経て、昭和6年玄光社を創業。30年株式会社に改組。48年会長。カメラ関係雑誌の草分け的存在として知られる。
[家族等]長男=北原守夫（玄光社社長）、従兄弟=北原白秋（詩人）、北原鉄雄（アルス創業者）、北原義雄（アトリエ出版社創業者）

北原 義雄　きたはら・よしお
アトリエ社創業者

[生年月日]明治29年（1896年）1月31日
[没年月日]昭和60年（1985年）11月11日
[出生地]福岡県柳川市沖端町　[学歴]麻布中卒

麻布中学を卒業後、大正4年兄・北原鉄雄の経営する出版社アルスに3年間勤務。8年清和堂製版印刷支配人となるが、関東大震災で同社が焼失したため、13年東京・日比谷にアトリエ社を設立。美術雑誌「アトリエ」を創刊し、主に美術関係の書籍を手がける一方、昭和10年には当時のユーモア小説家の作品を集めた「現代ユーモア小説全集」を刊行した。一時社名を東成社に改めたが、18年戦時の企業整備により兄のアルス、従兄・正雄の玄光社と合併して北原出版株式会社（のちアルスに改称）を創立。戦後の26年、再度独立し、28年アトリエ出版社に社名変更。54年まで社長を務めた。
[家族等]兄=北原白秋（詩人）、北原鉄雄（アルス創業者）、義兄=山本鼎（洋画家）、従兄=北原正雄（玄光社創業者）、女婿=平林泰佑（アトリエ出版社社長）

北村 治久　きたむら・はるひさ
日本著作権協議会事務局長

[生年月日]大正6年（1917年）1月21日
[没年月日]昭和55年（1980年）8月10日
[出生地]愛媛県　[学歴]東京高卒、京都帝国大学文学部哲学科卒

二男として生まれたが、兄の早世により事実上の長男として育つ。京都帝国大学在学中、高等文官試験に合格したが、卒業後は共同通信社に入り新聞記者となる。昭和25年末弘厳

太郎、中島健蔵らと社団法人日本著作権協議会を設立、初代幹事長を経て、事務局長。著作権の相談、紛争処理に当たる一方、「著作権台帳」の編集刊行を手がけた。
【参考】『北村治久・人と歩み 戦後著作権運動史の一側面』日本著作権協議会 1983

北村 竜一郎　きたむら・りゅういちろう
若木書房創業者

[生年月日] 生年不詳
[没年月日] 昭和47年（1972年）3月

昭和23年東京・築地で児童向けの絵本・漫画の出版を始める。貸本漫画の版元として知られ、37年からは道路地図などの地図出版にも進出。42年株式会社若木書房に改組した。
[家族等] 息子＝北村二郎（若木書房社長）

木下 立安　きのした・りつあん
理工図書創業者

[生年月日] 慶応2年（1866年）11月1日
[没年月日] 昭和28年（1953年）6月8日
[出生地] 紀伊国伊都郡大谷村（和歌山県伊都郡かつらぎ町）　[別名等] 号＝蘇子　[学歴] 慶応義塾大学〔明治21年〕卒

北海道炭砿鉄道に入社、手宮所長などを務める。のち「時事新報」主任、紀和鉄道支配人を経て、明治32年1月大阪の鉄道協会内に鉄道時報局を設置して「鉄道時報」を創刊。7月東京に移転。34年より週刊とし、昭和17年に廃刊するまで鉄道業界紙として愛読された。出版も手がけ、明治34年に出した木下武之助編「鉄道曲線測量表 附布設法」は"木下の曲線表"として工学書のロングセラーとなった。同年鉄道時報局内に公益社を設立、「月刊最新時間表・旅行案内」を創刊。その後、大手時刻表3社が合併し、大正4年旅行案内社を設立した。8年株式会社に改組。11年鉄道時報局内にシビル社を設立、月刊「土木建築雑誌CIVIL ENGINEERING & ARCHITECTURE」を創刊。以後、鉄道関係、土木関係を中心とした出版活動を行う。昭和19年戦時の企業整備で他社を買収して鉄道時報局を改め理工図書を設立して社長。また、企業整備により社長を務めていた旅行案内社は東亜交通公社（現・JTB）に時刻表の発行権を譲渡した。22年社長を退く。俳人しては大須賀乙字に師事、「獺祭」「ましろ」同人。「蘇子句集」がある。
【参考】『理工図書100の歩み 温故知新』理工図書 1999

木村 亥吉　きむら・いきち
柳原書店社長

[生年月日] 明治20年（1887年）2月25日
[没年月日] 昭和49年（1974年）8月5日

柳原書店に入店。支配人として活躍し、関西取次界の大御所的存在となった。昭和16年同社は日本出版配給に統合されたが、24年石田松太郎と同社を再興。大阪支店長を経て、社長。

木村 嘉平（3代目）　きむら・かへい
板木師

[生年月日] 文政6年（1823年）
[没年月日] 明治19年（1886年）3月25日
[別名等] 名＝房義

字彫り板木師・2代目木村嘉平の三男。天保11年（1840年）父の死により3代目嘉平を襲名。弟の嘉吉や先代の弟子・木村弥助と協力して家業に邁進し、特に筆意彫りを得意とした。また、書家・渡辺潜蔵の下で明朝体を習得し、その字彫りは"渡辺明朝"又は"嘉平明朝"と称された。一方、薩摩藩や加賀藩の蔵版書の彫刻も手がけ、弘化4年（1847年）頃より薩摩藩の委嘱で鉛製活字の製造研究に従事。維新後、日本伝統の字彫りも西洋印刷術に押されつつあったが、他の字彫り師たちと協力して安積澹泊「烈祖成績」（全20巻）を彫り、明治10年第1回内国勧業博覧会で鳳文賞牌と薦告文を受けた。家業は長男・正義が4代目を名

のって継承した。弟子に梅村翠山らがいる。
[家族等]長男＝木村嘉平（4代目），父＝木村嘉平（2代目）
【参考】『字彫り版木師木村嘉平とその刻本』木村嘉次著 青裳堂書店 1980

木村 毅　きむら・き
自由出版協会理事長　文芸評論家

[生年月日]明治27年（1894年）2月12日
[没年月日]昭和54年（1979年）9月18日
[出生地]岡山県勝南郡勝間田村（勝田郡勝央町）　[学歴]早稲田大学文学部英文科〔大正6年〕卒　文学博士（早稲田大学）〔昭和36年〕

小学生時代から文学に親しみ、「少年世界」などに投稿する。大学卒業後、大正7年1月に隆文館に入社したが、11月創立されたばかりの春秋社に入社し、12年まで勤務する。13年「小説の創作と鑑賞」を刊行し、14年には「小説研究十六講」及び第一創作集「兎と妓生と」を刊行。13年日本フェビアン協会を創設、また吉野作造、尾佐竹猛を中心に結成された明治文化研究会に参加、「明治文化全集」の編集に貢献。以後、広範な分野で活躍し、大正から昭和初期にかけての円本全集の企画にも参加する。昭和3年から5年にかけて、ヨーロッパ各地を旅行。戦後も幅広く活躍し、早大、上智大、明治大、立教大などで教え、37年松陰女子大学教授に就任。また23年には第3代の明治文化研究会会長に就任したほか、自由出版協会理事長、東京都参与、早大史編纂学外委員などを務めた。
[受賞]菊池寛賞（第26回）〔昭和53年〕
【参考】『私の文学回顧録』木村毅著 青蛙房 1979

木村 久一　きむら・きゅういち
平凡社「大百科事典」編集長

[生年月日]明治16年（1883年）7月5日
[没年月日]昭和52年（1977年）2月28日
[出生地]山形県　[学歴]東京帝国大学文科大学哲学科〔大正2年〕卒

麻布中学教諭、青山女学院、早大などで心理、教育学を講じた。早教育の提唱者。昭和6年下中弥三郎に請われ平凡社に入り、「大百科事典」編集長となった。エンサイクロペディアに事典の訳語を当てたのは木村の案といわれる。欧米の事典を参照して日本初の大規模な百科事典（全28巻）を完成させ"百科事典の平凡社"の名を高めた。

木村 健一　きむら・けんいち
「キング」編集長　「老壮の友」編集長

[生年月日]明治44年（1911年）
[没年月日]平成5年（1993年）
[出身地]青森県弘前市

昭和14年講談社に入社。雑誌「若桜」「キング」編集長を務め、21年退社。文筆活動の後、34年日本老壮福祉協会を設立、常務理事。月刊誌「老壮の友」を創刊、編集長。富国出版社常務も務めた。著書に「上手な年のとり方」「老後を考える」、エッセイ集「うめぼしのうた」などがある。

木村 孝一　きむら・こういち
明正堂創業者

[生年月日]明治24年（1891年）4月8日
[没年月日]昭和49年（1974年）
[出生地]埼玉県児玉郡賀美村（上里町）

蒔絵師に奉公した後、明治45年東京・上野に明正堂を開いた。昭和20年3月の東京大空襲で店舗を失ったが、やがて店を復活させ、23年株式会社に改組。22～43年東京都出版物小売商業協同組合（現・東京都書店商業組合）台東区支部長を務めた。

木村 小舟　きむら・しょうしゅう
千里閣出版部理事　児童文学者

[生年月日]明治14年（1881年）9月12日
[没年月日]昭和30年（1955年）4月20日
[出生地]岐阜県加茂郡加治田村（富加町）
[本名]木村定次郎　[別名等]初号＝扶桑

はじめ昆虫学を志し、明治29年母校・加治田小学校の教員となる。雑誌「少国民」「少年世界」などに理科読物を投書する中で文学を志望、教職の傍ら短編小説「理科教場」を執筆した。31年教職を辞して文学に専念し、巌谷小波に師事。33年上京して博文館に入社、「幼年世界」記者となるが、同年廃刊のため「少年世界」に転じ、39年創刊の「幼年画報」の編集にも当たる。大正2年岐阜通俗図書館開館と共に館長に就任。3年博文館を退職して東亜堂に移り、営業を担当。8年同社の株式会社化に伴い経営の全般を担い、9年には合資会社明治出版社も興すが、11年業績の悪化により両社を解散した。以後は神田広文館で編集を手伝ったのち、昭和3年小波が設立した千里閣出版部理事となり、「小波お伽全集」「大語圏」など師の文業の編集に専心参与した。12年頃より坂東書店発行の少年雑誌「興国少年」を編集。17年長らく少年文学に携わった自身の体験に基づき「少年文学史 明治編」を刊行。一方で古美術についての研究も行い、「日本仏像物語」「日本国宝巡礼」などを著した。他の著書に「お伽夜話」「小波先生」「昆虫翁 名和靖」「日曜の昆虫採集」などがある。
【参考】『足跡 木村小舟君生誕五〇年記念出版』尾張真之介編 桐花会出版部 1930／『木村小舟と「少年世界」明治の少年記者』飯干陽著 あずさ書房 1992

木村 徳三　きむら・とくぞう
「文芸」編集主任　「人間」編集長

[生年月日]明治44年（1911年）
[没年月日]平成17年（2005年）1月23日
[出生地]京都府京都市　[学歴]三高卒、東京帝国大学文学部仏文科〔昭和12年〕卒

昭和12年改造社に入社。13年「文芸」編集部に配属され、編集主任であった小川五郎（高杉一郎）の薫陶を受ける。19年同誌編集主任。同年応召したが即日帰郷となり、改造社解散後は養徳社に身を寄せた。敗戦直後、川端康成に望まれて鎌倉文庫から創刊された文芸誌「人間」編集長に就任。24年雑誌ごと目黒書店へ移籍したが、26年「人間」は同社倒産により廃刊した。以後出版界を去り、日本教育テレビ（現・テレビ朝日）、博報堂嘱託、三笠書房副社長、アサ・フォーチュネート代表などを務めた。回想録「文芸編集者 その跫音」がある。
【参考】『文芸編集者 その跫音』木村徳三著 TBSブリタニカ 1982（複製 『文芸編集者の戦中戦後』大空社 1995）

木村 淵之助　きむら・ふちのすけ
日本書籍社長

[生年月日]明治17年（1884年）1月15日
[没年月日]没年不詳
[出生地]島根県邇摩郡大浜村（大田市）　[学歴]浜田中〔明治35年〕卒

明治35年浜田中学を卒業後、38年上京して大倉書店編集部に入る。40年中国向け書籍・薬品の貿易を行っていた東亜公司に移り、輸出係として活躍した。42年日本書籍会社創立と共に入社し、経理主任、経理課長。昭和5年同社が供給事業に着手したのを機に営業課長に転じ、支配人、常務、専務を経て、社長に就任。小石川印刷所社長なども務めた。
[叙勲]勲五等双光旭日章〔昭和44年〕

木元 平太郎　きもと・へいたろう
コドモ社創業者

[生年月日]慶応1年（1865年）
[没年月日]昭和17年（1942年）
[出身地]大分県　[学歴]東京美術学校師範科卒

独協中学などで教鞭を執り、図画教育家としての経験を雑誌づくりに生かし、絵雑誌編集者として優れた業績を残した。明治38年「家庭教育・絵ばなし」を創刊。大正期にはコドモ社を設立して、「コドモ」「良友」「童話」を発行した。

木舎 幾三郎　きや・いくさぶろう
政界往来社創業者

[生年月日] 明治29年（1896年）8月1日
[没年月日] 昭和52年（1977年）2月8日
[出生地] 広島県府中市

時事新報勤務を経て、昭和5年政界往来社を設立し月刊誌「政界往来」を発行。同誌は戦時中も「大鵬」に誌名を変更して継続したが、空襲で社が焼け休刊。21年誌名を戻して復刊するも間もなく公職追放に遭い、休刊を余儀なくされた。25年追放解除、27年同誌を復刊。旬刊の「政界レポート」、日刊の「特別通信」も出した。大正期から昭和中期にかけて、一貫して政治記者として政界の消息に通じ、"政界の生き字引"といわれた。著書に「近衛公秘聞」「戦前戦後」「政界の裏街道を往く」「政界五十年の舞台裏」などがある。
【参考】『政界五十年の舞台裏』木舎幾三郎著 政界往来社 1965

木呂子 斗鬼次　きろこ・ときじ
春陽堂支配人

[生年月日] 明治21年（1888年）3月21日
[没年月日] 昭和32年（1957年）10月24日
[出生地] 東京都

明治33年春陽堂書店に入社。"円本時代"に「明治大正文学全集」「日本戯曲全集」や「春陽堂文庫」を刊行した。石井研堂「明治事物起源」増訂版の際には再三督励に往訪したという。

木和田 為作　きわだ・ためさく
精文館書店創業者

[生年月日] 明治31年（1898年）10月26日
[没年月日] 昭和40年（1965年）8月12日
[出生地] 愛知県八名郡多米村（豊橋市）

大正12年郷里の豊橋市に精文館書店を創業。小売業の他に出版業も手がけた。昭和22年愛知県出版物販売協同組合を設立して同理事長。24～35年日本出版物小売業組合全国連合会理事。豊橋市議も務めた。

金 亨燦　きん・きょうさん
新聞之新聞社出版部長　日本出版配給弘報課長

[生年月日] 明治40年（1907年）4月13日
[没年月日] 没年不詳
[国籍] 韓国　[出生地] 朝鮮平壌　[別名等] 日本名＝金田亨、筆名＝竹林生、石岩生　[学歴] 東京物理学校

電信技師を経て、昭和3年上京。5年新聞之新聞社に入り、7年朝鮮人ながら出版部長に抜擢され頭角を現す。11年西村辰五郎に引き抜かれ「日本読書新聞」創刊に参画して運営部長（のち社長代行）となるも、13年退社。14～16年第一書房支配人。この間、12年軍官民の相互理解を図るため出版懇話会の設立を推進、その運営に尽力した。17年日本出版配給の大橋達雄専務に企画課長待遇で招聘され、その懐刀として辣腕を振るった。やがて新設の弘報課長に就任したが、国策会社日配の代弁者が朝鮮人名では困ると圧力がかかり、"金田亨"の日本名を名のった。19年憲兵の尾行を受けるようになり、夜逃げ同然に朝鮮へ戻った後は朝鮮出版文化協会創立に携わった。敗戦後も同地に留まり、出版業に従事、中等学校の教科書出版から小売店にも手を出す。韓国出版文化協会や中等教科書協会を組織し、副会長、会長を歴任。1980年代に数度来日し、平成4年日本で「証言 朝鮮人のみた戦前期出版界 一編集者の回想」を出版した。石川武美と岩波茂雄に親炙し、その最初の字を組み合わせた"石岩生"を筆名として用いたこともあった。
【参考】『証言・朝鮮人のみた戦前期出版界 一編集者の回想』金亨燦著 出版ニュース社 1992

【く】

日下 伊兵衛　くさか・いへえ
和楽路屋創業者

[生年月日]明治4年（1871年）5月8日
[没年月日]没年不詳
[旧名]佐藤市三郎

先代伊兵衛の養子となり、明治27年に創業された地図出版社・和楽路屋（日下和楽路屋とも）を経営。31年襲名し家督相続。分県地図、大阪市区分図を出版。昭和15年の日本統制地図結成に参加したが、戦後は日下和楽路屋として分離。同社はワラヂヤ出版に名を改め地図出版の老舗として知られたが、平成14年倒産した。
[家族等]孫＝日下福蔵（ワラヂヤ出版社長）

日下部 三之介　くさかべ・さんのすけ
東京教育社社長

[生年月日]安政3年（1856年）12月
[没年月日]大正14年（1925年）1月2日
[出生地]陸奥国（福島県）　[学歴]福島県小学教則講習所卒

陸奥二本松藩士の家に生まれ、戊辰戦争後の逆境から身を立て、明治8年福島県の小学校教則所に入る。卒業後県下の小学校訓導を経て上京、東京市督学、青山小学校校長を歴任。傍ら、「教育月報」「教育旬報」を自費発行し教育の普及を説き、17年文部省の表彰を受け同省に出仕。また教育会の結成を唱えて、大日本教育会理事も務める。20年退官して東京府会議員、東京教育社社長。「教育報知」「教育及政治」「貴女之友」などの雑誌を発行して国家主義教育を主張した。のち帝国議会の開設に伴い出馬するも落選。35年教科書疑獄事件に連座したが、新聞や雑誌を通して終始自説を世に問うた。著書に「国家教育策」など。

日柳 三舟　くさなぎ・さんしゅう
浪華文会創業者 教育家

[生年月日]天保10年（1839年）
[没年月日]明治36年（1903年）7月23日
[出身地]讃岐国榎井村（香川県仲多度郡琴平町）　[本名]日柳政懋

讃岐琴平の大地主・日柳家に生まれる。幼時医学を志すが、荒川栗園に儒学を学んで文学に興味を持ち、少年期から詩作を始める。明治2年高松で兵部史生を勤め、5年大阪府大属に転じ、学務課長を務め、数十の学校を創設する。12年には大阪師範学校校長に就任し、訓導の育成にも尽力した。のち官を辞して北桃谷に実業学校を設立する。また盲唖学校・愛育社を起こした。一方、浪華文会を作り教材の整理・開発を行い、教科書を出版した。
[家族等]父＝日柳燕石（博徒）

草野 昌一　くさの・しょういち
シンコー・ミュージック・エンタテイメント代表 訳詞家

[生年月日]昭和6年（1931年）2月4日
[没年月日]平成17年（2005年）6月6日
[出生地]東京市牛込区（東京都新宿区）　[別名等]筆名＝漣健児,新田宣夫　[学歴]早稲田大学第一商学部〔昭和28年〕卒

父は新興楽譜出版社創業者の草野貞二。早大在学中の昭和26年、音楽雑誌「ミュージック・ライフ」を復刻させて編集長となり、28年大学を卒業して父の会社に正式に入社。33年専務、48年代表。58年シンコー・ミュージック、平成16年シンコー・ミュージック・エンタテイメントと改称。この間、昭和33年堀威夫らと第1回日劇ウエスタン・カーニバルを仕掛けてウエスタンブームを起こす。傍ら訳詞にも取り組み、漣健児の筆名で「ルイジアナ・ママ」「バケイション」など数多くの洋楽ポップスを翻訳。これらのカバーポップスは

日本のロック、ポップス界の発展に多大な影響を与えた。41年入社間もない星加ルミ子を「ミュージック・ライフ」編集長に抜擢、英国に派遣して人気急上昇中のビートルズの独占インタビューを実現させ、来日時も独占取材を敢行、同誌の部数を爆発的に伸ばした。やがて出版業から、楽曲の著作権管理やプロモーション、原盤製作を手がける音楽出版の世界にも業容を拡大。我が国の音楽出版システムの確立に大きな足跡を記した。

[家族等]二男＝草野夏矢（シンコー・ミュージック・エンタテインメント社長），父＝草野貞二（新興楽譜出版社創業者），弟＝草野浩二（音楽プロデューサー）　[叙勲]藍綬褒章〔平成11年〕　[受賞]米国カントリー・ミュージック協会音楽功労賞，日本音楽著作権協会功労賞，日本レコード大賞功労賞（第40回），日本音楽著作権協会60周年特別賞，音楽出版社協会30周年功労賞

[参考]『漣流　日本のポップスの源流を作り出したヒットメーカー　草野昌一×漣健児』和田彰二著　音楽出版社　2009

草野　貞之　くさの・ていし
白水社社長　フランス文学者

[生年月日]明治33年（1900年）9月4日
[没年月日]昭和61年（1986年）1月11日
[出生地]福岡県柳川市新町　[学歴]東京帝国大学文学部印度哲学科〔大正13年〕卒

昭和4年中央大学教授となり、47年定年退職するまでフランス語を講じた。傍ら、6年白水社に入り、18年社長、46年から会長を務め、我が国のフランス語教育に多大の貢献をした。訳書にアナトール・フランス「エピキュウルの園」、アンリ・ド・レニエ「ヴェニス物語」などがある。

[受賞]パルム・アカデミック〔昭和39年〕

草野　貞二　くさの・ていじ
新興楽譜出版社創業者

[生年月日]明治34年（1901年）1月20日

[没年月日]昭和48年（1973年）8月25日
[出身地]滋賀県

昭和初期に上京し、江戸川橋の大江洋紙店に丁稚奉公に出、同年代の丁稚仲間であった島田栄二郎と親交を結ぶ。兄・茂が尺八の楽譜を出版するシンフォニー楽譜を経営していたこともあり、昭和7年ピアノ譜を扱う新興音楽出版社を創業。12年雑誌「ミュージック・ライフ」を創刊、やがて誌名を「歌の花籠」に改題するも、18年事業中断を余儀なくされた。戦後、事業を復活させ、25年松ノ木から日本橋に社屋を移転し、新興楽譜出版社と改称した。同社は"漣健児"の筆名で知られる息子・草野昌一に引き継がれ、シンコー・ミュージック・エンタテイメントへと発展した。

[家族等]息子＝草野昌一（シンコー・ミュージック・エンタテイメント代表），草野浩二（音楽プロデューサー）

草村　松雄　くさむら・まつお
隆文館創業者　小説家

[生年月日]明治12年（1879年）3月10日
[没年月日]昭和25年（1950年）5月25日
[出生地]熊本県玉名郡高瀬町（玉名市岩崎）
[別名等]筆名＝草村北星　[学歴]東京専門学校文学科〔明治33年〕卒

4人姉弟の末っ子の長男。熊本英学校で学び、明治29年上京して東京専門学校（現・早稲田大学）に入学。34年民声新報社に入り国木田独歩編集長率いる「民声新報」記者。同年「明星」に短編小説「女詩人」を発表して文壇に登場。35年同郷の徳冨蘇峰の紹介で金港堂に入り、雑誌「青年界」の編集を担当。同年同社より書き下ろし長編「浜子」を刊行した。36年「文芸界」編集主任。37年金港堂を退職して隆文館を創業すると自著「相思怨」「露子夫人」「母の面影」「百合子」などを刊行、家庭小説の代表的作家と目されるが、明治末より執筆活動から遠ざかり、出版事業に専念。41年大隈重信を会長に大日本文明協会を自社内に発足させて翻訳書などを出版、

また、建築工芸協会を設立して月刊誌「建築工芸叢誌」を発行した。隆文館は文芸書を中心に出版活動を行って隆盛を誇り、38〜43年佐藤義亮創刊の文芸誌「新声」を引き受けて続刊した。大正9年株式会社に改組したのを機に経営から退き、赤坂に龍吟社を設立した。昭和21年同社より最後の著書「戦塵を避けて」を出版したが、24年同社は解散した。また、財政経済学会を設立して「新聞集成明治編年史」などを出した。
[家族等]女婿＝荻原善彦（龍吟社）
【参考】『近代文学研究叢書』第67巻 昭和女子大学近代文学研究室著 1993

九嶋 信英　くしま・のぶひで
池田書店社長

[生年月日]大正4年（1915年）1月5日
[没年月日]平成8年（1996年）12月25日
[出身地]埼玉県

昭和22年取次の三和図書を開設、25年社長。39年池田書店を創業。高校向け教科書や学習参考書を出版。三星社書房社長、学隆社社長なども歴任。

葛原 秀一　くずはら・しゅういち
日本出版クラブ事務局長

[生年月日]明治32年（1899年）3月25日
[没年月日]平成4年（1992年）1月4日
[出身地]和歌山県伊都郡（橋本市）　[学歴]早稲田大学商学部卒

昭和4年妻の兄である藤原惣太郎が創業した明治図書出版に入社。18年大日本出版報国団に出向。その後、日本出版会に移る。戦後は日本出版協会、さらに内閣の新聞及出版用紙割当委員会に入り、26年には国立国会図書館に転じて新庁舎の建設事務に従事。39年日本出版クラブに入り、43〜54年2代目事務局長を務めた。
[家族等]義兄＝藤原惣太郎（明治図書創業者）
[叙勲]勲五等瑞宝章〔昭和44年〕
【参考】大橋祥宏「元出版クラブ事務局長葛原秀一さん 事務局員一同からのさようなら」（「出版クラブだより」1992.2.1）

楠間 亀楠　くすま・きなん
文明社創業者

[生年月日]明治14年（1881年）6月10日
[没年月日]昭和35年（1960年）6月1日
[出生地]和歌山県有田郡五西村（有田川町）
[学歴]和歌山師範卒、東京高商〔明治42年〕卒

和歌山師範を卒業して教鞭を執ったが、上京して高等師範学校に入り、2年後に東京高等商業学校に転じた。長岡、水戸、若松などの商業学校に勤めた後、職を辞して上京。南光社、宝文館の修業を経て、本郷で文明社を創業した。処女出版は「最新商業教科書」で、商業関係の学校参考書を多く出版した。

工藤 淳　くどう・じゅん
キクヤ図書販売創業者 ブックローン創業者

[生年月日]大正11年（1922年）1月9日
[没年月日]昭和58年（1983年）1月8日
[出生地]徳島県阿南市　[学歴]徳島工専〔昭和16年〕卒

昭和28年新東宝の役員を辞め、30年喜久屋書店を開業。32年取次業を始め、38年株式会社のキクヤ図書販売を設立。40年図書月販のブックローンを創業。息子の工藤恭孝が創業したジュンク堂書店の"じゅんくどう"は"くどうじゅん"の姓名をひっくり返したもの。
[家族等]息子＝工藤俊彰（キクヤグループ総帥），工藤恭孝（ジュンク堂書店社長）

国枝 藤作　くにえだ・とうさく
大阪屋副社長

[生年月日]明治44年（1911年）3月27日
[没年月日]平成10年（1998年）9月5日
[出生地]岐阜県

大正14年栗田書店に入社。昭和16年日本出版配給の設立により同社に移り、淡路町営業

所仕入課長。24年東京出版販売(現・トーハン)の創立準備委員をなったが、仕入れ業務の手腕を見込んだ大阪屋の懇請を受け、同社に転じて東京支店営業課長。38年取締役、45年常務、48年専務を経て、50年副社長。52年取締役相談役。56年退任。
【参考】『大阪屋三十年史』大阪屋 1981

国木田 独歩　くにきだ・どっぽ
独歩社創業者 小説家

[生年月日]明治4年(1871年)7月15日
[没年月日]明治41年(1908年)6月23日
[出生地]千葉県銚子　[出身地]山口県　[本名]国木田哲夫　[別名等]幼名=亀吉、別号=鉄斧生、独歩吟客　[学歴]東京専門学校英語政治科〔明治24年〕中退

父・専八は旧播磨龍野藩士で、明治維新後は司法省官吏。父の転勤に従い小学校・中学は山口県で学ぶ。明治20年上京し、民友社系の青年協会に入会。21年東京専門学校(現・早稲田大学)に入学。24年植村正久により受洗。また民友社への傾倒を深め、「文壇」「青年文学」「国民新聞」などに評論・随筆を寄せた。同校を退学して山口へ帰郷、25年再び上京して新聞「自由」記者となるが、間もなく解雇された。26年矢野龍渓の勧めで大分県佐伯の鶴谷学館教師となるも、27年上京して民友社に入社、「国民之友」の編集に従事。日清戦争では海軍従軍記者として軍艦千代田に乗り込み、「国民新聞」に通信を送り続けた(のち「愛弟通信」として刊行)。田山花袋、宮崎湖処子、柳田国男らと交流し、30年彼らとの共著で自らの「独歩吟」を含む詩集「抒情詩」を刊行。32年「報知新聞」政治・外交記者を経て、33年民声新報社編集長。34年最初の小説集「武蔵野」を刊行。35年龍渓に招かれて敬業社に入社し、「東洋画報」編集長に就任。36年近事画報社を興して同誌を「近事画報」(現・「婦人画報」)に改称してからは編集経営の全般を任され、日露戦争時には一時「戦時画報」に改題、好調な売れ行きを示した。39年同社解散ののち独歩社を創業して「近事画報」などの刊行を続けるが資金繰りが悪化し、40年破産。一方、39年から健康を害し、41年肺結核のため死去。この間、38年「独歩集」、39年「運命」、40年「濤声」などの小説集を刊行し、晩年に至って自然主義文学の旗手として評価された。
[家族等]息子=国木田虎雄(詩人)、父=国木田専八(裁判官)、弟=国木田収二(ジャーナリスト)
【参考】『編集者 国木田独歩の時代』黒岩比佐子著 角川選書 2007

国頭 義正　くにとう・よしまさ
ケイザイ春秋社創業者

[生年月日]大正5年(1916年)12月12日
[没年月日]昭和56年(1981年)10月1日
[出生地]鳥取県西伯郡淀江町(米子市)　[学歴]米子中〔昭和9年〕卒,彦根高商別科〔昭和11年〕卒,関西学院大学法文学部英文科〔昭和16年〕卒

昭和16年同盟通信社に入社し、大阪支社編集部記者。17年応召して見習士官となり、20年陸軍中尉で敗戦を迎える。同年共同通信社に移籍するが、21年6月退社して大阪タイムス社報道部長として入社。11月編集局長と論説委員を兼務。22年在職のままロマンス社の雑誌「セレナーデ」発行人となったが3ケ月で休刊した。24年大阪タイムス社解散後、雑誌「経済春秋」を創刊。26年株式会社経済春秋社を設立して社長。44年誌名を「ケイザイ春秋」に改めたが、47年元に戻した。著書に「財界新怪物伝」「住友商人」「京都商法」「大当たり異色商法」などがある。
【参考】『国頭義正経済時評集(二)』ケイザイ春秋社 1979

国弘 直　くにひろ・ただし
太洋社創業者

[生年月日]大正11年(1922年)2月25日
[没年月日]平成7年(1995年)9月19日

[出生地]山口県下関市　[学歴]豊浦中〔昭和12年〕卒, 第二早稲田高等学院卒, 早稲田大学商学部〔昭和19年〕卒

父は香港を拠点とする貿易商で、山口県で生まれ、香港で育つ。昭和9年帰国して豊浦中学に学び、第二早稲田高等学院を経て、19年早大を繰り上げ卒業。学徒動員で陸軍に入隊し、20年鹿児島県で敗戦を迎えた。21年学友3人で東京・銀座に古本業の三友社を起こし、同年取次業に転じて太洋社を創業。雑誌を中心に取り扱い、短期間に北陸大洋社・福井大洋社・富山大洋社を作って北陸3県への流通ルートを整備。28年3社を合併して株式会社に改組した。出版には全くの素人であったが、堅実な経営で取次界に確固たる地位を築いた。日本出版クラブ評議員、日本出版取次協会常務理事、日本取次協会常務理事も歴任した。

[家族等]長男＝国弘晴睦（太洋社社長）, 父＝国弘満治（美豊商事社長）　[叙勲]勲五等双光旭日章〔平成7年〕

【参考】『大海原　さらなる発展に向けて　創業者・国弘直と太洋社50年のあゆみ』藤野邦夫著　太洋社　1996

国元　孝治　くにもと・こうじ
国元書房社長

[生年月日]大正4年（1915年）4月5日
[没年月日]平成14年（2002年）7月19日
[出身地]新潟県　[学歴]中央大学卒

戦後、復員して兄の経営する国元書房に入社。同社倒産に伴い、昭和28年新しく国元書房を設立して社長に就任。簿記・会計専門の出版社としての地位を築いた。

[家族等]兄＝国元省平（国元書房創業者）

国元　省平　くにもと・しょうへい
国元書房創業者

[生年月日]明治31年（1898年）9月19日
[没年月日]昭和31年（1956年）9月11日
[出生地]新潟県　[学歴]長岡中卒

大正12年匿名組合文書堂の創立に参加。昭和4年脱退して浩文館を創業、中等教科書を出版。16年実教会社創立により取締役、17年経済図書株式会社への浩文館統合により専務、18年さらに戦時の企業整備で同社が産業図書に統合されると常務兼企画部長となった。戦後、21年中外出版代表取締役を経て、23年国元書房を創業した。

[家族等]弟＝国元孝治（国元書房社長）

久保　覚　くぼ・さとる
「新日本文学」編集長

[生年月日]昭和12年（1937年）2月17日
[没年月日]平成10年（1998年）9月9日
[出身地]東京市牛込区（東京都新宿区）　[本名]鄭京黙　[学歴]海城高中退

牛込一中時代からマルクス主義や文学・芸術に関心を持ち、友人の松尾太一とあさやけ会を組織して読書会や討論会を行う。中学卒業後は戸山高校や海城高校に学ぶが、家庭の困窮もあって通学できなくなり、様々な労働に従事した。昭和28年日本共産党に入党。29年より銀座印刷出版で働く傍ら、アテネ・フランセや日本文学学校、早稲田大学などで聴講。31年松尾の死に際して遺稿集「蠅を殺せ」を編み、野間宏に序文を依頼。34年共産党を離党。35年現代思潮社に入社し、埴谷雄高「虚空」、武井昭夫「芸術運動の未来像」、トロツキー「わが生涯」などを手がけた。39年退社後は平凡社「太陽」嘱託、月刊誌「ことばの宇宙」編集長などを経て、42年関田稔とせりか書房を設立して編集長に就任、「ロシア・フォルマリズム文学論集」や山口昌男「人類学的思考」などを企画・編集した。44年活動家集団・思想運動の設立に参画。50年からはフリーの編集者として活動、講談社「花田清輝全集」の編集を担当した。また、44年より「新日本文学」編集委員も務め、59〜62年同誌編集長。62年御茶の水書房編集顧問。平成3年より生活クラブ生協連合会発行「本の花束」編集協力者。一方で崔承喜やマダン

劇など朝鮮の芸能・文化史の研究も行い、それらの紹介・舞台上演にも尽くした。編著書に「仮面劇とマダン劇」などがある。
【参考】『久保覚遺稿集・追悼集』久保覚遺稿集・追悼集刊行会 2000

久保 藤吉　くぼ・とうきち
あまとりあ社創業者 久保書店創業者

[生年月日]明治39年（1906年）7月15日
[没年月日]没年不詳
[出身地]東京都

製本所に勤務。昭和7年独立して製本業・印刷業に従事。戦後あまとりあ社の商号で株式会社に改組、高橋鉄「あるす・あまとりあ」や月刊性風俗誌「あまとりあ」などを出版。31年久保書店も設立。両社とも成人向け雑誌・書籍の出版で知られる。
[家族等]弟＝久保鉄男（久保書店専務）

久保 襄　くぼ・のぼる
ナウカ社社長

[生年月日]大正5年（1916年）
[没年月日]昭和53年（1978年）12月1日
[出生地]長野県　[学歴]静岡高卒、京都帝国大学経済学部卒

戦時中は東亜研究所に籍を置く。昭和32年ナウカ社に入社。同社社長の傍ら、49年設立の株式会社日ソ著作権センター取締役としても活動した。

久保井 理津男　くぼい・りつお
創文社創業者

[生年月日]大正2年（1913年）5月19日
[没年月日]平成24年（2012年）5月4日
[出生地]埼玉県大里郡中瀬村（深谷市）　[学歴]中央大学高等商業学校〔昭和8年〕卒、中央大学法学科卒

昭和3年合名会社弘文堂書房に入社。弁護士を志望して中央大学の夜学に通ったが、出版に向いているからと諭され、卒業後も同社に残った。昭和10年代に入ると支配人兼総務・出版部長として社を統括し、学術出版社としての伸張に貢献。17年応召して中国戦線に送られ、21年復員。社業を再開させ、23年「アテネ文庫」を発刊。同年株式会社に改組して社長に就任したが、25年解任された。26年独立して株式会社創文社を創業、処女出版は団藤重光「新刑事訴訟法綱要」、柳田謙十郎「わが思想の遍歴」「観念論と唯物論」の3冊。以後、鈴木成高を最高顧問として迎え、哲学・宗教・歴史・東洋学など人文学系の学術書を数々出版。特に半世紀をかけて完結した「神学大全」（全45巻）は名高い。33年には串田孫一責任編集の山岳芸術誌「アルプ」を創刊、58年に300号で終刊となるも根強いファンを持った。35年には全商品の買切制導入を断行した。自伝に「一出版人の歩いた道」がある。
【参考】『一出版人が歩いた道』久保井理津男著 創文社 2002

窪田 範治　くぼた・はんじ
新公論社創業者

[生年月日]明治30年（1897年）8月6日
[没年月日]昭和55年（1980年）3月25日
[出生地]埼玉県　[別名等]別名＝窪田明治
[学歴]早稲田大学中退

昭和20年新公論社を創業し、28年まで総合雑誌「新公論」を発行。同年「郷土史・東京」を創刊してその刊行会会長となった（38年休刊）。23年月刊紙「紙業公論」を創刊、紙業界を背景に報道と評論に活躍。45～49年日本出版協会理事長、25～55年東京出版協同組合理事、45～51年日本出版クラブ理事を歴任。著書に「藤原銀次郎伝」「東京をさぐる」「切支丹屋敷物語」「江戸民話物語」「江戸武蔵野の今昔」などがある。

久保田 裕　くぼた・ゆたか
「ヤングレディ」編集長　講談社専務　スコラ社長

[生年月日] 大正12年（1923年）1月31日
[没年月日] 平成22年（2010年）6月28日
[出身地] 東京都　[学歴] 早稲田大学政経学部〔昭和21年〕卒

講談社に入社。「若い女性」「婦人倶楽部」「ヤングレディ」各編集長を経て、昭和46年常務、49年専務、55年顧問。56年スコラを設立、社長。平成8年相談役。

久保山 雄三　くぼやま・ゆうぞう
公論社創業者

[生年月日] 明治38年（1905年）5月16日
[没年月日] 昭和50年（1975年）2月26日
[出生地] 福岡県

昭和3年公論社を創業。炭鉱、貨物自動車、石炭の研究に携わり、自社から「日本石炭鉱業大観」「最新炭礦工学」「石炭鉱業発達史」「炭礦の智識」などの著書・編著書を出版した。37年日本出版協会理事長。

熊井 征太郎　くまい・せいたろう
同文館出版社長

[生年月日] 明治37年（1904年）
[没年月日] 平成3年（1991年）6月30日
[学歴] 東京商科大学卒

三省堂、東都書籍の各取締役を経て、昭和34年同文館倒産を受けて設立された第二会社に三省堂が経営参加し、同文館出版社長に就任。会計・経営・商業・経済・法律などの分野を中心とした専門書の出版した。

熊谷 清司　くまがい・せいじ
下総書房創業者　民俗学研究家

[生年月日] 昭和9年（1934年）11月20日
[没年月日] 昭和55年（1980年）11月29日
[出生地] 東京市城東区亀戸（東京都江東区）　[学歴] 早稲田大学文学部哲学科〔昭和33年〕卒

早大在学中は児童文化研究会に所属、人形劇や児童劇の上演活動に取り組む。昭和34年より1年間、岩手県下閉伊郡の安家小学校大平分校で教鞭を執る。35〜45年家業の酒家に従事した後、46年下総書房を起こして「古瓦拓本集」「ネパール祭礼護符集」「いまなにしてる」「伊勢土産富貴絵形」など、主に限定本を出版。お札や切り紙の収集・研究を行い、55年東北地方への採集旅行の帰路にくも膜下出血のため急逝した。著書に「草花あそび」「日本の伝承切紙」などがある。
【参考】『熊谷清司コレクションを中心に護符・祈りの版画 神礼と寺礼』町田市立博物館編

熊谷 孝　くまがい・たかし
熊谷印刷社長

[生年月日] 大正14年（1925年）8月18日
[没年月日] 平成17年（2005年）4月1日
[出身地] 秋田県鹿角郡小坂町　[学歴] 八王子市立工

9人きょうだい（3男6女）の2番目の長男。昭和15年上京して東京発動機に勤務する傍ら、夜学の八王子市立工業学校に学ぶ。20年8月応召したが、間もなく敗戦を迎えた。帰郷し、23年鶴田印刷に入社。27年盛岡市で熊谷印刷を創業、30年株式会社に改組。31年には同社内に出版部を設置、地方出版に情熱を傾け地域文化の発展に貢献した。
[叙勲] 勲五等双光旭日章〔平成7年〕
【参考】『働き者の子だくさん わが父母の肖像』熊谷孝編 1998

熊谷 寛　くまがや・ひろし
ロマンス社創業者

[生年月日] 明治36年（1903年）3月5日
[没年月日] 昭和50年（1975年）
[出生地] 長野県　[学歴] 日本大学卒、アテネフランセ卒

講談社に入社。「婦人倶楽部」編集次長、日

本新聞連盟編集員、東京タイムズ取締役業務部長を経て、ロマンス社を創業。

隈部　大蔵　くまべ・だいぞう
月刊ペン社編集局長

[生年月日]大正9年（1920年）4月1日
[没年月日]昭和62年（1987年）2月17日
[出身地]熊本県山鹿市　[学歴]陸軍中野学校卒、日本大学専門部法科卒

新聞の経済担当論説委員を経て、昭和49年月刊ペン社に入社。51年3月、4月号の「月刊ペン」に創価学会批判記事を特集、その中の池田大作名誉会長の女性スキャンダル記事が名誉毀損罪に問われ、58年6月差し戻し審で一審と同じく有罪と認定、罰金20万円の判決。59年7月の控訴審でも控訴棄却の判決が言い渡された。62年最高裁で係争中に死去した。

倉橋　藤治郎　くらはし・とうじろう
工業図書常務

[生年月日]明治20年（1887年）11月22日
[没年月日]昭和21年（1946年）4月5日
[出生地]滋賀県　[学歴]大阪高工〔明治43年〕卒

大正5年米国へ遊学、15年以後、国際経済会議委員、国際連盟総会日本代表随員、国際労働会議代表顧問としてジュネーブに3回出張。また、大礼記念国産振興東京博覧会事務総長、日本動力協会、実業教育振興中央会各専務理事、日本倶楽部総務委員などを務めた。その後、工業図書株式会社、メキシコ工業株式会社各常務、宝山璃廠監査役を兼務。さらに明治大学、中央大学で教えた。出版は昭和4年工政会出版部の創立に始まる。各試験場研究所の技術報告書の一手販売と、「日本工学全書」など多くの工学工業図書を出版、雑誌では「機械」「設計資料」などを発行した。古陶器の鑑賞、収集家で、彩壺会幹事を務めた。著書「北平の陶器」「呉須赤絵大皿」などがある。

[家族等]娘＝飯塚美佐子（産業図書社長）

倉本　長治　くらもと・ちょうじ
「商業界」主幹

[生年月日]明治32年（1899年）12月14日
[没年月日]昭和57年（1982年）1月29日
[出生地]東京市芝区金杉（東京都港区）　[学歴]仙台二中〔大正7年〕卒

元禄時代からの菓子商の家に育つ。早くに両親を失い、仙台で暮らしていた叔父のもとから仙台二中に進学。大正7年卒業して山下汽船に入社。10年日商に転じ、13年月刊誌「ビジネス」を創刊したが、数号で廃刊。14年寄稿していた誠文堂の雑誌「商店界」の編集長に就任、昭和10年誠文堂新光社専務編集局長。19年退職して科学主義工業社専務。21年公職追放に遭い、23年「商業界」を創刊したが、追放中のため社外執筆者として参画した。25年追放解除により「商業界」主幹・社長。戦前から広告・宣伝のコンサルタントとして知られ、アメリカ式経営技法の導入と同時に"真商道"を説き "儲けない商売に誇りを持っても儲からぬ商売を恥じよ"と主張、商人に職業への使命感を訴えた。29年ラジオ技術社を設立して同社長を兼任した。著書に「小資本開業案内」「機会を活かせ」「店は繁昌のためにある」「孫子と商法」「商人の哲学」などがある。

[家族等]長男＝倉本初夫（商業界代表取締役主幹）　[叙勲]藍綬褒章〔昭和39年〕、勲五等双光旭日章〔昭和45年〕　[受賞]日専連賞（第1回）〔昭和28年〕
【参考】『倉本長治著作選集』第12巻 商業界 1982

栗田　確也　くりた・かくや
栗田出版販売創業者

[生年月日]明治27年（1894年）8月23日
[没年月日]昭和52年（1977年）8月19日
[出生地]岐阜県本巣郡北方町（揖斐川町）
[学歴]北方高小〔明治42年〕卒

高等小学校を卒業して明治43年上京、書籍取次業の平塚京華堂に入店して9年間修業。大正7年同店倒産を機に独立、書籍取次業の栗田書店を創業。関東大震災で店舗を失うも直ちに復興し、以後、岩波書店、平凡社、改造社、新潮社など大手出版社はもちろん、堺利彦の売文社や大原社会問題研究所、農業問題研究所の出版物を刊行する同文社などと提携して左翼出版物を取り揃えるなど、特色ある取次店に成長した。一方、14年からは出版業にも乗り出し、田中貢「日本工業政策」などを刊行。昭和15年貿易部を新設するとともに出版部門を独立。16年取次部門が日本出版配給に統合され同社常務となるが、18年辞任。19年第一出版を創立して社長。22年取次業として栗田書店を復興。27年書物の展示場として栗田ブックセンターを開設して理事長となった他、書店経営研究会の設立、日本図書目録の作成、宣伝カーによる全国行脚の「出版まつり」を推進するなど読書普及運動にも大きく貢献した。44年栗田出版会を設立して社長。49年本社を板橋に移転すると共に栗田出版販売に社名変更した。一方、国体で入賞経験があるなど馬術にも長じ、日本馬術連盟幹事や東京五輪馬術競技賞典委員長なども務めた。自伝「私の人生」があり、「出版人の遺文」(全8冊)を出版した。
[叙勲]勲五等双光旭日章〔昭和42年〕
【参考】『私の人生』栗田確也著 栗田書店 1968／『栗田確也の追憶』「栗田確也の追憶」編集委員会編 栗田出版会 1978

栗林 茂　くりばやし・しげる
雪華社創業者

[生年月日]明治24年(1891年)1月29日
[没年月日]没年不詳
[出身地]長野県　[学歴]中央大学法科〔大正5年〕卒

片倉製糸紡績化学部主宰、大有化学工業、三信殖産各社長を経て、大成商事を設立。のち華光産業して社長。一方、昭和32年雪華社を創業、33年株式会社に改組。日本文学を中心に出版した。
[家族等]養子=栗林英逸郎(華光産業社長)

栗本 和夫　くりもと・かずお
中央公論社専務 中央公論美術出版社長

[生年月日]明治44年(1911年)2月5日
[没年月日]昭和55年(1980年)4月13日
[出生地]奈良県斑鳩　[学歴]東洋大学東洋文学科〔昭和10年〕卒

在学中坂口安吾らと同人雑誌「制作」を発行。昭和10年中央公論社に入社。17年販売部長、21年総務局長、同年取締役、23年専務。31年退社後は中央公論美術出版社長、中央公論事業出版会長を歴任した。晩年に、3億円の私財を投げうって長野県富士見高原に栗本図書館を開設した。
【参考】『一図書館の由来記』栗本和夫著 中央公論美術出版 1980

来島 捨六　くるしま・すてろく
山海堂社長

[生年月日]明治40年(1907年)12月27日
[没年月日]昭和54年(1979年)5月6日
[学歴]明治大学商学部〔昭和6年〕卒

山海堂創業者・来島正時の長男。昭和6年山海堂に入社。太平洋戦争中は日本出版会の評議員を務める。父の没後、山海堂社長に就任。理工学書、自動車関係書などを出版した。日本出版クラブ評議員。
[家族等]父=来島正時(山海堂創業者)

来島 正時　くるしま・まさとき
山海堂創業者

[生年月日]安政6年(1859年)9月15日
[没年月日]昭和20年(1945年)1月8日
[出生地]陸奥国菊多郡泉村(福島県いわき市)
[旧名]沢田　[学歴]慶応義塾本科〔明治15年〕卒

慶応義塾に学び、時事新報記者を務めた。その後、文部省に入ったが古本業に転じ、明治29年山海堂出版部を創立して湯本武比古の著書を処女出版。以後、中等教科書・学習参考書の出版社として成長。藤森良蔵の数学参考書、小野圭次郎の英語参考書で大きく発展し、「土木工学ポケットブック」など理工書の分野にも進出した。
[家族等]長男＝来島捨六（山海堂社長）

車谷 弘　くるまだに・ひろし
文藝春秋専務

[生年月日]明治39年（1906年）8月28日
[没年月日]昭和53年（1978年）4月16日
[出生地]静岡県下田市　[学歴]東京薬専卒

生家は伊豆下田の薬種問屋で、家業を継ぐために東京薬学専門学校に学ぶ。卒業後は製薬会社に勤務する傍ら、文学への志望を持ち、昭和5年「サンデー毎日」の懸賞小説に投稿して入選。その後、文藝春秋社代理部の管理薬剤師となるが、文学好きであることが菅忠雄に知られ、12年その勧めで同社に入社。一時は嘱託として連合通信社文芸部に身を置いたこともあった。戦後、佐佐木茂索の下で文藝春秋新社の創立に参画し、26年「文藝春秋」編集長、29年編集局長兼出版局長などを経て、46年専務に就任。銀座のPR誌「銀座百点」の編集にも関与した。俳句は久保田万太郎に師事して句集「佗助」「花野」があり、51年「わが俳句交遊記」で芸術選奨文部大臣賞を受賞。永井龍男とは若い頃に同じ下宿で、共に小説修業に励んだ仲。他に小説集「算盤の歌」、随筆集「銀座の柳」がある。
[受賞]芸術選奨文部大臣賞（文学・評論部門、第27回）〔昭和51年〕「わが俳句交遊記」

黒木 正憲　くろき・まさのり
東京出版社長

[生年月日]生年不詳
[没年月日]平成20年（2008年）5月4日

昭和32年東京出版を創業して受験雑誌「大学への数学」を創刊した。日本数学オリンピックにも携わった。

黒崎 勇　くろさき・いさむ
「女性自身」編集長　祥伝社代表取締役

[生年月日]大正9年（1920年）8月21日
[没年月日]平成17年（2005年）1月13日
[出生地]新潟県新潟市

昭和10年少年社員として講談社に入社。創業者・野間清治の書生となり、独学で専検合格。5年間の軍隊生活を経て、21年光文社に入社。「少年」編集長をふり出しに、23年創刊の「少女」編集長に就任、少女誌のトップに育てる。33年「女性自身」の創刊編集長となり、同誌を全週刊誌実売第1位に押し上げた。37年取締役、42年常務。45年光文社争議の責任をとって退社、同年祥伝社創立に参画。同社代表取締役を務めた。
[参考]『皆がNoならやってみろ』黒崎勇著 リヨン社 1990

黒田 秀俊　くろだ・ひでとし
「中央公論」編集長　社会運動家

[生年月日]明治38年（1905年）4月15日
[没年月日]平成1年（1989年）6月14日
[出生地]静岡県下田市　[学歴]早稲田大学政治経済学科中退、明治大学新聞高等新聞研究科〔昭和9年〕修了

昭和12年中央公論社に入社。18年「中央公論」次長待遇、19年1月編集長。同年同社は自主廃業を通告され、戦前の「中央公論」の最後の編集長となった。戦後は原水爆の反対運動を推進、原水爆禁止日本協議会事務局長、常任理事を経て、文筆活動に入る。基地問題文化人懇談会事務局長、日本平和委員会常任理事も務めた。著書に「軍政」「昭和言論史への証言」「横浜事件と言論弾圧」「もの言えぬ時代」などがある。

鍬谷 清　くわたに・きよし
　　鍬谷書店創業者

[生年月日]明治43年（1910年）7月3日
[没年月日]昭和59年（1984年）5月19日
[出生地]兵庫県神戸市　[学歴]西灘高小〔大正14年〕卒

大正14年取次の浅見文林堂に入社。昭和16年日本出版配給の創立に際し、望まれて朝倉書店に営業部長として入り、長期出征中の店主・朝倉鉱造の留守をよく守った。22年店主が復員、23年独立して東京・神田神保町で取次業の鍬谷書店を創業。当初は専門書全般を広く取り扱ったが、次第に自然科学の学術専門書を中心とし、医学書へと専門を広げた。

桑原 甲子雄　くわばら・きねお
　　「カメラ」編集長　写真家

[生年月日]大正2年（1913年）12月9日
[没年月日]平成19年（2007年）12月10日
[出生地]東京市下谷区（東京都台東区）　[学歴]東京市立二中〔昭和6年〕卒

東京市立二中（現・上野高）を卒業後、家業の質屋を手伝う。傍ら、隣家にのち写真評論家や写真家となる田中雅夫・浜谷浩・浜谷了一兄弟が住んでいたこともあって写真に興味を持ち、撮影を始める。浅草などの市井風俗を切り取った写真を「カメラ」「アサヒカメラ」などの月例に投稿して注目を集め、昭和12年にはアマチュアながら同誌で特集号が組まれた。22年銀龍社結成に参画。23年アルスのカメラ雑誌「カメラ」編集長に就任、土門拳を月例写真の選者に起用してリアリズム写真の動向に大きな影響を与えた。以後、29〜39年「サンケイカメラ」（34年「カメラ芸術」に誌名変更）、44〜46年「季刊写真映像」、48年「写真批評」の編集長を歴任した。
[受賞]日本写真協会年度賞（第25回）〔昭和50年〕「東京昭和十一年」、日本写真協会功労賞（第41回）〔平成3年〕

郡司 勝義　ぐんじ・かつよし
　　編集者　文芸評論家

[生年月日]昭和7年（1932年）11月15日
[没年月日]平成19年（2007年）3月14日
[出生地]東京都

文藝春秋社に長く勤め、「福田恆存全集」などの編集に従事。平成4年退職、フリーとなる。著書に「小林秀雄の思ひ出 その世界をめぐって」「わが小林秀雄ノート」がある。

【こ】

小池 四郎　こいけ・しろう
　　クララ社創業者

[生年月日]明治25年（1892年）3月21日
[没年月日]昭和21年（1946年）3月11日
[出生地]東京市神田区錦町（東京都千代田区）
[学歴]東京帝国大学工科大学採鉱冶金科〔大正6年〕卒

鈴木商店に入社、帝国炭業木屋瀬鉱業所長を務めたが、大正13年社会運動への参加を志して退職。上京して出版社クララ社を創立し、自著「英国の労働党」「非資本主義的人口論」、自訳のH.G.ウェルズ「汝の靴を見よ」、馬場二郎訳のウイットウォース「ニジンスキイの舞踊芸術」などを刊行。15年社会民衆党の創立に参加し、中央委員、中央執行委員、党福岡県連会長などを歴任。昭和7年福岡県から衆院議員に当選。通算2期。この間、国家社会主義への流れに加わり、同年赤松克麿らと日本国家社会党を結成したが、党内が日本主義派と国会社会主義派に分かれ後者が離党すると、前者を率いて愛国政治同盟を結成して総務委員長となった。11年同盟解散後、12年4月の総選挙で政治革新協議会の公認候補として当選。7月日本革新党の結党に参加した。その後、日本南方協会の稲作訓練所長と

なった。
[家族等]妻=小池元子(クララ洋裁学院院長)、父=小池学山(書家)

小池 平和　こいけ・へいわ
本の森社長

[生年月日]昭和21年(1946年)
[没年月日]平成17年(2005年)6月16日
[出生地]長野県長野市　[学歴]早稲田大学法学部卒

毎日新聞社に入社。甲府支局、市川大門、山梨通信部、仙台、船橋各支局を経て、一関通信部。平成6年退職し、9年共同で出版会社、本の森を設立、代表。地方では珍しい全国に流通ルートを持つ出版社として知られる。著書に「みちのくの挑戦 建部清庵と飢饉の時代」「夢・炎上 平泉滅亡物語」「みちのく風日記」「平泉の謎」などがある。

高坂 修一　こうさか・しゅういち
高坂書店社長 コーサカ社長

[生年月日]昭和7年(1932年)9月4日
[没年月日]平成9年(1997年)4月13日
[出身地]大阪府大阪市　[学歴]天王寺商卒

家業の書籍販売業に従事、昭和40年有限会社高坂書店に改組、社長。平成4年長男とともに代表取締役となり、8年社主に退く。傍ら、昭和57年株式会社コーサカを設立してコンピュータ関連書籍やソフト卸部門を外商から分離独立させ、業容の拡大を図った。高坂書店グループのオーナーとして手腕を発揮する一方で、関西小売業界のリーダーとして若手を指導、さらに東京、大阪の出版社幹部とも親交を深めた。
[家族等]長男=高坂喜一(高坂書店社長)

孝寿 芳春　こうじゅ・よしはる
芳文社創業者

[生年月日]明治45年(1912年)3月22日
[没年月日]平成21年(2009年)1月6日
[出身地]香川県　[学歴]京都帝国大学法学部卒

陸軍主計中佐を経て、昭和21年軍人時代の同期である上法快男と、その従兄であった加藤謙一らと尚文館を起こす。22年雑誌「野球少年」を創刊して大ヒットしたが、23年連合国軍総司令部(GHQ)のパージに遭って3人とも社を離れ芙蓉書房を創業、上法、加藤と取次卸業及び出版業に携わる。25年不渡り手形を出した尚文館の再建整理のため芳文社を創業。しばらく業績は振わずに推移したが、31年「週刊漫画TIMES」の創刊により頽勢を一気に挽回、以後漫画・劇画雑誌を次々と発行して経営基盤を確立した。
[家族等]長男=孝寿尚志(芳文社社長)
【参考】『芳文社20年の歩み』芳文社 1970

神代 種亮　こうじろ・たねあき
校正者 書誌研究家

[生年月日]明治16年(1883年)6月14日
[没年月日]昭和10年(1935年)3月30日
[出生地]島根県鹿足郡津和野町　[学歴]島根県師範〔明治37年〕卒

生家は石見津和野藩の馬廻を務めた家柄。島根県師範学校を卒業後、県内の小学校に勤務。明治44年上京してからは海軍図書館や慶応義塾大学図書館、一誠堂などに勤務する傍ら独学し、特に文字に明るく森鷗外、永井荷風、谷崎潤一郎、坪内逍遙らの著書の校正を手がけ、その技量と薀蓄から"校正の神様"といわれた。大正13年石川巌と雑誌「書物往来」を発行し、編集人となる。昭和3年には「校正往来」を創刊した。また、明治文学・書誌研究に打ち込んで明治文化研究会の同人として重きをなし、「明治文化全集」(全24巻)の編集発行に貢献した。その人柄に関しては荷風「濹東綺譚」の作後贅言に詳しい。
【参考】後藤正兵衛「帯葉山人 神代種亮小伝」(「文学散歩 永井荷風記念号」17号 文学散歩友の会事務局 1963.4)／大久保久雄「校正の神様—神代種亮書誌」(「文献継承」22号 2013.4)

河添　元次　こうぞえ・もとじ
　　　大阪屋社長

[生年月日]明治45年（1912年）6月26日
[没年月日]平成5年（1993年）6月10日
[出生地]山口県　　[学歴]京都帝国大学〔昭和14年〕卒

昭和14年朝鮮銀行、22年三和銀行を経て、41年大阪屋に入社。同年取締役経理部長、46年常務、48年本店統括担当、49年専務、50年副社長を経て、51年社長。56年会長、57年退任。
[参考]『大阪屋三十年史』大阪屋 1981

河野　信一　こうの・のぶいち
　　　帝国判例法規出版社社長

[生年月日]明治24年（1891年）
[没年月日]昭和47年（1972年）
[出生地]愛媛県今治市　[学歴]松山商卒

織物会社、銀行勤務などを経て、大正9年東京で帝国判例法規出版社を設立して成功を収める。太平洋戦争後、貴重な文化財が次々と海外に流出していくことに心を痛め、以来平安から現代に至るまで1万2000点にのぼる"河野コレクション"を収集。昭和43年コレクションに加えて文化館建設費、敷地購入費、運営費あわせて2億円を今治市に寄贈、自ら設計を指示して河野信一記念文化館（現・河野美術館）を開館させた。今治市名誉市民。

香原　一勢　こうはら・かずなり
　　　春秋社編集長

[生年月日]明治29年（1896年）2月22日
[没年月日]昭和56年（1981年）10月12日
[出身地]福岡県北九州市　[学歴]早稲田大学文学部哲学科〔大正7年〕卒

雑誌「帝国教育」「日本歴史」などを編集した。著書に「初学者の為の哲学概論」「初学者の為の心理学概論」「初学者のための西洋哲学史概説」などがある。
[家族等]長男＝香原志勢（人類学者）

古賀　広治　こが・こうじ
　　　オーム社社長

[生年月日]明治21年（1888年）8月1日
[没年月日]昭和48年（1973年）11月15日
[出生地]佐賀県佐賀市　[学歴]東京帝国大学工科大学電気工学科〔大正4年〕卒

鉄道院、特許局に勤めた後、大正12年オーム社に入社。15年取締役、昭和9年専務を経て、16年社長。22年退任したが、23年社長に復帰。30年会長。同社の基盤確立に大きく貢献した。
[叙勲]勲四等瑞宝章〔昭和40年〕
[参考]『オーム社75年史』オーム社75年史編纂委員会編 オーム社 1992

国領　茂蔵　こくりょう・しげぞう
　　　出版ニュース社創業者

[生年月日]明治33年（1900年）7月27日
[没年月日]昭和38年（1963年）11月23日
[出生地]千葉県木更津市　[旧名]高橋

大正3年東海堂に入る。同社支配人の国領友太郎の養嗣子となり、岳父の没後に支配人を継承。昭和16年日本出版配給設立に際して東海堂代表として参加、同常務。24年日配閉鎖の際、特殊清算人補助を務めた。同社の機関誌「出版ニュース」が独立した際、出版ニュース社社長に就任。出版取次懇話会（現・日本出版取次協会）の設立にも尽くし、同副理事長を務めた。
[家族等]岳父＝国領友太郎（東海堂支配人）

国領　友太郎　こくりょう・ともたろう
　　　東海堂支配人

[生年月日]明治6年（1873年）11月
[没年月日]昭和10年（1935年）10月25日
[出生地]北海道函館市

20歳過ぎに上京し、神田佐柄木町の新聞雑誌売捌業の東海堂に入社。初代川合晋の没後、未亡人や2代目川合晋の後見を務め、支配人

として同社を4大取次の一つにまで育て上げた。東京雑誌販売業組合幹事、東京書籍商組合評議員を歴任。
[家族等]女婿＝国領茂蔵(出版ニュース社創業者)

小坂 佐久馬　こさか・さくま
教育出版社長

[生年月日]明治39年(1906年)1月8日
[没年月日]昭和63年(1988年)7月20日
[出身地]北海道旭川市　[学歴]旭川師範〔昭和3年〕卒

小学校教諭、穂高書房社長などを経て、昭和23年教育出版専務、38年副社長、42年社長。50年会長。
[叙勲]勲四等旭日小綬章〔昭和51年〕
【参考】『小坂佐久馬文集 私の国語人生』小坂佐久馬文集刊行委員会 1986／『小坂佐久馬追悼』大雪同期会・高石会編 1989

小酒井 五一郎　こさかい・ごいちろう
研究社創業者

[生年月日]明治14年(1881年)1月30日
[没年月日]昭和37年(1962年)5月2日
[出生地]新潟県古志郡長岡町(長岡市)　[学歴]表町小尋常科〔明治24年〕卒

明治25年上京して神田の書籍取次業・上田屋書店の住込み店員となり、のち店主・長井庄吉の二女と結婚。40年独立して麹町富士見町に英語研究社を起こし、41年より雑誌「初等英語研究」(45年「英語研究」に改題)を発行した他、英語講義録・英語参考書を中心に出版した。大正元年市河三喜「英文法研究」、山崎貞「英文解釈研究」がベストセラーとなり、社業の基礎を確立。5年研究社に社名変更。7年武信由太郎による「武信和英大辞典」を、昭和2年岡倉由三郎による「新和英大辞典」を刊行し、ともに戦後に至るまで改訂を重ねるロングセラーとなった。同年株式会社に改組。7年「現代英文学叢書」の出版を開始。14年吉祥寺に印刷工場を完成させ、19年喜安璡太郎の主宰する「英語青年」の発行を委譲され「英語研究」に統合するが、20年戦況の悪化で会社を閉鎖した。戦後、すぐに業務を再開、同年11月米語中心の「時事英語研究」を創刊。22年には書籍・雑誌部門を研究社出版株式会社として独立させ、26年には研究社印刷株式会社を設立した。
[家族等]長男＝小酒井益蔵(研究社社主)、三男＝小酒井益三郎(研究社書店社長)、孫＝小酒井貞一郎(研究社社長)、岳父＝長井庄吉(上田屋書店創業者)
【参考】『小酒井五一郎追悼録』研究社 1963／『研究社八十五年の歩み』研究社 1992

小酒井 貞一郎　こさかい・ていいちろう
研究社社長 研究社出版社長

[生年月日]昭和8年(1933年)1月4日
[没年月日]平成12年(2000年)1月11日
[出身地]東京都　[学歴]成蹊大学経済学部〔昭和31年〕卒

昭和31年祖父・小酒井五一郎の創立した研究社に入社。37年祖父が死去すると次第に同社の書籍・雑誌部門を引き継ぎ、営業部長、編集部長、副社長を経て、44～51年研究社出版社長。従来、同社は英語関係の書籍・辞書中心に出版していたが、46年に「研究社叢書」を発刊するなど、比較文化や一般書籍の刊行にも着手した。研究社英語センター所長、研究社本社社長、会長を歴任した。
[家族等]祖父＝小酒井五一郎(研究社創業者)、父＝小酒井益蔵(研究社社主)
【参考】『研究社八十五年の歩み』研究社 1992

小酒井 益蔵　こさかい・ますぞう
研究社社主

[生年月日]明治38年(1905年)1月1日
[没年月日]昭和52年(1977年)9月21日
[出生地]東京都　[学歴]明治大学法科卒

研究社創業者・小酒井五一郎の長男。昭和23年研究社のグループ企業で英語関係の書籍・雑誌の出版を主とする研究社出版の社長に就任。37年父の死後は研究社グループ全体を統括し、書籍・雑誌部門を長男・貞一郎に任せ、これと辞書部門とを経営的に峻別しながら堅実に事業を推進した。
[家族等]長男＝小酒井貞一郎（研究社社長）、父＝小酒井五一郎（研究社創業者）、祖父＝長井庄吉（上田屋書店創業者）　[叙勲]勲四等瑞宝章〔昭和50年〕
【参考】『研究社八十五年の歩み』研究社 1992

小島　新作　こじま・しんさく
東京地図出版創業者

[生年月日]明治33年（1900年）5月29日
[没年月日]昭和56年（1981年）11月11日
[出身地]静岡県掛川市　[学歴]中央大学卒

戦前は日本統制地図専務。戦後、東京地図出版を創業。昭和32年株式会社に改組。道路地図の専門出版社として成長させた。出版タイムス社社長も務めた。

小島　棟吉　こじま・とうきち
武揚堂創業者

[生年月日]慶応3年（1867年）12月18日
[没年月日]昭和26年（1951年）2月12日
[出生地]愛知県

明治28年上京して京橋の厚生堂に入る。30年日本橋に武揚堂書店を創業、軍隊教育用図書の刊行を始める。38年陸軍参謀本部陸地測量部発行地図元売捌の権利を取得。また、神社仏教関係の図書類の刊行も手がけ、41年我が国初の「仏教大辞典」を刊行して注目を集めた。45年兵用図書株式会社を設立。大正12年の関東大震災により全焼したがいち早く再建し、帝都復興第一号と報道されたこともあった。昭和12年株式会社武揚堂に改組して同社長。22年建設省地理調査所発行地図全国発売元売捌の資格を取得、社会科学習用地図、一般教科用図書、地図類の出版・販売業務を再開した。

小杉　天外　こすぎ・てんがい
小説家

[生年月日]慶応1年（1865年）9月19日
[没年月日]昭和27年（1952年）9月1日
[出生地]出羽国仙北郡六郷村（秋田県仙北郡美郷町）　[本名]小杉為蔵　[別名等]別名＝小杉草秀,小杉くさひで　[学歴]英吉利法律学校中退,東京専門学校中退　[資格]日本芸術院会員〔昭和23年〕

絞油・醤油醸造・呉服商を営む家の長男。明治16年政治家を志して上京し、英吉利法律学校や国民英学会に学ぶ。18年帰郷、21年地元の政治結社・鳥峯倶楽部に参加したが、やがて文学志望に転じた。21年再度上京して国民英学会、進徳館、東京専門学校（現・早稲田大学）に学ぶも間もなく中退。斎藤緑雨の知遇を得、25年その紹介で「国会」に「改良若旦那」を寄稿して文壇に登場。以後、32年「蛇いちご」、33年「はつ姿」、35年「はやり唄」、36年「魔風恋風」などを発表し、観念小説、深刻小説の波に乗じて流行作家となるとともに、明治30年代新写実の開拓者として自然主義文学への道を開く役割をした。傍ら、30年伊原青々園、島村抱月、後藤宙外らと西文社を結成し、「新著百種」を創刊。42年には雑誌「無名通信」を至誠堂から発刊し、自ら小説や評論を執筆した。その後、文壇の中心から遠ざかり、昭和7年以降は病気のため読書や句作が中心となった。戦後、再び作品を発表し始め、23年日本芸術院会員に選ばれた。

小杉　益二郎　こすぎ・ますじろう
近代映画社社長

[生年月日]明治42年（1909年）3月31日
[没年月日]昭和56年（1981年）8月30日
[出生地]群馬県碓氷郡安中町（安中市）　[旧名]桜井　[別名等]通称＝増次朗　[学歴]法政大学専門部政経科〔昭和10年〕卒

桜井家に生まれ、小杉家の養子となる。愛宕印刷勤務を経て、昭和20年12月近代映画社を設立、25年株式会社に改組。「近代映画」「スクリーン」などの映画雑誌を発行、昭和20年代から30年代にかけての映画ブームの一翼を担った。33年度ベネチア映画祭の映画TV出版部門賞を受賞した。

小立 淳　こだち・あつし
南江堂社長

[生年月日]大正14年（1925年）3月28日
[没年月日]平成10年（1998年）6月11日
[出身地]東京都　[学歴]早稲田大学理工学部〔昭和24年〕卒

2代目小立鉦四郎の六男。昭和24年清水建設に入社、50年営業部次長。58年東亜建設工業に転じる。のち南江堂社長。

[家族等]父＝小立鉦四郎（2代目）、兄＝小立正彦（南江堂社長）、小立武彦（南江堂社長）、小立滋（南江堂専務）

小立 鉦四郎（2代目）　こだち・しょうしろう
南江堂社長

[生年月日]明治15年（1882年）11月18日
[没年月日]昭和46年（1971年）9月28日
[出生地]神奈川県足柄下郡小田原町（小田原市）　[旧名]立田彦蔵

明治28年初代小立鉦四郎の嗣子となり、42年2月13日初代が亡くなると2代目を襲名。昭和9年株式会社に改組して社長。大正3年〜昭和19年全国医書組合組合長。

[家族等]長男＝小立正彦（南江堂社長）、三男＝小立武彦（南江堂社長）、四男＝小立滋（南江堂専務）、六男＝小立淳（南江堂社長）　[叙勲]勲四等瑞宝章〔昭和41年〕

小立 武彦　こだち・たけひこ
南江堂社長

[生年月日]明治45年（1912年）1月6日
[没年月日]昭和62年（1987年）6月10日
[出身地]東京都　[学歴]北海道帝国大学工学部機械工学科〔昭和11年〕卒

2代目小立鉦四郎の三男。昭和17年芝浦工作機械に入社。36年合併により東芝機械第一営業部長、41年取締役。47年千代田組顧問。52年南江堂社長。日本出版クラブ評議員、日本医書出版協会理事長、出版文化国際交流会評議員、日本書籍出版協会評議員を歴任。

[家族等]父＝小立鉦四郎（2代目）、兄＝小立正彦（南江堂社長）、弟＝小立滋（南江堂専務）、小立淳（南江堂社長）

小立 正彦　こだち・まさひこ
南江堂社長

[生年月日]明治42年（1909年）1月1日
[没年月日]平成4年（1992年）10月24日
[出生地]東京都　[学歴]北海道帝国大学理学部植物学科〔昭和9年〕卒

2代目小立鉦四郎の長男。北海道帝国大学、東京帝国大学大学院で植物学を研究。昭和14年南江堂に入社。16年取締役を経て、22年父の後を受けて社長に就任。

[家族等]父＝小立鉦四郎（2代目）、弟＝小立武彦（南江堂社長）、小立滋（南江堂専務）、小立淳（南江堂社長）

児玉 惇　こだま・あつし
編集者

[生年月日]昭和5年（1930年）
[没年月日]昭和54年（1979年）6月2日
[出生地]鹿児島県鹿児島市　[学歴]東北大学文学部中退

大学中退後、渋谷税務所勤務を経て、昭和29年平凡社に入社。「人間の記録双書」「東洋文庫」「国民百科事典」などの編集に従事し、37年雑誌「太陽」創刊に関与。44年より同社校閲課に所属する傍ら、47年頃から自動車や住宅の問題に関する投稿・評論活動に取り組んだ。

【参考】『井戸の下の国のうた　児玉惇遺稿集』

芳林社 1980

小玉 邦雄　こだま・くにお
日本書籍出版協会事務局長

[生年月日]明治33年（1900年）2月23日
[没年月日]昭和60年（1985年）2月24日
[出生地]秋田県　[別名等]号＝小玉久爾夫
[学歴]東京府立園芸学校〔大正10年〕卒

秋田県農事試験場技手、同県農業技手、銘酒「爛漫」の醸造元である秋田銘醸東京支店長を経て、昭和10年講談社に入社し、野間清治社長秘書、西宮工場長、業務部長を歴任。20年光文社の創立に際して専務。やがて本社に取締役業務部長として復帰したが、22年世界社の創立により同社専務に転じた。その後、富国出版社を創立したが、28年閉鎖。日本書籍出版協会の初代事務局長や、出版団体連合会事務局長、出版健康保険組合常務理事を歴任。一方、絵や俳句をよくして久爾夫と号した。

後藤 章夫　ごとう・あきお
「FOCUS」編集長 新潮社常務

[生年月日]昭和10年（1935年）2月3日
[没年月日]平成12年（2000年）7月10日
[出生地]東京都　[学歴]東京大学文学部仏文科〔昭和33年〕卒

昭和33年新潮社に入社。「週刊新潮」次長を経て、56年以来11年間にわたって写真週刊誌「FOCUS」の初代編集長を務めた。のち常務。

後藤 宙外　ごとう・ちゅうがい
「新小説」編集主任

[生年月日]慶応2年（1866年）12月23日
[没年月日]昭和13年（1938年）6月12日
[出生地]羽後国仙北郡払田村（秋田県大仙市）
[本名]後藤寅之助　[学歴]東京専門学校文学科〔明治27年〕卒

明治27年坪内逍遙の勧めで卒業論文の一部「美妙、紅葉、露伴の三作家を評す」が「早稲田文学」に掲載され、評論家として注目を浴びる。同校卒業後、同校出版部の講義録で文学・歴史の講義を担当する傍ら「早稲田文学」の彙報欄記者となって評論を執筆した。同年小説「ありのすさび」を「早稲田文学」に発表。30年島村抱月らと「新著月刊」を創刊し、自らも小説「思ひざめ」などを寄稿したほか、尾崎紅葉、広津柳浪、斎藤緑雨ら文壇の大家を訪問してインタビューし、のちに伊原青々園との共著「唾玉集」にまとめられた。32年春陽堂書店に入社し、「新小説」編集主任に就任して夏目漱石「草枕」や田山花袋「布団」などを掲載。34年猪苗代湖畔に移住。紅葉との交流から小説の作風は次第に硯友社派のものに移行し、自然主義文学全盛期には反自然主義の論評を発表するとともに、42年笹川臨風らと文芸革新会を興した。40年鎌倉に転居。43年春陽堂を退社。大正3～4年秋田時事新報社社長。やがて文学からは離れ、8年から8年間、秋田県六郷町長を務める傍ら、郷土史・考古学の研究も進めた。

後藤 八郎　ごとう・はちろう
日本出版販売副社長

[生年月日]明治42年（1909年）3月31日
[没年月日]昭和51年（1976年）10月15日
[出生地]東京都　[学歴]明治大学法学部〔昭和11年〕卒

昭和11年北隆館に入社。16年日本出版配給が誕生すると、同社整理部東部係長。24年日本出版販売に移り、35年取締役、41年常務、46年専務を経て、49年副社長。創立以来、同社の基盤作りに努めた。

小西 和人　こにし・かずひと
週刊釣りサンデー創業者

[生年月日]昭和2年（1927年）1月11日
[没年月日]平成21年（2009年）1月7日
[出生地]徳島県徳島市　[学歴]徳島工専機械

科〔昭和22年〕卒

昭和22年徳島新聞社記者を経て、26年毎日新聞社に転じ、阪神・高松・広島支局や大阪本社学芸部に在籍。この間、29年阪神支局時代に釣りにのめり込み、赴任先の高松などで釣り連盟の運営に尽力する一方、全日本サーフキャスティング連盟会長、全日本釣り団体協議会専務理事を歴任。釣り人として世界30ケ国以上を訪れた。51年退社して大阪で釣り専門誌「週刊釣りサンデー」を創刊、誌名は毎日新聞社発行の雑誌「サンデー毎日」に由来する。釣り情報だけではなく、公害魚を収集して掲載した「こんな姿にダレがした」や入浜権運動など、釣りジャーナリズムの先駆として活躍。東京を拠点とせず、中綴じで取次に口座を持つ週刊誌としては異例の成功を収め、最盛期には20万部を超える雑誌に育てた。平成7年会長。また、アオギスの天然記念物指定運動、ナショナルトラスト運動などにも参加、日本なぎさ会を設立して会長を務めるなど、環境保全に強い関心を持った。大阪オリンピックいらない連代表も務めた。
[家族等]長男＝小西英人（週刊釣りサンデー社長）
【参考】『小西和人自伝 楽しみを釣る』小西英人編 エンターブレイン 2010

小西 武夫　こにし・たけお
大阪屋社長

[生年月日]明治39年（1906年）11月3日
[没年月日]昭和52年（1977年）8月20日
[出身地]奈良県大和郡山市　[学歴]大阪高商〔昭和2年〕卒

昭和2年三十四銀行に入行。8年合併により三和銀行入り、43年同行常務から大阪屋副社長に転じ、45年2代目社長に就任。51年取締役相談役。日本出版取次協会常任理事も務めた。
【参考】『大阪屋三十年史』大阪屋 1981

此村 庄助（2代目）　このむら・しょうすけ
欽英堂店主

[生年月日]明治10年（1877年）9月14日
[没年月日]没年不詳

初代は秋田屋宋栄堂に永年勤続して別家を許され、明治5年欽英堂を開業。出版取次業並に地球儀製作販売、のち出版専業になり高運隆盛大阪業界の中枢人物となった。2代目は35年初代の養嗣子となり、岳父を助けて家業に邁進。大正2年先代没後家督を継ぐと共に庄助を襲名した。主に文芸書や中等学校入学準備の参考書などを出版。12年には店舗を南区横堀に移転した。大阪書籍雑誌商組合、大阪出版業組合の評議員を務めた。

小橋 三四子　こばし・みよこ
主婦之友社文化事業部主任　「婦人週報」発行・編集人

[生年月日]明治16年（1883年）7月23日
[没年月日]大正11年（1922年）5月11日
[出生地]静岡県　[学歴]日本女子大学校国文学部〔明治37年〕卒

柳八重子と共に母校の同窓会誌「家庭週報」、「家庭」の編集人を経て、日本YWCAの機関誌「明治の女子」、キリスト教婦人雑誌「新女界」の編集に参加。大正3年「読売新聞」婦人付録の編集主任となり、4〜8年「婦人週報」の発行並編集人を務めた。さらに記者倶楽部づくりに努め、日本基督教婦人矯風会の公娼全廃運動に参加。8年米国コロンビア大学に留学、10年帰国し主婦之友社（現・主婦の友社）に入社、文化事業部主任となる。「サンガー婦人会見記」を書くが、直後に没した。

小林 勇　こばやし・いさむ
岩波書店会長

[生年月日]明治36年（1903年）3月27日
[没年月日]昭和56年（1981年）11月20日

[出生地]長野県上伊那郡赤穂村（駒ケ根市）
[別名等]号＝冬青　[学歴]赤穂公民実業〔大正7年〕卒

生家は信州駒ケ根の農家で、8人きょうだい（5男3女）の7番目の五男。大正9年長兄を頼って上京。兄が将来有望とにらんでいた岩波書店を2人でいきなり訪ね、入店を許された。住み込み店員として小売りの店番から始め、13年営業主任、14年には出版部に移り、同部から編集部が独立すると唯一の部員となった。昭和2年三木清、長田幹雄と「岩波文庫」創刊に携わったが、3年同社のストライキで「長田・小林の即時解職」が要求の一つとして出され、同社を退社。三木、羽仁五郎の協力を得て新興科学社を設立して雑誌「新興科学の旗のもとに」を創刊。4年には幸田露伴命名による鉄塔書院を設立、9年に露伴、小泉信三、寺田寅彦の仲介により岩波書店に復帰するまで、野呂栄太郎「日本資本主義発達史」など百数十冊の本を刊行。この間、7年岩波茂雄の二女と結婚。13年吉野源三郎、三木と新書判の叢書「岩波新書」の創刊に参画。20年5月治安維持法違反の嫌疑で神奈川警察署に拘禁され、敗戦から2週間を経た8月末にようやく釈放された（横浜事件）。戦後、21年岳父の死去直前に岩波書店支配人代理を命じられ、その没後も引き続き支配人として采配を振るい、24年同社の株式会社改組に伴い専務、37年会長。一方、12年自身初の著作「回想の寺田寅彦」を岩波書店から出版。30年には文藝春秋新社から初の随筆集「遠いあし音」を刊行、31年同書で日本エッセイスト・クラブ賞を受賞。以後、親炙した露伴や岳父・岩波茂雄を描いた「蝸牛庵訪問記」「惜櫟荘主人」など数々の随筆集を著し、「小林勇文集」（全11巻）にその文業が集成された。冬青の号で書画もよくした。

[家族等]長女＝小松美沙子（ピアニスト）、女婿＝小松彦三郎（数学者）、岳父＝岩波茂雄（岩波書店創業者）　[受賞]日本エッセイスト・クラブ賞（第4回）〔昭和31年〕「遠いあし音」

[参考]『回想小林勇』谷川徹三・井上靖編　筑摩書房 1983

小林 英三郎　こばやし・えいざぶろう
「改造」編集部次長

[生年月日]明治43年（1910年）7月1日
[没年月日]平成8年（1996年）10月3日
[出生地]滋賀県坂田郡長浜町（長浜市）　[学歴]東京帝国大学文学部社会学科〔昭和8年〕卒

昭和8年文藝春秋社に入社。19年「改造」編集部次長として横浜事件に巻き込まれ、敗戦直後の20年8月末、懲役2年、執行猶予3年の有罪の判決を受けた。戦後は日本ジャーナリスト連盟事務局長を経て、恒文社、ランゲージ・サービス社に勤務。一方、47年社内職場句会に参加、48年角川源義主宰「河」に入会。54年進藤一考「人」創刊に参加。58年「河」、平成3年「人」を退会、同年「ろんど」創刊に参加した。句集に「風の階」がある。

小林 一博　こばやし・かずひろ
「新文化」編集長　出版評論家

[生年月日]昭和6年（1931年）10月4日
[没年月日]平成15年（2003年）5月3日
[出生地]福岡県田川郡川崎町　[学歴]田川高〔昭和25年〕卒

田川高校卒業後、地元筑豊の炭鉱で約8年間にわたり坑内労働者として働く。昭和33年上京、約1年半の日雇い労働者生活を経て、34年高校同級の定村忠士の誘いで「日本読書新聞」に入社。営業部長として同社再建に尽くした後、39年自ら立案・企画した日本エディタースクールの創設に参加して常任幹事。41年現代ジャーナリズム出版会取締役、42年図書月販ほるぷに入社して仕入部長、販売部次長を務めた。47年「新文化」編集長。以後、出版評論家として活躍。本の会世話人代表も務めた。著書に「出版業界」「出版の割賦販売」「出版大崩壊」「本づくり必携」などがある。

【参考】『出版半生記 遺稿 1959-1970』「小林一博遺稿集」刊行委員会 2003

小林 作太郎　こばやし・さくたろう
日本工業出版創業者

[生年月日] 昭和9年（1934年）2月28日
[没年月日] 平成13年（2001年）1月23日
[出身地] 神奈川県　[学歴] 中央大学卒

昭和28年産業広告代理店のアド通信社を設立。34年月刊誌『配管技術』を創刊して技術雑誌の出版に進出。36年株式会社に改組し、37年社名を日本工業出版に改めた。「油空圧技術」「建築設備と配管技術」「建設機械」「計測技術」「ターボ機械」といった技術雑誌の版元として成長させ、工業関係書も出版した。
[家族等] 長男＝小林大作（日本工業出版社長）

小林 茂　こばやし・しげる
東京創元社社長

[生年月日] 明治35年（1902年）9月28日
[没年月日] 昭和63年（1988年）10月23日
[出生地] 東京市京橋区築地（東京都中央区）
[学歴] 東京商卒

日本キリスト教書籍会社・小林徳太郎の五男。大正6年従兄弟の福永一良が創業した福永書店に入り、14年大阪の矢部良策が起こした創元社に移って東京での業務担当者となった。昭和23年大阪から分離独立して東京創元社を設立、社長に就任した。
[家族等] 従兄弟＝福永一良（福永書店創業者）
【参考】平松一郎「東京創元社小林茂元社長を偲ぶ」（「出版クラブだより」1988.11.10）

小林 二郎　こばやし・じろう
煥乎堂代表取締役副会長

[生年月日] 大正15年（1926年）3月10日
[没年月日] 平成24年（2012年）6月25日
[出生地] 東京市下谷区（東京都台東区上野）
[学歴] 明治大学

昭和33年群馬県の書店・煥乎堂に入社。41年常務、55年専務を経て、代表取締役副会長。62年より8年間、書店新風会会長。著書に「インタビュー 日本の出版社」がある。
[家族等] 長男＝小林卓雄（煥乎堂社長），岳父＝磯貝憲佑（煥乎堂専務）

小林 清一郎　こばやし・せいいちろう
集英堂社長 帝国書籍社長

[生年月日] 明治10年（1877年）10月
[没年月日] 没年不詳
[出生地] 栃木県安蘇郡植野村（佐野市）　[学歴] 慶応義塾

集英堂創業者・小林八郎の長男。宇都宮中学を経て、明治24年慶応義塾入社、26年集英堂に入り父業を助ける。検定教科書の出版と売込に積極策をとり、商機を見るに敏、果断な決断力を発揮、剃刀男の異名どおり腕利きの部下を駆使してライバルの老舗書肆を凌ぐ勢いをみせた。31年集英堂社長、34年普及舎を買収して取締役になる。同年秋教科書会社間の過当競争を避けるため金港堂、普及舎を誘い3社合同して帝国書籍株式会社を設立し、社長に就任。賄賂遣の名人と評された強引な商法は教科書事件を引き起こし、集英堂からの収賄を事由に逮捕された被疑者が多かった。なお父八郎は静岡出身の活版職工、諸国遊歴の後、栃木に来て貸船業中山八郎兵衛の入壻となり、栃木倭町に活版業を開く。当初は金港堂教科書の一手引請などに従っていたが、17年頃上京、日本橋区通旅籠町に教科書肆集英堂を開く。早くから活版器械や紙型鉛版を導入して教科書を印刷した。日本勧業銀行創立時には大株主の一人になっている。
[家族等] 父＝小林八郎（集英堂創業者）
【参考】「二六新報」1903.4.11

小林 善八　こばやし・ぜんぱち
文芸社創業者

[生年月日] 明治11年（1878年）3月31日
[没年月日] 没年不詳
[出生地] 東京府神田（東京都千代田区）　[別

名等]号＝小林鶯里

明治30年代後半東京書籍商組合主事に招聘され組合行政事務をとる一方、機関誌「図書月報」を編集発行。「出版年鑑」「東京書籍商組合史」等を編纂し組合の生き字引とされた。更に勤めの傍ら、大正11年東京・牛込に文芸社を創業。月刊誌「文芸」を創刊した他、文芸書や歴史書などを発行した。また、鶯里の号で「世界出版美術史」「川柳の社会観」「日本出版文化史」「出版法規総覧」「出版界三十年」などの著書がある。

小林 竹雄　こばやし・たけお
文学社社長

[生年月日]明治34年（1901年）1月21日
[没年月日]没年不詳
[学歴]早稲田大学商科卒

父は文学社創業者の小林義則。大正14年父の死に伴って家業を継ぎ、同年同社を株式会社に改組すると東京高師出身の檜山友蔵を専務、大阪盛文館の岸本栄七を取締役に迎え会社の体制を刷新。当初は中等教科書を中心に出版していたが、のちには「国語教育科学講座」を皮切りに教育書・学術書の分野にも進出し、成功を収めた。
[家族等]父＝小林義則（文学社創業者）

小林 武彦　こばやし・たけひこ
光文社社長

[生年月日]大正10年（1921年）5月3日
[没年月日]平成24年（2012年）11月6日
[出生地]旧朝鮮　[出身地]神奈川県横浜市南区　[学歴]東京帝国大学文学部〔昭和22年〕卒

昭和24年光文社に入社。35年雑誌「少年」編集長、42年総務部長、48年取締役、51年常務を経て、55年社長。平成8年会長、12年相談役に退く。光文社シエラザード文化財団（現・光文文化財団）の初代理事長も務めた。
[叙勲]勲四等旭日小綬章〔平成10年〕

小林 鉄夫　こばやし・てつお
金芳堂創業者

[生年月日]大正14年（1925年）9月27日
[没年月日]平成6年（1994年）6月22日
[出身地]京都府　[学歴]立命館大学中退

昭和23年医学書専門の出版社である金芳堂を創業、26年株式会社に改組した。

小林 直衛　こばやし・なおえ
大月書店創業者

[生年月日]明治34年（1901年）1月28日
[没年月日]昭和53年（1978年）4月6日
[出生地]山梨県南都留郡禾生村（都留市）
[学歴]新潟高卒，京都帝国大学経済学部〔昭和2年〕卒

大学在学中は河上肇に師事し、社会科学研究会の活動に参加。昭和2年卒業後、上京して労農党本部書記となる。3年日本共産党に入党し、4年の四・一六事件で検挙され懲役4年に処せられた。10年出獄。14年朝鮮理研鉱業支配人として朝鮮へ渡り、戦後引き揚げて共産党に再入党。21年大月書店を創業し、「マルクス・エンゲルス全集」（全54巻）、「レーニン全集」（全47巻）などを刊行した。国民文庫社社長も務めた。

小林 玻璃三　こばやし・はるぞう
新ハイキング社社長

[生年月日]明治41年（1908年）
[没年月日]平成20年（2008年）7月2日
[出生地]東京都　[本名]小林春三（こばやし・はるぞう）

15歳の時に富士山に登ったことがきっかけで登山のとりこになる。一方、小林玻璃三の名で雑誌「ハイキング」に投稿。それを機に、寄稿家たちとハイキング・ペン・クラブを結成し、中心となって「丹沢山塊」などの本を出版。昭和20年ハイキング同好会の草分け的存在である新ハイキングクラブを発足し、25

年「新ハイキング」創刊にもかかわった。38年第一銀行（現・みずほ銀行）を定年退職後、約8年間、友人の不動産会社経営に携わった後、52年新ハイキング社社長に就任。山の仲間と雑誌作りを手がける傍ら、平成8年まで登山を続けた。

小林 美一　こばやし・びいち
相模書房創業者

［生年月日］明治40年（1907年）2月25日
［没年月日］昭和50年（1975年）1月22日
［出身地］兵庫県姫路市　［学歴］東京府立四中卒

写真や出版の仕事に携わった後、昭和11年相模書房を創業。当初は有名人の随筆集などを手がけていたが、岸田日出刀の随筆集「萭」を出版したこと、創立者の一人である巌谷不二雄が建築学専攻であったことから、次第に建築学書の刊行に力を入れ始め、建築学書の専門出版社として知られるようになった。46年引退。日本書籍出版協会副会長、日本出版クラブ理事を歴任。
［家族等］長男＝小林平治（工業デザイナー）

小林 日出夫　こばやし・ひでお
明徳出版社創業者

［生年月日］昭和2年（1927年）2月9日
［没年月日］平成19年（2007年）1月19日
［出生地］東京市神田区（東京都千代田区）
［学歴］二松学舎専攻〔昭和22年〕卒

生家は東京・神田の印刷会社で、5人弟妹（3男2女）の長男。安岡正篤の弟子だった父の影響で早くから安岡に師事、その勧めで二松学舎に進学。中学から同校へと進んだ親友に作詞家の水木かおるがいた。昭和29年師の主導の下で明徳出版社を創業、安岡の著作や儒学・陽明学の関係書を数多く出版した。平成7～11年二松学舎理事長を務めた。
【参考】『天山の賦 小林日出夫遺稿集』明徳出版社 2008／『明徳出版社の六十年と小林日出夫の想い出』明徳出版社 2013

小林 又七（2代目）　こばやし・またしち
川流堂社長

［生年月日］慶応3年（1867年）1月2日
［没年月日］昭和19年（1944年）2月21日
［出生地］紀伊国（和歌山県）　［旧名］金崎

明治5年川流堂を創業した初代小林又七の養嗣子となり、27年先代の後を継いだ。同社は操典類や陸海軍諸学校の教科書、参謀本部地図といった兵用図書の出版を手がけ、巨富を得た。
［家族等］長男＝小林勇太郎（川流堂社長），三男＝小林隆造（地図共販常務）　［叙勲］勲六等瑞宝章〔明治36年〕、単光旭日章〔大正9年〕

小林 義則　こばやし・よしのり
文学社創業者

［生年月日］弘化4年（1847年）11月17日
［没年月日］大正14年（1925年）6月19日
［出生地］近江国（滋賀県）　［学歴］東京師範学校〔明治7年〕卒

近江彦根藩士の子として生まれ、戊辰戦争に出陣した。明治5年東京師範学校に入学、7年5月最初の卒業生となる。神奈川県師範学校校長として県下の学事振興に尽力、傍ら学校経営に必須の著述にも励んだ。15年病を得て職を辞し、同年11月文学社を開き先ず自著の出版を始め大成功を博す。17年大阪に支店を設置するなど、教科書の出版は広く採用されて順調に業績を伸ばした。検定教科書時代になると編輯所を開き自家印刷製本工場を設けるなど事業を更に拡張、4大教科書会社の一つに数えられた。20年東京書籍組合創立に際し初代副頭取に選出、24年東京商業会議所創立委員のち選ばれて常議員となる。37年小学教科書が国定となると、中等教科書の出版に転じ経営を維持した。
【参考】『商海英傑伝』3-18 1893

小松　正衛　こまつ・しょうえい
文藝春秋取締役

[生年月日]大正6年（1917年）5月17日
[没月日]平成8年（1996年）3月15日
[出生地]山形県西置賜郡白鷹町　[学歴]日大三商〔昭和13年〕卒

昭和13年文藝春秋社に入社。満州文藝春秋社へ出向、20年現地で予備役召集され、敗戦後シベリアに抑留される。22年末に復員・復社。第二営業局長、取締役を務めた。著書に「骨董入門」「李朝のやきもの」「古美術有情」「良寛さま」などがある。

小松　敏郎　こまつ・としろう
学習研究社社長

[生年月日]昭和11年（1936年）12月11日
[没月日]平成22年（2010年）9月20日
[出身地]長野県諏訪郡下諏訪町　[学歴]東京教育大学文学部〔昭和35年〕卒

昭和35年学習研究社（現・学研ホールディングス）に入社。「高校コース」編集などを経て、平成5年取締役、7年常務、9年社長に就任。13年退任。

小松　平十郎　こまつ・へいじゅうろう
鶴林堂書店社長

[生年月日]明治27年（1894年）5月15日
[没月日]昭和55年（1980年）11月2日
[出生地]長野県松本市　[学歴]松本中卒

父が創業した長野県松本の鶴林堂書店に入社。昭和4年父の没後に社長に就任。20年日本出版物小売統制組合連合会（現・日本書店商業組合連合会）設立に際して監事となり、25年理事。全国書店新風会会長や長野県書籍雑誌商組合理事長、長野県教科書供給所常務などを歴任。

小峰　広恵　こみね・ひろえ
小峰書店創業者

[生年月日]明治38年（1905年）6月18日
[没月日]昭和60年（1985年）11月3日
[出生地]高知県　[学歴]津田英学塾中退

昭和21年東京・本郷西片町に未見社を創業して家庭教育書、児童図書を出版。23年新宿に移転して株式会社に改組し、社名を小峰書店に改めた。同年刊行の「赤い鳥童話名作集」や「世界おとぎ文庫」「日本童話小説文庫」などで児童図書出版社としての地位を固めた。59年会長。また、数少ない女性の出版経営者として出版界で活動、日本書籍出版協会常任理事、読書推進運動協議会常務理事などを歴任した。

[家族等]女婿＝千葉紀雄（小峰書店社長）
[叙勲]勲四等瑞宝章〔昭和51年〕　[受賞]日本児童文芸家協会児童文化功労者（第18回）〔昭和51年〕

小宮山　量平　こみやま・りょうへい
理論社創業者　児童文学作家

[生年月日]大正5年（1916年）5月12日
[没月日]平成24年（2012年）4月13日
[出生地]長野県上田市　[学歴]東京商科大学専門部〔昭和14年〕卒

東京商科大学専門部（現・一橋大学）在学中に雑誌「統制経済」を発行。昭和15年旭硝子に入社。22年雑誌「理論」を発行すると同時に理論社を設立し社長に就任。31年株式に改組し、50年会長となる。この間、24年に「近代経済学とマルクス主義経済学」「自然科学と社会科学の現代的交流」を刊行、当時の学生らによく読まれた。また、34年から創作児童文学の刊行を開始。同文学ブームの礎を築く一方、灰谷健次郎、今江祥智ら数多くの児童文学者を世に送った。平成17年自身の編集者としての仕事ぶりを紹介するエディターズミュージアム（編集者の博物館）を開館。著書に「編集者とは何か」「子どもの本をつく

る」「出版の正像を求めて 戦後出版史の覚書」「千曲川」「昭和時代落穂拾い」などがある。
[受賞]路傍の石文学賞（特別賞、第20回）〔平成10年〕「千曲川」、日本児童文芸家協会児童文化功労者（第37回）〔平成10年〕

古明地 忠治　こめいじ・ただはる
日東書院創業者

[生年月日]大正5年（1916年）6月20日
[没年月日]平成3年（1991年）1月9日
[出生地]山梨県　[学歴]昭和中卒

書店を経営したが戦災で焼失し、戦後に実兄と鷺ノ宮書房を起こして啓蒙書や大衆文学書を出す。また、古明地書店の名で学術書も出版。昭和32年日東書院を創業、実用書の出版社として知られるようになった。

小森田 一記　こもりだ・かずき
世界評論社創業者 社会思想社社長

[生年月日]明治37年（1904年）3月29日
[没年月日]昭和63年（1988年）9月25日
[出生地]熊本県玉名郡菊水町（和水町）　[学歴]玉名中〔大正13年〕卒、第一早稲田高等学院〔昭和2年〕卒、早稲田大学政治経済学部〔昭和5年〕卒

昭和5年中央公論社に入社。広告部員、「婦人公論」編集部員を経て、10年「中央公論」編集部員、13年編集長。15年編集総務部長、16年6月第二出版部長となり、9月同盟通信社出版部長兼調査部次長に転じた。日本出版協会企画課長在任中の19年、戦時下最大の言論弾圧として知られる横浜事件に巻きこまれ、拷問を含む取調を受ける。敗戦直後の20年9月に釈放され、同日懲役2年、執行猶予3年の有罪の判決を受けた。21年世界評論社を設立、社長。尾崎秀実「愛情はふる星のごとく」、河上肇「自叙伝」といったベストセラーを世に送り出したが、25年雑誌「世界評論」は廃刊、同社も活動を中止した。その後、32年東京出版研究所長、33年ラジオ熊本（現・熊本放送）東京支社長、42年常務、48年社会思想社社長を歴任した。
[家族等]四男＝小森田秋夫（東京大学名誉教授）

子安 峻　こやす・たかし
日就社創業者 読売新聞初代社長

[生年月日]天保7年（1836年）1月2日
[没年月日]明治31年（1898年）1月15日
[出生地]美濃国大垣（岐阜県大垣市）　[別名等]幼名＝鉄五郎、号＝悟風

美濃大垣藩士。嘉永6年（1853年）ペリー率いる米国艦隊到着の報を聞いて師・佐久間象山とともに浦賀に赴き、黒船を実見。文久2年（1862年）洋書調所教授手伝となり、さらに語学の才能を買われて横浜運上所翻訳通訳係に挙げられた。慶応3年（1867年）いったん帰藩するが、間もなく神奈川に戻って前の職に復帰し、明治維新後は神奈川裁判所翻訳官として新政府に出仕。明治2年神奈川裁判所初代判事であった旧知の寺島宗則の手引きで外務省翻訳官となり、5年のマリアルース号事件では外務少丞として事件の解決に尽力。傍ら、3年日本で初めて木活字を用いた洋紙両面刷の日刊紙である「横浜毎日新聞」の創刊に参画し、創刊初期の企画立案と編集を担当。同年本野盛亨、柴田昌吉と活版印刷技術の向上を目的として印刷所・日就社を横浜に設立し、外国人を雇い入れて日本人職工に技術を習得させた。6年ジョン・オウグルヴィーの英語辞書を対訳して英和辞書「附音挿図・英和字彙」を同社から出版。同年社を東京に移し、7年「読売新聞」を創刊して初代社長に就任。10年外務省退官後は新聞界の他、実業界でも活動。15年日本銀行創立事務御用掛を命ぜられ、日銀の創立とともに初代監事に就任。22年読売新聞社長を辞したが、24年まで社主として在社した。26年小説家・石橋思案らを記者に、「いさみ新聞」（のち勇新聞）を創刊したが、不振に終わった。和文モールス信号を考案した人物としても知られる。

【参考】『読売新聞の創始者子安峻 建学の精神の原点を求めて』竹内繁著 日本生産性本部 1992

牛来 丈助　ごらい・じょうすけ
　　　　コロナ社創業者

[生年月日]明治14年(1881年)11月15日
[没年月日]昭和42年(1967年)8月3日
[出生地]福島県相馬郡石神村(南相馬市)
[学歴]早稲田大学政経学部卒

母校の小学校準訓導を経て、明治34年東京専門学校(現・早稲田大学)に入学。39年電気之友社に入社して雑誌「電気之友」編集主任を務める。大正2年千代田印刷役員に転じた後、4年電気事業主任技術者検定制度の講習録発行のため電気工学講習会を設立。事業は軌道に乗り、昭和2年出版事業にも乗り出すためコロナ社を創業。社名は太陽の周縁から放射されるコロナ現象に由来する。14年株式会社に改組。電気工学系の書籍や海外名著の翻訳出版を手がけ、戦時の企業整備で理工書院などを吸収合併して理工学出版株式会社となったが、23年旧称のコロナ社に戻した。理工学専門書の出版社として同社を発展させ、31年会長に退いた。
[家族等]長男=牛来武知(コロナ社社長)、孫=藤田達夫(コロナ社社長)、女婿=藤田末治(コロナ社社長)　[叙勲]勲四等瑞宝章〔昭和41年〕
【参考】『コロナ社五拾年史』コロナ社 1977

牛来 武知　ごらい・たけち
　　　　コロナ社社長

[生年月日]明治45年(1912年)1月20日
[没年月日]平成22年(2010年)10月31日
[学歴]第二東京市立中卒、松本高卒、東京帝国大学法学部〔昭和10年〕卒

コロナ社創業者・牛来丈助の長男。昭和10年東京帝国大学法学部を卒業してコロナ社に入社。主に営業関係を担当。14年株式会社に改組して取締役。23年戦時の企業整備で他社を吸収合併して誕生した理工学出版が解散、改めてコロナ社として再出発すると取締役に再任した。31年専務を経て、44年社長。
[家族等]父=牛来丈助(コロナ社創業者)、養嗣子=牛来辰巳(コロナ社社長)、義兄=藤田末治(コロナ社社長)　[叙勲]勲四等瑞宝章〔平成1年〕
【参考】『コロナ社五拾年史』コロナ社 1977

近藤 音次郎　こんどう・おとじろう
　　　　春祥堂創業者

[生年月日]慶応1年(1865年)9月15日
[没年月日]昭和4年(1929年)2月25日
[出生地]相模国小田原(神奈川県小田原市)

明治13年上京して南伝馬町の金声堂書店に入り修業。16年同店の閉鎖により独立し古本の露天商となるが、20年銀座で春祥堂を開店。以後、銀座の成長とともに業績を伸ばし、東京屈指の大書店に育て上げた。大正9年以降は東京書籍商組合評議員、東京雑誌販売組合幹事、東京図書雑誌小売組合幹事などを歴任した。

近藤 久寿治　こんどう・くすじ
　　　　同学社創業者

[生年月日]明治44年(1911年)5月30日
[没年月日]平成15年(2003年)8月26日
[出身地]高知県　[学歴]東京帝国大学文学部独文科〔昭和11年〕卒

昭和25年同学社を創業。ドイツ語の辞書や教科書などを出版した。

近藤 賢三　こんどう・けんぞう
　　　　修正社創業者

[生年月日]安政2年(1855年)
[没年月日]明治19年(1886年)

明治17年修正社を創業し、自らの編集で我が国最初の女性専門誌といわれる「女学新誌」を創刊した。18年には万春堂から巌本善治とともに「女学雑誌」を創刊したが、19年急逝

した。

近藤 瓶城　こんどう・へいじょう
近藤出版部創業者 修史家

[生年月日]天保3年（1832年）2月19日
[没年月日]明治34年（1901年）7月19日
[出生地]三河国額田郡岡崎町（愛知県岡崎市）
[本名]近藤君元　[旧名]安藤　[別名等]通称＝元三郎,圭造,諱＝宗元,別号＝省斎

都築大成に和歌を、蜂須賀東邱、曽我大三郎に経史を学ぶ。安政4年（1857年）頼山陽の高弟・近藤松石の女婿となり、近藤家を継ぐ。慶応2年（1866年）抜擢されて三河岡崎藩の儒臣となり、幕末維新期には勤王論を奉じた。明治5年上京して硝酸の製造事業に乗り出すが失敗したため著述に専念する。この間、司法卿大木喬任の知遇を得、7年司法省の嘱託で「新律綱領改訂律令」の注釈に従事した。8年代言人（弁護士）事務所を開業。また同年千葉で柏木武太郎と書籍販売業の乙亥舎を起こす。11年深川公園の邸内に養嗣子・圭造と近藤活版所を創業（21年近藤出版部と改称）、主に予約販売による歴史・地誌の翻刻出版を手がけ、大正時代まで百数十点出版したといわれる。14年には塙保己一「群書類従」の遺漏を補うため「史籍集覧」の編纂・刊行を開始し、18年に全1000巻460冊の刊行を完了した。27年日本各地の郷土資料を収集するため井上頼圀、根岸武香らと史料通信協会を組織し、機関紙「史料通信叢誌」を発行。29年近衛篤麿、東久世通禧らの後援を得て系譜学会を設立した。他の著書に「小学地理志」「西洋年表」「増補俚言集覧」「瓶城翁遺文」などがある。

【参考】『瓶城翁遺文』近藤圭造編 1915

【さ】

雑賀 進　さいが・すすむ
鉄道日本社代表取締役

[生年月日]明治37年（1904年）12月8日
[没年月日]平成19年（2007年）9月28日
[出生地]鳥取県西伯郡賀野村（南部町）　[学歴]米子中中退,鉄道省直轄教習所機械科卒

旧鉄道省湊町検車区修繕職場の職工生活を経て、昭和14年鉄道局技手、検車区助役を最後に退官。同年国鉄技術者向けの出版社・鉄道日本社を創立。また、8年頃から一眼レンズを用いる写真愛好家集団・ベス単派に拠り、中島謙吉主宰・芸術写真研究に入会。47年から同人誌「光大」の編集を担当。著書に「実説・日本の酒」「随筆・ふるさとのうた」「実説・内田百閒」「自動連結器」や、写真集「自然を慕う心」などがある。

【参考】『慕情の調べ 雑賀進作品展』JCIIフォトサロン 2011

斉藤 和雄　さいとう・かずお
谷島屋社長

[生年月日]大正13年（1924年）3月20日
[没年月日]平成24年（2012年）5月28日
[出身地]静岡県浜松市　[学歴]浜松一中〔昭和16年〕卒,慶応義塾大学法学部〔昭和22年〕卒

谷島屋社長・斉藤義雄の三男。昭和22年谷島屋に入社。40年4代目社長に就任した。51～55年静岡県教育委員。56～60年教科書供給協会会長。
[家族等]長男＝斉藤行雄（谷島屋社長）,父＝斉藤義雄（谷島屋社長）,弟＝斉藤秀雄（谷島屋副社長）　[叙勲]藍綬褒章〔昭和61年〕,勲四等瑞宝章〔平成6年〕

【参考】『谷島屋創業125周年記念誌』谷島屋 1997

斎藤　謙蔵　さいとう・けんぞう
琳琅閣書店創業者

[生年月日]嘉永3年（1850年）
[没年月日]明治40年（1907年）
[出生地]越前国福井（福井県福井市）

戊辰戦争の時、榎本武揚の脱走組に加わり箱館五稜郭で戦うが、敗れて樺太に逃れる。のち上京し、神田のニコライ教会堂の委託で聖書を販売、"バイブル"と綽名される。ついで下谷・池の端に琳琅閣書店という和漢書専門の古本店を開き、古本販売業に専念。浅草の浅倉屋と並んで同業を代表するに至った。琳琅閣の名は大久保一翁の命名による。

斎藤　佐次郎　さいとう・さじろう
金の星社創業者

[生年月日]明治26年（1893年）9月26日
[没年月日]昭和58年（1983年）12月11日
[出生地]東京市本郷区根津宮永町（東京都文京区）　[別名等]幼名＝あぐり、佐助、筆名＝三宅房子　[学歴]早稲田大学英文科〔大正5年〕卒

防水布製造家の五男で、明治33年父を亡くし佐次郎を襲名。41年中学4年で母を亡くし、義兄が家業を継いだ。大正7年家族と避暑に訪れた大磯で小説家の横山美智子と知り合い、その夫・横山銀吉から児童雑誌の出版を持ちかけられて承諾。8年横山と共同でキンノツノ社を起こして童話童謡雑誌「金の船」を創刊。島崎藤村と有島生馬を監修に、挿絵に岡本帰一を迎え、野口雨情、若山牧水、沖野岩三郎、西条八十らを主要執筆者として擁した同誌は、児童画・幼年詩・綴方・童話・童謡などの募集も行い、山本鼎が児童画、牧水が幼年詩、雨情が童謡の選者を担当。また、「四丁目の犬」「十五夜お月（さん）」「七つの子」「青い眼の人形」「證城寺の狸囃」といった今日でも歌い継がれている童謡をいくつも送り出し、鈴木三重吉の「赤い鳥」と並んで大正期の児童文学運動、自由画や童謡運動を牽引した。自身も三宅房子などの筆名を用いて童話を執筆。11年横山と決別して「金の船」を個人経営とし、社名を金の船社、誌名を「金の星」と改め、12年には社名をさらに金の星社とした。その後、"円本ブーム"などにより苦しい経営を余儀なくされ、昭和4年同誌を終刊。7年金の星社を株式会社に改組して再建。以後、児童書出版社として一定の地位を築いた。56年会長。

[家族等]二男＝斎藤雅一（金の星社社長）
[叙勲]勲四等瑞宝章〔昭和42年〕　[受賞]日本児童文芸家協会児童文化功労者（第5回）〔昭和38年〕、久留島武彦文化賞（第23回）〔昭和58年〕
【参考】『斎藤佐次郎・児童文学史』宮崎芳彦編　金の星社　1996

斎藤　十一　さいとう・じゅういち
新潮社専務

[生年月日]大正3年（1914年）2月11日
[没年月日]平成12年（2000年）12月28日
[出生地]北海道忍路郡塩谷村（小樽市）　[出身地]東京都　[学歴]第一早稲田高等学院卒、早稲田大学理工学部〔昭和10年〕中退

6人きょうだい（3男3女）の2番目の長男で、2月11日の紀元節に生まれたことから"十一"と名付けられた。父の北海道出向中に生まれ、東京で育つ。麻布中学、第一早稲田高等学院を経て、早大理工学部に入学。在学中、父が入っていたひとのみち教団（現・PL教団）に入信、この教団で新潮社創業者である佐藤義亮やその一族と知り合い、佐藤亮一の家庭教師となった。昭和10年その縁で大学を中退して新潮社に入社。21年取締役となり、雑誌「新潮」編集長を兼務。その後、25年「芸術新潮」、31年出版社初の週刊誌「週刊新潮」、56年出版社初の写真週刊誌「FOCUS」を立案、60年には「新潮45」の全面リニューアルを指揮。同社の実力者として君臨し、各誌の実質的な編集長として新潮ジャーナリズムの基本路線を敷いた。56年専務。平成元年取

締役相談役、9年顧問に退いた。
【参考】『編集者齋藤十一』齋藤美和編 冬花社 2006

斎藤 昌三　さいとう・しょうぞう
書物展望社創業者 書物研究家

[生年月日]明治20年（1887年）3月19日
[没年月日]昭和36年（1961年）11月26日
[出生地]神奈川県高座郡座間町（座間市）
[旧名]斎藤政三（さいとう・しょうぞう）
[別名等]号＝桃哉、未鳴、少雨叟、湘南荘　[学歴]神奈川三中卒

明治38年横浜に出て生糸商・原合名会社の見習いとなる。その後、大蔵省横浜出張所雇員など職を転々とする傍ら、大正4年から雑誌「樹海」を編集。発禁本や性神の収集・研究に打ち込み、5年発禁作品集「明治文芸側面鈔」を編んだ。6年米国貿易店・五車堂に入社したが雑誌の編集は続け、9年趣味誌「おいら」を創刊。12年独立し、ドイツ万年筆卸商の正鵠商会を開業したが、直後に関東大震災に遭い廃業。以後は神奈川県茅ケ崎に移住して筆一本で立ち、13年「おいら」の後継誌「いもづる」を発刊。14年より「書物往来」編集同人となり、同年大阪の青山督太郎と提携して「愛書趣味」を創刊した。昭和3年明治文化研究会編集同人。6年岩本和三郎、柳田泉らと「書物展望」を創刊して書物展望社を設立し、岩本らが抜けた8年以降は個人による経営・編集で書物趣味の横溢した雑誌作りに手腕を発揮。凝った装丁により内田魯庵、徳富蘇峰、淡島寒月ら趣味人の随筆集や文芸書を刊行、愛書家に支持された。自身も「閑版書国巡礼記」「紙魚供養」といった随筆集を出し、「現代日本文学大年表」「現代筆禍文献大年表」などを編纂した。19年「書物展望」を休刊するが、戦後の23年復刊。27年からは「書痴往来」を発行。また、「江戸好色文学史」「好色日本三大奇書」など艶本紹介書を出した。34年茅ケ崎市立図書館名誉館長。他の著書に「書痴の散歩」「海相模」「少雨荘交遊録」など。「新暦」「青芝」に拠って俳句にも親しみ、句集「還暦元年」「湘南白景」「明治の時計」もある。
【参考】『書痴斎藤昌三と書物展望社』八木福次郎著 平凡社 2006

斎藤 精輔　さいとう・せいすけ
辞書編纂者 三省堂監査役

[生年月日]慶応4年（1868年）7月11日
[没年月日]昭和12年（1937年）5月13日
[出生地]周防国岩国（山口県岩国市）　[学歴]帝国大学中退

父は周防岩国藩士で、明治維新に際して精義隊に参加して戊辰戦争に従軍。維新後は新政府に出仕したが、精神を病んで亡くなった。単身上京して英語を学び、帰郷後は教職に就いたが、間もなく母を失い天涯孤独の身となった。小学校訓導を務めたのち、明治19年上京。三省堂創業者亀井忠一の依嘱で、公爵毛利家の家庭教師のかたわら、英語辞書の編纂を手がける。21年イーストレーキ、棚橋一郎の名による英和辞典刊行後、辞書編纂に専念。ついで教科書出版を企画し、24年三省堂編修所設立。31年「日本百科大辞典」編纂開始、41年第1巻を発売、第6巻まで刊行するが、45年三省堂倒産。完結を志して自ら刊行会を組織、編纂主幹となり学界、財界の援護を受け、大正8年全10巻を完成させた。
【参考】『辞書生活五十年史』斎藤精輔著 1938（図書出版社 1991）

斎藤 龍光　さいとう・たつみつ
昇龍堂出版創業者

[生年月日]明治33年（1900年）11月29日
[没年月日]昭和62年（1987年）6月12日
[出生地]東京市京橋区（東京都中央区）

15歳の時に東京・神田の酒井芳文堂に入り、書籍の取次販売を見習い修業。在店3年で辞め、大正7年独立して品川に書籍雑誌小売店を開業。13年神田錦町に中等向け受験参考書

の出版を目的に昇龍堂出版を創業。昭和6年雑誌「受験時報」を発刊した。15年から18年にかけて皇国青年教科書・文部省検定済教科書を発行。戦後は東京教育大学（現・筑波大学）関係の著者陣を中心に中学・高校の参考書や文部省検定済各科教科書を出版した。
[家族等] 長男＝斎藤峰一（昇龍堂出版社長）
[叙勲] 勲五等瑞宝章〔昭和47年〕

斎藤 芳一郎　さいとう・よしいちろう
芳林堂書店社長

[生年月日] 昭和3年（1928年）1月17日
[没年月日] 平成20年（2008年）1月26日
[出身地] 東京都

昭和21年芳林堂書店を創業、24年株式会社に改組し、社長に就任。

斉藤 義雄　さいとう・よしお
谷島屋社長

[生年月日] 明治24年（1891年）10月8日
[没年月日] 昭和40年（1965年）11月19日
[出身地] 静岡県浜名郡雄踏町（浜松市）　[旧名] 中村　[学歴] 浜松中卒、慶応義塾大学理財科卒

中村家に生まれ、静岡県浜松の老舗書店・谷島屋を営む斉藤家の養子となった。養父・2代目源三郎の没後、父業を継承。大正13年支店・静岡谷島屋を設立。昭和21年谷島屋を合資会社にした。同社社長を務め、日本出版物小売業組合全国連合会副会長、静岡県出版物小売組合理事長などを歴任した。
[家族等] 三男＝斉藤和雄（谷島屋社長）、四男＝斉藤秀雄（谷島屋副社長）、甥＝中村隆一（谷島屋専務）
【参考】『谷島屋創業125周年記念誌』谷島屋 1997

斎藤 夜居　さいとう・よずえ
街書房主人

[生年月日] 大正13年（1924年）1月1日
[没年月日] 昭和63年（1988年）3月14日
[出身地] 東京府北豊島郡滝野川町（東京都北区）　[本名] 斎藤正一　[学歴] 早稲田工手学校土木科〔昭和18年〕卒

南方からの復員後、家業の葬祭業に従事。昭和38年「雑談古本漁し歩る記」を始めに艶本研究書を此見亭書屋として私刊。性風俗研究家・高橋鉄に師事し、カストリ雑誌、秘密出版史研究の嚆矢となる。「大正昭和艶本研究の探求」はこの道の基本書。41年書物蒐集家を集めて雑誌「愛書家くらぶ」を創刊。49年趣味が嵩じて自宅に古書店・街書房を開業。同年の著書「蒼太の美学」は江戸川乱歩の弟で豆本出版をした平井通（蒼太）の伝記。他の著書に「伝奇伊藤晴雨」「悩まざりし人ありや 評伝高橋鉄」などがある。
【参考】『斎藤夜居さん忍ぶ草』太平書屋 1989

斎藤 龍太郎　さいとう・りゅうたろう
文藝春秋社専務 作新学院図書館長

[生年月日] 明治29年（1896年）4月24日
[没年月日] 昭和45年（1970年）7月8日
[出身地] 栃木県宇都宮市大寛町　[本名] 船田龍太郎　[学歴] 宇都宮中卒、早稲田大学西洋哲学科〔大正10年〕卒

中学時代から哲学に関心を持ち、早大ではニーチェを研究。大正8年頃から「蜘蛛」同人を経て、12年「文藝春秋」編集同人となり「テリヤ」などを発表。文藝春秋社員となり、昭和9年「文藝春秋」編集長、15年編集局長、18年専務。15年日本編集者会幹事長、16年日本編集者協会会長を務めた。戦後、同社が解散すると一線を退いて郷里の宇都宮に戻り、作新学院図書館長となった。著書に「ニイチェ哲学の本質」「ニイチェ論攷」などがある。
[家族等] 妻＝船田小常（教育家）、岳父＝船田兵吾（作新学院創立者）

佐伯 郁郎　さえき・いくろう
内務省警保局図書課 詩人

[生年月日]明治34年（1901年）1月9日
[没年月日]平成4年（1992年）4月19日
[出生地]岩手県江刺郡米里村（奥州市）　[本名]佐伯慎一　[学歴]早稲田大学仏文科〔大正14年〕卒

大正15年内務省に入省。同省図書課、検閲課など一貫して出版検閲行政に関わり、特に昭和13年10月の「児童読物改善ニ関スル内務省指示要綱」の策定に重要な役割を果たした。戦時期には情報局文芸課で情報官も務め、児童雑誌の統廃合、日本少国民文化協会の設立などに活躍。児童文化運動の理論的指導者でもあった。戦後は郷里に帰り、48～60年生活学園短期大学教授として児童文学を講じた。一方、大学在学中から詩作を始め、6年詩集「北の貌」を刊行。「詩洋」「文学表現」「風」同人。他の著書に詩集「極圏」「高原の歌」や「少国民文化をめぐって」などがある。
[叙勲]勲四等瑞宝章〔昭和50年〕　[受賞]岩手県教育功労者〔昭和39年〕、文部大臣表彰〔昭和54年〕

嵯峨 信之　さが・のぶゆき
⇒大草 実（おおぐさ・みのる）を見よ

酒井 宇吉（初代）　さかい・うきち
一誠堂書店創業者

[生年月日]明治20年（1887年）12月9日
[没年月日]昭和15年（1940年）8月19日
[出生地]新潟県長岡市

7人兄弟の四男。明治32年博文館にいた兄を頼って上京し、東京堂書店の見習いとなる。36年郷里で兄と酒井書店を開く。39年上京して文陽堂書店を創業、大正2年神田に移り一誠堂書店と改称して古書販売を始める。12年関東大震災で被災するが、約2週間後には震災の焼け野原の中、天幕張りの仮店舗で営業を再開して話題となった。震災により蔵書を失った人々や公共機関により空前の古書ブームが起こると大きく売り上げを伸ばし、14年には850ページにのぼる古書籍目録を出して評判を呼んだ。昭和6年古書店として当時唯一の4階建て社屋を建設。また店員の独立を奨励し、反町茂雄、八木敏夫、山田朝一ら多くの古典籍商、古書店主を輩出した。
[家族等]長男＝酒井宇吉（2代目）、二男＝酒井正敏（書泉創業者）、孫＝酒井健彦（一誠堂書店代表社員）、兄＝酒井福次（芳文堂主人）、弟＝酒井嘉七（十字屋主人）
【参考】『古書肆100年』一誠堂書店 2004

酒井 宇吉（2代目）　さかい・うきち

[生年月日]大正3年（1914年）11月12日
[没年月日]平成18年（2006年）2月21日
[出生地]東京市神田区（東京都千代田区）
[旧名]酒井賢一郎　[学歴]東京府立一中〔昭和6年〕4年修了、東京商科大学予科〔昭和8年〕中退

一誠堂書店創業者・初代酒井宇吉の長男。東京商科大学（現・一橋大学）予科に進むが、昭和8年中退して家業に従事。15年父の死に伴い2代目を襲名。よく父業を継承して一誠堂書店を世界でも一流の古書店に成長させた。東京古書籍商業協同組合副理事長、東京古典会会長、日本古書籍商協会会長などを歴任。
[家族等]息子＝酒井健彦（一誠堂書店代表社員）、父＝酒井宇吉（初代）、弟＝酒井正敏（書泉創業者）
【参考】『紙魚の昔がたり 昭和篇』反町茂雄編 八木書店 1987／『古書肆100年』一誠堂書店 2004

酒井 久三郎　さかい・きゅうさぶろう
淡海堂創業者

[生年月日]明治2年（1869年）3月10日
[没年月日]昭和9年（1934年）2月1日
[出生地]近江国坂田郡鳥居本村（滋賀県彦根市）

幼少時に両親を失い、京都の呉服屋に勤める。

明治24年上京するが上手くいかず、一時は横浜の築港人夫や新聞の売り子などで糊口をしのいだ。27年東京・馬喰町に古本屋・貸本・新聞取次の淡海堂を開店。29年広津柳浪「堀川夜討」など通俗書を出版したことで店の業績は上向き、同年知友と共に東陽館を設立するが、間もなく解散。一方で各出版社の残本を買い受けて安価で販売するという特価本の販売も行い、財を成した。
[家族等]長男＝酒井久二郎（淡海堂社長）,二男＝酒井寛一（国立遺伝学研究所名誉所員）

酒井 久二郎　さかい・きゅうじろう
淡海堂社長　梧桐書院創業者

[生年月日]明治36年（1903年）4月8日
[没年月日]没年不詳
[出生地]東京市神田区（東京都千代田区）
[学歴]慶応義塾大学経済学部〔昭和2年〕卒

特価本販売の淡海堂創業者・酒井久三郎の長男。昭和9年父の死に伴って家業を継ぐ。父の代から行っていた特価本の販売の他、梧桐書院を創業して高級書の出版などにも乗り出し、家業を発展させた。アララギ派の歌人としても知られた。
[家族等]父＝酒井久三郎（淡海堂創業者）、弟＝酒井寛一（国立遺伝学研究所名誉所員）

堺 利彦　さかい・としひこ
売文社主宰　社会運動家

[生年月日]明治3年（1870年）11月25日
[没年月日]昭和8年（1933年）1月23日
[出生地]豊前国仲津郡豊津村（福岡県京都郡みやこ町）　[別名等]号＝枯川、筆名＝貝塚渋六　[学歴]一高〔明治21年〕中退

旧豊前豊津藩士の子。明治19年豊津中学を首席で卒業して上京、同人社、共立学校を経て、一高に入学。在学中に寄宿舎の友人たちと「英学雑誌」を作るが、21年学費滞納のため中退した。22年初めて書いた小説「悪魔」が「福岡日日新聞」で連載される。教職や新聞記者を経て、30年末松謙澄の紹介で毛利家編集所に入り、「防長回天史」の編纂に従事。32年万朝報社に入社し、文芸評論などを担当する一方、社会主義への関心を深め、日露戦争の開戦前夜には幸徳秋水、内村鑑三らと共に同紙上で非戦論を展開した。36年主戦論に転向した同紙を退社し秋水らと平民社を創設、週刊「平民新聞」を発刊して発行禁止や入獄などの弾圧を受けながら社会主義の思想を鼓吹した。39年日本社会党結成に参加、同党禁止後は秋水系の金曜会に属したが、41年赤旗事件で入獄。44年出獄後は文章代筆・原稿作成を目的に売文社を設立、大正3年には「へちまの花」を創刊。社会主義の"冬の時代"を売文によってしのいだ。7年同社を高畠素之・山川均との共同経営とするが、高畠が国家社会主義に移行したため、8年同社を解散し、新たに新社会社を創立。9年日本社会主義同盟を結成し、11年日本共産党創立に参加して総務幹事長（委員長）に就任。12年検挙後は社会民主主義に転じ、無産政党を支持。昭和2年共産党を脱党し、「労農」の創刊に参画した。4年普通選挙法による東京市議選に最高点で当選した。
[家族等]妻＝堺為子（社会運動家）、長女＝近藤真柄（婦人運動家）、兄＝本吉欠伸（小説家）
【参考】『堺利彦伝』堺利彦著 中公文庫 1978／『パンとペン 社会主義者・堺利彦と「売文社」の闘い』黒岩比佐子著 講談社 2010

酒井 寅吉　さかい・とらきち
月曜書房創業者　ジャーナリスト

[生年月日]明治42年（1909年）9月8日
[没年月日]昭和44年（1969年）12月25日
[出生地]新潟県長岡市　[学歴]早稲田大学政経学部〔昭和8年〕卒

早大在学中はファシズムの研究に没頭。昭和8年朝日新聞社に入社、長野支局、整理部に在籍。16年マレー戦線特派員としてシンガポール攻略戦の報道に従事、17年「マレー戦記」を出版してベストセラーとなった。19年横浜事件に巻き込まれて投獄され、敗戦直後の

20年8月18日、懲役2年執行猶予3年の判決を受けた。戦後は出版事業に転じ、21年月曜書房の創業に参画して専務に就任。次いで前田義徳とともに国際出版社を設立、取締役編集部長となった。26年大蔵財務協会出版部長。27年時事新報社に入社して新聞界に復帰、30年同社を吸収合併した産経新聞社に引き続き勤務したが、31年夕刊専門誌であった「東京新聞」が朝刊を発行するのに際して企画委員に迎えられ、34年編集局次長、35年編集局長、37年記事審査委員長を歴任した。38年退社して東京社理事となり、39年「総合ジャーナリズム研究」、43年「新聞と教育」を創刊・主宰。44年日本出版学会常任理事。著書に「ジャーナリスト」「戦後ジャーナリズム」などがある。

【参考】「総合ジャーナリズム研究」1970.4

酒井 文人　さかい・ふみと
八重洲出版創業者

[生年月日]大正13年（1924年）1月2日
[没年月日]平成14年（2002年）4月1日
[出生地]長野県上水内郡中条村（長野市）
[別名等]筆名＝中條犀聖　[学歴]中条高〔昭和17年〕卒、日本大学文学部心理学専攻科〔昭和19年〕中退

生家は農家で、3人兄弟の二男。昭和17年高校を卒業して日立製作所亀有工場に入るも半年で退社、19年日本大学を中退して学徒出陣で出征。特別甲種幹部候補生に志願し、20年秋田市で敗戦を迎える。復員後、炭焼きや電動モーターの巻き線加工業、松脂採取事業などを手がけ、27年モーターサイクル普及会に入社。32年同会の業務一切を継承したモーターサイクル出版社を設立、42年八重洲出版に社名変更。二輪車月刊誌「モーターサイクリスト」をはじめ、自動車専門誌「ドライバー」、自転車専門誌「CYCLE SPORTS」、吹奏楽専門誌「バンドピープル」などを刊行。平成8年長男に社長を譲り会長に退いた。アマチュアレース団体・全日本モーターサイクル連盟の初代理事長も務めた。

[家族等]長男＝酒井雅康（八重洲出版社長）
【参考】『生涯疾走 酒井文人遺稿集』八重洲出版 2004

酒井 正敏　さかい・まさとし
書泉社長

[生年月日]大正6年（1917年）7月9日
[没年月日]平成14年（2002年）1月9日
[出生地]東京市神田区（東京都千代田区）
[学歴]東京外国語学校〔昭和14年〕卒

父の経営する古書販売の老舗・一誠堂書店に就職。徴兵されたが、敗戦で復員し、再び古書販売に携わる。新刊を扱ってみたいという気持ちが強くなり、昭和23年新刊書店・書泉を開業。少数精鋭主義で業績を伸ばし、業界屈指の規模に成長させた。日本書店商業組合連合会会長なども務めた。

阪上 半七　さかがみ・はんしち
育英舎創業者

[生年月日]生年不詳
[没年月日]明治40年（1907年）
[出生地]紀伊国（和歌山県）

弘化4年（1848年）江戸・日本橋の須原屋に入り、のち支配人となった。明治5年独立して日本橋呉服町で書籍出版業を始める。明治政府による最初の刑法典である「新律綱領」が発布されると、これを出版した。17年本石町に移って名を育英舎とし、初等・中等教科書の主な発行所の一つとなった。

榊原 友吉　さかきばら・ともきち
文盛堂創業者

[生年月日]安政3年（1856年）3月15日
[没年月日]没年不詳
[出生地]江戸京橋（東京都中央区）

慶応3年（1867年）江戸・下谷の地本問屋上州屋に奉公に出たが、明治11年独立して両国若松町に取次業の文盛堂を創業。文部省発行

の「小学読本」「日本地誌略」や「ナショナルリーダー」「万国史」などの教科書類を翻刻出版。36年合資会社六盟館を起しその業務執行社員、のち明治図書株式会社創立に際し監査役となる。その後辞書出版社専務。また27年以降東京書籍商組合評議員に選任され、組合の古参として重きをなした。文盛堂は長男・福太郎（昭和16年7月28日没）が継承した。
[家族等]長男＝榊原福太郎（文盛堂主人）

坂口 観蔵　さかぐち・かんぞう
学校図書社長　六鹿証券社長

[生年月日]明治35年（1902年）12月24日
[没年月日]昭和56年（1981年）2月12日
[出生地]東京都新宿区　[学歴]慶応義塾大学経済学部〔昭和2年〕卒

昭和2年三井信託（現・三井住友信託銀行）に入社、30年取締役証券部長。33年3月六鹿証券（現・東海東京証券）副社長を経て、7月社長に就任。39年相談役。44年学校図書取締役、45年社長、52年会長、54年取締役相談役。51年教科書館社長。
[叙勲]勲四等瑞宝章〔昭和49年〕
【参考】『花水木 坂口観蔵遺稿集』がくと企画、クリエイティブ・センター編 学校図書 1982

坂田 謙二　さかた・けんじ
日本雑誌協会事務局長

[生年月日]明治33年（1900年）10月15日
[没年月日]昭和37年（1962年）4月21日
[出生地]栃木県栃木市　[学歴]一高卒、東京帝国大学法学部〔大正15年〕卒

帝大学友会共済部勤務を経て、昭和4年南満州鉄道（満鉄）に入社。奉天地区事務局長兼奉天鉄道局副局長を最後に退職。戦後、帰国して22年日本自由出版協会に入り、24年全国出版協会事務局長、31年日本雑誌協会事務局長。27～31年出版団体連合会事務局長を兼任した。

坂本 篤　さかもと・あつし
有光書房社主

[生年月日]明治34年（1901年）9月6日
[没年月日]昭和52年（1977年）12月17日
[出生地]山梨県

子どもの頃「末摘花」を読んで以来、江戸軟文学の探究に入る。印刷業を経て、大正末期から坂本書店や温故書屋の名義で民俗雑誌「人文」や、「閑話叢書」として南方熊楠「南方閑話」、佐々木喜善「東奥異聞」、「芋蔓草紙」として山中笑「共古随筆」、西沢仙湖「仙湖随筆」などを刊行。その後、艶本出版を続け斎藤昌三や梅原北明らと交友を持ち、再三にわたって警視庁に摘発される。戦後は有光書房を興し、岡田甫「川柳末摘花」などを刊行したが、昭和35年「艶本研究シリーズ・国貞」により、わいせつ文書販売の容疑で起訴され、46年最高裁で有罪が確定（国貞裁判）。以後も江戸文化を後世に伝える仕事に情熱を燃やし続けた。
[家族等]祖父＝内藤伝右衛門（出版人）
【参考】『「国貞」裁判・始末』林美一他著 三一書房 1979／「川柳しなの 坂本篤氏追悼」435号 しなの川柳社 1979

坂本 嘉治馬　さかもと・かじま
冨山房創業者

[生年月日]慶応2年（1866年）3月21日
[没年月日]昭和13年（1938年）8月23日
[出生地]土佐国幡多郡宿毛（高知県宿毛市）
[学歴]宿毛小卒

宿毛小学校を卒業して上京、父が戊辰戦争に出征した際に世話になった軍医・酒井融を頼り、その紹介で同郷の小野梓が経営する書肆・東洋館に入社。年少ながら支配人格として病気の小野に代わって店を切り盛りし、小野からは「俺が文部大臣となったらお前が東洋館をやるのだぞ」と言われた。明治19年1月小野が亡くなり東洋館が閉鎖すると、3月小野の義兄・小野義真の援助を得て神田神保

町に冨山房を創業。29年小野義真との共同出資により冨山房を合資組織としたが、35年出資全部を引き受けて個人経営に戻す。天野為之「経済原論」を出版して以来、学術書・教科書などを刊行したが、中でも吉田東伍「大日本地名辞書」、上田万年・松井簡治「大日本国語辞典」、大槻文彦「大言海」や、「国民百科大辞典」といった大型辞典類の出版で冨山房の名を高めた。
[家族等]息子＝坂本守正（冨山房社長），孫＝坂本起一（冨山房社長）　[叙勲]緑綬褒章〔昭和11年〕
【参考】『坂本嘉治馬自伝』坂本守正編 冨山房 1939

坂本 一亀　さかもと・かずき
「文芸」編集長 構想社代表取締役

[生年月日]大正10年（1921年）12月8日
[没年月日]平成14年（2002年）9月28日
[出生地]福岡県甘木市（朝倉市）　[学歴]日本大学国文学科〔昭和18年〕卒

6人弟妹の長男。昭和18年日本大学を繰り上げ卒業して学徒出陣し、通信隊に所属した。22年河出書房に入社。同年「書き下ろし長篇小説シリーズ」を起案し、23～27年戦後初の本格的文学全集といわれる「現代日本小説大系」（全65巻）も担当。傍ら、椎名麟三「永遠なる序章」、三島由紀夫「仮面の告白」、野間宏「真空地帯」といった戦後文学の傑作を相次いで世に送った。37年復刊した文芸誌「文芸」編集長に就任、約2年計22冊という任期の中で高橋和巳、真継伸彦、田畑turbo彦、山崎正和らを世に出し、井上光晴「地の群れ」といった話題作を掲載した他、有望な新人作家たちを糾合して「文芸」新人の会を作った。小田実のベストセラー「何でも見てやろう」や、文芸時評に索引を付けて初めて単行本にした平野謙「文芸時評」なども編集者としての代表的な仕事であり、単独で進行に当たった叢書「書き下ろし長篇小説叢書」からは、高橋「憂鬱なる党派」、辻邦生「夏の砦」、い

いだ・もも「神の鼻の黒い穴」、丸谷才一「笹まくら」、真継「光る声」、小田「現代史」などを刊行した。51年構想社を設立、代表取締役となるが、56年健康上の理由で退任した。
[家族等]長男＝坂本龍一（音楽家）
【参考】『伝説の編集者坂本一亀とその時代』田邊園子著 作品社 2003

坂本 真三　さかもと・しんぞう
大同館創業者

[生年月日]明治18年（1885年）4月23日
[没年月日]没年不詳
[出生地]大阪府大阪市

大阪に生まれ、同地の老舗書肆・吉岡宝文館に入って修業。明治43年上京して弘道館に勤務するが、間もなく退社して独立し、44年神田小川町に大同館を創業した。以後、受験参考書や学術書などを中心に出版活動を続けた。

坂本 守正　さかもと・もりまさ
冨山房社長

[生年月日]明治23年（1890年）3月10日
[没年月日]昭和35年（1960年）1月26日
[出生地]東京市神田区（東京都千代田区）
[学歴]東京商工中〔明治43年〕卒

父は冨山房創業者の坂本嘉治馬。早くから冨山房の運営に携わり、昭和13年社長に就任。中等教科書協会幹事、全国書籍商組合連合会幹事、日本出版クラブ評議員を歴任。晩年失明した。
[家族等]長男＝坂本起一（冨山房社長），父＝坂本嘉治馬（冨山房創業者）

向坂 隆一郎　さきさか・りゅういちろう
「芸術新潮」編集部次長 現代演劇協会事務局長

[生年月日]大正13年（1924年）12月22日
[没年月日]昭和58年（1983年）7月26日
[出生地]東京市芝区白金（東京都港区）　[学

[歴]駒込中〔昭和17年〕卒、早稲田大学文学部
父は早稲田大学教授を務めた向坂道治で、4人兄弟の長男。早大在学中から早大童話会に所属し、童話作家を志して坪田譲治に師事。昭和20年5月応召、9月復員。21年北海道で詩人の加藤愛夫が営む養鶏場を手伝いながら童話作家を目指し、前川康男らと童話雑誌「コロポックル」を発行。22年東京に戻り新潮社に入社、少年少女雑誌「銀河」を経て、美術雑誌「芸術新潮」編集部員。29年編集部次長。32年羽仁進、勅使河原宏、松山善三、荻昌弘、草壁久四郎らと実験映画グループ・シネマ57を結成、実験映画「TOKYO1958」を製作。38年新潮社を退社して福田恆存主宰の現代演劇協会創立に参加。事務局長として附属劇団「雲」「欅」の演劇制作や俳優のマネージメントなど劇団経営の責任者を務めた。50年現代演劇協会分裂により退団、51年日本ゼネラル出版を設立。52年小学館より芸術総合雑誌「クエスト」を創刊して編集長を務めたが、53年13号で休刊。同年小学館第一出版部美術編集部に入ったが、58年印刷所との電話中に心筋梗塞で倒れ、急逝した。
[家族等]父=向坂道治（早稲田大学教授）、弟=向坂不尽夫（建築家）、向坂正久（音楽評論家）、向坂松彦（アナウンサー）、叔父=古谷綱武（文芸評論家）、古谷綱正（評論家）、義母=三岸節子（洋画家）、義弟=本宮昭五郎（舞台美術家）
【参考】『回想の向坂隆一郎』向坂隆一郎追悼集編集会編 1984

佐久田 繁　さくだ・しげる
月刊沖縄社社長

[生年月日]大正15年（1926年）
[没年月日]平成17年（2005年）4月12日
[出生地]沖縄県宮古郡（宮古島）　[出身地]台湾・台南州　[学歴]台北工〔昭和18年〕卒

海軍佐世保通信隊で敗戦を迎え、昭和23年沖縄毎日新聞社に入社。のち沖縄ヘラルドを経て、36年月刊沖縄社を設立、総合誌「月刊沖縄」を創刊。実売部数1万の時もあったが、やがて立ち行かなくなり廃刊した。以後は図書出版に転向し、「カラー沖縄の歴史」「日本最後の戦い・沖縄戦記録写真集」など沖縄に関する図書を発行した。自らの著書に「PTA奮戦記」「沖縄の新聞が潰れる日」「沖縄の葬式」などがある。

佐久間 長吉郎　さくま・ちょうきちろう
大日本印刷社長 中央社社長 大日本図書社長

[生年月日]明治26年（1893年）3月4日
[没年月日]昭和59年（1984年）7月8日
[出生地]東京都　[学歴]東京帝国大学法科大学〔大正6年〕卒

大日本印刷創業者・佐久間貞一の長男。昭和6年秀英社常務、10年改組改称により大日本印刷常務を経て、18年社長。30年会長。20年大日本図書株式会社社長を兼任、34年同会長。また、24年日本出版配給閉鎖に伴い教科書荷役所が一般雑誌・書籍の取次販売を開始するために発足した中央社の初代社長も務め、38年会長。日本印刷工業会会長、教科書協会長、日本出版取次協会長を歴任した。
[家族等]父=佐久間貞一（大日本印刷創業者）、三男=佐久間裕三（大日本図書社長）　[叙勲]緑綬褒章〔昭和25年〕、勲三等瑞宝章〔昭和41年〕　[受賞]印刷文化賞〔昭和34年〕

佐久間 貞一　さくま・ていいち
秀英舎創業者 大日本図書創業者

[生年月日]嘉永1年（1848年）5月10日
[没年月日]明治31年（1898年）11月6日
[出生地]江戸下谷南稲荷町（東京都台東区）
[別名等]幼名＝千三郎

幕臣・佐久間家の二男。事実上の長男で、母の手ひとつで育てられる。慶応4年（1868年）彰義隊士として上野の戦いに参加。明治維新後は静岡の沼津兵学校に入り、3年薩摩藩か

ら新設の兵学校教師として招聘され鹿児島へ赴任。6年東京に戻ると大教院に新聞発行の必要を訴え、7年大内青巒と「教会新聞」を創刊。8年同紙廃刊後、大内の提案で宏仏海と明教社を設立して仏教系新聞の「明教新誌」を出した。9年同紙印刷のため印刷所を買収し、秀英舎（現・大日本印刷）を創業。すぐ中村正直「西国立志編」の印刷を手がけ、同書が良く売れたおかげで創業初期の基盤を確立。12年沼間守一が「東京横浜毎日新聞」を起こすと編集局を秀英舎内に置き、印刷も担当した。14年秀英舎に鋳造部製文堂を設置として活字の自家鋳造を、18年同部に石版部を設けて石版印刷を開始。19年東京板紙会社、23年大日本図書会社を設立。26年大日本図書会社、27年秀英舎を株式会社に改組した。24年には印刷雑誌社を創業して「印刷雑誌」を創刊、先進諸国の印刷技術の紹介・啓蒙に努めた。一方、工場経営者として使い捨てにされていく職工たちを目の当たりにし、労働問題や社会問題にも積極的に発言。明治期の労働運動を幅広く応援し、"日本のロバート・オーウェン"とも称された。また、日本吉佐移民合名会社、東洋移民合資会社を設立して海外移民事業にも従事。22年より東京市議を4期務めた。没後、秀英舎は早稲田大学系の印刷所である日清印刷と合併し、昭和10年大日本印刷株式会社となった。

[家族等]長男＝佐久間長吉郎（大日本印刷社長），養子＝佐久間鋼三郎（東洋移民会社社長），孫＝佐久間裕三（大日本図書社長），義兄＝保田久成（秀英舎社長）　[叙勲]緑綬褒章〔明治31年〕

【参考】『佐久間貞一小伝』豊原又男編　秀英舎庭契会 1904／『追懐録』豊原又男編　佐久間貞一追悼会 1910／『佐久間貞一全集』矢作勝美編著　大日本図書 1998

佐久間 裕三　さくま・ゆうぞう
大日本図書社長

[生年月日]大正12年（1923年）2月20日
[没年月日]平成16年（2004年）3月15日
[出生地]東京都　[学歴]東京大学医学部中退，学習院大学法学部政治学科〔昭和28年〕卒

大日本印刷社長・佐久間長吉郎の三男。昭和24年大日本図書に入社。34年取締役総務部長、36年常務、39年専務、45年社長。平成5年会長。この間、教科書協会会長、国語審議会委員、中央社社長などを歴任。

[家族等]父＝佐久間長吉郎（大日本印刷社長），祖父＝佐久間貞一（大日本印刷創業者）　[叙勲]藍綬褒章〔昭和60年〕，勲三等瑞宝章〔平成5年〕

桜井 恒次　さくらい・つねじ
学生書房社長

[生年月日]大正6年（1917年）3月12日
[没年月日]昭和55年（1980年）8月5日
[出生地]長野県飯田市　[学歴]水戸高〔昭和13年〕卒，東京帝国大学文学部社会学科〔昭和17年〕卒

水戸高校在学中は寮報の編集に従事。昭和13年東京帝大に進み、16年「帝国大学新聞」7代目編集長に就任。17年繰上げ卒業後は同新聞社常務理事となり、19年同社が大学新聞社に改組された後も在職した。21年学生書房を設立し、24年社長。戦没学生の遺稿集「きけわだつみのこえ」編纂にも携わった。26年電通に入社。34年国際PR株式会社に転じ、39年退社してPR研究所所長、40年JPPセンター（のちワールド・ピー・ピー）社長、50年研究開発型企業育成センター編集委員などを歴任した。また立教大学、名古屋造形芸術短期大学、宇都宮大学などで講師を務め、48年より関東学院女子短期大学教授。54年からは産業人能力開発研究会を主宰し、「産業人能力開発シリーズ」を発行した。著書に「或る山村共同耕作の記録」などがある。

【参考】『桜井恒次』桜井恒次遺稿集編集委員会 1981

桜井 均　さくらい・ひとし
桜井書店創業者

[生年月日]明治34年(1901年)6月13日
[没月日]昭和58年(1983年)
[出生地]茨城県筑波郡田井村(つくば市)

高等小学校卒業後の大正3年上京、赤本屋の湯浅春江堂で修業。のち同店の番頭格となり、北島春石や倉田啓明といった作家の知遇を得た。やがて文芸書の出版を志して独立。以降、銀線社出版、三興社、山洞書院などを創業し、昭和10年頃から大同出版社の名で新聞の一面広告を使用した実用書の通信販売を行い、成功を収める。15年桜井書店を設立、三好十郎の戯曲「浮標」を皮切りに、主に純文芸・哲学・児童書を出版。徳田秋声、佐藤春夫、宇野浩二、高浜虚子、滝井孝作ら一流の作者の著書を扱った他、三島由紀夫の初期作品集「岬にての物語」や山本夏彦の処女作「年を歴た鰐の話」などを刊行し、その凝った造本と志の高い出版方針には定評があった。戦時の企業統制に際しては当局と粘り強く交渉して独立を堅持。戦後も文京区大塚で出版活動を続け、辞書や翻訳ものなどにも着手するが、35年志賀直哉の随筆集「夕陽」を最後に廃業。晩年は釣りや観劇などに親しんだ。随筆集「奈落の作者」がある他、没後に長男・桜井毅と三女・山口邦子により桜井書店にまつわる書籍が出版された。
【参考】『奈落の作者』桜井均著 文治堂書店 1978／『出版の意気地 櫻井均と櫻井書店の昭和』櫻井毅著 西田書店 2005／『戦中戦後の出版と桜井書店』山口邦子著 慧文社 2007

佐々木 桔梗　ささき・ききょう
プレス・ビブリオマーヌ主宰　僧侶

[生年月日]大正11年(1922年)
[没月日]平成19年(2007年)2月24日
[出生地]東京都港区　[本名]佐々木教定

浄土真宗本願寺派・教誓寺第13世住職。恵まれた家庭に育ち、小学生の時からのカメラ趣味。昭和21年南方より復員後、新聞記者、探偵業に従事。その後、「猛然と本が作りたくなり」、友人と計って限定本出版のプレス・ビブリオマーヌを創業。31年から56年までに詩集、純文学、鉄道趣味などの63点を手がけ、限定本出版としては異例に長期の活動だった。三島由紀夫、堀口大学、吉行淳之介らの特装本も手がけ、宝石などを嵌象した特装本は愛書家の間で"プレス本"と呼ばれ珍重された。「紫水晶」「猫目石」といった限定本、発禁本の研究誌も限定出版した。
【参考】『プレス・ビブリオマーヌ』吉田直弘著 胡蝶の会 1989／「寺から新しい文化が生まれた 佐々木桔梗さんに聞く」(「浄土真宗・唯」3巻 2004秋号)

佐々木 国雄　ささき・くにお
日本文教出版創業者　秀学社創業者

[生年月日]大正1年(1912年)12月8日
[没月日]平成13年(2001年)10月15日
[出身地]和歌山県　[学歴]田辺中[大正5年]卒

昭和8年三省堂に入社。23年文教社を創業、26年株式会社に改組して日本文教出版に社名変更。小・中・高校の検定教科書や教師用指導書などを発行。30年小・中学校用の学習図書教材出版を手がける秀学社を創業した。
[家族等]長男=佐々木秀樹(日本文教出版社長)　[叙勲]紺綬褒章[昭和41年],勲四等旭日小綬章[昭和58年]

佐々木 繁　ささき・しげし
著作権資料協会理事長

[生年月日]大正12年(1923年)7月31日
[没月日]平成23年(2011年)8月19日
[出生地]東京都　[学歴]早稲田大学文学部[昭和21年]卒

早大在学中に学徒出陣。復員・復学して昭和21年卒業と同時に日本出版協会に入り「日本読書新聞」編集部に所属。33年日本書籍出版協会に移籍、45年より同専務理事。6期12年務め、再販制度の護持や著作権法の改正、

アジア初のIPA京都大会開催などに取り組んだ。著作権資料協会理事長も務めた。

佐々木 惣四郎　ささき・そうしろう
竹苞楼主人

初代春重（享保8年〜寛政4年）は寛延4年（1751年）に書林仲間に加入して創業、はじめ銭屋平八、のち銭屋惣四郎と改め以後代々これを襲用。2代春行（明和元年〜文政2年）は安永9年（1780年）17歳で家を嗣ぎ、天明8年（1788年）の大火で類焼した店を享和元年（1801年）現在の場所に移す。最も傑出した人物で博学多才、藤貞幹・伴蒿蹊・上田秋成などの文人学者と親交があり、「宋本鑑定雑記」「礼義類典拾遺」等の著述をものした。3代春蔭は仏書を扱う蓍屋（能勢氏）儀兵衛の子で文政元年（1818年）に養嗣子となり、万延元年（1860年）没。4代春明は安政5年（1858年）に家督を相続、禁門の変で店は類焼したが慶応2年（1866年）に再建し今日に及ぶ。5代春吉（明治11年2月生）。6代春隆（明治39年〜昭和53年12月）は古稀の祝に竹苞楼に伝わる記録を整理し『若竹集』上下2冊を刊行、近世出版史研究の一級資料となっている。
【参考】『近世京都出版文化の研究』宗政五十緒著　同朋舎出版　1982

佐々木 隆彦　ささき・たかひこ
理想社社長

［生年月日］明治32年（1899年）3月15日
［没年月日］平成2年（1990年）1月11日
［出身地］奈良県　［旧名］増田　［学歴］早稲田大学文学部〔大正13年〕卒
昭和2年理想社を創立して専務、23年社長。

佐々木 久子　ささき・ひさこ
「酒」編集長

［生年月日］昭和5年（1930年）2月10日
［没年月日］平成20年（2008年）6月28日
［出生地］広島県広島市　［別名等］号＝柳女

［学歴］広島女子商業学園高卒

父は大工の棟梁で、3歳の正月に初めて酒を飲まされる。昭和20年広島で被爆、家の下敷きになったが、父や大工たちに助けられ九死に一生を得た。25年父が原爆病で亡くなると、一家は離散。連合国軍総司令部（GHQ）の中国総司令部民間情報局青少年指導事務所、独立後は広島ユネスコ協会、NHK広島放送局に勤務した後、30年単身上京。同年趣味の雑誌「酒」（株式新聞社刊）の編集記者となったが、31年休刊。これを惜しんだ作家の火野葦平らの後押しを受け、同誌を譲り受け編集・発行人として独立した。日本各地を飲み歩きエッセイを書きつづけ、ユニークなジャーナリストとして知られた。同誌の「文壇酒徒番付」も評判を呼んだ。39年梶山季之らと広島カープを優勝させる会を結成するなど、野球ファンとしても知られた。60年に「酒」の編集長を退き、以来文筆業に専心。平成9年7月同誌は501号を最後に休刊。著書に「酒縁歳時記」「あま・から・ぴん」「酒と旅と人生と」「今宵も美酒を」「わたしの放浪記」「心の軌跡」などがある。
［受賞］石川賞〔昭和52年〕
【参考】『わたしの放浪記』佐々木久子著　法蔵館　1995

佐佐木 茂索　ささき・もさく
文藝春秋新社社長　小説家

［生年月日］明治27年（1894年）11月11日
［没年月日］昭和41年（1966年）12月1日
［出生地］京都府京都市上京区下立売千本西入稲葉町　［学歴］京都一中中退
生家は京都で種油製造業を営んだが倒産、高等小学校を卒業すると朝鮮の仁川へ渡り、英国系銀行に勤めた。大正7年金子薫園の世話で新潮社に入社したが、8年中央美術社に移り「中央美術」編集主幹。9年時事新報社に入り、文芸部主任として14年まで勤める。この間、8年芥川龍之介の紹介で「新小説」に処女作「おぢいさんとおばあさんの話」を発

表し小説家としてデビュー。以後「ある死、次の死」「選挙立合人」「曠日」などを発表して新進作家としての地位を固め、13年第一小説集「春の外套」を刊行した。14年女流作家の大橋房子(ささきふさ)と結婚。昭和4年文藝春秋社に入社し総編集長に就任、7年専務。10年芥川賞・直木賞を制定して両賞の銓衡委員となった。太平洋戦争末期に副社長を最後に身を退いたが、21年創業者の菊池寛が文藝春秋社の解散を決めると、それに反対する池島信平らの要請を受け文藝春秋新社を設立して社長に就任。22年公職追放に遭い辞任するも、23年追放解除により社長に復帰した。文士出身ながら経営に才能を発揮、菊池の道楽から出発した文藝春秋社が大手出版社へと脱皮する基礎を固めた。著書に『夢ほどの話』『天の魚』『南京の皿』『困った人達』などがある。
[家族等]妻=ささきふさ(小説家), 義兄=長岡隆一郎(貴院議員・警視総監)
【参考】『形影 菊池寛と佐佐木茂索』松本清張著 文藝春秋 1982(文春文庫 1987)

笹原 金次郎　ささはら・きんじろう
「中央公論」編集長 中央公論社取締役編集局長

[生年月日]大正9年(1920年)
[没年月日]平成16年(2004年)12月18日
[出生地]山形県　[学歴]早稲田大学政治経済学部〔昭和23年〕卒

昭和23年中央公論社に入社。嶋中雄作社長の秘書を皮切りに、「中央公論」文芸記者として活躍。29～33年にわたる広津和郎の長期連載「松川裁判批判」の担当編集者を務めた。36年「中央公論」編集長、41年「婦人公論」編集長。44年取締役編集局長に就任。49年退社、東京タイムズ社に転じる。専務編集主幹を経て、21世紀新社代表取締役。52年新自由クラブから参院選に立候補した。

笹部 貞市郎　ささべ・ていいちろう
聖文社創業者 数学教育家

[生年月日]明治20年(1887年)11月13日
[没年月日]昭和49年(1974年)9月21日
[出生地]岡山県川上郡領家村(高梁市)

高等小学校を卒業後、独学で尋常小学校准教員の検定試験に合格。やがて正教員となり、中学校、師範学校、高等女学校の教員免状も取得。高梁中学で数学の教鞭を執った後、昭和4年上京。中野中学に勤める傍ら、数々の数学関係書を著した。14年代々木数学院、15年武蔵野学院を設立して数学教育、受験指導に当たったが、戦災により郷里に疎開。24年上京して聖文社を創業。29年大学受験学習雑誌『受験の数学』を創刊。31年には初めて『全国大学数学入試問題詳解』を刊行するなど、数学学習参考書で知られる出版社に育て上げた。

佐々部 承象　ささべ・よしかた
小学館常務 祥伝社代表取締役

[生年月日]大正9年(1920年)3月5日
[没年月日]昭和54年(1979年)1月13日
[出生地]山口県美祢郡秋芳町(美祢市)　[学歴]拓殖大学商学部〔昭和19年〕卒

昭和20年北海道の航空隊で敗戦を迎える。21年日本交通公社を経て、25年小学館に入社。28年総務課長、31年販売部長、36年取締役、40年常務を歴任。45年光文社争議により退社した黒崎勇、伊賀弘三良、桜井秀勲、藤岡俊夫の4取締役を迎え祥伝社を創立、初代代表取締役を務めた。

定村 忠士　さだむら・ただし
「日本読書新聞」編集長 劇作家

[生年月日]昭和7年(1932年)1月2日
[没年月日]平成13年(2001年)10月30日
[出生地]福岡県北九州市小倉　[学歴]東京大学文学部仏文科〔昭和29年〕卒

佐藤　彬　さとう・あきら
平凡社取締役

[生年月日]明治42年（1909年）3月29日
[没年月日]昭和48年（1973年）1月16日
[出生地]東京府豊多摩郡千駄ケ谷町（東京都渋谷区）　[出身地]岩手県盛岡市　[学歴]東京外国語学校〔昭和7年〕卒

生家は陸奥南部藩士の家柄で、父は実業家。2人兄弟の長男で、弟は洋画家の松本竣介。東京で生まれ、幼い頃に岩手県に移る。東京府立一中時代は弁論部に所属し、新聞社主催の弁論大会で優勝したこともある。父が熱心な生長の家の信者であったことから、自身も入信して同教普及のための出版社・光明思想普及会で編集部長兼広告部長。15年わかもと本舗宣伝部長、16年平凡社企画部長、18年理研映画制作部次長を経て、戦後は21年岩手新報常務編集局長、22年岩手県地方常務委員会事務局長。30年平凡社総務部長、38年取締役、39年秘書室長兼広告部長、45年平凡社百科販売創立に伴い専務。世界連邦運動にも取り組み、同理事を務めた。
[家族等]弟＝松本竣介（洋画家）

佐藤　観次郎　さとう・かんじろう
「中央公論」編集長 衆院議員（社会党）

[生年月日]明治34年（1901年）8月19日
[没年月日]昭和45年（1970年）3月3日
[出生地]愛知県海部郡蟹江町　[学歴]早稲田大学政経学部経済学科〔昭和3年〕卒

昭和3年早大卒業後、ドイツ語翻訳や軍隊生活を経て、5年中央公論社に入社。9年「中央公論」編集長、12年初代宣伝部長、13年の石川達三「生きてゐる兵隊」事件では一時休職を命ぜられた。18年退社後は中京新聞取締役編集総務などを経て、政界に転じ、戦後の22年愛知県3区から衆院議員に当選。以来通算8期。日本社会党に属し、教宣局長、両院議員総会長、衆院文教委員長などを務めた。著書に「自動車部隊」「泥濘」「文壇えんま帖」「編集長の回想」「陣中の読書」「世界の農業農民問題」などがある。
[家族等]長男＝佐藤観樹（衆院議員）
【参考】『編集長の回想』佐藤観次郎著 東京書房 1958／『代議士編集長』佐藤観次郎著 雪華社 1962

佐藤　喜一　さとう・きいち
福音館書店創業者

[生年月日]明治37年（1904年）1月21日
[没年月日]昭和55年（1980年）12月26日
[出生地]岐阜県関市

大正5年カナダ人宣教師パーシー・プライスが、聖書・讃美歌とキリスト教関係の図書を扱う文書伝道の店として石川県金沢市に創設した書店・福音館の営業責任者を務め、昭和初期には一般書も扱い始める。太平洋戦争前夜の昭和15年、カナダ宣教師団の日本引き揚げに伴い同書店の名義を自身に書き換えてもらい、それを担保として金を借り、宣教師団に店の代金を支払った。27年出版部門を独立させて金沢市で有限会社福音館書店を創業し、同年東京に進出。「小事典文庫」「全釈古典文庫」シリーズで社業の基礎を固め、その後は児童向け図書の刊行を増やしていった。43年社長を勇退、50年社主となった。平成12年株式会社福音館書店に改組した。
【参考】『福音館書店50年の歩み』福音館書店 2002

佐藤 義亮　さとう・ぎりょう
新潮社創業者

[生年月日]明治11年(1878年)2月18日
[没年月日]昭和26年(1951年)8月18日
[出生地]秋田県仙北郡角館町(仙北市)　[別名等]幼名=儀助、号=橘香、妖堂、浩堂　[学歴]積善学舎〔明治28年〕中退

明治28年自身の文学熱の高まりを抑えきれず、郷里の積善学舎を中退して東京へ出奔、秀英舎(現・大日本印刷)の職工となる。文学雑誌「青年文」に投稿した文章が同舎重役の目に止まり、校正係に抜擢された。29年新声社を興して文芸誌「新声」を創刊。次いで大町桂月、田岡嶺雲らの「文書講義録」が当たり、この利益で嶺雲「嶺雲揺曳」、小島烏水「扇頭小景」、河東碧梧桐「俳句評釈」、田山花袋「ふるさと」などを刊行して本格的に出版業に乗り出した。しかし採算を度外視して本を出しつづけた結果、経済的に行き詰まり、36年新声社を手放す。37年再起を期して新潮社を創立し、雑誌「新潮」を創刊。明治後期に勃興した自然主義文学の潮流を受けて「二十八人集」を刊行したり、帰朝後の永井荷風の作品を「新潮」に掲載したりするなど、常に文学界の新しい潮流を先見する独自の勘と作家に対する面倒見の良さで業績を上げ、文芸出版社としての基礎を固めた。大正3年には「新潮文庫」を発足、5年「文章倶楽部」を、7年大衆雑誌「日の出」を創刊。8年には「名作選集」「世界文学全集」「日本文学大辞典」を刊行するなど多彩な出版活動を行った。また島田清次郎の書下し長編小説「地上」が空前のベストセラーとなった。"円本ブーム"が起こったのを受けて、昭和2年には1冊1円の「世界文学全集」(全38巻)の刊行を開始、佐藤自身が一字一句にわたって訳文を検討し、38巻2万ページの訳文に、5校、6校まで朱筆を入れるなど渾身の力を込めて取り組み、全巻通して58万部の予約を獲得するなど大きな成功を収めた。

[家族等]長男=佐藤義夫(新潮社社長)、二男=佐藤俊夫(新潮社社長)、三男=佐藤道夫(大泉書店創業者)、孫=佐藤亮一(新潮社社長)、佐藤俊一(新潮社専務)、佐藤龍夫(大泉書店社長)
【参考】『佐藤義亮伝』新潮社 1953／『出版の魂 新潮社をつくった男・佐藤義亮』高橋秀晴著 牧野出版 2010

佐藤 垢石　さとう・こうせき
つり人社主幹 随筆家

[生年月日]明治21年(1888年)6月18日
[没年月日]昭和31年(1956年)7月4日
[出生地]群馬県群馬郡東村(前橋市)　[本名]佐藤亀吉　[学歴]郁文館中〔明治40年〕卒、早稲田大学英文科〔明治40年〕中退

農家の三男で、幼い頃から利根川で鮎釣りを始め、友釣りの名手といわれた。明治38年前橋中学在学中に校長排斥のストライキを指導して退学処分となり、上京。40年郁文館中学から早稲田大学に進むが間もなく中退、帰郷して前橋市第二銀行に勤務した。41年再度上京、42年前橋中学の先輩である平井晩村の紹介で報知新聞社に入社。44年背広を着用しなかったことで上層部と対立し、豊橋支局に左遷。同年東京社会部に戻るが、今度は社会部長の野村長一(胡堂)と喧嘩をし、前橋支局に飛ばされた。その後、小田原、甲府、静岡、水戸の各支局勤務を経て、大正13年前橋支局長。昭和3年退職後は下野新聞通信員、配達夫、煙突掃除人夫など職を転々とするが、報知時代の同僚の勧めで執筆した釣り随筆が好評を博し、以降は文筆生活に入った。4年「京都日之出新聞」主筆。また「報知新聞」嘱託となり、釣り欄を担当した。9年「鮎の友釣」を刊行。16年刊行の随筆集「たぬき汁」はベストセラーとなった。戦時中は郷里・群馬県に疎開。21年つり人社を設立して主幹となり、雑誌「つり人」を創刊した。
【参考】『畸人・佐藤垢石』志村秀太郎著 講談社 1978

佐藤 俊一 さとう・しゅんいち
新潮社専務

[生年月日]昭和7年（1932年）1月10日
[没年月日]平成18年（2006年）9月27日
[出生地]東京都　[学歴]慶応義塾大学文学部〔昭和29年〕卒

昭和29年大日本印刷を経て、新潮社に入社。49年取締役を経て、58年専務。平成10年相談役に退く。新潮文庫のシェアを拡大させるなど、営業・宣伝部門のトップとして活躍した。
[家族等]父＝佐藤俊夫（新潮社社長）、祖父＝佐藤義亮（新潮社創業者）、伯父＝佐藤義夫（新潮社社長）、従兄＝佐藤亮一（新潮社社長）
[受賞]日本宣伝賞正力賞〔平成1年〕

佐藤 正叟 さとう・せいそう
至文堂創業者

[生年月日]明治10年（1877年）4月27日
[没年月日]昭和43年（1968年）6月17日
[出身地]広島県　[学歴]東京物理学校卒

慶応義塾普通部で10年ほど教鞭を執った後、出版業に転じて大正3年東京・赤坂天馬町に至文堂を創業。社名は佐久節の命名による。雑誌「国語と国文学」「国文学 解釈と鑑賞」など、国語国文に関する図書雑誌参考書を多数出版し、確固たる地盤を築いた。中等教科書協会でも手腕を発揮した。
[家族等]息子＝佐藤泰三（至文堂社長）

佐藤 泰三 さとう・たいぞう
至文堂社長

[生年月日]大正10年（1921年）3月3日
[没年月日]昭和62年（1987年）8月9日
[出身地]東京市赤坂区（東京都港区）　[学歴]慶応義塾大学法学部〔昭和23年〕卒

父が創業した至文堂に入社。昭和26年取締役、43〜62年社長を務めた。
[家族等]父＝佐藤正叟（至文堂創業者）

佐藤 武雄 さとう・たけお
新興出版社啓林館創業者

[生年月日]明治42年（1909年）12月20日
[没年月日]平成14年（2002年）1月18日
[出生地]岡山県笠岡市　[学歴]高小卒

大正13年日本出版社に入社。昭和21年曽川勝太郎、原野仲次と大阪で任意組合新興出版社を創業、24年株式会社に改組して代表取締役常務。36年新興出版社啓林館に社名変更。44年副社長、46年社長、平成4年会長。教科書準拠の自習書や理数系の検定教科書を出版した。
[叙勲]勲四等瑞宝章〔昭和55年〕
【参考】『新興出版社啓林館50年史』新興出版社啓林館 1996

佐藤 俊夫 さとう・としお
新潮社社長

[生年月日]明治37年（1904年）7月20日
[没年月日]平成2年（1990年）1月12日
[出生地]東京都　[学歴]法政大学文学部〔昭和3年〕卒

新潮社に入社、昭和22年「小説新潮」を創刊、編集長を務める。33年社長、42年会長。のち取締役相談役。
[家族等]父＝佐藤義亮（新潮社創業者）、長男＝佐藤俊一（新潮社専務）、兄＝佐藤義夫（新潮社社長）、弟＝佐藤道夫（大泉書店創業者）

佐藤 道夫 さとう・みちお
大泉書店創業者 新潮社顧問

[生年月日]明治39年（1906年）5月28日
[没年月日]平成7年（1995年）12月26日
[出身地]東京都　[学歴]東京高等工芸学校印刷科〔昭和4年〕卒

新潮社創業者・佐藤義亮の三男。同社専属の印刷工場として創立された富士印刷を経て、昭和9年新潮社に入社。14年「日の出」編集長。21年同社の関連会社として大泉書店を創業。26年株式会社に改組して社長。社名は父

が療養生活を送った練馬の東大泉にちなむ。萱沼貞石「ペン字の書き方」、鑓田研一「手紙百科」などのロングセラーをはじめ数多くの実用書を出版、専門出版社として地位を固めた。
［家族等］四男＝佐藤龍夫（大泉書店社長），父＝佐藤義亮（新潮社創業者），兄＝佐藤義夫（新潮社社長），佐藤俊夫（新潮社社長）

佐藤 征捷 さとう・ゆきとし
平凡社副社長

［生年月日］明治37年（1904年）10月25日
［没年月日］昭和63年（1988年）10月29日
［出身地］徳島県

学校図書館法の成立に出版側から尽力した。

佐藤 義夫 さとう・よしお
新潮社社長

［生年月日］明治33年（1900年）8月31日
［没年月日］昭和42年（1967年）4月28日
［出生地］東京都　［学歴］日本中〔昭和7年〕卒

昭和7年中学を出てすぐ父の経営する新潮社に入社、副社長、21年父の引退で新潮社社長となった。22年「小説新潮」を創刊、27年「現代世界文学全集」を刊行して大成功。さらに31年出版社系週刊誌のトップとして「週刊新潮」を刊行、内外の反対にもかかわらず40万部を売り、週刊誌ブームを巻き起こした。日本雑誌協会常任理事、日本書籍協会監事、全国出版協会理事なども務めた。
［家族等］父＝佐藤義亮（新潮社創業者），長男＝佐藤亮一（新朝社社長），孫＝佐藤隆信（新潮社社長），弟＝佐藤俊夫（新潮社社長），佐藤道夫（大泉書店創業者）

佐藤 義人 さとう・よしと
大学書林創業者

［生年月日］明治35年（1902年）5月20日
［没年月日］昭和62年（1987年）9月20日
［出生地］静岡県志太郡岡部町（藤枝市）　［旧名］佐藤儀助　［学歴］日蓮宗大学中等部〔大正10年〕4年修了，第一早稲田高等学院〔大正14年〕修了，早稲田大学文学部独文学専攻〔昭和3年〕卒

昭和4年大学書林を創業。「初等独逸文典」を処女出版して以来、語学関係図書の出版一筋に専念。特に森儁郎「ドイツ語四週間」を嚆矢とする「語学四週間双書」は同社の代名詞となった。利益が出ないと敬遠される少数人口言語にも手を染め、その出版点数3000点余、辞典の数90点、取り扱った言語は75の多きを数え、日本の語学界及び国際文化交流に大きく貢献した。
［家族等］長男＝佐藤政人（大学書林社長），四男＝佐藤巨呂（大学書林国際語学アカデミー理事長）　［叙勲］勲四等瑞宝章〔昭和50年〕
【参考】『佐藤義人・久和子の五十年 1934～1983』桔梗会編 1983／『佐藤義人の記念に』大学書林 1989

佐藤 嘉尚 さとう・よしなお
面白半分社長　エッセイスト

［生年月日］昭和18年（1943年）11月8日
［没年月日］平成23年（2011年）11月19日
［出生地］秋田県山本郡響村（能代市）　［別名等］筆名＝里井鵠治（さとい・こうじ）　［学歴］慶応義塾大学文学部〔昭和42年〕中退

大光社編集長として丸山明宏（美輪明宏）の自伝「紫の履歴書」を手がけ、ベストセラーとなる。昭和46年面白半分を設立。吉行淳之介、開高健、井上ひさし、遠藤周作といった著名人が半年交代で編集するユニークな月刊誌「面白半分」を発行。47年野坂昭如編集長が永井荷風の筆といわれる小説「四畳半襖の下張」を掲載するとわいせつ文書販売罪に問われ、最高裁まで争う裁判に発展（有罪判決が確定）。この事件により誌名は広く知られたが、55年廃刊、会社も倒産した。肥満体の集団・大ピ連（大日本肥満者連盟）を組織したのち、56年より南房総館山でペンションかくれんぼ、のちオーバ・ヴィラージュを経営。

183

日本ペンションフォーラム代表も務めた。63年ペンションを閉じ、企画・編集会社アワ・プランニングを設立。平成元年リゾート雑誌「ネプチェーン」を発刊。11年から江戸時代に伊能忠敬が測量のために歩いた道のりを歩く"伊能ウオーク"に参加し、13年「伊能ウオーク全記録」を刊行。著書に「面白半分ないしょ話」「ぼくのペンション繁昌記」「風と歩く 小説・伊能忠敬と四人の妻たち」「人を惚れさせる男 吉行淳之介伝」などがある。

佐藤 亮一 さとう・りょういち
新潮社社長

[生年月日]大正13年（1924年）1月3日
[没年月日]平成13年（2001年）1月7日
[出生地]東京都　[学歴]早稲田大学文学部独文科中退

戦時中は応召して相模灘でタコツボ掘りに従事。昭和21年新潮社創業者の祖父・佐藤義亮の公職追放を受け父・義夫が2代目社長に就くと、早大を中退して父を補佐するため副社長として入社。23年出版部長となり、文庫本・単行本の発行に携わる。31年出版社系としては初の週刊誌「週刊新潮」を斎藤十一らと創刊し、初代編集長を兼務、販路や取材網のない中で試行錯誤しながらこれを成功に導き、週刊誌ブームの先駆けとなった。42年社長に就任。56年写真週刊誌「FOCUS」創刊、一時は150万部を売り上げるほど好評を博し、写真誌ブームを生んだ。平成8年会長、12年名誉会長。
[家族等]祖父＝佐藤義亮（新潮社創業者），父＝佐藤義夫（新潮社社長），長男＝佐藤隆信（新潮社社長），叔父＝佐藤俊夫（新潮社社長），従弟＝佐藤俊一（新潮社専務）　[叙勲]藍綬褒章〔昭和61年〕，勲三等瑞宝章〔平成7年〕

里見 真三 さとみ・しんぞう
「文藝春秋」編集長

[生年月日]昭和12年（1937年）
[没年月日]平成14年（2002年）9月15日

[出生地]東京都世田谷区　[本名]内藤厚
[学歴]慶應義塾大学文学部仏文科卒，慶応義塾大学経済学部経済学科卒

大学卒業後、文藝春秋に入社。編集者として「ベスト・オブ・ラーメン」「ベスト・オブ・丼」「ベスト・オブ・すし」などの〈ベスト・オブ〉シリーズや、「B級グルメ」本を手がけ、ブームの火付け役に。のち「文藝春秋」編集長。退職後はエッセイストとして活躍。岐阜女子大学教授も務めた。著書に「賢者の食欲」「すきやばし次郎 旬を握る」などがある。

佐野 佐蔵 さの・さぞう
博英社創業者

[生年月日]明治7年（1874年）4月20日
[没年月日]没年不詳
[出生地]岐阜県揖斐郡揖斐町（揖斐川町）
[学歴]揖斐小高等科卒

揖斐小学校高等科を卒業後、自宅に留まって商業の実地見習いをしていたが、明治35年上京して博文館に入社し、営業部に配属。大正12年退社、13年独立して博英社を創業。以後、児童雑誌「幼年幼女」を皮切りに「幼稚園優等生」「尋常一年優等生」「尋常二年優等生」「尋常三年優等生」「尋常四年優等生」「幼年文庫優良」と学年別雑誌を次々と刊行した。

佐野 増彦 さの・ますひこ
河出書房新社代表取締役専務

[生年月日]明治36年（1903年）10月24日
[没年月日]平成11年（1999年）1月9日
[出生地]香川県　[学歴]三豊中卒，早稲田大学専門部政経科〔昭和5年〕卒

昭和5年報知新聞社に入社。政治部で陸軍を担当。17～19年香港占領地総督府新聞班長を務めた。戦後、夕刊紙「新報知」創刊に関与した後、読売新聞論説委員。24年、27年衆院選に立候補した。この間、23年河出書房の株式会社改組に伴い取締役となり、27年編集局長。32年河出書房の第一次倒産後、河出

房新社専務となり、33年代表取締役専務に就任。36年相談役に退いた。

佐野　義光　さの・よしみつ
　　　成美堂創業者

[生年月日]大正9年（1920年）4月26日
[没年月日]平成14年（2002年）9月21日
昭和30年大学洋英語・英文学教科書の専門出版社として成美堂を創業した。

佐和　慶太郎　さわ・けいたろう
　　　人民社創業者「真相」編集長

[生年月日]明治43年（1910年）5月15日
[没年月日]没年不詳
[出生地]東京都　[学歴]小卒
報知新聞社の経済記者となり、昭和5年全協日本出版労組の報知分会を組織したが解雇される。以後、左翼運動に取り組み、10～11年「労働雑誌」の編集に従事。戦時中は藤岡淳吉の下で出版社の編集の仕事に携わる。敗戦直後の20年9月に人民社を設立して雑誌「真相」を創刊、理論より事実を重視した左翼的暴露雑誌で、毎号のように天皇を攻撃して一時は10万部を発行したが、26年廃刊。同年青銅社を設立、無着成恭編「山びこ学校　山形県山元村中学校生徒の生活記録」がベストセラーとなった。28年「真相」を復刊するが、31年再び廃刊。また、戦後間もなく民主主義出版同志会を結成して戦犯出版社の追及を行った。

沢田　伊四郎　さわだ・いしろう
　　　龍星閣創業者

[生年月日]明治37年（1904年）1月10日
[没年月日]昭和63年（1988年）10月8日
[出生地]秋田県鹿角郡小坂町　[学歴]東京外国語大学ドイツ語科中退
大正15年恩地孝四郎と詩と版画雑誌「港」（のち「風」と改題）を出す。出版業に入る前は貯金局に勤めたが、同じ頃勤務先に秋朱之介がいた。昭和8年龍星閣を創業。句集や随筆集を出し、木暮理太郎「山の憶い出」、松方三郎「アルプス記」といった山の本でも特色のある出版をした。限定本の出版でも知られ「限定版叢書」を刊行、石光真清「城下の人」4部作は毎日出版文化賞を受賞している。また、高村光太郎の詩集「智恵子抄」を企画し、16年初版を出版。40年「智恵子抄」の編集著作権を主張し著作権登録を行ったため、41年光太郎の遺族側から提訴され、平成5年編集者側の敗訴が確定した。

沢村　嘉一　さわむら・かいち
　　　凸版印刷社長

[生年月日]大正5年（1916年）1月1日
[没年月日]昭和56年（1981年）2月20日
[出生地]滋賀県　[学歴]東京高等工芸印刷工芸科〔昭和11年〕卒
昭和11年凸版印刷に入社、社長直轄の研究部に所属。12年、19年応召し、21年復員。33年本社技術部長兼板橋工場技師長、34年取締役、35年6月同社技術研究所初代所長、12月常務、40年専務を経て、42年在任中に亡くなった山田三郎太の後を受け社長に就任。日本印刷工業会会長、印刷工業会会長、文化庁国語審議会委員、厚生省人口問題審議会委員、東京商工会議所工業部会長などを歴任した。
[叙勲]藍綬褒章〔昭和54年〕、勲三等旭日中綬章〔昭和56年〕
【参考】『澤村嘉一　大いなるプリンターを偲んで』凸版印刷　1982

沢村　三木男　さわむら・みきお
　　　文藝春秋社長

[生年月日]明治42年（1909年）5月24日
[没年月日]昭和54年（1979年）1月11日
[出生地]東京都　[学歴]慶応義塾大学文学部〔昭和8年〕卒
7代目沢村宗十郎の四男で、小学校入学前に数度の舞台経験を持つ。昭和8年松竹映画企画部を経て、9年文藝春秋社に入社。戦後出版

部長、取締役業務局長などを経て、48年池島信平の後を受けて4代目社長に就任。著書に「東京の兵隊」「東京のおんな」などがある。
[家族等]父=沢村宗十郎（7代目）

山東　直砥　さんとう・なおと
北門社主人　育英事業家

[生年月日]天保11年（1840年）2月7日
[没年月日]明治37年（1904年）2月14日
[出生地]紀伊国和歌山（和歌山県和歌山市）
[旧名]栗栖　[別名等]号=三栗、通称=一郎

紀伊藩士・栗栖儀平の長男に生まれ、のち母方の姓を継ぐ。僧籍に入り高野山の僧となったが、還俗して播磨の河野鉄兜に師事し、大坂に出て松本奎堂・松林飯山・岡千仞らの双松岡塾に学ぶ。尊王攘夷運動に加わって追われ、箱館でロシア語を修めロシア行きを志したが果たせず、その後、北辺鎮護の重要性を感じて海援隊に接触、更に長崎・京都で樺太の開拓の急務を論じた。明治元年箱館府権判府事となるが、間もなく辞して東京で育英及び出版事業の北門社を開塾して子弟を養成、また「新塾月誌」初集や「北蝦夷新誌」「格物入門和解」などの出版物を発行。後には陸奥宗光訳「利学正宗」や一切経も出版した。4年神奈川県参事を務めたが、8年辞して民権論を主張し土佐の自由民権論者らと交流した。

【し】

椎橋　博　しいはし・ひろし
出版ニュース社社長

[生年月日]大正3年（1914年）12月2日
[没年月日]昭和47年（1972年）11月19日
[出生地]東京都

昭和15年東海堂に入社したが、16年同社が日本出版配給に統合されると、企画課で弘報関係業務に従事。24年日配閉鎖により国領茂蔵らと出版ニュース社の創業して取締役、39年社長。

志賀　正路　しが・まさじ
恒星社厚生閣社長

[生年月日]明治43年（1910年）2月20日
[没年月日]昭和53年（1978年）1月27日
[出生地]新潟県　[学歴]田井高小〔大正13年〕卒

大正14年厚生閣に入社。昭和19年戦時の企業整備で天文書関係の恒星社と統合、恒星社厚生閣となり、のち同社長。日本書籍出版協会常任理事、日本出版クラブ監事、出版梓会副幹事長を歴任、「出版団体梓会二十五周年史」の編纂委員も務めた。

四海　民蔵　しかい・たみぞう
四海書房創業者　歌人

[生年月日]明治23年（1890年）2月25日
[没年月日]昭和35年（1960年）1月30日
[出生地]神奈川県中郡吾妻村（二宮町）　[別名等]号=多実三　[学歴]老松小高等科〔明治37年〕卒

10人きょうだいの3番目で、小学校高等科を卒業後、出版を志して明治37年東京・神田の光風館に入社。大正3年同店主の上原才一郎の長女と結婚、長女が嗣いでいた四海家の入り婿となり、四海姓となる。15年同店を退き、四海書房を創業。歴史教育振興を期して雑誌「歴史教育」を創刊した他、歴史や考古学関係の専門書に力を入れ、後藤守一「日本考古学」「日本歴史考古学」、木代修一編「日本文化史図録」などを出版。日中戦争が始まるとアジア史にも視野を広げ、童話や少年文学なども手がけた。昭和15年株式会社に改組したが、19年戦時の企業整備により同社は北方社に統合された。この間、短歌を始め、大正6年歌誌「珊瑚礁」、8年「行人」、13年「日光」の創刊に同人として参加。戦後は出版界、歌壇から離れ、26年より豊島区議に3選。27年

副議長、31年議長を務めた。息子・四海静は敗戦直後から太平洋書房、光和書房の名で出版を営んだ。
[家族等]岳父＝上原才一郎（光風館創業者）
【参考】『四海民蔵〈歌と仕事〉』高井薫編 短歌公論社 1982

志垣 寛　しがき・ひろし
　　　文園社社長

[生年月日]明治22年（1889年）5月31日
[没年月日]昭和40年（1965年）12月21日
[出生地]熊本県　[学歴]熊本師範〔明治43年〕卒

教員、奈良女高師訓導を経て同文社に入り、雑誌「小学校」編集主任。大正12年下中弥三郎らと実験学校児童の村小学校を創立、主事を務め、機関誌「教育の世紀」を発行。昭和2年平凡社に入り編集部長、「現代大衆文学全集」の仕事に従業。雑誌「平凡」の創刊に参加したが5号で廃刊、下中の世話で文園社社長となり「生活綴方」運動を推進、教育評論家協会専任理事として教育運動を続けた。戦後教育新聞、月刊誌「新しい中学校」を発行、教育世界会議、道徳教育連合の世話役で活躍した。著書に「教員物語」などがある。

鹿田 静七（2代目）　しかた・せいしち
　　　松雲堂主人

[生年月日]弘化3年（1846年）10月1日
[没年月日]明治38年（1905年）8月13日
[出生地]大坂北久太郎町（大阪府大阪市）
[別名等]号＝古井

初代河内屋清七は播州志村の人、上阪して北久太郎町の書肆河内屋新次郎（岡田氏、積善館）に入店、のち別家して弘化2年（1845年）から同町で貸本屋を営む。松雲堂の屋号は篠崎小竹の命名という。明治3年安土町心斎橋筋に移り、新時代の新聞取次や教科書の翻刻出版などにも手を染めたが、古書専業となる。廃藩の折とて書籍は続々と払い下げられ、とくに漢籍は地に落ちて二足三文、江戸との価格差を利用すれば大きな利益を生み、岡島真七、三木佐助はそうして成功した口である。23年には自家の古書販売目録「書籍月報」を出し、これは後に「古典聚目」と改題、昭和18年末まで永く続いた。この目録が届くと顧客の多くは競って店頭に馳付けたものである。2代古井は天性の古典好きで、古社寺、足利学校などを訪れて蔵書を閲覧し、古典籍の展示会を主催し、大塩中斎（平八郎）、尾崎雅嘉、木村蒹葭堂など諸名家の事蹟顕彰に努めた。没後は3代、4代と続いたが、昭和20年6月に店舗は戦災類焼して今はない。
【参考】太田臨一郎編・注「鹿田古井の「思ゐ出の記」」（1～3）（「日本古書通信」1969.10～12）／『なにわ古書肆鹿田松雲堂五代のあゆみ』四元弥寿著 飯倉洋一・柏木隆雄・山本和明・山本はるみ・四元大計視編 和泉書院 2012

式 正次　しき・せいじ
　　　新聞之新聞社創業者

[生年月日]明治27年（1894年）9月3日
[没年月日]昭和39年（1964年）12月20日
[出生地]福岡県山門郡三橋村（柳川市）　[学歴]早稲田大学商学部〔大正5年〕卒 M.A.（ノースカロライナ大学）

早稲田大学を卒業後、米国ノースカロライナ大学へ留学してマスター・オブ・アーツの学位を取得。帰国して函館商工会議所書記、「大正日日新聞」記者、「日本電報通信社」通信部記者を経て、大正13年月刊新聞業界誌「新聞之新聞」を創刊、14年日刊とした。昭和6年精華書房を併設して図書の出版・販売業を営んだ。16年「文化情報」と改称したが、18年戦時統制で廃刊。戦後の21年3月復刊した。

式場 俊三　しきば・しゅんぞう
　　　編集者

[生年月日]明治45年（1912年）

[没年月日]平成16年（2004年）
[出生地]新潟県

昭和10年小林秀雄編集の文圃堂時代から「文学界」編集部に在籍、11年同誌が文藝春秋社に移ると同時に入社。満州文藝春秋社に赴任し、戦後しばらく抑留生活を経て、帰国。23年永井龍男、香西昇らと日比谷出版社を始め、藤原てい「流れる星は生きている」、永井隆「長崎の鐘」などのベストセラーを世に送った。また兄・式場隆三郎と同じく、山下清の画業を愛し、「裸の大将放浪記」（全4巻）の監修を務めた。著書に「花や人影」「山下清の世界」などがある。
[家族等]兄＝式場隆三郎（精神科医、美術評論家）

重枝 四四男　しげえだ・よしお
文化通信社社長

[生年月日]明治44年（1911年）3月1日
[没年月日]昭和62年（1987年）5月1日
[出身地]山口県

戦前は名古屋で新聞往来社を経営。新聞雑誌統制令で廃刊後は名古屋商工会議所嘱託、名古屋宣伝協会常務理事などを務めた。戦後の昭和21年5月、同地でマスコミ業界紙「文化通信」を創刊。25年東京に進出。54年5月には日本マスコミセンターを開設、マスコミ業界の資料を幅広く収集して閲覧に供するなど尽力した。

宍戸 英人　ししど・ひでと
文教書院創業者

[生年月日]明治37年（1904年）3月27日
[没年月日]昭和48年（1973年）8月12日
[出身地]鳥取県倉吉市上古川　[学歴]東京農業教育専〔昭和3年〕卒

倉吉農業高校教諭、鳥取県社会教育主事、大東亜錬成院錬成官、神奈川県青年師範学校教授を経て、昭和25年文教書院を設立。農業高校生用の参考書出版からスタートし、教育関連書の総合出版社へと発展させた。
[家族等]長男＝宍戸英健（文教書院社長）

信田 秀一　しだ・ひでかず
童話作家 編集者

[生年月日]明治35年（1902年）4月5日
[没年月日]昭和49年（1974年）5月3日
[出生地]青森県東津軽郡小湊町（平内町）
[学歴]青森県師範学校〔大正11年〕卒

卒業後上京。イデア書院の児童書の編集に携わる。傍ら「少女の友」などに童話を発表。昭和3年「お菓子の船」を処女出版。以降作家生活を続ける。一方、大正15年小学館を皮切りに、誠文堂新光社、日本出版社、二葉書店で編集者を務めた。代表作に「マエネ先生の花園」「ぴょんきちめがね」などがある。
[受賞]日本児童文芸家協会児童文化功労者（第15回）〔昭和48年〕

七条 兼三　しちじょう・かねぞう
西東書房社長 秋葉原ラジオ会館社長

[生年月日]大正6年（1917年）7月18日
[没年月日]平成1年（1989年）12月24日
[出生地]東京都　[別名等]筆名＝墨江酔人
[学歴]東京府立五中〔昭和10年〕卒、早稲田大学専門部政経科〔昭和14年〕卒

西東書房創業者・七条愷の孫で、早くに両親を亡くして祖父に育てられる。昭和17年応召して中支に派遣され、21年復員。同年西東書房を株式会社に改組、28年株式会社秋葉原ラジオ会館を設立。やがて西東書房をラジオ会館と合併し、ラジオ会館の出版部として継続させた。囲碁や詩吟などをよくしたが、特に詰将棋に傾倒。詰将棋専門誌「詰将棋パラダイス」で3年間約2000問全問正解という空前絶後の記録を持ち、塚田賞を最多の13回受けるなど、詰め将棋作家としても才能を発揮した。将棋界への後援を惜しまず、没後に日本将棋連盟から初の8段位を、全日本詰将棋連盟から詰将棋十段位を追贈された。
[家族等]祖父＝七条愷（西東書房創業者）

【参考】『将棋墨酔』七条兼三著 西東書房 1991

七条 愷　しちじょう・やすし
西東書房創業者

[生年月日]万延1年（1860年）12月17日
[没年月日]昭和20年（1945年）
[出生地]讃岐国高松（香川県高松市）　[学歴]明治法律学校卒

明治26年西東書房を創業。金属板印刷を用いて原書の複写出版を手がけたが、著作権法の公布により原書複写が困難になると書道図書出版に転進。書道雑誌「書苑」を発行し、古典保存会を設立して古典の複製を手がけるなど、書道振興に努めた。
[家族等]孫＝七条兼三（西東書房社長・秋葉原ラジオ会館社長）

品川 力　しながわ・つとむ
ペリカン書房主人

[生年月日]明治37年（1904年）1月31日
[没年月日]平成18年（2006年）11月3日
[出生地]新潟県刈羽郡柏崎町（柏崎市）　[学歴]柏崎小卒

大正8年上京。吃音で、父が店番ならば話さなくてもよいだろうと神田に古書を扱う品川書店を開業。関東大震災で焼け出された後、銀座の富士アイスで働く。昭和6年弟の工と本郷でペリカン・レストランを開店、無名時代の織田作之助、太宰治らが通った。17年戦時下で食材が手に入りにくくなったため、同じ場所でペリカン書房を始める。古書店だが、書物や文献を集めては研究者や図書館に寄贈し、駒場の日本近代文学館へは2万6000点以上を寄贈。粉川忠の東京ゲーテ記念館をはじめ、多数の学者の陰の協力者として知られ、カウボーイハットをかぶって自転車に乗り、仕入れ値に近い値段で届けて回り、"文献配達人"とも呼ばれた。また、両親の師でもあった内村鑑三に心酔し、生涯をかけて内村の資料を収集。52年「内村鑑三研究文献目録」を出版した。他の著書に「古書巡礼」「本豪・落第横丁」がある。
[家族等]弟＝品川工（版画家）,叔父＝成沢玲川（編集者）

篠崎 信次　しのざき・しんじ
泰文堂創業者

[生年月日]明治22年（1889年）12月15日
[没年月日]昭和14年（1939年）5月16日
[出生地]茨城県真壁郡新治村（筑西市）　[本名]篠崎延寿

農家の二男で、明治35年高等小学校を卒業後、三省堂に入社。大正5年東京・神田錦町に泰文堂を創業。中等学校用の英作文教科書出版で基礎を築き、7年に出版したA.W.メドレー、村井知至による「註解新和文英訳」は"村井・メドレーの英作文"としてロングセラーとなった。昭和6年中等教科書協会幹事。
【参考】『つくばね・篠崎延壽追想録』村井知至編 泰文堂 1941

篠原 直　しのはら・ただし
ごま書房創業者

[生年月日]昭和11年（1936年）11月26日
[没年月日]平成13年（2001年）12月17日
[出身地]東京都　[学歴]静岡高〔昭和30年〕卒,慶応義塾大学〔昭和31年〕中退,一橋大学社会学部〔昭和39年〕卒

昭和39年光文社に入社。45年退社。46年ごま書房を創業して社長に就任。同年新書版「ゴマブックス」の第1弾として井深大「幼稚園では遅すぎる」を刊行。その後、短期間で戸野村操「おばあちゃんの知恵」、宮城まり子「ねむの木の子どもたち」、多湖輝「ホイホイ勉強術」、川上源太郎「親の顔がみたい」といったベストセラーを出し、社業を確立した。

篠原 敏之　しのはら・としゆき
中央公論社常務　丸之内出版社長　俳人

[生年月日]明治43年（1910年）4月15日

[没年月日] 昭和50年（1975年）10月17日
[出生地] 愛媛県伊予郡南伊予村（伊予市）
[別名等] 号＝梵、小日向梵　[学歴] 松山中〔昭和3年〕卒、松山高文科乙類〔昭和6年〕卒、東京帝国大学文学部国文学科〔昭和9年〕卒

小学校時代、担任であった俳人の立石白虹の薫陶を受ける。松山高校から東京帝大文学部国文科に入り、同級に生涯の友となる杉森久英がいた。昭和13年中央公論社に入社、同期は青地晨と山本英吉。「中央公論」編集部員、17年同編集部次長を務め、18年同誌発売中止より畑中繁雄編集長以下が更迭されると同誌を離れ、8月「婦人公論」編集部次長、19年1月出版部次長となったが、4月退社して愛媛青年師範教授。23年東京で再会した嶋中雄作社長に誘われ「中央公論」編集部次長として復帰。12月「少年少女」編集長、24年「中央公論」編集長、28年出版部長、32年取締役を経て、常務。中央公論事業出版社長、丸之内出版社長も務めた。俳句は松山高時代から川本臥風に師事し、在学中の5年臼田亜浪主宰「石楠」に投句して初掲載。「石楠」を代表する俳人の一人で、ユニークな音律の駆使を特色とした。句集に「皿」「雨」「年々去来の花」がある。

【参考】『年々去来の花 篠原梵句集』丸ノ内出版 1974／『葉桜』篠原雪枝編 1976

篠原　雅之　しのはら・まさゆき
少年文化社創業者

[生年月日] 大正2年（1913年）11月28日
[没年月日] 没年不詳
[出生地] 栃木県宇都宮市　[学歴] 宇都宮商卒

昭和6年講談社に入社。11年誠文堂新光社に転じ、各誌編集長を歴任。21年野州民報社を設立して社長。同年少年文化社を創業。著書に「伝記エジソン」「キュリー夫人」などがある。

[受賞] 日本児童文芸家協会児童文化功労者（第25回）〔昭和58年〕

柴崎　芳夫　しばざき・よしお
教育出版センター社長

[生年月日] 昭和6年（1931年）11月9日
[没年月日] 平成6年（1994年）1月31日
[出身地] 茨城県　[学歴] 青山学院大学経済学部卒

国語、国文学関係の専門書発行に尽力。

[家族等] 長男＝柴崎聡（教育出版センター社長）

柴田　乙松　しばた・おとまつ
誠信書房創業者

[生年月日] 大正9年（1920年）7月9日
[没年月日] 昭和41年（1966年）2月4日
[出生地] 福井県

昭和10年朝倉書店に入社。同社営業部長を務め、29年退社。30年神田小川町に誠信書房を創業。31年株式会社に改組。心理、社会、教育、精神医学、社会福祉、宗教分野の出版を手がけ、まだ我が国に"カウンセリング"という言葉が定着する以前の昭和30年代前半に友田不二男「カウンセリングの技術」、伊東博「カウンセリング入門」を刊行するなど、特に心理学書の専門出版社として知られる。41年2月に起きた全日空機の羽田沖墜落事故に遭い、亡くなった。

[家族等] 妻＝柴田淑子（誠信書房社長）

柴田　寛　しばた・ひろし
日本放送出版協会常務 ラジオ科学社社長

[生年月日] 明治29年（1896年）1月12日
[没年月日] 昭和48年（1973年）11月3日
[出生地] 岡山県小田郡笠岡町（笠岡市）　[学歴] 関西大学法科卒

関西大学法科を卒業後、新聞記者を経て、日本放送協会が放送するラジオテキストの出版・販売を目的とした日本放送出版協会に取締役兼支配人として入社、経営不振の同社を短期間で再興した。社団法人国民ラジオ協会

柴田　流星　しばた・りゅうせい
左久良書房編集主任

[生年月日]明治12年（1879年）2月28日
[没年月日]大正2年（1913年）9月27日
[出生地]東京府小石川（東京都文京区）　[本名]柴田勇

中学卒業後、英国人について英語を学び、巌谷小波の門下となる。語学力を買われて小波門下の集まりである木曜会の機関紙「活文壇」で海外文壇欄を担当し、キップリングの童話などを紹介。また、明治末年まで時事新報社記者として活動し、のち左久良書房（佐久良書房）の編集主任を務めた。著書に「伝説の江戸」「残されたる江戸」「東京の女」「唯一人」「菜の花姫」などがあり、訳書に「アンナカレンナ」、永井荷風との共訳「船中の盗人」、塚原渋柿園との共訳「蛮勇」などがある。

柴田　良太　しばた・りょうた
柴田書店創業者

[生年月日]大正13年（1924年）9月23日
[没年月日]昭和41年（1966年）2月4日
[出生地]福岡県小倉市（北九州市）　[学歴]山口高商卒

九州・小倉の金栄堂の二男。取次の金文堂東京支店勤務を経て、昭和25年柴田書店を創業、28年株式会社に改組。同年「調理のための食品成分表」を出版して社の基礎を築き、30年我が国初の西洋料理の大著「西洋料理」を刊行するなど、生活科学・食品関係書の専門出版社の道を歩む。やがて「月刊食堂」「月刊ホテル旅館」「喫茶店経営」「月刊専門料理」といった専門雑誌を次々に創刊した。この間、28年衆院議員秘書をしていた元勁草書房編集主幹の逸見俊吾に出版界へ戻るよう促し、28年共同で青林書院を創業して社長に就任。31年社長を逸見に譲り同社の経営を離れた。41年2月に起きた全日空機の羽田沖墜落事故に遭い、亡くなった。
[家族等]妻＝柴田孝子（柴田書店社長）

柴田　良平　しばた・りょうへい
金栄堂店主　柴田書店社長

[生年月日]大正10年（1921年）
[没年月日]平成8年（1996年）9月18日
[出生地]福岡県小倉市（北九州市）　[学歴]小倉商

小倉商在学中の昭和8年、先代の死により金栄堂店主に就任。以来60年余にわたって同店の盛業に尽力。55〜57年柴田書店社長を務めた。

柴田　錬三郎　しばた・れんざぶろう
「書評」編集長　小説家

[生年月日]大正6年（1917年）3月26日
[没年月日]昭和53年（1978年）6月30日
[出生地]岡山県邑久郡鶴山村（備前市）　[本名]斎藤錬三郎　[学歴]岡山二中〔昭和8年〕中退、慶応義塾大学文学部支那文学科〔昭和15年〕卒

岡山県の地主の三男。昭和9年慶応義塾大学医学部予科に入り、13年「三田文学」に処女作「十円紙幣」を発表。15年同大文学部支那文学科を卒業、内国貯金銀行に入行。間もなく退職して泰東書道院で雑誌「書道」の編集に従事。同年結婚して斎藤姓になる。その後、日本出版文化協会、日本出版会で杉浦明平や田所太郎の下で編集業務に従事。17年衛生兵として応召。19年再び召集され輸送船で南方に送られる途中、バシー海峡で敵潜水艦に撃沈され、7時間ほど漂流した後、奇跡的に救助された。20年福山市郊外の練兵場で敗戦を迎える。戦後、日本出版文化協会で「日本読書新聞」の復刊に奔走、書評誌「書評」が創刊されると編集長を務める傍ら、副業として

カストリ雑誌に通俗小説を多数執筆。24年より執筆に専念。26年「三田文学」に発表した「デスマスク」が第25回芥川賞候補となり、27年「イエスの裔」で第26回直木賞を受賞。31年より「週刊新潮」に連載した「眠狂四郎無頼控」で作家としての地位を確立、五味康祐と並んで"剣豪小説ブーム"を牽引、"シバレン"の名で知られた。
[家族等]兄=柴田剣太郎（朝日新聞論説委員）、義兄=斎藤磯雄（フランス文学者）　[受賞]直木賞（第26回、昭和26年度）〔昭和27年〕「イエスの裔」、吉川英治文学賞（第4回）〔昭和45年〕「三国志 英雄ここにあり」
[参考]『無頼の河は清冽なり 柴田錬三郎伝』沢辺成徳著 集英社 1992

柴山 当夫　しばやま・まさお
理工図書社長

[生年月日]明治35年（1902年）10月16日
[没年月日]昭和56年（1981年）8月18日
[学歴]慶応義塾大学経済学部〔昭和2年〕卒
浅野物産勤務後、昭和5年鉄道時報局（現・理工図書）に入社。22年社長となり、戦後の混乱期を乗り切って同社の基礎を固めた。56年会長に退くが、間もなく病没した。
[家族等]長男=柴山和夫（理工図書社長）、父=木下武之助（「土木技術」発行人）
[参考]『理工図書100年の歩み 温故知新』理工図書 1999

渋沢 青花　しぶさわ・せいか
実業之日本社編集長 児童文学者

[生年月日]明治22年（1889年）2月18日
[没年月日]昭和58年（1983年）5月19日
[出生地]東京市京橋区八丁堀（東京都中央区）
[本名]渋沢寿三郎　[別名等]別号=孤星、素風　[学歴]東京府立三中卒、早稲田大学英文科〔明治45年〕卒
小学校時代に友人であった小宮山豊作や久保田万太郎の影響で文学に開眼。府立三中を経て早大英文科に入学し、片上伸に師事。大正元年島村抱月の紹介で実業之日本社に入社。はじめ「実業講習録」編集部に勤務するが、2年「少女の友」に少女小説「悲しき海へ」を寄稿したのがきっかけで、3年同誌に配属された。8年「日本少年」主筆、10年「小学男生」主筆を歴任し、大正時代の少年少女雑誌隆盛の一翼を担った。関東大震災で「小学男生」が「幼年の友」に合併されたのを機に退社。以後は執筆活動に専念し、昭和3年水谷まさる、千葉省三らの童話文学社の同人となる。同社解散後は創作の傍ら三省堂の「書苑」や「大日本画劇」の編集に従事し、12年前田晁、村岡花子らとともに日本児童文化協会を設立し、常務理事として児童文芸の普及に努めた。のち創作を廃し、戦後は主に海外の作品や民話などを紹介した。著書に「椎の木小僧」「落花帖」などがある。
[受賞]日本児童文芸家協会児童文化功労者（第2回）〔昭和35年〕、日本児童文芸家協会賞特別賞（第6回）〔昭和56年〕「大正の『日本少年』と『少女の友』」、日本児童文学学会賞特別賞（第6回）〔昭和57年〕「大正の『日本少年』と『少女の友』」
[参考]『大正の「日本少年」と「少女の友」編集の思い出』渋沢青花著 千人社 1981

島 霞谷　しま・かこく
開成所絵図調出役 写真家

[生年月日]文政10年（1827年）
[没年月日]明治3年（1870年）10月31日
[出生地]下野国栃木（栃木県栃木市）　[本名]島玉之助
下野国栃木の旅籠屋の子として生まれる。幼時より絵画を好み、弘化4年（1847年）江戸に出て椿椿山の画塾に入門、翌年書画会に「紅蓮」を出品。安政2年（1855年）一橋家の祐筆であった隆と結婚、江戸浅草に居住し、折々に絵画彫刻制作のため関東一円を遊歴する。元治年間以降、武士たちの肖像写真撮影を試み、慶応3年（1867年）幕府の洋学研究機関である開成所の絵図調出役を拝命。西洋画の研

究を行い、自ら湿板写真を撮影すると共にそれらをもとにして油絵や墨絵を描いた。明治2年一橋家の写真御用、同年10月東京大学医学部の前身である大学東校の中写字生に任じ、3年2月同校で解剖図を制作。3月頃に同校少博士・島村鼎甫の支援により自宅に活字製造所を開設、同年秋に東校活字が完成し島村利助に渡したが、その直後に熱病で死去した。没後、東校活字を用いた「化学訓蒙」が刊行された。美人画・花鳥画を得意とした。
[家族等]妻=島隆(写真師)
【参考】『幕末幻の油絵師 島霞谷』松戸市戸定歴史館 1996

島 源四郎　しま・げんしろう
新小説社創業者

[生年月日]明治37年(1904年)7月
[没年月日]平成6年(1994年)11月21日
[出生地]富山県富山市

大正5年小学校を終えて春陽堂に入店。8年間の小僧奉公を経て、13年出版部に移り三田村鳶魚や江戸川乱歩の担当となる。昭和6年NHK第二放送の開局に当たり、日本放送出版協会に転じたが、9年辞職して新小説社を創立。長谷川伸「段七しぐれ」を処女出版として数多くの文芸書を出版した。また、白井喬二創刊の「大衆文芸」は再三休刊に追い込まれたが、14年3月長谷川の支援の下にその第三次刊行を引き受け、更に戦後の復刊にも力を貸した。この雑誌の合評会から創作勉強会の新鷹会が生まれ、そこから山岡荘八、村上元三、山手樹一郎など人気作家が巣立った。
【参考】島源四郎「出版小僧の思い出話」1〜12(「日本古書通信」1984.7〜1985.7)

島田 貞二　しまだ・ていじ
全音楽譜出版社創業者

[生年月日]明治39年(1906年)2月9日
[没年月日]昭和63年(1988年)10月27日
[出生地]東京都　[別名等]筆名=桃園京子
[学歴]順天中〔大正13年〕卒

昭和6年全音楽譜出版を創業。22年株式会社に改組。44年会長。楽譜出版の最大手に育て上げた。
[叙勲]勲四等瑞宝章〔昭和51年〕

島田 義三　しまだ・よしぞう
東京社創業者

[生年月日]明治14年(1881年)3月8日
[没年月日]大正13年(1924年)7月29日
[出生地]新潟県

明治40年国木田独歩の独歩社が破産した時に営業係を務む。同年8月編集部の鷹見思水と共に「婦人画報」の続刊を図り、社名を東京社に改めて再出発する。経営改革を断行、また臨増「皇族画報」の大ヒットで地歩を固め、社業は順調に発展した。大正6年「少女画報」、11年月刊絵本「コドモノクニ」などを創刊、何れも大判のグラフ雑誌に特色があった。関東大震災で自宅社屋を焼失翌年には復興したが、この時の無理がたたって43歳の壮年で死去した。東京雑誌協会会長、東京書籍商組合評議員。
【参考】『島田義三君追懐録』和田雅夫編 1926

嶋中 晨也　しまなか・しんや
編集者

[生年月日]大正9年(1920年)11月12日
[没年月日]昭和22年(1947年)11月26日
[出生地]東京市小石川区指ケ谷町(東京都文京区)　[学歴]第一早稲田高等学院〔昭和17年〕卒,早稲田大学文学部フランス文学専攻〔昭和18年〕卒

父は中央公論社社長・嶋中雄作で、4人弟妹(2男2女)の長男。早大在学中の昭和18年学徒出陣したが、19年病のため現役免除となり除隊。20年母の郷里である奈良県へ疎開。21年上京して中央公論社に入社、出版局で編集事務に就く。父の後継者と目されたが、22年体調を崩して早世した。
[家族等]父=嶋中雄作(中央公論社社長),弟=嶋中鵬二(中央公論社社長)

【参考】『ささやかな墓標 嶋中晨也遺稿』1948

嶋中 鵬二　しまなか・ほうじ
　　中央公論社社長

[生年月日]大正12年（1923年）3月7日
[没年月日]平成9年（1997年）4月3日
[出生地]東京市小石川区（東京都文京区）
[学歴]東京高師附属中〔昭和15年〕卒,東京府立高文科甲類〔昭和17年〕卒,東京帝国大学文学部独文科〔昭和22年〕卒

中央公論社社長・嶋中雄作の二男。東京高等師範学校附属小学校の同級に鶴見俊輔、永井道雄がいた。昭和18年学徒出陣、19年病気のため除隊。20年政治学者・蝋山政道の長女と結婚。22年明治大学、23年東洋大学のドイツ文学講師を経て、23年中央公論社に入社して社長秘書、24年父の死により社長に就任。編集者としては、29年「中央公論」、32年「婦人公論」各編集長、33年出版部長、同年編集局長を兼務。34年「週刊公論」編集長を兼ね、35年「週刊コウロン」を発行したが撤退。36年「中央公論」に掲載された深沢七郎の小説「風流夢譚」に憤慨した右翼少年が自宅に押し入り、家政婦が刺殺され、妻も瀕死の重傷を負った。37年この事件の影響から発行元を務めていた雑誌「思想の科学」の天皇制特集号を編集人に無断で断裁する「思想の科学」事件を起こし、言論の自由をめぐる論議を呼んだ。44年会長に退いたが、48年社長に復帰。平成6年長男に社長を譲り会長に退く。8年業績不振により社長代行に復帰したが、同社経営再建の途中で亡くなった。
[家族等]妻＝嶋中雅子（中央公論社社長）,長男＝嶋中行雄（中央公論社社長）,父＝嶋中雄作（中央公論社社長）,兄＝嶋中晨也（編集者）
【参考】『日々編集 嶋中鵬二遺文集』中央公論事業出版 2001

嶋中 雅子　しまなか・まさこ
　　中央公論社社長

[生年月日]大正13年（1924年）11月27日
[没年月日]平成16年（2004年）8月18日
[出生地]東京都中野区　[旧名]蝋山　[学歴]東京女子大学〔昭和19年〕卒

政治学者・蝋山政道の長女。昭和20年中央公論社社長・嶋中雄作の二男である鵬二と結婚。社長となった夫を支え、作家や学者たちから信頼を得た。36年「風流夢譚」事件で家政婦が殺され、自身も瀕死の重傷を負った。平成9年夫の死により中央公論社会長となり、10年社長を兼務。同年10月経営難から読売新聞社の傘下に入ることを決断。11年新会社・中央公論新社会長に就任。14年相談役に退いた。
[家族等]夫＝嶋中鵬二（中央公論社社長）,長男＝嶋中行雄（嶋中書店社長）,父＝蝋山政道（政治学者）,義父＝嶋中雄作（中央公論社社長）

嶋中 雄作　しまなか・ゆうさく
　　中央公論社社長

[生年月日]明治20年（1887年）2月2日
[没年月日]昭和24年（1949年）1月17日
[出生地]奈良県磯城郡三輪町（桜井市）　[本名]島中雄作　[別名等]筆名＝涙湖　[学歴]畝傍中卒,早稲田大学哲学科〔明治45年〕卒

医師・島中雄碩の四男。早稲田大学卒業後の明治45年、島村抱月、金子筑水の紹介で反省社（大正3年より中央公論社）に入社し、約3年間にわたって滝田樗陰の下で「中央公論」の編集に従事。2年樗陰に進言し同誌の増刊号として「婦人問題号」を発行したところ好評を博したため、5年「婦人公論」創刊とともに主幹となり、婦人の地位向上と自立を掲げ、大正期の婦人運動の展開に大きな役割を果たした。樗陰没後の15年からは「中央公論」主幹も兼任。昭和3年同社の経営不振により麻田駒之助から社の経営を譲られ、2代目社長に就任。4年出版部を創設、同年刊行のレマルク著・秦豊吉訳「西部戦線異常なし」が20万部を超えるベストセラーとなり経営が安定。以後、8年の坪内逍遙訳「新修シェークスピヤ全集」、14年の谷崎潤一郎現代語訳「源

氏物語」などの話題作を次々と出版して社業の基礎を固めた。雑誌「中央公論」も自由主義的な論調で「改造」とともに論壇をリードし、満州事変の勃発後には同誌上で日本の右傾化を警戒する論陣を展開。しかし軍部から言論統制の強化を受け、19年当局の命令により同誌及び「婦人公論」は廃刊、社も解散という"自発的廃業"に追い込まれた。敗戦直後の20年10月社を再建し、21年には「中央公論」「婦人公論」を復刊。さらに戦時中に中断させられた谷崎の小説「細雪」を再開させた。国民学術協会理事長、国民生活協会理事長なども務めた。

[家族等] 長男＝嶋中晨也（編集者），二男＝嶋中鵬二（中央公論社社長），兄＝島中雄三（社会運動家）

【参考】『嶋中雄作社長の思い出』中央公論社旧社員有志一同編 1971／『嶋中雄作略年譜』中央公論旧社員有志一同編 1971

島村 水之助　しまむら・みずのすけ
益文堂社長

[生年月日] 明治25年（1892年）9月26日
[没年月日] 昭和37年（1962年）12月26日
[出生地] 埼玉県

高等小学校卒業後16歳の時上京して兄の経営する益文堂に入り、取次業を修業。大正11年兄の死去に伴い家業を継承し経営に当る。鋭意業容の拡大発展をはかり、同業者の信望を得るに至る。昭和4年東京書籍商組合評議員に選出された。

[家族等] 息子＝島村利一（益文堂書店社長）

島屋 政一　しまや・まさいち
大阪出版社創業者

[生年月日] 明治17年（1884年）9月13日
[没年月日] 昭和27年（1952年）
[出生地] 愛媛県温泉郡生石村（松山市）　[学歴] ニューヨークコマーシャルカレッジ（米国）卒

米国から帰朝後、英文翻訳所を設けて通訳と著述に従事していたが、大正10年3月個人経営の大阪出版社を創立。英語英文関係の著作を多数出版した他、「印刷美術大観」「日本版画変遷史」「近世印刷文化史考」などを刊行、中でも大部の「印刷文明史」（全5巻）は調査のため明治新聞雑誌文庫通いをした由。この書には典拠の明示が一切ないのが欠点である。雑誌も発行したが、宮武外骨を主筆にかついだ「奇抜と滑稽」は「滑稽新聞」にあやかる大判雑誌の企てであった。

清水 卯三郎　しみず・うさぶろう
瑞穂屋主人

[生年月日] 文政12年（1829年）3月4日
[没年月日] 明治43年（1910年）1月20日
[出生地] 武蔵国羽生村（埼玉県羽生市）　[別名等] 諱名＝直，字＝子礼，号＝蕉軒

吉川波山に漢学を、江戸に出て箕作阮甫に蘭学を学んだ。安政元年（1854年）伊豆下田に来航したロシア使節に接して露語を学び、文久3年（1863年）の薩英戦争で英国艦隊旗艦に通訳として乗った。この間、江戸〜横浜を往来して商業に従事。慶応3年（1867年）パリ万博に吉田六左衛門と共に渡航、日本の美術工芸品、日本紙を出品して銀牌を受けた。パリでは陶器七宝の術を学び、また仮名活字を鋳造させ活版石版の機械器具類を購入、明治元年米国経由で帰国した。浅草で瑞穂屋という店を開き洋書や器具類を売るかたわら石版印刷を試み、2年3月「六合新聞」を発行。8年本町に移り、初めて米国から歯科医療機械を輸入、窯業用薬品を製造販売した。6年明六社の会計係となり「明六雑誌」第7号に「平仮名ノ説」を発表、ひらがな表記運動を展開した。また西洋花火の書も出した。自伝「わがよのき 上」「ゑんぎりしことば」などがある。東京日日新聞第21号から海外特報として米国南北戦争の話を連載した。

【参考】『清水卯三郎の生涯 日本万博開催の建白など新風吹き込む』長井五郎著 戸田市青少年相談員協議会十五周年記念実行委員会

1980／『焔の人・しみづうさぶらうの生涯 自伝"わがよのき上"解題』長井五郎著 さきたま出版会 1984

清水　権六　しみず・ごんろく
清水書院創業者

[生年月日]明治35年（1902年）4月13日
[没年月日]平成7年（1995年）5月14日

大正10年三省堂に入社。昭和21年清水書院を創業、24年株式会社に改組。「中学英語一・二・三年」など英語学習書から出発、「学生の英作文」「学生の日本地理」といった学習参考書「学生シリーズ」や、参考書文庫本の先駆けであるポケット判「短期完成双書」を手がける。また、早くから検定教科書も出版し、教育関係書の出版社として地位を築いた。40年代には一般教養書シリーズの「人と作品」「英米名作選」「人と思想」「人と歴史」を刊行。日本書籍出版協会評議員、教科書協会理事、日本出版クラブ評議員。

[叙勲]勲四等旭日小綬章〔昭和48年〕

清水　精一郎　しみず・せいいちろう
興教書院創業者

[生年月日]明治1年（1868年）12月8日
[没年月日]昭和22年（1947年）4月23日
[出生地]但馬国資母村（兵庫県豊岡市）
[学歴]京都本願寺普通教校中退

京都本願寺の普通教校に入り仏教を学ぶ。出版で仏教を普及する決心をたて、明治22年興教書院を興し処女出版「仏教或問」は好評を博した。以後真宗信徒をバックに多数の仏書を世に送った。京都書籍雑誌商組合組合長。

清水　達夫　しみず・たつお
マガジンハウス創業者

[生年月日]大正2年（1913年）10月22日
[没年月日]平成4年（1992年）12月28日
[出生地]東京市日本橋区（東京都中央区）
[別名等]筆名＝夏目咲太郎、号＝凡亭　[学歴]立教大学予科〔昭和10年〕卒

昭和13年電通に入社、広告文案家として活動。戦時中は大政翼賛会宣伝部に勤務し、ここで岩堀喜之助と知り合った。戦後、新しい雑誌づくりを企てていた岩堀の誘いに乗り、20年10月ともに凡人社を創立、月刊「平凡」を発刊して編集長を任され（誌名は下中弥三郎の命名による）、即日で3万部を売り上げて戦後雑誌ブームの火付け役となった。当初は総合雑誌的な性格の強い文芸誌であったが、23年頃から"歌と映画の娯楽雑誌"をキャッチフレーズに歌謡界・映画界のスターを取り上げる方針に転換し、若年層を中心に幅広い読者の支持を獲得。27年には売上げ100万部を突破した。29年平凡出版への社名変更に伴い取締役。39年米誌「プレイボーイ」などを参考に、若年男性向け週刊誌「平凡パンチ」を創刊して初代編集長となり、当時の若者文化に大きな影響を与えた。同年社長に就任。45年には欧米スタイルの女性ファッション誌「an・an」を創刊。58年マガジンハウスに社名変更。63年会長。凡亭と号し俳人としても知られ、51年から句誌「淡淡」を主宰、平成3年私設俳句美術館・淡淡美術館を開設した。著書に「絵のある俳句作品集」「帽子」「二人で一人の物語」、句集に「ネクタイ」などがある。

【参考】「淡淡 清水達夫追悼号」マガジンハウス 1993

清水　文人　しみず・ふみと
双葉社社長

[生年月日]昭和6年（1931年）11月25日
[没年月日]平成9年（1997年）6月1日
[出生地]長野県南佐久郡佐久町（佐久穂町）
[学歴]明治大学大学院商学研究科修了

昭和31年双葉社に入社し、42年創刊の「漫画アクション」の初代編集長を10年以上務めた。この間「子連れ狼」などの大ヒットを飛ばし、劇画ブームの火つけ役となる。49年取締役編集局長、51年常務を経て、54年社長。平成4

年退職。一方、子供の頃昆虫採集に熱中。特にクワガタが好きで、昭和35年頃からクワガタの収集を始め国内外の600種、約1300匹を集めた。昆虫館の建設に取り組み、平成7年長野県原村の第二ペンション村に諏訪クワガタ昆虫館を開設、館長に就任(のち東京・三鷹市に移転)。
[家族等]長男＝清水将文(諏訪クワガタ昆虫館館長)

清水 文吉　しみず・ぶんきち
出版ジャーナリスト 「P・Sジャーナル」主宰

[生年月日]大正7年(1918年)
[没年月日]平成1年(1989年)4月27日
[出生地]東京市牛込区(東京都新宿区)　[別名等]筆名＝紙魚文

出版取次業の北隆館に入社。昭和16年日本出版配給が誕生すると同社に移り、主に雑誌販売畑を歩く。戦後、同社が閉鎖機関に指定されると精算業務に従事し、退社後は「出版新報」記者を経て、38年業界紙「P・Sジャーナル」を創刊・主宰した。著書に「寺村五一と白水社」「本は流れる 出版流通機構の成立史」などがある。

志水 松太郎　しみず・まつたろう
峯文荘主人

[没年月日]生没年不詳

昭和10年出版社創業ハンドブック「出版事業とその仕事の仕方」や半自叙伝「独立苦闘涙の三年」、「売れて行く本の話」などを出版。雑誌「国民書道」も出版した。

清水 康雄　しみず・やすお
青土社創業者 詩人

[生年月日]昭和7年(1932年)2月4日
[没年月日]平成11年(1999年)2月21日
[出生地]東京都　[本名]清水康　[学歴]早稲田大学文学部卒、早稲田大学大学院哲学専攻修了

昭和25年18歳のとき詩集「詩集」を刊行し、天才詩人として注目を浴びる。以後、翻訳や評論などでも幅広く活躍。昭和36年河出書房に入社。「ユリイカ」「現代詩手帖」の編集に携わる。同社倒産で退社、44年青土社を設立し、第二次「ユリイカ」を創刊。47年「現代思想」を創刊。のち「イマーゴ」を創刊。

清水 寥人　しみず・りょうじん
あさを社 俳人

[生年月日]大正9年(1920年)11月27日
[没年月日]平成6年(1994年)11月21日
[出生地]群馬県碓氷郡松井田町(安中市)
[本名]清水良信　[学歴]鉄道教習所卒

昭和11年国鉄に入る。16年鉄道兵として入隊、仏領インドシナや東南アジアを転戦して21年復員。28年俳誌「麻芋(あさを)」を、37年萩原博志、小野里良治らと同人誌「上州文学」を創刊した。39年小説「機関士ナポレオンの退職」が第50回芥川賞候補となった。48年国鉄を退職すると、48年関口ふさのとあさを社を創業、処女出版は「村上鬼城全集」(全2巻,別巻1)。著書に「小説泰緬鉄道」「石の床」「レムパン島」「上州讃歌」「火焔木燃ゆ」、句集に「風樹」「墨痕」「耳順抄」「春信抄」などがある。

【参考】『裏妙義 清水寥人遺句集』小野周水子・大隅道子編 「麻芋」五百号記念行事実行委員会 1995

志村 文蔵　しむら・ぶんぞう
野ばら社創業者

[生年月日]明治27年(1894年)8月5日
[没年月日]昭和59年(1984年)10月27日
[出生地]静岡県

国民新聞記者、同静岡支局長、主婦之友社を経て、大正15年頃に時代社を起こして子ども絵本を出版。昭和7年野ばら社の商号を併用。8年「児童年鑑」などを刊行。児童・青少年

向けの出版社として活動を続けた。
[家族等]二男＝志村文世(野ばら社社長)

志茂 太郎　しも・たろう
日本愛書会創業者　日本書票協会会長

[生年月日]明治33年(1900年)8月23日
[没年月日]昭和55年(1980年)9月2日
[出生地]岡山県久米郡稲岡北村(久米南町)
[学歴]津山中〔大正8年〕卒,東洋大学専門学部文化学科卒

岡山県の酒造家の長男で、父は岡山県議も務めたが早くに亡くなった。津山中学を卒業して上京、東洋大学専門学部文化学科を卒業。大正13年東京の酒販売会社伊勢元に勤務ののち、昭和4年中野区に伊勢元酒店を開業。店の向かいに版画家の恩地孝四郎が住んでいたことから親交を結び、やがて出版業のアオイ書房を開始、処女出版は徳川夢声「くらがり二十年」。10年恩地と月刊誌「書窓」を創刊。17年日本愛書会に名称変更を余儀なくされ、18年には酒店を閉鎖した。同年日本書票協会を設立して初代会長となり、書票(自身の造語)の普及のため蔵書票カレンダー「書票暦」の頒布を開始。20年に郷里の岡山県久米南町へ疎開した後は、同地を拠点に日本愛書会・日本書票協会の活動を続け、趣味の限定本を出版した。
[家族等]父＝志茂猶太郎(岡山県議)
【参考】『ふたりの出版人 アオイ書房・志茂太郎と昭森社・森谷均の情熱』荒木瑞子著 西田書店 2008

下出 国雄　しもいで・くにお
明現社創業者　彰国社社長

[生年月日]大正7年(1918年)7月1日
[没年月日]昭和57年(1982年)12月12日

昭和41年より彰国社社長を務めたが、47年明現社を創業して退任。理工学書の出版を手がけた。
[家族等]兄＝下出源七(彰国社創業者)

下出 源七　しもいで・げんしち
彰国社創業者

[生年月日]明治39年(1906年)8月23日
[没年月日]昭和61年(1986年)4月10日
[出生地]岐阜県吉城郡船津町(飛騨市)　[学歴]中央大学法科〔大正14年〕中退

大正8年漆山小学校を卒業して上京。14年中央大学を中退して美術関係書の出版社である巧芸社に入社。営業部長時代に圭文社の代表を兼任。印刷業の大三社社長、出版社の龍吟社常務を経て、昭和7年彰国社を創業。40年株式会社に改組。41年会長。戦前は主に国宝などの文化財建造物に関する書籍を手がけたが、戦後は現代建築分野にも進出。「建築文化」「ディテール」「建築の技術 施工」の3誌を発行する他、「建築学大系」「世界の現代建築」「土木工学大系」などのシリーズや「建築大辞典」などを出版し、我が国を代表する建築書専門の出版社に育てた。日本出版クラブ理事、日本書籍出版協会副会長、文化産業信用組合組合長、出版文化国際交流会常任理事、自然科学書協会理事長を歴任。
[家族等]弟＝下出国雄(彰国社社長)　[叙勲]勲四等旭日小綬章〔昭和53年〕　[受賞]日本建築学会賞〔昭和30年・39年〕,通産大臣賞〔昭和50年〕
【参考】『彰国社創立五十周年』彰国社 1982

下島 連　しもじま・むらじ
「文芸日本」編集長　翻訳家

[生年月日]明治41年(1908年)5月20日
[没年月日]昭和61年(1986年)10月18日
[出生地]長野県駒ケ根市　[学歴]松本高卒,京都帝国大学文学部英文科〔昭和7年〕卒,東京帝国大学大学院〔昭和8年〕中退

昭和9年文藝春秋社に入社。19年「文芸日本」編集長。20年7月応召、9月群馬県高崎で敗戦を迎える。戦後は翻訳家として活動。30～42年米国大使館USIS編集顧問を務め、「アメリカーナ」誌の編集長。傍ら、松永安左エ門の依

嘱を受け、私的な時間の大部分をトインビーの大著「歴史の研究」(全25巻)の翻訳に当てた。46年亜細亜大学教授。61年定年退職。
【参考】『遍歴 歴史と文学の間』下島連著 南窓社 1985

下田 憲一郎　しもだ・けんいちろう
「東京パック」主宰

[生年月日]明治22年(1889年)12月11日
[没年月日]昭和18年(1943年)9月12日
[出身地]秋田県横手市　[学歴]横手尋常高小〔明治36年〕卒

秋田県横手に酒造店の長男として生まれたが、父の没後に店は倒産。小学校卒業後、市内の書肆・大沢鮮進堂で約7年間修業し、次いで東江堂に勤めた。明治末年頃に上京し、代議士秘書などを経て、大正8年よりカラー漫画誌「東京パック」の編集に従事。同誌は12年に休刊するが、昭和3年自身が主宰となって復刊させ、以後、柳瀬正夢、大月源二らの活動を後援する傍ら、須山計一、松山文雄ら新進漫画家の育成に尽力。度重なる発売禁止・起訴などの弾圧や経営難などに苦しみながら社会風刺漫画の分野を守り、自らも「吐雲記」などを執筆して軍部や政府を批判した。しかし、満州事変勃発後は時流に抗しきれず軍隊慰問の雑誌となり、16年3月終刊。その後、後世に残すため、同誌に寄せられた漫画家の原画を妹に託した。
[家族等]妹＝波田うた(東村山市議)
【参考】『追跡「東京パック」下田憲一郎と風刺漫画の時代』髙島真著 無明舎出版 2001

下平 進　しもだいら・すすむ
経済法令研究会創業者

[生年月日]大正2年(1913年)8月11日
[没年月日]昭和61年(1986年)3月31日
[出身地]長野県　[学歴]早稲田大学政経学部卒

日立製作所、金融通信社取締役編集局長を経て、昭和32年東京・神田で経済法令研究会を創業。34年株式会社に改組。金融機関向けの通信講座テキスト出版で安定した経営基盤を築いた。
[家族等]息子＝下平晋一郎(経済法令研究会社長)

下中 邦彦　しもなか・くにひこ
平凡社社長

[生年月日]大正14年(1925年)1月13日
[没年月日]平成14年(2002年)6月6日
[出身地]兵庫県　[学歴]慶応義塾大学工学部応用化学科〔昭和22年〕卒

平凡社の創業者・下中弥三郎の四男。長男の急死により、昭和22年平凡社に入社。編集局長を経て、33年社長に就任。「世界大百科事典」「国民百科事典」などを刊行し、"百科事典の平凡社"の名を高めた。38年「太陽」を創刊、豪華グラフ雑誌の先鞭をつけた他、「東洋文庫」を刊行するなど多角化路線を打ち出したが、業績不振が続き、61年退任。この間、48年サンリオ会長。平成8年日立製作所との合併会社の日立デジタル平凡社会長を務めた。
[家族等]父＝下中弥三郎(平凡社創業者)、息子＝下中弘(平凡社会長)、兄＝下中直也(平凡社社長)、甥＝下中直人(平凡社社長)

下中 直也　しもなか・なおや
東京印書館社長 平凡社社長

[生年月日]大正11年(1922年)3月13日
[没年月日]平成24年(2012年)4月4日
[出身地]東京都　[学歴]藤原工業大学電気工学科〔昭和20年〕卒

平凡社創業者・下中弥三郎の三男。通信省電気試験所に入るが、昭和24年東京印書館に転じ、25年取締役、26年社長。同社を従業員300人以上の総合印刷会社に発展させた。平成8年会長。一方、昭和32年フォト印刷社長も兼任。61年平凡社社長となり、63年相談役に退く。地図情報社長も務めた。
[家族等]父＝下中弥三郎(平凡社創業者)、弟

＝下中邦彦（平凡社社長），息子＝下中直人（平凡社社長）

下中 弥三郎　しもなか・やさぶろう
平凡社創業者

[生年月日]明治11年（1878年）6月12日
[没年月日]昭和36年（1961年）2月21日
[出生地]兵庫県多紀郡今田村下立杭（篠山市）
[別名等]号＝芳岳，山雨楼主人

2人姉弟の長男で，2歳で父を亡くす。明治21年小学校を卒業すると家業の立杭焼に従事して一人前の陶工となるが，独学で小学校の教員検定試験に合格して小学校教員に転じた。35年上京，小栗栖香平と「児童新聞」（のち「児童教育」「児童世界」）を創刊。38年「婦女新聞」記者を兼務。39年同僚記者であった島中雄三と月刊誌「ヒラメキ」を出したが，2号で廃刊。十文字大元の「農業雑報」にも関係した。43年中学の教員検定試験に合格。44年埼玉県師範嘱託，45年教諭の傍ら，漢籍の和訳本などを書いた。大正3年平凡社を創業して自著「ポケット顧問 や，此は便利だ」を出版。7年旅順図書館に赴任したが，8年帰国。同年日本初の教員団体・啓明会（のち日本教員組合啓明会）を設立して自宅に事務所を置き，機関誌「啓明」を創刊。9年には我が国最初のメーデーに参加して代表演説を行うなど，労働運動，農民運動，婦人運動などに奔走した。12年平凡社を株式会社に改組して本格的に出版活動を始め，"円本ブーム"にのって「現代大衆文学全集」（全60巻），「世界美術全集」（全36巻）などを刊行。昭和6～9年には「大百科事典」（全28巻）を出し，事典出版社としての地歩を固めた。昭和に入ると国家社会主義的な立場に立ち，15年大政翼賛会中央協力会議議員に推され第四委員会（文化）の委員長となった。22年東京印書館を設立，社長。23年公職追放となり，26年同解除により平凡社社長に復帰。34年会長。30～34年林達夫を編集長に迎え，「世界大百科事典」（全32巻）を完成させた。戦後は世界連邦運動に挺身し，30年世界平和アピール七人委員会を結成。32～34年日本書籍出版協会初代会長を務めた。
[家族等]三男＝下中直也（平凡社社長），四男＝下中邦彦（平凡社社長），孫＝下中弘（平凡社社長），下中直人（平凡社社長）　[叙勲]紫綬褒章〔昭和34年〕，勲一等瑞宝章〔昭和36年〕
[受賞]今田町名誉町民〔昭和33年〕
[参考]『下中弥三郎事典』下中弥三郎伝刊行会編 平凡社 1965

下村 亮一　しもむら・りょういち
経済往来社社長

[生年月日]明治43年（1910年）3月31日
[没年月日]平成2年（1990年）10月10日
[出生地]京都府　[学歴]三高中退

昭和7年日本評論社に入社。「経済往来」「日本評論」編集長，報知新聞社論説部員等を経て，26年経済往来社長。著書に「晩年の露伴」「雑誌記者五十年」，「老記者の置土産 昭和を通じての人物談義」（共著）など。
[参考]『雑誌記者五十年 虹と嵐と雲と』下村亮一著 経済往来社 1984

寿岳 文章　じゅがく・ぶんしょう
日本出版学会副会長 英文学者

[生年月日]明治33年（1900年）3月28日
[没年月日]平成4年（1992年）1月16日
[出生地]兵庫県明石郡押部谷村（神戸市西区）
[旧名]鈴木規矩王麻呂　[学歴]京都帝国大学文学部英文科〔昭和2年〕卒 文学博士（京都大学）〔昭和26年〕

真言宗住職の末子。明治43年10歳の時に長姉の寺にもらわれて寿岳姓を名のり，名を文章と改めた。京都帝大英文科在学中には河上肇の長男の家庭教師となる。卒業後，京都専門学校教授，昭和3年龍谷大学講師，7年関西学院大学講師を経て，助教授，教授。27～44年甲南大学教授。この間，早くから英国の詩人画家ウィリアム・ブレイクの研究に取り組み，4年「ヰルヤム・ブレイク書誌」を著述，

6年には柳宗悦と雑誌「ブレイクとホイットマン」を創刊した。我が国における西洋書誌学の草分け的存在で、「書誌学とは何か」(5年)、「書物の道」(9年)などを上梓し、その業績は「寿岳文章書物論集成」に結実している。また、妻のしづと全国の紙漉き調査を行い「紙漉村旅日記」を著すなど、和紙研究家としても知られた。他方、8年夫婦で「向日庵消息」を創刊すると共に、向日庵の私家版としてブレイクの「セルの書」「無明の歌」や自著の「書物」などを刊行。44年日本出版学会創設に際して設立発起人代表となり、58年まで副会長を務めた。他の著書に「書物の世界」「日本の紙」「本と英文学」、訳書に「ブレイク抒情詩抄」「セルボーン博物誌」などがある。
[家族等]妻=寿岳しづ(評論家)、長女=寿岳章子(国語学者)、長男=寿岳潤(天文学者)
[受賞]読売文学賞(研究翻訳賞、第28回)〔昭和52年〕「ダンテ『神曲』」、日本翻訳文化賞(第24回)〔昭和62年〕「ダンテ『神曲』」、物集索引賞(特別賞、第4回)〔平成2年〕
【参考】『わが日わが歩み 文学を中軸として』寿岳文章著 荒竹出版 1977／『想父記 呼びかわす声』寿岳章子著 人文書院 1993

庄 幸司郎　しょう・こうしろう
影書房代表取締役 市民運動家

[生年月日]昭和6年(1931年)10月6日
[没年月日]平成12年(2000年)2月18日
[出生地]旧満州大連　[学歴]一橋高〔昭和28年〕卒

満州・大連で生まれ育ち、昭和20年奉天一中2年生の時に敗戦を迎える。21年10月引き揚げ。働きながら夜学に通い、32年庄建設事務所、38年庄建設を設立。47年1月市民運動の月刊情報誌「告知板」、4月月刊誌「記録」を発行、各種市民運動に関わり活発な文書活動を展開した。「記録」は平成4年、「告知板」は12年に休刊。また、昭和49年青林舎を開設して映画・ビデオ製作も手がけ、61年青林舎から独立する形で有限会社シグロを設立。「みちことオーサ」「ウリナラ」「よみがえれカレーズ」「世なおし準公選」「水からの速達」などを制作、東陽一監督「絵の中のぼくの村」はベルリン国際映画祭銀熊賞を得た。58年には松本昌次と出版社の影書房を創業、平成3年より代表取締役。井上光晴編集の第三次「辺境」や、野間宏の本などを出版。平和憲法を世界に拡げる会会長なども務めた。
[受賞]藤本賞(特別賞、第16回)〔平成9年〕「絵の中のぼくの村」
【参考】『追悼庄幸司郎 平和憲法とともに』「記録」編集部編 アストラ 2000／『たたかう戦後精神 戦争難民から平和運動への道』庄幸司郎著 松本昌次編 日本経済評論社 2009

庄司 浅水　しょうじ・せんすい
ブックドム社創業者 書物研究家

[生年月日]明治36年(1903年)11月10日
[没年月日]平成3年(1991年)9月7日
[出生地]宮城県仙台市　[本名]庄司喜蔵(しょうじ・きぞう)　[学歴]三田英語学校専攻科卒

大正14年南葵音楽文庫に勤務。昭和4年ぐろりあそさえてから実質的な処女作「書籍装釘の歴史と実際」を刊行、反響を呼ぶ。5年装釘同好会を結成。6年佐々木幸四郎、斎藤昌三らと雑誌「書物展望」を創刊。また、自ら書誌出版を志してブックドム社を設立、「書物の敵」「書物の話」「典籍随筆 蠹魚無駄話」といった自著や徳富蘇峰「愛書五十年」などを出版した他、雑誌「書物趣味」を主宰した。10年東京印刷工業組合書記となったが、11年辞職。14年共同印刷総務部に籍を置き、社内報やPR誌「いんさつ」の編集及び渉外・広報を担当。初代の労務課長も務めた。19年凸版印刷に転じて勤労課長、20年3月の本社罹災後は郷里に近い宮城県古川町の兵器部品製造工場の庶務課長となり敗戦を迎えた。戦後は板橋工場製本課長となったが、23年退社。東京文理科大学内にあった芸術学会の機関誌「スクールアート」の編集発行、美術研究参

考書の発行を主眼とした芸術科学社創立に携わったが、経営が思わしくなく著述業に専念。26年ロバート・リプレー「信じようと信じまいと 世界中のうそのようなほんとうの話」を翻訳して以来、世界の奇談珍談などのノンフィクション分野の著作も数多く発表した。他の著書に「印刷文化史」「愛書六十五年」「海の奇談」などがある。
【参考】平井紀子「専門家訪問 書物研究家 庄司浅水氏」(「書誌索引展望」1980.2)

荘司 徳太郎 しょうじ・とくたろう
大阪屋東京支店総務部長 出版研究家

[生年月日]明治45年 (1912年) 1月30日
[没年月日]平成13年 (2001年) 10月24日
[出生地]山形県鶴岡市 [学歴]鶴岡工卒

昭和4年鶴岡工業を出て上京したが病を得て帰郷。プロレタリア文化運動に共鳴し地方の文化運動に活躍したが、弾圧を受けて挫折。14年待望の出版界入りを果たし編集者となる。16年発足して間もない日本出版配給に入社。調査部で企画・弘報を担当。「新刊弘報」(のち「出版弘報」)の編集に従う。戦後は仕入部書籍課勤務の傍ら、日配従業員組合の結成、運営、対外活動に書記長として活躍。23年日配は過度経済力集中排除法の適用会社となり解体分割化を模索する中、24年突然閉鎖機関に指定される。特殊清算人が選任され単独清算へ移行すると、その業務に従事した。25年日配は完全閉鎖。この間、東・日販等新会社の設立をみたが、転属は叶わなかった。業界紙の編集記者などを経て、28年大阪屋入社。弘報誌「本の本」を担当し健筆をふるった。
【参考】『資料年表日配時代史』荘司徳太郎・清水文吉共編著 出版ニュース社 1980/『私家版・日配史 出版業界の戦中・戦後を解明する年代記』荘司徳太郎著 出版ニュース社 1995

上法 快男 じょうほう・よしお
芙蓉書房創業者

[生年月日]明治44年 (1911年) 5月29日
[没年月日]平成13年 (2001年)
[出生地]中国旅順 [出身地]宮城県 [学歴]仙台一中〔昭和4年〕卒、二高理科乙類〔昭和8年〕卒、東北帝国大学法文学部独法科〔昭和11年〕卒、陸軍経理学校高等科〔昭和17年〕卒

陸軍主計将校の二男で、中国・旅順で生まれる。昭和11年陸軍経理部見習士官として近衛歩兵第二連隊に入隊。17年陸軍経理学校高等科を卒業、20年陸軍主計少佐で敗戦を迎える。21年従兄の加藤謙一、軍人同期の孝寿芳春と尚文館を創立。23年連合国軍総司令部(GHQ)のパージに遭って3人とも社を離れ芙蓉書房を創業、加藤、孝寿と取次卸業及び出版業に携わる。26年株式会社に改組して社長、46年会長。61年社長に復帰。62年出版専業の芙蓉書房出版を設立した。42年西川一三「秘境西域八年の潜行」を皮切りにシルクロード関係書籍を出版、また、昭和軍事史関係図書の出版にも力を注ぎ、「陸海軍将官人事総覧」「帝国陸軍編制総覧」をはじめ、有末精三、石原莞爾、今村均、沢田茂、額田坦、真崎甚三郎、武藤章ら昭和陸軍で指導的立場にあった人物の回想録や評伝を数多く出版した。編著書に「陸軍大学校」「東条英機」「陸軍省軍務局」「石原莞爾の素顔」などがある。
[家族等] 弟=上法達男 (芙蓉書房社長)、従兄=加藤謙一 (講談社専務)、女婿=糟谷晃 (通商産業省通商政策局経済協力部長)
【参考】『弥生 ある男の生涯』上法快男著 1992

荘村 正人 しょうむら・まさんど
中央法規出版社長

[生年月日]大正5年 (1916年) 1月15日
[没年月日]平成10年 (1998年) 3月17日
[出生地]岐阜県 [学歴]早稲田大学専門部政経科〔昭和14年〕卒

昭和22年岐阜県で創業した中央法規出版の社

長を務める。一貫して法令書の普及に努め、加除式の「厚生法規総覧」をはじめ、社会保険・水産・医療・食品衛生・環境衛生などの実務法規集を刊行した。
［家族等］二男＝荘村清志（ギタリスト）

白井 赫太郎　しらい・かくたろう
精興社創業者

［生年月日］明治12年（1879年）5月9日
［没年月日］昭和40年（1965年）1月19日
［出生地］神奈川県西多摩郡小曽木村（東京都青梅市）　［学歴］神田簿記学校〔明治31年〕卒
郷里の成木銀行を経て、明治39年博文館の石版部である精美堂に入社、会計兼用度係長などを務める。大正2年独立して神田美土代町で東京活版所を創業。関東大震災後には神田錦町に工場を移して印刷機械を増設、13年より岩波書店の印刷を始めた。14年精興社に社名変更。昭和6年林栄堂の自動活字鋳造機を導入し、活字を1回限りの使用とした。7年郷里・青梅に分工場の精華堂工場を新設、8年には技術者養成のため同工場に精華学舎を開設した。20年4月海軍水路部から製本・印刷一体化の要請を受け、牧製本所との共同出資で精華堂工場をもとに株式会社大化堂を創立したが、27年再び分離し、大化堂の社名を精興社に改めて再出発した。
［家族等］義弟＝山田一雄（精興社社長）　［叙勲］紺綬褒章〔昭和19年〕
【参考】『白井赫太郎の思い出』精興社 1966

白石 正義　しらいし・まさよし
崙書房出版社長

［生年月日］大正2年（1913年）
［没年月日］平成10年（1998年）7月12日
［出生地］大阪府堺市　［学歴］陸士中退
旧満州の陸軍情報部で調査活動に従事。帰国後食堂経営を経て、月刊「東葛商工新聞」を発行。昭和52年知人から崙書房出版を引き継ぎ社長に就任。「ふるさと文庫」など地域（房総・利根川）に根ざしたテーマを掘りさげた単行本の出版を積極的に展開した。
【参考】『私の昭和史 幻の帝国満州国建国とその崩壊』白石正義著 崙書房 1988

白石 義明　しらいし・よしあき
崙書房創業者

［生年月日］大正3年（1914年）5月30日
［没年月日］没年不詳
［出生地］福島県東白川郡塙町
昭和21年崙書房を創業、社名は出身地の福島県塙町に由来する。国文学、歴史を中心とした学術書を手がけ、「崙選書」「崙新書」などを出した。
［家族等］長男＝白石禎彦（崙書房社長）、弟＝白石静男（崙書房社長）

白銀 市太郎　しろがね・いちたろう
日新堂創業者　山口市長

［生年月日］元治1年（1864年）9月21日
［没年月日］昭和9年（1934年）11月9日
［出生地］周防国岩国（山口県岩国市）
代々骨董商を営んだが、明治16年郷里の山口県岩国に書籍商日新堂を創業。のち山口市に支店を設け、大正元年同地に本店を移した。15年合資会社に改組して代表社員。山口県書籍雑誌商組合長を務めた。この間、明治34年山口県岩国町議に当選。山口県議、山口信用組合組合長などを務め、昭和5年山口市長となった。7年退任。

新川 正美　しんかわ・まさみ
有斐閣常務

［生年月日］大正6年（1917年）1月1日
［没年月日］昭和54年（1979年）8月22日
［出生地］広島県広島市　［学歴］広島高卒、東京帝国大学法学部〔昭和15年〕卒
昭和15年三菱重工業長崎造船所に入るが、同年海軍主計科士官補修学生として海軍経理学校に入校。海軍主計少佐まで進み、21年復

員。22年東京大学教授・田中二郎の紹介で有斐閣に入社。24年編集部長を経て、32年取締役、42年常務。大河内一男「社会思想史」など数百点の書籍の編集を手がけた。
[参考]江草四郎「人材は社の宝だ!安斎利平君・新川正美君追悼の記」(「出版クラブだより」1979.9.10)

神保 周蔵　じんぼ・しゅうぞう
三省堂社長

[生年月日]明治9年(1876年)12月7日
[没年月日]昭和17年(1942年)3月22日
明治25年三省堂に入社。大正11年社長。昭和5年退任した。
[家族等]岳父＝亀井忠一(三省堂創業者)

新保 磐次　しんぽ・ばんじ
金港堂編輯所

[生年月日]安政3年(1856年)
[没年月日]昭和7年(1932年)
[出生地]越後国蒲原郡曽根村(新潟県)　[別名等]号＝一村

弥彦神社祠宮・西水新保正与の長男。18歳の時に県立新潟学校百工化学科で教官中川謙二郎・助手三宅米吉と運命的な邂逅。明治12年同校を中退して上京、工業雑誌の編集に従事。15年から函館師範学校二等教諭、教授法に得るところがあった。18年秋小学教科書改革の機運を先見した中川が新保を呼び返し読本の編纂に着手、東京師範学校在勤の三宅が助力した。19年画期的な近体読本「日本読本」を金港堂から出版。一方、東京師範に初めて国語科を設けたが、同校が高等師範学校に改組した際助教諭の待遇が不満で辞職し金港堂編輯所に入る。以後は民間にあって多病のため東西に転地しつつ、普通中等学校用の内国外国地理・歴史、国文、唱歌などの教科書を編纂、金港堂から出版した。雑誌「教育界」には息長く随想「柳暗花明」を寄せ名物記事になる。旧幕臣の高士・中根香亭とも親しく「香亭遺文」(大正5年)を編纂。また、「趣味の日本史」は良く売れたが西園寺公望の愛読書といわれる。
[家族等]弟＝新保寅次(山口高校初代校長)
[参考]「新保磐次君小伝」(「日本之小学教師」2巻15号　1900.4.15)

新山 滋人　しんやま・しげと
文栄堂社長

[生年月日]生年不詳
[没年月日]平成4年(1992年)12月27日
[出生地]福岡県

昭和24年山口市で外商を中心とした出販物販売業を始める。以来、卓越した経営手腕と営業力により一代で山口県随一の小売書店に育て上げた。

【す】

末次 保　すえつぐ・たもつ
東都書籍社長

[生年月日]明治25年(1892年)2月5日
[没年月日]昭和26年(1951年)4月22日
[出生地]島根県　[学歴]東京帝国大学法科大学〔大正5年〕卒

三菱商事を経て、大正15年三省堂に入り、取締役業務部長を務める。昭和5年同社卸部として東都書籍創立に際し専務(社長制なし)。14年三省堂常務、22年退社後は東都書籍社長となった。

周防 初次郎　すおう・はつじろう
明文堂創業者

[生年月日]明治6年(1873年)12月
[没年月日]昭和9年(1934年)5月30日
[出生地]愛知県名古屋

幼くして父母を失い明治23年上京、京橋の有

隣堂穴山篤太郎に雇われ勤続9年、31年独立して明文堂を開き、「製糸法」「蚕体病理」等すべて農芸に関する書籍を出版した。

菅 忠雄　すが・ただお
「文藝春秋」編集長 小説家

[生年月日]明治32年（1899年）2月5日
[没年月日]昭和17年（1942年）7月9日
[出生地]東京市小石川区竹早町（東京都文京区）　[学歴]上智大学文科予科中退

夏目漱石の旧友であるドイツ語学者・菅虎雄の二男。5歳頃から喘息を患う。逗子開成中学時代に父の教え子である芥川龍之介と親しみ、家庭教師として英語を教わった。上智大学文科予科に進むも中退、芥川に兄事して文学を志し、大正10年大仏次郎らと同人誌「潜在」を発行。13年父を通じて久米正雄や菊池寛を知り、文藝春秋社に入社。「文藝春秋」編集長、昭和6年「オール読物」編集長を歴任。小説家としては新感覚派が拠った「文芸時代」の創刊同人であり、同誌や「文藝春秋」に作品を発表して新進作家として地歩を固め、5年平凡社から刊行された「新進傑作小説全集」では「関口次郎・菅忠雄集」が立てられた。11年頃から結核に倒れ、17年に亡くなった。
[家族等]父＝菅虎雄（ドイツ語学者）
【参考】『夏目漱石と菅虎雄』原武哲著 教育出版センター 1983

須貝 正義　すがい・まさよし
「苦楽」編集長

[生年月日]大正3年（1914年）1月10日
[没年月日]没年不詳
[出生地]東京市下谷区練塀町（東京都台東区）
[学歴]中央大学法学部卒

昭和12年モダン日本社に入社。14年大島敬司編集長と矢島寧之営業部長が海軍将兵の慰問雑誌「興亜日本」を創刊して退社したため、「モダン日本」編集長に抜擢される。同誌は敵性語廃止により「新太陽」に改名、雑誌の整理統合も切り抜けたが、20年5月自身の応召のため休刊。21年大仏次郎に誘われて新太陽社を退社、新雑誌「苦楽」編集長に就任。24年退社。その後、朝日放送に入り、制作部長、編成局次長、東京支社次長を歴任、44年定年退職。のち放送番組センター事務局顧問、劇団文学座映画放送部長。著書に「私説安藤鶴夫伝」などがある。
【参考】『大仏次郎と「苦楽」の時代』須貝正義著 紅書房 1992

菅田 直実　すがた・なおみ
森山書店社長

[生年月日]明治44年（1911年）3月22日
[没年月日]平成10年（1998年）4月17日
[出生地]広島県　[学歴]横浜高商〔昭和9年〕卒

近源商店化粧品部を経て、昭和22年森山譲二の女婿として森山書店に入社。37年岳父に死により社長に就任。
[家族等]岳父＝森山譲二（森山書店創業者）

菅原 国隆　すがわら・くにたか
「新潮」編集部次長

[生年月日]大正15年（1926年）
[没年月日]平成4年（1992年）11月25日
[出生地]東京都　[学歴]水戸高卒

昭和22年新潮社に入社。「新潮」編集部長を経て、42年「週刊新潮」副部長、53年より出版部副部長。その後、校閲部長、メディア室長を歴任し、60年役員待遇、のち顧問。

杉浦 勝郎　すぎうら・かつろう
吾妻書房社長

[生年月日]明治38年（1905年）10月29日
[没年月日]昭和59年（1984年）1月1日
[出身地]茨城県　[学歴]東京帝国大学経済学部〔昭和5年〕卒

昭和19年吾妻書房を設立して社長。38年会長。大村喜吉「斎藤秀三郎伝」などを出版した。著書に「ある青春の記録」などがある。

杉浦 俊介　すぎうら・しゅんすけ
日本出版販売社長

[生年月日]明治42年（1909年）7月14日
[没年月日]平成9年（1997年）4月13日
[出生地]東京都　[学歴]京都帝国大学経済学部〔昭和8年〕卒

日本勧業銀行理事・杉浦儁一の長男。昭和8年三井信託銀行に入り、出征。帰還後退社し、23年中外産業取締役を経て、28年日本出版販売に嘱託として入社。29年取締役経理部長、36年常務、44年専務、47年副社長、49年社長、57年会長を歴任。書籍取次システムの近代化に尽力した。平成2年名誉相談役に退く。
【家族等】父＝杉浦儁一（日本勧業銀行理事）、弟＝杉浦敏介（日本長期信用銀行頭取）、杉浦堅介（三菱自動車工業副社長）、杉浦欣介（味の素常務）
【参考】『日販50年のあゆみ』日本出版販売 2000

杉田 信夫　すぎた・のぶお
ミネルヴァ書房創業者

[生年月日]大正10年（1921年）9月8日
[没年月日]平成22年（2010年）9月14日
[出生地]大阪府　[学歴]同志社大学法学部〔昭和18年〕卒

昭和18年安宅産業に勤務。復員後、親戚の岩谷満が岩谷書店を作ったのに触発され、岩谷から紹介された臼井喜之介に本の作り方を学ぶ。23年ミネルヴァ書房を創業。処女出版は武田弘道・阿部敬吾「論理学入門」で、社名は武田の命名による。27年株式に改組。人文・社会科学系と社会福祉系を中心とした出版社に育て上げた。
【家族等】女婿＝杉田啓三（ミネルヴァ書房社長）　[叙勲]勲四等瑞宝章〔平成12年〕
【参考】『わたしの旅路』杉田信夫著 ミネルヴァ書房 1998

杉村 楚人冠　すぎむら・そじんかん
「アサヒグラフ」編集長

[生年月日]明治5年（1872年）7月25日
[没年月日]昭和20年（1945年）10月3日
[出生地]和歌山県和歌山市谷町　[本名]杉村広太郎（すぎむら・こうたろう）　[別名等]別号＝縦横　[学歴]英吉利法律学校,自由神学校先進学院〔明治26年〕卒

旧紀伊藩士の陸軍軍人の長男で、3歳で父を失い家督を相続した。明治19年和歌山中学に進むが中退。20年上京して英吉利法律学校（現・中央大学）に学び、次いで国民英学会で米人教師イーストレーキに親炙した。24年卒業後に病を得て帰郷し、25年招かれて「和歌山新報」主筆となる。26年再び上京し、ユニテリアン協会の自由神学校先進学院に入学。29年京都の本願寺文学寮の英語教師兼寄宿舎舎監を経て、30年東京に戻って正則英語学校教員となり、傍ら「欧文反省雑誌」の編集を担当した。32年同年米国公使館に入り、通訳・翻訳を務める。一方で同年高嶋米峰、境野黄洋らと仏教清徒同志会を結成し、33年より同会の機関紙として創刊された「新仏教」の編集に従事。36年東京朝日新聞社に入社して編集局外電係となり、主筆・池辺三山の推挙で日露戦争後の満州・朝鮮を視察。40年には英国国王戴冠式の特派員としてロンドンに赴き、その時の紀行文「大英游記」が好評を博した。44年その発案により同紙に日本で初めて新聞編集資料の収集・整理を行う調査部が設置されると初代部長に就任。大正8年朝日新聞社の株式会社に伴って監査役となり、縮刷版の発行（8年）や読者からの苦情を受け付ける記事審査部の設置（11年）を提案するなど、同紙の近代化に貢献した。12年グラフ局を創設し、日本初の写真新聞雑誌である「アサヒグラフ」を創刊して編集長を兼ねた。同年編集局顧問。昭和12年朝日新聞社顧問。ユーモアに富む筆致で随筆家としても名高い。

［家族等］四男＝杉村武（評論家・ジャーナリスト）
【参考】『楚人冠 百年先を見据えた名記者杉村広太郎伝』小林康達著 現代書館 2012

杉村 武　すぎむら・たけし
「週刊朝日」編集長

[生年月日]明治41年（1908年）8月24日
[没年月日]昭和61年（1986年）11月8日
[出生地]和歌山県　　[別名等]別名＝杉村風太、桐畑剛吉　　[学歴]東京帝国大学文学部英文科〔昭和6年〕卒

新聞人・随筆家の杉村楚人冠の四男。昭和7年朝日新聞社に入り、「週刊朝日」「朝日評論」の編集長を経て、27年から41年まで論説委員。その後、国語審議会委員、国立国会図書館専門調査員も務めた。著書に「近代日本大出版事業史」「コラムの目」などがある。
[家族等]父＝杉村楚人冠（新聞人・随筆家）

杉本 貞幸　すぎもと・さだゆき
木場書店創業者

[生年月日]大正12年（1923年）7月4日
[没年月日]平成17年（2005年）8月21日
[出生地]北海道函館市

昭和27年東京都江東区深川で木場書店を開業し、平成2年廃業。この間、東京都書店商業組合副理事長、東京都再販副委員長、出版物小売業公正取引協議会専務理事などを歴任した。

杉本 七百丸　すぎもと・ななおまる
翰香堂主人

[生年月日]嘉永7年（1854年）2月7日
[没年月日]大正10年（1921年）8月30日
[出生地]武蔵国入間郡勝呂村（埼玉県坂戸市）
[旧名]勝呂

明治14年勝呂家から杉本家の養子となり、18年分家して東京・日本橋区大伝馬町に書籍店・翰香堂を開業、法帖や字引、英語リーダー類を発行。区内を何度か移転し地図、法律書、更には中等学校教科用書・参考書など版種を拡大して活動した。業界からの信用も厚く、23年以降31年間東京書籍商組合の協議員や評議員に選任された。33年本石町に移り、36年合資会社六盟館設立につきその代表社員となる。これは中等教科書共同出版のため目黒甚七、榊原友吉、長野の西沢喜太郎、新潟の目黒十郎の5人が出資をして創立したものである。

杉森 久英　すぎもり・ひさひで
「文芸」編集長　小説家

[生年月日]明治45年（1912年）3月23日
[没年月日]平成9年（1997年）1月20日
[出生地]石川県鹿島郡七尾町（七尾市）　　[学歴]金沢一中〔昭和3年〕4年修了、四高文科甲類〔昭和6年〕卒、東京帝国大学文学部国文科〔昭和9年〕卒

四高から東京帝大文学部国文科に入り、同級に生涯の友となる篠原敏之（篠原梵）がいた。在学中、第十一次「新思潮」に参加。昭和10年熊谷中学に国語教師として赴任、教え子に金子兜太がいた。14年篠原が勤めていた中央公論社に入社。17年大政翼賛会に転じて青少年読書運動に関与、20年大日本図書館協会に移る。戦後、21年世界文化協会（のち進路社）で雑誌「進路」編集長。22年河出書房に入社して23年より「文芸」編集長を務め、第一次戦後派の生長に貢献した。28年篠原が編集長をしていた「中央公論」に掲載された小説「猿」が第29回芥川賞候補となり、以後文筆生活に専念。37年同郷の小説家・島田清次郎の生涯を描いた「天才と狂人の間」で第47回直木賞を受賞。以後、「大風呂敷」「大谷光瑞」「天皇の料理番」などで伝記小説作家として高い評価を得た。平成10年遺族により1万冊を超える蔵書、雑誌、直筆の原稿などが七尾市立図書館に寄贈され、杉森久英記念文庫が設立された。
[家族等]長女＝佐々木涼子（フランス文学者・

舞踊評論家）　　［叙勲］勲三等瑞宝章〔平成1年〕　　［受賞］直木賞（第47回）〔昭和37年〕「天才と狂人の間」，文藝春秋読者賞（第24回）〔昭和38年〕「昭和の謎辻政信伝」，平林たい子文学賞（第13回）〔昭和60年〕「能登」，毎日出版文化賞（第41回）〔昭和62年〕「近衛文麿」，中日文化賞（第46回）〔平成5年〕，菊池寛賞（第41回）〔平成5年〕，七尾市名誉市民

【参考】『大政翼賛会前後』杉森久英著　文藝春秋 1988（ちくま文庫 2007）／『杉森久英』渡辺美好編　日外アソシエーツ 1990

杉山　辰之助　すぎやま・たつのすけ
金昌堂主人

[生年月日]生年不詳
[没年月日]明治44年（1911年）1月

遅くとも明治10年頃には金港堂に入店，17年同堂が大阪東区唐物町に支店開業の際に代理人を務め店を代表，18年6月東区久宝寺町に転居。組合でも重きをなし，20年2月仲間議員投票の結果では23票で次点，7月一大会社設立出版集会に参加，文部大臣への請願書に署名。文部省蔵板甲部図書売捌免許人の選定では共有社（金港堂，博聞社，松村九兵衛，梅原亀七）を開社して，一社の龔断を回避した。9月仲間取引の照会に対し商いは自社出版物だけで他店の品々（世利物）は扱わないと回答。24年8月戸主ména原亮五郎と後見人大野富士松に交替し，東京本社へ戻る。20年代末には独立して金昌堂を開き，英語学書や普通中等教育用教科書・参考書，その他雑書を出版販売。また教育雑誌2種，即ち国民教育学会編「日本之小学教師」及びフレーベル会「婦人と小供」を発売した。

【参考】『大坂本屋仲間記録』第7巻

杉山　常次郎　すぎやま・つねじろう
大日本図書社長

[生年月日]明治6年（1873年）10月9日
[没年月日]昭和37年（1962年）11月9日
[出生地]岐阜県

明治23年上京し，出版業を志して博文館に入社。その才能を社長・大橋新太郎に認められ，博文館25周年記念出版の7大叢書や長編講談などを企画して成功を収め，同社支配人を務めた。大正6年大日本図書取締役を兼務。その後，病気のため博文館を退社するが，12年請われて経営危機に陥っていた大日本図書専務に就任。直後の9月関東大震災に遭うが，倉庫が災厄を免れていたこともあっていち早く復興に着手し，中等教科書や教育図書を中心とした出版で頽勢の挽回に成功した。のち同社社長。昭和20年退任。博文館取締役，東京堂監査役，東京出版協会協議員，中等教科書協会幹事なども務めた。

鈴木　郁三　すずき・いくぞう
世界文化社創業者

[生年月日]明治36年（1903年）12月1日
[没年月日]昭和47年（1972年）5月6日
[出生地]静岡県駿東郡原町（沼津市）

大正14年東京日日新聞社（現・毎日新聞社）に入社，主に大阪本社で作られる出版物の販売と広告の営業担当として手腕を発揮した。戦時中に退職して大新社という出版社を設立，戦後の昭和21年には子供マンガ新聞社を創業し，全盛期には毎週30万部を売り尽くした。27年月刊「世界文化画報」を創刊して外交販売（直販）に進出したが失敗，米国コロンビア大学へ留学していた長男・勤を呼び戻し，29年世界文化社として再出発。直販グラフ誌「日本大観」（全24巻）「科学大観」（全24巻）で社の基礎を築き，33年にはグラフィックな家庭雑誌「家庭画報」を創刊。幼児向け画報「科学ブック」で幼稚園市場を開拓，また割賦販売（月販）も行い，直販業界の雄となった。41年長男に社長を譲り会長に退いた。没後の48年，看板雑誌「家庭画報」は書店でも売られるようになり，同年に出した「別冊家庭画報」は今日のムックの先駆けとして知られる。

[家族等]長男＝鈴木勤（世界文化社社長），孫

＝鈴木美奈子（世界文化社社長）　［叙勲］紺綬褒章〔昭和39年〕
【参考】『世界文化社50年史』世界文化社 1996

鈴木 一平　すずき・いっぺい
大修館書店創業者

［生年月日］明治20年（1887年）10月24日
［没年月日］昭和46年（1971年）8月29日
［出生地］千葉県木更津市　［学歴］小卒

小学校卒業後に上京し、16歳から神田神保町の修学堂書店に入店して3年間修業。21歳で大修堂を創業したが、のち家業の米屋を継ぐため廃業した。27歳で修学堂に戻り出版業務万般を身につけ、大正7年神田錦町に大修館を再興し、出版業に乗り出す。当初から"出版は社会の公器である"との理念に基づき学生向けの参考書を主に出版し、12年に刊行した「受験準備・最も要領を得たる外国地理」をはじめとする諏訪徳太郎の「最要領」シリーズがヒット。昭和4年にはロングセラーとなる竹原常太編「スタンダード英和辞書」を刊行して辞書出版にも着手し、社業を固めた。9年株式会社に改組。一方で大正14年から大規模な漢和辞典の出版を企図し、諸橋轍次にその編纂を依頼。昭和3年「大漢和辞典の編纂及び出版」について契約を交わし、18年ようやく第1巻の刊行を見たが、第2巻準備中の20年2月、空襲で事業所・印刷工場・組み置きの原版などを焼失した。戦後は英語に関する辞書の需要が急増したことから「スタンダード英和辞典」「スタンダード和英辞典」を復刻して会社の再建に成功。25年には教科書制度が国定から検定制に移行したのを受けて国語教科書の出版を開始し、のちには漢文・保健・体育教科書にも手を広げた。また、諸橋の「大漢和辞典」編纂・出版も戦火を免れた原稿などを元に作業を再開し、27年写真植字による原字製作の目処がついたことから、30年再び巻一を上梓、35年までに全13巻を完成させた。43年会長に退いた。

［家族等］妻＝鈴木とき（大修館書店取締役），長男＝鈴木敏夫（大修館書店社長），三男＝鈴木荘夫（大修館書店社長），四男＝鈴木淑夫（衆院議員），五男＝鈴木康司（中央大学学長）
［叙勲］勲四等瑞宝章〔昭和41年〕　［受賞］菊池寛賞〔昭和32年〕「諸橋轍次の大漢和辞典」
【参考】『回想 鈴木一平』鈴木敏夫編 大修館書店 1977

鈴木 艮　すずき・かたし
誠文堂新光社総務局長

［生年月日］明治35年（1902年）12月10日
［没年月日］昭和59年（1984年）9月30日
［出生地］大阪府　［旧名］安斎　［学歴］芝中〔大正8年〕卒，早稲田大学政経学部政治科〔大正14年〕卒

安斎家の三男で、名付け親は東洋史学者の内藤湖南。大正2年上京して鈴木家の養子となった。14年早大を卒業すると志願兵として入営、陸軍歩兵少尉に任官。昭和2年新光社に入社、「世界地理風俗体系」（全25巻）、「日本地理風俗体系」（全18巻）などの編集に従事。5年「世界知識」を創刊して編集長。10年合併により誠文堂新光社となる。太平洋戦争中に応召、21年復員して総務局長。23年公職追放に遭い、25年解除され総務局長に復帰。37年大日本絵画巧芸美術専務。日本著作権協議会常任幹事、国際文化交流会顧問、全国出版協会幹事も務め、日本書籍出版協会新聞委員として「週刊読書人」の育成にも尽力した。自伝に「編集者の哀歓」がある。
【参考】『編集者の哀歓』鈴木艮著 大日本絵画 1982

鈴木 庫三　すずき・くらぞう
陸軍大佐

［生年月日］明治27年（1894年）1月11日
［没年月日］昭和39年（1964年）4月15日
［出生地］茨城県真壁郡明野町（筑西市）　［学歴］砲兵工科学校〔大正4年〕卒，陸士（第33期）〔大正10年〕卒，陸軍砲工学校高等科〔大正13年〕修了，日本大学文学部倫理教育学専

攻〔昭和3年〕卒、東京帝国大学文学部〔昭和8年〕卒

茨城県の豪農の家に生まれるが、生後間もなく小作人である大里家の養子となる。極貧の生活の中から陸軍軍人として身を立てることを志し、苦学の末に砲兵工科学校、士官学校に入学。自らの体験から軍隊の私的制裁や古参兵の横暴をなくすために軍隊教育学の研究を始める。昭和5年には東京帝大陸軍派遣学生に選ばれ倫理学・教育学を専攻。軍内外で軽んじられていた輜重科に属していたこともあり、エリートで戦術本意の陸軍大学出身者に対する内部批判者となった。13年陸軍省新聞班（のち情報部）に配属され雑誌指導を担当。以後、精力的に雑誌の検閲に従事し、自らの思想と相容れない自由主義雑誌などに徹底した言論統制を加えた。新聞雑誌用紙統制委員会幹事、日本出版文化協会文化委員、日本出版配給創立委員などを兼任して用紙・出版・流通の全行程に睨みを利かせ、"日本思想界の独裁者"とも呼ばれた。20年陸軍大佐で敗戦を迎え、戦後は熊本県で農業に携わった。
【参考】『言論統制 情報官・鈴木庫三と教育の国防国家』佐藤卓己著 中央新書 2004

鈴木 建　すずき・けん
ダイヤモンド取締役・論説主幹

[生年月日]明治44年（1911年）4月10日
[没年月日]平成16年（2004年）4月10日
[出生地]長崎県島原市　[本名]鈴木建（すずき・たつる）　[学歴]明治学院高商部〔昭和8年〕卒

「日刊工業新聞」「同盟通信」を経て、戦後は時事通信社経済部次長。昭和24年ダイヤモンド社に入社、38年同社編集長、41年論説主幹を歴任。46年東電社長で電気事業連合会会長だった木川田一隆に請われて同連合会理事兼広報部長に転じ、名広報部長として知られた。57年退職。著書に「『巨大化』への挑戦」。
[受賞]企業広報賞功労者賞（第3回）〔昭和62年〕

鈴木 賢七郎　すずき・けんしちろう
三栄書房創業者

[生年月日]明治36年（1903年）3月6日
[没年月日]昭和38年（1963年）6月18日
[出生地]北海道札幌市　[学歴]早稲田大学文学部史学科インド哲学専攻卒

モーターファン社に入社して雑誌「モーターファン」の編集に従事したが、戦争により休刊。昭和22年「モーターファン」復刊のため株式会社自動車通信社を創業、亡き八木熊五郎社長の代わりに発行人となる。25年モーターファン社に社名変更。27年本社を新宿区三栄町に移転して三栄書房を設立。雑誌「モーターファン」など自動車関係書を出版した。また、23年全国小型自動車整備組合連合会設立に際して事務局長を務めた。平成19年「モータリゼーションの発展に尽した自動車誌の祖」として日本自動車殿堂入り。
[家族等]息子=鈴木脩己（三栄書房社長）
[参考]星島浩「モータリゼーションの発展に尽した自動車誌の祖・鈴木賢七郎」（「JAHFA」2007.11）

鈴木 智之　すずき・さとし
「フライデー」編集長 講談社広報室長

[生年月日]昭和30年（1955年）
[没年月日]平成20年（2008年）1月8日
[出生地]静岡県　[学歴]一橋大学経済学部〔昭和54年〕卒

昭和54年講談社に入社。「現代」「週刊現代」を経て、平成12年「フライデー」編集長に就任。14年サッカーW杯日韓共催大会に伴い、4〜6月刊行の「スポーツフライデー」編集長も兼任。その後、編集の一線を離れ、法務部長兼広報室担当部長を経て、17年広報室長。

鈴木 重雄　すずき・しげお
けいせい出版創業者 産経新聞文化部長

[生年月日]大正6年（1917年）5月16日

[没年月日]昭和56年（1981年）12月14日
[出生地]愛知県　　[別名等]別名＝鈴木康之、筆名＝久我三郎　　[学歴]慶応義塾大学仏文科中退

大学在学中に召集を受け満州へ送られ、ノモンハン事件に従軍。戦時中は甲鳥書林編集部員、「満州新聞」東京特派員。昭和16年女優の望月優子と結婚。23年小説「黒い小屋」で第1回水上滝太郎賞を受賞。戦後は日本新聞協会、「世界日報」「世界経済」記者を経て、「週刊サンケイ」編集長、産経新聞社文化部長。記者時代には久我三郎の筆名で映画・演劇評も担当。「週刊TVガイド」編集長の後、出版社の集団形星を創業、代表取締役を務めた。のち、けいせい出版に社名変更。他の著書に「少女の勢力」「花言葉物語」などがある。
[家族等]妻＝望月優子（女優・参院議員）、弟＝平野光雄（産経新聞論説委員）　　[受賞]水上滝太郎賞（第1回）〔昭和23年〕「黒い小屋」
【参考】『黒い小屋』鈴木重雄著　牧羊社　1991

鈴木 荘夫　すずき・しげお
大修館書店社長

[生年月日]昭和4年（1929年）11月26日
[没年月日]平成21年（2009年）1月25日
[出生地]東京市神田区錦町（東京都千代田区）
[学歴]海兵（第78期）、東京商科大学〔昭和28年〕卒

昭和28年大修館書店に入社。29年取締役、43年常務、48年専務、57年副社長を経て、61年社長。
[家族等]父＝鈴木一平（大修館書店創業者）、母＝鈴木とき（大修館書店取締役）、兄＝鈴木敏夫（大修館書店会長）、弟＝鈴木淑夫（衆院議員）、鈴木康司（中央大学学長）　　[叙勲]旭日小綬章〔平成15年〕

鈴木 氏亨　すずき・しこう
文藝春秋社専務　小説家

[生年月日]明治18年（1885年）10月2日
[没年月日]昭和23年（1948年）1月15日
[出生地]宮城県仙台市　　[学歴]早稲田大学卒

大正12年「文藝春秋」創刊とともに編集同人となり、菊池寛の秘書として同社の経営に参画。昭和3年文藝春秋社専務。小説家としては、童話・大衆小説・戯曲まで幅広く手がけ、著書に「酒通」「火線を越して」「江戸囃男祭昭和草双紙」「菊池寛伝」「村田銃発明物語」などがある。

鈴木 省三　すずき・しょうぞう
集英社副社長

[生年月日]明治37年（1904年）7月7日
[没年月日]平成1年（1989年）3月31日
[出生地]静岡県

大正8年上京して三省堂書店に入社。小僧として働く中で、たびたび店を訪ねてくる共同出版社東京支社長・相賀武夫に好感を持ち、10年共同出版社に移る。11年相賀が在社のまま小学館を創業すると、自身も共同出版社に籍を置いたまま小学館の仕事を手伝った。14年相賀の独立に従い小学館専任となり、「現代ユウモア全集」（正続全24巻）などの編集に従事。昭和4年東京・神田で人文書房を創業して独立、処女出版は原田実「日本の教育を考へる」。参考書や少年スポーツ雑誌、荒木貞夫陸相の論文集「全日本国民に告ぐ」などを出したが業績は好転せず破産した。8年新生閣の名で再出発したが、河野書店の委嘱を受けて児童図書の発行に携わり、これが縁で同社が児童図書出版のフタバ書院を設立すると取締役編集長として入社、再び編集者に戻った。その後、戦時の企業整備で弘学社常務となるも、戦争末期には出版界から離れた。戦後、出版界に戻って株式会社新生閣を再開、雑誌「少年少女・漫画と読物」などを出版した。28年相賀徹夫社長に迎えられ、古巣の小学館に約25年ぶりに復帰。姉妹会社である集英社の出版部長も務めたが、36年より集英社専任を志望して取締役出版部長、40年常務、43年副社長を歴任。49年顧問に退いた。著書

に「日本の出版界を築いた人びと」「わが出版回顧録」がある。
[受賞]日本児童文芸家協会児童文化功労者（第16回）〔昭和49年〕
【参考】『わが出版回顧録』鈴木省三著 柏書房 1986

鈴木 真一　すずき・しんいち
鈴木書店創業者

[生年月日]明治44年（1911年）4月18日
[没年月日]平成7年（1995年）9月12日
[出生地]愛知県幡豆郡佐久島村（西尾市）

昭和2年栗田書店に入社。16年日本出版配給書籍課長に就任したが応召。戦後、友人と社会科学書専門取次の中央図書経営を経て、22年鈴木書店を創業。岩波書店、白水社など有力版元の後援を得、人文社会科学書の専門取次で地歩を固めた。注文品の迅速調達で大学生協や大学出版部にも食い込み業績を伸ばし、小回りのきく中小取次が集まる"神田村"のリーダー格と見なされた。平成元年会長。

鈴木 荘太郎　すずき・そうたろう
須原屋主人

[生年月日]文久4年（1864年）1月1日
[没年月日]没年不詳
[出生地]伊勢国稲生村（三重県鈴鹿市）　[学歴]専修学校法政経済科〔明治17年〕卒

明治14年上京して専修学校法政経済科に学ぶ。17年卒業後、呉服店を経営したが間もなく廃業し、友人であった老舗書肆・須原屋の主人である北畠喜兵衛からの要請により同店の業務監督を行った。37年閉鎖された須原屋の書籍部を譲り受けて出版業務を続け、宗教関係・工芸関係の書籍などを刊行した。

鈴木 武夫　すずき・たけお
宝文堂社長

[生年月日]明治41年（1908年）2月10日
[没年月日]平成4年（1992年）5月4日
[出生地]愛知県渥美郡赤羽根町（田原市）
[学歴]仙台経理専門学校卒

大正11年宝文堂書店に入社。昭和24年法人組織に改め、28年から宝文堂社長。戦後バラックから店を再建し、宮城県屈指の書店に育て上げ、郷土出版にも情熱を注いだ。宮城県書店組合理事長、東北書店組合連合会副会長、日本書店組合連合会副会長などを歴任。
[叙勲]紺綬褒章　[受賞]仙台市政功労者〔昭和49年〕、河北文化賞、地域文化功労者文部大臣表彰〔昭和62年〕

鈴木 種次郎　すずき・たねじろう
三教書院創業者

[生年月日]明治12年（1879年）9月16日
[没年月日]昭和19年（1944年）8月17日
[出生地]大阪府大阪市

兄の経営する修文館で修業、明治38年東京で三教書院を開く。43年「いてふ本」という袖珍文庫を発行して大当りをとる。第一次大戦の好況時には満鮮方面で事業を画策したが失敗し業界にもどる。買切制の実施など業界機構改革に意欲的に取り組んだ。日本出版協会副会長、中等教科書協会幹事。
[家族等]兄＝鈴木常松（修文館創業者）

鈴木 常夫　すずき・つねお
三洋出版貿易社長

[生年月日]大正12年（1923年）1月3日
[没年月日]昭和56年（1981年）3月8日
[出生地]兵庫県　[学歴]京都帝国大学法学部〔昭和21年〕卒

自然科学書の輸入と料理専門書の出版をする三洋出版貿易を経営。一方、三高を愛し、同窓会の関東支部事務局長や日本寮歌振興会事務局長、副委員長を熱心に務めた。
【参考】『紅萠 鈴木常夫追悼集』故鈴木常夫君追悼文集刊行会編 1982

鈴木　常松　すずき・つねまつ
修文館創業者

[生年月日] 明治2年（1869年）1月1日
[没年月日] 昭和18年（1943年）2月5日
[出生地] 大阪府大阪市

明治13年花井卯助の聚文堂で小僧奉公、17年積善館に転じ福岡、広島支店で手腕を発揮。33年大阪本店に復帰するも辞して修文館を独立開業。中等学校、補習学校用教科書・参考書の出版を手がけ基礎を確立した。のち大阪書籍株式会社成立と共に常務。大阪書籍雑誌商組合組合長、中等教科書協会大阪支部長。
[家族等] 五男＝鈴木金之助（修文館書店社長）、弟＝鈴木種次郎（三教書院創業者）

鈴木　徹造　すずき・てつぞう
出版ニュース社社長

[生年月日] 大正9年（1920年）8月
[没年月日] 平成23年（2011年）9月1日
[出生地] 新潟県新潟市　[学歴] 早稲田大学文学部〔昭和19年〕卒

太平洋戦争中、学徒出陣して海軍飛行予備学生第14期として訓練を受け、昭和20年台湾で敗戦を迎える。23年日本出版配給に入社。同社解散に伴い、24年出版ニュース社創業とともに入社。47年社長。63年相談役。著書に明治以来の出版人をまとめた『出版人物事典』や、『出版界365日小事典』がある。

鈴木　とき　すずき・とき
大修館書店取締役

[生年月日] 明治31年（1898年）2月14日
[没年月日] 平成6年（1994年）1月11日
[出身地] 千葉県

10人の子育てをするとともに、関東大震災の折には出版社の命でもある紙型を火災から守ったことで知られる。
[家族等] 夫＝鈴木一平（大修館書店創業者）、長男＝鈴木敏夫（大修館書店会長）、三男＝鈴木荘夫（大修館書店社長）、四男＝鈴木淑夫（衆院議員）、五男＝鈴木康司（中央大学学長）

鈴木　敏夫　すずき・としお
読売新聞図書編集部長　出版研究家

[生年月日] 大正4年（1915年）6月2日
[没年月日] 昭和55年（1980年）2月25日
[出生地] 宮城県塩釜市　[学歴] 横浜高商〔昭和11年〕卒

昭和11年生家は書籍・新聞販売業を営む。朝日新聞東京本社に入社、23年退社。主婦と生活社、丹頂書房、トッパンの各編集長を経て、30年読売新聞社に入り、「週刊読売」編集部長、図書編集部長を務めた。45年退職後、平凡社やほるぷの顧問、日本出版学会常任理事を歴任。著書に『本づくり 編集製作の実際と出版の数学』『出版 好不況下興亡の一世紀』『プレ・グーテンベルグ時代』『江戸の本屋』などがある。

鈴木　敏夫　すずき・としお
大修館書店社長

[生年月日] 大正15年（1926年）1月1日
[没年月日] 昭和62年（1987年）4月17日
[出生地] 東京市神田区（東京都千代田区）
[学歴] 東京高師附属中〔昭和18年〕卒、東京慈恵会医科大学〔昭和24年〕卒

大修館書店創業者・鈴木一平の二男で、兄が早世したため事実上の長男として育つ。昭和23年大修館書店に入社。27年取締役、41年常務、43年専務、45年副社長を経て、47年3代目社長に就任。61年会長。教科書協会理事、東京出版協同組合理事、出版文化国際交流会理事、日本書籍出版協会常任理事、日本出版クラブ評議員を歴任。
[家族等] 父＝鈴木一平（大修館書店創業者）、母＝鈴木とき（大修館書店取締役）、弟＝鈴木荘夫（大修館書店社長）、鈴木淑夫（衆院議員）、鈴木康司（中央大学学長）　[叙勲] 勲四等瑞宝章〔昭和62年〕
[参考] 『追憶鈴木敏夫』大修館書店 1988

鈴木 利貞　すずき・としさだ
日本評論社社長

[生年月日]明治20年（1887年）8月23日
[没年月日]昭和42年（1967年）12月23日
[出身地]岩手県水沢市（奥州市）　[学歴]一関中卒

大正8年日本評論社に入社。14年創業者の茅原茂の没後に経営を引き継ぎ、15年評論や随筆を中心とした月刊経済誌「経済往来」を創刊。昭和3年株式会社に改組して社長に就任。"円本ブーム"の中で「社会経済大系」（全24巻）、「明治文化全集」（全24巻）、「現代法学全集」（全39巻）などを次々と刊行、社会科学分野を中心に戦前の出版界で独自の地位を築く一方、10年「経済往来」を「日本評論」に改題、室伏高信を主筆に迎えて「中央公論」「改造」に匹敵する総合誌に育てあげた。27年社長を退任。この間、20年日本出版協会の初代会長。

[家族等]女婿＝鈴木三男吉（日本評論社社長）
【参考】『回想の日本評論社』鈴木三男吉著

鈴木 均　すずき・ひとし
「現代の眼」編集長　日本エディタースクール理事長

[生年月日]大正11年（1922年）2月18日
[没年月日]平成10年（1998年）10月27日
[出生地]東京都　[学歴]慶応義塾大学経済学部経済学科〔昭和19年〕卒

海軍予備学生。昭和20年復員後、自由社に入社。以後、世界評論社「世界評論」「婦人」、改造社「改造文芸」「改造」「女性改造」などの編集者を経て、26年平凡社に転じて「人間の記録双書」「転向」などの編集に携わる。37年現代評論社「現代の眼」第2代編集長となるが、社長の木島力也と対立し、間もなく退職。40年現代ジャーナリズム研究所、日本エディタースクールを創立し、初代理事長。その後、「わだつみ」編集長、放送批評懇談会理事長などを務める傍ら、放送評論家として活躍。57年日本ジャーナリスト専門学校創立に参加。著書に「現代ジャーナリズム論」「現代報道論」「現代テレビ批判」「出版の現場学」「ジャーナリスト」「巨大企業の文化戦略」「自分史の書き方」「立ち読み社会」「昭和の終わる日」など。

鈴木 文史朗　すずき・ぶんしろう
「リーダーズ・ダイジェスト」日本版初代編集長

[生年月日]明治23年（1890年）3月19日
[没年月日]昭和26年（1951年）2月23日
[出生地]千葉県海上郡豊浦町（銚子市）　[本名]鈴木文四郎　[学歴]銚子中〔明治42年〕卒、東京外国語学校英語学科〔大正2年〕卒

大正3年「フーズフー・イン・オリエント」編集、4年三菱合資会社地所部を経て、6年東京朝日新聞社に入社。7年抜擢されてシベリア出兵の従軍記者となり、その後も特派員としてパリ講和会議、ロンドン軍縮会議、ワシントン軍縮会議などに派遣された。11年杉村楚人冠の下でグラフ局編集部長となり、雑誌「アサヒグラフ」の創刊・編集に従事。14年社会部長に就任し、大正から昭和という時代の変り目において第一線で活躍した。その後、昭和5年整理部長兼論説委員、9年編集総務、10年名古屋支社長などを歴任。17年政府の要請でジャワへ渡り、同地おける新聞発行の基礎を固めた。帰国後、常務を経て、20年3月出版総局長。10月日本出版協会の初代会長に選ばれたが間もなく社内事情により辞退。戦後は21年「リーダーズ・ダイジェスト」日本版編集長に迎えられ、24～25年同支社長。24年全国出版協会名誉会長。日本青年館理事長として青年運動にも尽力した。25年参院議員に当選したが、間もなく病死した。著書に「米欧変転記」「文史朗随筆」「心を打つもの」などがある。

【参考】『文史朗文集』大日本雄弁会講談社1952

鈴木 三重吉　すずき・みえきち
　　赤い鳥社主宰　児童文学者

[生年月日]明治15年（1882年）9月29日
[没年月日]昭和11年（1936年）6月27日
[出生地]広島県広島市　[学歴]広島一中卒,三高卒,東京帝国大学文科大学英文科〔明治41年〕卒

広島一中、三高を経て、明治37年東京帝国大学英文科に入学し、夏目漱石、上田敏らの講義を受ける。39年漱石の推薦で短編小説「千鳥」が『ホトトギス』に掲載され、続いて40年「山彦」「お三津さん」を発表。処女短編集「千代紙」も刊行し、新進作家として地位を築いた。41年大学卒業後の10月に成田中学校教頭となり、勤務しながら長編小説「小鳥の巣」などを発表。44年退職後は執筆活動に専念し、長編小説「桑の実」を書いたが、大正5年童話集「湖水の女」刊行後は童話文学に関心を深め、7年赤い鳥社を創設して芸術的価値のある童話と童謡を掲載する児童芸術誌「赤い鳥」を創刊した。作家・画家・作曲家ら多くの執筆陣の協力を得てその編集に専念、自らは「古事記物語」などの再話・翻案を掲載。「赤い鳥」は全国に自由画運動・綴方運動を普及させる一方、投稿者の中から坪田譲治、与田凖一ら多くの児童文学者を輩出し、日本の児童文化の興隆に貢献した。
[家族等]息子＝鈴木珊吉（日本輸送エンジニアリング社長）,娘＝鈴木すず（ファッションデザイナー）
【参考】「赤い鳥 鈴木三重吉追悼号」1936.10 赤い鳥社／『鈴木三重吉の研究』根本正義著 明治書院 1978

鈴木 幹太　すずき・みきた
　　南山堂創業者

[生年月日]明治14年（1881年）10月30日
[没年月日]昭和25年（1950年）6月8日
[出生地]東京都

明治34年東京・本郷龍岡町に南山堂書店を創業、医学・薬学図書の出版と販売を始める。大正9年雑誌「治療及処方」（現・「治療」）を創刊。昭和初期に各科最高権威の著書を相次いで出版し、事業を急速に拡充。23年改組して株式会社南山堂とし、子息・鈴木正二に社長を譲った。
[家族等]息子＝鈴木正二（南山堂社長）

須藤 孝平　すとう・こうへい
　　朗月堂書店主人

[生年月日]明治15年（1882年）1月9日
[没年月日]没年不詳
[出生地]山梨県西山梨郡千塚村（甲府市）

明治31年教科書事業で身を立てるべく上京、日本橋本石町の今福鉄太郎経営の朗月堂に入り出版業に従事。34年帰郷、甲府に朗月堂書店を開く。以後手腕を発揮して商権を拡張。有力版元二百余店と直接取引を行い新刊書籍雑誌、文具、学用品、教育用具等を店売すると共に、県下一円の卸問屋としても大々的に活動し巨額の収益をあげた。また出版事業にも熱心で「甲斐叢書」など貴重な出版物数十点を数え郷土文化に少なからぬ貢献をした。山梨県書籍雑誌商組合副組長。甲府商工会議所議員なども務め業界のために尽力した。

須藤 博　すとう・ひろし
　　講談社副社長　第一通信社社長

[生年月日]大正11年（1922年）11月30日
[没年月日]平成15年（2003年）3月16日
[出身地]栃木県　[学歴]専修大学専門部〔昭和25年〕卒

昭和12年講談社に少年部社員として入社。43年取締役、46年常務、49年専務を経て、56年副社長。61年最高顧問。第一通信社社長も務めた。講演録「講談社少年部について」（「日本出版史料」4号 平成11年3月）がある。

須長　文夫　すなが・ふみお
　　　　オーム社社長

[生年月日]明治43年（1910年）5月6日
[没年月日]平成4年（1992年）10月28日
[出生地]栃木県足利市　[学歴]電機学校高等工学科電気科〔昭和5年〕卒

昭和5年オーム社に入社。22年取締役、45年社長、56年相談役。この間、23年オーム社書店取締役、43年社長、48年相談役。23年工学書協会設立代表世話人、27年代表幹事長、46年会長。返品対策として特約店制度をつくった。
[叙勲]勲四等瑞宝章〔昭和57年〕
【参考】『オーム社75年史』オーム社75年史編纂委員会編　オーム社　1992

須磨　勘兵衛　すま・かんべえ
　　　　内外出版印刷専務

[生年月日]明治3年（1870年）2月16日
[没年月日]昭和29年（1954年）11月2日
[出生地]京都府

生家は京都の老舗書肆・升勘。同家の整理により困窮したため、六条活版製造所に入り印刷術と印刷所の経営法を学ぶ。明治41年独立して弘文社を設立。大正9年内外出版株式会社に改組し、主に政治・経済・法律などの学術書を出版した。15年常務を経て、専務。昭和2年内外出版印刷に社名変更。京都印刷同業組合組長、京都書籍雑誌商組合幹事なども務めた。
【参考】『須磨勘兵衛の面影』1956

澄田　譲　すみだ・ゆずる
　　　　東京堂会長　東京堂出版社長　東京堂書店社長

[生年月日]大正13年（1924年）3月26日
[没年月日]平成10年（1998年）5月9日
[出身地]群馬県前橋市　[学歴]中央大学経済学部〔昭和24年〕卒

日本鋼管から昭和32年東海不動産に転じ、49年常務。51年不動産事業へと積極的に進出していた東京堂に取締役として迎えられ、57年東京堂出版社長、58年東京堂書店社長。東京堂会長も務めた。

角屋　正隆　すみや・まさたか
　　　　東京出版販売社長

[生年月日]大正3年（1914年）6月1日
[没年月日]平成20年（2008年）4月29日
[出生地]新潟県北魚沼郡堀之内町（魚沼市）
[学歴]中央大学経済学部経済学科〔昭和9年〕卒

昭和6年長姉の夫・大野孫平が差配する東京堂に入社。21年日本出版配給を経て、24年東京出版販売（現・トーハン）設立に参画、36年取締役、42年常務、50年専務、54年副社長、59年社長。62年会長。平成3年退任。この間、昭和54年東販商事社長を兼任。
[家族等]義兄＝大野孫平（東京堂社長）　[叙勲]勲四等瑞宝章〔平成5年〕

陶山　巌　すやま・いわお
　　　　集英社社長

[生年月日]明治37年（1904年）7月10日
[没年月日]昭和54年（1979年）11月30日
[出生地]島根県飯石郡中野村（雲南市）　[学歴]神奈川県師範〔大正14年〕卒

代々神主を務める家柄。小学校卒業後に上京、逓信省に勤務する傍ら夜学に通う。大正14年神奈川県師範学校を卒業、川崎で数年間教職に就く。昭和7年小学館に入社、雑誌「小学二年生」などの編集に従事したが営業に転じ、宣伝部を経て、出版部長となる。戦後、一時独立して出版社を自営。次いで二葉図書に入り、小学校の国語教科書の編集に当たった。24年小学館に再入社し、同年系列の集英社社長に就任。同年創刊の「おもしろブック」を皮切りに、25年「よいこのとも」、26年「少女ブック」など児童向け雑誌を立て続けに出し、27年芸能誌「明星」で新路線を開拓。30年少女漫画誌「りぼん」、41年青年向け週刊

誌「プレイボーイ」、44年少年漫画雑誌「少年ジャンプ」、45年文芸誌「すばる」、46年女性ファッション誌「non-no」などを次々と創刊した他、文芸書や全集、画集などにも進出し、企画編集と営業のバランスを考えた雑誌経営で成功を収め、大手出版社の一つに数えられるに至った。51年会長。
[叙勲]勲四等瑞宝章〔昭和49年〕

諏訪 三郎　すわ・さぶろう
⇒半沢 成二（はんざわ・せいじ）を見よ

須原屋 伊八　すわらや・いはち
青藜閣須原屋（須伊）主人

[没年月日]生没年不詳
[出生地]常陸国水戸上町（茨城県水戸市）

水戸上町の商家北沢伊兵衛の子。12歳で江戸日本橋の大書商・千鐘房須原屋茂兵衛方に奉公、年期を勤め上げて安永元年（1772年）、江戸下谷池ノ端に青藜閣を開く。須原屋の屋号を持つ本屋は文化年間には12軒に増え、これらは須原屋一統と称して江戸書商の中心的存在になった。中でも須伊は本家の須茂に次ぐ出版点数を誇り、とくに蘭学書の翻訳物の出版できこえた。伊八には三子があって長男が2代目を嗣ぎ、三男安次郎は寛政11年（1799年）水戸に東壁楼須原屋安次郎店を始め、医書、寺子屋の教本等を合版で刊行、須原屋本家の販売網にのせる堅実な商法で繁盛した。2世安次郎は水戸弘道館の御用書肆となり、また水戸医学館製造の薬種の取次もした。火災に遭って店舗は浅草茅町に移転した。明治20年その地に松成堂（松成伊三郎）が開店したというから、すでに廃業していたと見られる。20年結成の書籍商組合加入者名簿にも須伊の名はない。
【参考】『近世常陸の出版』秋山高志著　青裳堂書店 1999

須原屋 茂兵衛　すわらや・もへえ
千鐘房須原屋（須茂）主人

[出生地]紀伊国有田郡栖原（和歌山県有田郡湯浅町）

北島氏。初代宗元が万治年間江戸に出て日本橋南に書肆を開く。当時から長く江戸の出版界は京都大書商の出店又は上方縁故の者が支配していた。寛延3年（1750年）類版取締りに関して上方書商の出店と江戸地店の抗争が起り、これを契機に上方出店の撤退が始まり、それに代って須茂の所属する江戸南組が急速に発展する。宝暦頃から4代茂兵衛（天明2年没）の経営によって須原屋はめざましい拡大をとげ、寛政末の「蔵板書略目録」では刊行書270点を数え、"江戸書林の魁"たる蓄積をみせた。その後中だるみ状態になったが、7代茂広（天保9年没）は武鑑・江戸図出版の独占化をはかり、薬種業を兼業するなどして家業を盛りたて中興に成功した。天保期以降、出版の新展開の流れにも適応して発展した。明治政府もその実力を認めて、「太政官日誌」の印刷販売を任せ、6年には太陽暦の暦本の出版権を与えた。しかし集積してきた板木（蔵板書）は新時代に急速に価値を失い、37年鈴木荘太郎に経営を譲った。
【参考】『江戸の本屋さん 近世文化史の側面』今田洋三著　日本放送出版協会 1977（平凡社ライブラリー 2009）

【せ】

瀬川 雄章　せがわ・かつあき
双葉社社長　千代田洋紙社長

[生年月日]大正6年（1917年）12月20日
[没年月日]昭和54年（1979年）3月18日
[出身地]石川県金沢市　[学歴]陸士（第51期）〔昭和13年〕卒

昭和20年陸軍少佐で敗戦を迎える。戦後、千代田洋紙を設立して社長。45年双葉社社長となった。

瀬川 光行　せがわ・みつゆき
元々堂書房創業者

[生年月日] 元治1年（1864年）
[没年月日] 没年不詳
[出生地] 出羽国雄勝郡湯沢（秋田県湯沢市）
[学歴] 東京専門学校〔明治19年〕卒

三百年来酒造業を営む名家に生まれるが、家運衰えて明治16年上京、東京専門学校（現・早稲田大学）に入り政治経済学を修め19年卒業。20年以後「商業電報」及び「読売新聞」記者を数年勤め、26年より歴史伝記類の編纂出版に従事し、32年史伝編纂所を設立して有益な図書を刊行。36年合資会社元々堂書房をおこし主に中等教科書及参考書を出版。日露戦争中は蹄鉄業をはじめ軍需品を供給、40年資を投じて元々堂書房を個人経営とした。

関 宇三郎　せき・うさぶろう
東明堂創業者

[生年月日] 明治15年（1882年）3月17日
[没年月日] 没年不詳
[出生地] 東京都

明治38年東京・神田富山町に書籍店東明堂を開く。41年2代目細川芳之助の経営する左久良書房を継承して主に文芸書を手がけ、田山花袋「田舎教師」、永井荷風「冷笑」、島崎藤村「千曲川のスケッチ」など、文学史上に残る作品を刊行した。

関 信太郎　せき・しんたろう
明文図書創業者

[生年月日] 明治23年（1890年）11月12日
[没年月日] 昭和35年（1960年）8月23日
[出生地] 千葉県君津郡木更津町（木更津市）

明治37年上京、学参物出版書店修学堂に入り勤続12年。大正4年独立して取次業三進堂を創業。昭和16年日本出版配給に統合、駿河台営業所次長、仲町営業所長、錦町営業所次長などを務める。敗戦後、三進堂を復興。22年同業を謀って明文図書株式会社を創立し社長に就任した。
[家族等] 息子＝関通夫（明文図書社長）
【参考】「本と暮らして五十七年 "神田の村長さん" 故関信太郎氏のこと」（「出版新報」1960.7.30）

瀬木 博尚　せき・ひろなお
博報堂創業者

[生年月日] 嘉永5年（1852年）10月6日
[没年月日] 昭和14年（1939年）1月22日
[出生地] 越中国富山（富山県富山市）

越中富山藩士の長男。戊辰戦争では同藩が東北諸藩の征討を命じられたため長岡城攻撃に参加した。明治27年41歳で上京。牛乳配達や「めざまし新聞」校正係・編集手伝いなどを経て、28年日本橋に雑誌広告取次業の博報堂を創業。当初は教育雑誌への取次を主としたが、やがて博文館の雑誌出版物の広告を一手に扱うようになった。30年新聞に掲げる書籍広告の取次を始め、32年千代田町に移転した際に新聞雑誌広告取次業を称した。一方で出版業も行い、31年スポーツ雑誌の嚆矢である「運動界」を創刊、33年からは国民の政治意識向上のため「帝国少年議会議事録」（のち「帝国青年議会議事録」に改題）を刊行した。日露戦争時には「戦時画報」などの売り上げ増に伴って広告業も進展し、全国展開を開始。43年博文館の坪谷善四郎が経営していた日刊通信「内外通信」を貰い受けたのを機に社名を内外通信社に改め、広告部門を内外通信社博報堂とした。大正12年関東大震災で社屋が焼失するも社業を復興し、13年博報堂を株式会社に改組。同年郷里・富山市内の全小学校及び市立図書館に「瀬木児童文庫」を寄贈した。また、震災で大量の資料が灰燼に帰したのを憂い、15年私財15万円を東京帝国大学法学部に寄付。同大はこれを基として、昭和2

年管理者に穂積重遠、収集主任に宮武外骨を選任して明治新聞雑誌文庫を設立。外骨の優れた見識により、貴重な明治時代の新聞雑誌を多数収集した。
[家族等] 息子＝瀬木博信（博報堂社長）、瀬木博政（博報堂会長）、孫＝瀬木庸介（博報堂社長）、瀬木博雅（博報堂副社長）、瀬木博基（駐イタリア大使）　[叙勲] 紺綬褒章〔昭和3年〕

関口 良雄　せきぐち・よしお
山王書房主人

[生年月日] 大正7年（1918年）2月11日
[没年月日] 昭和52年（1977年）8月22日
[出生地] 長野県飯田市　[別名等] 号＝銀杏子
[学歴] 錦城中中退

生家は米屋で、9人きょうだい（7男2女）の六男。小学校卒業後、姉を頼って上京。兄が営む名刺の紙店や新聞販売店で働き、錦城中学に通うも身体を壊して中退。その後、新聞連盟甲府支局に勤務した。昭和20年海軍に入隊するが、7月十二指腸潰瘍を患って霞ケ浦の海軍病院へ入院、そのまま敗戦を迎えた。22年新聞連盟解散により文星閣印刷に勤め、28年大田区臼田坂下に日本近代文学を専門とする古書店・山王書房を開業。多くの作家や学者たちと交流を持ち、38年『上林暁文学書目』、39年『尾崎一雄文学書目』と敬愛する作家の書目を自費で発行した（のち書物の散逸を望まず2人の全著作を日本近代文学館に寄贈）。傍ら、銀杏子の号で俳句をよくし、加藤楸邨主宰の「寒雷」に投句。45年尾崎、上林、木山捷平、山高登と五人句集『群鳥』を制作した。還暦を記念して随筆集を出版する予定であったが、刊行を見ずに病に倒れた。没後、随筆集『昔日の客』が出版され、知る人ぞ知る名著として知られたが、平成22年夏葉社より復刻され話題を呼んだ。
[家族等] 長男＝関口直人（音楽プロデューサー）
【参考】『関口良雄さんを憶う』尾崎一雄編　三茶書房 1978（複製 夏葉社 2011）

関根 康喜　せきね・こうき
「日本読書新聞」総務部長

[没年月日] 生没年不詳
[本名] 関根喜太郎　[別名等] 筆名＝荒川畔村

東京・日本橋檜物町の東雲堂書店の出身で、大正9年同社の西村辰五郎（西村陽吉）が歌誌「尺土」を出すと、一時その発行人を務めた。その後、関根書店を営み、13年宮沢賢治『春と修羅』を出す。14年虚無思想社を起こし雑誌「虚無思想研究」を発行、発売は関根書店の後継社と目される新声社。昭和初年頃より刀江書院に勤め、同社が株式会社に改組された際に取締役支配人となる。退社後は日本読書新聞社の総務部長となるも13年退職、成史書院を経営し自著「屑の話」「物資の回収」「出版の研究」「出版国策の方向」などを出版した。また、日本出版文化協会の内紛に関わる文協事件（17年）に関与したとされる。一方、マクロビオティック（食事療法）の提案者である桜沢如一に傾倒し、桜沢が顧問を務めた食養会の会長でもあった。戦後は東京P.U.C、火星社、星光書院、農業書院、文教出版などを経営したが、20年代末に出版業界から姿を消した。
【参考】大沢正道「関根康喜の思い出」（「虚無思想研究」2005.2）

瀬戸 忠信　せと・ただのぶ
日本ヴォーグ社創業者

[生年月日] 大正11年（1922年）7月18日
[没年月日] 平成23年（2011年）7月2日
[出生地] 石川県　[学歴] 関西大学専門部卒

昭和18年応召。19年フィリピンへ向かう途中に輸送船を沈められ、バシー海峡を30時間漂流して生還。その後、フィリピンでの激戦をくぐり抜け、敗戦後に米軍に投降し、21年復員。23年鳥居達也と小松織物出版社を創業、編集責任者となる。24年石川県小松から東京へと本社を移し、日本織物出版社に社名変更。同年から通信販売を始めた季刊スタイルブッ

ク「アメリカンスタイル全集」は10万部を超えるベストセラーとなった。やがて名取洋之助を編集顧問に迎え、副社長兼編集長として社業を軌道に乗せたが、28年社長の鳥居が既製服製造業への進出を強行して失敗したため、29年倒産した。同年独立して日本ヴォーグ社を創業（社名は鳥居の命名）、編物・手芸分野に着目し出版活動を開始。33年株式会社に改組。34年に出した飯田欽治「計算なしで編める編物割出し表」は100版を超えるロングセラーとなり、社の基盤を固めた。出版業の一方、42年「手あみ通信講座」を開講して通信教育市場に金字塔を打ち立て、編物学園や手芸用品の小売りなど経営の多角化にも着手。60年には編物指導者団体・日本編物文化協会を創立するなど、我が国の編物界に大きな足跡を残した。
[家族等]長男＝瀬戸信昭（日本ヴォーグ社社長）　[叙勲]勲五等瑞宝章〔平成4年〕
【参考】『日本ヴォーグ社50年史』日本ヴォーグ社 2006

瀬戸川 猛資　せとがわ・たけし
トパーズプレス代表 ミステリー評論家

[生年月日]昭和23年（1948年）7月5日
[没年月日]平成11年（1999年）3月16日
[出生地]東京都品川区　[学歴]早稲田大学第一文学部演劇科卒

学生の時から海外ミステリー評論を書き、卒業後は東宝に就職。昭和53年に退社し、55年トパーズプレスを設立。58年～平成3年本の探険マガジン「BOOKMAN」編集長を務め、「ミステリ・マガジン」「ダカーポ」などの雑誌にミステリーに関するエッセイ・コラムを執筆。ジャンルにこだわらない柔軟な発想のミステリー論で知られ、映画評論でも活躍した。著書に「夜明けの睡魔」「夢想の研究」「シネマ免許皆伝」など。

【そ】

宗野 信彦　そうの・のぶひこ
座右の書物会会長

[生年月日]昭和18年（1943年）12月31日
[没年月日]平成20年（2008年）6月17日
[出生地]兵庫県揖保郡太子町　[学歴]関西大学文学部〔昭和41年〕卒

昭和41年ほるぷに入社。47年タイムライフを経て、50年第一図書販売営業部長、55年取締役。同年座右の書物会を設立し、社長、会長を務めた。

曽川 勝太郎　そがわ・かつたろう
新興出版社啓林館創業者

[生年月日]明治38年（1905年）11月16日
[没年月日]昭和51年（1976年）1月5日
[出生地]香川県

大正12年三宅書店に入社。その後、隆文堂経営に参画したのを経て、昭和21年佐藤武雄、原野仲次と大阪で任意組合新興出版社を創業、24年株式会社に改組して代表取締役専務。36年新興出版社啓林館に社名変更。44年社長、46年会長。教科書準拠の自習書や理数系の検定教科書を出版した。日本書籍出版協会評議員、教科書協会理事、日本出版クラブ評議員を務めた。
[叙勲]勲四等瑞宝章〔昭和51年〕
【参考】『新興出版社啓林館50年史』新興出版社啓林館 1996

曽根 松太郎　そね・まつたろう
「教育界」主筆 明治教育社主

[生年月日]明治3年（1870年）10月20日
[没年月日]昭和20年（1945年）7月13日
[出生地]愛媛県北宇和郡吉田町（宇和島市）
[別名等]号＝曽根金偄　[学歴]愛媛県尋常師

範〔明治25年〕卒

明治25年愛媛県尋常師範学校卒業、県下各地で小学校訓導を歴任。31年伊予郡視学に任ぜられ、県内教育振興に力を注ぐ。34年9月師範同期の三土忠造の仲介で金港堂入り、積年の志望を達して教育雑誌の編輯に従事。11月「教育界」創刊、以後主筆として論陣を張る一方で、大日本教育団や教育雑誌記者会を組織結成、また帝国教育会評議員として教育運動にも尽力した。44年9月金港堂より「教育界」を譲渡され、明治教育社を創立し独立経営する。新保磐次、佐々醒雪、樋口勘次郎などの後援や愛読者会の支持を得て大正13年まで続刊した。8年同誌継続発行を条件に南北社（9年大日本文華社に改組）入り、帝国教育会会長・沢柳政太郎関係の雑誌図書を刊行したが、10年末辞職。11年文化書房を創立し、雑誌「帝国教育」「教育問題研究」の発行を継承、新たに「低学年教育」「高学年教育」「尋三四教育」を発行した。また傾倒する一大教育家の業績をまとめた「沢柳全集」（全6巻）を冨山房と共同刊行した。曽根の如き在野の教育功労者に叙勲の路はなく、そこで友人有志は「曽根松太郎氏教育奉仕三十年記念　無冠の栄光」（昭和5年）を編んで贈呈した。
【参考】『無冠の栄光　曽根松太郎氏教育奉仕三十年記念』曽根松太郎氏教育奉仕三十年祝賀会編 1930

反町 茂雄　そりまち・しげお
弘文荘主人

[生年月日]明治34年（1901年）8月28日
[没年月日]平成3年（1991年）9月4日
[出生地]新潟県長岡市　[学歴]日大附属中〔大正8年〕卒, 二高文科〔大正13年〕卒, 東京帝国大学法学部政治学科〔昭和2年〕卒

11人きょうだい（7男4女）の9番目の五男。明治43年上京、俳優の阪東妻三郎は小学校時代の友人。大学時代から出版を志し、昭和2年親しかった十字屋酒井嘉七の紹介で、酒井の実兄である初代酒井宇吉が経営する古書店・一誠堂書店に住み込みで入店。当時25歳で東大出の古本屋として評判となり、早くから頭角を現して店務を統括。外交販売中心に経営方針を切り替え、目録販売でも成功するなど店の発展に大きく寄与した。出版業に就くまでの修業として古書業界に入ったが次第に古典籍商の面白さに目を開き、岩波茂雄や小酒井五一郎からの誘いを断り、7年独立して本郷西片町に弘文荘を創業。無店舗の目録販売で、8年より第一級の古書目録「弘文荘待賈古書目」を発行。以来、国宝・重要文化財あるいは重要美術品に指定される書籍を数多く発掘・販売し、90歳で亡くなるまで現役の古典籍商として活躍した。特に天理教真柱で無類の書籍コレクターであった中山正善と親交があり、天理図書館の蒐書に多大な貢献をなした。また、古書業界で指導的な地位に立ち、その近代化にも尽力。5年文車の会設立、会長。37年東京古典会会長、41年明治古典会会長。太平洋戦争末期には都立図書館の戦時特別図書買い上げ事業の査定役を担当した。弘文荘は初期に出版も行ったが、「近世文芸史研究」を刊行した森銑三は、戦後弘文荘に勤め、入手書籍の調査を手がけた。
[受賞]新潟日報文化賞〔昭和57年〕, 東京都文化賞〔平成3年〕
【参考】『一古書肆の思い出』反町茂雄著　平凡社 1986／『弘文荘反町茂雄氏の人と仕事』文車の会編 1992／『古書肆・弘文荘訪問記　反町茂雄の晩年』青木正美著　日本古書通信社 2005

【た】

高井 一郎　たかい・いちろう
三和創業者

[生年月日]明治31年（1898年）1月1日
[没年月日]昭和49年（1974年）2月6日
[出生地]岡山県浅口郡玉島町（倉敷市）　[学

歴]関西商工卒

大正9年「サンデー毎日」の製本を請負い、以後大阪毎日新聞社と関係を深め15年合資会社新生堂を創立、主に大毎発行図書の取次を行った。昭和3年個人経営となり、長兄・哲造、次兄・亀治と力を合わせ一般図書の取次も手がけて発展した。16年日本出版配給に統合されたが、戦後新生堂を再建。さらに同業2社を合併して三和を設立し、近畿全域に基盤を確立した。

高市 次郎　たかいち・じろう
フレーベル館創業者

[生年月日]明治9年(1876年)1月19日
[没年月日]昭和32年(1957年)1月21日
[出生地]愛媛県温泉郡小野村(松山市)　[学歴]愛媛県尋常師範〔明治30年〕卒

愛媛県内の尋常小学校訓導を務め、明治39年幼稚園教育の和田実(明治9年3月5日～昭和29年1月14日)と出会う。40年上京し東京・飯田町に玩具保育用品の白丸屋を開店。翌年九段へ移りフレーベル館と改称。大正9年株式会社に改組。昭和2年「観察絵本キンダーブック」創刊、直販制をとり大成功となった。
[家族等]長男=高市慶雄(フレーベル館社長)
【参考】『フレーベル館七十年史』フレーベル館 1977

高木 貞衛　たかぎ・さだえ
万年社社長

[生年月日]安政4年(1857年)2月26日
[没年月日]昭和15年(1940年)10月22日
[出生地]阿波国富田(徳島県徳島市)

阿波徳島藩士の長男。明治8年上京し、元老院に出仕したが、間もなく職制改正により免官となり帰郷。その後、高知県出仕、陸軍軍人、工務省電信局勤務などを経て、12年大阪日報社に入社して庶務会計に携わった。16年株式取引所に入って副支配人となるが、17年同所の不法事件に連座。23年大阪に広告取次業の万年社を創業し、間もなく大阪毎日新聞社との間で広告の一手取扱いの契約を結び、社業の基礎を確立した。25年大阪基督協会の宮川経輝のもとで受洗。その後、万年社は27年東京支店、32年京都支店を開設して全国規模に業務を展開し、41年社内に広告研究会を結成。42年広告・広告取引の実際を見聞するため欧米に外遊し、帰国のち業名を広告代理業と改称して斯業の確立に尽力した。大正9年同社を株式会社に改組。12年広告専門雑誌「広告論叢」、13年「広告年鑑」をそれぞれ創刊した。
[家族等]息子=高木貞二(東京大学名誉教授)、甥=橘静二(新文館創業者)
【参考】『高木貞衛翁伝』万年社 1950

高城 肇　たかぎ・はじめ
潮書房社長 光人社社長

[生年月日]大正15年(1926年)3月5日
[没年月日]平成22年(2010年)4月14日
[出生地]千葉県　[学歴]明治学院大学文学部英文科〔昭和24年〕卒

翻訳に従事後、潮書房に入社して編集長を務める。月刊誌「丸」を継承して太平洋戦争を取り上げる戦記雑誌に仕立て直し、同誌を発行する潮書房社長の他、書籍を主流とする光人社を設立。太平洋戦争関連書の出版で知られ、自らも戦記を中心とした作家として活躍した。

高木 義賢　たかぎ・よしかた
講談社専務

[生年月日]明治10年(1877年)11月8日
[没年月日]昭和23年(1948年)7月19日
[出生地]徳島県　[学歴]徳島中卒

明治35年通信省通信局に勤務。天津郵便局、上海郵便局長などを経て、大正4年帰国。8年講談社に入社。経理部門を担当して同社の興隆を支えた。20年相談役。
[家族等]義姉=野間左衛(講談社社長)

高楠 順次郎　たかくす・じゅんじろう
　　大蔵出版創業者 仏教学者

[生年月日] 慶応2年（1866年）5月17日
[没年月日] 昭和20年（1945年）6月28日
[出生地] 安芸国御調郡八幡村（広島県三原市）
[旧名] 沢井　　[別名等] 幼名＝梅太郎、洵、号＝雪頂　　[学歴] 西本願寺普通教校〔明治22年〕卒、オックスフォード大学（英国）〔明治27年〕卒 文学博士　　[資格] 帝国学士院会員〔明治45年〕

明治13年より郷里の小学校教師を務める傍ら竜山会を興し、友人の花井卓蔵らと政治を談じる。18年京都へ出て西本願寺普通教校に入学。在学中の19年、仏教界の改革や禁酒を目的に反省会を組織し、20年「反省会雑誌」（「中央公論」の前身）を創刊。また同校の教官たちと欧米仏教通信社を開設。23年英国オックスフォード大学へ留学し、インド学を研究。28年ドイツへ移り、ベルリン大学、ライプツィヒ大学でチベット・モンゴル・アルタイなどアジア各国語やインド哲学・西洋哲学などを学んだ。30年帰国後は東京帝国大学文学部講師となり、梵文学・言語学を担当。31年講師在職のまま末松謙澄逓信相の秘書官となる。32年教授、33年東京外国語校長を兼任。35年中央商業学校を設立し、校主に就任。大正13年武蔵野女子学院を創立するとともに、仏教女子青年会を主宰した。昭和2年東京帝大を定年退官。6〜9年東洋大学学長。この間、大正13年から昭和9年まで「大正新修大蔵経」（全100巻）の研究・編集・刊行に力を注ぎ、その刊行組織として大正一切経刊行会を設立。7年改組して大蔵出版株式会社とし、仏教書出版を行った。「国訳南伝大蔵経」（全65巻）、「大日本仏教全書」（全151冊）、「ウパニシャッド全書」（全9巻126種）などの監修も行った。

[家族等] 弟＝沢井俊二（医師）　　[叙勲] 文化勲章〔昭和19年〕
【参考】『高楠順次郎先生伝』鷹谷俊之著 武蔵野女子学院 1957

高倉 嘉夫　たかくら・よしお
　　忠誠堂創業者

[生年月日] 明治13年（1880年）8月20日
[没年月日] 昭和7年（1932年）2月26日
[出生地] 福井県

明治34年東京に忠誠堂を創業。主に忠君愛国の思想を鼓舞し、人心の修養を目的とした書籍を出版、幸田露伴「努力論」、加藤咄堂「修養論」、伊藤痴遊「西郷南洲」などを手がけた。円本の出現前後には探偵小説など大衆物も刊行し、成功を収めた。仁義に篤いことで知られ、同郷の先輩である政治家・杉田定一に私淑し、その清貧に感動して無償で杉田の著書を発行したこともあった。また、郷里・福井県から衆院議員に立候補した。

高島 国男　たかしま・くにお
　　世界思想社教学社創業者

[生年月日] 大正13年（1924年）8月6日
[没年月日] 平成21年（2009年）7月19日
[出生地] 大阪府大阪市　　[学歴] 京都工専卒

生家は大阪・船場の繊維問屋。東商業在学中に父を亡くし、昭和20年3月の空襲で家も焼失した。21年避難先の京都で、1ケ月5円の会費で借り放題の読書組合・洛陽文庫を設立したが、戦後の超インフレのために解散を余儀なくされ古本業に転向。23年良書の出版を志して世界思想社を創業、処女出版は恒藤恭「法的人格者の理論」。続いて戦前に発禁処分となった滝川幸辰の著書「刑法読本」を復刊した。以後、京都の研究者を主な書き手に「世界思想ゼミナール」「学ぶ人のために」などの学術書・教養書を刊行。一方、26年教学社を設立して学校教材の出版を開始。29年から大学入試の過去問題集「大学入試」シリーズを出版し、約600種類に及ぶ同シリーズは"赤本"の通称で広く知られる。44年世界思想社教学社に改組、代表取締役。平成20年会長。教学社として経営基盤を確保しつつ、世界思想社から本来の出版理念に基づいた良書の刊

行を手がけ、「滝川幸辰刑法著作集」(全5巻)などを出版。5年には水に濡れても大丈夫な合成紙を用いた「風呂で読む」シリーズを刊行、ユニークさで話題を呼んだ。
【参考】『出版五十年 創業者の理念と記録』高島国男編著 世界思想社 1998

高嶋 米峰　たかしま・べいほう
　　丙午出版社創業者　宗教家

[生年月日]明治8年(1875年)1月15日
[没年月日]昭和24年(1949年)10月25日
[出生地]新潟県中頸城郡竹直村(上越市)
[別名等]幼名＝大円、別号＝警醒子、竹友、竹有、竹村　[学歴]哲学館教育学部〔明治29年〕卒

父は浄土真宗本願寺派の僧侶・高嶋宗明で、5人きょうだいの長男。新潟県高田(現・上越市)の興仁教校、京都の西本願寺立普通教校などを経て、明治26年上京し、哲学館(現・東洋大学)に学ぶ。卒業後は井上円了の著作助手となり、母校の機関誌「東洋哲学」に関わった。30年金沢の「北国新聞」記者となるが短期間で辞職し、帰京して再び「東洋哲学」に携わるとともに京華尋常中学で教鞭を執った。32年仏教清徒同志会を結成し、33年同会として大日本廃娼会に加盟した他、禁酒・禁煙運動などにも取り組んだ。また、「中央公論」の教育・社会欄に寄稿し、同年「新仏教」を創刊(大正4年まで)。34年鶏声堂書店を開業し、東洋大学や京北中学の教科書を販売。39年共同出資(のち個人経営)で丙午出版社を設立し、44年堺利彦の勧めで当時大逆事件のために獄中にあった幸徳秋水の著書「基督抹殺論」を出版した。大正元年「漢詩」を創刊。6年村上専精らとともに東大印度哲学講座開設に尽力。昭和9年鶏声堂書店を閉店するとともに、丙午出版社を明治書院に譲渡。一方で共立女子薬学専門学校、実践商業学校、東京美術学校などで教え、12年母校・東洋大学教授となり、18年学長に就任した。19年文学報国会理事長。著書に「般若心経講話」「一休和尚伝」「物の力心の力」「高嶋米峰自叙伝」などがある。
[家族等]息子＝高嶋雄三郎(編集者)
【参考】『高嶋米峰自叙伝』高嶋米峰著 学風書院 1950／『高嶋米峰』高嶋米峰没後五〇年記念顕彰書籍刊行会編 ピーマンハウス 2000

高嶋 雄三郎　たかしま・ゆうざぶろう
　　学風書院創業者

[生年月日]明治44年(1911年)10月2日
[没年月日]平成5年(1993年)6月27日
[出身地]東京市小石川区(東京都文京区)
[学歴]法政大学国文学科卒

父は宗教家の高嶋米峰。法政大学国文学科を卒業後、宝塚文芸部を経て、昭和14年中央公論社に入社。編集部・出版部に勤務し、「婦人公論」「中央公論」の編集に携わった。戦後、酣燈社の設立と共に入社して代表社員、編集部長兼業務部長などを歴任して「学匠叢書」などを発行。24年学風書院を創業。また、日劇の舞台監督、日本の松の緑を守る会常務理事などを務めた。著書に「崔承喜」「第三の漢方」「竹の風土記」「松」「日本女優史」などがある。
[家族等]父＝高嶋米峰(宗教家)

高須 元治　たかす・もとじ
　　豊川堂社長

[生年月日]大正9年(1920年)5月14日
[没年月日]平成17年(2005年)5月1日
[出生地]愛知県豊橋市　[学歴]豊橋商卒

昭和21年豊川堂を再開。26年株式会社に改組して専務、45年4代目社長。平成6年会長。昭和54年から4年間、日本書店商業組合連合会副会長。
[家族等]長男＝高須博久(豊川堂社長)　[叙勲]黄綬褒章〔平成11年〕　[受賞]文部大臣表彰〔平成1年〕

高須賀 昭夫　たかすか・あきお
　　　虹出版代表

[生年月日]昭和15年（1940年）8月7日
[没年月日]平成22年（2010年）3月27日
[出身地]愛媛県東温市　[学歴]放送大学

昭和36年～平成13年松山市役所に勤務。昭和53年文芸同人誌「アミーゴ」の主宰者で、劇作家・高橋丈雄の著書を刊行するため虹出版を設立した。
[受賞]愛媛文芸誌協会賞〔平成5年〕

高杉 一郎　たかすぎ・いちろう
　　　⇒小川 五郎（おがわ・ごろう）を見よ

高瀬 広居　たかせ・ひろい
　　　山手書房社長　評論家

[生年月日]昭和2年（1927年）11月11日
[没年月日]平成18年（2006年）5月28日
[出生地]東京都文京区　[学歴]早稲田大学文学部国文科・西洋哲学科卒

浄土宗寺院に生まれ、教師（僧侶）の資格を持つ。NHKプロデューサー、昭和42年ラジオ関東（現・ラジオ日本）常務、46年放送批評懇談会理事長。50年音楽出版社の創芸社社長に就任すると山手書房に商号を変更、一般書籍を扱う出版社へと発展させた。講話塾・全国疏石会を主宰し、宗教、教育、社会問題などの評論で活躍した。
[受賞]日本民間放送連盟最優秀賞〔昭和31年・32年・34年〕、文藝春秋読者賞〔昭和33年〕、芸術祭賞〔昭和45年〕、日経経済図書文化賞〔昭和56年〕、サントリー学芸賞〔昭和58年〕

高津 弌　たかつ・はじめ
　　　日本歯科評論社創業者

[生年月日]明治27年（1894年）3月17日
[没年月日]昭和40年（1965年）4月20日
[出生地]愛知県幡豆郡横須賀町（西尾市）
[学歴]東京歯科医学校〔明治45年〕卒

大正3年郷里で歯科医を開業。8年日本歯科評論社（現・ヒョーロン・パブリッシャーズ）を創業し、月刊誌「中京歯科評論」（現・「日本歯科評論」）を創刊。12年日本連合歯科医師会書記長。14年大森で開業。6月4日を虫歯予防デーとした発案者でもある。

高鳥 賢司　たかとり・けんじ
　　　新学社社長

[生年月日]大正14年（1925年）1月10日
[没年月日]平成13年（2001年）8月10日
[出生地]京都府京都市　[学歴]京都商専機械科〔昭和17年〕卒

昭和24年吉野書房に入社、専務を経て、32年文芸評論家の保田与重郎らとともに新学社を設立し、56年社長。小中学生向けの家庭教材「月刊ポピー」などを出版した。平成7年相談役に退いた。

高野 嗣男　たかの・つぎお
　　　須原屋社長

[生年月日]大正13年（1924年）2月22日
[没年月日]平成24年（2012年）10月21日
[出生地]埼玉県浦和市（さいたま市）　[学歴]早稲田大学商学部〔昭和24年〕卒

大学卒業後、須原屋に入社。昭和35年3代目社長に就任。明治9年浦和に創業の同店はもとは東京・浅草茅町の須原屋伊八（青藜閣）支店、派遣された丸山幸吉が高野家に入り営業を続け、37年没。2代保平は師範学校、旧制高校所在地の利を生かして店勢を拡大した。
[叙勲]藍綬褒章〔昭和55年〕
【参考】『須原屋の百年』1976

高橋 克章　たかはし・かつあき
　　　スコラ社長

[生年月日]昭和18年（1943年）
[没年月日]平成7年（1995年）9月9日
[出生地]東京都台東区浅草　[学歴]東京教育大学卒

昭和41年講談社に入り、やがて芸能班のキャップに。52年からはクルマ専門誌「ベストカーガイド」の編集長。1年間の休養を経て、57年3月「スコラ」創刊、編集長。のち社長に就任。

高橋　休四郎　たかはし・きゅうしろう
高橋書店創業者

[生年月日]明治41年（1908年）9月21日
[没年月日]昭和58年（1983年）7月22日
[出生地]新潟県中頸城郡三和村（上越市）

昭和14年東京・浅草橋で出版物卸商の高和堂を創業。29年出版部を分離して高橋書店を設立。手帳や日記の版元として知られる。
[家族等]妻＝高橋逸（高橋書店会長）、二男＝高橋秀雄（高橋書店社長）

高橋　健三　たかはし・けんぞう
内閣官報局長　「二十六世紀」主宰

[生年月日]安政2年（1855年）9月
[没年月日]明治31年（1898年）7月22日
[出生地]江戸本所（東京都墨田区）　[別名等]号＝自恃居士　[学歴]東京大学〔明治11年〕中退

書家・高橋石斎の第3子。明治3年下総曽我野藩の貢進生として大学南校（現・東京大学）に入り、法律学を学ぶ。12年駅逓局に入って官吏となり、15年文部権少書記官、16年官報報告掛長、18年官報局次長を経て、22年内閣官報局長に就任。二葉亭四迷は官報局長時代の部下であった。この間、「東京電報」の創刊に関与し、22年同紙を「日本」に改組して杉浦重剛、陸羯南らとともに国粋主義を鼓吹した。23年フランスへ出張。25年官報局長を辞し、26年より「大阪朝日新聞」客員として国粋主義の立場から論説を発表する一方、岡倉天心と美術雑誌「国華」を発刊した。27年雑誌「二十六世紀」を創刊・主宰し、政府攻撃の論陣を張った。29年第二次松方内閣（松隈内閣）の書記官長に就任し、同年「二十六世紀」における土方久元宮内相批判記事が問題となり、また肺結核の悪化もあって、31年辞職した。
[家族等]父＝高橋石斎（書家）
[参考]『自恃言行録』川那辺貞太郎編 1899

高橋　五山　たかはし・ござん
全甲社創業者　紙芝居作家

[生年月日]明治21年（1888年）
[没年月日]昭和40年（1965年）
[出生地]京都府京都市　[本名]高橋昇太郎
[学歴]京都市立美術工芸学校卒、東京美術学校図案科卒

学年誌などの編集を経て、昭和7年全甲社を設立、月刊絵本を刊行する。10年「幼稚園紙芝居」の刊行を開始。ついで子どもを対象とした仏教紙芝居を刊行。戦後も紙芝居出版と紙芝居運動に力を注ぐ。37年その業績を顕彰する高橋五山賞が制定された。
[参考]高橋洋子「保育紙芝居（印刷紙芝居）の出版―高橋五山と全甲社」（「国文学 解釈と鑑賞」2011.10）

高橋　彰一　たかはし・しょういち
津軽書房創業者

[生年月日]昭和3年（1928年）8月31日
[没年月日]平成11年（1999年）1月18日
[出生地]青森県弘前市　[学歴]青森中〔昭和20年〕卒、文化学院〔昭和27年〕卒

教師の長男。昭和20年青森中学を繰り上げ卒業後、小学校の代用教員となる。25年上京して文化学院に学び、27年卒業後、広告業代理業、教科書会社、出版社などを転々とする一方、28～31年同人誌「信天翁」を編集発行し、小説を発表。37年帰郷して弘前市で古本屋を始めたが、38年再び上京して審美社の編集者となり、同社と同居していた昭森社の森谷均、思潮社の小田久郎らと接する中で編集技術を身につけた。39年弘前市で津軽方言詩集「津軽の詩」を出版したところ予想以上の売れ行きを示し、同年津軽書房を創業。48年

長部日出雄「津軽世去れ節」が直木賞を受賞するなど、全国的な地方出版社の草分けとなり、"東の津軽（書房）、西の葦（書房）"とも称された。54年東北出版人懇談会会長となり、"全国ふるさとの本まつり"の実行委員長などを務めた。
[受賞]弘前市シルバー卍賞〔昭和55年〕、サントリー地域文化賞〔昭和58年〕、東奥賞〔平成10年〕
【参考】『年輪 津軽書房十五年』千葉寿夫編 津軽書房 1979

高橋 新一郎　たかはし・しんいちろう
東京堂創業者

[生年月日]嘉永2年（1849年）11月20日
[没年月日]昭和2年（1927年）5月14日
[出身地]越後国湯沢（新潟県南魚沼郡湯沢町）
[旧名]上村　　[別名等]幼名＝新助

上村家に5人きょうだい（2男3女）の二男として生まれる。明治2年高橋家に婿入り。同家は旅館業、雑貨業を営んでいたが、23年家業を妻にまかせて上京。美術書籍商・日本堂を開いていた実兄・上村新三郎を頼り、さらに長姉の夫である博文館創業者・大橋佐平の勧めで、神田神保町に書籍文具類の小売店・東京堂を開業した。しかし、24年持病であった足の骨膜炎と、妻女にまかせてきた家業が心配になり、甥で養子にした大橋省吾に店をまかせて帰郷した。経営を嗣いだ大橋省吾は同年取次業ついで出版業を開始。大正6年合資会社から株式会社に改組、監査役に就任。
[家族等]養子＝大橋省吾（東京堂主人）、兄＝上村新三郎（日本堂主人）、弟＝大野金太郎（出版人）、義兄＝大橋佐平（博文館創業者）、甥＝大橋新太郎（博文館創業者）、大野孫平（東京堂社長）
【参考】『東京堂百年の歩み』東京堂 1990

高橋 清次　たかはし・せいじ
東都書房代表

[生年月日]明治38年（1905年）1月15日
[没年月日]昭和40年（1965年）4月23日
[出生地]岐阜県

昭和2年講談社に入社。19年「少年倶楽部」編集長、21年「群像」初代編集長を経て、編集局次長、「キング」編集長を歴任。31年傍系会社として東都書房を設立、38年代表。32年無名作家であった原田康子「挽歌」がベストセラーとなり、注目を集めた。

高橋 清七　たかはし・せいしち
煥乎堂社長

[生年月日]明治17年（1884年）6月14日
[没年月日]昭和17年（1942年）5月3日

父は地方取次・出版業・書店業の煥乎堂を創業した高橋常蔵で、6人きょうだい（3男3女）の2番目の長男。大正6年父を失い、家業を継ぐ。10年株式会社に改組して初代社長に就任。小学校卒の学歴ながら向学心が厚く、和漢洋にまたがる膨大な蔵書を持ち、特にスピノザに関する文献はその希少価値で知られる。没後、蔵書は群馬大学図書館と県立図書館に収蔵された。
[家族等]父＝高橋常蔵（煥乎堂創業者）、弟＝高橋元吉（煥乎堂社長）
【参考】高木久夫「小伝・高橋清七」（「スピノザーナ スピノザ協会年報」2003）

高橋 太華　たかはし・たいか
「少年園」編輯人

[生年月日]文久3年（1863年）6月28日
[没年月日]昭和22年（1947年）2月25日
[出生地]陸奥国（福島県）　[本名]高橋次郎

陸奥二本松藩士・根来正綬の子。幼時戊辰戦争で二本松城の落城を経験した。明治14年上京、岡千仭などに漢学をまなび、16年文科大学附属古典講習科漢文科に入学するも18年病を得て中退。東海散士の政治小説「佳人之奇遇」では代作説があるくらい添削増補などに大きく関与した。21年雑誌「少年園」の編輯主任として多くの巻頭論説を執筆、22年創

刊の石井研堂「小国民」には史伝類を書いて明治期の少年文学に貢献した。美術工芸にも造詣がふかく、岡倉天心の日本美術院に入り「日本美術」の編集をしたほか、数度渡清して歴史参考品蒐集に従事した。徴兵忌避のため本名を明かさずに母方の高橋姓を名乗り、一生を在野の民間学者として過ごした。

高橋　孝　たかはし・たかし
白水社社長

[生年月日]昭和4年(1929年)4月4日
[没年月日]平成2年(1990年)12月8日
[出生地]東京市深川区(東京都江東区)　[学歴]慶応義塾大学経済学部〔昭和26年〕卒

昭和26年鐘ケ淵紡績に入社するが、2年半で退社。29年白水社に入社。41年取締役、52年専務、58年社長に就任。日本書籍出版協会常任理事、日本出版クラブ監事、出版梓会常任理事などを兼任。
[受賞]翻訳出版文化賞〔昭和56年・57年〕

高橋　哲之助　たかはし・てつのすけ
東都書房代表

[生年月日]明治31年(1898年)10月10日
[没年月日]昭和31年(1956年)11月23日

昭和31年6月講談社が独立採算性の傍系会社として東都書房を設立すると、講談社監査役から転じて社長に就任したが、11月に亡くなった。12月無名作家の原田康子の小説「挽歌」が大ヒットし、同社は一躍その名を知られた。

高橋　俊昌　たかはし・としまさ
「週刊少年ジャンプ」編集長

[生年月日]生年不詳
[没年月日]平成15年(2003年)1月24日

昭和56年集英社に入社。一貫して漫画雑誌の編集に携わり、「週刊少年ジャンプ」の人気漫画「ついでにとんちんかん」「BASTARD!!」「幽☆遊☆白書」などを担当。平成5年新ゲーム誌創刊のため副編集長として「Vジャンプ」編集部へ移動。13年「週刊少年ジャンプ」編集長に就任、「ヒカルの碁」「テニスの王子様」など人気作品のアニメ化を積極的に推進した。15年1月同誌に連載する人気漫画「ワンピース」のアニメ映画製作発表会見の席上で倒れ、急死した。

高橋　正衛　たかはし・まさえ
みすず書房取締役

[生年月日]大正12年(1923年)1月9日
[没年月日]平成11年(1999年)9月26日
[出生地]青森県八戸市　[学歴]中央大学専門部経済学科〔昭和18年〕卒

昭和18年12月学徒動員で入隊。21年みすず書房の創立に加わり同書房に勤務。38年から小尾俊人編集長と協力し企画、刊行した「現代史資料」は、40年第13回菊池寛賞を受賞した。平成3年に退職した後は、昭和史研究に従事。著書に「二・二六事件と昭和の軍閥」「昭和の軍閥」など。
[受賞]菊池寛賞(第13回)〔昭和40年〕「現代史資料」

高橋　松之助　たかはし・まつのすけ
東京出版販売社長

[生年月日]明治41年(1908年)9月11日
[没年月日]昭和52年(1977年)7月19日
[出生地]東京都

昭和23年三和銀行東京事務所次長。24年東京出版販売(現・トーハン)創立に際して常任監査役として出向。29年常務、39年専務、44年副社長となり、一貫して総務関係部門を統轄。52年社長に就任したが、20日余りで心筋梗塞のため急逝した。
【参考】『東販三十年史』東京出版販売 1979

高橋　巳寿衛　たかはし・みすえ
有紀書房創業者

[生年月日]大正6年(1917年)10月3日

昭和32年有紀書房を創業。経済・経営分野から刊行分野を広げ、笠信太郎の指導を受けて実用書分野に進出。国家試験のための参考書や就職試験問題集でも評価を得た。

高橋　満　たかはし・みつる
　　　柏書房創業者

[生年月日]大正10年（1921年）7月18日
[没年月日]平成4年（1992年）2月17日
[出生地]東京都　　[学歴]陸士（第55期）〔昭和16年〕卒

昭和27年全国教育図書に入社。東洋経済新報社などを経て、36年柏書房を創業、39年株式会社に改組して社長。45年近藤源一、遠藤勇希と同社を再建し、専務に就任。平成元年会長。日本史関係の学術書を出した。

高橋　元吉　たかはし・もときち
　　　煥乎堂社長　詩人

[生年月日]明治26年（1893年）3月6日
[没年月日]昭和40年（1965年）1月28日
[出生地]群馬県前橋市　　[学歴]前橋中〔明治43年〕卒

父は地方取次・出版業・書店業の煥乎堂を創業した高橋常蔵で、6人きょうだい（3男3女）の5番目の二男。明治43年前橋中学を卒業すると、父から一高志望を断念させられ東京・神田の三省堂機械標本部で修業。45年より煥乎堂で働く一方、文学に励み、中学の先輩である萩原朔太郎に親炙。大正5年「生命の川」同人となり、11年第一詩集「遠望」、12年第二詩集「耽視」を刊行。13年「大街道」を創刊し、15年「生活者」同人となった。昭和6年第三詩集「耶律」を刊行。38年第四詩集「高橋元吉詩集」で高村光太郎賞を受けた。この間、17年兄の死により煥乎堂の3代目社長に就任。経営難や店舗罹災を乗り越え、社の復興に尽くした。39年会長。戦後は群馬県の文化運動の中心的存在を担い、没後に高橋元吉賞（現・高橋元吉文化賞）が設置された。
[家族等]長男＝高橋徹（煥乎堂社長），父＝高橋常蔵（煥乎堂創業者），兄＝高橋清七（煥乎堂社長）　　[受賞]高村光太郎賞〔昭和38年〕「高橋元吉詩集」
【参考】『高橋元吉の人間』高橋元吉研究会　煥乎堂　1975

高橋　善郎　たかはし・よしろう
　　　「海」編集長

[生年月日]生年不詳
[没年月日]平成1年（1989年）6月27日
[学歴]早稲田大学卒

昭和34年中央公論社に入社。「中央公論」編集者時代に大岡昇平の「レイテ戦記」を担当。膨大な資料の収集・整理に当たるなど、傑作の誕生を陰で支えた。55年塙嘉彦編集長の死の後を受けて、文芸誌「海」編集長に就任。のち「婦人公論」編集を最後に退職した。

高原　四郎　たかはら・しろう
　　　毎日新聞社出版局長

[生年月日]明治43年（1910年）11月11日
[没年月日]昭和62年（1987年）4月9日
[出生地]東京市浅草区（東京都台東区）　　[学歴]東京高文科甲類〔昭和5年〕卒，東京帝国大学文学部支那文学科〔昭和8年〕卒

東京帝大在学中は「帝国大学新聞」で主に文芸を担当。昭和8年新聞連合社（現・共同通信社）に入社したが、東京日日新聞（現・毎日新聞社）政治部長であった久富達夫の推薦で同社に転じる。学芸部で美術・文芸を担当、横光利一「家族会議」、大仏次郎「大久保彦左衛門」、吉屋信子「良人の貞操」などの連載を手がけた。12年社会部に移り、従軍記者として中支や満州、ラバウルに派遣された。22年「サンデー毎日」編集長、23年東京本社学芸部長となるが病に倒れ、29年復社して論説委員、30年再び学芸部長。33年同編集局次長を兼務。36年西部本社編集局長、39年出版局長を経て、41年監査役（東京在勤）。学芸

部長時代には獅子文六「てんやわんや」、石川達三「風にそよぐ葦」、谷崎潤一郎「少将滋幹の母」、吉川英治「私本太平記」などの話題作を同紙に連載させた。著書に「若き日の人生論」などがある。
【参考】『学芸記者 高原四郎遺稿集』高原萬里子編 1988

高部 義信　たかべ・よしのぶ
研究社常務

[生年月日]明治40年（1907年）12月18日
[没年月日]平成7年（1995年）3月11日
[出生地]兵庫県神戸市　[学歴]成城中卒、東京高文科甲類〔昭和3年〕卒、東京帝国大学法学部政治学科〔昭和6年〕卒

昭和6年東京・芝浦の事務機器輸入商社アンドリュース社に入社。10年研究社に転じる。18年応召、20年沖縄戦線に転戦、8月山口県小郡で敗戦を迎える。同年9月復職し、10月同社の雑誌「英語研究」を「時事英語研究」として復刊。44年まで主筆を務め、アメリカ英語第一主義を標榜する一方、生きた英語の研究資料として映画台本に着目、その研究に大きくページを割いた。48年常務編集局長を最後に退社も、同誌に「新語情報」を掲載した。また、「時事英語年鑑」「研究社米語辞典」「アメリカ新語辞典」などの編纂にも従事。51年サイマル・インターナショナル翻訳部顧問。この間、34年日本時事英語学会創設に協力した。

[家族等]おじ＝高部道平（囲碁棋士）
【参考】『追憶の明治びと 時事英語・酒・古典 追悼高部義信』1996

鷹見 思水　たかみ・しすい
東京社創業者

[生年月日]明治8年（1875年）12月8日
[没年月日]昭和20年（1945年）11月3日
[出生地]茨城県古河市　[本名]鷹見久太郎
[学歴]東京専門学校文学科〔明治29年〕中退

2人兄妹の長男で、蘭学者・鷹見泉石の曽孫。郷里・茨城県古河の尋常高等小学校で教員をしていたが、明治39年1月親友・窪田空穂の紹介で近事画報社に入社。6月編集長であった国木田独歩が同社の経営を引き継ぎ独歩社を起こした際、それに従った。40年独歩の健康状態が悪化して同社が解散すると、雑誌「婦人画報」「少年少女智識画報」を引き継いで島田義三と東京社を創業（独歩の命名）、同社編集長となった。41年「皇族画報」の爆発的ヒットによって社の基盤を固め、45年「少女画報」、大正4年「日本幼年」などを発行。11年にはモダンで芸術性に優れた児童誌「コドモノクニ」を創刊し、児童文化に一時代を画した。昭和6年同社の経営を柳沼沢介に譲渡して同社を離れ、8年行動を共にした「コドモノクニ」編集主任・和田古江と子供の天地社を創業。絵雑誌「コドモノテンチ」を創刊したが、9年休刊して出版界を退いた。

[家族等]曽祖父＝鷹見泉石（蘭学者）
【参考】『国木田独歩の遺志継いだ東京社創業・編集者鷹見久太郎 グラフィック誌により女性と子ども文化育てる「コドモノクニ」「少女画報」「婦人画報」と』鷹見本雄著 2009

高美 甚左衛門　たかみ・じんざえもん
高美屋慶林堂創業者

[生年月日]天明4年（1784年）10月28日
[没年月日]元治1年（1864年）4月27日
[出生地]信濃国松本（長野県松本市）

書林慶林堂高美屋は信州松本に寛政9年（1797年）創業、ほぼ同じ場所で今日まで200年余書店を営業する老舗（現在は高美書店）。初代常庸は幼い頃から絵草紙、物語り軍書などが好きで、家業の太物小間物商の一隅に小さな本屋を開き、謡本や浄瑠璃抜本を商った。当時松本には本屋はなく片店ばかりであった。出版は手軽な一枚物から始め、謡本、求版した往来物、地元の絵俳書などを手がけた。書籍の他には筆墨、紙や薬種などの商品も扱い、これらの流通網と相互に依存しあって自

らの販売網を強固にし、とくに大経師暦の信州一円売弘は地域の末端小売業者との関係を密にした。こうして幕末までには高美屋は信州における書籍流通の要としての位置を築き上げた。それは例えば十返舎一九の合巻「金草鞋」13編の店頭風景、また「膝栗毛」6～9編の松本の繁盛を見れば明白であろう。一九と懇意になったのは江戸に仕入れに出た文化元年（1804年）のこと、それから10年後に一九が町にやってきて、松本は狂騒につつまれた。
【参考】『一九が町にやってきた 江戸時代松本の町人文化』鈴木俊幸著 高美書店 2001

高森 栄次　たかもり・えいじ
「譚海」編集長 博友社専務

[生年月日]明治35年（1902年）2月24日
[没年月日]平成6年（1994年）6月21日
[出生地]石川県輪島市　[学歴]早稲田大学文学部英文科〔昭和3年〕卒

昭和3年博文館に入社。12年井口長次（山手樹一郎）の後任として「少年少女譚海」編集長に就任。14年内務省監督官から不良雑誌であるとの注意を受けたことより、誌名から"少年少女"を外して「譚海」とした。16年絵本部主任に転出。23年博文館の同僚と共に博友社を創立して常務、36年代表取締役専務。約30年主として編集を担当し、82歳で退陣。著書に「想い出の作家たち」がある。
【参考】『五十年抄』高森栄次著 1979（『想い出の作家たち 雑誌編集50年』 博文館新社 1988）

田川 博一　たがわ・ひろいち
文藝春秋副社長

[生年月日]大正10年（1921年）6月13日
[没年月日]平成12年（2000年）2月10日
[出生地]新潟県柏崎市　[学歴]早稲田大学文学部仏文科〔昭和21年〕卒

早稲田大学在学中に応召。復員後の昭和20年末に縁戚の池島信平と知り合い、21年文藝春秋新社に第1号社員として入社。27年「別冊文藝春秋」編集長ののち、「漫画読本」「文藝春秋」「週刊文春」各編集長を歴任。43年取締役、のち常務、57年専務を経て、副社長。62年常任監査役。

滝 泰三　たき・たいぞう
スキージャーナル創業者

[生年月日]大正15年（1926年）12月24日
[没年月日]平成2年（1990年）4月
[出生地]東京都　[本名]鳴瀬正澄　[学歴]東京外国語大学卒

「東京日日新聞」記者、「佼成新聞」編集長、冬樹社相談役などを経て、昭和44年株式会社スキージャーナルを創業。雑誌「スキージャーナル」「スキー研究」を出版した。一方、新聞記者時代の不節制から十二指腸潰瘍に罹り、31年胃の4分の3を切除。以後も体調の回復不良で病院通いがつづくが全快せず、断食による自然治癒能力の発現を知り断食をしばしば試み、「断食」「ドキュメント断食道場」などを著した。

滝川 民次郎　たきかわ・たみじろう
今古堂主人

[生年月日]明治2年（1869年）10月11日
[没年月日]大正4年（1915年）7月24日
[出生地]紀伊国（和歌山県）

明治12年上京、独逸学校に入学し在校5年、17年大学予備門に入校。余儀ない事情のため帰郷したが、再び出京して19年活版印刷所の校正係となり、ついで会計係など印刷業に従事して13年、32年9月日本橋区葺屋町に今古堂と称し書店を開く。当初は講談速記本を出していたが、徳田秋声、江見水蔭、広津柳浪、正宗白鳥などの小説類を出版するようになった。36年日本橋区馬喰町に移転。

231

滝沢 素水 たきざわ・そすい
　　実業之日本社出版部長

[生年月日]明治17年（1884年）
[没年月日]没年不詳
[出生地]秋田県秋田市　[本名]滝沢永二
[学歴]早稲田大学英文科〔明治40年〕卒

明治40年実業之日本社入社。「婦人世界」「日本少年」などの編集に携わり、出版部長も務めた。「少女の友」「日本少年」などに少年冒険小説を発表している。大正7年退社し実業界入り。大正証券、大和自動車などの取締役となる。11年雑誌「新女性」を発行、13年には銀行通信社を設立している。作品に「怪洞の奇蹟」「難船崎の怪」「空中魔」など。
【参考】上田信道「滝沢素水の児童文学」（「国際児童文学館紀要」1999）

滝田 樗陰 たきた・ちょいん
　　「中央公論」主幹

[生年月日]明治15年（1882年）6月28日
[没年月日]大正14年（1925年）10月27日
[出生地]秋田県秋田市手形新町　[本名]滝田哲太郎　[学歴]東京帝国大学法科大学中退

秋田中学、二高を経て、明治36年東京帝国大学に入学。在学中から畔柳芥舟の紹介により雑誌「中央公論」で翻訳の仕事を始めるが、やがて近松秋江の勧めで編集に転じ、37年大学を中退して中央公論社に正式に入社。一時期、徳富蘇峰に才能を見込まれて国民新聞社に入社したが、間もなく記者生活に失望し、中央公論社に復帰した。当初、「中央公論」は浄土真宗の雑誌のため宗教的・倫理的色彩が強く、一時は経営危機に陥っていたが、社長の麻田駒之助を説得して文芸欄を新設、時流に合わせて小説類を掲載したことで発行部数が激増。特に38年11月号では夏目漱石、幸田露伴、泉鏡花らを執筆陣に迎えたことから好評を博し、以降年4回の「文芸付録」は文壇の檜舞台となり、"ここに登場するかどうかで作家の文壇の地位が決定する"とまで言われるほどになった。大正元年同誌主幹となってからは創作欄のさらなる拡充を図り、漱石や島崎藤村といった大物作家の作品を掲載。一方で新人の発掘にも力を注ぎ、谷崎潤一郎、芥川龍之介、広津和郎、佐藤春夫、菊池寛ら多くの作家を登場させた。文芸のみならず政治や社会思想にも関心が深く、第一次大戦後は吉野作造や大山郁夫らに論説を書かせて同誌を大正デモクラシーの拠点とするなど、明治後期から大正時代の名編集者として知られた。14年病気により同誌主幹を辞任、その直後に亡くなった。
【参考】『滝田樗陰 ある編集者の生涯』杉森久英著 中公新書 1972

田口 卯吉 たぐち・うきち
　　経済雑誌社社主 史論家

[生年月日]安政2年（1855年）4月29日
[没年月日]明治38年（1905年）4月13日
[出生地]江戸目白台（東京都文京区）　[本名]田口鉉　[別名等]字＝子玉, 号＝鼎軒　[学歴]法学博士〔明治32年〕

幕臣の二男。幕府瓦解により士分を脱して横浜に移り、英語を習う。明治2年沼津に移住して沼津兵学校に通う傍ら、中根香亭に漢学を学ぶ。3年医学を研修するため静岡に赴くが、4年東京での修学を命ぜられ、尺振八の私立共立学舎などで学ぶ。5年大蔵省翻訳局に入り、洋書翻訳に従事する傍ら経済学を専攻。7年紙幣寮に勤務。10年嚶鳴社に参加。歴史の研究も進め、同年よりバックル「英国文明史」の影響を受けた啓蒙主義的文明史観で日本の文化史を論じた「日本開化小史」の執筆を開始し、一気に文名を高めた。11年紙幣寮の廃止に伴って退官し、以後は著述に専念。12年経済雑誌社を設立して「東京経済雑誌」を創刊し、自由主義的な立場から政府の経済政策を批判。政治評論の分野でも健筆を振るい、輸出税全廃、地租増徴、日露主戦論などを主張した。一方で政界でも活動し、13年牛込区議、同年東京府議となって市区改正

問題に取り組む。20年両毛鉄道社長に就任。27年衆院議員に当選。政党には入らず、反藩閥中立の立場を貫いた。この間、17年「大日本人名辞書」の編纂に着手し、19年に完成させた。24年「史海」を発行して史学の科学的研究に貢献。また、重野安繹、久米邦武、黒板勝美らの修史事業にも協力し、「国史大系」や「群書類従」など基礎史料集の編纂・刊行にも当たった。

[家族等]姉＝木村鐙子（教育家），義兄＝木村熊二（教育家）
【参考】『鼎軒田口先生伝』塩島仁吉編 経済雑誌社 1912（複製 大空社 1993）／『田口卯吉と東京経済雑誌』杉原四郎・岡田和喜編 日本経済評論社 1995

武井 一雄　たけい・かずお
臨川書店創業者

[生年月日]明治38年（1905年）12月13日
[没年月日]昭和63年（1988年）2月7日
[出生地]東京都　[学歴]東京帝国大学経済学部〔昭和5年〕卒

昭和7年京都市内で創業。京都叢書の刊行や近世地誌の復刻、平安時代公家日記の集成に努め、38年には与謝野鉄幹・晶子らによる雑誌「明星」の複製を出版した。

武井 武雄　たけい・たけお
豆本製作者 童画家

[生年月日]明治27年（1894年）6月25日
[没年月日]昭和58年（1983年）2月7日
[出生地]長野県諏訪郡平野村（岡谷市）　[学歴]諏訪中〔大正2年〕卒，東京美術学校洋画科〔大正8年〕卒

大正2年中学を卒業して上京、本郷洋画研究所に学ぶ。東京美術学校洋画科在学中から「赤い鳥」「子供之友」などで子ども向けの絵を描き、11年絵雑誌「コドモノクニ」の創刊に参画、創刊号では表紙と題字を手がける。14年初の個展「武井武雄童画展」を開き、自ら命名した"童画"の呼称を定着させた。昭和2年岡本帰一、村山知義らと日本童画家協会を創立。4年自作の玩具・工芸品の陳列したイルフ・トイス展を開催。9年「朝日新聞」で童話「赤ノッポ青ノッポ」を連載、独特の絵と文章で人気を集めた。16年日本童画家協会を解散して少国民文化協会を発足させ、幹事・幹事長を歴任。版画家としても活躍し、19年日本版画協会会員に推され、同協会展にも出品した。21年日本童画会、37年日本童画家協会を設立。38年美術著作権連合理事長。一方、10年個展「動物の展覧会」で小型本「十二支絵本」を制作・刊行して以来、紙・表紙・印刷に工夫をこらしたハガキ大の絵本「武井武雄私刊豆本」（のち「武井武雄刊本作品」）作りに力を入れ、作品は139冊に及ぶ。著書に童話「お噺の卵」「ラムラム王」、絵本「あるき太郎」、童画集「妖精伝奇」、画文集「戦中気侭画帳」「戦後気侭画帳」、エッセイ「本とその周辺」「日本の郷土玩具」などがある。平成10年岡谷市にイルフ童画館が開館した。

[叙勲]紫綬褒章〔昭和34年〕，勲四等旭日小綬章〔昭和42年〕　[受賞]日本児童文芸家協会児童文化功労者（第9回）〔昭和42年〕
【参考】『父の絵具箱』武井三春著 六興出版 1989

竹内 達　たけうち・さとる
創樹社創業者 創樹社美術出版創業者

[生年月日]昭和8年（1933年）10月28日
[没年月日]平成1年（1989年）7月21日
[出生地]静岡県清水市（静岡市）　[別名等]筆名＝瀬波亜土，細井一人，名取雄一，坂口良太，坂上良介　[学歴]明治大学政経学部卒

ルポライターなどを経て、昭和46年旧知の玉井五一を語らって創樹社を創業して社長となり、玉井は取締役専務編集長。新日本文学会周辺の文学者の著書を刊行した。50年創樹社美術出版を設立、古美術誌「小さな蕾」を編集・発行する。著書に「ヒロシマ・愛と死」「僕の骨董遊戯館」がある。

竹内 始万　たけうち・しまん
　　つり人社社長

[生年月日]明治31年（1898年）
[没年月日]昭和48年（1973年）4月
[出生地]静岡県　　[本名]竹内順三郎

国民新聞社学芸部長を退社後、昭和8年「水之趣味」の創刊に携わる。その後、中国に渡り「蒙彊新聞」編集局長、「済南東亜新聞」社長を歴任し、21年帰国。25年佐藤垢石の後を継ぎ、つり人社社長に就任。著書に「釣は愉し」「続釣は愉し」「釣ひとすじ」「釣りの日本的性格と近代化」他。

【参考】『遺稿あゆ 釣りと習性の観察』つり人社 1974

武内 俊三　たけうち・としぞう
　　雄鶏社創業者

[生年月日]大正6年（1917年）10月21日
[没年月日]平成1年（1989年）7月7日
[出生地]神奈川県横浜市駿河町　　[学歴]二川北部小高等科〔昭和7年〕卒

雑貨商の三男。大正12年関東大震災で父を亡くし、母の実家である愛知県二川町で小学校を終える。昭和12年陸軍入隊、14年ノモンハン事件に従軍して右脚の膝下を切断する重傷を負った。15年琢磨社に入社。16年同社が偕行社編纂部に吸収合併され、敗戦まで勤めた。戦後の20年10月、雄鶏社を設立。11月春山行夫を編集長に文化情報誌「雄鶏通信」を創刊（26年終刊）。21年株式会社に改組。22年「雄鶏通信」の編集長が延原謙に交替すると記録文学の掲載に力を入れ、高木俊朗「インパール」（24年）は戦記文学の先駆として評判を呼び、単行本は20万部のベストセラーとなった。23年戦後初の総グラビア印刷で「最新毛糸あみもの全集」を出版して以来、文芸・娯楽書から婦人実用書へと大幅な路線変更を図り、31年からの「手芸入門叢書」は総発行部数300万部を超えるなど、婦人実用書の専門出版社としての地位を確立した。一方、映画黄金期に月刊誌「映画ストーリー」（27～41年）を出版、同誌は編集部に向田邦子が在籍していたことでも知られる。47年日本書籍出版協会副理事長、55年日本出版クラブ会長、61年出版厚生年金基金理事長を歴任した他、ゴルフを趣味にして、58年関東ゴルフ連盟副理事長、59年日本ゴルフ連盟競技委員長、60年同連盟常任理事を務めるなど、出版界、ゴルフ界の世話役としても活躍した。

[家族等]三男＝武内英昭（雄鶏社社長）　[叙勲]藍綬褒章〔昭和60年〕、勲三等旭日中綬章〔平成1年〕

【参考】『御堂灯影 武内俊三回想録』1990

竹内 久雄　たけうち・ひさお
　　敬文堂社長

[生年月日]大正7年（1918年）7月10日
[没年月日]平成3年（1991年）2月11日
[出身地]東京都　　[学歴]早稲田大学商学部卒

朝日新聞販売課長を経て、昭和28年敬文堂に入社。早稲田大学を得意先に学習参考書を出版した。

竹内 博　たけうち・ひろし
　　竹内書店新社社長 紀伊國屋書店専務

[生年月日]大正2年（1913年）11月2日
[没年月日]平成4年（1992年）5月30日
[出身地]東京都　　[学歴]東京帝国大学法学部〔昭和14年〕卒

日本興業銀行に入行、金融公庫に出向。戦後、紀伊國屋書店専務を経て、昭和37年竹内書店（現・竹内書店新社）を設立、社長。合気道養神会専務理事、日本洋書輸出協会監事、日本フランス語フランス文学会監事も務めた。

[叙勲]フランス芸術文学勲章〔昭和37年〕

竹内 正治　たけうち・まさじ
　　日本経営出版会社長

[生年月日]大正2年（1913年）11月1日
[没年月日]昭和61年（1986年）10月23日

[出身地]北海道小樽市　[学歴]日本大学宗教学科〔昭和13年〕卒

日本経営協会を経て、昭和41年同協会出版部が分離独立した日本経営出版会創立に参加、社長に就任。一時退いたが、48年社長に復帰した。経営関係の実務書出版を手がけた。日本経営協会理事長も兼ねた。

長。45年頃から児童文学や絵本の出版を中心に手がけ、映画「ロード・オブ・ザ・リング」の原作となった「指輪物語」や「ぞうのババール」を出版した。
[家族等]長男＝竹下晴信（評論社社長）、娘＝竹下純子（評論社副社長）　[受賞]サンケイ児童出版文化賞（第17回）〔昭和45年〕「植物のくらし」

竹内 道之助　たけうち・みちのすけ
三笠書房創業者

[生年月日]明治35年（1902年）1月25日
[没月日]昭和56年（1981年）4月20日
[出生地]東京市本所区押上（東京都墨田区）
[別名等]筆名＝藤岡光一　[学歴]本所高小卒

正則英語学校、アテネ・フランセに通い英語、ドイツ語、フランス語を習得。昭和3年文芸資料研究会からカルヤーナ・マルラ「愛人秘戯」を刊行、また風俗資料刊行会を起こすなど軟派文献出版に従事。8年海外文学の翻訳出版社として三笠書房を創業、旧友の秋朱之介を編集長に迎え、自身の訳でアンドレ・ジイド「ドストイエフスキイ研究」を処女出版した。13年マーガレット・ミッチェル「風と共に去りぬ」を本邦初訳、戦後も売れ続け300万部を超えるベストセラーとなった他、27年には村岡花子訳のモンゴメリ「赤毛のアン」を出した。ヘルマン・ヘッセ、ヘミングウェイ、クローニンなどの全集も刊行したが、43年倒産。その後、同社は押鐘冨士雄により自己啓発や生活実用書の出版社として再建された。
[家族等]長男＝竹内肇（三笠書房会長）

竹下 みな　たけした・みな
評論社創業者

[生年月日]大正8年（1919年）10月31日
[没月日]平成15年（2003年）2月18日
[出生地]愛知県　[学歴]新城高女〔昭和11年〕卒

昭和23年評論社を設立、社長を経て、61年会

竹田 憲正　たけだ・けんせい
文建書房創業者

[生年月日]明治39年（1906年）4月9日
[没月日]昭和60年（1985年）7月10日
[出生地]岩手県　[学歴]東京外国語大学卒

三省堂を経て、昭和23年文建書房を創業し、吉川美夫「英文法詳説」を出版。ロングセラーの佐々木高政「和文英訳の修業」、朱牟田夏雄「英文をいかに読むか」や、山田和男「英作文研究」、林語堂著・山田和男訳「開明英文文法」などを世に送った。

武田 新吉　たけだ・しんきち
文一出版創業者

[生年月日]大正2年（1913年）12月9日
[没月日]昭和59年（1984年）1月3日
[出生地]北海道　[学歴]大正大学〔昭和13年〕卒

昭和17年三省堂に入社。出版部長、編集長、取締役を歴任した。34年文一出版を創業して学習参考書を出版。51年同社は総合図書と合併、株式会社文一総合出版に改称した。

武田 宏　たけだ・ひろし
日進堂書店社長

[生年月日]大正8年（1919年）12月1日
[没月日]昭和59年（1984年）2月22日
[出生地]愛知県名古屋市中区　[学歴]名古屋商〔昭和11年〕卒

昭和11年東京・神田神保町の稲垣書店で修業。13年日進堂書店に入社。23年代表社員と

なり、40年株式会社に改組して社長。愛知県書店協同組合理事長、46年より日本出版物小売業組合全国連合会（現・日本書店商業組合連合会）副会長を4期8年務めた。

高市　志友　たけち・しゆう
帯伊書店主人

[生年月日]宝暦1年（1751年）7月
[没年月日]文政6年（1823年）3月7日
[出生地]紀伊国和歌山北細工町（和歌山県和歌山市）　[別名等]号＝青霞堂

高市伊兵衛（帯屋）家は代々紀州藩の材木及び書籍の御用商人で、志友は第7世の長子。8歳にして江戸に登り薬種商に勤める傍ら読書に励み、また文学修業して故郷に還る。運河の浚渫や耕地の整理などの社会事業に奔走する一方、藩命により『紀伊国名所図会』の編纂に従った。関係文献は狂歌の類まで渉猟し、また実地には山野を跋渉して精細に踏査した。高野領内の有力者・上田伊織などの助力を得て、同書初～3編17冊（文化8年～嘉永4年刊）を完成させた。
【参考】『紀州今昔 和歌山県の歴史と民俗』田中敬忠著 1979

竹貫　佳水　たけぬき・かすい
編集者

[生年月日]明治8年（1875年）3月10日
[没年月日]大正11年（1922年）7月12日
[出生地]群馬県前橋　[本名]竹貫直人　[旧名]竹貫直次

私塾攻玉舎に学び陸軍測量技師を経て小説家江見水蔭に師事。明治30年ごろ「狂花怨」などを発表。37年博文館に入社、「少年世界」「中学世界」編集に従事。児童文学作品を多く書き、また育児園を設立、のち東京市日比谷図書館の児童室に勤めた。

竹之内　静雄　たけのうち・しずお
筑摩書房社長

[生年月日]大正2年（1913年）11月25日
[没年月日]平成9年（1997年）12月19日
[出生地]静岡県静岡市　[旧名]桑原　[学歴]見付中〔昭和6年〕卒、三高文科甲類〔昭和11年〕卒、京都帝国大学文学部哲学科〔昭和15年〕卒

父は警察官で、7人きょうだい（5男2女）の三男。昭和7年4月三高に入学して野間宏と親しくなり、5月野間と、その友人で初対面の富士正晴の3人で詩人の竹内勝太郎を訪ねる。9月より3人で竹内命名の季刊同人誌「三人」を始め、その指導を受けたが、10年竹内を山岳事故で喪った。11年京都帝国大学へ進んで支那哲学を専攻、小島祐馬、吉川幸次郎の薫陶を受けた。15年落合太郎教授の推薦により河出書房に入社。16年筑摩書房に移り、同社唯一の常勤編輯員となった。同年結婚により桑原姓から竹之内姓に改姓。19年海軍に応召、20年8月一兵卒として呉線で作業中に広島上空での原爆爆発を目撃した。9月復員して筑摩書房に復帰、10月雑誌「展望」創刊に参画。27年経理部長、34年営業部長、36年専務を経て、41年創業者・古田晃の会長就任に伴い2代目社長に就任。47年退職。この間、32年に定価1万2000円の「鉄斎」を編集、豪華本ブームの口火を切った。傍ら、小説も執筆し、24年「ロッダム号の船長」が第22回芥川賞候補となった。他の著書に小説「大司馬大将軍霍光」、人物評伝「先師先人」「先知先哲」などがある。
[家族等]兄＝桑原信雄（食糧庁業務第二部長）、弟＝竹本文雄（陸軍少佐）

竹村　一　たけむら・はじめ
三一書房創業者

[生年月日]大正5年（1916年）6月22日
[没年月日]昭和60年（1985年）7月17日
[出生地]京都府　[学歴]同志社大学経済学部

〔昭和14年〕卒

大雅堂勤務を経て、昭和20年京都で三一書房を創業、処女出版はモーリス・トレーズ「人民の子」。24年株式会社に改組。30年「三一新書」を創刊。反権力の姿勢と新人発掘の勘の良さで知られ、31年無名の新人であった五味川純平を発掘して大長編「人間の條件」の刊行を開始、同作は1000万部を超す大ベストセラーになった。また、「愛のコリーダ」ではシナリオ、スチールを本にして大島渚監督とともに「わいせつ文書図画販売罪」に問われたが、言論・出版の自由を主張して闘い、東京高裁で無罪判決を受けた。

竹森 清　たけもり・きよし
「中央公論」編集長 中央書院社長

[生年月日]大正9年（1920年）1月12日
[没年月日]平成6年（1994年）7月6日
[出生地]東京市下谷区車坂町（東京都台東区）
[旧名]長島　[学歴]東京開成中〔昭和12年〕卒、一高文科丙類〔昭和17年〕卒、東京帝国大学経済学部経済学科〔昭和19年〕卒

父は東京屈指の質店・佐野屋の副支配人で、支配人の子どもであった桑原甲子雄や、浜谷浩とは幼なじみ。昭和18年学徒出陣し、中国大陸へ出征。21年復員。22年中央公論社に入社。28年竹森家の長女・澄江と結婚して長島姓から竹森姓に変わった。32年戦後入社社員として初めて「中央公論」編集長に就任。36年12月号に深沢七郎の小説「風流夢譚」を掲載、内容に腹を立てた右翼少年が同社社長・嶋中鵬二邸を襲い、家政婦を殺害し妻に重傷を負わせる事件が起こり（嶋中事件）、同社を退いた。37年電通に入社、東京本社プランニングセンター付部長となり、東京五輪や大阪万博の公式ガイドブック、同社社史編纂などに従事。52年退職。54年義母・竹森キクが社長を務める交通関連の図書雑誌出版の中央書院に入社、60年社長に就任。この間、38年から40年にかけて「カメラ毎日」誌上で時評を担当した。

[家族等]妻＝竹森澄江（中央書院社長）,長男＝竹森俊平（慶応義塾大学教授）,義母＝竹森キク（中央書院社長）
【参考】『いろいろあったな 竹森清追悼集』「竹森清君追悼集」刊行委員会 中央書院 1996

竹森 久次　たけもり・ひさじ
合同出版社創業者

[生年月日]生年不詳
[没年月日]昭和61年（1986年）12月28日
[出身地]長崎県

昭和26年五月書房から総合演劇誌「新劇場」を創刊編集。30年合同出版社を創業、39年合同出版に社名変更。ソ連の「経済学教科書」を処女出版。以来、1960年代から70年代にかけて「グラムシ選集」「トリアッティ選集」や「資本論を読む」などを出版し、社会科学の専門出版社としての地位を確立。46年死刑囚・永山則夫の著書「無知の涙」を出し大きな反響を呼んだ。

多田 房之輔　ただ・ふさのすけ
「日本之小学教師」発行者 教育家

[生年月日]文久2年（1862年）6月
[没年月日]昭和15年（1940年）11月18日
[出身地]安房国（千葉県）　[学歴]千葉師範卒
千葉県教育会幹事を経て、千葉・東京・栃木の小学校校長を歴任。この間、栃木県学務課属、福島県小学督業を務める。明治32年国民教育学会を設立し、「日本之小学教師」を発行、初等教育の向上と教員の生活擁護に尽力した。
【参考】「喜寿記念 多田房之輔」1938

橘 弘一郎　たちばな・こういちろう
映画の友社社長

[生年月日]明治37年（1904年）1月9日
[没年月日]昭和42年（1967年）6月29日
[出生地]神奈川県横浜市羽衣町　[学歴]大倉高商卒

大正11年蒲田雑誌社を創業し、映画雑誌「蒲田」を創刊、映画発達の時代に乗じて好評を博した。昭和11年同誌を「オール松竹」と改題した他、12年「映画之友」、13年「映画ファン」を発刊した。19年戦時の企業整備により映画日本社と統合するが、用紙難のため休刊。戦後、業務を再開し、有限会社映画世界社を経て、36年映画の友社と改称。社長兼編集長として、優れた印刷とレイアウトで映画雑誌を発行した。またレイアウト教室も開き、後進を育てた。一方、「谷崎潤一郎先生著書総目録」(全3巻・別巻1)を私家版で出し、生涯をかけたコレクションのすべてを日本近代文学館に寄贈した。
[家族等]弟=早田雄二(写真家)

橘 静二　たちばな・せいじ
新文館創業者 「大日本」社長

[生年月日]明治19年(1886年)8月20日
[没年月日]昭和6年(1931年)8月26日
[出生地]東京市本郷区(東京都文京区)　[出身地]大阪府　[学歴]北野中〔明治37年〕卒、早稲田大学文学部文学科〔明治41年〕卒

祖父は大学進学予備校・進文学社を経営していた橘機郎。明治30年父の事業失敗により大阪に移り、37年早稲田大学入学のため一家で東京へ戻る。野球の早慶戦では早大の応援長を務め、応援歌「敵塁如何に」を作詞した。41年卒業後は母校に事務員として勤め、44年から大学経営研究のため欧米へ留学。45年帰国と同時に高田早苗学長の秘書となり、大学運営・改革に携わるが、6年早稲田騒動のため母校を去った。同年父の名を冠した橘顕三経営研究所を設立、また出版社・新文館を興して出版活動にも意欲を示し、月刊大学問題評論誌「大学及大学生」を刊行。7年には実弟・橘三千三が編集人となり雑誌「露西亜評論」を創刊したが、8年両誌とも廃刊した。同年渡米、シカゴで日刊邦字新聞「大日本」を発行したが、昭和6年同地で客死した。
[家族等]祖父=橘機郎(教育家)、伯父=高木貞衛(万年社社長)、従弟=高木貞二(東京大学名誉教授)
【参考】『大学改革の先駆者橘静二 業は急ぐに破れ、怠るに荒む』原輝史編著 行人社 1984

橘 高広　たちばな・たかひろ
警視庁検閲係長 映画評論家

[生年月日]明治16年(1883年)
[没年月日]昭和13年(1938年)1月8日
[出生地]香川県　[別名等]筆名=立花高四郎(たちばな・こうしろう)　[学歴]早稲田大学部文学科〔明治40年〕卒

当初、新聞記者であったが、大正3年米国の従弟から映画雑誌を送られたのをきっかけに映画研究を志す。そのため記者を辞め警視庁に入り、映画、演劇、出版物の検閲に携わる。6年8月東京市による映画観覧のグレード制導入に関与。8年警視庁部内誌「自警」編集に携わった他、出版警察、映画検閲に関する記事を多数執筆した。文部省嘱託も兼任し、社会学者の権田保之助とならび教育映画の専門家といわれた。昭和4年南満洲鉄道(満鉄)の招聘で大連を視察。7年検閲全般についての随筆「これ以上は禁止」を刊行。記者出身であることからメディアと検閲との仲介役を自任した。8年神楽坂署長を最後に退官、文筆生活に入る。同年映画関係の和洋図書コレクションを慶応義塾図書館へ譲渡。12年満洲映画協会嘱託として京都出張中に脳卒中で倒れ、13年死去した。他の著書に「現代映画の話」「民衆娯楽の実際研究」などがある。

橘 経雄　たちばな・つねお
「読書タイムズ」編集長

[生年月日]明治43年(1910年)2月
[没年月日]平成17年(2005年)9月12日
[出生地]茨城県水戸市　[学歴]早稲田大学文学部〔昭和9年〕卒

長崎、北京で教員を務めた後、昭和22年日本自由出版協会書籍雑誌部長。24～33年全国出

版協会機関紙「全国出版新聞」「読書タイムズ」編集長を務め、33年書評紙「週刊読書人」の創刊に参画。株式会社読書人設立後は取締役総務部長、平成2〜6年専務。
[家族等]長男＝橘弘道（朝日新聞監査役）、二男＝立花隆（ノンフィクション作家・評論家）、兄＝橘徳（橘書店創業者）
【参考】立花隆「亡き父が見た出版大粛正事件」（「文藝春秋」2005.12）

橘　徳　たちばな・とく
橘書店創業者

[生年月日]明治38年（1905年）2月8日
[没年月日]昭和60年（1985年）9月8日
[出生地]茨城県水戸市大工町　[別名等]別名＝橘篤郎、号＝棟九郎　[学歴]茨城県立工応用化学科卒、明治大学専門部法科中退

大宅壮一の下で大正14年から新潮社「社会問題講座」の編集助手。改造社の円本「現代日本文学全集」編集に推薦され、内外社に入って「綜合ヂャーナリズム講座」などを担当。昭和6年橘書店を創業、「月刊ロシヤ語」を発行、八杉貞利編集「ロシヤ語講座」や関口存男「標準初等ドイツ語講座」など、語学専門出版社として活動したが、19年戦時の企業整備により廃業した。22年渋谷区議に当選。26年改造社に再入社、取締役営業部長を務めた。同社解散後は、34年日本語学教育協会関西支社長。38年ランゲージ・サービス社を起こした。この間、36年角川源義主宰「河」に入会。48年同人。50年同人会副会長、52年顧問。57年句集「喜寿」を刊行した。
[家族等]弟＝橘経雄（「読書タイムズ」編集長）、甥＝立花隆（ノンフィクション作家・評論家）　[受賞]河・秋燕賞〔昭和56年〕

橘　三雄　たちばな・みつお
三修社創業者

[生年月日]明治34年（1901年）4月19日
[没年月日]昭和61年（1986年）
[出生地]三重県　[学歴]日本大学商学部卒

昭和13年東京・本郷に図書出版三修社を創業し、主に高専・大学のドイツ語教科書やドイツ語文庫などを出版。戦後も引き続きドイツ語専門出版社として活動し、27年株式会社に改組。同年関口存男主宰の月刊誌「基礎ドイツ語」を創刊した他、橋本文夫「詳解ドイツ大文法」、相良守峯「和独事典」、関口「初等ドイツ語講座」などを刊行した。また、レコードやラジオを通じてドイツ語教育の普及に努め、38年その功績によりドイツ文学振興会奨励賞を受けた。
[受賞]ドイツ文学振興会奨励賞〔昭和38年〕

立川　熊次郎　たつかわ・くまじろう
立川文明堂創業者

[生年月日]明治11年（1878年）5月15日
[没年月日]昭和7年（1932年）1月9日
[出生地]兵庫県揖東郡宮田村（姫路市）　[学歴]小学校中退

父が米相場で失敗したため困窮し、酒造りの出稼ぎや親戚の製粉業の手伝いをしたという。明治33年長姉の嫁ぎ先である岡本増進堂に入り出版を学び、37年大阪市唐物町に立川文明堂を創業。当初は取次業を営んだが、次第に出版業にも進出、主に実用書を刊行した。42年博労町に移転し、44年「一休禅師」を皮切りに講談師の2代目玉田玉秀斎の一家による創作の講談速記を元に小型本「立川文庫」を創刊。以後、大正末年までに200点以上を刊行し、荒唐無稽ながら痛快なストーリーで"真田十勇士"の猿飛佐助、霧隠才蔵といった架空の人物から、真田幸村、大久保彦左衛門、水戸黄門といった歴史上の人物までを大衆のヒーローとして活躍させて青少年に絶大な人気を博し、大正期における大衆文化の形成に大きく貢献した。しかし、玉秀斎の没後は講談への情熱を失い、大正12年頃から小学校長であった実弟・捨蔵を招いて学習参考書や教科書の出版に力を入れた。大阪書籍雑誌商組合・大阪出版業組合の評議員や大阪参文社取締役なども歴任。

239

伊達 得夫　だて・とくお
書肆ユリイカ創業者

[生年月日]大正9年（1920年）9月10日
[没年月日]昭和36年（1961年）1月16日
[出生地]旧朝鮮釜山　[学歴]福岡高卒、京都帝国大学経済学部〔昭和18年〕卒

朝鮮総督府に勤務していた父の任地・釜山で生まれる。間もなく京城（現・ソウル）へ移り、中学卒業までを同地で過ごす。福岡高校から京都帝国大学経済学部に進み、昭和18年卒業して応召、北支や内蒙古で従軍。戦後、上京して前田出版社に入社し、23年夭折の詩人・原口統三の遺稿詩集「二十歳のエチュード」を出版、ベストセラーとなった。同年同社倒産により書肆ユリイカを創業、社名は稲垣足穂の命名による。当初、足穂の「ヰタ・マキニカリス」など小説集や戯曲などを手がけていたが、25年頃から詩書の出版に専念し、「戦後詩人全集」（全5巻）、「現代フランス詩人全集」（全2巻）、「現代詩全集」（全6巻）などを刊行。31年には詩誌「ユリイカ」を創刊し、没する36年2月までに通号53号を数えた。補助者数人の小出版社であったが、詩集・詩論集・同人誌の発行などを通じて戦後詩の最も活発な活動の場を提供し、大岡信、清岡卓行、那珂太郎、飯島耕一、吉岡実ら多くの現代詩人を世に送り出した。没後、遺稿文集「ユリイカ抄」が刊行され、38年同書が第1回歴程賞を受けた。

[受賞]歴程賞（第1回）〔昭和38年〕「ユリイカ抄」
【参考】『ユリイカ抄』伊達得夫著 伊達得夫遺稿集刊行会 1962（平凡社ライブラリー 2005）／『書肆ユリイカの本』田中栞著 紅梅堂 2004（青土社 2009）

[家族等]義兄＝岡本増次郎（増進堂創業者・受験研究社創業者）
【参考】『立川文庫の英雄たち』足立巻一著 文和書房 1980（中公文庫 1987）

舘石 昭　たていし・あきら
水中造形センター社長　水中写真家

[生年月日]昭和5年（1930年）6月11日
[没年月日]平成24年（2012年）9月9日
[出生地]千葉県館山市　[学歴]千葉大学工学部意匠学科中退

千葉大学意匠学科でデザインや油絵を専攻していたが、油絵のモチーフを求めて海の底をのぞいているうちに海のとりこになる。昭和31年より絵筆をカメラに持ちかえ、32年東京・銀座で日本初の水中写真のグループ展を開催。33年羽仁進監督の水中記録映画「海は生きている」で水中撮影を担当。同年水中造形センターを設立、52年株式会社に改組。この間、44年日本初のダイビング専門誌「マリンダイビング」を創刊。53年旅行誌「海と島の旅」、63年世界初の水中写真専門誌「マリンフォト」も創刊。これらの雑誌で水中の世界を紹介し、ダイビングの魅力を伝えた功績を認められ、平成16年アジア人で初めてケイマン諸島にあるダイビング殿堂入りを果たした。我が国の水中撮影の先駆けであり、21年日本水中写真普及協会を設立した。著書に「水中撮影1000時間」「水中写真入門」「死の淵を潜る」「海で出会った動物たち」、写真集に「海中公園」「沖縄の海と自然」「青い世界の仲間たち」「世界遺産の海」などがある。

[叙勲]旭日小綬章〔平成18年〕　[受賞]文化庁長官表彰〔平成17年〕

立松 久昌　たてまつ・ひさよし
「住宅建築」編集長

[生年月日]昭和6年（1931年）
[没年月日]平成15年（2003年）9月14日
[出生地]東京都　[学歴]早稲田大学文学部〔昭和30年〕卒

昭和30年彰国社に入社。39年立松編集事務所を設立、雑誌「国際建築」や「建築年鑑」の編集に携わる。50年月刊誌「住宅建築」の創刊に参加、58年～平成3年編集長。昭和61年

より住宅総合研究財団の研究機関誌「すまいろん」編集委員。麻布学園理事も務めた。
【参考】『私のすまいろん 立松久昌が編んだ21のすまいの物語』

田所　太郎　たどころ・たろう
図書新聞創業者

[生年月日]明治44年（1911年）8月6日
[没年月日]昭和50年（1975年）6月6日
[出生地]東京市下谷区（東京都台東区）　[学歴]京華商卒、松江高卒、東京帝国大学文学部仏文科〔昭和12年〕卒

松江高校では花森安治と同級生。昭和9年「帝国大学新聞」編集部に入り1年先に入っていた花森と再開、また杉浦明平、扇谷正造、田宮虎彦、岡倉古志郎らと知り合う。卒業後、三省堂編集部で雑誌「革新」編集長、文部省社会教育局映画課を経て、16年日本出版文化協会に入り、機関紙「日本読書新聞」の初代編集長に就任。20年4月海軍に入隊、8月新潟市で敗戦を迎えた。11月「日本読書新聞」を復刊したが、24年図書新聞を創業して「図書新聞」を創刊。今日の書評ジャーナリズムの原型を作り、定着させた。また、日本エディタースクールの創立に参加するなど出版界に貢献した。50年自ら命を絶った。著書に「出版の先駆者」「戦後出版の系譜」がある。
[家族等]義弟＝大輪盛登（図書新聞社長）
【参考】『戦後出版の系譜』田所太郎著 日本エディタースクール出版部 1976／『昭和激動期の出版編集者 それぞれの航跡を見つめて』宮守正雄著 中央大学出版部 2005

田中　磐根　たなか・いわね
大阪屋副社長

[生年月日]明治29年（1896年）9月6日
[没年月日]昭和46年（1971年）2月19日
[出生地]長野県　[学歴]東京帝国大学経済学部〔大正11年〕卒

鴻池銀行、三和銀行福岡神戸各支店長、持株整理委員会大阪地区委員長を経て、昭和25年大阪屋に入社して代表取締役副社長に就任。福永政雄社長を補佐して経営基盤の確立に努めた。41年退任。
【参考】『大阪屋三十年史』大阪屋 1981

田中　かく　たなか・かく
田中一誠堂女主人

[生年月日]安政6年（1859年）2月28日
[没年月日]昭和28年（1953年）2月7日
[出生地]武蔵国久下分村（埼玉県飯能市）

武蔵国久下分村（現・埼玉県飯能市）の商家田中忠三の長女。明治5年家事見習のため上京。6年国学者井上頼圀の門下生となり荻野吟子と机を並べた。7年権訓導（大教院の最下級教導職）を拝命。8年甲府内藤万春の懇請により短期間だが女学家塾で教鞭を執る。15年結婚。家業は養蚕、太物商、狭山茶の輸出など転々としたが、26年新聞販売業、翌年本屋を開き教科書の販売権を得て成功した。39年夫貞助死去。45年2代目貞助が印刷業を開始、同時に屋号の田中商店を田中一誠堂に改める。大正2年月刊新聞「飯能時報」を創刊。昭和5年株式会社に改組、飯能において品揃豊かな「洋品店、書籍文房具各種」を扱い、また、印刷部では書籍、絵葉書、端物印刷を引請けて地域の文化事業を展開した。
【参考】尾崎泰弘「田中鎮治家文書にみる明治初期の女性教師」（「飯能市郷土館研究紀要」2002.3）

田中　久四郎　たなか・きゅうしろう
電気書院創業者

[生年月日]明治40年（1907年）3月15日
[没年月日]昭和46年（1971年）3月11日
[出生地]三重県　[学歴]今宮工電機科卒 工学博士（京都大学）〔昭和34年〕

昭和8年大阪で創業。戦災で焼失後、20年京都へ移転。27年株式会社電気書院を設立。日本書籍出版協会理事、日本出版クラブ理事を務めた。

[家族等]長男=田中久雄(電気書院社長)

田中　慶太郎　たなか・けいたろう
文求堂主人

[生年月日]明治13年(1880年)4月28日
[没年月日]昭和26年(1951年)9月15日
[出生地]京都府京都市　[学歴]東京外国語学校支那語科卒

文久元年(1861年)祖父田中治兵衛が京都に文求堂を創業。明治34年慶太郎が東京・本郷に移して家業を興し、常に清国との間を往来し古書のほか書画骨董碑墨を輸入して産をなした。博覧強記の上書物に対する見識が高く、内藤湖南、犬養毅などと親交があった。著書に「羽陵余譚」、また多くの秘籍を襲蔵したが、戦時の特別買上で都立図書館の所蔵になった。

[家族等]長男=田中乾郎(文求堂社長)
【参考】長沢規矩也跋文『東京都立中央図書館蔵特別買上文庫目録 諸家漢籍』東京都立日比谷図書館 1971

田中　剛三郎　たなか・ごうざぶろう
オーム社社長

[生年月日]明治41年(1908年)1月21日
[没年月日]昭和59年(1984年)6月4日
[出生地]茨城県真壁郡下館町(筑西市)　[学歴]台南一中〔大正13年〕中退、電機学校高工科〔昭和2年〕卒

電機学校に学び、大正13年同校校長であった加藤静夫の勧めでオーム社に入社。昭和10年編集部長、16年取締役、21年専務を経て、23年代表取締役、30年社長。43年会長、45年相談役。20年間にわたって同社の経営を担い、社業発展に貢献した。この間、28年アジア文化交流出版会(現・出版文化国際交流会)設立に際して初代理事長。35年日本書籍出版協会副会長。東京出版協同組合理事長は20年間務めた。

[叙勲]黄綬褒章〔昭和44年〕、勲四等旭日小綬章〔昭和59年〕

【参考】『神田錦町 田中剛三郎著作集』1985

田中　三郎　たなか・さぶろう
キネマ旬報社長

[生年月日]明治32年(1899年)6月4日
[没年月日]昭和40年(1965年)8月6日
[出身地]広島県　[学歴]静岡中〔大正6年〕卒、東京高工応用化学科〔大正9年〕卒

父は梨本宮家の馬術指南役であった。静岡中学から東京高工に進み、応用化学を専攻。傍ら、活動写真や音楽に熱中し、在学中の大正8年に級友・田村幸彦らと映画の同人雑誌「キネマ旬報」を創刊。9年卒業後は大阪の芝川商店化学薬品部や松竹の外国部に勤めながら同誌の発行に当たるが、11年以降は同誌に専念し、13年には「キネマ旬報ベストテン」を開始するなど"映画の羅針盤"として親しまれた。14年には映画批評を主体とした雑誌「映画往来」を発刊。昭和2年株式会社キネマ旬報を創設し、社長に就任。一方で映画鑑賞会の開催や優秀映画の表彰、映画研究会・木曜会の主宰、映画ライブラリ設立などを企画・実行し映画文化の発展に貢献した他、双葉十三郎、内田岐三雄、岸松雄ら多くの映画批評家・映画人を育成した。15年戦時の出版統制のため「キネマ旬報」を廃刊、日本映画雑誌協会理事長となる。19年大日本映画協会参与。戦後「キネマ旬報」の誌名を友田純一郎に譲った。

【参考】『追悼キネマ旬報田中三郎』1965

田中　重弥　たなか・しげや
第一法規出版社長

[生年月日]明治41年(1908年)3月30日
[没年月日]平成5年(1993年)2月25日
[出生地]長野県長野市中御所　[別名]号=茂哉　[学歴]長野商〔大正15年〕卒

大日本法令出版に入り、昭和14年常務、18年大日本法令印刷、第一法規出版各社長に就任。のち各会長となる。一方、21年以来衆院議員

に2選。43年長野放送取締役相談役、会長、56年代表取締役会長となる。長野県印刷業組合理事長、長野県経営者協会会長も務めた。また俳人としても有名で、10年臼田亜浪、父の田中弥助（田中美穂）に師事。「科野」「火燿」同人。
[家族等]父＝田中弥助（衆院議員）、弟＝田中富弥（第一法規出版社長）　[叙勲]藍綬褒章〔昭和45年〕、勲二等瑞宝章〔昭和53年〕
【参考】『追想の田中重彌』「追想の田中重彌」刊行委員会 1998

田中　四郎　たなか・しろう
日本出版文化協会常務理事

[生年月日]明治34年（1901年）1月26日
[没年月日]昭和20年（1945年）8月15日
[出生地]和歌山県和歌山市東釘貫町　[学歴]和歌山商〔大正7年〕卒、神戸高商〔大正11年〕卒

和歌山商業時代の大正6年、全国学生相撲大会未成年の部で優勝。7年神戸高等商業学校でも相撲部に在籍して黄金時代を担い、8年全国学生相撲大会で個人・団体とも優勝に輝いた。11年鈴木商店に入社したが、昭和2年同社が倒産。4年山陽電気軌道運輸課長、7年栗本鉄工所営業主任、8年支配人を経て、15年取締役。この間、8年鈴木商店支配人であった金子直吉の二女と結婚。16年旧知の飯島幡司が日本出版文化協会専務理事に就任すると、請われて同協会常務理事業務局長に就任。18年同協会が日本出版会に発展的解消するまで在籍した。19年旧鈴木系の中心会社である太陽産業常務となったが、20年2月召集を受けて陸軍少尉に任官。8月15日早朝、朝鮮・清津に上陸したソ連軍との戦闘の最中、銃撃を受け戦死した。歌人としてもアララギ派の中で特異な位置を占め、歌集「青野」がある。
[家族等]岳父＝金子直吉（鈴木商店支配人）
【参考】『田中四郎氏を偲ぶ 出版文協時代とその前後』「田中四郎氏を偲ぶ」刊行会 1974

田中　新　たなか・しん
思文閣創業者　思文閣出版創業者

[生年月日]明治25年（1892年）
[没年月日]昭和54年（1979年）
[出生地]大阪府

昭和12年京都市に書肆思文閣を創業、社名は中村直勝の命名という。主に古文書・古典籍・学術書・古書画・絵巻類などを扱い、目録による通信販売を行う。42年同市内に新店舗を開き、株式会社思文閣を設立して古美術品を販売。44年には書肆思文閣を合併し、学術書などの出版にも進出。50年出版部門を株式会社思文閣出版として独立させた。美術品販売、出版を手がけ、美術館も運営する思文閣グループへと発展した。
[家族等]三男＝田中周二（思文閣社主）、孫＝田中大（思文閣社長）

田中　太右衛門　たなか・たえもん
秋田屋宋栄堂（秋太）主人

初代は幼名宗吉、12歳の時から秋田屋市兵衛方に奉公し、十数年実直に勤めた。文化元年（1804年）別家して心斎橋筋安堂寺町に田中宋栄堂を開く。数年後主家に廃絶の危機が生じた時、同業の河内屋などと合議して救済に成功した。店務に励んだ結果業界に飛躍し相当の社会的地位を得て嘉永6年（1853年）10月没。2代目は店勢を拡大し「四書大全」「日本外史」を刊行して声価をあげた。3代目は経営を誤り破産の危機に瀕したが、末弟が4代目を襲名し鋭意事業に精進して頽勢を挽回する途中で病死。5代目は幼少につき女婿大塚卯三郎が店務を総覧、小学校用参考書の刊行など時宜にあった出版を断行して成功した。大正7年大塚は死去、5代目が店務を執ったが経営2年余、9年に早世した。6代目も幼少の故、大塚の息・桂三が後見となり、秋田屋の別家松本善助がこれを補佐した。15年新店舗を安堂寺橋通りに移した。

田中　孝知　たなか・たかち
日本出版販売副社長

[生年月日] 明治32年（1899年）3月29日
[没年月日] 昭和52年（1977年）11月1日
[出生地] 香川県　[学歴] 東京商科大学〔大正13年〕卒

大正13年三省堂に入社。昭和10年大阪宝文館に転じ営業部長、13年九州書籍専務。16年統合により日本出版配給入り、九州支店次長、仕入部次長などを歴任。24年日配閉鎖機関指定後、日本出版販売の設立に尽力して取締役。29年常務、36年専務を経て、44年副社長。同社隆昌の基礎を築いた。

田中　武雄　たなか・たけお
日本出版販売副社長

[生年月日] 明治43年（1910年）7月16日
[没年月日] 平成3年（1991年）1月8日
[出生地] 東京都

大東館を経て、昭和16年日本出版配給に移り、24年日配が閉鎖機関に指定されると日本出版販売に入社。39年仕入部長、同年取締役、45年常務を経て、51年副社長。

田中　達治　たなか・たつじ
筑摩書房取締役営業局長

[生年月日] 昭和25年（1950年）7月23日
[没年月日] 平成19年（2007年）11月23日
[出生地] 千葉県銚子市　[学歴] 法政大学文学部英文科〔昭和51年〕卒

昭和51年筑摩書房に入社。大宮管理部を経て、55年本社営業部販売課に異動後は主に出版営業畑を歩む。平成5年営業部次長、11年同部長、12年取締役営業部長、16年取締役営業局長、19年顧問。この間、業界3社をオンラインネットワークで結ぶ出版VAN連絡会や、2年有志出版社で設立された書店の販売データ収集システム「レインボー・ネットワーク」構築の中心人物として活躍。出版社ごとに独自の書店管理番号だったものを統一した任意団体・共有書店マスタユーザ会を設立、代表世話人を務めるなど、出版業界の情報整備を支えた。14年日本出版インフラセンター運営委員も務めた。没後、筑摩書房営業局が発行する「蔵前通信どすこい」の連載「営業局通信」に執筆した記事をまとめた「どすこい流通出版」が出版された。
【参考】『どすこい出版流通 筑摩書房「蔵前新刊どすこい」営業部通信1999-2007』田中達治著 ポット出版 2008

田中　貫行　たなか・つらゆき
鶴書房創業者

[生年月日] 明治30年（1897年）10月19日
[没年月日] 昭和43年（1968年）7月12日
[出生地] 徳島県徳島市

代々の紺藍機織業の三男。生家の没落により10歳で大阪へ奉公に出、兵役後は明文社（のち湯川弘文社）に勤めた。大正15年同地で元文社を創業。昭和15年東京へ進出し、鶴書房に名称変更。20年戦災で東京・大阪の社屋とも焼失したが、23年営業を再開。一般書・実用書の鶴書房、自動車関係の元文社、児童書の盛光社の3事業制をとった。日本出版協会理事長、日本書籍出版協会理事、日本出版クラブ評議員などを歴任した。
[家族等] 長男＝田中博之（鶴書房社長）

田中　富弥　たなか・とみや
第一法規出版社長

[生年月日] 大正14年（1925年）7月7日
[没年月日] 平成7年（1995年）5月21日
[出身地] 長野県長野市　[学歴] 立教大学経済学部卒

昭和25年第一法規出版に入り、46年常務、57年副社長を経て、平成元年社長に就任。
[家族等] 兄＝田中重弥（第一法規出版会長・衆院議員）

田中 直樹　たなか・なおき
　　　文化公論社主宰

[生年月日]明治34年（1901年）10月28日
[没年月日]没年不詳
[出生地]山口県熊毛郡田布施町　[本名]田中直一

北海道生まれとも。尋常小学校3年修了後、様々な職を転々とする。文藝春秋社を経て、興人社で「小学生全集」編集主任を務めた。同全集完結後は武侠社で雑誌「犯罪科学」を創刊して編集長となり13号まで編集。昭和6年三省堂系列の四六書院で雑誌「犯罪公論」を創刊、1年後に同誌発行権を譲渡され文化公論社を起こした。8年同社から今日まで発行が続く文芸誌「文学界」を創刊、「犯罪公論」も「文化公論」に誌名を改めた。
【参考】中根隆行「純文芸雑誌『文学界』誕生の周辺―文化公論社田中直樹の文化観」（「文学研究論集」16号 1999）／末永昭二「田中直樹とエログロ雑誌」（「彷書月刊」2001.9）

田中 治夫　たなか・はるお
　　　ポプラ社創業者　よい絵本の会世話人代表

[生年月日]大正10年（1921年）2月11日
[没年月日]平成20年（2008年）6月21日
[出生地]埼玉県比企郡　[学歴]明治大学商学部卒

昭和13年東京・下谷の醸造材料商の小僧となる。一時、小学校の師である久保田忠夫が編集長をしていた偕成社で編集を手伝った後に応召、沖縄・南大東島で敗戦を迎え、21年復員。22年出版を志してポプラ社を創業、高垣眸「怪傑黒頭巾」を刊行してベストセラーとなる。23年久保田を社長に迎えて専務となり、59年社長に就任。「怪盗ルパン全集」「少年探偵・江戸川乱歩全集」や、那須正幹の〈ズッコケ三人組〉シリーズなどで、児童書の専門出版社としての地位を確立した。学校図書館の充実や書店振興にも力を入れ、よい絵本の会世話人代表も務めた。著書に「踏んでもけっても」「ものがたり東京堂史」「書店人国記」などがある。

田中 久雄　たなか・ひさお
　　　電気書院社長

[生年月日]昭和9年（1934年）3月3日
[没年月日]平成16年（2004年）12月5日
[出生地]大阪府大阪市　[学歴]早稲田大学大学院〔昭和39年〕修了 工学博士〔昭和41年〕

電気書院創業者・田中久四郎の長男。昭和32年電気書院に入社。39年常務を経て、40年社長。父と親子2代で工学博士号を取得して話題となった。
[家族等]父＝田中久四郎（電気書院創業者）

田中 房次郎　たなか・ふさじろう
　　　芸文書院創業者

[生年月日]生年不詳
[没年月日]昭和17年（1942年）12月
[旧名]中村

中村家の三男で、幼時に田中家の養子となる。大正7年郁文堂に入社。12年主人・大井久五郎の長女と結婚。昭和4年神田駿河台下明大前に郁文堂神田店を出した。11年独立して芸文書院を創業したが、17年末に交通事故死した。
[家族等]岳父＝大井久五郎（郁文堂創業者），義弟＝大井敏夫（郁文堂社長）
【参考】『株式会社郁文堂創業八十年記念誌』1979

田中 平八郎　たなか・へいはちろう
　　　自由書房創業者

[生年月日]明治43年（1910年）2月28日
[没年月日]昭和43年（1968年）3月12日
[出生地]新潟県高田市（上越市）　[学歴]上雲寺尋常小卒

大正14年至誠堂に入店したが、15年倒産のため大東館に移る。兵役に就き、昭和16年満州

書籍配給に転じたが、19年現地召集、21年復員。同年東京・自由ケ丘に自由書房を創業した。

田中　増蔵　たなか・ますぞう
吐鳳堂創業者　杏林堂創業者

[生年月日]元治2年（1865年）4月2日
[没年月日]大正4年（1915年）11月12日
[出生地]江戸神田豊島町（東京都千代田区）

明治10年医書専門の英蘭堂島村利助の店員となり、19年退店して神田柳原で床店の古本商を始めた。26年本郷龍岡町に吐鳳堂を開き、医学書出版を専業とし同業の多い中で一頭地抜いた。40年には活版印刷所杏林堂を設け医書および医学雑誌を印刷、更に43年聚精堂を設け一般書籍の出版も兼営した。聚精堂からは柳田国男「石神問答」「遠野物語」などを出している。没後は妻けいが経営を継承した。同社は戦時の企業整備で一旦消滅した後に復活し、昭和35年より杏林書院に社名を改め、医学書・体育書の出版社として継続。この間、東京書籍商組合の協議員や評議員に当選し、業界のために尽力した。
[参考]『嗚呼田中増蔵君』1916／『柳田国男の書物　書誌的事項を中心として』田中正明著　岩田書院　2003

田中　弥助　たなか・やすけ
第一法規出版創業者

[生年月日]明治16年（1883年）3月6日
[没年月日]昭和18年（1943年）10月9日
[出生地]長野県上水内郡芹田村（長野市）
[別名等]号＝田中美穂（たなか・びすい）
[学歴]芹田小尋常科〔明治26年〕卒

明治26年小学校を卒業して長野市の中村活版所に入る。43年長野新聞に移り、活版石版部を創設して主幹となった。大正元年同社支配人を兼務。この間、加除式出版の合名会社・令社の設立に参画、6年大日本法令出版創立発起人となり、副社長に就任（社長は実兄）。14年長野新聞活版石版部を田中印刷合名会社に改称し、昭和7年同社を大日本法令出版へ合併。15年同社長。同社を加除式法令出版の一方の雄に育て上げ、18年戦時の企業整備で同業の20余社を統合して第一法規出版を設立、社長に就任。また、大正12年より長野県議を2期務め、昭和11年衆院議員に当選（1期）。長野商工会議所会頭、長野商工会連合会会長なども歴任した。中村活版所の工具時代から俳句を趣味とし、島田九万字と「葉月」「山」を創刊。臼田亜浪主宰「石楠」の創刊同人で、美穂と号して一家をなした。
[家族等]長男＝田中重弥（第一法規出版社長・衆院議員）、四男＝田中富弥（第一法規出版社長）、兄＝田中喜重郎（大日本法令出版社長）
[参考]『美穂田中弥助君追悼録』矢ケ崎賢次編　大日本法令印刷　1946

田中　義廉　たなか・よしかど
教育社創業者　洋学者

[生年月日]天保12年（1841年）2月11日
[没年月日]明治12年（1879年）10月3日
[出生地]信濃国伊那郡飯田（長野県飯田市）
[別名等]幼名＝大助、号＝天口酔史

信濃国飯田（現・長野県飯田市）の医師・田中如水の六男。兄は博物学者の田中芳男で、兄と同じく伊藤圭介の下で蘭学を学ぶが、のち江戸に上り、蘭方医・林洞海に入門。一時、家業を手伝うため帰郷したが、慶応2年（1866年）再び江戸に出て英学を修業。3年より幕府海軍に出仕した。上野戦争では彰義隊に属し、敗走後は一時異人館に身を潜めた。明治維新後は新政府に仕え、明治2年海軍学校御用掛となって海軍操練所の設立に関与。次いで兵学大助教に進むが、5年には文部省に転じた。以降、教科書の編纂に従事し、5年には米国の「ウィルソン・リーダー」の直訳に近いものながら、日本初の小学国語読本として当時の教育界に大きな影響を与えた「小学読本」（全4巻）を編んだ。6年に官を辞したのちも教科書編纂事業に専念し、7年「小学日

本文典」、8年「万国史略」、10年「日本史略」「物理新編」などを刊行。11年には教育社を設立して「内外教育新報」を発行した。12年麻布区議となり、のち議長に挙げられた。
[家族等]父＝田中如水(医師)，兄＝田中芳男(博物学者)
【参考】『近代日本を築いた田中芳男と義廉』村沢武夫著 田中芳男義廉顕彰会 1978

田辺 茂一 たなべ・もいち
紀伊國屋書店創業者 随筆家

[生年月日]明治38年(1905年)2月12日
[没年月日]昭和56年(1981年)12月11日
[出生地]東京市淀橋区(東京都新宿区) [本名]田辺茂一(たなべ・しげいち) [学歴]慶応義塾高等部〔大正15年〕卒

東京・新宿の薪炭問屋・紀伊國屋の長男で、同家の8代目。高千穂小学校と同中学の同級に小説家となった舟橋聖一がいた。中学に入った頃から店の金を持ち出して本を買いあさり、昭和2年21歳で炭屋の一角を空けて紀伊國屋書店を開業。2階にはギャラリーを併設した。8年出版部を作り、9年初の単行本として舟橋「白い蛇赤い蛇」、阿部知二「文学の考察」、織田正信「ロレンスの手紙」を刊行。この間、3年美術雑誌「アルト」や文芸同人誌「文芸都市」、8年「行動」、14年「文学者」などを創刊した。太平洋戦争末期の20年5月、東京大空襲で店舗が罹災。21年株式会社に改組。55年会長。この間、同書店を日本屈指の書店に育て上げる一方、小説や艶笑随筆で軽妙な筆をみせたほか、絵画や演劇にも造詣が深く、画廊や劇場(紀伊國屋ホール)を設けたりもした。41年には紀伊國屋演劇賞を創設。また毎夜のように銀座や六本木の酒場に出没、"夜の市長"のあだ名もある粋人だった。著書に小説集「世話した女」「正体見たり」、艶笑随筆集「酔眼竹生島」「おんな新幹線」「夜の市長」などがある。
[家族等]長男＝田辺礼一(紀伊國屋書店副会長)、祖父＝中島元四郎(栃木県議)、従兄＝中島四郎(海軍機関少将)
【参考】『茂一ひとり歩き』田辺茂一著 日本経済新聞社 1976

田辺 礼一 たなべ・れいいち
紀伊國屋書店副会長

[生年月日]昭和8年(1933年)5月22日
[没年月日]平成18年(2006年)9月20日
[出生地]東京都 [学歴]学習院大学政経学部経済学科〔昭和32年〕卒

紀伊國屋書店創業者である田辺茂一の長男。昭和32年NHKに入局。アナウンサーとして東京、大阪、広島、仙台、北九州の各局に勤務。56年退社。紀伊國屋書店に転じ、常務、平成3年専務を経て、11年副会長。
[家族等]父＝田辺茂一(紀伊國屋書店創業者)

谷口 正太郎 たにぐち・しょうたろう
正文館創業者

[生年月日]明治26年(1893年)5月7日
[没年月日]昭和44年(1969年)7月30日
[出生地]三重県員弁郡治田村(いなべ市)
[学歴]阿下喜村他六カ町村立高小〔明治38年〕卒

明治38年大阪の盛文堂書店に入店。大正5年病のため退職し、7年名古屋市で書籍業の正文館を開業。学校教科書の納入で基盤を築き、11年より出版業にも進出。処女出版は今泉浦治郎「系統的国語準備書」で、主に中等参考書や教科書などを手がけた。昭和初期に教正社を発足させて専務となり、広く東海地区の中等学校教科書を扱ったが、16年日本出版配給に統合された。20年戦災で店舗を失ったが復興させ、中京地区でも指折りの大書店に育て上げた。愛知県教科用図書卸商業組合初代理事長などを歴任。
[家族等]長男＝谷口光正(正文館社長)，二男＝谷口隆(教育出版社長) [叙勲]紺綬褒章〔昭和39年〕、勲五等双光旭日章〔昭和42年〕
[受賞]文部大臣感謝状〔昭和43年〕
【参考】『谷口正太郎の春秋』谷口光正編 正

文館 1975

谷口　隆　たにぐち・たかし
教育出版社長　大日本印刷取締役

[生年月日] 昭和3年（1928年）3月25日
[没年月日] 平成18年（2006年）9月10日
[出身地] 愛知県　　[学歴] 東北大学法学部〔昭和27年〕卒

正文館創業者・谷口正太郎の二男。昭和27年大日本印刷に入社。56年取締役を経て、教育出版社長に就任。教科書協会会長を務めた。
[家族等] 父＝谷口正太郎（正文館創業者），兄＝谷口光正（正文館社長）　[叙勲] 勲三等瑞宝章〔平成14年〕

谷口　雅春　たにぐち・まさはる
日本教文社創業者　生長の家創設者・総裁

[生年月日] 明治26年（1893年）11月22日
[没年月日] 昭和60年（1985年）6月17日
[出生地] 兵庫県八部郡烏原村（神戸市）　[本名] 谷口正治　　[学歴] 早稲田大学英文科〔大正3年〕中退

大学中退後、紡績工や大本教出版物編集主任などを経て、昭和5年雑誌「生長の家」を創刊。9年光明思想普及会を発足して自らの思想の布教に努める。共鳴者を集めて宗教法人・生長の家を創設し、初代総裁に就任。21年光明思想普及会を日本教文社と改称、25年には同社から直販流通部門を切り離して世界聖典普及協会を設立した。公称で約1900万部以上売り上げたという主著「生命の実相」をはじめ、著作は約500点にのぼり、"出版型宗教"を確立した。23年パージにより自身の著作を出せなくなることから、日本教文社は「フロイト選集」「ユング著作集」といった一般書の製作販売にも進出した。
[家族等] 妻＝谷口輝子（生長の家白鳩会総裁），孫＝谷口雅宣（生長の家総裁），谷口貴康（生長の家副理事長），女婿＝谷口清超（生長の家総裁）

谷田　昌平　たにだ・しょうへい
「新潮」編集長　新潮社出版部長

[生年月日] 大正12年（1923年）2月26日
[没年月日] 平成19年（2007年）8月19日
[出生地] 徳島県海部郡海部町（海陽町）　[学歴] 京都大学文学部国文科〔昭和24年〕卒

「青銅」の創刊に参加し、「近代文学」「三田文学」に作家論を発表。特に戦後の堀辰雄研究において、年譜や評伝を完成させた他、昭和29年新潮社入社後は「堀辰雄全集」の編集にも参加して、先駆者的役割を果たした。また純文学書下し特別作品を企画し、安部公房「砂の女」、大江健三郎「個人的な体験」、遠藤周作「沈黙」などすぐれた戦後の純文学長編のシリーズを編集した。60年退職後は軽井沢高原文庫理事となり、展示企画などに携わった。回想録「回想戦後の文学」がある。
[家族等] 妻＝牟礼慶子（詩人）
[参考] 『回想戦後の文学』谷田昌平著　筑摩書房 1988

谷山　尚義　たにやま・なおよし
集英社社長

[生年月日] 昭和12年（1937年）6月6日
[没年月日] 平成22年（2010年）7月11日
[出生地] 宮崎県　　[学歴] 早稲田大学文学部〔昭和36年〕卒

昭和36年集英社に入社。少女漫画雑誌「マーガレット」「セブンティーン」「ユー」などの編集に携わり、「セブンティーン」編集長を務めた。平成3年取締役、6年常務、11年専務を経て、12年社長。17年会長。14～20年一ツ橋文芸教育振興会理事長、15～21年日本雑誌広告協会理事長。

田沼　太右衛門　たぬま・たえもん
田沼書店創業者

[生年月日] 嘉永6年（1853年）6月28日
[没年月日] 昭和7年（1932年）3月30日
[出生地] 武蔵国北葛飾郡天神島村（埼玉県幸

手市)

素封家の二男。慶応3年（1867年）叔父・田沼新左衛門に招かれ横浜へ出、明治4年その家督を継ぐ。2年横浜大火、4年銀座大火が起こり、その復興需要を見越して木材商となり、相模国津久井郡の山林を買い占め巨利を得た。13年横浜共益社を設立し、米穀・醤油・薪炭の販売を営む。20年横浜電灯社長、29年横浜米穀取引所理事長。この間、20年文部省出版甲部図書（尋常小学用の読本類）の神奈川県下一手売捌の特許を得、以降専ら書籍出版業に従事。21年「神奈川県教育会雑誌」を発行。23年東京に大日本図書会社を創立、その主要株主となる。同社は文部省の編書・出版事業払い下げの受け皿として事業をそのまま引き継いだものである。なお郷里の杉戸に支店を設置したが、この杉戸田沼書店だけは今日まで営業を続けている。一方、8年真砂町総代に当選して以来、9年神奈川第一大区議員、26年横浜市議、28年神奈川県議、32年県会副議長を歴任。公職に就く傍ら、財産を私にせず公共事業や貧民救済に投じた。女子教育にも力を入れ、36年横浜女学校を継承し、40年県議退任後は女子教育に専念。同校は学校法人横浜学園へと発展した。
[家族等]長女=田沼志ん（教育家）、女婿=関根順三（学習院教授）
【参考】『田沼太右衛門翁』横浜高等女学校 1932

田沼　貞治　たぬま・ていじ
日本雑誌協会事務局長

[生年月日]明治41年（1908年）6月15日
[没年月日]平成6年（1994年）4月17日
[出生地]栃木県足利市

昭和8年講談社に入社。22年製作課長を経て、31年大阪支社長。同社従業員組合の2代目委員長や全日本印刷出版労働組合会計部長を務め、東京出版販売（現・トーハン）設立に際してはその推進役の一人となった。39年より日本雑誌協会事務局長を務めた。

田畑　弘　たばた・ひろし
三一書房創業者

[生年月日]大正2年（1913年）4月21日
[没年月日]昭和62年（1987年）3月30日
[出生地]京都府京都市　[学歴]同志社大学文学部英文科〔昭和12年〕卒

昭和17年大雅堂編集部長。20年京都市で三一書房を創立、24年株式会社に改組して初代社長。井上清「日本女性史」などを出版、同書房の基礎を築いた。43年田畑書店を創業した。
[受賞]毎日出版文化賞〔昭和24年〕

玉井　乾介　たまい・けんすけ
「世界」編集長　岩波書店取締役編集部長

[生年月日]大正7年（1918年）2月28日
[没年月日]平成2年（1990年）12月17日
[出生地]東京都　[学歴]早稲田大学文学部国文科〔昭和17年〕卒

昭和20年岩波書店に入社。「文学」「世界」などの編集長を務め、編集部長となるが47年退社。49年から国際交流基金派遣の客員教授として、米国プリンストン大学、タイ・チュラロンコン大学、仏パリ第3大学、ブラジル・サンパウロ大学で日本文学の講義をし、日本文化の海外普及に尽力した。

田村　勝夫　たむら・かつお
サイマル出版会創業者

[生年月日]昭和4年（1929年）2月6日
[没年月日]平成20年（2008年）1月28日
[出生地]青森県弘前市　[学歴]青森師範本科〔昭和23年〕卒

昭和23年19歳の時に上京、玉川学園の小原国芳を訪ね寄寓。汐見小学校教諭となり民主主義科学者協会（民科）に属したが、そのためレッドパージに遭い、東京大学職員組合書記局に勤務。結核に倒れ長期の入院生活を送るが、田中二郎教授の推薦を得て弘文堂に

入社、33年取締役編集部長。同社では高瀬広居「第三文明の宗教」、猿谷要「アメリカの黒人」、竹中労「美空ひばり」などを手がける。同社倒産後、42年日本初の国際会議の同時通訳者グループであるサイマル・インターナショナルの関連会社としてサイマル出版会を創業。出版の柱を国際性と問題性におき、デービッド・ハルバースタム「ベスト&ブライテスト」、エーリヒ・ホーネッカー「私の歩んだ道」、マイク・マンスフィールド「日本ほど重要な国はない」など約1200点を刊行。世界を見据えた異色出版社として知られたが、平成9年解散した。

[受賞]青森県褒賞〔昭和62年〕
【参考】田村勝夫「言論としての出版 サイマル出版会と私の出版人生」(「出版クラブだより」2002.3.1)

田村　喜久蔵　たむら・きくぞう
ナツメ社創業者

[生年月日]明治37年(1904年)6月15日
[没年月日]没年不詳
[出身地]石川県

昭和22年横浜でナツメ社を創業。28年株式会社に改組。自動車を中心とした実用書を出版した。

田村　大五　たむら・だいご
ベースボール・マガジン社常務

[生年月日]昭和10年(1935年)2月20日
[没年月日]平成21年(2009年)2月13日
[出身地]新潟県柏崎市　[別名等]筆名=大道文　[学歴]柏崎高卒

昭和29年ベースボール・マガジン社に入社。「週刊ベースボール」編集長を務め、34年報知新聞社に転じ、西鉄、巨人の担当記者となる。運動部長、編集委員を経て、50年ベースボール・マガジン社に復帰。「週刊ベースボール」編集長、編集局長、常務を経て、顧問。著書に「白球の視点」「昭和の魔術師 宿敵 三原脩・水原茂の知謀と謀略」、大道文の筆名で「プロ野球豪傑伝」(全3巻)、「新・プロ野球人国記」(全9巻)などがある。

田村　年雄　たむら・としお
講談社常務

[生年月日]明治37年(1904年)9月20日
[没年月日]昭和32年(1957年)9月27日
[出身地]山形県西田川郡鶴岡町(鶴岡市)
[学歴]鶴岡中〔大正12年〕卒,法政大学法学部英文科〔昭和5年〕卒

昭和7年講談社に入社。18年書籍部企画課長。敗戦直後の業界混迷期に渉外担当として自由出版協会を組織、講談社の危機を救った。24年同会が発展的解消して誕生した全国出版協会の初代事務局長、同年講談社調査局長、25年総務局長兼務、26年取締役を経て、31年常務。日本出版配給閉鎖に伴う東京出版販売(現・トーハン)創立にも主導的な役割を果たした。

【参考】『追想の田村年雄』田村年雄追悼録編纂会編 1958

田村　治芳　たむら・はるよし
「彷書月刊」編集長 なないろ文庫ふしぎ堂主人

[生年月日]昭和25年(1950年)9月29日
[没年月日]平成23年(2011年)1月1日
[出身地]京都府福知山市　[出身地]和歌山県田辺市　[別名等]筆名=田村七痴庵　[学歴]美学校第一期ペン画教場〔昭和45年〕修了

大学中退後、喫茶店のマスターなどを経験。七月堂古書部を経て、古本屋となる。昭和62年古書店"なないろ文庫ふしぎ堂"を東京・九品仏に構え、平成13年まで営業を続ける。古書店業の傍ら、昭和59年本好きの情報探求誌「彷書月刊」(彷徨社)創刊に参加、編集長を務める。平成15年誌面に執筆したエッセイを中心とした著書「彷書月刊編集長」を出版。22年9月の300号を最期に「彷書月刊」を休刊した。

【参考】『彷書月刊編集長』田村治芳著 晶文社 2002

田村 義也　たむら・よしや
　　岩波書店編集部副部長 装丁家

[生年月日]大正12年（1923年）4月5日
[没年月日]平成15年（2003年）2月23日
[出生地]東京都　[学歴]麻布中〔昭和15年〕卒, 慶応義塾大学経済学部〔昭和23年〕卒

4人兄弟の二男で、旧約聖書「ヨシュア記」から"義也"と命名される。昭和13年15歳から家庭内新聞を発行、18年学徒出陣して以降の軍隊時代を除き、21年まで800号以上を数えた。20年内地で敗戦を迎えて復学、23年岩波書店に入社。同社の稲沼瑞穂は母の従兄弟にあたる。「岩波文庫」「岩波新書」各編集部を経て、45～46年「世界」編集長、50年編集部副部長。58年定年退職、60年正式退社。傍ら装丁家としても活躍し、独特の色遣いと手作り感のある文字遣いは"田村流"として知られた。手がけた作品に、安岡章太郎「流離譚」「幕が下りてから」、小島信夫「菅野満子の手紙」、大江健三郎「みずから我が涙をぬぐいたまう日」、加藤周一「夕陽妄語」、金石範「火山島」などがある。社外で雑誌「久保栄研究」「酒文化研究」編集長も務めた。著書に自装の「のの字ものがたり」がある。
[家族等]弟＝田村明（法政大学名誉教授）
【参考】『田村義也 編集現場115人の回想』田村義也追悼集刊行会編 2003／『背文字が呼んでいる 編集装丁家田村義也の仕事』武蔵野美術大学美術資料図書館 2008

為藤 五郎　ためとう・ごろう
　　「太陽」編集長 教育週報社創業者

[生年月日]明治21年（1888年）2月1日
[没年月日]昭和16年（1941年）7月4日
[出生地]福岡県筑上郡三毛門部（豊前市）
[学歴]東京高師〔明治44年〕卒

小倉師範学校教諭から鹿児島師範学校教諭、東京日日新聞記者、博文館の「中学世界」主筆、同「太陽」編集長などを経て、大正14年教育週報社を創立、「教育週報」の主幹となった。この間、下中弥三郎の教員組合啓明会会員、「教育の世紀社」同人となり、雑誌「教育の世紀」「教育週報」誌上で、教育の民衆化を掲げて教育評論活動を続けた。昭和3年より連続3期東京府議を務め、12年には東京市議も兼ねた（1期）。著書に「民衆教育論」「教育の社会性」などがある。

足沢 禎吉　たるさわ・ていきち
　　講談社副社長

[生年月日]大正9年（1920年）12月18日
[没年月日]昭和56年（1981年）4月9日
[出生地]青森県三戸郡田子町　[学歴]田子尋常高小〔昭和11年〕卒

昭和12年講談社少年部に入社。29年資材課長、37年学習編集局長、40年取締役書籍営業局長、44年常務、48年専務を経て、56年副社長。役員として営業全般を統轄する傍ら、世界各国の主要出版社との国際出版交流に尽くした。
[受賞]田子町名誉町民〔昭和56年〕
【参考】『追想の足澤禎吉』足澤禎吉追悼集編纂会編 講談社 1982

【ち】

筑紫 義男　ちくし・よしお
　　建帛社創業者

[生年月日]大正7年（1918年）10月5日
[没年月日]平成17年（2005年）2月24日
[出生地]佐賀県三養基郡儀徳（鳥栖市）　[学歴]三養基中卒, 陸士〔昭和15年〕卒

生家は農家で5人兄弟の三男。昭和15年陸軍士官学校を卒業、20年陸軍少佐で敗戦を迎えた。陸軍航空技術研究所時代に医歯薬出版創業者である今田見信宅に寄宿し、19年その

長女と結婚。戦後、講談社の系列である世界社、ロマンス社で出版修業し、26年医歯薬出版設立に際して取締役営業部長として入社。34年独立して建帛社を創業。社名は「名を竹帛に垂る」より"帛"の字を選んだ。処女出版は田島義博訳「マーケティング・マネジメント」。主に家政学関係書や幼児教育・初等教育関係書を出版した。

[家族等]長男=筑紫恒男(建帛社社長)、岳父=今田見信(医歯薬出版創業者)、義弟=今田喬士(医歯薬出版社長)

[参考]筑紫恒男「父の思い出」(「出版クラブだより」2005.9.1)

千倉 孝　ちくら・たかし
千倉書房社長

[生年月日]昭和12年(1937年)1月18日
[没年月日]平成16年(2004年)5月31日
[出身地]東京都　[学歴]成城大学〔昭和38年〕卒

千倉書房創業者・千倉豊の長男。昭和38年千倉書房副社長を経て、社長に就任。

[家族等]長男=千倉成示(千倉書房社長)、父=千倉豊(千倉書房創業者)、母=千倉悦子(千倉書房社長)、叔父=高山雄一(千倉書房副社長)

千倉 豊　ちくら・ゆたか
千倉書房創業者

[生年月日]明治26年(1893年)11月15日
[没年月日]昭和28年(1953年)7月16日
[出身地]福岡県山門郡瀬高町上庄(みやま市)

明治41年三池銀行に入行。43年満州へ渡りパイジス商会、大正元年藤原商会に勤める。2～4年兵役に就き、5年鈴木商店に入ったが、13年退社して渡欧。15年日本評論社に入社して出版界入り、同社取締役営業部長を務めた。昭和4年千倉書房を創業、処女出版物は高田保馬「価格と独占」、美濃部達吉「行政裁判法」、那須皓「日本農業論」など。同年井上準之助蔵相の著書「国民経済の立直しと金解禁」が数十万部のベストセラーとなり、社業の基礎を固めた。また、「商学全集」「経営学大系」「工業経営全書」「会計学大系」「日本経済政策大系」「千倉常識講座」など大部の企画出版を相次いで刊行、経済・経営畑で独自の地位を築いた。同郷の政治家・中野正剛の著書を出版した縁で、8年九州日報社社長を引き受けたが、10年退任した。

[家族等]妻=千倉悦子(千倉書房社長)、長男=千倉孝(千倉書房社長)、弟=高山雄一(千倉書房副社長)

[参考]『遺容』千倉悦子編　千倉書房 1954

千葉 源蔵　ちば・げんぞう
文藝春秋社長

[生年月日]大正4年(1915年)3月25日
[没年月日]昭和63年(1988年)9月21日
[出身地]山形県米沢市　[学歴]法政大学経済学部〔昭和13年〕卒

昭和13年文藝春秋社に入社。21年文藝春秋新社設立に参加、28年取締役、43年常務、49年専務を経て、54年社長に就任。59年会長、63年名誉会長。54年雑誌協会理事長、55年日本出版クラブ副会長。雑誌広告協会、出版健康保険組合の各理事も歴任。

[家族等]兄=千葉嘉蔵(千葉工業社長)、弟=千葉栄助(北辰堂社長)　[叙勲]勲一等瑞宝章〔昭和61年〕　[受賞]マスコミ功労者顕彰〔平成3年〕

千代 忠央　ちよ・ただなか
白水社取締役編集部長

[生年月日]昭和9年(1934年)8月2日
[没年月日]平成19年(2007年)6月21日
[出身地]京都府京都市　[学歴]京都大学文学部仏文科〔昭和33年〕卒

昭和33年白水社入社。49年編集次長、57年編集部長を経て、60年取締役に就任。平成5年埼玉県松伏町長に当選、17年まで3期務めた。

[参考]『町長出前一丁 元気が出る町づくりをめざして』千代忠央著 2000

長 得一　ちょう・とくいち
東京書籍社長

[生年月日] 明治35年（1902年）12月10日
[没年月日] 昭和29年（1954年）6月10日
[出身地] 石川県金沢市　[学歴] 東京帝国大学法学部法律学科〔大正14年〕卒

大学在学中の大正13年、高文行政科試験に合格。14年通信省に入省。昭和16年官房文書課長、17年札幌逓信局長、20年電務局長となり、21年退官。同年4月東京書籍専務に就任。22年井上源之丞が重役兼務禁止により退任すると社長に昇格した。25年退任。

【つ】

塚越 停春　つかごし・ていしゅん
「家庭雑誌」編集人　東京市編纂員

[生年月日] 元治1年（1864年）3月3日
[没年月日] 昭和22年（1947年）12月31日
[出生地] 上野国碓氷郡岩氷村（群馬県高崎市）
[本名] 塚越芳太郎　[別名等] 筆名=停春楼、雲野通路

高崎の暢発学校（師範学校の前身）卒業後教員生活に入り、群馬県内の小学校に首席訓導として勤める。傍ら、上毛青年連合会の廃娼運動に参加し、その機関誌に論説を寄せた。明治23年徳富蘇峰の知遇を得て民友社に入り、「国民新聞」「国民之友」に史論・評論・詩歌などを精力的に発表する。25年「家庭雑誌」が創刊されると編集人として社説を執筆した。32年いわゆる蘇峰の変節に伴い退社、憲政党に入党しその機関紙「日刊人民」の主筆となる。この後、超人的筆力を以て著作に従事し29もの著書をものし、そこでは新時代の国民像を示し、また都市化がもたらす多くの課題とその解決策を論述した。39年東京市編纂員となり、翌年「東京市史稿」編纂方針と事業計画を策定。以後は著作活動を休止、名利を度外視して市史編纂事業に精魂を傾け、44年「東京市史稿」皇城篇を刊行。大正10年市史編纂掛長。昭和10年自治功労者として東京市より表彰を受けた。
【参考】松平康夫「塚越芳太郎についての一考察」（「東京都公文書館研究紀要」1号 1999）

塚越 郁四郎　つかごし・ゆうしろう
塚越書店主人

[生年月日] 明治14年（1881年）12月17日
[没年月日] 昭和12年（1937年）4月18日
[出生地] 埼玉県

少年時代に高崎市の呉服店に十年余勤めた後、横浜市の外国商館で働く。明治43年東武鉄道浅草駅売店の権利を得て塚越書店を開業。早くから販売業者の利益擁護のために取引制度の改善を訴え、大正8年東京図書雑誌小売業組合の設立に尽力。同組長や、東京書籍商組合評議員、東京雑誌販売業組合副組長などを歴任した。

司 忠　つかさ・ただし
丸善社長

[生年月日] 明治26年（1893年）10月5日
[没年月日] 昭和61年（1986年）5月1日
[出生地] 愛知県豊橋市　[学歴] 高小〔明治39年〕卒

生家は1000年40代続く伊勢神宮の神領の司の家柄で、代々大名並みの官位と授爵を受けた。7人きょうだい（2男5女）の3番目の二男。明治39年高等小学校を卒業後すぐに丸善に丁稚として入り、わずか2年で手代に昇進するなど早くから頭角を現す。大正9年27歳で大阪支店販売課長に就くと顧客カードを整理してカスタマーインデックスを作成、科学的な顧客管理を行い全社に採用された。昭和4年名古屋支店長、14年本店支配人を経て、15年最年少の取締役に抜擢されると本社から付帯事業を切り離し、丸善貿易、丸善商事を始め、

丸善精器，丸善計算機，丸善タイムレコーダー，丸善電機工業，第一製作所など数々の子会社を設立。21年専務を経て，22年社長。"ワンマン独裁"を宣言して24年の株式公開や27年の鉄筋ビル本社完成，28年からの海外取引先への借金返済などを実行，同社の再建に尽力した。46年会長，48年相談役に退く。また，洋書の海賊版取り締まりの為に著作権法の改正にも力を注いだ。27～46年東京商工会議所副会頭の他，日本書籍出版協会理事，洋書輸入協会理事長，東京文化会館運営審議会会長などを歴任。48年から出身地の豊橋市立図書館に洋書を贈り続け，58年に2万冊を突破した。
[叙勲]緑綬褒章〔昭和28年〕，藍綬褒章〔昭和37年〕，フランス文化勲章〔昭和39年〕，勲二等旭日重光章〔昭和40年〕，勲一等瑞宝章〔昭和46年〕　[受賞]東京都実業精励賞〔昭和26年〕，豊橋市名誉市民〔昭和48年〕，東京都名誉都民〔昭和58年〕
【参考】『学燈をかかげて 丸善社長司忠』ダイヤモンド社 1967／『私の履歴書 経済人12』日本経済新聞社 1981

都河 龍　つがわ・しげみ
婦女界社創業者

[生年月日]明治13年（1880年）6月2日
[没年月日]没年不詳
[出生地]広島県　[学歴]東洋大学〔明治36年〕卒

大学卒業後，電報通信社の校正掛から博報堂に入り，「教育新聞」の編集に当たる。明治40年香川坂出町の商業学校で教師となるが，間もなく辞めて再上京し同文館に入社。雑誌「婦女界」の編集担当となり手腕を発揮，大正2年同誌の編集営業の一切を引受けて独立し婦女界社を創立。個人経営となるや業務を改善，誌面を刷新して，毎月数十万部を発行する盛況を示した。昭和18年企業整備で解散。戦後の21年，二男の都河吉生が復刊したが時代のずれもあって間もなく休刊した。

【参考】『越えて来た道』都河龍著 婦女界社 1930

都崎 友雄　つざき・ともお
高松堂書店主人　詩人

[生年月日]明治34年（1901年）7月11日
[没年月日]平成3年（1991年）7月8日
[出生地]台湾台北　[別名等]筆名＝ドン・ザッキー　[学歴]台北中〔大正8年〕卒，早稲田大学

父は台湾営林署に勤める高等官で，中学までを台湾で過ごす。五高受験に失敗して早稲田大学に入学。ドン・ザッキーを名のりダダイスト詩人として活動し（"ザッキー"は"ツザキ"のアナグラムだという），大正14年ドン社より唯一の詩集となった「白痴の夢」を刊行（即刻発禁）。また，同年編集兼発行者として総合詩誌「世界詩人」を出したが，15年3号で廃刊した。昭和9年頃より古本屋を開き，文京区の高田老松町に店舗兼住居を構えて高松堂書店を屋号とした。戦後，21年東京古書籍協同組合の創立に際して機関誌担当の常任理事となり，27年までほぼ独力で機関誌「古書月報」の編集に従事。26年東京古書会館の古書展・ぐろりや会に参加，その発案と命名者といわれる。30年東京都読書普及商業組合を創立して初代理事長に就任，貸本業界の組織化に成功したが，間もなく業界を去った。
【参考】『ある「詩人古本屋」伝 風雲児ドン・ザッキーを探せ』青木正美著 筑摩書房 2011

辻 敬之　つじ・たかゆき
普及舎創業者　開発社創業者

[生年月日]嘉永4年（1851年）2月19日
[没年月日]明治25年（1892年）8月5日
[出生地]肥後国蓮台寺村（熊本県熊本市）

肥後熊本藩士の子。明治5年上京，教育家として立つため8年東京師範学校に入学。卒業後，千葉県師範学校教諭となり県下教育のために尽力した。深くペスタロッチの教授原則（開発主義）に共鳴して，職を辞して15年に普

及舎を創立、新主義に拠る教科書類を出版し成功した。18年開発社を設け教育雑誌を発刊し、また通信教育の嚆矢ともいえる通信講学会を創立、経営に腐心した。教育家として書籍商として社会の信任を得、東京書籍商組合の副頭取、書籍商が設立した東京割引銀行の取締役、24年東京商業会議所創立に際しては推されてその議員に当選した。26年肺結核を悪化させて死去。普及舎は長男の太が継承した。
[家族等]長男＝辻太（普及舎社長）
【参考】「教育時論」264号 1892.8.15

対馬 滋　つじま・しげる
創出版編集責任者

[生年月日]生年不詳
[没年月日]平成14年（2002年）8月4日
[出身地]大阪府大阪市

創出版編集責任者として雑誌「創」を発行。大塚公子「死刑執行人の苦悩」や死刑囚勝田清孝「冥暗に潜みし日々」などを世に送り出した。昭和55年名古屋市で女子大生誘拐殺人事件を起こし死刑判決を受けた木村修治被告への取材目的での接見を拘置所に拒否され、表現の自由を保障した憲法違反として、不許可処分の取り消しと損害賠償を求めた訴訟を起こしたが、平成4年東京地裁、7年東京高裁とも主張を退けた。また、死刑廃止国際条約の批准を求めるフォーラム90創設以来、中心的な活動家として死刑廃止運動及び人権擁護運動に取り組んだ。
【参考】深田卓「ブック・ストリート 出版 対馬滋＝名編集者にして人権活動家の早すぎる死」（「出版ニュース」1946号 2002.8）

辻村 彦次郎　つじむら・ひこじろう
日本教文社創業者 生長の家理事長

[生年月日]明治31年（1898年）11月19日
[没年月日]昭和51年（1976年）5月11日
[出身地]静岡県　[学歴]慶応義塾大学〔大正12年〕卒

白木屋勤務を経て、昭和9年谷口雅春「生命の実相」を広く普及させる目的で光明思想普及会（のち日本教文社）を創業。

辻本 卯蔵　つじもと・うぞう
弘道館創業者

[生年月日]明治7年（1873年）10月22日
[没年月日]昭和33年（1958年）10月24日
[出身地]奈良県宇陀郡松山町（宇陀市）

明治23年大阪に出て出版社に入り、翌年積善館に転じ15年間斯業に精勤し、38年上京本郷に弘道館を開く。帝大哲学会の「哲学雑話」の発行を引請け、「東亜の光」「婦人と子供」更には「帝国教育」を発行した。書籍出版では帝大教授の教育哲学宗教などの学術書を世に送った。昭和6年株式会社に改組した。
[家族等]弟＝辻本経蔵（新思潮社創業者）

辻本 経蔵　つじもと・きょうぞう
新思潮社創業者 科学書院社長

[生年月日]明治21年（1888年）12月31日
[没年月日]昭和54年（1979年）9月13日
[出身地]奈良県宇陀郡松山町（宇陀市）　[学歴]大成中卒

明治38年上京。神田三崎町の大成中学を出て、44年兄が経営する弘道館に入る。出版業の実務を習得して独立教育研究会を創立、主に帝大、高師の著名学者の教授教育書を出版した。昭和19年企業整備で統合されたが、24年新思潮社の名で再興。自然科学など理系書の出版で知られる。46年科学書院を創業。日本出版クラブ評議員。
[家族等]兄＝辻本卯蔵（弘道館創業者）

都筑 道夫　つづき・みちお
「エラリイ・クイーンズ・ミステリ・マガジン」編集長

[生年月日]昭和4年（1929年）7月6日
[没年月日]平成15年（2003年）11月27日
[出生地]東京市小石川区（東京都文京区）

[本名] 松岡巌　[別名等] 別筆名＝淡路龍太郎
[学歴] 早稲田実〔昭和20年〕中退

生家は漢方薬局を営む。落語家の兄の影響により少年時代から寄席や映画、演劇に親しむ。作家を志して正岡容や大坪砂男に師事し、正岡の紹介で神田神保町の新月書房に入社してカストリ雑誌の編集に従事。次いで雑誌「スバル」の編集や小型講談雑誌「ポケット講談」の講談リライトをする傍ら、10代後半から淡路龍太郎などの筆名で伝奇小説や時代小説を執筆した。その後、翻訳を手がけるようになり、昭和31年田村隆一の要請で早川書房に入社して「エラリイ・クイーンズ・ミステリ・マガジン」日本語版の初代編集長に就任。在職中にはイアン・フレミング〈007〉シリーズや、F.ブラウンの「完全犯罪」を掲載して、"ショート・ショート"の語を日本でいち早く紹介した。34年退社して本格的に作家生活に入り、36年第一長編「やぶにらみの時計」で推理作家として注目され、個性的な探偵が登場する凝りに凝った趣向の作品を数多く発表した。また評論「黄色い部屋はいかに改装されたか？」などでも知られ、様々な分野で日本の推理小説界を支えた。平成13年自伝エッセイ「推理作家が出来るまで」で日本推理作家協会賞を受賞した。

[家族等] 兄＝鶯春亭梅橋（落語家）　[受賞] 日本推理作家協会賞（第54回）〔平成13年〕「推理作家が出来るまで」、日本ミステリー文学大賞（第6回）〔平成14年〕
【参考】『推理作家の出来るまで 上下』都筑道夫著 フリースタイル 2000

津田 新吾　つだ・しんご
編集者

[生年月日] 生年不詳
[没年月日] 平成21年（2009年）7月
[学歴] 大阪大学

大阪大学で文化人類学を学ぶ。水声社、青土社に編集者として勤め、堀江敏幸「おぱらばん」、野崎歓「ジャン・ルノワール 越境する映画」、多和田葉子「容疑者の夜行列車」などの文芸書や人文書を手がけた。
【参考】『オマージュ 津田新吾』鈴木英果編 2009

津田 仙　つだ・せん
学農社創業者 農学者 教育家

[生年月日] 天保8年（1837年）7月6日
[没年月日] 明治41年（1908年）4月24日
[出生地] 下総国佐倉（千葉県佐倉市）　[旧名] 小島

下総佐倉藩士・小島家に生まれる。安政4年（1857年）手塚律蔵の私塾に入って蘭学を修め、のち伊藤貫斎らに英語を教わる。文久元年（1861年）幕臣・津田栄七の女婿となった、2年外国奉行支配通弁として出仕。慶応3年（1867年）小野友五郎に随行して渡米し、西洋農法を見聞して帰国。戊辰戦争では越後方面を転戦するが、敗れて東京に戻り、維新後はしばらく築地のホテル館に勤務しながら麻生本村町で洋菜の栽培を行った。9年農業の近代化と人材育成を目指し学農社を創立、「農業雑誌」「開拓雑誌」などを創刊して農事知識の交換・普及に尽力した。一方、8年キリスト教徒となり、11年耕教学舎（現・青山学院女子部）を創立。禁酒運動、禁煙運動及び盲唖教育にも力を注いだ。明治30年代には足尾銅山鉱毒事件に関心を持ち、先頭に立って鉱毒反対運動を行った。

[家族等] 二女＝津田梅子（津田塾大学創立者）

蔦屋 重三郎　つたや・じゅうざぶろう
蔦重主人

[生年月日] 寛延3年（1750年）1月7日
[没年月日] 寛政9年（1797年）5月6日
[出生地] 江戸新吉原（東京都台東区千束）
[別名等] 別名＝喜多川柯理, 狂号＝蔦唐丸, 号＝耕書堂, 薜蘿館

江戸吉原丸山重助の子で、喜多川氏の養子となる。安永2年（1773年）書店を新吉原五十間道に開業し、翌年絵入り細見「一目千本」で

出版を手がけ、天明3年（1783年）通油町に移り地本問屋となる。大田南畝、5代目市川団十郎、平賀源内、山東京伝らと交友があり、狂歌本、黄表紙、洒落本などを出版して成功をおさめ、絵本と浮世絵では北尾重政、喜多川歌麿、写楽の芝居絵などを製作、天明文化の興隆に大きな役割をはたした。寛政の出版取締により洒落本3点が禁制にふれ、寛政3年（1791年）身代半分没収の処分を受け、それ以後は書物問屋仲間に加入して本屋商売を続けた。

【参考】『蔦屋重三郎』鈴木俊幸著 若草書房 1998（平凡社ライブラリー 2012）

土屋 右近　つちや・うこん
土屋信明堂創業者

[生年月日] 明治13年（1880年）7月2日
[没年月日] 昭和29年（1954年）1月19日
[出生地] 長野県下高井郡平岡村字間長瀬（中野市）　[別名等] 号＝梅泉

生家は長野県の農家で、武田勝頼に仕えた武将・土屋昌恒の流れを汲むという。6人兄弟の二男。高等小学校を中退して働きに出、仲買商となったが、明治30年上京。職工生活の後、露天古本業や貸本業を始め、44年浅草向柳原町に信明堂を起こし、新刊書籍販売に従事。大正11年東京雑誌販売連合会幹事。昭和7年小売業者を株主とする卸業の共同書籍株式会社を設立して常務。16年戦時統制により東京書籍雑誌小売商業組合が設立されると初代理事長に就任した。四男の妻の父は、金の星社創業者の斎藤佐次郎。

【参考】『我が七十年の回顧』土屋右近著 斎藤佐次郎編 1956

土屋 泰次郎　つちや・たいじろう
丁未出版社創業者

[生年月日] 明治7年（1874年）12月
[没年月日] 没年不詳
[出生地] 東京都

新渡戸稲造に師事し、新渡戸や津田梅子らが主宰した「英文新誌」に関係。丁未出版社を創業、日露戦争の旅順攻略戦の体験を叙事詩的に描いた桜井忠温「肉弾」がベストセラーとなる。また、新渡戸「武士道」（英文）「随想録」や大隈重信「国民読本」などを刊行。本業の傍ら本田精一主宰の「財政経済時報」の経営や、大隈の国民教育講習会の事務にも携わった。

土屋 実　つちや・みのる
社会思想社社長

[生年月日] 明治40年（1907年）9月26日
[没年月日] 昭和46年（1971年）12月6日
[出生地] 東京府豊多摩郡渋谷町（東京都渋谷区）　[学歴] 東京府立一商〔大正13年〕卒, 早稲田大学政経学部〔昭和7年〕卒

生家は東京・渋谷の旧家で、7人弟妹の長男。父は渋谷区議を務めた。青年時代は画家を志し、昭和13年第2回文展に「母と子」を出品。19年応召して朝鮮で敗戦を迎えた。戦後、実弟の土屋清が関与していた社会思想研究会出版部から出版される本の装丁を手がけるようになり、24年正式に入社。27年社長に就任。42年会長、45年相談役。この間、30年自社の「現代教養文庫」に初めて色刷りカバーを付け、従来の茶色表紙にパラフィン紙をかけた地味な文庫の装丁に新風を吹き込んだ他、32年には文庫で初めて右ページに文章、左ページに写真という見開き形式を採用した「写真文学散歩」を刊行、出版界の注目を集めた。37年社会思想社に社名を変更、社会思想研究会の出版部として始まった同社の基礎を固めた。日本書籍出版協会常任理事、日本出版クラブ評議員、梓会副幹事長を歴任した。

[家族等] 父＝土屋銀次郎（渋谷区議）, 弟＝土屋清（経済評論家）, 岳父＝橋本秀邦（日本画家）

【参考】『回想土屋実』土屋実回想集刊行会編 1983

堤 常　つつみ・つね
岩波書店会長

［生年月日］明治24年（1891年）3月1日
［没年月日］昭和61年（1986年）1月24日
［出生地］愛媛県松山市

岩波書店創業者・岩波茂雄の一高以来の親友で、大正4年岩波書店に入店。岩波の女房役として財務経理面で社を支え、その発展に大きく貢献した。昭和24年会長、37年相談役。
［家族等］二男＝堤精二（お茶の水女子大学教授）

堤 登　つつみ・のぼる
あすか書房創業者

［生年月日］大正5年（1916年）9月6日
［没年月日］昭和57年（1982年）9月24日
［出身地］長野県　［学歴］関東商卒

昭和23年あすか書房を創業して今井邦子主幹の歌誌「明日香」を発行、また美術書、文芸書を出版。25年学習参考書出版の教育書籍を別法人として独立させた。

綱島 亀吉（2代目）　つなじま・かめきち
島鮮堂書店主人

［生年月日］明治4年（1871年）4月3日
［没年月日］昭和20年（1945年）1月18日
［出生地］埼玉県大里郡深谷（深谷市）

明治元年初代亀吉が東京・浅草に於いて地本商を開き、明治合巻「高橋お伝夜叉物語」「島田三郎梅雨日記」など数種を発行。15年馬喰町に移転、月岡芳年「風俗三十二相」「新撰東錦絵」をはじめ二枚続の錦絵や石版小供絵本などを多数発行した。30年家督を相続して日本橋の地本書肆島鮮堂書店を継承、2代目亀吉を襲名。錦絵、石版画、木版色刷絵本、お伽画本、双六などを出版した。辻岡屋（辻亀）ともいう。

坪谷 善四郎　つぼや・ぜんしろう
博文館取締役編集局長 大橋図書館館長

［生年月日］文久2年（1862年）2月26日
［没年月日］昭和24年（1949年）3月25日
［出生地］越後国南蒲原郡加茂町（新潟県加茂市）　［別名等］号＝水哉　［学歴］東京専門学校邦語政治科〔明治21年〕・行政科〔明治22年〕卒

明治18年上京、東京専門学校（現・早稲田大学）在学中の21年、博文館に入社。同社主・大橋佐平の薫陶を受け、22年編集主幹、25年編集局長、27年内外通信社主幹を歴任。28年同社が雑誌「太陽」を創刊するとその編集に当たり、33年「東洋戦争実記」を発刊するなど同社躍進に大きく寄与した。日露戦争時には「日露戦争実記」の創刊・編集に携わり、特派員として実際の戦場に赴いて海城・済州・東清鉄道沿線などの各地で写真を撮影、帰国後には「日露戦争海軍写真集」シリーズなど写真をふんだんに使用した戦争画報を次々と刊行して好評を博した。大正7年取締役に就任。この間、明治34年東京市議に当選して7期を務め、市立日比谷図書館設立にも尽力。大正6年大橋図書館（現・三康図書館）館長、7年日本図書館協会会長。著書に「内外豪商列伝」「大橋佐平翁伝」「博文館五十年史」「大橋図書館四十年史」などがある。俳人としても著名で、水哉と号して秋声会に属した。
【参考】『水哉喜壽記念帖』坪谷善四郎編 1939／『水哉坪谷善四郎先生伝』加茂町立図書館後援会編 1949

津曲 篤子　つまがり・あつこ
弥生書房創業者

［生年月日］大正9年（1920年）2月2日
［没年月日］平成14年（2002年）9月21日
［出生地］京都府　［旧名］大平　［学歴］日本大学国文科卒

父は劇作家。昭和17年中央公論社に入社。明

治大正昭和新聞雑誌研究所、「婦人公論」編集部に配属され、同誌が廃刊に追い込まれると出版部で古典文学全集の編集に従事。19年同社の編集者であった津曲淳三と結婚し、20年夫の郷里である鹿児島県に疎開。21年東京へ戻り世界評論社に入社。同社倒産後、26年美術出版社に勤めたが、夫の京都行きに同行するため勤めを辞め、27年人文書院に入社した。31年上京して本郷弥生町で同地から名前をとった弥生書房を創業、処女出版はアラン「神々」(井沢義雄訳)と渡辺一夫の随筆集「たそがれの歌」。創業当初は旧知の美術出版社社長・大下正男の後援を受け、38年より刊行を始めた「世界の詩シリーズ」の成功により社業の基礎を固めた。45年より「曽我量深選集」(全12巻)を、56年からは「現代の随想」(全30巻)を刊行。他に、ベストセラーになった吉野せい「洟をたらした神」(49年)や吉野登美子「琴はしずかに」(51年)などを送り出した。自伝に「夢よ消えないで 女社長出版奮闘記」がある。
[家族等]夫=津曲淳三(弥生書房取締役)、長女=津曲奈穂子(弥生書房代表取締役)
【参考】『夢よ消えないで 女社長出版奮闘記』津曲篤子著 弥生書房 1996

津曲 淳三　つまがり・じゅんぞう
　　弥生書房取締役

[生年月日]大正7年(1918年)11月12日
[没年月日]昭和57年(1982年)1月9日
[出生地]鹿児島県鹿児島市

昭和16年中央公論社に入社。19年同社の編集者であった大平篤子と結婚し、20年郷里の鹿児島県に疎開。21年東京へ戻り、「進路」編集長などを務めた。27年学生時代から傾倒している浄土真宗の僧侶・曽我量深に聴聞するため京都へ移り、大谷高校に英語教師として勤務した。その後、妻が興した弥生書房の取締役を務め、37年中道社を設立して宗教雑誌「中道」を創刊。46年2月「中道」100号を以って廃刊し、10月曽我量深研究誌「行信の道」を刊行した。48年同誌を第4輯で廃刊した後は曽我量深の書籍を単行本の体裁で発行し、「曽我量深選集」「曽我量深講義集」「曽我量深対話集」などの刊行に努めた。著書に「親鸞の大地 曽我量深随聞日録」などがある。
[家族等]妻=津曲篤子(弥生書房創業者)、長女=津曲奈穂子(弥生書房代表取締役)

鶴田 久作　つるた・きゅうさく
　　国民文庫刊行会創業者 玄黄社創業者

[生年月日]明治7年(1874年)11月7日
[没年月日]昭和30年(1955年)
[出生地]山梨県

博文館編集部で主に翻訳物などを執筆した後、日本鉄道会社に入社。鉄道国有化の際に退社して玄黄社を起し、主に哲学・宗教・文学・思想物の翻訳書を出版。明治42年頃別に国民文庫刊行会を組織し予約出版で大部な「国民文庫」正続を手始めに「泰西名著文庫」「国訳漢文大成」正続などを刊行した。なお共同経営者の中塚栄次郎は独立して国民図書株式会社を設立し独自に予約出版を続けた。

鶴田 尚正　つるた・よしのぶ
　　日本出版販売社長

[生年月日]昭和13年(1938年)1月3日
[没年月日]平成21年(2009年)12月27日
[出生地]福岡県　[学歴]青山学院大学経済学部〔昭和36年〕卒

昭和36年日本出版販売に入社。50年取引推進部長席付、55年営業開発部営業開発課長、60年商品開発部長、平成2年取締役、6年常務、8年専務、10年副社長を経て、15年社長に就任。出版社と書店情報を共有化し、返品削減に取り組んだ。18年会長。

鶴屋 喜右衛門　つるや・きえもん
　　鶴屋仙鶴堂(鶴喜)主人

京都の鶴喜は長岡氏、寛永初年頃に二条通で出版活動を始め、浄瑠璃屋・草紙屋・正本屋

を称した。近松作品の開版も多く、古浄瑠璃正本の出版流通では山本九兵衛と並ぶ双璧であったが、次第に衰えて幕末近くになると出版から遠のいた。江戸の鶴喜は小林氏、地本兼書物問屋、暦問屋で京都の出店とも。寛文期より版元としての活動を始め、以降錦絵、草双紙の最大手として出版界に君臨したが、一方で暦・往来物等の堅実な商品も扱った。芝全交、山東京伝など有能な黄表紙作家を起用し、また滝沢馬琴「傾城水滸伝」は長編合巻の新機軸をひらいた。鶴屋の繁昌ぶりは川柳に詠まれたり、正月の店頭風景を描いた「江戸名所図会」の挿絵からもよくわかる。天保13年（1842年）大当りをとっていた柳亭種彦作・歌川国貞画「修紫田舎源氏」は絶版を命じられ中絶、また火災もたび重なり、嘉永5年（1852年）地本問屋の株を辻岡屋文助に譲り店舗も場末の方へ移転した。明治以降は教科書参考書の出版販売に関わった。
【参考】『絵草紙屋 江戸の浮世絵ショップ』鈴木俊幸著 平凡社 2010

【て】

手塚 猛昌　てずか・たけまさ
庚寅新誌社社長

[生年月日]嘉永6年（1853年）11月22日
[没年月日]昭和7年（1932年）3月1日
[出生地]長門国阿武郡須佐村（山口県萩市）
[旧名]岡部　[学歴]慶応義塾

神職を務めた後、明治18年上京し慶応義塾に学ぶ。23年から庚寅新誌社を経営。27年「汽車汽船旅行案内」を編集・発行するが、これが今日の時刻表のルーツといわれる。一方、星亨らと東京市街鉄道を興す。39年東洋印刷を設立し社長、40年帝国劇場の創立にも参画。

寺沢 音一　てらさわ・おといち
法文社創業者 日教販社長 弁護士

[生年月日]明治28年（1895年）10月16日
[没年月日]昭和49年（1974年）8月21日
[出生地]新潟県西蒲原郡峰岡村（新潟市）
[学歴]中央大学法科〔大正12年〕卒

弁護士を開業し、自らの編著書「新民事訴訟法学説判例総覧」出版のために法文社を創業。昭和24年日本教科図書販売（現・日教販）創立に際して監査役に就き、32年社長。27年東京出版信用組合理事長。日本出版クラブ評議員も務めた。
[家族等]長男=寺沢敬一（法文社社長）　[叙勲]勲四等瑞宝章〔昭和43年〕

寺島 文夫　てらしま・ふみお
文理書院創業者

[生年月日]明治43年（1910年）1月15日
[没年月日]昭和50年（1975年）6月25日
[出生地]新潟県　[本名]寺島徳治

上京して夜学に通いながら文学などを独学。昭和3年三・一五事件で検挙され懲役1年半、執行猶予3年の判決を受けた。10年頃から千倉書房の編集、出版に従事、編集長になったが郷里に疎開。敗戦直後上京し、高山書院の嘱託になり、「二宮尊徳の生涯と思想」を書き、21年創立の文理書院から出版。社長として文理書院を整備、「青年の思想と生き方」「人生の理想と現実」「人生の矛盾と真実」などを書き出版した。26年働く青年の全国的サークル活動の場として緑の会を創立、機関誌「人生手帖」を翌年創刊、啓蒙活動を続けた。のち「健康ファミリー」と改題。
[家族等]妻=寺島迪（文理書院社長）

寺田 博　てらだ・ひろし
「海燕」編集長 福武書店取締役出版事業本部長

[生年月日]昭和8年（1933年）7月11日
[没年月日]平成22年（2010年）3月5日

[出生地]長崎県島原市　[出身地]京都府　[学歴]早稲田大学教育学部国語国文学科〔昭和31年〕卒

スタイル社、学燈社を経て、昭和36年河出書房新社に入社。「文芸」編集部勤務、41年編集長。黒井千次、古井由吉、中上健次、津島佑子らの文壇登場を促進した。退社後の54年作品社設立に参加し、55年文芸誌「作品」を刊行。新人の発掘・育成は文芸雑誌の使命のひとつと、創刊号で「第1回作品賞」受賞作2篇を掲載し、また地域固有の作家に目を向け、別冊付録「地域の文学」をつけて話題となる。56年福武書店に移り、57年「海燕」を創刊、編集長に。新人文学賞をきっかけに、干刈あがた、吉本ばなな、島田雅彦、小林恭二、佐伯一麦、小川洋子らを発掘した名伯楽として知られる。61年から取締役出版事業本部長。平成6年退職。エッセイ集に「ちゃんばら回想」「昼間の酒宴」「100冊の時代小説」「時代小説の勘どころ」などがある。
【参考】『昼間の酒宴 文芸編集四十年』寺田博著 小沢書店 1997

寺村　五一　てらむら・ごいち
白水社社長

[生年月日]明治35年（1902年）8月25日
[没年月日]昭和52年（1977年）10月31日
[出生地]東京市日本橋区蠣殻町（東京都中央区）　[出身地]千葉県市原郡五井町（市原市）
[学歴]五井尋常高小尋常科〔大正4年〕卒

生家が没落したため、大正4年小学校を卒業すると上京して大倉書店に入社。年季奉公を終えた翌年、関東大震災で同書店が焼失して退店。夜店商人をしていた時にカーバイト燈の爆発事故で右目を失明した。13年旧知の白水社支配人・石田貞一郎の招きにより同社に入社、昭和5年同社の株式会社改組に際して取締役、8年常務、26年代表取締役専務を経て、46年社長。常務時代から経営の実質的運営と責任を担って同社中興の功労者となり、フランス文学専門であった同社に思想書や演劇関係書など新路線を打ち出し、ルナール著、岸田国士訳の「にんじん」「ルナアル日記」「博物誌」や、ロジェ・マルタン・デュ・ガール著、山内義雄訳の「チボー家の人々」といったロングセラーを送り出した。太平洋戦争中は出版団体・東京十社連盟の中心的存在として活躍し、満州国に設立された新京出版の誕生にも努めた。23年出版梓会の創立に際して副幹事長、37年同幹事長。他にも高等教科書協会理事、日本出版クラブ理事、日本書籍出版協会常任理事などを歴任した。
[叙勲]勲四等瑞宝章〔昭和47年〕
【参考】『寺村五一』清水文吉・中森季雄編著 1978（『寺村五一と白水社』日本エディタースクール出版部 1990）

天牛　新一郎　てんぎゅう・しんいちろう
天牛書店創業者

[生年月日]明治25年（1892年）11月25日
[没年月日]平成3年（1991年）6月2日
[出生地]和歌山県伊都郡見好村（かつらぎ町）
[学歴]大阪育英第一高小〔明治39年〕卒

商家の一人息子として生まれたが、父の放蕩で6歳の時に一家離散。父が大阪で古道具屋を起こして一家再会し、小学校を卒業すると呉服屋に丁稚に出た。明治40年父の商売にヒントを得て独立、大阪ミナミの二ツ井戸で露店の古本屋を始める。大正3年兵役を終え、4年日本橋南詰で天牛書店を開店。以後、掛け値無しの正札売りと品ぞろえの確かさで関西在住の文化人の定評を得、関西随一の古書店に成長させた。
[受賞]大阪産業功労賞〔昭和47年〕, 大阪文化賞〔昭和49年〕
【参考】『ふるほんや人生』天牛新一郎著 なにわ友あれ 1975

【と】

土井　伊惣太　どい・いそうた
恒星社厚生閣創業者

[生年月日]明治32年（1899年）8月13日
[没年月日]昭和43年（1968年）5月31日
[出生地]香川県善通寺市　[別名等]筆名＝土居客郎

13歳の頃から大阪の書店に勤務し、のち上京して警醒社編集部に入る。天文学者・山本一清の著書「星座の親しみ」に感激して天文関係の出版を志すようになり、昭和6年独立して恒星社を創業、その処女出版として山本の「初等天文学講座」を刊行した。恒星社の社名も山本の命名による。以後、天文学関係の書籍を専門に扱い、11年の「図説天文講座」、13年の荒木俊馬「天文と宇宙」などは長く版を重ねた。19年戦時の企業整備により厚生閣と合併して恒星社厚生閣に改組し、社長に就任。戦後も天文学を中心とした学術書の出版に当たった。また、土居客郎の筆名でアマチュア天文家としても知られた。

土居　光華　どい・こうか
日本出版会社創業者

[生年月日]弘化4年（1847年）6月24日
[没年月日]大正7年（1918年）12月11日
[出生地]淡路国三原郡倭文村（兵庫県南あわじ市）　[別名等]号＝淡山　[学歴]大阪開成学校修了

森田節斎に師事し、和歌を橘千蔭、海上胤平らに学ぶ。維新時は岩倉具視に侍した。明治7年民権派の「報国新誌」を創刊。徳島藩校教授、公議人、弁事を経て、翻訳を主とする北辰社の社長となり、「東海暁鐘新聞」を発行、岳南自由党総理などとなる。16年頃漆間真学らと会員組織の日本出版会社を興し、バック

ルの「自由之理評論」「英国文明史」などを翻訳・刊行。19年三重県飯高、飯野、多気三郡長に就任、27年から衆院議員に連続2選。女子教育や被差別部落解放などにも先駆的な活動をした。著書に「孟子七篇」「七珠講義」などがある。

東枝　吉兵衛　とうし・きちべえ
東枝書店創業者

[生年月日]嘉永2年（1849年）
[没年月日]昭和9年（1934年）3月4日
[出生地]陸奥国盛岡（岩手県盛岡市）

21歳の時京都に上り、借財に苦しむ米屋の経営を引き請ける。明治になると雑誌新聞が急速に普及、明治13年米屋を廃めて新聞雑誌の売捌店に転じた。以後手堅く経営を拡大、また後年雑誌組合長、書籍商組合長として重きをなし、市会議員となって市政にも貢献した。大正8年東枝書店が株式会社に改組した際、長男・東枝吉太郎（明治13年～昭和6年7月23日没）が専務に就任して父を輔けたが、父より早く亡くなった。
[家族等]長男＝東枝吉太郎（東枝書店専務）

東生　亀次郎　とうせい・かめじろう
袋屋万巻楼創業者

[没年月日]生没年不詳
[出生地]摂津国東成郡（大阪府大阪市）

安政元年（1854年）江戸に出て刷工に従事、5年日本橋通旅籠町に袋屋と名のり書籍業を始める。明治初期には中村正直「西国立志編」「自由之理」はじめ、何礼之、星亨などの翻訳書、また伊達千広「大勢三転考」（陸奥宗光蔵版）等の印刷製本と販売を請負った。2代目は江戸生れ、明治9年以降「国史略」「元明清史略」やモース口述「動物進化論」等々発行し、18年火災に遭って日本橋区浜町に移転した。

藤堂 卓　とうどう・たく
　　公立社創業者

[生年月日]明治8年（1875年）7月30日
[没年月日]昭和18年（1943年）1月9日
[出生地]三重県阿山郡上野町（伊賀市）

15歳頃に大阪へ出て、青木嵩山堂に入店。やがて出版部長、支配人に累進した。明治40年独立して公立社を創業、専ら新古書籍雑誌の販売を営んだ。大正13年発起人として大阪古書籍商組合を創立、副組長となり、昭和4年同組長。

当銘 由金　とうめ・ゆうきん
　　文教図書社長　教育家

[生年月日]明治37年（1904年）5月5日
[没年月日]平成15年（2003年）4月6日
[出生地]沖縄県国頭郡久志村（名護市）　[学歴]沖縄県立農〔大正11年〕卒,沖縄県師範二部〔大正14年〕卒

7人弟妹の長男。大正14年本部尋常小学校訓導に赴任。以後、羽地小学校、久辺小学校、今帰仁小学校、沖縄県師範学校附属小学校で教え、昭和17年伊江国民学校、19年小禄第一国民学校の各校長を務めた。21年瀬嵩村村長、同年名護初等学校、23年名護中学校の各校長。25年琉球文教図書（現・文教図書）の創業に伴い初代社長に就任。43年会長。沖縄の教育文化向上に努めて県内各地に支店を開く一方、本土の2割増しの沖縄販売価格を定め、本土復帰まで書籍文具の安定価格となった。平成2年から1年間、沖縄県社会福祉協議会会長を務めた。

[叙勲]勲五等瑞宝章〔昭和49年〕　[受賞]沖縄県文化功労賞〔昭和51年〕、文部大臣表彰〔昭和53年〕、琉球新報賞（第24回）〔昭和63年〕、沖縄タイムス社会奉仕賞〔平成2年〕
【参考】『当銘由金 奉仕の心に生きる』当銘由金著 1986

遠山 直道　とおやま・なおみち
　　ダヴィッド社創業者　日興証券副社長

[生年月日]大正14年（1925年）12月3日
[没年月日]昭和48年（1973年）3月5日
[出生地]東京市麻布区（東京都港区）　[学歴]東京府立高文科乙類〔昭和19年〕,東京大学経済学部〔昭和23年〕卒

日興証券創業者である遠山元一の三男。昭和23年大学を卒業し、出版社ダヴィッド楽社を創業。長兄・一行が音楽評論家、次兄・信二が指揮者であることから、音楽関係の出版社を作ろうと、シューマンの"ダヴィッド結社（ビュントラー）"から社名をつけた。間もなくダヴィッド社に改め、河上徹太郎を顧問に迎えてヴィクトル・クラフチェンコ「私は自由を選んだ」、デュ・モオリア「レベッカ」、A.マシャー「明日では遅すぎる」などの海外文学の翻訳書を刊行。「ダヴィッド選書」なども刊行したが、やがてデザイン関係書を主力にするに至った。41年会長。同社に映画部を作り、三好十郎原作の映画「美しい人」を製作したこともある。一方、29年日興証券取締役秘書役として父の会社に入り、35年常務、37年専務を経て、41年副社長。40年日本青年会議所会頭。父の後継者と目されたが、48年フランス上空で航空機の衝突事故に遭い、47歳で急逝した。

[家族等]妻＝遠山美代子（ダヴィッド社社長）、父＝遠山元一（日興証券創業者）、兄＝遠山一行（音楽評論家）、遠山信二（指揮者）
【参考】『遠山直道』遠山直道追想録刊行会編 ダヴィッド社 1974

徳富 蘇峰　とくとみ・そほう
　　民友社創業者　国民新聞社創業者　貴院議員（勅選）

[生年月日]文久3年（1863年）1月25日
[没年月日]昭和32年（1957年）11月2日
[出生地]肥後国上益城郡津森村杉堂（熊本県上益城郡益城町）　[出身地]肥後国葦北郡水

俣(熊本県水俣市)　[本名]徳富猪一郎　[学歴]熊本洋学校卒,同志社英学校〔明治13年〕中退　[資格]帝国学士院会員〔大正14年〕(昭和21年辞退),帝国芸術院会員〔昭和12年〕(21年辞退)

熊本洋学校に学び、14歳の最年少で熊本バンドに参加。同志社を中退して明治14年郷里熊本に自由民権を旗印に大江義塾を開く。19年に上京して「将来之日本」を刊行。20年民友社を創立し、「国民之友」を創刊、23年には「国民新聞」を発刊して平民主義を唱え、一躍ジャーナリズムのリーダーとなる。しかし、次第に国家主義的な論調に変貌し始め、日清戦争には国民新聞社をあげてジャーナリズム方面から協力した。日清戦争後は内務省参事官になるなどして変節を非難されたが、桂内閣の論客として「国民新聞」に健筆をふるい、皇室中心の思想を唱えた。44年勅選貴族院議員、大正2年には政界を離れ、以後評論活動に力を注いだ。昭和4年経営不振から国民新聞社を退社。徳富の唱えた皇室中心の国家主義思想は十五年戦争下の言論・思想界の一中心となり、17年からは大日本言論報国会会長、日本文学報国会会長を務める。戦後はA級戦犯容疑者、公職追放の指名を受け、熱海に引き籠った。主著に「吉田松陰」「杜甫と弥耳敦」、「近世日本国民史」(全100巻)など。明治・大正・昭和3代にわたって言論界のオピニオン・リーダーとして重きをなした。
[家族等]父=徳富一敬(漢学者),弟=徳冨蘆花(小説家),伯母=竹崎順子(教育家),叔母=矢島楫子(教育家),義兄=湯浅治郎(キリスト教社会運動家),従兄=横井時雄(牧師・ジャーナリスト),海老名弾正(牧師・同志社総長)　[叙勲]勲三等〔大正4年〕,文化勲章〔昭和18年〕　[受賞]帝国学士院賞恩賜賞(第13回)〔大正12年〕「近世日本国民史」
[参考]『蘇峰自伝』徳富猪一郎著 中央公論社 1935／『民友 特集蘇峰先生年譜』3号 1958.11／『徳富蘇峰 日本ナショナリズムの軌跡』米原謙著 中公新書 2003

得能 良介　とくのう・りょうすけ
印刷局長

[生年月日]文政8年(1825年)11月9日
[没年月日]明治16年(1883年)12月27日
[出生地]薩摩国鹿児島(鹿児島県鹿児島市)
[旧名]得能新右衛門　[別名等]諱=通生、号=薫山

薩摩藩士。幕末には小松帯刀、大久保利通、西郷隆盛らを助けて国事に奔走。明治3年大久保の推薦で明治政府の民部大丞兼大蔵大丞に任ぜられ、以後、大蔵権大丞、出納頭を歴任。5年出納帳簿の洋式改正をめぐって渋沢栄一と衝突、免官となったが、間もなく司法省に採用され、7年には紙幣頭として大蔵省に復帰。10年紙幣寮が紙幣局に組織改正されると紙幣局長となり、同年12月同局が印刷局となったのに伴い、11年初代印刷局長に就任した。特に優れた国産紙幣を製造するために抄紙改善し、キヨソネら外国人技師の招聘や人材育成、防贋術の研究、石版法の修得などに努めた。さらに防贋対策として写真術を導入するため、11年局内に写真撮影所を設けて横浜の外国人営業写真師スチルフリードを招聘。のち同所の撮影技術が評判となり、写真館代わりとして一般客の撮影も請け負った。また12年には中部・東海・近畿地方の古美術調査を実施。この間、銀行行政にも関与し、国立銀行条例の改正を推進。のち長男の通昌も印刷局長となった。
[家族等]長男=得能通昌(印刷局長)
【参考】『得能良介君伝』渡辺盛衛編 印刷局 1921

徳広 巌城　とくひろ・いわき
「文芸」編集主任

[生年月日]明治35年(1902年)10月6日
[没年月日]昭和55年(1980年)8月28日
[出生地]高知県幡多郡田ノ口村(黒潮町)
[別名等]筆名=上林暁(かんばやし・あかつき)　[学歴]高知三中〔大正10年〕卒,五高文

科甲類〔大正13年〕卒、東京帝国大学文学部英文科〔昭和2年〕卒　[資格]日本芸術院会員〔昭和44年〕

8人弟妹（3男5女）の長男。昭和2年我が国の出版社で行われた社員公募第1号に合格して改造社に入社。雑誌「改造」の編集に従事する傍ら、同人誌「風車」「新作家」に小説を発表。8年第一創作集「薔薇盗人」を刊行。同年新しく創刊された「文芸」編集主任に就任したが、9年退社（10年正式退社）。私小説作家で上林暁として「明月記」「聖ヨハネ病院にて」「嬬恋ひ」など一連の"病妻もの"で知られ、生涯に300編近い作品を遺したが、全て短編で原稿用紙100枚を超える作品はない。「入社試験」「青春自画像」「伏字」など編集者時代を描いた作品もある。晩年、再度の脳出血で倒れた後は口述筆記で作品を発表した。

[受賞]芸術選奨文部大臣賞（第9回、昭和33年度）〔昭和34年〕「春の坂」、読売文学賞（小説賞、第16回、昭和39年度）〔昭和40年〕「白い屋形船」、川端康成文学賞（第1回）〔昭和49年〕「ブロンズの首」

[参考]『兄の左手』徳広睦子著　筑摩書房　1982

徳間 康快　とくま・やすよし
徳間書店創業者

[生年月日]大正10年（1921年）10月25日
[没年月日]平成12年（2000年）9月20日
[出生地]神奈川県横須賀市　[学歴]早稲田大学専門部商科〔昭和18年〕卒

昭和18年読売新聞社に入社、社会部記者となる。20年10月東京民報社会部記者を経て、22年真善美社専務。25年新光印刷工業（現・徳間プレスセンター）社長、28年日東新聞副社長。29年東西芸能出版社を創業。31年より「週刊アサヒ芸能」を刊行し、33年アサヒ芸能出版社に社名変更。36年美術や趣味、教養書などを出版する徳間書店を設立し、42年アサヒ芸能出版社を合併した。45年作曲家・遠藤実が社長を務めるミノルフォン音楽工業を引き受け、徳間音楽工業（現・徳間ジャパンコミュニケーションズ）社長。48年には東京タイムズ社長となり、音楽業界、マスコミ業界に進出した。49年には倒産した大映の社長を引き受け、再建に尽力。活字、音楽、映像の各分野で活躍し徳間グループを率いた。中国との文化交流にも熱心で、文化大革命終結後に、中国での日本映画祭と日本での中国映画祭を積極的にすすめ、1970年代の中国における熱狂的な日本映画ブームを生み出す起動力となった。昭和63年日中合作映画「敦煌」を完成させた。月刊誌「中国」も発行。平成3年より東京国際映画祭のゼネラル・プロデューサーを務める。また、宮崎駿監督のアニメ作品「風の谷のナウシカ」などのゼネラルプロデューサーとしても知られる。12年東京都写真美術館館長に就任した。

[叙勲]藍綬褒章〔昭和57年〕、勲二等瑞宝章〔平成8年〕

[参考]『徳間康快追悼集』「徳間康快追悼集」編纂委員会編　2001／『徳間康快　夢を背負って、坂道をのぼり続けた男』金澤誠著　文化通信社　2010

所 貞一郎　ところ・ていいちろう
文雅堂創業者

[生年月日]明治20年（1887年）9月21日
[没年月日]昭和44年（1969年）1月1日
[出生地]大阪府大阪市豊後町

明治36年独立して小さな書籍雑誌店を開く。大正2年事業の発展と共に東区内淡路町に移転。昭和4年大阪書籍雑誌商組合総会で対立する小売組合を破り、以後推されて大阪書籍雑誌商組合副組合長となる。なお弟・国松、栄太郎の2人は東京において書籍雑誌商文雅堂を経営した。

[家族等]弟＝所国松（文雅堂主人）

利倉 幸一　としくら・こういち
演劇出版社社長

[生年月日]明治38年（1905年）5月7日
[没年月日]昭和60年（1985年）10月26日

[出生地]京都府京都市　[別名等]筆名＝勝利蔵,志賀谷造　[学歴]同志社大学中退

小学6年のとき「白樺」を知り、武者小路実篤の新しき村運動に参加。上京して「演劇画報」の記者となり、昭和初期から歌舞伎評論家として活動を続ける。昭和25年歌舞伎専門誌「演劇界」を復刊し、編集長と演劇出版社社長を務め、55年引退。国立劇場の歌舞伎鑑賞教室には42年の発足から60年まで監修者として関与した。著書に「市川左団次覚書」「残滴集」「支倉常長考」「三津五郎舞踊芸話」など。

[叙勲]紫綬褒章〔昭和46年〕,勲三等瑞宝章〔昭和55年〕　[受賞]長谷川伸賞〔昭和51年〕

戸田　謙介　とだ・けんすけ
六人社社長

[生年月日]明治36年（1903年）9月23日
[没年月日]昭和59年（1984年）
[出生地]埼玉県浦和市（さいたま市）　[別名等]号＝大魚　[学歴]早稲田大学英文科〔昭和3年〕卒

大学卒業後、教員やサラリーマンの傍ら、「アラビアンナイト」などの翻案・翻訳を手がける。昭和9年頃野村和三郎の後援を得て、大岩勝守、風間益三、堀経道、本位田準一、横溝武夫と六人社を設立。17年橋浦泰雄の仲介で柳田国男から民間伝承の会機関誌「民間伝承」の発行を託され、タブロイド判だった同誌を雑誌版に改めた。28年日本民俗学会発足後も独力で発行を継続したが、58年体調を崩して休刊した。

[受賞]宮本馨太郎賞（第1回）〔昭和57年〕
【参考】宮本瑞夫「宮本馨太郎賞と戸田謙介翁」(「民間伝承」1983.6)

戸田　城聖　とだ・じょうせい
大道書房創業者　創価学会第2代会長

[生年月日]明治33年（1900年）2月11日
[没年月日]昭和33年（1958年）4月2日
[出生地]石川県加賀市　[出身地]北海道厚田郡厚田村　[本名]戸田甚一　[別名等]前号＝城外,城正　[学歴]高小〔大正3年〕卒,中央大学夜間部〔昭和6年〕卒

5歳の時に一家で北海道に移住。小学校卒業後、小学校訓導の資格をとり、夕張の小学校に勤務。大正9年上京、牧口常三郎が校長をしていた下谷西町小の代用教員となり、同年牧口が三笠小学校に移ると自身も同校に移った。その後、保険の外交員、学習塾の経営などをしながら中央大学夜間部に通学。昭和3年牧口に続いて日蓮正宗に入信。5年牧口を会長に創価教育学会を設立、理事長に就任。同年からの牧口の「創価教育学大系」刊行に当たり、原稿の整理や費用の工面などに尽力した。12年正式に旗上げし教勢を拡大。15年日本正学館から小学校高学年向けの雑誌「小学生日本」を創刊すると共に、大道書房を創業して子母沢寛、長谷川伸、野村胡堂らの小説を刊行した。18年弾圧を受け投獄されるが、非転向を貫き、20年出獄。21年創価学会と改称して再建、26年第2代会長に就任。75万世帯を目標とする折伏大行進を宣言して活発な運動を展開、また"王仏冥合論"を唱え、政界進出を図って公明党の基盤を作った。一方、戦後間もなくから出版活動を再開し、日本正学館から21～23年「民主主義大講座」や23年「冒険少年」（のち「少年日本」に改題）を発行した他、日正書房の名で子母沢や江戸川乱歩らの単行本を出版した。

戸田　節治郎　とだ・せつじろう
地球出版創業者

[生年月日]明治17年（1884年）7月30日
[没年月日]昭和30年（1955年）1月24日
[出生地]愛知県　[学歴]開成中中退

中学中退後、目黒書店に入社。大正元年頃、西ケ原農事試験場内に西ケ原叢書刊行会を設立、主に農業研究資料や農学書を専門に刊行。昭和3年合資会社西ケ原刊行会に改組。19年戦時の企業整備により産業図書株式会社に参加して専務。21年地球出版（現・地球社）を

創業、農業書を主体に家政書や理工学書を出した。自然科学書協会常務理事、日本出版クラブ評議員。

戸田 卓　とだ・たく
戸田書店創業者

[生年月日] 明治24年（1891年）1月30日
[没年月日] 昭和42年（1967年）9月22日
[出生地] 静岡県　[学歴] 静岡師範卒、早稲田大学文学部卒

静岡師範学校を卒業して富士宮小学校で2年間訓導を務める。その後、早大文学部に学び、大正13年静岡県清水で戸田書店を創業。商品の整備、量より質の合理的経営で成功。戦災で店舗を失うが、昭和21年再建。25年頃に法人化して社長、専務には息子の寛が就いた。静岡教科書会社の役員を務めた。
[家族等] 息子＝戸田寛（戸田書店社長）
【参考】「季刊清水」32号 1995

戸田 寛　とだ・ひろし
戸田書店社長

[生年月日] 大正7年（1918年）10月31日
[没年月日] 平成14年（2002年）4月14日
[出生地] 静岡県清水市（静岡市）　[学歴] 庵原中〔昭和11年〕卒、山形高〔昭和14年〕卒、東京帝国大学経済学部〔昭和16年〕卒

父は戸田書店創業者の戸田卓。昭和16年大学を繰り上げ卒業して応召、20年陸軍主計大尉として千葉県稲毛で敗戦を迎える。22年戸田書店に入店、42年社長。静岡県内を中心に同書店をチェーン展開した。著書に「対談・出版社のトップは何を考えているか」（正続）、「出版界一刀両断」がある。
[家族等] 父＝戸田卓（戸田書店創業者）
【参考】「季刊清水」32号 1995／戸田寛「私の書店人生」（「日本出版史料」5号 2000.3）

鳥羽 茂　とば・しげる
ボン書店創業者

[生年月日] 明治43年（1910年）10月10日
[没年月日] 昭和14年（1939年）6月29日
[出生地] 大分県大野郡緒方村（豊後大野市）
[出身地] 岡山県　[別名等] 別名＝鳥羽紫雨、鳥羽馨、池田絢子　[学歴] 岡山一中〔昭和5年〕卒、慶応義塾大学文科予科中退

4人弟妹（2男2女）の長男。岡山一中在学中から岡山一中尚志会刊行の「烏城」や「京都文芸」などに詩を発表。昭和5年横田久次、山本遺太郎と詩誌「南国」（のち「木曜」に改題）を創刊。同年上京して慶大文科予科に入学したが間もなく中退、早稲田鶴巻町の洋服店・一貫堂に勤務した。その後、雑誌「ウルトラ・ニッポン」「鉄道時論」の編集に携わった後、7年雑司ケ谷でボン書店を創業し、北園克衛「若いコロニイ」、竹中郁「一匙の雲」を刊行して出版業を開始。以後、編集から印刷までを一人で行い、北園、竹中、春山行夫、安西冬衛、山中散生、阪本越郎らモダニズム詩人の詩集・著訳書や「マダム・ブランシュ」「レスプリ・ブウヴォ」などの雑誌を出版した。9年印刷所を併設、11～12年「プーシキン全集」（2巻）を刊行したが、早世した。没後五十年余を経て、内堀弘「ボン書店の幻」により再び脚光を浴びた。
【参考】『ボン書店の幻 モダニズム出版社の光と影』内堀弘著 白地社 1992（ちくま文庫 2008）

土橋 金蔵　どばし・きんぞう
金港堂書店創業者

[生年月日] 大正10年（1921年）2月11日
[没年月日] 平成4年（1992年）3月13日
[出生地] 東京府豊多摩郡代々幡町（東京都渋谷区）　[学歴] 四谷商卒

昭和21年東京・代々木に金港堂書店を開業。31年東京都出版物小売業組合理事に就いたのを皮切りに常務理事、副理事長など、東京都

書店商業組合の要職を歴任。52〜63年理事長を務める一方、47年〜平成元年日本書店組合連合会（現・日本書店商業組合連合会）副会長としても活躍した。
[叙勲]勲五等双光旭日章〔平成3年〕

戸部 虎夫　とべ・とらお
金融財政社長

[生年月日]大正15年（1926年）11月7日
[没年月日]平成15年（2003年）9月21日
[出身地]群馬県　[学歴]富山商船中退、中央大学法学部〔昭和32年〕卒

群馬県嬬恋村農協勤務を経て、昭和28年金融財政事情研究会に入社。42年「金融法務事情」、45年「登記先例解説集」の各編集長となり、46年出版事業部長を兼務。48年金融財政社長。

登山 俊彦　とやま・としひこ
日本教図創業者

[生年月日]明治36年（1903年）9月19日
[没年月日]昭和45年（1970年）11月10日
[出身地]鹿児島県大島郡笠利村屋仁（奄美市）
[学歴]大島中中退

東京市電の車掌を経て、昭和5年東京文教社を創業し掛図出版を始める。9年地図の出版販売に着手。19年戦時の企業整備で日本教図に合同され常任監査役となったが、社の松阪市移転により解任され館山市で国民健康保険組合主事を務めた。23年掛図出版の再開に際し日本教図の社名を用いる。掛図出版のトップ企業として教材総合商社へと発展、30年日本教材出版会会長、38年全日本教材教具協同組合理事長を務めた。
[家族等]長男＝登山俊文（日本教図社長）
【参考】『登山俊彦』登山俊彦伝記刊行委員会1971

豊島 澂　とよしま・きよし
光風社創業者

[生年月日]大正9年（1920年）8月19日
[没年月日]昭和53年（1978年）12月9日
[出身地]東京都　[別名等]別名＝豊島清史
[学歴]早稲田大学文学部卒

豊島与志雄の二男。学徒出陣で応召・復員後、大地書房に入る。昭和27年同光社磯部書房を経て、倒産後の32年光風社を設立。文芸書の出版に取り組み、渡辺喜恵子「馬淵川」、和田芳恵「塵の中」、永井路子「炎環」などの直木賞受賞作を送り出したが、40年倒産。同年第二会社として光風社書店が設立されると編集担当者として移り、48年同社社長となった。
[家族等]父＝豊島与志雄（小説家・翻訳家）

豊田 亀市　とよだ・きいち
「週刊少年サンデー」初代編集長 小学館取締役 日本ユニ著作権センター代表理事

[生年月日]大正14年（1925年）4月6日
[没年月日]平成25年（2013年）1月10日
[出身地]東京市深川区（東京都江東区）　[別名等]筆名＝豊田きいち　[学歴]国学院大学〔昭和24年〕卒

昭和24年小学館に入社。34年「週刊少年サンデー」、35年「女性セブン」の創刊編集長を歴任。学習雑誌編集部長、女性雑誌編集部長、出版部長を経て、43年編集担当取締役。61年退任。同年〜63年日本児童教育振興財団専務理事。日本雑誌協会編集委員会・著作権委員会委員長、日本書籍出版協会知財関係委員、文化庁著作権審議会専門委員、日本ユニ著作権センター代表理事などを務め、「出版ニュース」「JUCC通信」などに知的所有権・著作権についての評論を執筆。著書に「編集者の著作権基礎知識」「マスメディアと著作権」「著作権と編集者・出版者」「事件で学ぶ著作権」などがある。
[受賞]日本児童文芸家協会児童文化功労者

（第29回）〔平成1年〕，著作権法百年記念特別功労者文部大臣表彰〔平成11年〕，日本著作権協議会著作権功労賞〔平成12年〕
【参考】『神様の伴走者 手塚番13+2』佐藤敏章 ビッグコミック1編集部編 小学館 2010

鳥居 正博　とりい・きみひろ
旺文社副社長

[生年月日]大正5年（1916年）2月27日
[没年月日]平成6年（1994年）5月8日
[出身地]東京都新宿区　[学歴]国学院大学国文科〔昭和13年〕卒

昭和13年旺文社に入社。35年専務、42年副社長を経て、58年退社。書籍編集の責任者として学習参考書、辞典、百科事典、一般書など数多くのベストセラーを手がける。英語検定協会専務理事、辞典協会理事長、日本書籍出版協会専務理事などを歴任。退社後は執筆にあたる傍ら、フリーで出版企画にも携わる。著書に和歌用語を分類した「歌語例歌事典」（編著）、「鳥居甲斐 晩年日記」などがあり、また旺文社の「傾向と対策（国語）」を30年間著述した。

ドン・ザッキー
⇒都崎 友雄（つざき・ともお）を見よ

【な】

内記 稔夫　ないき・としお
山吹文庫主人 現代マンガ図書館館長

[生年月日]昭和12年（1937年）9月23日
[没年月日]平成24年（2012年）6月1日
[出身地]東京都　[学歴]戸山高〔昭和31年〕卒

昭和30年戸山高校3年の時に貸本屋山吹文庫を開業。のち不動産会社と古本屋ナイキ漫画館を経営する傍ら、自ら収集していた2万7000冊をもとに、53年東京・早稲田に現代マンガ図書館を開設。平成9年同図書館の設立と運営に対して第1回手塚治虫文化賞特別賞を受けた。同館の蔵書約18万点は明治大学に寄贈された。
[受賞]手塚治虫文化賞（特別賞，第1回）〔平成9年〕

内藤 加我　ないとう・かが
東光閣書店創業者

[生年月日]万延1年（1860年）11月29日
[没年月日]没年不詳
[出生地]甲斐国中巨摩郡宮本村（山梨県甲府市）

家は代々、山梨県中巨摩郡の御嶽金桜神社で神職を務める。明治11年上京し、12年より小宮山昇平の経営する絵草紙店で修業。16年独立して生家にちなんで命名した金桜堂を開業し、処女出版として「絵入倭文範」を刊行した。大正10年表神保町に移転して店名を東光閣書店に改めるが、12年関東大震災で甚大な被害を受けたため小石川原町を経て、昭和3年入新井に移り、社業を再興させた。文学書から学術書・芸術書まで幅広く刊行し、特に永井荷風・小山内薫らの「三田文学叢書」や矢田挿雲「江戸から東京へ」、水上滝太郎「大阪」、高安月郊「東西文学比較評論」、川合貞一「現代哲学への道」などで知られる。

内藤 伝右衛門　ないとう・でんえもん
温故堂主人

[生年月日]弘化1年（1844年）1月14日
[没年月日]明治39年（1906年）11月18日
[出生地]甲斐国八幡北村（山梨県山梨市北）
[別名等]幼名＝猪之甫，別名＝内藤恒右衛門

農家に生まれるが、幼くして古本・古着・反物などを扱う商家・藤屋の養子となる。万延元年（1860年）養父の死に伴い内藤伝右衛門を襲名。一方で養母に国学と本屋商売を学ぶ。明治5年山梨県の命により県下初となる新聞

「峡中新聞」(現「山梨日日新聞」)を創刊。近代学校教育が始まると教科書出版なる新市場が出現、文部省や山梨県の翻刻教科書を製本発売、ついで独自の各科教科書を編輯出版して繁昌した。活版印刷機を導入して県布達類の印刷配布を請負い、「をとめ新聞」「初版甲斐国志」「甲斐叢記」などを発行。また既存の板木を買収し(求板)手間をかけずに大いに出版点数を増やした。その中には「増評唐宋八大家文読本」「読史余論」があって、後にそれらの版権をめぐって訴訟沙汰をおこすことになる。しかし経営が傾くと印刷業を主として、新聞・出版事業から退いた。この後上京、温故書院という出版社で引き続き出版を行ったが、文部省との版権訴訟で敗れるなど、晩年は振わなかった。

[家族等]孫=坂本篤(有光書房社主)
【参考】稲岡勝「アーネスト・サトウと内藤伝右衛門の交流」(『明治の出版文化』国文学研究資料館編 臨川書店 2002)

内藤 万春　ないとう・ます
温故堂女主人

[生年月日]文政6年(1823年)
[没年月日]明治34年(1901年)
[出身地]甲斐国甲府(山梨県甲府市)

甲府の商家坂本茂介の長女。弘化4年(1847年)同地の反物商藤屋伝右衛門に嫁ぐ。子なしで猪之甫(2代目内藤伝右衛門)を養子とする。家業を一人で切り盛りし、本屋商売も手がけ維新の動乱期には放出された書籍類を買い漁って身代を築いた。女性にしては珍しく学問があり、国学者井上頼圀、堀秀成など慷慨の士たちと交流し、明治6年教部省の教導職として県下を説教して回り人民教化の使命を果たした。8年甲府桜町通に女学家塾を創立、小学教育を受けられない子女のため速習で諸学科の大意を学ばせることを目的とした。教師の中には日本最初の女医となる荻野吟子や、その親友飯能の田中かくがいた。10年東京・通塩町に支店を出し、その支配人となる。切髪姿の老母が帳場にいて、物知りで修身書の著述(「女教草」明治6年)があったとは浅倉屋久兵衛の回想。烈女を扱った異種百人一首の中にも取り上げられ、この名婦の養育があってはじめて内藤伝右衛門の繁昌があったと賛美している。
【参考】「探梅余香」第1〜7回(「山梨民報」1900.2.24〜3.4)

内藤 裕治　ないとう・ゆうじ
批評空間社長

[生年月日]生年不詳
[没年月日]平成14年(2002年)5月19日
[出身地]神奈川県

青土社「現代思想」編集部を経て、平成7年太田出版に転じ、文芸評論家の柄谷行人らが昭和63年に出版した「季刊思潮」を母体にした「批評空間」編集長に。平成13年執筆者や編集者らの出資により設立された投資組合をもとに株式会社・批評空間を設立、社長。

長井 勝一　ながい・かついち
「ガロ」編集長 青林堂創業者

[生年月日]大正10年(1921年)4月14日
[没年月日]平成8年(1996年)1月5日
[出生地]宮城県塩釜市　[学歴]早稲田工手学校採鉱冶金部〔昭和14年〕卒

山師に憧れて昭和鉱業に勤めながら早稲田工手学校採鉱冶金部に学ぶ。昭和14年卒業して満州へ渡り鉱山の測量技師をしていたが、満州航空の写真処に転じて地図作りに従事。20年初め頃に敗戦を予感して内地へ戻る。戦後、義兄の古書店と取次の仕事を手伝い、23年大和書店を開き赤本マンガの出版を開始。25年結核による休養後、姉と特価本卸の足立文庫を始めるも、結核が再発して4年間の入院生活を送った。31年東京・神田神保町に日本漫画社を設立して貸本屋向けの漫画出版を手がけ、この頃白土三平と知り合う。一時バー経営のために出版から足を洗ったが、34

年同業の小出英男と夜久勉に出資するから出版業に復帰しないかと持ちかけられ三洋社を設立。しかし3度結核に倒れ、三洋社を解散した。37年療養中に青林堂を設立し、39年「月刊漫画ガロ」を創刊。白土の「カムイ伝」が話題を呼び、最盛期には8万部を発行。水木しげる、つげ義春、小島剛夕ら貸本系の作家に活躍の場を与え、蛭子能収、やまだ紫、近藤ようこ、杉浦日向子、池上遼一ら数多くの個性豊かな新人たちを世に送り出した。平成3年会長に退き、4年引退した。

[受賞]日本漫画家協会賞(特別賞、第24回)〔平成7年〕

[参考]『「ガロ」編集長 私の戦後マンガ出版史』長井勝一著 筑摩書房 1982(ちくま文庫1987)

永井 茂弥　ながい・しげや
日本出版配給社長 中教出版社長

[生年月日]明治24年(1891年)11月30日
[没年月日]昭和42年(1967年)3月2日
[出生地]東京都　[別名等]号=靄生　[学歴]東京市立四中卒、一高卒、東京帝国大学法科大学政治学科〔大正5年〕卒

帝国製麻を経て、大正11年三省堂に入社。総務部長、小売部長、出版部長を歴任し、昭和14年常務。16年日本出版配給の創立に際して専務となり、戦後の20年10月3代目社長に就任。24年同社の閉鎖機関指定により清算人となり、25年中教出版社長。28年教科書協会初代会長、同年日本出版クラブ副会長、42年顧問。

[家族等]義弟=浅原源七(日産自動車社長)
[叙勲]勲三等瑞宝章〔昭和41年〕

長井 庄一郎　ながい・しょういちろう
大東館社長

[生年月日]明治17年(1884年)10月7日
[没年月日]昭和9年(1934年)11月24日

上田屋書店創業者・長井庄吉の長男。目黒書店で修業した後、家業の上田屋書店に入る。大正14年破綻した書籍取次業・至誠堂に上田屋・東京堂・東海堂・北隆館が出資して新たに創立された大東館に専務として入社、のち社長に就任。同社は書籍取次を専門とし、4大取次の一角を占める一方で「俳句大観」「英語発音学」などの出版も行った。

[家族等]父=長井庄吉(上田屋書店創業者)、弟=長井重治(大東館常務)

長井 庄吉　ながい・しょうきち
上田屋書店創業者

[生年月日]嘉永4年(1851年)4月5日
[没年月日]昭和6年(1931年)1月10日
[出生地]越後国(新潟県)

明治20年東京・神田駿河台に上田屋書店を創業。書籍の小売と取次業とを兼ね、雑誌の取次を主として当時の7大取次の一角を占めた。43年他の雑誌取次業者とはかり、雑誌乱売防止の覚書を締結。大正14年書籍取次業・至誠堂が破綻すると、東京堂・東海堂・北隆館とともにこれに出資して新たに株式会社大東館を創立した。

[家族等]長男=長井庄一郎(大東館社長)、女婿=小酒井五一郎(研究社創業者)

中井 真三　なかい・しんぞう
良明堂主人

[生年月日]明治13年(1880年)3月6日
[没年月日]大正5年(1916年)10月2日
[出生地]東京都　[学歴]東京府立一中中退

初代は静岡県清水出身の山本良助で、12歳で上京し京橋の親戚の醤油酢商新田半兵衛の店員となって32年間勤続して辞め、明治11年2月日本橋に売薬及新聞雑誌書籍業を開く。25年京橋区に移転し家業を三男の真三に譲る。2代目は学業を中退して自家営業に従事し新聞雑誌書籍の卸売を専らとした。41年より出版業を始めた。

永井 龍男　ながい・たつお
文藝春秋社専務 小説家

[生年月日]明治37年（1904年）5月20日
[没年月日]平成2年（1990年）10月12日
[出生地]東京市神田区猿楽町（東京都千代田区）　[別名等]俳号＝東門居　[学歴]一ツ橋高小〔大正8年〕卒　[資格]日本芸術院会員〔昭和43年〕

5人きょうだい（4男1女）の四男。大正8年高等小学校を卒業して米穀取引所仲買店へ奉公に出たが、病弱なため3ケ月で退職し、文学に親しむ。9年文芸誌「サンエス」に短編「活版屋の話」が当選、12年短編「黒い御飯」で菊池寛に認められ、小林秀雄と親交を結ぶ。昭和2年文藝春秋社に入社。7年「オール読物」編集長。10年「文藝春秋」に芥川賞・直木賞制定宣言が掲載されると銓衡の下準備から事務一切を担当。後年には直木賞・芥川賞両賞の銓衡委員を務め、「回想の芥川・直木賞」をまとめた。11年再び「オール読物」編集長となり、14年「文藝春秋」編集長、15年編集局次長、18年取締役を歴任。同年満州文藝春秋社設立により満州へ赴任したが、19年帰国。20年文藝春秋社専務。21年同社解散により社を離れ、22年公職追放に遭い文筆活動に専念。23年追放解除により日比谷出版社社長となったが、25年解散。小説家としては格調高い文章で短編の名手と名高く、43年日本芸術院会員、48年文化功労者に選ばれ、56年文化勲章を受章。また、文壇句会やいとう句会などを中心に句作を続け、特に日常生活を題材とする秀句が多い。9年より神奈川県鎌倉で暮らし"鎌倉文士"の一人に数えられ、鎌倉文学館館長も務めた。

[叙勲]勲二等瑞宝章〔昭和49年〕、文化勲章〔昭和56年〕　[受賞]日本芸術院賞〔昭和40年〕「一個その他」、文化功労者〔昭和48年〕、横光利一賞（第2回）〔昭和25年〕「朝霧」、野間文芸賞（第18回）〔昭和40年〕「一個その他」、読売文学賞（第20回、随筆・紀行賞）〔昭和44年〕「わが切抜帖より」、菊池寛賞（第20回）〔昭和47年〕、読売文学賞（第24回、小説賞）〔昭和48年〕「コチャバンバ行き」、川端康成文学賞（第2回）〔昭和50年〕「秋」
【参考】「最後の鎌倉文士永井龍男 追悼号」1991.11 かまくら春秋社

中井 英夫　なかい・ひでお
「短歌」編集長 小説家

[生年月日]大正11年（1922年）9月17日
[没年月日]平成5年（1993年）12月10日
[出生地]東京府北豊島郡滝野川町田端（東京都北区）　[別名等]別名＝塔晶夫　[学歴]東京大学文学部言語学科〔昭和24年〕中退

昭和24～35年「日本短歌」「短歌研究」（日本短歌社）、「短歌」（角川書店）などの編集長を務め、塚本邦雄、寺山修司ら前衛歌人を発掘。39年に塔晶夫の筆名で発表した推理小説「虚無への供物」で、耽美的な幻想文学者としてのスタイルを確立した。他の代表作に「幻想博物館」「悪夢の骨牌」「人外境通信」「真珠母の匣」からなる「とらんぷ譚」、連作長編「人形たちの夜」、短編集「見知らぬ旗」「黒鳥の囁き」「薔薇への供物」など、評論・エッセイ集に「黒衣の短歌史」「月蝕領宣言」他多数ある。幻想性とロマンチシズムを兼ね備えた、不思議で妖美な作品群を多く発表した。
[家族等]父＝中井猛之進（植物学者）　[受賞]泉鏡花文学賞（第2回）〔昭和49年〕「悪夢の骨牌」
【参考】「中井英夫スペシャル 別冊幻想文学1」幻想文学会出版局 1986.6

長尾 景弼　ながお・かげすけ
博聞社創業者

[生年月日]生年不詳
[没年月日]明治28年（1895年）2月6日

播磨龍野藩儒・股野達軒の二男。長兄は宮中顧問官を務めた股野琢、弟・潜は共同経営者。廃藩後上京、明治5年9月木版冊子体新聞「博聞新誌」発行のため博聞社を開業。6年芝愛宕下に移転、印刷業は軌道に乗り、翌年以降

京都、大阪、千葉、埼玉に分社を設立。10年銀座4丁目に移り印刷所兼用の大店を開き、法令その他官庁の御用出版を専らとした。12年には千葉・栃木・埼玉3県の改正地券およそ850万枚の印刷特需にわいた。16年から予約出版事業に着手、これを同盟出版と称し「方法書」を作成配布して読者を募った。その第一着は既に印刷発売していた久米邦武編修「米欧回覧実記」である。17年10月新刊情報誌「出版新報」を創刊、読者は内容紹介のある速報を待っていた。これは34号(20年7月)で廃刊、高級書評誌の嚆矢「出版月評」が後を引き継いだ。20年暮、印刷工場の失火により本店は全焼、大きな打撃となる。近代出版史上20年は転回点といってよいが、分業が進み出版と印刷の分離を可能にした。新興の出版者や印刷所が叢生、博聞社の顧客は流出し、経営は左前に陥る。25年8万円余の巨額負債を抱え差し押さえ事件となるが、和解し経営再建に腐心する最中、28年病没。東京書籍商組合員有志は業界のために献身したこの2代目頭取を追悼し、久米邦武撰文「賛奎運」を向島木母寺境内に建立した。

[家族等] 父=股野達軒(儒学者)、兄=股野琢(宮中顧問官)、弟=股野潜(博聞社経営者)

【参考】稲岡勝「長尾景弼・股野兄弟と博聞社」(都留文科大学「研究紀要」63集 2006.3)

中尾 堅一郎　なかお・けんいちろう
中尾松泉堂書店主人

[生年月日] 大正13年(1924年)
[没年月日] 平成21年(2009年)7月10日
[出生地] 大阪府大阪市船場

父の代からの古書業・中尾松泉堂書店を継いだ2代目。戦後、日本の古書業者としては初の海外(米国ロサンゼルス)で古書展を開いたのをはじめ、数多くの古書展を開催。昭和50年大阪や京都などの古書店に呼び掛け、大阪市北区の「阪急古書のまち」開業に尽くした。大阪古典会会長、阪急古書のまち協会長、日本古書籍商協会会長を歴任。出版物に「近

文芸叢刊」「上方芸文叢刊」シリーズなどがある。平成8年、昭和56年頃に大阪市の同業者から入手した本が松尾芭蕉「奥の細道」の直筆本であることが確認され、話題となった。

中尾 是正　なかお・これまさ
グラフ社社長

[生年月日] 大正10年(1921年)10月27日
[没年月日] 平成17年(2005年)9月21日
[出生地] 東京都　[学歴] 早稲田大学文学部〔昭和17年〕卒

大学在学中、兵役に就く。復員後、主婦の友社を経て、婦人雑誌「ホーム」編集長や「岩波写真文庫」の編集者を務める。昭和26年グラフスタジオを設立、30年改組してグラフ社を創業。日本一豪華といわれる美術書や写真集を出す一方で、「マイライフ」シリーズなどの実用書を刊行。著書に自ら取材、撮影、レイアウトまでした「図説 パルテノン」などがある。"船マニア"としても知られ、銀座ヨッティングクラブ世話役も務めた。

永岡 貞市　ながおか・さだいち
永岡書店社長

[生年月日] 大正7年(1918年)2月5日
[没年月日] 平成8年(1996年)8月12日
[出身地] 徳島県三好郡池田町(三好市)　[学歴] 大阪西商工実習学校〔昭和11年〕卒

昭和7年大阪元文社に入社。26年鶴書房取締役、32年常務を経て、38年永岡書店社長。
[家族等] 長男=永岡修一(永岡書店社長)

長岡 光郎　ながおか・みつろう
「週刊読書人」編集長

[生年月日] 大正8年(1919年)
[没年月日] 平成14年(2002年)5月17日
[出生地] 広島県　[学歴] 東京帝国大学文学部国文学科〔昭和19年〕卒

日本出版会に入り、「日本読書新聞」の編集に従事。昭和28年同紙編集長。33年日本書籍

出版協会に移り「週刊読書人」を編集、41年編集長に就任。

中川　謙　なかがわ・けん
中川書店創業者

[生年月日] 明治27年（1894年）2月2日
[没年月日] 昭和47年（1972年）4月26日
[出生地] 東京市本郷区（東京都文京区）

鉄道相・内閣書記官長などを務めた山之内一次の玄関番をしながら順天中学や国民英学会に学ぶ。傍ら、文学にも眼を開き、佐藤春夫、土岐善麿らと交流した。新聞記者などを経て、大正6年東京・浅草に書籍小売店の江戸屋を開業。関東大震災後には大崎町桐ケ谷に移転し、のち店名を中川書店に改め、東京書籍商組合などの役員を歴任した。戦後、昭和27年日本出版物小売業組合全国連合会（現・日本書店商業組合連合会）理事に挙げられ、37年常任理事、44年副会長。再販制度の維持に尽力した。

[家族等] 養嗣子＝岡田信男（中川書店社長）

中川　健蔵　なかがわ・けんぞう
こどものとも社社長　児童文学者

[生年月日] 昭和3年（1928年）10月14日
[没年月日] 平成17年（2005年）7月16日
[出生地] 大阪府大阪市　[出身地] 奈良県大和高田市　[別名等] 筆名＝中川雅裕　[学歴] 同志社大学文学部英文科〔昭和27年〕卒

福音館書店在職中に庄野英二の勧めにより児童文学を書き始める。昭和34年こどものとも社を創業。45年有限に改組。55年頃から絵本の翻訳も手がけた。翻訳同人誌「メリーゴーラウンド」主宰。主な著書に「てんまのとらやん」「日本アラビアンナイト」、訳書にモーリス・センダック「7ひきのいたずらかいじゅう」、デニーズ・トレッソ「うさぎのくに」など。

中川　豊三郎　なかがわ・とよさぶろう
光生館創業者

[生年月日] 明治33年（1900年）10月8日
[没年月日] 昭和57年（1982年）8月11日
[出生地] 大阪府　[学歴] 北野中卒

生家は大阪の書林・中川玉成堂。大正9年大阪の取次・柳原書店に入るが、出版に憧れ、昭和3年培風館に転じる。13年独立して光生館を創業。17年株式会社に改組。戦時の企業整備により大八洲出版取締役東京支店長を務めた。戦後、光生館を再開し、49年会長。「現代日中辞典」「現代中国語辞典」などの中国語学書と、「公衆衛生概説」「食品衛生学」などの家政学書を二本柱として社業を発展させた。日本書籍出版協会評議員、日本出版クラブ評議員を務めた。

[家族等] 長男＝中川広一（光生館社長）　[叙勲] 勲五等双光旭日章〔昭和47年〕

中川　道弘　なかがわ・みちひろ
上野文庫主人

[生年月日] 昭和15年（1940年）6月7日
[没年月日] 平成15年（2003年）9月10日
[出生地] 兵庫県神戸市　[学歴] 北海道大学理学部、早稲田大学仏文科中退

短期間雑誌のデータマンをした後、芳林堂を皮切りに複数の書店を渡り歩き、昭和50年代に西武百貨店書籍部（のちリブロ）で活躍。一方で54年、独自のエロ短歌集「金茎和歌集」を著して反響を呼んだ。その後、平成3年東京・上野に古書上野文庫を開業。仕入先を"せどり"（他店での購入）に求め、アングラ・サブカル系の雑本を評価する特殊領域を古書業界で確立した。著書は多く、歌集の他に「カラダ日記」「古書まみれ」などがある。

中川　乃信　なかがわ・ゆきのぶ
理工学社創業者

[生年月日] 大正2年（1913年）10月13日

[没年月日]昭和55年（1980年）2月4日

山本夏彦と真砂書店を営んだ後、昭和23年理工学社を創業して主に理工学関係の図書を出版。特に大西清「JISにもとづく標準製図法」(27年)、「JISにもとづく機械設計製図便覧」(30年)は同社の看板として版を重ね、これにより社業の基礎を確立した。のちには「わかりやすい理工学書」の刊行を行い、建築、機械、生物学、医学、家政学などの学術書も取り扱うようになった。

長坂 一雄　ながさか・かずお
雄山閣出版社長

[生年月日]大正10年（1921年）2月10日
[没年月日]平成23年（2011年）3月11日
[出生地]東京市神田区今川小路（東京都千代田区）　[別名等]号＝一瓢　[学歴]慶応義塾大学法学部政治学科〔昭和18年〕卒

雄山閣創業者・長坂金雄の長男。昭和18年雄山閣に入社。21年復員・復社、22年副社長、28年雄山閣出版と改称、35年株式に改組し、社長。平成8年会長。この間、46年より雄山閣不動産社長を兼任。文化産業信用組合理事長、日本出版クラブ常任理事、歴史書懇話会会長、出版三田会長なども務めた。川柳句集に「つれづれ」がある。

[家族等]父＝長坂金雄（雄山閣創業者）、二女＝長坂慶子（雄山閣出版社長）　[叙勲]藍綬褒章〔昭和62年〕、勲四等旭日小綬章〔平成5年〕

長坂 金雄　ながさか・かねお
雄山閣出版創業者

[生年月日]明治19年（1886年）5月7日
[没年月日]昭和48年（1973年）12月3日
[出生地]山梨県北巨摩郡武川村（北杜市）
[別名等]号＝雄鳳　[学歴]武川尋常高小〔明治33年〕卒

尋常高等小学校卒業後、家業の農業に従事。明治43年上京、高利貸の書生、信用金庫の集金係などを経て、「内報新聞」の外交となり、傍ら独力で「大日本銀行会社沿革史」「神社沿革史」「学校沿革史」の予約出版を行う。大正5年国史講習会を組織して「国史講習録」(全15巻)を企画し、刊行終了後の9年、機関誌「中央史壇」発刊を機に社名を雄山閣に改称。10年の三田村鳶魚「足の向く侭」を皮切りに歴史学・国語学・美術・書道関係の単行本の刊行した他、15年「考古学講座」(全34巻)、昭和2年「日本風俗史講座」(全26巻)、4年「大日本史講座」(全18巻)、6年「日本絵巻物集成」(全22巻)「書道講座」(全28巻)「大日本地誌大系」(全40巻)など全集・講座ものの予約出版で社業の基礎を固めた。7年雑誌「歴史公論」を創刊。10年株式会社に改組して社長。戦時中は他の歴史関係書籍出版社4社を合併統合する一方、書道部門を新設の大日本書道出版に移行するが、20年出版活動を中断。22年活動を再開、30年雄山閣ビルの建設を機に雄山閣不動産を設立。36年出版部門を雄山閣出版として分離させ長男の一雄を社長とし、自身は引き続き雄山閣不動産社長を務めた。協和製本代表取締役、日本読書新聞社長なども歴任した。

[家族等]長男＝長坂一雄（雄山閣出版会長）
[叙勲]勲四等瑞宝章〔昭和48年〕
【参考】『雄山閣と共に』長坂金雄著　雄山閣出版　1970

長崎 次郎　ながさき・じろう
長崎次郎書店創立者

[生年月日]天保15年（1844年）7月21日
[没年月日]大正2年（1913年）10月25日
[出身地]肥後国熊本（熊本県熊本市）

肥後熊本藩の御用指物師の家に生まれる。明治7年熊本に書籍文房具店を開く。10年兵火に遭遇するが、その後事業は次第に発展し、22年には支店を設けるまでになり、近畿以西の書籍商の雄となる。のち書籍のほか教育器械・標本・運動具類などを販売し、44年合名会社の長崎次郎書店を創立した。

長崎 政次郎 ながさき・せいじろう
長崎次郎書店社長

[生年月日]明治28年（1895年）5月15日
[没年月日]昭和45年（1970年）8月4日
[出生地]熊本県熊本市　[学歴]長崎商卒

大正4年長崎家の養子となって熊本最初の書店といわれる長崎次郎書店を継ぎ、昭和16年4代目社長。23年熊本県教科書供給所社長。全国教科書供給協会参与、日本出版物小売業組合全国連合会常任理事を歴任した。
[叙勲]勲五等瑞宝章〔昭和44年〕

永沢 信之助 ながさわ・しんのすけ
金港堂社長

[生年月日]明治16年（1883年）3月7日
[没年月日]昭和28年（1953年）12月18日
[出生地]京都府京都市　[学歴]立命館大学法学部卒

明治36年立命館大学法学部を卒業して書肆五車楼に入り、池辺義象とともに若菜会の短歌・文芸雑誌「さをしか」の編集に携わる。のち母校の立命館大学が発行する「法政時論」「経済時報」の編集を担当して認められ、中川小十郎の勧めで東京の金港堂に入社。大正3年独立して京都に金港堂を開業。当初は新刊書籍・雑誌販売を行っていたが、11年ごろから中等教科書や学習参考書の出版も始め、着実に社業を発展させた。昭和4年京都書籍雑誌商組合長、翌5年同相談役を務めた他、京都出版協会会長、全国書籍商連合会幹事、京都中等教科書協会理事長などを歴任し、京都の出版業界のために尽くした。

中島 謙吉 なかじま・けんきち
光大社創業者

[生年月日]明治21年（1888年）
[没年月日]昭和47年（1972年）

鉄道院技術研究所勤務を経て、退官後の大正11年アルスに入社。以後、同社が発行する写真雑誌「カメラ」や「芸術写真研究」で投稿写真欄の選者として熱心に後進を指導。特にベスト・ポケット・コダック・カメラ（ベス単）のフード外しによって得られるソフトフォーカス表現を追求し、高山正隆、山本牧彦、渡辺淳らいわゆるベス単派の理論的指導者として活躍した。「芸術写真研究」では12年4月号から発行兼編集者を務めたが、同年関東大震災により「カメラ」と合併し消滅。昭和4年アルスを退社して光大社を設立、同社を発行所として「芸術写真研究」を復活させたが、16年戦時下の雑誌統廃合により「アサヒカメラ」に吸収・合併された。なお同社では自著をはじめ高山、渡辺、真継不二夫、本間鉄雄らベス単派の写真家たちによる著書も多く刊行した。26年「芸術写真研究」を復刊させたが、45年体調不良のため終刊となった。この間、渡辺らによって彼を囲む集まりである桐畑会が結成され、47年同会から季刊「光大」が創刊された。

長嶋 正巳 ながしま・まさみ
桜桃書房創業者

[生年月日]大正11年（1922年）7月23日
[没年月日]平成15年（2003年）6月2日
[出生地]福島県　[学歴]旧制中学卒

昭和31年長嶋書房、47年桜桃書房を創業。成人向け書籍などを出版した。

中島 岑夫 なかじま・みねお
「展望」編集長 筑摩書房専務

[生年月日]昭和8年（1933年）
[没年月日]平成7年（1995年）10月26日
[出生地]長野県　[学歴]東京大学文学部国史学科卒

筑摩書房に入り、雑誌「展望」編集長、編集部長等経て、昭和62年退社。著書に「幕臣 福沢諭吉」がある。
[家族等]妻＝中島通子（弁護士）

永末 英一　ながすえ・えいいち
永末書店創業者　民社党委員長

[生年月日]大正7年（1918年）1月2日
[没年月日]平成6年（1994年）7月10日
[出生地]福岡県田川郡金田町（福智町）　[学歴]東京帝国大学法学部政治学科〔昭和16年〕卒

ハーバード大学に留学。南満州鉄道（満鉄）から海軍に応召。海軍主計科短期現役第8期。昭和21年永末世論研究所を設立。22年以来京都市議に2選。23年松風陶歯株式会社の書籍部門として京都に永末書店を設立。歯科専門書を出版し、33年には我が国初の歯学事典を刊行。37年株式会社に改組して社長となった。この間、30年京都府議1期のあと、34年参院議員に当選。38年以来衆院議員に10選。民社党に属し、平成元年委員長に就任。5年引退。
[叙勲]勲一等旭日大綬章〔平成3年〕

中曽根 松衛　なかそね・まつえ
芸術現代社創業者

[生年月日]大正12年（1923年）10月1日
[没年月日]平成19年（2007年）12月30日
[出生地]群馬県群馬郡里見村（高崎市）　[別名等]筆名＝中田浩一郎　[学歴]明治大学法科〔昭和18年〕卒

明治大学在学中に前田夕暮主宰の自由律短歌「詩歌」に入る。昭和18年学徒動員で陸軍に入隊。特別操縦見習士官となり、20年兵庫県三木の飛行場で敗戦を迎えた。21年音楽之友社に入社。26年編集部長、29年取締役、32年出版部長、44年教科書本部長を歴任。45年芸術現代社を設立、クラシック音楽雑誌「音楽現代」を創刊。60年筑波で開かれた国際科学技術博覧会の音楽プロデューサーを務めた。一方、中田浩一郎の筆名で作詞家としても活躍し、36年混声合唱曲「青い葦とりんどうの話」（作曲・石井歓）で芸術祭賞奨励賞を受賞。他の作品に男性合唱曲「枯木と太陽の歌」、混声合唱曲「三つの山の詩」や、「もののけ物語」「カントミ」などのオペラ台本がある。著書に「音楽ジャーナリスト入門」、詩集に「空の日の抄」など。
[受賞]芸術祭賞奨励賞〔昭和36年〕「青い葦とりんどうの話」
【参考】『中曽根松衛追悼記』美研インターナショナル編 2009

永田 耕作　ながた・こうさく
東洋図書社長

[生年月日]明治33年（1900年）7月7日
[没年月日]昭和59年（1984年）5月5日
[出生地]愛知県西加茂郡挙母町（豊田市）
[学歴]東京成蹊専〔大正10年〕卒

小樽商業、東京成蹊専門学校に学び、大正10年小樽の三菱支店に勤務。13年兄・永田与三郎の東洋図書創業に際して大阪へ移り、同監査役。教育書や教科書を出版、昭和3年東京宝文館より雑誌「児童教育」を譲り受け主宰した。17年兄の死を受けて社長に就任。戦時の企業整備により東京宝文館と統合して同社専務となったが、戦後に東洋図書を復興させた。
[家族等]兄＝永田与三郎（東洋図書創業者）
[叙勲]勲五等瑞宝章〔昭和46年〕

永田 周作　ながた・しゅうさく
第一出版専務

[生年月日]明治31年（1898年）5月7日
[没年月日]昭和58年（1983年）8月28日
[出生地]兵庫県　[学歴]早稲田大学経済学部卒

大学卒業後、義兄の大島秀雄が社長であった縁から、大原社会問題研究所出版部の出版物を販売していた同人社に入る。義兄の没後に社の経営が悪化、その解散に当たって残務処理を担当した。永田書店を創業し出版業に携わるが、昭和7年同人社の販売物を引き受けることとなった栗田書店に入社し、出版部長となった。戦時の出版統制で栗田書店を統合した第一出版専務に就任。戦後も厚生・栄

養・保険関係の書籍を出版。戦前・戦後を通じて栗田書店の発展に寄与した。一方、出版文化事業にも力を注ぎ、読書普及宣伝カーによる全国巡回や読書カレンダーの製作などを実施した。
［家族等］義兄＝大島秀雄（同人社社長）

中田 清兵衛　なかだ・せいべえ
茶之木屋中田書店主人　北陸銀行初代頭取

［生年月日］明治9年（1876年）9月26日
［没年月日］昭和45年（1970年）5月26日
［出身地］富山県富山市

茶之木屋は創業三百余年に及ぶ名代の薬種商で、15代目を継ぐ。副業の中田書店は明治20年文部省出版甲部図書（尋常小学校用の読本類）の富山県下一手売捌の特許を得たことに始まる。のち大手取次と直取引で新刊図書雑誌を扱い店業は急拡大、文具・楽器なども手広く販売するほか中等教科書及び国定教科書の指定販売校をいくつも保有して安定経営につなげた。富山県書籍雑誌商組合創立以来組合長を務めた。また、北陸銀行初代頭取となり、北陸地方の金融・産業の発展を図った。
［家族等］長男＝中田勇吉（北陸銀行頭取），二男＝中田俊吉（富山県教科書供給所社長），三男＝中田亮吉（建築家），四男＝中田幸吉（富山県知事）

永田 宗太郎　ながた・そうたろう
永田文昌堂社長

［生年月日］明治26年（1893年）3月9日
［没年月日］昭和56年（1981年）
［出身地］京都府京都市　［別名等］通称＝調兵衛　［学歴］京都市立商業学校卒

生家は慶長年間に初代永田調兵衛が京都で創業したといわれる現存最古の出版業者・永田文昌堂。京都市立商業学校を卒業後、家業を継いで第12代同社長に就任。浄土真宗関係を中心とした仏教書の出版を専らとし、各宗の経典・法帖や研究書、福祉書、法話集、国学書などを発行したほか、小売も営んだ。また幕末から明治にかけての出版にかかわる古記録を多数保存していることでも知られた。

中田 辰三郎　なかだ・たつさぶろう
演芸画報社創業者

［生年月日］慶応2年（1866年）1月15日
［没年月日］没年不詳
［出身地］陸奥国若松（福島県会津若松市）
［学歴］慶応義塾〔明治21年〕卒

明治21年慶応義塾を卒業後、「時事新報」などに勤務。39年演芸画報社を設立し、40年より演芸雑誌の草分け的存在である「演芸画報」を刊行。一時は発行部数5万部といわれ、演芸界の発展に大きく寄与した。

永田 長兵衛　ながた・ちょうべえ
菱屋文昌堂主人

遅くとも元和6年（1620年）にはもと武士の長兵衛が錦通新町に創業、寛永6年（1629年）刊本が現存する。初代から3代目まで長兵衛、4代から10代目まで調兵衛を襲名する。永田家を中興した6代目の時、天明8年（1788年）の大火によって現在地（下京花屋町西洞院西入）に遷り、西本願寺との結びつきを深め、仏光寺・光明寺・永観堂などの蔵版支配を任された。仏書屋の老舗であるが、明治初年には文部省蔵版翻刻教科書の製作部数がトップになったのは時代を反映している。
【参考】『京都出版史』京都出版史刊行会 1991

永田 敏之　ながた・としゆき
讃文社社長

［生年月日］昭和7年（1932年）
［没年月日］平成15年（2003年）2月23日
［出身地］香川県高松市　［学歴］木田高卒

出版社・讃文社の社長を務め、同人雑誌「讃岐文学」を主宰。昭和49年に高松市内に讃岐文学館を設立、全国の同人雑誌を中心に約1万点を収蔵。高松市文芸協会長も務めた。

中田 雅久　なかた・まさひさ
「マンハント」編集長

[生年月日] 大正11年（1922年）
[没年月日] 平成22年（2010年）9月1日
[出生地] 兵庫県神戸市　[本名] 中田寛（なかた・ひろし）

戦後、博友社「新青年」編集部を経て、久保書店で「あまとりあ」の編集に従事。同誌終刊後、昭和33年日本初のハードボイルド小説専門誌「マンハント」を創刊、「エラリイ・クイーンズ・ミステリ・マガジン」「ヒッチコックマガジン」と並び称されて一時代を築いた。河出書房新社を経て、三崎書房で「えろちか」を企画した。
【参考】「中田雅久ロングインタビュー」（「本の雑誌」2008.9）

長田 幹雄　ながた・みきお
岩波書店専務

[生年月日] 明治38年（1905年）3月1日
[没年月日] 平成9年（1997年）4月10日
[出生地] 長野県

大正8年岩波書店に入店。昭和2年三木清、小林勇と「岩波文庫」創刊に携わり製作を担当したが、3年同社のストライキで「長田・小林の即時解職」が要求の一つとして出された（小林は一時退社）。同年普及版「漱石全集」（全20巻）の製作を手がけ、10年決定版「漱石全集」（全19巻）の編集担当となる。13年新書判の叢書が企画されるとその名前に「岩波新書」を提案し、採用された。太平洋戦争末期には岩波茂雄の郷里である長野県中洲村に用紙・紙型などを疎開させる責任者を務めた。21年副支配人、24年常務を経て、40年専務。事務処理に手腕を発揮し、会社側と組合側の代表による経営協議会で中心的な役割を果たすなど、よく社内をまとめた。47年退職。画家・竹久夢二が撮影した女性や風景など数千点に及ぶ写真や生前の日記を所蔵するなど、代表的な夢二収集家としても知られ、62年自ら編集した「夢二日記」（全4巻）を筑摩書房から刊行した。

永田 与三郎　ながた・よさぶろう
東洋図書創業者

[生年月日] 明治21年（1888年）11月11日
[没年月日] 昭和17年（1942年）11月8日
[出生地] 愛知県西加茂郡挙母町（豊田市）
[学歴] 名古屋師範学校卒

名古屋師範学校を首席で卒業し、愛知県下の小学校教諭・校長を経て、大正2年より岡山師範学校で教鞭を執る。この間、中等学校教員の検定試験に合格し、6年には奈良県女子高等師範学校教諭となった。13年出版業を志して教職を辞し、大阪市南区に東洋図書を創業して教育図書の出版を開始。のちには好評を博した「裁縫精義」をはじめとする中学・高校・専門学校向けの教科書にも手を着けたほか、売文堂から譲り受けた「児童教育」や東京文理大の機関紙「構成教育」などの雑誌も発行し、社業を発展させた。昭和4年には東京・神田錦町に本店を移転。一方で中等教科書協会理事、東京出版協会理事なども務めた。
[家族等] 弟＝永田耕作（東洋図書社長）

中土 義敬　なかつち・よしたか
北星堂書店創業者

[生年月日] 明治22年（1889年）10月2日
[没年月日] 昭和20年（1945年）2月15日
[出生地] 富山県　[学歴] 富山県立商業卒

明治41年上京し、三省堂会計部に勤務。大正2年東京電燈に移るが、4年退社して北星堂書店を創業。英語の原書が盛んに輸入されている現状に着目し、中学・高校教科書や参考書など英語・英文学関係の書籍を専門に出版。特に小泉八雲に関する書籍や英文による日本文化紹介書で知られた。一方、米国で排日運動が起こると、欧米に日本を正しく理解させるために倉田百三「出家とその弟子」、菊池

寛「藤十郎の恋」などの英訳本を刊行。昭和7年の満州国建国後は、ボードレー「伸び行く日本」など日本の現状を紹介する書籍を発行した。
[家族等]女婿＝中土順平（北星堂書店社長）

長沼 直兄　ながぬま・なおえ
開拓社創業者

[生年月日]明治27年（1894年）11月16日
[没年月日]昭和48年（1973年）2月9日
[出生地]群馬県　[学歴]東京高商卒

商社勤務を経て、文部省内に設置された英語教授研究所（現・一般財団法人語学教育研究所）の理事となり、初代所長ハロルド・パーマーの秘書的な役割を果たす。大正13年同研究所の研究業績の出版を目的に設立された日本YMCA開拓社が日本YMCA出版会と開拓社に分離した際、開拓社を作り、昭和2年株式会社に改組。以降、英語専門書、辞書、検定教科書、参考書など語学関係の専門出版社として語学教育の発展に寄与した。21年我が国初の日本語学校（現・言語文化研究所附属東京日本語学校）を設立した。
【参考】『長沼直兄と日本語教育』言語文化研究所編　開拓社　1981

中根 駒十郎　なかね・こまじゅうろう
新潮社専務

[生年月日]明治15年（1882年）11月13日
[没年月日]昭和39年（1964年）7月18日
[出生地]愛知県矢作（岡崎市）

明治28年郷里の小学校を卒業後上京、神田の大鳴学館に学ぶ。31年義兄の佐藤儀助（義亮）の新声社（のちの新潮社）に入り、以後佐藤の片腕となり新潮社の発展に尽くした。昭和22年支配人を退き顧問となる。夏目漱石、島崎藤村、芥川龍之介ら作家たちの信頼も厚く、その多彩な交友の逸話は「駒十郎随聞」に残されている。
[家族等]義兄＝佐藤義亮（新潮社創業者）

長野 規　ながの・ただす
「週刊少年ジャンプ」編集長　集英社専務

[生年月日]大正15年（1926年）1月13日
[没年月日]平成13年（2001年）11月24日
[出生地]東京市京橋区木挽町（東京都中央区）
[学歴]早稲田大学政治経済学部〔昭和25年〕卒

早大在学中に学徒動員され、東京都内で敗戦を迎える。集英社に入社して児童雑誌の編集に携わり、昭和30年少女漫画誌「りぼん」初代編集長。「週刊明星」発刊の際、本郷保雄編集長の下に副編集長格として加わったが、専務であった本郷の逆鱗に触れ平社員に降格される。この時、退社を覚悟して各社を回ったものの、その後を陶山嚴社長が断りを入れてまわり、「少年ブック」編集長として復帰。43年"友情・努力・勝利"をキーワードにした隔週刊漫画誌「少年ジャンプ」の創刊編集長となり、「ハレンチ学園」「男一匹ガキ大将」などのヒットで部数を伸ばす。間もなく週刊化が決定して「週刊少年ジャンプ」となり、作家専属制度、読者アンケートによる連載の存続・打ち切りの決定といった同誌の基本方針を確立。48年にはライバル誌「週刊少年マガジン」の発行部数を抜き、少年誌日本一に導いた。49年退任。平成4年専務を退任。傍ら、詩人でもあり、5年第一詩集「大伴家持」を刊行して現代詩花椿賞の候補になった。

中野 幹隆　なかの・みきたか
「日本読書新聞」編集長　「現代思想」編集長　哲学書房創業者

[生年月日]昭和18年（1943年）
[没年月日]平成19年（2007年）1月14日
[出生地]長野県塩尻市

昭和42年日本読書新聞社に入社。「日本読書新聞」編集長を経て、竹内書店で季刊誌「パイディア」の編集に携わる。48年青土社に移り、月刊誌「現代思想」創刊編集長。50年朝日出版社で月刊誌「エピステーメー」を創

刊。61年哲学書房を設立、「季刊哲学」を創刊した。
【参考】「水声通信」2007.3

中野 ミツ　なかの・みつ
双松堂中野書林創業者

[生年月日]弘化4年（1847年）
[没年月日]大正15年（1926年）
[出生地]愛媛県西宇和郡伊方町

30歳の時に愛媛県喜多郡市木村（現・大洲市）の豪農だった中野家の養女となる。のち大洲初の近代的な書店である双松堂中野書林を開業。活版印刷による印刷事業も手がけ、発行した地元教育者たちの手による教科書は愛媛県全県に広く採用された。また女性教師の確保や資金調達、町長の校主就任への説得など、大洲女学校創設にも尽力した他、多くの青年子女に学費や生活費を貸与して、その勉学への志を支えた。"大洲の女傑"と評された。
[家族等]養子＝中野和高（洋画家）

中野 稔　なかの・みのる
「月刊美術」編集長 サン・アート創業者

[生年月日]大正12年（1923年）
[没年月日]平成17年（2005年）11月2日
[出生地]神奈川県足柄下郡開成町　[学歴]早稲田大学予科卒

太平洋戦争末期に早稲田大学予科を繰り上げ卒業、学徒出陣で陸軍に入隊し北支で敗戦を迎える。戦後は産経新聞社小田原通信部記者を経て、「週刊サンケイ」で文芸記者として活躍。経済誌「二十世紀」から、昭和44年邱永漢の要請で季刊美術誌「求美」編集長。50年実業之日本社の協力を得てサン・アートを創業、美術誌「月刊美術」を創刊して初代編集長に就任。画集、単行本、版画などの刊行も手がけた。
【参考】「月刊美術」2005.12

中原 淳一　なかはら・じゅんいち
ひまわり社創業者 挿絵画家

[生年月日]大正2年（1913年）2月16日
[没年月日]昭和58年（1983年）4月19日
[出生地]香川県木田郡三木町　[学歴]日本美術学校絵画科卒

香川県で生まれ、2歳で徳島市に転居、大正12年一家で広島に移住。15年上京して日本美術学校絵画科に学ぶ。昭和5年頃から人形の制作を始め、7年銀座松屋で創作人形の個展を開催した際、少女雑誌「少女の友」の編集者に認められ、同誌専属の挿絵画家となる。眼の大きく唇の小さい少女像を好んで描き、一世を風靡した。14年麹町に個人商店のヒマワリを開き、自身のグッズの販売や洋服のオーダーを行う。15年宝塚スターの葦原邦子と結婚。戦後の21年、季刊婦人ファッション誌「ソレイユ」（のち「それいゆ」に改題）を創刊、竹久夢二調の繊細な美少女の絵で少女たちに支持された。次いで、ひまわり社を起こし、22年月刊少女誌「ひまわり」を創刊。同誌は27年に一旦廃刊するが、その後継誌として「それいゆ」増刊の「ジュニア」を立ち上げ、29年には隔月刊の「ジュニアそれいゆ」として発刊した。傍ら、服飾デザインや作詞、ミュージカルの演出を行うなど、多彩に活動。31年から35年まで毎年、日本デザイナークラブ春夏モードコレクションに出品した。33年心臓発作で倒れてからは闘病生活が続き、35年「それいゆ」「ジュニアそれいゆ」を廃刊。39年再び渡仏し、帰国後は小康を得てファッションショーなどを再開。45年雑誌「女の部屋」を隔月刊で出すが、体調は戻らず5号で休刊となった。晩年は館山市の塩見海岸で療養生活を送った。平成12年山梨県河口湖町（現・富士河口湖町）に中原淳一美術館が開館した。
[家族等]妻＝葦原邦子（宝塚スター）、長男＝中原洲一（画家）、姪＝中原美紗緒（シャンソン歌手）
【参考】『中原淳一 少女雑誌「ひまわり」の

時代』内田静枝編 河出書房新社 2011／『中原淳一 美と抒情』高橋洋一著 講談社 2012

中平 千三郎　なかひら・せんざぶろう
東京大学出版会常任理事 国柱会理事長

[生年月日]大正13年（1924年）2月20日
[没年月日]平成13年（2001年）3月27日
[出生地]大阪府大阪市　[学歴]青島中卒、旅順高〔昭和19年〕卒、東京大学文学部社会学科〔昭和24年〕卒

父・中平謙珖は田中智学の直弟子で、自身も国柱会理事長を務めた。昭和7年父の上海行きに従い、青島中学、旅順高校に学ぶ。19年繰り上げ卒業して東京帝国大学社会学科に入るが、20年6月上海で現地召集され、8月同地で敗戦を迎えた。21年復員して大学へ復学。戦後、上海で本の露天商をした経験を生かして大学の書籍部に関係、26年東京大学出版部（現・東京大学出版会）創立に参画。以来、事務局長、常任理事として業務運営に携わり、60年定年退職した。38年各大学出版部へ呼びかけて大学出版部協会を設立。日本書籍出版協会常任理事を務めた。41年2月に起きた全日空機の羽田沖墜落事故で出版関係者20名余が亡くなった際には直前に所用で一行と別れたため、九死に一生を得た。著書に「出版千凡録」「出版人生死録」などがある。
[家族等]祖父＝奥村左近太（剣道家）、伯父＝奥村寅吉（剣道家）、叔父＝中平竹三郎（帝国石炭社長）　[叙勲]藍綬褒章〔平成2年〕、勲四等瑞宝章〔平成8年〕
【参考】『中平清治郎と妻道子』中平千三郎編 1986

中藤 正三　なかふじ・しょうぞう
錦正社創業者

[生年月日]大正3年（1914年）2月6日
[没年月日]昭和41年（1966年）2月4日
[出生地]長野県

16歳のときに上京し、郷里の先輩である宮下軍平が経営する二松堂で出版や小売を修業。昭和13年独立して錦正社を創業し、里見岸雄の著作や「日本洋学編年史」「明治・大正・昭和大事件史」など、戦前・戦後を通じて歴史や国学、宗教、伝統芸能関係の書籍を手堅く出し続けた。41年2月4日札幌雪まつりの帰途、全日空羽田沖墜落事故により死去。

仲摩 照久　なかま・てるひさ
新光社創業者

[生年月日]明治17年（1884年）3月5日
[没年月日]昭和17年（1942年）3月25日
[出生地]大分県　[学歴]日本大学法科卒

明治43年「美人画報」を創刊。廃刊後は「飛行少年」記者や博報堂社員を経て、大正5年新光社を創業。「世界少年」や科学雑誌の草分けである「科学画報」などの雑誌を発行すると共に単行本も手がけ、高楠順次郎「国訳大蔵経」の刊行を企画したが、関東大震災で頓挫した。その後、叢書「万有科学大系」などの失敗により社運が傾き、15年経営破綻。以降は誠文堂の小川菊松が社長となって再建に当たり、自身は同社で書籍編集に専念。引き続き「科学画報」を発行した他、昭和5年雑誌「世界知識」の創刊、「万有科学大系」の復活刊行、「科学画報叢書」の発売などを進めた。10年経営の全てを小川に譲渡したことにより同社は誠文堂に吸収合併され、新たに設立された誠文堂新光社の編集局長に就任。退社後は麹町に太陽閣を設立して出版に携わり、また鼻の治療薬の販売などを行ったりしたが、中風に罹り再起はかなわなかった。
【参考】『出版興亡五十年』小川菊松著 誠文堂新光社 1953

長宗 泰造　ながむね・たいぞう
厚徳社創業者 国土社創業者

[生年月日]明治34年（1901年）2月1日
[没年月日]昭和61年（1986年）3月5日
[出生地]滋賀県高島郡広瀬村（高島市）　[学

歴］膳所中卒、八高卒、東京帝国大学法学部〔大正14年〕卒

昭和4年厚徳社印刷所（現・厚徳社）を創業、12年出版部門を設置。21年国土社を設立、23年株式会社に改組して社長に就任。26年雑誌「教育」の発行を契機に教育図書、児童図書出版に努め、同分野で定評のある出版社に育てた。全日本印刷工業組合連合会会長、東京都印刷工業組合理事長などを歴任。

［家族等］女婿＝鈴木正明（厚徳社社長）　［叙勲］勲四等瑞宝章〔昭和48年〕

【参考】『あど川の文化と先人たち』滋賀県安曇川町 1997

中村　勝哉　なかむら・かつや
晶文社社長

［生年月日］昭和6年（1931年）11月16日
［没年月日］平成17年（2005年）11月6日
［出生地］北海道函館市　［学歴］東京大学文学部卒

少年時代から相撲、文学、スキーを好むなど多趣味で、学生時代には文芸同人誌にも参加。東京大学在学中からは東大学力増進会の本部委員長を務めるなど、受験産業にも関係した。大学卒業後は出版業を志し、昭和35年小野二郎と晶文社を創業して社長に就任。「首都圏 高校受験案内」を処女出版とし、当初から文芸書と学習参考書を手がける。特に文芸書・人文書では「ヴァルター・ベンヤミン著作集」（全15巻）、「植草甚一スクラップブック」（全41巻）、「長谷川四郎全集」（全16巻）、「島尾敏雄全集」（全17巻）、や「文学のおくりもの」「就職しないで生きるには」「犀の本」シリーズなど特色のある本を次々と刊行し、読書好きに人気の高い出版社に育て上げた。中高生向けのヤングアダルト図書の普及にも力を尽くした。49年学習参考書部門を分離し、晶文社出版を設立した。

中村　寿之助　なかむら・じゅのすけ
開隆堂出版創業者

［生年月日］明治31年（1898年）4月29日
［没年月日］昭和44年（1969年）6月10日
［出生地］秋田県平鹿郡睦合村（横手市）

農家の末っ子で、高等小学校を卒業後は農業に従事。21歳で上京して保険会社に勤めたが、大正15年開隆堂書店を創業。昭和10年合名会社に改組。19年戦時の企業整備による高等諸学校教科書株式会社設立で解散したが、21年開隆堂出版株式会社として事業を再開。新制中学の英語教科書として「ジャック・アンド・ベティ」を企画発行、米国人ジャックとベティの生活を通じて英語の学習が出来る教科書として英語教科書に新風を吹き込み、4000万部を超える教科書のベストセラーとなった。

［叙勲］勲四等旭日小綬章〔昭和43年〕

中村　進　なかむら・すすむ
日本実業出版社創業者

［生年月日］大正2年（1913年）5月7日
［没年月日］昭和59年（1984年）3月21日
［出生地］石川県金沢市　［学歴］高岡商〔昭和6年〕卒

戦前は南満州鉄道（満鉄）で駅長を務めた。昭和25年広島で西日本税務協会を創業。法人税や源泉税の税法集で社の基礎を固め、34年直販月刊誌「経営者会報」、37年月刊誌「企業実務」を創刊。この間、35年日本実業出版社に社名変更。41年から東京で書籍出版を開始。法経ビジネス書分野を手がけ、「経理がわかる事典」をはじめとする「わかる事典」シリーズが好評を博した。

［家族等］長男＝中村洋一郎（日本実業出版社社長）

中村　清三郎　なかむら・せいざぶろう
フミヤ書店主人

[生年月日]明治24年（1891年）7月14日
[没年月日]昭和50年（1975年）4月28日
[出生地]滋賀県大津市　[学歴]高小卒

駅員を5年務め、兵役、除隊後露店商となり、大正5年フミヤ書店を創業。昭和10年頃から書店のマージン獲得運動で全国を遊説した。16年大阪府出版物小売業組合理事長、同統制組合理事長。20年小売全連創立に参加、副会長となった。

中村　とうよう　なかむら・とうよう
ミュージック・マガジン代表取締役
音楽評論家

[生年月日]昭和7年（1932年）7月17日
[没年月日]平成23年（2011年）7月21日
[出生地]京都府京丹後市　[本名]中村東洋（なかむら・とうよう）　[学歴]京都大学経済学部〔昭和31年〕卒

昭和31～35年日本信託銀行に勤務。退社後、音楽評論を手がける。37年初の単行本「ラテン音楽入門」を出版。40年中南米を旅行。この頃、盛んになり始めたフォークソングを支援。44年「ニューミュージックマガジン」（現・「ミュージック・マガジン」）を創刊し、平成元年まで編集長を務めた。昭和57年「レコード・コレクターズ」を創刊。ジャズ、フォーク、ロックからワールドミュージックまで幅広い分野で評論活動を行い、「ミュージック・マガジン」編集長を退いた後も同誌にコラム「とうようズ・トーク」を連載した。また、ブルース・フェスティバルなどのコンサートや、芸能山城組、松岡直也、岡本文弥、女流義太夫4枚組のレコードをプロデュースした。平成18年世界の民族楽器やSPレコードなど数万点に及ぶコレクションを武蔵野美術大学に寄贈。23年自宅マンションから飛び降り自殺した。

中村　時之助　なかむら・ときのすけ
中文館創業者

[生年月日]明治20年（1887年）10月1日
[没年月日]没年不詳
[出生地]愛知県丹羽郡岩倉町（岩倉市）

名古屋の書籍取次業・星野書店に入店。大正6年上京して神田錦町に中文館を創業。以後、上野陽一の心理学関係書などを出版し、堅実な経営により短期間で社業を発展させた。店舗を表神保町に移転してからは教育参考書も手がけ、関東大震災によって牛込に移転してからは中等教科書も出版した。

中村　徳二郎　なかむら・とくじろう
白揚社創業者

[生年月日]明治26年（1893年）2月18日
[没年月日]昭和23年（1948年）10月3日
[出生地]埼玉県南埼玉郡大相模村（越谷市）

明治45年上京し、表神保町の福岡書店で修業。大正6年独立し、表神保町に書籍取次業の三徳社を設立。次いで自著「温泉案内」を皮切りに出版業にも乗り出した。10年社名を白揚社に改めてからは「レーニン著作集」「日本封建制講座」や昇曙夢の「ロシヤ語講座」など、主に左翼的出版物を出すようになり、インテリ層に知られる存在となった。満州事変以降の左翼出版弾圧にも屈せず出版を続けたが、やがて休業。戦後に活動を再開し、株式会社に改組した。
[家族等]二男＝中村浩（白揚社社長）

中村　富蔵　なかむら・とみぞう
富貴堂社長

[生年月日]明治30年（1897年）3月30日
[没年月日]昭和46年（1971年）10月7日
[出生地]滋賀県大津市　[旧名]勝間　[学歴]長崎高商〔大正10年〕卒

勝間家の二男。大正10年富貴堂に入社して教科書販売を担当。12年創業者・中村信以の長

女と結婚、同社の経営に当たる。昭和16年北海道出版物小売業組合理事長、32〜41年日本出版物小売業組合全国連合会副会長などを歴任し、適正利潤獲得運動や小売書店の向上などに力を尽くした。37年株式会社富貴堂に改組して同社長に就任。43年会長。
[家族等]長男＝中村康（富貴堂社長）、岳父＝中村信以（富貴堂創業者）　[叙勲]勲五等双光旭日章〔昭和42年〕
【参考】『七十年のあゆみ　富貴堂小史』富貴堂 1968

中村　信以　なかむら・のぶしげ
富貴堂創業者

[生年月日]明治8年（1875年）1月3日
[没年月日]昭和37年（1962年）1月1日
[出生地]京都府

父は旧丹波綾部藩士で、4人兄弟の長男。明治16年一家で神戸に移り、20年小学校を中退して大阪へ奉公に出る。26年一旗揚げようと北海道へ渡り、職を転々とする。28年伯父から大阪の積善館石田忠兵衛を紹介されて小僧として働くこととなったが、数日後に九州博多の積善館支店からの要請があり同地へ移り、3年間修業。31年北海道札幌で富貴堂を開業、まずは貸本業を始め、やがて稗史・小説・講談本などの販売を行う。40年大火で店舗を失ったが間もなく復興、大正末には東京以北で屈指の地方書店として知られるようになり、文房具、楽器、理科器械、体育用品なども取り扱った。昭和5年合資会社に改組。また、大正8年北海道書籍雑誌商組合設立に伴い初代組合長に就任した。
[家族等]弟＝中村従吉（陸軍大佐）、孫＝中村康（富貴堂社長）、女婿＝中村富蔵（富貴堂社長）
【参考】『七十年のあゆみ　富貴堂小史』富貴堂 1968

中村　正直　なかむら・まさなお
同人社出版部創設者　啓蒙思想家

[生年月日]天保3年（1832年）5月26日
[没年月日]明治24年（1891年）6月7日
[出生地]江戸麻布円波谷（東京都港区）　[本名]中村敬太郎　[別名等]号＝敬宇、幼名＝釧太郎、敬輔　[学歴]文学博士（東京大学）〔明治21年〕　[資格]東京学士院会員〔明治12年〕

幼少から漢学を学び、嘉永元年（1848年）昌平黌で儒学を修めた。安政2年（1855年）学問所教授方出役、4年勤番として甲府徽典館教頭、同年儒者勤向見習、文久2年（1862年）儒官。慶応2年（1866年）俊秀少年12人の英国留学監督としてロンドン滞在、明治元年帰国後、徳川家達の知事移封に従い静岡学問所教授。3〜4年S.スマイルズの「西国立志編」（11冊）、5年J.S.ミルの「自由之理」を翻訳刊行し、人心に最も大きな感化を与えた。5年大蔵省翻訳御用を務める傍ら、6年東京・小石川に私塾同人社を設立、7年福沢諭吉らと明六社を設立、「明六雑誌」を発行。同年キリスト教の洗礼を受け、宣教にも参加。8年東京女子師範学校摂理嘱託、12年同人社女学校を設立、13年には盲人教育のため訓盲院を開設、14年東京大学文学部教授嘱託、19年元老院議官、23年女子高等師範学校長兼任、同年勅選貴族院議員。この間、小石川区議、東京市議を務めた。他の著書に「敬宇日乗」（全8巻）「敬宇文集」「敬宇詩集」、自伝代わりの「自叙千文字」、翻訳「西洋品行論」など。
【参考】『自助的人物典型中村正直伝』石井研堂著　成功雑誌社 1907

中村　武羅夫　なかむら・むらお
「新潮」編集者　小説家

[生年月日]明治19年（1886年）10月4日
[没年月日]昭和24年（1949年）5月13日
[出生地]北海道空知郡岩見沢村（岩見沢市）
[学歴]岩見沢小〔明治36年〕卒

明治36年札幌に出て画家を志し、佐々木泉

渓に入門。この頃、小栗風葉「青春」を読んで文学志望に転換し、38年帰郷後は「文庫」「新声」などに投稿した他、同人雑誌「暁光」（のち「北海文学」）を発刊。同年より代用教員となるが、39年「文章世界」に投稿した小説が次点佳作に選ばれ、40年教職を辞して上京、風葉に師事した。41年真山青果の紹介で新潮社に入社、「新潮」の訪問記者として活躍する一方、編集者としても手腕を発揮し、同年国木田独歩が死去すると同誌の独歩特集号を編集した。42年同誌上での訪問記をまとめた「現代文士 廿八人」を刊行。大正初期には「新潮」編集の中心となる傍ら小説を書き続け、10年長編「人生」の第一部「悪の門」を上梓。以後、大正・昭和初期の通俗小説において人気作家となった。14年岡田三郎、尾崎士郎、今東光らと文芸誌「不同調」を創刊。同誌終刊後の昭和4年には後継誌「近代生活」を興し、新興芸術派の中心人物となった。5年評論集「誰だ？花園を荒す者は！」を刊行し、プロレタリア文学の在り方を批判。17年日本文学報国会が結成されると常任理事、事務局長を歴任。21年新潮社を退社、24年「三未亡人」執筆中に死去した。回想録「明治大正の文学者たち」などがある。
【参考】『中村武羅夫 文学と生涯』加藤愛夫著 いわみざわ文学叢書刊行会 1976

中村 弥二郎　なかむら・やじろう
有楽社創業者 便利堂創業者

[生年月日]明治5年（1872年）12月26日
[没年月日]昭和19年（1944年）12月16日
[出生地]京都府京都市　[別名等]別名＝中村有楽（なかむら・ゆうらく）　[学歴]中学中退

明治20年京都・通竹屋町角に貸本業の便利堂を開店。傍ら書籍・雑誌の小売も行う。のちには出版業にも進出し、28年内村鑑三が彼の家に逗留した縁から、その著作の出版を手がけるようになった。30年頃からは絵葉書の販売にも着手。37年東京で有楽社を設立し、北沢楽天主幹の雑誌「東京パック」を発行。また、堺利彦らの手による「平民科学叢書」を刊行した。38年コロタイプ印刷工場を設置し、大正14年からは原色版印刷を開始した。
[家族等]兄＝中村弥左衛門（便利堂社長）
【参考】『流れやまぬ小川のように エスペランティスト中村日出男遺稿集』中村日出男著 中村日出男遺稿集委員会 2006

中村 安孝　なかむら・やすたか
名著出版創業者

[生年月日]大正15年（1926年）1月15日
[没年月日]平成2年（1990年）9月29日
[出生地]長野県上伊那郡箕輪町　[学歴]中央大学専門部法律学科〔昭和22年〕卒

農家の二男。昭和23年西東社に入社、「道路交通法令集」を企画してベストセラーとなる。31年人物往来社を経て、44年学術専門書の出版社として名著出版を創業、45年株式会社に改組。主に歴史・宗教・民俗学書を中心に出版活動を行い、「山岳宗教史研究叢書」（全18巻）、「系図纂要」（全18巻）、「新修平田篤胤全集」（全21巻）、「漢方医学書集成」（全90巻）などを刊行した。
【参考】中村直行「『ああ、もうやめた!!』息子が語る、親父中村安孝の出版人生」（「出版クラブだより」1992.10.1）

中村 義治　なかむら・よしはる
教文館社長

[生年月日]大正15年（1926年）2月10日
[没年月日]平成16年（2004年）12月3日
[出身地]東京都　[学歴]東京大学法学部〔昭和23年〕卒

昭和23年キリスト教関係の専門書店・教文館に入り、36年常務を経て、47年社長に就任。同年～平成10年東京書店組合副理事長、昭和51年～平成10年日本書店商業組合連合会副会長を歴任。"書店の灯を消すな"運動で指導的な役割を果たし、再販制度の維持を強く訴えた。

中村　隆一　なかむら・りゅういち
辰巳出版グループ専務
[生年月日]昭和5年（1930年）3月9日
[没年月日]平成21年（2009年）7月26日
[出身地]鹿児島県　[学歴]明治大学卒

辰巳出版グループ専務を務め、蒼竜社社長、綜合図書社長などを歴任。

中森　季雄　なかもり・すえお
白水社社長
[生年月日]明治45年（1912年）6月28日
[没年月日]昭和63年（1988年）2月23日
[出生地]三重県多気郡多気町

昭和2年上京して白水社に入社。戦時中、兵役と勤務の合間にアテネ・フランセ高等科に学ぶ。34年取締役、37年常務、46年専務を経て、52年社長に就任。この間、草野貞之、寺村五一の下で社業の建て直しに励み、営業部門の責任者として活躍した。
[叙勲]勲四等瑞宝章〔昭和60年〕
【参考】髙橋孝「三百六十五歩のマーチ、しあわせは歩いてこない　出版人、白水社中森季雄の生涯」（「出版クラブだより」1988.4.10）／『中森季雄遺文集』中森喜久編 1994

中森　蒔人　なかもり・まきと
ほるぷ創業者
[生年月日]大正12年（1923年）12月14日
[没年月日]平成16年（2004年）12月13日
[出生地]東京市本郷区（東京都文京区）　[学歴]東京大学法学部〔昭和24年〕卒

昭和26年から徳島県で高校教師を務め、36年急死した義兄のあとを継いで中森書店の店主となり、書店経営に乗り出す。39年書籍の割賦販売を行う図書月販を創業、社長となり百科事典や全集などで成功を収め、業界に大きな一石を投じた。49年"ホーム・ライブラリー・プロモーション"（家庭の図書館づくり）を略したほるぷに社名変更、最大手の書籍月販会社に育て上げた。

[家族等]弟＝中森晶三（能楽師）

中山　三郎平　なかやま・さぶろうべい
中山書店創業者
[生年月日]明治43年（1910年）9月23日
[没年月日]平成7年（1995年）5月28日
[出生地]栃木県宇都宮市　[学歴]法政大学商高〔大正14年〕卒

大正14年岩波書店に入社。昭和16年高志書房、23年中山書店を創業。25年「生理学講座」（全12巻）の刊行を開始、27年同書で毎日出版文化賞を受けたのを皮切りに、「生物学大系」（全8巻）、「心理学講座」（全12巻）、「農業図説体系」（全5巻）、「人間の科学」（全6巻）、「生命の科学」（全6巻）で7年間に6度同賞を受賞。人文社会から理系にまたがる幅広い分野での学術出版社としての基礎を固めた。平成3年中山科学振興財団を設立した。
[家族等]女婿＝中山玄彦（中山書店社長）
[叙勲]紺綬褒章〔昭和57年〕　[受賞]日本放送協会推薦賞〔昭和26年〕、千代田区長表彰〔昭和53年・56年〕
【参考】『中山三郎平追悼集』中山三郎平追悼集刊行会編　中山書店・中山科学振興財団 1996

中山　泰昌　なかやま・たいしょう
「出版内報」主幹　春秋社書店創業者
[生年月日]明治17年（1884年）3月27日
[没年月日]昭和33年（1958年）12月25日
[出生地]島根県鹿足郡津和野町　[本名]中山三郎　[旧名]斎藤　[別名等]号＝蕗峰　[学歴]津和野高小〔明治31年〕卒

名は「やすまさ」とも読む。旧石見津和野藩士・斎藤家の三男で、早くに父を亡くし、明治44年中山家を継ぐ。1歳上の神代種亮とは幼なじみ。35年頃に神戸に出て兵庫県庁や神戸教会に勤めた後、38年上京。東京進出して間もない金尾文淵堂で住み込みの小僧兼番頭として働く一方、百芸雑誌社、京華堂書店として出版を手がける。41年独立して獅子吼書房を創業。その後、隆文館に勤めながら春秋

社書店を起こして水野葉舟らの著書を出版した。大正中期に入ると執筆活動に注力し、関東大震災後、親友永代静雄の新聞研究所に入って「出版内報」を創刊、主幹となる。"円本ブーム"の際には国民図書刊「校註日本文学大系」「近代文学大系」「校註国歌体系」の編集に関与。9年からは隆文館と同じく草村松雄の経営する財政経済学会刊「新聞集成明治編年史」の編集主任を務めた。小川菊松に雑誌「子供の科学」発刊を提案した人物で、小川の著書で出版史の基本文献「出版興亡五十年」の代作者としても伝えられる。

【参考】羽原清雅「ある編集者の軌跡─明治・大正・昭和三代『中山泰昌（三郎）』を追う」（「帝京大学社会学紀要」19号 2006.3）／羽原清雅「続・ある編集者の軌跡─『中山泰昌（三郎）』の豊かな苦闘」（「帝京大学社会学紀要」22号 2009.3）

中山 太一　なかやま・たいち
プラトン社創業者 中山太陽堂創業者

[生年月日]明治14年（1881年）11月17日
[没年月日]昭和31年（1956年）10月18日
[出生地]山口県

小学校卒業後、民間学者・桂弥一のもとで学ぶ。17歳で門司に渡り、大分、神戸の商店で働き、明治36年神戸に中山太陽堂（現・クラブコスメチックス）を創立。和製化粧品を改良、39年クラブ洗粉、クラブ化粧品を発売、成功した。宣伝、広告、科学的経営管理を提唱、大正8年その宣伝機関としてプラトン社を創業、婦人雑誌「女性」、大衆娯楽雑誌「苦楽」を創刊、また単行本も発行した。大正12年には中山文化研究所を設立し、幅広い文化啓蒙運動を展開。昭和14年株式会社に改組、社長となった。29年相談役。14年多額納税貴院議員。産業経理協会理事、大阪商工会議所常議員、大阪実業クラブ理事長などを歴任した。

【参考】『モダニズム出版社の光芒 プラトン社の一九二〇年代』小野高裕・西村美香・明尾圭造著 淡交社 2000

中山 正男　なかやま・まさお
第一世論社社長

[生年月日]明治44年（1911年）1月26日
[没年月日]昭和44年（1969年）10月22日
[出生地]北海道常呂郡佐呂間町　[学歴]専修大学法科［昭和8年］中退

昭和8年大学を中退し独力で陸軍画報社を設立、雑誌「陸軍画報」を刊行。日中戦争中、南京城攻略戦に従軍して書いた「脇坂部隊」は当時ベストセラーになった。34年第一世論社社長。戦後、下中弥三郎らの後援で若者たちのための"日本ユースホステル"運動を推進した。著書には自伝的小説「馬喰一代」「続馬喰一代」「無法者」のほか「一軍国主義者の直言」などがある。

永代 静雄　ながよ・しずお
新聞研究所創業者

[生年月日]明治19年（1886年）2月12日
[没年月日]昭和19年（1944年）8月10日
[出生地]兵庫県　[学歴]早稲田大学

明治41年「東京毎夕新聞」に入社。「中央新聞」に転じるが、大正7年毎夕新聞社会部長となり、8年編集局長に就任。新聞研究所を創立し、昭和15年に閉鎖。また伝書鳩の飼育普及に努め、雑誌「普鳩」を発行した。翻訳に「死ぬる土」、小説に「都会病」などがあり、雑誌「中外」にも評論「比較的上出来」（大正7年）などを発表。田山花袋「蒲団」の横山芳子のモデルである岡田美知代と結婚、芳子の相手の田中秀夫のモデルでもある。

南雲 克雄　なぐも・かつお
南雲堂社長

[生年月日]昭和5年（1930年）11月5日
[没年月日]昭和60年（1985年）10月14日
[出身地]東京都　[学歴]早稲田大学理工学部卒

昭和25年南雲堂に取締役として入社。47年社長。

南雲 清太郎　なぐも・せいたろう
南雲堂創業者

[生年月日]明治17年（1884年）1月4日
[没年月日]昭和47年（1972年）11月28日
[出生地]東京都

大正3年南雲堂を創業し、主に珠算関係の書籍を出版。戦時の企業整備により日本出版配給に移るが、昭和21年退社。25年株式会社南雲堂を設立して英米文学書、英語関係の叢書・雑誌類、高校・大学向けテキストなどを発行した。また、社内に国文学関係書籍を専門とする桜楓社を併設した。

南雲 忠勝　なぐも・ただかつ
東京出版販売常務

[生年月日]大正5年（1916年）11月22日
[没年月日]昭和52年（1977年）12月27日
[出生地]新潟県新潟市　[学歴]東京堂教習所卒

昭和6年東京堂に入社。16年統合により日本出版配給に移り、秘書を務めた。24年東京出版販売（現・トーハン）に入社。40年取締役を経て、46年常務。52年歳末の挨拶回りの帰途、交通事故のため急逝した。俳句や短歌もたしなみ、遺稿に句歌集『二峯抄』がある。
【参考】『東販三十年史』東京出版販売 1979

奈須田 敬　なすだ・けい
「ざっくばらん」編集長 並木書房創業者

[生年月日]大正9年（1920年）3月30日
[没年月日]平成24年（2012年）7月28日
[出生地]東京市浅草区新福井町（東京都台東区）　[学歴]早稲田実〔昭和13年〕卒

昭和15年まで日産自動車に勤務した後、17年応召し陸軍に入隊。飛行戦隊附属となり、漢口（中国）、北海道、台湾へと移動。肺病に罹り、19年7月帰郷。20年3月戦争批判、時局批判を書いた不穏文書配布の疑いで憲兵隊に捕縛され、言論出版集会結社等臨時取締法違反で懲役5ケ月の判決を受ける。同年10月釈放。24年日本週報に入社、「日本週報」編集者となる。のち編集長、出版部長を経て、34年退社。46年並木書房を設立、代表取締役。日本の防衛・安全保障の問題を生涯のテーマとし、岸信介が結成に関わった「安保改定国民連合」広報担当を務めたり、'70年安保に備えて中村菊男慶大教授、「月曜評論」創刊者の桶谷繁雄、村松剛らと日本の安全保障編集委員会を作り活動。「国民講座・日本の安全保障」シリーズを出版した。他の著書に「わが友三島由紀夫」「総括 三島由紀夫の死」「統幕議長が総理に呼ばれるとき」などがある。

夏堀 茂　なつぼり・しげる
「月刊ぷれいがいど東北」編集発行人
詩人

[生年月日]昭和4年（1929年）3月24日
[没年月日]平成18年（2006年）6月2日
[出身地]青森県八戸市　[別名等]筆名＝須川洸　[学歴]第一早稲田高等学院文科中退

昭和42年八戸市でタウン誌「月刊ぷれいがいど東北」を創刊。詩人である自身の美意識と周囲の熱心な協力により発行を続け、同市草分けのタウン誌として知られた。詩集「晩夏の蝶」「星あかりの庭」「遠雷」、随想集「一市井人として」などがある。

名取 洋之助　なとり・ようのすけ
日本工房創設者 写真家

[生年月日]明治43年（1910年）9月3日
[没年月日]昭和37年（1962年）11月23日
[出生地]東京市芝区高輪（東京都港区）　[学歴]慶応義塾普通部卒、ミュンヘン美術工芸学校

実業家・名取和作の三男。昭和3年慶応義塾普通部を卒業してドイツへ留学、写真ジャー

ナリズムに興味を持ち、6年ライカを手に入れてユダヤ人写真家ランズホーフから写真の手ほどきを受ける。ミュンヘン市立博物館の火災現場跡の写真が「ミュンヘナー・イルストリーテル・グラッセ」（ミュンヘン絵入り新聞）に掲載されてデビュー。間もなくベルリンにあるウイルシュタイン社の契約写真家となり、7年同社特派員として帰国。8年満州事変取材後は日本に留まり、同年木村伊兵衛、伊奈信男、原弘、岡田桑三と日本工房を設立。9年分裂後、第二次日本工房を再建し、写真を主体とする海外向け日本紹介のグラフ誌「NIPPON」を創刊。土門拳、亀倉雄策、山名文夫らを育て、戦前では他に類を見ない質の高いものにした。12年「日本の兵士」が「ライフ」誌の表紙を飾り、同年日本人初の同誌契約写真家となった。14年日本工房を国際報道工芸に改組。その後、支那派遣軍の要請で日本軍の宣撫工作に従事。20年南京で敗戦を迎え、21年帰国。22年日本の「ライフ」を目指して「週刊サンニュース」を創刊、編集長に就任。25年「岩波写真文庫」を創刊に参画、独自の組写真による編集で34年までに286冊を刊行した。フォトジャーナリスト・編集者として活躍するとともに多くの写真家を育て、平成17年日本写真家協会により、主にドキュメンタリー分野で活躍する30歳以下の写真家を対象とした名取洋之助賞が創設された。
【家族等】父＝名取和作（実業家・銀行家）, 娘＝名取美和（バーン・ロム・サイ代表） 【受賞】菊池寛賞（第1回）〔昭和28年〕「岩波写真文庫」, 日本写真協会賞（第4回）〔昭和29年〕
【参考】『わがままいっぱい名取洋之助』三神真彦著 筑摩書房 1988（ちくま文庫 1992）

浪花 剛　なにわ・つよし
なにわ書房創業者

[生年月日]大正13年（1924年）2月9日
[没年月日]平成22年（2010年）11月19日
[出生地]北海道小樽市

小学校を卒業後、数々の職業を経て、昭和25年札幌市で本を風呂敷に包んでの外商を始め、29年なにわ書房を創業。長い間、店舗を持たない特異な書店として珍しがられたが、37年店を開いた。48年より北海道書店商組合理事長、50年からは日本書店組合連合会副会長を務め、平成6年両職を退任した。

浪岡 具雄　なみおか・ともお
オーム社代表

[生年月日]明治13年（1880年）11月27日
[没年月日]昭和18年（1943年）1月20日
[出生地]福島県田村郡三春町

「電気之友」社員、中央電気協会書記長を経て、大正11年オーム社の株式会社改組に伴い代表取締役専務。昭和9年退任した。
【参考】『オーム社75年史』オーム社75年史編纂委員会編 オーム社 1992

納屋 嘉治　なや・よしはる
淡交社会長　裏千家今日庵副理事長

[生年月日]大正14年（1925年）9月15日
[没年月日]平成16年（2004年）10月14日
[出生地]京都府　[別名等]雅号＝納屋宗淡
[学歴]同志社大学法経学部経済学科〔昭和23年〕卒

裏千家14代千宗室の二男として生まれ、納屋姓を興す。昭和24年茶道などの伝統文化を紹介する出版社・淡交社を設立。美術書の出版にも力を入れ、59年には「茶道の源流」（全6巻）を出した。62年京都経済同友会代表幹事、平成16年京都市観光協会会長を歴任。
【家族等】父＝千宗室（14代目）, 姉＝塩月弥栄子（茶道家）, 桜井良子（茶道家）, 兄＝千宗室（15代目） [叙勲]紺綬褒章〔昭和52年・56年〕, 藍綬褒章〔昭和62年〕, 勲三等瑞宝章〔平成7年〕

奈良 静馬　なら・しずま
　　　　　講談社取締役

[生年月日] 明治19年（1886年）7月12日
[没年月日] 昭和22年（1947年）3月12日
[出生地] 大分県　[学歴] 早稲田大学英文科卒
早稲田大学英文科卒業後の大正5年ハワイに渡る。8年米国本土に移り、中央加州学園協会理事長、フレスノ学園長などを歴任。この間、スタンフォード大学でマスター・オブ・アーツ、マスター・オブ・フィロソフィーの学位を取得した。帰国後の昭和5年、講談社に入社。6年欧米の出版業界を視察。また野間清治社長の命を受け、同社代表として日本雑誌協会に参加し、のち同協会の会長代行に就任した。日本出版文化協会理事なども務め、戦後は日本出版協会の設立に際して中心的な役割を果たした。

楢崎 勤　ならさき・つとむ
　　　「新潮」編集者　読売新聞図書編集部長　小説家

[生年月日] 明治34年（1901年）11月7日
[没年月日] 昭和53年（1978年）12月1日
[出生地] 山口県萩市　[学歴] 京城中〔大正8年〕卒
父は歯科医で、3人兄妹の二男。京城中学時代に文学に傾倒、新潮社の雑誌「文章倶楽部」の常連投稿者となる。大正14年その縁で同社に入社、15年から「新潮」の編集に従事。以来20年間、編集主幹・中村武羅夫の下で敗戦の年まで、ほとんど一人で編集実務を取り仕切った。傍ら、「近代生活」の同人に参加、「白粉草が春菊になつた話」「神聖な裸婦」「相川マユミといふ女」「希望」など創作を発表して、新興芸術派の作家としても活躍。昭和21年退社して読売新聞社嘱託となり、24年総合誌「読売評論」創刊編集長に起用されたが、26年廃刊となり初代図書編集部長に転じた。45年文壇回想録「作家の舞台裏」を刊行した。
[家族等] 兄＝楢崎鉄香（日本画家）

【参考】『作家の舞台裏 一編集者のみた昭和文壇史』楢崎勤著　読売新聞社 1970／『ある文芸編集者の一生』大村彦次郎著　筑摩書房 2002

楢崎 汪子　ならさき・ひろこ
　　　　　オーデスク代表

[生年月日] 大正14年（1925年）
[没年月日] 昭和62年（1987年）10月26日
[出生地] 東京都　[学歴] 日本女子大学二類卒
岩波書店で辞典編集アルバイトの傍ら、「新日本文学」「人民文学」などに詩を投稿。この頃8年間の結婚生活に終止符を打つ。その後、華道草月流の機関誌「草月」の編集長ポストにスカウトされ、同誌創刊に当たったが、100号を機に退職。東京・原宿のファッションビルのイメージアップ策を考える企画室長に転職。そこで、現代詩人の書き下ろし作品を掲示する"地下鉄の詩運動"を始める。昭和56年この運動を続けるため独立し編集プロダクション「オーデスク」を設立。また人間以外のものにあてた手紙を載せた季刊誌「手紙」を発行した。

成沢 玲川　なるさわ・れいせん
　　　「アサヒグラフ」編集長

[生年月日] 明治10年（1877年）12月14日
[没年月日] 昭和37年（1962年）10月20日
[出生地] 長野県上田市　[本名] 成沢金兵衛
[別名等] 幼名＝金弥　[学歴] 上田中中退
青年時代に内村鑑三に心酔し、その門下生となる。明治39年に渡米し、邦字新聞「央州日報」を経営。この間に写真術を習得、同紙の写真部長を兼務する傍ら、在米同胞の活動状態を数多く撮影した。大正2年帰国。のち佐佐木茂索と教育誌「子宝」を編集した。7年東京朝日新聞社に入社。12年週刊グラフ誌として復活した「アサヒグラフ」の編集長となり、同誌が日本を代表するグラフ雑誌となる基礎を築いた。15年には「アサヒカメラ」の

初代編集長に就任、写真及びカメラの総合雑誌化を図って成功した。昭和9年日本放送協会報道部長。戦時中は大日本写真報国会理事長なども務め、戦後「日本写真年報」の編集などに従事した。著書に「新聞戦線」「音と影」などがある。
[家族等]弟＝立木真六郎(写真家)、甥＝品川力(ペリカン書房主人)、品川工(版画家)
[受賞]日本写真協会賞(第2回)〔昭和27年〕

成瀬 恭　なるせ・きょう
原書房社長　軍事史研究家

[生年月日]大正13年(1924年)4月20日
[没年月日]平成11年(1999年)10月15日
[出生地]島根県松江市　[学歴]松江中〔昭和17年〕卒、東京高師英文学科〔昭和22年〕卒

昭和22年日米教育協会に月刊誌「アメリカ教育」の編集長として入社。24年原書房の創立に参画し取締役編集長として入社、40年社長に就任。平成11年会長に退く。主に歴史関係や統計書類の出版を手がけ、昭和40年より大部の「明治百年史叢書」を刊行。34年「定本山之口貘詩集」の発行により第2回高村光太郎賞を受賞、48年ステファン著「サハリン」の出版により第10回日本翻訳文化賞を受賞。また、軍事史研究家としても知られ、「歪められた国防方針」「先見の明」「ソ連から見た日本の北方領土」「南方から見た米国の鳥瞰的考察」「桑原鶴氏のステーツマン・シップ」などの著書がある。
[家族等]長男＝成瀬雅人(原書房社長)、叔父＝原道男(原書房創業者)　[受賞]高村光太郎賞(第2回)〔昭和34年〕、日本翻訳文化賞(第10回)〔昭和48年〕
【参考】『原書房40年のあゆみ』成瀬恭著　原書房　1989

南条 初五郎　なんじょう・はつごろう
共立出版創業者

[生年月日]明治29年(1896年)9月9日
[没年月日]昭和49年(1974年)8月27日
[出生地]東京市下谷区(東京都台東区)

はじめ東京・神田の古書店・飯島書店で修業。大正8年独立して早稲田に古書店の泰林館を設立するが上手くいかず、出版を志して2人の知人と共立社を起すも失敗した。15年全ての借財を引き受けて神田で再起を図り、昭和3年坂井英太郎、国枝元治の監修の下「輓近高等数学講座」(全18巻)を刊行して好評を博したことから、自然科学・理工学書の出版を主とするようになった。16年株式会社に改組、17年社名を共立出版株式会社に改称した。37年長男・安昭に社長職を譲ったが、41年安昭が全日空羽田沖墜落事故で死去したため社長に復帰。44年二男の正男に社長職を継がせ、再び会長に退いた。
[家族等]長男＝南条安昭(共立出版社長)、二男＝南条正男(共立出版社長)　[叙勲]勲四等瑞宝章〔昭和45年〕、紺綬褒章〔昭和48年〕
【参考】『共立出版六十年史』共立出版　1986

南条 正男　なんじょう・まさお
共立出版社長

[生年月日]昭和4年(1929年)2月21日
[没年月日]平成7年(1995年)6月27日
[出生地]東京市神田区(東京都千代田区)
[学歴]日本大学工学部電気工学科〔昭和27年〕卒

共立出版創業者・南条初五郎の二男。三幸勤務を経て、昭和28年共立出版に入社。37年専務を経て、44年社長。
[家族等]父＝南条初五郎(共立出版創業者)、兄＝南条安昭(共立出版社長)　[叙勲]藍綬褒章〔平成3年〕
【参考】『共立出版六十年史』共立出版　1986

南条 安昭　なんじょう・やすあき
共立出版社長

[生年月日]昭和2年(1927年)1月20日
[没年月日]昭和41年(1966年)2月4日

共立出版創業者・南条初五郎の長男。父の跡

を継いで2代目社長に就任したが、昭和41年2月に起きた全日空機の羽田沖墜落事故に遭い、亡くなった。
[家族等]父＝南条初五郎（共立出版創業者），弟＝南条正男（共立出版社長）

難波　卓爾　なんば・たくじ
「新小説」編集長

[生年月日]生年不詳
[没年月日]昭和58年（1983年）

春陽堂書店に勤務し、雑誌「新小説」編集長を務めた。平成2年遺品の中から横光利一の未発表小説「愛人の部屋」が発見され、話題を呼んだ。

南部　新一　なんぶ・しんいち
「少女世界」編集長

[生年月日]明治27年（1894年）4月1日
[没年月日]昭和61年（1986年）10月6日
[出生地]京都府舞鶴　[別名等]筆名＝新井弘城（あらい・こうじょう），南部亘国（なんぶ・ひろくに）

大正4年巌谷小波の紹介で博文館に入社。「幼年画報」「幼年世界」の編集に携わり、後に「少年少女譚海」の編集も担当。15年「少女世界」の編集長となり、昭和3年退社。退社後は青蘭社を起こし、敗戦後は日本の児童文学雑誌の研究者として多くの論文を発表する一方、ポプラ社にも関係した。著書に「回想の博文館」「絵雑誌の歩み」など、また児童文化・児童文学の宝庫と称された旧蔵書（南部コレクション）は大阪国際児童文学館に寄贈され、「南部新一記念文庫目録　児童図書の部」（平成5年）、「同　雑誌の部和書」（4年）がある。
[受賞]日本児童文芸家協会児童文化功労者（第5回）〔昭和38年〕，久留島武彦文化賞（第11回）〔昭和45年〕

【に】

新島　章男　にいじま・あきお
朋文堂社長

[生年月日]明治31年（1898年）1月8日
[没年月日]昭和37年（1962年）9月13日
[出身地]大分県玖珠郡森町（玖珠町）

大正2年上京、金港堂に入り、9年まで勤める。10年東京・芝白金に朋文堂を設立して図書の通信販売を始めたが、12年図書雑誌の小売業、昭和6年には出版業に進出。学習参考書から次第に山岳関係の図書出版や山岳雑誌「山小屋」「ケルン」「探検」などを発行し、登山文化の発展に寄与した。戦後は穂高涸沢に近代的な山小屋を建設し、登山の普及に貢献。また全日本スキー連盟評議員も務めた。
[家族等]息子＝新島淳良（早稲田大学教授）

新村　長次郎　にいむら・ちょうじろう
新村印刷創業者

[生年月日]明治25年（1892年）10月11日
[没年月日]昭和55年（1980年）9月12日
[出身地]東京市浅草区（東京都台東区）　[旧名]長谷川　[学歴]明治大学商科〔大正3年〕中退

父はべっこう商で5人兄弟（2男3女）の末っ子の二男。明治36年長谷川家から新村家の養子となる。大正3年第三銀行に入行。昭和3年京都の帝国印刷、5年東京の金谷印刷で修業し、6年東京・神田三崎町に新村印刷所を創業。22年新村印刷株式会社に改組。着実に社業を伸張させ、屈指の印刷会社に育てた。41年東京都印刷工業組合理事長、42年日本印刷技術協会初代会長や、全日本印刷工業組合連合会会長、日本印刷工業会副会長を歴任。印刷図書館に多額の援助を行い、その資料収集に協力した。

[叙勲]勲三等瑞宝章〔昭和47年〕
【参考】沢田巳之助「新村印刷株式会社会長新村長次郎さんを偲ぶ 印刷文化の資料保存に努力」(「出版クラブだより」1980.11.10)/『感謝の五十年 新村長次郎と新村印刷小史』新村印刷 1981

西井 一夫 にしい・かずお
「カメラ毎日」編集長 写真評論家

[生年月日]昭和21年(1946年)1月21日
[没年月日]平成13年(2001年)11月25日
[出生地]京都府　[出身地]東京都　[学歴]慶応義塾大学経済学部〔昭和43年〕卒

大学卒業後、弘文堂書店に勤めるが、組合作りと反戦運動のため退社。昭和44年毎日新聞社に入社、「サンデー毎日」「毎日グラフ」「カメラ毎日」各編集部を歴任し、58年「カメラ毎日」編集長に就任。60年同誌休刊とともに最後の編集長となった。62年10月以降「昭和史」編集長、出版企画室委員、平成5年新媒体開発部編集委員、7年出版局クロニクル編集長、11年ビジュアル編集室委員などを務め、「昭和史全記録」「戦後50年」「20世紀年表」といった写真をふんだんに用いた年代記や、「詳細阪神大震災」などのビジュアルものにすぐれた手腕を発揮した。傍ら、先鋭的な写真評論を多数執筆し、写真界を牽引。12年末「20世紀の記憶」シリーズ(全20巻)完結とともに同社を退社し、フリーとなる。しかし直後に食道がんのため入院、一時小康を得たものの、13年「カメラ毎日」時代の先輩であった山岸章二の評伝「写真編集者」を書き上げてすぐに亡くなった。

西川 秀男 にしかわ・ひでお
岩波書店取締役 21世紀情報出版研究所所長

[生年月日]昭和6年(1931年)
[没年月日]平成18年(2006年)3月10日
[出生地]東京都　[学歴]早稲田大学政経学部中退

昭和23年岩波書店に入社。経理部、出版部を経て、40年より辞典部で「広辞苑」第2～4版を担当。CD-ROM化や「いまいち」「ファジー」など時代を反映した言葉を収録した第4版は大きな反響を呼んだ。またCTS(コンピュータ組版)による各種辞典の制作を推進した。平成6年退社し、21世紀情報出版研究所を設立。日本電子出版協会副会長、電子ブックコミッティー代表幹事も務めた。共著に「電子出版の実務 マルチメディア時代のビジネス」。

錦織 登美夫 にしきおり・とみお
東洋館出版社創業者

[生年月日]大正8年(1919年)11月3日
[没年月日]平成20年(2008年)1月22日
[出生地]新潟県　[学歴]慶応義塾大学経済学部〔昭和17年〕卒

昭和23年東洋館出版社を創業。教育書の専門出版社として、特に教科教育分野の出版に力を注いだ。
[家族等]長男＝錦織与志二(東洋館出版社社長)

西沢 一風 にしざわ・いっぷう
正本屋主人 浮世草子作者

[生年月日]寛文5年(1665年)
[没年月日]享保16年(1731年)5月24日
[出生地]大坂　[本名]西沢義教　[別名等]通称＝正本屋九右衛門, 号＝与志, 集楽軒, 朝義

元禄12年(1699年)頃に家業の書肆を継ぎ、主に豊竹座の紀海音による浄瑠璃本などを出版。その縁により海音の没後豊竹座の作者を兼ねた。浄瑠璃作品は「井筒屋源六恋の寒晒」「建仁寺供養」「頼朝追善扇の芝」「身替弓張月」「南北軍問答」など多数あり、特に「北条時頼記」と「後室色縮緬」は大好評を博した。また浄瑠璃会の故実を書いた「今昔操年代記」は浄瑠璃史を知るうえで貴重な史料とされる。また浮世草子は、当時ライバル関係

にあった京都の書肆八文字屋八左衛門本の作者江島其磧と競い合うように「御前義経記」「風流今平家」「傾城武道ざくら」「風流三国志」「野傾友三味線」などを書いた。

西沢 喜太郎（2代目） にしざわ・きたろう
　　　西沢書店主人

[生年月日]慶応1年（1865年）12月13日
[没年月日]昭和9年（1934年）
[出生地]信濃国埴科郡屋代（長野県千曲市）
[旧名]堀内

長野県屋代町の堀内家に生まれ、長野町の書籍商、松葉軒・西沢喜太郎の養子となる。のち上京して正蹊塾に学ぶ。陸軍教導団に入り一等軍曹にまでなるが帰郷、家業の書籍商・2代目喜太郎を襲名する。のち業務を拡大し、県内外に支店・出張所を設ける。更に教科書供給の権利を得て、西沢書店と改称し県下各地に販売網を広げた。昭和4年長野市に県立図書館が設立されると書籍約9000冊を寄贈。書籍商として発展する傍ら、実業家としても活躍し、長野商業銀行取締役、長野農工銀行頭取、長野貯蓄銀行頭取などを歴任。また長野市議、善光寺保存会理事長も務めた。

[家族等]養父＝西沢喜太郎（初代）

西島 九州男 にしじま・くすお
　　　岩波書店校正課長

[生年月日]明治28年（1895年）1月10日
[没年月日]昭和56年（1981年）10月11日
[出生地]熊本県鹿本郡植木町（熊本市） [別名等]号＝麦南 [学歴]済々黌中退

熊本県の商家の長男。大正5年上京して出版社の警眼社に入社。7年武者小路実篤の新しき村建設に参加後、12年出版の仕事を志して大鐙閣に校正主任として入社。解散まで勤め、一時写真画報の仕事に携わった後、13年「漱石全集」刊行に際しての校正係募集に応じて岩波書店に入店。以来、校正主任、初代校正課長を歴任し、定年後も特別嘱託として勤務、昭和45年75歳まで勤め上げた。校正の仕事の体系化や後進の育成に大きく貢献、"校正の神様"ともいわれた。没後の57年、著書「校正夜話」が刊行された。また、大正4年から俳句を始めて麦南と号し、吉武月二郎らと火の国吟社を起こす。飯田蛇笏に師事して俳誌「雲母」発刊に参加、師に傾倒して"生涯山廬門弟子"を称した。句集に「金剛纂」「人音」などがある。

[受賞]東京作家クラブ文化人間賞（第4回）〔昭和40年〕

【参考】『校正夜話』西島九州男著 日本エディタースクール出版部 1982

西塚 定一 にしずか・さだいち
　　　巖南堂書店創業者

[生年月日]明治43年（1910年）2月2日
[没年月日]昭和59年（1984年）10月10日
[出生地]三重県桑名市 [出身地]愛知県名古屋市 [学歴]西神田小卒

大正10年父を亡くして小学6年の途中で上京、巖松堂書店に入店。主人・波多野重太郎の好意で西神田小学校へ通い、卒業後は正則英語学校に学んだ。昭和初期に中堅社員として手腕を振るった後、昭和11年独立して巖南堂書店を開店。敗戦直後、焼け残った出版社の倉庫に着目して本を仕入れた。法律書、歴史書、地方史資料の専門古書店として知られ、学術書の出版も手がけた。

【参考】『紙魚の昔がたり 昭和篇』反町茂雄編 八木書店 1987

西館 一 にしだて・はじめ
　　　協和出版販売常務

[生年月日]明治32年（1899年）8月12日
[没年月日]昭和51年（1976年）9月27日

大正10年東京堂に入社。昭和16年統合により日本出版配給に移り、仕入計算課長などを務めた。24年同社が閉鎖されるに当たり、精算

事務に従事。26年神田図書と協同書籍との合併によって設立された協同出版販売に入り、仕入れ担当兼渉外担当役員に就任、中堅総合取次としての同社の基礎固めに尽力した。

西谷 能雄　にしたに・よしお
未来社創業者

[生年月日]大正2年(1913年)9月8日
[没年月日]平成7年(1995年)4月29日
[出生地]北海道札幌市　[出身地]新潟県佐渡
[学歴]東京外国語学校ロシア科中退、明治大学文芸科〔昭和12年〕卒

北海道で生まれ、幼少年時代を佐渡で過ごす。佐渡中学を経て、東京外国語学校ロシア語科に入るがストライキで退学処分。昭和12年明治大学卒業後、弘文堂書房に入社。十余年間同社で働き取締役編集部長になるが、木下順二「夕鶴」の出版でもめて退社。26年社会科学書の出版社・未来社を創立し、社長。42年書籍の委託販売制を廃し、注文による製作、販売を主張して実行、理論社の小宮山量平と並んで旧態依然の出版界に一石を投じた。のち会長。著書に「出版とは何か」「出版のこころ」「出版界の虚像と実像」「出版流通機構試論」「責任販売制とは何か」「本の定価とは」「出版界の意識改革を索めて」などがある。
【参考】『本は志にあり 頑迷固陋の全身出版人』西谷能雄著 松本昌次編 日本経済評論社 2009

西永 達夫　にしなが・たつお
「文学界」編集長 文藝春秋専務

[生年月日]昭和7年(1932年)6月17日
[没年月日]平成17年(2005年)8月2日
[出身地]岡山県　[学歴]東京大学教養学部教養学科〔昭和30年〕卒

昭和30年文藝春秋社に入社。「文学界」編集長、出版局長、常務を経て、平成4～9年専務。

西野 虎吉　にしの・とらきち
東京開成館館主

[生年月日]慶応3年(1867年)7月19日
[没年月日]大正7年(1918年)10月14日
[出生地]大阪府大阪市

はじめ大阪の三木開成館で修業。明治34年上京して東京開成館を創業し、特に大和田建樹の「鉄道唱歌」の版元として名を馳せた。また三木開成館と同じく中学教科書の出版でも活躍し、藤井健治郎「植物教科書」、丘浅次郎「動物教科書」、三浦周行「国史教科書」、山崎直方「地理教科書」、高木貞治「数学教科書」など、各界一流の編著者をそろえたラインナップで一時は"中等教科書界の大御所"とも呼ばれた。東京書籍商組合評議員なども務めた。

西村 定男　にしむら・さだお
兼六館出版創業者

[生年月日]生年不詳
[没年月日]昭和26年(1951年)

昭和3年東京・飯田橋でワット社を創業。23年より月刊「放送技術」を発行し、放送技術や電気関係の専門出版社として成長させた。没後、妻が社長を継ぎ、29年株式会社に改組して社名を兼六館出版に改めた。
[家族等]妻=西村愛(兼六館出版社長)

西村 茂樹　にしむら・しげき
日本弘道会創設者 啓蒙思想家

[生年月日]文政11年(1828年)3月13日
[没年月日]明治35年(1902年)8月18日
[出生地]江戸　[出身地]下総国(千葉県佐倉市)　[旧名]西村鼎、西村重器(にしむら・しげき)　[別名等]号=泊翁、樸堂、庸斎　[学歴]文学博士〔明治34年〕

父は下野佐野藩付家老で、7人きょうだい(5男2女)の長男。安井息軒、海保漁村に師事。弘化元年(1844年)父の本藩である下総佐倉

藩に出仕、嘉永6年(1853年)支藩・佐野藩の付人となって用人上席から寄役上席に進み、ペリー来航に際しては海防策を藩主・堀田正睦、老中・阿部正弘に提示した。安政3年(1856年)正睦が老中首座外国事務専任になると、その側近として活動。明治6年文部省に出仕して編書課長となり、同年森有礼の提案に賛同して福沢諭吉らと明六社を結成、「明六雑誌」に論文を発表するなど啓蒙思想家として活動した。7年板垣退助らが民撰議員設立建白書を提出すると、その採用を元老院に進言。8年侍講、9年文部大丞宮内省御用掛、10年文部大書記官を経て、19年宮中顧問官となり、さらに東京大学総長への就任を要請されたが固辞した。21年華族女学校長、23年勅選貴院議員。一方で国民道徳の回復を目指し、東京修身学社(日本講道会、20年日本弘道会)を創立して徳育運動を展開。20年には「日本道徳論」を著し、極端な欧化政策により道徳が軽んじられているのを戒めた。
[家族等]弟=西村勝三(実業家)
【参考】『泊翁西村茂樹伝』西村先生伝記編纂会編 日本弘道会 1933

西村 七平　にしむら・しちへい
法蔵館館主

[生年月日]安政1年(1854年)2月1日
[没年月日]大正8年(1919年)9月27日
[旧名]小林

慶長年間から続く仏書出版社の丁子屋から分家独立した法蔵館・西村七兵衛の婿養子となり、家業の仏書出版・小売に従事。法蔵館の商号は泉涌寺の佐伯旭雅から贈られたものと言われる。のち家督を継いで同館2代目当主となる。明治17年長男に3代目を継がせたが、引き続き同館の実質的な経営に当たり、24年には活版印刷所を設置して京都で初の活版による仏教書印刷を開始した。また31年には有志とはかって仏教図書出版株式会社を設立し、仏書出版と仏教の普及に力を尽くした。
[家族等]養父=西村七兵衛(法蔵館創業者),長男=西村七兵衛(3代目),孫=西村七兵衛(4代目)

西村 七兵衛(4代目)　にしむら・しちべえ
法蔵館館主

[生年月日]明治40年(1907年)2月21日
[没年月日]平成7年(1995年)3月28日
[出生地]京都府京都市下京区　[学歴]真宗京都中〔大正12年〕卒

嘉永年間から続く仏教図書出版の法蔵館の主人・3代目西村七兵衛の長男。中学時代から家業を手伝い、卒業後、父の命で東京の仏教書肆・森江書店に入る。関東大震災を機に帰郷し、大正13年父の死により4代目七兵衛を襲名。以後、家業の仏教書出版に専念し、昭和6年月刊雑誌「仏教」を創刊。12年東京・神田鈴蘭通りに東京支店を開設。18年戦時の企業整備により同業7社を統合して東光書林を創立。戦後は再び法蔵館として出発し、22年真宗大谷派の教学・信仰運動に共鳴して雑誌「教学」(のち「東方」に改題)を創刊。28年より「清沢満之全集」(全8巻)を刊行した他、「東方叢書」「西域文化研究」「講座近代仏教」など講座・叢書類を出版した。45年株式会社化に伴い、長男・明を社長とし、自身は館主に就任。48年親鸞生誕800年を機に「親鸞聖人真蹟集成」を刊行し、以後、空海、法然、日蓮ら各宗の宗祖の真蹟集成を続刊した。
[家族等]長男=西村七兵衛(5代目),父=西村七兵衛(3代目),祖父=西村七平(法蔵館館主)
[受賞]仏教伝道功労賞〔昭和62年〕
【参考】『仏教書とともに』法蔵館 1987

西村 正三郎　にしむら・しょうざぶろう
「教育時論」主筆 開発社社長

[生年月日]万延2年(1861年)1月28日
[没年月日]明治29年(1896年)1月26日
[出身地]下総国関宿(千葉県野田市)

下総関宿藩士の子として江戸小日向の藩邸で生まれる。維新後、年季徒弟より身を起し、埼玉県下の小学教師を務め、明治13年同県学務課長川島楳坪の抜擢をうけ県属（学務課）に任じられた。教育諸団体の会員として活動中に、普及舎辻敬之から招聘されて「教育時論」（開発社）主筆となり、教育雑誌に新風を吹き込む。22年教育の学術方法を究めるため米国へ遊学、同地の師範学校や大学校で学び、24年12月帰朝。再び主筆として教育問題などを広く論評啓蒙、傍ら小学校の教科書及び参考書を編纂して普及舎の事業に協力した。25年辻の死去後は開発社社長として社務を統轄し、また健筆をふるって同誌の声価を高めた。教育雑誌記者として天下の耳目を集める中、病を得て34歳の壮齢で長逝した。
【参考】「教育時論」389号　1896.2.5

西村　辰五郎　にしむら・たつごろう
東雲堂書店社長　学習社専務　日本読書新聞社社長

[生年月日]明治25年（1892年）4月9日
[没年月日]昭和34年（1959年）3月22日
[出生地]東京都　[旧名]江原　[別名等]号＝陽吉

明治37年東京・東雲堂書店の創業者である西村寅次郎の養子となる。一方で幼少時から詩歌に親しみ、自身も長じてから陽吉の号で歌人としても知られた。同書店はもともと小学生向けの参考書を主に出版していたが、石川啄木や土岐善麿らとの交流から啄木の「一握の砂」「悲しき玩具」、土岐の「万葉短歌全集」、斎藤茂吉の「赤光」、北原白秋の「思ひ出」などの詩歌集や文芸誌「生活と芸術」なども手がけ、明治後期から大正期においては日本有数の文芸書出版社と目されるようになった。大正14年教科書関係の無謀な競争防止を目的に関係5社を糾合して学習社が設立されると、専務に就任。昭和12年東京出版協会によって創立された日本読書新聞社の社長に推され、「日本読書新聞」の創刊・発行に当たった。また同年には検閲当局と出版業界との連絡機関として出版懇話会が組織され、その実行委員を務めた。歌集に「都市居住者」「街路樹」などがある。
[家族等]養父＝西村寅次郎（東雲堂書店創業者），孫＝長嶋亜希子（長嶋茂雄夫人）

西村　俊成　にしむら・としなり
講談社常務

[生年月日]明治34年（1901年）3月13日
[没年月日]昭和52年（1977年）12月13日

大正15年講談社に入社。昭和11〜18年「幼年倶楽部」編集長を務めた。
[受賞]日本児童文芸家協会児童文化功労者（第13回）〔昭和46年〕

西村　寅次郎　にしむら・とらじろう
東雲堂書店創業者

[生年月日]安政2年（1855年）9月20日
[没年月日]没年不詳
[出生地]岐阜県

はじめ名古屋で書籍販売を営む。明治23年上京し、京橋区に東雲堂書店を創業し、出版業に乗り出した。当初は小学生向けの参考書を主に出版していたが、養子の辰五郎（号・陽吉）の人脈から石川啄木の「一握の砂」「悲しき玩具」、土岐善麿の「万葉短歌全集」、斎藤茂吉の「赤光」、北原白秋の「思ひ出」などといった詩集・歌集も手がけ、明治後期から大正期においては日本有数の文芸書出版社と目されるようになった。一方、29年木田吉太郎らと東京図書出版合資会社を設立して業務担当社員となり、「当用日記」「懐中日記」「帝国人名辞典」などの出版に当たった。
[家族等]養子＝西村辰五郎（東雲堂書店社長）

西村　平三　にしむら・へいぞう
西村書店創業者

[生年月日]明治41年（1908年）7月6日
[没年月日]昭和60年（1985年）12月20日

[出生地]東京都

大正14年取次業の文修堂に入社。昭和16年日本出版配給に移り、19年応召。復員後は同社に戻るが、21年独立して取次の西村書店を創業し、社長に就任。理工学・医学関係の書籍を専門に扱い、着実に社業を発展させた。46年社長を退任。中央教科書供給所社長などを務めた。

西本 翠蔭　にしもと・すいいん
　　　易風社創業者

[生年月日]明治15年（1882年）11月6日
[没年月日]大正6年（1917年）9月7日
[出生地]岡山県小田郡山田村（矢掛町）　[本名]西本波太　[学歴]早稲田大学英文科卒

明治39年岡麓の彩雲閣創立に参加、水谷不倒、土肥春曙らと同社の雑誌「趣味」を創刊した。同誌に「沙翁の面影」「沙翁と貴族」などを発表。40年「趣味」の権利を譲り受け独立、編集責任者となり、易風社を興した。前年より愛顧を受けていた二葉亭四迷の翻訳や随筆を同誌に掲載するなど、文学雑誌としての性格を打ち出し、新文学の推進に貢献した。
【参考】『雑誌「趣味」の研究』尾形国治編 1984（えんじ別冊第2集）

新田 敞　にった・ひろし
　　　新潮社常務

[生年月日]昭和2年（1927年）10月29日
[没年月日]平成15年（2003年）1月4日
[出身地]東京都

新潮社に入社。昭和31年「週刊新潮」創刊スタッフを経て、出版部長、常務を歴任。のち顧問。編集者として三島由紀夫、山本周五郎、安部公房、有吉佐和子らの代表作を担当、小説家たちから厚い信頼を得た。

二宮 愛二　にのみや・あいじ
　　　二宮書店創業者

[生年月日]明治36年（1903年）2月25日
[没年月日]昭和59年（1984年）1月2日
[出身地]神奈川県　[学歴]福音英語学校高等科〔昭和3年〕卒

大正6年目黒書店に入り、営業部長で退社。昭和18年国民図書刊行会常務を経て、22年二宮書店を創業。33年株式会社に改組。31年高校用地理教科書の初版を、38年高校用地図帳を発行して以来、ほぼ一貫して地理学及び関連分野の専門書の出版を手がけた。教科書協会監事、日本出版クラブ評議員も務めた。
[家族等]長男＝二宮道明（二宮書店社長）
[叙勲]勲五等双光旭日章〔昭和48年〕

二宮 隆洋　にのみや・たかひろ
　　　編集者 翻訳家

[生年月日]昭和26年（1951年）7月24日
[没年月日]平成24年（2012年）4月15日
[出生地]愛媛県　[別名等]筆名＝ディオゲネス　[学歴]京都大学法学部〔昭和51年〕卒

昭和51年大学を卒業して平凡社に入社。「イメージの博物誌」担当を皮切りに、「西洋思想大事典」や「叢書ヒストリー・オブ・アイディアス」「ヴァールブルク・コレクション」「エラノス叢書」「中世思想原典叢書」といった数々の叢書を企画。平成11年平凡社を退社してフリーの編集者となり、中央公論新社版「哲学の歴史」（全14巻）などを手がけた。渋沢龍彦に影響された世代から出て林達夫の衣鉢を継ぐ西洋人文学の新傾向の紹介者として、戸田ツトムらを起用した特色あるビジュアルのブック・デザインと相俟って文化史・思想史を中心に熱心な読者を獲得し、しばしば中野幹隆と並称された。
【参考】『親密なる秘義 編集者二宮隆洋の仕事 1977-2012』二宮隆洋さんを偲ぶ会編 2012

【ぬ】

布井 達雄　ぬのい・たつお
布井書房創業者

[生年月日]明治45年（1912年）4月22日
[没年月日]昭和57年（1982年）7月18日
[出生地]大阪府　[学歴]大阪商科大学高商部〔昭和8年〕卒

昭和21年月刊経理編集部を設立し、会社関係の実務所の出版を行う。23年布井書房に改称。28年蛍光社の名で学習参考書の刊行も開始。一方、鍋井克之「大阪繁盛記」、竹本義太夫「でんでん虫芸談かたつむり」など限定本の出版も行い、大阪出版界で異彩を放った。日本書籍出版協会理事、大阪出版協会理事長なども務めた。

布川 角左衛門　ぬのかわ・かくざえもん
岩波書店編集部長　栗田書店社長　筑摩書房管財人

[生年月日]明治34年（1901年）10月13日
[没年月日]平成8年（1996年）1月29日
[出生地]新潟県長岡市　[別名等]筆名＝朝雲
[学歴]沼津中〔大正10年〕卒，法政大学法学部哲学科〔昭和4年〕卒

大正13年安倍能成の紹介で岩波書店で校正のアルバイトを始め、昭和3年正式に入社。7年「岩波全書」を企画編集、16年編集部単行本係長、23年編集部長。31年定年退職。41年日本書籍出版協会10周年記念事業として「日本出版百年史年表」の編集長を務める。44年栗田書店社長に就任、46年相談役、53年会長。54年には前年に倒産した筑摩書房の管財人・代表取締役となり、同社の再建に携わった。44年日本出版学会の創設に参画して副会長、49〜55年会長。また、24年国立国会図書館納入出版物代償金審議会議長となり、平成7年まで務めた。昭和20年5月の東京大空襲で収集していた岩波書店の全出版物を焼失した経験から、永く「自分の職能や経験に直結した出版関係の文献や資料」を収集、いつしか"布川文庫"と称されたが、これを中核に構想された出版資料館は実現せずに終った。著書に「出版の諸相」「本の周辺」などがある。

[叙勲]勲三等瑞宝章〔昭和55年〕　[受賞]菊池寛賞（第16回）〔昭和43年〕「日本出版百年史年表」、著作権功労賞（昭和55年度）
[参考]『布川角左衛門事典』日本出版学会「布川角左衛門事典」編集委員会編 1998／『出版のこころ 布川角左衛門の遺業』小林恒也著 展望社 2011

沼田 藤次　ぬまた・とうじ
「少女世界」主筆

[生年月日]明治14年（1881年）10月22日
[没年月日]昭和11年（1936年）1月29日
[出生地]兵庫県神崎郡中寺村（姫路市）　[別名等]号＝笠峰　[学歴]国民英学会〔明治38年〕卒

神戸聚美学館に学ぶ。ついで国民英学会に進み、明治38年卒業して教育学術研究会で藤井健次郎の指導を受け、同文館に入って「教育学術界」「日本の家庭」の編集に当たる。39年博文館に移って「少女世界」の主筆となり笠峰と号した。大正10年辞して以降は頌栄高等女学校で教鞭を執り女子教育に尽力した。

【ね】

根岸 謙　ねぎし・けん
博文館新社社長

[生年月日]明治39年（1906年）2月26日
[没年月日]昭和47年（1972年）8月19日
[学歴]早稲田大学卒

昭和6年博文館に入社し、大橋進一社長の下で「譚海」などの編集に携わる。戦後の22年、大橋の公職追放指定により同社は事実上消滅したため、25年大橋の長女・まさが博文館の名を継いで設立した博文館新社に移った。35年まさの死を受けて同社長に就任、旧・博文館時代から続いていた「当用日記」など各種日記類の刊行を進め、"博文館日記"として一定の評価を得るとともに明治時代の大出版社・博文館の名を現代に残すことに成功した。

【の】

野上 彰　のがみ・あきら
大地書房企画責任者　詩人　劇作家

[生年月日]明治41年(1908年)11月28日
[没年月日]昭和42年(1967年)11月4日
[出生地]徳島県徳島市新内町　[本名]藤本登
[別名等]筆名=長谷川俊　[学歴]徳島中〔大正15年〕卒、七高造士館〔昭和4年〕卒、東京帝国大学文学部美学科〔昭和4年〕中退、京都帝国大学法学部〔昭和8年〕中退

3人兄弟の二男で、父は浪曲師・桃中軒雲右衛門の座付作者兼マネージャー。七高造士館から東京帝国大学美学科に進むが1年で中退、昭和5年京都帝国大学法学部に転じるも、8年滝川事件が起こるとこれに殉じて中退した。京都時代から囲碁に熱中し、仙台で学生相手の碁会所を開いた後、11年上京。雑誌「囲碁春秋」の編集に携わり、15年囲碁春秋社を辞めて文筆生活に入る。同年日本棋院入りして「囲碁クラブ」「棋道」の編集に従事。18年退職。21年大地書房に企画責任者として参加、文芸誌「プロメテ」、少女誌「白鳥」などを出したが、22年解散。この頃、中島健蔵、豊島与志雄らと芸術前衛運動団体・火の会を結成。戦後は児童文学、放送劇、作詞・訳詞の分野ですぐれた仕事を遺し、児童文学分野では、東京創元社から英国の詩人・民俗学者であるアンドルー・ラングの童話全集の全訳である「ラング世界童話集」(全13巻、川端康成と共訳)を刊行。放送劇では野上彰と長谷川俊の筆名を使い分け数々の作品を執筆、「こうもり」「メリー・ウィドウ」「パリアッチ」「カルメン」などオペラとオペレッタの訳にも取り組んだ。
[参考]『詩に生き碁に生き 野上彰小伝』牛山剛著　踏青社　1990

野口 恭一郎　のぐち・きょういちろう
竹書房創業者

[生年月日]生年不詳
[没年月日]平成22年(2010年)10月7日
[出生地]熊本県上益城郡御船町　[出身地]福岡県小倉市(北九州市)　[学歴]八幡大学卒

大学卒業後、文筆家に憧れて上京。シナリオ研究所に通ったが、のち図書販売の営業の仕事に就く。独立を志す中、熱中していた麻雀の専門誌の出版を勧められ、昭和47年出版社・竹書房を設立。同年専門誌「近代麻雀」を創刊。62年会長となる。平成11年千葉県岬町(現・いすみ市)に、国内外で集めた牌や文献など1万数千点を展示した世界初の麻雀博物館を開館した。

野口 竹次郎　のぐち・たけじろう
女子文壇社創業者

[生年月日]慶応3年(1867年)10月14日
[没年月日]没年不詳
[出生地]越後国長岡(新潟県長岡市)

明治15年ごろから博文館の創業者である大橋佐平が経営していた越佐毎日新聞社の編集局に勤める。20年上京し、博文館に入社。38年独立して女子文壇社を設立し、河井酔茗を編集に迎えて月刊投稿雑誌「女子文壇」を創刊。同誌には竹久夢二らも作品を投稿しており、彼が世に出るきっかけともなった。41年以降は横瀬夜雨が選者に代わり、女流作家の

育成に力を注いだが、大正2年に終刊。一方、明治42年からは「少女」(のち「お伽世界」に改題)を発行したほか、単行本の出版も手がけた。

野口 晴男　のぐち・はるお
小学館専務

[生年月日]生年不詳
[没年月日]平成24年(2012年)7月7日
[学歴]東京教育大学〔昭和32年〕卒

昭和32年小学館に入社。「週刊ポスト」「女性セブン」各編集長を経て、昭和61年取締役、平成3年常務、8年専務、11年代表取締役専務。13年監査役、15年退任した。

野口 兵蔵　のぐち・ひょうぞう
春秋社社長

[生年月日]明治36年(1903年)10月26日
[没年月日]平成1年(1989年)9月28日
[出生地]栃木県栃木市　[学歴]栃木中中退

高尾山で療養生活を送る中で作家の中里介山の知遇を得、大正末年頃にその紹介で春秋社に入社。営業部長、監査役などを務める。傍ら、昭和7年から介山の大菩薩峠刊行会の設立・運営に当たった。同社退社後は自ら南北書園を設立したが、15年栗田書店が新設した貿易部に移って部長となり、外地販売に従事。その後、満州書籍配給東京支社輸入統制課長、満州国参事を経て、日本出版配給顧問、審議員。20年用紙調達のため樺太へも出張。戦後、野口書店を創業したが、24年春秋社に復帰、専務として渉外事項を担当。41年社長に就任。退任後は講談社出版販売常務や三省堂顧問、相談役、日本出版クラブ評議員などを歴任した。
[叙勲]勲四等瑞宝章〔昭和52年〕
【参考】国枝藤作「東奔西走 野口兵蔵大人と私の半世紀」(「出版クラブだより」1990.3.10)

野沢 繁二　のざわ・しげじ
山川出版社創業者

[生年月日]大正3年(1914年)12月12日
[没年月日]平成6年(1994年)3月17日
[出身地]東京都　[学歴]慶応義塾大学経済学部〔昭和14年〕卒

川島証券、三芳書房を経て、昭和23年山川出版社を創業。歴史関係書を手がけ、特に高校の日本史・世界史の歴史教科書で高いシェアを誇る出版社に育てた。
[家族等]長男=野沢伸平(山川出版社社長)

野沢 隆一　のざわ・りゅういち
日本出版会理事・指導部長

[生年月日]明治35年(1902年)5月28日
[没年月日]平成3年(1991年)3月31日
[出生地]長野県　[学歴]東京帝国大学経済学部〔昭和2年〕卒

昭和2年東京日日新聞社編集局に入社。5年帝国大学新聞社常務理事主幹。16年日本出版文化協会顧問となり、機関紙「日本読書新聞」の発刊に当たった。20年同会を引き継いだ日本出版会理事に就任、指導部長として会の終戦処理に従事。同年同会解散後に結成された日本出版協会常務理事兼事務局長。21年全国印刷工業協同組合専務理事、25年河出書房取締役。28年日本出版クラブ創立に際しては発起人世話人を務め、創立後は常務理事。一方、26年信越放送東京支社長、30年社長。31年文化放送専務、32年フジテレビ取締役ののち、35年共同テレビジョンニュース社長、42年会長、49年文化放送相談役を歴任。
[叙勲]勲三等瑞宝章〔昭和51年〕

野田 宇太郎　のだ・うたろう
「文芸」編集長 文芸評論家

[生年月日]明治42年(1909年)10月28日
[没年月日]昭和59年(1984年)7月20日
[出生地]福岡県三井郡立石村(小郡市)　[学歴]朝倉中卒、第一早稲田高等学院中退

新聞記者などを経て、昭和15年小山書店に入り、雑誌「新風土」の編集に従事。16年第一書房、19年河出書房に転じ、同年12月から「文芸」の編集に携わる。東京空襲下、命がけで唯一の文芸誌の余命を保った。21年高踏芸術誌「芸林閒歩」を発行。一方早くから詩作をし、「夜の蜩」など多くの詩集を刊行。また"文学散歩"の生みの親として知られ、36〜41年「九州文学散歩」「関西文学散歩」「四国文学散歩」など全28巻の「文学散歩」を編纂した。文芸評論としては「日本耽美派文学の誕生」「木下杢太郎の生涯と芸術」「天皇陛下に願い奉る」などで明治末期の浪漫主義研究に新生面を開いた。62年福岡県小郡市に野田宇太郎文学資料館が開館した。
［叙勲］紫綬褒章〔昭和52年〕　［受賞］芸術選奨文部大臣賞〔昭和51年〕「日本耽美派文学の誕生」、九州文学賞〔昭和16年〕、明治村賞（第3回）〔昭和52年〕、久留米市文化賞〔昭和57年〕
【参考】『すみれうたの思い出 回想野田宇太郎』麻生百合子他編 1987／『蝶を追ふ 野田宇太郎生誕一〇〇年』野田宇太郎文学資料館 2010

野田　誠三　のだ・せいぞう
野田書房創業者

［生年月日］明治44年（1911年）5月11日
［没年月日］昭和13年（1938年）5月1日
［出生地］東京都　［学歴］早稲田大学仏文科〔昭和10年〕卒

早大在学中に級友の村上菊一郎、小田仁三郎らとフランス文学研究誌「ヴァリエテ」を創刊。昭和9年堀辰雄「美しい村」を限定出版して野田書房を創業。堀「聖家族」、小林秀雄「Xへの手紙」や「コルボオ叢書」（全12冊）などの限定版出版を手がけたが、13年堀の「風立ちぬ」を刊行して3週間後に服毒自殺した。
【参考】『江川と野田本』今村秀太郎著 日本古書通信社 1970／『江川・山本・野田の限定本』高橋啓介著 湯川書房 1982

野中　正孝　のなか・まさたか
中央公論社書籍編集局編集部長

［生年月日］昭和8年（1933年）
［没年月日］平成21年（2009年）11月
［出生地］栃木県　［学歴］東京外国語大学第一部〔昭和34年〕卒

昭和34年中央公論社に入社。「中公新書」設立に参画、「世界の名著」「世界の文学」なども手がけた。のち書籍編集局編集部長。58年退社。日本シンガポール協会事務局長も務めた。著書に「東京外国語学校史」、編著書に「ジョホール河畔」がある。

野原　一夫　のはら・かずお
筑摩書房取締役

［生年月日］大正11年（1922年）3月30日
［没年月日］平成11年（1999年）7月31日
［出生地］東京都　［学歴］東京帝国大学文学部独文科〔昭和18年〕卒

昭和18年大学を繰り上げ卒業して学徒出陣し、第4期海軍兵科予備学生となり、20年第五航空艦隊付の通信諜報関係士官として大分県で敗戦を迎える。21年新潮社に入社、唯一の同期に野平健一がいた。23年角川書店に移り、編集顧問であった林達夫の薫陶を受けた。1年で退社後、花田清輝の紹介で月曜書房に入り、同社の編集責任者を務めた。同社倒産後の28年、臼井吉見の招きで筑摩書房へ入社。「太宰治全集」の編集、雑誌「太陽」編集長などを担当、42年編集局部長、47年取締役編集局次長。53年同社倒産を機に文筆活動に入り、著書に「回想太宰治」「含羞の人 回想の古田晁」「人間 檀一雄」「人間坂口安吾」などがある。
【参考】『編集者三十年』野原一夫著 サンケイ出版 1983

野平 健一　のひら・けんいち
「週刊新潮」編集長　新潮社取締役

[生年月日]大正12年（1923年）2月2日
[没年月日]平成22年（2010年）7月5日
[出生地]東京都　[学歴]東京府立第六中卒、三高卒、京都帝国大学文学部仏文科〔昭和21年〕卒

京都帝大在学中の昭和18年、横須賀の武山海兵団に入隊。その後、飛行科予備学生となり、そのまま敗戦を迎える。21年新潮社に入社。文芸雑誌「新潮」編集部で太宰治の「斜陽」を担当。31年創刊間もない「週刊新潮」のデスクとなり、39年2代目編集長に就任。56年まで17年間の最長不倒の名編集長としてその名を知られる。47年より取締役、平成10年顧問。著書に「矢来町半世紀」がある。

延原 謙　のぶはら・けん
「新青年」編集長　翻訳家

[生年月日]明治25年（1892年）9月1日
[没年月日]昭和52年（1977年）6月21日
[出生地]岡山県津山市　[本名]延原謙（のぶはら・ゆずる）　[旧名]竹内　[別名等]筆名＝小日向逸蝶、河野峯子、大井六一　[学歴]早稲田中〔明治43年〕卒、早稲田大学理工科電気工学科〔大正4年〕卒

キリスト教宣教師・竹内種太郎の二男。生後間もなく父を亡くし、また母の親戚である延原家を継いだ。津山中学在学中、母が経営していた私立津山女学校を畳み、それに従って上京。早稲田中学に転校し、大正4年早大電気工学科を卒業。以後、大阪市電鉄部、日立製作所、東京電気会社、通信省電気試験所などに勤務する一方、コナン・ドイルらの英米の推理小説を翻訳。昭和3年頃に博文館に入社し、同年11月号から横溝正史の後を受けて雑誌「新青年」の3代目編集長に就任。4年7月号で退任して大衆誌「朝日」編集長に転じ、6年からは「探偵小説」編集長を務めたが、7年2月号を最後に退社。14年中国に渡り貿易業に従事し、21年引き揚げ。22年春山行夫の後任として雄鶏社「雄鶏通信」編集長を引き受けると、記録文学を重視した編集方針をとった。退任後は翻訳活動に専念、26～27年月曜書房から刊行された「シャーロック・ホームズ全集」（全13巻）でホームズものの初の個人全訳を成し遂げた。また、エラリー・クイーン「Xの悲劇」、ヴァン・ダイン「ベンスン殺人事件」、アイルズ「殺意」などを訳し、「氷を砕く」「レビウガール殺し」など創作もある。晩年は高血圧のために倒れ、寝たきりの生活を送った。

[家族等]父＝竹内種太郎（キリスト教宣教師）、母＝竹内文（女子教育家）、義兄＝岸田国士（劇作家・小説家）
【参考】『ホームズ翻訳への道 延原謙評伝』中西裕著 日本古書通信社 2009

野間 惟道　のま・これみち
講談社社長

[生年月日]昭和12年（1937年）11月26日
[没年月日]昭和62年（1987年）6月10日
[出生地]東京都　[学歴]東京大学法学部〔昭和37年〕卒

陸軍大将・阿南惟幾の五男。三菱電機に勤務したのち、昭和40年講談社4代目社長の野間省一の女婿として同社に入り、取締役。46年常務、49年専務、50年から4年半は「日刊現代」社長として新分野の開発に当たった。53年代表取締役副社長、56年5代目社長に就任。「ホット・ドッグ・プレス」「ペントハウス」「フライデー」などを次々と創刊、雑誌部門を大きく伸長、業績をあげた。62年6月"フライデー事件"の判決当日に急死した。

[家族等]妻＝野間佐和子（講談社社長）、長男＝野間省伸（講談社社長）、父＝阿南惟幾（陸軍大将・陸相）、岳父＝野間省一（講談社社長）
【参考】『追悼野間惟道』講談社 1988

野間 左衛　のま・さえ
　　　　講談社社長

[生年月日]明治16年(1883年)9月16日
[没年月日]昭和30年(1955年)8月1日
[出生地]徳島県徳島市　[旧名]服部　[学歴]徳島師範〔明治34年〕卒

3人姉妹の長女。明治34年徳島県立師範女子部を首席で卒業して小学校教師となる。40年当時沖縄県視学であった野間清治と結婚。42年夫が大日本雄弁会(現・講談社)を創業。以来、同社の発展を支えたが、昭和13年夫と長男が相次いで亡くなったため3代目社長に就任。同時に株式会社に改組し、夫の遺志に基づいて財団法人野間奉公会を設立、野間賞を制定した。太平洋戦争下の難局にあってよく遺業を守り、20年10月養嗣子・省一に社長を譲った。2番目の妹は同社専務の高木義賢と結婚した。
[家族等]夫＝野間清治(講談社創業者),長男＝野間恒(講談社社長),養嗣子＝野間省一(講談社社長),義弟＝高木義賢(講談社専務)
【参考】『しのぶ草 野間左衛追悼録』野間左衛追悼録編纂会編 1957

野間 佐和子　のま・さわこ
　　　　講談社社長

[生年月日]昭和18年(1943年)7月27日
[没年月日]平成23年(2011年)3月30日
[出身地]東京都　[学歴]清泉女子大学〔昭和38年〕中退

講談社4代目社長・野間省一の一人娘。昭和40年阿南惟幾元陸相の五男・惟道と結婚。62年夫の急死により専業主婦から6代目社長に就任。平成8年講談社インターナショナル社長を兼務。1990年代後半には売上高を2000億円超まで伸ばしたが、14年度には初の赤字決算も経験。23年長男に社長を譲り会長に退くことが決まっていたが、それを前に亡くなった。また、活字文化の振興にも力を注ぎ、11年キャラバンカーに本を積んで全国の幼稚園や公民館などを訪問する全国訪問おはなし隊を創設。読書推進運動協議会会長も務めた。
[家族等]夫＝野間惟道(講談社社長),長男＝野間省伸(講談社社長),父＝野間省一(講談社社長)　[受賞]日本宣伝賞(正力賞)〔平成8年〕

野間 省一　のま・しょういち
　　　　講談社社長

[生年月日]明治44年(1911年)4月9日
[没年月日]昭和59年(1984年)8月10日
[出生地]静岡県静岡市　[旧名]高木　[学歴]静岡中〔昭和3年〕4年修了,静岡高〔昭和6年〕卒,東京帝国大学法学部〔昭和9年〕卒

昭和9年南満州鉄道(満鉄)に入社。16年講談社創業者の長男で早世した野間恒の妻であった登喜子と結婚、野間家の養嗣子となって大日本雄弁会講談社に入社。同年常務、18年代表取締役を経て、20年10月養母の引退を受け4代目社長に就任したが、21年1月"戦犯出版社問題"で自ら社長を辞任。直後に同社は主婦之友社などと日本出版協会を脱会し、自由出版協会を設立した。24年公職追放が解除され社長に復帰。戦前以来の大衆路線を守りながら、美術書、学術書なども手を広げ、同社を総合出版社へと成長させた。38年には講談社インターナショナルを創立して国際出版に努める一方、野間文芸賞や吉川英治文学賞、同文化賞を設けるなど、出版文化の普及向上にも力を注いだ。46年脳血栓で倒れ左半身の自由を失ったが、56年名誉会長に退くまで32年間社長を務め、講談社の再興に尽力した。日本書籍出版協会、出版文化国際交流会、日本出版学会の各会長、国際出版連合(IPA)副会長を務めるなど、日本の出版界のリーダー的存在だった。
[家族等]長女＝野間佐和子(講談社社長),養母＝野間左衛(講談社社長),兄＝高木三吉(講談社取締役),女婿＝野間惟道(講談社社長)　[叙勲]勲一等瑞宝章〔昭和58年〕　[受賞]印刷文化賞〔昭和42年〕,国際図書賞(第1回)

〔昭和50年〕,日本児童文芸家協会児童文化功労者(第23回)〔昭和56年〕
【参考】『追悼野間省一』野間省一追悼集刊行委員会編 講談社 1985／『野間省一伝』野間省一伝編纂室編 講談社 1996

野間 清治　のま・せいじ
講談社創業者 報知新聞社長

[生年月日]明治11年(1878年)12月17日
[没年月日]昭和13年(1938年)10月16日
[出生地]群馬県山田郡新宿村(桐生市)　[学歴]群馬師範〔明治33年〕卒,東京帝国大学文科大学臨時教員養成所〔明治37年〕卒

3人きょうだい(2男1女)の二男で,兄が早世したことから事実上の長男として育つ。母方の祖父は幕末の剣客・森要蔵。明治26年東京に遊学して陸軍幼年学校の試験を受けるが不合格。28年小学校の代用教員を経て,29年群馬県立尋常師範学校に入った。33年卒業して母校の訓導となり,35年東京帝国大学文科大学臨時教員養成所に入学,37年卒業すると沖縄中学教諭,39年沖縄県視学を務め,40年東京帝国大学法科大学首席書記に就任。42年学内の緑会弁論部の発会演説会が開かれたのを機に演説の模範を示す雑誌の発行を思いつき,大日本雄弁会を設立。43年雑誌「雄弁」を創刊。44年講談社を設立して「講談倶楽部」を発刊。以後,大日本雄弁会と講談社の2つの名前を併用したが,大正14年大日本雄弁会講談社と改称。この間,"おもしろくて,ためになる"を謳い,「少年倶楽部」「面白倶楽部」(昭和3年「富士」に改題)「現代」「婦人倶楽部」「少女倶楽部」「キング」「幼年倶楽部」の"九大雑誌"を相次いで創刊。アカデミックな"岩波文化"に対応する,大衆向けの"講談社文化"で一時代を築いた。5年にはキングレコードを設立して音楽分野にも進出。同年報知新聞社長にも就任して,同紙の再建を手がけた。13年入浴中に急性狭心症により急逝。長男・野間恒が事業を継いだが,1ケ月も立たないうちに直腸癌のため30歳で亡くなった。著書に「体験を語る」「栄えゆく道」「私の半生」などがある。
[家族等]妻=野間左衛(講談社社長),長男=野間恒(講談社社長),祖父=森要蔵(剣客),甥=森寅雄(剣道家)
【参考】『野間清治伝』中村孝也著 野間清治伝記編纂会 1944

野間 恒　のま・ひさし
講談社社長

[生年月日]明治42年(1909年)4月24日
[没年月日]昭和13年(1938年)11月7日
[出生地]東京都

講談社創業者・野間清治の長男。父の意思により小学校卒業後は上級学校へ進まず,その下で英才教育を受ける。昭和9年東京府選士として天覧武道大会剣道の部で優勝。10年講談社に入社。12年秋より病に倒れ,13年2月陸軍中将町尻量基の長女と結婚したが,6月病が再発。10月父が急逝したため2代目社長に就任するも,その22日後に死去した。没後,母が3代目社長を継承。16年妻が南満州鉄道(満鉄)勤務の高木省一と再婚し,20年野間省一が4代目社長に就任した。
[家族等]父=野間清治(講談社創業者),母=野間左衛(講談社社長),岳父=町尻量基(陸軍中将)
【参考】『風詩余録』大日本雄弁会講談社 1939

野村 宗十郎　のむら・そうじゅうろう
東京築地活版製造所社長

[生年月日]安政4年(1857年)5月4日
[没年月日]大正14年(1925年)4月23日
[出生地]肥前国長崎(長崎県長崎市)　[旧名]服部

長崎の薩摩屋敷に生れる。長崎で本木昌造の新街私塾に入り,英学,漢学,数学及び活版印刷技術を学ぶ。明治12年上京し大蔵省銀行局に出仕,国立銀行検査官ののち,22年東京築地活版製作所に入り,26年支配人,39年取締役兼支配人を経て,40年社長に就任。この

間、24年に欧米のポイント活字システムについての記事を「印刷雑誌」に訳載し、27年初めて10ポイント活字を鋳造した。36年第5回内国勧業博覧会に9ポイント活字を出品、以後新聞に採用され、印刷界に一大革命をもたらした。また活字書体の改良にも取り組み、"築地体"と呼ばれる明朝体を創案した。
[叙勲] 藍綬褒章〔大正5年〕

野村　泰三　のむら・たいぞう
野村書店創業者　歌人

[生年月日] 大正4年（1915年）2月21日
[没年月日] 平成9年（1997年）12月8日
[出生地] 滋賀県愛知郡日枝村（犬上郡豊郷町）

昭和5年「香蘭」に入会。18年「綜合詩歌」を継承発行。19年「とねりこ」「博物」との統合誌「春秋」を発刊。戦後は無所属で土岐善麿の指導を受けた。また、56年以降、冷水茂太の「短歌周辺」発刊に協力。62年「菁菁」を創刊、代表を務めた。戦前は蒙古政府最高顧問秘書官を経て、同中日代表文化部に勤務。22年野村書店を創業し、「不死鳥文庫」を出した。歌集に「星月夜」「笹竜胆」「遊心抄」「花心抄」や、随筆集「蒙古の感覚」などがある。

野村　文夫　のむら・ふみお
団団社主

[生年月日] 天保7年（1836年）4月5日
[没年月日] 明治24年（1891年）10月27日
[出生地] 安芸国広島（広島県広島市）　[別名等] 幼名＝虎吉,文機,号＝雨荘,簾雨,秋野人

安芸広島藩に仕える眼科医・野村正硯の子に生まれ同藩医村田家の養子となる。大坂で緒方洪庵に蘭学・医学を学び、のち長崎で英学を修める。慶応元年（1865年）肥前佐賀藩士石丸虎五郎、馬渡八郎と共に藩命を得ずに英国へ密航、明治元年帰国。藩はこれを罰せず、洋学教授に抜擢した。3年民部省に出仕、内務省五等出仕に進んだ。のち辞官し、10年団団（まるまる）社をおこして、時事を諷刺した雑誌「団団珍聞」、11年「驥尾団子」を創刊。この時、生家野村姓に復した。また15年立憲改進党に入り、のち国民派に転じ、政治に奔走した。著書に「西洋聞見録」「洋語音訳筌」「東西蒙求録」がある。

野依　秀市　のより・ひでいち
実業之世界社社長　帝都日日新聞社長

[生年月日] 明治18年（1885年）7月19日
[没年月日] 昭和43年（1968年）3月31日
[出生地] 大分県下毛郡中津町（中津市）　[別名等] 別名＝不屈生,一寸法師,四尺八寸生,芝野山人　[学歴] 慶応商卒

呉服店主の二男。明治36年3度目の出奔で上京、慶応義塾商業夜学校に通った。在学中の38年、同校で知り合った石山賢吉らと三田商業研究会を設立して雑誌「三田商業界」を創刊。出版・ジャーナリズムの世界に足を踏み入れ、広告獲得に才能を発揮して頭角を現した。39年石山と対立して同誌を離れ日本新聞社の広告主任に転じたが、40年退社して「大日本実業評論」を創刊。間もなく同誌を隆文館の「活動之日本」と合併させ同社に移り、41年同誌を「実業倶楽部」に改題。同年三田商業研究会に復帰して社長に就任、「三田商業界」を「実業之世界」に改題した。同誌の他に「女の世界」「世の中」「探偵雑誌」「野依雑誌」などの雑誌を創刊。この間、東京電灯の料金値下げ問題にからむ恐喝罪などでたびたび入獄し、獄中で浄土真宗に帰依したことから「真宗の世界」「ルンビニ」「仏教思想」といった仏教雑誌も出した。昭和7年には日刊紙「帝都日日新聞」を創刊。売文社の堺利彦や大杉栄、荒畑寒村、また白柳秀湖、安成貞雄らを執筆陣に起用。社会悪とみなした相手に対して言論攻撃を加える"敵本意主義の喧嘩ジャーナリズム"（佐藤卓己）を特徴とし、大正・昭和期のジャーナリズムにおいて独自の地位を築いた。太平洋戦争下では東条英機内閣を攻撃し、19年「帝都日日新聞」

は廃刊に追い込まれた。大正13年衆院選に立候補して以来、政界にも進出を図り、昭和7年大分1区から衆院議員に初当選。戦後は公職追放解除後に再び衆議院議員となったが、33年落選。通算2期。同年「帝都日日新聞」を復刊した。
【参考】『野依秀市の年譜』芝園書房 1965／『天下無敵のメディア人間 喧嘩ジャーナリスト・野依秀市』佐藤卓己著 新潮社 2012

乗竹 孝太郎　のりたけ・こうたろう
　　東京経済雑誌社社長 経済評論家

[生年月日]万延1年（1860年）8月15日
[没年月日]明治42年（1909年）1月5日
[出生地]但馬国出石（兵庫県豊岡市）　[別名等]号＝粛堂

16歳で上京し、尺振八の共立学舎で英語を学び、修業後同塾助教となる。明治12年田口卯吉の東京経済雑誌社の創立に参加し、「東京経済雑誌」の編集や欧米雑誌の翻訳に当たる。また嚶鳴社に入って民権論を提唱した。21年から横浜正金銀行に勤務したが、38年田口の死により東京経済雑誌社社長に就任、さかんに自由貿易論を主張した。著書に「粛堂遺稿」（全4巻）、訳書にスペンサー「社会学原理」など。

【は】

芳賀 章　はが・あきら
　　芳賀書店創業者

[生年月日]大正3年（1914年）9月23日
[没年月日]平成10年（1998年）1月17日
[出身地]東京都　[学歴]帝国美術学校〔昭和13年〕卒

昭和11年東京・巣鴨に古書店を開業。17年2度目の応召で北千島に送られ、20年11月ソ連の捕虜となりシベリアへ抑留される。22年復員。23年神田神保町に店を開き、25年頃より特価本の卸売を開始。32年第二出版販売を設立、代表取締役専務。34年東京出版物特売小売商業協同組合を設立、初代理事長に就任。この間、32年芳賀書店を法人登記して代表取締役。36年より出版業にも進出、処女出版は戦艦大和建造に関わった松本喜太郎の「戦艦大和・武蔵設計と建造」。以来出版にも力を入れる一方、成人向け図書の販売で大きな成功を収めた。
【参考】『芳賀書店の歩み』2000

博多 久吉　はかた・きゅうきち
　　成象堂創業者

[生年月日]明治3年（1870年）2月24日
[没年月日]昭和22年（1947年）
[出生地]大阪府大阪市　[学歴]京都第三高等中学中退

病気のため京都第三高等中学を3年で中退。その後、赤志忠七書店で修業し、明治29年独立して大阪に成象堂を創業。「赤穂四十七士」「一心太助」「坂本竜馬」をはじめとする「武士道文庫」などの読物や神田伯竜らの講談速記を刊行したほか、小川琢治「日本地図帖」「日本地図帖地名索引」、西内貞吉・柏木秀利共著「最新解析幾何学」、栗田元次「日本古版地図集成」、吉沢義則「吉沢新辞典」といった中等・高等学校教科書や参考書、辞典類の出版でも知られた。一方で大正7年大阪図書出版業組合の第3代組合長に就任し、昭和15年の同組合解散までに春秋2回の大市会、大正15年大阪出版文化展覧会、昭和8年第1回図書祭などを開催した。

萩原 誠三郎　はぎわら・せいざぶろう
　　三共出版創業者

[生年月日]明治32年（1899年）9月26日
[没年月日]昭和45年（1970年）8月20日
[出生地]東京市日本橋区（東京都中央区）
[学歴]中央大学中退

大正6年北隆館に入社。昭和3年同社で放送局のラジオテキスト販売を手がけることになりテキスト係主任に就任したが、4年業界の一部から公共性のあるものを一取次店に任せるのは不都合と販売権剥奪運動が起こった（テキスト事件）。このためラジオテキスト販売を行う日本放送出版協会が設立され、販売権を奪われたことから北隆館を退社。この頃、丸島誠と映画と音楽の雑誌「である」を創刊したが、1年で廃刊。7年工政会出版部（現・産業図書）に入社。太平洋戦争末期の20年4月には出版報国団の一員として樺太に渡り、出版用紙の獲得に尽力した。戦後の22年9月三共出版を創業し、以後、理工学関係図書を中心とした出版を展開。一方、23年工学図書出版関係の業界団体である工学書協会の設立に参画し、その幹事を務めた他、日本書籍出版協会理事、自然科学書協会理事、東京出版共同組合理事、日本出版クラブ評議員などを歴任。水府流泳法の師範の資格をもち、新内、陶器をたしなむなど、多趣味の人物としても知られた。

【参考】丸山誠「萩原氏との因縁 雑誌『である』創刊のころ」(「新文化」1970.8.27)

挟間 茂　はざま・しげる
日本出版会会長　内務次官

[生年月日]明治26年（1893年）3月24日
[没年月日]昭和62年（1987年）12月3日
[出身地]広島県福山市吉津町　[旧名]三谷
[学歴]六高卒、東京帝国大学法学部英法科〔昭和8年〕卒

内務省に入省。昭和10年社会局社会部長、11年衛生局長、13年茨城県知事、14年1月土木局長、4月地方局長を経て、15年第二次近衛内閣の内務次官に就任。16～17年大政翼賛会組織局長。19年出版関係の統制機関である日本出版会の2代目会長となり、戦時下における出版非常措置要綱の策定や出版配給の指導監督などに当たった。戦後は公職追放に遭い、34～40年日本住宅公団総裁。日本図書教材協会会長、図書教材研究センター理事長なども歴任した。

[叙勲]勲一等瑞宝章〔昭和40年〕

橋口 景二　はしぐち・けいじ
東京書院社長

[生年月日]明治35年（1902年）8月12日
[没年月日]昭和55年（1980年）8月13日
[出身地]鹿児島県

幼くして両親を失い、尋常小学校高等科を卒業と同時に養父母のもとを去り、郷里の鹿児島を去る。大正3年玉井清文堂の広島県呉市店に外交員として入社。昭和3年長谷川光利と研文書院を設立、販売を担当した。長谷川が光文書院を起こして独立した後、店を引き継いで東京書院とした。35年水飲み会、42年東京断食道場を主宰。晩年は二木謙三が提唱した玄米菜食による健康法普及に力を注いだ。

橋立 孝一郎　はしだて・こういちろう
橋立書店創業者　キディランド創業者

[生年月日]大正9年（1920年）
[没年月日]昭和63年（1988年）10月26日
[出生地]東京都渋谷区　[学歴]明治大学

大学を出るとすぐに応召、駐屯地秩父で敗戦を迎える。その秩父本町に昭和21年書店「読書クラブ」を開業、秩父文化講座の開講・自由大学の開校など地方文化運動の先駆けとして活躍した。25年原宿の玩具店を購入、これがもとでキディランドを設立して玩具販売に乗り出す。欧米流のセルフサービスによる玩具店のチェーンストア化を目指して奮闘し、41年には本社ビルを完工した。しかし新しい行き方は既得権に固執する業界との対立を激化させ、また急拡大路線のとがも出て会社更生法が適用され社長の座を追われた。

【参考】『風 橋立孝一郎の軌跡』2004

橋本 達彦　はしもと・たつひこ
万字堂創業者　京都図書社長

[生年月日]明治39年（1906年）6月18日
[没年月日]昭和34年（1959年）12月30日
[出生地]京都府京都市

大阪宝文館に少年店員として入店。同館の資本導入により京都図書創設とともに移籍、営業部長を務めた。昭和5年同社倒産により京都・三条通り新京極に万字堂を開業。京都小売業界の有力者となり、22年京都府小売業組合理事長に就任。日本出版配給解体後に誕生した京都図書が営業不振に陥ると同社長に招かれたが、再建が難しいとみるや東京出版販売（現・トーハン）への身売りを断行、その鮮やかな手腕を評価された。34年5月京都商工会議所議員に当選したが、12月病死した。
[参考]中森季雄「関西小売界の巨星　万字堂橋本達彦氏の死を悼む」（「出版新報」1960.1.20）

橋本 忠次郎　はしもと・ちゅうじろう
国光社印刷社長

[生年月日]安政3年（1856年）12月
[没年月日]大正5年（1916年）1月
[出生地]肥後国熊本（熊本県熊本市）

明治11年より店を仙台市に置き個人で土木建築請負及び鉱山業を営み、43年資本金50万円の株式会社橋本商店を創設し代表社員となる。この間、国光社印刷株式会社社長、肥後酒精株式会社社長。国光社は西沢之助（嘉永元年～昭和4年）が創立。雑誌「国光」を発行して皇室中心国体尊崇を呼号し欧化勢力を攻撃した。その主義普及のため教科書出版に参入、東久世通禧名義の国史・修身書を発行した。同社が経営不振に陥った時、橋本に再建が委ねられた。後発のせいか教科書事件では西をはじめ多数が贈賄容疑で摘発された。東京書籍監査役、国定教科書共同販売所監査役在任中に病没。

橋本 福松　はしもと・ふくまつ
古今書院創業者　地理学者

[生年月日]明治16年（1883年）3月24日
[没年月日]昭和19年（1944年）2月5日
[出生地]長野県上伊那郡西春近村（伊那市）
[旧名]平沢

上京して正則英語学校などに入り、人類学者坪井正五郎の指導を受けて地理学・人類学を学んだ。明治35年より長野県諏訪郡の玉川小学校教諭となり、校長を務めていた歌人・島木赤彦に親炙。のち高島小学校や諏訪高等女学校、松本高等女学校などで教鞭を執った。傍ら、諏訪湖の地理学的・考古学的研究を行い、39年には湖底から曽根遺跡を発見。大正7年には出版業を志して再び上京し、岩波書店に入社するが、間もなく病のため帰郷して教員に復帰。11年三度上京して地理書専門の古今書院を創業し、14年には「地理学評論」を創刊。地理学書の他、少年書や詩歌書も出版した。著書に「湖沼学上より見たる諏訪湖の研究」などがある。
[家族等]長男＝橋本真（古今書院社長），孫＝橋本寿資（古今書院社長）

橋本 真　はしもと・まこと
古今書院社長

[生年月日]明治45年（1912年）5月31日
[没年月日]昭和61年（1986年）7月13日
[出身地]長野県諏訪郡上諏訪町（諏訪市）
[学歴]明治大学商学部〔昭和11年〕卒

復員後、家業の古今書院に従事。昭和24年株式会社に改組。地理・地学関係の学術書出版を手がけた。
[家族等]父＝橋本福松（古今書院創業者），長男＝橋本寿資（古今書院社長）

橋本 求　はしもと・もとむ
「キング」編集長　講談社取締役編集局長

[生年月日]明治27年（1894年）11月12日

[没年月日]昭和52年（1977年）4月5日
[出生地]福岡県三井郡北野町（久留米市）
[学歴]早稲田大学政経学部〔大正7年〕卒
大正7年講談社に入社。「婦人倶楽部」「キング」各編集長を歴任し、取締役編集局長に就任。昭和31年退職。著書に「岡野喜太郎伝」「日本出版販売史」がある。

長谷川　泉　はせがわ・いずみ
　　　医学書院社長　文芸評論家

[生年月日]大正7年（1918年）2月25日
[没年月日]平成16年（2004年）12月10日
[出生地]千葉県　[別名等]筆名＝谷山徹　[学歴]千葉中卒,一高文科甲類卒,東京帝国大学文学部国文学科〔昭和17年〕卒,東京大学大学院〔昭和24年〕修了　文学博士

父は小学校教師で、4人弟妹（3男1女）の長男。一高時代は白井健三郎らと文芸部委員となり、谷山徹の筆名で創作を発表。東京帝大では「帝国大学新聞」の編集に携わり、編集長も務めた。戦後まもなく医学書院に入社。編集者の仕事の傍ら、清泉女子大学教授、東京大学講師として近代日本文学論を講じた。昭和49年副社長、53年社長に就任。62年相談役に退く。近代日本文学、特に森鷗外、川端康成、三島由紀夫の研究家で、森鷗外記念会理事長、津和野森鷗外記念館名誉館長、川端文学研究会会長、三島由紀夫研究会最高顧問などを歴任。詩人としても知られた。著書に「近代への架橋」「近代日本文学評論史」「森鷗外論考」「川端康成論考」、詩集に「心象風景」「不惑彷徨」「長谷川泉詩集」などがある。
[家族等]義兄＝半田剛（大蔵省造幣局長）
[叙勲]勲四等旭日小綬章〔昭和63年〕　[受賞]久松潜一賞〔昭和34年〕,文京区民栄誉賞〔平成13年〕
【参考】『長谷川泉自伝』至文堂 2003

長谷川　映太郎　はせがわ・えいたろう
　　　鎌倉書房創業者

[生年月日]明治44年（1911年）3月8日
[没年月日]平成7年（1995年）1月23日
[出身地]京都府　[学歴]同志社大学卒
昭和16年鎌倉書房を創業。24年婦人誌「ドレスメーキング」、39年「マダム」を創刊、主に洋裁や料理、手芸などの本を出した。

長谷川　国雄　はせがわ・くにお
　　　自由国民社創業者

[生年月日]明治34年（1901年）12月15日
[没年月日]昭和55年（1980年）9月2日
[出生地]東京都　[学歴]東京高等工芸機械科〔大正9年〕卒,明治大学経済学部中退

祖父は旗本。日本特殊鋼、萱場産業を経て、実業之世界社に入社。昭和3年サラリーマン社を設立し、雑誌「サラリーマン」を創刊、編集長兼社長を務める。10年時局月報社を設立し社長となり、「時局月報」（「サラリーマン」の改題）を創刊したが、人民戦線や外国共産党の記事が多く毎号のように発禁処分となる。12年治安維持法違反で1年間投獄される。19年「国防国民」に改題、24年自由国民社に改組、社長。この間、23年新語辞典に新しい分野を切り開いた「現代用語の基礎知識」を発刊。他に「新譜ジャーナル」の創刊、「口語六法シリーズ」などの出版を手がけた。

長谷川　興蔵　はせがわ・こうぞう
　　　編集者　八坂書房参与　南方熊楠研究家

[生年月日]大正13年（1924年）4月20日
[没年月日]平成4年（1992年）12月11日
[出生地]東京市芝区桜田久保町（東京都港区）
[別名等]筆名＝今村一雄　[学歴]一高理科乙類〔昭和19年〕,東京大学医学部薬学科〔昭和25年〕中退

町医者の三男。東京大学医学部薬学科に学ぶ

が、昭和25年卒業を放棄して、日本戦没学生記念会（わだつみ会）の仕事に専念。機関紙「わだつみのこえ」を編集し、30年まで同会で活動。河出書房の雑誌「知性」編集部を経て、32年平凡社に「世界大百科事典」の理科系編集員として入社。母方の祖母は、森鷗外の最初の妻の妹にあたり、同時に入社した山田亭は森茉莉の二男であった。以来、「図説科学大系」「国民百科事典」「南方熊楠全集」などの編集に従事し、59年退職。その後、日本放送出版協会刊行の「原敬関係文書」、八坂書房刊行の「南方熊楠日記」「江漢全集」「南方熊楠・土宜法竜往復書簡」などの編集に携わった。「南方熊楠アルバム」「南方熊楠百話」をはじめ、数々の南方熊楠関係書の編集・企画に関わり、平成3年第1回南方熊楠賞の特別賞を受賞した。

[家族等] 兄＝長谷川隆二（京都外国語大学名誉教授）、祖父＝土子金四郎（経済学者） [受賞] 南方熊楠賞（第1回, 特別賞）〔平成3年〕
【参考】『南方熊楠が撃つもの 長谷川興蔵集』南方熊楠資料研究会 2001

長谷川　鉱平　はせがわ・こうへい
中央公論社校閲部長

[生年月日] 明治41年（1908年）12月20日
[没年月日] 平成7年（1995年）7月16日
[出生地] 愛知県名古屋市　[別名等] 筆名＝青山雄作

昭和6年法政大学文学部哲学科に入学して谷川徹三らに師事。9年卒業して岩波書店に入社、15年まで勤務し、16〜17年同書店校正部に所属。同年旧加波多野完治による情報局佐伯郁郎への推薦で日本少国民文化協会書記（企画課主任）となり、18年まで文学・紙芝居・演劇等を担当。法政大学教授を経て、戦後は21年中央公論社に入社して第四出版部長、23年「少年少女」編集長、24年校閲部長を歴任。38年定年退職。同年〜40年中央公論美術出版に勤務。41〜59年長野大学教授、43〜51年鹿島出版会顧問。傍ら、戦前からT.E.ヒュームの翻訳紹介や文学評論を執筆、14年埴谷雄高らの同人誌「構想」に参加した。評論集「歩行者の論理」の他、「本と校正」「校正の美学」などで校正の専門家としても知られた。

[家族等] 息子＝長谷川伸三（茨城大学名誉教授）
【参考】『近世思想・近代文学とヒューマニズム 長谷川鑛平評論選』長谷川伸三編 いなほ書房 2006

長谷川　時雨　はせがわ・しぐれ
女人芸術社創業者 小説家

[生年月日] 明治12年（1879年）10月1日
[没年月日] 昭和16年（1941年）8月22日
[出生地] 東京府日本橋区（東京都中央区）
[本名] 長谷川ヤス

厳しい教育方針で育てられるが、隠れて草双紙や古典を耽読し、長じて短歌を佐佐木信綱に師事。明治30年商家に嫁ぎ夫に従って釜石鉱山に赴くが、夫は放縦で家を空けることが多かったため、暇をみて文筆に勤しみ、34年には短編「うづみ火」が「女学世界」増刊「磯ちどり」に掲載された。のち結婚に破れて帰京し、以後、文筆生活に入って小説、歌舞伎脚本、舞踊劇、劇評などの分野で幅広く活躍。38年処女戯曲「海潮音」が「読売新聞」の懸賞で特選となる。41年「覇王丸」が日本海軍協会の脚本懸賞に当選し、44年には史劇「さくら吹雪」（旧題「操」）が歌舞伎座で上演され劇作家として認められた。45年中谷徳太郎らと演芸誌「シバヰ」を創刊。大正5年頃から12歳下の作家・三上於菟吉と同棲し、以降は美人伝の仕事に専念して「美人伝」「近代美人」「名婦伝」などを刊行。12年岡田八千代と雑誌「女人芸術」を創刊したが、関東大震災のため2号で中絶、昭和3年三上の協力で復刊させ、林芙美子、円地文子らを育てた。一方で三上と出版社のサイレン社を経営した。8年婦人団体・輝ク会を結成した。他の代表作に「落日」「ある日の午後」「旧聞日

本橋」などがある。
[家族等]夫＝三上於菟吉（小説家），妹＝長谷川春子（洋画家）
【参考】『女人芸術の世界 長谷川時雨とその周辺』尾形明子著 ドメス出版 1980／『評伝長谷川時雨』岩橋邦枝著 筑摩書房 1993

長谷川 卓郎　はせがわ・たくろう
「キング」編集長

[生年月日]明治12年（1879年）5月23日
[没年月日]昭和27年（1952年）6月16日
[出生地]群馬県佐波郡剛志村（伊勢崎市）
[学歴]群馬師範〔明治33年〕卒

群馬女子師範訓導などを経て、大正3年剛志小学校校長。及川平治が提唱した動的教育の実践に尽くし、その成果を「教育の実際」にまとめた。11年師範学校時代の級友である野間清治に招かれ、大日本雄弁会講談社（現・講談社）に入社。雑誌「キング」編集長などを務めた。

長谷川 天渓　はせがわ・てんけい
博文館編集部長 文芸評論家

[生年月日]明治9年（1876年）11月26日
[没年月日]昭和15年（1940年）8月30日
[出生地]新潟県刈羽郡高浜町（柏崎市）　[本名]長谷川誠也　[学歴]東京専門学校文科〔明治30年〕卒

旧越後椎谷藩で家老職を務めた家に生まれる。明治23年上京して商工学校、数学院に学び、またドイツ人の帝大教授ケーベルに個人的に指導を受けた。27年東京専門学校（現・早稲田大学）文科に進み、坪内逍遙、大西祝に師事。在学中は宮田修らと図って無名会を起こし、雑誌「有名」を発行。30年「早稲田学報」創刊と共に編集委員となった。同年卒業後は逍遙の紹介で博文館に入社し、「太陽」「文章世界」「譚海」などの編集に従事。傍ら評論家としても活躍し、ニーチェの論文を翻訳紹介した他、「文壇の個人主義」「現文壇の欠点」「科究的精神の欠乏」などの評論を発表。38年文芸評論集「文芸観」を刊行、39年「幻滅時代の芸術」、41年「現実暴露の悲哀」などを執筆して自然主義文学論を展開し、同年第二評論集「自然主義」を出した。43年博文館の派遣で出版事業研究のため英国へ留学。大正元年帰国後は「太陽」編集主幹となり、2年より「文章世界」編集兼発行人を兼ねた。一方、同年母校・早大英文科に講師として招かれるが、6年には辞し、以降は博文館編集部長に就任して同社の業務に専念。7年同社取締役。15年東京編集者協会を設立して同会長。昭和期に入ってからはフロイトに関心を抱き、「文芸と心理分析」「遠近精神分析観」などを刊行し、精神分析の啓蒙的役割を果たした。国語国字問題の研究でも知られる。他の著書に「万年筆」「国語国字及び文学の心理研究」などがある。

長谷川 光利　はせがわ・みつとし
光文書院創業者

[生年月日]明治38年（1905年）4月12日
[没年月日]昭和47年（1972年）9月4日
[出生地]山口県　[学歴]日本大学商科〔大正12年〕中退

日本大学商科に学ぶが、関東大震災のために中退し、玉井清文堂に入社。昭和3年独立して東京・本郷元町に研文書院を創業し、家庭医学書、実務法律書、学習参考書を中心に出版した。20年本郷元町の社屋が空襲により罹災したが、疎開先の神奈川県大和で活動を再開し、社名を光文書院に変更。21年本郷に社屋を戻し、22年同社を株式会社に改組して小・中学校用の学習教材の出版を開始した。33年日本図書教材協会の設立に参画し、監事や常任理事を歴任。日本出版協会理事なども務めた。

[家族等]息子＝長谷川凱久（光文書院社長）

長谷川 巳之吉　はせがわ・みのきち
第一書房創業者

[生年月日]明治26年（1893年）12月28日
[没年月日]昭和48年（1973年）10月11日
[出生地]新潟県三島郡出雲崎町　[旧名]安部
[学歴]高小1年修了

大正3年上京、明治商業銀行や鹿児島の検潮所などを経て、5年太陽通信社に入り、雑誌「黒潮」の編集に当たった。7年玄文社に移り、「新演芸」「詩聖」「劇と評論」などの編集に従事、また森鷗外の訳詩集「蛙」などの出版を担当する一方、足しげく劇場に通い「読売新聞」などに劇評を寄稿した。11年退社。12年第一書房を創業して同郷の松岡譲の長編「法城を護る人々」を刊行。間もなく起きた関東大震災で打撃を受けるが、大田黒元雄の後援を受けて大田黒「洋楽夜話」、堀口大学「月下の一群」、土田杏村「恋愛論」、三好達治「測量船」など文芸・芸術関係の書籍で経営を軌道に乗せた。また、採算を省みず「近代劇全集」「牧野信一全集」「小泉八雲全集」など22種の全集・叢書を刊行。独特の美装は今日でも高い評価を受ける。昭和5年PR誌「伴侶」を創刊、6年同誌を「セルパン」に改題して10銭で売り出し、ヨーロッパ文化の粋を紹介した。11年井上静一編「伊太利語辞典」はわが国最初の伊語辞書でイタリアのカヴァリエーレ勲章を受章。12年パール・バック「大地」が映画化され、ベストセラーとなった。14年神奈川県鵠沼に転居。16年銀座に第一書房販売会社を設立し、小売業を開始。同年「セルパン」の誌名を「新文化」に改めるが、戦時下の出版統制に嫌気が差し、19年2月盛業中にもかかわらず突如廃業に踏み切った。戦後は出版から離れ自適の生活を送った。

[叙勲]カヴァリエーレ勲章（イタリア）〔昭和11年〕
【参考】『第一書房長谷川巳之吉』日本エディタースクール出版部 1984／『美酒と革嚢 第一書房・長谷川巳之吉』長谷川郁夫著 河出書房新社 2006

畑　太郎　はた・たろう
文理創業者

[生年月日]大正3年（1914年）5月2日
[没年月日]平成8年（1996年）7月27日
[出身地]長野県　[学歴]産業組合学校〔昭和8年〕卒

長野県購買組合連合会、全国購買組合連合会勤務などを経て、昭和25年文理書院を創業。34年社長。43年研数書院を合併。46年文理に社名変更。中学校教科書の自習書刊行から出発し、以来、小・中・高校生用の学習参考書・問題集や入試対策問題集刊行へと幅を広げた。41年日本教育科学研究所を開設、理事長を務めた。

[家族等]長男＝畑史郎（文理社長）

羽田　武嗣郎　はた・ぶしろう
羽田書店創業者　衆院議員（自民党）

[生年月日]明治36年（1903年）4月28日
[没年月日]昭和54年（1979年）8月8日
[出身地]長野県小県郡和田村（長和町）　[学歴]福島中〔大正11年〕卒、新潟高文科甲類〔大正15年〕卒、東北帝国大学法学部法律学科〔昭和4年〕卒

父は群馬・熊本・千葉・福島の師範学校校長を歴任し、その転任に従って各地で育つ。昭和4年東京朝日新聞社に入社、政治部記者を務める。12年衆院議員に初当選。直後に政治家以外の正業を持つことを考え、学生時代から親炙していた同県人岩波茂雄の支援を得て羽田書店を創業。岩波は好意で発売元も引き受けてくれた。13年飯沼正明「航空随想」、松田甚次郎「土に叫ぶ」を処女出版、続いて宮沢賢治「風の又三郎」「グスコーブドリの伝記」などを出した。後にみすず書房を開く小尾俊人、相田良雄はここの出身。また、21年郷里で新聞「信州民報」を発刊した。衆院議員は通算8期務めた。

[家族等]長男＝羽田孜（首相）, 孫＝羽田雄一郎（参院議員）, 父＝羽田貞義（福島師範学校

校長),岳父=神津藤平(長野電鉄社長) 〔叙勲〕勲一等瑞宝章〔昭和48年〕
【参考】『羽田武嗣郎伝』羽田武嗣郎伝記刊行会 1974

畑中 繁雄　はたなか・しげお
日本評論社取締役編集局長 出版評論家

[生年月日]明治41年(1908年)8月1日
[没年月日]平成10年(1998年)12月22日
[出生地]東京都　[学歴]早稲田大学文学部〔昭和7年〕卒

昭和7年中央公論社に入社。8年「中央公論」編集部員、14年同編集次長を経て、16年編集長。19年戦時下最大の言論弾圧として知られる横浜事件に巻きこまれ、拷問を含む取調を受ける。敗戦直後の20年9月に釈放され、同日懲役2年、執行猶予3年の有罪の判決を受けた。戦後は復職し、20世紀研究所、世界評論社を経て、26年日本評論社に入社。「日本評論」「経済評論」各編集長を務め、38年取締役編集局長、44年より編集顧問。言論弾圧史に詳しく、著書に『覚書昭和出版弾圧小史』がある。
【参考】『昭和激動期の出版編集者 それぞれの航跡を見つめて』宮守正雄著 中央大学出版部 2005

波多野 秋子　はたの・あきこ
「婦人公論」編集者

[生年月日]明治27年(1894年)
[没年月日]大正12年(1923年)6月9日
[学歴]実践女学校〔大正1年〕卒,青山学院専門部〔大正7年〕卒

母は新橋芸者、実父は実業家・林謙吉郎といわれる。実践女学校卒業後の大正2年、英語塾講師の波多野春房と結婚。才色兼備で、青山学院専門部に学ぶ傍ら婦人問題や社会生活に関する論文を執筆、6年「国民新聞」懸賞論文に当選した。7年高嶋米峰の紹介で中央公論社に入社、「婦人公論」記者として芥川龍之介や田山花袋らに原稿を書かせるなど敏腕女性記者として活躍した。やがて有島武郎と知り合い恋愛、それが夫に知られたことがきっかけとなり、12年6月軽井沢の有島の別荘で共に心中(縊死)。遺体は7月に発見された。

波多野 重太郎　はたの・じゅうたろう
巌松堂書店創業者

[生年月日]明治8年(1875年)10月30日
[没年月日]昭和33年(1958年)8月18日
[出生地]静岡県引佐郡都田村(浜松市北区)

幼少時に父母を失い、祖父と共に郷里・引佐郡の奥山半僧坊の境内で絵草紙や雑貨を商う。明治27年上京して果物青物商を営むが、28年貸本業を始め、34年麻布十番に古書店を開業。37年神田神保町に進出して新本の取扱いも開始、同年の勅題「巌上の松」にちなんで店名を巌松堂とした。41年伊地知茂七「ロシア小史」、川島信太郎「外交官受験提要」の刊行を皮切りに出版業にも乗り出し、法律・経済書の専門書肆として名をなした。一時店名を三書楼に改めたが、44年巌松堂に戻した。その後、大阪や満州にも支店を出すが、大正12年の関東大震災により神田神保町の本店が全焼。同年株式会社化して出版・新本販売・古書販売の3事業部体制を敷いた。昭和13年長男の一に社長職を譲る。戦後、出版による戦争協力を追及された一が公職追放に遭うと、22年社長に復帰。従来の事業と並行して書籍の取次業を開始するが、書籍代の回収が出来ず多額の負債を抱え、24年倒産。25年二男・完治の妻である波多野勤子の協力で会社を再建し、30年出版・新本販売・古書販売の3事業を、それぞれ巌松堂出版、巌松堂図書、波多野巌松堂に分割した。

[家族等]長男=波多野一(巌松堂社長),二男=波多野完治(心理学者),孫=波多野里望(国際法学者),波多野誼余夫(認知科学者)
【参考】『追憶 巌松堂書店主波多野重太郎』波多野勤子編 巌松堂 1978

葉多野 太兵衛　はたの・たへえ
清水書店創業者

[生年月日]慶応4年（1868年）5月19日
[没年月日]大正15年（1926年）7月1日
[出生地]武蔵国岩槻（埼玉県さいたま市）
[別名等]号＝畏三

明治15年上京し、日本橋の律書房に勤務。22年独立して神田今川小路に清水書店を開業し、書籍・雑誌の小売業を営んだ。のち出版業に転じて法律書を中心に手がけ、42年には日本大学から法科講義録の出版を委嘱された。東京書籍商組合評議員、東京出版協会協議員なども歴任した。

[家族等]息子＝葉多野太兵衛（2代目）
【参考】『追悼録』葉多野太兵衛編　清水書店 1928

八文字屋 自笑　はちもんじや・じしょう
八文字屋主人　浮世草子作者

[生年月日]生年不詳
[没年月日]延享2年（1745年）11月11日
[出生地]京都府　[別名等]本姓＝安藤、通称＝八文字屋八左衛門

元禄初年頃に家業の書肆をつぎ、初め浄瑠璃本を出版したが、歌舞伎狂言本や役者評判記も手がけるようになって京都出版界の第一人者となる。江島屋其磧を代作者に迎えて浮世草子の出版を行い、八文字屋本といわれる分野を開拓した。其磧の作品に「傾城色三味線」「傾城連三味線」「風流曲三味線」などがある。正徳4年（1714年）両者に不和が生じて其磧は独立したが、享保3年（1718年）和解。其磧の没後は多田南嶺と提携して八文字屋本を続けた。また西川祐信の絵本類でも好評を得た。

発田 栄蔵　はった・えいぞう
フレーベル館社長

[生年月日]明治31年（1898年）2月

[没年月日]昭和23年（1948年）10月21日
[出生地]富山県高岡市　[学歴]高岡中卒

大正6年大阪に出て大阪印刷に入社、13年同社東京支店長。のち独立して神田小川町で製函・印刷仲介業を始める。昭和18年神田神保町に発栄堂紙工所を設立したのを経て、翌年明和印刷専務となり、社長が兵役で不在のなか同社の経営を切り盛りし、社業を繁栄させた。戦後、フレーベル館を買収して社長に就任、看板雑誌「キンダーブック」などの幼児向け雑誌・書籍を更に前面に押し出した、マッカーサーに関する書籍を出版するなど機を見るに敏な活躍で事業を躍進させた。千代田区議も務めた。23年10月東京駅で鉄道事故死した。

服部 幾三郎　はっとり・いくさぶろう
同文館社長

[生年月日]明治30年（1897年）5月30日
[没年月日]昭和52年（1977年）3月14日
[出生地]大阪府大阪市　[学歴]東京商科大学卒

東京商科大学を卒業して三省堂に入社。戦時中には同社の昭南支店長を務めた。昭和21年業務を再開した商業・経済関係図書専門の出版社・同文館に移り、同支配人を経て、22年社長に就任。以後、一橋大学教授を中心とする執筆陣を擁して「経営ハンドブック」「簿記会計ハンドブック」などを出版し、戦災で危機に陥っていた同社の建て直しに尽くすが、31年経営不振により退社した。東京出版協同組合理事、日本出版クラブ評議員、高等教科書協会目録委員などを歴任した。

服部 敏幸　はっとり・としゆき
講談社会長

[生年月日]大正2年（1913年）7月31日
[没年月日]平成20年（2008年）8月20日
[出生地]神奈川県横須賀市　[旧名]馬淵
[学歴]逗子開成中卒、早稲田大学専門部商科

〔昭和9年〕卒

5人きょうだい（4男1女）の二男。剣道の強豪で、昭和9年その縁で大日本雄弁会講談社（現・講談社）に入社。戦時中は主計将校として従軍。社内では営業畑を歩み、28年業務局長、31年取締役、36年常務、39年専務、46年副社長を経て、56年会長。平成5年取締役相談役、6年最高顧問。また、講談社インターナショナル、日本図書普及、第一紙業などの社長や、昭和55年～平成5年日本書籍出版協会理事長、アジア・太平洋出版連合（APPA）会長、全日本学校剣道連盟会長を務めた。
[叙勲]勲二等旭日重光章〔昭和61年〕、勲一等瑞宝章〔平成6年〕　[受賞]日本宣伝賞〔昭和62年〕、印刷文化賞〔昭和62年〕
【参考】服部敏幸「過ぎこしつれづれの八十年」（「出版クラブだより」1992.8.1）

英　平吉　はなぶさ・へいきち
万笈堂主人

[生年月日]生年不詳
[没年月日]文政13年（1830年）10月27日
[本名]英遵

江戸本石町十軒店で文化4年（1807年）頃より出版活動を始める。多方面にわたる出版物を手がけ、文化4～11年の間に新板66点を数え、驚くべき発展を示した。狩谷棭斎、松崎慊堂と親交があり、書誌学の造詣は松沢老泉に並ぶと言われた。堤朝風編「近代名家著述目録」には「万笈堂英遵補定」とあり、「万笈堂書目」では自ら編んだ書目6点を挙げて解題を付したが稿本のままで終わったのは惜しまれる。平吉の後はその子大助（顗）が家業を維持した。大助の代に自家出版物の書目と冊数を挙げた「万笈堂製本略書目録」が出たが、これを見ると館柳湾、大窪詩仏、巻菱湖をはじめ多分野の有用の書を出版していることが判る。なお文化後半から明治にかけては下谷御成道の姉妹店・英文蔵が活躍した。東叡山御用書物所を務め、万笈堂との相版や求版物も多く同じように広範囲の書籍を出版した。

【参考】『森銑三著作集』第10巻 中央公論社 1971

花森　安治　はなもり・やすじ
「暮しの手帖」編集長 装丁家

[生年月日]明治44年（1911年）10月25日
[没年月日]昭和53年（1978年）1月14日
[出生地]兵庫県神戸市　[学歴]松江高卒, 東京帝国大学文学部美学科〔昭和10年〕卒

6人きょうだいの長男。中学時代から探偵小説や映画に熱中し、松江高校時代は校友会雑誌の編集に当たる。昭和8年東京帝大へ進み、「帝国大学新聞」編集部でカットを担当。当時の同紙には杉浦明平、田所太郎、扇谷正造らもいた。また、在学中から伊東胡蝶園（現・パピリオ）宣伝部の仕事を手伝い、画家・佐野繁次郎に師事した。卒業後は兵役を経て同社に復帰し、佐野と「婦人の生活」の編集に従事。16年大政翼賛会宣伝部に移って国策宣伝を手がけ、19年同会文化運動部副部長となった。戦後、一時コーヒー店を開いたり、「日本読書新聞」のカットを描いたりし、21年大橋鎮子と共同で東京・銀座に衣裳研究所を開設。同年初のデザイン集となる「スタイルブック」を刊行し、服飾デザイナーとしての活動を本格化させた。23年「美しい暮しの手帖」（28年「暮しの手帖」に改題）を創刊すると同研究所を暮しの手帖社に改称。以後、終身編集長として消費者の目線に立った暮らしに役立つ婦人向け生活情報誌づくりを心がけ、特に広告を一切排し実証的かつ客観性を維持して行われた商品テストは消費者のみならずメーカーにも大きな影響を与えた。また、平和運動や環境問題にも関心を持ち、47年には「一銭五厘の旗」で読売文学賞を受けた。他の著書に「暮らしの眼鏡」「風俗時評」「戦争中の暮しの記録」などがある。
[受賞]マグサイサイ賞〔昭和47年〕, 菊池寛賞（第4回）〔昭和31年〕, 読売文学賞（第23回）〔昭和46年〕「一銭五厘の旗」
【参考】『花森安治の仕事』酒井寛著 朝日新聞

社 1988（朝日文庫 1992）／『花森安治と「暮しの手帖」展』世田谷文学館 2006

塙 作楽　はなわ・さくら
「世界」編集者

[生年月日] 大正2年（1913年）10月1日
[没年月日] 平成2年（1990年）11月7日
[出生地] 東京市京橋区（東京都中央区）　[学歴] 東京府立一中卒、一高文科甲類〔昭和9年〕卒、東京帝国大学文学部東洋史学科〔昭和15年〕卒

警視庁巡査の長男で、母は麻布小学校訓導。一高、東京帝国大学文学部東洋史学科に学んだ。卒業後、日立中学、貿易統制会、東亜研究所、三井精機などに勤務したが、敗戦直後の昭和20年8月末、一高で1年上級であった伊藤律の世話で岩波書店に入社（戦後新入店員の第1号）。同年末に創刊された雑誌「世界」の編集に携わり、21年5月号に東京府立一中時代からの友人である丸山真男の論文「超国家主義の論理と心理」を掲載させた。また、同社初の共産党員として活動し、岩波書店従業員組合委員長も務めた。23年「世界」編集部を離れた後は「日本資本主義講座」（全10巻・別巻1）、「岩波講座 文学」（全8巻）、「岩波講座 文学の創造と鑑賞」（全5巻）などの編集に関与した。36年退社。38年茨城県嘱託、39年からは同職員となり県史編纂室長として「茨城県史」の編纂事業に従事。48～55年茨城県歴史館史料部長、49年茨城県文芸協会会長などを務めた。著書に小説集「暗い夜」、評論集「地方文化論への試み」、回想録「岩波物語 私の戦後史」などがある。
【参考】『岩波物語 私の戦後史』塙作楽著 審美社 1990

塙 嘉彦　はなわ・よしひこ
「海」編集長

[生年月日] 昭和10年（1935年）
[没年月日] 昭和55年（1980年）1月25日
[学歴] 東京大学文学部仏文学科卒

東京大学仏文学科に学び、学友に大江健三郎がいた。昭和34年中央公論社に入社。文芸誌「海」の4代目編集長に就任すると、誌面にフランスを中心とした海外の新鋭文学や芸術、思想・哲学にも及ぶ新思潮の導入を図り、その翻訳紹介に留まらずそれを日本の作家や学者によって具現化させようと努めた。1970年代の山口昌男の活躍を支え、中野幹隆と並行して後に続く三浦雅士の「現代思想」へと至る潮流を成した。編集部には村松友視、安原顕という癖の強い編集者を擁してそれぞれに手腕を振るわせ、同誌の黄金時代を現出させたが、55年45歳で病死した。

羽仁 賢良　はに・けんろう
婦人之友社社長

[生年月日] 明治26年（1893年）5月4日
[没年月日] 昭和42年（1967年）10月29日
[出生地] 山口県防府市　[学歴] 早稲田中卒

大正11年兄の羽仁吉一・もと子夫妻を援けるため婦人之友社に入社、主に営業面を担当。昭和24年取締役、32年社長。
[家族等] 三男＝羽仁翹（ジャパンタイムズ取締役編集局長）、兄＝羽仁吉一（教育家）

羽仁 もと子　はに・もとこ
婦人之友社創業者 自由学園創立者

[生年月日] 明治6年（1873年）9月8日
[没年月日] 昭和32年（1957年）4月7日
[出生地] 青森県三戸郡八戸町（八戸市）　[旧名] 松岡　[学歴] 東京府立第一高女〔明治24年〕卒、明治女学校高等科卒

明治22年上京、新設の東京府立第一高等女学校に入学。在学中の23年、築地明石町教会で洗礼を受ける。24年同校を卒業して明治女学校高等科に学んだ。郷里の小学校や盛岡女学校で教鞭を執った後、31年報知新聞社で婦人記者第1号として活躍。34年同じ報知新聞記者であった7歳下の羽仁吉一と結婚・退社。36年夫婦で協力して「家庭之友」（当初は内外

出版協会から刊行）を創刊。37年には家計簿を創案し出版した他、39年「家庭女学講義」、40年「青年之友」など家庭向けの雑誌を編集した。41年「家庭之友」を「婦人之友」に改め、42年婦人之友社を設立。以降はその経営と編集に専念し、大正3年「子供之友」、4年「新少女」（9年「まなびの友」に改称）など少女向けの雑誌も刊行した。10年長女・説子が小学校を終えたのを機に「婦人之友」の主張を実現する場として、夫と自由学園を創立。学校には一人の雇人もおかず、子どもたち自らが知識・技術・信仰を自発的に身につけるという生活中心のユニークな教育を実践的に追求し、昭和2年小学校、10年男子部、13年北京生活学校を開設するなど、学校の規模を徐々に拡大した。戦後は24年に男子最高学部、25年女子最高学部を開き、文部省の基準によらない独自の総合的な学園構想実現へ努力した。

[家族等]夫＝羽仁吉一（自由学園創設者）、娘＝羽仁説子（評論家）、羽仁恵子（自由学園園長）、孫＝羽仁進（映画監督）、羽仁協子（コダーイ芸術教育研究所所長）、女婿＝羽仁五郎（歴史学者）

【参考】『羽仁もと子著作集』第14巻（半生を語る）婦人之友社 1955（複製 日本図書センター 1997）／『羽仁もと子 生涯と思想』斉藤道子著 ドメス出版 1988／『羽仁両先生の思い出』自由学園出版局 1995

羽仁 吉一　はに・よしかず
婦人之友社創業者 自由学園創立者

[生年月日]明治13年（1880年）5月1日
[没年月日]昭和30年（1955年）10月26日
[出生地]山口県佐波郡三田尻村（防府市）
[学歴]周陽学舎〔明治26年〕中退

漢学塾の周陽学舎を中退後、「防府実業新聞」の編集に従事。明治30年上京して矢野龍渓の書生となり、33年報知新聞社に入社、34年同紙編集長。同年日本初の婦人記者・松岡もと子と結婚。間もなく報知新聞社を退社し新潟の「高田新聞」主筆に転じるが、35年には東京に戻った。36年夫婦協力して雑誌「家庭之友」を創刊（当初は内外出版協会から刊行）、その後も39年「家庭女学講義」、40年「青年之友」など家庭向けの雑誌を編集。一方で、36年「電報新聞」を発刊（39年「毎日電報」に改題）、政治部長となった。41年「家庭之友」を「婦人之友」に改め、42年婦人之友社を設立。以降は社主として経営と編集に専念し、大正3年「子供之友」、4年「新少女」（9年「まなびの友」に改題）など少女向けの雑誌も刊行した。10年「婦人之友」の主張を実現する場として妻と自由学園を創立、生涯教育・社会教育分野でも先駆的役割を果たし、昭和2年小学校、10年男子部、13年北京生活学校、24年男子最高学部、25年女子最高学部を開設と学校の規模を徐々に拡大した。

[家族等]妻＝羽仁もと子（自由学園創立者）、娘＝羽仁説子（評論家）、羽仁恵子（自由学園園長）、孫＝羽仁進（映画監督）、羽仁協子（コダーイ芸術教育研究所所長）

【参考】『羽仁両先生の思い出』自由学園出版局 1995／『自由学人羽仁吉一』「自由学人羽仁吉一」編集委員会編 自由学園出版局 2006

馬場 一郎　ばば・いちろう
青人社社長 平凡社常務

[生年月日]生年不詳
[没年月日]平成5年（1993年）4月20日
[出身地]三重県久居市（津市）

平凡社で月刊誌「太陽」の4代目編集長を務め、別冊「太陽」も創刊。昭和56年同社の経営危機に際して常務編集局長を最後に退社、同時に辞めた嵐山光三郎、筒井泰彦、渡辺直樹らと学習研究社の後援を得て青人社を創業した。同年季刊誌「四季の手帖」、57年嵐山を初代編集長に月刊誌「ドリブ」を創刊。筒井、渡辺ら歴代編集長の力もあって徐々に部数を伸ばし、社も伸張したが、没後に「ドリブ」は休刊、11年社も倒産した。

【参考】『昭和出版残侠伝』嵐山光三郎著 筑

摩書房 2006（ちくま文庫 2010）

浜井 弘　はまい・ひろむ
大阪屋号書店専務 講談師

[生年月日] 明治42年（1909年）8月31日
[没年月日] 平成12年（2000年）10月30日
[出生地] 中国大連　[出身地] 東京市日本橋区（東京都中央区）　[別名等] 芸名＝神田山陽（2代目）　[学歴] 日大中卒、日本大学商業学部経済学科中退

大阪屋号書店創業者・浜井松之助の二男。日大中退後、兄が早世していたため大阪屋号書店専務として家業に入り、昭和7年父が脳出血で倒れた後は社長代行として経営に携わった。大学時代はダンスに熱中して教授スタジオを開いたほどで、趣味が高じて自社からダンス指南書を出版。傍ら、講談師・大谷内越山に認められて14年講談界に入り、私財を投じて釈場・開楽亭の再建に尽力。自らも品川連山と号して出演した。大書店の旦那の素人講釈師で、講談界の師弟一門とは無縁である強みを生かし6代目一龍斎貞山、2代目大島伯鶴、初代神田山陽の3人に師事して力を付け、17年真打ちに昇進。この間、外地専門の書籍取次店として発展した大阪屋号書店は日本出版配給の設立により出版部を残して消滅、自身は講談師の道を選んで出版業界を離れた。戦後は8代目桂文楽の身内となり3代目神田小伯山を襲名して本格的に演芸界入り、30年師匠の名跡を継ぎ、2代目神田山陽を名のった。45年と60年講談協会会長に就任、平成3年独立して日本講談協会会長。女性講談師の育成にも力を注ぎ、自伝『桂馬の高跳び』がある。

[家族等] 長男＝浜井修（東京大学名誉教授）、二男＝浜井武（光文社常務）、父＝浜井松之助（大阪屋号書店創業者）
[参考] 『桂馬の高跳び 坊っちゃん講釈師一代記』神田山陽著 光文社 1986／渡辺隆宏「『周辺』の出版流通―満洲書籍配給株式会社設立への道程、大阪屋號書店その他」（『メディア史研究』27号 ゆまに書房 2010.3）

浜井 松之助　はまい・まつのすけ
大阪屋号書店創業者

[生年月日] 明治7年（1874年）11月18日
[没年月日] 昭和19年（1944年）4月15日
[出生地] 島根県松江市

生家はろうそく店。大阪の呉服屋へ丁稚奉公に出た後、台湾で測量技師をしていたが、明治37年日露戦争の勃発を知り一旗揚げようと雑貨商として満州へ渡る。やがて競争相手のなかった書店経営に目を着け、38年遼東半島の営口で大阪屋号書店を開業。志を立てた大阪にちなんで大阪屋を名のっていたが、日本商社に多かった"号"を付け"大阪屋号書店"とした。以後、奉天、新京、旅順、大連から朝鮮各地へと支店を広げ、南満州鉄道（満鉄）の発展に伴って業容も急拡大。44年仕入部の東京進出を図り、大連本店を弟・浜井金次郎に任せて自身は東京へ移った。大正初め頃より出版業も始め、満州・支那関係の書籍や囲碁・将棋書を中心に刊行、新刊目録として「内務省納本月報」も刊行した。外地専門の書籍取次店として盤石の地位を築いたが、昭和7年脳出血で倒れ半身不随となり、以後は長い闘病生活を送った。16年日本出版配給の設立により取次部門は消滅、出版部門だけが残った。

[家族等] 二男＝浜井弘（大阪屋号書店専務）、孫＝浜井修（東京大学名誉教授）、浜井武（光文社常務）、甥＝浜井良（大阪屋号書店社長）
[参考] 内田勇輔「ぶらり散策 私の出版業界（その2）」（『出版クラブだより』1981.7.10）／『桂馬の高跳び 坊っちゃん講釈師一代記』神田山陽著 光文社 1986／戸家誠「幻の「大阪屋号書店」のこと」（『文献継承』18号 2011.4）

浜井 良　はまい・りょう
大阪屋号書店社長

[生年月日] 明治45年（1912年）3月22日
[没年月日] 昭和43年（1968年）3月16日
[出生地] 東京市日本橋区（東京都中央区）

［学歴］巣鴨高商〔昭和7年〕卒

大阪屋号書店創業者・浜井松之助の甥。同書店大連店主であった父の死後、昭和7年よりその跡を継いで経営に当たり、満州での業績を伸ばすとともに中国関係図書の出版にも着手した。傍ら、満州書籍雑誌商組合幹事や関東州出版会理事などを歴任し、20年関東州書籍配給株式会社の創立に参画したが、業務開始後間もなくして召集され、同社も解散した。22年東京・品川で大阪屋号書店を再興し、引き続き囲碁・将棋関係の書籍を出版した。
［家族等］伯父＝浜井松之助（大阪屋号書店創業者）、従兄＝浜井弘（大阪屋号書店専務）

早川 清　はやかわ・きよし
早川書房創業者

［生年月日］明治45年（1912年）7月28日
［没年月日］平成5年（1993年）7月9日
［出生地］東京都　［学歴］専修大学経済学部〔昭和10年〕卒

立川飛行機の下請け工場を経営していたが、昭和20年敗戦当日に"これからは自分の好きな道で生きよう"と早川書房を創業。岸田国士から誌名を譲り受け、演劇雑誌『悲劇喜劇』を創刊。27年株式会社に改組。平成元年会長となる。創業間もない頃は有名作家の作品が手に入らず、海外の出版物は早く契約を申し込めば社の大小に関係なく低いロイヤリティで版権を取得することができたため、海外の翻訳ものやミステリー出版に活路を見いだし、「ハヤカワ・ポケット・ミステリ」「ハヤカワ・SF」シリーズなどを刊行。「エラリイ・クイーンズ・ミステリ・マガジン」（のちの「ハヤカワ・ミステリ・マガジン」）「SFマガジン」も創刊し、我が国への海外ミステリー、SFの紹介に貢献した。
［家族等］長男＝早川浩（早川書房社長）　［叙勲］勲四等瑞宝章〔平成1年〕
【参考】『早川書房の五十年』早川書房編 1995

早川 純三郎　はやかわ・じゅんざぶろう
国学院大学主事

［生年月日］明治5年（1872年）2月18日
［没年月日］昭和5年（1930年）1月25日
［出生地］加賀国金沢城下（石川県金沢市）
［学歴］国学院〔明治30年〕卒

国学院在学中から史料の校訂や辞書編纂に関心を持ち、卒業後の明治37年難波常雄・鈴木行三と共に「支那人名辞書」を刊行、さらに41年には国学院時代に同期であった八代国治・井野辺茂雄と連名で「国史大辞典」を編纂・刊行した。42年市島謙吉から国書刊行会の経営を受け継ぎ、主に編集業務を担当、大正11年までに第2期から第8期までを運営し、75部、全260冊に及ぶ国書の復刊を完成させた。一方、兄で実業家の早川千吉郎が維新史料編纂会委員に就任したのを機に幕末維新史に興味を持つようになり、大正4年同編纂会委員の岩崎英重らと共に日本史籍協会を組織して幕末維新史料の公刊事業に着手。7年皇典講究所幹事・国学院大学主事に就任。12年関東大震災で国書刊行会の紙型が焼失、以後は日本史籍協会と「日本随筆大成」刊行会の事業に専心した。
［家族等］兄＝早川千吉郎（三井銀行筆頭常務）、弟＝湯浅七左衛門（湯浅電池社長）

林 勲　はやし・いさお
神田図書創業者 協和出版販売副社長

［生年月日］明治30年（1897年）12月12日
［没年月日］昭和37年（1962年）6月23日
［出生地］富山県　［学歴］法政大学専門部商科卒

軍隊勤務中に法政大学専門部商科（夜間）に学ぶ。卒業後の昭和4年研究社に入社するが、13年同社が業務管理していた書籍取次業の上田屋書店に支配人として派遣された。16年日本出版配給創立により本店調査部長、大阪支店営業部長などを歴任した。18年応召して

中支で従軍。21年復員して旺文社営業部長となるが、22年独立して取次業の神田図書を創立。36年同社と協同書籍が合併して協和出版販売が誕生すると同副社長に就任。
【参考】峰覚心「焼香の列にはげしき夏の雨 協和出版販売KK林勲氏を悼む」(「出版新報」1962.6.30)

林 善七　はやし・ぜんしち
林平書店社長

[生年月日]明治24年(1891年)10月
[没年月日]昭和11年(1936年)12月13日
[出生地]東京市日本橋区箱屋町(東京都中央区)

六合館館主・林平次郎の二男。昭和6年父の死を受けて家督を相続、よく父業を継承した。日本書籍取締役、東部卸業協会会長も務めた。
【家族等】父＝林平次郎(六合館館主)、岳父＝川合晋(初代)、義兄＝川合晋(2代目)

林 達夫　はやし・たつお
平凡社「世界大百科事典」編集長　評論家

[生年月日]明治29年(1896年)11月20日
[没年月日]昭和59年(1984年)4月25日
[出生地]東京都　[学歴]一高〔大正8年〕中退、京都帝国大学文学部哲学科選科美学美術史学専攻〔大正11年〕卒

外交官・林曽登吉の長男で、2歳から6歳までを米国シアトルで過ごす。一高在学中には校友会雑誌を編集。京都帝国大学卒業後の大正12年、ブセット「イエス」を翻訳・刊行。13年より東洋大学教授として文化史を講じる一方、法政大学、津田塾大学、立教大学などにも出講。昭和2年から岩波書店の雑誌「思想」編集に携わり、同誌のスタイルを確立した。6年ソヴィエート友の会結成に伴い出版部長としてグラフ誌「ソヴィエートの友」の編集に従事。7年唯物論研究会の設立に参画し、幹事となった。18年東方社理事長に就任、対外宣伝誌「FRONT」の発行に当たる。戦後は、20年中央公論社に出版局長として迎えられ、21～25年鎌倉アカデミア講師。29～33年平凡社「世界大百科事典」編集長として水際だった手腕を発揮、戦後初の本格的百科事典(全32巻)を完成させた。24～48年明治大学教授。自らを"知のチチェローネ(水先案内人)"と任じ、自由主義的かつ我が国には稀な"百科全書派"として思想界に大きな影響を与えた。特に26年刊行の「共産主義的人間」はスターリニズム批判の先駆的な評論として有名。著書に「文芸復興」「ルソー」「歴史の暮方」「思想の運命」の他、山田吉彦(きだ・みのる)と共訳のファーブル「昆虫記」、久野収との対談「思想のドラマトゥルギー」がある。明大に1万余冊の蔵書を寄贈し、平成2年「林達夫文庫」が開設された。
【家族等】長男＝林巳奈夫(京都大学名誉教授)、父＝林曽登吉(外交官)、弟＝林三郎(陸軍大佐)、義兄＝和辻哲郎(思想家)　[受賞]毎日出版文化賞特別賞〔昭和47年〕「林達夫著作集全6巻」、朝日賞(文化賞)〔昭和48年〕
【参考】『回想の林達夫』久野収編 日本エディタースクール出版部 1992

林 平次郎　はやし・へいじろう
六合館館主

[生年月日]文久1年(1861年)4月15日
[没年月日]昭和6年(1931年)11月30日
[出生地]江戸浅草西鳥越(東京都台東区)
[旧名]加藤　[別名等]幼名＝和作

江戸・浅草西鳥越の加藤六兵衛の長男に生まれ、林ナカの養子となる。明治5年京橋南伝馬町の書肆近江屋(のち弘文館)吉川半七方に奉公に出て、20年独立して日本橋に書籍取次店・文魁堂を開く。27年、明治初年から欧米の原書を翻訳発行していた六合館を買収して館主となり本格的に出版を始め、大槻文彦編「言海」、浜野知三郎編「新訳漢和大辞典」などを刊行。中等教科書の関東地区一手販売を行うなど幅広く事業を進めた。国定教

科書共同販売所常務、日本書籍会長ほか、大日本図書・東京辞書出版社・弘道館・大阪宝文館・盛文館などの役員に就任。また、全国書籍商組合会長、東京書籍商組合組合長を務め、通称を林平といった。
[家族等]二男＝林善七（林平書店社長）
【参考】『林平次郎翁追悼録』故林平次郎翁追悼録編纂会編 1933

早矢仕 有的　はやし・ゆうてき
丸善創業者

[生年月日]天保8年（1837年）8月9日
[没年月日]明治34年（1901年）2月18日
[出生地]美濃国武儀郡笠賀村（岐阜県関市）
[旧名]山田　[別名等]別名＝丸屋善七, 幼名＝右京

医師・山田柳長の子であるが、生まれる前に実父が死去したため、母の養父である同村の庄屋・早矢仕才兵衛に養われる。亡き実父の跡を継いで医者になることを決意し、大垣・名古屋で修学したのち、嘉永7年（1854年）帰郷して開業。しかし、近村の庄屋・高折善六に江戸で大成することを勧められ、安政6年（1859年）江戸に出た。蘭法医学を志し、坪井信道に師事した。文久3年（1863年）師の推薦で美濃岩村藩主・松平家のお抱え医師となった。慶応3年（1867年）慶応義塾に入門。塾頭の福沢諭吉からは英学を教わるとともに事業の相談を受けるなど友人に近い扱いを受けた。明治維新後、新政府から大学小助教に叙任、横浜で病院長となるが、生活の基盤を築いたのち商業に転向し、明治2年横浜に書店の丸屋商社を開いて福沢や柳河春三らの著書を販売。3年には東京・日本橋品川町に丸屋善六店、日本橋通3丁目に丸屋善七店、4年大阪に丸屋善蔵店、5年京都に丸屋善吉店、7年名古屋に丸屋善八店と各地に支店を出し、唐物屋や仕立、薬種などにも手を染めるなど多角的な経営を行った。この間、福沢の依頼で西洋文物の輸入も手がけるようになり、当初は横浜の外人商館から薬品や書籍を購入していたが、5年米国サンフランシスコのローマン社と提携して外国書籍や文具の直接輸入を開始。8年細流会社の積金が増加してきたことから、貯蓄銀行としての役割を持った交銀私局を設置し、13年には銀行条例の改正を機に丸家銀行を創設した。同年株式組織の丸善商社に改組してその初代社長に就任。以後も製茶、馬具・革細工販売、洋品雑貨の輸入、洋酒販売などにも手を広げ、今日の丸善の基礎を築いた。14年には為替の取扱いを始め、16年丸家銀行と丸善為替店を合併するが、17年同銀行の経営が破綻したことで丸善グループ全体の経営が危機に陥り、18年その責任を取って社長を辞任した。
[家族等]長男＝早矢仕四郎（実業家）, 六男＝山田九郎（中西屋主人）, 女婿＝野平道男（三井物産上海支店長）
【参考】『丸善百年史』丸善 1981

林 譲　はやし・ゆずる
日用書房創業者 吉川弘文館社長

[生年月日]明治20年（1887年）10月10日
[没年月日]昭和17年（1942年）2月

明治31年吉川弘文館に入店、大正2年独立して日用書房を創業。囲碁・辞典・習字・歴史などの書籍を出版し、特に和田盛慈「音引日用大辞典」などで知られる。昭和3年2代目吉川半七が没すると、後継者がいなかった古巣・吉川弘文館の事業・経営を引き受けて同社社長に就任した。

林 麟四　はやし・りんし
小学館常務

[生年月日]明治28年（1895年）5月23日
[没年月日]昭和46年（1971年）3月16日
[出身地]岡山県　[学歴]早稲田大学商学部〔大正11年〕卒

小学館の創業以来、社外協力者として支援。昭和18年正式に入社して総務と経理を担当。20年株式会社として再出発した際、常務に就

任した。
【参考】『小学館の80年』小学館総務局社史編纂室編 小学館 2004

早嶋 喜一　はやしま・きいち
旭屋書店創業者 産業経済新聞社長

［生年月日］明治33年（1900年）12月28日
［没年月日］昭和41年（1966年）2月4日
［出生地］岡山県苫田郡高田村（津山市）　［学歴］津山中〔大正8年〕中退、早稲田大学中退

大正8年津山中学を卒業して上京、早稲田大学に学ぶが中退。京染めの店員や筆箱の行商などを経て、24歳で南大阪新聞社に入社。新聞料金の集金や広告取りをしていたが文才が認められて取材記者に転身、専務を経て、産経新聞初代社長。昭和21年大阪駅前に旭屋書店を開く。旧来の商習慣にとらわれず合理的革新的な本屋経営を実践。船場の商人教育を書店業に取入れて人材を養成、仕入部門の強化によって大型店舗の全国展開を図るなどして業績を拡大した。41年2月羽田沖の全日空機墜落事故で死去。また、55歳を過ぎて油絵を描き始め、38年二科展に初入選。40年二科展特選となり無鑑査となった。
［家族等］長男＝早嶋健（旭屋書店社長）、孫＝早嶋茂（旭屋書店社長）
【参考】『風雪有情 早嶋喜一回顧録』早嶋喜一回顧録刊行会 1968

早嶋 健　はやしま・たけし
旭屋書店社長

［生年月日］昭和2年（1927年）9月3日
［没年月日］平成17年（2005年）12月25日
［出生地］大阪府　［学歴］六高文科〔昭和24年〕卒

旭屋書店創業者・早嶋喜一の長男。昭和24年旭屋書店に入社。33年社長に就任、平成8年会長。この間、昭和43年旭屋出版社長。
［家族等］長男＝早嶋茂（旭屋書店社長）、父＝早嶋喜一（旭屋書店創業者）

原 敏　はら・さとし
カバヤ文庫企画者 岡山日報社長

［生年月日］大正15年（1926年）8月6日
［没年月日］平成11年（1999年）3月8日
［出生地］中国上海　［出身地］岡山県　［学歴］同志社大学神学部神学科選科中退

上海で生まれ、昭和12年岡山に引き揚げる。教師を目指し、同志社大学神学部に入学するが、中退し、「夕刊岡山」創刊とともに記者となる。福武興業を経て、カバヤ食品の企画宣伝部に勤務し、27年からキャラメルのおまけとして始めた「カバヤ文庫」を企画。"全国二千万児童に珠玉の名作を"を合言葉に全国でキャンペーンを繰り広げ、約3年間に児童名作文庫全12巻159冊、総部数2500万部を発行。特に「レ・ミゼラブル」「ロビンソン漂流記」「あしながおじさん」などが評判となり、30万冊以上のベストセラーになった。また59年坪内稔典の著書「おまけの名作カバヤ文庫物語」がきっかけで、一時同文庫の回顧ブームもおこった。のち岡山日報主筆を経て、社長となった。

原 達平　はら・たっぺい
「少女の友」編集主任 日本雑誌協会書記長

［生年月日］明治18年（1885年）12月7日
［没年月日］昭和16年（1941年）5月11日
［出生地］新潟県西頸城郡上早川村（糸魚川市）
［学歴］早稲田大学英文科〔明治44年〕卒

実業之日本社に入社、「少女の友」編集主任を務めた。昭和3年頃に退社、6年より日本雑誌協会書記長。

原 胤昭　はら・たねあき
十字屋主人 キリスト教社会事業家

［生年月日］嘉永6年（1853年）2月2日
［没年月日］昭和17年（1942年）2月23日
［出生地］江戸八丁堀（東京都中央区）

江戸南町奉行所与力の佐久間家に生まれ、母方の原姓を名のる。慶応2年(1866年)家職を継ぐ。明治維新後、市政裁判所勤務、東京府記録方を経て、明治4年米国人教師を雇って自宅に英学所を開設。7年米国人宣教師カロザースに洗礼を受けてキリスト教徒となり、東京・銀座に独立教会を設立した。同年十字屋を開業し、英書の輸入・販売やキリスト教関係図書の出版を行った他、紙風琴など楽器の製造販売も手がけた。9年京橋三十間堀に原女学校を創立。14年神田須田町に錦絵問屋を開き海外輸出用の錦絵を出すが、16年福島事件に題材をとった錦絵「天福六歌撰」が新聞紙条例に触れ、石川島監獄に入獄。そこで非人道的な監獄体験から免囚保護事業を志すようなり、出獄後の17年神戸仮留監の教誨師となった。21年北海道へ渡り、釧路集治監、樺戸集治監で囚人の教化・待遇改善に尽力。28年帰京し、島田三郎の紹介で東京毎日新聞社に入社して事務長に就任。30年英昭皇太后の崩御に伴う恩赦を機に前科者の保護に乗り出し、神田神保町に出獄人保護所の原寄宿舎を開いた(のち東京出獄人保護所に改め神田元柳原町に移転)。以後、出獄者の更正保護や児童虐待防止など社会事業に力を注ぎ、昭和2年出獄人保護所を財団法人に改組し、東京保護会を設立した。
[叙勲]藍綬褒章〔大正4年〕
【参考】『更生保護の父 原胤昭』若木雅夫著 渡辺書房 1951

原 道男　はら・みちお
原書房創業者 海軍大佐

[生年月日]明治35年(1902年)1月
[没年月日]昭和46年(1971年)9月13日
[学歴]海兵(第51期)〔大正12年〕卒

大正13年海軍少尉に任官。海軍兵学校同期に有泉龍之介、扇一登、大井篤、工藤俊作、小園安名、実松譲、豊田隈雄らがいた。鳥海、妙高、加賀などに乗艦、戦時中は貯油等燃料対策に従事。敗戦時は海軍大佐で海軍省燃料課長。昭和23年原書房を創業、24年株式会社に改組。27年社長。設立当時は追放中で出版事業に携わることができず、甥の成瀬恭が社業をみた。教育出版社として出発したが、40年より刊行を始めた近現代史の資料・研究書集成「明治百年史叢書」により独自の個性を持つ出版社へと脱皮した。
[家族等]甥=成瀬恭(軍事史研究家・原書房社長)
【参考】『原書房40年のあゆみ』成瀬恭著 原書房 1989

原 亮一郎　はら・りょういちろう
東京書籍会長

[生年月日]明治2年(1869年)2月12日
[没年月日]昭和10年(1935年)10月9日
[出生地]東京府　[学歴]東京高商卒, ダリッジ・カレッジ(英国)

金港堂創業者・原亮三郎の長男。明治19年英国に留学、ダリッジ・カレッジで経済学を専攻し帰国。33年金港堂を継ぎ、34年秋帝国書籍取締役に就任。35年の教科書疑獄事件をきっかけに小学校教科書は国定となり事業が衰退。国定教科書の供給制度は何度か改正の後、42年日本書籍、大阪書籍、東京書籍の3社が翻刻指定会社となり印刷製本を請負い、それを株式会社国定教科書共同販売所が全国に供給販売する体制となった。石川正作、坂本嘉治馬、宮川保全等の発起人と共に東京書籍の創立に関わり初代会長に就任した。帝国印刷、日本製紙などの各重役も務めた。
[家族等]父=原亮三郎(金港堂創業者)

原 亮三郎　はら・りょうざぶろう
金港堂創業者

[生年月日]嘉永1年(1848年)10月18日
[没年月日]大正8年(1919年)12月8日
[出生地]美濃国羽栗郡平方(岐阜県羽島市)
[旧名]伊藤　[別名等]幼名=寿三郎

16歳で父の大庄屋職を継ぐ。明治5年東京に出て駅逓寮雇吏、6年神奈川県吏となる。8年

横浜に出版社・金港堂を創業。9年には東京・日本橋に進出し、数年後には教科書出版で業界トップに。森有礼の勧めで編輯所を置き、21年三宅米吉主筆の雑誌「文」を創刊。次いで文芸雑誌「都の花」を創刊、中心に山田美妙を起用した。26年金港堂書籍株式会社に改組。33年日銀監事、兼職禁止の定めに従い社長を長男・亮一郎に譲る。34年雑誌出版に進出、1年間に「教育界」など7大雑誌を刊行。この間、20年に東京書籍出版営業組合初代頭取及び第九十五国立銀行頭取、25年には岐阜3区より衆院議員に当選。35年暮からの教科書疑獄事件の結果、小学校教科書は国定となり大きな打撃を受けた。一般図書や雑誌への進出も思うような成果は上らず、明治末には大幅な減資に追込まれた。なお36年上海の商務印書館と提携、この合弁会社は大正3年1月まで続いた。

［家族等］長男＝原亮一郎（金港堂社長）
【参考】稲岡勝「原亮三郎伝の神話と正像」（「出版研究」18号 1987）

原田 磯夫　はらだ・いそお
「九州人」編輯発行人

［生年月日］明治42年（1909年）8月8日
［没年月日］平成9年（1997年）8月10日
［出身地］福岡県八幡市（北九州市）

朝日新聞西部本社に勤務し、朝日新聞西部支部長を最後に退職。昭和43年2月から56年2月まで地域文化誌「九州人」全157冊を編集発行し、地域文化の振興に尽力した。

原田 庄左衛門　はらだ・しょうざえもん
博文堂創業者

［生年月日］安政2年（1855年）9月
［没年月日］昭和13年（1938年）9月16日
［別名等］幼名＝清太郎

武蔵忍藩士の長男。明治2年書林を開業、地元の儒者伊藤卓三の著作などを出版。11年塚原苔園訓点「唐宋八家文読本」が当たり、更に「小学商業書」「小学農業書」が各府県の教科書に採用されて数版を重ね店勢を確立した。18年から東海散士「佳人之奇遇」、末広鉄腸「雪中梅」、西村天囚「屑屋の籠」、尾崎行雄「新日本」等の政治小説を刊行して読書界を風靡した。勢いにのって21年末、政論雑誌「経世評論」（池辺三山主筆）を創刊したが、事業に大失敗したらしく間もなく廃刊。借金返済のため金策に奔走する日々が続くが復興は思うに任せず「神田の西小川町の屋敷長屋に逼塞して辛うじて出版を継続していた」（内田魯庵「銀座繁盛記」）。この停滞は「書籍総目録」1、2版の書目に明白である。30年代に大阪に移転、二男・油谷達のもとで油谷博文堂として再出発、書画碑帖の輸入や法帖の出版できこえた。内藤湖南、狩野直喜、長尾雨山などの京都支那学を縁の下で支えた。

［家族等］二男＝油谷達（洋画家），弟＝小川一真（写真師）

原田 常治　はらだ・つねじ
婦人生活社創業者

［生年月日］明治36年（1903年）4月26日
［没年月日］昭和52年（1977年）8月23日
［出身地］千葉県八日市場市（匝瑳市）　［別名等］筆名＝有田治　［学歴］日本大学〔大正14年〕卒

昭和4年講談社に入り、「婦人倶楽部」の編集に従事。22年同僚であった小林圭四郎（昭和29年5月8日没）と独立し同志社を創業、「婦人生活」を創刊。38年社名を婦人生活社に改称。
［家族等］長男＝原田稔（婦人生活社社長），孫＝原田邦穂（婦人生活社社長）　［叙勲］勲四等瑞宝章〔昭和48年〕

原田 繁一　はらだ・はんいち
ポケット講談社創業者　成海堂創業者

［生年月日］明治19年（1886年）11月
［没年月日］没年不詳
［出身地］大阪府

明治29年大阪の成象堂に入り、大正8年まで勤める。独立・上京して神田錦町にポケット講談社及び成海堂を創業。以後、雑誌「ポケット講談」の創刊を皮切りに幼年・少年向け雑誌や講談雑誌、映画雑誌などを次々と発行した。12年関東大震災で駿河台に店舗を移転するが、多年にわたって築き上げた厚い信用により、間もなく社業を再興した。

原田 三夫　はらだ・みつお
「子供の科学」編集主幹　科学評論家

[生年月日]明治23年（1890年）1月1日
[没年月日]昭和52年（1977年）6月13日
[出生地]愛知県名古屋市　[学歴]東京帝国大学理科大学植物学科〔大正5年〕卒

愛知一中から札幌農学校に進み、有島武郎に師事。明治43年肺病のため中退後は八高、東京帝大理科大学に入学し、生物学を専攻した。大正5年卒業後、東京府立一中教諭、雑誌「少年科学」編集、民衆園芸経営など職を転々。傍ら、児童向き、一般向きの通俗科学書の著述に従事し、9年より「子供の聞きたがる話」叢書の刊行を開始した（11年全10巻完結）。同年東京で科学知識普及協会の雑誌「科学知識」の編集や学芸活動写真社で教育映画の制作などに携わり、12年新光社の「科学画報」創刊に参画。13年誠文堂の「子供の科学」創刊と共に初代編集主幹となり、子ども向けの分かりやすい編集方針で部数を伸ばした。一方、国民図書の「最新科学講座」の発刊にも関わるが、これが元で誠文堂社主・小川菊松と対立し、昭和3年「子供の科学」「科学画報」の編集より手を引いた。以降は教育映画の撮影や東京図書の科学雑誌「面白い理科」の編集などに当たり、9年「面白い科学」を創刊するが、間もなく同誌が「子供の科学」に吸収されたため、顧問として誠文堂新光社に復社。17年日刊工業新聞の「国民科学グラフ」顧問。戦中戦後も子ども向けの科学啓蒙書執筆に力を注ぐ一方で、28年日本宇宙旅行協会を設立、30年同理事長に就任。39年退任して千葉県大原町に隠棲した。
[家族等]息子＝前谷惟光（漫画家）　[受賞]日本児童文芸家協会児童文化功労者（第6回）〔昭和39年〕
【参考】『思い出の七十年』原田三夫著　誠文堂新光社　1966

原田 稔　はらだ・みのる
婦人生活社社長

[生年月日]昭和5年（1930年）12月19日
[没年月日]平成4年（1992年）9月1日
[出生地]東京都　[学歴]東京教育大学文学部〔昭和28年〕卒

婦人生活社創業者・原田常治の長男。昭和28年婦人生活社に入社。39年専務、48年副社長を経て、49年社長に就任。
[家族等]長男＝原田邦悠（婦人生活社社長）、父＝原田常治（婦人生活社創業者）

原野 仲次　はらの・なかじ
新興出版社啓林館創業者

[生年月日]明治36年（1903年）2月15日
[没年月日]昭和53年（1978年）1月6日
[出生地]岡山県邑久郡牛窓町（瀬戸内市）

はじめ製本会社に勤務したが、大正12年日本出版社に入社。昭和10年独立して国進社を設立し、学習参考書を中心に出版した。21年佐藤武雄、原野仲次と大阪で任意組合新興出版社を創業、24年株式会社に改組して代表取締役社長。36年新興出版社啓林館に社名変更。44年会長、46年相談役。教科書準拠の自習書や理数系の検定教科書を出版した。教科書協会理事、日本出版クラブ評議員を務めた。
[叙勲]勲四等旭日小綬章〔昭和48年〕
【参考】『新興出版社啓林館50年史』新興出版社啓林館　1996

春山 行夫　はるやま・ゆきお
「セルパン」編集長 「雄鶏通信」編集長 詩人

[生年月日]明治35年（1902年）7月1日
[没年月日]平成6年（1994年）10月10日
[出生地]愛知県名古屋市東区主税町　[本名]市橋渉　[学歴]名古屋市立商〔大正6年〕中退

4人兄姉（3男1女）の末弟。大正6年名古屋市立商を中退、独学で英語・仏語を修得。10年より井口蕉花と詩誌「赤い花」を発行、13年第一詩集「月の出る町」を出版。同年上京し、15年詩誌「謝肉祭」を創刊。昭和3年百田宗治の紹介で厚生閣に入り、季刊誌「詩と詩論」（7年「文学」に改題）の編集に携わる。4年「改造」の文芸批評募集に応じ、1位の宮本顕治「敗北の文学」、2位の小林秀雄「様々なる意匠」に次ぐ3位。8年厚生閣を退社、10年第一書房に入社して総務（編集局長）となり、総合誌「セルパン」を編集。17年東方社の対外宣伝誌「FRONT」の企画編集に参加。20年11月雄鶏社の文化情報誌「雄鶏通信」創刊編集長となったが、23年公職追放に遭った。戦後はもっぱらエッセイストとして活躍、NHKラジオ「話の泉」にレギュラー回答者として出演した。

【参考】『春山行夫』中村洋子編 日外アソシエーツ 1992

半沢 成二　はんざわ・せいじ
「婦人公論」編集者 小説家

[生年月日]明治29年（1896年）12月3日
[没年月日]昭和49年（1974年）6月14日
[出生地]福島県安積郡　[別名等]筆名＝諏訪三郎

高小卒業後、上京して夜学に通学。大正7年中央公論社に入り、「中央公論」「婦人公論」の編集に従事。特に「婦人公論」編集主幹であった嶋中雄作に可愛がられ、有島武郎と心中した波多野秋子は同僚で交流があった。佐藤春夫に私淑して小説家を志し、12年その推輓によりライバル誌「改造」に諏訪三郎の筆名で「郊外の貧しき街より」を発表、小説家デビュー。13年川端康成、横光利一らと同人誌「文芸時代」を創刊した。14年中央公論社を退社後は「中外商業新報」の遊軍記者などを務めた。昭和5年以降は少女小説、婦人小説などの大衆作家に転じ、著書に「ビルヂング棲息者」「鬼怒十里」「大地の朝」「美しき山河」などがある。40年嶋中の十七回忌に招かれたことをきっかけに、嶋中との思い出を書いた手記を執筆して嶋中夫人に献呈。没後の61年、本名の半沢成二名義で「大正の雑誌記者 一婦人公論記者の回想」として出版された。

【参考】『大正の雑誌記者 一婦人公論記者の回想』半沢成二著 中央公論社 1986

坂東 恭吾　ばんどう・きょうご
帝国図書普及会創業者

[生年月日]明治26年（1893年）6月1日
[没年月日]昭和48年（1973年）1月16日
[出生地]新潟県西蒲原郡吉田町（燕市）　[旧名]毛利　[別名等]号＝白雲

父の死で北海道から母子で上京、製紙原料商上田屋楢次郎の養子となり、上田の生家坂東姓を継いだ。19歳の時、水天宮の縁日で雑誌残本を2銭5厘で均一販売し、特価本販売業の先駆となった。その後新刊書など出版業を始め、大正7年東京図書を創業。また上田屋を経営しながら近藤澄の三星社を継ぎ、少女雑誌「話の友」を発刊、のち社名を話の友社とした。昭和6年帝国図書普及会を創業、理事長となり、台湾、中国などに売れ残り出版物を販売。戦後は浅草で特価本販売に従事、33年日本出版協会専務理事となった。

【ひ】

東淵 修　ひがしぶち・おさむ
　　銀河書房主人　詩人

[生年月日]昭和5年（1930年）6月21日
[没年月日]平成20年（2008年）2月24日
[出生地]大阪府大阪市浪速区　　[学歴]恵美小卒

バンドボーイを経て、喫茶店を経営。傍ら昭和41年詩誌「地帯」を創刊。43年古本屋・銀河書房を開業。銀河詩教室を開設し、「銀河詩手帖」を主宰。大阪市西区のあいりん地区（釜ケ崎）で暮らす人々の哀歓を平易な大阪弁で表現した。著書に「釜ケ崎愛染詩集」「カンカン人生」「おれ・ひと・釜ケ崎」「陸続きの孤島」などがある。
【参考】『カンカン人生　釜ケ崎と俺』東淵修著　弥生書房　1979

樋口 豊三　ひぐち・とよぞう
　　日本カメラ社長　写真家

[生年月日]明治41年（1908年）12月23日
[没年月日]昭和55年（1980年）6月4日
[出生地]東京都豊島区雑司ケ谷　[別名等]筆名＝樋口進亮

旧制中学卒。大正13年頃より写真を始め、昭和3年営業写真家となる。9年カメラ店を開業、10年芙蓉カメラクラブを結成。戦後は銀座に富士商会を開業した。22年写真家集団・銀龍社を桑原甲子雄、林忠彦らとともにプロ・アマ17人で結成。23年には藤川敏行とともに光芸社を設立、出版業に熱意を注ぎ、「アマチュア写真叢書」（全7巻、25年終刊）を刊行、さらに写真雑誌「日本カメラ」を創刊した。出版部長を経て、48年藤川の病気退任を受け社長に就任。54年日本カメラ社に社名を変更した。

樋口 尚　ひぐち・ひさし
　　金龍堂会長

[生年月日]明治28年（1895年）3月7日
[没年月日]昭和63年（1988年）11月20日
[出身地]福岡県福岡市

明治42年久留米の菊竹金文堂に入り本屋修業を経て、大正9年北九州市八幡に創業。13年熊本市上通町に移転、販売に創意工夫を重ねて大型店に発展した。昭和46年金文会名誉会長。
[家族等]長男＝樋口欣一（金龍堂社長）　[叙勲]黄綬褒章〔昭和52年〕　[受賞]労働大臣賞〔昭和41年〕、熊本県芸術功労者〔昭和58年〕

肥後 栄吉　ひご・えいきち
　　メヂカルフレンド社創業者　小説家

[生年月日]明治39年（1906年）3月21日
[没年月日]昭和43年（1968年）5月19日
[出生地]鹿児島県　　[別名等]筆名＝太田千鶴夫　[学歴]七高造士館卒、千葉医科大学卒

警視庁に警察医として勤務する傍ら執筆活動し、「警察医の日記」などを刊行。退官して友田合資会社で編集課長として医家向け情報誌「臨床月報」の編集に従事した後、昭和21年日本医学雑誌（現・医学書院）発行の雑誌「看護学雑誌」創刊編集長となる。傍ら、22年妻を社長としてメヂカルフレンド社を創業、処女出版は「看護実習教本」。24年「看護学雑誌」編集長を退いてメヂカルフレンド社社長に就任、看護書の専門出版社としての地位を確立したが、34年同社を事実上倒産させ退任。その後、義弟の福原誠一が社長となり、専務の小倉一春と同社を再建した。
[家族等]義弟＝福原誠一（メヂカルフレンド社社長）　[受賞]「改造」懸賞創作入選（第4回）〔昭和6年〕「墜落の歌」
【参考】『メヂカルフレンド社創業五十年史』1999

彦坂 竹男　ひこさか・たけお
一粒社創業者　判例時報社創業者

[生年月日]明治38年（1905年）7月21日
[没年月日]昭和60年（1985年）4月7日
[出身地]静岡県　[学歴]東京帝国大学経済学部卒

日本評論社編集局次長、同盟通信社調査部主任を務めた。昭和19年戦時下最大の言論弾圧として知られる横浜事件で逮捕され、20年9月不起訴となり釈放される。26年法律関係の専門出版社・一粒社を創業、処女出版は末弘厳太郎『断腸前後 遺稿と日記』。28年株式会社に改組。また、同年判例速報誌「判例時報」を発行する判例時報社を設立した。

久田 尚子　ひさだ・しょうこ
「装苑」編集長　ファッションジャーナリスト

[生年月日]昭和10年（1935年）
[没年月日]平成24年（2012年）9月28日
[出生地]愛知県名古屋市　[学歴]文化服装学院〔昭和32年〕卒

昭和32年文化出版局に入社、「装苑」編集部勤務。42年「SOEN」パリ支局駐在、のち「装苑」「ミセス」「ハイファッション」各編集長を歴任。平成7年雑誌担当局次長を経て、8年定年退職。この間、昭和55年第1回プレタポルテコレクションで読売新聞社のコミッティ・アドバイザーを務める。60年東京ファッションデザイナー協議会（CFD）結成に参画、平成8〜18年同議長を務めた。ファッションジャーナリストの草分け的存在。
[受賞]毎日ファッション大賞（鯨岡阿美子賞、第18回）〔平成12年〕

久富 達夫　ひさとみ・たつお
日本出版会会長　内閣情報局次長

[生年月日]明治31年（1898年）10月2日
[没年月日]昭和43年（1968年）12月29日
[出生地]東京市深川区西森下町（東京都江東区）　[旧名]郷　[学歴]東京府立一中〔大正6年〕卒、一高二部卒、東京帝国大学工学部造兵学科〔大正11年〕卒・法学部政治学科〔大正14年〕卒

父は医師で、4人兄妹（2男2女）の二男。兄は大日本体育会理事長を務めた郷隆で、実業家・郷誠之助は母方の伯父。一高から東京帝国大学造兵学科に進み、大正11年卒業すると法学部に入り直し、14年卒業。この間、久富家を継ぎ、また、「帝国大学新聞」の創始者の一人となる。同年大阪毎日新聞社に入社、15年アフリカに特派され紙上に「東アフリカの旅」を連載。昭和4年東京日日新聞社（現・毎日新聞社）政治部に転じて主に海軍関係を取材、6年政治部副部長、9年同部長に抜擢される。13年編集総務、14年編集局理事。15年近衛文麿首相に望まれて内閣情報局次長に転じ、16年1月大政翼賛会宣伝部長も兼務したが、10月近衛内閣総辞職と共に退任。17年日本出版文化協会専務理事、18年日本出版会の初代会長。同年大日本出版報国団団長、19年NHK専務理事を経て、20年再び内閣情報局次長。同年8月太平洋戦争敗戦に際し、玉音放送の実施を下村宏情報局総裁に進言した。22年公職追放に遭い、27年解除後は日本航空協会副会長、日本教科図書販売社長などを務める一方、アマスポーツ界の重鎮として、33年国立競技場会長、35年JOC委員などを歴任。東京五輪の開催に尽力した。柔道8段。
[家族等]兄＝郷隆（大日本体育会理事長）、祖父＝郷純造（大蔵次官・男爵）、伯父＝郷誠之助（実業家・男爵）　[叙勲]藍綬褒章〔昭和39年〕、勲二等旭日重光章〔昭和43年〕
【参考】『久富達夫』久富達夫追想録編集委員会編 1969

久本 三多　ひさもと・さんた
葦書房社長

[生年月日]昭和21年（1946年）3月10日
[没年月日]平成6年（1994年）6月8日
[出生地]東京都武蔵野市　[出身地]長崎県長

崎市　[学歴]長崎西高〔昭和39年〕卒,長崎大学経済学部〔昭和43年〕卒
東京都武蔵野市で生まれ、間もなく長崎市へ移る。名前は「高山詩話」の「多く読むこと、多く文を作ること、多く推敲すること」にちなむ。昭和43年東京書籍、44年キャセイ・パシフィック航空を経て、45年福岡市で葦書房設立に参画。47年より代表。当初は大学テキストや自費出版を手がけていたが、48年山本作兵衛の画と文による「筑豊炭坑絵巻」を出版して全国から注目を集め、社業の基礎を固めた。59年上村希美雄「宮崎兄弟伝 日本編」(全2巻)の版元として毎日出版文化賞を受賞、小さな地方出版社の受賞は同賞史上初めて。48年石牟礼道子・渡辺京二・松浦豊敏責任編集の季刊誌「暗河」の発売元を引き受け(55年まで)、木村栄文「六鼓菊竹淳」、上野英信・趙根在監修「写真万葉録・筑豊」(全10巻)、「夢野久作全集」(全6巻)など地方の特殊性を生かした優れた出版物を刊行するなど、九州を代表する出版社の一つに育て上げたが、平成6年48歳で早世した。
[受賞]毎日出版文化賞(第38回)〔昭和59年〕,梓会出版文化特別賞(平成2年度)〔平成3年〕,福岡県文化賞〔平成7年〕
【参考】『久本三多 ひとと仕事』久本三多追悼集刊行会編 葦書房 1995

肥田　務　ひだ・つとむ
金興堂創業者

[生年月日]大正5年(1916年)10月11日
[没年月日]平成4年(1992年)3月19日
[出身地]福岡県　[学歴]豊津中〔昭和8年〕卒
昭和8年菊竹金文堂に入社。17年金龍堂支配人を経て、24年熊本市に金興堂書店を創業。41年熊本市書店組合理事長、52年熊本県書店組合理事長、57年九州書店組合連合会会長、62年日本書店商業組合連合会副会長に就任。平成2年熊本県書店組合理事長として地方中小書店経営の窮状を訴え「マージン30%確保を求める」との要望書を日書連に提出、正味引き下げ運動に取り組むよう求め、業界の注目を集めた。
[家族等]長男=肥田泰幸(金興堂社長)

檜　常太郎　ひのき・つねたろう
檜書店社長

[生年月日]明治42年(1909年)1月15日
[没年月日]平成14年(2002年)10月30日
[出身地]京都府京都市　[学歴]慶応義塾大学法学部政治科〔昭和6年〕卒
昭和6年観世流謡本などの出版を手がける家業の出版社・檜書店を継ぐ。観世流、金剛流謡本の他、月刊「観世」など能・狂言関連の図書を幅広く刊行した。
[家族等]長男=檜常正(檜書店社長),長女=椙杜久子(檜書店社長)　[叙勲]勲四等旭日小綬章〔昭和63年〕　[受賞]催花賞(第11回)〔平成11年〕

檜　常之助(2代目)　ひのき・つねのすけ
檜書店主人

[生年月日]明治6年(1873年)8月26日
[没年月日]昭和12年(1937年)8月28日
観世流謡曲本の出版権は寛永年間に二条通で開業した大瓜堂山本長兵衛が江戸時代を通じ20回に及ぶ改版をしながら繁栄を続けてきたが、慶応2年(1866年)初代常之助が版権全部を譲り受け事業を建て直した。明治37年初代物故後、嗣子の常之助が2代目を継ぎ、金剛流謡曲本の発行権をも得て大正8年東京に本店を移し業務を拡張、昭和3年合資会社に改組大瓜堂の商号を廃して檜書店と改称した。5年には月刊誌「観世」を発行した。

平井　正　ひらい・ただし
平井点字社代表

[生年月日]大正1年(1912年)10月8日
[没年月日]平成13年(2001年)3月15日
[出身地]香川県高松市　[学歴]高松尋常高

小卒

全盲の箏曲家だった父・平井入江検校の影響で小学生の頃から点字と音楽に親しむ。昭和7年大阪市立盲学校に音楽科教務助手として就職。本格的に点字を学び、14年日本で唯一の点字楽譜専門の出版所・平井点字社を設立。16年結婚後は妻と二人三脚で点字楽譜を作り続け、クラシック、民謡、ポップス、ジャズなど幅広いジャンルの約5000曲を点訳・出版した。

[受賞] 点字毎日文化賞（第31回）〔平成6年〕、吉川英治文化賞（第29回）〔平成7年〕

平河内 公平　ひらこうち・こうへい
「別冊マーガレット」編集長　集英社常務

[生年月日] 生年不詳
[没年月日] 平成18年（2006年）6月30日

昭和36年集英社に入社。「週刊マーガレット」「別冊マーガレット」各編集長などを経て、平成4年取締役、8年常務。12年創美社代表取締役、16年顧問。

平沢 直吉　ひらさわ・なおきち
東京堂取締役

[生年月日] 明治15年（1882年）12月28日
[没年月日] 昭和39年（1964年）11月10日
[出生地] 新潟県

明治39年東京堂に入店。大正7年株式会社改組に伴い取締役。9年社内に寺子屋的な塾を開き、昭和2年東京堂教習所を開設して店員たちを学ばせ、人材を育成した。同教習所は10年実践商業学校となり、今日の実践学園中学・高校へと発展した。

平野 岑一　ひらの・しんいち
大阪毎日新聞社校正部長

[生年月日] 明治21年（1888年）1月5日
[没年月日] 没年不詳
[出生地] 和歌山県和歌山市　[別名等] 号＝秋来

大阪市で小学校高等3年を終え、明治34年大阪毎日新聞社に入社。同社校正部長。昭和3年刊の大阪毎日新聞社校正部編「校正の研究」の実質上の編者で、著書に「世界第六位の新聞　毎日新聞の青春時代」「無学歴者の生涯　わたしの毎日新聞小史」などがある。

【参考】『世界第六位の新聞　毎日新聞の青春時代』平野岑一著　六月社　1961

平野 富二　ひらの・とみじ
東京築地活版製造所社長　石川島播磨重工業創業者

[生年月日] 弘化3年（1846年）8月14日
[没年月日] 明治25年（1892年）12月3日
[出生地] 肥前国長崎（長崎県長崎市）　[旧名] 矢次　[別名等] 幼名＝富次郎

3歳で父を失い平野家の養子となり、苦学の末、本木昌造に見出されて、文久元年（1861年）長崎製鉄所機関手見習となる。本木に汽船航法等を学び、慶応2年（1866年）回天丸を江戸へ回航、3年土佐藩の藩船機械方、明治元年一等機関士となり、2年本木のあとをうけて長崎製鉄所所長に就任。3年小管造船所長兼任、後の三菱造船所の基礎を築いた。4年本木に請われて長崎新塾活版製造所の経営を委託され、鋳造活字の製造に成功。5年上京、神田に出張所を開設、活字の製造販売を開始。6年築地に平野活版製造所を設立。18年東京築地活版製造所に改組、初代社長に就任。この間、石川島造船局の跡地を借り受け印刷機製造に着手。9年には石川島平野造船所（石川島播磨重工業の前身）を設立、20年に進水した鳥海は民間で造られた鉄製軍艦の第1号として知られる。また11年新潟・佐渡間の海運業を始め、17年平野汽船組合を設立した。

【参考】『石川島造船所創業者　平野富二の生涯』高松昇著　IHI　2009

平野　正祐　ひらの・まさすけ
　　　平安堂創業者

[生年月日] 明治40年（1907年）1月17日
[没年月日] 昭和60年（1985年）12月6日
[出生地] 岐阜県恵那郡中津町（中津川市）
[学歴] 東濃中〔大正14年〕卒

昭和2年母の実家である長野県飯田町伝馬町に書店を開く。客寄せに絶えず豆広告を出す等の工夫をして店勢を拡大した。22年飯田の大火で全焼したがすぐに復興、新聞雑誌スタンドを各地に置き販売網として販促につなげた。のちに小型書店をPOS管理によって効率よく委託運営する平安堂フランチャイズチェーン方式を採用、県内各地に店舗を展開した。この間、43年株式会社に改組。
[家族等] 長男＝平野稔（平安堂社長）
【参考】『平安堂八十年の歩み』平安堂 2007

平野　稔　ひらの・みのる
　　　平安堂社長

[生年月日] 昭和14年（1939年）8月21日
[没年月日] 平成23年（2011年）12月21日
[出生地] 長野県飯田市　[学歴] 日本大学法学部〔昭和37年〕卒

父は書店チェーン・平安堂創業者の平野正祐。大学卒業後1年間前橋市の書店で経営を学び、昭和38年平安堂に入社。61年社長に就任。平成8年会長、23年顧問に退く。16年よりブルーカードを展開する信州コミュニケーションズ社長。田中康夫元長野県知事を支援した、しなやかな長野県をはぐくむ会の副会長も務めた。
[家族等] 父＝平野正祐（平安堂創業者）

広岡　幸助　ひろおか・こうすけ
　　　栄泉社主人

[生年月日] 文政12年（1829年）
[没年月日] 大正7年（1918年）7月
[出生地] 江戸堀留町（東京都中央区）　[別名等] 号＝羽扇

安政6年（1859年）地本問屋となり、ベストセラー「白縫譚（しらぬいものがたり）」発行の権利を得る。明治5年西田伝助、落合芳幾などと「東京日日新聞」の創刊に関わったが、14年日報社の改組を機に退社し戯作に復帰。15年栄泉社をおこし江戸時代の実録写本を活字翻刻した「今古実録」シリーズを刊行し人気を博した。

広川　源治　ひろかわ・げんじ
　　　広川書店創業者

[生年月日] 明治33年（1900年）10月28日
[没年月日] 昭和59年（1984年）2月20日
[出生地] 群馬県甘楽郡　[学歴] 小幡尋常高小〔大正2年〕卒

大正2年浅見文林堂に入店。支配人を経て、15年独立して東京・神田で広林堂（のち広川書店）を創業。26年有限会社、33年株式会社に改組。薬学専門書の出版を志して「薬学叢書」を刊行。また、薬学専門学校用教科書を発行した。やがて自然科学全般の学術書出版に手を広げた。
[家族等] 長男＝広川節男（広川書店社長），二男＝広川英男（広川書店副社長）　[叙勲] 勲五等双光旭日章〔昭和49年〕
【参考】「本会有功会員・広川源治氏を送る」（「ファルマシア」1984.6）

広瀬　徳二　ひろせ・とくじ
　　　小学館取締役

[生年月日] 大正14年（1925年）8月12日
[没年月日] 昭和52年（1977年）8月11日
[出身地] 東京都　[学歴] 東京大学文学部〔昭和24年〕卒

小学館に入社。「週刊少年サンデー」編集長、第二編集部長を経て、昭和52年まで編集担当の取締役を務めた。
【参考】『廣瀬徳二の思い出』廣瀬芳子 1979

333

広瀬 豊　ひろせ・ゆたか
「月刊陸上競技」編集長　陸上競技社社長

[生年月日]昭和7年（1932年）1月18日
[没年月日]平成18年（2006年）7月20日
[出身地]愛知県　[学歴]法政大学卒

法政大学時代は陸上の跳躍選手として活躍。卒業後は講談社に入社し、昭和42年陸上専門誌「月刊陸上競技」を創刊。61年陸上競技社を設立、社長に就任。編集長として同誌を発刊する傍ら、平成13年関東学生陸上競技連盟会長に就任。同連盟主催の箱根駅伝（東京箱根間往復大学駅伝競走）出場校を、15年第79大会より15校から20校に増やすなど駅伝を国民的な人気を誇るイベントに発展させた。

広田 精一　ひろた・せいいち
オーム社創業者　電機学校創立者

[生年月日]明治4年（1871年）10月20日
[没年月日]昭和6年（1931年）1月25日
[出生地]広島県福山市　[学歴]帝国大学工科大学電気工学科〔明治29年〕卒　工学博士

明治29年大学を卒業して大手電気機器輸入商社である高田商会に入社。在職のままドイツのシーメンス・ハルスケに入り、欧米諸国を視察。40年大学後輩の扇本真吉と電機学校（現・東京電機大学）を創立し、出版部を設置。大正3年学校の付帯事業として電気工学の月刊専門誌「OHM」をオーム社発行として創刊。誌名は電気工学の基本法則オームの法則によるが、"OHM"にはたまたま、扇本、広田、同校教頭の丸山蕚三の頭文字「O」「H」「M」が入っている。11年同社を学校から独立させ、株式会社に改組、理工学専門の出版社とした。この間、10年から神戸工業高校校長も務めた。

[叙勲]勲三等瑞宝章〔昭和5年〕
【参考】『単松遺風 広田精一先生遺稿』電機学校編 1931

【ふ】

風月堂 孫助　ふうげつどう・まごすけ
風月堂主人

寛永初めに開業した京都の風月堂（沢田庄左衛門）より別家し、少くとも貞享4年（1687年）名古屋の地で開業。その年の暮、松尾芭蕉が店に立寄り「いざ出む雪見にころぶ所まで」の朗吟を店主に贈った話は風月の名を広く知らしめた。当初は京本家の書物を取次販売していたが明和期に入って出版を始め俳書や漢詩集を刊行した。藩政改革で学問奨励策がとられ、また三都の支配下にあった名古屋でも書林仲間が公認されその結果自開板が可能となった。こうした追風にのって風月堂は藩の御用を務めるなどして寛政享和期に最盛期をむかえる。しかし永楽屋など新興書肆が勃興する文化期になると、この老舗は守旧的経営を墨守するのみで時流に乗りおくれ、天保以降は凋落の一途をたどった。

【参考】『尾張の書林と出版』岸雅裕著 青裳堂書店 1999

深井 深　ふかい・ふかし
旺文社副社長

[生年月日]明治44年（1911年）3月2日
[没年月日]昭和36年（1961年）8月6日
[出生地]長野県小県郡和村（東御市）　[学歴]東京物理学校〔昭和10年〕中退

昭和10年旺文社に入社。以後、社長の赤尾好夫を助け、同社の基礎固めに尽くした。24年日本出版配給の閉鎖に際しては赤尾の意を受けて新しい取次会社の設立に奔走し、同年の東京出版販売（現・トーハン）創立を実現させた。35年旺文社副社長。日本学生会館取締役、日本英語教育協会理事なども歴任した。

深見 兵吉　ふかみ・ひょうきち
成美堂出版創業者 光風社出版社長

[生年月日]明治45年（1912年）4月17日
[没月日]平成7年（1995年）12月8日
[出身地]和歌山県　[学歴]和歌山商卒

昭和2年叔父が務める和歌山市の宮井平安堂に入社。東洋図書営業部長、文英堂東京支社長などを経て、44年56歳の時に義弟が経営していた成美堂を成美堂書店として株式会社に改組し、社長に就任。ポケットサイズのスポーツ、レクリエーション図書で社の基盤を築いた。54年光風社書店を引き継いで光風社出版を設立、社長に就任した。
[家族等]叔父＝深見兵八（宮井平安堂常務）
【参考】『成美堂出版の二十年』成美堂出版 1989

深山 尚文　ふかやま・なおぶみ
中央社社長

[生年月日]明治34年（1901年）4月5日
[没月日]平成1年（1989年）4月13日
[出身地]三重県

三井銀行札幌支店長から取次の中央社に転じ、昭和31年副社長を経て、39～45年社長。同社の基盤確立に努めた。

福岡 信　ふくおか・まこと
東京出版販売専務

[生年月日]明治34年（1901年）11月13日
[没月日]昭和39年（1964年）5月30日
[出身地]神奈川県　[旧名]鴨志田　[学歴]東京主計学校〔大正11年〕卒

大正11年東京堂に入社。昭和16年統合により日本出版配給に移り、整理課長、九州支店長、本店計画課長などを歴任。24年東京出版販売（現・トーハン）創立に際して取締役となり、29年常務、34年専務。全国の有力書店に多くの知己を持ち、取引書店の拡大に貢献。内外の信用を高め、社業の基礎を固めた。
【参考】『東販三十年史』東京出版販売 1979

福岡 益雄　ふくおか・ますお
金星堂創業者

[生年月日]明治27年（1894年）9月17日
[没月日]昭和45年（1970年）12月24日
[出生地]京都府京都市　[別名等]号＝真寸夫

父はなく、看護婦の母の手で育てられる。小学校中退後、京都の古本屋・山中巌松堂に奉公したが、22歳で上京。関西出版書籍の卸売で知られる富田文陽堂に入店。大正7年独立して書籍卸商の上方屋書店を創業。傍ら、金星堂の名で出版も行い、田山花袋「小春傘」「春雨」「かの女」などを刊行した。10年以降は出版活動を本格化させ、「随筆感想叢書」「金星堂名作叢書」などを出版。関東大震災で店舗や在庫を焼失し危機に瀕するが、川端康成、横光利一ら新感覚派に接近し、13年雑誌「文芸時代」を創刊。横光「御身」、川端「伊豆の踊子」、金子洋文「鷗」、宇野千代「幸福」など同誌に集った作家たちの著作を刊行、モダニズム文学の出版に先駆的な業績を残した。また、「ジイド全集」「チェーホフ全集」などの全集類や、カメラ誌「アマチュア」、将棋誌「将棋講座」なども発行。19年同社は戦時の企業整備により国民図書刊行会に統合され、同常務に就任。戦後は大学教科書、学習参考書などを出版し、日本書籍出版協会副会長などを務めた。句集「牡丹の芽」「白牡丹」がある。
[叙勲]勲四等瑞宝章〔昭和43年〕
【参考】『金星堂のころ』門野虎三著 ワーク図書 1972（複製 金沢文圃閣 2011）

福岡 易之助　ふくおか・やすのすけ
白水社創業者

[生年月日]明治18年（1885年）9月28日
[没月日]昭和6年（1931年）2月8日
[出身地]秋田県平鹿郡福地村（横手市）　[別名等]号＝雄川　[学歴]東京帝国大学文科大学仏文科〔明治43年〕卒

秋田の豪農の長男。東京帝国大学仏文科を卒

業後間もなく胸の病気のため茅ケ崎で療養し、回復後は帰郷して農業に携わる傍ら、農村青年の教育・指導に当たった。のち再度上京し、大正4年出版社・白水社を創業。10年「模範仏和大辞典」の完成以降はフランス語学書の出版・普及に力を注ぎ、フランス語雑誌「ふらんす」などを発行。その後、「新仏和小辞典」の刊行に心血を注ぎ、12年これを完成させるが、同年の関東大震災により事業は頓挫。13年神田錦町に新社屋を建てて業務を再開し、「標音仏和辞典」「仏蘭西文学訳注叢書」など多くの辞書・単行本を刊行した。14年には学友の内藤濯らの協力を得て杉田義雄を主幹とした雑誌「La Semeuse」(のち「ふらんす」に改題)を創刊。同年フランス原書の直輸入販売の開始に合わせて社屋を神田小川町に移転。昭和5年株式会社に改組して社長に就任。同年9月に東郷青児訳のジャン・コクトー「怖るべき子供たち」を上梓して再び文芸書出版に乗り出したが、6年49歳の若さで死去した。

[家族等]妻=福岡せい(白水社社長)、義兄=田子一民(政治家・内務官僚)　[叙勲]レジオン・ド・ヌール勲章〔大正10年〕

福沢　諭吉　ふくざわ・ゆきち
慶応義塾創立者　啓蒙思想家　福沢屋諭吉

[生年月日]天保5年(1834年)12月12日
[没年月日]明治34年(1901年)2月3日
[出生地]大坂堂島(大阪府大阪市)　[出身地]豊前国中津(大分県中津市)

豊前中津藩士の五子。万延元年(1860年)志願して軍艦奉行・木村喜毅の従僕という名目で幕府の遣米使節に随行する。帰国後、米国で手に入れた広東語・英語対訳による「華英通語」に日本語の訳語を付した「増訂華英通語」を自身初の著作として刊行、また自身の蘭学塾を英学に転換した。文久元年(1861年)幕府の遣欧使節に加わり、約1年間に渡って仏英をはじめとする欧州各国を歴訪。元治元年(1864年)には幕府の外国奉行翻訳方に任ぜられた。慶応2年(1866年)幕府の軍艦受取委員の一行に参加して再渡米。帰国後は執筆活動を本格化させ、同年「西洋事情」の初編を刊行(外編は明治元年、三編は3年にそれぞれ刊行)、これは偽版も含めて20万部を売り上げる大ベストセラーとなり、西洋の諸制度や思想の紹介に大きく貢献した。明治元年芝新銭座に塾を移転し、慶応義塾と改称。以後、塾生の指導に心血を注ぎながら著述を進め、欧米事情通の知識人として近代合理化主義を提唱するなど啓蒙活動に尽力した。2年福沢屋諭吉を名のり、出版業にも着手。4年には塾を三田に再移転。5年「学問のすゝめ」を刊行し、当時の日本人に多大なる影響を与えた。6年明六社を結成に参加。8年「文明論之概略」を著し、啓蒙的文明史論を展開した。12年西周らと東京学士院を、13年社交クラブとして交詢社を設立。自由民権思想の高揚に際しては"内安外競"を説いて距離をおき、15年には"官民調和""不偏不党"の思想に基づく「時事新報」を創刊して政治問題や時事問題、社会問題などで活発な論陣を張った。

[家族等]孫=清岡映一(慶応義塾大学名誉教授)、福沢進太郎(慶応義塾大学教授)、女婿=福沢桃介(実業家)、甥=今泉一瓢(漫画家)
【参考】『福沢屋諭吉の研究』長尾正憲著　思文閣出版　1988

福島　四郎　ふくしま・しろう
「婦女新聞」発行者

[生年月日]明治7年(1874年)
[没年月日]昭和20年(1945年)2月15日
[出生地]兵庫県　[学歴]早稲田専門学校〔明治31年〕卒

明治33年まで教員生活を送り、同年「婦女新聞」を発刊。大正8年「女子高等教育門戸解放の請願」を帝国議会に提出。9年「婦女新聞」を雑誌形式に改める。昭和2年母子扶助法の請願。17年42年間続いた「婦女新聞」を廃刊。20年没。生涯を男女の地位の不公正不

合理是正のために闘い、女性の向上のために捧げた。著書に「婦人界三十五年」「正史忠臣蔵」がある。
【参考】『婦人界三十五年』福島四郎著 婦女新聞社 1935

福島 正実　ふくしま・まさみ
「SFマガジン」編集長

[生年月日]昭和4年(1929年)2月18日
[没年月日]昭和51年(1976年)4月9日
[出生地]旧樺太豊原　[本名]加藤正実　[学歴]明治大学文学部仏文科〔昭和29年〕中退

父は樺太庁の拓殖技師。父の転勤により満州で暮らしたこともあり、退官後は横浜で育つ。日大文学部英文科在学中に同人誌「四次元」に参加して宮田昇と出会い、昭和25年明治大学文学部仏文科3年に転入。27年恩師の岡田実の紹介で南雲堂に入社するも、28年宮田に誘われ早川書房に転じた。一時父の倒産により退職して印刷ブローカー業に従事したが、31年早川清社長に請われて早川書房に復帰。都筑道夫と机を並べ、32年ともに叢書「ハヤカワ・ファンタジイ・シリーズ」を創刊して海外SFの紹介を始めた。34年「SFマガジン」初代編集長に就任、それまで商業的に日本に定着しなかったSFを根付かせるため様々な分野で啓蒙活動に尽力。自らハインライン「夏への扉」、クラーク「幼年期の終り」、アシモフ「鋼鉄都市」をはじめとする多数の海外SFを翻訳する一方、「SFコンテスト」を実施して小松左京、眉村卓、豊田有恒、筒井康隆らを世に送り出して国内作家の陣容を整え、SFに対する無知・無理解な批判に対しては激しく反論し、その擁護に努めた。43年より東西のSF作家を集めた世界初の「世界SF全集」を企画・刊行したが、44年編集長を退任。日本SFの基礎を固め、その興隆に大きく寄与した一人。児童文学へのSF導入を図って創作活動も行ったが、47歳で早世した。没後、福島正実記念SF童話賞が制定された。
【参考】『未踏の時代』福島正実著 早川書房 1977 (ハヤカワ文庫 2009)

福島 保夫　ふくしま・やすお
「新生」編集者 草野書房創業者

[生年月日]大正6年(1917年)3月13日
[没年月日]平成10年(1998年)5月15日
[出身地]高知県安芸市

昭和13年大阪市役所の事務補助員をしながら、同人誌「茉莉花」に参加。18年上京、20年徴用軍属として東京・吉祥寺で敗戦を迎えた。21年1月「茉莉花」同人であった青山虎之助を訪ね、その経営による総合誌「新生」編集部員となる。22年蒼雲書房(のち草野書房)を設立して坂口安吾、田村泰次郎らの作品を出版。24年から鏡書房、八雲書店、荒木書房、河出書房などで編集業務に従事し、32年西武百貨店で宣伝誌・社内報の編集や社史編纂資料の収集に携わった。57年退職。この間、41年小説集「橋」を刊行。他の著書に「柘榴の木の下で 私のなかの丹羽文雄」「書肆『新生社』私史」「うゐのおくやま 続・私のなかの丹羽文雄」がある。
【参考】『書肆「新生社」私史 もと編集部員の回想』福島保夫著 武蔵野書房 1994／「文芸復興 福島保夫追悼」1999

福田 金次郎　ふくだ・きんじろう
北隆館創業者

[生年月日]万延1年(1860年)6月25日
[没年月日]昭和21年(1946年)2月25日
[出生地]越中国(富山県)　[旧名]浅野

明治22年新聞、雑誌、書籍販売業の義弟を手伝い、24年石川、福井、富山3県の業者10人の出資による北国組を結成、東京出張所を創設して代表者となる。28年巌々堂雑誌部の全部を譲受け北隆館と改称、全国の書籍店に対し取次販売を始めた。29年には北隆館出版部を設け少年誌、書籍の出版、さらに参文舎から牧野富太郎の「植物図鑑」を譲り受け、図鑑出版に発展。大正8年株式会社に改組、4大

取次店の一つとなった。
[家族等]長男=福田良太郎（北隆館社長），孫=福田元次郎（北隆館社長），福田喜三郎（北隆館社長）
【参考】『俤』福田了介編 北隆館 1952

福田　敬業　ふくだ・けいぎょう

⇒万屋　兵四郎（よろずや・へいしろう）を見よ

福田　滋次郎　ふくだ・しげじろう
日本書院創業者

[生年月日]明治11年（1878年）10月1日
[没年月日]昭和15年（1940年）8月7日
[出身地]富山県富山市　[学歴]東京商卒

東京商業学校卒業後、郷里へ帰り富山十二銀行に勤めたが、再び上京。東京・麹町で日本書院を営み、出版及び書籍雑誌の販売に従事。大正10年東京書籍商組合評議員となり、東京雑誌販売組合副組長、東京図書雑誌小売組合副組長などを歴任。北隆館社長・福田良太郎の親戚にあたる。編著書に「勢揃ひ 短篇奇談」「学窓閑話」などがある。

福田　久道　ふくだ・ひさみち
木星社創業者

[生年月日]明治28年（1895年）
[没年月日]没年不詳
[別名等]筆名=鈴木謙彰

大正9年「白樺」にカートライトの「ミレー伝」を訳載、10年ドイツ語からの重訳で「ドストエーフスキイの手紙」を刊行し、早くその理解者として知られた。13年高踏的な文芸美術誌「木星」を発行、また戦前まで木星社（のち木星社書院）を経営、「季刊批評」「唯物論研究」「明治文学研究」等の編集発行を手がけた。

福田　元次郎　ふくだ・もとじろう
北隆館社長

[生年月日]大正4年（1915年）10月18日
[没年月日]平成10年（1998年）7月24日
[出身地]東京都　[別名等]号=二也　[学歴]慶応義塾大学経済学部〔昭和13年〕卒

北隆館社長・福田良太郎の二男。北隆館に入社。昭和15年常務。23年北隆館書店専務、31年北隆館及び北隆館書店の社長に就任。
[家族等]父=福田良太郎（北隆館社長），弟=福田喜三郎（北隆館社長），祖父=福田金次郎（北隆館創業者），叔父=小林政一（東京工業大学名誉教授）

福田　良太郎　ふくだ・りょうたろう
北隆館社長

[生年月日]明治17年（1884年）4月2日
[没年月日]昭和31年（1956年）3月1日
[出生地]富山県富山市　[別名等]号=不可解屋　[学歴]東京商工中〔明治35年〕卒

北隆館創業者・福田金次郎の長男。明治24年7歳の時に父に伴われ上京、35年東京商工中学を卒業して北隆館に入社。37年近衛歩兵第一連隊に入営、38年除隊。大正8年北隆館の株式会社改組と同時に専務となり、昭和15年社長に就任。戦前の4大取次店の一つに数えられたが、16年日本出版配給に統合された。取次業の傍らで出版も行い、牧野富太郎「日本植物図鑑」に代表される植物・動物・昆虫などの図鑑出版に定評があった。23年北隆館書店社長。また、不可解屋（わからずや）と号し、「恵比寿大黒天奉祠」「家紋」「地蔵」「閻魔」「金解禁」「観世音」「嘘」といった二十数冊の自著小冊子を作って知人に配布した。著書に「北隆館五十年を語る」がある。
[家族等]二男=福田元次郎（北隆館社長），三男=福田喜三郎（北隆館社長），父=福田金次郎（北隆館創業者）
【参考】『福田良太郎の追憶』福田元次郎編 1956

福武 哲彦　ふくたけ・てつひこ
　　　　福武書店社長

[生年月日]大正5年(1916年)1月10日
[没年月日]昭和61年(1986年)4月25日
[出生地]岡山県岡山市　[学歴]岡山師範〔昭和10年〕卒

はじめ小学校教師を務めていたが、その後仕事を転々とし、昭和30年生徒手帳をつくる出版社・福武書店を設立。のち高校進学熱の高まりにつれ、模擬テスト(進研模試)、添削通信(進研ゼミ)へと事業を拡張、更に岡山城北学園、進研学園など学校・予備校も経営、同社の急成長を推進した。
[家族等]長男=福武総一郎(ベネッセコーポレーション会長・CEO)
【参考】『社長を偲ぶ 故福武哲彦追悼文集』福武書店 1986

福永 文之助　ふくなが・ぶんのすけ
　　　　警醒社社長

[生年月日]文久1年(1861年)12月24日
[没年月日]昭和14年(1939年)4月15日
[出生地]紀伊国海草郡朝日村(和歌山県和歌山市)

生家は代々庄屋を務める農家。明治11年神戸に出て同郷の商家に勤めたが、12年勤め先の破綻によって週刊のキリスト教新聞「七一雑誌」を発行していた福音社に移り、文選工となった。14年社長付書記に抜擢され、15年店舗の元町3丁目から栄町3丁目へ移転に伴い同店主任に就任。16年松山高吉から受洗。同社の大阪移転後も店舗を守ったが、21年上京して京橋に東京福音社名義の書店を開く。同年経営不振の警醒社と合併、22年その事業全部を譲り受けて個人経営とし、キリスト教主義の図書を中心に出版を続け、明治大正期のキリスト教界に大きな影響を与えた。没後の昭和19年、同社は戦時の企業整備により新教出版社に統合された。
[家族等]長男=福永一良(福永書店創業者)

福永 政雄　ふくなが・まさお
　　　　大阪屋社長

[生年月日]明治27年(1894年)2月11日
[没年月日]昭和63年(1988年)11月13日
[出生地]徳島県麻植郡川田村(吉野川市)
[学歴]関西学院高商部〔大正9年〕卒

日本綿花に入社後、昭和7年大阪宝文館取締役、新生堂書店社長を経て、16年日本出版配給に入社。神戸営業所長、大阪支店長を務める。戦後の24年、日配閉鎖に伴い大阪における新会社の設立に取り組み、大阪屋創立と共に社長に就任。以来、45年まで21年間にわたり社長を務め、経営基盤の確立に努めた。45年会長、50年最高顧問。
[叙勲]勲五等双光旭日章〔昭和52年〕
【参考】『大阪屋三十年史』大阪屋 1981

福林 正之　ふくばやし・まさゆき
　　　　日本出版協同社長

[生年月日]明治34年(1901年)3月21日
[没年月日]昭和52年(1977年)6月13日
[出生地]北海道札幌郡琴似村(札幌市)　[別名等]筆名=陀助　[学歴]芝中〔大正8年〕卒、松本高文科甲類〔大正13年〕卒、東京帝国大学文学部社会学科〔昭和2年〕卒

北海道の屯田兵村に生まれ、少年時代に病臥十年の父を失い、リウマチを患う母の手一つで育てられる。中学卒業後、毎夕新聞社で記者見習兼給仕として働く中、突然実父より学費援助の申し出を受け、松本高校に進学。唐木順三らと同級。昭和2年東京帝大社会学科を卒業後、報知新聞社に入社して社会部に所属。日本工業倶楽部調査課長、中央物価統制協力会総務課長を経て、18年新設の日本出版文化協会(間もなく日本出版会に改組)に移り、総務部次長兼編集室長として「日本読書新聞」の経営に従事。20年日本出版助成専務となり、21年同社が日本出版協同株式会社に改組したのに伴い社長に就任。正確な資料に基づいて太平洋戦争の実相を残そう試み、26

年その第1弾として連合艦隊参謀長を務めた福留繁による「海軍の反省」を出版。続いて史料調査会と提携し、奥宮正武を企画立案者とした「ミッドウェー」「機動部隊」「神風特別攻撃隊」3部作や「零戦」、福井静夫「日本の軍艦」などを相次いで刊行、いずれもベストセラー、ロングセラーとなった。29年同社は倒産したが、30年出版協同社として再建。鏡浦書房社長も務めた。傍ら、28年日本出版クラブの設立に際して同発起人。侘助の筆名で「出版新報」「出版クラブだより」などに文章を寄せ、47年「マラソン爺さん快走す」「ここに聖医ありき」で文藝春秋読者賞を受けた。

[受賞] 文藝春秋読者賞（第33回、昭和46年度）〔昭和47年〕

[参考] 『盃独楽』福林正之著作集刊行会 1981

福村 保　ふくむら・たもつ
福村出版創業者

[生年月日] 明治43年（1910年）8月18日
[没年月日] 平成1年（1989年）9月24日
[出生地] 三重県四日市市

大正12年上京、中村時之助の中文館に入り勤続17年、昭和14年独立して福村書店を創業。19年戦時の企業整備で弘道館に合併して専務。戦後の20年10月福村書店を再建、26年株式会社に改組。40年福村出版に改称。47年会長。教育学・心理学を中心に広く人文関係の出版活動に携わった。また、21年日本自由出版協会の創立に参加して解散まで理事を務め、東京出版販売（現・トーハン）の設立にも尽力、一八会の名付け親でもある。

[家族他] 長男＝福村惇一（福村出版社長）、妻＝福村滋子（梓商事社長）　[叙勲] 勲五等瑞宝章〔昭和57年〕

[参考] 遠藤健一「福村出版会長 福村保さんを偲ぶ」（「出版クラブだより」1990.10.10）

福山 秀賢　ふくやま・しゅうけん
「大法輪」編集長 桜書房創業者

[生年月日] 明治30年（1897年）2月21日
[没年月日] 昭和56年（1981年）6月19日
[出生地] 石川県

石川県の曹洞宗寺院に生まれ、15歳で大本山総持寺の僧堂に入る。21歳で東京の一喝社に入社し雑誌「禅」の編集に従事。大正11年講談社に入社、「婦人倶楽部」編集責任者を経て、昭和5年中央公論社に移る。同期に八重樫昊、藤田親昌がいた。同年「婦人公論」編集主任に就任。在任中、広津和郎の小説「女給」を掲載したが、モデルとされた菊池寛が反駁文を送ってきた際にタイトルをセンセーショナルなものに変更したことから、菊池は怒り心頭に発して同社に乗り込み嶋中社長に抗議した。この時、菊池に殴打されたことで話題を呼んだ。12年出版部長、15年退社。16年桜書房を創業。戦後はロマンス社「婦人世界」編集長、28年からは長く大法輪閣「大法輪」編集長を務め、晩年まで現役で活躍した。

藤井 勇夫　ふじい・いさお
道の島社社主

[生年月日] 生年不詳
[没年月日] 平成16年（2004年）6月10日
[出身地] 鹿児島県大島郡笠利町（奄美市）

1970年代後半、鹿児島市で出版社・道の島社を創設、奄美の文化発信に尽力。昭和55年刊行した「シマヌジュウリ」は第7回南日本出版文化賞を受賞。61年には画家・田中一村の生涯を描いた「アダンの画帖」を出版した。

藤井 嘉作　ふじい・かさく
第三書房創業者

[生年月日] 明治29年（1896年）9月8日
[没年月日] 昭和29年（1954年）4月
[出生地] 岡山県久米郡加美村（美咲町）　[学歴] 東京外国語学校仏語科〔大正10年〕卒

内閣統計局、宝文館編集部を経て、昭和7年東京・四谷で外語学院出版部を創業。専ら外国語学書の出版を行い、特に中国語学書で名声を得た。20年第三書房に社名を変更し、ドイツ語、フランス語学書の出版に専念。24年有限会社に改組した。
[家族等]妻＝藤井輝子（第三書房社長）

藤井 誠治郎　ふじい・せいじろう
大東館取締役

[生年月日]明治23年（1890年）9月7日
[没年月日]昭和36年（1961年）1月11日
[出生地]千葉県海上郡飯岡町（旭市）　[学歴]千葉市立高小〔明治37年〕卒

佃煮商の二男。明治39年上京して日本橋の至誠堂に入る。大正13年至誠堂の破産整理のため設立された取次業・大誠堂支配人を経て、14年大東館創立に参加して業務部長支配人、昭和9年取締役。同社代表者の一人となり、東京書籍商組合評議員、東京雑誌販売組合幹事などを歴任。16年同社の日本出版配給統合に伴い常任監査役、19年理事。24年同社の閉鎖機関指定により特殊清算人補佐として残務整理に従事。28年閉鎖機関解除により特殊清算から普通清算に移ると、同清算代表者に選任された（35年清算終了）。この間、25年出版取次懇話会の設立に際して会長に就任、28年日本出版取次協会に改組して同理事長。回想録「回顧五十年」がある。
【参考】『回顧五十年』藤井誠治郎遺稿回顧五十年刊行会編 1962

藤井 利八　ふじい・りはち
松山堂主人

[生年月日]安政5年（1858年）4月17日
[没年月日]没年不詳
[出生地]江戸神田松枝町（東京都千代田区）

はじめ東京・日本橋区通3丁目長門屋長野亀七に雇われて勤続9年、明治12年同通4丁目に書籍業を開始。松山堂と号し新古書籍を販売

し傍ら漢書を出版した。15年京橋区南伝馬町に移転、また25年神田錦町に支店を設置、以来出版を兼営した。

藤岡 健太郎　ふじおか・けんたろう
京都書院創業者

[生年月日]明治37年（1904年）1月10日
[没年月日]昭和56年（1981年）7月25日

大正13年京都書院を創業、昭和24年株式会社に改組。15年「綾錦類纂」を処女出版して以来、京都の文化と特性を生かして染織関係を中心とした伝統工芸関連書を出版した。京都府古書籍商業協同組合理事長、全国古書籍商組合連合会副理事長、日本染織美術書協会理事長を歴任した。

藤岡 淳吉　ふじおか・じゅんきち
共生閣創業者　彰考書院創業者

[生年月日]明治35年（1902年）6月28日
[没年月日]昭和50年（1975年）5月7日
[出生地]高知県安芸郡安田村（安田町）　[学歴]安田村高小卒

大正6年神戸の鈴木商店に入社、7年の米騒動で鈴木商店が焼き討ちされた事件から社会問題に関心を抱く。10年堺利彦の書生となる。11年日本共産党に入党、12年第一次共産党事件で国外逃亡、中国の長春で逮捕された。13年出獄。15年出版社共生閣を設立し、レーニン「国家と革命」を皮切りに、昭和15年までマルクス、エンゲルスらの文献約500点を刊行した。戦後は彰考書院を設立、堺・幸徳秋水訳「共産党宣言」などを出版。また、民主主義出版同志会を結成して戦犯出版社の追及を行い、21年新聞及出版用紙割当委員会が改組されると新委員に選任された。
[家族等]二男＝藤岡啓介（辞書編纂者・翻訳家）

藤岡屋 由蔵　ふじおかや・よしぞう
　　お記録本屋

[生年月日] 寛政5年（1793年）
[没年月日] 没年不詳
[出身地] 上野国藤岡（群馬県藤岡市）

本姓須藤氏、上州藤岡の人。壮年になって江戸に来て江戸城の人足をした後、御成道足袋商の軒下へ筵を敷き古本類を商う傍ら、終日横折の半紙に何かを認めていたので弘化頃から"お記録本屋"と呼ばれた。寒暑風雨に頓着せず悠然として筆を休めず、いわゆる藤岡屋日記を筆録し続け、謝儀をとって日記の閲覧を許したので江戸詰の武家たちからも重宝された。黒船騒ぎ以降は増々繁昌した。「本由は人の噂で飯を食い」この目新しい商法は新聞通信業の祖として見ることも出来る。本由の日記原本は関東大震災で焼失したが、「東京市史稿」の参考資料として写本を作成していたのが幸いし、それを活字におこしたものが「藤岡屋日記」（全15巻、三一書房、昭和62年〜平成7年）。

【参考】『江戸の情報屋 幕末庶民史の側面』吉原健一郎著 NHKブックス 1978

藤川 敏行　ふじかわ・としゆき
　　「カメラ」編集長 日本カメラ社長

[生年月日] 明治42年（1909年）11月29日
[没年月日] 昭和63年（1988年）7月1日
[出生地] 熊本県　[学歴] 日本大学法文学部〔昭和6年〕卒

アルスの月刊誌「カメラ」編集部に入り、のち編集長。昭和22年月例写真の選者に初めてプロの写真家である真継不二夫を起用、話題を呼んだ。23年樋口豊三と光芸社（のち日本カメラ社）を設立、代表に就任。写真誌「日本カメラ」を創刊した。

藤実 人華　ふじざね・にんげ
　　診断と治療社創業者

[生年月日] 明治12年（1879年）9月1日
[没年月日] 昭和38年（1963年）1月23日
[出生地] 福岡県　[別名等] 号＝岬宇　[学歴] 哲学館卒

日露戦争に出征したのち哲学館に入り、井上円了に師事。卒業後は医薬品輸入事業に従事したが、大正3年第4回日本医学会総会を機に近世医学社を創業し、日本初の臨床総合雑誌「近世医学」を創刊。12年の関東大震災をきっかけとして誌名を「診断と治療」に改め、さらに社名も診断と治療社に変更した。その後も、昭和8年単科雑誌としては日本初となる産婦人科誌「産科と婦人科」、12年初の小児科誌「小児科診療」をそれぞれ出版した。この間、10年社屋を東京・丸の内に移転。戦後の25年には同社を株式会社化した。他方、岬宇の号でホトトギス派の俳人としても知られ、句集に「寒桜」「掛頭巾」などがある。

藤沢 乙安　ふじさわ・おとやす
　　ぎょうせい社長 トキワ製薬社長

[生年月日] 明治43年（1910年）1月1日
[没年月日] 平成12年（2000年）3月
[出生地] 長野県上伊那郡藤沢村（伊那市）

9人きょうだいの末っ子。米穀業を経て、製薬業を営み、昭和13年トキワ製薬社長。戦後は繊維業界や不動産にも進出。35年帝国地方行政学会（現・ぎょうせい）の取締役に就任して出版界に関わりを持つ。45年社長に就任。平成7年退任し、名誉会長となった。本阿弥光遜の勧めで刀剣収集を始め、日本刀収集家として知られた。没後、コレクションは日本美術刀剣保存協会に寄贈された。

[家族等] 息子＝藤沢玄雄（ぎょうせい社長）
[受賞] 日本児童文芸家協会児童文化功労者（第24回）〔昭和57年〕
【参考】「日本の美術 日本刀 藤澤乙安コレクション」至文堂 2002.4

藤田 末治　ふじた・すえじ
　　　コロナ社社長

[生年月日]明治40年（1907年）7月27日
[没年月日]昭和63年（1988年）2月7日
[出生地]福島県　　[学歴]京北中〔大正14年〕卒, 一高文科〔昭和3年〕卒, 東北帝国大学法文学部〔昭和6年〕卒

母がコロナ社創業者・牛来丈助の義姉であった縁で、大正9年小学校卒業と同時に上京。牛来家に寄宿して京北中学、一高に学び、昭和6年東北帝国大学を卒業。同年安田生命、報知新聞社に勤めたが、7年兵役に就く。8年コロナ社に入社。牛来の長女と結婚し、主に編集関係を担当。日中戦争以来3度応召したが、20年北京で敗戦を迎え、秋に復員。出征中、コロナ社は戦時の企業整備で他社を吸収合併して理工学出版となっていたが、23年改めてコロナ社として再出発すると取締役に再任。31年牛来の退任を受けて2代目社長に就任。44年会長。
[家族等]長男＝藤田達夫（コロナ社社長）, 岳父＝牛来丈助（コロナ社創業者）, 義弟＝牛来武知（コロナ社社長）, 女婿＝堤堯（文藝春秋常務）, 菅原寛孝（総合研究大学院大学名誉教授）　　[叙勲]勲四等瑞宝章〔昭和54年〕
【参考】『コロナ社五拾年史』コロナ社 1977

藤田 達夫　ふじた・たつお
　　　コロナ社社長

[生年月日]昭和10年（1935年）10月10日
[没年月日]昭和58年（1983年）4月25日
[出身地]東京都　　[学歴]慶応義塾大学文学部卒

コロナ社創業者・牛来丈助の孫で、同社社長を務めた藤田末治の長男。昭和34年コロナ社に入社。42年取締役、44年常務を経て、社長。
[家族等]父＝藤田末治（コロナ社社長）, 祖父＝牛来丈助（コロナ社創業者）
【参考】『コロナ社五拾年史』コロナ社 1977

藤田 圭雄　ふじた・たまお
　　　「中央公論」編集長 中央公論社取締役

[生年月日]明治38年（1905年）11月11日
[没年月日]平成11年（1999年）11月7日
[出生地]東京市牛込区（東京都新宿区）　　[学歴]早稲田大学文学部独文科〔昭和5年〕卒

平凡社大百科事典編集部を経て、昭和8年中央公論社に入社。編集者として「綴方読本」などを編み、戦時下の綴方教育に貢献した。15年出版部長、16年第一出版部長。21年実業之日本社に移って「赤とんぼ」を創刊、「ビルマの竪琴」を世に出したことでも知られる。23年8月中央公論社に復帰して出版部長、12月取締役。24年「少年少女」、26年「婦人公論」、28年「中央公論」各編集長。37年相談役に退く。童謡詩人・研究家でもあり、日本児童文学者協会会長、日本童謡協会会長、川端康成記念館館長、川端康成記念会理事長を歴任した他、読売新聞社主催の全国小・中学校作文コンクールの創設にも携わり、長く審査員を務めた。
[叙勲]勲四等旭日小綬章〔昭和63年〕　　[受賞]日本児童文学者協会賞（第12回）〔昭和47年〕「日本童謡史」、日本児童文学学会賞（第1回）〔昭和52年〕「解題戦後日本童謡年表」、日本童謡賞〔昭和47年・52年〕, 巌谷小波文芸賞特別賞（第8回）〔昭和60年〕「日本童謡史」（増補新版）、サトウハチロー賞（第2回）〔平成2年〕

藤田 親昌　ふじた・ちかまさ
　　　「中央公論」編集長 文化評論社社長

[生年月日]明治37年（1904年）1月17日
[没年月日]平成8年（1996年）11月13日
[出生地]神奈川県鎌倉市　　[学歴]法政大学英文科〔昭和5年〕卒

昭和5年中央公論社に入社。16年出版部長、18年「中央公論」編集長を務めたが、19年1月戦時下最大の言論弾圧として知られる横浜事件で逮捕され、20年1月末まで1年間にわたっ

て収監され、拷問を含む取調を受けた。逮捕直後、社に迷惑をかけないようにと妻を通じて辞表を出したところ、辞表の日付を検挙前日にするように言われ、妻は日付を訂正して辞表を再提出した。21年文化評論社を設立。36年同社を閉鎖。多摩文化協会会長、川崎市社会教育委員、神奈川県社会教育委員連絡協議会会長などを歴任した。34年同じく事件に巻き込まれた美作太郎、渡辺潔と「言論の敗北 横浜事件の真実」を出版した。

[家族等]長男＝ふじたあさや（劇作家）
【参考】『藤田親昌とともに生きて 生涯学習歴史セミナー公開講座』藤田雪子著 1997／『雑木林から 米寿を記念して』藤田親昌著 1992

藤本 韶三　ふじもと・しょうぞう
三彩社創業者 美術ジャーナリスト

[生年月日]明治29年（1896年）10月3日
[没年月日]平成4年（1992年）4月4日
[出生地]長野県飯田市　[別名等]筆名＝多田信一　[学歴]葵橋洋画研究所修了

16歳で上京、写真印刷会社などに勤めながら葵橋研究所で洋画を学ぶ。川端龍子の知遇を得て実業之日本などへ挿絵を描き、大正12年の関東大震災の直後、北原白秋の勧めでアトリエ社の創立に参画、以後美術誌「アトリエ」の編集に従事。戦時中「造型芸術」「画論」などを刊行、昭和18年日本美術出版社（のち美術出版社）を創立。21年日本画の専門誌「三彩」を刊行。32年三彩社を創立、「三彩」を続行。38年には季刊古美術専門誌「古美術」を創刊した。53年名誉会長となった。

[家族等]弟＝藤本四八（写真家）　[叙勲]藍綬褒章〔昭和45年〕
【参考】「三彩」1992.5

藤本 民雄　ふじもと・たみお
英文学社創業者 早稲田大学教授

[生年月日]明治25年（1892年）3月8日
[没年月日]没年不詳
[出生地]東京都　[学歴]早稲田大学仏文科〔大正6年〕卒, 東京帝国大学選科

大正6年早大仏文科を卒業し、東京帝大選科に学ぶ。母校・早大教授として仏文学を講じ、大正13年仏語研究社を設立して日本初のフランス語講義録「仏蘭西語大講座」を刊行。昭和2年円本時代の到来に乗じて企画した1冊50銭の訳注「英文世界名著全集」上級版40巻、初級版15巻がヒットしたことから、同社を合資会社化すると共に社名を英文学社に改称し、東京・一橋の教育会館内に本社を移転。その後も「英文名著全集」や雑誌「英文学」などを刊行した。

藤森 善貢　ふじもり・よしつぐ
岩波書店調査室長 造本研究家

[生年月日]大正4年（1915年）
[没年月日]昭和60年（1985年）11月16日
[出生地]長野県　[学歴]中央大学法学科〔昭和14年〕卒

昭和6年岩波書店勤務の兄の縁で、岩波茂雄の紹介を受け下落合の小売書店・三野書店に入店。7年主人・三野友吉が店を閉めたため、岩波書店に転じた。はじめ営業卸課、10年広告課に移り、PR誌「岩波月報」（現・「図書」）の製作に携わった。16年3月応召して中国戦線に従軍。21年10月に復員すると恩人の岩波はすでに亡くなっていた。22年出版部製作課に配属され、24年出版部第一課長、25年広告課長、29年編集第二部第二課長、33年辞典部副部長、37年編集部副部長兼調査室長を経て、42年調査室の独立に伴い同室長。45年退社。翌年より51年までほるぷ出版顧問を務め、「日本名作自選文学館」製作などに関わった。その後、日本近代文学館「名著復刻全集 近代文学館」の製作顧問の傍ら、日本エディタースクール講師として後進の指導に専念。造本・出版技術を深く探究し、「広辞苑」「日本古典文学大系」「岩波英和辞典（新版）」「岩波ロシヤ語辞典」「岩波国語辞典」などを製作。「岩波基本六法」の造本では高級ビニー

ル表紙を採用し、新聞に「斬新な装幀でこわれない本」との批評が出た。また、「岩波書店五十年史」の編集も担当した。著書に「エディター講座・出版編集技術」などがある。
【参考】『本をつくる者の心 造本40年』藤森善貢著 日本エディタースクール出版部 1986

藤森 良蔵　ふじもり・りょうぞう
考へ方社創業者 数学教育家

[生年月日]明治15年（1882年）7月15日
[没年月日]昭和21年（1946年）11月22日
[出生地]長野県上諏訪　[学歴]東京物理学校〔明治36年〕卒

長野商業学校に数学教師として赴任。その後上京、考へ方社という参考書出版社を設立、明治43年「幾何学学び方考へ方と解き方」を刊行、"考え方主義"を世に問い、受験界に新風を注入。続刊の代数学の姉妹参考書とともにベストセラーとなった。大正3年日土講習会を開設、予備校の先駆となり、6年雑誌「考へ方」を創刊、"受験の神様"といわれた。高等数学の大衆化にも熱意を傾注。昭和11年「高数研究」を創刊、大学数学解放を訴えた。
[家族等]弟＝藤森省吾（教育者）

藤原 佐一郎　ふじわら・さいちろう
仙台金港堂社長

[生年月日]大正5年（1916年）10月16日
[没年月日]平成14年（2002年）3月6日
[出生地]宮城県仙台市　[学歴]東京帝国大学経済学部〔昭和15年〕卒

藤原孝平の長男。昭和15年日本鋼管、21年藍沢証券勤務を経て、22年から金港堂に入社。34年社長。宮城県一番町大通り商店街振興組合理事長として金蓋式アーケードやカラー舗装化に取り組んだ。日本書店組合連合会副会長も務めた。
[家族等]父＝藤原孝平（仙台金港堂社長）、祖父＝藤原佐吉（仙台金港堂創業者）、伯父＝藍沢弥八（藍沢証券創業者）　[叙勲]勲五等双光旭日章〔平成2年〕

藤原 佐吉　ふじわら・さきち
仙台金港堂創業者

[生年月日]嘉永5年（1852年）10月3日
[没年月日]昭和16年（1941年）8月16日
[出生地]武蔵国粕壁（埼玉県春日部市）

東京・浅草茅町の須原屋伊八（青藜閣）方で本屋修業を積み、熊谷本町の博文堂森市三郎の支店として前橋で開業。主に群馬県の教科書とその教材（問答書、字引、字解）を出版販売した。明治14年博文堂後藤鋼吉など10人と共に上毛書籍会社を創立、活版器械を導入して広く書籍を出版販売する計画であった。教科書検定時代に入ると東京の大手教科書肆に押されて経営が破綻、21年金港堂に入社。33年書籍商組合の雇人奨励会により勤続12年の表彰を受け、翌年からは系列会社の帝国印刷株式会社の監査役に任じた。教科書疑獄事件以降金港堂の経営は傾き、その仙台支店を譲渡されて43年天長節に藤原金港堂を創業。大正8年宮城県書店組合組合長に就任。昭和5年藤原金港堂を仙台金港堂株式会社に改組した。同店は長男・孝平（昭和34年9月11日没）が継承した。
[家族等]長男＝藤原孝平（仙台金港堂社長），孫＝藤原佐一郎（仙台金港堂社長）
【参考】『日本の書店百年 明治・大正・昭和の出版販売小史』尾崎秀樹・宗武朝子編 青英舎 1991

藤原 惣太郎　ふじわら・そうたろう
明治図書出版創業者

[生年月日]明治16年（1883年）4月30日
[没年月日]昭和40年（1965年）8月7日
[出生地]京都府　[学歴]京都府立師範

福知山で小学校訓導を務めた後、明治43年多年の研究の成果である掛図「日本歴史地図」（20軸）刊行のため上京。45年自作掛図の成功を契機に教育出版に専心することを決め、東京・京橋で出版業を創業。小・中学校の教師解説書を刊行し、7年株式会社に改組して

明治図書出版と改名した。

藤原 仁助　ふじわら・にすけ
藤原仁助商店主人

[生年月日]明治31年（1898年）12月12日
[没年月日]没年不詳
[出生地]大阪府大阪市

明治44年秋田屋宋栄堂に入店、主に西日本方面の地方廻りを担当。昭和5年東京・神田に支店が開設され、支店長に就任。浜松以北、青森までを受持区域とし、目ざましい業績をあげた。18年大阪本店に帰任、20年春戦災により奈良県へ疎開、22年円満退職し同店出版物を主要扱い品として天王寺に取次店を開く。随筆集「図書生活五十年思い出のままに」（38年）がある。
【参考】『図書生活五十年思い出のままに』藤原仁助著　浪速屋藤原仁助書店 1963

不退 栄一　ふたい・えいいち
不退書店創業者

[生年月日]明治28年（1895年）8月1日
[没年月日]昭和49年（1974年）12月20日
[出生地]兵庫県武庫郡御影（神戸市）　[学歴]成器商卒

生家は灘酒の樽製造業。大阪の成器商業学校を卒業し、大正3年上京。東亜堂を経て、明治出版社に入るが、解散後は東京社に勤務。関東大震災を機に大阪へ戻り、書籍取次業の登美屋書店に入社して支配人に就任。同社主人の没後はその後嗣が幼年であったため店の業務の全般を掌った。昭和26年、独立して京都に不退書店を創業し、京阪地区における岩波書店の特約取次店として活躍した。

二上 洋一　ふたがみ・ひろかず
創美社常務 文芸評論家

[生年月日]昭和12年（1937年）5月1日
[没年月日]平成21年（2009年）1月16日
[出生地]茨城県　[本名]倉持功　[学歴]早稲田大学第一文学部卒

ワセダミステリクラブの出身で権田萬治、島崎博らと同人誌「みすてりい」を創刊した。昭和37年集英社に入社。少女まんが誌の名編集者として知られ、一条ゆかりらを育てた。「ぶ～け」副編集長などを務め、平成7年創美社取締役、9年常務、14年顧問、15年退任。また、推理小説や少年小説の研究に従事し、東京学芸大学講師も務めた。著書に「少女まんがの系譜」、編著に「少年小説の世界」、監修に「ほっとミステリーワールド」（全15巻）、「怪奇ホラーワールド」（全15巻）、「文学賞受賞・名作集成」（全10巻）などがある。
[受賞]日本児童文学学会奨励賞（第2回）〔昭和53年〕「少年小説の系譜」

舩坂 弘　ふなさか・ひろし
大盛堂書店社長 小説家

[生年月日]大正9年（1920年）10月30日
[没年月日]平成18年（2006年）2月11日
[出生地]栃木県上都賀郡　[学歴]東京神田満蒙学校専門部〔昭和15年〕卒

大盛堂書店社長を経て、会長。太平洋戦争に従軍し、南方戦線で負傷。戦後、「サクラサクラ」「玉砕」「硫黄島 ああ！栗林兵団」などを執筆、これらの著書の印税をもとにパラオ諸島慰霊団を組織し、慰霊碑を建立した。他の著書に「英霊の絶叫」「聖書と刀」などがある。
[家族等]長男＝舩坂良雄（大盛堂書店社長）

船山 真之　ふなやま・まさゆき
講談社資料センター長

[生年月日]昭和19年（1944年）8月16日
[没年月日]平成11年（1999年）9月6日
[出生地]東京都　[学歴]東大教育学部附属高〔昭和38年〕卒, 東京芸術大学美術学部日本画科〔昭和42年〕卒

小説家・船山馨の長男。昭和42年東京芸術大学美術学部日本画科を卒業して講談社に入社。

60年美術局担当部長、61年総合編纂局担当部長、平成2年同局次長を経て、6年資料センター長。一貫して美術図書の出版に関わり、遺言によって非公開・非複製となっていた米国のバーンズ・コレクションの世界初出版の許諾を得、5年「印象派の宝庫 バーンズ・コレクション」を出版した。11年社長室付（局長待遇）となり、日本近代美術を収蔵する講談社野間記念館の開設準備を統括したが、病死した。父の死後、著作権を継承し、遺品を北海道文学館に寄贈した。
[家族等]父＝船山馨（小説家），弟＝船山滋生（彫刻家）
【参考】『船山滋生の彫刻と挿画 父・船山馨のDNA』北海道立文学館 2007

文入 宗義　ふみいり・むねよし
明治書院社長

[生年月日]明治30年（1897年）10月10日
[没年月日]昭和42年（1967年）5月25日
[出生地]神奈川県津久井郡千木良村（相模原市）　[学歴]東京商〔大正7年〕卒

明治43年小学校を卒業して明治書院に入社。昭和24年専務、26年代表取締役を経て、34年社長。
[家族等]長男＝文入正敏（日本医科大学教授）、三男＝文入秀敏（講談社専務）、岳父＝藤田文次郎（大磯町長）　[叙勲]勲四等瑞宝章〔昭和42年〕
【参考】『私の編年アルバム』文入宗義編 1968

古岡 秀人　ふるおか・ひでと
学習研究社創業者 立風書房創業者

[生年月日]明治41年（1908年）12月15日
[没年月日]平成6年（1994年）5月17日
[出生地]福岡県遠賀郡水巻村（水巻町）　[学歴]小倉師範〔昭和3年〕卒

父は鉱山の現場監督で、4人きょうだい（2男2女）の3番目の二男。5歳の時に炭鉱事故で父を亡くす。高等小学校を卒業後、炭坑の給仕や測量助手として働く傍ら、独学で師範学校受験の準備をする。昭和3年小倉師範を卒業すると小学校教師となり、6年上京。10年小学館、13年主婦の友社を経て、同年保険の外交員となり、14年原田商事、19年東北特殊鋼に入社した。21年学習研究社を創業、22年株式会社化。取次店を通さない直販システムを開発し、小学生向けの学年別月刊雑誌「〇年の教育」や、実験教材をつけた雑誌「〇年の科学」などを発行して大きな成長を遂げた。また、中学生対象即効教材「学研マイコーチ」、中学生向け宅配通信教育教材「学研ゼミ」なども発行。57年会長、平成5年取締役相談役に退く。一方、同社の系列で自身の俳号に由来する立風書房を創業、学研とは毛色の違う文芸書や娯楽読物を出版した。
[受賞]日本児童文芸家協会児童文化功労者（第22回）〔昭和55年〕
【参考】『望洋 古岡秀人伝』岡本文良著 古岡秀人伝編集委員会編 学習研究社 1994

古岡 勝　ふるおか・まさる
学習研究社副社長

[生年月日]大正8年（1919年）10月1日
[没年月日]平成17年（2005年）9月30日
[出生地]福岡県　[別名等]号＝阿刀斎　[学歴]東筑中〔昭和12年〕卒

昭和21年学習研究社に入社。総務部長などを経て、22年取締役。32年常務、45年専務、47年代表取締役専務、48年副社長、62年名誉会長を歴任。書道、囲碁、将棋、居合道、剣道、柔道など合計50段以上となる幅広い趣味を持ち、「一般消費税のすべて」「模範ゴルフ」などの著書もある。
[叙勲]勲三等瑞宝章〔平成1年〕

古川 忠司　ふるかわ・ただし
佼成出版社社長

[生年月日]大正6年（1917年）4月1日
[没年月日]昭和63年（1988年）2月25日
[出身地]福岡県大牟田市

昭和36年立正佼成会出版部長となり、39年理事、41年佼成出版社初代社長に就任。

古川 沛雨亭　ふるかわ・はいうてい
都政出版社社長 俳人

[生年月日]大正13年（1924年）5月18日
[没年月日]平成15年（2003年）11月28日
[出生地]東京都台東区浅草　[本名]古川章吾

日本印刷文化協会、光村原色版印刷所を経て、昭和22年都政人協会「都政人」編集長。31年都政出版社設立、社長となる。36年「金剛」創刊に参加、同人。42年編集長、57年主宰、61年「雨上」と改題。著書に「梨花賦」「俳句プロムナード」、句集に「あさきゆめみし」。

古田 晁　ふるた・あきら
筑摩書房創業者

[生年月日]明治39年（1906年）1月13日
[没年月日]昭和48年（1973年）10月30日
[出生地]長野県東筑摩郡筑摩地村（塩尻市）
[学歴]松本中〔大正12年〕卒、松本高文科甲類〔昭和2年〕卒、東京帝国大学文学部倫理学科〔昭和5年〕卒

大正7年松本中学に進み、同級に臼井吉見、松本克平がいた。12年卒業すると筑摩地尋常小学校の代用教員となったが、13年松本高校に入学。昭和2年東京帝国大学文学部倫理学科に進み、同学科には矢島羊吉、渋川驍がいた。5年大学を卒業すると渡米。11年帰国。12年にも半年間渡米した。14年東京・銀座にあった父の店、日光商会内に筑摩書房を設立。処女出版は中野重治「中野重治随筆抄」であった。21〜26年雑誌「展望」を創刊。28年「現代日本文学全集」（全99巻）、38年「現代文学大系」（全69巻）、40年「明治文学全集」（全100巻）の刊行を開始。中学以来の友人である臼井と、中学上級であった唐木順三の協力を得て社業を発展させた。41年会長に退く。
【参考】『そのひと ある出版者の肖像』臼井吉見編 径書房 1980／『古田晁伝説』塩沢実信著 河出書房新社 2003

古田 敬三　ふるた・けいぞう
みやま書房代表

[生年月日]大正15年（1926年）7月10日
[没年月日]平成9年（1997年）8月23日
[出生地]北海道三笠市　[学歴]美唄工卒

7人きょうだい（3男4女）の二男で、父は書店を営んだ。太平洋戦争中は陸軍に応召、整備兵として所沢飛行場で服務。復員後、美唄工業学校を卒業。昭和23年北海道炭鉱汽船に入社。肺結核療養を挟んで、26年札幌の印刷会社に就職。38年義兄が設立したみやま書房を引き継いで一人で企画・編集・販売を手がけ、「黒田清隆」「アイヌ研究史」「きたぐにの花と庭」「まんが北海道の歴史」をはじめ北海道史やアイヌ関係書を中心に出版。56年北海道書籍出版協会事務局長。
【参考】『出版人古田敬三さんを偲ぶ』古田敬三氏追悼集刊行会 1998

古屋 幸太郎　ふるや・こうたろう
柏林社書店主人

[生年月日]明治34年（1901年）12月
[没年月日]昭和59年（1984年）3月7日
[出生地]静岡県富士市　[学歴]柏原尋常高小〔大正5年〕卒

美術史家・大村西崖の甥で、大正6年その紹介により吉川弘文館に入社。同社の別会社である日本風俗図絵刊行会で働き、8年退職して柏林社書店を創業。昭和2年亡くなった伯父の蔵書を処分したことがきっかけで古書業界入り。美術書及び古典籍を扱う第一人者として知られた。
[家族等]伯父＝大村西崖（美術史家）
【参考】『紙魚の昔がたり 昭和篇』反町茂雄編 八木書店 1987

不破 博　ふわ・ひろし
経林書房創業者　俳人

[生年月日] 明治44年（1911年）1月10日
[没年月日] 平成6年（1994年）7月20日
[出生地] 東京都　[学歴] 東京府立一商〔昭和5年〕卒

昭和21年同文館に入社。32年経林書房を設立して社長に就任。49年会長。経営学、社員教育に関係する書籍を出版した。俳人としては、7年松根東洋城に師事し、「渋柿」に入門。のち野村喜舟の指導を受ける。44年から9年間「渋柿」を編集。53年病気のため辞任した。句集に「海南風」「天の樹」「夏闌けぬ」「鳶の笛」などがある。

【へ】

別所 信一　べっしょ・しんいち
別所書店社長

[生年月日] 明治30年（1897年）9月16日
[没年月日] 昭和47年（1972年）5月25日
[出生地] 三重県

中学卒業後、父・藤四郎が三重県津市で創業した別所書店に入社。昭和11年同店の代表に就任し、主に教科書取次供給業務を行った。20年戦災で店舗や自宅を失うが、同年10月には営業を再開し、以後も三重県の書店業界で重きを成した。38年全国教科書供給協議会会長、39～45年社団法人に改組した全国教科書供給協会初代会長。
[家族等] 長男＝別所敬衷（凸版印刷副社長）、二男＝別所業啓（別所書店社長）、父＝別所藤四郎（別所書店創業者）　[叙勲] 勲五等双光旭日章〔昭和43年〕

辺見 じゅん　へんみ・じゅん
幻戯書房代表　ノンフィクション作家

[生年月日] 昭和14年（1939年）7月26日
[没年月日] 平成23年（2011年）9月21日
[出生地] 富山県富山市　[本名] 清水真弓　[旧名] 角川　[学歴] 早稲田大学文学部仏文科卒

角川源義の長女で、角川春樹・角川歴彦の姉。父の影響を受け、短歌などに親しむ。早大2年の時に'60年安保で一時中退、4年間の編集者生活後に再編入して早大仏文科を卒業。昭和45年頃から本格的に文筆業に入り、"不沈戦艦"と呼ばれた大和の最期に新事実を掘り当てた「男たちの大和」で新田次郎文学賞を、シベリア抑留生活の中の挿話を拾い上げた「収容所（ラーゲリ）から来た遺書」で講談社ノンフィクション賞及び大宅壮一ノンフィクション賞を受賞するなど、ノンフィクション作家として活躍。平成14年父の角川書店創業精神を受け継ぎ幻戯書房を設立、社名は父が自宅を称していた「幻戯山房」にちなむ。19年富山県発の総合文芸誌「弦」を創刊した。
[家族等] 父＝角川源義（角川書店創業者）、弟＝角川春樹（角川春樹事務所創業者）、角川歴彦（角川グループホールディングス会長）
[受賞] 短歌愛読者賞〔昭和55年〕、新田次郎文学賞〔昭和59年〕「男たちの大和」、現代短歌女流賞（第12回）〔昭和63年〕「闇の祝祭」、講談社ノンフィクション賞（第11回）〔平成1年〕「収容所から来た遺書」、大宅壮一ノンフィクション賞（第21回）〔平成2年〕「収容所から来た遺書」、北日本新聞文化賞〔平成17年〕
【参考】『夕鶴の家 父と私』辺見じゅん著 幻戯書房 2012

【ほ】

法木 徳兵衛　ほうき・とくべえ
法木書店創業者

[生年月日]天保2年（1831年）
[没年月日]明治41年（1908年）2月16日
[出生地]江戸深川（東京都江東区）

明治4年「毎日新聞」が発行されると同社社長・島田豊寛の姻戚であったことから同社東京支局主任となる。また、新聞雑誌売捌所を経営。5年法木書店を創業、新聞の連載小説を単行本出版した。20年一旦同店を閉店し、21年新聞雑誌発売会社として再開するが、のち再び閉店した。東京テレメン会社、鉄道貸本所、石版印刷業などにも関与した。

帆刈 芳之助　ほかり・よしのすけ
帆刈出版通信主宰

[生年月日]明治16年（1883年）1月10日
[没年月日]昭和38年（1963年）12月3日
[出生地]新潟県　[別名等]筆名＝夏川清丸
[学歴]新潟中卒、早稲田大学中退

新潟中学卒業後に上京し、秀英舎の活版職工となる。いったん帰郷して長岡日報社に勤務するが、のち再び上京し、早稲田大学に学ぶも中退。のち長岡日報社に復帰したのを皮切りに新聞記者生活を再開、三度東京に出て「時事新報」を経て、「やまと新聞」に入り、政治記者を務めた。その後、記者を辞して原稿執筆などで生計を立てたが、大正4年書籍小売店を開業。8年越山堂を創業して出版業に乗り出し、特に生田春月の「日本近代詩集」「泰西名詩名訳集」の発行で読書人に支持された。雑誌「ナカヨシ」「少女界」「日本の子供」や江原小弥太による「新約」といった翻訳書なども刊行。同社廃業後は出版タイムス社の書籍編集などを手伝い、昭和4年ガリ版刷りの出版業界紙「出版研究所報」を創刊。15年にはいち早く戦時統制を見越して同業の「出版通信」などと合同し、「出版同盟新聞」に改編した。戦後の21年「帆刈出版通信」を発刊し、没するまで出版報道と論説を続けたが、没後の41年に廃刊した。著書に「趣味の偉人伝」「文協改革史」、夏川清丸名義の「出版人の横顔」などがある。

保坂 弘司　ほさか・ひろし
学燈社社長 国文学者

[生年月日]明治39年（1906年）4月10日
[没年月日]昭和58年（1983年）2月3日
[出身地]新潟県柏崎市　[学歴]柏崎中卒、早稲田大学文学部国文科〔昭和5年〕卒

昭和7年旺文社に入社。17年常務書籍部長。23年学燈社を設立。雑誌「国文学 解釈と教材の研究」は国語国文学専攻の学生に卒論ガイドとして人気があった。46年会長。この間、29年より昭和女子大学教授として国文学を講じた。著書に「国文の綜合的研究」「大鏡新考」「レポート・小論文・卒論の書き方」「大鏡研究序説」などがある。
[叙勲]勲四等瑞宝章〔昭和54年〕

星沢 正　ほしざわ・ただし
東京法令出版社長

[生年月日]大正3年（1914年）4月19日
[没年月日]平成15年（2003年）5月23日
[出生地]長野県　[学歴]須坂中卒

昭和23年法律や教育関係の本を手がける東京法令出版を設立して常務となり、49年社長に就任。平成6年会長。
[家族等]長男＝星沢哲也（東京法令出版社長）、弟＝星沢浩（東京法令出版副社長）　[叙勲]勲五等双光旭日章〔平成2年〕

星野 孝一　ほしの・こういち
星野書店社長

[生年月日]明治36年（1903年）2月20日

[没年月日]昭和53年(1978年)8月14日
[出生地]三重県　[旧名]堀田

大正6年名古屋に出て文星堂星野書店に入り、書籍・雑誌・楽器の販売に携わる。同店の創業者である星野松次郎に見込まれてその長女と結婚、昭和16年岳父が没すると、跡を継いで同店社長に就任。同年日本出版配給が設立されると同社名古屋支店長となり、戦後には理事や取締役を歴任した。21年全国教科書供給協会副会長。また、愛知県教科書供給所社長、三星社長を務めるなど、中京地区出版界の中心人物として重きをなした。
[家族等]岳父=星野松次郎(星野書店創業者)
[叙勲]勲五等双光旭日章〔昭和48年〕

星野　錫　ほしの・しゃく
東京印刷社長

[生年月日]安政1年(1854年)12月26日
[没年月日]昭和13年(1938年)11月10日
[出生地]江戸　[別名等]幼名=錫一郎

播磨姫路藩士の長男。明治6年横浜の活版印刷会社・景締社(のち横浜抄紙分社)に入り、ポルトガル人技師ゴートの下で活版印刷術を学ぶ。8年同社が東京・兜町に設置した東京抄紙分社に移り、引き続き印刷技師として活動した。20年印刷・製本業視察のため渡米し、帰国後習得したアートタイプによる絵画製版を勧業博覧会に出品。27年に山東直砥と画報社を設立して雑誌「美術報観」「美術新報」を創刊するなど、コロタイプの普及に尽力した。29年東京印刷株式会社を起こし社長に就任。数多くの美術書を発行し、44年「日本美術年鑑」を刊行。一方、社会福祉や地方政治でも活躍し、32年日本橋区議となり、45年衆院議員に当選して1期を務めた。大正3年東京市議。昭和9年東京実業組合連合会会長。東京製本組合組長、東京商業会議所副会頭、日本美術協会監事、日本産業協会副会長などを歴任し、北海道拓殖銀行、マレーゴム、大日本水産会、大日本製糖、東亜石油などの社長・役員を兼ねるなど、政財界の世話役に任じた。
【参考】『星野錫翁伝』星野錫翁感謝会著 1935

星野　松次郎　ほしの・まつじろう
文星堂星野書店創業者

[生年月日]文久2年(1862年)6月5日
[没年月日]昭和16年(1941年)8月3日
[出生地]三重県桑名市

12歳のとき名古屋に赴き、安永年間からつづく名古屋の版元・永楽屋東壁堂に奉公。明治28年独立し、妻と共に名古屋で文星堂星野書店を創業。以来、卸商として書籍・雑誌・教科書・楽器等を取り扱い、中京地区のみならず京都、滋賀、北陸、静岡に取引先を持つなど、着実に業績を伸ばして大正8年には同店を株式会社にした。傍ら出版業にも手を広げ、小林樋川の「農人生活」「郷土の誉れ」「郷土精華」や学習参考書などを刊行。また、20年間にわたって愛知県書籍商組合の組合長も務めた。
[家族等]女婿=星野孝一(星野書店社長)

細川　芳之助(2代目)　ほそかわ・よしのすけ
左久良書房創業者

[生年月日]明治14年(1881年)7月23日
[没年月日]昭和39年(1964年)1月23日
[出生地]京都府　[本名]細川景正　[別名等]別号=花紅、鵂声

京都の古書商細川開益堂書店・細川清助(初代)の二男。東京で細川活版所を興した叔父・芳之助の養嗣子となり、相続襲名した。尾崎紅葉主宰の東京写友会に参加、明治38年島崎藤村・国木田独歩らの後援のもと左久良書房(佐久良書房)を設立し、41年社を友人の関宇三郎に譲渡するまで泉鏡花「高野聖」など美装本の文芸書を出版。塚原渋柿園の「渋柿叢書」や上田敏・馬場孤蝶顧問の雑誌「芸苑」(第二次)も発行した。並行して也奈義書房(やなぎしょぼう)も経営、40年刊「煩悶記」

は自殺した筈の藤村操が生き延びて執筆したとする偽書で、発禁となった。自らも花紅の名で「影」「うぶ声」「藻塩岬」の著書があり、浄瑠璃研究家としても知られた。
【参考】『細川活版所一〇〇年の歩み』細川活版所 1986／八木福次郎「『煩悶記』を追って—左久良書房・也奈義書房のこと」(『古本便利帖』東京堂出版 1991)

堀田　達治　ほった・たつじ
教文館支配人

[生年月日]慶応1年(1865年)8月8日
[没年月日]没年不詳
[出生地]新潟県

明治15年に上京し、法律や英学を学ぶ。18年から27年まで教育事業に携わるが、その後の2年間は南洋で移民事業に従事した。帰国後の29年メソジスト宣教師団が宗教書の販売を目的に設立した教文館に入社、支配人としてその経営に当たり、英米の書籍の輸入販売や宗教書・文学書の出版も行った。32年には横山源之助「日本之下層社会」を刊行した。

堀井　良仲　ほりい・よしなか
オーム社書店社長

[生年月日]明治35年(1902年)1月15日
[没年月日]昭和44年(1969年)5月16日
[出身地]福井県　[学歴]電機学校本科〔大正10年〕卒

大正10年電機学校を卒業後、母校に就職して雑誌「OHM」の編集に従事。11年オーム社創立と共に同社に移り、主に営業・経理畑を歩いた。昭和14年取締役を経て、17年専務。21〜23年、24〜40年再び取締役。この間、26年オーム社書店の代表、30〜43年社長を務めた。
【参考】『オーム社75年史』オーム社75年史編纂委員会編 オーム社 1992

堀内　敬三　ほりうち・けいぞう
音楽之友社会長 音楽評論家

[生年月日]明治30年(1897年)12月6日
[没年月日]昭和58年(1983年)10月12日
[出生地]東京市神田区(東京都千代田区)
[学歴]ミシガン州立大学(米国)工科〔大正10年〕卒,マサチューセッツ工科大学(米国)大学院〔大正12年〕修了

「浅田飴」で有名な浅田飴本舗の三男。明治38年から始まった日比谷の公園奏楽に通い音楽への興味を深めた。東京師範学校附属中学時代にアテネ・フランセでフランス語を習い、歌劇「ミニヨン」のアリア「君よ知るや南の国」などの訳詩を開始。大正5年大田黒元雄らと我が国初の音楽評論誌「音楽と文学」を創刊、訳詩はセノオ楽譜から次々と出版され、早くから音楽ファンにその名を知られた。米国で自動車工学を学び、13年初の著書「ワーグナーと其の音楽」を刊行。15年日本放送協会が発足すると嘱託として音楽番組の責任者に就任、音楽番組の企画・編成に手腕を振るった。放送歌劇「蝶々夫人」「リゴレット」の訳詩を手がけた他、大ヒットした二村定一のジャズソング「私の青空」「アラビアの唄」、ドヴォルザーク「家路」、ヘイス「冬の星座」などもその手によるものである。松竹蒲田撮影所音楽部長、日本大学教授を歴任し、昭和13年畏友・塩入亀輔が亡くなると雑誌「音楽世界」主幹を継承。16年戦時体制により「音楽世界」「月刊楽譜」「音楽倶楽部」が統合され音楽之友社が誕生すると、同社社長に就任(21年会長)。同社からは「世界大音楽全集」(全120巻,索引2巻)をはじめとして楽譜や音楽教科書、音楽書を数多く出版。作詞(訳詩)・作曲・演出・著述・雑誌編集・放送出演を通じた自身の啓蒙活動と合わせ、我が国における西洋音楽の普及・組織化に大きな足跡を残した。

[叙勲]紫綬褒章〔昭和34年〕,勲三等瑞宝章〔昭和43年〕　[受賞]NHK放送文化賞〔昭和25年〕

【参考】『モダンガールの恋 堀内敬三とわたし』堀内文子著 草思社 1987 ／『「音楽の泉」の人、堀内敬三 その時代と生涯』堀内和夫著 芸術現代社 1992

堀内 末男　ほりうち・すえお
集英社社長

[生年月日]大正8年（1919年）5月20日
[没年月日]平成4年（1992年）6月4日
[出生地]静岡県　[学歴]中央大学専門部〔昭和14年〕卒

昭和9年小学館に少年社員として入社。17年応召、20年暮に小学館復帰。28年集英社に転出営業畑で活躍した。34年取締役、41年常務、51年社長を歴任し、63年会長となる。

堀内 達夫　ほりうち・たつお
麦書房主

[生年月日]昭和3年（1928年）
[没年月日]平成4年（1992年）4月14日
[学歴]弘前中卒、鎌倉アカデミア卒

昭和31年東京都世田谷区に詩書の古書店・麦書房を開業。39年2月書物雑誌「本」（1～24）を出版の皮切りとし、一人だけの出版社として、編集・校訂等一切を取りしきる。単行本は主に詩集・詩論を中心とする。60年末豊橋市に移転。共著に「書誌 小林秀雄」。「小林秀雄全集」の書誌担当、「中原中也全集」資料・書誌担当。55～63年立原道造を偲ぶ会発起人・事務局担当。

堀内 俊宏　ほりうち・としひろ
二見書房社長

[生年月日]昭和5年（1930年）11月27日
[没年月日]平成10年（1998年）6月19日
[出生地]東京都　[本名]堀内俊一（ほりうち・しゅんいち）　[学歴]早稲田大学商学部〔昭和27年〕卒

二見書房創業者・堀内文治郎の長男。父が創立した堀内印刷所に入社、昭和30年社長。35年父によって戦前創始された二見書房を再建、吉岡専造の育児写真集「人間零歳」を処女出版、成功を収める。37年持ち込み原稿である佐藤得二の処女作「女のいくさ」が直木賞を受賞してベストセラーとなった他、印刷されていない白い紙を製本しただけの「白い本」、「チビッ子猛語録」、テレビドラマ「刑事コロンボ」のノベライゼーション、ロス疑惑の三浦和義による事件解説本「不透明な時」など異色ベストセラーを連発した。二見書房の社名は、創業者が印刷会社と出版社の両方を見るという意味から命名された。
[家族等]父＝堀内文治郎（二見書房創業者）
【参考】『おかしな本の奮戦記』堀内俊宏著 二見書房 1987

堀江 洪　ほりえ・ひろし
新曜社創業者

[生年月日]昭和7年（1932年）10月20日
[没年月日]平成19年（2007年）6月19日
[出身地]東京都　[学歴]東京大学文学部〔昭和32年〕卒

昭和32年培風館に入社。第二編集部長を務め、44年に退社。同年新曜社を設立し社長に就任。
【参考】『本を生みだす力 学術出版の組織アイデンティティ』佐藤郁哉・芳賀学・山田真茂留著 新曜社 2011

堀野 庄蔵　ほりの・しょうぞう
出版新報社創業者

[生年月日]明治31年（1898年）
[没年月日]昭和54年（1979年）
[学歴]慶応義塾大学卒

慶応義塾大学卒業後、毎夕新聞社、日本印刷文化協会などを経て、昭和19年日本出版配給に入社して弘報課嘱託として「出版弘報」の編集に当たる。戦後は新聞之新聞社に転じ、出版部長となるが、23年独立して出版新報社を創立し、清水文吉、荘司徳太郎らを客員に迎えて出版専門業界紙の「出版新報」を創刊

した。26年便覧書「出版販売ハンドブック」を刊行。
[家族等]父＝堀野与七（文禄堂創業者）

堀野 与七　ほりの・よしち
文禄堂創業者

[生年月日]慶応3年（1867年）2月2日
[没年月日]没年不詳
[出生地]江戸　[別名等]筆名＝京の藁兵衛

生粋の江戸っ子で花田屋という紅屋に生れる。京の藁兵衛の戯号で「読売新聞」「少年世界」等に軽妙な滑稽咄を寄せて人気があった。明治32年頃出版業を始め、持前の凝性から採算を度外視して意匠体裁に工夫をこらし、用紙から印刷まで五分の隙もない灰汁抜けした本を出した。処女出版は「滑稽類纂」で大いに評判を呼び、ついで「日本五大噺」「高尾年代記」などを次々と刊行した。尾崎紅葉「仇浪」の奥付には朱印「十千万堂」の押捺があり、紅葉が文禄堂と初めて印税契約を交わした証となっている。42年"凝屋の総本家"と呼ばれたこの道楽出版社は5万円の欠損を出し、商売を思い切って質屋に返ることになった。
[家族等]息子＝堀野庄蔵（出版新報社創業者）
【参考】『東京名物志』書肆の部 公益社 1901

本位田 準一　ほんいでん・じゅんいち
編集者 日本編集者クラブ理事長・事務局長

[生年月日]明治36年（1903年）
[没年月日]没年不詳
[出身地]岡山県

昭和26年版「文化人名録」では姓は「ほいでん」とある。江戸川乱歩が作家になる以前の鳥羽造船所時代からの旧友で、その世話により大正11年上京し日本大学に通う。編集者として博文館や平凡社で仕事をし、昭和3年「文芸倶楽部」で担当した吉川英治とは後年まで親交した。非凡閣で6年創刊の「実話雑誌」編集長を務めた。9年頃に戸田謙介、大岩勝守、風間益三、堀経道、横溝武夫と六人社を設立。戦後は日本編集者クラブの理事長兼事務局長となり民主日本協会を主導。33年日本出版取次協会事務局長に就任したが、35年秋田書店編集局長兼営業部長に転じた。1990年代に没したと思われる。

本郷 保雄　ほんごう・やすお
「主婦之友」編集長 集英社顧問

[生年月日]明治32年（1899年）4月2日
[没年月日]昭和60年（1985年）6月16日
[出生地]新潟県佐渡郡真野村（佐渡市）　[学歴]東京外国語学校露語科〔大正11年〕卒

大正13年主婦之友社に入社、創業者・石川武美の薫陶を受け、昭和11年編集局長となり、のち取締役も兼ねた。「主婦之友」編集長として発行部数を150万部以上に高めた。21年独立してハンドブック社を創業、22年11月婦人雑誌「ホーム」を創刊。これは失敗したが、27年集英社に迎えられ、芸能誌「明星」を100万部台の雑誌に育てた。妻の本郷あやはハンドブック社社長を務めた。
[家族等]妻＝本郷あや（ハンドブック社社長）

本多 光夫　ほんだ・みつお
プレジデント社社長 作家

[生年月日]昭和6年（1931年）3月26日
[没年月日]平成13年（2001年）7月20日
[出生地]東京都渋谷区　[別名等]筆名＝諸井薫　[学歴]早稲田大学文学部〔昭和25年〕中退

昭和32年河出書房に入社、「週刊女性」を創刊し編集長。34年世界文化社に移り、常務・編集局長として「家庭画報」の隆盛を導くが、47年に独立し、編集プロダクション・DICを設立。フリーを経て、51年プレジデント社に副社長として入社。52年社長。「プレジデント」を歴史人物中心の誌面にし、飛躍的に部数を伸ばした。57年一時退いたが、58年6月再び社長に就任。のち取締役・主幹。平成元

年タイムアシェットジャパン会長。9年中央公論社取締役相談役に招かれ、経営立て直しに尽力。10年最高顧問となる。また、男心を代弁するエッセイでも親しまれ、著書に「男の感情教育」「男の止まり木」「侠気について」「花疲れ」「未知子」「老いの気概」「男女の機微」「男の流儀」などがある。

本田 芳太郎　ほんだ・よしたろう
芸艸堂社長

[生年月日]明治33年（1900年）6月9日
[没年月日]昭和58年（1983年）1月25日
[出身地]京都府京都市

芸艸堂と合併した雲錦堂本田市次郎の長男。大正6年芸艸堂に入社、昭和4年大曲駒村・井上和雄編集の研究雑誌「浮世絵志」を発行。17年戦時の企業整備で7社と合同して大雅堂を創立、東京支社長を務めた。戦後の21年、芸艸堂に復帰。京都を拠点に版画・書画譜などの美術書の出版を続ける。44年社長に就任。49年相談役。日本書籍出版協会文学芸術部会世話人、京都美術書出版協会会長、京都木版画出版協会会長を歴任した。

[家族等]三男＝本田正明（芸艸堂社長），父＝本田市次郎（雲錦堂主人），叔父＝山田直三郎（芸艸堂創業者），本田金之助（雲錦堂）　[叙勲]勲五等瑞宝章〔昭和53年〕
【参考】『私と芸艸堂』本田芳太郎著 1983

【ま】

馬 海松　ま・かいしょう
モダン日本社社長

[生年月日]明治38年（1905年）1月8日
[没年月日]昭和41年（1966年）11月6日
[国籍]韓国　[出生地]朝鮮開城　[本名]馬湘圭　[別名等]幼名＝昌禄　[学歴]日本大学美学科

富豪の出で、親の決めた結婚に反発して渡日。大正10年日本大学美学科の聴講生となり、12年韓国初の創作童話を執筆。日大講師だった菊池寛の知遇を得、13年その縁で文藝春秋社に入社。昭和3年結核のため療養生活に入ったが、4年末に復帰して「オール読物号」などの編集に従事した。7年分社化したモダン日本社の社長を任され、雑誌「モダン日本」のリニューアルに成功。同誌は勃興しつつあったサラリーマン層のニーズをつかみ、好評を博す。その名声は出版業界を越え、文化界で著名な数少ない朝鮮人の一人となり、女優・水久保澄子や菊池の秘書・佐藤碧子から交際を求められた。出自を生かして14年、15年に臨時増刊した「モダン日本・朝鮮版」も話題を呼び、他誌による追随企画が出現した。17年モダン日本社は新太陽社に改称、18年誌名も「新太陽」と改題し戦時体制に対応したが、東京が空襲されるのを目の当たりにして、20年1月牧野英二に社を託し帰郷。同地で日本敗戦を迎えたが、25年朝鮮戦争が勃発すると韓国軍の従軍作家として「勝利日報」の顧問を務めた。32年大韓民国子供憲章の制定を推進。38年古巣の文藝春秋社の招きで1ケ月訪日した。41年脳溢血で死去。長女の名・珠海は菊池の命名による。児童文学作家として「海松童話集（朝鮮語）」（9年）などがあり、藤沢桓夫「眼」や猪瀬直樹「こころの王国 菊池寛と文藝春秋の誕生」、同映画化「丘を越えて」における作中人物のモデルともなった。平成17年長男が父について記した本が韓国で出版された。

[家族等]妻＝朴外仙（舞踊家），長男＝馬鍾基（医師・詩人）　[受賞]韓国文学賞〔昭和39年〕
【参考】金容誠「馬海松」（『韓国・朝鮮児童文学評論集』仲村修編訳 明石書店 1997）／盛合尊至「馬海松と『モダン日本』戦前日本における朝鮮文化の紹介」（「国際文化研究」5号 1998）／洪善英「雑誌『モダン日本』と『朝鮮版』の組み合わせ、その齟齬」（「アジア遊学」138号 2010.12）

前川 一郎　まえかわ・いちろう
学海指針社創業者

[生年月日]安政5年(1858年)12月19日
[没年月日]没年不詳
[出生地]陸奥国白河(福島県白河市)　[学歴]栃木県師範卒

陸奥白河藩の儒者・大原満治に師事して漢学を修め、栃木県師範学校を出て同県下の教育事務に従事した。明治20年上京し学海指針社を創業、学術雑誌「学海之指針」を発行、また小学教科書を編輯して集英堂から出版した。その後、小学校教科用書が国定制になると、37年集英堂は経営破綻し、その破産処理と事業継承のため同年10月株式合資会社学海指針社に改組して社長となる。翌年同社を解散して独立経営とし、出版業の他、教育品、理科標本類の製造販売も兼営した。

真栄城 玄明　まえしろ・げんめい
玄明書房代表社員 沖縄教販社長

[生年月日]明治31年(1898年)7月6日
[没年月日]昭和56年(1981年)12月7日
[出生地]沖縄県首里市(那覇市)　[学歴]沖縄県立工〔大正5年〕卒

大正5年沖縄県立工業学校を第2期生として卒業後、商売を始めた。傍ら、首里市連合青年団長、首里労働組合組合長として青年団活動や社会運動に積極的に取り組んだ。昭和4年首里市議に当選。以来、戦前は選挙違反により公民権停止を挟んで通算3期。戦後も、42年那覇商工会議所副会頭を務めるなど沖縄県実業界で活躍。玄明書房代表社員、沖縄教販社長を務め、沖縄県書店組合理事長として本土との格差是正に尽力。売れ残りの返本にも高い運送費がかかることから、本土の出版社と交渉して、中身は沖縄で製紙材料にして表紙だけを返本する雑誌返本制を実現させた。
[叙勲]勲五等瑞宝章〔昭和46年〕
【参考】『私の戦後史』第3集 沖縄タイムス社 1980

前田 梅吉　まえだ・うめきち
文進堂創業者

[生年月日]明治14年(1881年)6月1日
[没年月日]昭和20年(1945年)9月27日
[出生地]大阪府大阪市西区　[学歴]高小卒

高等小学校を卒業後、大阪市内の塩弥書店に奉公。日露戦争に従軍したのを経て、明治38年独立し文進堂を創業。以後、囲碁・将棋・音楽・茶道・華道・盆栽・美術などの趣味の書籍を多数出版した他、若山牧水、金子薫園らの詩歌俳諧書なども手がけ、大阪出版界で独自の地歩を築いた。大正14年大阪書籍雑誌商組合評議員に就任したほか、廃兵協会専務理事、南区青年団理事なども務めた。
[家族等]息子=前田勘次(文進堂社長)

前田 勝雄　まえだ・かつお
清文堂出版会長

[生年月日]明治37年(1904年)7月25日
[没年月日]昭和57年(1982年)9月23日
[出身地]大阪府　[学歴]育英商工卒

父の経営する前田清文堂で出版及び卸売に従事。昭和5年父の死により清文堂を継承、株式会社に改組して社長。22年社屋復興とともに出版専業となり、歴史や国文学の学術専門書を出した。47年社主。

前田 完治　まえだ・かんじ
三修社社長

[生年月日]昭和9年(1934年)7月19日
[没年月日]平成23年(2011年)3月29日
[出身地]鹿児島県　[学歴]早稲田大学法学部〔昭和33年〕卒

昭和33年学生時代からアルバイトをしていた三修社に入社。営業部長などを経て、36年専務、40年社長。平成18年退任。創業者の片腕として信望が厚く、ドイツ語や韓国語などの辞書や、各国語の参考書を積極的に出版、同社中興の祖として社業拡大に努めた。この

間、昭和55年日本書籍出版協会常任理事、61年〜平成元年、3〜9年、15〜18年日本電子出版協会会長。8年から5期にわたって書協副理事長として業界の発展に尽くした。
[家族等]長男＝前田俊秀（三修社社長・ブレイン社長）

前田　隆一　まえだ・たかかず
吉野教育図書創業者　大阪書籍社長

[生年月日]明治40年（1907年）8月25日
[没年月日]平成12年（2000年）11月14日
[出身地]奈良県　[学歴]京都帝国大学理学部数学科〔昭和6年〕卒

貴院議員を務めた男爵・前田勇の長男。昭和7年八高講師、8年教授、16年文部省督学官を経て、18年海軍司政官南西方面海軍民政府文教課長。24年吉野書房（現・吉野教育図書）を創業して教育書及び学校図書教材の出版に従事。27年大阪書籍社長に就任、42年会長。教科書協会会長も務めた。著書に「全人的人間像の科学論」「小・中学校を一貫する初等図形教育への提言」などがある。
[家族等]長男＝前田肇（関西電力副社長）、二男＝前田武志（衆院議員）、父＝前田勇（貴院議員）、弟＝前田正男（衆院議員）、岳父＝堀丈夫（陸軍中将）　[叙勲]勲三等瑞宝章〔昭和52年〕

前田　隆治　まえだ・たかはる
月曜書房創業者

[生年月日]大正2年（1913年）
[没年月日]昭和56年（1981年）8月
[学歴]東京市立一中、早稲田大学商学部

前田建設工業創業者・16代目前田又兵衛の子。早大商学部在学中に召集され、昭和20年秋復員。酒井寅吉を編集担当に起用、自身が業務関係を受け持つ形で月曜書房を創業。酒井の退社により永田宣夫が編集責任者に就任、以降花田清輝・岡本太郎を中心とした芸術運動の会・夜の会と緊密な関係を持つようになり、花田を編集顧問として梅崎春生「桜島」、椎名麟三「深尾正治の手記」「病院裏の人々」、埴谷雄高「不合理ゆえに吾信ず」、安部公房「壁」などを刊行、戦後文学の進展に大きな役割を果たした。野原一夫が編集責任者について以降は翻訳出版に力を入れたが、27年倒産した。
[家族等]兄＝前田又兵衛（17代目）、父＝前田又兵衛（16代目）、義兄＝大島泰平（朝日新聞東京本社校閲部長）
【参考】『編集者三十年』野原一夫著　サンケイ出版 1983

前田　寛　まえだ・ひろし
大阪屋専務

[生年月日]大正8年（1919年）10月15日
[没年月日]昭和54年（1979年）8月25日
[出生地]鹿児島県　[学歴]関西大学〔昭和16年〕卒

昭和21年日本出版配給に入社。24年同社が閉鎖機関の指定を受けると、新たに設立された大阪屋に移り、経理課に所属。35〜40年神戸宝文館に出向。41年大阪屋取引部長、46年取締役、50年常務を経て、53年教科書部長兼営業担当の専務となったが、54年在任中に死去した。
【参考】『大阪屋三十年史』大阪屋 1981

前田　円　まえだ・まどか
鳳文館創業者

[生年月日]嘉永6年（1853年）3月
[没年月日]大正7年（1918年）11月19日
[別名等]号＝坊、黙鳳道人

播磨龍野藩士。明治6年上京、芝神明前山中市兵衛（泉市）の番頭を務めたとも。15年泉市と共同で鳳文館を創業、大部な漢籍類の翻刻を予約出版事業として始める。作詩類書「佩文韻府」は竹原鼎の銅板彫刻で、また「資治通鑑」は整版機械印刷で製作した。16年偽版事件をおこした泉市は経営から手を引き、単独経営となる。予約の購読者をつなぐため、

書画会の斡旋や「経史詩文講義筆記」を発行した。17年漢詩文と書画譜を併載した「鳳文会誌」を創刊。予約では「史記評林」「康熙字典」などを続刊するが、時代は欧化ブームを迎え空前の大出版は収支償はず縮小。18年販路開拓のため渡清、上海、天津、北京と周遊ったが成果はなかった。19年以降は依田学海の著作や西洋小説の翻訳「断蓬奇縁」を出したが、21年5月全ての板木銅板と在庫書籍を十一堂長谷部仲彦に売却し閉店した。7月1日両国中村楼にて閉店式を挙行、併せて諸名家の書画会を主催した。この後前田は書画界で能筆家として名声を博した。
【参考】ロバート・キャンベル「東京鳳文館の歳月」上下(「江戸文学」1996.5～10)

前田 豊　まえだ・ゆたか
　　　日本文化出版社長 日本バレーボール協会理事長

[生年月日]大正4年(1915年)9月25日
[没年月日]平成9年(1997年)1月11日
[出生地]広島県広島市　[学歴]早稲田大学高等師範部〔昭和13年〕卒

東京・中村高女の教師となり、バレーボール監督として149連勝という大記録を残す。昭和14年日本バレーボール協会理事となり、戦後の30年理事長に就任。東京五輪では総監督として女子チームの金メダル獲得に貢献。メキシコ五輪、ミュンヘン五輪で日本選手団の総監督に就き、ミュンヘンでは男子チームを金メダルへ導いた。また、日本文化出版社長として専門誌を創刊。バレーボールの普及、発展に尽力した。
[家族等]妻=前田琴子(全国家庭婦人バレーボール連盟名誉会長)、長男=前田実(日本文化出版会長)、三男=前田健(バレーボールカナダ男子代表監督)　[叙勲]藍綬褒章〔昭和49年〕、勲三等瑞宝章〔昭和62年〕

牧 恒夫　まき・つねお
　　　牧製本印刷社長

[生年月日]明治35年(1902年)10月29日
[没年月日]平成6年(1994年)10月4日
[出身地]東京都　[別名等]通称=牧経雄　[学歴]立教中〔大正10年〕卒

製本業を営む牧祥之助の長男で、父は我が国の洋式製本の実質的な創始者である岡上儀正に学んだ一人。大正10年中学卒業後は家業に従事、三省堂、岩波書店、海軍水路部などの仕事を引き受けた。太平洋戦争末期に海軍水路部から製本・印刷一体化の要請を受け、精興社の東青梅工場をもとに、同社との共同出資で大化堂を創立。27年再び分離して牧製本所として再出発、34年牧製本印刷に社名変更。製本の名人で、製本の機械化にも意欲的に取り組んで20件を超える特許・実用新案を取得。同社を業界屈指の上製本の製本所に発展させた。36～49年東京製本紙工業協同組合(現・東京都製本工業組合)理事長、36～51年全国製本組合連合会(現・全日本製本工業組合連合会)会長、38～50年東京製本健康保険組合初代理事長を歴任、製本分野の業界としての確立にも大きく貢献した。
[家族等]二男=牧靖久(牧製本印刷社長)、父=牧祥之助(牧製本創業者)、弟=佐々木正康(牧製本印刷会長)　[叙勲]藍綬褒章〔昭和43年〕、勲三等旭日中綬章〔昭和48年〕
【参考】石崎津義男「製本近代化の推進者 牧経雄(一～五)」(「出版クラブだより」1999.2.1～6.1)

牧 義雄　まき・よしお
　　　牧書店創業者

[生年月日]明治43年(1910年)10月5日
[没年月日]昭和44年(1969年)5月25日
[出生地]長野県須坂市　[学歴]須坂中〔昭和2年〕卒

須坂中学を卒業後に上京、昭和3年金井彰文館に入社して営業部門に勤務。22年独立して

牧書店を創業し、育児書、珠算問題集、学校図書館用の指導書など主に教育関係の書籍を出版した。25年同社を株式会社化し、社長に就任。27年教育書協会の設立に伴い初代幹事長となった他、日本出版クラブ評議員なども務めた。

牧野 英二　まきの・えいじ
新太陽社社長

[生年月日] 明治42年（1909年）4月25日
[没年月日] 昭和54年（1979年）
[出生地] 神奈川県小田原市　[別名等] 筆名＝海老英二　[学歴] 早稲田大学独文科〔昭和7年〕卒

早大卒業後、すぐに雑誌「モダン日本」編集部に入る。日中戦争のため昭和12年応召、前線で撮影した写真が新聞で話題になる。14年負傷しつつも南昌一番乗りを果たし、15年モダン日本社に復帰、「モダン日本」編集長。戦記や児童書を執筆。20年馬海松が朝鮮へ去った後を受けて新太陽社社長に就任。24年頃に赤字となったため新たに出資を得て「別冊モダン日本」を創刊したが、出資者と対立。新しく三世社を起こし、27年「講談読切倶楽部」を創刊した。以後、同誌や「実話雑誌」の編集長を務める。36年文献社を創業するとともに亡兄の「牧野信一全集」編纂に傾注。38年日本小児医事出版社入り、50年退職。51年米国コロラド州デンバーへ移住し、同地で死去した。著書に「突撃中隊の記録」などがある。
[家族歴] 兄＝牧野信一（小説家）　[受賞] 新潮社文芸賞・大衆文芸賞（第7回）〔昭和19年〕
【参考】『牧野英二』保昌正夫著 エディトリアルデザイン研究所 1997

牧野 武夫　まきの・たけお
牧書店創業者 中央公論社総務部長

[生年月日] 明治29年（1896年）6月6日
[没年月日] 昭和40年（1965年）10月13日
[出生地] 奈良県磯城郡田原本町　[学歴] 奈良師範卒

中央公論社の嶋中雄作とは同郷の親戚に当たる。はじめ奈良師範を卒業して教職に就いたが、のち上京し、婦女新聞社に勤務。大正15年嶋中の紹介で当時中央公論社のライバルであった改造社に入社し、営業部で活躍した。昭和4年嶋中に請われて中央公論社に移り、出版部を創設して部長に就任、同部の処女出版となるE.M.レマルク「西部戦線異状なし」（秦豊吉訳）がベストセラーとなり、同社書籍出版の基礎を築いた。7年営業部長、11年支配人、12年総務部長などを歴任、日本雑誌協会評議員会にも同代表として出席した。14年理事を最後に同社を退社して牧野書店を創業、ゴッホ「炎の色」などを出版。戦時中は企業整備のために乾元社と改称し、26年「原敬日記」（全9巻）の刊行により毎日出版文化賞を受賞。のち乾元社を解散して牧野書店を再興し、雑誌「文章倶楽部」などを発行した。一方でラジオ技術社専務、電通顧問なども務めた。回想録「雲か山か 雑誌出版うらばなし」がある。
【参考】『雲か雪か 雑誌出版うらばなし』牧野武夫著 学風書院 1956（中公文庫 1976）

牧野 武朗　まきの・たけろう
マキノ出版創業者 「週刊少年マガジン」編集長 講談社取締役

[生年月日] 大正12年（1923年）3月27日
[没年月日] 平成24年（2012年）5月
[出生地] 静岡県　[学歴] 静岡師範卒,東京文理科大学哲学科〔昭和25年〕卒

昭和26年講談社に入社。29年「なかよし」、34年「週刊少年マガジン」、37年「週刊少女フレンド」の創刊編集長を歴任、39年「週刊現代」編集長として大幅な部数増を成功させた。41年月刊誌「現代」創刊編集長。43年取締役。49年講談社と共同出資によりマイヘルス社を創業、月刊健康誌「壮快」を創刊。52年マキノ出版、53年特選街出版、平成元年わかさ出版及びわかさを設立。管理部門をマキノ出版1社に集中し、編集を部門別会社とする独特

の経営を行い、生活経済誌「特選街」、家庭教育誌「太郎塾」、健康誌「壮快」「安心」「わかさ」などを次々と創刊・ヒットさせ、出版界に健康雑誌という新ジャンルを確立した。

政田 岑生　まさだ・きしお
　　　　書肆季節社主宰　詩人

[生年月日]昭和10年（1935年）7月5日
[没年月日]平成6年（1994年）6月29日
[出生地]広島県安佐郡祇園村（広島市）

高校時代から詩誌「季節」を発行。昭和29年より東京海上火災保険に勤務する傍ら、31年季節社として「罠」、32年書肆季節社として「洪水」を創刊。39年「襤褸」創刊。45年歌人・塚本邦雄と面会して以来、出版社その他第三者との折衝を引き受けるなど塚本の作家活動をマネージメントし、100を越える著書の編集・装丁を担当、その創作活動を支えた。
【参考】『政田岑生詩集』政田岑生著　書肆季節社 1995／林哲夫「書肆季節社と政田岑生、そして桑島玄二」（「sumus」12号 2004.5）

間島 保夫　まじま・やすお
　　　　間島一雄書店主人

[生年月日]昭和19年（1944年）3月30日
[没年月日]平成16年（2004年）2月20日
[出生地]兵庫県神戸市須磨区　[学歴]鷹取中〔昭和34年〕卒

中学卒業後、父が創業した古本屋・間島一雄書店に入る。古書店主の傍ら、経歴不詳だった夏目漱石の文通相手を突き止めたり、神戸の小学校沿革史の誤った定説を覆すなど史家としても活躍。また詩人として詩誌「めらんじゅ」などに所属した。没後の平成17年、交友のあった古書店主や文学者らにより「間島保夫追悼文集」が編まれた。
【参考】『間島保夫追悼文集』間島保夫追悼文集刊行会 2004

益井 俊二　ますい・しゅんじ
　　　　文英堂創業者

[生年月日]明治20年（1887年）2月28日
[没年月日]昭和48年（1973年）9月4日
[出生地]徳島県徳島市

明治36年大阪に出て此村欽英堂に入り、のちには支配人を務める。大正10年独立し、大阪市塩町で文英堂を創業。はじめは大阪の出版物の取次を専業としていたが、12年以降は出版業にも着手し、主に学習参考書、事典・辞典、高校検定教科書などの教育関係図書を刊行した。昭和2年本社を西区靱下通に移転するとともに、社名を昭和出版社文英堂に改称。戦後の25年株式会社化し、27年神田神保町に東京支社を設置。31年には本社を京都下京区に移した。37年には創業40周年を記念し、朝永振一郎を監修に迎えて「学生百科新事典」を刊行した。

増井 知三　ますい・ともぞう
　　　　経林書房創業者

[生年月日]大正9年（1920年）2月10日
[没年月日]平成15年（2003年）6月3日
[出身地]千葉県　[学歴]早稲田大学卒

同文館勤務を経て、昭和32年経林書房の創業に参画して専務。49年社長、平成8年会長。経営学、社員教育に関係する書籍を出版した。
[家族等]長男＝増井勤（経林書房社長）

増田 義一　ますだ・ぎいち
　　　　実業之日本社創業者

[生年月日]明治2年（1869年）10月21日
[没年月日]昭和24年（1949年）4月27日
[出生地]新潟県中頸城郡板倉村（上越市）
[別名等]幼名＝義一郎、号＝奎城　[学歴]東京専門学校邦語政治科〔明治26年〕卒

明治22年相次いで父母を亡くしたため教職を辞し、改進党系の「高田新聞」の記者となる。23年同紙の高橋文質らの援助で東京専門学校

(現・早稲田大学)邦語政治科に進み、学業の傍ら改進党の政治活動にも参加した。28年恩師・高田早苗の推薦で読売新聞社に入社して経済部主任記者となり、渋沢栄一、大倉喜八郎、初代安田善次郎ら財界の名士らの知遇を得た。一方で、同年東京専門学校同窓の光岡威一郎らと実業の発達振興を図ることを目的に大日本実業学会を創立し、30年松方正義内閣の財政を論じた「金貨本位之日本」を刊行、また実業における実際問題攻究の雑誌として「実業之日本」を創刊すると、新聞記者の傍らその編集を担当。33年健康状態が悪化した光岡から同誌の経営権を譲り受け、読売新聞社を退社して実業之日本社を設立し、以降は同誌の編集・発行に専念した。その後、39年「日本少年」「婦人世界」、41年「少女の友」といった新雑誌を創刊。一方、「実業之日本」では大隈重信や高田、渋沢らの後援を受けて順調に発展し、42年からは新渡戸稲造を編集顧問に迎え、実業に関する記事から文芸作品や成功談・修養談・健康法などまで幅広く取り扱うようになり読者の支持を集めた。また、単行本の出版においては、44年刊行の新渡戸著「修養」が100版を重ねるロングセラーとなる。昭和2年九条武子の著書「無憂華」を出版、1年弱で200版を超える大ベストセラーとなった。4年実業之日本社を株式会社化。10年秀英社と日清印刷が合併して大日本印刷が創立その初代社長に就任した。16年日本印刷文化協会の発足に伴い、同会長。また、明治45年より衆院議員を8期務めた。
[家族等]長男=増田義彦(実業之日本社社長)、孫=増田義和(実業之日本社社長)
[参考]『増田義一追懐録』実業之日本社 1950

増田 義彦　ますだ・よしひこ
実業之日本社社長

[生年月日]明治41年(1908年)3月8日
[没年月日]平成14年(2002年)3月13日
[出生地]東京都　[学歴]東京帝国大学経済学部〔昭和7年〕卒

昭和7年三井銀行を経て、10年実業之日本社に入り、12年取締役、15年専務、21年社長に就任。58年取締役相談役に退く。この間16年大日本印刷取締役、30年監査役、40年中央社取締役を兼任した。著書に「成功の道失敗の道」「考え方のヒント」など。
[家族等]父=増田義一(実業之日本社創立者)、長男=増田義和(実業之日本社社長)　[叙勲]勲四等旭日小綬章〔昭和54年〕

増永 善吉　ますなが・ぜんきち
鱒書房創業者

[生年月日]明治41年(1908年)12月30日
[没年月日]昭和42年(1967年)9月13日
[出生地]北海道札幌市　[学歴]北海道一中中退

昭和初期に鱒書房を創業して広瀬彦太海軍大佐の「郡司大尉」や草葉栄大尉「ノロ高地」などのノンフィクションを出し、ヒットを飛ばす。戦時の企業整備で5社を統合して東京出版を設立して社長。敗戦直後、昭和初期から敗戦に至るまでの流れを記した森正蔵「旋風二十年 解禁昭和裏面史」を出版、大ベストセラーとなる。24年には月刊誌「夫婦生活」を創刊、性を正面から取り上げた誌面が評判となった。また、「歴史新書」「鱒書房新書」「コバルト新書」などを発刊。その後、同社は都山書房を経て、42年ビデオ出版に商号変更した。弟の増永嘉之助は潮書房の創業者。
[家族等]弟=増永嘉之助(潮書房創業者)

増永 勇二　ますなが・ゆうじ
有信堂高文社創業者

[生年月日]大正5年(1916年)4月8日
[没年月日]昭和55年(1980年)11月29日
[出生地]神奈川県横浜市　[学歴]京都帝国大学法学部卒

京都帝国大学助手を経て、昭和21年京都市で有信堂高文社を創業。33年株式会社に改組。法律・政治・社会などの専門書や大学教科書

などを出版した。

増山 新一　ますやま・しんいち
東京堂出版専務

[生年月日]明治33年（1900年）4月5日
[没年月日]平成1年（1989年）10月24日
[出生地]東京都

大正3年東京堂に入社し、「新刊図書雑誌月報」の編集に従事。9年出版部の主任となり、以後一貫して同社の書籍出版を取り仕切ったほか、「東京堂月報」「出版年鑑」の編集にも当たった。昭和16年同社が日本出版配給に吸収された後も東京堂に残り、出版部長として活躍。24年取締役。39年東京堂の出版部門が分社化し、株式会社東京堂出版が設立されると、同社専務に就任した。また、「東京堂の八十五年」の執筆も手がけた。

町田 忠治　まちだ・ちゅうじ
東洋経済新報社社長　衆院議員（民政党）

[生年月日]文久3年（1863年）3月30日
[没年月日]昭和21年（1946年）11月12日
[出生地]出羽国秋田郡秋田（秋田県秋田市）
[別名等]号＝幾堂　[学歴]秋田師範中学師範予備科〔明治13年〕卒、帝国大学法科大学選科〔明治20年〕卒

生家は出羽秋田藩主・佐竹家の支族に当たり、6人きょうだい（5男1女）の四男。3歳で父を亡くして祖父や母の手で育てられ、明治8年伯母・町田ナヲの養子となる。16年「秋田日報」主筆として犬養毅が秋田に来るとその私塾・致遠館で政治・経済を学び、犬養の思想に大きな影響を受けた。17年上京、20年帝国大学選科を出て法制局に勤めたが、21年朝野新聞社に入り新聞記者となる。24年犬養、尾崎行雄らと同社を辞めて「郵便報知新聞」に転じた。26～27年欧米視察を経て、28年東洋経済新報社を設立し同主幹となったが、29年同社を天野為之に譲った。その後、日本銀行に勤めた後に実業界に転じ、45年衆院議員に当選して政界入り。立憲同志会、憲政会、民政党に属して当選10回を数え、若槻礼次郎、浜口雄幸、岡田啓介らの内閣で重要閣僚を歴任した。その風貌が、麻生豊の4コマ漫画「ノンキナトウサン」の主人公によく似ていることから"ノントー"さんの愛称で衆望を集めた。

[叙勲]勲三等旭日中綬章〔大正5年〕、勲二等瑞宝章〔大正15年〕、勲一等瑞宝章〔昭和6年〕
【参考】『町田忠治翁伝』松村謙三著　町田忠治翁伝記刊行会 1950／『町田忠治』町田忠治伝記研究会編著　桜田会 1996

松井 巻之助　まつい・まきのすけ
みすず書房監査役

[生年月日]大正2年（1913年）7月13日
[没年月日]昭和59年（1984年）7月28日
[出身地]長野県　[学歴]東京文理科大学卒

科学書の翻訳で知られ、訳書にスノウ「二つの文化と科学革命」、ユンク「巨大機械」、ザイマン「科学に未来はあるか」などがある。物理学者の朝永振一郎とも親しく、「朝永振一郎著作集」（全12巻）を刊行した。著書に「科学は未来を開く」、編著に「回想の朝永振一郎」がある。

松浦 貞一　まつうら・ていいち
松要書店主人　近代文芸社創業者

[生年月日]明治19年（1886年）10月21日
[没年月日]昭和28年（1953年）11月11日
[出生地]兵庫県加西郡北条町（加西市）

大正元年書物の数物問屋を創業。13年店名を松要書店と命名して洋本部と赤本部を設置し、特に特価書籍の販売で知られた。昭和4年近代文芸社の商号で出版業にも乗り出し、吉井勇、斎藤弔花らの文芸書から、辞書・料理書・手芸書などまで幅広く手がけた。一方で大阪図書出版業組合評議員も務め、書籍大市会では振手の名手として活躍。16年取次業

が日本出版配給に統合されると、その博労町営業所長に就任した。
【参考】『松要さんの思ひ出』全国出版物卸商業協同組合 1955

松浦 伶　まつうら・れい
文藝春秋翻訳出版部長

[生年月日] 昭和11年（1936年）
[没年月日] 平成19年（2007年）
[出生地] 島根県　[学歴] 東京大学文学部仏文科〔昭和35年〕卒

昭和35年文藝春秋に入社。翻訳出版部長としてロバート・ジェームズ・ウォラー「マディソン郡の橋」、李志綏「毛沢東の私生活」、ウンベルト・エーコ「フーコーの振り子」などを担当した。訳書にジャイルズ・ミルトン「スパイス戦争」など。

松尾 善高　まつお・よしたか
コーキ出版創業者

[生年月日] 生年不詳
[没年月日] 昭和62年（1987年）2月8日

昭和42年31歳の時に東京・太子堂にコーキ出版を創業。50年小・中学生を対象とした「学習百科大事典アカデミア」を出して社業の基礎を築き、幼児教材・家庭学習教材や絵本などを出版したが、倒産した。

松岡 虎王麿　まつおか・とらおうまろ
南天堂書房主人

[生年月日] 明治26年（1893年）11月30日
[没年月日] 昭和39年（1964年）1月4日
[出生地] 東京市駒込（東京都文京区）

父・寅男麿が東京・神保町に開いた古書店が本郷白山上の五叉路北角に移り南天堂と改称、新古兼業になった店を大正6年相続。近所の労働運動社・大杉栄一派に親しむ。11年夏、近くのまき町通り中央に3階建てを新築して移転、元の地は支店とし、新本店1階新刊書店の2階を喫茶兼レストランとしたところ、アナキストやダダイスト詩人で賑わい、また出版記念等の会場ともなり、中西悟堂、辻潤、宮嶋資夫、萩原恭次郎、林芙美子、高見順その他、文学史上後々まで回顧される交流の場となった。同時に3階は出版部とし、廉価の小型叢書「近代名著文庫」の刊行会を始め、川端康成編集「新思潮」（第六次の二）発行所となり、単行書に生田長江著などがある。大震災後の13年頃は2階で夜ごと狂騒が繰り広げられ、文芸誌「ダムダム」も共同発行したが、貧乏文士のツケも祟って経営難に陥り、14年に店舗は取引先の取次店・上田屋書店に明け渡され、同専務・長井庄一郎は義妹の夫である上林行一郎を主任に起用した（同名書店はさらに人手を経て現存）。昭和5年頃まで存続した形跡もあるのは、末弟・寅三郎に任せた支店か。長弟・寅之丞が発行人として記された南天堂書店の刊本も存在する。虎王麿の南天堂出版部は飯田橋辺に移っていたが、5年以前から京華社で印刷業に携り、7年そこから独立した須藤紋一の三鐘印刷に参画し常務、須藤が10年に始めた出版社扶桑閣にも籍を置いた。戦後は横浜で本の二次卸に従事した。
【参考】森まゆみ「白山南天堂ノート」（22回、「ちくま」280～301号 1994.7～1996.4）／森まゆみ「南天堂漂流」（17回、「ちくま」314～390号 1997.5～2003.9）／『南天堂 松岡虎王麿の大正・昭和』寺島珠雄著 皓星社 1999

松岡 幸雄　まつおか・ゆきお
静山社創業者

[生年月日] 昭和14年（1939年）1月6日
[没年月日] 平成9年（1997年）12月25日
[出生地] 愛媛県伊予市　[学歴] 松山南高〔昭和32年〕卒,国際基督教大学フランス哲学専攻〔昭和41年〕卒

昭和42年学習研究社に入社。52年静山社を創業、社会派の民衆史に関わる本などを手がける。58年進行性難病である筋萎縮性側索硬化症（ALS）を患う川口武久が闘病記を出版

したがっていることをテレビで目にし、「しんぼう 死を見つめて生きる」を刊行。以来、ALS患者の支援活動に力を注ぎ、ALS関係書を出版する一方、63年日本ALS協会設立時には自宅を提供。無給で事務局長を引き受け、会報誌「JALSA」の発行や講演会、全国の支部作り、政府機関への働きかけなどに奔走、病気と闘う患者と家族を支え続けた。没後、同時通訳者の妻・松岡佑子が同社を継承。英国の児童ファンタジー「ハリー・ポッター」シリーズを紹介・翻訳し大ヒット。平成21年「静山社文庫」を発刊するなど、社業を発展させた。
[家族等]妻＝松岡佑子（静山社社長）
[参考]「JALSA 故松岡幸雄事務局長追悼特集」43号 1998.3／『ハリー・ポッターと私に舞い降りた奇跡』松岡佑子著 日本放送出版協会 2009

松川 二郎　まつかわ・じろう
旅行時代社創業者 旅行ジャーナリスト

[生年月日]明治20年（1887年）
[没年月日]没年不詳
[出身地]福井県　[別名等]筆名＝木公,松二生
明治39～45年「読売新聞」記者を務め、41年12月から翌月まで樺太・シベリア探検に特派。40～41年「日本農業雑誌」記者、大正3年より同誌主幹。同誌の明治39年11月・12月号に書いた「悪戯な小兎」はビアトリクス・ポター「ピーターラビットのおはなし」の世界初の翻訳である。大正6年半ばから9年頃にかけて帝国連隊史刊行会編纂部を担当。8年以降は博文館「趣味の旅」シリーズなど旅行案内記を多数著して世に知られた。昭和5年誠文堂小川菊松の後援を受けて旅行時代社を起こし、雑誌「旅行時代」を創刊。購読者を中心に東京近郊倶楽部を組織したが、他の旅行会社の発達と共に没落し、9年詐欺嫌疑で検挙された。21年日本歴史社の「日本歴史」創刊と共に編集責任者。翌年2巻2号を最後に交替、新日本歴史学会を設立し、24年まで「新日本歴史」（全7冊）を出版した。
[参考]奥須磨子「資料・松川二郎」（「東西南北2005 和光大学総合文化研究所年報」2005）

松木 寿三郎　まつき・じゅさぶろう
むなぐるま草紙社代表

[生年月日]大正10年（1921年）2月5日
[没年月日]平成7年（1995年）2月8日
[出身地]青森県西津軽郡木造町（つがる市）
[別名等]筆名＝松木蔵平
同郷の太宰治とも関わりを持ち、松木蔵平の筆名で「浪曼派」などに作品を発表。戦後、弘前市で貸本屋の麦書房を営んだ。昭和60年むなぐるま草紙社を創業して出版に従事、61年「前田純孝歌集」を処女出版に、檀一雄、佐藤春夫、室生犀星、芥川龍之介、夏目漱石の句集などを出した。
[参考]『北津軽金木風土記』松木寿三郎著 踏青社 2001

松木 春吉　まつき・はるきち
金園社創業者

[生年月日]明治39年（1906年）5月8日
[没年月日]昭和53年（1978年）3月9日
[出身地]福島県
昭和8年書籍雑誌卸業のマツキ書店を創業し、訪問販売で着実に販路を獲得。またPR誌「月報」を発行し、国内のみならず台湾や朝鮮の書店とも取引を行った。のちには出版にも手を伸ばし、23年社名を株式会社金園社に改め、「小鳥の飼い方」を皮切りにオレンジカバーの実用書の刊行を開始。以後も実用書出版を専門に活動を続けた。東京出版協同組合理事や日本出版クラブ評議員も務めた。

松木 平吉（5代目）　まつき・へいきち
大黒屋（大平）主人

[生年月日]明治4年（1871年）9月22日

[没年月日]昭和6年（1941年）6月19日

明和元年（1764年）江戸両国広小路に開業以来5代を相続し、主に多色摺の錦絵（俗に江戸絵または東錦絵と呼ぶ）の版元として知られる。明治期に4代目（24年7月1日没）は歌川派の開化絵を多数出版した他、小林清親に西洋絵画の技法を学ばせ欧風加味の風景人物画を版行した。5代目は錦絵の海外輸出及び内国勧業博覧会へ出品し海外在留邦人及外国商店より多くの注文を得た。40年以降、新版錦絵を出すのは大平と秋山（滑稽堂）のみであった。

【参考】『資料による近代浮世絵事情』永田生慈 三彩社 1992

松沢 老泉　まつざわ・ろうせん
和泉屋慶元堂（泉庄）主人

[生年月日]明和6年（1769年）
[没年月日]文政5年（1822年）3月13日
[別名等]通称＝和泉屋庄次郎

父庄八は泉州の人、江戸に来て宝暦12年（1762年）神田佐久間町に書店を開き、天明元年（1781年）没。この時庄次郎僅か13歳で父業を継げず、紙漉をして資金を貯め17歳から古本の買売を始め、数年のうちに販路を拡大遂に浅草新寺町に店舗を構えるに至る。生涯に7度も類焼・水害を経験したが、精力的に働き切り抜けた。資性篤実且つ文才もあって当時の諸名家の愛顧をうけ、朋友に信望があり、本屋仲間の行事を数度務めめ、多忙な書店主でありながら寸暇を惜しんで経籍を学び、その結晶が『彙刻書目外集』6巻6冊（文政4年刊）である。清の顧修編輯『彙刻書目』は甚だ不備で、その不足欠落を大幅に補った労作。他に書誌考証学の『経籍問答』、隠居後の生活日記『堂前隠宅記』、また和泉屋庄次郎4代にわたる業務記録『慶元堂書記』（文化11年～明治4年）がある。詳しくは弥吉光長校注『松沢老泉資料集』（青裳堂書店、昭和57年）を参照。

【参考】『松沢老泉資料集』弥吉光長校注 青裳堂書店 1982

松下 幸之助　まつした・こうのすけ
PHP研究所所長 松下電器産業創業者

[生年月日]明治27年（1894年）11月27日
[没年月日]平成1年（1989年）4月27日
[出生地]和歌山県海草郡和佐村（和歌山市）
[学歴]関西商工予科〔大正2年〕卒

9歳で小学校を中退し、大阪の火鉢屋に奉公に出、関西商工学校夜間部に学ぶ。明治43年大阪電燈の見習工員となり、大正6年改良ソケットを考案して独立、7年ソケット製造の松下電気器具製作所（のち松下電器製作所）を設立。12年自転車用電池ランプを発売してヒット。昭和10年松下電器産業に改組して社長に就任。戦後、家電メーカーとして大発展を遂げ、"経営の神様"といわれた。54年には私財を投じて松下政経塾を開き、次代を担う政治家の育成を図った。戦後間もない21年、"繁栄によって平和と幸福を"を念願してその英文 "Peace and Happiness through Prosperity" の頭文字を取ったPHP研究所を創設して自ら所長に就任。22年機関誌として月刊誌「PHP」を創刊、当初の出版活動は同誌の発行のみであったが、やがて総合誌「voice」など数多くの雑誌・書籍を発行して出版社へと発展した。

[家族等]養子＝松下正治（松下電器産業社長）、孫＝松下正幸（パナソニック副会長）　[叙勲]藍綬褒章〔昭和31年〕、勲一等旭日桐花大綬章〔昭和62年〕

松下 英麿　まつした・ひでまろ
「中央公論」編集長 洗心書林創業者

[生年月日]明治40年（1907年）10月13日
[没年月日]平成2年（1990年）10月22日
[出生地]長野県　[学歴]早稲田大学文学部国文科中退

昭和2年早稲田大学文学部に学ぶ。8年中央公論社に入社。15年「中央公論」編集長、16年編集総務部長を経て、17年編集局長。18年陸軍報道部から編集局一新を要求され、同局長

を解任された。19年4月編集総長となるも、7月同社は当局の弾圧により廃業・退職。戦後、親炙した幸田露伴の書名「洗心録」に由来する洗心書林を起こし、露伴「音幻論」、斎藤茂吉「幸田露伴」などを出版。24年中央公論社に客員として復帰し、36年退職して文筆生活に入る。著書に編集者時代の思い出をまとめた「去年の人」の他、「池大雅」「浦上玉堂」などがある。

松田 正助　まつだ・しょうすけ
尚友堂主人

[生年月日] 文化14年（1817年）7月25日
[没年月日] 明治27年（1894年）9月18日
[出生地] 大坂

幼くして孤児となり、天保5年（1834年）大坂の書肆河内屋新次郎に仕えて精勤し、安政元年（1854年）別家して書肆を開く。好んで儒士文人と交わり京阪の藩邸や諸学舎を訪れて交遊し池内大学の著書などを出版した。侠気にあふれ窮鳥入懐を実践し、官軍征圧下の大坂に潜伏した陸奥会津藩士・羽峰南摩綱紀を庇護した逸事は有名である。後年高師教授となった羽峰は同地を訪れ、この美談を新聞記者に語り正助の墓に詣でて謝意を表した。また罹災して家運衰えた主家の一族をひきとり旧に変わらぬ世話をしたという。西区京町堀上通に尚友堂と称して店舗を構え、唐本、和漢書類を商い、明治2～4年、12年書林行事役に任じて本屋仲間の重鎮となり、また「戊辰以来新刻書目一覧」（7年）を編纂した。21年9月京都に移転、没後は庄助（万延元年5月14日伊賀上野生）が家督を継承した。彼は14歳の時から奉公し22歳の時乞われて養嗣子となる。家業を継ぐと更なる発展を計り市内の一流販売店に押し上げた。
【参考】『松田正助翁略年譜』梅原忠治郎編著 1940

松野 志気雄　まつの・しげお
「アサヒカメラ」編集長

[生年月日] 明治35年（1902年）11月14日
[没年月日] 昭和26年（1951年）3月29日
[出生地] 神奈川県　[学歴] 早稲田大学商科卒

早稲田大学商科を卒業後、大正14年朝日新聞社に入社。昭和3年頃に写真雑誌「アサヒカメラ」編集長に就任し、同誌を写真・カメラの総合雑誌として大きく躍進させた。終戦直後、同社を退社して出版業に携わったが挫折。25年イブニングスター社発行の「カメラファン」編集部に入ったが、間もなく死去した。著書に「広告写真術」がある。

松信 泰輔　まつのぶ・たいすけ
有隣堂社長

[生年月日] 大正5年（1916年）4月20日
[没年月日] 平成20年（2008年）2月11日
[出生地] 神奈川県横浜市　[学歴] 横浜商〔昭和9年〕卒

明治42年創業の横浜の書店・有隣堂の長男に生まれ、昭和9年入社、28年取締役、31年専務を経て、36年社長。平成7年会長に退く。この間、昭和52年日本書店組合連合会会長となり、63年組合を法人化して日本書店商業組合連合会の初代会長に就任。全国の書店の経営改善・地位向上に努め、書籍の正味引き下げを実現。また、"本の日"としてサン・ジョルディの日（4月23日）を提唱した。山手英学院理事長も務めた。八代亜紀の歌う伊勢佐木町の歌を作詞したこともある。著書に「一商人の軌跡」「ブック戦争の記録」がある。
[家族等] 姉＝江守節子（有隣堂取締役）、弟＝松信太助（有隣堂取締役相談役）、松信八十男（慶応義塾大学名誉教授）、松信義章（有隣堂副社長）、妹＝篠崎孝子（有隣堂会長）、長男＝松信裕（有隣堂社長）　[叙勲] 勲四等瑞宝章〔平成3年〕　[受賞] 横浜文化賞〔昭和53年〕、神奈川文化賞〔昭和58年〕、長谷川伸賞（第21回）〔昭和61年〕

【参考】『横浜有隣堂 九男二女の物語』松信八十男著 草思社 1999

松信 大助　まつのぶ・だいすけ
有隣堂創業者

[生年月日]明治17年（1884年）10月27日
[没年月日]昭和28年（1953年）10月14日
[出生地]神奈川県横浜市尾上町　[旧名]大野

父は小千谷縮の商人で、5人きょうだい（4男1女）姉兄の末っ子の四男。明治19年1歳で父を亡くし、25年叔母・松信家の養子となる。尋常高等小学校を中退し、29年東京・日本橋の清水メリヤス店に奉公に出、30年金子毛糸店に移った。35年病気の長兄を助けるため、横浜・吉田町で兄が営んでいた書店・第一有隣堂に入店。37年応召して習志野騎兵第十三連隊に入隊。日露戦争では戦場には赴かず、40年除隊。42年横浜・伊勢佐木町に第四有隣堂を開店して独立。大正9年第四有隣堂を株式会社有隣堂に改組して第一有隣堂を吸収。12年関東大震災で店舗・住居とも失うが、バラックの古本屋を開いて営業を再開。その後、太平洋戦争での空襲などを乗り越え、首都圏でも指折りの小売書店となった同社の基礎を築いた。

[家族等]妻＝松信隆子（有隣堂社長）、長女＝江守節子（山手学院校長）、二男＝松信総次郎（有隣堂社長）、三男＝松信泰輔（有隣堂社長）、五男＝松信太助（有隣堂取締役相談役）、六男＝松信隆也（有隣堂副社長）、七男＝松信幹男（山手英学院理事長）、八男＝松信八十男（慶応義塾大学名誉教授）、九男＝松信義章（有隣堂副社長）、二女＝篠崎孝子（有隣堂会長）、孫＝松信裕（有隣堂社長）

【参考】『有隣堂八十年史』有隣堂八十年史編集委員会編 有隣 1989／『横浜有隣堂 九男二女の物語』松信八十男著 草思社 1999

松信 隆也　まつのぶ・たかや
有隣堂副社長

[生年月日]大正10年（1921年）1月14日
[没年月日]平成1年（1989年）4月20日
[出生地]神奈川県横浜市　[学歴]藤原工業大学〔昭和15年〕卒

有隣堂創業者・松信大助の六男。昭和21年有隣堂に入社。32年取締役、54年専務を経て、62年副社長。

[家族等]父＝松信大助（有隣堂創業者）、妻＝松信隆子（有隣堂社長）、姉＝江守節子（山手学院校長）、兄＝松信総次郎（有隣堂社長）、松信泰輔（有隣堂社長）、松信太助（有隣堂取締役相談役）、弟＝松信幹男（山手英学院理事長）、松信八十男（慶応義塾大学名誉教授）、松信義章（有隣堂副社長）、妹＝篠崎孝子（有隣堂会長）

【参考】『横浜有隣堂 九男二女の物語』松信八十男著 草思社 1999

松林 勤　まつばやし・つとむ
講談社常務

[生年月日]大正13年（1924年）12月27日
[没年月日]平成2年（1990年）9月14日
[出身地]埼玉県　[学歴]早稲田大学政治経済学部〔昭和22年〕卒

講談社に入社。昭和31年製作部長、37年宣伝部長、39年営業局次長、41年広告局長、44年取締役、48年常務。62年キングレコード副社長に転じ、63年社長に就任。

松林 恒　まつばやし・ひさし
中央公論社専務

[生年月日]明治21年（1888年）11月29日
[没年月日]昭和41年（1966年）12月3日

大正14年中央公論社に入社。15年株式会社改組に際して取締役。昭和7年計理部長、11年専務。22年退社。

松原 治　まつばら・おさむ
紀伊國屋書店社長

[生年月日]大正6年（1917年）10月7日
[没年月日]平成24年（2012年）1月3日

[出生地]千葉県市川市 [出身地]山口県山口市 [学歴]東京帝国大学法学部政治学科〔昭和16年〕卒

父は職業軍人で外地や国内を転々とし、中学・高校時代は大阪で過ごす。東京帝大の同期には中曽根康弘らがいる。昭和16年南満州鉄道(満鉄)に入社。17年応召、敗戦時は陸軍主計中尉。戦後21年日本塩業に入社、取締役業務部長。25年元伯爵で紀伊國屋書店の非常勤取締役を務めていた亀井茲建に招かれ、同社に入社。29年取締役、34年常務、42年専務を経て、55年社長に就任。平成11年会長職を兼務。14年会長兼最高経営責任者(CEO)。22年名誉会長。この間、粋人として知られた創業者の田辺茂一社長を支え活躍。全国に誕生した新制大学をターゲットに洋書や専門書を売り込んで業績を伸ばし、また逸早く大卒の定期採用を開始するなど、国内65店舗、海外24店舗、約4000人の社員を擁する書店業界のトップ企業にまで育て上げた。社歴61年の内、役員として41年間にわたって経営に携わり、単なる書籍販売に留まらず"知のゼネコン"をめざした。自伝に『三つの出会い 私の履歴書』がある。

[家族等]長男=松原真樹(角川グループホールディングス取締役)、弟=松原義治(近畿大学名誉教授)

【参考】『三つの出会い 私の履歴書』松原治著 日本経済新聞社 2004

松原 純一　まつばら・じゅんいち
編集者

[生年月日]大正12年(1923年)3月10日
[没年月日]昭和41年(1966年)6月22日
[出生地]東京都 [学歴]国学院大学国文科卒

創業当初の角川書店の中心人物として活躍し、角川源義を助けた。のち相模女子大学教授に就任。森鷗外に関心を持ち、自ら推進した「表現」誌上に「舞姫」論及び小倉時代の鷗外などについて論考を発表した。

松原 正樹　まつばら・まさき
財界研究所社長

[生年月日]昭和7年(1932年)1月28日
[没年月日]平成5年(1993年)3月24日
[出生地]大分県 [学歴]明治大学商学部卒

昭和28年財界研究所に入社。45年取締役、50年常務を経て、社長。各方面に幅広い情報活動を続け、大和証券社長のスキャンダル事件や三越の岡田・竹久スキャンダルを告発したことでも知られる。

松宮 龍起　まつみや・たつき
新日本出版社社長

[生年月日]明治43年(1910年)11月1日
[没年月日]平成5年(1993年)4月14日
[出生地]東京都 [学歴]東京農業大学〔昭和7年〕中退

昭和32年新日本出版社設立と同時に入社。37年社長。

松村 九兵衛　まつむら・きゅうべえ
敦賀屋文海堂主人

活動開始は元禄年間といわれる大坂心斎橋筋の老舗書肆。当初は求板を盛んに行ったが、享保8年(1723年)本屋仲間官許となり以後行事を何度か務めるなど業界で重きをなした。明治になってからも盛業を続け、30年大阪書籍雑誌商組合創立に参画、39年組合長となる。大正8年廃業。

松邑 孫吉(2代目)　まつむら・まごきち
三松堂主人

[生年月日]明治6年(1873年)12月29日
[没年月日]没年不詳
[出生地]愛知県豊橋市 [旧名]草場

明治22年上京して博文館に入社し、同社主・大橋佐平に師事。のちその人物を見込まれ、同郷である三松堂の創業者・初代松邑孫吉の

養嗣子となる。37年初代の引退に伴ってその跡を継ぎ、中等・実業学校教科書や各種学習参考書、教育書の出版を手がけたほか、書籍の取次も行った。40年東京書籍商組合評議員に就任。そのほかにも東京出版協会協議員、東京辞書出版社社長、日本ノート学用品株式会社重役などを歴任した。
[家族等]養父=松邑孫吉（初代）

松本 浅次郎　まつもと・あさじろう
日本出版配給淡路町支店長

[生年月日]明治26年（1893年）12月10日
[没年月日]昭和31年（1956年）5月14日

書籍取次業の上田屋書店に勤務し、のち支配人となる。その後同じく取次業の至誠堂の経営破綻によって設立された大東館に入るが、昭和16年日本出版配給に入社し、淡路町支店長を務めた。戦後の24年同社が解散すると、同社の海外課が独立してできた東貿商会で経理担当の役員として活躍。更に栗田書店に移るが、間もなく病没した。

松本 清　まつもと・きよし
第一学習社創業者

[生年月日]大正7年（1918年）7月26日
[没年月日]平成1年（1989年）3月4日
[出生地]大阪府大阪市　[学歴]中央大学法学部〔昭和17年〕卒

昭和18年海軍嘱託としてニューギニア民政府長官官房に勤める。21年復員。23年広島市で中国人事通信社を創業、広島県職員録の出版を開始。26年西日本加除式法規出版社に商号変更して加除式法規集の出版に進出。32年高校用理科副教材の出版を始め、33年第一学習社に改称。35年株式会社に改組。高校用副教材、高校用教科書を数多く出版し、教育図書の総合出版社へと発展した。
[家族等]長男=松本洋介（第一学習社社長）
【参考】『清よ 松本清追悼録』第一学習社 1989／『第一学習社創立50年史』第一学習社 1999

松本 昇平　まつもと・しょうへい
日本出版販売販売促進室長代理・広報課長

[生年月日]明治39年（1906年）
[没年月日]没年不詳
[出生地]神奈川県中郡吾妻村（二宮町）

大正8年神奈川県平塚の書店に見習い奉公に出、9年東京堂に入社。14年書籍販売係となり満州、朝鮮及び全国各地区を担当。昭和16年日本出版配給創立と共に京橋営業所北海道・樺太係。20年応召し、新潟で敗戦を迎えた。24年日配閉鎖により日本出版販売に入社。地方書籍販売課長、販売部次長、仕入部次長、販売促進室長代理兼広報課長を経て、40年退社。以後、徳間書店、河出書房、日本生産性本部、弓立社などの顧問を務めた。著書に『二宮のむかし話』（全7巻）『出版業界のむかし話』『出版販売用語の始まり』などがある。
[受賞]野間賞（第9回、昭和36年度）
【参考】『業務日誌余白 わが出版販売の五十年』松本昇平著 新文化通信社 1981

松本 善次郎　まつもと・ぜんじろう
大同書院創業者

[生年月日]明治26年（1893年）3月19日
[没年月日]昭和39年（1964年）5月24日
[出生地]千葉県

大正3年巌松堂書店に入店し、3年後に同店の大阪支店が設置されると、その支店長に抜擢。9年同支店の権利を譲り受けて独立し、大同書院を創業して法律・経済関係の書籍・雑誌を販売した。12年頃からは出版にも着手し、「不動産登記法」「財界研究」を発行するなど、関西きっての法律・経済・政治学関係書籍の専門出版社として業績を伸ばした。また中等教科書なども刊行。昭和4年には東京・神田神保町に小売部門の支店を設置した。傍ら大阪出版業組合評議員、大阪書籍雑誌商組合評議員なども務めた。

松本 最　まつもと・まさる
　　　　　大阪屋社長

[生年月日]大正13年（1924年）11月12日
[没年月日]平成14年（2002年）9月26日
[出生地]大阪府東大阪市　[学歴]京都大学経済学部〔昭和25年〕卒

三和銀行に入り、昭和35年東京業務部業務課長代理、37年神戸支店次長、39年三条支店長、42年新宿西口支店長、44年本町支店長、46年大正橋支店長を歴任。48年西日本建設業保証常務を経て、59年大阪屋に入社、専務となり、60年社長に就任。のち会長となり、平成4年退任。

松山 思水　まつやま・しすい
　　　　「子供の科学」編集長　児童文学者

[生年月日]明治20年（1887年）4月1日
[没年月日]昭和32年（1957年）7月27日
[出身地]和歌山県和歌山市　[本名]松山二郎
[学歴]早稲田大学英文科〔大正1年〕卒

大正元年実業之日本社に入社。少年誌「日本少年」の編集に携わり、8年「小学男生」主筆、10年「日本少年」主筆。11年写真雑誌「アマチュアー」を創刊したが、12年関東大震災により廃刊となった。13年大人向けの娯楽誌「東京」主筆。のち誠文堂新光社に迎えられ、昭和2年「子供の科学」編集長に就任した。小説や児童読物も多く手がけ、「笑の爆弾」「ビックリ箱」「アンポンタン」などの他、原田三夫と共編の「少年少女科学文庫」（全6巻）「世界探険全集」などがある。
【参考】上田信道「松山思水と『日本少年』」（「国際児童文学館紀要」1998.3）

間宮 不二雄　まみや・ふじお
　　　　　間宮商店創業者

[生年月日]明治23年（1890年）6月26日
[没年月日]昭和45年（1970年）10月24日
[出生地]東京市本郷区元町（東京都文京区）
[学歴]東京高師附属小高等科〔明治35年〕3年修了

女医・間宮八重の長男。明治35年東京高等師範学校附属小学校高等科3年を修了、36年丸善書籍部に入店。大正4年丸善を退職して渡米、5年帰国して黒沢書店に入社。10年独立して大阪でM・フセヤ商会を設立、タイプライターや計算機、目録カードなどを取り扱う。11年合資会社間宮商店を創業、図書館用品の製造販売を専業とした。昭和4年以降、「日本十進分類法」「本邦書誌の書誌」「日本目録規則」といった図書館界で定番となる図書を出版した。15年「図書館雑誌」編集発行人。27年ジャパン・ライブラリー・ビューロー（JLB）代表取締役、35年相談役。
【参考】『圕とわが生涯・後期』間宮不二雄著　不二会 1971

丸尾 文六　まるお・ぶんろく
　　　　　光文社代表取締役常務

[生年月日]明治42年（1909年）8月3日
[没年月日]平成5年（1993年）5月15日
[出身地]静岡県磐田郡磐田町（磐田市）　[学歴]見付中卒

昭和2年講談社に入社。18年「コドモエバナシ」編集長。20年4月日本報道社へ出向、「征旗」編集長。同年10月光文社に入り、21年「少年」、23年「面白倶楽部」各編集長。24年取締役を経て、36年常務。45年神吉晴夫社長の退任により代表取締役常務となったが、間もなく辞任した。

丸岡 明　まるおか・あきら
　　　　　能楽書林社長　小説家

[生年月日]明治40年（1907年）6月29日
[没年月日]昭和43年（1968年）8月24日
[出生地]東京市牛込区（東京都新宿区）　[学歴]暁星中〔大正14年〕卒,慶応義塾大学文学部仏文科〔昭和9年〕卒

父は能楽書林創業者・丸岡桂で、6人弟妹（3男3女）の長男。外交官にするつもりでいた

父の希望で早くからフランス語を習うが、文学に傾倒。大正13年回覧雑誌「あざみ」を出す。昭和2年慶応義塾大学予科に進み、5年水上滝太郎の推薦で「三田文学」に小説「マダム・マルタンの涙」を発表。9年同大仏文科を卒業後は小説家として「生きものの記録」「悲劇喜劇」などを発表。20年5月東京大空襲に遭遇、死線をさまようが九死に一生を得た。戦後は原民喜と「三田文学」の編集に携わり、27年ニースで開催された国際ペンクラブ大会に日本代表の一人として出席。41年「静かな影絵」で芸術選奨文部大臣賞を受けた。一方で父の跡を継いで丸岡出版社(現・能楽書林)の経営に従事する傍ら、能楽評論家として活動。筑摩書房の「現代謡曲全集」(全50巻)、「観世流・声の百番集」(第1期全38巻)の編集に携わった他、29年、32年、40年には東京能楽団を組織してヨーロッパ、米国で公演した。他の著書に「柘榴の芽」「或る生涯」「妖精供養」「コンスタンチア物語」「贋きりすと」などがある。
[家族等]妻＝丸岡美耶子(能楽書林会長)、父＝丸岡桂(歌人)、弟＝丸岡大二(能楽書林社長)、祖父＝丸岡莞爾(高知県知事・歌人)
[叙勲]フランス芸術文化勲章シュバリエ章〔昭和37年〕 [受賞]芸術選奨文部大臣賞(第16回、昭和40年度)〔昭和41年〕「静かな影絵」
【参考】『丸岡明小説全集』第3巻 新潮社 1969

丸岡 桂　まるおか・かつら
板倉屋書房主人 謡曲文学研究家

[生年月日]明治11年(1878年)10月7日
[没年月日]大正8年(1919年)2月12日
[出生地]東京府麹町三番町(東京都千代田区)
[別名等]号＝月の桂のや、二十二木生、素娥、小桜

土佐出身の官僚で歌人としても優れた丸岡莞爾の長男。あさ香社に入って作歌していたが、明治33年同志と曙会を起こして、短歌雑誌「あけぼの」を創刊。同年田口春塘との合著歌集「朝嵐夕雨」を刊行。これは明治短歌史上、最初の浪漫歌集であった。34年「曙集」を刊行。36年「莫告藻」(なのりそ)を創刊。同年板倉屋書房を起こして義弟で国文学者の松下大三郎らの「国歌大観」(全10巻)を刊行。39年大病を患い、これを機に謡曲研究に専念。観世流改訂本刊行会を設立し、大正3年雑誌「謡曲界」を創刊した。また謡曲古書を収集して、猿楽文庫を設けた。8年スペイン風邪のために急逝。没後の10年、歌集「長恨」が刊行された。
[家族等]父＝丸岡莞爾(官僚・歌人)、息子＝丸岡明(小説家)、丸岡大二(能楽書林社長)、義弟＝松下大三郎(国文学者)
【参考】福島タマ「丸岡桂評伝」(「学苑」1961.2)

丸岡 大二　まるおか・だいじ
能楽書林社長 能楽評論家

[生年月日]大正2年(1913年)10月17日
[没年月日]昭和54年(1979年)2月16日
[出生地]東京市神田区(東京都千代田区)
[学歴]早稲田高等学院卒、早稲田大学法学部英法科〔昭和13年〕卒

父は能楽書林創業者・丸岡桂で、6人きょうだい(3男3女)の二男。昭和13年早大を卒業して家業の丸岡出版社に入社。社主であった兄を補佐して主に雑誌「謡曲界」の編集に従事。17年日本金属配給、18年日本高熱工業に移ったが、戦後、家業に復帰して支配人となり、27年月刊紙「能楽タイムズ」を創刊・主筆。44年株式会社に改組して能楽書林社長に就任。この間、能楽評論家として28年から40年まで「東京新聞」に匿名で、41年から51年まで「朝日新聞」に本名で能楽評を執筆した。
[家族等]息子＝丸岡圭一(能楽書林社長)、父＝丸岡桂(歌人)、兄＝丸岡明(小説家)、祖父＝丸岡莞爾(高知県知事・歌人)
【参考】『能を見る日々』羽田昶編 能楽書林 1980

丸島　誠　まるしま・まこと
新文化通信社創業者

[生年月日]明治38年（1905年）7月10日
[没年月日]昭和57年（1982年）1月30日
[出生地]千葉県茂原

中学卒業後に上京し、大正12年永代静雄主宰の新聞研究所に入って「出版内報」の編集に従事。のち「出版タイムス」などを経て昭和5年「出版通信」を創刊した。15年戦時新聞統制により、同誌と帆苅芳之助の「出版研究所報」とを合同して「出版同盟新聞」を出すが、18年統制強化により廃刊を命じられた。25年新文化通信社を設立し、「新文化通信」を発刊。27年には同誌を「新文化」に改題した。46年株式会社に改組して社長に就任。49年長男の日出夫に同誌の経営を譲って引退した。
[家族等]長男＝丸島日出夫（新文化通信社社長）

丸山　実　まるやま・みのる
「現代の眼」編集長　新雑誌エックス創業者

[生年月日]昭和10年（1935年）8月21日
[没年月日]平成8年（1996年）11月12日
[出生地]新潟県上越市　[出身地]新潟県西頸城郡能生町（糸魚川市）　[学歴]法政大学文学部中退

昭和36年木島力也の現代評論社に入社、44年「現代の眼」第4代編集長となる。月刊総合誌として特集主義を取り入れるとともに、いわゆる総会屋雑誌にあって経営と編集の分離独立という"ジャーナリズム二元論"を唱えて、同誌を新左翼を中心とした反体制言論の拠点とし、1960年代後半から'70年代を通じて「月刊ペン」「流動」「新評」と並んで特に影響多大であった。その名編集長として、竹中労らと親交、"ミニ角栄"と仇名され「羽仁五郎をスターにしたのは俺だ」と豪語したという。しかし57年施行の商法改正による総会屋規制が響いて、「現代の眼」も58年5月号限りで廃刊。8月坂口義弘と「新雑誌X」を幸洋出版より創刊して編集長となり、のち発行元を自らの新雑誌エックスに移す。最初から稿料無しの方針だったが経営には苦闘、さらに旧所感派の流れをくむ日本共産党（行動派）とその指導下の日本人民戦線の活動に関わり借金は莫大になり、平成3年8月号から誌名を「新雑誌21」と改題して続けるも、前掲党派の企業倒産に巻き込まれ、5年10月号で休刊。共著に「花形記者は転んだ」（57年）、「キミはこんな社長のいる文藝春秋社を信じることができるか」（58年）によって文藝春秋から告訴された。他の著書に「マスコミの内側」「『月刊ペン』事件の内幕」「『週刊新潮』の知られざる内幕」「改革を選択した世界救世教」「中部新国際空港の疑惑」「不動産業界錬金術の内幕」などがある。
【参考】『混沌の丸山実を想う　丸山実追悼文集』大野明男・榊原史郎・猪野健治・岩崎武編　2000

萬玉　邦夫　まんぎょく・くにお
編集者　装丁家

[生年月日]生年不詳
[没年月日]平成16年（2004年）9月13日
[学歴]早稲田大学法学部〔昭和45年〕卒

昭和45年文藝春秋に入社。雑誌「諸君！」編集部に3ケ月在籍した以外は、一貫して書籍編集に携わり、開高健、藤沢周平、古山高麗雄、宮城谷昌光らの作品を担当。著者らしさが表れる、端正な装丁を施す装丁家としても知られ、谷沢永一「紙つぶて」の編集・装丁も手がけた。

【み】

三浦 理　みうら・おさむ
　　有朋堂創業者

[生年月日] 明治5年（1872年）9月19日
[没年月日] 昭和3年（1928年）3月28日
[出生地] 千葉県山武郡松尾（山武市）　[出身地] 静岡県

旧遠江掛川藩士の二男。明治14年静岡県浜松市の綿嘉商店に入るが、15年退店。16年上京して三省堂に入店。34年独立して神田錦町に有朋堂を創業。以来、南日恒太郎編「袖珍英和辞典」など、"袖珍"を冠したポケット版の事典・辞書類を数多く刊行し、好評を博した。また、南日「英文解釈法」、塚本哲三「国文解釈法」「漢文解釈法」などの学習参考書も手がけ、これらは受験生必携の書といわれるなど高い評価を受けた。45年からは平安から江戸までの古典文学を網羅した「有朋堂文庫」を創刊し、4年半で全121巻を刊行。昭和3年病死後に三浦捷一（明治38年〜昭和28年6月24日没）が2代目として社業を継承した。
【参考】『三浦理君追想録』永井太三郎・塚本哲三編 1929

三浦 兼助（初代）　みうら・かねすけ
　　其中堂創業者

[生年月日] 安政3年（1856年）10月2日
[没年月日] 大正6年（1917年）10月26日

幼少の頃に父を亡くし、母に育てられる。青年時代には「団団珍聞」「読売新聞」などに投書。明治10年名古屋に其中堂を創業し、仏書の古書販売を開始。36年には古書探求のため朝鮮半島に出かけ、その時の日記は没後に「朝鮮紀行」と題して知友に頒布された。39年京都に支店を設け、二男・良吉に管理させた。

[家族等] 長男＝三浦兼助（2代目）、二男＝三浦良吉

三浦 正　みうら・ただし
　　有朋堂社長

[生年月日] 明治39年（1906年）10月19日
[没年月日] 昭和57年（1982年）10月27日
[出生地] 東京都　[学歴] 立教大学商学部〔昭和6年〕卒

昭和36年家業の有朋堂を株式会社に改組、3代目社長に就任。日本バスケットボール協会常任顧問も務めた。

三浦 規　みうら・ただし
　　音楽教育図書創業者

[生年月日] 明治45年（1912年）1月20日
[没年月日] 平成14年（2002年）10月17日
[出生地] 北海道礼文郡礼文町（礼文島）　[学歴] 旭川師範専攻科〔昭和5年〕修了

旭川師範附属小の音楽教師、教頭ののち、昭和24年上京、教育出版に勤務。34年音楽教育図書（現・トーオン）を設立、音楽用の教科書を出版。平成3年私財を投じて音楽教育振興財団、のち旭川に公益信託三浦・規音楽教育振興基金を設立するなど音楽教育の振興に尽力。
【参考】『音楽は人間にとって最高の心の糧』三浦規著 東京音楽図書株式会社 1991

三浦 銕太郎　みうら・てつたろう
　　東洋経済新報主幹

[生年月日] 明治7年（1874年）3月20日
[没年月日] 昭和47年（1972年）5月8日
[出生地] 静岡県志太郡相川村（焼津市）　[旧名] 山下　[学歴] 東京専門学校〔明治29年〕卒

地主山下太左衛門の二男。静岡県内の漢学塾や東京の国民英学会に学び、明治26年東京専門学校（現・早稲田大学）政学部邦語政治科に入学。経済学の天野為之の教えを受け、29年卒業、翌年三浦貞と結婚、のち養子縁組で

三浦姓となる。32年東洋経済新報社に入社、早速論説を発表。40年植松考昭、三浦ほか4名を社員とする合名会社東洋経済新報社発足、代表社員となる。43年社会評論を主とする月刊誌「東洋時論」を創刊、その編集長となり、また石橋湛山が編集者として入社。大正元年植松の死去により「東洋経済新報」代表社員・主幹に就任、「東洋時論」を廃刊して本誌に併合する。10年株式会社に改組、主幹のまま専務に就く。14〜15年主幹及び代表取締役を退き、石橋を後任とした。その後は、平取締役や相談役を務めつつ各種経済団体の委員や理事を歴任した。大国主義ではなく国民生活の充実を第一義とする小日本主義を唱道した先覚者であり、石橋はこの衣鉢を継ぐ者。著書に「世界転換史」「世界経済の転換と米国」などがある。
【参考】『大日本主義か小日本主義か 三浦銕太郎論説集』松尾尊兊編・解説 東洋経済新報社 1995

三浦 兆志　みうら・よしゆき
栗田出版販売社長

[生年月日]大正11年(1922年)2月1日
[没年月日]平成12年(2000年)7月13日
[出生地]東京都　[学歴]早稲田大学〔昭和18年〕卒

敗戦後、シベリアに4年間抑留され、昭和24年9月復員。11月栗田書店(現・栗田出版販売)に入社。44年取締役、52年常務、59年専務、62年社長に就任。平成4年会長。6年退任。この間、出版健保、出版厚生年金基金、出版平和財団、JPIC、読進協の理事のほか、取協の常務理事など出版関係の団体の運営に尽力した。

三上 益弘　みかみ・ますひろ
静岡谷島屋社長

[生年月日]昭和8年(1933年)7月19日
[没年月日]昭和61年(1986年)6月24日
[出身地]静岡県静岡市　[学歴]慶応高〔昭和27年〕卒, 慶応義塾大学経済学部〔昭和31年〕卒

昭和31年有隣堂に入社。33年静岡谷島屋取締役、35年常務、42年専務を経て、54年社長。
[家族等]妻=三上雅子(静岡谷島屋社長)

三樹 彰　みき・あきら
明治書院社長

[生年月日]大正3年(1914年)7月10日
[没年月日]平成14年(2002年)5月25日
[出生地]千葉県千葉市　[別名等]通称=三樹達生　[学歴]東京帝国大学法学部政治学科〔昭和14年〕卒

昭和14年日本製鋼所に入社。兵役を経て、21年明治書院取締役、42年社長。平成7年会長に退いた。この間、昭和52年真珠書院社長を兼任。
[家族等]長男=三樹譲(明治書院社長), 父=三樹退三(明治書院社長)

三木 章　みき・あきら
講談社専務

[生年月日]大正12年(1923年)3月31日
[没年月日]平成10年(1998年)3月4日
[出生地]群馬県甘楽郡甘楽町　[学歴]高小〔昭和12年〕卒

昭和12年講談社に入社。19年満州へ送られ、20年8月末までソ連軍と戦って捕虜になり、シベリアに抑留された。23年復員。24年「キング」編集長を経て、37年「講談倶楽部」、38年「小説現代」、44年「婦人倶楽部」の編集長を歴任。以後、46年第一編集局長、47年文芸局長を経て、56年専務。58年〜平成元年講談社フェーマススクールズ社長を務めた。
【参考】『わがこころの作家 ある編集者の青春』三木章著 三一書房 1989

三木　敦雄　みき・あつお
　　　学生社常務　ミキ国際情報企画代表取締役

[生年月日]昭和11年（1936年）1月
[没年月日]平成23年（2011年）3月16日
[出生地]東京都杉並区　[学歴]早稲田大学第一文学部英文科〔昭和34年〕卒

昭和35年学生社に入社。39年第三出版部長を経て、51年取締役、のち常務。ミキ国際情報企画代表取締役。著書に「日本を語る（英会話版）」「コンパクト・アメリカ」、共著に「ギャップ　日米徹底比較」、訳書に「アメリカの謀略戦争」などがある。
[家族等]父＝三木健嗣（東京理科大学教授），弟＝三木富雄（彫刻家）

三樹　一平　みき・いっぺい
　　　明治書院創業者

[生年月日]安政6年（1859年）5月1日
[没年月日]大正13年（1924年）11月2日
[出生地]相模国津久井郡三ケ木村（神奈川県相模原市）　[別名等]初名＝逸太郎，号＝桂川，種徳堂主人　[学歴]神奈川県師範〔明治12年〕卒

生家は代々名主を務め、6人きょうだい（2男4女）の2番目の長男。慶応元年（1865年）儒者・吉野金陵の門弟である上野宏三郎について漢文を学び、明治7年中野小学校授業生となる。9年上野を頼って横浜に出、10年神奈川県横浜師範学校に入学。12年大島小学校訓導、13年津久井郡書記を経て、19年有志と津久井郡における中等学校の嚆矢である共立義塾を設立。26年師範学校時代から教科書の不備を痛感していたこともあり、恩師・小林義則が経営する教科書出版の文学社に入社。27年退社。29年落合直文門下の与謝野鉄幹を編集長に迎え、鈴木友三郎と東京・神田三崎町に明治書院を創業。国語漢文の教科書発行を経営の柱とし、同年落合の「中等国文読本」「日本大文典」などを出版。また、教科書発行とともに鉄幹の処女詩歌集「東西南北」を上梓、「明星」創刊の礎となった。30年現在地の神田錦町1丁目に社屋を新築。大正3年株式会社に改組。各種国語国文関係書・辞典を数多く出版し、"国語漢文の図書と教科書は明治書院"と言われるまでに発展させた。42年東京書籍設立に参画して同常務、大正7年日本製紙創立に参画して同専務。また、36年中等教科書協会会長、大正6年東京出版協会会長、10年全国書籍商組合連合会幹事なども歴任した。
[家族等]長男＝三樹退三（弁護士），二男＝三樹愛二（明治書院常務），三男＝三樹樹三（明治書院社長），孫＝三樹彰（明治書院社長），弟＝三樹胖（明治書院監査役）
【参考】『桂川遺響』三樹退三　1926

三木　佐助　みき・さすけ
　　　大阪開成館三木佐助商店社長

[生年月日]嘉永5年（1852年）2月5日
[没年月日]大正14年（1925年）11月24日
[出生地]山城国相楽郡白栖村（京都府相楽郡和束町）

万延元年（1860年）8歳で孤児となり大坂の河内屋三木佐助方に丁稚奉公、書籍部で働いた。三木家は文政8年（1825年）河内屋総本家柳原喜兵衛より別家して河佐と称し、当初は赤本の出版・貸本と簾の販売、2代・3代は貸本を廃し自宅に板摺場を設け詩作書・雑書の出版と唐本・法帖類の販売を行ったが、微々たる業況にあった。明治7年主家三木家が衰亡の危機にあった時、整理の任に当たり家運を挽回。この功により主家の養子に迎えられ4代目2世三木佐助となった。以後、天賦の商才を発揮して小学用書、中等教科書、それらの参考書及び一般図書の出版に大車輪の活躍、また茶業、楽器の輸入など他の事業でも成功を収めた。20年代では大日本図書、40年代では大阪書籍、国定教科書共同販売所などの創設に参画し役員に推され、34年には女婿・西野虎吉に東京開成館を開業させた。大正14年

個人経営から資本金100万円の合名会社大阪開成館三木佐助商店と改め社長に就任した。業界の信望も厚く、20年から大阪書林組合取締、ついで副頭取、44年以降大正8年まで組合長を勤続した。
[家族等]女婿＝西野虎吉（東京開成館館主）
【参考】『玉淵叢話』三木佐助著 開成館 1902（複製『明治出版史話』ゆまに書房 1977）

三樹 創作　みき・そうさく
「週刊少年マガジン」編集長 講談社取締役

[生年月日]昭和16年（1941年）5月9日
[没年月日]平成9年（1997年）7月6日
[出身地]東京都世田谷区　[学歴]早稲田大学工学部資源工学科〔昭和41年〕卒

昭和41年講談社に入社。「週刊少年マガジン」「月刊マガジン」「ヤングマガジン」各編集長を歴任。平成2年取締役、9年キングレコード専務。
[家族等]父＝三樹精吉（帝京大学教授）

三樹 退三　みき・たいぞう
明治書院社長

[生年月日]明治17年（1884年）10月10日
[没年月日]昭和16年（1941年）2月5日
[出身地]神奈川県津久井郡中野町（相模原市）
[学歴]東京帝国大学法科大学独法科〔明治43年〕卒

明治書院創業者・三樹一平の長男。千葉、東京の各地方裁判所判事を務めた後、大正8年退官して弁護士となる。昭和5年明治書院社長に就任。
[家族等]長男＝三樹彰（明治書院社長）、父＝三樹一平（明治書院創業者）、弟＝三樹愛二（明治書院常務）、三樹樹三（明治書院社長）

三木 竹二　みき・たけじ
「歌舞伎」主宰 劇評家

[生年月日]慶応3年（1867年）9月5日
[没年月日]明治41年（1908年）1月10日
[出生地]石見国鹿足郡津和野町（島根県鹿足郡津和野町）　[本名]森篤次郎（もり・とくじろう）　[学歴]帝国大学医科大学〔明治23年〕卒

石見津和野藩医・森静男の二男で、森鷗外の弟。帝国大学医科大学に学び、演劇を好んで在学中より三木竹二の筆名で劇評を執筆。明治22年に兄が創刊した「しがらみ草紙」や、29年創刊の「めさまし草」などにも寄稿した。また、兄との共訳で「音調高洋箏一曲」や「玉を懐いて罪あり」などの西洋戯曲を翻訳・紹介している。同大卒業後、助手を経て、29年東京・日本橋蠣殻町に内科医を開業、専門は呼吸器医学。傍ら、劇評家としての活動も続け、25年「歌舞伎新報」の編集に参加し、のち主事として劇評を担当。33年安田善之助の後援で雑誌「歌舞伎」を創刊し、伊原青々園が編集を手伝った他、兄や尾崎紅葉、幸田露伴らも寄稿した。劇評家としては江戸時代の役者評判記的な見方とは一線を画し、兄から教わった西洋美学の影響などを受けて多角的な面から舞台や俳優を評論するという新しい劇評のスタイルを確立した。一方で皮相的な演劇改良論には与せず、美学的な観点から古典歌舞伎を擁護した。著書に「観劇偶評」がある。
[家族等]兄＝森鷗外（小説家）、妹＝小金井喜美子（小説家）、弟＝森潤三郎（近世学芸史研究家）

三鬼 陽之助　みき・ようのすけ
財界研究所創業者 経営評論家

[生年月日]明治40年（1907年）8月3日
[没年月日]平成14年（2002年）10月8日
[出生地]三重県尾鷲市　[学歴]法政大学法学部〔昭和6年〕卒

昭和6年ダイヤモンド社に入社。「ダイヤモンド」産業担当記者、「投資経済」編集長。19年応召したがフィリピン・ルソン島へ移動する直前に重病となり内地へ帰還、11月東洋経済

新報社に入った。「東洋経済新報」論説委員、「日刊東洋経済」編集長などを経て、28年独立して財界研究所を創業、経済誌「財界」を創刊。"経営は人なり"を信条に、戦後の経済復興に取り組む経営者の姿を取り上げ、"財界のご意見番""財界鬼検事"と呼ばれた。30～40年代に活躍した桜田武、小林中、水野成夫、永野重雄を"財界四天王"と名付けるなど語録も多い。48年相談役、59年会長。衆院選に立候補したこともある。
[家族等] 甥＝吉田啓一（財界研究所会長）
【参考】『私の財界昭和史』三鬼陽之助著 東洋経済新報社 1987

三樹 良知　みき・よしとも
明治書院社長

[生年月日] 明治18年（1885年）11月11日
[没年月日] 昭和31年（1956年）1月27日
[出身地] 神奈川県津久井郡中野町（相模原市）

明治31年叔父の一平が創業した明治書院に入社。昭和16年森下松衛勇退後、社長に就任。東京書籍商組合評議員、日本出版協会監事などを務めた。
[家族等] 叔父＝三樹一平（明治書院創業者）

美坂 哲男　みさか・てつお
校正者 温泉紀行作家

[生年月日] 大正9年（1920年）5月18日
[没年月日] 平成15年（2003年）4月30日
[出身地] 鹿児島県姶良郡栗野町（湧水町）
[学歴] 東京工業大学応用化学科卒

東京工業大学助手を経て、昭和24年岩波書店に入社。自然科学部門の編集、校正を担当。57年定年退社。また40年より日本エディタースクール講師、校正技能審査委員会委員。この間、34年秋に全国すべての温泉巡りを決意。平成4年2月2500ケ所、10年11月3000ケ所という前人未到の入湯記録を達成。各地の温泉を紹介して"秘湯ブーム"の火付け役となった。

水品 一郎　みずしな・いちろう
岩波書店経理課長 出版研究家

[生年月日] 明治42年（1909年）12月13日
[没年月日] 昭和53年（1978年）7月26日
[出生地] 長野県長野市　[学歴] 東京帝国大学法学部法律学科〔昭和8年〕卒

昭和電工から岩波書店に入り、株式会社改組事務を担当。経理課長を最後に退職。日本書籍出版協会出版経理委員長、出版経理相談室相談員などを務め、出版税務制度の研究、改善に尽くした。著書に「出版会計」「出版社の決算」などがある。

水島 治男　みずしま・はるお
「改造」編集者 科学新興社創業者 日本ペンクラブ事務局長

[生年月日] 明治37年（1904年）2月2日
[没年月日] 昭和52年（1977年）10月28日
[出生地] 東京都　[学歴] 早稲田専門学校〔昭和2年〕卒

明治41年父の仕事で朝鮮へ移り、同地で高等小学校を卒業。大正7年東京へ戻り、大倉商業学校、早稲田専門学校に学んだ。この間、土井伊惣太（土居客郎）の紹介で恒星社で校正係として働く一方、友人の目黒三策らとプロレタリア文学同人誌「赤列車」を発行。昭和2年改造社に入社、雑誌「改造」の編集に携わる。13年陸軍から漢口特務機関文化部への転出を請われ、同社を退社。16年帰国して理化学研究所傘下の出版社・科学主義工業社の編集局長となるも、17年独立して科学新興社を起こした。19年1月横浜事件に巻き込まれ検挙されるが不起訴となり、20年1月釈放された。21年より日本電報通信社の総合雑誌「世界文化」編集長を務め、22年日本ペンクラブ再建のため書記局入り、のち事務局長。文京区議も務めた。回想録「改造社の時代 戦前編・戦中編」がある。
【参考】『改造社の時代 戦前編』水島治男著 図書出版社 1976／『改造社の時代 戦中編』

水谷 三郎　みずたに・さぶろう
実教出版社長

[生年月日] 明治35年（1902年）11月15日
[没年月日] 昭和53年（1978年）7月21日
[出生地] 岐阜県養老郡養老村（養老町）　[学歴] 名古屋通信講習所卒

名古屋通信講習所を卒業後、雑誌記者を経て、大正13年社団法人工政会に入る。14年同会に出版部が開設されてからは一貫して出版業務に携わり、昭和10年同部が工業図書株式会社に改称すると編集・出版を担当。16年農業・工業・水産などの実業科目教科書出版を専門とする実業教科書株式会社の設立に伴い専務となり、22年社長に就任。25年実教出版株式会社に社名変更。48～50年教科書協会会長。日本出版クラブ評議員、著作権審議会委員、国語審議会委員などを歴任。著書に「倉橋さんの憶い出」がある。

[叙勲] 勲三等瑞宝章〔昭和48年〕

水谷 準　みずたに・じゅん
「新青年」編集長 小説家

[生年月日] 明治37年（1904年）3月5日
[没年月日] 平成13年（2001年）3月20日
[出生地] 北海道函館市　[本名] 納谷三千男
[学歴] 早稲田大学文学部仏文科〔昭和3年〕卒

早稲田高等学院在学中の大正11年、「好敵手」が「新青年」懸賞探偵小説に入選。早大時代の14年より雑誌「探偵趣味」の責任編集者を務め、昭和3年横溝正史の推薦で博文館に入社。「新青年」編集などに携わり、同郷の友人である長谷川海太郎（筆名は林不忘・谷譲次・牧逸馬）や久生十蘭、また小栗虫太郎、海野十三、木々高太郎（林髞）らをデビューさせた。傍ら「孤児」「月光の部屋」「空で唄う男の話」「司馬家崩壊」などの作品を発表。戦後は作家に専念し、26年「ある決闘」で日本探偵作家クラブ賞を受賞。ゴルフライターとしても活躍した。

[受賞] 日本探偵作家クラブ賞（第5回）〔昭和26年〕「ある決闘」
[参考] 『函館「不良文学」は元町育ち 長谷川海太郎・久生十蘭・水谷準 函館市文学館企画展』函館市文学館 2005

水谷 章一　みずたに・しょういち
東京都出版物小売商業組合書記長

[生年月日] 明治33年（1900年）3月3日
[没年月日] 昭和44年（1969年）4月2日
[出生地] 東京都　[学歴] 東京農業大学卒

東京農大卒業後、日比谷公園勤務、茨城県立江戸崎農学校教諭などを経て、昭和23年東京都出版物小売商業協同組合（のち東京都出版物小売商業組合）の書記長に就任。以後、経理関係の改善、業界合理化運動、再販問題、適正利潤獲得運動などに取り組み、同組合の基礎固めと発展に尽力。一時期は日本出版物小売業組合全国連合会の書記長も兼務した。

水野 慶次郎（3代目）　みずの・けいじろう
藤岡屋（藤慶）主人

[生年月日] 慶応3年（1867年）6月29日
[没年月日] 大正5年（1916年）7月11日
[出生地] 武蔵国草加（埼玉県草加市）

初代は江戸本郷に生まれ、天保5年（1834年）日本橋通油町に地本及び錦絵問屋を開く。2代目は専ら書籍を出版し、小学教科書の翻刻と取次販売を行い、明治14年頃に錦絵問屋を廃した。3代目は24年に慶次郎を襲名、36年教科書国定化に伴い創立された日本書籍株式会社の取締役に就任。同社は39年規則改正により発展的に解消して国定教科書共同販売所となり退職。42年三たびの改正で印刷製本は新設の三会社が行い、その内の日本書籍株式会社取締役となった。また、35年以降、東京書籍商組合評議員に選出されて重任を続けた。松林堂、水野書店の商号も併用した。

水野　成夫　みずの・しげお
酣燈社創業者　国策パルプ社長

[生年月日]明治32年（1899年）11月13日
[没年月日]昭和47年（1972年）5月4日
[出生地]静岡県小笠郡佐倉村（御前崎市）
[学歴]静岡中〔大正7年〕卒、一高第一部仏法科〔大正10年〕卒、東京帝国大学法学部仏法学科〔大正13年〕卒

東京帝大在学中から社会主義運動に関わり、大正15年日本共産党に入党。昭和2年コミンテルン日本代表として中国へ渡り、帰国後は機関紙「赤旗」創刊編集長となるも三・一五事件により逮捕され、4年獄中で転向を表明した。その後、フランス文学の翻訳家となりアナトール・フランス「神々は渇く」「舞姫タイス」、アンドレ・モーロアの「英国史」などを訳した。15年盟友の南喜一らと大日本再生紙株式会社を設立して実業家に転身し、20年同社を吸収合併して発足した国策パルプの常務となり、31年社長に就任。また、31年文化放送、32年フジテレビ、33年産経新聞の各社長を兼任し、今日のフジ・サンケイグループの基礎を作り上げ、小林中、永野重雄、桜田武と"財界四天王"と呼ばれた。また、21年自ら中心となって酣燈社を創業、フランス文学、国文学、ノンフィクションなどを刊行。26年月刊「航空情報」を創刊後は、航空関係の雑誌書籍を中心に発行する出版社として発展した。
[家族等]息子＝水野誠一（西武百貨店社長）
【参考】『人間・水野成夫』松浦行真著　水野成夫伝記編集室編　サンケイ新聞社出版局　1973

水野　錬太郎　みずの・れんたろう
著作権法案の起草に尽力した内務官僚

[生年月日]慶応4年（1868年）1月10日
[没年月日]昭和24年（1949年）11月25日
[出生地]江戸　[出身地]秋田県　[別名等]号＝香堂、素誠庵　[学歴]一高卒、帝国大学法科大学英法科〔明治25年〕卒　法学博士（東京帝国大学）〔明治36年〕

出羽秋田藩士の長男として江戸藩邸で生まれる。明治25年第一銀行を経て、26年農商務省に入り、鉱業法の改正や森林法の制定に携わる。27年参事官として内務省に転じ、29年内相秘書官を兼務。悲願の条約改正の結果、領事裁判権撤廃の交換条件としてベルヌ同盟条約に加盟することを約し、必要な国内法の整備を急がねばならず、30年著作権調査のため欧州に出張。帰国後の31年より著作権法案の起草に尽力。32年7月施行後も著作権の啓蒙に努め、36年論文「著作権ノ基礎及性質著作権保護ニ関スル模範的法案ト日本」により母校から法学博士号を授与された。その後、神社局長、土木局長、地方局長を歴任し、大正2年原敬内相、5年後藤新平内相の下で内務次官を、寺内正毅内閣、加藤友三郎内閣、清浦奎吾内閣で内相を務めた。
[家族等]岳父＝高島信茂（貴院議員）
【参考】『水野錬太郎回想録・関係文書』尚友倶楽部・西尾林太郎編　山川出版社　1999

三井　正光　みつい・まさみつ
オーム社社長

[生年月日]明治44年（1911年）10月12日
[没年月日]平成22年（2010年）2月2日
[出生地]長野県　[学歴]東京電機大学電気科〔昭和4年〕卒

海軍技術研究所を経て、昭和11年オーム社に入社。23年取締役、30年専務を経て、43年社長。
[叙勲]黄綬褒章〔昭和49年〕、勲四等瑞宝章〔昭和60年〕

光岡　威一郎　みつおか・いいちろう
「実業之日本」創業者

[生年月日]明治2年（1872年）3月15日
[没年月日]明治33年（1900年）9月6日
[出生地]肥前国杵島郡武雄（佐賀県武雄市）
[学歴]武雄中〔明治19年〕卒、東京専門学校政治科〔明治26年〕卒

幼い時に両親を喪い叔父夫婦に養育される。明治19年武雄中学を優等で卒業、この間地元の儒者に就いて漢学を修める。23年まで地域の小学校で訓導を務め、夜学の普及など地方教育の刷新に尽力した。同年10月郷関を出て東京専門学校（現・早稲田大学）政治科に入学、同学の親友に増田義一がいた。26年7月卒業、引き続き研究科に入り応用経済学専攻の傍ら講義録の編輯に従事した。28年実業教育の振興をはかるため大日本実業学会を設立、農科商科の講義録を発刊し家居独習の途を開き会員3万余を数えた。30年6月機関誌として「実業之日本」を創刊、両輪相俟って実業発達の魁となり広く社会の信望を博した。翌年には後に重役となる都倉義一が入社し同誌の編輯に従った。2つの事業経営に精励苦心する中、33年病を得て夭折、享年僅か28。「実業之日本」は増田義一に譲られ、斯業の後継者となった。

【参考】「略歴及び追悼記事」（『実業之日本』3巻16号 1900.9.15）

三ツ木 幹人　みつぎ・みきと
東峰書房創業者

[生年月日]明治38年（1905年）9月15日
[没年月日]没年不詳
[学歴]早稲田実卒

春秋社編集長、営業部長を経て、昭和15年東京・九段で出版業を創業。

光永 星郎　みつなが・ほしお
電通創業者

[生年月日]慶応2年（1866年）7月26日
[没年月日]昭和20年（1945年）2月20日
[出生地]肥後国八代郡野津村（熊本県八代郡氷川町）　[別名等]幼名＝喜一、号＝八火

明治18年上京、旧肥後熊本藩主・細川家が建てた有斐校の給費生となり苦学を続ける中、裸足で通していたことがもとで右足が凍傷にかかり右膝関節の自由を失う。20年自由民権運動に参加、22年「大阪朝日新聞」嘱託通信員、23年「大阪公論」記者を経て、再上京。27年甲午農民戦争が起こると「めさまし新聞」特派員として同地へ渡り、同年の日清戦争でも従軍記者も務めた。29年喜一から星郎に改名。台湾で新聞記者から官吏に転じたが、31年辞職して上京。34年日本広告株式会社を創立して常務となり、同年個人経営の電報通信社を発足。39年株式会社電報通信社を設立して専務となり、40年両社を合併して日本電報通信社（現・電通）と改称、通信業と広告代理業の一体経営化を実現させた。大正12年社長制を敷いて初代社長に就任。この間、明治40年米国のUP通信社と提携、ロイター通信社の独占であった我が国の国際通信界に新生面を開いた。出版広告では昭和初期の"円本ブーム"の際に大きく躍進。昭和8年勅選貴院議員。11年国策により通信部門を分離して同盟通信社に譲渡、代わって同盟広告部を吸収して広告代理業専業となり、博報堂と並ぶ我が国の2大広告代理店となった電通の基礎を築き、出版界とも深い関わりを持った。

[家族等]弟＝光永真三（電通社長）　[叙勲]勲三等瑞宝章〔昭和16年〕

【参考】『八火伝』八火翁伝記編纂委員会編 日本電報通信社 1950

三橋 猛雄　みつはし・たけお
明治堂書店主人

[生年月日]明治36年（1903年）5月1日
[没年月日]昭和61年（1986年）3月12日
[出生地]東京市神田区（東京都千代田区）
[別名等]筆名＝迷辞洞　[学歴]中央大学経済学部〔昭和2年〕卒

古本屋の長男に生まれる。大正12年関東大震災で罹災後、古本の売買を始める。明治文化研究熱の影響もあってその時から"明治もの"に興味をおぼえ、これが終生の主たる取扱品となった。昭和51年家蔵書に詳細な解説を付した大冊「明治前期思想史文献」を著した。このコレクションは大倉商業学校の卒業生と

いうことで、その後身である東京経済大学図書館に納まった。
【参考】『雑文集 古本と古本屋』三橋猛雄著 日本古書通信社 1986

光行 寿　みつゆき・ひさし
　　　　　学陽書房創業者

[生年月日] 明治40年（1907年）
[没年月日] 昭和38年（1963年）10月23日
[学歴] 京都帝国大学法学部卒

検事総長を務めた光行次郎の長男。京都帝国大学法学部を卒業後、「毎日新聞」記者、阿部信行首相秘書などを経て、昭和23年東京・日本橋茅場町に学陽書房を創業。社名は自身の俳号にちなむ。24年には雑司が谷の菊池寛邸に社屋を移転した。創業時は文芸出版を志向したが、新憲法の発布に伴って行政制度や諸法令が刷新されたのに着目し、「地方自治小六法」などをはじめとする各種の六法・法令・行政実務書の出版に転じて業績を伸ばした。34年千代田区富士見に本社を移転。のち法学・政治学・社会学・経済・教育関係の書籍から一般書へと分野を拡げた。
[家族等] 妻＝光行宮子（学陽書房社長）、二男＝光行紘二（学陽書房社長）、父＝光行次郎（検事総長）

緑川 亨　みどりかわ・とおる
　　　　　岩波書店社長

[生年月日] 大正12年（1923年）11月8日
[没年月日] 平成21年（2009年）7月20日
[出生地] 東京都台東区下谷　[学歴] 立教大学文学部〔昭和25年〕卒

昭和25年岩波書店に入社、月刊誌「世界」の編集に携わり、40～47年編集長。45年取締役、47年常務、49年専務を経て、53年岩波一族以外からは初めての社長に就任した。平成2年取締役相談役、4年相談役。相模女子大学理事長も務めた。

美濃部 洋次　みのべ・ようじ
　　　　　日本評論新社社長 商工省機械局長

[生年月日] 明治33年（1900年）11月1日
[没年月日] 昭和28年（1953年）2月28日
[出生地] 東京市下谷区中根岸町（東京都台東区）　[学歴] 東京府立一中〔大正7年〕卒、一高文科甲類〔大正12年〕卒、東京帝国大学法学部法律学科〔大正15年〕卒

父は朝鮮銀行総裁を務めた美濃部俊吉で、5人きょうだい（2男3女）の2番目の二男。大正14年高等試験司法科、15年同行政科に合格。同年商工省に入省。昭和16年1月物価局総務課長兼第一部統制課長、11月総務局総務課長を経て、18年7月機械局長。19年11月軍需省総動員局第二部長を兼務、20年6月綜合計画局戦災復興部長。大蔵省の迫水久常、内務省の毛里英於兎と並んで革新官僚の三羽烏の一人に数えられ、企画院にも出向。戦時下の商工行政・統制行政を担った。21年公職追放。24年日本合成繊維相談役、26年日本水素工業副社長。27年日本評論社再建のため同新社長を兼ねたが、28年心筋梗塞で急逝した。
[家族等] 父＝美濃部俊吉（朝鮮銀行総裁）、叔父＝美濃部達吉（憲法学者）、従弟＝美濃部亮吉（東京都知事）
【参考】『洋々乎 美濃部洋次追悼録』日本評論新社 1954

箕輪 錬一　みのわ・れんいち
　　　　　「改造」編集長

[生年月日] 明治32年（1899年）7月
[没年月日] 昭和60年（1985年）11月7日
[出身地] 三重県　[学歴] 立教大学教養学部英米文学科卒

「改造」編集長、東京経済大学教授を務めた。

美平 晴道　みひら・せいどう
　　　　　希望社社長

[生年月日] 生年不詳
[没年月日] 昭和55年（1980年）11月24日

381

昭和21年希望社社長に就任、結婚雑誌「希望」を発行（27年終刊）。出版業とともに結婚相談所も経営。22年多摩川畔で初めて集団見合いを行ったところが数百人が集まり、話題になった。

美作 太郎　みまさか・たろう
日本評論社編集局長 新評論創業者

[生年月日]明治36年（1903年）9月17日
[没年月日]平成1年（1989年）7月3日
[出生地]熊本県熊本市上通町　[別名等]筆名＝村田浩　[学歴]熊本中〔大正5年〕卒、五高〔大正10年〕卒、東京帝国大学法学部政治学科〔昭和2年〕卒

生家は呉服屋。東京帝国大学では河合栄治郎のゼミに所属し、昭和2年その紹介で日本評論社に入社。「現代法学全集」の編集に携わり、5年社内ストライキに参加して馘首されたが、すぐに同社嘱託として編集業務に従事した。やがて平田良衛を通じてプロレタリア科学研究所に出入りし、6年検挙される（不起訴処分）。同年杉之原舜一の勧めで日本共産党に入党して地下活動に入るが、8年逮捕される。10年日本評論社に再び入社、13年出版部長、18年編集局長。恩師・河合の「学生に与ふ」やランスロット・ホグベン「百万人の数学」などの出版に関与。19年戦時下最大の言論弾圧として知られる横浜事件で逮捕され、20年9月不起訴となり釈放される。戦後、日本評論社に復帰して専務となるも、26年退社。27年新評論社（現・新評論）を設立して社長に就任。40年会長。出版研究や著作権知識の普及にも力を注ぎ、55〜57年日本出版学会会長を務めた。

[家族等]長男＝美作治夫（弁護士）　[叙勲]勲四等瑞宝章〔昭和49年〕
【参考】『戦前戦中を歩く 編集者として』美作太郎著 日本評論社 1985／大久保久雄「編集者の書誌について一日本評論社美作太郎書誌」（「文献継承」21号 2012.9）

宮井 宗兵衛（初代）　みやい・そうべえ
宮井平安堂創業者

[生年月日]明治2年（1869年）
[没年月日]大正15年（1926年）5月16日
[出身地]紀伊国伊都郡（和歌山県）　[旧名]松本

14歳で和歌山市内平井書店の住込店員となり本屋修業を積む。人物を見込まれて同市宮井家の養子となり、明治26年宮井平安堂を創業。書籍の取次販売、ついで「大阪毎日新聞」の取次を始め県下第一の販売店に発展した。大正11年株式会社に改組。没後は子息が跡を継いだ。

[家族等]息子＝宮井宗兵衛（2代目）

宮井 徳治　みやい・とくじ
宮井書店創業者

[生年月日]明治32年（1899年）3月12日
[没年月日]昭和38年（1963年）3月3日
[出生地]長野県長野市

15歳のときに上京し、神田錦町の出版社・大学館に住み込みで働いて修業。大正7年小西栄三郎が経営する小西書店の営業部長に転じる。12年の関東大震災で同店が倒産すると養父がいる関西に移り、梅林金正堂らの知遇を得て13年大阪西区に書籍取次業の宮井書店を創業。以後、東西の学習出版物を一手に取り次いで着実に業績を伸ばし、関西書籍取次業界における中堅の位置を占めるに至った。また日本出版取次協会会員なども務めた。

宮川 和子　みやがわ・かずこ
鎌倉文庫社長

[生年月日]明治42年（1909年）7月10日
[没年月日]昭和52年（1977年）1月18日
[出生地]岐阜県

岐阜県で生まれ、幼い頃に東京へ移る。脊髄を病んで長期の闘病生活を送り、全快後に東

宝出版部に入社。昭和21年秦豊吉社長の命令を受け、鎌倉在住の作家たちが開いた貸本屋・鎌倉文庫の支店を、名古屋宝塚劇場内に創業。わずか5坪からスタートし、2年後には新刊書店に切り替えた。名古屋地下街に出店して成功、店舗を増やした。

宮川 春汀　みやがわ・しゅんてい
挿絵画家

[生年月日]明治6年（1873年）11月11日
[没年月日]大正3年（1914年）7月26日
[出生地]愛知県渥美郡畠村（田原市）　[本名]渡辺守吉　[別名等]別号＝洗圭　[学歴]町立新居学校〔明治18年〕卒

明治23年上京、挿絵画家・富岡永洗の門下となる。25年「風俗画報」に宮川洗圭の名で挿絵担当、のち同誌絵画部員となる。29年錦絵「小供風俗」48枚組（滑稽堂刊）、30年「有喜世之華」39枚組（同）、31年折本画帖「男子立志鑑」（大黒刊）。32年以降は博文館、金港堂、隆文館発行の雑誌に口絵・挿画を掲載し、小児及美人画に独特の妙技をふるった。40年「二六新報」に入社、新聞挿画を担当。また、巌谷小波が主催する木曜会に入り、若い文学者や画家たちと交流を深め、文章や俳句にも手を染めた。大正3年神経症により40歳で病没した。

【参考】『挿絵画家宮川春汀展』田原市博物館2010

宮川 保全　みやがわ・ほぜん
中央堂主人　大日本図書専務　共立女子職業学校創立者

[生年月日]嘉永5年（1852年）2月17日
[没年月日]大正11年（1922年）11月26日
[出生地]江戸　[旧名]山崎

幕臣・山崎三輪之助の長男。宮川氏を継ぎ、明治3年沼津兵学校第7期資業生となる。7年文部省に出仕、8年東京女子師範学校で教鞭を執り在勤十余年で退職。19年同志と諜り女子に適応せる技芸・職業を授ける目的で東京に共立女子職業学校を創立。以後三十年余にわたり校務を執り、同校の充実発展に尽力した。また、教科書出版を主とする書肆・中央堂を開き那珂通世「支那通史」などを出版した。23年佐久間貞一らと大日本図書を興し、32年同専務。東京商業会議所議員、東京書籍商組合副頭取など業界を代表し、教科書の国定時代には東京書籍や国定教科書共同販売所の重役を歴任した。39年9月中央堂を廃業、同年12月書籍商組合は永年の貢献に対し慰労記念品を贈呈した。

[叙勲]藍綬褒章〔明治44年〕,勲五等瑞宝章〔大正4年〕
【参考】『共立女子学園百年史』共立女子学園1986

三宅 雪嶺　みやけ・せつれい
政教社創業者　評論家

[生年月日]万延1年（1860年）5月19日
[没年月日]昭和20年（1945年）11月26日
[出生地]加賀国金沢城下新堅町（石川県金沢市）　[本名]三宅雄二郎　[別名等]幼名＝雄次郎,雄叔　[学歴]東京大学文学部哲学科〔明治16年〕卒　文学博士〔明治34年〕　[資格]帝国芸術院会員〔昭和12年〕

加賀藩の儒医・三宅恒（立軒）の第4子。明治16年東京大学文学部哲学科を卒業後、同大文学部准教授兼編集方となり、この頃より新聞・雑誌への投稿を始める。19年文部省編集局に転じ、最初の著書である「日本仏教史」を刊行。20年上司と衝突して文部省を退官し、以後は終生官途に就かず在野を貫く。21年杉浦重剛、志賀重昂、井上円了らと政教社を設立し、自身の命名による雑誌「日本人」を創刊、政府の欧化政策、藩閥政府を鋭く批判したのをはじめ、古今東西にわたる該博な知識を駆使して時事・政治・哲学から歴史・宗教・芸術などにいたるまで幅広い分野において論評を加え、国粋保存主義の代表的言論人として、明治20年代以降の論壇を牽引した。27年からは陸羯南主宰の新聞「日本」に

署名入りで執筆を開始。39年同紙の経営権を取得した伊藤欽亮の方針を不服として退社した古島一雄、長谷川如是閑ら同紙の記者らを迎え入れ、新聞「日本」の精神を継ぐものとして雑誌「日本人」を「日本及日本人」に改称。政教社からは自著「真善美日本人」「偽醜悪日本人」「我観小景」や志賀「日本風景論」などを出版。大正12年関東大震災で社屋が焼失したのを機に退社、女婿の中野正剛と我観社を設立して個人雑誌「我観」(昭和11年「東大陸」、19年第二次「我観」に改題)を創刊。以降は同誌を中心として引き続き健筆を振るった。昭和7年からは野依秀市の依頼で「帝都日日新聞」に隔日で小文を寄稿した。
[家族等]妻=三宅花圃(小説家)、兄=三宅恒徳(法学者)、岳父=田辺太一(幕臣)、女婿=中野正剛(ジャーナリスト)、甥=三宅恒方(昆虫学者)　[叙勲]文化勲章〔昭和18年〕
[参考]『自分を語る』三宅雪嶺著 朝日文庫 1950／『哲人三宅雪嶺先生』柳田泉著 実業之世界社 1956

三宅 米吉　みやけ・よねきち
金港堂編輯所長 歴史学者

[生年月日]万延1年(1860年)5月13日
[没年月日]昭和4年(1929年)11月11日
[出生地]紀伊国和歌山城下宇治(和歌山県和歌山市)　[学歴]慶応義塾中学〔明治8年〕中退 文学博士〔明治34年〕　[資格]帝国学士院会員〔大正14年〕

紀伊藩士の長男に生まれる。新潟英語学校、千葉中学の教員となり、明治14年東京師範に転ずる。19年「日本史学提要」を刊行して名声を博し、同年金港堂に入社し教育視察のため欧米に留学。21年帰国、金港堂編輯所長となり普通教育の普及をめざす「文」を創刊、また文芸雑誌「都の花」を発行する。25年金港堂副社長、28年金港堂を退社し東京高師教授に就任。同年下村三四吉らと考古学会を創設、34年会長に就任、考古学の発展・普及に努めた。32年東京帝大文科大学講師、大正9年東京高師校長に就任、11年帝室博物館総長を兼ね、さらに宮中顧問官、14年帝国学士院会員、昭和4年東京文理科大学初代学長となった。主著に「考古学研究」などがある。
[参考]『文学博士三宅米吉先生追悼録』茗渓会 1930

宮坂 栄一　みやさか・えいいち
「信州白樺」編集発行人

[生年月日]明治35年(1902年)3月25日
[没年月日]昭和61年(1986年)2月5日
[出生地]長野県更級郡稲荷山町(千曲市)
[学歴]専修大学経済学部

生家は長野県で海産物商を営む。3人姉弟の長男で、3歳の時に父を亡くす。小学校の代用教員を経て、大正11年上京、神田で仏蘭西書院を経営。12年経営困難となっていた文芸誌「白樺」の発行を引き受けて編集・発行名義人に就任、第二次「白樺」と自賛したが、関東大震災で廃刊。14年仏蘭西書院を廃業して帰郷、以後職を転々とする。昭和36～43年学習参考書の出版社である浜島書店に勤めた。45年旧知の人々と文集「信州白樺派」を発行、46年同文集を雑誌として継続することを決め、「白樺」の流れを汲む季刊誌「信州白樺」を創刊。人間性重視の教育を訴え続けたが、没後の平成2年に終刊した。
[参考]「信州白樺 宮坂栄一追悼号」66号 1986

宮沢 俊一　みやざわ・しゅんいち
群像社社長 ロシア文学者

[生年月日]昭和7年(1932年)11月2日
[没年月日]平成12年(2000年)2月24日
[出生地]東京都　[学歴]早稲田大学文学部露文科〔昭和31年〕卒

劇団民芸研究所を経て、劇団文化座・群像座などで演劇活動。昭和45～51年モスクワの出版社・プログレスに翻訳者として勤務。かたわらソ連演劇・文学を研究。帰国後、ロシア文学専門の群像社で季刊「ソヴェート文学」

やシリーズ「現代のロシア文学」の編集長を務める。のち同社社長。翻訳にエーフロス「演劇の日常」、チェーホフ「桜の園」など。

宮下 軍平　みやした・ぐんぺい
二松堂創業者

[生年月日]明治11年（1878年）11月27日
[没年月日]昭和24年（1949年）2月19日
[出生地]長野県

明治23年より長野県松本の書店・松栄堂で7年間修業。30年上京し、日本橋の松栄堂に勤務した。37年独立して神田旭町に二松堂を創業、書籍仲介業を営むと同時に出版業にも乗り出し、「自動車界」「絵画教育」「新書道の研究」などの雑誌を発行したほか、「社会学小史」「図解植物名鑑」「神様と仏様の戸籍調べ」など思想・宗教から植物・工学・科学に至るまで幅広い分野の書籍を出版した。また温厚篤実の人で知られ、東京書籍商組合評議員など各種団体の役員も務めた。

宮武 外骨　みやたけ・がいこつ
明治新聞雑誌文庫初代主任　ジャーナリスト

[生年月日]慶応3年（1867年）1月18日
[没年月日]昭和30年（1955年）7月28日
[出生地]讃岐国小野村（香川県綾歌郡綾川町）
[別名等]幼名=亀四郎、別号=半狂堂　[学歴]進文学舎

豪農の四男に生まれる。雑誌作りに憧れて18歳で上京、明治20年に「頓智協会雑誌」を創刊したが、3年後の28号で折からの憲法発布を諷刺して重禁固3年、罰金100円、監視1年の刑。出所後は失敗や不運続きで、32年に台湾へ渡り、帰国の翌34年、大阪で「滑稽新聞」を創刊、処罰覚悟の捨て身の官僚攻撃で読者を沸かせ、言論界に復帰した。政府からは社会主義者=特別要視察人に指定され、浮世絵雑誌や新聞などのメディアを操ってこれに抵抗後、大正4年衆院選落選を置き土産に上京。不運続きの中でも部分的成功はあったが、大正の中ごろからは江戸文化を中心としたワイセツ研究に転向。13年から吉野作造らと明治文化研究会を開催。15年に東京帝大法学部内に明治新聞雑誌文庫が設立されるとその主任となり、以後約30年間、同文庫の充実に尽力した。その間、昭和6年には懺悔録「自家性的犠牲史」を書いて奇名を挙げている。古川柳・浮世絵の研究家としても知られ、晩年は日本新聞史の研究に没頭した。生涯を通じて発禁20回、罰金16回、入獄2回を記録。著書も「筆禍史」「賭博史」「売春婦異名集」など奇書が多い。
[家族等]甥=吉野孝雄（宮武外骨研究家）
【参考】『評伝宮武外骨』木本至著　社会思想社　1984

宮原 敏夫　みやはら・としお
合同出版社長

[生年月日]大正2年（1913年）5月18日
[没年月日]昭和62年（1987年）7月1日
[出生地]福岡県　[学歴]早稲田大学政経学部〔昭和14年〕卒

昭和14～20年満州重工業企画調査室に勤務。21～26年労農通信社記者。39年から合同出版社長、47年会長。「トリアッティ選集」「グラムシ選集」など社会科学の専門書の出版を手がけるとともに、合成洗剤問題、食品添加物問題など環境消費問題の出版にも力を注いでいた。

宮部 一郎　みやべ・いちろう
家の光協会会長

[生年月日]明治21年（1888年）12月22日
[没年月日]平成2年（1990年）10月3日
[出生地]埼玉県北埼玉郡岩瀬村（羽生市）
[旧名]入江　[学歴]埼玉中〔明治39年〕卒、東北帝国大学農科大学〔明治45年〕卒, 東京帝国大学経済学部〔昭和3年〕卒

生家は埼玉県の農家で8人きょうだい（6男2女）の一番上の長男。父は村長を務めた。明

治39年札幌農学校に入学（翌年東北帝国大学農科大学に改組）、45年卒業して朝鮮興業に入社したが、すぐに退社。大正3年南満州鉄道（満鉄）出資の北陵農場長として満州へ赴任。5年満鉄本社へ移り、14年退社して帰国。この間、植物学者・宮部金吾の婿養子となり、入江姓から宮部姓となった。退職後、東京帝大経済学部に学士入学し、昭和3年卒業。6年千石興太郎から誘われ調査部嘱託として産業組合中央会に入り、18年同会が統合により中央農業会に改組すると参事錬成部長、20年理事、22年全国農業会専務理事。21年機関誌「家の光」を発行する家の光協会副会長、22年会長に就任。以来、48年顧問に退くまで農村への文化普及に力を注ぎ、22年総合雑誌「地上」、39年児童誌「こどもの光」を創刊。36年には「家の光」は180万部に達した。

[家族等]岳父＝宮部金吾（植物学者）　[叙勲]藍綬褒章〔昭和39年〕、勲三等瑞宝章〔昭和41年〕
[参考]『回想宮部一郎』「回想宮部一郎」刊行会編　家の光協会　1992

宮本 信太郎　みやもと・のぶたろう
中央公論社常務

[生年月日]明治45年（1912年）1月10日
[没年月日]平成23年（2011年）11月3日
[出生地]茨城県石岡市　[学歴]東京商〔昭和5年〕卒

父は醤油屋の番頭だったが、店がつぶれたため小学校高等科を卒業すると上京して医者の書生となり、夜学の東京商業学校に学んだ。昭和6年中央公論社に入社。7年より社長秘書を務め、17年2月販売部に移ったが、11月戦時の企業整備で同社が買収した畝傍書房に出向。応召中の19年、中央公論社は自主廃業の通知を受け解散。戦後、営業を再開した中央公論社に復職、22年取締役、24年常務。日本書籍出版協会常任理事、日本雑誌広告協会委員長も務めた。
[参考]宮本信太郎「私の中央公論社勤務を顧みて」（「出版クラブだより」2000.6.1～7.1）

宮脇 俊三　みやわき・しゅんぞう
中央公論社常務　作家

[生年月日]大正15年（1926年）12月9日
[没年月日]平成15年（2003年）2月26日
[出生地]埼玉県川越市　[出身地]東京都　[学歴]成蹊高理科乙科卒、東京大学文学部西洋史学科〔昭和26年〕卒

父は衆院議員を務めた宮脇長吉で、7人きょうだいの末子。幼い頃から鉄道に関心を持ち、昭和9年兄と熱海に行くため初めて東海道本線に乗る。26年中央公論社に入社、「婦人公論」編集部に配属される。27年肺結核により療養生活に入るが、31年同社復帰後は出版部の編集者として北杜夫「どくとるマンボウ航海記」を担当してベストセラーとなった他、「世界の歴史」（全16巻）、「日本の歴史」（全26巻）などを手がけた。36年第二出版部創設と共に部長となり、37年「中公新書」を発刊、会田雄次「アーロン収容所」、三田村泰助「宦官」を相次いでヒットさせる。40年「中央公論」編集長、42年「婦人公論」編集長、43年編集局長などを経て、44年開発室長。48年には「中公文庫」の発刊に関わった。この間、業務多忙の合間を縫ってたびたび鉄道旅行に出かけ、52年足尾線乗車により国鉄全線（当時）を完乗。53年常務を最後に退社後は文筆活動に入り、国鉄全線完乗の記録をまとめた「時刻表2万キロ」を執筆しベストセラーとなった。以後、「汽車旅12カ月」「終着駅は始発駅」「台湾鉄路千公里」「シベリア鉄道9400キロ」「中国火車旅行」「昭和八年 渋谷驛」「鉄道廃線跡を歩く」など数多くの著作を発表、鉄道旅行文を文芸ジャンルとして確立した。また、小説や歴史紀行も手がけ、60年推理小説集「殺意の風景」で泉鏡花文学賞を受賞した。

[家族等]長女＝宮脇灯子（エッセイスト），父＝宮脇長吉（政治家），伯父＝三土忠造（政治家），宮脇梅吉（政治家）　[受賞]日本ノンフィク

ション賞（第5回）〔昭和53年〕「時刻表2万キロ」，新評賞（第9回）〔昭和54年〕「時刻表2万キロ」，交通図書賞〔昭和55年〕「時刻表昭和史」，泉鏡花文学賞（第13回）〔昭和60年〕「殺意の風景」，交通文化賞〔昭和60年〕，JTB紀行文学大賞（第1回）「韓国・サハリン鉄道紀行」，菊池寛賞（第47回）〔平成11年〕
【参考】『私の途中下車人生』宮脇俊三著 講談社 1986（角川文庫 2010）

宮脇 富子　みやわき・とみこ
宮脇書店社長

[生年月日]大正13年（1924年）3月6日
[没年月日]平成24年（2012年）9月14日
[出生地]香川県高松市　[学歴]高松高女〔昭和17年〕卒

昭和17年商工中金に入社。20年家業の書籍販売業に従事。22年宮脇書店取締役を経て，40年4代目社長に就任。49年宮脇商事社長を兼任。平成19年会長に退く。車社会の到来を予見して駐車場付きの郊外型店舗を次々に出店，「本なら何でもそろう」をキャッチフレーズに業容を拡大。昭和46年香川県外への進出を果たし，55年頃より業界初のフランチャイズ（FC）形式を導入。平成元年床面積，品ぞろえとも日本一の卸書店・宮脇カルチャースペース（MCS）を開場した。社長就任当時高松市丸亀町に1店舗しかなかった同書店を，47都道府県に約400店舗を展開する全国最大級の書店チェーンに育て上げた。香川県書店商業組合理事長も務めた。
[家族等]長男＝宮脇範次（宮脇書店社長），父＝宮脇英一（宮脇書店会長）　[受賞]中堅中小企業経営者顕彰女性経営者賞（第16回）〔平成11年〕，四国新聞文化賞〔平成17年〕，高松市市政功労者賞〔平成18年〕

【む】

向坊 寿　むかいぼう・ひさし
文藝春秋常務

[生年月日]大正11年（1922年）10月29日
[没年月日]昭和54年（1979年）8月19日
[出生地]中国大連　[学歴]麻布中卒，四高〔昭和17年〕卒，東北帝国大学法文学部〔昭和21年〕卒

麻布中学，四高から東北帝国大学法文学部に進む。昭和18年第14期海軍予備学生となり，19年海軍少尉に任官。土浦海軍航空隊，出水海軍航空隊，第十航空艦隊，奥羽海軍航空隊などに勤務し，敗戦直後に海軍中尉に昇進。復員後は大学に復学，22年文藝春秋新社（現・文藝春秋）に入社。以後，編集畑を歩み，「オール読物」編集次長などを経て，44年営業局長，54年取締役，のち常務。46年予備学生時代の回想記「帽振れ…ある戦中派の追憶」，53年「再び帽振れ」を刊行した。
【参考】『帽振れ ある戦中派の追憶』向坊寿著 昭和出版 1971／『再び帽振れ… ある戦中派の追憶』向坊寿著 昭和出版 1978

宗武 朝子　むねたけ・あさこ
日本出版販売弘報課長

[生年月日]大正7年（1918年）4月10日
[没年月日]平成8年（1996年）1月30日
[出身地]東京都　[旧名]松谷　[学歴]東京府立第一高女高等科1年〔昭和12年〕修了

父は弁護士の松谷与二郎で，4人弟妹（2男2女）の長女。妹は児童文学作家の松谷みよ子。昭和12年交通事故で父を失うと東京府立第一高等女学校を中退，タイピストとして家計を支えた。14年結婚。19年東亜交通公社「旅」編集部に入るも，20年長野県に疎開。戦後，疎開先で夫と死別。その後，日本出版販売弘

報課に入り、当時としては珍しい女性課長となった。50年みずうみ書房取締役。著書に「課長さん!私はこう管理されたい」、共編著に「雑誌の時代」「日本の書店百年」などがある。
[家族等] 父=松谷与二郎（弁護士・衆院議員）、弟=松谷春男（漆芸家）、妹=松谷みよ子（児童文学作家）
【参考】『自伝じょうちゃん』松谷みよ子著 朝日新聞出版 2011

村上 勝樹　むらかみ・かつき
大阪屋専務

[生年月日] 明治40年（1907年）2月22日
[没年月日] 昭和55年（1980年）1月30日
[出生地] 広島県　[学歴] 尾道商〔大正15年〕卒
大阪の柳原書店に勤務。昭和16年同社が日本出版配給に統合されると大阪支店船場営業所配給課長となる。24年同社閉鎖に伴い、大阪屋創立に発起人・創立委員長として参画。創立後には営業部次長兼販売責任者、25年営業部長を経て、26年取締役、38年常務、43年専務。
【参考】『大阪屋三十年史』大阪屋 1981

村上 勘兵衛　むらかみ・かんべえ
平楽寺主人

初代の村上浄徳はもと武士で慶長年間に京都へ出て書肆を開き「医学正伝」を刊行。2代目浄清は仏書・医書・歌書物語など出版分野を拡大した。3代宗信はそれまでの浄土宗から日蓮宗に改宗した。4代元信は日蓮宗瑞光寺の深草元政と交を結び、元政の著述を独占的に刊行、また寛文8年（1668年）に武村市兵衛などと四軒仲間で法華宗門書堂を結成し、他店から多数の板木を買収して翌9年に書堂版の日蓮宗学書・天台学書105点を刊行した。のちには京洛の日蓮宗諸本山の蔵版支配を命じられ、文化年間に今の東洞院三条上ルに移転した。明治初年には「太政官日誌」の印刷販売を請け負い、また京都府教科書販売所を

長く務めた。大正2年11代勘兵衛は井上治作に営業権を譲渡し、井上は平楽寺書店として日蓮宗の書籍経典を出版し今に至る。
【参考】『京都出版史』京都出版史刊行会 1991

村上 濁浪　むらかみ・だくろう
成功雑誌社創業者

[生年月日] 明治5年（1872年）1月
[没年月日] 大正13年（1924年）10月20日
[出生地] 静岡県引佐郡中川村（浜松市）　[本名] 村上俊蔵
明治32年上京して青山学院の松島剛発行雑誌「学窓余談」の編輯を手伝う。同誌廃刊の後、35年10月本郷弓町の自宅で"立志独立進歩の友"とする「成功」を創刊した。米国に立身出世の秘訣を説くマーディンの雑誌「サクセス」があり、恐らくそれを真似したものか。幸に評判は上々で一時は、出版界に「成功」の二字を多く見る程に流行した。夏目漱石「坊っちゃん」の「プツシング、ツー、ゼ、フロント」、「門」の主人公・宗助が歯医者の待合室で手にとるのもこの雑誌である。雑誌経営が順調にいき始めた43年頃、日本が南極探検に後れをとっていることに発憤、国力相応の探検隊派遣の決行に立ち上る。世に名高い白瀬矗中尉の南極遠征であるが、船舶、隊員27名、食糧衣料等の物資などその費用は馬鹿にならず、身代の全てを投げ出して後援の矢面に立った。このため10年丹精の雑誌を犠牲にしてしまい、「成功」を不成功に終わらせたのは皮肉である。
【参考】石井研堂「南極探検の首謀者」（「明治文化」1940.3）

村上 輝雄　むらかみ・てるお
「週刊読書人」編集長

[生年月日] 大正10年（1921年）8月
[没年月日] 昭和62年（1987年）12月29日
[出生地] 東京都　[学歴] 慶応義塾大学卒
昭和33年「週刊読書人」創刊時に入社。49年

村上 信彦　むらかみ・のぶひこ
　　　　女性史研究家　小説家

[生年月日]明治42年（1909年）3月30日
[没年月日]昭和58年（1983年）10月31日
[出生地]東京市下谷区下根岸（東京都台東区）
[学歴]東京府立五中〔昭和3年〕卒, 第一早稲田高等学院〔昭和4年〕中退

村上浪六の三男。昭和15年より出版社興風館企画部長を務め、18年小説の刊行を機に退社。26年「青年新聞」編集長。戦後は女性史研究へと進み、「服装の歴史」（全3巻）、「明治女性史」（全4巻）や「女について・反女性論的考察」「近代史のおんな」「大正期の職業婦人」などを著した。52年「高群逸枝と柳田国男　婚制の問題を中心に」で毎日出版文化賞を受賞。小説家としても「音高く流れぬ」「霧のなかの歌」「娘は荒地で」「黒助の日記」や、円本ブーム後不況期出版界における通信販売業の内情を活写した「出版屋庄平」（25年「出版屋庄平の悲劇」に改題・西荻書店刊）がある。

[家族等]父＝村上浪六（小説家）　[受賞]毎日出版文化賞（第31回）〔昭和52年〕「高群逸枝と柳田国男」
【参考】『女について 反女性論的考察』篠原三郎編・解説　こぶし書房 1997

村口 四郎　むらぐち・しろう
　　　　村口書房主人

[生年月日]明治42年（1909年）11月
[没年月日]昭和59年（1984年）5月3日
[出生地]東京都　[学歴]開成中〔昭和2年〕卒, 明治大学商学部〔昭和3年〕中退

父は明治大正を代表する古典籍商・村口半次郎で、6人きょうだい（4男2女）の三男。昭和15年30歳の時に東京・本郷の井上書店で半年修業した後、2代目として村口書房を継ぐ。よく父業を継承し、22年東京古書籍協同組合初代理事長をはじめ、全国古書籍協同組合理事長、東京古典会会長、日本古書籍商協会会長を歴任した。

[家族等]父＝村口半次郎（村口書房店主）
【参考】『紙魚の昔がたり 昭和篇』反町茂雄編 八木書店 1987

村口 半次郎　むらぐち・はんじろう
　　　　村口書房創業者

[生年月日]生年不詳
[没年月日]昭和15年（1940年）1月12日

東京・下谷御徒町の浮世絵版画商吉田金兵衛方で修業。吉金は版画と古書を販売し、主に古典籍を扱った。明治30年代頃から古典籍商として活動、明治末から大蒐書家であった和田維四郎の愛顧を受けて業界に雄飛し、東西を代表する古典籍商として業界で重きをなした。

[家族等]三男＝村口四郎（村口書房店主）
【参考】『紙魚の昔がたり』訪書会編 1934（『紙魚の昔がたり 明治大正篇』八木書店 1990）

村越 三千男　むらこし・みちお
　　　　編集者

[生年月日]明治5年（1872年）3月13日
[没年月日]昭和23年（1948年）4月1日
[出生地]埼玉県　[学歴]埼玉師範〔明治27年〕卒, 東京美術学校講習科

浦和高等女学校や熊谷中学で植物学と絵画を教えたが、当時の地方教員の動植物に対する知識不足を目の当たりにし、教育指導参考用の植物図譜作成を志す。明治38年上京して東京博物学研究会を創立、自宅に石版印刷工場を設ける一方、自ら野山を散策して植物を採集し写生画を描いた。それらをもとに友人・高柳友三郎の解説・編集を付し、さらに牧野富太郎の校訂を受け、39年から月刊の「普通植物図譜」を発行（40年まで継続、全60冊）。これは牧野の名声や石版多色刷りの植物図を科ごとにまとめるなどの分かりやすい編集から好評を博し、一時は毎月7000部も売れたと

いわれる。並行して40年同じく牧野校訂の小型本「野外植物の知識」(正続)を刊行。41年村越企画・牧野校訂・東京博物学研究会編纂で普及型植物図鑑の先駆けといわれる「植物図鑑」を参文社から出版、同社が社主の死のために経営不振に陥った後も北隆館に版権が移され、長く版を重ねた。しかしこの頃を境に牧野と疎遠になり、以後の牧野の校訂を得ずに植物関係書を出版。大正14年9月松村任三、丹波敬三、本多静六の後援を受け、それまで手がけてきた植物図鑑の集大成ともいえる「大植物図鑑」を刊行したが、同年同月には牧野もかつて自らが校訂した「植物図鑑」を改訂して「日本植物図鑑」を出しており、両者間に何らかの出版競争があったとする見方もある。その後も動植物図鑑を多数世に送り出し、動植物知識の啓蒙と普及に尽くした。
【参考】『牧野植物図鑑の謎』俵浩三著 平凡社 1999

村崎 長昶　むらさき・ながあき
新高堂書店創業者

[生年月日]明治3年(1870年)11月12日
[没年月日]昭和25年(1950年)6月3日
[出生地]熊本県宇土郡不知火村(宇城市)
[別名等]幼名＝長三,筆名＝奇峰子　[学歴]済々黌〔明治18年〕中退

教員などをした後、官僚だった従兄・竹下康之の書生となり、明治28年竹下に従って渡台。31年台北市栄町に文具店新高堂を開業。以後、運動器具、楽器などを扱いつつ次第に書店業に主軸を移し、大正4年3階建店舗を新築するなど台湾随一の書店となった。学校教科書の独占販売、書籍取次へ進出し、辞書、語学教科書、台湾史などの出版も行った。11年には発起人となって台湾書籍商組合(のち台湾書籍雑誌商組合)を創立、敗戦まで組合長を務めた。台北信用組合の3代目組合長、台北市議なども歴任。敗戦後、新高堂は接収され昭和20年12月に東方出版社となったため、21年4月台湾から大分県へ引き揚げた。その後、一家は上京し、23年婿養子・敏昶が中目黒で新高堂書店を再興した。著書に「琉球踊狂言」「八十年の回顧」がある。
[家族等]女婿＝村崎敏昶(新高堂書店主人)
【参考】『八十年の回顧録 記憶をたどって』村崎長昶著 西田書店 1983

村田 愛子　むらた・あいこ
一水社創業者

[生年月日]明治40年(1907年)7月17日
[没年月日]没年不詳
[出生地]鳥取県鳥取市　[出身地]福岡県
[旧名]板井　[学歴]福岡女子専文科〔昭和3年〕卒

昭和5年雑誌「婦人画報」編集部、12年中外商業新報社勤務を経て、16年東京・新橋で海洋文化社を創業。19年戦時の企業整備で海洋社となり、20年敗戦後に白鴎社に改名。29年株式会社に改組して一水社を設立。当初は海事関係書などを出していたが、大衆娯楽分野に進み、今日では主に成人向け雑誌・書籍の出版で知られる。

村松 金治　むらまつ・きんじ
童心社社長

[生年月日]大正10年(1921年)5月28日
[没年月日]平成11年(1999年)10月3日
[出身地]秋田県秋田市　[学歴]秋田師範本科〔昭和16年〕卒

昭和16年秋田県の仁井田国民学校訓導、20年川尻国民学校訓導を経て、23年東京都墨田区の小梅小学校へ出向。25年少年科学新聞社に入り、32年紙芝居出版社として童心社を創業。全日本出版教材商組理事長、日本児童図書出版協会会長、全国絵本出版会会長、日本書籍出版協会相談役を歴任。戦時中、戦艦武蔵に乗艦してその沈没から生還。1ケ月後に戦死者名簿を届けるために乗船したさんとす丸も撃沈され、一昼夜の漂流の後に救助された経験を持つ。
[叙勲]勲四等瑞宝章〔平成3年〕

村山　俊男　むらやま・としお
　　　日本出版貿易社長

[生年月日]大正10年（1921年）3月25日
[没年月日]平成4年（1992年）1月18日
[出生地]佐賀県　[学歴]東京商科大学〔昭和19年〕卒

昭和27年日本出版貿易に入社。33年取締役、42年常務を経て、54年社長。ネイチャージャパン社長も務めた。

室伏　章郎　むろぶせ・ふみろう
　　　日経BP社長

[生年月日]大正14年（1925年）4月1日
[没年月日]平成23年（2011年）10月6日
[出生地]神奈川県　[学歴]東京大学経済学部〔昭和24年〕卒

昭和24年日本経済新聞社に入社。ニューヨーク特派員、38年大阪本社経済部長、43年出版局次長を経て、47年取締役、57年参与。この間、44年日経マグロウヒル創業に関わり、55年社長。63年日経BPと改称。平成2年退任。在任中は「日経コンピュータ」「日経コンストラクション」など20以上の雑誌やニューズレターを創刊した。

【め】

目黒　三策　めぐろ・さんさく
　　　音楽之友社社長

[生年月日]明治37年（1904年）1月2日
[没年月日]昭和49年（1974年）11月8日
[出身地]新潟県　[学歴]早稲田大学卒

雑誌「音楽倶楽部」代表者として、昭和16年音楽雑誌統合による音楽之友社創業に参画、専務として経営を担当。18年日本音楽雑誌株式会社に改称したが、21年旧称に復し、2代目社長に就任。同社の基盤を固めた。

[叙勲]勲四等瑞宝章〔昭和49年〕

目黒　十郎　めぐろ・じゅうろう
　　　巣枝堂主人

[生年月日]明治24年（1891年）9月1日
[没年月日]没年不詳
[出生地]新潟県長岡市

生家は文政年間から続く越後国長岡の老舗書肆・巣枝堂。代々目黒十郎を襲名し、明治時代には「小学読本」「地理初歩」など文部省蔵版教科書を翻刻出版、また地元教員の算術書・数学書の出版販売は米櫃となった。当時は東京から書籍を仕入れ、県下各地へ卸しに歩いた。国定教科書の販売では覚張、西村と3人で合資会社北越書館を設立し、各都市に売捌店を特約して頒布した。大正13年家督を継いでからは益々家業を発展させ、同じく長岡の覚張書店とともに県下の双璧といわれた。昭和2年新潟県書籍雑誌商組合の組長に就任。
[家族等]養兄＝目黒甚七（目黒書店創業者）
【参考】目黒十郎談「書肆の今昔」（『奮闘の長岡』1914）

目黒　四郎　めぐろ・しろう
　　　目黒書店社長

[生年月日]明治30年（1897年）8月25日
[没年月日]昭和45年（1970年）9月1日
[出生地]新潟県　[学歴]早稲田大学商学部卒

早稲田大学商学部を卒業後、目黒甚七が経営する教育関係図書出版社の目黒書店に入社し、その養子となる。戦時中には同書店の2代目社長に就任すると共に出版新体制の結成準備委員に推され、日本出版文化協会監事、日本出版配給監査役を歴任するなど若手出版人のホープとして活躍、有斐閣の江草四郎、文化協会理事の田中四郎と並んで"出版新体制三四郎"と称された。しかし戦後に公職追放となってからは社業も精彩を欠き、息子の謹一郎に社長職を譲り、鎌倉文庫の文芸誌「人間」の発行を引き受けるも、社運の回復

には至らなかった。日本出版クラブ評議員なども務めた。
[家族等]養父＝目黒甚七（目黒書店創業者）、息子＝目黒謹一郎（目黒書店社長）

目黒　甚七　めぐろ・じんしち
目黒書店創業者

[生年月日]慶応3年（1867年）12月12日
[没年月日]昭和27年（1952年）3月7日
[出生地]越後国新発田（新潟県新発田市）
[旧名]富樫

少時から新潟・長岡表町の巣枝堂（目黒十郎）に入り本屋修業。明治20年同店を辞して上京したが、翌年目黒十郎が東京支店を設置し乞われて店務に従事する。24年十郎の養子となり、目黒書店と改称し独立経営。学術、教育、教科書などを刊行、良書出版元として有名になった。傍ら、36年より杉本七百丸、目黒十郎等と六盟館を創立し、中等学校教科書及参考書を発行した。27年以降東京書籍商組合評議員、大正13年東京出版協会会長、全国書籍連合会会長兼任。

【も】

望月　二郎　もちずき・じろう
経済雑誌社印刷長

[生年月日]嘉永4年（1851年）
[没年月日]明治34年（1901年）8月8日
[出生地]江戸

御家人の二男に生まれる。講武所で洋式兵学を修め、江戸開城の際に江原素六・古川宣誉らと江戸を脱出、千葉・市川で官軍と戦うが敗れる。明治3年沼津兵学校に入り、鹿児島藩兵学校教員を務め、廃藩後は大蔵省翻訳局で官費生となり学ぶ。卒業後、大蔵省に出仕する。12年田口卯吉らと経済雑誌社を興し、卯吉を助けて社務を処理した。

望月　誠　もちずき・まこと
兎屋思誠堂創業者

[没年月日]生没年不詳
[出生地]信濃国松代（長野県長野市）

信濃松代藩の家老を務めたとも、明治9年東京で書肆と印刷の由己社を開業。他の新聞雑誌のいわゆる切抜雑誌「集合新誌」を発行した後、10年実用生活誌「智慧の庫」を創刊、糊と鋏で量産したお手軽出版活動に入る。越後柏崎出身の春風居士松村操が食客になると、戯文「東京穴探」「明治外史」（初～6編）、「明治立志編 民間栄名伝」等を出版。とくに世間に流布する俗説を正し実説を収録した「実事譚」（初～40編,14～15年）は人気を博し版を重ねた。17年松村が死去すると兎屋はまた変わる。天狗書林兎屋誠と称え派手な新聞広告で読者を釣り、戯作物や「南総里見八犬伝」などを安値で販売。20年代に入ると誇大広告商法は読者から批判を受け、出版界から消えた。

望月　政治　もちずき・まさはる
日本出版貿易社長

[生年月日]明治18年（1885年）11月10日
[没年月日]平成2年（1990年）3月15日
[出生地]静岡県庵原郡両河内村（静岡市）
[学歴]静岡商〔明治39年〕卒

静岡商業学校在学中の明治39年、韓国外相李加栄に招待され、学校代表で韓国へ赴く。同年卒業して渡米、サクラメント桜府商会に入社。42年同社が破産状態に陥り、よろず商会に変更して役員に就任、書籍の輸入業務を始めた。大正8年帰国し、9年横浜商事株式会社を設立して社長。12年関東大震災で会社が全焼したが復興、昭和17年出版物輸出業21社と合同して日本出版貿易株式会社を設立。同社社長に就任したが営業停止となり日本出版配給に入社、銀座営業所長、東亜部長などを歴任。戦後の22年、日本出版貿易を再開、37年会長。米国のリンカーン大統領に関する書

籍や資料を収集し、36年それらを展示する東京リンカーンセンターを開館した。明治・大正・昭和・平成の4代を生き、平成2年104歳で長逝した。
[叙勲] 勲五等双光旭日章〔昭和42年〕

茂木　茂　もてぎ・しげる
光文社社長

[生年月日] 明治34年（1901年）2月1日
[没年月日] 昭和33年（1958年）10月27日
[出生地] 群馬県新田郡木崎町（太田市）　[学歴] 新田学館〔大正5年〕卒

中学卒業後、郷里の先達である講談社社長・野間清治を頼って上京し、大正5年同社の少年部員となる。8年正社員として宣伝部に配属され、14年雑誌広告作成主任。昭和12年「婦人倶楽部」編集長に転じた。20年9月講談社の別働会社として雑誌「征旗」の発行を手がけていた日本報道社が衣替えして光文社が誕生すると、11月野間省一社長の命により同社に出向。専務を経て、27年社長に就任。21年少年向け雑誌「少年」、24年少女向け雑誌「少女」を立て続けに発刊。また出版局長であった神吉晴夫の手腕によって、25年波多野勤子の往復書簡集「少年期」が大ヒットしたのをはじめ、石井桃子「ノンちゃん雲にのる」、壺井栄「二十四の瞳」、松本清張「点と線」など次々とベストセラーを世に送り出し、29年には新書版の「カッパブックス」を創刊した。編集の神吉、業務の五十嵐勝弥との三本柱で社業の基礎を確立、33年女性週刊誌「女性自身」の創刊直前に亡くなった。
【参考】『水心魚心 追想の茂木茂』光文社 1959

茂木　茂八　もてぎ・もはち
日本文化科学社創業者 日本心理適性研究所所長

[生年月日] 明治43年（1910年）9月3日
[没年月日] 平成1年（1989年）8月8日
[出身地] 栃木県　[学歴] 東京高師〔昭和7年〕卒

昭和23年田中教育研究所創設に参画し、その事業部門として日本文化科学社を創業。新制田中B式をはじめ、WISC知能診断検査などの心理検査類を開発・発行する傍ら、教育心理学、障害児教育に関する書籍を出版した。41年併設の日本心理適性研究所所長や40年徳島文化女子短期大学学長も務めた。

本木　昌造　もとき・しょうぞう
活版印刷技術の先駆者

[生年月日] 文政7年（1824年）6月9日
[没年月日] 明治8年（1875年）9月3日
[出生地] 肥前国長崎新大工町（長崎県長崎市）
[旧名] 北島　[別名等] 幼名＝作之助、名＝永久、号＝梧窓、点林堂

母方の実家である本木家の養子となり、同家の家業であるオランダ通詞を継ぐ。天保6年（1835年）稽古通詞。西洋の印刷技術に関心を持ち、嘉永4年（1851年）輸入した印刷機と自作の鉛活字を用いて自著「和蘭通弁」を印刷した。ロシア艦隊のプチャーチンの通訳を務めたことから伊豆・戸田のロシア軍艦建造に参画。万延元年（1860年）長崎飽ノ浦製鉄所御用掛となり、のち主任、頭取を歴任。明治2年同製鉄所内に活版伝習所を設立、米国人技師ガンブルから印刷技術を伝授され、金属活字の本格的な鋳造に成功した。3年門下の平野富二、陽其二と長崎に活版所を設立、わが国近代印刷技術の先駆者とされ、"日本のグーテンベルク"と呼ばれる。
【参考】『本木昌造・平野富二詳伝』三谷幸吉著 詳伝頒布刊行会 1933

本島　三良　もとじま・さぶろう
「鉄道ピクトリアル」編集長

[生年月日] 明治37年（1904年）4月20日
[没年月日] 昭和63年（1988年）1月28日

英文編集者としての本業のかたわら、昭和初期から鉄道研究家として活躍。昭和26年創刊の「鉄道ピクトリアル」初代編集長を務めた。

42年にはスイス政府に招かれて、スイスの鉄道事業を視察、「日本国有鉄道百年史」の編纂にも参画するなど、日本の鉄道趣味育成に努めた。また、写真技術にも通じ、写真集に「スイスの鉄道」「汽車半世紀」などがある。
[受賞]鉄道友の会シルバー賞〔昭和62年〕

本吉 敏男　もとよし・としお
婦人画報社社長

[生年月日]大正12年(1923年)11月12日
[没年月日]平成23年(2011年)9月5日
[出生地]東京都　[学歴]早稲田実卒、専修大学専門部〔昭和21年〕卒

早稲田実業時代は野球に熱中。兵役を免れるため専修大学専門部と日本大学夜学部に学ぶが、学徒出陣で兵役に就く。復員後は専大に復学し、大学野球選手として活躍。卒業後、日本教育図書に入社し、夏休み帳の出版に従事した。昭和34年共同印刷に移り、45年営業部長。47年父の経営する婦人画報社に転じて取締役となり、49年専務、51年社長に就任。同社の経営再建に尽力し、広告部の拡充や「シスター」「ヴァンサンカン」といった新雑誌の創刊などを進めた。平成11年フランス大手出版社グループのアシェット・フィリパッキー・メディア社の日本法人と合併し、新会社・アシェット婦人画報社社長に就任。23年同社はハースト婦人画報社に社名変更した。
[家族等]二男=本吉信雄（婦人画報社社長）

本吉 信雄　もとよし・のぶお
婦人画報社社長

[生年月日]明治29年(1896年)1月24日
[没年月日]昭和62年(1987年)7月11日
[出生地]福岡県柳川市　[学歴]伝習館中卒、早稲田大学商学部〔大正9年〕卒

詩人・北原白秋の弟でアトリエ社創業者の北原義雄とは幼稚園時代からの親友で義兄弟（妻同士が姉妹）。伝習館中学を卒業して上京、同郷の三越デパート創業者・日比翁助の書生をしながら早大商学部に学ぶ。大正9年卒業後、貿易商社に2年勤めたのを経て、11年義雄の兄・北原鉄雄が経営するアルスに入社し「日本児童文庫」などの編集に従事。14年退社、自営の出版社・采文閣を創業して白秋や島崎藤村の著書、学習帳などを刊行した。昭和12年大橋松雄の勧めで帝国教育会出版部に転じ、19年戦時の企業整備で同社が国民図書刊行会に改組すると常務に就任。同年から東京社の専務を務め、戦後すぐに同社の刊行物であった「婦人画報」「スタイルブック」を復刊、また社名を東京社から婦人画報社に改め、女性だけでなく男性服飾雑誌も発行して読者をつかんだ。一時は病気で経営から遠ざかるが、39年社長に復帰して経営再建に奔走。51年会長。再販本部委員会の初代委員長で、23年間委員長を務めた他、日本雑誌協会常務理事、日本書籍協会副理事長などを歴任した。
[家族等]二男=本吉敏男（婦人画報社社長）
[叙勲]勲四等瑞宝章〔昭和44年〕

籾山 梓月　もみやま・しげつ
籾山書店創業者　俳人

[生年月日]明治11年(1878年)1月10日
[没年月日]昭和33年(1958年)4月28日
[出生地]東京府日本橋（東京都中央区）　[本名]籾山仁三郎　[旧名]吉村　[別名等]旧号=江戸庵庭後、梓月宗仁　[学歴]慶応義塾大学理財科〔明治33年〕卒

高浜虚子から俳書堂を譲り受け、明治38年籾山書店を創立。多くの俳書や、いわゆる蝴蝶本を刊行し、また「三田文学」も発行。大正5年永井荷風とともに「文明」を創刊。また俳人としても活躍し句集「江戸庵句集」「浅草川」や小品集「遅日」などの著書がある。のち時事新報社常務になった。

森 有礼　もり・ありのり
明六社会長 外交官

[生年月日]弘化4年(1847年)7月13日
[没年月日]明治22年(1889年)2月12日
[出生地]薩摩国鹿児島城下春日町(鹿児島県鹿児島市)　[別名等]幼名=助五郎,通称=金之丞,変名=沢井鉄馬,沢井数馬　[資格]東京学士院会員〔明治12年〕

父は薩摩藩士で、5人兄弟の末っ子の五男。藩校・造士館に学ぶ一方、洋学者の上野景範に師事。元治元年(1864年)藩の洋学校・開成所に移り、2年藩命で英国へ留学。慶応3年(1867年)米国へ渡った。4年6月帰国、7月新政府に外国官権判事として出仕。明治2年公議所議長心得、制度寮副総裁となったが、廃刀論を建議して大きな反発を受け、職を辞した。3年駐米少弁務使を拝命、初の外交官の一人として米国に赴任。6年帰国すると国民の啓蒙のため西村茂樹、加藤弘之、津田真道、西周、福沢諭吉、中村正直、箕作秋坪らと明六社を結成。7年「明六雑誌」を創刊して文明開化、欧化主義を鼓吹した。8年には商法講習所(現・一橋大学)を開設した。この間、6年外務大丞に起用され、8年駐清公使、11年外務大輔、12年駐英公使。17年帰国し参事院議官兼文部省御用掛を経て、18年第一次伊藤内閣の文相に就任。38歳の最年少閣僚で、黒田清隆内閣でも留任。小学校令、中学校令、帝国大学令、師範学校令などを公布して学制を整備し、教育制度の確立に力を注いだ。20年子爵。急進的な欧化主義者と目され、22年憲法発布式典の朝、国粋主義者・西野文太郎に刺殺された。日本初の契約結婚をしたことでも知られ、最初の妻との離婚後は岩倉具視の五女・寛子と再婚した。
[家族等]三男=森明(神学者),孫=森有正(哲学者・仏文学者)　[叙勲]勲一等旭日大綬章

森 一祐　もり・かずすけ
綜合社創業者

[生年月日]昭和6年(1931年)11月3日
[没年月日]昭和58年(1983年)1月10日
[出生地]旧朝鮮平壌　[学歴]福岡高〔昭和27年〕卒,東京大学文学部仏文科〔昭和32年〕卒

平壌毎日新聞社社長の森幸次郎の長男。昭和21年平壌より引き揚げ。32年日映に入社したが、35年同社解散のため国際放送に移り、38年株式会社サン・パブリシティを創立。42年同社から分離し、小学館の関連会社として東京・神田錦町で編集専門会社の綜合社を設立、刊行が始まっていた「ヴェルヌ全集」(全24巻)の刊行を引き継いだ。「世界文学全集・デュエット版」(全68巻)、「世界文学全集・愛蔵版」(全45巻)、「世界の文学」(全38巻)、「世界文学全集・ベラージュ」(全88巻)、「ラテンアメリカの文学」(全18巻,没後出版)といった大部の世界文学全集をとぎれなく手がけ、また「ワールドベストセラーズ」「プレイボーイ・ブックス」といった叢書を通じて欧米を中心とした大衆小説やノンフィクションを紹介。海外文学の翻訳出版に定評がある会社に育て上げたが、58年51歳で急逝した。
[家族等]父=森幸次郎(平壌毎日新聞社社長)
【参考】『回想の森一祐』追悼録編集委員会編 綜合社 1985

森 暁紅　もり・ぎょうこう
「文芸倶楽部」編集者

[生年月日]明治15年(1882年)11月25日
[没年月日]昭和17年(1942年)4月9日
[出生地]東京府神田区(東京都千代田区)
[本名]森庄助

早くから歌舞伎、講釈、落語などの芸能に親しみ、戯文に秀でて明治40年「芸壇三百人評」を刊行。石橋思案に見出され、大正5年博文館に入社、「文芸倶楽部」の編集を担当。のち「都新聞」に演芸記事を寄せ、岡鬼太郎と落語研究会を創立した。

森　松雄　もり・まつお
　　　教育同人社創業者

[生年月日]明治40年（1907年）2月13日
[没年月日]昭和62年（1987年）8月30日
[出生地]大分県　[学歴]宇佐中卒

門司鉄道管理局を経て、昭和7年出版社に入社。8年独立してテスト研究会を創業。23年教育同人社に商号変更、24年株式会社に改組。小学校用テストブックの出版で業界首位を占める出版社に育てた。
[家族等]長男＝森重治（教育同人社社長）
[叙勲]勲五等双光旭日章〔昭和55年〕

森　道男　もり・みちお
　　　秀英書房社長

[生年月日]大正9年（1920年）
[没年月日]昭和62年（1987年）9月5日
[出生地]三重県　[学歴]九州帝国大学東洋歴史学科

大学在学中に出征、中支に派遣された。戦後、東海ゴムに勤務。最年少で課長となったが、住友系列の会社と合併される際退社し、秀英美術印刷を経営。昭和49年秀英書房を設立。小さな出版社ではあったが、渡辺龍策「馬賊頭目列伝」、朝倉喬司「犯罪風土記」「魅せられて、フリークス」、平岡正明「菩薩のリタイア」など個性的な本を出版した。

森江　佐七　もりえ・さしち
　　　山口屋擁萬閣主人

[生年月日]安政1年（1854年）
[没年月日]大正6年（1917年）5月
[出生地]江戸

文政9年（1826年）創業の書肆・山口屋主人で、擁萬閣、森江書店の商号も用いた。主に仏教書を出版し、和漢洋書及び中等教科書を販売。国定教科書の大売捌店にもなった。明治35年東京書籍商組合評議員。

森岡　巌　もりおか・いわお
　　　新教出版社社長

[生年月日]大正13年（1924年）10月17日
[没年月日]平成24年（2012年）3月6日
[出生地]高知県高知市　[別名等]筆名＝森平太　[学歴]東京大学法学部政治学科〔昭和24年〕卒

昭和24年新教出版社に入社。「福音と世界」編集長、35年取締役編集長、43年出版部長、常務を経て、社長に就任。平成18年退職。森平太の筆名で執筆活動も行い、著書に「服従と抵抗への道 D.ボンヘッファーの生涯」、共編著に「日本基督教団50年史の諸問題」「井上良雄研究『世のための教会』を求めて」などがある。
【参考】『ただ進み進みて キリスト服従への道』森岡巌著 新教出版社 2011

森岡　栄　もりおか・さかえ
　　　博聞社名代人 博文社書店主人

[没年月日]生没年不詳

博聞社は明治5年長尾景弼兄弟が銀座に創業、官令出版事業の大当りによって京阪、千葉、埼玉へ分社を設立した。18年2月大阪分社は支店に改組して森岡栄が名代人となる。20年7月後に大日本図書となる一大会社設立につき仲間幹部の集会がもたれ出席、続いて8月文部省出版甲部図書売捌免許人指名では共有社（金港堂、博聞社、松村九兵衛、梅原亀七）を設けて一社独占の弊事を防止した。20年代後半博聞社は火災全焼などにより破産に瀕し、八尾新助がテコ入れに入る。20年2月博多仲町県庁前に開設の福岡を除き支店は全て閉鎖されたが、同支店長には森岡が就任した。博聞社の廃業により福岡支店は旧取引先吉岡宝文館と合資会社に改組して独立。書籍雑誌販売のほか国定、中等教科書を扱った。40年長女タカの女婿に熊彦（明治4年生、慶応専科を出て住友銀行などに勤務）を迎えて出版事業を継続、また工場を構え小学校用黒板を製造

し全国に売広めた。

守岡 道明　もりおか・みちあき
プレジデント社社長

[生年月日]昭和6年（1931年）4月19日
[没年月日]平成23年（2011年）11月30日
[出生地]旧満州奉天　[出身地]山梨県　[学歴]早稲田大学卒、早稲田大学大学院商学研究科〔昭和32年〕修士課程修了

ダイヤモンド社に入社。昭和38年プレジデント社設立と共に移籍。「プレジデント」誌副編集長、出版本部長を経て、平成元年～5年社長。退任後、暦日会顧問を務める傍ら、執筆活動に従事した。

森北 常雄　もりきた・つねお
森北出版創業者

[生年月日]明治40年（1907年）5月20日
[没年月日]平成3年（1991年）11月8日
[出生地]奈良県　[学歴]畝傍中卒

昭和2年東京・錦町の井田書店に入る。15年独立して神保町に森北書店をおこし、教育及び理工関係書の出版と取次を始める。戦時の企業整備では井田書店ほか6社を合併し富士出版株式会社として出版を継続。25年森北出版株式会社と改め着実に発展した。
[家族等]長男＝森北肇（森北出版社長）　[叙勲]勲四等瑞宝章〔昭和55年〕

森沢 信夫　もりさわ・のぶお
モリサワ創業者

[生年月日]明治34年（1901年）3月23日
[没年月日]平成12年（2000年）4月27日
[出生地]兵庫県揖保郡太田村字東保村（太子町）　[学歴]太田尋常小〔大正4年〕卒

尋常小学校を卒業後、家業の鉄工所を手伝う傍ら機械工学を独学。のち星一の知遇を得、大正12年星製薬に入社。一方で邦文写真植字機の開発に取り組み、13年試作機を完成させて特許を出願。14年同社を退社して石井茂吉と共同で写真植字機の研究・改良に専念し、昭和4年実用第1号機を世に送り出した。3年帝国発明表彰式で進歩賞を受賞。21年大阪・西成に写真植字機製作所を設立。23年株式会社に改組して社長に就任し、29年モリサワ写真植字機製作所に社名変更した。30年初の自社書体「中ゴシック体BB1」「中明朝体AB1」を、33年アルファベットの自動送りを可能にした欧文専用写真植字機を開発。39年にはNHKの委嘱で東京五輪中継用のテレビロップ専用写真植字機を製作した。46年社名をモリサワに改め、50年会長、62年名誉会長。中国への技術協力も積極的に行い、61年中国に基金を贈って森沢信夫印刷奨を創設した。著書に「写真植字機とともに38年」がある。
[家族等]長男＝森沢公雄（モリサワ文研社長）、二男＝森沢嘉昭（モリサワ社長）、三男＝森沢公生（モリサワ取締役）　[叙勲]藍綬褒章〔昭和27年〕、勲三等瑞宝章〔昭和46年〕　[受賞]大阪通産局長賞〔昭和26年〕、特許庁長官奨励賞〔昭和37年〕、科学技術庁長官賞〔昭和39年〕、印刷文化賞〔昭和45年〕、大阪発明大賞〔昭和51年〕
[参考]『写植に生きる森澤信夫』沢田玩治著　モリサワ　2000

森下 雨村　もりした・うそん
博文館編集局長　小説家

[生年月日]明治23年（1890年）2月23日
[没年月日]昭和40年（1965年）5月16日
[出生地]高知県高岡郡佐川村（佐川町）　[本名]森下岩太郎　[別名等]別名＝佐川春風
[学歴]高知一中卒、早稲田大学英文科〔明治43年〕卒

高知県佐川村の大地主の長男。高知一中から早大英文科に進み、在学中は高知県出身者による交流雑誌「霧生関」の編集に従事。また、馬場孤蝶、長谷川天渓らの知遇を得、ロシア文学をはじめとする外国文学に眼を開いた。大正3年同郷の先輩・田中光顕の斡旋で「やまと新聞」記者となり、社会部に配属。7

年天渓の誘いで博文館に移り、8年「冒険世界」編集長。9年「新青年」創刊とともに編集長に就任、クロポトキン、クロフツ、コリンズなど海外の探偵小説を積極的に紹介する一方、江戸川乱歩、甲賀三郎、大下宇陀児、海野十三らを発掘・育成し、"探偵小説の父"と呼ばれた。自身も創作の筆を執り、同誌以外にも佐川春風の筆名を用いて多数の作品を発表。昭和2年同誌を横溝正史に譲って「文芸倶楽部」編集長に転じ、更に博文館編集局長となって大衆誌「朝日」編集長も兼任。6年退社後は文筆業に専念。著書に「白骨の処女」「謎の暗号」「丹那殺人事件」や、釣り愛好者として随筆「猿猴川に死す」「釣りは天国」がある。

【参考】『探偵小説の父森下雨村』森下時男著 文源庫 2007

森下 松衛 もりした・まつえ
明治書院社長 学芸図書社長

[生年月日]明治9年(1876年)5月15日
[没年月日]昭和33年(1958年)4月9日
[出生地]群馬県　[学歴]国学院大学卒

明治37年明治書院に入社。38年明治図書に移るが、同社解散後は明治書院に復帰し、のち4代目社長となる。昭和13年中等教科書協会員を株主とし、標準中等教科書の一元的発行・配給を目的に教学図書(のち師範学校教科書会社に改称)が設立されると同社長に就任。22年重役の兼務禁止によって明治書院を退社し、師範学校教科書会社に専念。24年同社を学芸図書に改称した。日本出版配給解散後に創立された日本教科書図書販売の発起人総代や、中等教科書協会会長、高等教科書協会理事長、日本出版クラブ評議員なども務めた。

森本 光男 もりもと・みつお
桜菊書院社長

[生年月日]明治37年(1904年)7月25日
[没年月日]没年不詳
[出生地]三重県多紀郡津田村(多気町)　[学歴]早稲田大学卒

桜菊書院社長、桜菊紙業社長を務める。夏目漱石の著作権切れに際し、漱石の二男・夏目伸六を社内に迎えて「漱石全集」の刊行を企図。すでに数度の「漱石全集」刊行実績があった岩波書店はこれに対抗して新たに「漱石全集」を刊行、岩波側の圧勝となった。

守屋 荒美雄 もりや・すさびお
帝国書院創業者

[生年月日]明治5年(1872年)5月15日
[没年月日]昭和13年(1938年)2月8日
[出生地]岡山県浅口郡西阿知町(倉敷市)
[別名等]幼名=荒三　[学歴]西ノ浦高小〔明治18年〕卒

明治23年教員免許を取得し、岡山県浅口郡の各小学校で教鞭を執った。この頃から盛んに教科書を批評し、自身も地理教科書編纂の志を持つ。29年上京、30年より独逸学協会学校中学に勤務。34年講義録出版を目的とした高等成師学会創立に参画し、幹事長を務めた。傍ら、自身も講義録の編纂を始め、39年には六盟館から委嘱されて地理教科書「日本新地理」「外国新地理」を処女出版。44年独逸学協会学校中学を辞してからは六盟館専属著者として地理教科書の執筆に専念し、多い時には年間8冊の教科書を刊行、軽妙な筆致と興味を惹く語り口から学生たちの人気を集めた。大正6年自ら著述・製作・販売することを目的に帝国書院を創業。当初は六盟館の著者も兼ねていたことから同館に配慮して法学や経済学の本を専門に出版するが、のちには地理学専門に切り替えた。12年日本地理学研究会を創設して雑誌「地理学研究」(のち「地理歴史研究」)を創刊。15年同社を株式会社に改組。また、帝国第一高等女学校、帝国商業女学校(現・吉祥女子中学・高校)などを開設した。

[家族等]二男=守屋美賀雄(上智大学学長)、三男=守屋美智雄(関東商業学校理事長)、四

男＝守屋紀美雄（帝国書院社長），女婿＝増田啓策（帝国書院社長）　［叙勲］紺綬褒章〔昭和9年〕
【参考】『守屋荒美雄伝』守屋荒美雄記念会 1940

森谷 均　もりや・ひとし
　　　昭森社主宰

［生年月日］明治30年（1897年）6月2日
［没年月日］昭和44年（1969年）3月29日
［出生地］岡山県笠岡市　［学歴］中央大学商科〔大正9年〕卒

生家は大地主。中央大学商科在学中、神原泰と知り合い絵画に目ざめる。卒業後は東洋紡績に勤務する一方、小出楢重らと交流し、絵画グループを結成。昭和9年退社して上京、斎藤昌三の要請で経営危機に陥っていた書物展望社に入社し、その再建を手伝う。10年独立し、京橋で昭森社を創業。小出の遺稿入り随筆集「大切な雰囲気」を処女出版とし、以後、主に詩歌集や美術・文芸書を手がけた。同年自社PR雑誌「木香通信」を創刊。また、風巻景次郎らの協力のもと、国文学関係の書籍も出版した。一方、13年太白書房を設立し、大衆小説の刊行も行う。20年4月空襲で事務所を失うが、敗戦後の21年神田神保町に移転して出版業を再開。事務所の階下には喫茶店「らんぼお」、隣にはアテネ画廊を併設し、「近代文学」の同人や三島由紀夫、武田泰淳らの会合に利用された。同年窪川鶴次郎、菊池章一を編集者に招いて雑誌「思潮」を創刊。35年「金子光晴全集」の企画・出版を開始、36年「本の手帖」、41年「詩と批評」などの文芸誌も発行した。酒好きで白髪の風貌から、武田によって"神田のバルザック"と綽名を付けられた。
【参考】『本の手帖 別冊（森谷均追悼文集・昭森社刊行書目総覧）』昭森社 1970／『ふたりの出版人 アオイ書房・志茂太郎と昭森社・森谷均の情熱』荒木瑞子著 西田書店 2008

森山 甲雄　もりやま・こうゆう
　　　岩崎書店社長

［生年月日］明治45年（1912年）3月1日
［没年月日］昭和63年（1988年）9月18日
［出生地］東京市神田区神保町（東京都千代田区）　［学歴］慶応高等部〔昭和8年〕卒

父は同文館創業者の森山章之丞で、12人きょうだいの9番目。昭和9年三省堂に入社。18年新京出版株式会社の創設に参画して渡満。21年引き揚げ後、東京出版10社連盟事務局、明治屋書籍部、梓会などを経て、23年岩崎書店に入社。編集長、営業部長、総務部長、副社長を歴任し、48年創業者である岩崎徹太の後を受けて2代目社長に就任した。
［家族等］父＝森山章之丞（同文館創業者）
［受賞］日本児童文芸家協会児童文化功労者（第24回）〔昭和57年〕

森山 譲二　もりやま・じょうじ
　　　森山書店創業者

［生年月日］明治26年（1893年）12月21日
［没年月日］昭和37年（1962年）5月17日
［出生地］長野県

明治42年上京し、同郷である中興館社主・矢島一三の紹介で森山章之丞が経営する経済・教育書出版社の同文館に入社。のち森山の養子となる。昭和4年神田小川町に森山書店を創業し、商業・経済学関係の書籍を専門に出版。特に明治大学出版部が発行していた「会計」の刊行を引き受けるなど、会計学・経営学関係の書籍に強く、独自の地位を築いた。
［家族等］養父＝森山章之丞（同文館創業者）

森山 章之丞　もりやま・しょうのじょう
　　　同文館創業者

［生年月日］明治4年（1871年）12月13日
［没年月日］大正9年（1920年）10月29日
［出生地］島根県松江市

13歳のときに大阪の吉岡宝文館に入る。のち文学社大阪支店、同東京支店の勤務を経て、明治29年東京・神田区通新石町に同文館を創業。主に教育書・経済書の出版を手がけ、31年には雑誌「商業界」「教育学術界」を創刊した。33年パリ万博見物を兼ねて渡欧し、フランス、ドイツ、イギリスの出版業界を視察。帰国後にはジャンル別百科事典の企画に着手し、38年に「商業大辞書」「教育大辞書」、45年に「哲学大辞書」全4巻を出版した。百科事典の刊行には膨大な経費がかかるのに採算を度外視したため、一時は経営危機に陥るが、のちに同社を株式組織に改組して再生した。
[家族等]養子=森山譲二(森山書店創業者)、息子=森山甲雄(岩崎書店社長)
【参考】『風雪八十年 同文館創業八十周年史』

森山 太郎　もりやま・たろう
芋小屋山房主人

[没年月日]生没年不詳

江戸っ子で戦前は吉川英治の書生、新聞記者だったともいうが不明。中国語に堪能で東方社にいたとも自称していた。昭和21年浦和在住時、同地の稲村徹元と知り合ったのを縁に書誌学の大家であった斎藤昌三の知遇を得、同年末頃から阿の会、稀覯文献研究会などを組織して江戸艶本の復刊・頒布を行った。雑誌「版画ばれん」に関与し、カストリ雑誌「アベック」の発行名義人でもある。宇佐美不感洞「女礼賛」(22年、23年、28年)、斎藤「新富町多与里」(25年)といった図書の特殊装丁で趣味界に有名となる。27年から会員頒布誌「稀書」(第一組合稀覯文献研究会)を中心に活動するも、次第に資金繰りに窮するようになり、35年頃に失踪した。紀田順一郎の古本小説「古本屋探偵の事件簿」のモデルの一人。
【参考】勝田三蛮「嗚呼芋小屋山房(1~2)」(「本の周辺」1976.2~6)/『われ巷にて殺されん』紀田順一郎著 双葉社(解説・稲村徹元)1985

諸井 薫　もろい・かおる
⇒本多 光夫(ほんだ・みつお)を見よ

【や】

八重樫 昊　やえがし・ひろし
「婦人公論」編集長 普通社創業者

[生年月日]明治40年(1907年)2月11日
[没年月日]昭和56年(1981年)6月4日
[出生地]岩手県稗貫郡花巻川口町(花巻市)
[別名等]筆名=林秀　[学歴]盛岡中〔大正13年〕卒, 慶応義塾大学独文科〔昭和5年〕卒

徳富蘇峰の秘書を務めた八重樫祈美子の弟で、昭和5年5月蘇峰の推薦で中央公論社に入社。嶋中雄作社長の初代秘書を経て、11月弱冠23歳で「婦人公論」編集主任となり、人気上昇中の東郷青児を表紙絵に起用、また全国各地で講演会を開くなど同誌の大衆化を図った。10年2月「中央公論」編集長、7月新雑誌企画部長を務め、12年従軍記者として林房雄と上海へ渡る。13年退社。14年外交評論家の原勝と日本青年外交協会を、15年個人でも四季書房を設立。戦後は河出書房、三栄書房の顧問を務めた。アイデアマンとして知られ、29年旧知の平凡社・下中弥三郎を訪ねた際に「世界大百科事典」の販売促進を相談され、30年世界大百科事典を薦める会を設立。日本の政財界の大物120人を発起人として名を連ねさせるなど同事典の拡販に大きく貢献、31年同会の普及部門を独立させて富士図書を作り、高級図書の月賦販売に先鞭をつけた。33年普通社を創業すると「現代語訳しんらん全集」(全10巻)や、雑誌「少年倶楽部」「幼年倶楽部」などで話題を呼んだ大衆児童文学や漫画を週刊誌スタイルで復刻した「名作リバイバル全集」などを出版。平凡社日本教育産業センター社長も務めた。

[家族等]姉=八重樫祈美子(徳富蘇峰秘書)

【参考】『恋瀬川 八重樫昊遺稿集』「恋瀬川」編集委員会編 1993

八尾 新助　やお・しんすけ
八尾書店創業者

[生年月日] 文久1年 (1861年) 11月17日
[没年月日] 大正15年 (1926年) 1月14日
[出生地] 越前国福井 (福井県福井市)　[別名等] 幼名＝弥一郎　[学歴] 明治法律学校卒

先代新助の子に生まれる。初め越前福井藩儒・林氏の門に入り、さらに藩黌明新校に学ぶ。13歳で大阪に出て呉服商・村山重兵衛に雇われたが、のち辞して東京で3年間修学する。明治14年役人となり奥州各地に巡覧の後、辞して新潟に留まる。のち東京の明法社に入り岸本辰雄指導の下に主幹として「明法雑誌」の編集に従事する傍ら、明治法律学校で学ぶ。その後、神田で出版社を開業し法律書・教育書の編集・出版を始める。日本教育新聞を買収してこれを経営、また神田に印刷工場を設立し、京橋の活版所汽関社を買収した。ついで官報の発売を一手に引き受け、28～29年頃まで司法省の印刷物の発行や参謀本部の機密文書の印刷に従事した。この功により、33年一商人として初の勲六等瑞宝章を授かる。のち日本生命保険協議員、有隣生命保険取締役となり、晩年には東洋石油社長を務めた。
[叙勲] 勲六等瑞宝章 〔明治33年〕

八木 佐吉　やぎ・さきち
丸善本の図書館館長 書物研究家

[生年月日] 明治36年 (1903年) 8月28日
[没年月日] 昭和58年 (1983年) 12月15日
[出生地] 東京市麹町区平河町 (東京都千代田区)　[別名等] 筆名＝安土堂　[学歴] 電機学校卒

大正5年麹町小学校を卒業して丸善に入社。洋書のストック係をしながら丸善商業夜学校で学び、YMCA英語学校や電機学校にも通った。ほぼ一貫して図書、特に洋書関係の業務に携わり、昭和7～12年丸善で開催された各種展覧会の企画に参加し、その目録作成を担当。主なものに「珍籍展覧会—天正使節渡欧350年記念」「ゲーテ展」「シェークスピア文献展覧会」「モリス展」「西洋好事本展」などがある。洋書輸入中止期の15～25年には出版企画部長として「CHINESE REPOSITORY」の復刻などを企画、26年戦争により休刊していたPR誌「学鐙」の復刊に従事する。28年からは再び洋書畑に戻り、管理部・和書部長、人事部長などを歴任。40年 "本についての本" を集めた丸善本の図書館館長に就任した。著書に「書物往来」「書物語辞典」などがある。
[受賞] 東京作家クラブ文化人間賞 〔昭和56年〕
【参考】高梨武臣・芦沢明子「専門家訪問 丸善「本の図書館」館長の八木佐吉氏」(「書誌索引展望」1979.11)

矢貴 東司　やぎ・とうじ
桃源社創業者

[生年月日] 明治40年 (1907年) 3月20日
[没年月日] 昭和63年 (1988年) 8月19日
[出身地] 東京都　[学歴] 中央大学経済学部卒

大正12年書籍販売業の矢貴書店を開く。昭和15年出版部を設置し、26年これを改組して東京・神田神保町に株式会社桃源社を創業。以降、主に時代小説・推理小説など大衆文学の出版を手がけ、柴田錬三郎、吉川英治、山手樹一郎、山岡荘八、川口松太郎ら人気作家の作品を刊行した。また、「新撰サド全集」「江戸川乱歩全集」「新撰大衆小説全集」「渋沢龍彦全集」など特色ある全集・叢書を出版した。日本書籍出版協会理事、日本出版クラブ評議員なども歴任。
[受賞] 内閣総理大臣賞 〔昭和42年〕, 日本作家クラブ賞 (第3回) 〔昭和50年〕「文壇巨峰譚」, 日本作家クラブ随筆賞 〔昭和52年〕

401

八木 敏夫　やぎ・としお
八木書店創業者

[生年月日]明治41年（1908年）12月24日
[没年月日]平成11年（1999年）11月30日
[出生地]兵庫県加古郡二見町（明石市）　[学歴]神戸育英商〔昭和2年〕卒,明治大学夜間部新聞学科〔昭和9年〕卒

父は米穀商。昭和2年神戸育英商業学校を卒業し、神戸の新刊小売店・福音舎書店に入る。4年上京して古書店の一誠堂書店に入店。9年大阪で出されていた富樫栄次の「大阪古本通信」を譲り受ける形で「日本古書通信」を創刊。初期は東京の古書相場を全国に知らせる役割を果たしたが、11年組合から相場公開を禁じられたため次第に一般読書人向けの記事を増やし、平成24年には1000号を数える業界紙として定着した。同紙経営の傍ら、六甲書房の名で古本売買も行う。昭和19年「日本古書通信」改め「読書と文献」は休刊。同年応召、21年復員。同年上野松坂屋の古書部を任され、各百貨店の古書部を通じて最高の実績を収めた。28年松坂屋を辞して八木書店を創業、古書店主として多くの貴重な古典籍や名家自筆本を発掘する一方、出版も手がけた。さらに長く特価本も扱い、八木書店と並行して別会社・第二出版販売を経営。デパートでの特価本即売展を行うなど特価本業界でも屈指の存在となった。明治古典会会長、全国出版物卸商業協同組合理事長を歴任した。
[家族等]長男＝八木壮一（八木書店社長）、二男＝八木朗（八木書店専務）、弟＝八木福次郎（日本古書通信社社長）
【参考】『紙魚の昔がたり 昭和篇』反町茂雄編 八木書店 1987／『八木書店・日本古書通信社・第二出版販売創業者 八木敏夫を偲んで』八木書店・日本古書通信社・第二出版販売 2000

八木 俊樹　やぎ・としき
京都大学学術出版会編集主幹

[生年月日]昭和18年（1943年）6月14日
[没年月日]平成8年（1996年）7月22日
[出生地]旧満州奉天　[出身地]鹿児島県
[学歴]鶴丸高卒,京都大学経済学部〔昭和42年〕卒,京都大学大学院経済学研究科修士課程修了

昭和37年京都大学理学部に入学するも、学生運動にのめり込み教養部自治会委員長、京都府学連執行委員などを務め、公務執行妨害での逮捕・不起訴を繰り返す。42年転部した経済学部を卒業、44年同大学院経済学研究科修士課程を修了して上京、交詢社出版局に勤務。48年大学出版会の設立を志して京都へ戻り、京都大学学術出版会創立に参与、同編集主幹。詩人・評論家の谷川雁に傾倒、その断簡零墨を博捜して全集刊行を試みたが谷川本人に断られ、無断で「無（プラズマ）の造形I 谷川雁未刊行論文集 1945-1968」「無（プラズマ）の造形II 谷川雁未刊行論文集 1945-1968」及び別冊詩集「わが沙漠」を自費出版した。
【参考】『無形（プラズマ）の追想 八木俊樹君追悼文集』八木俊樹君追悼文集発行委員会編 1997／『逆説の對位法（ディアレクティーク）八木俊樹全文集』2003／『何度読んでも、いい話 人が人と出会う運命の物語』河谷史夫著 亜紀書房 2004

八木 福次郎　やぎ・ふくじろう
日本古書通信社社長

[生年月日]大正4年（1915年）4月17日
[没年月日]平成24年（2012年）2月8日
[出生地]兵庫県加古郡二見町（明石市）　[別名等]筆名＝二見和彦　[学歴]加古川中〔昭和8年〕卒

父は米穀商。昭和8年中学を卒業して上京。古書店の一誠堂書店に勤めていた実兄・八木敏夫の先輩、反町茂雄の紹介で古今書院に入社。9年兄が業界紙「日本古書通信」を創刊、

12年より同紙編集に携わる。38年兄が古書店経営に専念するため同紙の編集・経営を引き継ぎ、社長に就任。豆本愛好家で、40年から「古通豆本」も発行。96歳で亡くなるまで80年にわたって古書の町として知られる神田神保町と歩み、生き字引として知られた。著書に「小型本雑話」「古本屋の手帖」「書国彷徨」「書痴斎藤昌三と書物展望社」「古本蘊蓄」などがある。
[家族等]兄=八木敏夫(八木書店創業者)
[受賞]ゲスナー賞(「本の本」の部銀賞、第5回)〔平成20年〕「古本蘊蓄」
[参考]『私の見てきた古本界70年 八木福次郎さん聞き書き』南陀楼綾繁編 スムース文庫 2004

八木 林之助　やぎ・りんのすけ
日本出版販売副社長 俳人

[生年月日]大正10年(1921年)12月8日
[没年月日]平成5年(1993年)7月28日
[出生地]東京市本郷区(東京都文京区)
[学歴]京橋商〔昭和14年〕卒

第一書房、双葉書苑を経て、昭和25年日本出版販売に入社。51年常務、55年専務、57年副社長、63年国際航業会長を歴任。また14年富士見高原療養所入院中に俳句を始め、「曲水」に投句、河合清風子、富田与士の指導を受ける。29年「鶴」入会。句集に「八木林之助第一句集」「青霞集」。
[受賞]鶴賞〔昭和36年〕

八木岡 英治　やぎおか・ひではる
編集者

[生年月日]明治44年(1911年)6月22日
[没年月日]昭和52年(1977年)11月
[学歴]京都帝国大学文学部卒

昭和18年中央公論社に入社。19年社は解散を余儀なくされたが、敗戦直後の20年10月復社。21年「婦人公論」編集長。23年退社。その後、学芸書林でアンソロジー「現代文学の発見」、二見書房で「現代十人の作家」を編集した。季刊文芸誌「作品」を主宰。

柳沼 沢介　やぎぬま・さわすけ
東京社社長

[生年月日]明治21年(1888年)5月21日
[没年月日]昭和39年(1964年)6月19日
[出生地]福島県安達郡二本松町(二本松市)

16歳の時に興文社に入社。友人押川春浪と武侠世界社をおこし雑誌「武侠世界」を発行したが、春浪の死と共に廃刊。昭和6年「婦人画報」の版元東京社の経営危機に請われて社長に就任。「スタイルブック」等服飾雑誌の発行で再生に成功したが、戦時の企画整備で再び危機に陥り本吉信雄に経営を委ねた。本吉はこれを乗切り、戦後社名を東京社から婦人画報社に改めた。

八切 止夫　やぎり・とめお
日本シェル出版創業者 大東亜出版社創業者 小説家

[生年月日]大正3年(1914年)12月22日
[没年月日]昭和62年(1987年)4月28日
[出生地]愛知県名古屋市　[本名]矢留節夫
[別名等]別筆名=耶止説夫　[学歴]愛知一中〔昭和8年〕卒、日本大学

弁護士の長男。愛知一中を卒業後、日本大学に学ぶ。戦前、雑誌「新青年」に作品を発表、昭和17年菊池寛の勧めで満州・奉天に大東亜出版社を設立。21年引き揚げ。戦後は「ネオリベラル」「犯罪雑誌」「好奇読物」などを編集兼発行をする傍ら、耶止説夫、矢留説夫、八切止夫など複数の筆名を用いて作品を発表。27年株式会社日本シェルターを設立、主に消化器販売を手がけた。39年「寸法武者」で小説現代新人賞を受賞。従来の日本史に対する異説を数多く唱え、"八切史観"と呼ばれる独自の歴史像を構築。それらを基盤とした歴史小説や歴史書を精力的に発表し、47年以降は会社附属の日本シェル出版から150冊以上の自著を出版した。自著だけでなく複刻も

多く、著作権放棄を謳って無料本謹呈を広告するなど特異な出版方式をとった。「サンカの歴史」「サンカ民俗学」などの山窩民研究書でも知られる。
[受賞]小説現代新人賞(第3回)〔昭和39年〕「寸法武者」
【参考】「歴史民俗学」2002

夜久 勉　やく・つとむ
日本文芸社創業者

[生年月日]大正11年(1922年)10月13日
[没年月日]昭和51年(1976年)8月18日
[出身地]京都府天田郡夜久野町(福知山市)

南満州鉄道(満鉄)勤務を経て、昭和24年東京・神田神保町に日本文芸社を創業。34年株式会社に改組。当初から主に日常生活に関係が深い実用書や趣味の本を出版し、"日文の実用書"と称してペン字、手紙、スポーツ、出産、名前の付け方から将棋、囲碁、園芸、釣り、占いまで幅広く手がけた。46年劇画雑誌「週刊漫画ゴラク」を創刊した。
[家族等]兄=夜久義重(夜久書房社長)

矢口 純　やぐち・じゅん
「婦人画報」編集長 エッセイスト

[生年月日]大正10年(1921年)4月18日
[没年月日]平成17年(2005年)4月30日
[出生地]東京都　[本名]矢口純(やぐち・きよし)　[学歴]早稲田大学政治経済学部〔昭和18年〕卒

昭和23年婦人画報社に入社、36年「婦人画報」編集長。サントリーの宣伝部員だった山口瞳の「江分利満氏の優雅な生活」を同誌に掲載し、世に送り出した。43年サン・アド副社長。エッセイストとしても活躍した。著書に「酒を愛する男の酒」「ウイスキー讚歌」「ワイン・ギャラリー」「東京の雑木林」などがある。

八坂 浅次郎(初代)　やさか・あさじろう
弘文堂書房創業者

[生年月日]明治9年(1876年)1月6日
[没年月日]昭和23年(1948年)12月17日
[出身地]滋賀県高島郡弘川(高島市)

明治20年代に京都へ出、かつては禁裏・幕府の御用達を務めた書肆・出雲寺文次郎方で修業。30年京都帝国大学の設置を知ると京都で本屋や出版が求められることを悟り独立、古本屋を開業した。大正5年参考書「高文試験受験提要憲法解題」を出版、6年河上肇「貧乏物語」が大ベストセラーとなり本格的に出版業に進出。以後、河上を通じて京都帝大の経済学・支那学の教官の間に人脈を築き、"東の岩波、西の弘文堂"と称される関西有数の学術出版社へと発展させた。関東大震災後の13年、東京・神田淡路町に支店を開き、やがて本社機能を東京に移した。23年株式会社改組の際に社名は弘文堂となった。
[家族等]長男=八坂浅次郎(2代目)

八坂 浅次郎(2代目)　やさか・あさじろう
弘文堂社長

[生年月日]明治34年(1901年)12月15日
[没年月日]没年不詳
[出生地]京都府　[学歴]東京帝国大学法学部政治学科〔大正14年〕卒

弘文堂創業者である初代八坂浅次郎の長男。昭和初期に京都と東京を行き来して社業に当たり、昭和11年「西哲叢書」「教養文庫」を開始。15年本社を京都から東京に移した。同社は久保井理津男支配人の下で学術出版社としてさらに発展、23年に発刊した「アテネ文庫」も評判を呼んだ。同年株式会社に改組して身を退いたが、25年取締役に復帰した。
[家族等]父=八坂浅次郎(初代)

矢崎　正治　やざき・まさはる
大衆書房創業者

[生年月日] 明治38年（1905年）9月23日
[没年月日] 平成7年（1995年）1月1日
[出身地] 岐阜県山県郡高富町（山県市）　[学歴] 岐阜商高〔大正10年〕卒

大正6年実兄が営む博文堂書店に入店。昭和5年大衆書房を創業、20年合名会社に改組して代表社員。地元の岐阜県関連書を中心とした出版も手がけた。
[叙勲] 黄綬褒章〔昭和63年〕

矢沢　領一　やざわ・りょういち
双葉社創業者

[生年月日] 明治45年（1912年）5月14日
[没年月日] 没年不詳
[出身地] 岐阜県岐阜市　[学歴] 岐阜商〔昭和6年〕卒

昭和23年岐阜県で双葉社を創業。その後、東京に進出。2人の弟と力を合わせて社業を発展させた。45年会長。
[家族等] 弟＝窪田正一（双葉社専務），矢沢貴一（双葉社常務）

矢島　一三　やじま・いちぞう
中興館創業者

[生年月日] 明治13年（1880年）2月8日
[没年月日] 昭和39年（1964年）8月12日
[出生地] 長野県

はじめ長野県松本市の高美書店で修業し、明治36年上京して同郷の先輩・上原才一郎の経営する光風館に入り、編集と営業に従事。44年東京・表神保町に中興館を創業し、同郷の吉江喬松の「旅より旅へ」を皮切りに窪田空穂、藤森成吉らの文芸書から、島津久基、久松潜一、藤村作らによる国文学関係の書籍まで幅広く出版した。一方で東京出版協会の協議員・会計監督などとして同会の運営に深く関与したほか、東京書籍商組合評議員、東京雑誌協会幹事など各業界団体の要職を歴任。昭和19年戦時の企業整備で中興館を廃業した。戦後は東京出版信用組合理事、矢島書房相談役などを務めた。著書に「伸びて行く道」「八洲漫筆」などがある。

矢島　定男　やじま・さだお
新時潮社創業者

[生年月日] 生年不詳
[没年月日] 昭和17年（1942年）12月11日
[出身地] 長崎県

上京して私大を卒業後、新時潮社を創業。総合誌「時潮」を発行した。昭和17年6月日本出版文化協会の定時総会の席上で突如有志と壇上に上がり、鷹司信輔会長、飯島幡司専務理事、田中四郎常務理事3人の不信任を訴え注目を集めた。その後も3氏攻撃の公開状や辞職勧告などを出したが、同年末に病気で急逝した。

安江　良介　やすえ・りょうすけ
岩波書店社長

[生年月日] 昭和10年（1935年）8月26日
[没年月日] 平成10年（1998年）1月6日
[出生地] 石川県金沢市浅野町　[学歴] 桜丘高〔昭和29年〕卒，金沢大学法文学部法律科〔昭和33年〕卒

父は金箔職人で、5人兄弟の三男。昭和33年岩波書店に入社、雑誌「世界」編集部に配属。42年美濃部亮吉に請われて東京都知事特別職秘書となり、美濃部都政に参画。45年辞任し、46年「世界」編集部に復帰した。この頃、郷里・金沢で革新市長となった岡良一に求められ、同市の新長期計画策定にも加わった。47年「世界」編集長に就任。63年7月号を最後に引退するまで、T・K生（池明観）「韓国からの通信」の連載や（63年3月号まで）、積極的な特集採用を通じて、意欲的に韓国・北朝鮮の問題を取り上げた。59年取締役、63年常務を経て、平成2年4代目社長に就任。9年

相談役。著書に「孤立する日本 多層危機のなかで」「同時代を見る眼」などがある。
[家族等]弟=安江孝司(法政大学名誉教授)
[受賞]日本ジャーナリスト会議奨励賞〔昭和60年〕
【参考】『追悼集 安江良介 その人と思想』「安江良介追悼集」刊行委員会編 1999

安成 三郎 やすなり・さぶろう
編集者 民俗学者

[生年月日]明治22年(1889年)10月15日
[没年月日]昭和31年(1956年)4月10日
[出生地]秋田県北秋田郡(北秋田市) [別名等]号=山魯 [学歴]大館中中退

評論家・安成貞雄、歌人・安成二郎の弟。明治38年一家の上京に伴い、大館中を中退。41年台湾に渡り、精糖業に従事するが、大正2年に辞して帰京し、実業之世界社に入った。のち資生堂の福原信三を知り、その秘書として10年写真芸術社の設立に参加。同社の発行した「写真芸術」の編集にも従事した。また字が上手ではないために文章執筆を億劫がった信三の代筆も手がけ、福原の写真画集「光と其諧調」の文章部分をはじめ写真論や随筆などの口述筆記を担当し"安成さんは福原さんの「手」"と言われた。12年関東大震災で「写真芸術」が休刊すると、13年自宅を発行所に「建築の日本」を創刊。同誌廃刊後は信三のもとに戻り、23年彼が没するまでその秘書を務めた。この間、俳句や民俗学研究もさかんに行う。26年には尊敬する哲学者西田幾多郎の歌碑を鎌倉・稲村ケ崎に建立した。晩年は再び資生堂に招かれ、同社の社史編纂に携わったが、完成を見ることなく没した。編著に「故福原会長芸術年譜」(日本写真会)「怪力乱神」がある。
[家族等]兄=安成貞雄(新聞記者・評論家),安成二郎(新聞記者・歌人)、弟=安成四郎(雑誌記者)
【参考】『安成貞雄を祖先とす ドキュメント・安成家の兄妹』伊多波英夫著 無明舎出版 2005

安成 二郎 やすなり・じろう
編集者 歌人 小説家

[生年月日]明治19年(1886年)9月19日
[没年月日]昭和49年(1974年)4月30日
[出生地]秋田県北秋田郡阿仁合町(北秋田市)
[別名等]号=鬼蔦,凡雕 [学歴]大館中〔明治35年〕中退

長府藩士の二男。大館中学在学中から鬼蔦・凡雕と号し俳人として活動。同校中退後の明治38年、上京して電信灯台用品製造所勤務や内田魯庵の筆耕生などを経て、39年金尾文淵堂の店員となり、雑誌「早稲田文学」「日本及日本人」の編集などに従事。傍ら、兄・貞雄の縁で大杉栄、荒畑寒村らと交わった。その後、「週刊サンデー」「二六新報」などを経て、大正元年より楽天社で「楽天パック」「家庭パック」を編集。3年実業之世界社に移り、「女の世界」「世の中」「探偵雑誌」などに携わった。この間、窪田空穂らの影響で短歌に傾倒し、4年処女歌集「貧乏と恋と」を刊行。7年には茅野蕭々・雅子らとともに春草会を結成した。8年実業之世界社を退社後は読売新聞社に移り、婦人部長。13年東京在勤のまま大阪毎日新聞嘱託。徳田秋声門下の小説家としても活動し、14年刊行の短編集「子を打つ」は島崎藤村に絶賛された。15年より新短歌協会に参加。昭和6年歌誌「美奈可み」を創刊。同年より平凡社に勤務し、「大百科事典」の編纂に当たった。9年「博浪沙」同人。戦後は将棋や短歌・俳句三昧の晩年を送った。
[家族等]兄=安成貞雄(評論家),弟=安成三郎(編集者)
【参考】『安成貞雄を祖先とす ドキュメント・安成家の兄妹』伊多波英夫著 無明舎出版 2005

安原 顯 やすはら・けん
「リテレール」編集長

[生年月日]昭和14年(1939年)4月29日
[没年月日]平成15年(2003年)1月20日
[出生地]東京都目黒区 [本名]安原顯(やす

はら・あきら）　[学歴]早稲田大学仏文科中退　早稲田公論、ミュージック・マンスリーを経て、昭和42年竹内書店に入社、翌年「パイデイア」を創刊する。45年中央公論社の「海」編集部に移り、同僚編集者であった村松友視と親交を結ぶ。58年廃刊まで在籍した後、女性誌「マリ・クレール」副編集長に転じる。同誌に「書評欄」を新設し、文芸や思想を前面に押し出した先鋭的な特集を組んで女性ファッション誌の枠を超えたカルチャー誌へと変容させ、評判を呼んだ。また、いち早く子どもの頃から知っている吉本ばななを登場させ、連載作「TUGUMI」は200万部を超えるベストセラーとなった。4年メタローグに入社して書評誌「リテレール」を創刊、編集長。同年10月小説家養成のための私塾クリエイティブ・ライティング・スクールを設立しプロデューサー・講師を務める。7年学習研究社に転じ、9年4月フリーとなる。"スーパーエディター"と名乗り、辛口の書評やジャズ評論に人気があった。14年自身のホームページの日記で癌を公表、闘病記を連載した。編著にインタビュー集「なぜ『作家』なのか」、ブックガイド「まだ死ねずにいる文学のために」「カルチャー・スクラップ」、自身の軌跡を辿った『『編集者』の仕事」などがある。
[家族等]長女＝安原真琴（日本文学研究者）、岳父＝筑土鈴寛（民俗学者）
【参考】　『ふざけんな人生　回想の五〇年、六〇年代』安原顕著　ジャパン・ミックス　1996／『ヤスケンの海』村松友視著　幻冬舎　2003（幻冬舎文庫　2005）

八谷 政行　やたがい・まさゆき
人物往来社創業者

[生年月日]生年不詳
[没年月日]昭和61年（1986年）12月19日
[出身地]広島県

昭和26年人物往来社を創業して雑誌「人物往来」「歴史読本」「歴史研究」などを発行。42年経営に行き詰まり菅貞人に社を譲渡、新人物往来社となった。

八束 清　やつか・きよし
編集者

[生年月日]明治35年（1902年）
[没年月日]昭和50年（1975年）
[出生地]愛媛県松山市札之辻

愛媛県松山市で書籍・文具店を営む家に生まれる。青年時代の友人に伊丹万作や中村草田男らがいた。のち芸術家を目指して上京、高村光太郎と梅原龍三郎に師事。戦後、京都で編集者として哲学、法律学、科学などの季刊誌出版を計画、昭和21年湯川秀樹の発案により欧文学術雑誌「プログレス・オブ・ザ・セオレティカル・フィジックス」を創刊した他、「Saiensu」「知慧」などを創刊。京都大学農学部の前にあった編集室は各界の研究者が集まるサロンとなり、そこに集まる多くの無名研究者の才能を見いだし、名編集者として知られた。50歳前後で利益を追求する出版社側と衝突、身を退いた。

柳河 春三　やながわ・しゅんさん
洋学者

[生年月日]天保3年（1832年）2月25日
[没年月日]明治3年（1870年）2月20日
[出生地]愛知県名古屋　[旧名]栗本　[別名等]初名＝辰助、名＝春蔭、諱＝朝陽、通称＝西村良三、号＝楊大昕、暾、柳園、臥孟、揚江、艮庵、酔雅

幼少の頃から神童と評判が高く、蘭学を本草学者の伊藤圭介に、砲術を尾張藩の上田帯刀に学ぶ。のち、英語・フランス語を習得。安政4年（1857年）紀州藩新宮城主・水野忠央の知遇を得て洋書の翻訳に携わり、日本で初めて西洋の数学を紹介した「洋算用法」などを著した。のち幕府の蛮書調所に招かれ、文久3年（1863年）からは幕閣に情報を提供するため外字新聞の日本関係記事を訳した。また江戸・横浜在住の洋学者らと会訳社を設立し、回覧雑誌「新聞薈叢」を編集。元治元年（1864

年)開成所教授。慶応3年(1867年)日本初の定期刊行雑誌「西洋雑誌」創刊。西洋文物の紹介や翻訳に力を注ぎ、写真術の研究にも着手、草創期における写真解説の名著として名高い「写真鏡図説」初篇(中外堂)を刊行した。明治元年には日本人による初の新聞「中外新聞」を発行。維新後は開成所頭取、翻訳校正掛、大学少博士などを歴任した。著書は他に「洋学便覧」「法朗西文典」などがある。
[参考]『新聞雑誌の創始者柳河春三』尾佐竹猛著 高山書院 1940 (複製 湖北社 1985)

柳沢 盛平　やなぎさわ・もりへい
柳沢書店創業者

[生年月日]明治29年(1896年)9月12日
[没年月日]昭和43年(1968年)9月24日
[出生地]埼玉県入間郡坂戸町(坂戸市)

明治42年上京し、同郷の先輩・杉本七百丸の経営する出版・取次兼業の翰香堂に入る。大正10年独立して書籍取次業の柳沢書店を開く。のちには教科書や学習参考書の出版も行った。昭和10年株式会社に改組し、社長に就任。16年同社が日本出版配給に統合すると外神田次長、飯田町所長、直売課長などを歴任。終戦直後の20年11月には同社を退社していち早く柳沢書店を再興した。27年出版業のアヅミ書房を創業。41年学芸図書社長。また日本出版クラブ評議員なども務めた。

柳原 喜兵衛(6代目)　やなぎはら・きへえ
柳原書店主人

[生年月日]明治8年(1875年)6月1日
[没年月日]昭和13年(1938年)2月12日
[旧名]柳原喜三郎

正徳4年(1714年)創業の大阪最古の書肆・河内屋柳原書店(積玉圃)の6代目。初代は漢籍を翻刻出版し、2代目は河内屋本家の基盤を築き、多くの別家を創立し大坂書林中で河内屋一統は大きな勢力を占めた。明治13年6代目を襲名。国定教科書時代には翻刻発行者に指定され、42年大阪書籍設立では役員となる。その後は図書出版から取次業に転じ、大正7年合資会社に改組。関西の有力取次として知られた。
[家族等]二男=柳原喜兵衛(7代目),孫=柳原喜兵衛(8代目)
[参考]『覚書河内屋から柳原書店まで 大坂・京都における一書肆の記録』柳原喜兵衛著 柳原書店 1997

矢野 道也　やの・みちや
印刷研究家 内閣印刷局研究所長

[生年月日]明治9年(1876年)1月30日
[没年月日]昭和21年(1946年)6月23日
[出生地]宮城県仙台市　[学歴]東京帝国大学工科大学応用化学科〔明治33年〕卒 工学博士〔大正8年〕

旧陸奥仙台藩士の子。明治33年内閣印刷局に入局。35年印刷部刷版課第四室長、37年製肉課長などを経て、40年欧米の印刷事情を視察。帰国後は紙幣・銀行券などの改良に尽力し、活版印刷を指導した。その後、大正10年印刷部長、昭和2年抄紙部長、12年研究所長を歴任。20年退官。この間、東京高等工業学校、東京美術学校などに出講し、印刷技術や色彩学を教えた。大正12年工業化学会会長に就任。昭和3年には製版・印刷技術の向上を目的として印刷学会(10年日本印刷学会に改称)創立を提唱し、初代委員長、会長を務めた。21年名誉会長。他方、工業品規格統一調査会の委員としても活躍し、ドイツ工業規格DINを参考に出来上がり製品から原紙寸法を逆算する「紙の仕上寸法」の規格原案を提出。これが6年紙の仕上寸法の日本標準規格(JES)A列、B列として制定された。著書に「色彩学」「印刷術」「印刷術発達史」などがある。
[家族等]義兄=藤沢幾之輔(政治家)
[参考]『矢野道也伝記幷論文集』大蔵省印刷局 1956

矢野　龍渓　やの・りゅうけい
　　　　敬業社創業者　小説家

[生年月日]嘉永3年（1850年）12月1日
[没年月日]昭和6年（1931年）6月18日
[出生地]豊後国南海部郡佐伯（大分県佐伯市）
[本名]矢野文雄　[学歴]慶応義塾〔明治6年〕卒

豊後佐伯藩士・矢野光儀の子。明治3年上京して慶応義塾に学び、6年卒業と同時に同塾の教師となった。9年「郵便報知新聞」に入社して副主筆となり、政治経済や社会問題で健筆を振るった。11年大隈重信や福沢諭吉の推薦で大蔵省少書記官として仕官したが、明治十四年の政変で大隈とともに下野。以後は藤田茂吉、犬養毅、尾崎行雄らと政社東洋議政会を結成し、「郵便報知新聞」を買収。15年大隈の立憲改進党の結党に参加してからは、同紙を同党の機関紙として論陣を張った。16年古代ギリシアのテーベの盛衰を描くとともに自由民権の思想を鼓吹した政治小説「経国美談」前篇を刊行（後篇は17年刊）、青年たちに影響を与えた。17年欧米を遊学して憲法・議会制度や新聞事情を視察し、19年帰国。22年政界引退を宣言。23年「郵便報知新聞」に冒険小説「浮城物語」を連載、評判を呼んだ。国会開設後は宮内省、次いで外務省に出仕し、30年駐清特命全権公使として中国に赴任した。32年官を辞してからは文筆・新聞界に復帰し、敬業社を興して国木田独歩を主幹に迎え「東洋画報」を創刊。同誌は「近事画報」に改題、社名も近事画報社となり、独歩が独歩社として社業を継承した。

[家族等]父＝矢野光儀（政治家）、弟＝小栗貞雄（衆院議員）
【参考】『龍渓矢野文雄君伝』小栗又一編　春陽堂 1930

藪田　嘉一郎　やぶた・かいちろう
　　　　綜芸舎創業者　古代学研究家

[生年月日]明治38年（1905年）3月28日
[没年月日]昭和51年（1976年）1月13日
[出生地]京都府京都市　[学歴]京都帝国大学文学部史学科選科〔昭和3年〕中退

東京・至誠堂、奈良・飛鳥園、京都・日出芸林社、同便利堂などに勤め、昭和25年学術図書出版・綜芸舎を創立。46年出版業務を長男に譲り、日本古代史、金石文、芸能史、易学などを研究、著作に専念、京都史蹟研究会を主宰。「日本上代金石叢考」「五輪塔の起源」「能楽風土記」「日本古代文化と宗教」などがある。

[家族等]長男＝藪田夏雄（綜芸舎代表）
【参考】「史迹と美術 藪田嘉一郎氏追悼特集」1976.2

矢部　外次郎　やべ・そとじろう
　　　　福音社主人　創元社創業者

[生年月日]慶応1年（1865年）5月5日
[没年月日]昭和23年（1948年）2月5日
[出生地]加賀国金沢（石川県金沢市）　[旧名]杉村

合羽商の杉村家に生まれ、明治8年金箔業の見習いに出る。10年独立、15年矢部家の女婿となった。17年大阪へ出て今村謙吉が経営する福音社に入社。熱心なキリスト教徒であった今村の影響で自らも受洗。25年同地に書籍小売商の矢部晴雲堂を開業。30年今村が病気で倒れたため福音社の事業を引き継ぎ、書籍販売に加えてキリスト教専門書の取次や出版も行う。のちには一般書籍にも手を伸ばして東京の出版社の代理店業務も引き受けるようになり、大阪の4大取次の一つに数えられるまで成長した。大正14年大阪・西区靱上通りに本店を移転させるとともに出版部門として創元社を設立。以後、二男の良策の主導により文芸書を次々と発行、大阪を代表する文芸出版社となった。16年福音社は日本出版配給に統合され消滅した。

[家族等]二男＝矢部良策（創元社社長）、孫＝矢部文治（創元社社長）、矢部昭三（創元社専務）
【参考】『わが生涯の記録』矢部外次郎／『あ

る出版人の肖像 矢部良策と創元社』大谷晃一著 1988

矢部 洋文　やべ・ひろふみ
邦楽の友社社長 邦楽評論家

[生年月日]明治42年（1909年）4月28日
[没年月日]平成10年（1998年）8月2日
[出生地]東京都　[学歴]日本大学〔昭和7年〕卒
昭和30年邦楽部門月刊誌「邦楽の友」を創刊。各派合同演奏会なども開催した。

矢部 文治　やべ・ぶんじ
創元社社長

[生年月日]大正15年（1926年）2月26日
[没年月日]平成11年（1999年）3月14日
[出生地]大阪府大阪市　[学歴]神戸経済大学経済学部〔昭和25年〕卒
昭和25年父が経営する創元社に入り、35年専務、48年社長、平成10年会長。日本書籍出版協会常任理事なども務めた。
[家族等]父＝矢部良策（創元社創立者），弟＝矢部昭三（創元社専務），長男＝矢部敬一（創元社社長）

矢部 良策　やべ・りょうさく
創元社社長

[生年月日]明治26年（1893年）11月14日
[没年月日]昭和48年（1973年）1月24日
[出生地]大阪府　[出身地]石川県　[本名]矢部良作　[学歴]市立大阪甲種商〔大正2年〕卒
創元社創業者・矢部外次郎の二男で、大阪で生まれ、父の郷里・金沢で育つ。大正2年市立大阪甲種商業学校を卒業して父が経営する取次・福音社に入り、14年同社に籍を置いたまま出版業の創元社を起こし、「文芸辞典」を最初の出版物とした。東京にも小林茂を支店長格で置いて東西で活動し、谷崎潤一郎「春琴抄」、薄田泣菫「草木虫魚」、北条民雄「いのちの初夜」、川端康成「雪国」、中原中也「在りし日の歌」、織田作之助「夫婦善哉」

などの文学史上に残る文芸書を次々と発行。装本の美しさは愛書家の賞賛を博した。昭和13年には「創元選書」の刊行を開始。16年福音社は日本出版配給に統合され消滅したが、引き続き創元社を経営。18年日本出版会配給部長となる石川武美に請われて同部次長に就任したが、19年石川の退任に伴い辞職し、創元社に復帰。戦後、23年小林と2人の代表取締役として東京創元社を設立した。
[家族等]長男＝矢部文治（創元社社長），二男＝矢部昭三（創元社専務），父＝矢部外次郎（創元社創業者），孫＝矢部敬一（創元社社長）
[叙勲]勲四等瑞宝章〔昭和42年〕
[参考]『ある出版人の肖像 矢部良策と創元社』大谷晃一著 1988

山浦 常克　やまうら・つねかつ
あすなろ書房創業者

[生年月日]大正11年（1922年）11月30日
[没年月日]平成24年（2012年）10月11日
[出身地]長野県
昭和22年東京・神田で児童向け図書の販売に従事。牧書店で「学校図書館文庫」（全75巻）などを企画編集した後、36年あすなろ書房を創業し、同年椋鳩十「母と子の20分間読書」を出版。37年株式会社に改組。家庭教育書と児童書を2つの大きな柱として出版活動を続けた。
[家族等]長男＝山浦真一（あすなろ書房社長）

山県 悌三郎　やまがた・ていざぶろう
少年園創業者 社会教育家

[生年月日]安政5年（1858年）12月17日
[没年月日]昭和15年（1940年）1月18日
[出生地]近江国水口（滋賀県）　[学歴]東京師範学校〔明治12年〕卒
13歳で藩校で「論語」などを講述したという。明治5年上京し東京師範学校に学ぶ。埼玉、宮城県の教員を経て、愛媛師範校長に就任。17年西村茂樹に推され文部省編集局勤務となり日本史博物などの教科書を編纂。しか

し希望していた西欧留学や講師から学習院教授転身への道も閉ざされ、19年28歳で下野した。同年「理科仙郷」を訳述刊行、以後仙郷学人と号し社会教育を天職として「教育哲学史」「進化要論」、教育雑誌「学海之指針」を刊行するなど、教育学、博物学の偉大な先達であった。21年創刊の「少年園」は少年雑誌の嚆矢といわれる。24年文学社編輯所長となり、小学教科書を編輯発行。28年「青年文」「文庫」を創刊、内外出版協会を発足させ出版活動を継続するも大正3年倒産。5年渡鮮し朝鮮の学校で教鞭を執る。また、堺利彦、幸徳秋水らに近づき、新思想にも興味をよせた。
【参考】『児孫の為めに余の生涯を語る 山県悌三郎自伝』弘隆社 1987

矢牧 一宏 やまき・かずひろ
都市出版社創業者

[生年月日]大正15年（1926年）1月18日
[没年月日]昭和57年（1982年）11月19日
[出生地]東京市牛込区（東京都新宿区） [学歴]東京府立一中卒、成蹊高中退

海軍少将・矢牧章の二男。昭和21年同人誌「世代」に参加、創刊号に小説「脱毛の秋」を発表。第二次「世代」では編集長を務めた。七曜社倒産後、芳賀書店に入社して「田中英光全集」などの編集に従事。天声出版社を経て、伊夫伎英郎と都市出版社を設立、田村隆一を編集長に季刊芸術誌「都市」を発行した他、沼正三の小説「家畜人ヤプー」を出版して話題を呼んだ。その後、出帆社を起こした。
[家族等]父＝矢牧章（海軍少将）
【参考】『脱毛の秋 矢牧一宏遺稿・追悼集』社会評論社 1983

山岸 章二 やまぎし・しょうじ
「カメラ毎日」編集長

[生年月日]昭和4年（1929年）
[没年月日]昭和54年（1979年）7月20日
[出生地]栃木県

昭和25年毎日新聞社写真部に入社するが、間もなく結核にかかり、療養生活を送った。復職後は調査部のカオ写真を担当。33年佐伯恪五郎の招きで「カメラ毎日」に移る。以来、立木義浩の「舌出し天使」(38年)や高梨豊の「東京人」(41年)といった一人の作家を、代表する一つの長い作品群で紹介するなどの独特の手法で編集者としての名を高めた。また、すぐれた鑑識眼の持ち主でもあり、森山大道、加納典明、土田ヒロミ、大倉舜二といった新人を発掘。さらにニューヨーク近代美術館写真部長ジョン・シャーカフスキーとの交流から熱心に米国の現代写真を紹介し、ダイアン・アーバスやピーター・ビアードらの日本展開催にも尽力している。47年同誌副編集長、51年編集長。49年シャーカフスキーの協力を得てニューヨーク近代美術館で現代日本人写真家の作品を展示した「New Japanese Photography」展を開催。その辣腕ぶりから写真界では"山岸天皇"と呼ばれて畏敬された。53年同誌を退き、54年に自殺した。
【参考】『写真編集者 山岸章二へのオマージュ』西井一夫著 窓社 2002

山口 勘蔵 やまぐち・かんぞう
講談社副社長

[生年月日]大正11年（1922年）4月17日
[没年月日]平成17年（2005年）6月4日
[出身地]新潟県上越市

昭和13年講談社に少年社員として入社。営業局宣伝部を経て、34年販売促進部長、37年東京支社長を兼任。46年取締役、49年常務、56年専務を経て、平成2年副社長。営業の顔として"ヤマカン"の愛称で親しまれた。

山口 繁太郎 やまぐち・しげたろう
山口書店創業者

[生年月日]明治42年（1909年）10月20日
[没年月日]昭和41年（1966年）6月1日
[出身地]青森県

出版社の山口書店を創業。同郷の版画家・棟方志功と家族ぐるみでの交際を続け、昭和17年棟方の散文集「板散華」を刊行する。版画「二菩薩釈迦十大弟子図」などの棟方作品のコレクションを残し、平成22年三重県菰野のパラミタミュージアムで自邸のふすま板戸などの建具に描かれた肉筆画が公開された。

山口 比呂志　やまぐち・ひろし
　　財界研究所社長 文化通信社社長 味の手帖代表

[生年月日]昭和3年（1928年）7月15日
[没年月日]平成22年（2010年）1月26日
[出生地]岡山県岡山市　[出身地]岡山県邑久郡邑久町虫明（瀬戸内市）　[学歴]同志社大学経済学部〔昭和25年〕中退

在学中から左翼運動に関わる。中退して岡山魚市場、水道局人夫、岡山新聞記者を経て、昭和32年財界研究所に入社。編集長、48年社長、56年会長を歴任。平成元年文化通信社社長に就任。味の手帖代表も務めた。著書に「日本崩壊」「自民党二大分裂」などがある。

山崎 斌　やまざき・あきら
　　草木屋出版部創業者 小説家

[生年月日]明治25年（1892年）11月9日
[没年月日]昭和47年（1972年）6月27日
[出生地]長野県東筑摩郡麻績村　[旧名]臼井
[別名等]号＝竹青

臼井家に生まれ、明治30年父方の山崎家の養子となる。43年上京、若山牧水と親交を結ぶ。45年帰郷して小学校教師となったが、大正2年再び上京して国民英学会で学んだ。3年退学して漂浪生活に入り、5年ロシア入国を果たせず朝鮮で京城日報社に入社。8年帰国、雑誌「青年改造」を主宰。11年小説「二年間」を発表して小説家デビュー、島崎藤村の激賞を得て、以来藤村に師事。13年雑誌「芸術解放」、昭和2年「文学」を創刊・主宰。4年郷里の青年に養蚕不況対策として副蚕糸による田舎手織の復興を提案、これが植物染料による染色を始めるきっかけとなり、合成染料との区別をつけるため"草木染"と命名した。7年「草木染」「月明織」の商標登録を取得。12年牧水「富士百首」を刊行して以後、草木屋出版部より木活字による出版を行う。13年生活文化誌「月明」を創刊・主宰。17年月明文庫第1冊として藤村「雪の障子」を出した。18年国民教育映画協会理事長となり、敗戦まで教育映画制作に努めた。

[家族等]長男＝山崎青樹（染色家・日本画家），二男＝山崎桃麿（染色家）
[参考]『日本草木染譜 記念復刻版』山崎青樹編 染織と生活社 1986

山崎 賢二　やまざき・けんじ
　　桐原書店創業者

[生年月日]昭和4年（1929年）5月5日
[没年月日]平成12年（2000年）3月21日
[出生地]長野県長野市桐原　[学歴]法政大学文学部英文科〔昭和28年〕卒

大学の恩師・岡本成蹊から布川角左衛門を紹介され、その縁で岩波書店入社が決まっていたが、母から帰郷を厳命され、長野高等家政学院の英語教師となる。昭和30年箕輪中学、32年共和中学、35年常磐中学、38年東洋商業高校の教師を経て、41年東京・大塚に有限会社桐原書店を創業。社名は郷里の地名・桐原にちなみ、処女出版は商業学校用の珠算級別練習帳。42年株式会社に改組。教育者出身ということもあり英語の参考書・問題集を主力としたが、57年俳優・穂積隆信一家の家庭内暴力とその回復過程を綴ったノンフィクション「積木くずし」を出版、ミリオンセラーとなった。没後の平成13年、同社は英国ピアソン社の傘下に入り、22年ピアソン・エデュケーションと合併してピアソン桐原と社名変更した。

[参考]『鴻鵠の志 追想 山崎賢二』桐原書店 2001

山崎 剛平　やまざき・ごうへい
砂子屋書房創業者　歌人

[生年月日]明治34年(1901年)6月2日
[没年月日]平成8年(1996年)7月8日
[出生地]兵庫県赤穂郡上郡町　[学歴]第一早稲田高等学院卒、早稲田大学国文科〔大正15年〕卒

早大在学中の大正15年、窪田空穂主宰「槻の木」を創刊。昭和10年大学同級の仲間である浅見淵、古志太郎と文芸専門書肆・砂子屋(いさごや)書房を創業、処女出版は浅見の推薦で外村繁の第一小説集「鵜の物語」とした。以後、「第一小説集叢書」として仲町貞子「梅の花」、和田伝「平野の人々」、太宰治「晩年」、尾崎一雄「暢気眼鏡」を皮切りに、榊山潤、庄野誠一、井上友一郎、田畑修一郎、森三千代、徳田一穂、森山啓といった新進作家の第一小説集を世に送り出し、昭和10年代の文芸出版において確かな足跡を記した。また、窪田「忘れぬ中に」、徳田秋声「灰皿」、岩本素白「山居俗情」といった随筆集も刊行。20年閉店、敗戦直前に郷里へ帰った。晩年、回想記「若き日の作家」「老作家の印象」を執筆した。歌集「挽歌」、小品集「水郷記」などがある。
【参考】『若き日の作家 砂子屋書房記』山崎剛平著 砂子屋書房 1984／『老作家の印象 砂子屋書房記』山崎剛平著 砂子屋書房 1986／『砂子屋書房本』大坂透編 砂子屋書房刊行会 1991

山崎 清一　やまざき・せいいち
有精堂出版創業者

[生年月日]明治25年(1892年)4月13日
[没年月日]昭和51年(1976年)7月13日
[出生地]福井県福井市

明治38年上京して三省堂に入社し、以後約20年にわたり修業。大正4年独立して東京・表神保町に出版取次業の有精堂を創業。昭和に入ってからは"学生のための出版社"を標榜して出版業にも乗り出し、岩切晴二の「あたま」シリーズを代表する数学書や、島田鈞一の漢文、青木正・佐野保太郎・浅尾芳之助の古文、小野圭次郎の英語など、一流の著者を取り揃えた各種学習参考書を手がけ、受験生の支持を集めた。昭和16年同社が日本出版配給に吸収されると関東教科書営業所長、京橋営業所長などを歴任。19年同社を退社し、一時は松根油の製造に従事したが、戦後出版業界に復帰。22年有精堂出版を再興し、国文学を中心とした学習参考書・学術書を出版した。また、日本書籍出版協会監事、東京出版協同組合理事、日本出版クラブ常任理事などを歴任。
[家族等]二男=山崎誠(有精堂出版社長)
[叙勲]勲四等瑞宝章〔昭和42年〕

山崎 信興　やまざき・のぶおき
丸善社長

[生年月日]安政4年(1856年)9月
[没年月日]昭和12年(1937年)6月14日
[旧名]佐々木

明治15年丸善に入社。34年山崎家の養子となり家督を相続。36年丸善取締役、45年営業部長を経て、大正8年社長に就任。以来、20年にわたって丸善を統率。昭和12年退任して相談役に退き、3ケ月後に亡くなった。東京出版協会副会長、東京書籍商組合組合長を歴任。
【参考】『丸善百年史』丸善 1981

山崎 誠　やまざき・まこと
有精堂出版社長

[生年月日]大正11年(1922年)12月11日
[没年月日]平成15年(2003年)1月1日
[出生地]東京市神田区(東京都千代田区)
[学歴]立教大学経済学部〔昭和21年〕卒

昭和18年学徒出陣、20年仙台第二十七部隊で敗戦を迎える。21年有精堂出版に入り、専務、出版、営業各部門担当を経て、44年社長。
[家族等]父=山崎清一(有精堂創業者)　[叙

山崎 安雄　やまざき・やすお
毎日新聞出版局参事　評論家

[生年月日]明治43年（1910年）1月12日
[没年月日]昭和39年（1964年）7月3日
[出生地]埼玉県熊谷市　[学歴]同志社大学予科中退, 文化学院文学部卒

昭和13年毎日新聞社に入社。出版関係の著書を多く刊行し、「著者と出版社」「日本雑誌物語」「岩波文庫物語」「春陽堂物語」などがある。

山下 重民　やました・しげたみ
「風俗画報」編集長

[生年月日]安政4年（1857年）12月7日
[没年月日]昭和17年（1942年）7月18日
[出生地]江戸千駄ケ谷十軒町（東京都新宿区霞岳町）　[別名等]幼名＝金次郎, 号＝鶯陵迂人

幕臣・山下重禄の長男。金子屯斎、渡辺軌山らについて漢学を修める。明治3年小舎人として太政官に出仕。12年大蔵省記録局に入り、一貫して文章掛を務める。22年吾妻健三郎の東陽堂書店から日本初のグラフ誌である「風俗画報」が創刊されると、その第2号から寄稿。27年博文館に移った渡部又太郎（大橋乙羽）の後を受けて大蔵省勤務のまま同誌編集長に就任。本誌とは別に特定のテーマを設けた増刊号を逐次刊行し、特に画家・山本松谷とのコンビで十年余を費やして完成させた「新撰東京名所図会」64編は明治の東京を後世に伝える一大成果として知られる。また、日清戦争では「日清戦争図会」「征清図会」、日露戦争では「征露図会」「凱旋図会」を増刊号として出し、評判となった。43年大蔵省を退官。大正3年「風俗画報」編集長を辞して社友となる。5年以後は居住していた東京・駒沢近辺の郷土史を研究し、「江戸文化」「書画骨董雑誌」「掃苔」などに寄稿した他、小野武夫「近世地方経済史料」の校正などにも携わった。
【参考】『風俗画報 山下重民文集』山下一編　青蛙房 1990

山下 辰巳　やました・たつみ
徳間書店副社長

[生年月日]昭和4年（1929年）6月15日
[没年月日]没年不詳
[出生地]東京都　[学歴]早稲田大学政経学部〔昭和27年〕卒

徳間書店専務、副社長の他、昭和48年東京タイムズ取締役、専務を歴任。徳間康快の参謀役として重要な経営戦略や新規事業の決定の際に手腕を振るった。

山田 九郎　やまだ・くろう
中西屋主人

[生年月日]明治18年（1885年）
[没年月日]大正9年（1920年）

丸善の創業者である早矢仕有的の六男として生まれる。父が東京・表神保町に開いた海外書籍専門の古本屋・中西屋の店主を務める。明治末期から大正期にかけては児童書の出版も手がけ、挿絵に杉浦非水、岡野栄、小林鐘吉らを擁し、それに巌谷小波が七五調の文章を添えるといったお伽噺絵本は"中西屋の日本一の画噺"ともてはやされた。しかし大正9年同店は死亡廃業となり丸善に吸収された。
[家族等]父＝早矢仕有的（丸善創業者）

山田 三郎太　やまだ・さぶろうた
凸版印刷社長　東京書籍社長

[生年月日]明治35年（1902年）11月29日
[没年月日]昭和42年（1967年）9月12日
[出生地]宮城県仙台市　[学歴]宮城一中〔大正9年〕卒, 二高〔大正13年〕卒, 東京帝国大学法学部政治学科〔昭和2年〕卒

仙台商工会議所会頭を務めた実業家・山田久右衛門の三男。昭和2年凸版印刷に入社。12年本社支配人、同年取締役、16年常務、18年

専務を経て、23年社長。同年米国印刷界を視察後、印刷週間の開催を提唱、27年印刷文化典を設け、同年東京印刷工業会を創立、会長となった。また、25年東京書籍社長、26年東洋インキ製造社長。22年全国印刷工業協同組合理事長、30年日本印刷工業会会長、33年教科書協会会長なども歴任。日曜画家としても知られ、画文集「あしあと」がある。
[家族等]兄=山田鉄之助（専売局長官）　[叙勲]藍綬褒章〔昭和41年〕、勲三等瑞宝章〔昭和42年〕　[受賞]印刷文化賞〔昭和38年〕
【参考】『山田三郎太』「山田三郎太」伝記刊行会編 1979

山田　禎三郎　やまだ・ていさぶろう
普及舎社長　帝国書籍取締役

[生年月日]明治4年（1871年）3月
[没年月日]没年不詳
[出生地]長野県諏訪郡長池村（岡谷市）　[学歴]長野師範卒,高師文学科〔明治27年〕卒

長野師範学校を卒業して一時教鞭を執るも、選抜されて明治24年高等師範学校文学科に入学。3ケ年の学科を履修して27年卒業、再び教壇に立ち、32年茨城師範学校長に進む。34年集英堂の招聘を受けて官を辞し上京、同堂分店の普及舎社長となり再建に辣腕を振るう。また同年10月成立した3大教科書肆のトラスト帝国書籍の取締役に就任。35年11月ヨーロッパの教科書・出版事情調査、商業視察のため外遊、パリの出版協会で「日本出版業界の現状」について講演した。この要旨はF.レガメ「日本素描紀行」に見える。また「欧羅巴各国ニ於ケル教科書制度の調査 附我国ノ教科書制度ヲ論ズ」（36年11月刊）を国内向けに発信、海外の最新情報をもとに教科書国定化を批判し、自由採択制を主張した。国定となれば内面の自由や教育上の自由活動を圧迫し、結果として国家長久の進歩を害すること疑獄事件の比ではない、と述べた。
【参考】『〈日本教育史基本文献・史料叢書33〉教科書国定化問題論纂』梶山雅史解題 大空社 1996

山田　朝一　やまだ・ともいち
山田書店主人

[生年月日]明治41年（1908年）1月19日
[没年月日]平成16年（2004年）4月24日
[出生地]山口県大島郡東和町（周防大島町）

山口県大島の出身で、民俗学者の宮本常一は小学校の同級生。大正15年上京、神田の古書店・一誠堂書店に入店。昭和14年独立して神田神保町で山田書店を開店。最初の応召から復員後、都立図書館の戦時特別図書買い上げ事業を手伝ったが、2度目の召集を受け、20年高知県で敗戦を迎えた。21年上京して銀座松坂屋の古書部を任され、24年再び神保町に店舗を持った。大口顧客であった阪本猷の依頼で永井荷風の本を集めたことがきっかけで荷風本に興味を抱くようになり、戦後本格的に収集を開始。「野心」や「ふらんす物語」の初版本など約1000点を集め、その成果を「荷風書誌」にまとめた。平成8年コレクションをさいたま文学館に売却した。
【参考】『紙魚の昔がたり 昭和篇』反町茂雄編 八木書店 1987／『古本屋四方山話』山田朝一著 日本古書通信社 1995

山田　直三郎　やまだ・なおさぶろう
芸艸堂創業者

[生年月日]慶応2年（1866年）3月8日
[没年月日]昭和7年（1932年）7月6日
[出生地]京都府

幼少の頃に田中文求堂に入店、永く本屋修業を積む。明治25年二条寺町に芸艸堂を創立し専ら図案美術画譜の出版に従事。39年同業のライバルで兄が営む本田雲錦堂と合併し、合名会社芸艸堂代表社員となる。以後、自家出版の他に著名書肆の版木を買収して蔵版の種類をふやし染織出版の先鞭をつけ、京都出版界に頭角を顕した。大正7年東京に進出し湯島に支店を設け、東西美術界の地歩を固め美

術の普及開発に少なからず貢献した。
[家族等]兄＝本田市次郎（雲錦堂主人）

山田 彦弥　やまだ・ひこや
新潮社常務

[生年月日]昭和7年（1932年）11月16日
[没年月日]平成11年（1999年）10月31日
[出生地]東京都　[学歴]中津高〔昭和27年〕卒、慶応義塾大学文学部フランス文学科〔昭和32年〕卒

3人兄妹の二男。昭和32年日本私立大学協会に入り、機関紙「教育学術新聞」の編集に従事。33年新潮社に転じ、一貫して「週刊新潮」編集部に勤務。56年～平成5年編集長を務めた。昭和60年新潮社取締役、平成6年常務。
【参考】『山田彦彌追悼文集』山田喜惠子編2000

山田 正道　やまだ・まさみち
美術年鑑社編集主幹

[生年月日]生年不詳
[没年月日]昭和56年（1981年）2月15日
[出身地]和歌山県新宮市

昭和4年「美術年鑑」を創刊、以来、長く編集主幹を務めた。

山田 茂助　やまだ・もすけ
聖華書房主人

[生年月日]安政2年（1855年）1月19日
[没年月日]昭和8年（1933年）2月12日
[出身地]京都府

京都の仏具商の三男。7歳の時に母方の里である書肆・竹苞楼に養子に出たが、養父に男子が生まれたため（5代目佐々木惣四郎）、明治13年生家に戻った。同年京都・寺町四条上ルに聖華書房を開いた。唐本及び法帖に精通し、古写本古写経古記録類にも強く古典籍業界の巨商として活躍した。古板木を蒐蔵しそれを実際に摺出する事業も行った。昌平黌の官板板木を摺出して「官板叢書」を発行した

ことは有名である。

山田 米吉　やまだ・よねきち
山田集美堂創業者　山田書院創業者

[生年月日]明治32年（1899年）1月11日
[没年月日]昭和53年（1978年）9月2日
[学歴]長野東部農〔大正6年〕卒

大正10年頃に大阪で直販系の書店・山田集美堂を開く傍ら、染色関係書を出版。15年東京へ進出。戦後、千代田区三崎町で出版活動を再開、昭和25年株式会社に改組。報道関係と提携して「世紀のアメリカ」「幕末維新風俗写真史」「憲政秘録」などの高額本を手がける傍ら、30年頃から久富達夫の勧めで学習参考書の出版に乗り出し、同部門では山田書院の名を用いた。直販画報も手がけ、「伝説と奇談」シリーズは全国で2000万部を超えるベストセラーとなった。やがて、直販画報・学習参考書の売上と従来の報道関係部門を分けて山田書院、山田集美堂とし、両社社長を兼務した。
[家族等]息子＝山田実（山田集美堂社長・山田書院社長）

山手 樹一郎　やまて・きいちろう
⇒井口 長次（いぐち・ちょうじ）を見よ

山中 市兵衛　やまなか・いちべえ
和泉屋甘泉堂（泉市）主人

泉市は江戸芝神明前三島町に店を構え、多くの絵本や錦絵類を出版し地本問屋仲間でも重きをなした。創業年は不詳だが、その出版物から天明初年には確固たる基礎を築いていたようで、「東海道名所図会」巻六（寛政9年刊）に初代の頃の店構えの挿絵がある。2代目泉市がいつ後を継いだのかも不明だが、文政天保の頃が全盛時代で山師的な金儲け事業に投資までした。嘉永5年（1852年）の「地本草紙問屋名前帳」では泉市は「元組」の第1位、定行事にも名を連ねたから同業者間に重きをなした。この時3代目はまだ幼く母くに（2代

目未亡人）が後見した。明治になると書物問屋に遷り政府の御用を務め「太政官日誌」や「万国新聞」の印刷発行、文部省蔵版教科書類の翻刻から漢籍図書の出版に至るまでめざましい活動を展開した。14年には書林組合の創立願人になっているが、一方で偽版工房を作って大々的に偽版を製作販売した。16年この犯罪は摘発され裁判に付せされ、さしも全盛を誇った泉市も没落し、20年に結成した書籍商組合の名簿にもその名はみえない。

山本　阿母里　やまもと・あもり
「ジュリスト」編集長　有斐閣常務

［生年月日］大正11年（1922年）11月26日
［没年月日］平成14年（2002年）4月13日
［出生地］東京市芝区三田南寺町（東京都港区）
［学歴］東京市立二中〔昭和14年〕卒、一高文科丙類〔昭和18年〕卒、東京大学法学部卒

父は柾不二夫の筆名でも知られる英文学者の山本政喜で、5人弟妹の長男。名前は上田敏の訳詩集「海潮音」のルコント・ド・リール「真昼」の最初の2行にある「天降（あもり）しぬ」にちなむ。昭和16年一高に進むと、父の級友であった漢文教師の阿藤伯海の薫陶を受け、同門の清岡卓行や高木友之助、青山行雄、牟田口義郎、三重野康らと交流。18年東京帝国大学法学部に進むが学徒動員で入隊、20～22年シベリアに抑留された。復員後、大学に戻り、26年有斐閣に入社。36～56年法律雑誌「ジュリスト」編集長。55～57年「月刊法学教室」初代編集長。57年同社取締役を経て、58年常務。平成4年有斐閣出版サービス社長。

［家族等］父＝山本政喜（英文学者）、弟＝山本思外里（読売新聞婦人部長）、川端香男里（東京大学名誉教授）、妹＝若桑みどり（美術史家）
［参考］『天の釣り人　山本阿母里遺稿・追悼集』山本知望・田沼さつき著　2004

山本　英吉　やまもと・えいきち
中央公論社常務　歌人

［生年月日］大正2年（1913年）8月11日
［没年月日］昭和57年（1982年）4月15日
［出生地］北海道旭川市　［学歴］早稲田大学国文科〔昭和13年〕卒

大学在学中、斎藤茂吉の指導を受ける。昭和13年中央公論社に入社。21年「婦人公論」、22年「中央公論」の各編集長、24年取締役編集局長、25年常務。伊藤左千夫研究に力を注ぎ、著書に「伊藤左千夫」がある。

山本　和夫　やまもと・かずお
「週刊漫画サンデー」編集長　実業之日本社参与

［生年月日］昭和8年（1933年）
［没年月日］平成12年（2000年）8月9日
［出生地］青森県五所川原市　［学歴］早稲田大学文学部仏文科〔昭和31年〕卒

俳優座プロデューサーの後、昭和35年実業之日本社に入社し、「SKI」「週刊漫画サンデー」各編集長、新書出版部長などを経て、参与。編集者として東海林さだお、秋竜山、園山俊二、福地泡介らを発掘。55年戦後マンガのアンソロジー「日本漫画代表作選集」を刊行。平成5年退任。以後、「陸奥新報」「朝日新聞青森版」などに連載を持った。また、首都圏在住の五所川原市出身者の親睦会である"わ・五所川原会"会長を務めた。著書に「失われた五所川原」「病院で寝て観て楽しかったこと」「漫画家　この素晴らしき人たち」などがある。

［受賞］五所川原市民文学賞（第1回）〔平成8年〕「失われた五所川原」

山本　慶治　やまもと・けいじ
培風館創業者

［生年月日］明治14年（1881年）4月12日
［没年月日］昭和38年（1963年）4月4日
［出生地］兵庫県　［学歴］東京高師英語科〔明

治41年〕・教育研究科〔明治43年〕卒

兵庫県の豪農の二男。東京高等師範学校を卒業後、大正2年奈良女子師範学校で教鞭を執る。5年岡本米蔵の経営する紐育土地会社に入社し、次いで岡本とともに株式会社培風館を設立。のち同社が岡本の創立した岡本洋行の出版部門となったため、その常務となるが、12年同社出版部が閉鎖されることとなり、その経営を引き受けて13年培風館として独立した。当初は東京高等師範学校向けの教育科教科書を主に出版していたが、やがて中学生・高校生・専門学校生向けの参考書や教科書を手がけるようになり、特に"岩切の代数"として知られる岩切晴二の「代数学精義」の版元として知られた。戦時の企業整備により中等学校教科書株式会社ができると、その社長に就任。戦後も引き続き培風館の経営に当たり、教科書や参考書のほか、数学・自然科学・人文科学に関する学術書を刊行した。

[家族等] 息子=山本俊一(培風館社長)、山本健二(培風館社長)、孫=山本格(培風館社長)

[参考] 『感謝と思い出 創業三十年を回顧して』山本慶治著 培風館 1954／『山本慶治先生と私 原始福音の証人』臼井義麿著 1995

山本 健二　やまもと・けんじ
培風館社長

[生年月日] 大正1年(1912年)10月4日
[没年月日] 平成5年(1993年)11月12日
[出生地] 東京都　[学歴] 東京府立工芸印刷科〔昭和8年〕卒

昭和8年父が創業した培風館に入る。27年取締役、37年副社長を経て、42年社長。のち会長。

[家族等] 父=山本慶治(培風館創業者)、長男=山本格(培風館社長)

山本 実彦　やまもと・さねひこ
改造社創業者 東京毎日新聞社長

[生年月日] 明治18年(1885年)1月5日
[没年月日] 昭和27年(1952年)7月1日
[出生地] 鹿児島県川内町(薩摩川内市)　[別名等] 号=亀城　[学歴] 日本大学法律学科卒

旧薩摩藩下士の長男。沖縄県で代用教員をした後、上京して日本大学夜間部に入って苦学。明治39年「やまと新聞」記者となり、42年「門司新報」主筆に転じるが、半年後に「やまと新聞」に戻る。44年英国王ジョージ5世の戴冠式に際しロンドンに派遣され、帰国後は東京市議、麻布区議として政界入り。大正4年東京毎日新聞社社長に就任。8年改造社を設立し、総合雑誌「改造」を創刊。9年に出版した賀川豊彦「死線を越えて」は大ベストセラーとなり、社の基盤を固めた。「改造」は社会問題・労働問題などで革新的な論文を掲載して「中央公論」と並んで大正時代の言論を主導、またバートランド・ラッセル、マーガレット・サンガー、タゴール、アインシュタインといった海外の文化人を招いた講演会も大きな社会的反響を呼び、一躍我が国を代表する出版社の一つとなった。15年には1冊1円の全集「現代日本文学全集」(全63巻)の刊行を開始、完全予約・薄利多売のこの企画は大当たりして他社も追随、出版界に"円本ブーム"を巻き起こした。昭和5年民政党から衆院議員に当選したが、7年落選。17年「改造」に掲載された細川嘉六の論文「世界史の動向と日本」が問題となり、これを機に「改造」以外の雑誌記者たちも大量に検挙され、戦時下最大の言論弾圧事件である横浜事件に発展。19年情報局の命で改造社は解散させられ、「改造」も廃刊した。戦後の21年、改造社を再興して「改造」も復刊。同年再び衆院議員に当選し協同民主党を結成、委員長に選ばれたが、22年公職追放に遭った。没後の30年、労組問題もあって「改造」は廃刊、名門・改造社も姿を消した。

[家族等] 弟=山本重彦(東洋出版社社長)、山本三生(改造社支配人)

[参考] 『改造社山本実彦』栗田書店 1968

山本 重彦　やまもと・しげひこ
東洋出版社社長

[生年月日]明治21年（1888年）8月13日
[没年月日]昭和11年（1936年）1月23日
[出生地]鹿児島県薩摩郡川内町　[学歴]明治大学法科卒

大学卒業後、長崎県産業主事・理事官などを歴任したが、大正10年辞して兄・山本実彦が創業した改造社の支配人となる。昭和7年同社を退き、8年東洋出版社を創立し社長に就任。会計学全集、基礎経済学全集などの経済学関係書を出版した。弟の山本三生（明治29年5月7日～昭和23年4月28日）も改造社支配人を務めた。

[家族等]兄＝山本実彦（改造社創業者），弟＝山本三生（改造社支配人）

山本 七平　やまもと・しちへい
山本書店主人　評論家

[生年月日]大正10年（1921年）12月18日
[没年月日]平成3年（1991年）12月10日
[出生地]東京府荏原郡（東京都世田谷区三軒茶屋）　[学歴]青山学院高商部〔昭和17年〕卒

父は内村鑑三門下のクリスチャンで、4人きょうだいの長男。昭和12年青山学院教会で受洗。17年青山学院高商部を卒業して大阪商船への就職が決まるが、その直後に応召し、砲兵としてフィリピン・ルソン島各地を転戦した。20年8月同島のジャングルで敗戦を迎え、カルマンの戦犯収容所で1年4ヶ月を過ごし、22年復員。24年二山会事務所に就職し、「出版ダイジェスト」の編集に従事。26年福村書店に転じ、28年同店退社後はフリーとして岩崎書店、一ツ橋書店、江南書店などに関わったのを経て、33年自宅に山本書店を設立、主に聖書関係の書籍を主に出版した。同年ウェルネル・ケラー「歴史としての聖書」を翻訳・刊行し、ロングセラーとなる。45年自身が翻訳したイザヤ・ベンダサンの日本人論「日本人とユダヤ人」が空前のベストセラーとなり、謎の人物であるベンダサンの正体も話題を読んだ（山本とベンダサンは同一人物といわれる）。以後は評論家・随筆家としても活動し、自身の軍隊経験、ヘブライズムと東洋古典の教養を土台に"山本学"と呼ばれる独特の日本人論を展開した。没後の平成4年、山本七平賞が創設された。

[家族等]妻＝山本れい子（山本書店店主），長男＝山本良樹（詩人）　[受賞]大宅壮一ノンフィクション賞（第2回）〔昭和46年〕「日本人とユダヤ人」，文藝春秋読者賞〔昭和48年〕「ある異常体験者の偏見」，菊池寛賞（第29回）〔昭和56年〕，和歌山県文化賞〔平成1年〕

【参考】『怒りを抑えし者　評伝・山本七平』稲垣武著　PHP研究所　1997

山本 俊一　やまもと・しゅんいち
培風館社長

[生年月日]明治43年（1910年）4月27日
[没年月日]平成20年（2008年）2月27日
[出身地]東京都　[学歴]東京帝国大学工学部電気工学科卒

日立製作所勤務を経て、昭和21年父が創業した培風館に入社。24年取締役、37年社長、42年会長を務めた。

[家族等]父＝山本慶治（培風館創業者），弟＝山本健二（培風館社長），甥＝山本格（培風館社長）

山本 松谷　やまもと・しょうこく
報道画家

[生年月日]明治3年（1870年）11月9日
[没年月日]昭和40年（1965年）5月10日
[出生地]土佐国長岡郡後免（高知県南国市）
[本名]山本茂三郎　[別名等]別号＝昇雲

土佐藩郷士の二男。絵が好きで明治12年河田小龍塾で学ぶ。21年上京して後に帝室技芸員になる滝和亭の画塾に入門。27年投稿した「土佐国早乙女図」が「風俗画報」73号に掲載、これが縁で東陽堂絵画部員となる。以後、編集長山下重民とのコンビで20年間に、

戦争・災害・行事・地誌風俗をテーマに表紙、口絵、挿絵約1300枚を描いた。第一級の報道画家と呼ばれる所以である。明治末東陽堂を退職、「風俗画報」は写真画報誌に変質していた。この後は土陽美術会に属する日本画家として制作に励んだ。
【参考】『報道画家山本松谷の生涯』山本駿次朗著 青蛙房 1991

山本 留次　やまもと・とめじ
博進社社長　博文館支配人

[生年月日]明治5年(1872年)9月28日
[没年月日]昭和27年(1952年)9月28日
[出生地]新潟県長岡市

明治15年母の弟である博文館創業者・大橋佐平の家に寄宿、毎朝叔父の発行する「越佐毎日新聞」を配達しながら中学を卒業。20年先に上京していた叔父の手引きで上京、博文館最初の出版物である「日本大家論集」の編集に従事。その後は営業事務を担当して、28年支配人。30年叔父より独立を勧められ、博文館(出版)、東京堂(小売)と重ならず博文館に益する分野として洋紙販売業に着目し、神田錦町に洋紙商の合資会社博進堂(のち博進社)を設立した。43年欧米を視察。44年株式会社に改組。大正11年東京紙商同業組合長。一方、明治42年文運堂を創業してノートなどの文具類の創造普及にも当たった。
[家族等]長男＝山本博(博進社社長)、叔父＝大橋佐平(博文館創業者)、女婿＝杉浦正二(コニカ副社長)　[叙勲]緑綬褒章〔昭和26年〕
【参考】『山本留次翁言行録』濱田徳太郎編 博進社 1954

山本 友一　やまもと・ともいち
九芸出版社長　歌人

[生年月日]明治43年(1910年)3月7日
[没年月日]平成16年(2004年)6月9日
[出生地]福島県福島市　[学歴]福島中〔昭和3年〕卒

福島中学3年の大正14年、石川啄木の歌集を読んで感激し作歌を始める。昭和4年上京して博進社に入社。同年「国民文学」に入り松村英一に師事。6年満州へ渡り、敗戦まで軍用鉄道の建設業務に従事。16年第一歌集「北窓」を刊行。21年引き揚げ。22年新歌人集団結成に参加。28年香川進らと歌誌「地中海」を創刊。33年角川書店宣伝課長となり、取締役経理部長を経て、45年在籍のまま多摩文庫常務に出向。48年角川文庫流通センター社長。51年研究社出版社長となり、53年同社の傍系として英文学以外の一般文芸書の刊行を目的に九芸出版を設立して社長に就任した。57年師の逝去により「国民文学」を離れた。歌集に「布雲」「日の充実」「続日の充実」など。50年度より度々、宮中歌会始選者を務めた。
[受賞]日本歌人クラブ賞(第14回)〔昭和43年〕「九歌」、現代短歌大賞(第6回)〔昭和58年〕「日の充実」「続・日の充実」
【参考】『山本友一 人と作品』中井正義編 九芸出版 1989

山本 夏彦　やまもと・なつひこ
工作社代表取締役　「室内」編集発行人　コラムニスト

[生年月日]大正4年(1915年)6月15日
[没年月日]平成14年(2002年)10月23日
[出生地]東京市下谷区根岸(東京都台東区)
[学歴]東京府立五中卒,ユニヴェルシテ・ウヴリエール(フランス)修了

父は詩人の山本露葉で、8人きょうだい(5男3女)の三男。昭和5年父の友人だった武林無想庵に連れられ渡仏、ユニヴェルシテ・ウヴリエールに学ぶ。8年帰国。14年「中央公論」増刊号にレオポール・ショヴォ「年を歴た鰐の話」の翻訳が掲載された。16年求龍堂に入り戦時下の出版に才気を発揮、20年5月空襲で同社が焼失すると秋田県横手に疎開して敗戦を迎える。戦後、旧知の中川乃信と本郷真砂町で真砂書店を起こし「建築スタイルブック」と称する建築図集を出版して当たりを

とったが、中川が理工学社を設立して独立したため紙型を譲られ、そのまま出版業を続けた。25年より工作社を主宰、29年株式会社に改組。30年月刊インテリア誌「木工界」(36年「室内」と改題)を創刊、編集兼発行人。一方、「週刊新潮」「文藝春秋」などにコラムを連載、短く刈り込んだ歯切れの良い文章で世相を鋭く風刺、人気を博すとともに名文家として知られた。著書に「日常茶飯事」「茶の間の正義」「世は〆切」などのコラム集の他、「室内」の社史として実感的に言論と出版の百年を語った「私の岩波物語」などがある。
[家族等]長男=山本伊吾(「FOCUS」編集長)、父=山本露葉(詩人)、祖父=山川永徳斎(2代目)、義兄=八住利雄(脚本家)、甥=白坂依志夫(脚本家) [受賞]菊池寛賞(第32回)〔昭和59年〕、読売文学賞(評論伝記賞、第41回)〔平成2年〕「無想庵物語」、市川市民文化賞(第2回)〔平成10年〕
【参考】『私の岩波物語』山本夏彦著 文藝春秋 1994(文春文庫 1997)／『座右の山本夏彦』嶋中労著 中公新書ラクレ 2007

山本 安夫　やまもと・やすお
福岡金文堂社長

[生年月日]大正11年(1922年)2月1日
[没年月日]平成7年(1995年)1月26日
[出生地]福岡県　[学歴]福岡商卒
昭和35年福岡金文堂に入社。41年副社長を経て、47年社長、平成3年会長。
[家族等]長男=山本太一郎(福岡金文堂社長)

山本 芳太　やまもと・よした
福岡金文堂社長

[生年月日]明治32年(1899年)10月22日
[没年月日]昭和41年(1966年)1月30日
[出生地]福岡県八女郡星野村(八女市)
大正4年菊竹金文堂福岡支店に入り、同社長・菊竹大蔵に師事。12年かつて兄の弥助が福岡市で経営していた金星堂書店を再開店させて新刊書籍・雑誌や外国書籍、中等教科書、文具などを販売、業績を伸ばして福岡屈指の書店として知られるまでになった。昭和20年の空襲により店舗が全焼するが、新天町の開発に乗じて再起を果たし、26年株式会社に改組。35年金文堂が株式会社福岡金文堂に改組した際、同社長に就任。福岡県出版物小売業組合相談役、福岡県教科書会社取締役などを歴任した。
[家族等]兄=山本弥助(金星堂書店創業者)

山谷 徳治郎　やまや・とくじろう
日新医学社創業者 医師

[生年月日]慶応2年(1866年)3月21日
[没年月日]昭和15年(1940年)5月26日
[出生地]美作国真島郡三田村(岡山県真庭市)
[学歴]岡山県医学校〔明治18年〕卒、帝国大学医科大学国家医学講習科〔明治24年〕修了 医学博士(慶応義塾大学)〔昭和13年〕
明治25年雑誌「国家医学」、26年「医海時報」を発行。30年岡山県津山町に私立津山病院を開設。36年大阪の清野病院副院長。40年ドイツへ留学してギーセン大学やゲッティンゲン大学で学んだ。42年帰国すると塩原又策の懇請より三共総務理事に就任。44年同社を辞して日新医学社を設立、雑誌「日新医学」を創刊した。大正9年株式会社に改組し、医療衛生材料や外国図書の輸入販売にも進出。13年岡山7区より衆院議員に当選、1期務めた。
[家族等]兄=山谷虎三(政治家)
【参考】『故山谷徳治郎追悼奠誌』山谷太郎編 日新医学社 1940／『故山谷徳治郎一周忌追悼奠誌』山谷太郎編 日新医学社 1941

弥吉 光長　やよし・みつなが
国立国会図書館司書監 出版史研究家

[生年月日]明治33年(1900年)8月25日
[没年月日]平成8年(1996年)1月20日
[出生地]福岡県浮羽郡吉井町(うきは市)
[別名等]俳号=間雲　[学歴]西南学院高文科〔大正13年〕卒、文部省図書館講習所(第7期)〔昭和3年〕修了

昭和3年東京市政調査会を経て、8年内田嘉吉文庫（東京市立駿河台図書館）、13年満州建国大学、14年満州国立中央図書館籌備処、日記整理処長兼国立奉天図書館長、21年中華民国国民政府教育部留用、22年総理庁新聞出版用紙割当事務局、23年国立図書館、24年国立国会図書館整理部長などを経て、国学院大学栃木短期大学教授を歴任。6年南明堂の名で東京書籍商組合に加入している。「日本出版百年史年表」編集委員を務め、著書に「未刊史料による日本出版文化」（全8巻）や、「新稿図書の選択」「百科事典の整理学」「辞典活用ハンドブック」「図書館通論」などがある。
[叙勲]勲三等瑞宝章〔昭和45年〕　[受賞]日本出版学会特別賞〔平成3年〕「未刊史料による出版文化」

【ゆ】

由井 京一　ゆい・きょういち
中央社社長

[生年月日]昭和2年（1927年）7月20日
[没年月日]平成21年（2009年）10月11日
[出生地]長野県　[学歴]大倉高商〔昭和23年〕卒

昭和23年日本出版配給に入社。24年東京出版販売（現・トーハン）に転じ、51年人事部長、52年取締役、58年常務、62年専務を歴任。同年中央社副社長、平成2年社長に就任。

由井 千春　ゆい・ちはる
講談社教科書局長　読書推進運動協議会事務局長

[生年月日]明治40年（1907年）5月13日
[没年月日]平成3年（1991年）6月9日
[出生地]長野県南佐久郡川上村　[学歴]飯山中卒、慶応義塾大学法学部〔昭和7年〕卒

昭和7年講談社に入社、広告部に勤務。その後、キングレコードに移り、13年歌手を連れて戦地慰問団長として北支の各地を回ったが、その途中に召集令状を受け自身も応召。復員後、講談社に復帰。22年業務部長となり、販売局長を兼務。26年大阪支店長。教科書局長などを経て、42年定年退職。43年読書推進運動協議会事務局長となり、「こどもの読書週間」の実施や全国読書グループの現況を調査するなど、読書推進運動の盛り上がりに貢献した。
【参考】田沼貞治「故由井千春さんを偲ぶ」（「出版クラブだより」1991.9.10）

柚 登美枝　ゆう・とみえ
新樹社社長

[生年月日]明治36年（1903年）5月
[没年月日]昭和59年（1984年）7月23日
[出生地]大阪府　[学歴]日本女子大国文科卒

昭和16年中央公論社に入社。その後、創元社を経て、29年新樹社を設立、社長に就任。坪内逍遙訳「シェークスピヤ全集」全1巻本をはじめ、小倉金之助、高浜虚子、谷崎潤一郎、志賀直哉、佐佐木信綱、日夏耿之介、河竹繁俊などの著作を出版した。

結城 礼一郎　ゆうき・れいいちろう
玄文社創業者

[生年月日]明治11年（1878年）
[没年月日]昭和14年（1939年）10月17日
[出生地]山梨県　[学歴]麻布中〔明治29年〕卒、青山学院高等普通部中退

新撰組隊士・結城無二三の長男。麻布中学を卒業後、明治29年国民新聞社に入社。傍ら青山学院に学んだ。32年休刊中であった「甲斐新聞」の復刊に尽力。さらに徳富蘇峰の勧めで大阪へ赴いて「大阪新報」「大阪毎日新聞」の編集に携わり、また山路愛山に招かれて「信濃毎日新聞」にも関わったが、35年「国民新聞」に戻った。37年日露戦争では従軍記者として戦地に赴くも、本社と意見が食い違

い辞職。帰国後「国民新聞」に復帰し、39年の日比谷焼打ち事件では社屋に籠城して編集を守り続けた。同紙に社会部を創設して部長となるなど蘇峰の片腕として活躍したが、のち退社して「報知新聞」「やまと新聞」「東京毎夕新聞」と移り、44年大阪で「帝国新聞」を発行した。大正5年玄文社に招かれて主幹となり、雑誌「新演芸」「新家庭」を創刊。10年主幹から顧問に退くと新聞同盟社を設立し、雑誌「新聞研究」を発刊した。14年「中央新聞」副社長兼編集局長。昭和4年東京市議。文章家として知られ、著書に「江原素六先生伝」「旧幕新撰組の結城無二三」がある。
[家族等]父＝結城無二三（牧師・新撰組隊士）

湯川 松次郎 ゆがわ・まつじろう
弘文社創業者

[生年月日]明治18年（1885年）3月15日
[没年月日]昭和46年（1971年）4月22日
[出生地]和歌山県日高郡湯川村（御坊市）

明治33年大阪に出て小谷書店に入店。37年大阪市東区平野町で書籍小売店を開業。42年南区松屋町で明文館の商号で出版業に着手。浮沈を繰り返したが、大正12年関東大震災で東京出版界が壊滅すると、書籍の供給途絶により全国から注文殺到一挙に頽勢を挽回した。昭和初年には「立川文庫」と講談小説の中間を狙った「美久仁文庫」を発行、一時は「立川文庫」を凌ぐ勢いを示した。5年湯川弘文社の新商号で学術参考書を出版、また学習社の商号で小学生用学習帳を発行し業容を急拡大した。その後、社名を弘文社とし、戦後は文芸書や文芸誌「東西」、少年誌「新少年」なども出した。衆望もあり、後年大阪書籍雑誌商組合評議員などを務めた。著書に「上方の出版と文化」、編著書に「明治の人物と文化」がある。
[家族等]義弟＝富永龍之助（新星出版社創業者）　[叙勲]勲四等瑞宝章〔昭和42年〕　[受賞]和歌山県文化功労賞

柚口 篤 ゆずぐち・あつし
ユズ編集工房社長

[生年月日]昭和10年（1935年）1月3日
[没年月日]平成7年（1995年）1月31日
[出生地]東京都　[学歴]日本大学文学部史学科〔昭和33年〕卒

昭和33年婦人生活社に入社。40年退社後は、フリー編集者、コピーライター、料理カメラマン、企画コーディネーターとして活躍。外部編集者として、読売新聞社出版局の週刊読売別冊等の編集、ジス・ウィーク・イン・トーキョーの「トラベル・タイムス」「ホテル＆レストラン」の創刊に関わり、アートディレクターとして約2年間編集を代行。以後、講談社事典局の「現代世界百科事典」「写真大百科事典」、婦人生活社25周年記念出版「ベスト・クッキング」シリーズ、読売新聞社刊郷土料理シリーズ「日本の味」等の企画に参加。50年ユズ編集工房代表取締役に就任、出版界におけるDTPの第一人者として知られた。著書に「コンピュータを持った編集者」「編集工学入門」「メディアブック」などがある。

湯本 武比古 ゆもと・たけひこ
開発社社長 教育家

[生年月日]安政2年（1855年）12月1日
[没年月日]大正14年（1925年）9月27日
[出生地]信濃国下高井郡科野村（長野県中野市）　[学歴]東京師範学校〔明治16年〕卒

明治9年長野小学校教諭を経て、11年上京。東京師範学校に学び、16年同校に勤務。17年文部省御用掛となり、18年文部省出版教科書「読書（よみかき）入門」を編集した。19年明宮（大正天皇）祗候に挙げられ、東宮に侍し明宮御講掛専務となり、20年学習院教授に任ぜられる。22年ドイツに留学、26年帰国後、非職を命ぜられ、27年高等師範学校教授。29年開発社社長に転じて「教育時論」に筆を執った。大正9年退任。この間、明治36年精華学校学監、39年京北中学校長、大正10年九段精

華高等女学校校長を歴任、13年財団法人私立中等学校協会初代理事長。
[叙勲]勲三等瑞宝章〔大正8年〕
【参考】『故湯本武比古先生』林竹次郎・所金蔵編 京北中学校 1928

【よ】

陽 其二　よう・そのじ
　　　横浜毎日新聞創刊者

[生年月日]天保9年(1838年)6月
[没年月日]明治39年(1906年)9月24日
[出生地]肥前国長崎東仲町(長崎県長崎市)
[別名等]号=天老居士

明の遺臣帰化人を祖とし、代々唐通事。安政2年(1855年)小通事末席となり、6年長崎開港に伴い港会所(のちの税関)に勤務。文久2年(1862年)幕府海軍に属し長崎丸汽罐方、本木昌造の配下となる。慶応元年(1865年)長崎製鉄所に転じ、活版製造に従事した。明治3年神奈川県に招かれ、我が国初の日刊邦字紙「横浜毎日新聞」を創刊。5年横浜に印刷所景諦社を創立(7年王子製紙と合併し製紙分社と改称)、昌造・平野富二を助けて築地活版所設立に貢献し、のち相談役となった。また筆榻版というこんにゃく版の一種を発明。料理通でもあったので晩年跡見女学校で割烹を教えた。著書に「支那貿易説」などの他、割烹に関するものが多い。
【参考】桜井孝三「横浜の印刷技術変遷史2 横浜活版社の出版活動と陽其二」(「印刷雑誌」1990.10)

与賀田 辰雄　よがた・たつお
　　　東京書籍社長

[生年月日]明治35年(1902年)1月27日
[没年月日]昭和61年(1986年)1月7日
[出身地]佐賀県佐賀市　[学歴]長崎高商〔大正12年〕卒

大蔵省に入省して銀行検査官を務める。昭和16年凸版印刷取締役、19年常務を経て、28年専務。42年再び取締役。東京書籍社長も務めた。
[叙勲]勲三等瑞宝章〔昭和47年〕
【参考】『守成 与賀田辰雄回想』東京書籍編 1986

横井 憲太郎　よこい・けんたろう
　　　一粒社創業者

[生年月日]明治31年(1898年)1月20日
[没年月日]昭和21年(1946年)6月4日
[出生地]愛知県名古屋市

幼い時からキリスト教に親しみ、仏教徒の親と対立して奉公に出て独立。大正3年紡績会社勤めの傍ら、名古屋基督教会で受洗。9年退社して伝道活動に入る。11年判決例調査所印刷部で印刷技術・技能を習得する。13年1月一粒社を創業、自家印刷を開始。更に出版部門では基督教関係専門書を発行した。2月名古屋における唯一の月刊業界誌「名古屋印刷界」を創刊した他、昭和5年8月基督教信仰雑誌「エクレシヤ」、9年11月読書家書物業界向け月刊タブロイド誌「書物新聞」等を発行。10年頃までは印刷出版や書店経営に順調な歩みを示したが、戦時色が強まるにつれて用紙や職工の欠乏、出版新体制による統制の強化が進み経営は困難を極める。19年企業整備により印刷は廃業、出版は他の10社と共に新教出版社に統合。20年3月名古屋大空襲により社屋焼失、翌年6月社主である横井の死去に伴い同社は姿を消した。
【参考】『キリスト者の勝利 横井憲太郎と一粒社の軌跡』横井憲太郎追想録刊行会 1978

横井川 治男　よこいがわ・はるお
　　　学献社創業者

[生年月日]大正5年(1916年)1月24日
[没年月日]昭和50年(1975年)11月2日

[出生地]東京都北区王子　[学歴]巣鴨高商〔昭和5年〕卒

昭和5年コロナ社に入社。14年同社の株式会社改組に際して監査役、31年取締役。34年独立して、東京・小石川で電気工学の演習書出版の学献社を設立。"学問に貢献する"を旗印に、理工学書の専門出版社として地歩を築いた。

[家族等]長男=横井川彰（学献社社長）

横尾 勇之助　よこお・ゆうのすけ
文行堂主人

[生年月日]明治9年（1876年）10月25日
[没年月日]昭和24年（1949年）1月27日

初代横尾卯之助は嘉永4年（1851年）生まれ、10歳の時に浅倉屋に奉公、20歳で通い番頭になり、明治10年東京・末広町に書肆・文行堂を開いた。35年父の死により2代目を継ぐ。45年の玉屑会編「従吾所好」以来、出版も手がけ、森繁夫「名家筆蹟考」、狩野快庵「狂歌人名辞書」などを出版。また、蔵書印の収集でも知られ、書籍や考古趣味の会である玉屑会や集古会などにも参加した。編著に「蔵書印譜」（三村清三郎との共著）、「店頭日記」などがある。江戸時代版本の後に附載された書肆の広告文や著者の著述目録の類を類別して輯めた「雪有香」も貴重である。今は国立国会図書館の所蔵となったが、再編成した複製「近世出版広告集成」（ゆまに書房、昭和58年）がある。

[家族等]父=横尾卯之助（文行堂創業者）
【参考】『紙魚の昔がたり』訪書会編 1934（『紙魚の昔がたり 明治大正篇』八木書店 1990）

横関 愛造　よこせき・あいぞう
「改造」編集長 改造社社長

[生年月日]明治20年（1887年）8月2日
[没年月日]昭和44年（1969年）5月4日
[出生地]長野県小県郡塩田町（上田市）　[学歴]早稲田大学政経科〔大正2年〕卒

大正7年「東京毎日新聞」編集長となったが、8年「改造」創刊に参加して初代編集長となる。昭和8年海と空社、航空知識社社長となり、25年改造社代表取締役に就任。のち藤井レンズ工業取締役、東京光機工業代表取締役などを務めた。

【参考】『思い出の作家たち』横関愛造著 法政大学出版局 1956／『私の雑記帳』横関愛造著 改造の会 1970

横田 整三　よこた・せいぞう
「朝日ジャーナル」編集長

[生年月日]大正4年（1915年）1月1日
[没年月日]平成8年（1996年）2月27日
[出生地]宮城県仙台市　[学歴]東京帝国大学文学部東洋史学科〔昭和13年〕卒

朝日新聞社に入社、「朝日ジャーナル」「週刊朝日」「アジア・レビュー」の編集長を歴任。昭和48年秋田書店に入社、第一出版部編集長。著書に「現代の教養」「幹部の文章学」「居直り脳卒中」「生病老死 ついの栖」他。

横田地 巴　よこたち・ともえ
旅行案内社専務

[生年月日]明治12年（1879年）11月1日
[没年月日]昭和43年（1968年）1月24日
[出生地]長野県

日本電報通信社、博文館出版部部長、東洋印刷専務の後、昭和5年旅行案内社に入社、専務となる。旅行用鉄道案内図の出版に携わる。15年11月の日本統制地図結成に参加した。

横溝 正史　よこみぞ・せいし
「新青年」編集長 小説家

[生年月日]明治35年（1902年）5月25日
[没年月日]昭和56年（1981年）12月28日
[出生地]兵庫県神戸市　[本名]横溝正史（よこみぞ・まさし）　[学歴]大阪薬学専門学校〔大正13年〕卒

大正10年「新青年」の懸賞小説に処女作「恐

ろしき四月馬鹿」が入選、14年江戸川乱歩の探偵趣味の会設立に参加した。昭和2年「新青年」編集長に就任、6年には「探偵小説」に移り、海外の名作長編を紹介する。7年文筆に専念した矢先に結核に倒れるが、再起後の第1作「鬼火」(10年)で注目され本格的な作家活動に入る。戦前は「蔵の中」「夜光虫」「真珠郎」などロマン的なスリラー、サスペンスを発表したが、戦時体制下ともあって「人形佐七捕物帳」で時代小説に新境地を開拓。戦時中の病気静養と疎開の間に本格的な推理小説を徹底的に研究。戦後21年に「本陣殺人事件」を連載、戦争中抑圧されていた探偵小説に活気を与えた。またこれに続く「獄門島」「八つ墓村」の所謂"岡山物"で主人公・金田一耕助探偵は、乱歩の明智小五郎と並ぶスターとなり、以後「犬神家の一族」「女王蜂」などを経て、舞台を東京に移し、「病院坂の首縊りの家」(50～52年)でアメリカに渡るまで30年間活躍した。作品は他に「蝶々殺人事件」「夜歩く」「悪魔の手毬唄」「悪霊島」など。46年頃から作品が文庫本として発売、さらに映画化され、一大ブームを巻き起こした。「横溝正史全集」(新版全18巻、講談社)がある。

[家族等]長男=横溝亮一(音楽評論家) [叙勲]勲三等瑞宝章〔昭和51年〕 [受賞]日本推理作家協会賞(第1回)〔昭和22年〕「本陣殺人事件」,日本児童文芸家協会児童文化功労者(第18回)〔昭和51年〕

横溝 武夫　よこみぞ・たけお
　　　　編集者

[生年月日]明治42年(1909年)
[没年月日]昭和41年(1966年)3月25日
[出生地]兵庫県神戸市　[学歴]神港商卒

昭和4年異母兄の横溝正史を頼って上京、6年博文館に入社。水谷準の下で雑誌「新青年」の編集に従事。その後、同社後身の博友社に移り、35年退社。雑誌「民間伝承」を発行した六人社の最年少同人でもあった。

[家族等]異母兄=横溝正史(小説家)
[参考]本位田準一「横溝武夫君追悼昔話」(「民間伝承」1966.7)

横山 銀吉　よこやま・ぎんきち
　　　　編集者 児童文学作家

[生年月日]明治20年(1887年)1月9日
[没年月日]昭和50年(1975年)5月25日
[出生地]広島県　[本名]横山寿篤(よこやま・ひさあつ)　[別名等]別名=横山夏樹　[学歴]広島師範卒

小学校教師などを経て、大正8年斎藤佐次郎とともに童話雑誌「金の船」を創刊する。横山銀吉の名で童話を書き、人形劇などの活動もした。また横山夏樹の筆名で少女小説を書き、作品に「教室の花」「思い出の丘」などがある。

[家族等]妻=横山美智子(児童文学作家)

横山 啓一　よこやま・けいいち
　　　　暮しの手帖社代表取締役

[生年月日]明治43年(1910年)7月16日
[没年月日]平成11年(1999年)11月10日
[出身地]静岡県

昭和21年花森安治と大橋鎮子が作った衣裳研究所(のち暮しの手帖社)に参加、同社代表取締役も務めた。

[家族等]義姉=大橋鎮子(暮しの手帖社社長)

横山 実　よこやま・みのる
　　　　大阪教育図書社長

[生年月日]明治42年(1909年)8月4日
[没年月日]昭和63年(1988年)1月12日
[出生地]香川県三豊郡一ノ谷村(観音寺市)
[別名等]号=鳳燕　[学歴]広島高師〔昭和6年〕卒

昭和6年大阪修文館に入社。15年独立して修学館を創業。20年企業整備により関西における副教科書・参考書の一元統合会社として発足した大阪教育図書の社長に就任。教科書、

教育書や英語叢書などを出版。
[家族等]長男＝横山哲弥（大阪教育図書社長）
[叙勲]勲五等双光旭日章

吉岡 保五郎　よしおか・やすごろう
新建築社創業者 建築ジャーナリスト

[生年月日]明治21年（1888年）2月15日
[没年月日]昭和47年（1972年）10月25日
[出生地]大阪府　[学歴]東洋学校文科〔明治41年〕卒

明治41年大阪にあった東洋学校文科を卒業して満州日日新聞社入り。大正7年満州経済日報社を起こしたが、14年帰国。同年親交のあった武田五一から勧められ、大阪で建築誌「新建築」を創刊。昭和6年東京に本拠を移す。30年創刊30年周年の記念事業として国際版「新建築」の発行の企図、31年英文月刊誌「The Shinkentiku」を創刊。34年「The Japan Architect」と誌名を改め、日本建築の海外紹介に努めた。41年には私財を投じ財団法人吉岡文庫育英会を設立、建築関係の育英事業を推進した。

[叙勲]勲三等瑞宝章　[受賞]日本建築学会賞（昭和38年度）
【参考】村松貞次郎「故吉岡保五郎氏の業績」（「新建築」1972.12）

吉川 圭三　よしかわ・けいぞう
吉川弘文館社長

[生年月日]明治40年（1907年）7月7日
[没年月日]平成12年（2000年）11月29日
[出生地]千葉県　[学歴]匝瑳中卒

昭和4年吉川弘文館に入社。7年取締役、17年代表取締役。大八洲出版取締役を経て、24年再び吉川弘文館専務となり、26年社長に就任。平成11年会長。戦前から「新訂増補 国史大系」の編集に携わり、戦後は「国史大辞典」「人物叢書」「日本歴史叢書」など多くの歴史書を出版した。

[受賞]朝日賞（第34回、昭和38年度）〔昭和39年〕、菊池寛賞（第11回）〔昭和38年〕

吉川 晋　よしかわ・すすむ
六興出版社社長

[生年月日]明治40年（1907年）2月24日
[没年月日]昭和43年（1968年）1月18日
[出生地]神奈川県横浜市　[学歴]中野無線受信講習所〔昭和3年〕卒

小説家・吉川英治の弟。昭和8年雑誌「衆文」を創刊、9年日本青年文化協会総務部長となり、機関誌「青年太陽」主幹に就任。12年解散、13年文藝春秋社に入り、「オール読物」などの編集に携わったが、16年六興出版部（のち六興出版社）に移った。25年創刊の「小説公園」編集長（33年休刊）、37年社長。兄・英治の本を数多く出版した。

[家族等]兄＝吉川英治（小説家）

芳川 赳　よしかわ・たけし
「美術春秋」編集発行者

[生年月日]明治28年（1895年）10月20日
[没年月日]昭和26年（1951年）7月9日
[出生地]長崎県島原市　[学歴]明治大学卒

出版界に入り、各種の図書を発行。雑誌「美術春秋」「日本画傑作年鑑」などの編集発行者で、戦後は「美術鑑賞」を発行した。

吉川 長一　よしかわ・ちょういち
CQ出版創業者

[生年月日]大正13年（1924年）9月10日
[没年月日]平成18年（2006年）1月6日
[出生地]静岡県沼津市

昭和29年小沢俊昭とCQ出版を創業。62年副社長、平成元年会長、12年最高顧問。

吉川 半七　よしかわ・はんしち
吉川弘文館創業者

[生年月日]天保10年（1839年）1月1日
[没年月日]明治35年（1902年）12月4日

貸本業を営む家に生まれる。若林屋清兵衛方に勤めた後、安政4年（1854年）独立、吉川書

房を開店。新古書籍販売の傍ら、一定時間有料で書籍を読ませる"来読貸観所"運営も行った。明治10年頃より出版も始め、33年商号を弘文館と改める。37年合資会社に改組して吉川弘文館と社名変更。日本文学、日本史関係の事典・全集の出版に努め、「大日本史」「本居宣長全集」「賀茂真淵全集」「故実叢書」などを刊行した。

吉崎 巌　よしざき・いわお
　　日貿出版社社長

[生年月日]大正12年（1923年）11月1日
[没年月日]平成4年（1992年）10月13日
[出身地]神奈川県横浜市　[学歴]北海道大学理学部卒

日本出版貿易出版部長を務め、昭和41年同部が分離独立した日貿出版社の創立に参加。専務を経て、50年社長。

吉田 久兵衛　よしだ・きゅうべえ
　　浅倉屋書店10代目主人

[生年月日]文久3年（1863年）9月9日
[没年月日]昭和14年（1939年）1月
[出生地]江戸本所（東京都墨田区）　[別名等]幼名＝金三郎

貞享年間から続く老舗古書籍商・浅倉屋に入店、8代目（号は文積）の薫陶を受けて業に習熟し、のち望まれて吉田家の養子となる。32歳で家督を継ぎ、久兵衛を襲名。同店は久しく古書専業であったが、明和の大火で版木を焼失して以来先代まで行っていなかった出版業を復活させ、諸方から版木を譲り受けて約100種を刊行した。しかし大正12年の関東大震災でその版木も店舗・倉庫ともに焼失し、また古書籍商に戻った。
【参考】『紙魚の昔がたり』訪書会編 1934（『紙魚の昔がたり 明治大正篇』八木書店 1990）

吉田 全三　よしだ・ぜんぞう
　　槙書店創業者

[生年月日]明治13年（1880年）7月1日
[没年月日]昭和51年（1976年）6月9日

大正14年吉田工務店出版部を創業し、建築関係書籍の出版を開始。昭和12年吉田書店に社名を改め、更に25年には有限会社槙書店に改組。「数学選書」「大学・電気電子工学演習シリーズ」「金属表面工学善処」を刊行するなど、理工学関係書籍専門の出版社として着実な歩みを続けた。

吉田 朗　よしだ・ろう
　　秋田文化出版社創業者 詩人

[生年月日]大正13年（1924年）6月26日
[没年月日]平成18年（2006年）11月24日
[出生地]秋田県秋田市　[学歴]海軍電測学校普通科〔昭和18年〕卒、秋田県立大野台農事講習所〔昭和23年〕卒

昭和20年復員後、23年鳥海山麓の開拓農場に入植するが挫折、故郷の秋田に戻って週刊新聞の記者となる。やがて秋田で初の月刊文化誌の刊行を任され、31年秋田文化出版社を設立。月刊誌「秋田文化」を発行した。一方、ライフワークとして47年から横8センチ、縦10センチほどの豆本「秋田ほんこの会」を発行。秋田の民俗文化を伝えるものを中心に歌集や版画集などを出した。著書に「いなか出版社の夕暮れは」「反骨の肖像 私の戦後文化誌」、詩集に「わが河口の伝説」「ある日戦争がはじまった」「草萌の季節」などがある。
[家族等]長男＝吉田総耕（秋田文化出版社社長）
【参考】『反骨の肖像 私の戦後文化誌』吉田朗著 秋田ほんこの会 1995／『吉田朗遺稿詩集』吉田朗著 書肆えん 2009／『吉田朗遺稿詩集 続』吉田朗著 書肆えん 2012

芳根 次朗　よしね・じろう
　　大平堂創業者

[生年月日]明治30年（1897年）7月29日
[没年月日]昭和55年（1980年）3月24日
[出生地]東京都

はじめ農業を営んでいたが、大正13年東京府下荏原郡平塚村（現・東京都品川区）に書籍・雑誌販売の大平堂を創業。店名は当時の元号"大正"と創業の地である"平塚"にちなむ。昭和16年東京書店組合品川支部長。戦時中には同組合で組織された商業報国隊の団長となり、日本書籍で教科書製作などに携わった。27年日本出版物小売業組合全国連合会理事に就任。更に37年から44年まで同副会長を務め、適正利潤や販売合理化などの諸問題に取り組んだ。また東京教科書供給代表取締役社長、全国教科書供給協会理事なども歴任した。著書に「明治・大正・昭和 教科書供給のあゆみ」がある。
[叙勲]勲五等双光旭日章〔昭和43年〕

吉野 源三郎　よしの・げんざぶろう
　　「世界」編集長 岩波書店常務

[生年月日]明治32年（1899年）4月9日
[没年月日]昭和56年（1981年）5月23日
[出生地]東京市牛込区新小川町（東京都新宿区）　[学歴]東京高師附属中〔大正6年〕卒、一高〔大正11年〕卒、東京帝国大学文学部哲学科〔大正14年〕卒

父は株式仲買人。大学を卒業して一年志願兵として兵役に就いた後、三省堂や東京帝国大学図書館に勤める。昭和6年治安維持法事件で逮捕され、兵役中であったことから軍法会議に付され、1年半を代々木の陸軍刑務所で過ごした。10年山本有三の紹介で新潮社の「日本少国民文庫」の編集主任となる。12年明治大学文芸科講師、14～19年教授を務め、論理学や思想史を講じた。この間、12年岩波茂雄に請われ岩波書店にも入社して編集に関わり、13年小林勇、三木清と新書判の叢書「岩波新書」の創刊に参画。戦後の21年雑誌「世界」の初代編集長に就任（誌名は谷川徹三の命名による）。24年同社株式会社改組に伴い取締役、25年常務。40年編集顧問として退くまで「世界」編集長として反戦平和の姿勢で論陣を張り、30年設立された日本ジャーナリスト会議の初代議長を務めた。著書に「君たちはどう生きるか」などがある。
[受賞]産経児童出版文化賞（第6回）〔昭和34年〕「エイブ・リンカーン」、JCJ賞（特別賞）〔昭和45年〕、IOJ賞（国際ジャーナリスト機構）〔昭和56年〕
【参考】『職業としての編集者』吉野源三郎著 岩波新書 1989

吉野 兵作　よしの・へいさく
　　裳華房創業者

[生年月日]明治2年（1869年）
[没年月日]明治41年（1908年）8月5日
[出生地]陸奥国仙台（宮城県仙台市）

明治28年上京し、日本橋本石町に裳華房を創業。同社の起源は、享保年間から出版活動を行っていた陸奥仙台藩の御用板所・裳華房に遡るという。詳しくは渡辺慎也「仙台書林・伊勢屋半右衛門の出版実態」（「日本出版史料」7, 平成14年）がある。当初は「林子平」「蒲生君平」などの偉人伝を刊行していたが、科学知識の普及が必要であることを痛感して農業・植物学・生物学など自然科学専門に転じ、新渡戸稲造「農業本論」、富士川游「日本医学史」、池野成一郎「植物系統学」などを出した。明治33年には名著として名高い新渡戸「武士道」を出版。一方、出版事情視察のため弟の野口健吉を米国へ派遣するなど、進取の気に富む人物として知られた。
[家族等]弟＝野口健吉（裳華房社長）

吉村 浩二　よしむら・こうじ
　　金高堂書店社長

[生年月日]昭和15年（1940年）1月26日
[没年月日]平成23年（2011年）7月5日

[出身地]福岡県　[学歴]明治大学法学部〔昭和38年〕卒

昭和38年大学を卒業し、父の後を継いで高知市の金高堂書店2代目社長に就任。"こころのひろば"をキャッチフレーズに、県内にいくつも支店を持つ書店に育て上げ、高知県内の出版文化育成にも貢献した。平成18年高知市文化振興事業団理事長。土佐女子中学高等学校理事長なども歴任。

[家族等]妻=吉村教子（金高堂書店取締役）、女婿=亥角政春（金高堂書店社長）

吉本 馨　よしもと・かおる
工業調査会創業者

[生年月日]大正10年（1921年）1月15日
[没年月日]平成7年（1995年）8月6日
[学歴]東京帝国大学卒

小峰工業勤務を経て、昭和28年東京・神田で工業調査会を創業。32年株式会社に改組。工学図書の出版で知られ、日本書籍出版協会評議員、自然科学書協会理事長、日本出版クラブ評議員を歴任した。

淀野 隆三　よどの・りゅうぞう
高桐書院創業者　フランス文学者

[生年月日]明治37年（1904年）4月16日
[没年月日]昭和42年（1967年）7月7日
[出生地]京都府紀伊郡伏見町（京都市）　[本名]淀野三吉　[学歴]三高卒、東京帝国大学文学部仏文科〔昭和3年〕卒

生家は京都の淀野商店。三高から東京帝大仏文科に進み、大正14年梶井基次郎、外村繁、中谷孝雄、三好達治らと同人誌「青空」に参加、編集を担当。卒業後、雑誌「文芸都市」「詩と詩論」に拠る一方、佐藤正彰らとプルースト「スワン家の方」の翻訳に従事。5年「詩・現実」を創刊。また、同年プロレタリア科学研究所に入り「マルクス・レーニン主義芸術学」を編集した。梶井「檸檬」の刊行に尽くした他、六峰書房版「梶井基次郎全集」（全2巻）、作品社版「梶井基次郎全集」（全2巻）の編集に携わり、23年自ら経営を受け継いだ高桐書院からも「梶井基次郎全集」（全4巻予定）を出したが、24年同書院倒産により2冊で中断した。上京して三笠書房に勤めた後、佐藤の紹介で明治大学の教職に就き、27年同教授。34年筑摩書房から念願である「梶井基次郎全集」（全3巻）を編集・刊行した。フランス文学者として、ジッド「狭き門」、フィリップ「小さき町にて」など数多くの翻訳がある。

【参考】林哲夫「高桐書院と淀野隆三」（「sumus」12号 2004.5）

米沢 嘉博　よねざわ・よしひろ
コミックマーケット準備会代表　漫画評論家

[生年月日]昭和28年（1953年）3月21日
[没年月日]平成18年（2006年）10月1日
[出生地]熊本県熊本市　[別名等]筆名=阿島俊,さわひろし,相田洋　[学歴]明治大学工学部卒

20数年にわたる漫画との付き合いを生かして、大学在学中からアルバイトで雑誌社の編集を手伝う。昭和50年同人誌展示即売会・コミックマーケットの創設に関わり、55年よりコミックマーケット準備会代表。のちコミケット社長を兼務。日本最大の同人誌展示即売会である"コミケ"の育ての親として知られる。没後、14万冊にのぼる蔵書は母校である明治大学に寄贈され、平成21年米沢嘉博記念図書館が開館した。また、11～14年発禁本蒐集家・城市郎のコレクションを紹介した「別冊太陽・発禁本」3冊を構成、同書により日本出版学会賞を受けた。

[受賞]日本出版学会賞（第21回）〔平成12年〕「別冊太陽・発禁本」、日本児童文学学会賞（第26回）〔平成14年〕「藤子不二雄論」、手塚治虫文化賞（特別賞,第14回）〔平成22年〕、大衆文学研究賞（大衆文化部門,第24回）〔平成23年〕「戦後エロマンガ史」

【参考】『米澤嘉博より花束を』虎馬書房 2007

米林 富男　よねばやし・とみお
　　日光書院創業者 東洋大学社会学部教授

[生年月日]明治38年(1905年)9月12日
[没年月日]昭和43年(1968年)5月6日
[出生地]石川県金沢市　[学歴]東京帝国大学文学部社会学科〔昭和3年〕卒 文学博士

東京帝国大学副手を経て、昭和12年出版業界に入り日光書院を創業。戦時の企業整備に際しても3社を買収して事業を継続。20年12月病気静養のために事業を友人に譲渡して長野県に移住したが、その後再び同社に復帰した。24年東洋大学教授となり、29年社会学部の創立に貢献した。
[家族等]長男＝米林喜男(新潟医療福祉大学教授)
【参考】「社会学評論」1968.10

万屋 兵四郎　よろずや・へいしろう
　　万屋老皀館(万兵)主人

[生年月日]文化14年(1817年)
[没年月日]明治27年(1894年)8月23日
[出生地]信濃国佐久郡大井村(長野県佐久市)
[本名]福田敬業　[旧名]小林　[別名等]号＝鳴鷟

小林正作の第2子。父に従い関東各地を流寓の後、弘化3年(1846年)江戸に出て本所の薪炭・万屋主人福田兵四郎の女婿となる。安政5年(1858年)頃に書肆老皀館を開き、「医学所諸先生翻訳医書并開成所官板御書籍」の発行売捌を始めた。当時清国では欧米列強進出の結果、多数の欧文漢訳本が出現したが、日本に於いても西洋の学術文化は蘭訳書と共に漢訳書からも移入されていた。万兵の発行したものは漢訳本の翻刻が多く、「西医略論」「地球説略」「博物新編」「万国公法」など。また、文久年間には精巧な大型世界地図「新刊輿地全図」や、清国発行の新聞雑誌を翻刻または訓点を施した「バタビヤ新聞」「海外新聞」「六合叢談」「中外新報」などを発行した。維新の際に書肆を廃業し加賀藩に聘せられ、明治2年東京府に出仕。7等出仕に進むも8年辞職、以後は家督も子に譲って文雅風流を娯しみとした。書画や詩文をよくし、ことにその鑑識には最も長けた。万兵は"西学東漸"を文字通りに体現した異彩ある出版人といえよう。
【参考】『書物三見』井上和雄著 書物展望社 1939(複製 青裳堂書店 1978)

【り】

力富 阡蔵　りきとみ・せんぞう
　　黎明書房創業者

[生年月日]明治36年(1903年)11月28日
[没年月日]昭和60年(1985年)4月4日
[出生地]長崎県北松浦郡今福町(松浦市)
[学歴]名古屋二商〔大正14年〕卒、名古屋高商〔昭和3年〕卒

昭和3年より滝実業学校(現・滝高校)で教師を務める。22年名古屋で黎明書房を設立、社名は清国の政治家・曽国藩の言葉「黎明には即ち起き、醒めて後、需恋するなかれ」に由来する。教育・保育・福祉・学術・一般書を中心に手がけて中堅の地方出版社に育て上げ、刊行書の中には毎日出版文化賞に選ばれた書籍もある。52年社主。安岡正篤を信奉し、32年愛知県師友協会を創設して事務局長を務めた。著書に「教学再興」「ある養蜂家の生涯」「マッツィーニの生涯と思想」などがある。
[叙勲]勲五等瑞宝章〔昭和54年〕　[受賞]愛知県教育委員会表彰〔昭和36年〕, 愛知県知事表彰〔昭和37年〕
【参考】『力富阡蔵先生歌集』豊島昭平編 1989

【わ】

若菜 正　わかな・ただし
集英社社長

[生年月日]大正14年（1925年）12月12日
[没年月日]平成14年（2002年）5月10日
[出生地]福島県喜多方市　[学歴]慶応義塾大学文学部〔昭和25年〕卒

昭和25年集英社に入社。「おもしろブック」編集部をふり出しに少年少女雑誌を担当。編集者として「マーガレット」「セブンティーン」の創刊に携わり、役員として「non-no」「MORE」「月刊プレイボーイ」などの創刊に関わり、それぞれを分野のトップに育てた。43年取締役、49年常務、59年専務を経て、63年社長に就任。平成8年会長に退いた。

和木 清三郎　わき・せいざぶろう
編集者 小説家

[生年月日]明治29年（1896年）1月5日
[没年月日]昭和45年（1970年）4月20日
[出生地]広島県広島市　[本名]脇恩三　[学歴]慶応義塾大学文学部英文科卒

在学中から改造社に勤め、大正10年「三田文学」10月号に「江頭校長の辞職」を発表。さらに「屑屋」「結婚愛」「みごもれる妻」などを執筆。昭和3年平松幹夫の急病で「三田文学」編集を担当、19年の辞任まで永井荷風時代とならぶ隆盛期を築いた。石坂洋次郎、山本健吉、北原武夫ら三田派新進、井伏鱒二ら学外新人登場にも貢献した。しかし出版部創設が因となって辞任、上海に渡った。22年から和木書店より折口信夫「恋の座」など慶大関係者の著書を出版。戦後は小泉信三の後援で雑誌「新文明」を創刊、45年まで続けた。

脇阪 要太郎　わきさか・ようたろう
日本出版社創業者

[生年月日]明治23年（1890年）11月17日
[没年月日]昭和50年（1975年）3月2日
[出生地]大阪府大阪市　[学歴]難波商工〔明治38年〕卒

明治38年難波商工校を卒業して秋田屋宋栄堂に入る。大正11年独立して大阪で日本出版社を創業。はじめは小学生向け学習参考書や童話集などを出版していたが、自然科学や語学関係の書籍も手がけるようになり、社業を発展させた。12年大阪出版業組合評議員、昭和24～27年大阪出版協同組合理事長を歴任した大阪出版業界の生き字引であり、31年にはその体験を「大阪出版六十年のあゆみ」としてまとめた。また、取次・大阪屋の設立発起人としても奔走した。
[叙勲]勲四等瑞宝章〔昭和42年〕
[参考]『大阪出版六十年のあゆみ』脇阪要太郎著 大阪出版協同組合 1956

鷲尾 洋三　わしお・ようぞう
「文藝春秋」編集長 文藝春秋副社長

[生年月日]明治41年（1908年）9月18日
[没年月日]昭和52年（1977年）4月26日
[出生地]東京市牛込区弁天町（東京都新宿区）
[学歴]錦城中〔大正15年〕卒, 慶応義塾大学国文科〔昭和7年〕卒

3人兄姉の二男で、漱石の二男・夏目伸六は幼稚園の同級生。東京府立第四中学に進むが、大正13年錦城中学に転校。昭和7年慶大を卒業、9年文藝春秋社に入社。11年菊池寛の媒酌により、谷崎潤一郎の2度目の妻であった同僚・古川丁未子と結婚。12年応召して以来、20年の敗戦まで3度兵隊に取られる。この間、18年「文学界」編集長。21年菊池が文藝春秋社解散を表明すると佐佐木茂索の担ぎ出しに参画、文藝春秋新社発足後は「文藝春秋」編集長。22年出版局長、29年総務局長、36年常務、46年専務を経て、49年副社長。著

書に「回想の作家たち」「忘れ得ぬ人々」「東京の空 東京の土」などがある。
【参考】『東京の人』鷲尾洋三著 1978

和田 欣之介　わだ・きんのすけ
春陽堂書店社長

[生年月日]大正7年(1918年)5月16日
[没年月日]平成22年(2010年)5月11日
[出生地]東京市日本橋区(東京都中央区)
[学歴]慶応義塾大学経済学部〔昭和16年〕卒
昭和16年中島飛行機に入社。21年復員、春陽堂書店に入社。22年常務、23年社長。平成10年相談役に退く。文化産業信用組合理事長、日本書籍出版協会監事なども務めた。
[家族等]曽祖父=和田篤太郎(春陽堂書店創業者)　[叙勲]藍綬褒章〔昭和55年〕、勲四等瑞宝章〔平成1年〕

和田 古江　わだ・ここう
「コドモノクニ」編集長

[没年月日]生没年不詳
[出身地]大分県　[本名]和田雅夫
明治13年頃生まれる。「少女画報」の編集長時代に、投稿された短編少女小説「鈴蘭」を採用して、女流作家・吉屋信子を世に送り出す。また「日本幼年」「コドモノクニ」の編集長も務める。武井武雄、岡本帰一らの童画を普及させた。昭和8年鷹見思水と子供の天地社を創業して「コドモノテンチ」編集長となったが数年後に帰郷、以後児童文化界より消息を絶った。昭和20年頃没。

和田 篤太郎　わだ・とくたろう
春陽堂書店創業者

[生年月日]安政4年(1857年)8月23日
[没年月日]明治32年(1899年)2月24日
[出生地]岐阜県不破郡荒川村(大垣市)　[別名等]号=鷹城
16歳で上京し、巡査などを経て、明治11年神田和泉町で本の小売兼行商を営み、15年頃春陽堂書店として出版業を始めた。22年文芸雑誌「新小説」(須藤南翠など文学同好会)を発刊。23年いったん廃刊したが、のち復刊。29年幸田露伴を代表編集者とした再興第二期の同誌は、30年代を代表的する文芸雑誌として権威を保ち、永く文壇の登龍門的役割を果たした。また「新作十二番」「聚芳十種」「文学世界」「春陽文庫」「小説百家選」などの文芸作品叢刊を次々と発行、さらに明治文学界の4大作家、逍遙、鷗外、紅葉、露伴の主要著作をはじめ多くの単行本、選集、全集を出版し、近代文学の発展に大きく貢献した。
【参考】『春陽堂物語 春陽堂をめぐる明治文壇の作家たち』山崎安雄著 春陽堂書店 1969

和田 利彦　わだ・としひこ
春陽堂書店社長

[生年月日]明治18年(1885年)7月28日
[没年月日]昭和42年(1967年)12月31日
[出生地]広島県広島市　[学歴]早稲田大学商科卒
博文館印刷所に勤務し、大正3年大橋新太郎の媒介で春陽堂書店創業者・和田篤太郎の孫娘と結婚して和田家に婿入り。明治・大正・昭和初期を通じて屈指の文芸書肆として知られた春陽堂書店を率い、昭和初期の"円本ブーム"の際には「明治大正文学全集」(全60巻)、「日本戯曲全集」(全50巻)を出版して大当たりをとった。昭和6年「春陽堂文庫」を発刊した。

和田 恒　わだ・ひさし
中央公論社書籍編集局次長

[生年月日]昭和6年(1931年)5月4日
[没年月日]昭和55年(1980年)11月6日
[出生地]千葉県山武郡松尾町(山武市)　[学歴]成東高〔昭和25年〕卒、東京都立大学人文学部〔昭和29年〕卒、東京都立大学大学院人文科学研究科東洋史専攻〔昭和32年〕修士課程修了
6人弟妹(3男3女)の長男。昭和28年東京都立

大学に進学、同年共産党に入党。33年4月荏原高校教諭となるが、10月中央公論社に入社。同期に井出孫六がいた。第三次「思想の科学」の編集に携わり、39年第二出版部主任、41年同部次長、44年書籍第三部長を経て、50年書籍編集局次長。「世界の歴史」「日本の名著」「世界の名著」「日本語の世界」といった大部のシリーズの編集を手がけた。
【参考】『和田恒追悼文集 野分』和田恒追悼文集刊行会 1981

和田 洋一　わだ・よういち
三才ブックス社長

[生年月日]昭和11年（1936年）1月18日
[没年月日]平成11年（1999年）8月10日
[学歴]中央大学卒

昭和55年東京・神田神保町で株式会社三才ブックスを創業。月刊ラジオ雑誌「ラジオライフ」を創刊したのをはじめ、ラジオ、ゲーム、無線、料理など趣味の雑誌や書籍を刊行した。

和田 芳恵　わだ・よしえ
「日の出」編集長 小説家

[生年月日]明治39年（1906年）3月30日
[没年月日]昭和52年（1977年）10月5日
[出生地]北海道山越郡長万部村字訓縫（長万部町）　[学歴]北海中〔大正13年〕4年修了、中央大学法学部独法科〔昭和6年〕卒

荒物雑貨商の四男。昭和6年旧知の石川六郎の紹介で新潮社に入り「日本文学大辞典」の編集に従事。9年大衆雑誌「日の出」編集部に配属、12年同誌編集長。16年退社して文筆活動に入る。22年大地書房発行の雑誌「日本小説」の編集に従事、同誌から"中間小説"という言葉が生まれたといわれる。23年日本小説社を設立して引き続き「日本小説」を発行したが、24年経営不振で終刊。樋口一葉の研究家として知られ、15年最初の著書「樋口一葉」を刊行して以来、多くの評論や伝記を執筆。筑摩書房の「一葉全集」を編纂し、32年「一葉の日記」で日本芸術院賞を受賞。45年には筑摩書房の社史「筑摩書房の三十年」を書き下ろした。創作活動の方では、39年57歳の時に「塵の中」で第50回直木賞を受賞。短編小説のすぐれた書き手として評価され、晩年になってその文業に光が当たった。
[受賞]日本芸術院賞〔昭和32年〕「一葉の日記」、直木賞（第50回）〔昭和39年〕「塵の中」、読売文学賞（第26回）〔昭和49年〕「接木の台」、日本文学大賞（第9回）〔昭和52年〕「暗い流れ」、川端康成文学賞（第5回）〔昭和53年〕「雪女」
【参考】『命の残り 夫和田芳恵』和田静子著 河出書房新社 1989／『和田芳恵展 作家・研究者・編集者として』古河文学館 1999

渡辺 久吉　わたなべ・きゅうきち
人文書院創業者

[生年月日]明治18年（1885年）7月24日
[没年月日]昭和50年（1975年）2月5日
[出生地]愛知県　[別名等]別名＝渡辺藤交
[学歴]京都仏教専門学校卒

精神療法家木原鬼仏に学び、明治41年京都に日本心霊学会を設立。そこから自著「心霊治療秘書」（大正2年）や旬刊機関紙「日本心霊」（8年創刊）などを発行、出版事業に移行し、昭和2年以降人文書院と改称する。社名は京都帝大医学部心理学科初代教授の今村新吉の命名によるもので、当初は心理学書や国文学書を中心に出版した。11年には保田与重郎の処女出版である「英雄と詩人」を手がけ、同書は池谷信三郎賞を受賞し話題となる。戦時中には企業整備のため他社への統合を余儀なくされるが、戦後の22年営業を再開し、欧米の文学、哲学、社会科学書籍の翻訳出版に転換。特に25年「サルトル全集」を皮切りにヘッセ、ボードレール、ランボー、ゲーテ、パスカルらの全集を刊行して知識人や学生からの支持を得たほか、41年にはサルトルとボーヴォワールを日本に招聘した。
【参考】一柳廣孝「霊術を売る—日本心霊学会

の言説戦略をめぐって」(「比較日本文化研究特集 現代社会における霊魂」10号 2006.10)

渡辺 潔　わたなべ・きよし
判例時報社社長

[生年月日]明治39年(1906年)
[没年月日]平成2年(1990年)1月9日
[出生地]広島県府中市　[学歴]六高〔昭和2年〕中退

昭和10年日本評論社に入社、「法律時報」編集部に所属して同誌編集長。20年4月戦時下最大の言論弾圧として知られる横浜事件で逮捕され、敗戦後の9月まで収監された。戦後は「日本評論」編集長を務め、25年退社。その後、「判例時報」編集長、判例時報社社長。戦後、横浜事件の資料を集め、同じく事件に巻き込まれた藤田親昌、美作太郎と『言論の敗北 横浜事件の真実』を出版した。

渡辺 周一　わたなべ・しゅういち
柏書房社長

[生年月日]昭和17年(1942年)3月13日
[没年月日]平成16年(2004年)9月16日
[出生地]福島県郡山市　[学歴]法政大学社会学部〔昭和41年〕卒

在学中より日本アジア・アフリカ連帯委員会に勤務。和光学園を経て、昭和48年柏書房に入社。営業部長などを務め、55年取締役、平成元年社長。11年会長。

渡辺 太郎　わたなべ・たろう
古典社社長

[生年月日]明治36年(1903年)4月13日
[没年月日]没年不詳
[出生地]静岡県駿東郡須走村(小山町)　[別名等]筆名=富士三六　[学歴]沼津中〔大正8年〕中退

地元でも有数の山林地主の長男。大正8年文学を志して上京、ポケット実業社記者となったが、病気のため間もなく帰郷。療養中に雑誌「労働運動」を読み、9年日本社会主義同盟に加入して静岡県支部を設立。12年には静岡県初のメーデーを主催した。15年労働農民党に入党。昭和3年の三・一五事件で検挙され不起訴となって以降は活動から離れ、出版業の古典社を経営。5年より週刊新聞「図書週報」(7年より月刊化)を発行した他、4冊の『古本年鑑』や『古本売買の実際知識』『明治大正発売禁止書目』『最新和本市場相場表』『古本屋開業新案内』などを出版した。17年より古本屋・富士山を経営。戦後は出版業から撤退し、古本屋を本業とした。
【参考】書物蔵「古本界の重爆撃機！『古本年鑑』と古典社の渡辺太郎 附.年譜」(「文献継承」14号 2009.6)

渡辺 肇　わたなべ・はじめ
東武ブックス社長

[生年月日]昭和11年(1936年)
[没年月日]平成11年(1999年)5月6日
[出生地]東京都　[学歴]早稲田大学経済学部経済学科〔昭和34年〕卒

昭和34年東武工芸に入社。49年社内に書店部門を設立して埼玉・東松山駅構内に第1号店を出店。51年書店部門を独立させて東武ブックスを設立して専務、63年社長に就任。東京・埼玉・千葉で30店舗以上を展開するチェーンに育て上げた。
[家族等]父=渡辺勝蔵(東武工芸社長)

渡辺 正広　わたなべ・まさひろ
日本洋書販売配給創業者

[生年月日]大正4年(1915年)2月28日
[没年月日]平成18年(2006年)4月13日
[出生地]東京市赤坂区(東京都港区)　[学歴]武蔵高〔昭和10年〕卒,京都帝国大学経済学部〔昭和13年〕卒

日本郵船副社長を務めた渡辺水太郎の長男。父の転勤により1歳から7歳までを米国で過ごす。芝白金尋常小学校では校長の牧口常三郎に、時習学塾では塾長の戸田城聖に教えを

受けた。昭和13年三菱商事に入社。14年入隊後、陸軍経理学校に志願して主計士官となり、上海での租界工作に従事したまま敗戦を迎えた。戦後、三菱商事に復社したが、23年タトル商会に転じ、27年日本洋書販売配給（現・日本洋書販売）を創業して独立、同社長に就任。31年「ニューズウィーク」誌の日本総代理店となり、やがて「タイム」「ライフ」誌などと直取引を開始。小額洋雑誌の独占輸入権を確保して業容を拡大した。38年洋販出版を設立して同社長となった。
[家族等]長男＝渡辺正憲（日本洋書販売配給社長）、父＝渡辺水太郎（日本郵船副社長）、義兄＝栖原亮（本州製紙会長）、栖原正（日本システムセンター社長）
【参考】『東西文化の融合 洋販40年の歩み』日本洋書販売配給 1994

出版社・団体名索引

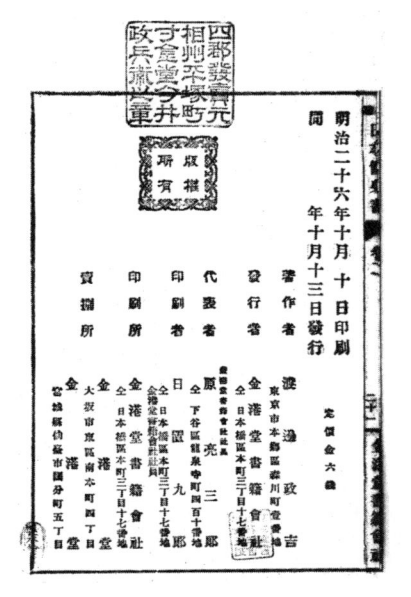

奥付
渡辺政吉編『実験日本修身書 高等小学生徒用』巻二
（明治26年）

奥付
田中義廉編『小学読物（三）』
（明治10年）

出版社・団体名索引

【あ】

アイエ書店
　→相江茂文 ……………… 3
愛書家くらぶ
　→斎藤夜居 …………… 169
あい書房
　→稲庭桂子 ……………… 40
愛隆堂
　→今堀文一郎 …………… 45
アオイ書房
　→志茂太郎 …………… 198
青木書店
　→青木春男 ……………… 4
青木嵩山堂
　→青木恒三郎 …………… 4
　→藤堂卓 ……………… 263
青野書店
　→青野友三郎 …………… 5
赤い鳥社
　→木内高音 …………… 131
　→鈴木三重吉 ………… 215
アカギ叢書
　→赤城正蔵 ……………… 8
赤坂書房
　→大沼正吉 ……………… 79
赤志忠七書店
　→博多久吉 …………… 308
赤ちゃんとママ社
　→小山久二郎 ………… 104
あかね書房
　→秋元克己 ……………… 10
　→岡本陸人 ……………… 92
秋書房
　→秋元克己 ……………… 10
秋田書店
　→秋田貞夫 ……………… 9
　→阿久津信道 …………… 11
　→壁村耐三 …………… 119
　→本位田準一 ………… 354
　→横田整三 …………… 425
秋田文化出版社
　→吉田朗 ……………… 428

秋田屋宋栄堂
　→大塚桂三 ……………… 77
　→此村庄助(2代目) …… 158
　→田中太右衛門 ……… 243
　→藤原仁助 …………… 346
　→脇阪要太郎 ………… 432
あさを社
　→清水寮人 …………… 197
朝香屋
　→大柴四郎 ……………… 75
朝倉書店
　→朝倉鉱造 …………… 12
　→川谷喜代詩 ………… 126
　→鍬谷清 ……………… 151
　→柴田乙松 …………… 190
浅倉屋
　→大川錠吉 ……………… 71
　→横尾勇之助 ………… 425
　→吉田久兵衛 ………… 428
朝野書店
　→朝野文三郎 ………… 12
アサヒ芸能出版社
　→尾形英夫 ……………… 89
　→徳間康快 …………… 265
朝日出版社
　→中野幹隆 …………… 280
朝日新聞社
　→相島敏夫 ……………… 3
　→秋田貞夫 ……………… 9
　→秋山実 ……………… 11
　→飯島幡司 ……………… 20
　→扇谷正造 ……………… 70
　→大渡順二 ……………… 87
　→小沢正元 ……………… 98
　→加藤康司 …………… 113
　→杉村楚人冠 ………… 206
　→杉村武 ……………… 207
　→鈴木文史朗 ………… 214
　→成沢玲川 …………… 291
　→松野志気雄 ………… 366
　→横田整三 …………… 425
旭屋書店
　→早嶋喜一 …………… 324
　→早嶋健 ……………… 324
浅見文林堂
　→鍬谷清 ……………… 151
　→広川源治 …………… 333

葦出版社
　→小沢和一 ……………… 99
葦書房
　→久本三多 …………… 330
飛鳥園
　→有本不二継 …………… 18
　→藪田嘉一郎 ………… 409
あすか書房
　→堤登 ………………… 258
梓書房
　→荒木精之 ……………… 17
　→岡茂雄 ……………… 88
あすなろ書房
　→山浦常克 …………… 410
吾妻書房
　→杉浦勝郎 …………… 205
アヅミ書房
　→柳沢盛平 …………… 408
安達図書
　→安達政義 …………… 14
足立文庫
　→長井勝一 …………… 270
アテネ出版社
　→岡本陸人 ……………… 92
アド通信社
　→小林作太郎 ………… 160
アトリヱ社
　→北原義雄 …………… 136
　→藤本韶三 …………… 344
阿の会
　→森山太郎 …………… 400
油谷博文堂
　→原田庄左衛門 ……… 326
あまとりあ社
　→久保藤吉 …………… 146
鮎書房
　→鮎貝秀三郎 …………… 16
荒木書店
　→荒木伊兵衛(5代目) … 16
荒木書房
　→福島保夫 …………… 337
アルス
　→鎌田敬止 …………… 119
　→河井酔茗 …………… 124
　→北原鉄雄 …………… 136
　→北原正雄 …………… 136
　→北原義雄 …………… 136

あわふらん　　　　出版社・団体名索引

→桑原甲子雄 ……………… 151
→中島謙吉 ………………… 276
→藤川敏行 ………………… 342
→本吉信雄 ………………… 394

アワ・プランニング
　→佐藤嘉尚 ……………… 183

【い】

飯島書店
　→南条初五郎 …………… 292
家の光協会
　→奥原潔 ………………… 96
　→宮部一郎 ……………… 385
医学研修出版社
　→内山勇次 ……………… 60
医学書院
　→金原一郎 ……………… 116
　→金原元 ………………… 118
　→長谷川泉 ……………… 311
偉業館
　→岡本三郎 ……………… 91
育英舎
　→阪上半七 ……………… 172
育生社
　→伊藤長夫 ……………… 38
郁文堂
　→大井久五郎 …………… 70
　→大井敏夫 ……………… 70
　→田中房次郎 …………… 245
池善書店
　→青野友三郎 …………… 5
池田書店（1）
　→池田菊夫 ……………… 24
　→池田菊敏 ……………… 24
　→池田敏子 ……………… 25
池田書店（2）
　→九嶋信英 ……………… 143
囲碁春秋社
　→野上彰 ………………… 301
砂子屋書房
　→山岡剛平 ……………… 413
石崎書店
　→石崎釗 ………………… 31

医歯薬出版
　→今田見信 ……………… 44
　→今田喬士 ……………… 45
　→筑紫義男 ……………… 251
衣裳研究所
　→大橋鎮子 ……………… 83
　→花森安治 ……………… 317
井筒屋
　→井筒屋庄兵衛（初代）… 34
和泉屋甘泉堂
　→山中市兵衛 …………… 416
和泉屋玉巌堂
　→太田金右衛門 ………… 76
和泉屋慶元堂
　→松沢老泉 ……………… 365
出雲寺
　→出雲寺和泉掾 ………… 35
磯部甲陽堂
　→磯部辰次郎 …………… 35
磯部屋文昌堂
　→磯部太郎兵衛（3代目）… 35
板倉屋書房
　→丸岡桂 ………………… 371
井田書店
　→森北常雄 ……………… 397
市ケ谷出版
　→宇野豊蔵 ……………… 61
一條書店
　→河原武四郎 …………… 128
一粒社（1）
　→横井憲太郎 …………… 424
一粒社（2）
　→彦坂竹男 ……………… 330
一喝社
　→福山秀賢 ……………… 340
一匡社
　→小沢正元 ……………… 98
一心堂
　→磯部辰次郎 …………… 35
一水社
　→村田愛子 ……………… 390
一誠社
　→足助素一 ……………… 13
一誠堂書店
　→酒井宇吉（初代）……… 170
　→酒井宇吉（2代目）…… 170
　→酒井正敏 ……………… 172

→反町茂雄 ………………… 221
→八木敏夫 ………………… 402
→山田朝一 ………………… 415
イデア書院
　→小原国芳 ……………… 103
　→信п秀一 ……………… 188
伊藤書店
　→伊藤長夫 ……………… 38
稲垣書店
　→武田宏 ………………… 235
稲元屋寸金堂
　→今井政兵衛 …………… 43
井上書店
　→村口四郎 ……………… 389
イブニングスター社
　→松野志気雄 …………… 366
今泉本店
　→今泉幹一郎 …………… 44
井村文化事業社
　→井村寿二 ……………… 46
芋小屋山房
　→森山太郎 ……………… 400
入沢企画制作事務所
　→入沢美時 ……………… 47
岩崎学術出版
　→岩崎徹太 ……………… 48
岩崎書店
　→岩崎徹太 ……………… 48
　→森山甲雄 ……………… 399
　→山本七平 ……………… 419
岩崎美術社
　→岩崎徹太 ……………… 48
岩波書店
　→稲沼瑞穂 ……………… 40
　→岩崎勝海 ……………… 47
　→岩波茂雄 ……………… 50
　→岩波雄二郎 …………… 51
　→大久保正太郎 ………… 72
　→小倉真美 ……………… 97
　→小山久二郎 …………… 104
　→鎌田敬止 ……………… 119
　→小林勇 ………………… 158
　→白井赫太郎 …………… 203
　→玉井乾介 ……………… 249
　→田村義也 ……………… 251
　→堤常 …………………… 258
　→長田幹雄 ……………… 279
　→中山三郎平 …………… 287

440

→西川秀男 294
　→西島九州男 295
　→布川角左衛門 300
　→橋本福松 310
　→長谷川鉱平 312
　→塙作楽 318
　→林達夫 322
　→藤森善貢 344
　→美坂哲男 377
　→水品一郎 377
　→緑川亨 381
　→安江良介 405
　→吉野源三郎 429

岩谷書店
　→岩谷満 54
　→大草実 72

印刷局
　→得能良介 264
　→矢野道也 408

【う】

上田屋書店
　→安達政義 14
　→小酒井五一郎 154
　→長井庄一郎 271
　→長井庄吉 271
　→林勲 321
　→松本浅次郎 369

上野文庫
　→中川道弘 274

上原書店
　→上原才一郎 55

兎屋思誠堂
　→望月誠 392

潮書房
　→高城肇 222
　→増永善吉 361

ウスヰ書房（臼井書房）
　→臼井喜之介 56

鶉屋書店
　→飯田淳次 20

内田老鶴圃
　→内田篤次 57
　→内田芳兵衛 58

内山書店
　→内山完造 59
　→内山松藻 60

宇都宮書店（うつのみや）
　→宇都宮源平 60
　→宇都宮熈志 61
　→宇都宮与四 61

ウニタ書房（ウニタ書舗）
　→遠藤忠夫 68

畝傍書房
　→岡村千秋 90
　→唐沢好雄 124
　→宮本信太郎 386

鱗形屋鶴鱗堂
　→鱗形屋三左衛門・孫兵衛 64

芸艸堂
　→本田芳太郎 355
　→山田直三郎 415

【え】

映画日本社
　→橘弘一郎 237

映画の友社
　→橘弘一郎 237

英語研究社
　→小酒井五一郎 154

栁出版社
　→漆島嗣治 64

栄泉社
　→広岡幸助 333

英文学社
　→藤本民雄 344

永楽屋東壁堂
　→片野東四郎 110

江川書店
　→江川政之 64

易風会
　→西本翠蔭 299

益文堂
　→島村水之助 195

江崎書店
　→江崎千萬人 66

以士帖印社
　→秋朱之介 9

越山堂
　→帆刈芳之助 350

江戸屋
　→中川謙 274

演芸画報社
　→安部豊 15
　→中田辰三郎 278

演劇出版社
　→利倉幸一 265

【お】

桜菊書院
　→森本光男 398

桜桃書房
　→長嶋正巳 276

桜楓社
　→及川篤二 68
　→南雲清太郎 289

旺文社
　→赤尾好夫 7
　→鳥居正博 269
　→林勲 321
　→深井深 334
　→保坂弘司 350

淡海堂
　→酒井久三郎 170
　→酒井久二郎 171

大泉書店
　→佐藤道夫 182

大川屋書店
　→大川錠吉 71

大倉書店
　→大倉孫兵衛 72
　→大倉保五郎 73
　→木村淵之助 139
　→寺村五一 261

大阪開成館三木佐助商店
　→三木佐助 375

大阪教育図書
　→横山実 426

大阪元文社
　→永岡貞市 273

441

おおさかさ　　　　出版社・団体名索引

大阪参文社
　→家村吉兵衛 21
　→岸本栄七 134
大阪修文館
　→横山実 426
大阪出版社
　→島屋政一 195
大阪書籍
　→青木恒三郎 4
　→荒巻隆 17
　→石田忠兵衛 31
　→大塚桂三 77
　→岸本栄七 134
　→前田隆一 357
　→三木佐助 375
　→柳原喜兵衛(6代目) 408
大阪パック社
　→植田熊太郎 55
大阪宝文館
　→大葉久吉 80
　→柏佐一郎 109
　→田中孝知 244
　→橋本達彦 310
　→林平次郎 322
　→福永政雄 339
大阪屋
　→安藤富造 19
　→国枝藤作 143
　→河添元次 153
　→小西武夫 158
　→荘司徳太郎 202
　→田中磐根 241
　→福永政雄 339
　→前田寛 357
　→松本最 370
　→村上勝樹 388
大阪屋号書店
　→内田勇輔 58
　→浜井弘 320
　→浜井松之助 320
　→浜井良 320
太田出版
　→内藤裕治 270
大塚書店
　→大塚周吉 78
大月書店
　→有賀新 17
　→小林直衛 161

大野書店
　→大野富士松 79
大畑書店
　→大畑達雄 84
大八洲出版
　→河原武四郎 128
　→中川豊三郎 274
　→吉川圭三 427
岡島宝玉堂
　→岡島真七 88
岡書院
　→岡茂雄 88
岡本ノート
　→今井龍雄 43
　→岡本美雄 93
小河屋柳枝軒
　→小川多左衛門 95
沖縄教販
　→真栄城玄明 356
お記録本屋
　→藤岡屋由蔵 342
奥川書房
　→奥川栄 96
落合書店
　→落合雄三 100
御茶の水書房
　→久保覚 145
オーデスク
　→楢崎汪子 291
帯伊書店
　→高市志友 236
オーム社
　→古賀広治 153
　→須長文夫 216
　→田中剛三郎 242
　→浪岡具雄 290
　→広田精一 334
　→堀井良仲 352
　→三井正光 379
面白半分
　→佐藤嘉尚 183
小山書店
　→江崎誠致 66
　→小山久二郎 104
　→野田宇太郎 302
阿蘭陀書房
　→北原鉄雄 136

音楽教育図書
　→三浦規 373
音楽之友社
　→中曽根松衛 277
　→堀内敬三 352
　→目黒三策 391
温故書屋
　→坂本篤 173
温故堂(温故書院)
　→内藤伝右衛門 269
　→内藤万春 270
雄鶏社
　→武内俊三 234
　→延原謙 304
　→原田三夫 327
　→春山行夫 328

【か】

偕行社編纂部
　→武内俊三 234
偕成社
　→今村源三郎 46
　→今村広 46
　→田中治夫 245
改造社
　→青山鋮治 5
　→岩本常雄 52
　→大森直道 85
　→小川五郎 94
　→小野康人 102
　→上村勝弥 119
　→桔梗五郎 131
　→木佐木勝 132
　→木村徳三 139
　→小林英三郎 159
　→鈴木均 214
　→橘徳 239
　→徳広巌城 264
　→牧野武夫 359
　→水島治男 377
　→箕輪錬一 381
　→山本実彦 418
　→山本重彦 419
　→横関愛造 425
　→和木清三郎 432

442

開拓社
　→長沼直兄 280
開発社
　→辻敬之 254
　→西村正三郎 297
　→湯本武比古 423
開文社
　→岩浅時三 47
海文堂（海文堂出版）
　→岡田吉弘 90
　→賀集喜一郎 109
開文堂
　→開原朝吉 106
会訳社
　→柳河春三 407
海洋社
　→村田愛子 390
海洋文化社
　→村田愛子 390
開隆堂出版
　→中村寿之助 283
科学技術振興会
　→梅原北明 62
科学主義工業社
　→倉本長治 148
　→水島治男 377
科学書院
　→辻本経蔵 255
科学新興社
　→水島治男 377
鏡浦書房
　→福林正之 339
鏡書房
　→福島保夫 337
我観社
　→三宅雪嶺 383
学芸社
　→岡本芳雄 92
学芸書林
　→八木岡英治 403
学芸通信社
　→川合仁 125
学芸図書
　→森下松衛 398
　→柳沢盛平 408
学習研究社
　→秋山実 11

　→小松敏郎 163
　→馬場一郎 319
　→古岡秀人 347
　→古岡勝 347
　→松岡幸雄 363
　→安原顕 406
学習社
　→石田忠兵衛 31
　→西村辰五郎 298
　→湯川松次郎 423
学習書房
　→門野虎三 114
学術書院
　→金原元 118
学生社
　→三木敦雄 375
学生書房
　→金原元 118
　→桜井恒次 176
学生之友社
　→鮎貝秀三郎 16
楽善堂
　→岸田吟香 133
学燈社
　→石井時司 28
　→寺田博 260
　→保坂弘司 350
学農社
　→巖本善治 52
　→津田仙 256
覚張書店
　→覚張良次 106
学風書院
　→高嶋雄三郎 224
学文社
　→北野登 135
学陽書房
　→光行寿 381
学隆社
　→九嶋信英 143
鶴鱗堂
　→鱗形屋三左衛門・孫兵衛 64
鶴林堂書店
　→小松平十郎 163
学齢館
　→石井研堂 27

影書房
　→庄幸司郎 201
華交観光協会
　→大迫正富 73
風間書房
　→風間歳次郎 107
貸本屋大惣
　→大野屋惣八 80
鹿島出版会（鹿島研究所出版会）
　→鹿島守之助 108
　→河相全次郎 125
　→長谷川鉱平 312
賀集書店
　→賀集喜一郎 109
柏書房
　→高橋満 229
　→渡辺周一 435
火星社
　→関根康喜 219
片桐開成社
　→片桐仲雄 110
学海指針社
　→前川一郎 356
学献社
　→横井川治男 424
学校図書
　→漆原利夫 63
　→川口芳太郎 126
　→坂口観蔵 173
角川書店
　→秋山実 11
　→片山修三 110
　→加藤勝代 110
　→角川源義 113
　→中井英夫 272
　→野原一夫 303
　→松原純一 368
　→山本友一 420
門野書店
　→門野虎三 114
金井彰文館
　→牧義雄 358
金井信生堂
　→金井英一 114
　→金井直造 114

かなおふん

金尾文淵堂
- →金尾種次郎 …………… 114
- →北原鉄雄 ……………… 136
- →中山泰昌 ……………… 287
- →安成二郎 ……………… 406

金子書房
- →金子誠司 ……………… 115
- →金子善蔵 ……………… 116
- →金子富次 ……………… 116

金原出版（金原医籍店・金原商店）
- →内山勇次 ………………… 60
- →金原一郎 ……………… 116
- →金原作輔 ……………… 117
- →金原四郎 ……………… 117
- →金原鋳 ………………… 118
- →金原寅作 ……………… 118

カバヤ
- →原敏 …………………… 324

カハラ書店
- →河原武四郎 …………… 128

画報社
- →星野錫 ………………… 351

鎌倉書房
- →長谷川映太郎 ………… 311

鎌倉文庫
- →巌谷大四 ………………… 54
- →大森直道 ………………… 85
- →木村徳三 ……………… 139
- →宮川和子 ……………… 382

上方屋書店
- →門野虎三 ……………… 114
- →福岡益雄 ……………… 335

雁金屋青山堂
- →青山清吉（8代目）……… 6

川口印刷
- →川口芳太郎 …………… 126

川島書店
- →川島喜代詩 …………… 126

川頭春陽堂
- →川頭九郎次 …………… 127

河内屋
- →岡島真七 ………………… 88
- →松田正助 ……………… 366
- →三木佐助 ……………… 375
- →柳原喜兵衛（6代目）… 408

河出書房（河出書房新社）
- →飯田貴一 ………………… 21

岩瀬順三
- →岩瀬順三 ………………… 49
- →巌谷大四 ………………… 54
- →上野久徳 ………………… 55
- →片山修三 ……………… 110
- →亀井龍夫 ……………… 121
- →河出静 ………………… 127
- →河出静一郎 …………… 127
- →河出孝雄 ……………… 127
- →坂本一亀 ……………… 174
- →佐野増彦 ……………… 184
- →清水康雄 ……………… 197
- →杉森久英 ……………… 207
- →竹之内静雄 …………… 236
- →寺田博 ………………… 260
- →中田雅久 ……………… 279
- →野沢隆一 ……………… 302
- →野田宇太郎 …………… 302
- →長谷川興蔵 …………… 311
- →福島保夫 ……………… 337
- →本多光夫 ……………… 354
- →松本昇 ………………… 369
- →八重樫昊 ……………… 400

川辺書店
- →川辺博 ………………… 129

川又書店
- →川又銀蔵 ……………… 129

河原書店
- →河原武四郎 …………… 128

河原書房
- →河原武四郎 …………… 128

考へ方社
- →藤森良蔵 ……………… 345

巌々堂
- →岩崎好正 ………………… 48

かんき出版
- →神吉晴夫 ……………… 129

翰香堂
- →杉本七百丸 …………… 207
- →柳沢盛平 ……………… 408

煥乎堂
- →小林二郎 ……………… 160
- →高橋清七 ……………… 227
- →高橋元吉 ……………… 229

巌松堂書店
- →西塚定一 ……………… 295
- →波多野重太郎 ………… 315
- →松本善次郎 …………… 369

神田広文館
- →木村小舟 ……………… 138

神田図書
- →林勲 …………………… 321

酣燈社
- →青木日出雄 ……………… 4
- →高嶋雄三郎 …………… 224
- →水野成夫 ……………… 379

関東州書籍配給
- →内田勇輔 ………………… 58
- →浜井良 ………………… 320

巌南堂書店
- →西塚定一 ……………… 295

【き】

機械工の友社
- →有賀新 ………………… 17

菊竹金文堂
- →樋口尚 ………………… 329
- →肥田務 ………………… 331
- →山本芳太 ……………… 421

喜久屋書店
- →工藤淳 ………………… 143

キクヤ図書販売
- →工藤淳 ………………… 143

稀覯文献研究会
- →森山太郎 ……………… 400

北原出版
- →北原鉄雄 ……………… 136
- →北原義雄 ……………… 136

其中堂
- →三浦兼助（初代）……… 373

キネマ旬報社
- →上森子鉄 ……………… 120
- →田中三郎 ……………… 242

技能者養成出版社
- →尾高豊作 ………………… 99

紀伊國屋書店
- →竹内博 ………………… 234
- →田辺茂一 ……………… 247
- →田辺礼一 ……………… 247
- →松原治 ………………… 367

木場書店
- →杉本貞幸 ……………… 207

きんさいん

輝文館
　→植田熊太郎 ………… 55
希望社
　→美平晴道 …………… 381
技報堂
　→大沼正吉 …………… 79
九芸出版
　→山本友一 …………… 420
九州共販
　→大坪芳介 …………… 78
九州書院
　→今里広記 …………… 44
九州書籍
　→田中孝知 …………… 244
九州人
　→原田磯夫 …………… 326
求龍堂
　→石原龍一 …………… 33
　→山本夏彦 …………… 420
教育芸術社
　→市川肇 ……………… 35
教育社
　→田中義廉 …………… 246
教育週報社
　→為藤五郎 …………… 251
教育出版
　→北島織衛 …………… 134
　→小坂佐久馬 ………… 154
　→谷口隆 ……………… 248
教育出版センター
　→柴崎芳夫 …………… 190
教育書籍
　→堤登 ………………… 258
教育同人社
　→森松雄 ……………… 396
慶雲堂
　→江草斧太郎 ………… 64
教学社
　→高島国男 …………… 223
教学図書
　→森下松衛 …………… 398
教材社
　→池田敏子 …………… 25
ぎょうせい
　→大谷仁兵衛 ………… 77
　→藤沢乙安 …………… 342

共生閣
　→藤岡淳吉 …………… 341
共同印刷
　→大橋光吉 …………… 81
　→大橋貞雄 …………… 82
　→大橋佐平 …………… 82
　→大橋松雄 …………… 84
　→庄司浅水 …………… 201
　→本吉敏男 …………… 394
協同出版
　→小貫英 ……………… 100
共同出版社
　→相賀武夫 …………… 69
　→鈴木省三 …………… 211
共同書籍
　→土屋右近 …………… 257
協同書籍
　→小貫英 ……………… 100
郷土研究社
　→岡村千秋 …………… 90
京都書院
　→藤岡健太郎 ………… 341
京都書籍
　→岸本栄七 …………… 134
京都書房
　→金岡昭治 …………… 115
京都大学学術出版会
　→八木俊樹 …………… 402
京都図書
　→橋本達彦 …………… 310
橋南堂
　→太田信義（初代） …… 76
教文館
　→殖栗文夫 …………… 54
　→中村義治 …………… 286
　→堀田達治 …………… 352
共立社
　→南条初五郎 ………… 292
共立出版
　→飯島将嘉 …………… 19
　→南条初五郎 ………… 292
　→南条正男 …………… 292
　→南条安昭 …………… 292
協和出版販売
　→小貫英 ……………… 100
　→西館一 ……………… 295
　→林勲 ………………… 321

玉巌堂
　→太田金右衛門 ……… 76
玉潤館
　→小川一真 …………… 93
虚無思想社
　→関根康喜 …………… 219
桐原書店
　→山崎賢二 …………… 412
欽英堂
　→此村庄助（2代目） …… 158
　→益井俊二 …………… 360
金栄堂
　→柴田良太 …………… 191
　→柴田良平 …………… 191
金園社
　→松木春吉 …………… 364
金桜堂
　→内藤加我 …………… 269
銀河書房
　→東淵修 ……………… 329
金興堂
　→肥田務 ……………… 331
金港堂
　→岩田僊太郎 ………… 49
　→大野富士松 ………… 79
　→小谷重 ……………… 100
　→加藤駒二 …………… 111
　→草村松雄 …………… 142
　→新保磐次 …………… 204
　→杉山辰之助 ………… 208
　→曽根松太郎 ………… 220
　→永沢信之助 ………… 276
　→新島章男 …………… 293
　→原亮一郎 …………… 325
　→原亮三郎 …………… 325
　→藤原佐吉 …………… 345
　→三宅米吉 …………… 384
金高堂書店
　→吉村浩二 …………… 429
金港堂書店
　→土橋金蔵 …………… 267
金興堂書店
　→肥田務 ……………… 331
今古堂
　→滝川民次郎 ………… 231
銀座印刷出版
　→久保覚 ……………… 145

445

近事画報社
　→国木田独歩 144
　→鷹見思水 230
　→矢野龍渓 409
錦城出版社
　→岡本政治 91
金昌堂
　→杉山辰之助 208
近世医学社
　→藤実人華 342
錦正社
　→中藤正三 282
錦誠堂
　→尾崎冨五郎 97
金星堂
　→門野虎三 114
　→福岡益雄 335
　→山本芳太 421
金声堂書店
　→近藤音次郎 165
銀線社出版
　→桜井均 177
近代映画社
　→小杉益二郎 155
近代科学社
　→金山豊作 115
近代文芸社
　→松浦貞一 362
近代名著文庫刊行会
　→松岡虎王麿 343
金の星社（キンノツノ社・金の船社）
　→斎藤佐次郎 167
金文堂
　→菊竹嘉市 131
　→菊竹大蔵 131
　→柴田良太 191
金芳堂
　→小林鉄夫 161
金融財政
　→戸部虎夫 268
金融通信社
　→下平進 199
金龍堂
　→樋口尚 329

【く】

草木屋出版部
　→山崎斌 412
草野書房
　→福島保夫 337
九段書房
　→伊集院俊隆 34
国元書房
　→国元孝治 145
　→国元省平 145
久保書店
　→久保藤吉 146
　→中田雅久 279
熊谷印刷
　→熊谷孝 147
苦楽社
　→須貝正義 205
暮しの手帖社
　→大橋鎮子 83
　→花森安治 317
　→横山啓一 426
グラフ社
　→中尾是正 273
クララ社
　→小池四郎 151
栗田雑誌販売
　→岩田発太郎 50
　→内田勇輔 58
　→開原朝吉 106
栗田出版販売
　→伊東新太郎 38
　→内田勇輔 58
　→栗田確也 148
　→三浦兆志 374
栗田書店
　→伊東新太郎 38
　→岩田発太郎 50
　→内田勇輔 58
　→折戸俊雄 105
　→国枝藤作 143
　→栗田確也 148
　→鈴木真一 212
　→永田周作 277
　→布川角左衛門 300

　→野口兵蔵 302
　→松本浅次郎 369
　→三浦兆志 374
鶴文庫
　→池田秀男 25
鉄社
　→大草実 72
ぐろりあそさえて
　→伊藤長蔵 38
鍬谷書店
　→鍬谷清 151
群像社
　→宮沢俊一 384

【け】

慶応書房
　→岩崎徹太 48
京華堂書店
　→中山泰昌 287
警眼社
　→西島九州男 295
敬業社
　→国木田独歩 144
　→矢野龍渓 409
慶元堂
　→松沢老泉 365
蛍光社
　→布井達雄 300
経済往来社
　→下村亮一 200
経済雑誌社
　→田口卯吉 232
　→望月二郎 392
ケイザイ春秋社（経済春秋社）
　→国頭義正 144
経済図書
　→国元省平 145
経済法令研究会
　→下平進 199
警視庁
　→橘高広 238
　→肥後栄吉 329
芸術科学社
　→庄司浅水 201

芸術現代社
　→中曽根松衛 ･･････････ 277
奎章閣
　→稲田政吉 ･･････････････ 39
形象社
　→川仁宏 ･･････････････ 128
警醒社
　→岡本正一 ･･････････････ 91
　→土井伊惣太 ･･････････ 262
　→福永文之助 ･･････････ 339
けいせい出版
　→鈴木重雄 ･･････････ 210
鶏声堂書店
　→高嶋米峰 ･･････････ 224
勁草書房
　→逸見俊吾 ･･････････････ 37
　→井村寿二 ･･････････････ 46
圭文社
　→下出源七 ･･････････ 198
勁文社
　→加納勲 ･･････････････ 118
芸文社
　→井上正也 ･･････････････ 42
芸文書院
　→田中房次郎 ･･････････ 245
敬文堂
　→竹内久雄 ･･････････ 234
啓明書房
　→青木武彦 ･･････････････ 3
経林書房
　→不破博 ･･････････････ 349
　→増井知三 ･･････････ 360
慶林堂
　→高美甚左衛門 ･･････････ 230
月刊沖縄社
　→佐久田繁 ･･････････ 175
月刊ぶれいがいど東北
　→夏堀茂 ･･････････････ 289
月刊ペン社
　→隈部大蔵 ･･････････ 148
月曜書房
　→酒井寅吉 ･･････････ 171
　→野原一夫 ･･････････ 303
　→前田隆治 ･･････････ 357
幻戯書房
　→辺見じゅん ･･････････ 349

研究社
　→植田虎雄 ･･････････････ 55
　→小酒井五一郎 ････････ 154
　→小酒井貞一郎 ････････ 154
　→小酒井益蔵 ･･････････ 154
　→高部義信 ･･････････ 230
　→林勲 ･･････････････ 321
研究社出版
　→小酒井五一郎 ････････ 154
　→小酒井貞一郎 ････････ 154
　→小酒井益蔵 ･･････････ 154
　→山本友一 ･･････････ 420
乾元社
　→牧野武夫 ･･････････ 359
元々堂書房
　→瀬川光行 ･･････････ 218
玄光社
　→北原正雄 ･･････････ 136
玄黄社
　→鶴田久作 ･･････････ 259
研数書院
　→上本将 ･･････････････ 56
現代思潮社
　→石井恭二 ･･････････････ 27
　→川仁宏 ･･････････････ 128
　→久保覚 ･･････････ 145
現代社
　→浅川満 ･･････････････ 11
現代之科学社
　→一戸直蔵 ･･････････････ 36
現代の理論社
　→安東仁兵衛 ･･････････ 19
現代評論社
　→上森子鉄 ･･････････ 120
　→木島力也 ･･････････ 134
　→鈴木均 ･･････････ 214
　→丸山実 ･･････････ 372
現代マンガ図書館
　→内記稔夫 ･･････････ 269
建築工芸協会
　→草村松雄 ･･････････ 142
建帛社
　→筑紫義男 ･･････････ 251
研文館
　→相賀武夫 ･･････････････ 69
賢文館書店
　→朝倉鉱造 ･･････････････ 12

健文社
　→鮎貝秀三郎 ･･････････････ 16
　→伊藤長夫 ･･････････････ 38
元文社
　→田中貫行 ･･････････ 244
玄文社
　→河合徹 ･･････････ 125
　→長谷川巳之吉 ････････ 314
　→結城礼一郎 ･･････････ 422
研文書院
　→橋口景二 ･･････････ 309
　→長谷川光利 ･･････････ 313
玄明書房
　→真栄城玄明 ･･････････ 356
兼六館出版
　→西村定男 ･･････････ 296

【こ】

興亜日本社
　→大島敬司 ･･････････････ 75
庚寅新誌社
　→手塚猛昌 ･･････････ 260
公益社
　→木下立安 ･･････････ 137
弘学社
　→鈴木省三 ･･････････ 211
好学社
　→川口芳太郎 ･･････････ 126
工学図書
　→宇野豊蔵 ･･････････････ 61
興教書院
　→清水精一郎 ･･････････ 196
工業調査会
　→吉本馨 ･･････････ 430
工業図書
　→倉橋藤治郎 ･･････････ 148
　→水谷三郎 ･･････････ 378
航空ジャーナル社
　→青木日出雄 ･･････････････ 4
航空知識社
　→横関愛造 ･･････････ 425
巧芸社
　→下出源七 ･･････････ 198

447

こうけいし

光芸社
　→樋口豊三 329
　→藤川敏行 342
高坂書店
　→高坂修一 152
工作社
　→山本夏彦 420
交詢社出版局
　→八木俊樹 402
光人社
　→高城肇 222
恒人社
　→伊藤英治 37
厚生閣
　→岡本正一 91
　→志賀正路 186
　→春山行夫 328
光生館
　→中川豊三郎 274
恒星社
　→志賀正路 186
　→土井伊惣太 262
　→水島治男 377
恒星社厚生閣
　→岡本正一 91
　→志賀正路 186
　→土井伊惣太 262
工政会出版部
　→倉橋藤治郎 148
　→萩原誠三郎 308
　→水谷三郎 378
佼成出版社
　→古川忠司 347
厚生堂
　→小島棟吉 155
構想社
　→坂本一亀 174
光大社
　→中島謙吉 276
講談社
　→赤石喜平 6
　→荒木博 17
　→有木勉 18
　→五十嵐勝弥 22
　→岩村蓬 52
　→内田勝 58
　→宇山日出臣 62

　→浦上脩二 62
　→大沢一六 74
　→岡圭介 87
　→岡田貞三郎 89
　→小保方宇三郎 103
　→尾張真之介 105
　→加藤謙一 111
　→加納勲 118
　→萱原宏一 123
　→神吉晴夫 129
　→木村健一 138
　→久保田裕 147
　→熊谷寛 147
　→黒崎勇 150
　→小玉邦雄 157
　→篠原雅之 190
　→鈴木智之 210
　→須藤博 215
　→高木義賢 222
　→高橋克彦 225
　→高橋清次 227
　→高橋哲之助 228
　→田沼貞治 249
　→田村年雄 250
　→足沢禎吉 251
　→奈良静馬 291
　→西村俊成 298
　→野間惟道 304
　→野間左衛 305
　→野間佐和子 305
　→野間省一 305
　→野間清治 306
　→野間恒 306
　→橋本求 310
　→長谷川卓郎 313
　→服部敏幸 316
　→原田常治 326
　→福山秀賢 340
　→船田真之 346
　→牧野武朗 359
　→松林勤 367
　→丸尾文六 370
　→三木章 374
　→三樹創作 376
　→茂木茂 393
　→山口勘蔵 411
　→由井千春 422
甲鳥書林
　→鈴木重雄 210

弘道館
　→坂本真三 174
　→辻本卯蔵 255
　→辻本経蔵 255
　→林平次郎 322
　→福村保 340
合同出版（合同出版社）
　→小川道明 95
　→竹森久次 237
　→宮原敏夫 385
高桐書院
　→淀野隆三 430
高等成師学会
　→守屋荒美雄 398
厚徳社
　→長宗泰造 282
江南書店
　→山本七平 419
光風社
　→上原才一郎 55
　→四海民蔵 186
　→矢島一三 405
興風館
　→村上信彦 389
光風社(1)
　→亀谷行 122
光風社(2)
　→豊島漱 268
光風社出版
　→深見兵吉 335
光風社書店
　→豊島漱 268
弘文館
　→林平次郎 322
　→吉川半七 427
浩文館
　→国元省平 145
弘文社(1)
　→須磨勘兵衛 216
弘文社(2)
　→湯川松次郎 423
光文社
　→伊賀弘三良 21
　→五十嵐勝弥 22
　→大坪昌夫 78
　→小保方宇三郎 103
　→加藤一夫 110

こんとうし

→神吉晴夫 ………… 129
→黒崎勇 …………… 150
→小玉邦雄 ………… 157
→小林武彦 ………… 161
→篠原直 …………… 189
→丸尾文六 ………… 370
→茂木茂 …………… 393

恒文社
→池田恒雄 ………… 25
→小林英三郎 ……… 159

興文社
→石川寅吉 ………… 31
→田中直樹 ………… 245
→柳沼沢介 ………… 403

光文書院
→長谷川光利 ……… 313

弘文荘
→反町茂雄 ………… 221

弘文堂（弘文堂書房）
→大洞正典 ………… 85
→小野二郎 ………… 101
→久保井理津男 …… 146
→田村勝夫 ………… 249
→西井一夫 ………… 294
→西谷能雄 ………… 296
→八坂浅次郎（初代）… 404
→八坂浅次郎（2代目）… 404

光明思想普及会
→佐藤彬 …………… 180
→谷口雅春 ………… 248
→辻村彦次郎 ……… 255

鴻盟社
→今村金次郎 ……… 45
→大内青巒 ………… 70

公友社
→井上正也 ………… 42

甲陽書房
→石井計記 ………… 27

公立社
→藤堂卓 …………… 263

光琳書院
→岩瀬順三 ………… 49

広林堂
→広川源治 ………… 333

公論社
→久保山雄三 ……… 147

光和書房
→四海民蔵 ………… 186

高和堂
→高橋休四郎 ……… 226

外語学院出版部
→藤井嘉作 ………… 340

五月書房
→竹森久次 ………… 237

コーキ出版
→松尾善高 ………… 363

国際出版社
→酒井寅吉 ………… 171

国際情報社
→石原俊明 ………… 32

国際報道工芸
→名取洋之助 ……… 289

国史講習会
→長坂金雄 ………… 275

国書刊行会
→市島謙吉 ………… 36
→早川純三郎 ……… 321

国進社
→原野仲次 ………… 327

克誠堂出版
→今井甚太郎 ……… 42

国土社
→長宗泰造 ………… 282

国民教育学会
→多田房之輔 ……… 237

国民社
→秋山謙和 ………… 10
→加賀見忠作 ……… 106

国民図書
→中山泰昌 ………… 287

国民図書刊行会
→大橋貞雄 ………… 82
→二宮愛二 ………… 299
→本吉信雄 ………… 394

国民文庫刊行会
→鶴田久作 ………… 259

国民文庫社
→小林直衛 ………… 161

古今書院
→橋本福松 ………… 310
→橋本真 …………… 310
→八木禎次郎 ……… 402

高志書房
→中山三郎平 ……… 287

五車楼
→永沢信之助 ……… 276

小谷書店
→湯川松次郎 ……… 423

国光社
→石川正作 ………… 30
→橋本忠次郎 ……… 310

古典社
→渡辺太郎 ………… 435

梧桐書院
→酒井久二郎 ……… 171

コドモ社
→木元平太郎 ……… 139

子供の天地社
→鷹見思水 ………… 230
→和田古江 ………… 433

こどものとも社
→中川健蔵 ………… 274

子供マンガ新聞社
→鈴木郁三 ………… 208

小西書店
→宮井徳治 ………… 382

護法書院
→加藤咄堂 ………… 112

ごま書房
→篠原直 …………… 189

小松織物出版社
→瀬戸忠信 ………… 219

小峰書店
→小峰広恵 ………… 163

古明地書店
→古明地忠治 ……… 164

此見亭書屋
→斎藤夜居 ………… 169

コロナ社
→牛来丈助 ………… 165
→牛来武知 ………… 165
→藤田末治 ………… 343
→藤田達夫 ………… 343
→横井川治男 ……… 424

近藤出版部
→近藤瓶城 ………… 166

449

【さ】

彩雲閣
　→西本翠蔭 ………… 299
財界研究所
　→飯塚昭男 ………… 20
　→松原正樹 ………… 368
　→三鬼陽之助 ……… 376
　→山口比呂志 ……… 412
財政経済学会
　→草村松雄 ………… 142
　→中山泰昌 ………… 287
采文閣
　→本吉信雄 ………… 394
サイマル出版会
　→田村勝夫 ………… 249
さ・え・ら書房
　→浦城光郷 ………… 63
酒井書店
　→酒井宇吉（初代）… 170
酒井芳文堂
　→斎藤龍光 ………… 168
坂口書店
　→岡茂雄 …………… 88
坂書房
　→大沼正吉 ………… 79
相模書房
　→小林美一 ………… 162
坂本書店
　→坂本篤 …………… 173
鷺書房
　→岡角次 …………… 87
鷺之宮書房
　→古明地忠治 ……… 164
作品社（1）
　→小野松二 ………… 102
作品社（2）
　→寺田博 …………… 260
桜井書店
　→桜井均 …………… 177
左久良書房（佐久良書房）
　→柴田流星 ………… 191
　→関宇三郎 ………… 218
　→細川芳之助（2代目）… 351

桜書房
　→福山秀賢 ………… 340
雑報社
　→今村謙吉 ………… 45
佐野屋錦誠堂
　→尾崎冨五郎 ……… 97
座右の書物会
　→宗野信彦 ………… 220
サラリーマン社
　→長谷川国雄 ……… 311
サン・アート
　→中野稔 …………… 281
三一書房
　→竹村一 …………… 236
　→田畑弘 …………… 249
三栄書房
　→鈴木賢七郎 ……… 210
　→八重樫昊 ………… 400
三益社
　→伊藤長夫 ………… 38
山海堂
　→秋元克己 ………… 10
　→来島捨六 ………… 149
　→来島正時 ………… 149
三共出版
　→萩原誠三郎 ……… 308
三教書院
　→鈴木種次郎 ……… 212
産業図書
　→国元省平 ………… 145
　→戸田節治郎 ……… 266
サンケイ新聞出版局
　→神吉晴夫 ………… 129
三興社
　→桜井均 …………… 177
三彩社
　→藤本韶三 ………… 344
三才ブックス
　→和田洋一 ………… 434
三修社
　→橘三雄 …………… 239
　→前田完治 ………… 356
三十書房
　→秋元克己 ………… 10
三松堂
　→松邑孫吉（2代目）… 368

三書楼
　→波多野重太郎 …… 315
三進堂
　→関信太郎 ………… 218
三信図書
　→青山鉞治 ………… 5
三世社
　→牧野英二 ………… 359
三星社
　→坂東恭吾 ………… 328
三星社書房
　→九嶋信英 ………… 143
三省堂
　→鮎貝秀三郎 ……… 16
　→今井直一 ………… 43
　→上野久徳 ………… 55
　→越後谷勇治郎 …… 67
　→亀井忠一 ………… 121
　→亀井辰朗 ………… 121
　→亀井豊治 ………… 121
　→亀井寅雄 ………… 122
　→亀井万喜子 ……… 122
　→北野民夫 ………… 134
　→熊井征太郎 ……… 147
　→斎崎精輔 ………… 168
　→篠崎信次 ………… 189
　→清水権六 ………… 196
　→神保周蔵 ………… 204
　→末次保 …………… 204
　→竹田憲正 ………… 235
　→武田新吉 ………… 235
　→田所太郎 ………… 241
　→田中孝知 ………… 244
　→永井茂弥 ………… 271
　→中土義敬 ………… 279
　→服部幾三郎 ……… 316
　→三浦理 …………… 373
　→森山甲雄 ………… 399
　→山崎清一 ………… 413
　→吉野源三郎 ……… 429
三省堂出版
　→亀井寅雄 ………… 122
三省堂書店
　→亀井辰朗 ………… 121
　→亀井豊治 ………… 121
　→鈴木省三 ………… 211
山洞書院
　→桜井均 …………… 177

出版社・団体名索引　　しゅうえい

三徳社
　→中村徳二郎 284
サン・ニュース・フォトス（サン出版）
　→名取洋之助 289
山王書房
　→関口良雄 219
讚文社
　→永田敏之 278
三友社
　→国弘直 144
三洋社
　→長井勝一 270
三洋出版貿易
　→鈴木常夫 212
三洋堂書店
　→加藤一 112
三和
　→高井一郎 221
三和図書
　→九嶋信英 143

【し】

歯苑社
　→今田見信 44
　→今田喬士 45
塩弥書店
　→前田梅吉 356
四海書房
　→四海民蔵 186
詩学社
　→大草実 72
四季書房
　→八重樫昊 400
CQ出版
　→吉川長一 427
時局月報社
　→長谷川国雄 311
思索社
　→片山修三 110
獅子吼書房
　→中山泰昌 287
静岡谷島屋
　→三上益弘 374

至誠書院
　→加島謙次 107
至誠堂
　→伊藤貫一 38
　→小川菊松 94
　→小沢作二郎 98
　→加島謙次 107
　→加島虎吉 108
　→小杉天外 155
　→田中平八郎 245
　→藤井誠治郎 341
　→藪田嘉一郎 409
時代社
　→志村文蔵 197
時代出版社
　→岩崎徹太 48
七曜社
　→矢牧一宏 411
実教会社
　→国元省平 145
実教出版
　→宇野豊蔵 61
　→水谷三郎 378
実業之世界社
　→小竹即一 100
　→野依秀市 307
　→安成三郎 406
　→安成二郎 406
実業之日本社
　→有本芳水 18
　→石井白露 28
　→岩下小葉 49
　→内山基 60
　→神山裕一 120
　→渋沢青花 192
　→滝沢素水 232
　→原達平 324
　→増田義一 360
　→増田義彦 361
　→松山思水 370
　→光岡威一郎 379
　→山本和夫 417
JICC出版局
　→石井慎二 27
自動車通信社
　→鈴木賢七郎 210
東雲堂書店
　→関根康喜 219

→西村辰五郎 298
　→西村寅次郎 298
柴田書店
　→柴田良太 191
　→柴田良平 191
師範学校教科書会社
　→森下松衛 398
シビル社
　→木下立安 137
思文閣出版
　→田中新 243
至文社
　→加賀見忠作 106
至文堂
　→佐藤正叟 182
　→佐藤泰三 182
島根県教科図書販売
　→今井彰 42
　→今井兼文 42
清水書院
　→清水権六 196
清水書店
　→葉多野太兵衛 316
清水屋書店
　→伊藤貫一 38
下総書房
　→熊谷清治 147
日本生産性本部
　→松本昇平 369
社会思想社
　→小森田一記 164
　→土屋実 257
写真芸術社
　→安成三郎 406
写真植字機研究所
　→石井茂吉 29
ジャパン・ライブラリー・ビューロー
　→間宮不二雄 370
秀英舎
　→佐久間貞一 175
　→佐藤義亮 181
集英社
　→片柳治 110
　→鈴木省三 211
　→陶山巌 216
　→高橋俊昌 228

451

→谷山尚義 248
→長野規 280
→平河内公平 332
→二上洋一 346
→堀内末男 353
→本郷保雄 354
→若菜正 432

秀英出版
→大村弘毅 85

秀英書房
→森道男 396

集英堂
→内山港三郎 59
→小林清一郎 160

集英堂書店
→内山港三郎 59

修学館
→横山実 426

秀学社
→佐々木国雄 177

修学堂
→関信太郎 218

修学堂書店
→鈴木一平 209

週刊釣りサンデー
→小西和人 157

自由国民社
→長谷川国雄 311

十字屋
→原胤昭 324

自由社
→鈴木均 214

自由書房
→田中平八郎 245

自由新聞社
→川合仁 125

修正社
→近藤賢三 165

集成社
→赤坂亀次郎 8

聚精堂
→田中増蔵 246

集団形星
→鈴木重雄 210

修文館
→鈴木種次郎 212
→鈴木常松 213

集文堂
→大川義雄 71

聚文堂
→鈴木常松 213

聚芳閣
→足立欽一 13

受験研究社
→岡本政治 91
→岡本増次郎 92

出版協同社
→福林正之 339

出帆社
→矢牧一宏 411

出版新報社
→清水文吉 197
→堀野庄蔵 353

出版タイムス社
→小島新作 155
→帆刈芳之助 350

出版ニュース社
→小野高久良 102
→国領茂蔵 153
→椎橋博 186
→鈴木徹造 213

主婦と生活社
→遠藤左介 68
→大島重次 75
→大島秀一 75
→片山修三 110
→鈴木敏夫 213

主婦の友社（主婦之友社）
→青木春男 4
→石川数雄 30
→石川武美 31
→今井田勲 44
→小橋三四子 158
→志村文義 197
→中尾是正 273
→古岡秀人 347
→本郷保雄 354

春秋社
→赤木健介 7
→神田豊穂 130
→神田龍一 130
→香原一勢 153
→野口兵蔵 302
→三ツ木幹人 380

春秋社書店
→中山泰昌 287

春祥堂
→近藤音次郎 165

惇信堂大坪書店
→大坪芳介 78

春陽堂書店
→石井研堂 27
→木呂子斗鬼次 140
→後藤宙外 157
→島源四郎 193
→難波卓爾 293
→和田欣之介 433
→和田篤太郎 433
→和田利彦 433

松雲堂
→鹿田静七（2代目）..... 187

松栄堂
→宮下軍平 385

小学館
→秋田貞夫 9
→秋山謙和 10
→秋山実 11
→荒木博 17
→今井堅 42
→相賀武夫 69
→相賀徹夫 69
→相賀ナヲ 69
→加賀見忠作 106
→向坂隆一郎 174
→佐々部承象 179
→信田秀一 188
→鈴木省三 211
→陶山巌 216
→豊田亀市 268
→中山泰昌 287
→野口晴男 302
→林麟四 323
→広瀬徳二 333
→古岡秀人 347
→堀内末男 353

小学新報社
→井口長次 23

裳華房
→及川伍三治 68
→吉野兵作 429

商業界
→倉本長治 148

彰考書院
　→藤岡淳吉 341
彰国社
　→下出国雄 198
　→下出源七 198
　→立松久昌 240
松山堂
　→藤井利八 341
昭森社
　→森谷均 399
裳鳥会限定版倶楽部
　→秋朱之介 9
祥伝社
　→伊賀弘三良 21
　→黒崎勇 150
　→佐々部承象 179
　→信田秀一 188
四洋洞私版
　→佐々木桔梗 177
昭南書房
　→秋朱之介 9
湘南堂
　→小沢淳男 98
　→小沢作二郎 98
少年画報社
　→今井堅 42
少年文化社
　→篠原雅之 190
尚文館
　→孝寿芳春 152
　→上法快男 202
昭文館
　→卜部宗嘉 63
正文館
　→谷口正太郎 247
敵文館
　→岡本政治 91
晶文社
　→小野二郎 101
　→中村勝哉 283
城北堂
　→金子富太郎 116
正本屋
　→西沢一風 294
商務印書館
　→小谷重 100
　→加藤駒二 111

　→原亮三郎 325
上毛書籍会社
　→藤原佐吉 345
尚友堂
　→松田正助 366
昇龍堂出版
　→斎藤龍光 168
松林堂
　→水野慶次郎(3代目) ... 378
照林堂
　→飯島将嘉 19
昭和出版
　→今井龍雄 43
　→岡本美雄 93
昭和出版社文英堂
　→益井俊二 360
書肆季節社
　→政田岑生 360
女子文壇社
　→河井酔茗 124
　→野口竹次郎 301
書肆ユリイカ
　→伊達得夫 240
女性時代社
　→河井酔茗 124
書泉
　→酒井正敏 172
書方改良会
　→石井研堂 27
書物展望社
　→岩本和三郎 53
　→斎藤昌三 168
　→森谷均 399
白川書院
　→臼井喜之介 56
白玉書房
　→鎌田敬止 119
素人社
　→金児杜鵑花 116
四六書院
　→田中直樹 245
新学社
　→奥西保 96
　→高鳥賢司 225
新京印書館
　→上村勝弥 119

新京出版
　→寺村五一 261
　→森山甲雄 399
新教出版社
　→森岡巌 396
　→横井憲太郎 424
新月書房
　→都筑道夫 255
新元社
　→大島秀一 75
新建築社
　→吉岡保五郎 427
新興科学社
　→小林勇 158
新興楽譜出版社
　→草野昌一 141
　→草野貞二 142
新光社
　→小川菊松 94
　→鈴木艮 209
　→仲摩照久 282
　→原田三夫 327
新興出版社啓林館
　→佐藤武雄 182
　→曽川勝太郎 220
　→原野仲次 327
新公論社
　→窪田範治 146
シンコー・ミュージック・エン
タテイメント
　→草野昌一 141
新雑誌エックス
　→丸山実 372
新思潮社
　→辻本経蔵 255
新時潮社
　→矢島定男 405
新樹社
　→柚登美枝 422
真珠書院
　→三樹彰 374
新小説社
　→島源四郎 193
仁書房
　→川合仁 125
駸々堂
　→大淵渉 85

しんせいか　出版社・団体名索引

新生閣
　→鈴木省三 …………… 211
新世紀書房
　→秋山正美 …………… 10
新生社
　→青山虎之助 ………… 6
　→福島保夫 …………… 337
新声社
　→佐藤義亮 …………… 181
　→関根康喜 …………… 219
　→中根駒十郎 ………… 280
新生堂
　→高井一郎 …………… 221
新生堂書店
　→福永政雄 …………… 339
新世界社
　→大久保正太郎 ……… 72
新泉社
　→小汀良久 …………… 102
真善美社
　→徳間康快 …………… 265
新太陽社
　→今里広記 …………… 44
　→須貝正義 …………… 205
　→馬海松 ……………… 355
　→牧野英二 …………… 359
診断と治療社
　→藤実人華 …………… 342
新潮社
　→大宅壮一 …………… 86
　→金児杜鵑花 ………… 116
　→亀井龍夫 …………… 121
　→後藤章夫 …………… 157
　→斎藤十一 …………… 167
　→向坂隆一郎 ………… 174
　→佐佐木茂索 ………… 178
　→佐藤義亮 …………… 181
　→佐藤俊一 …………… 182
　→佐藤俊夫 …………… 182
　→佐藤道夫 …………… 182
　→佐藤義夫 …………… 183
　→佐藤亮一 …………… 184
　→菅原国隆 …………… 205
　→谷田昌平 …………… 248
　→中根駒十郎 ………… 280
　→中村武羅夫 ………… 285
　→楢崎勤 ……………… 291
　→新田敏 ……………… 299

　→野原一夫 …………… 303
　→野平健一 …………… 304
　→山田彦弥 …………… 416
　→吉野源三郎 ………… 429
　→和田芳恵 …………… 434
伸展社
　→秋朱之介 …………… 9
新読書社
　→伊集院俊隆 ………… 34
新日本出版社
　→松宮龍起 …………… 368
新日本法規出版
　→河合善次郎 ………… 125
新農林社
　→岸田義国 …………… 133
新農林新聞社
　→岸田義国 …………… 133
新ハイキング社
　→小林玻璃三 ………… 161
審美社
　→高橋彰一 …………… 226
新評論
　→美作太郎 …………… 382
人物往来社
　→内川千裕 …………… 57
　→中村安孝 …………… 286
　→八谷政行 …………… 407
人物評論社
　→大宅壮一 …………… 86
新文化通信社
　→小林一博 …………… 159
　→丸島誠 ……………… 372
新文館
　→橘静二 ……………… 238
新聞研究所
　→中山泰昌 …………… 287
　→永代静雄 …………… 288
　→丸島誠 ……………… 372
人文書院
　→津曲篤子 …………… 258
　→渡辺久吉 …………… 434
人文書房
　→鈴木省三 …………… 211
新聞之新聞社
　→金亨燦 ……………… 140
　→式正次 ……………… 187
　→堀野庄蔵 …………… 353

新聞文芸社
　→川合仁 ……………… 125
人民社
　→佐和慶太郎 ………… 185
新曜社
　→堀江洪 ……………… 353
進路社
　→杉森久英 …………… 207

【す】

水声社
　→津田新吾 …………… 256
水中造形センター
　→舘石昭 ……………… 240
スイングジャーナル社
　→加藤幸三 …………… 111
スキージャーナル
　→滝泰三 ……………… 231
スコラ
　→久保田裕 …………… 147
　→高橋克章 …………… 225
鈴木書店
　→鈴木真一 …………… 212
スタイル社
　→北原武夫 …………… 135
　→寺田博 ……………… 260
須原屋（須伊）
　→須原屋伊八 ………… 217
　→高野嗣男 …………… 225
　→藤原佐吉 …………… 345
須原屋（須茂）
　→阪上半七 …………… 172
　→鈴木荘太郎 ………… 212
　→須原屋茂兵衛 ……… 217
諏訪書房
　→石井計記 …………… 27
寸金堂
　→今井政兵衛 ………… 43
駿南社
　→奥川栄 ……………… 96

【せ】

青蛙房
　→岡本経一 90
政界往来社
　→恩田貢 105
　→木舎幾三郎 140
成海堂
　→原田繁一 326
生活と趣味之会
　→大田菊子 76
政教社
　→五百木良三 21
　→三宅雪嶺 383
成光館
　→河野源 128
成功雑誌社
　→村上濁浪 388
盛光社
　→田中貫行 244
精興社
　→白井赫太郎 203
星光書院
　→関根康喜 219
静山社
　→松岡幸雄 363
青山堂
　→青山清吉（8代目） 6
青磁社
　→鎌田敬止 119
成史書院
　→関根康喜 219
誠之堂
　→伊藤岩次郎 37
誠志堂
　→椴川甚蔵 107
　→椴川弥兵衛 107
青春出版社
　→岩瀬順三 49
　→小沢和一 99
成象堂
　→博多久吉 308
　→原田繁一 326

青人社
　→馬場一郎 319
誠信書房
　→川島喜代詩 126
　→柴田乙松 190
西東社
　→中村安孝 286
青銅社
　→佐和慶太郎 185
西東書房
　→七条兼三 188
　→七条愷 189
青土社
　→清水康雄 197
　→津田新吾 256
　→内藤裕治 270
　→中野幹隆 280
成美堂
　→河出静一郎 127
　→河出孝雄 127
　→佐野義光 185
精美堂
　→大橋光吉 81
成美堂出版
　→深見兵吉 335
西武百貨店
　→中川道弘 274
　→福島保夫 337
盛文館
　→岸本栄七 134
　→林平次郎 322
盛文館書店
　→岸本栄七 134
精文館書店
　→木和田為作 140
聖文堂
　→笹部貞市郎 179
成文堂
　→阿部義任 15
正文館
　→朝野文三郎 12
誠文堂
　→小川菊松 94
　→原田三夫 327
清文堂出版
　→前田勝雄 356

成文堂書店
　→阿部義任 15
盛文堂書店
　→越後谷勇治郎 67
　→谷口正太郎 247
誠文堂新光社
　→小川菊松 94
　→小川誠一郎 95
　→倉本長治 148
　→信田秀一 188
　→篠原雅之 190
　→鈴木艮 209
　→仲摩照久 282
　→原田三夫 327
　→松山思水 370
税務経理協会
　→大坪半吾 78
青蘭社
　→南部新一 293
青林書院
　→逸見俊吾 37
　→柴田良太 191
青林堂
　→長井勝一 270
青黎閣
　→須原屋伊八 217
　→高野嗣男 225
　→藤原佐吉 345
聖華書房
　→山田茂助 416
清和堂製版印刷
　→北原義雄 136
世界思想社（世界思想社教学社）
　→高島国男 223
世界社
　→小玉邦雄 157
　→筑紫義男 251
世界ニュース社
　→伊集院俊隆 34
世界評論社
　→青地晨 4
　→小森田一記 164
　→鈴木均 214
　→津曲篤子 258
　→畑中繁雄 315
世界文化社
　→鈴木郁三 208

せきせんか

→本多光夫 354
積善館
　→石田忠兵衛 31
　→鈴木常松 213
　→辻本卯蔵 255
　→中村信以 285
関根書店
　→関根康喜 219
績文堂
　→石上文七郎 30
雪華社
　→岩本常雄 52
　→栗林茂 149
せりか書房
　→久保覚 145
全音楽譜出版社
　→島田貞二 193
仙鶴堂
　→鶴屋喜右衛門 259
全甲社
　→高橋五山 226
全国教育図書
　→高橋満 229
千鐘房
　→須原屋茂兵衛 217
先進社
　→上村勝弥 119
洗心書林
　→松下英麿 365
仙台金港堂
　→藤原佐一郎 345
　→藤原佐吉 345
選択出版
　→飯塚昭男 20
全日本ブッククラブ
　→池島興治 23
千里閣出版部
　→巖谷小波 53
　→木村小舟 138
川流堂
　→小林又七（2代目） 162
ゼンリン
　→大迫忍 73
　→大迫正富 73

【そ】

ソヴィエート友の会
　→林達夫 322
蒼雲書房
　→福島保夫 337
宋栄堂
　→大塚桂三 77
　→田中太右衛門 243
　→藤原仁助 346
　→脇阪要太郎 432
双雅房
　→岩本和三郎 53
綜芸社
　→藪田嘉一郎 409
創元社
　→秋山孝男 10
　→厚木淳 14
　→石井計記 27
　→小林茂 160
　→矢部外次郎 409
　→矢部文治 410
　→矢部良策 410
　→柚登美枝 422
綜合社
　→森一祐 395
綜合図書
　→中村隆一 287
草思社
　→加瀬昌男 109
巣枝堂
　→目黒十郎 391
　→目黒甚七 392
創樹社
　→竹内達 233
創樹社美術出版
　→竹内達 233
双松堂中野書林
　→中野ミツ 281
増進堂
　→岡本政治 91
　→岡本増次郎 92
　→立川熊次郎 239

草土社
　→岩本常雄 52
創美社
　→二上洋一 346
草風館
　→内川千裕 57
叢文閣
　→足助素一 13
創文社
　→大洞正典 85
　→久保井理津男 146
蒼竜社
　→中村隆一 287
そしえて
　→大谷高一 77
海と空社
　→横関愛造 425

【た】

第一学習社
　→松本清 369
第一組合稀覯文献研究会
　→森山太郎 400
第一公論社
　→上村勝弥 119
　→上村哲弥 119
第一出版
　→栗田確也 148
　→永田周作 277
第一書店
　→石井計記 27
第一書房
　→秋朱之介 9
　→金亨燦 140
　→野田宇太郎 302
　→長谷川巳之吉 314
　→原田三夫 327
　→春山行夫 328
　→八木林之助 403
第一世論社
　→中山正男 288
第一図書販売
　→宗野信彦 220

出版社・団体名索引　　　　たいようつ

第一法規出版
　→河合善次郎 ………… 125
　→田中重弥 …………… 242
　→田中富弥 …………… 244
　→田中弥助 …………… 246
大学館
　→岩崎鉄次郎 ………… 47
　→宮井徳治 …………… 382
大学出版社
　→桜井恒次 …………… 176
大学書林
　→佐藤義人 …………… 183
大活字社
　→市橋正晴 …………… 37
待賈堂
　→岩本五一 …………… 52
大化堂
　→白井赫太郎 ………… 203
　→牧恒夫 ……………… 358
大光社
　→佐藤嘉尚 …………… 183
大黒屋
　→松木平吉（5代目）… 364
第三書房
　→藤井嘉作 …………… 340
大修館書店
　→井上堅 ……………… 41
　→川上市郎 …………… 126
　→鈴木一平 …………… 209
　→鈴木荘夫 …………… 211
　→鈴木とき …………… 213
　→鈴木敏夫 …………… 213
大衆書房
　→矢崎正治 …………… 405
大正一切経刊行会
　→高楠順次郎 ………… 223
大新社
　→鈴木郁三 …………… 208
大誠堂
　→藤井誠治郎 ………… 341
大盛堂書店
　→舩坂弘 ……………… 346
大蔵出版
　→青山鉞治 …………… 5
　→高楠順次郎 ………… 223
大地書房
　→石井立 ……………… 28

　→豊島漱 ……………… 268
　→野上彰 ……………… 301
　→和田芳恵 …………… 434
大地屋書店
　→大曽根鉎治 ………… 75
大東亜出版社
　→八切止夫 …………… 403
大鐙閣
　→榎本文雄 …………… 67
　→榎本松之助 ………… 67
　→西島九州男 ………… 295
大東館
　→田中武雄 …………… 244
　→田中平八郎 ………… 245
　→長井庄一郎 ………… 271
　→長井庄吉 …………… 271
　→藤井誠治郎 ………… 341
　→松本浅次郎 ………… 369
大同館
　→坂本真三 …………… 174
大東出版社
　→岩野真雄 …………… 51
　→奥村貞夫 …………… 96
大同出版社
　→桜井均 ……………… 177
大同書院
　→松本善次郎 ………… 369
大道書房
　→戸田城聖 …………… 266
第二出版販売
　→芳賀章 ……………… 308
　→八木敏夫 …………… 402
大日本印刷
　→北島織衛 …………… 134
　→佐久間長吉郎 ……… 175
　→佐藤俊一 …………… 182
　→谷口隆 ……………… 248
　→増田義一 …………… 360
　→増田義彦 …………… 361
大日本絵画巧芸美術
　→小川誠一郎 ………… 95
　→鈴木艮 ……………… 209
大日本学術協会
　→尼子止 ……………… 15
大日本書道出版
　→長坂金雄 …………… 275

大日本図書
　→大村弘毅 …………… 85
　→河村敏雄 …………… 129
　→佐久間長吉郎 ……… 175
　→佐久間貞一 ………… 175
　→佐久間裕三 ………… 176
　→杉山常次郎 ………… 208
　→林平次郎 …………… 322
　→三木佐助 …………… 375
　→宮川保全 …………… 383
大日本文華会社
　→曽根松太郎 ………… 220
大日本文明協会
　→草村松雄 …………… 142
大日本法令出版
　→田中重弥 …………… 242
　→田中弥助 …………… 246
太白書房
　→森谷均 ……………… 399
泰文堂
　→篠崎信次 …………… 189
大平堂
　→芳根次朗 …………… 429
太平洋書房
　→四海民蔵 …………… 186
大法輪閣
　→石原俊明 …………… 32
　→福山秀賢 …………… 340
大菩薩峠刊行会
　→野口兵蔵 …………… 302
タイムライフ
　→宗野信彦 …………… 220
大明堂
　→神戸文三郎 ………… 130
ダイヤモンド社
　→石山賢吉 …………… 33
　→石山四郎 …………… 34
　→鈴木建 ……………… 210
　→三鬼陽之助 ………… 376
　→守岡道明 …………… 397
太陽閣
　→仲摩照久 …………… 282
太洋社
　→国弘直 ……………… 144
太陽通信社
　→長谷川巳之吉 ……… 314

457

たいようと

大洋堂
→大塚周吉 ……………… 78
泰林館
→南条初五郎 …………… 292
大和書店
→長井勝一 ……………… 270
大和書房
→大和和明 ……………… 86
ダヴィッド社
→越後谷勇治郎 ………… 67
→遠山直道 ……………… 263
高須書房
→石井計記 ……………… 27
高橋書店
→高橋休四郎 …………… 226
高松堂書店
→都崎友雄 ……………… 254
高美書店
→上原才一郎 …………… 55
→高美甚左衛門 ………… 230
→矢島一三 ……………… 405
高美屋慶林堂
→高美甚左衛門 ………… 230
高山書院
→寺島文夫 ……………… 260
宝島社
→石井慎二 ……………… 27
拓文堂
→小貫英 ………………… 100
琢磨社
→武内俊三 ……………… 234
竹内書店
→竹内博 ………………… 234
→中野幹隆 ……………… 280
→安原顕 ………………… 406
竹書房
→野口恭一郎 …………… 301
竹村書房
→五十沢二郎 …………… 26
橘書店
→橘徳 …………………… 239
立川文明堂
→立川熊次郎 …………… 239
辰巳出版
→中村隆一 ……………… 287
立松編集事務所
→立松久昌 ……………… 240

田中一誠堂
→田中かく ……………… 241
田沼書店
→田沼太右衛門 ………… 248
玉井清文堂
→橋口景二 ……………… 309
→長谷川光利 …………… 313
玉川大学出版部
→小原国芳 ……………… 103
たま出版
→瓜谷侑広 ……………… 63
多摩文庫
→山本友一 ……………… 420
達摩屋待買堂
→岩本五一 ……………… 52
太郎次郎社
→浅川満 ………………… 11
淡交社
→臼井史朗 ……………… 56
→納屋嘉治 ……………… 290
丹頂書房
→鈴木敏夫 ……………… 213

【 ち 】

地球出版
→戸田節治郎 …………… 266
竹苞楼
→佐々木惣四郎 ………… 178
→山田茂助 ……………… 416
筑摩書房
→石井立 ………………… 28
→臼井吉見 ……………… 57
→岡山猛 ………………… 93
→加藤勝代 ……………… 110
→竹之内静雄 …………… 236
→田中達治 ……………… 244
→中島岑夫 ……………… 276
→布川角左衛門 ………… 300
→野原一夫 ……………… 303
→古田晁 ………………… 348
→和田芳恵 ……………… 434
千倉書房
→千倉孝 ………………… 252
→千倉豊 ………………… 252
→寺島文夫 ……………… 260

地人書館
→上条勇 ………………… 119
チャイルド本社
→大橋貞雄 ……………… 82
茶之木屋中田書店
→中田清兵衛 …………… 278
中央公論社
→青地晨 ………………… 4
→麻田駒之助 …………… 12
→雨宮庸蔵 ……………… 16
→小倉真美 ……………… 97
→木内高音 ……………… 131
→木佐木勝 ……………… 132
→栗本和夫 ……………… 149
→黒田秀俊 ……………… 150
→小森田一記 …………… 164
→笹原金次郎 …………… 179
→佐藤観次郎 …………… 180
→篠原敏之 ……………… 189
→嶋中晨也 ……………… 193
→嶋中鵬二 ……………… 194
→嶋中雅子 ……………… 194
→嶋中雄作 ……………… 194
→杉森久英 ……………… 207
→高嶋雄三郎 …………… 224
→高嶋善郎 ……………… 229
→滝田樗陰 ……………… 232
→竹森清 ………………… 237
→津曲篤子 ……………… 258
→津曲淳三 ……………… 259
→野中正孝 ……………… 303
→長谷川鉱平 …………… 312
→畑中繁雄 ……………… 315
→波多野秋子 …………… 315
→塙嘉彦 ………………… 318
→林達夫 ………………… 322
→半沢成二 ……………… 328
→福山秀賢 ……………… 340
→藤田圭雄 ……………… 343
→藤田親昌 ……………… 343
→本多光夫 ……………… 354
→牧野武夫 ……………… 359
→松下英麿 ……………… 365
→松林恒 ………………… 367
→宮本信太郎 …………… 386
→宮脇俊三 ……………… 386
→八重樫昊 ……………… 400
→八木岡英治 …………… 403
→安原顕 ………………… 406
→山本英吉 ……………… 417

458

【中央公論美術出版】
　→長谷川鉱平 312
中央社
　→尼子撲一 15
　→佐久間長吉郎 175
　→佐久間裕三 176
　→深山尚文 335
　→増田義彦 361
　→由井京一 422
中央書院
　→竹森清 237
中央堂
　→宮川保全 383
中央図書
　→鈴木真一 212
中央美術社
　→佐佐木茂索 178
中央法規出版
　→荘村正人 202
中外出版
　→国元省平 145
中外農林新聞社
　→岸田義国 133
中学館
　→石上文七郎 30
中教出版
　→飯島庚子郎 19
　→大谷高一 77
　→永井茂弥 271
中興館
　→上条勇 119
　→矢島一三 405
忠孝之日本社
　→風間歳次郎 107
中国人事通信社
　→松本清 369
忠誠堂
　→高倉嘉夫 223
中等学校教科書
　→飯島庚子郎 19
　→山本慶治 417
中統教育図書
　→上山義雄 120
中等教科書
　→大村弘毅 85

　→柚登美枝 422
　→和田恒 433
中道社
　→津曲淳三 259
中文館
　→中村時之助 284
　→福村保 340
著作権資料協会
　→佐々木繁 177

【つ】

塚越書店
　→塚越郁四郎 253
津軽書房
　→高橋彰一 226
創出版
　→対馬滋 255
辻岡屋
　→綱島亀吉（2代目）.... 258
蔦屋
　→蔦屋重三郎 256
土屋信明堂
　→土屋右近 257
釣之研究社
　→奥川栄 96
つり人社
　→佐藤垢石 181
　→竹内始万 234
敦賀屋文海堂
　→松村九兵衛 368
鶴書房
　→田中貫行 244
　→永岡貞市 273
鶴田印刷
　→熊谷孝 147
つるや書房
　→岸他丑 132
鶴屋仙鶴堂
　→浅見文吉 13
　→鶴屋喜右衛門 259

【て】

帝国教育会出版部
　→大橋貞雄 82
　→本吉信雄 394
帝国書院
　→守屋荒美雄 398
帝国書籍
　→小林清一郎 160
　→原亮一郎 325
　→山田禎三郎 415
帝国大学新聞
　→扇谷正造 70
　→小沢正元 98
　→金原元 118
　→唐木邦雄 123
　→桜井恒次 176
　→高原四郎 229
　→田所太郎 241
　→野沢隆一 302
　→長谷川泉 311
　→花森安治 317
　→久富達夫 330
帝国地方行政学会
　→大谷仁兵衛 77
　→藤沢乙安 342
帝国図書普及会
　→坂東恭吾 328
帝国判例法規出版社
　→河野信一 153
帝国法規出版
　→河合善次郎 125
丁未出版社
　→土屋泰次郎 257
テスト研究会
　→森松雄 396
哲学書房
　→中野幹隆 280
鉄道時報局
　→木下立安 137
　→柴山当夫 192
鉄塔書院
　→小林勇 158

459

鉄道日本社
- →雑賀進 166

鉄道ピクトリアル
- →本島三良 393

電気書院
- →田中久四郎 241
- →田中久雄 245

電気之友社
- →牛来丈助 165

天牛書店
- →天牛新一郎 261

天声出版社
- →矢牧一宏 411

電通
- →竹森清 237
- →光永星郎 380

電波技術社
- →金山豊作 115

電友社
- →加藤木重教 113

天理時報社
- →岡島善次 88

【と】

東亜交通公社
- →宗武朝子 387

東亜堂
- →伊東芳次郎 39
- →神戸文三郎 130
- →木村小舟 138
- →不退栄一 346

塔影詩社
- →河井酔茗 124

桃園書房
- →唐沢好雄 124

東海書房
- →岡本陸人 92

東海堂
- →奥川栄 96
- →川合晋（初代） 124
- →川合晋（2代目） 124
- →国領茂蔵 153
- →国領友太郎 153
- →椎橋博 186

同学社
- →近藤久寿治 165

冬芽書房
- →江崎誠致 66

東京印刷
- →星野錫 351

東京開成館
- →西野虎吉 296

東京教育社
- →石井研堂 27
- →日下部三之介 141

東京共成社
- →秋山謙和 10

東京経済雑誌社
- →乗竹孝太郎 308

東京公司
- →青山正明 6

東京辞書出版社
- →鮎貝秀三郎 16
- →大葉久吉 80
- →林平次郎 322
- →松邑孫左（2代目） 368

東京社（1）
- →島田義三 193
- →鷹見思水 230
- →不退栄一 346
- →本吉信雄 394
- →柳沼沢介 403
- →和田古江 433

東京社（2）
- →酒井寅吉 171

東京出版
- →黒木正憲 150
- →増永善吉 361

東京書院
- →橋口景二 309

東京書籍
- →鮎貝秀三郎 16
- →石川正作 30
- →大柴四郎 75
- →加藤駒二 111
- →長得一 253
- →原亮一郎 325
- →三樹一平 375
- →山田三郎太 414
- →与賀田辰雄 424

東京出版販売
- →青木嵩 3

→赤尾稔 7
→朝倉鉱造 12
→池辺伝 26
→石井彦澄 28
→石川度治 30
→石川武美 31
→稲葉通雄 40
→遠藤健一 67
→小野高久良 102
→尾張真之介 105
→角屋正隆 216
→高橋松之助 228
→南雲忠勝 289
→福岡信 335
→由井京一 422

東京創元社
- →秋山孝男 10
- →厚木淳 14
- →小林茂 160
- →矢部良策 410

東京大学出版会
- →中平千三郎 282

東京タイムズ
- →熊谷寛 147

東京地形社
- →植野録夫 55

東京地図出版
- →小島新作 155

東京築地活版製造所
- →野村宗十郎 306
- →平野富二 332

東京堂
- →青木嵩 3
- →赤尾稔 7
- →赤坂長助 8
- →石井晋 28
- →石井彦澄 28
- →石川度治 30
- →岩出貞夫 50
- →岩本和三郎 53
- →遠藤健一 67
- →大野孫平 79
- →大橋勇作 81
- →大橋佐平 82
- →大橋省吾 83
- →大橋達雄 84
- →岡本陸人 92
- →開原朝吉 106
- →鍛冶忠一 107

→杉山常次郎 ……………… 208
→澄田譲 …………………… 216
→角屋正隆 ………………… 216
→高橋新一郎 ……………… 227
→永井茂弥 ………………… 271
→南雲忠勝 ………………… 289
→西館一 …………………… 295
→平沢直吉 ………………… 332
→福岡信 …………………… 335
→増山新一 ………………… 362
→松本昇平 ………………… 369
東京堂出版
　→澄田譲 ………………… 216
　→増山新一 ……………… 362
東京堂書店
　→酒井宇吉（初代）……… 170
　→澄田譲 ………………… 216
東京図書
　→原田三夫 ……………… 327
　→坂東恭吾 ……………… 328
東京図書出版
　→西村寅次郎 …………… 298
東京ニュース通信社
　→奥山清平 ……………… 96
東京稗史出版社
　→大柴四郎 ……………… 75
東京パック
　→下田憲一郎 …………… 199
東京P.U.C
　→関根康喜 ……………… 219
東京福音社
　→福永文之助 …………… 339
東京文教社
　→登山俊彦 ……………… 268
東京文芸社
　→角谷奈良吉 …………… 106
東京宝文館
　→永田耕作 ……………… 277
東京法令出版
　→星沢正 ………………… 350
桃源社
　→矢貫東司 ……………… 401
東光園
　→大田菊子 ……………… 76
東光閣書店
　→内藤加我 ……………… 269

同光社磯部書房
　→豊島澂 ………………… 268
刀江書院
　→尾高豊作 ……………… 99
　→関根康喜 ……………… 219
東光書林
　→西村七兵衛（4代目）… 297
東西芸能出版社
　→徳間康快 ……………… 265
東西出版社
　→青山鉞治 ……………… 5
　→小野康人 ……………… 102
東西南北社
　→川崎文治 ……………… 126
同志社
　→原田常治 ……………… 326
東枝書店
　→東枝吉兵衛 …………… 262
冬樹社
　→滝泰三 ………………… 231
童心社
　→稲庭桂子 ……………… 40
　→村松金治 ……………… 390
同人社
　→永田周作 ……………… 277
同人社出版部
　→中村正直 ……………… 285
東成社
　→北原義雄 ……………… 136
島鮮堂書店
　→綱島亀吉（2代目）…… 258
東都書籍
　→熊井征太郎 …………… 147
　→末次保 ………………… 204
東都書房
　→高橋清次 ……………… 227
　→高橋哲之助 …………… 228
東武ブックス
　→渡辺肇 ………………… 435
同文館（同文館出版）
　→朝倉鉱造 ……………… 12
　→尼子止 ………………… 15
　→石川武美 ……………… 31
　→岩田発太郎 …………… 50
　→熊井征太郎 …………… 147
　→都河龍 ………………… 254
　→沼田藤次 ……………… 300

→服部幾三郎 ……………… 316
→不破博 …………………… 349
→増井知三 ………………… 360
→森山甲雄 ………………… 399
→森山譲二 ………………… 399
→森山章之丞 ……………… 399
同文社
　→志垣寛 ………………… 187
東壁堂
　→片野東四郎 …………… 110
東方社
　→林達夫 ………………… 322
　→春山行夫 ……………… 328
　→森山太郎 ……………… 400
東峰書房
　→三ツ木幹人 …………… 380
同盟四書房
　→亀井忠一 ……………… 121
東明堂
　→関宇三郎 ……………… 218
道友社
　→岡島善次 ……………… 88
東洋館
　→小野梓 ………………… 101
　→坂本嘉治馬 …………… 173
東陽館
　→酒井久三郎 …………… 170
東洋館出版社
　→錦織登美夫 …………… 294
東洋経済新報社
　→石橋湛山 ……………… 32
　→高橋滝 ………………… 229
　→町田忠治 ……………… 362
　→三浦鋳太郎 …………… 373
　→三鬼陽之助 …………… 376
東洋社
　→石川正作 ……………… 30
東洋出版社
　→山本重彦 ……………… 419
東陽堂
　→吾妻健三郎 …………… 13
　→大橋乙羽 ……………… 81
　→山下重民 ……………… 414
　→山本松谷 ……………… 419
東洋図書
　→永田耕作 ……………… 277
　→永田与三郎 …………… 279

東和社
　→内山基 ………………… 60
読書人
　→青戸陸子 ……………… 5
　→巖谷大四 ……………… 54
　→橘経雄 ………………… 238
　→長岡光郎 ……………… 273
　→村上輝雄 ……………… 388
特選街出版
　→牧野武朗 ……………… 359
徳間書店
　→尾形英夫 ……………… 89
　→徳間康快 ……………… 265
　→松本昇平 ……………… 369
　→山下辰巳 ……………… 414
独立社
　→足助素一 ……………… 13
都山書房
　→増永善吉 ……………… 361
都市出版社
　→矢牧一宏 ……………… 411
図書印刷
　→川口芳太郎 …………… 126
図書月販
　→小林一博 ……………… 159
　→中森蒔人 ……………… 287
図書出版社
　→泉三太郎 ……………… 35
図書新聞
　→伊藤英治 ……………… 37
　→大輪盛登 ……………… 86
　→唐木邦雄 ……………… 123
　→田所太郎 ……………… 241
都政出版社
　→古川沛雨亭 …………… 348
戸田書店
　→戸田卓 ………………… 267
　→戸田寛 ………………… 267
鳥取県教科図書販売
　→今井兼文 ……………… 42
トッパン
　→鈴木敏夫 ……………… 213
凸版印刷
　→井上源之丞 …………… 41
　→沢村嘉一 ……………… 185
　→庄司浅水 ……………… 201
　→山田三郎太 …………… 414

　→与賀田辰雄 …………… 424
独歩社
　→国木田独歩 …………… 144
　→島田義三 ……………… 193
　→鷹見思水 ……………… 230
トパーズプレス
　→瀬戸川猛資 …………… 220
吐鳳堂
　→今井甚太郎 …………… 42
　→田中増蔵 ……………… 246
富田文陽堂
　→福岡益雄 ……………… 335
登美屋書店
　→不退栄一 ……………… 346
ドメス出版社
　→今田喬士 ……………… 45
ドン社
　→都崎友雄 ……………… 254

【 な 】

内外社
　→小沢正元 ……………… 98
　→橘徳 …………………… 239
内外出版（内外出版印刷）
　→大谷仁兵衛 …………… 77
　→須磨勘兵衛 …………… 216
内外出版協会
　→山県悌三郎 …………… 410
内外タイムス社
　→恩田貢 ………………… 105
ナイキ漫画館
　→内記稔夫 ……………… 269
内務省
　→江草四郎 ……………… 65
　→佐伯郁郎 ……………… 170
　→野村文夫 ……………… 307
　→挟間茂 ………………… 309
　→水野錬太郎 …………… 379
ナウカ社
　→大竹博吉 ……………… 77
　→久保襄 ………………… 146
永岡書店
　→永岡貞市 ……………… 273

中尾松泉堂書店
　→中尾堅一郎 …………… 273
中川書店
　→中川謙 ………………… 274
長崎次郎書店
　→長崎次郎 ……………… 275
　→長崎政次郎 …………… 276
中島書店
　→河野源 ………………… 128
長嶋書房
　→長嶋正巳 ……………… 276
永末書店
　→永末英一 ……………… 277
中田書店
　→中田清兵衛 …………… 278
永田書店
　→永田周作 ……………… 277
永田文昌堂
　→永田宗太郎 …………… 278
中西屋
　→山田九郎 ……………… 414
中森書店
　→中森蒔人 ……………… 287
中山書店
　→中山三郎平 …………… 287
名倉昭文館
　→卜部宗嘉 ……………… 63
ナツメ社
　→田村喜久蔵 …………… 250
なないろ文庫ふしぎ堂
　→田村治芳 ……………… 250
なにわ書房
　→浪花剛 ………………… 290
浪速書林
　→梶原正弘 ……………… 109
浪華文会
　→日柳三舟 ……………… 141
並木書房
　→奈須田敬 ……………… 289
南雲堂
　→及川篤二 ……………… 68
　→南雲克雄 ……………… 288
　→南雲清太郎 …………… 289
　→福島正実 ……………… 337
南光社
　→加藤知正 ……………… 112
　→楠間亀楠 ……………… 143

南江堂
　→小立淳 …………… 156
　→小立鉦四郎(2代目)… 156
　→小立武彦 ………… 156
　→小立正彦 ………… 156

南山堂
　→鈴木幹太 ………… 215

南天荘書店
　→大萩登 …………… 81

南天堂
　→松岡虎王麿 ……… 363

南北社
　→曽根松太郎 ……… 220

南北書園
　→野口兵蔵 ………… 302

南明堂
　→弥吉光長 ………… 421

【に】

新高堂書店
　→村崎長昶 ………… 390

新村印刷
　→新村長次郎 ……… 293

西ケ原刊行会
　→戸田節治郎 ……… 266

西沢書店
　→西沢喜太郎(2代目)… 295

虹出版
　→高須賀昭夫 ……… 225

西日本加除式法規出版社
　→松本清 …………… 369

西村書店
　→西村平三 ………… 298

21世紀新社
　→笹原金次郎 ……… 179

二松堂
　→中藤正三 ………… 282
　→宮下軍平 ………… 385

日米教育協会
　→成瀬恭 …………… 292

日貿出版社
　→小沢武雄 ………… 98
　→吉崎厳 …………… 428

日用書房
　→林譲 ……………… 323

日教販(日本教科図書販売)
　→大木武雄 ………… 72
　→寺沢音一 ………… 260
　→久富達夫 ………… 330
　→森下松衛 ………… 398

日経BP(日経マグロウヒル)
　→室伏章郎 ………… 391

日光書院
　→米林富男 ………… 431

日就社
　→子安峻 …………… 164

日本書籍
　→大柴四郎 ………… 75
　→太田馬太郎 ……… 76
　→大橋光吉 ………… 81
　→木村淵之助 ……… 139
　→林平次郎 ………… 322
　→水野慶次郎(3代目)… 378

日正書房
　→戸田城聖 ………… 266

日新医学社
　→山谷徳治郎 ……… 421

日新堂
　→白銀市太郎 ……… 203

日進堂書店
　→武田宏 …………… 235

日地出版
　→植野録夫 ………… 55

日東書院
　→古明地忠治 ……… 164

二宮書店
　→二宮愛二 ………… 299

日本愛書会
　→志茂太郎 ………… 198

日本アートセンター
　→片山修三 ………… 110

日本医学雑誌
　→今田見信 ………… 44
　→金原一郎 ………… 116
　→金原作輔 ………… 117
　→肥後栄吉 ………… 329

日本医事新報社
　→梅沢信二 ………… 61
　→梅沢彦太郎 ……… 61

日本医書出版
　→金原作輔 ………… 117
　→金原四郎 ………… 117

日本ヴォーグ社
　→瀬戸忠信 ………… 219

日本織物出版社
　→瀬戸忠信 ………… 219

日本音楽雑誌
　→目黒三策 ………… 391

日本外事協会
　→小沢正元 ………… 98

日本学芸新聞社
　→川合仁 …………… 125

日本加除出版
　→尾中郁夫 ………… 100

日本カメラ社
　→樋口豊三 ………… 329
　→藤川敏行 ………… 342

日本教図
　→登山俊彦 ………… 268

日本教文社
　→秋田一季 ………… 9
　→谷口雅春 ………… 248
　→辻村彦次郎 ……… 255

日本経営出版会
　→竹内正治 ………… 234

日本限定版倶楽部
　→秋朱之介 ………… 9

日本工業出版
　→小林作太郎 ……… 160

日本弘道会
　→西村茂樹 ………… 296

日本工房
　→名取洋之助 ……… 289

日本国民社
　→伊東阪二 ………… 38

日本古書通信社
　→八木敏夫 ………… 402
　→八木福次郎 ……… 402

日本雑誌協会
　→坂田謙二 ………… 173
　→田沼貞治 ………… 249
　→奈良静馬 ………… 291
　→原達平 …………… 324

日本シェル出版
　→八切止夫 ………… 403

にほんしか

日本歯科評論社
→高津弌 ………………… 225
日本史籍協会
→早川純三郎 …………… 321
日本実業出版社
→中村進 ………………… 283
日本ジャーナル出版
→岡本弘 ………………… 91
日本週報
→奈須田敬 ……………… 289
日本出版会
→相島敏夫 ……………… 3
→石川武美 ……………… 31
→浦城光郷 ……………… 63
→岡野他家夫 …………… 90
→金井英一 ……………… 114
→葛原秀一 ……………… 143
→柴田錬三郎 …………… 191
→長岡光郎 ……………… 273
→野沢隆一 ……………… 302
→挾間茂 ………………… 309
→久富達夫 ……………… 330
→福林正之 ……………… 339
→矢部良策 ……………… 410
日本出版会社
→土居光華 ……………… 262
日本出版協会
→石井満 ………………… 29
→梅沢彦太郎 …………… 61
→大島秀一 ……………… 75
→佐々木繁 ……………… 177
→柴田錬三郎 …………… 191
日本出版協同
→福林正之 ……………… 339
日本出版社
→佐藤武雄 ……………… 182
→信田秀一 ……………… 188
→原野仲次 ……………… 327
→脇阪要太郎 …………… 432
日本出版助成
→福林正之 ……………… 339
日本出版配給
→青木堯 ………………… 3
→赤尾稔 ………………… 7
→赤坂長助 ……………… 8
→安達政義 ……………… 14
→尼子揆一 ……………… 15
→安藤富造 ……………… 19

→飯島将嘉 ……………… 19
→家村吉兵衛 …………… 21
→池沢丈雄 ……………… 23
→石井彦澄 ……………… 28
→石川度治 ……………… 30
→石川武美 ……………… 31
→石田松太郎 …………… 32
→伊東新太郎 …………… 38
→岩田岩吉 ……………… 49
→岩田発太郎 …………… 50
→内田勇輔 ……………… 58
→卜部宗嘉 ……………… 63
→江草重忠 ……………… 65
→遠藤健一 ……………… 67
→大木武雄 ……………… 72
→大坪芳介 ……………… 78
→大橋達雄 ……………… 84
→岡田栄治郎 …………… 89
→小貫英 ………………… 100
→折戸俊雄 ……………… 105
→開原朝吉 ……………… 106
→鍛冶忠一 ……………… 107
→柏佐一郎 ……………… 109
→菊竹大蔵 ……………… 131
→木村亥吉 ……………… 137
→金亨燦 ………………… 140
→国枝藤作 ……………… 143
→栗田確也 ……………… 148
→国領茂蔵 ……………… 153
→後藤八郎 ……………… 157
→椎橋博 ………………… 186
→清水文吉 ……………… 197
→荘司徳太郎 …………… 202
→鈴木徹造 ……………… 213
→関信太郎 ……………… 218
→高井一郎 ……………… 221
→田中孝知 ……………… 244
→田中武雄 ……………… 244
→永井茂弥 ……………… 271
→南雲忠勝 ……………… 289
→西館一 ………………… 295
→西村平三 ……………… 298
→林勲 …………………… 321
→福岡信 ………………… 335
→福永政雄 ……………… 339
→藤井誠治郎 …………… 341
→堀野庄蔵 ……………… 353
→前田寛 ………………… 357
→松浦貞一 ……………… 362
→松本浅次郎 …………… 369

→松本昇平 ……………… 369
→村上勝樹 ……………… 388
→目黒四郎 ……………… 391
→望月政治 ……………… 392
→柳沢盛平 ……………… 408
→矢部良策 ……………… 410
→山崎清一 ……………… 413
→由井京一 ……………… 422
日本出版販売
→相田岩夫 ……………… 3
→五十嵐一弘 …………… 21
→池島興治 ……………… 23
→石井晋 ………………… 28
→卜部宗嘉 ……………… 63
→大島秀一 ……………… 75
→岡田栄治郎 …………… 89
→鍛治忠一 ……………… 107
→加藤八郎 ……………… 112
→後藤八郎 ……………… 157
→杉浦俊介 ……………… 206
→田中孝知 ……………… 244
→田中武雄 ……………… 244
→鶴田尚正 ……………… 259
→松本昇平 ……………… 369
→宗武朝子 ……………… 387
→八木林之助 …………… 403
日本出版文化協会
→飯島幡司 ……………… 20
→大橋鎮子 ……………… 83
→柴田錬三郎 …………… 191
→田所太郎 ……………… 241
→田中四郎 ……………… 243
→奈良静馬 ……………… 291
→野沢隆一 ……………… 302
→久富達夫 ……………… 330
→福林正之 ……………… 339
→目黒四郎 ……………… 391
日本出版貿易
→村山俊男 ……………… 391
→望月政治 ……………… 392
→吉崎巌 ………………… 428
日本書院
→福田滋次郎 …………… 338
日本正学館
→戸田城聖 ……………… 266
日本少国民文化協会
→佐伯郁郎 ……………… 170
→長谷川鉱平 …………… 312

464

出版社・団体名索引　　はくおうし

日本小児医事出版社
　→牧野英二 ………… 359
日本ゼネラル出版
　→向坂隆一郎 ……… 174
日本短歌社
　→中井英夫 ………… 272
日本談義社
　→荒木精之 ………… 17
日本電報通信社
　→太田信義（初代）… 76
　→川合仁 …………… 125
　→水島治男 ………… 377
　→光永星郎 ………… 380
　→横田地巴 ………… 425
日本統制地図
　→植野録夫 ………… 55
　→小島新作 ………… 155
　→横田地巴 ………… 425
日本読書サークル
　→金井英一 ………… 114
日本読書新聞
　→大橋鎭子 ………… 83
　→金亨燦 …………… 140
　→小林一博 ………… 159
　→佐々木繁 ………… 177
　→定村忠士 ………… 179
　→柴田錬三郎 ……… 191
　→関根康喜 ………… 219
　→田所太郎 ………… 241
　→長岡光郎 ………… 273
　→長坂金雄 ………… 275
　→中野幹隆 ………… 280
　→西村辰五郎 ……… 298
　→野沢隆一 ………… 302
　→福林正之 ………… 339
日本図書普及
　→池島興治 ………… 23
日本之医界社
　→梅沢彦太郎 ……… 61
日本美術出版
　→大下正男 ………… 74
　→藤本韶三 ………… 344
日本標準
　→石橋勝治 ………… 32
日本評論社
　→赤木健介 ………… 7
　→大畑達雄 ………… 84
　→茅原茂 …………… 123

　→下村亮一 ………… 200
　→鈴木利貞 ………… 214
　→千倉豊 …………… 252
　→畑中繁雄 ………… 315
　→美濃部洋次 ……… 381
　→美作太郎 ………… 382
　→渡辺潔 …………… 435
日本風俗図絵刊行会
　→古屋幸太郎 ……… 348
日本文化科学社
　→茂木茂八 ………… 393
日本文華社
　→大島敬司 ………… 75
日本文化出版
　→前田豊 …………… 358
日本文教出版
　→佐々木国雄 ……… 177
日本文芸社
　→夜久勉 …………… 404
日本放送出版協会
　→阿久津信道 ……… 11
　→金山豊作 ………… 115
　→柴田寛 …………… 190
　→島源四郎 ………… 193
日本報道社
　→五十嵐寿弥 ……… 22
　→丸尾文六 ………… 370
日本漫画社
　→長井勝一 ………… 270
日本洋書販売配給
　→渡辺正広 ………… 435
日本リクルートセンター
　→江副浩正 ………… 66
日本リーダーズ・ダイジェスト社
　→殖栗文夫 ………… 54
　→鈴木文史朗 ……… 214
日本老壮福祉協会
　→木村健一 ………… 138
ニューハウス出版
　→伊坂一夫 ………… 26
女人芸術社
　→長谷川時雨 ……… 312

【ぬ】

布井書房
　→布井達雄 ………… 300

【の】

能楽書林
　→丸岡明 …………… 370
　→丸岡桂 …………… 371
　→丸岡大二 ………… 371
能楽図書出版協会
　→江島伊兵衛 ……… 66
農業書院
　→関根康喜 ………… 219
野口書店
　→野口兵蔵 ………… 302
野田書房
　→野田誠三 ………… 303
野ばら社
　→志村文蔵 ………… 197
野村書店
　→野村泰三 ………… 307

【は】

培風館
　→中川豊三郎 ……… 274
　→堀江洪 …………… 353
　→山本慶治 ………… 417
　→山本健二 ………… 418
　→山本俊一 ………… 419
売文社
　→堺利彦 …………… 171
芳賀書店
　→芳賀章 …………… 308
　→矢牧一宏 ………… 411
博英社
　→佐野佐蔵 ………… 184
白鷗社
　→村田愛子 ………… 390

465

白鯨社
- →岩本常雄 ………… 52

博進館
- →山本友一 ………… 420

博進社
- →太田馬太郎 ………… 76
- →大野孫平 ………… 79
- →大橋光吉 ………… 81
- →大橋佐平 ………… 82
- →山本留次 ………… 420

白水社
- →浦城光郷 ………… 63
- →江川政之 ………… 64
- →草野貞之 ………… 142
- →高橋孝 ………… 228
- →千代忠央 ………… 252
- →寺村五一 ………… 261
- →中森季雄 ………… 287
- →福岡易之助 ………… 335

白桃書房
- →大矢金一郎 ………… 86

博文館
- →阿武天風 ………… 14
- →生田蝶介 ………… 22
- →井口長次 ………… 23
- →池田恒衛 ………… 25
- →石井研堂 ………… 27
- →乾信一郎 ………… 41
- →巌谷小波 ………… 53
- →太田馬太郎 ………… 76
- →大橋乙羽 ………… 81
- →大橋光吉 ………… 81
- →大橋佐平 ………… 82
- →大橋進一 ………… 83
- →大橋新太郎 ………… 84
- →大橋太郎 ………… 84
- →岡村千秋 ………… 90
- →押川春浪 ………… 99
- →小野慎一郎 ………… 101
- →小野高久良 ………… 102
- →茅原茂 ………… 123
- →岸上質軒 ………… 133
- →木村小舟 ………… 138
- →酒井宇吉(初代) ………… 170
- →佐野佐蔵 ………… 184
- →杉山常次郎 ………… 208
- →高森栄次 ………… 231
- →竹貫佳水 ………… 236
- →為藤五郎 ………… 251
- →坪谷善四郎 ………… 258
- →鶴田久作 ………… 259
- →南部新一 ………… 293
- →沼田藤次 ………… 300
- →根岸謙 ………… 300
- →野口竹次郎 ………… 301
- →延原謙 ………… 304
- →長谷川天渓 ………… 313
- →本位田準一 ………… 354
- →松邑孫吉(2代目) ………… 368
- →水谷準 ………… 378
- →森暁紅 ………… 395
- →森下雨村 ………… 397
- →山本留次 ………… 420
- →横田地巴 ………… 425
- →横溝正史 ………… 425
- →横溝武夫 ………… 426

博文館新社
- →根岸謙 ………… 300

博文社
- →川辺博 ………… 129

博聞社
- →長尾景弼 ………… 272
- →森岡栄 ………… 396

博文社書店
- →森岡栄 ………… 396

博文堂
- →原田庄左衛門 ………… 326

博文堂書店
- →矢崎正治 ………… 405

博報堂
- →瀬木博尚 ………… 218
- →都河龍 ………… 254
- →仲摩照久 ………… 282

博友社
- →小野慎一郎 ………… 101
- →小野高久良 ………… 102
- →高森栄次 ………… 231
- →中田雅久 ………… 279
- →横溝武夫 ………… 426

白揚社
- →中村徳二郎 ………… 284

柏林社書店
- →古屋幸太郎 ………… 348

橋立書店
- →橋立孝一郎 ………… 309

羽田書店
- →小尾俊人 ………… 103
- →羽田武嗣郎 ………… 314

八文字屋(1)
- →八文字屋自笑 ………… 316

八文字屋(2)
- →五十嵐太右衛門(11代目) ………… 22

発藻堂書院
- →五十沢二郎 ………… 26
- →上森子鉄 ………… 120

発明公報協会
- →大沼正吉 ………… 79

話の友社
- →坂東恭吾 ………… 328

塙書房
- →白石義明 ………… 203

浜島書店
- →宮坂栄一 ………… 384

早川書房
- →都筑道夫 ………… 255
- →早川清 ………… 321
- →福島正実 ………… 337

原書房
- →成瀬恭 ………… 292
- →原道男 ………… 325

明屋書店
- →安藤明 ………… 18

万巻楼
- →東生亀次郎 ………… 262

版下製図社
- →大沼正吉 ………… 79

晩成處
- →岩田僊太郎 ………… 49

坂東書店
- →木村小舟 ………… 138

ハンドブック社
- →本郷保雄 ………… 354

万里閣
- →小竹即一 ………… 100

判例時報社
- →彦坂竹男 ………… 330
- →渡辺潔 ………… 435

【ひ】

びいぶる社
　→恩田貢 ……………… 105
PHP研究所
　→松下幸之助 ………… 365
P・Sジャーナル
　→清水文吉 …………… 197
ひかりのくに
　→岡本美雄 …………… 93
ビクトリー出版社
　→恩田貢 ……………… 105
ビーケー通信社
　→川崎文治 …………… 126
菱屋文昌堂
　→永田長兵衛 ………… 278
美術出版社
　→入沢美時 …………… 47
　→大下敦 ……………… 74
　→大下藤次郎 ………… 74
　→大下正男 …………… 74
　→津曲篤之 …………… 258
　→藤本韶三 …………… 344
美術春秋社
　→芳川赳 ……………… 427
美術年鑑社
　→山田正道 …………… 416
びっぷ出版
　→飯塚昭男 …………… 20
ビデオ出版
　→増永善吉 …………… 361
一ツ橋書店
　→山本七平 …………… 419
一ツ橋書房
　→浅川満 ……………… 11
檜書店
　→檜常太郎 …………… 331
　→檜常之助 (2代目) … 331
日出芸林社
　→藪田嘉一郎 ………… 409
日比谷出版社
　→式場俊三 …………… 187
批評空間
　→内藤裕治 …………… 270

非凡閣
　→岩田岩吉 …………… 49
　→加藤雄策 …………… 113
ひまわり社
　→中原淳一 …………… 281
百芸雑誌社
　→中山泰昌 …………… 287
美容科学研究会
　→秋朱之介 …………… 9
評論社
　→竹下みな …………… 235
平井点字社
　→平井正 ……………… 331
平塚京華堂
　→栗田確也 …………… 148
広川書店
　→広川源治 …………… 333

【ふ】

富貴堂
　→中村富蔵 …………… 284
　→中村信以 …………… 285
風月堂
　→風月堂孫助 ………… 334
風俗資料刊行会
　→竹内道之助 ………… 235
普及舎
　→小林清一郎 ………… 160
　→辻敬之 ……………… 254
　→西村正三郎 ………… 297
　→山田禎三郎 ………… 415
武侠社
　→田中直樹 …………… 245
武侠世界社
　→阿武天風 …………… 14
　→岡村千秋 …………… 90
　→押川春浪 …………… 99
　→柳沼沢介 …………… 403
福井書店
　→岡角次 ……………… 87
福音館書店
　→佐藤喜一 …………… 180
　→中川健蔵 …………… 274

福音社
　→安藤富造 …………… 19
　→今村謙吉 …………… 45
　→福永文之助 ………… 339
　→矢部外次郎 ………… 409
　→矢部良策 …………… 410
福音舎書店
　→八木敏夫 …………… 402
福岡金文堂
　→山本安夫 …………… 421
　→山本芳太 …………… 421
福岡書店
　→中村徳二郎 ………… 284
福沢屋
　→福沢諭吉 …………… 336
福武書店
　→寺田博 ……………… 260
　→福武哲彦 …………… 339
福永書店
　→小林茂 ……………… 160
福村出版（福村書店）
　→福村保 ……………… 340
　→山本七平 …………… 419
袋屋万巻楼
　→東生亀次郎 ………… 262
富国出版社
　→北野登 ……………… 135
　→木村健一 …………… 138
　→小玉邦雄 …………… 157
富山房
　→飯島庚子郎 ………… 19
　→大村弘毅 …………… 85
　→大矢金一郎 ………… 86
　→上条勇 ……………… 119
　→坂本嘉治馬 ………… 173
　→坂本守正 …………… 174
藤岡屋
　→水野慶次郎 (3代目) … 378
富士山
　→渡辺太郎 …………… 435
富士出版
　→森北常雄 …………… 397
富士図書
　→八重樫昊 …………… 400
婦女界社
　→大田菊子 …………… 76
　→都河龍 ……………… 254

ふしよしん

婦女新聞社
→福島四郎 ………… 336
→牧野武夫 ………… 359

藤原金港堂
→藤原佐吉 ………… 345

藤原仁助商店
→藤原仁助 ………… 346

婦人画報社
→本吉敏男 ………… 394
→本吉信雄 ………… 394
→矢口純 …………… 404

婦人書房
→今井田勲 ………… 44

婦人生活社
→原田常治 ………… 326
→原田稔 …………… 327
→柚口篤 …………… 423

婦人之友社
→河井酔茗 ………… 124
→羽仁賢良 ………… 318
→羽仁もと子 ……… 318
→羽仁吉一 ………… 319

扶桑閣
→松岡虎王麿 ……… 363

不退書店
→不退栄一 ………… 346

双葉社
→清水文人 ………… 196
→瀬川雄章 ………… 217
→矢沢領一 ………… 405

フタバ書院
→鈴木省三 ………… 211

双葉書苑
→八木林之助 ……… 403

二葉書店
→阿久津信道 ……… 11
→信田秀一 ………… 188

フタバ書房
→岩崎徹太 ………… 48

二葉図書
→陶山巌 …………… 216

二見書房
→堀内俊宏 ………… 353
→八木岡英治 ……… 403

普通社
→八重樫昊 ………… 400

仏教図書出版
→西村七平 ………… 297

ブックドム社
→庄司浅水 ………… 201

ブックローン
→工藤淳 …………… 143

フミヤ書店
→中村清三郎 ……… 284

芙蓉書房
→上法快男 ………… 202

武揚堂
→小島棟吉 ………… 155

プラトン社
→中山太一 ………… 288

仏蘭西書院
→宮坂栄一 ………… 384

プレジデント社
→石山四郎 ………… 34
→本多光夫 ………… 354
→守岡道明 ………… 397

プレス・ビブリオマーヌ
→佐々木桔梗 ……… 177

フレーベル館
→高市次郎 ………… 222
→発田栄蔵 ………… 316

文一総合出版
→武田新吉 ………… 235

文英堂
→益井俊二 ………… 360

文栄堂
→新山滋人 ………… 204

文園社
→志垣寛 …………… 187

文魁堂
→青野友三郎 ……… 5
→林平次郎 ………… 322

文海堂
→松村九兵衛 ……… 368

文学社
→石川正作 ………… 30
→小林竹雄 ………… 161
→小林義則 ………… 162
→三樹一平 ………… 375
→森山章之丞 ……… 399
→山県悌三郎 ……… 410

文学の森
→秋山実 …………… 11

文化公論社
→田中直樹 ………… 245

ぶんか社
→大島敬司 ………… 75

文化出版局
→今井田勲 ………… 44
→久田尚子 ………… 330

文化書房
→曽根松太郎 ……… 220

文化通信社
→重枝四四男 ……… 188
→山口比呂志 ……… 412

文化堂
→阿部義任 ………… 15

文雅堂
→所貞一郎 ………… 265

文化評論社
→藤田親昌 ………… 343

文瓾堂
→家村吉兵衛 ……… 21

文求堂
→田中慶太郎 ……… 242
→山田直三郎 ……… 415

文教閣
→岡茂雄 …………… 88

文教社
→大沼正吉 ………… 79

文教出版
→関根康喜 ………… 219

文教書院
→宍戸英八 ………… 188

文行堂
→横尾勇之助 ……… 425

文教図書
→当銘由金 ………… 263

文芸市場社
→梅原北明 ………… 62
→上森子鉄 ………… 120

文芸社
→小林善八 ………… 160

文藝春秋
→池島信平 ………… 23
→大草実 …………… 72
→大島敬司 ………… 75
→恩田貢 …………… 105
→樫原雅春 ………… 109
→加藤康司 ………… 113

→上森子鉄 …………… 120
→川崎竹一 …………… 126
→上林吾郎 …………… 130
→菊池寛 ……………… 132
→車谷弘 ……………… 150
→郡司勝義 …………… 151
→小林英三郎 ………… 159
→小松正衛 …………… 163
→斎藤龍太郎 ………… 169
→佐佐木茂索 ………… 178
→里見弴 ……………… 184
→沢村三木男 ………… 185
→式場俊三 …………… 187
→下島連 ……………… 198
→菅忠雄 ……………… 205
→鈴木氏亨 …………… 211
→田川博一 …………… 231
→田中直樹 …………… 245
→千葉源蔵 …………… 252
→永井龍男 …………… 272
→西永達夫 …………… 296
→馬海松 ……………… 355
→松浦伶 ……………… 363
→萬玉邦夫 …………… 372
→向坊寿 ……………… 387
→吉川晋 ……………… 427
→鷲尾洋三 …………… 432

文芸資料研究会
　→秋朱之介 …………… 9
　→梅原北明 …………… 62
　→竹内道之助 ………… 235

文献社
　→牧野英二 …………… 359

文建書房
　→竹田憲正 …………… 235

文献堂
　→植野録夫 …………… 55

文光堂
　→浅井光之助 ………… 11

文修堂
　→岩田岩吉 …………… 49
　→西村平三 …………… 298

文昌堂
　→磯部太郎兵衛（3代目）‥35
　→永田宗太郎 ………… 278
　→永田長兵衛 ………… 278

文書堂
　→国元省平 …………… 145

文進堂
　→前田梅吉 …………… 356

文盛堂
　→岩田岩吉 …………… 49
　→榊原友吉 …………… 172

文星堂星野書店
　→星野松次郎 ………… 351

文体社
　→岩本和三郎 ………… 53

文潮社
　→池沢丈雄 …………… 23

文武堂
　→大橋省吾 …………… 83

文圃堂
　→式場俊三 …………… 187

文明社
　→楠間亀楠 …………… 143

文陽堂書店
　→酒井宇吉（初代）…… 170

文理
　→畑太郎 ……………… 314

文理書院
　→寺島文夫 …………… 260
　→畑太郎 ……………… 314

文林堂
　→浅見文吉 …………… 13

文禄堂
　→堀野与七 …………… 354

【へ】

平安堂
　→平野正祐 …………… 333
　→平野稔 ……………… 333

丙午出版社
　→高嶋米峰 …………… 224

平凡社
　→池田敏雄 …………… 25
　→加藤雄策 …………… 113
　→鎌田敬止 …………… 119
　→川合仁 ……………… 125
　→木村久一 …………… 138
　→久保覚 ……………… 145
　→児玉惇 ……………… 156
　→佐藤彬 ……………… 180

→佐藤征捷 …………… 183
→志垣寛 ……………… 187
→下中邦彦 …………… 199
→下中直也 …………… 199
→下中弥三郎 ………… 200
→鈴木敏夫 …………… 213
→鈴木均 ……………… 214
→二宮隆洋 …………… 299
→長谷川興蔵 ………… 311
→馬場一郎 …………… 319
→林達夫 ……………… 322
→八重樫昊 …………… 400

平凡出版
　→岩堀喜之助 ………… 51
　→清水達夫 …………… 196

兵用図書
　→小島棟吉 …………… 155

平楽寺書店
　→井上四郎 …………… 41
　→村上勘兵衛 ………… 388

ベストセラーズ（KKベストセラーズ）
　→岩瀬順三 …………… 49

ベースボール・マガジン社
　→池田郁雄 …………… 24
　→池田恒雄 …………… 25
　→上野久徳 …………… 55
　→田村大五 …………… 250

別所書店
　→別所信一 …………… 349

ぺりかん社
　→小汀良久 …………… 102

ペリカン書房
　→品川力 ……………… 189

便利舎
　→今井謙吉 …………… 45

便利堂
　→中村弥二郎 ………… 286
　→藪田嘉一郎 ………… 409

【ほ】

保育社
　→今井龍雄 …………… 43

法学書院
　→北原次郎 …………… 135

邦楽の友社
　→矢部洋文 ……………… 410
法木書店
　→法木徳兵衛 …………… 350
彷書舎
　→田村治芳 ……………… 250
法政大学出版局
　→相島敏夫 ………………… 3
　→稲義人 ………………… 39
豊川堂
　→高須元治 ……………… 224
法蔵館
　→西村七平 ……………… 297
　→西村七兵衛（4代目）… 297
宝文館
　→大葉久吉 ……………… 80
　→楠間亀楠 ……………… 143
　→藤井嘉作 ……………… 340
鳳文社
　→前田円 ………………… 357
芳文社
　→孝寿芳春 ……………… 152
法文社
　→寺沢音一 ……………… 260
峯文荘
　→志水松太郎 …………… 197
宝文堂
　→鈴木武夫 ……………… 212
朋文堂
　→新島章男 ……………… 293
法律文化社
　→亀井爵 ………………… 121
芳流堂
　→金刺源次 ……………… 115
芳林堂書店
　→斎藤芳一郎 …………… 169
　→中川道弘 ……………… 274
法令館
　→榎本松之助 …………… 67
帆刈出版通信
　→帆刈芳之助 …………… 350
北越書館
　→目黒十郎 ……………… 391
北樹出版
　→北野登 ………………… 135
北星堂書店
　→中土義敬 ……………… 279

北溟社
　→秋山実 ………………… 11
北門社
　→山東直砥 ……………… 186
北隆館
　→尼子揆一 ……………… 15
　→岩崎好正 ……………… 48
　→岡田栄治郎 …………… 89
　→後藤八郎 ……………… 157
　→清水文吉 ……………… 197
　→萩原誠三郎 …………… 308
　→福田金次郎 …………… 337
　→福田元次郎 …………… 338
　→福田良太郎 …………… 338
北隆館書店
　→福田元次郎 …………… 338
　→福田良太郎 …………… 338
ポケット講談社
　→原田繁一 ……………… 326
保健同人社
　→大渡順二 ……………… 87
星書店
　→中村時之助 …………… 284
　→星野孝一 ……………… 350
　→星野松次郎 …………… 351
細川活版所
　→細川芳之助（2代目）… 351
細川書店
　→岡本芳雄 ……………… 92
穂高書房
　→小坂佐久馬 …………… 154
北国組
　→宇都宮源平 …………… 60
　→福田金次郎 …………… 337
北方社
　→四海民蔵 ……………… 186
北方出版社（北方文化出版社）
　→池田秀男 ……………… 25
ポプラ社
　→田中治夫 ……………… 245
　→南部新一 ……………… 293
ほるぷ（ほるぷ出版）
　→小林一博 ……………… 159
　→鈴木敏夫 ……………… 213
　→宗野信彦 ……………… 220
　→中森蒔人 ……………… 287
　→藤森善貢 ……………… 344

ボン書店
　→鳥羽茂 ………………… 267
凡人社
　→岩堀喜之助 …………… 51
　→清水達夫 ……………… 196
本の森
　→小池平和 ……………… 152

【ま】

毎日新聞社
　→高原四郎 ……………… 229
　→西井一夫 ……………… 294
　→平野岑一 ……………… 332
　→山岸章二 ……………… 411
　→山崎安雄 ……………… 414
マイヘルス社
　→牧野武朗 ……………… 359
マウンテン書房
　→植野録夫 ……………… 55
前田出版社
　→伊達得夫 ……………… 240
マガジンハウス
　→岩堀喜之助 …………… 51
　→清水達夫 ……………… 196
牧書店
　→牧義雄 ………………… 358
　→山浦常克 ……………… 410
槙書店
　→吉田全三 ……………… 428
牧製本印刷
　→牧恒夫 ………………… 358
マキノ出版
　→牧野武朗 ……………… 359
牧野書店
　→牧野武夫 ……………… 359
真砂書店
　→中川乃信 ……………… 274
　→山本夏彦 ……………… 420
間島一雄書店
　→間島保夫 ……………… 360
鱒書房
　→増永善吉 ……………… 361
街書房
　→斎藤夜居 ……………… 169

松江今井書店
　→今井彰 42
マツキ書店
　→松木春吉 364
松要書店
　→松浦貞一 362
間宮商店
　→間宮不二雄 370
丸岡出版社
　→丸岡明 370
丸善
　→赤坂亀次郎 8
　→荒川実 16
　→飯泉新吾 20
　→内田魯庵 58
　→小柳津要人 104
　→金沢末吉 115
　→司忠 253
　→早矢仕有的 323
　→八木佐吉 401
　→山崎信興 413
丸之内出版
　→篠原敏之 189
団団社
　→野村文夫 307
万笈堂
　→英平吉 317
万字堂
　→橋本達彦 310
満州書籍配給
　→開原朝吉 106
　→田中平八郎 245
　→野口兵蔵 302
万春堂
　→近藤賢三 165
万年社
　→高木貞衛 222

【み】

三笠書房
　→秋朱之介 9
　→木村徳三 139
　→竹内道之助 235
　→淀野隆三 430

三木開成館
　→西野虎吉 296
ミキ国際情報企画
　→三木敦雄 375
未見社
　→小峰広恵 163
操書房
　→秋朱之介 9
三崎書房
　→中田雅久 279
みずうみ書房
　→宗武朝子 387
みすず書房
　→小尾俊人 103
　→北野民夫 134
　→高橋正衛 228
　→松井巻之助 362
水野書店
　→水野慶次郎(3代目) ... 378
瑞穂屋
　→清水卯三郎 195
道の島社
　→藤井勇夫 340
光村図書出版
　→稲垣房男 39
　→大江恒吉 71
ミネルヴァ書房
　→杉田信夫 206
三野書店
　→藤森善貢 344
宮井書店
　→宮井徳治 382
宮井平安堂
　→深見兵吉 335
　→宮井宗兵衛(初代) ... 382
三宅書店
　→曽川勝太郎 220
みやま書房
　→古田敬三 348
宮脇書店
　→宮脇富子 387
ミュージック・マガジン
　→中村とうよう 284
三芳書房
　→野沢繁二 302
未来社
　→小汀良久 102

　→小箕俊介 104
　→西谷能雄 296
民主評論社
　→有賀新 17
民声新報社
　→国木田独歩 144
民友社
　→国木田独歩 144
　→塚越停春 253
　→徳富蘇峰 263

【む】

麦書房
　→浅川満 11
　→堀内達夫 353
　→松木寿三郎 364
むさし書房
　→稲橋兼吉 41
むなぐるま草紙社
　→松木寿三郎 364
村口書房
　→村口四郎 389
　→村口半次郎 389

【め】

明教社
　→佐久間貞一 175
明現社
　→下出国雄 198
明治教育社
　→曽根松太郎 220
明治出版社
　→木村小舟 138
　→不退栄一 346
明治書院
　→文入宗義 347
　→三樹彰 374
　→三樹一平 375
　→三樹退三 376
　→三樹良知 377
　→森下松衛 398

明治堂書店
→三橋猛雄 380
明治図書
→鮎貝秀三郎 16
→榊原友吉 172
→森下松衛 398
明治図書出版
→葛原秀一 143
→藤原惣太郎 345
明正堂
→木村孝一 138
明善堂
→青木恒三郎 4
名著出版
→中村安孝 286
明徳出版社
→小林日出夫 162
明文館
→湯川松次郎 423
明文社
→田中貫行 244
明文堂
→周防初次郎 204
明文堂書店
→安藤明 18
明文図書
→関信太郎 218
明法社
→八尾新助 401
明六社
→清水卯三郎 195
→中村正直 285
→森有礼 395
目黒書店
→鮎貝秀三郎 16
→木村徳三 139
→二宮愛二 299
→目黒十郎 391
→目黒四郎 391
→目黒甚七 392
メヂカルフレンド社
→小倉一春 97
→肥後栄吉 329
メタローグ
→安原顯 406

【 も 】

MOE出版
→今村広 46
木星社（木星社書院）
→福田久道 338
モーターサイクル出版社
→酒井文人 172
モーターファン社
→鈴木賢七郎 210
モダン日本社
→大島敬司 75
→須貝正義 205
→馬海松 355
→牧野英二 359
モード・エ・モード社
→内山基 60
モナス
→尼子止 15
籾山書店
→籾山梓月 394
森江書店
→西村七兵衛（4代目）... 297
→森江佐七 396
森北出版
→森北常雄 397
モリサワ
→森沢信夫 397
森山書店
→菅田直実 205
→森山譲二 399
文部省編集局
→飯島虚心 19
→三宅雪嶺 383
→山県悌三郎 410

【 や 】

八重洲出版
→酒井文人 172
八重洲ブックセンター
→河相全次郎 125

八尾書店
→八尾新助 401
八木書店
→八木敏夫 402
矢貴書店
→矢貴東司 401
八雲書店
→福島保夫 337
八雲書林
→鎌田敬止 119
八坂書房
→長谷川興蔵 311
矢島書房
→矢島一三 405
谷島屋
→斉藤和雄 166
→斉藤義雄 169
柳沢書店
→柳沢盛平 408
也奈義書房
→細川芳之助（2代目）... 351
柳原書店
→石田松太郎 32
→木村亥吉 137
→中川豊三郎 274
→村上勝樹 388
→柳原喜兵衛（6代目）... 408
矢の倉書店
→大草実 72
矢部晴雲堂
→矢部外次郎 409
雅博那書房
→秋朱之介 9
→五十沢二郎 26
山川出版社
→野沢繁二 302
山口書店
→山口繁太郎 411
山口屋擁萬閣
→森江佐七 396
山城屋奎章閣
→稲田政吉 39
山田集美堂
→山田米吉 416
山田書院
→山田米吉 416

山田書店
　→山田朝一 ………………… 415
山手書房
　→高瀬広居 ………………… 225
山と渓谷社
　→川崎吉蔵 ………………… 126
山とスキー社
　→川崎吉蔵 ………………… 126
山吹文庫
　→内記稔夫 ………………… 269
山本書店
　→山本七平 ………………… 419
弥生書房
　→津曲篤子 ………………… 258
　→津曲淳三 ………………… 259

【ゆ】

湯浅春江堂
　→桜井均 …………………… 177
友愛書房
　→萱沼肇 …………………… 123
有紀書房
　→高橋巳寿衛 ……………… 228
有光書房
　→坂本篤 …………………… 173
雄山閣
　→長坂一雄 ………………… 275
　→長坂金雄 ………………… 275
雄山閣出版
　→長坂一雄 ………………… 275
　→長坂金雄 ………………… 275
有史閣
　→江草斧太郎 ……………… 64
有信堂
　→北野登 …………………… 135
有信堂高文社
　→増永勇二 ………………… 361
有精堂
　→山崎清一 ………………… 413
有精堂出版
　→山崎清一 ………………… 413
　→山崎誠 …………………… 413
有斐閣
　→江草斧太郎 ……………… 64
　→江草重忠 ………………… 65
　→江草四郎 ………………… 65
　→江草忠允 ………………… 66
　→新川正美 ………………… 203
　→山本阿母里 ……………… 417
有朋堂
　→三浦理 …………………… 373
　→三浦正 …………………… 373
有楽社
　→中村弥二郎 ……………… 286
有隣堂(1)
　→穴山篤太郎 ……………… 14
　→周防初次郎 ……………… 204
有隣堂(2)
　→松信泰輔 ………………… 366
　→松信大助 ………………… 367
　→松信隆也 ………………… 367
　→三上益弘 ………………… 374
湯川弘文社
　→岡角次 …………………… 87
　→田中貫行 ………………… 244
　→湯川松次郎 ……………… 423
ユズ編集工房
　→柚口篤 …………………… 423
弓立社
　→松本昇平 ………………… 369

【よ】

養賢堂
　→及川伍三治 ……………… 68
洋泉社
　→石井慎二 ………………… 27
養徳社
　→岡島善次 ………………… 88
　→木村徳三 ………………… 139
擁萬閣
　→森江佐七 ………………… 396
洋々社
　→飯島虚心 ………………… 19
吉岡宝文館
　→柏佐一郎 ………………… 109
　→岸本栄七 ………………… 134
　→坂本真三 ………………… 174
　→森山章之丞 ……………… 399
吉川弘文館
　→林譲 ……………………… 323
　→古屋幸太郎 ……………… 348
　→吉川圭三 ………………… 427
　→吉川半七 ………………… 427
吉川書房
　→吉川半七 ………………… 427
吉田書店(1)
　→相賀武夫 ………………… 69
吉田書店(2)
　→大沢一六 ………………… 74
吉田書店(3)
　→吉田全三 ………………… 428
吉野教育図書
　→前田隆一 ………………… 357
吉野書房
　→高鳥賢司 ………………… 225
　→前田隆一 ………………… 357
米子今井書店
　→今井彰 …………………… 42
　→今井兼文 ………………… 42
読売新聞社
　→雨宮庸蔵 ………………… 16
　→石井白露 ………………… 28
　→鈴木敏夫 ………………… 213
万屋錦栄堂
　→大倉孫兵衛 ……………… 72
　→大倉保五郎 ……………… 73
万屋老舖館
　→万屋兵四郎 ……………… 431

【ら】

楽天社
　→安成二郎 ………………… 406
洛陽文庫
　→高島国男 ………………… 223
ラジオ科学社
　→柴田寛 …………………… 190
ラジオ技術社
　→倉本長治 ………………… 148
ラジオ公論社
　→池田秀男 ………………… 25
ランゲージ・サービス社
　→小林英三郎 ……………… 159

りくくんか　　　　　出版社・団体名索引

→橘徳 ………… 239

【り】

陸軍画報社
　→中山正男 ………… 288
陸上競技社
　→広瀬豊 ………… 334
リクルート
　→江副浩正 ………… 66
理工学社
　→中川乃信 ………… 274
理工学出版
　→牛来丈助 ………… 165
理工図書
　→木下立安 ………… 137
　→柴山当夫 ………… 192
理想社
　→佐々木隆彦 ………… 178
律書房
　→葉多野太兵衛 ………… 316
立風書房
　→古岡秀人 ………… 347
リブロ
　→小川道明 ………… 95
　→中山道弘 ………… 274
リブロポート
　→小川道明 ………… 95
琉球文教図書
　→当銘由金 ………… 263
龍吟社
　→草村松雄 ………… 142
　→下出源七 ………… 198
柳枝軒
　→小川多左衛門 ………… 95
龍星閣
　→沢田伊四郎 ………… 185
隆文館
　→草村松雄 ………… 142
　→中山泰昌 ………… 287
　→野依秀市 ………… 307
隆文堂
　→曽川勝太郎 ………… 220
良書普及会
　→河中一学 ………… 127

→河中俊四郎 ………… 128
良明堂
　→中井真三 ………… 271
旅行案内社
　→木下立安 ………… 137
　→横田地巴 ………… 425
旅行時代社
　→松川二郎 ………… 364
理論社
　→小川道明 ………… 95
　→小宮山量平 ………… 163
臨川書店
　→武井一雄 ………… 233
林平書店
　→林善七 ………… 322
琳琅閣書店
　→斎藤謙蔵 ………… 167

【れ】

令省社
　→田中弥助 ………… 246
驪人荘
　→秋朱之介 ………… 9
黎明書房
　→力富阡蔵 ………… 431
レッスンの友社
　→河村昭三 ………… 129
レボルト社
　→川仁宏 ………… 128

【ろ】

朗月堂
　→須藤孝平 ………… 215
朗月堂書店
　→須藤孝平 ………… 215
老皀館
　→万屋兵四郎 ………… 431
六合館
　→飯島将嘉 ………… 19
　→小貫英 ………… 100
　→林平次郎 ………… 322

六人社
　→戸田謙介 ………… 266
　→本位田準一 ………… 354
　→横溝武夫 ………… 426
六盟館
　→鮎貝秀三郎 ………… 16
　→榊原友吉 ………… 172
　→杉本七百丸 ………… 207
　→目黒甚七 ………… 392
　→守屋荒美雄 ………… 398
鹿野苑
　→奥村貞夫 ………… 96
ロシア問題研究所
　→大竹博吉 ………… 77
六興出版部（六興出版社）
　→吉川晋 ………… 427
六甲書房
　→八木敏夫 ………… 402
ロマンス社
　→国頭義正 ………… 144
　→熊谷寛 ………… 147
　→筑紫義男 ………… 251
　→福山秀賢 ………… 340
崙書房出版
　→白石正義 ………… 203

【わ】

若木書房
　→北村竜一郎 ………… 137
わかさ出版
　→牧野武朗 ………… 359
和木書店
　→和木清三郎 ………… 432
早稲田誠志堂
　→椎川弥兵衛 ………… 107
ワット社
　→西村定男 ………… 296
和楽路屋
　→日下伊兵衛 ………… 141
わんや書店
　→青野友三郎 ………… 5
　→江島伊兵衛 ………… 66

474

人名索引

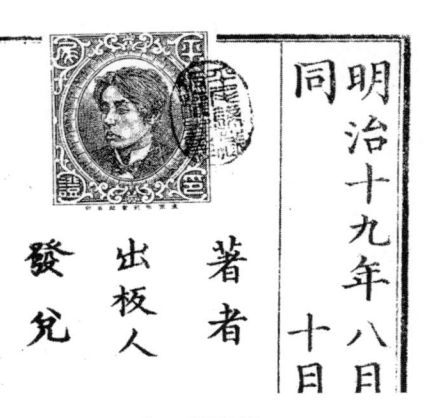

十一堂証紙
物集高見著『てにをは教科書』
(明治19年)

金港堂証紙
木戸麟編『修身説約（二）』
(明治12年)

人名索引

人名索引　　　　　　　　　　　　　　　　　　　　　あしはら

【あ】

相江茂文 ……………………… 3
会沢正志斎
　→太田金右衛門 …………… 76
藍沢弥八
　→藤原佐一郎 …………… 345
相島敏夫 ……………………… 3
相田岩夫 ……………………… 3
会田雄次
　→宮脇俊三 ……………… 386
相田良雄
　→羽田武嗣郎 …………… 314
青木滋
　→青地晨 …………………… 4
青木助次郎
　→青地晨 …………………… 4
青木堯 ………………………… 3
青木武彦 ……………………… 3
青木正
　→山崎清一 ……………… 413
青木恒三郎 …………………… 4
青木春男 ……………………… 4
青木日出雄 …………………… 4
青木弘
　→北島織衛 ……………… 134
青木冨貴子
　→青木春男 ………………… 4
青木謙知
　→青木日出雄 ……………… 4
青地晨 ………………………… 4
　→大宅壮一 ……………… 86
　→篠原敏之 ……………… 189
青戸陸子 ……………………… 5
青野友三郎 …………………… 5
青山鉞治 ……………………… 5
青山憲三
　→青山鉞治 ………………… 5
青山二郎
　→石原龍一 ……………… 33
青山清吉（8代目） …………… 6

青山督太郎
　→斎藤昌三 ……………… 168
青山虎之助 …………………… 6
　→福島保夫 ……………… 337
青山正明 ……………………… 6
青山行雄
　→山本阿母里 …………… 417
赤石喜平 ……………………… 6
　→岡田貞三郎 …………… 89
赤尾一夫
　→赤尾好夫 ………………… 7
赤尾文夫
　→赤尾好夫 ………………… 7
赤尾稔 ………………………… 7
　→大野孫平 ……………… 79
赤尾豊
　→赤尾好夫 ………………… 7
赤尾好夫 ……………………… 7
　→深井深 ………………… 334
赤木健介 ……………………… 7
赤城正蔵 ……………………… 8
赤坂亀次郎 …………………… 8
赤坂長助 ……………………… 8
赤瀬川原平
　→川仁宏 ………………… 128
赤塚不二夫
　→内田勝 ………………… 58
　→加藤謙一 ……………… 111
赤松連城
　→大内青巒 ……………… 70
秋朱之介 ……………………… 9
　→沢田伊四郎 …………… 185
　→竹内道之助 …………… 235
秋竜山
　→山本和夫 ……………… 417
秋田映季
　→秋田一季 ………………… 9
秋田一季 ……………………… 9
秋田貞美
　→秋田貞夫 ………………… 9
秋田重季
　→秋田一季 ………………… 9
秋田貞夫 ……………………… 9
秋元克己 …………………… 10
秋山謙和 …………………… 10
秋山孝男 …………………… 10

秋山呆栄
　→稲庭桂子 ……………… 40
秋山正美 …………………… 10
秋山実 ……………………… 11
芥川龍之介
　→石川寅吉 ……………… 31
　→岩波茂雄 ……………… 50
　→菊池寛 ………………… 132
　→佐佐木茂索 …………… 178
　→菅忠雄 ………………… 205
　→滝田樗陰 ……………… 232
　→中根駒十郎 …………… 280
　→波多野秋子 …………… 315
　→松木寿三郎 …………… 364
阿久津信道 ………………… 11
浅井吉兵衛
　→太田信義（初代） ……… 76
浅井光之助 ………………… 11
浅尾芳之助
　→山崎清一 ……………… 413
安積澹泊
　→木村嘉平（3代目） …… 137
浅川満 ……………………… 11
朝倉喬司
　→森道男 ………………… 396
朝倉鉱造 …………………… 12
　→鍬谷清 ………………… 151
浅田彰
　→井村寿二 ……………… 46
麻田駒之助 ………………… 12
　→嶋中雄作 ……………… 194
　→滝田樗陰 ……………… 232
浅田次郎
　→岡圭介 ………………… 87
浅沼稲次郎
　→江島伊兵衛 …………… 66
朝野文三郎 ………………… 12
朝野泰平
　→朝野文三郎 …………… 12
浅原源七
　→永井茂弥 ……………… 271
浅見淵
　→山崎剛平 ……………… 413
浅見文吉 …………………… 13
葦原邦子
　→中原淳一 ……………… 281

477

あすけ

足助素一 ……………………… 13
吾妻健三郎 …………………… 13
　→大橋乙羽 ………………… 81
　→山下重民 ……………… 414
麻生豊
　→町田忠治 ……………… 362
足立欽一 ……………………… 13
足立欣也
　→石原龍一 ………………… 33
安達政義 ……………………… 14
足立隆一
　→石原龍一 ………………… 33
足立龍太郎
　→石原龍一 ………………… 33
厚木淳 ………………………… 14
穴木照夫
　→川仁宏 ………………… 128
阿南惟幾
　→野間惟道 ……………… 304
穴山篤太郎 …………………… 14
　→周防初次郎 …………… 204
姉崎嘲風
　→岡野他家夫 ……………… 90
阿武天風 ……………………… 14
安孫磯雄
　→足助素一 ………………… 13
阿部敬吾
　→杉田信夫 ……………… 206
安部公房
　→谷田昌平 ……………… 248
　→新田敵 ………………… 299
　→前田隆治 ……………… 357
阿部次郎
　→岩波茂雄 ………………… 50
　→角川源義 ……………… 113
阿部知二
　→田辺茂一 ……………… 247
安倍恕
　→小山久二郎 …………… 104
安部豊 ………………………… 15
安倍能成
　→逸見俊吾 ………………… 37
　→岩波茂雄 ………………… 50
　→小山久二郎 …………… 104
　→布川角左衛門 ………… 300
阿部義任 ……………………… 15

尼子揆一 ……………………… 15
尼子静
　→尼子止 …………………… 15
尼子止 ………………………… 15
天野為之
　→町田忠治 ……………… 362
　→三浦銕太郎 …………… 373
天野貞祐
　→岡本芳雄 ………………… 92
雨宮庸蔵 ……………………… 16
雨宮綾夫
　→雨宮庸蔵 ………………… 16
綾辻行人
　→宇山日出臣 ……………… 62
鮎貝秀三郎 …………………… 16
新井恵美子
　→岩堀喜之助 ……………… 51
新井弘城
　→南部新一 ……………… 293
荒川畔村
　→関根康喜 ……………… 219
荒川実 ………………………… 16
荒川栗園
　→日柳三舟 ……………… 141
荒木伊兵衛（5代目） ………… 16
荒木貞夫
　→鈴木省三 ……………… 211
荒木精之 ……………………… 17
荒木俊馬
　→土井伊惣太 …………… 262
荒木博 ………………………… 17
嵐山光三郎
　→馬場一郎 ……………… 319
荒畑寒村
　→野依秀市 ……………… 307
　→安成二郎 ……………… 406
荒巻隆 ………………………… 17
有賀新 ………………………… 17
有木勉 ………………………… 18
有島生馬
　→斎藤佐次郎 …………… 167
有島武郎
　→足助素一 ………………… 13
　→波多野秋子 …………… 315
　→原田三夫 ……………… 327
有本不二継 …………………… 18

有本芳水 ……………………… 18
　→河井酔茗 ……………… 124
有吉佐和子
　→新田敵 ………………… 299
淡島寒月
　→斎藤昌三 ……………… 168
安西冬衛
　→鳥羽茂 ………………… 267
安藤明 ………………………… 18
安東仁兵衛 …………………… 19
安藤大三
　→安藤明 ………………… 18
安藤富造 ……………………… 19

【い】

飯島虚心 ……………………… 19
飯島耕一
　→伊達得夫 ……………… 240
飯島庚子郎 …………………… 19
飯島将嘉 ……………………… 19
飯島幡司 ……………………… 20
　→大橋鎮子 ………………… 83
　→田中四郎 ……………… 243
　→矢島定男 ……………… 405
飯塚昭男 ……………………… 20
飯塚美佐子
　→倉橋藤治郎 …………… 148
飯泉新吾 ……………………… 20
飯田欽治
　→瀬戸忠信 ……………… 219
飯田淳次 ……………………… 20
飯田貴司 ……………………… 21
飯田蛇笏
　→西島九州男 …………… 295
いいだ・もも
　→坂本一亀 ……………… 174
飯沼正明
　→羽田武嗣郎 …………… 314
家村吉兵衛 …………………… 21
五百木飄亭
　→五百木良三 ……………… 21
五百木良三 …………………… 21
伊賀弘三良 …………………… 21

いしかわ

→佐々部承象 179
筏井嘉一
　→鎌田敬止 119
猪谷晶子
　→池田郁雄 24
　→池田恒雄 25
五十嵐一弘 21
五十嵐勝弥 22
　→神吉晴夫 129
　→茂木茂 393
五十嵐太右衛門（11代目） 22
生田葵山
　→岩崎鉄次郎 47
生田春月
　→帆刈芳之助 350
生田長江
　→松岡虎王麿 363
生田蝶介 22
生田友也
　→生田蝶介 22
井口朝生
　→井口長次 23
井口蕉花
　→春山行夫 328
井口樹生
　→井口長次 23
井口長次 23
　→島源四郎 193
　→高森栄次 231
　→矢貫東司 401
池内大学
　→松田正助 366
池上遼一
　→長井勝一 270
池沢丈雄 23
池島興治 23
　→池島信平 23
池島信平 23
　→池島興治 23
　→扇谷正造 70
　→菊池寛 132
　→佐々木茂索 178
　→沢村三木男 185
　→田川博一 231
池田郁雄 24
　→池田恒雄 25

池田菊夫 24
　→池田菊敏 24
　→池田敏子 25
池田菊敏 24
　→池田菊夫 24
　→池田敏子 25
池田大作
　→隈部大蔵 148
池田恒雄 25
　→池田郁雄 24
池田哲雄
　→池田郁雄 24
　→池田恒雄 25
池田敏雄 25
池田敏子 25
　→池田菊夫 24
　→池田菊敏 24
池田秀男 25
池田嘉子
　→池田郁雄 24
　→池田恒雄 25
池野成一郎
　→吉野兵作 429
池辺三山
　→杉村楚人冠 206
　→原田庄左衛門 326
池辺伝 26
池辺義象
　→永沢信之助 276
伊坂一夫 26
伊坂留吉
　→伊坂一夫 26
五十沢二郎 26
　→秋朱之介 9
石井勇
　→石井白露 28
石井恭二 27
石井計記 27
石井研堂 27
　→太田信義（初代） 76
　→木呂子斗鬼次 140
　→高橋太華 227
石井耕
　→石井立 28
石井慎二 27
石井晋 28

石井正
　→石井立 28
石井立 28
石井民司
　→石井研堂 27
石井時司 28
石井白露 28
石井彦澄 28
石井満 29
石井茂吉 29
　→森沢信夫 397
石井桃子
　→茂木茂 393
石井裕子
　→石井茂吉 29
石上昭
　→石上文七郎 30
石上文七郎 30
石川巌
　→神代種亮 152
石川数雄 30
　→石川武美 31
石川三四郎 30
　→川合仁 125
石川正作 30
　→原亮一郎 325
石川度治 30
　→岡本陸人 92
石川啄木
　→西村辰五郎 298
　→西村寅次郎 298
　→山本友一 420
石川武美 31
　→今井田勲 44
　→金井英一 114
　→金亨燦 140
　→本郷保雄 354
　→矢部良策 410
石川達三
　→雨宮庸蔵 16
　→荒木精之 17
　→佐藤観次郎 180
　→高原四郎 229
石川千代松
　→金刺源次 115

479

いしかわ　人名索引

石川利光
　→今里広記 44
石川寅吉 31
石川晴彦
　→石川数雄 30
　→石川武美 31
石川康彦
　→石川数雄 30
　→石川武美 31
石川六郎
　→和田芳恵 434
石坂洋次郎
　→和木清三郎 432
石崎多賀
　→石崎釧 31
石崎釧 31
石田英一郎
　→岡村千秋 90
石田忠兵衛 31
　→中村信以 285
石田貞一郎
　→寺村五一 261
石田博英
　→川合仁 125
石田松太郎 32
　→木村亥吉 137
伊地知茂七
　→波多野重太郎 315
石橋勝治 32
石橋思案
　→巌谷小波 53
　→大橋乙羽 81
　→子安峻 164
　→森暁紅 395
石橋湛一
　→石橋湛山 32
石橋湛山 32
　→三浦銕太郎 373
石原明太郎
　→石原俊明 32
石原忍
　→金原作輔 117
石原俊明 32
石原恒夫
　→石原俊明 32

石原雅夫
　→石原龍一 33
石原龍一 33
石牟礼道子
　→久本三多 330
石森章太郎
　→加藤謙一 111
石山賢吉 33
　→石山四郎 34
　→野依秀市 307
石山四郎 34
伊集院俊隆 34
石渡荘太郎
　→石橋湛山 32
井筒屋庄兵衛（初代） 34
イーストレーキ
　→今田見信 44
　→斎藤精輔 168
　→杉村楚人冠 206
泉鏡花
　→滝田樗陰 232
　→細川芳之助（2代目） 351
泉三太郎 35
亥角政春
　→吉村浩二 429
出雲寺和泉掾 35
出雲寺文次郎
　→八坂浅次郎（初代） 404
磯貝憲佑
　→小林二郎 160
磯部辰次郎 35
磯部太郎兵衛（3代目） 35
伊丹万作
　→八束清 407
市河三喜
　→小酒井五一郎 154
市川団十郎（5代目）
　→蔦屋重三郎 256
市川都志春
　→市川肇 35
市川肇 35
市島謙吉 36
　→小野梓 101
　→早川純三郎 321
市島春城
　→市島謙吉 36

一条ゆかり
　→二上洋一 346
一戸直蔵 36
市橋正晴 37
市橋正光
　→市橋正晴 37
逸見久美
　→逸見俊吾 37
逸見俊吾 37
　→井村寿二 46
　→柴田良太 191
逸見慎一
　→逸見俊吾 37
井出孫六
　→和田恒 433
伊藤岩次郎 37
伊藤英治 37
伊藤永之介
　→川合仁 125
伊藤貫一 38
伊藤欽亮
　→三宅雪嶺 383
伊藤左千夫
　→山本英吉 417
伊藤茂雄
　→木佐木勝 132
伊東新太郎 38
伊藤整
　→岡本芳雄 92
　→小山久二郎 104
　→金児杜鵑花 116
　→神吉晴夫 129
伊藤晴雨
　→斎藤夜居 169
伊藤卓三
　→原田庄左衛門 326
伊藤痴遊
　→高倉嘉夫 223
伊東忠太
　→小川一真 93
伊藤長蔵 38
伊藤徳太郎
　→江草斧太郎 64
伊藤長夫 38
伊東阪二 38

人名索引　　　　　　　　　　　　　　　　いまむら

伊東博
　→柴田乙松 ……………… 190
伊藤博文
　→赤坂亀次郎 …………… 8
伊東芳次郎 ………………… 39
伊藤律
　→塙作楽 ………………… 318
伊奈信男
　→名取洋之助 …………… 289
稲義人 ……………………… 39
稲垣足穂
　→川仁宏 ………………… 128
　→伊達得夫 ……………… 240
稲垣房男 …………………… 39
稲田政吉 …………………… 39
稲庭桂子 …………………… 40
稲沼瑞穂 …………………… 40
　→田村義也 ……………… 251
稲葉通雄 …………………… 40
稲葉有
　→稲葉通雄 ……………… 40
稲橋兼吉 …………………… 41
稲村徹元
　→森山太郎 ……………… 400
乾信一郎 …………………… 41
犬養毅
　→田中慶太郎 …………… 242
　→町田忠治 ……………… 362
　→矢野龍渓 ……………… 409
井上唖々
　→岩崎鉄次郎 …………… 47
井上篤
　→井上源之丞 …………… 41
井上円了
　→高嶋米峰 ……………… 224
　→藤実人華 ……………… 342
　→三宅雪嶺 ……………… 383
井上和雄
　→本田芳太郎 …………… 355
井上堅 ……………………… 41
井上清
　→田畑弘 ………………… 249
井上源三郎
　→井上源之丞 …………… 41
井上源之丞 ………………… 41
　→長得一 ………………… 253

井上治作
　→村上勘兵衛 …………… 388
井上十吉
　→加島虎吉 ……………… 108
井上準之助
　→千倉豊 ………………… 252
井上四郎 …………………… 41
井上静一
　→長谷川巳之吉 ………… 314
井上貴雄
　→井上源之丞 …………… 41
井上勤
　→内田魯庵 ……………… 58
井上友一郎
　→山崎剛平 ……………… 413
井上ひさし
　→佐藤嘉尚 ……………… 183
井上正也 …………………… 42
井上美喜子
　→内山完造 ……………… 59
井上光晴
　→坂本一亀 ……………… 174
　→庄幸司郎 ……………… 201
井上頼圀
　→青山清吉（8代目）… 6
　→近藤瓶城 ……………… 166
　→田中かく ……………… 241
　→内藤万春 ……………… 270
井野辺茂雄
　→早川純三郎 …………… 321
伊原青々園
　→小杉天外 ……………… 155
　→後藤宙外 ……………… 157
　→三木竹二 ……………… 376
伊夫伎英郎
　→矢牧一宏 ……………… 411
井伏鱒二
　→足立欽一 ……………… 13
　→北原武夫 ……………… 135
　→和木清三郎 …………… 432
今井彰 ……………………… 42
今井勲
　→今井堅 ………………… 42
今井堅 ……………………… 42
今井兼文 …………………… 42

今井邦子
　→堤登 …………………… 258
今井甚太郎 ………………… 42
今井龍雄 …………………… 43
今井直一 …………………… 43
今井直樹
　→今井彰 ………………… 42
今井政兵衛 ………………… 43
今井悠紀
　→今井龍雄 ……………… 43
今泉一瓢
　→福沢諭吉 ……………… 336
今泉浦治郎
　→谷口正太郎 …………… 247
今泉幹一郎 ………………… 44
今泉省彦
　→川仁宏 ………………… 128
今井田勲 …………………… 44
今江祥智
　→小宮山量平 …………… 163
今里広記 …………………… 44
　→上森子鉄 ……………… 120
今田見信 …………………… 44
　→今田喬士 ……………… 45
　→金原一郎 ……………… 116
　→筑紫義男 ……………… 251
今田喬士 …………………… 45
　→今田見信 ……………… 44
　→筑紫義男 ……………… 251
今中次麿
　→大畑達雄 ……………… 84
今福鉄太郎
　→須藤孝平 ……………… 215
今堀信明
　→今堀文一郎 …………… 45
今堀文一郎 ………………… 45
今村金次郎 ………………… 45
　→大内青巒 ……………… 70
今村謙吉 …………………… 45
　→矢部外次郎 …………… 409
今村源三郎 ………………… 46
　→今村広 ………………… 46
今村正一
　→今村源三郎 …………… 46
今村信吉
　→大草実 ………………… 72

481

いまむら　　　　　　　　　人名索引

今村新吉
　→渡辺久吉 …………… 434
今村延雄
　→今村金次郎 ………… 45
今村秀太郎 ………………… 46
今村広 ……………………… 46
　→今村源三郎 ………… 46
今村正樹
　→今村広 ……………… 46
井村喜代子
　→井村寿二 …………… 46
井村寿二 …………………… 46
井村徳二
　→逸見俊吾 …………… 37
　→井村寿二 …………… 46
入江泰吉
　→今井龍雄 …………… 43
入沢美時 …………………… 47
岩浅時三 …………………… 47
岩切晴二
　→山崎清一 ………… 413
　→山本慶治 ………… 417
岩倉具視
　→亀谷行 …………… 122
　→土居光華 ………… 262
　→森有礼 …………… 395
岩崎乙巳
　→岩崎徹太 …………… 48
岩崎勝海 …………………… 47
岩崎駿介
　→岩崎徹太 …………… 48
いわさきちひろ
　→今村源三郎 ………… 46
岩崎鉄次郎 ………………… 47
岩崎徹太 …………………… 48
　→森山甲雄 ………… 399
岩崎徹也
　→岩崎徹太 …………… 48
岩崎夏海
　→岩崎徹太 …………… 48
岩崎治子
　→岩崎徹太 …………… 48
岩崎弘明
　→岩崎徹太 …………… 48
岩崎好正 …………………… 48

岩下俊作
　→小山久二郎 ……… 104
岩下小葉 …………………… 49
岩瀬順三 …………………… 49
岩田岩吉 …………………… 49
岩田一男
　→神吉晴夫 ………… 129
岩田僊太郎 ………………… 49
岩田発太郎 ………………… 50
岩出貞夫 …………………… 50
　→大橋勇夫 …………… 81
岩出豊彦
　→岩出貞夫 …………… 50
　→大橋勇夫 …………… 81
岩波茂雄 …………………… 50
　→岩波雄二郎 ………… 51
　→金亨燦 …………… 140
　→小林勇 …………… 158
　→反町茂雄 ………… 221
　→堤常 ……………… 258
　→羽田武嗣郎 ……… 314
　→藤森善貢 ………… 344
　→吉野源三郎 ……… 429
岩波雄二郎 ………………… 51
　→岩波茂雄 …………… 50
岩野真雄 …………………… 51
岩野文世
　→岩野真雄 …………… 51
岩堀喜之助 ………………… 51
　→清水達夫 ………… 196
岩村蓬 ……………………… 52
巌本琴城
　→巌本善治 …………… 52
岩本五一 …………………… 52
岩本素白
　→山崎剛平 ………… 413
岩本常雄 …………………… 52
巌本真理
　→巌本善治 …………… 52
巌本善治 …………………… 52
　→近藤賢三 ………… 165
岩本和三郎 ………………… 53
　→斎藤昌三 ………… 168
岩森亀一
　→池田秀男 …………… 25

巌谷一六
　→巌谷小波 …………… 53
巌谷栄二
　→巌谷小波 …………… 53
　→巌谷大四 …………… 54
岩谷健司
　→岩谷満 ……………… 54
巌谷小波 …………………… 53
　→岩崎鉄次郎 ………… 47
　→巌谷大四 …………… 54
　→押川春浪 …………… 99
　→木村小舟 ………… 138
　→柴田流星 ………… 191
　→南部新一 ………… 293
　→宮川春汀 ………… 383
　→山田九郎 ………… 414
巌谷槙一
　→巌谷小波 …………… 53
　→巌谷大四 …………… 54
巌谷大四 …………………… 54
　→巌谷小波 …………… 53
　→岡本陸人 …………… 92
巌谷不二雄
　→小林美一 ………… 162
岩谷松平
　→岩谷満 ……………… 54
岩谷満 ……………………… 54
　→杉田信夫 ………… 206
巌谷立太郎
　→巌谷小波 …………… 53

【う】

殖栗文夫 …………………… 54
上田秋成
　→佐々木惣四郎 …… 178
上田伊織
　→高市志友 ………… 236
上田万年
　→坂本嘉治馬 ……… 173
植田熊太郎 ………………… 55
植田虎雄 …………………… 55
植田寅之助
　→植田熊太郎 ………… 55

人名索引　　うらき

上田敏
　→鈴木三重吉 …………… 215
　→細川芳之助（2代目）… 351
　→山本阿母里 …………… 417
上田文斎
　→青木恒三郎 ……………… 4
上野久徳 ………………………… 55
上野英信
　→久本三多 ……………… 330
上野陽一
　→中村時之助 …………… 284
植野録夫 ………………………… 55
植原悦二郎
　→石橋湛山 ……………… 32
上原才一郎 ……………………… 55
　→四海民蔵 ……………… 186
　→矢島一三 ……………… 405
植松有信 ………………………… 56
植松考昭
　→三浦銕太郎 …………… 373
上村希美雄
　→久本三多 ……………… 330
植村正久
　→国木田独歩 …………… 144
上本将 …………………………… 56
宇佐美不感洞
　→森山太郎 ……………… 400
臼井喜之介 ……………………… 56
　→杉田信夫 ……………… 206
臼井史朗 ………………………… 56
臼井吉見 ………………………… 57
　→加藤勝代 ……………… 110
　→野原一夫 ……………… 303
　→古田晁 ………………… 348
臼田亜浪
　→篠原敏之 ……………… 189
　→田中重弥 ……………… 242
　→田中弥助 ……………… 246
歌川国貞（初代）
　→鶴屋喜右衛門 ………… 259
歌野晶午
　→宇山日出臣 …………… 62
内川千裕 ………………………… 57
内田篤次 ………………………… 57
内田巌
　→内田魯庵 ……………… 58

内田岐三雄
　→田中三郎 ……………… 242
内田作蔵
　→内田篤次 ……………… 57
内田百閒
　→秋朱之介 ……………… 9
　→内山基 ………………… 60
内田勝 …………………………… 58
内田勇輔 ………………………… 58
内田芳兵衛 ……………………… 58
内田莉莎子
　→内田魯庵 ……………… 58
内田魯庵 ………………………… 58
　→荒木伊兵衛（5代目）… 16
　→斎藤昌三 ……………… 168
　→安成二郎 ……………… 406
内堀弘
　→鳥羽茂 ………………… 267
内村鑑三
　→巌本善治 ……………… 52
　→堺利彦 ………………… 171
　→品川力 ………………… 189
　→中村弥二郎 …………… 286
　→成沢玲川 ……………… 291
内山馨
　→内山港三郎 …………… 59
内山嘉吉
　→内山完造 ……………… 59
　→内山松藻 ……………… 60
内山完造 ………………………… 59
　→内山松藻 ……………… 60
　→小沢正元 ……………… 98
内山港三郎 ……………………… 59
内山多美野
　→内山基 ………………… 60
内山籟
　→内山完造 ……………… 59
　→内山松藻 ……………… 60
内山松藻 ………………………… 60
　→内山完造 ……………… 59
内山美樹子
　→内山基 ………………… 60
内山基 …………………………… 60
内山勇次 ………………………… 60
宇都宮源平 ……………………… 60
　→宇都宮熙志 …………… 61
　→宇都宮与四 …………… 61

宇都宮熙志 ……………………… 61
　→宇都宮源平 …………… 60
　→宇都宮与四 …………… 61
宇都宮元樹
　→宇都宮熙志 …………… 61
　→宇都宮与四 …………… 61
宇都宮与四 ……………………… 61
　→宇都宮源平 …………… 60
　→宇都宮熙志 …………… 61
宇野浩二
　→青山虎之助 …………… 6
　→小山久二郎 …………… 104
　→桜井均 ………………… 177
宇野宗佑
　→宇野豊蔵 ……………… 61
宇野千代
　→北原武夫 ……………… 135
　→福岡益雄 ……………… 335
宇野共次
　→岩崎鉄次郎 …………… 47
宇野豊蔵 ………………………… 61
生方敏郎
　→相賀武夫 ……………… 69
梅崎春生
　→前田隆治 ……………… 357
梅沢信二 ………………………… 61
　→梅沢彦太郎 …………… 61
梅沢彦太郎 ……………………… 61
梅原亀吉
　→岸本栄七 ……………… 134
梅原亀七
　→杉山辰之助 …………… 208
　→森岡栄 ………………… 396
梅原北明 ………………………… 62
　→上森子鉄 ……………… 120
　→坂本篤 ………………… 173
梅原正紀
　→梅原北明 ……………… 62
梅原龍三郎
　→石原龍一 ……………… 33
　→八束清 ………………… 407
梅村翠山
　→木村嘉平（3代目） …… 137
宇山日出臣 ……………………… 62
浦上脩二 ………………………… 62
浦城寿一
　→浦城光郷 ……………… 63

483

浦城光郷 …………………… 63	江崎銀兵衛	遠藤左介 …………………… 68
卜部宗嘉 ……………………… 63	→江崎千萬人 …………… 66	→大島重次 ……………… 75
瓜谷郁三	江崎誠致 …………………… 66	→大島秀一 ……………… 75
→瓜谷侑広 ……………… 63	江崎雪子	遠藤周作
瓜谷長造	→江崎千萬人 …………… 66	→佐藤嘉尚 …………… 183
→瓜谷侑広 ……………… 63	江島伊兵衛 ………………… 66	→谷田昌平 …………… 248
瓜谷綱延	→青野友三郎 ……………… 5	遠藤忠夫 …………………… 68
→瓜谷侑広 ……………… 63	江副浩正 …………………… 66	遠藤勇希
瓜谷敏介	越後谷勇治郎 ……………… 67	→高橋満 ……………… 229
→瓜谷侑広 ……………… 63	江藤淳	
瓜谷侑広 …………………… 63	→飯田貴司 ……………… 21	【お】
漆原利夫 …………………… 63	江戸川乱歩	
漆間真学	→島源四郎 …………… 193	及川篤二 …………………… 68
→土居光華 …………… 262	→戸田城聖 …………… 266	及川清
漆島嗣治 …………………… 64	→本位田準一 ………… 354	→及川伍三治 …………… 68
鱗形屋三左衛門・孫兵衛 … 64	→森下雨村 …………… 397	及川伍三治 ………………… 68
海野十三	→横溝正史 …………… 425	及川鋭雄
→水谷準 ……………… 378	榎本武揚	→及川伍三治 …………… 68
→森下雨村 …………… 397	→飯島虚心 ……………… 19	及川平治
	→小柳津要人 ………… 104	→長谷川卓郎 ………… 313
【え】	→斎藤謙蔵 …………… 167	相賀武夫 …………………… 69
	榎本文雄 …………………… 67	→秋田貞夫 ……………… 9
江上和久 …………………… 64	榎本松之助 ………………… 67	→相賀徹夫 ……………… 69
江川泰一郎	江原小弥太	→相賀ナヲ ……………… 69
→金子富次 …………… 116	→帆刈芳之助 ………… 350	→鈴木省三 …………… 211
江川政之 …………………… 64	江原素六	相賀徹夫 …………………… 69
江草斧太郎 ………………… 64	→望月二郎 …………… 392	→相賀武夫 ……………… 69
→江草重忠 ……………… 65	蛭子能収	→相賀ナヲ ……………… 69
江草重忠 …………………… 65	→長井勝一 …………… 270	→鈴木省三 …………… 211
→江草斧太郎 …………… 64	海老名弾正	相賀寿次
→江草四郎 ……………… 65	→石川武美 ……………… 31	→相賀武夫 ……………… 69
江草四郎 …………………… 65	→徳富蘇峰 …………… 263	→相賀徹夫 ……………… 69
→江草重忠 ……………… 65	江見水蔭	相賀ナヲ …………………… 69
→目黒四郎 …………… 391	→巌谷小波 ……………… 53	→相賀徹夫 ……………… 69
江草忠允 …………………… 66	→滝川民次郎 ………… 231	相賀昌宏
→江草重忠 ……………… 65	→竹貫佳水 …………… 236	→相賀武夫 ……………… 69
→江草四郎 ……………… 65	江守節子	→相賀徹夫 ……………… 69
江草忠敬	→松信泰輔 …………… 366	→相賀ナヲ ……………… 69
→江草重忠 ……………… 65	→松信大助 …………… 367	扇本真吉
→江草四郎 ……………… 65	→松信隆也 …………… 367	→広田精一 …………… 334
江口渙	円地文子	扇谷正造 …………………… 70
→落合雄三 …………… 100	→長谷川時雨 ………… 312	→田所太郎 …………… 241
江崎千萬人 ………………… 66	遠藤昭	→花森安治 …………… 317
	→遠藤左介 ……………… 68	鶯春亭梅橋
	遠藤健一 …………………… 67	→都筑道夫 …………… 255
	遠藤斌	
	→川合仁 ……………… 125	

大井久五郎 ………… 70	大久保利通	大島泰平
→大井敏夫 ………… 70	→得能良介 ………… 264	→前田隆治 ………… 357
→田中房次郎 ……… 245	大久保一	大島渚
大井敏夫 ………… 70	→斎藤謙蔵 ………… 167	→竹村一 ………… 236
→大井久五郎 ……… 70	大隈重信	大島秀一 ………… 75
→田中房次郎 ……… 245	→市島謙吉 ………… 36	→遠藤左介 ………… 68
大泉吉郎	→小野梓 ………… 101	→大島重次 ………… 75
→扇谷正造 ………… 70	→草村松雄 ………… 142	大島秀雄
大岩勝守	→土屋泰次郎 ……… 257	→永田周作 ………… 277
→戸田謙介 ………… 266	→増田義一 ………… 360	大島正徳
→本位田準一 ……… 354	→矢野龍渓 ………… 409	→大葉久吉 ………… 80
大内青坡	大倉和親	大須賀乙字
→大内青巒 ………… 70	→大倉孫兵衛 ……… 72	→木下立安 ………… 137
大内青圃	大倉喜八郎	大杉栄
→大内青巒 ………… 70	→増田義一 ………… 360	→野依秀市 ………… 307
大内青巒 ………… 70	大倉舜二	→松岡虎王麿 ……… 363
→今村金次郎 ……… 45	→山岸章二 ………… 411	→安成二郎 ………… 406
→佐久間貞一 ……… 175	大倉桃郎	大迫倫子
大江健三郎	→金尾種次郎 ……… 114	→今村源三郎 ……… 46
→谷田昌平 ………… 248	大倉孫兵衛 ………… 72	大曽根錐治 ………… 75
→田村義也 ………… 251	→大倉保五郎 ……… 73	太田亮
→塙嘉彦 ………… 318	大倉保五郎 ………… 73	→磯部辰次郎 ……… 35
大江卓	大河内一男	太田馬太郎 ………… 76
→大江恒吉 ………… 71	→新川正美 ………… 203	太田勘右衛門
大江恒吉 ………… 71	大迫忍 ………… 73	→太田金右衛門 …… 76
大岡昇平	→大迫正富 ………… 73	太田菊子 ………… 76
→高橋善郎 ………… 229	大迫正富 ………… 73	太田金右衛門 ……… 76
大岡信	→大迫忍 ………… 73	太田千鶴夫
→伊達得夫 ………… 240	大沢一六 ………… 74	→肥後栄吉 ………… 329
大川一雄	大下敦 ………… 74	大田南畝
→大川義雄 ………… 71	→大下正男 ………… 74	→青山清吉(8代目) … 6
大川錠吉 ………… 71	大下宇陀児	→蔦屋重三郎 ……… 256
→大川義雄 ………… 71	→森下雨村 ………… 397	太田信義(初代) …… 76
大川義雄 ………… 71	大下健太郎	太田竜
大木惇夫	→大下敦 ………… 74	→川仁宏 ………… 128
→大宅壮一 ………… 86	→大下正男 ………… 74	大田黒元雄
大木喬任	大下藤次郎 ………… 74	→長谷川巳之吉 …… 314
→近藤瓶城 ………… 166	→大下敦 ………… 74	→堀内敬三 ………… 352
大木武雄 ………… 72	→大下正男 ………… 74	大竹博吉 ………… 77
大草実 ………… 72	大下正男 ………… 74	大谷光瑞
大窪詩仏	→大下敦 ………… 74	→麻田駒之助 ……… 12
→英平吉 ………… 317	→津曲篤子 ………… 258	大谷光尊
大久保正太郎 ……… 72	大柴四郎 ………… 75	→大内青巒 ………… 70
大久保湘南	大島敬司 ………… 75	大谷光明
→岸上質軒 ………… 133	→須貝正義 ………… 205	→麻田駒之助 ……… 12
	大島重次 ………… 75	
	→大島秀一 ………… 75	

おおたに　　　　　　　　　人名索引

大谷尊由
　→麻田駒之助 ……………… 12
大谷高一 ……………………… 77
大谷仁兵衛 …………………… 77
大塚卯三郎
　→大塚桂三 ………………… 77
　→田中太右衛門 …………… 243
大塚公子
　→対馬滋 …………………… 255
大塚桂三 ……………………… 77
　→田中太右衛門 …………… 243
大塚周吉 ……………………… 78
大月源二
　→下田憲一郎 ……………… 199
大槻如電
　→飯島虚心 ………………… 19
　→岸上質軒 ………………… 133
大槻文彦
　→飯島虚心 ………………… 19
　→坂本嘉治馬 ……………… 173
　→林平次郎 ………………… 322
大坪砂男
　→都筑道夫 ………………… 255
大坪半吾 ……………………… 78
大坪昌夫 ……………………… 78
大坪萬六
　→大坪芳介 ………………… 78
大坪芳介 ……………………… 78
大坪嘉春
　→大坪半吾 ………………… 78
大伴昌司 ……………………… 78
大鳥圭介
　→小柳津要人 ……………… 104
大西清
　→中川乃信 ………………… 274
大西祝
　→長谷川天渓 ……………… 313
大沼アイ子
　→大沼正吉 ………………… 79
大沼正吉 ……………………… 79
大沼光靖
　→大沼正吉 ………………… 79
大野雲外
　→磯部辰次郎 ……………… 35
大野金太郎
　→大野孫平 ………………… 79

　→高橋新一郎 ……………… 227
大野圭治
　→大野孫平 ………………… 79
大野洒竹
　→岸田吟香 ………………… 133
大野富士松 …………………… 79
　→杉山辰之助 ……………… 208
大野孫平 ……………………… 79
　→赤尾稔 …………………… 7
　→大橋佐平 ………………… 82
　→角屋正隆 ………………… 216
　→高橋新一郎 ……………… 227
大野屋惣八 …………………… 80
大葉久吉 ……………………… 80
大萩登 ………………………… 81
大橋淳男
　→大橋光吉 ………………… 81
　→大橋貞雄 ………………… 82
大橋勇夫 ……………………… 81
　→岩出貞夫 ………………… 50
大橋栄一
　→大橋光吉 ………………… 81
大橋乙羽 ……………………… 81
　→大橋佐平 ………………… 82
　→山下重民 ………………… 414
大橋光吉 ……………………… 81
　→大橋佐平 ………………… 82
　→大橋新太郎 ……………… 84
　→大橋松雄 ………………… 84
大橋貞雄 ……………………… 82
　→大橋光吉 ………………… 81
　→大橋松雄 ………………… 84
大橋佐平 ……………………… 82
　→大野孫平 ………………… 79
　→大橋乙羽 ………………… 81
　→大橋光吉 ………………… 81
　→大橋省吾 ………………… 83
　→大橋進一 ………………… 83
　→大橋新太郎 ……………… 84
　→大橋達雄 ………………… 84
　→大橋松雄 ………………… 84
　→高橋新一郎 ……………… 227
　→坪谷善四郎 ……………… 258
　→野口竹次郎 ……………… 301
　→松邑孫吉（2代目） ……… 368
　→山本留次 ………………… 420
大橋鎮子 ……………………… 83

　→花森安治 ………………… 317
　→横山啓一 ………………… 426
大橋省吾 ……………………… 83
　→大野孫平 ………………… 79
　→大橋勇夫 ………………… 81
　→大橋進一 ………………… 83
　→大橋達雄 ………………… 84
　→高橋新一郎 ……………… 227
大橋進一 ……………………… 83
　→井口長次 ………………… 23
　→大橋省吾 ………………… 83
　→大橋新太郎 ……………… 84
　→大橋達雄 ………………… 84
　→大橋太郎 ………………… 84
　→小野慎一郎 ……………… 101
　→根岸謙 …………………… 300
大橋新太郎 …………………… 84
　→江草斧太郎 ……………… 64
　→大野孫平 ………………… 79
　→大橋光吉 ………………… 81
　→大橋佐平 ………………… 82
　→大橋省吾 ………………… 83
　→大橋進一 ………………… 83
　→大橋達雄 ………………… 84
　→大橋太郎 ………………… 84
　→杉山常次郎 ……………… 208
　→高橋新一郎 ……………… 227
　→根岸謙 …………………… 300
　→和田利彦 ………………… 433
大橋達雄 ……………………… 84
　→大橋省吾 ………………… 83
　→大橋進一 ………………… 83
　→大橋新太郎 ……………… 84
　→金亨燦 …………………… 140
大橋太郎 ……………………… 84
　→大橋進一 ………………… 83
　→大橋新太郎 ……………… 84
大橋まさ
　→大橋進一 ………………… 83
　→大橋新太郎 ……………… 84
　→大橋太郎 ………………… 84
大橋松雄 ……………………… 84
　→大橋光吉 ………………… 81
　→本吉信雄 ………………… 394
大橋芳雄
　→大橋光吉 ………………… 81
　→大橋松雄 ………………… 84
大畑達雄 ……………………… 84

486

おかもと

大原重朝
　→秋田一季 …………………… 9
大淵渉 …………………………… 85
大洞正典 ………………………… 85
大曲駒村
　→本田芳太郎 ……………… 355
大町桂月
　→巌谷小波 ………………… 53
　→佐藤義亮 ………………… 181
大村喜吉
　→杉浦勝郎 ………………… 205
大村西崖
　→古屋幸太郎 ……………… 348
大村弘毅 ………………………… 85
大森直道 ………………………… 85
大宅歩
　→大宅壮一 ………………… 86
大宅映子
　→大宅壮一 ………………… 86
大矢金一郎 ……………………… 86
大矢順一郎
　→大矢金一郎 ……………… 86
大宅壮一 ………………………… 86
　→青地晨 …………………… 4
　→扇谷正造 ………………… 70
　→小沢正元 ………………… 98
　→橘徳 ……………………… 239
大宅昌
　→大宅壮一 ………………… 86
大山郁夫
　→滝田樗陰 ………………… 232
大和岩雄
　→大和和明 ………………… 86
　→小沢和一 ………………… 99
大和和明 ………………………… 86
大輪盛登 ………………………… 86
　→田所太郎 ………………… 241
大和田建樹
　→西野虎吉 ………………… 296
大渡順二 ………………………… 87
大渡忠太郎
　→大渡順二 ………………… 87
大渡肇
　→大渡順二 ………………… 87
丘浅次郎
　→西野虎吉 ………………… 296

岡鬼太郎
　→森暁紅 …………………… 395
岡角次 …………………………… 87
岡圭介 …………………………… 87
岡茂雄 …………………………… 88
岡千俰
　→石井研堂 ………………… 27
　→山東直砥 ………………… 186
　→高橋太華 ………………… 227
岡並木
　→岡茂雄 …………………… 88
岡久博
　→岡角次 …………………… 87
岡麓
　→西本翠蔭 ………………… 299
岡正雄
　→岡茂雄 …………………… 88
岡落葉
　→岩崎鉄次郎 ……………… 47
岡井隆
　→鎌田敬止 ………………… 119
岡上儀正
　→牧恒夫 …………………… 358
岡倉古志郎
　→田所太郎 ………………… 241
岡倉天心
　→高橋健三 ………………… 226
　→高橋太華 ………………… 227
岡倉由三郎
　→小酒井五一郎 …………… 154
岡島真七 ………………………… 88
　→鹿田静七（2代目） ……… 187
岡島真蔵
　→岡島真七 ………………… 88
岡島善次 ………………………… 88
岡田朝太郎
　→磯部辰次郎 ……………… 35
岡田栄治郎 ……………………… 89
岡田啓介
　→町田忠治 ………………… 362
岡田三郎
　→中村武羅夫 ……………… 285
岡田桑三
　→名取洋之助 ……………… 289
岡田貞三郎 ……………………… 89
　→赤石喜平 ………………… 6

岡田刀川
　→岡田貞三郎 ……………… 89
岡田信男
　→中川謙 …………………… 274
岡田甫
　→坂本篤 …………………… 173
尾形英夫 ………………………… 89
岡田美知代
　→永代静雄 ………………… 288
岡田実
　→福島正実 ………………… 337
岡田八千代
　→長谷川時雨 ……………… 312
岡田要
　→鹿島守之助 ……………… 108
岡田吉弘 ………………………… 90
岡野栄
　→山田九郎 ………………… 414
岡野他家夫 ……………………… 90
岡野弘彦
　→秋山実 …………………… 11
岡松参太郎
　→江草斧太郎 ……………… 64
岡村千秋 ………………………… 90
岡村千馬太
　→岡村千秋 ………………… 90
岡本一平
　→磯部辰次郎 ……………… 35
岡本馨
　→大下正男 ………………… 74
岡本帰一
　→斎藤佐次郎 ……………… 167
　→武井武雄 ………………… 233
　→和田古江 ………………… 433
岡本綺堂
　→岡本経一 ………………… 90
岡本経一 ………………………… 90
岡本健
　→岡本美雄 ………………… 93
岡本三郎 ………………………… 91
岡本修一
　→岡本経一 ………………… 90
岡本正一 ………………………… 91
岡本成蹊
　→山崎賢二 ………………… 412
岡本政治 ………………………… 91

487

岡本仙助
　→岡本三郎 ……………… 91
岡本太郎
　→前田隆治 ……………… 357
岡本弘 …………………………… 91
岡本雅晴
　→岡本陸人 ……………… 92
岡本増次郎 …………………… 92
　→岡本政治 ……………… 91
　→立川熊次郎 …………… 239
岡本陸人 ……………………… 92
岡本芳雄 ……………………… 92
岡本美雄 ……………………… 93
岡本米蔵
　→山本慶治 ……………… 417
岡山兼吉
　→市島謙吉 ……………… 36
岡山猛 ………………………… 93
小川一真 ……………………… 93
小川菊松 ……………………… 94
　→小川誠一郎 …………… 95
　→仲摩照久 ……………… 282
　→中山泰昌 ……………… 287
　→原田三夫 ……………… 327
　→松川二郎 ……………… 364
小川光二
　→小川誠一郎 …………… 95
小川光三
　→有本不二継 …………… 18
小川五郎 ……………………… 94
　→木村徳三 ……………… 139
小川誠一郎 …………………… 95
　→小川菊松 ……………… 94
小川琢治
　→上条勇 ………………… 119
　→博多久吉 ……………… 308
小川多左衛門 ………………… 95
小川道明 ……………………… 95
小川雄一
　→小川菊松 ……………… 94
小川洋子
　→寺田博 ………………… 260
荻昌弘
　→向坂隆一郎 …………… 174

→岡本増次郎 …………… 92

翁久允
　→逸見俊吾 ……………… 37
荻野アンナ
　→片柳治 ………………… 110
沖野岩三郎
　→斎藤佐次郎 …………… 167
荻野吟子
　→田中かく ……………… 241
荻原善彦
　→草村松雄 ……………… 142
奥川栄 ………………………… 96
奥田義人
　→江草斧太郎 …………… 64
奥西保 ………………………… 96
奥野他見男
　→磯部辰次郎 …………… 35
奥原潔 ………………………… 96
奥原碧雲
　→奥原潔 ………………… 96
奥宮正武
　→福林正之 ……………… 339
奥村左近太
　→中平千三郎 …………… 282
奥村貞夫 ……………………… 96
奥村寅吉
　→中平千三郎 …………… 282
奥山清平 ……………………… 96
小倉一春 ……………………… 97
　→肥後栄吉 ……………… 329
小倉金之助
　→小倉真美 ……………… 97
　→柚登美枝 ……………… 422
小倉真美 ……………………… 97
小倉啓宏
　→小倉一春 ……………… 97
小栗貞雄
　→矢野龍渓 ……………… 409
小栗風葉
　→中村武羅夫 …………… 285
小栗虫太郎
　→水谷準 ………………… 378
桶谷繁雄
　→奈須田敬 ……………… 289
尾崎一雄
　→関口良雄 ……………… 219
　→山崎剛平 ……………… 413

尾崎紅葉
　→巌谷小波 ……………… 53
　→大橋乙羽 ……………… 81
　→大淵渉 ………………… 85
　→後藤宙外 ……………… 157
　→細川芳之助(2代目)… 351
　→堀野与七 ……………… 354
　→三木竹二 ……………… 376
　→和田篤太郎 …………… 433
尾崎士郎
　→中村武羅夫 …………… 285
尾崎冨五郎 …………………… 97
尾崎秀実
　→青地晨 ………………… 4
　→小沢正元 ……………… 98
　→小森田一記 …………… 164
尾崎行雄
　→赤坂亀次郎 …………… 8
　→原田庄左衛門 ………… 326
　→町田忠治 ……………… 362
　→矢野龍渓 ……………… 409
尾佐竹猛
　→木村毅 ………………… 138
小山内薫
　→内藤加我 ……………… 269
長部日出雄
　→高橋彰一 ……………… 226
大仏次郎
　→菅忠雄 ………………… 205
　→須貝正義 ……………… 205
　→高原四郎 ……………… 229
小沢淳男 ……………………… 98
小沢源太郎
　→小沢和一 ……………… 99
小沢作二郎 …………………… 98
小沢武雄 ……………………… 98
小沢俊昭
　→吉川長一 ……………… 427
小沢正元 ……………………… 98
小沢三和子
　→小沢和一 ……………… 99
小沢和一 ……………………… 99
押川清
　→押川春浪 ……………… 99
押川春浪 ……………………… 99
　→阿武天風 ……………… 14
　→岩崎鉄次郎 …………… 47

人名索引　　かくはり

→柳沼沢介 ………… 403
押川方義
　→巌本善治 ………… 52
　→押川春浪 ………… 99
小島祐馬
　→竹之内静雄 ……… 236
尾関正求
　→河出静一郎 ……… 127
小田久郎
　→高橋彰一 ………… 226
織田作之助
　→品川力 …………… 189
　→矢部良策 ………… 410
小田仁三郎
　→野田誠三 ………… 303
小田実
　→坂本一亀 ………… 174
織田正信
　→田辺茂一 ………… 247
小田内通敏
　→尾高豊作 ………… 99
尾高邦雄
　→尾高豊作 ………… 99
尾高次郎
　→尾高豊作 ………… 99
尾高鮮之助
　→尾高豊作 ………… 99
尾高朝雄
　→尾高豊作 ………… 99
尾高尚忠
　→尾高豊作 ………… 99
尾高豊作 ………… 99
小竹即一 ………… 100
小立滋
　→小立淳 …………… 156
　→小立鉦四郎（2代目）… 156
　→小立武彦 ………… 156
　→小立正彦 ………… 156
小谷重 …………… 100
落合太郎
　→竹之内静雄 ……… 236
落合雄三 ………… 100
落合芳幾
　→広岡幸助 ………… 333
乙骨太郎乙
　→小柳津要人 ……… 104

尾中郁夫 …………… 100
尾中幾三
　→尾中郁夫 ………… 100
小貫輝雄
　→小貫英 …………… 100
小貫英 …………… 100
小野梓 …………… 101
　→赤坂亀次郎 ……… 8
　→市島謙吉 ………… 36
　→坂本嘉治馬 ……… 173
小野勇
　→小野松二 ………… 102
小野義真
　→坂本嘉治馬 ……… 173
小野圭次郎
　→来島正時 ………… 149
　→山崎清一 ………… 413
小野賢一郎
　→岩本和三郎 ……… 53
小野二郎 ………… 101
　→中村勝哉 ………… 283
小野慎一郎 ……… 101
　→小野高久良 ……… 102
小野松二 ………… 102
小野康人 ………… 102
小野里良治
　→清水寥人 ………… 197
小野高久良 ……… 102
小汀良久 ………… 102
小原国芳 ………… 103
　→田村勝夫 ………… 249
小原哲郎
　→小原国芳 ………… 103
小原芳明
　→小原国芳 ………… 103
小尾俊人 ………… 103
　→高橋正衛 ………… 228
　→羽田武嗣郎 ……… 314
小保方宇三郎 …… 103
小箕俊介 ………… 104
小柳津要人 ……… 104
小柳津宗吾
　→小柳津要人 ……… 104
小山二郎
　→小山久二郎 ……… 104

小山堯司
　→小山久二郎 ……… 104
小山久二郎 ……… 104
折口信夫
　→角川源義 ………… 113
　→和木清三郎 ……… 432
折戸俊雄 ………… 105
尾張真之介 ……… 105
恩田貢 …………… 105
恩地邦郎
　→恩地孝四郎 ……… 105
恩地孝四郎 ……… 105
　→岡茂雄 …………… 88
　→沢田伊四郎 ……… 185
　→志茂太郎 ………… 198
恩地三保子
　→恩地孝四郎 ……… 105

【か】

何礼之
　→東生亀次郎 ……… 262
海音寺潮五郎
　→秋朱之介 ………… 9
開高健
　→佐藤嘉尚 ………… 183
　→萬玉邦夫 ………… 372
開原朝吉 ………… 106
貝原益軒
　→小川多左衛門 …… 95
加賀見忠作 ……… 106
香川進
　→秋山実 …………… 11
　→山本友一 ………… 420
賀川豊彦
　→殖栗文夫 ………… 54
　→萱沼肇 …………… 123
　→山本実彦 ………… 418
角田浩々歌客
　→金尾種次郎 ……… 114
角谷奈良吉 ……… 106
覚張義平
　→覚張良次 ………… 106
覚張治平
　→覚張良次 ………… 106

489

覚張良次 …………… 106	加田哲二	加藤康司 …………… 113
風間歳次郎 ………… 107	→岩崎徹太 ………… 48	加藤雄策 …………… 113
風間務	片上伸	加藤美侖
→風間歳次郎 …… 107	→渋沢青花 ………… 192	→小川菊松 ………… 94
風間益三	樫原雅春 …………… 109	加藤木重教 ………… 113
→戸田謙介 ……… 266	片桐仲雄 …………… 110	角川源義 …………… 113
→本位田準一 …… 354	片野東四郎 ………… 110	→片山修三 ……… 110
風巻景次郎	片柳治 ……………… 110	→加藤勝代 ……… 110
→森谷均 ………… 399	片山修三 …………… 110	→小林英三郎 …… 159
鍛冶忠一 …………… 107	片山潜	→橘徳 …………… 239
梶井基次郎	→梅原北明 ………… 62	→辺見じゅん …… 349
→淀野隆三 ……… 430	勝海舟	→松原純一 ……… 368
梍川甚蔵 …………… 107	→井村寿二 ………… 46	角川歴彦
→梍川弥兵衛 …… 107	→太田馬太郎 ……… 76	→角川源義 ……… 113
梍川弥兵衛 ………… 107	勝田清孝	→辺見じゅん …… 349
→梍川甚蔵 ……… 107	→対馬滋 ………… 255	角川照子
鹿島卯女	桂弥一	→秋山実 ………… 11
→鹿島守之助 …… 108	→中山太一 ……… 288	→角川源義 ……… 113
加島謙次 …………… 107	加藤達朗	角川春樹
→加島虎吉 ……… 108	→加藤幸三 ……… 111	→角川源義 ……… 113
鹿島昭一	加藤愛夫	→辺見じゅん …… 349
→鹿島守之助 …… 108	→向坂隆一郎 …… 174	門野虎三 …………… 114
鹿島精一	加藤一夫 …………… 110	金井英一 …………… 114
→鹿島守之助 …… 108	加藤勝代 …………… 110	→金井直造 ……… 114
加島虎吉 …………… 108	加藤謙一 …………… 111	金井直造 …………… 114
→加島謙次 ……… 107	→孝寿芳春 ……… 152	→金井英一 ……… 114
鹿島房次郎	→上法快男 ……… 202	金井弘夫
→柏佐一郎 ……… 109	加藤幸三 …………… 111	→金井英一 ……… 114
鹿島守之助 ………… 108	加藤駒二 …………… 111	→金井直造 ……… 114
梶山季之	加藤静夫	金尾種次郎 ………… 114
→大宅壮一 ……… 86	→田中剛三郎 …… 242	金岡昭治 …………… 115
→佐々木久子 …… 178	加藤周一	金刺源次 …………… 115
賀集喜一郎 ………… 109	→小川五郎 ……… 94	金沢末吉 …………… 115
柏佐一郎 …………… 109	→田村義也 ……… 251	金関丈夫
柏木武太郎	加藤丈夫	→池田敏雄 ……… 25
→近藤瓶城 ……… 166	→加藤謙一 ……… 111	金山豊作 …………… 115
柏木秀利	加藤知正 …………… 112	金子薫園
→博多久吉 ……… 308	加藤咄堂 …………… 112	→佐佐木茂索 …… 178
梶原一騎	→高倉嘉夫 ……… 223	→前田梅吉 ……… 356
→内田勝 ………… 58	加藤一 ……………… 112	金子誠司 …………… 115
梶原武文	加藤八郎 …………… 112	→金子善蔵 ……… 116
→梶原正弘 ……… 109	加藤弘之	→金子富次 ……… 116
梶原正弘 …………… 109	→森有礼 ………… 395	金子善蔵 …………… 116
糟谷晃	加藤将之	→金子誠司 ……… 115
→上法快男 ……… 202	→鎌田敬止 ……… 119	→金子富次 ……… 116
加瀬昌男 …………… 109		

かやはら

金子筑水
　→嶋中雄作 …………… 194
金子兜太
　→杉森久英 …………… 207
金児杜鵑花 …………… 116
金子富次 ……………… 116
　→金子誠司 …………… 115
　→金子善蔵 …………… 116
金子富太郎 …………… 116
金子直吉
　→田中四郎 …………… 243
金児農夫雄
　→金児杜鵑花 ………… 116
金子洋文
　→福岡益雄 …………… 335
金田亨
　→金亨燦 ……………… 140
金原一郎 ……………… 116
　→金原作輔 …………… 117
　→金原四郎 …………… 117
　→金原鋳 ……………… 118
　→金原寅作 …………… 118
　→金原元 ……………… 118
金原健
　→金原一郎 …………… 116
　→金原元 ……………… 118
金原作輔 ……………… 117
　→金原一郎 …………… 116
　→金原作輔 …………… 117
　→金原四郎 …………… 117
　→金原鋳 ……………… 118
　→金原寅作 …………… 118
　→金原元 ……………… 118
金原俊
　→金原一郎 …………… 116
　→金原元 ……………… 118
金原四郎 ……………… 117
　→金原一郎 …………… 116
　→金原作輔 …………… 117
　→金原鋳 ……………… 118
　→金原寅作 …………… 118
　→金原元 ……………… 118
金原二郎
　→金原一郎 …………… 116
　→金原作輔 …………… 117
　→金原四郎 …………… 117
　→金原鋳 ……………… 118
　→金原寅作 …………… 118

　→金原元 ……………… 118
金原鋳 ………………… 118
　→金原一郎 …………… 116
　→金原作輔 …………… 117
　→金原四郎 …………… 117
　→金原寅作 …………… 118
　→金原元 ……………… 118
金原寅作 ……………… 118
　→金原一郎 …………… 116
　→金原作輔 …………… 117
　→金原四郎 …………… 117
　→金原鋳 ……………… 118
　→金原元 ……………… 118
金原元 ………………… 118
　→金原一郎 …………… 116
金原秀雄
　→金原四郎 …………… 117
金原優
　→金原一郎 …………… 116
　→金原元 ……………… 118
加納将光
　→加納勲 ……………… 118
加納勲 ………………… 118
狩野快庵
　→横尾勇之助 ………… 425
加納典明
　→山岸章二 …………… 411
狩野直喜
　→原田庄左衛門 ……… 326
壁村耐三 ……………… 119
鎌田敬止 ……………… 119
上条勇 ………………… 119
上村勝弥 ……………… 119
　→上村哲弥 …………… 119
上村新三郎
　→高橋新一郎 ………… 227
上村哲弥 ……………… 119
　→上村勝弥 …………… 119
上森健一郎
　→上森子鉄 …………… 120
上森子鉄 ……………… 120
　→秋朱之介 …………… 9
　→今里広記 …………… 44
上森捨次郎
　→上森子鉄 …………… 120
神山裕一 ……………… 120

上山義雄 ……………… 120
嘉村礒多
　→江川政之 …………… 64
亀井要
　→亀井寅雄 …………… 122
亀井茲建
　→松原治 ……………… 367
亀井郜 ………………… 121
亀井忠雄
　→亀井辰朗 …………… 121
亀井忠一 ……………… 121
　→亀井辰朗 …………… 121
　→亀井豊治 …………… 121
　→亀井寅雄 …………… 122
　→亀井万喜子 ………… 122
　→斎藤精輔 …………… 168
　→神保周蔵 …………… 204
亀井辰朗 ……………… 121
亀井龍夫 ……………… 121
亀井豊治 ……………… 121
　→亀井忠一 …………… 121
　→亀井寅雄 …………… 122
　→亀井万喜子 ………… 122
亀井寅雄 ……………… 122
　→今井直一 …………… 43
　→亀井忠一 …………… 121
　→亀井豊治 …………… 121
　→亀井万喜子 ………… 122
亀井万喜子 …………… 122
　→亀井忠一 …………… 121
　→亀井豊治 …………… 121
　→亀井寅雄 …………… 122
亀倉雄策
　→江副浩正 …………… 66
　→名取洋之助 ………… 289
亀谷行 ………………… 122
亀山巌 ………………… 122
萱沼貞石
　→佐藤道夫 …………… 182
萱沼肇 ………………… 123
茅原華山
　→茅原茂 ……………… 123
萱原宏一 ……………… 123
　→岡田貞三郎 ………… 89
茅原茂 ………………… 123
　→鈴木利貞 …………… 214

唐十郎	河上肇	河出朋久
→川仁宏 ………… 128	→小林直衛 ………… 161	→河出静 ………… 127
唐木邦雄 ………… 123	→小森田一記 ………… 164	河中一学 ………… 127
唐木順三	→寿岳文章 ………… 200	→河中俊四郎 ………… 128
→臼井吉見 ………… 57	→八坂浅次郎（初代）… 404	河中俊四郎 ………… 128
→福林正之 ………… 339	川上眉山	→河中一学 ………… 127
→古田晁 ………… 348	→巌谷小波 ………… 53	河中二講
唐沢俊介	川口武久	→河中一学 ………… 127
→唐沢好雄 ………… 124	→松岡幸雄 ………… 363	→河中俊四郎 ………… 128
唐沢好雄 ………… 124	川口松太郎	川仁宏 ………… 128
柄谷行人	→矢貴東司 ………… 401	河野源 ………… 128
→内藤裕治 ………… 270	川口芳太郎 ………… 126	川端香男里
狩谷棭斎	川崎吉蔵 ………… 126	→山本阿母里 ………… 417
→英平吉 ………… 317	川崎竹一 ………… 126	川端康成
河合栄治郎	川崎長太郎	→赤木健介 ………… 7
→美作太郎 ………… 382	→川合仁 ………… 125	→臼井吉見 ………… 57
河井酔茗 ………… 124	→北原武夫 ………… 135	→小山久二郎 ………… 104
→有本芳水 ………… 18	川崎のぼる	→木村徳三 ………… 139
→野口竹次郎 ………… 301	→内田勝 ………… 58	→野上彰 ………… 301
川合晋（初代）………… 124	川崎文治 ………… 126	→長谷川泉 ………… 311
→川合晋（2代目）… 124	川崎嘉信	→半沢成二 ………… 328
→林善七 ………… 322	→小川菊松 ………… 94	→福岡益雄 ………… 335
川合晋（2代目）………… 124	川崎吉光	→松岡虎王麿 ………… 363
→川合晋（初代）… 124	→川崎吉蔵 ………… 126	→矢部良策 ………… 410
→林善七 ………… 322	川路柳虹	川端龍子
川合澄男	→河井酔茗 ………… 124	→藤本韶三 ………… 344
→川合仁 ………… 125	川島喜代詩 ………… 126	河原武四郎 ………… 128
河相誠一郎	川島信太郎	河東碧梧桐
→河相全次郎 ………… 125	→波多野重太郎 ………… 315	→佐藤義亮 ………… 181
河合清風子	川島楳坪	川辺博 ………… 129
→八木林之助 ………… 403	→西村正三郎 ………… 297	川又銀蔵 ………… 129
河合善次郎 ………… 125	川島芳子	川村清雄
河相全次郎 ………… 125	→伊東阪二 ………… 38	→加島虎吉 ………… 108
河合辰太郎	川頭九郎次 ………… 127	河村純一
→井上源之丞 ………… 41	河田小龍	→河村昭三 ………… 129
川合貞一	→山本松谷 ………… 419	河村昭三 ………… 129
→内藤加我 ………… 269	河竹繁俊	河村敏雄 ………… 129
河合徹 ………… 125	→柚登美枝 ………… 422	川本臥風
川合仁 ………… 125	河内屋新次郎	→篠原敏之 ………… 189
川上市郎 ………… 126	→松田正助 ………… 366	菅貞人
川上澄生	河出静 ………… 127	→八谷政行 ………… 407
→秋朱之介 ………… 9	河出静一郎 ………… 127	神吉晴夫 ………… 129
→五十沢二郎 ………… 26	→河出静 ………… 127	→伊賀弘三良 ………… 21
→今村秀太郎 ………… 46	河出孝雄 ………… 127	→五十嵐勝弥 ………… 22
川上徹太郎	→河出静 ………… 127	→丸尾文六 ………… 370
→遠山直道 ………… 263	→河出静一郎 ………… 127	→茂木茂 ………… 393

神田山陽（2代目）
　→浜井弘 …………………… 320
神田民衛
　→神田豊穂 ………………… 130
神田豊穂 …………………… 130
　→神田龍一 ………………… 130
神田伯竜
　→博多久吉 ………………… 308
神田龍一 …………………… 130
　→神田豊穂 ………………… 130
上林暁
　→関口良雄 ………………… 219
上林行一郎
　→松岡虎王麿 ……………… 363
上林吾郎 …………………… 130
神原泰
　→森谷均 …………………… 399
神戸文三郎 ………………… 130
神戸祐三
　→神戸文三郎 ……………… 130

【き】

木内高音 …………………… 131
木々高太郎
　→水谷準 …………………… 378
桔梗五郎 …………………… 131
桔梗利一
　→桔梗五郎 ………………… 131
菊竹嘉市 …………………… 131
　→菊竹大蔵 ………………… 131
菊竹大蔵 …………………… 131
　→菊竹嘉市 ………………… 131
菊池寛 ……………………… 132
　→池島信平 ………………… 23
　→石川寅吉 ………………… 31
　→今里広記 ………………… 44
　→巖谷大四 ………………… 54
　→大草実 …………………… 72
　→上森子鉄 ………………… 120
　→佐佐木茂索 ……………… 178
　→菅忠雄 …………………… 205
　→鈴木氏亨 ………………… 211
　→滝田樗陰 ………………… 232
　→永井龍男 ………………… 272

→中土義敬 ………………… 279
→福山秀賢 ………………… 340
→馬海松 …………………… 355
→鷲尾洋三 ………………… 432
菊池五山
　→菊池寛 …………………… 132
菊池章一
　→森谷均 …………………… 399
木佐木勝 …………………… 132
岸他丑 ……………………… 132
岸龍雄
　→岸他丑 …………………… 132
岸他万喜
　→岸他丑 …………………… 132
岸信介
　→奈須田敬 ………………… 289
岸松雄
　→田中三郎 ………………… 242
岸上質軒 …………………… 133
岸田吟香 …………………… 133
　→尾崎冨五郎 ……………… 97
岸田国士
　→早川清 …………………… 321
岸田日出刀
　→小林美一 ………………… 162
岸田義国 …………………… 133
岸田義典
　→岸田義国 ………………… 133
岸田劉生
　→岸田吟香 ………………… 133
鬼嶋力也
　→木島力也 ………………… 134
木島力也 …………………… 134
　→鈴木均 …………………… 214
　→丸山実 …………………… 372
岸本栄七 …………………… 134
　→小林竹雄 ………………… 161
岸本辰雄
　→八尾新助 ………………… 401
木代修一
　→四海民蔵 ………………… 186
木田吉太郎
　→西村寅次郎 ……………… 298
紀田順一郎
　→大伴昌司 ………………… 78
　→森山太郎 ………………… 400

北杜夫
　→宮脇俊三 ………………… 386
北尾重政
　→蔦屋重三郎 ……………… 256
喜多川歌麿
　→蔦屋重三郎 ……………… 256
北川龍一
　→金原元 …………………… 118
北沢楽天
　→中村弥二郎 ……………… 286
北島織衛 …………………… 134
北島春石
　→桜井均 …………………… 177
北島義俊
　→北島織衛 ………………… 134
北園克衛
　→鳥羽茂 …………………… 267
北野民夫 …………………… 134
北野登 ……………………… 135
北畠茂兵衛
　→鈴木荘太郎 ……………… 212
北原次郎 …………………… 135
北原武夫 …………………… 135
　→和木清三郎 ……………… 432
北原鉄雄 …………………… 136
　→北原正雄 ………………… 136
　→北原義雄 ………………… 136
　→本吉信雄 ………………… 394
北原白秋
　→恩地孝四郎 ……………… 105
　→鎌田敬止 ………………… 119
　→北原鉄雄 ………………… 136
　→北原正雄 ………………… 136
　→北原義雄 ………………… 136
　→西村辰五郎 ……………… 298
　→西村寅次郎 ……………… 298
　→藤本韶三 ………………… 344
　→本吉信雄 ………………… 394
北原正雄 …………………… 136
　→北原鉄雄 ………………… 136
　→北原義雄 ………………… 136
北原守夫
　→北原正雄 ………………… 136
北原義雄 …………………… 136
　→北原鉄雄 ………………… 136
　→北原正雄 ………………… 136
　→本吉信雄 ………………… 394

493

北村二郎
　→北村竜一郎 ……………… 137
北村千秋
　→青山虎之助 ………………… 6
北村透谷
　→巌本善治 ………………… 52
北村治久 ……………………… 136
北村竜一郎 …………………… 137
北山理子
　→浅川満 …………………… 11
吉川大二郎
　→亀井蔀 …………………… 121
紀海音
　→西沢一風 ………………… 294
木下順二
　→西谷能雄 ………………… 296
木下蘇子
　→木下立安 ………………… 137
木下竹次
　→小原国芳 ………………… 103
木下武之助
　→木下立安 ………………… 137
　→柴山当夫 ………………… 192
木下尚江
　→金尾種次郎 ……………… 114
木下半治
　→岩崎徹太 ………………… 48
木下立安 ……………………… 137
木原鬼仏
　→渡辺久吉 ………………… 434
木原孝一
　→大草実 …………………… 72
金石範
　→田村義也 ………………… 251
木村亥吉 ……………………… 137
木村伊兵衛
　→名取洋之助 ……………… 289
木村栄文
　→久本三多 ………………… 330
木村嘉平(3代目) …………… 137
木村毅 ………………………… 138
木村久一 ……………………… 138
木村謹治
　→小野高久良 ……………… 102
木村熊二
　→巌本善治 ………………… 52

→田口卯吉 ………………… 232
木村健一 ……………………… 138
木村孝一 ……………………… 138
木村五郎
　→大内青巒 ………………… 70
木村小舟 ……………………… 138
　→巌谷小波 ………………… 53
木村鐙子
　→田口卯吉 ………………… 232
木村徳三 ……………………… 139
　→大森直道 ………………… 85
木村淵之助 …………………… 139
木村弥助
　→木村嘉平(3代目) ……… 137
木元平太郎 …………………… 139
木舎幾三郎 …………………… 140
喜安璣太郎
　→小酒井五一郎 …………… 154
木山淳一
　→岡本政治 ………………… 91
木山捷平
　→関口良雄 ………………… 219
邱永漢
　→中野稔 …………………… 281
京の薬兵衛
　→堀野与七 ………………… 354
清岡映一
　→福沢諭吉 ………………… 336
清岡卓行
　→伊達得夫 ………………… 240
　→山本阿母里 ……………… 417
桐野夏生
　→岡圭介 …………………… 87
木呂子斗鬼次 ………………… 140
木和田為作 …………………… 140
金亨燦 ………………………… 140

【く】

陸羯南
　→高橋健三 ………………… 226
　→三宅雪嶺 ………………… 383
日下伊兵衛 …………………… 141

日下福蔵
　→日下伊兵衛 ……………… 141
草壁久四郎
　→向坂隆一郎 ……………… 174
日下部三之介 ………………… 141
日下部弁二郎
　→巌谷小波 ………………… 53
日柳燕石
　→日柳三舟 ………………… 141
日柳三舟 ……………………… 141
草野浩二
　→草野昌一 ………………… 141
　→草野貞二 ………………… 142
草野昌一 ……………………… 141
　→草野貞二 ………………… 142
草野貞之 ……………………… 142
　→中森季雄 ………………… 287
草野貞二 ……………………… 142
　→草野昌一 ………………… 141
草野夏矢
　→草野昌一 ………………… 141
草葉栄
　→増永善吉 ………………… 361
草村北星
　→草村松雄 ………………… 142
草村松雄 ……………………… 142
　→中山泰昌 ………………… 287
草柳大蔵
　→大宅壮一 ………………… 86
串田孫一
　→大洞正典 ………………… 85
　→久保井理津男 …………… 146
九嶋信英 ……………………… 143
九条武子
　→麻田駒之助 ……………… 12
　→増田義一 ………………… 360
葛原秀一 ……………………… 143
葛原妙子
　→鎌田敬止 ………………… 119
楠間亀楠 ……………………… 143
工藤淳 ………………………… 143
工藤俊彰
　→工藤淳 …………………… 143
工藤美代子
　→池田郁雄 ………………… 24
　→池田恒雄 ………………… 25

工藤恭孝
　→工藤淳 …………………… 143
国枝藤作 ……………………… 143
国枝元治
　→南条初五郎 ……………… 292
国木田収二
　→国木田独歩 ……………… 144
国木田専八
　→国木田独歩 ……………… 144
国木田独歩 …………………… 144
　→草村松雄 ………………… 142
　→島田義三 ………………… 193
　→鷹見思水 ………………… 230
　→中村武羅夫 ……………… 285
　→細川芳之助（2代目）… 351
　→矢野龍渓 ………………… 409
国木田虎雄
　→国木田独歩 ……………… 144
国頭義正 ……………………… 144
国弘直 ………………………… 144
国弘晴睦
　→国弘直 …………………… 144
国弘満治
　→国弘直 …………………… 144
国元孝治 ……………………… 145
　→国元省平 ………………… 145
国元省平 ……………………… 145
　→国元孝治 ………………… 145
久原房之助
　→飯島幡司 ………………… 20
久保栄
　→田村義也 ………………… 251
久保覚 ………………………… 145
久保三郎
　→石川武美 ………………… 31
久保鉄男
　→久保藤吉 ………………… 146
久保藤吉 ……………………… 146
久保襄 ………………………… 146
久保井理津男 ………………… 146
　→大洞正典 ………………… 85
　→八坂浅次郎（2代目）… 404
窪川鶴次郎
　→森谷均 …………………… 399
窪田空穂
　→鷹見思水 ………………… 230

　→矢島一三 ………………… 405
　→安成二郎 ………………… 406
　→山崎剛平 ………………… 413
窪田正一
　→矢沢領一 ………………… 405
久保田忠夫
　→田中治夫 ………………… 245
窪田範治 ……………………… 146
久保田万太郎
　→岩本和三郎 ……………… 53
　→車谷弘 …………………… 150
　→渋沢青花 ………………… 192
久保田裕 ……………………… 147
久保山雄三 …………………… 147
熊井征太郎 …………………… 147
熊谷清司 ……………………… 147
熊谷孝 ………………………… 147
熊谷寛 ………………………… 147
隈部大蔵 ……………………… 148
隈部英雄
　→大渡順二 ………………… 87
隈本有尚
　→伊東阪二 ………………… 38
久米邦武
　→神田豊穂 ………………… 130
　→田口卯吉 ………………… 232
　→長尾景弼 ………………… 272
久米正雄
　→菊池寛 …………………… 132
　→菅忠雄 …………………… 205
雲井貞長
　→岡本芳雄 ………………… 92
倉田啓明
　→桜井均 …………………… 177
倉田百三
　→岩波茂雄 ………………… 50
　→中土義敬 ………………… 279
倉橋藤治郎 …………………… 148
倉本長治 ……………………… 148
倉本初夫
　→倉本長治 ………………… 148
久里洋二
　→岩本常雄 ………………… 52
栗田確也 ……………………… 148
　→伊東新太郎 ……………… 38

栗田元次
　→博多久吉 ………………… 308
栗林英逸郎
　→栗林茂 …………………… 149
栗林茂 ………………………… 149
栗本和夫 ……………………… 149
来島捨六 ……………………… 149
　→来島正時 ………………… 149
来島正時 ……………………… 149
　→来島捨六 ………………… 149
車谷弘 ………………………… 150
　→池島信平 ………………… 23
黒井千次
　→寺田博 …………………… 260
黒板勝美
　→田口卯吉 ………………… 232
黒木正憲 ……………………… 150
黒崎勇 ………………………… 150
　→佐々部承象 ……………… 179
黒田秀俊 ……………………… 150
黒橋粂一
　→岡角次 …………………… 87
畔柳芥舟
　→滝田樗陰 ………………… 232
鍬谷清 ………………………… 151
桑原甲子雄 …………………… 151
　→竹森清 …………………… 237
　→樋口豊三 ………………… 329
桑原信雄
　→竹之内静雄 ……………… 236
郡司勝義 ……………………… 151

【こ】

恋川春町
　→鱗形屋三左衛門・孫兵
　　衛 ………………………… 64
小池学山
　→小池四郎 ………………… 151
小池四郎 ……………………… 151
小池平和 ……………………… 152
小池元子
　→小池四郎 ………………… 151

こいずみ

小泉信三
　→小林勇 ･･････････････ 158
　→和木清三郎 ･･････････ 432
小泉八雲
　→小山久二郎 ･･････････ 104
　→中土義敬 ･･････････ 279
小出楢重
　→森谷均 ･･････････ 399
小出英男
　→長井勝一 ･･････････ 270
郷純造
　→久富達夫 ･･････････ 330
郷誠之助
　→久富達夫 ･･････････ 330
郷隆
　→久富達夫 ･･････････ 330
甲賀三郎
　→森下雨村 ･･････････ 397
香西昇
　→式場俊三 ･･････････ 187
高坂修一 ･･････････ 152
黄氏鳳姿
　→池田敏雄 ･･････････ 25
孝寿尚志
　→孝寿芳春 ･･････････ 152
孝寿芳春 ･･････････ 152
　→上法快男 ･･････････ 202
神代種亮 ･･････････ 152
　→中山泰昌 ･･････････ 287
神津藤平
　→羽田武嗣郎 ･･････････ 314
河添元次 ･･････････ 153
幸田成友
　→荒木伊兵衛（5代目）････ 16
幸田露伴
　→伊東芳次郎 ･･････････ 39
　→岩波茂雄 ･･････････ 50
　→小林勇 ･･････････ 158
　→高倉嘉夫 ･･････････ 223
　→滝田樗陰 ･･････････ 232
　→松下英麿 ･･････････ 365
　→三木竹二 ･･････････ 376
　→和田篤太郎 ･･････････ 433
幸徳秋水
　→大橋省吾 ･･････････ 83
　→堺利彦 ･･････････ 171
　→高嶋米峰 ･･････････ 224

　→藤岡淳吉 ･･････････ 341
　→山県悌三郎 ･･････････ 410
河野敏鎌
　→小野梓 ･･････････ 101
河野信一 ･･････････ 153
香原一勢 ･･････････ 153
香原志勢
　→香原一勢 ･･････････ 153
古賀広治 ･･････････ 153
小金井喜美子
　→三木竹二 ･･････････ 376
粉川忠
　→品川力 ･･････････ 189
国領茂蔵 ･･････････ 153
　→国領友太郎 ･･････････ 153
国領友太郎 ･･････････ 153
　→国領茂蔵 ･･････････ 153
小坂佐久馬 ･･････････ 154
小酒井五一郎 ･･････････ 154
　→小酒井貞一郎 ･･････････ 154
　→小酒井益蔵 ･･････････ 154
　→反町茂雄 ･･････････ 221
　→長井庄吉 ･･････････ 271
小酒井貞一郎 ･･････････ 154
　→小酒井五一郎 ･･････････ 154
　→小酒井益蔵 ･･････････ 154
小酒井益三郎 ･･････････ 154
　→小酒井五一郎 ･･････････ 154
小酒井益蔵 ･･････････ 154
　→小酒井五一郎 ･･････････ 154
　→小酒井貞一郎 ･･････････ 154
古志太郎
　→山崎剛平 ･･････････ 413
小島烏水
　→佐藤義亮 ･･････････ 181
古島一雄
　→三宅雪嶺 ･･････････ 383
小島剛夕
　→長井勝一 ･･････････ 270
小島新作 ･･････････ 155
小島棟吉 ･･････････ 155
小島信夫
　→田村義也 ･･････････ 251
小杉榲邨
　→青山清吉（8代目）････ 6
小杉天外 ･･････････ 155

小杉益二郎 ･･････････ 155
小杉未醒
　→押川春浪 ･･････････ 99
小立淳 ･･････････ 156
　→小立鉦四郎（2代目） ･･ 156
　→小立武彦 ･･････････ 156
　→小立正彦 ･･････････ 156
小立鉦四郎（2代目） ･･ 156
　→小立淳 ･･････････ 156
　→小立武彦 ･･････････ 156
　→小立正彦 ･･････････ 156
小立武彦 ･･････････ 156
　→小立淳 ･･････････ 156
　→小立鉦四郎（2代目） ･･ 156
　→小立正彦 ･･････････ 156
小立正彦 ･･････････ 156
　→小立淳 ･･････････ 156
　→小立鉦四郎（2代目） ･･ 156
　→小立武彦 ･･････････ 156
児玉惇 ･･････････ 156
児玉花外
　→金尾種次郎 ･･････････ 114
小玉邦雄 ･･････････ 157
後藤章夫 ･･････････ 157
後藤鋼吉
　→藤原佐吉 ･･････････ 345
後藤守一
　→四海民蔵 ･･････････ 186
後藤新平
　→水野錬太郎 ･･････････ 379
後藤宙外 ･･････････ 157
　→小杉天外 ･･････････ 155
後藤八郎 ･･････････ 157
五島勉
　→伊賀弘三良 ･･････････ 21
五島美代子
　→鎌田敬止 ･･････････ 119
小西栄三郎
　→宮井徳治 ･･････････ 382
小西和人 ･･････････ 157
小西武夫 ･･････････ 158
小西英人
　→小西和人 ･･････････ 157
近衛篤麿
　→近藤瓶城 ･･････････ 166

こんとう

近衛文麿
　→亀井寅雄 ･･････････ 122
　→久富達夫 ･･････････ 330
此村庄助（2代目）･･････ 158
小橋三四子 ･････････････ 158
小林中
　→三鬼陽之助 ･････････ 376
　→水野成夫 ･･････････ 379
小林勇 ･･････････････････ 158
　→岩波茂雄 ･･････････ 50
　→長田幹雄 ･･････････ 279
　→吉野源三郎 ･････････ 429
小林英三郎 ･････････････ 159
小林鶯里
　→小林善八 ･･････････ 160
小林一博 ･･････････････ 159
小林監俊
　→江草斧太郎 ･････････ 64
小林恭二
　→寺田博 ････････････ 260
小林清親
　→松木平吉（5代目）･･･ 364
小林圭四郎
　→原田常治 ･･････････ 326
小林作太郎 ･････････････ 160
小林茂 ･･････････････････ 160
　→矢部良策 ･･････････ 410
小林鐘吉
　→山田九郎 ･･････････ 414
小林二郎 ･･････････････ 160
小林政一
　→福田元次郎 ･････････ 338
小林清一郎 ･････････････ 160
小林善八 ･･････････････ 160
小林大作
　→小林作太郎 ･････････ 160
小林卓郎
　→小林二郎 ･･････････ 160
小林竹雄 ･･････････････ 161
小林武彦 ･･････････････ 161
小林鉄夫 ･･････････････ 161
小林天眠
　→河井酔茗 ･･････････ 124
小林徳太郎
　→小林茂 ････････････ 160

小林富次郎
　→今村源三郎 ･････････ 46
小林直衛 ･･････････････ 161
　→有賀新 ････････････ 17
小林八郎
　→内山港三郎 ･････････ 59
　→小林清一郎 ･････････ 160
小林玻璃三 ･････････････ 161
小林美一 ･･････････････ 162
小林秀雄
　→石原龍一 ･･････････ 33
　→江川政之 ･･････････ 64
　→郡司勝義 ･･････････ 151
　→式場俊三 ･･････････ 187
　→永井龍男 ･･････････ 272
　→野田誠三 ･･････････ 303
　→春山行夫 ･･････････ 328
　→堀内達夫 ･･････････ 353
小林日出夫 ･････････････ 162
小林房太郎
　→加藤知正 ･･････････ 112
小林平治
　→小林美一 ･･････････ 162
小林又七（2代目）･･････ 162
小林勇太郎
　→小林又七（2代目）･･･ 162
小林義則 ･･････････････ 162
　→小林竹雄 ･･････････ 161
　→三樹一平 ･･････････ 375
小林隆造
　→小林又七（2代目）･･･ 162
小松左京
　→福島正実 ･･････････ 337
小松正衛 ･･････････････ 163
小松敏郎 ･･････････････ 163
小松彦三郎
　→小林勇 ････････････ 158
小松平十郎 ･････････････ 163
小松美沙子
　→小林勇 ････････････ 158
小松蘭雪
　→茅原茂 ････････････ 123
五味川純平
　→竹村一 ････････････ 236
小峰広恵 ･･････････････ 163

小宮豊隆
　→岩波茂雄 ･･････････ 50
小宮山昇平
　→内藤加我 ･･････････ 269
小宮山豊作
　→渋沢青花 ･･････････ 192
小宮山量平 ･････････････ 163
　→西谷能雄 ･･････････ 296
古明地忠治 ･････････････ 164
小森田秋夫
　→小森田一記 ･････････ 164
小森田一記 ･････････････ 164
　→青地晨 ････････････ 4
子安峻 ･･････････････････ 164
小山清
　→石井立 ････････････ 28
小山正太郎
　→岸上質軒 ･･････････ 133
牛来丈助 ･･････････････ 165
　→牛来武知 ･･････････ 165
　→藤田末治 ･･････････ 343
　→藤田達夫 ･･････････ 343
牛来武知 ･･････････････ 165
　→牛来丈助 ･･････････ 165
　→藤田末治 ･･････････ 343
牛来辰巳
　→牛来武知 ･･････････ 165
今東光
　→中村武羅夫 ･････････ 285
権田萬治
　→二上洋一 ･･････････ 346
権田保之助
　→橘高広 ････････････ 238
近藤音次郎 ･････････････ 165
近藤久寿治 ･････････････ 165
近藤源一
　→高橋満 ････････････ 229
近藤賢三 ･･････････････ 165
　→巌本善治 ･･････････ 52
近藤松石
　→近藤瓶城 ･･････････ 166
近藤瓶城 ･･････････････ 166
近藤真柄
　→堺利彦 ････････････ 171
近藤ようこ
　→長井勝一 ･･････････ 270

497

近藤芳美
　→鎌田敬止 ················ 119

【さ】

雑賀進 ······················ 166
三枝佐枝子
　→今井田勲 ················· 44
西条八十
　→斎藤佐次郎 ············· 167
斎藤磯雄
　→柴田錬三郎 ············· 191
斎藤栄治
　→相賀武夫 ················· 69
斉藤和雄 ···················· 166
　→斉藤義雄 ················ 169
斎藤謙蔵 ···················· 167
斎藤佐次郎 ················ 167
　→土屋右近 ················ 257
　→横山銀吉 ················ 426
斎藤十一 ···················· 167
　→佐藤亮一 ················ 184
斎藤昌三 ···················· 168
　→岩本和三郎 ··············· 53
　→坂本篤 ··················· 173
　→庄司浅水 ················ 201
　→森谷均 ··················· 399
　→森山太郎 ················ 400
斎藤精輔 ···················· 168
　→亀井忠一 ················ 121
　→亀井万喜子 ············· 122
斎藤龍光 ···················· 168
斎藤弔花
　→松浦貞一 ················ 362
斉藤秀雄
　→斉藤和雄 ················ 166
　→斉藤義雄 ················ 169
斎藤史
　→鎌田敬止 ················ 119
斎藤雅一
　→斎藤佐次郎 ············· 167
斎藤峰一
　→斎藤龍光 ················ 168
斎藤茂吉
　→大矢金一郎 ··············· 86

　→西村辰五郎 ············· 298
　→西村寅次郎 ············· 298
　→松下英麿 ················ 365
　→山本英吉 ················ 417
斉藤行雄
　→斉藤和雄 ················ 166
斎藤芳一郎 ················ 169
斉藤義雄 ···················· 169
　→斉藤和雄 ················ 166
斎藤夜居 ···················· 169
斎藤龍太郎 ················ 169
斎藤緑雨
　→小杉天外 ················ 155
　→後藤宙外 ················ 157
佐伯郁郎 ···················· 170
　→長谷川鉱平 ············· 312
佐伯恪五郎
　→山岸章二 ················ 411
佐伯一麦
　→寺田博 ··················· 260
嵯峨信之
　→大草実 ···················· 72
酒井宇吉（初代）········· 170
　→酒井宇吉（2代目）···· 170
　→反町茂雄 ················ 221
酒井宇吉（2代目）········ 170
　→酒井宇吉（初代）···· 170
坂井英太郎
　→南条初五郎 ············· 292
酒井嘉七
　→酒井宇吉（初代）···· 170
　→反町茂雄 ················ 221
酒井寛一
　→酒井久三郎 ············· 170
　→酒井久二郎 ············· 171
酒井久三郎 ················ 170
　→酒井久二郎 ············· 171
酒井久二郎 ················ 171
　→酒井久三郎 ············· 170
酒井潔
　→秋朱之介 ··················· 9
酒井健彦
　→酒井宇吉（初代）···· 170
　→酒井宇吉（2代目）···· 170
堺為子
　→堺利彦 ··················· 171

堺利彦 ······················ 171
　→栗田確也 ················ 148
　→高嶋米峰 ················ 224
　→中村弥二郎 ············· 286
　→野依秀市 ················ 307
　→藤岡淳吉 ················ 341
　→山県悌三郎 ············· 410
酒井寅吉 ···················· 171
　→前田隆治 ················ 357
酒井福次
　→酒井宇吉（初代）···· 170
酒井文人 ···················· 172
酒井正敏 ···················· 172
　→酒井宇吉（初代）···· 170
　→酒井宇吉（2代目）···· 170
酒井雅康
　→酒井文人 ················ 172
境野黄洋
　→杉村楚人冠 ············· 206
阪上半七 ···················· 172
榊原友吉 ···················· 172
　→杉本七百丸 ············· 207
榊原福太郎
　→榊原友吉 ················ 172
榊山潤
　→山崎剛平 ················ 413
坂口安吾
　→北原武夫 ················ 135
　→栗本和夫 ················ 149
　→福島保夫 ················ 337
坂口観蔵 ···················· 173
坂口保治
　→岡茂雄 ···················· 88
坂口義弘
　→丸山実 ··················· 372
坂田謙二 ···················· 173
嵯峨の屋おむろ
　→内田魯庵 ················· 58
坂部訓正
　→岸上質軒 ················ 133
坂本篤 ······················ 173
　→内藤伝右衛門 ·········· 269
阪本越郎
　→鳥羽茂 ··················· 267
坂本嘉治馬 ················ 173
　→小野梓 ··················· 101
　→坂本守正 ················ 174

さとう

→原亮一郎	325
坂本一亀	174
坂本起一	
→坂本嘉治馬	173
→坂本守正	174
坂本真三	174
坂本守正	174
→坂本嘉治馬	173
阪本猷	
→山田朝一	415
坂本龍一	
→坂本一亀	174
相良守峯	
→橘三雄	239
向坂不尽夫	
→向坂隆一郎	174
向坂正久	
→向坂隆一郎	174
向坂松彦	
→向坂隆一郎	174
向坂道治	
→向坂隆一郎	174
向坂隆一郎	174
佐久節	
→佐藤正巳	182
佐久田繁	175
佐久間鋼三郎	
→佐久間貞一	175
佐久間象山	
→子安峻	164
佐久間長吉郎	175
→佐久間貞一	175
→佐久間裕三	176
佐久間貞一	175
→佐久間長吉郎	175
→佐久間裕三	176
→宮川保全	383
佐久間裕三	176
→佐久間長吉郎	175
→佐久間貞一	175
桜井忠温	
→土屋泰次郎	257
桜井恒次	176
桜井秀勲	
→伊賀弘三良	21
→佐々部承象	179

桜井均	177
桜井良子	
→納屋嘉治	290
桜沢如一	
→関根康喜	219
桜田武	
→三鬼陽之助	376
→水野成夫	379
迫水久常	
→美濃部洋次	381
笹川臨風	
→後藤宙外	157
佐々木覚太夫	
→相賀武夫	69
→相賀徹夫	69
→相賀ナヲ	69
佐々木桔梗	177
佐々木喜善	
→坂本篤	173
佐々木邦	
→相賀武夫	69
→加藤謙一	111
佐々木国雄	177
佐々木幸四郎	
→庄司浅水	201
佐々木繁	177
佐々木惣四郎	178
→山田茂助	416
佐々木隆彦	178
佐々木高政	
→金子富次	116
→竹田憲正	235
佐佐木信綱	
→長谷川時雨	312
→柚登美枝	422
佐々木久子	178
ささきふさ	
→佐佐木茂索	178
佐々木正康	
→牧恒夫	358
佐佐木茂索	178
→池島信平	23
→菊池寛	132
→車谷弘	150
→成沢玲川	291
→鷲尾洋三	432

佐々木涼子	
→杉森久英	207
笹原金次郎	179
笹部貞市郎	179
佐々部承象	179
定村忠士	179
→小林一博	159
佐々醒雪	
→小谷重	100
→曽根松太郎	220
里井韶治	
→佐藤嘉尚	183
佐藤彬	180
佐藤観樹	
→佐藤観次郎	180
佐藤観次郎	180
佐藤喜一	180
佐藤義亮	181
→草村松雄	142
→斎藤十一	167
→佐藤俊一	182
→佐藤俊夫	182
→佐藤義夫	183
→佐藤亮一	184
→中根駒十郎	280
佐藤垢石	181
→竹内始万	234
佐藤紅緑	
→加藤謙一	111
佐藤巨巨呂	
→佐藤義人	183
佐藤佐太郎	
→角川源義	113
→鎌田敬止	119
→川島喜代詩	126
佐藤俊一	182
→佐藤義亮	181
→佐藤俊夫	182
→佐藤亮一	184
佐藤正巳	182
→佐藤泰三	182
佐藤泰三	182
→佐藤正巳	182
佐藤隆信	
→佐藤義夫	183
→佐藤亮一	184
佐藤武雄	182

499

さとう

→曽川勝太郎 ……………220
→原野仲次 ………………327
佐藤龍夫
　→佐藤義亮 ………………181
　→佐藤道夫 ………………182
佐藤得二
　→堀内俊宏 ………………353
佐藤俊夫
　→佐藤義亮 ………………181
　→佐藤俊一 ………………182
　→佐藤義夫 ………………183
　→佐藤亮一 ………………184
サトウハチロー
　→池島信平 …………………23
佐藤春夫
　→五十沢二郎 ……………26
　→内山完造 ………………59
　→桜井均 …………………177
　→滝田樗陰 ………………232
　→中川謙 …………………274
　→半沢成二 ………………328
　→松木寿三郎 ……………364
佐藤正彰
　→淀野隆三 ………………430
佐藤政人
　→佐藤義人 ………………183
佐藤道夫
　→佐藤義亮 ………………181
　→佐藤俊夫 ………………182
　→佐藤義夫 ………………183
佐藤碧子
　→馬海松 …………………355
佐藤征捷 ………………………183
佐藤義夫
　→佐藤義亮 ………………181
　→佐藤俊一 ………………182
　→佐藤俊夫 ………………182
　→佐藤亮一 ………………184
佐藤義人 ………………………183
佐藤嘉尚 ………………………183
佐藤亮一 ………………………184
　→斎藤十一 ………………167
　→佐藤義亮 ………………181
　→佐藤俊一 ………………182
　→佐藤義夫 ………………183
里見岸雄
　→椎川弥兵衛 ……………107

→中藤正三 ………………282
里見真三 ………………………184
里見弴
　→足立欽一 …………………13
佐野佐蔵 ………………………184
佐野繁次郎
　→花森安治 ………………317
佐野増彦 ………………………184
佐野保太郎
　→山崎清一 ………………413
佐野義光 ………………………185
寒川鼠骨
　→岩崎鉄次郎 ……………47
猿谷要
　→田村勝夫 ………………249
佐和慶太郎 ……………………185
沢井俊二
　→高楠順次郎 ……………223
沢木興道
　→石原俊明 …………………32
沢田伊四郎 ……………………185
　→秋朱之介 …………………9
沢村嘉一 ………………………185
沢村宗十郎（7代目）
　→沢村三木男 ……………185
沢村三木男 ……………………185
　→池島信平 …………………23
沢柳政太郎
　→小原国芳 ………………103
　→曽根松太郎 ……………220
山東京伝
　→蔦屋重三郎 ……………256
　→鶴屋喜右衛門 …………259
山東直砥 ………………………186
　→今村謙吉 …………………45
　→星野錫 …………………351
三遊亭円朝（初代）
　→大柴四郎 …………………75

【し】

椎名麟三
　→臼井吉見 …………………57
　→坂本一亀 ………………174

→前田隆治 ………………357
椎橋博 …………………………186
塩入亀輔
　→堀内敬三 ………………352
塩月弥栄子
　→納屋嘉治 ………………290
塩原又策
　→山谷徳治郎 ……………421
志賀重昂
　→三宅雪嶺 ………………383
志賀直哉
　→桜井均 …………………177
　→柚登美枝 ………………422
志賀正路 ………………………186
四海民蔵 ………………………186
　→上原才一郎 ………………55
志垣寛 …………………………187
鹿田静七（2代目）………………187
式正次 …………………………187
式場俊三 ………………………187
式場隆三郎
　→式場俊三 ………………187
重枝四四男 ……………………188
重野安繹
　→田口卯吉 ………………232
重信房子
　→遠藤忠夫 …………………68
獅子文六
　→高原四郎 ………………229
宍戸英健
　→宍戸英人 ………………188
宍戸英人 ………………………188
四至本八郎
　→大伴昌司 …………………78
信田秀一 ………………………188
七条兼三 ………………………188
　→七条憩 …………………189
七条憩 …………………………189
　→七条兼三 ………………188
十返舎一九
　→高美甚左衛門 …………230
品川工
　→品川力 …………………189
　→成沢玲川 ………………291
品川力 …………………………189
　→成沢玲川 ………………291

篠崎小竹
　→鹿田静七(2代目) ……… 187
篠崎信次 ……………………… 189
篠崎孝子
　→松信泰輔 ……………… 366
　→松信大助 ……………… 367
　→松信隆也 ……………… 367
篠原直 ………………………… 189
篠原敏之 ……………………… 189
　→杉森久英 ……………… 207
篠原梵
　→篠原敏之 ……………… 189
篠原雅之 ……………………… 190
芝全交(初代)
　→鶴屋喜右衛門 ………… 259
柴崎聡
　→柴崎芳夫 ……………… 190
柴崎芳夫 ……………………… 190
柴田乙松 ……………………… 190
柴田剣太郎
　→柴田錬三郎 …………… 191
柴田昌吉
　→子安峻 ………………… 164
柴田孝子
　→柴田良太 ……………… 191
柴田寛 ………………………… 190
柴田淑子
　→柴田乙松 ……………… 190
柴田流星 ……………………… 191
柴田良太 ……………………… 191
　→逸見俊吾 ………………… 37
柴田良平 ……………………… 191
柴田錬三郎 …………………… 191
　→矢貴東司 ……………… 401
柴山和夫
　→柴山当夫 ……………… 192
柴山当夫 ……………………… 192
渋川驍
　→古田晁 ………………… 348
渋川玄耳
　→小川菊松 ………………… 94
渋沢栄一
　→五十沢二郎 …………… 26
　→尾高豊作 ………………… 99
　→得能良介 ……………… 264
　→増田義一 ……………… 360

渋沢敬三
　→五十沢二郎 …………… 26
渋沢青花 ……………………… 192
渋沢龍彦
　→石井恭二 ………………… 27
島霞谷 ………………………… 192
島源四郎 ……………………… 193
島隆
　→島霞谷 ………………… 192
島尾秀一
　→河出孝雄 ……………… 127
島木赤彦
　→橋本福松 ……………… 310
島崎藤村
　→巌本善治 ………………… 52
　→斎藤佐次郎 …………… 167
　→関宇三郎 ……………… 218
　→滝田樗陰 ……………… 232
　→中根駒十郎 …………… 280
　→細川芳之助(2代目) … 351
　→本吉信雄 ……………… 394
　→安成二郎 ……………… 406
　→山崎斌 ………………… 412
島崎博
　→二上洋一 ……………… 346
島地黙雷
　→大内青巒 ………………… 70
島津久基
　→矢島一三 ……………… 405
島田栄二郎
　→草野貞二 ……………… 142
島田鈞一
　→山崎清一 ……………… 413
島田謹二
　→小野二郎 ……………… 101
島田九万字
　→田中弥助 ……………… 246
島田啓三
　→加藤謙一 ……………… 111
島田三郎
　→内田魯庵 ………………… 58
　→原胤昭 ………………… 324
島田清次郎
　→佐藤義亮 ……………… 181
　→杉森久英 ……………… 207
島田貞二 ……………………… 193

島田豊寛
　→法木徳兵衛 …………… 350
島田雅彦
　→寺田博 ………………… 260
島田義三 ……………………… 193
　→鷹見思水 ……………… 230
嶋中行雄
　→嶋中鵬二 ……………… 194
　→嶋中雅子 ……………… 194
嶋中晨也 ……………………… 193
　→嶋中鵬二 ……………… 194
　→嶋中雄作 ……………… 194
嶋中鵬二 ……………………… 194
　→嶋中晨也 ……………… 193
　→嶋中雅子 ……………… 194
　→嶋中雄作 ……………… 194
　→竹森清 ………………… 237
嶋中雅子 ……………………… 194
　→嶋中鵬二 ……………… 194
嶋中雄作 ……………………… 194
　→麻田駒之助 ……………… 12
　→雨宮庸蔵 ………………… 16
　→笹原金次郎 …………… 179
　→篠原敏之 ……………… 189
　→嶋中晨也 ……………… 193
　→嶋中鵬二 ……………… 194
　→嶋中雅子 ……………… 194
　→半沢成二 ……………… 328
　→牧野武夫 ……………… 359
　→八重樫昊 ……………… 400
島中雄三
　→嶋中雄作 ……………… 194
　→下中弥三郎 …………… 200
島村鼎甫
　→島霞谷 ………………… 192
島村抱月
　→石橋湛山 ………………… 32
　→小杉天外 ……………… 155
　→後藤宙外 ……………… 157
　→渋沢青花 ……………… 192
　→嶋中雄作 ……………… 194
島村水之助 …………………… 195
島村利一
　→島村水之助 …………… 195
島村利助
　→島霞谷 ………………… 192
　→田中増蔵 ……………… 246

501

しまもと

島本久恵
　→河井酔茗 ……………… 124
島屋政一 ……………………… 195
清水幾太郎
　→岩瀬順三 ……………… 49
清水卯三郎 …………………… 195
清水権六 ……………………… 196
清水精一郎 …………………… 196
清水達夫 ……………………… 196
　→岩堀喜之助 …………… 51
清水文人 ……………………… 196
清水文吉 ……………………… 197
　→堀野庄蔵 ……………… 353
清水将文
　→清水文人 ……………… 196
志水松太郎 …………………… 197
清水康雄 ……………………… 197
清水寥人 ……………………… 197
志村文世
　→志村文蔵 ……………… 197
志村文蔵 ……………………… 197
志茂太郎 ……………………… 198
志茂猶太郎
　→志茂太郎 ……………… 198
下出国雄 ……………………… 198
　→下出源七 ……………… 198
下出源七 ……………………… 198
　→下出国雄 ……………… 198
子母沢寛
　→戸田城聖 ……………… 266
下島連 ………………………… 198
下田憲一郎 …………………… 199
下平晋一郎
　→下平進 ………………… 199
下平進 ………………………… 199
下中邦彦 ……………………… 199
　→下中直也 ……………… 199
　→下中弥三郎 …………… 200
下中直人
　→下中邦彦 ……………… 199
　→下中直也 ……………… 199
　→下中弥三郎 …………… 200
下中直也 ……………………… 199
　→下中邦彦 ……………… 199
　→下中弥三郎 …………… 200

下中弘
　→下中邦彦 ……………… 199
　→下中弥三郎 …………… 200
下中弥三郎 …………………… 200
　→岩堀喜之助 …………… 51
　→川合仁 ………………… 125
　→木村久一 ……………… 138
　→志垣寛 ………………… 187
　→清水達夫 ……………… 196
　→下中邦彦 ……………… 199
　→下中直也 ……………… 199
　→為藤五郎 ……………… 251
　→中山正男 ……………… 288
　→八重樫昊 ……………… 400
下村湖人
　→小山久二郎 …………… 104
下村宏
　→久富達夫 ……………… 330
下村三四吉
　→三宅米吉 ……………… 384
下村亮一 ……………………… 200
謝国権
　→池田敏子 ……………… 25
十文字大元
　→下中弥三郎 …………… 200
寿岳文章 ……………………… 200
　→伊藤長蔵 ……………… 38
朱牟田夏雄
　→竹田憲正 ……………… 235
城市郎
　→米沢嘉博 ……………… 430
庄幸司郎 ……………………… 201
城左門
　→岩谷満 ………………… 54
東海林さだお
　→山本和夫 ……………… 417
庄司浅水 ……………………… 201
　→岡茂雄 ………………… 88
荘司徳太郎 …………………… 202
　→堀野庄蔵 ……………… 353
庄野英二
　→中川健蔵 ……………… 274
庄野誠一
　→山崎剛平 ……………… 413
上法達男
　→上法快男 ……………… 202
上法快男 ……………………… 202

→加藤謙一 ……………… 111
孝寿芳春 ……………………… 152
荘村清志
　→荘村正人 ……………… 202
荘村正人 ……………………… 202
正力松太郎
　→五十嵐勝弥 …………… 22
昭和天皇
　→池島信平 ……………… 23
　→今井龍雄 ……………… 43
ジョセフ・ヒコ
　→岸田吟香 ……………… 133
白井赫太郎 …………………… 203
白井喬二
　→島源四郎 ……………… 193
白井健三郎
　→長谷川泉 ……………… 311
白石禎彦
　→白石義明 ……………… 203
白石静男
　→白石義明 ……………… 203
白石正義 ……………………… 203
白石義明 ……………………… 203
白坂依志夫
　→山本夏彦 ……………… 420
白洲正子
　→石原龍一 ……………… 33
白瀬矗
　→村上濁浪 ……………… 388
白土三平
　→長井勝一 ……………… 270
白柳秀湖
　→野依秀市 ……………… 307
白銀市太郎 …………………… 203
新川正美 ……………………… 203
進藤一考
　→小林英三郎 …………… 159
神保周蔵 ……………………… 204
　→亀井忠一 ……………… 121
　→亀井万喜子 …………… 122
新保寅次
　→新保磐次 ……………… 204
新保磐次 ……………………… 204
　→曽根松太郎 …………… 220
新村出
　→岡茂雄 ………………… 88

502

新山滋人 …………………… 204

【す】

末川博
　→亀井勝 …………………… 121
末次保 ……………………… 204
末弘厳太郎
　→北村治久 ………………… 136
　→彦坂竹男 ………………… 330
末広鉄腸
　→原田庄左衛門 …………… 326
末松謙澄
　→堺利彦 …………………… 171
　→高楠順次郎 ……………… 223
周防初次郎 ………………… 204
菅忠雄 ……………………… 205
　→車谷弘 …………………… 150
菅虎雄
　→菅忠雄 …………………… 205
須貝正義 …………………… 205
菅田直実 …………………… 205
菅原国隆 …………………… 205
菅原寛孝
　→藤田末治 ………………… 343
杉浦勝郎 …………………… 205
杉浦欣介
　→杉浦俊介 ………………… 206
杉浦俊一
　→杉浦俊介 ………………… 206
杉浦堅介
　→杉浦俊介 ………………… 206
杉浦重剛
　→今堀文一郎 ……………… 45
　→岩波茂雄 ………………… 50
　→巌谷小波 ………………… 53
　→高橋健三 ………………… 226
　→三宅雪嶺 ………………… 383
杉浦俊介 …………………… 206
杉浦非水
　→金尾種次郎 ……………… 114
　→山田九郎 ………………… 414
杉浦日向子
　→長井勝一 ………………… 270

杉浦敏介
　→杉浦俊介 ………………… 206
杉浦正二
　→山本留次 ………………… 420
杉浦明平
　→柴田錬三郎 ……………… 191
　→田所太郎 ………………… 241
　→花森安治 ………………… 317
杉田啓三
　→杉田信夫 ………………… 206
杉田定一
　→高倉嘉夫 ………………… 223
杉田日布
　→石橋湛山 ………………… 32
杉田信夫 …………………… 206
　→岩谷満 …………………… 54
杉田義雄
　→福岡易之助 ……………… 335
杉之原舜一
　→美作太郎 ………………… 382
椙杜久子
　→檜常太郎 ………………… 331
杉村楚人冠 ………………… 206
　→麻田駒之助 ……………… 12
　→杉村武 …………………… 207
　→鈴木文史朗 ……………… 214
杉村武 ……………………… 207
　→杉村楚人冠 ……………… 206
杉本貞幸 …………………… 207
杉本七百丸 ………………… 207
　→目黒甚七 ………………… 392
　→柳沢盛平 ………………… 408
杉森久英 …………………… 207
　→篠原敏之 ………………… 189
杉山辰之助 ………………… 208
杉山常次郎 ………………… 208
鈴木郁三 …………………… 208
鈴木一平 …………………… 209
　→鈴木荘夫 ………………… 211
　→鈴木とき ………………… 213
　→鈴木敏夫 ………………… 213
鈴木脩己
　→鈴木賢七郎 ……………… 210
鈴木艮 ……………………… 209
鈴木金之助
　→鈴木常松 ………………… 213

鈴木庫三 …………………… 209
鈴木建 ……………………… 210
鈴木賢七郎 ………………… 210
鈴木康司
　→鈴木一平 ………………… 209
　→鈴木荘夫 ………………… 211
　→鈴木とき ………………… 213
　→鈴木敏夫 ………………… 213
鈴木行三
　→早川純三郎 ……………… 321
鈴木孝之助
　→金原寅作 ………………… 118
鈴木智之 …………………… 210
鈴木珊吉
　→鈴木三重吉 ……………… 215
鈴木重雄 …………………… 210
鈴木荘夫 …………………… 211
　→鈴木一平 ………………… 209
　→鈴木とき ………………… 213
　→鈴木敏夫 ………………… 213
鈴木成高
　→久保井理津男 …………… 146
鈴木氏亨 …………………… 211
鈴木正二
　→鈴木幹太 ………………… 215
鈴木省三 …………………… 211
鈴木真一 …………………… 212
鈴木すず
　→鈴木三重吉 ……………… 215
鈴木荘太郎 ………………… 212
　→須原屋茂兵衛 …………… 217
鈴木武夫 …………………… 212
鈴木種次郎 ………………… 212
　→鈴木常松 ………………… 213
鈴木勤
　→鈴木郁三 ………………… 208
鈴木常夫 …………………… 212
鈴木常松 …………………… 213
　→鈴木種次郎 ……………… 212
鈴木徹造 …………………… 213
鈴木とき …………………… 213
　→鈴木一平 ………………… 209
　→鈴木荘夫 ………………… 211
　→鈴木敏夫 ………………… 213
鈴木敏夫 …………………… 213
　→鈴木一平 ………………… 209

すすき　　　　　　　　　　　　　人名索引

→鈴木荘夫 211
→鈴木とき 213
鈴木利貞 214
鈴木友三郎
　→三樹一平 375
鈴木均 214
鈴木文史朗 214
鈴木正明
　→長宗泰造 282
鈴木三重吉 215
　→木内高音 131
　→斎藤佐次郎 167
鈴木三男吉
　→鈴木利貞 214
鈴木幹太 215
鈴木美奈子
　→鈴木郁三 208
鈴木安蔵
　→大畑達雄 84
鈴木淑夫
　→鈴木一平 209
　→鈴木荘夫 211
　→鈴木とき 213
　→鈴木敏夫 213
薄田泣菫
　→金尾種次郎 114
　→矢部良策 410
須藤孝平 215
須藤南翠
　→朝野文三郎 12
須藤博 215
須藤紋一
　→松岡虎王麿 363
須長文夫 216
栖原亮
　→渡辺正広 435
栖原正
　→渡辺正広 435
須磨勘兵衛 216
澄田譲 216
角屋正隆 216
　→大野孫平 79
陶山巌 216
　→長野規 280
須山計一
　→下田憲一郎 199

諏訪三郎
　→半沢成二 328
諏訪徳太郎
　→鈴木一平 209
須原屋伊八 217
　→藤原佐吉 345
須原屋茂兵衛 217
　→須原屋伊八 217
須原屋安次郎
　→須原屋伊八 217

【せ】

瀬尾梢
　→大草実 72
瀬川雄章 217
瀬川光行 218
関宇三郎 218
　→細川芳之助（2代目） ... 351
関信太郎 218
尺振八
　→田口卯吉 232
瀬木博雅
　→瀬木博尚 218
瀬木博尚 218
瀬木博信
　→瀬木博尚 218
瀬木博政
　→瀬木博尚 218
瀬木博基
　→瀬木博尚 218
関通夫
　→関信太郎 218
瀬木庸介
　→瀬木博尚 218
関口泰
　→小沢正元 98
関口存男
　→橘徳 239
　→橘三雄 239
関口直人
　→関口良雄 219
関口ふさの
　→清水寥人 197

関口良雄 219
関田稔
　→久保覚 145
関根喜太郎
　→関根康喜 219
関根康喜 219
関根順三
　→田沼太右衛門 248
関野準一郎
　→今村秀太郎 46
瀬戸忠信 219
瀬戸信昭
　→瀬戸忠信 219
瀬藤五郎
　→神田龍一 130
瀬戸川猛資 220
千宗室（14代目）
　→納屋嘉治 290
千宗室（15代目）
　→納屋嘉治 290
千賀四郎
　→片山修三 110
千石興太郎
　→奥原潔 96
　→宮部一郎 385

【そ】

宗野信彦 220
相馬黒光
　→河井酔茗 124
曽我量深
　→津曲淳三 259
曽川勝太郎 220
　→佐藤武雄 182
曽根金僊
　→曽根松太郎 220
曽根松太郎 220
園山俊二
　→山本和夫 417
反町茂雄 221
　→飯田淳次 20
　→酒井宇吉（初代） 170
　→八木福次郎 402

【た】

大正天皇
　→湯本武比古 ……………… 423
大道文
　→田村大五 ………………… 250
田岡嶺雲
　→大橋省吾 ………………… 83
　→佐藤義亮 ………………… 181
高井一郎 ……………………… 221
高井望
　→小原国芳 ………………… 103
高市次郎 ……………………… 222
高市慶雄
　→高市次郎 ………………… 222
高垣眸
　→田中治夫 ………………… 245
高木貞衛 ……………………… 222
　→橘静二 …………………… 238
高木貞二
　→高木貞衛 ………………… 222
　→橘静二 …………………… 238
高木三吉
　→野間省一 ………………… 305
高木貞治
　→西野虎吉 ………………… 296
高木俊朗
　→武内俊三 ………………… 234
高木友之助
　→山本阿母里 ……………… 417
高城肇 ………………………… 222
高木義賢 ……………………… 222
　→野間左衛 ………………… 305
高楠順次郎 …………………… 223
　→麻田駒之助 ……………… 12
　→仲摩照久 ………………… 282
高倉嘉夫 ……………………… 223
高桑勝雄
　→北原鉄雄 ………………… 136
高坂喜一
　→高坂修一 ………………… 152
高島国男 ……………………… 223

高島信茂
　→水野錬太郎 ……………… 379
高嶋米峰 ……………………… 224
　→杉村楚人冠 ……………… 206
　→高嶋雄三郎 ……………… 224
　→波多野秋子 ……………… 315
高嶋雄三郎 …………………… 224
　→高嶋米峰 ………………… 224
高須梅渓
　→河井酔茗 ………………… 124
高須博久
　→高須元治 ………………… 224
高須元治 ……………………… 224
高須賀昭夫 …………………… 225
高杉一郎
　→小川五郎 ………………… 94
高瀬広居 ……………………… 225
　→田村勝夫 ………………… 249
高田早苗
　→市島謙吉 ………………… 36
　→小野梓 …………………… 101
　→橘静二 …………………… 238
　→増田義一 ………………… 360
高田保馬
　→千倉豊 …………………… 252
高津式 ………………………… 225
鷹司信輔
　→矢島定男 ………………… 405
高鳥賢司 ……………………… 225
高梨豊
　→山岸章二 ………………… 411
高野悦子
　→岩波雄二郎 ……………… 51
高野敬録
　→木佐木勝 ………………… 132
高野幸吉
　→高野嗣男 ………………… 225
高野嗣男 ……………………… 225
高野保平
　→高野嗣男 ………………… 225
高橋逸
　→高橋休四郎 ……………… 226
高橋和巳
　→坂本一亀 ………………… 174
高橋克章 ……………………… 225
高橋休四郎 …………………… 226

高橋健三 ……………………… 226
高橋五山 ……………………… 226
　→稲庭桂子 ………………… 40
高橋彰一 ……………………… 226
高橋新一郎 …………………… 227
　→大橋省吾 ………………… 83
高橋誠一郎
　→榎本文雄 ………………… 67
高橋清次 ……………………… 227
高橋清七 ……………………… 227
　→高橋元吉 ………………… 229
高橋石斎
　→高橋健三 ………………… 226
高橋太華 ……………………… 227
高橋孝 ………………………… 228
高橋丈雄
　→高須賀昭夫 ……………… 225
高橋常蔵
　→高橋清七 ………………… 227
　→高橋元吉 ………………… 229
高橋鉄
　→久保藤吉 ………………… 146
　→斎藤夜居 ………………… 169
高橋哲之助 …………………… 228
高橋徹
　→高橋元吉 ………………… 229
高橋俊昌 ……………………… 228
高橋秀雄
　→高橋休四郎 ……………… 226
高橋文質
　→増田義一 ………………… 360
高橋正衛 ……………………… 228
高橋松之助 …………………… 228
高橋巳寿衛 …………………… 228
高橋満 ………………………… 229
高橋元吉 ……………………… 229
　→大草実 …………………… 72
　→高橋清七 ………………… 227
高橋善郎 ……………………… 229
高畠素之
　→堺利彦 …………………… 171
高浜虚子
　→麻田駒之助 ……………… 12
　→桜井均 …………………… 177
　→籾山梓月 ………………… 394
　→柚登美枝 ………………… 422

高原四郎 ………… 229
高平哲郎
　→小野二郎 ………… 101
高部道平
　→高部義信 ………… 230
高部義信 ………… 230
鷹見久太郎
　→鷹見思水 ………… 230
鷹見思水 ………… 230
　→島田義三 ………… 193
高見順
　→井村寿二 ………… 46
　→松岡虎王麿 ………… 363
高美甚左衛門 ………… 230
鷹見泉石
　→鷹見思水 ………… 230
高村薫
　→岡圭介 ………… 87
高村光太郎
　→沢田伊四郎 ………… 185
　→八束清 ………… 407
高森栄次 ………… 231
　→小野高久良 ………… 102
高安月郊
　→金尾種次郎 ………… 114
　→内藤加我 ………… 269
高柳友三郎
　→村越三千男 ………… 389
高山雄一
　→千倉孝 ………… 252
　→千倉豊 ………… 252
田河水泡
　→加藤謙一 ………… 111
田川大吉郎
　→石橋湛山 ………… 32
田川博一 ………… 231
滝和亭
　→山本松谷 ………… 419
滝泰三 ………… 231
滝井孝作
　→桜井均 ………… 177
滝川民次郎 ………… 231
滝川幸辰
　→大畑達雄 ………… 84
　→高島国男 ………… 223
滝沢素水 ………… 232

滝沢馬琴
　→大野屋惣八 ………… 80
　→片野東四郎 ………… 110
　→鶴屋喜右衛門 ………… 259
滝沢樗陰 ………… 232
　→麻田駒之助 ………… 12
　→木佐木勝 ………… 132
　→嶋中雄作 ………… 194
田口卯吉 ………… 232
　→乗竹孝太郎 ………… 308
　→望月二郎 ………… 392
田口春塘
　→丸岡桂 ………… 371
武井一雄 ………… 233
武井武雄 ………… 233
　→今村秀太郎 ………… 46
　→和田古江 ………… 433
武井昭夫
　→小野二郎 ………… 101
　→久保覚 ………… 145
竹内勝太郎
　→竹之内静雄 ………… 236
竹内薫兵
　→今井甚太郎 ………… 42
竹内達 ………… 233
竹内始万 ………… 234
武内俊三 ………… 234
竹内肇
　→竹内道之助 ………… 235
竹内久雄 ………… 234
武内英昭
　→武内俊三 ………… 234
竹内博 ………… 234
竹内正治 ………… 234
竹内道之助 ………… 235
　→秋朱之介 ………… 9
竹崎順子
　→徳富蘇峰 ………… 263
竹下純子
　→竹下みな ………… 235
竹下晴信
　→竹下みな ………… 235
竹下みな ………… 235
竹下康之
　→村崎長昶 ………… 390
竹田憲正 ………… 235

武田五一
　→吉岡保五郎 ………… 427
武田新吉 ………… 235
武田泰淳
　→森谷均 ………… 399
武田宏 ………… 235
武田弘道
　→杉田信夫 ………… 206
武田麟太郎
　→小山久二郎 ………… 104
高市志友 ………… 236
竹中郁
　→鳥羽茂 ………… 267
竹中労
　→上森子鉄 ………… 120
　→田村勝夫 ………… 249
　→丸山実 ………… 372
竹貫佳水 ………… 236
武野藤介
　→足立欽一 ………… 13
竹之内静雄 ………… 236
武信由太郎
　→小酒井五一郎 ………… 154
武林無想庵
　→山本夏彦 ………… 420
竹原鼎
　→前田円 ………… 357
竹原常太
　→鈴木一平 ………… 209
竹久夢二
　→恩地孝四郎 ………… 105
　→岸他丑 ………… 132
　→長田幹雄 ………… 279
　→野口竹次郎 ………… 301
竹村一 ………… 236
竹本義太夫
　→布井達雄 ………… 300
竹本文雄
　→竹之内静雄 ………… 236
竹森キク
　→竹森清 ………… 237
竹森清 ………… 237
竹森俊平
　→竹森清 ………… 237
竹森澄江
　→竹森清 ………… 237

たなか

竹森久次 ……………… 237
多湖輝
　→神吉晴夫 ……………… 129
田子一民
　→福岡易之助 ……………… 335
太宰治
　→石井立 ……………… 28
　→品川力 ……………… 189
　→野平健一 ……………… 304
　→松木寿三郎 ……………… 364
　→山崎剛平 ……………… 413
田島錦治
　→江草斧太郎 ……………… 64
田島義博
　→筑紫義男 ……………… 251
多田南嶺
　→八文字屋自笑 ……………… 316
多田房之輔 ……………… 237
舘柳湾
　→英平吉 ……………… 317
橘機郎
　→橘静二 ……………… 238
橘弘一郎 ……………… 237
立花高四郎
　→橘高広 ……………… 238
橘静二 ……………… 238
　→高木貞衛 ……………… 222
立花隆
　→橘経雄 ……………… 238
　→橘徳 ……………… 239
橘高広 ……………… 238
橘経雄 ……………… 238
　→橘徳 ……………… 239
橘徳 ……………… 239
　→橘経雄 ……………… 238
橘篤郎
　→橘徳 ……………… 239
橘弘道
　→橘経雄 ……………… 238
橘三千三
　→橘静二 ……………… 238
橘三雄 ……………… 239
立原道造
　→堀内達夫 ……………… 353
立川熊次郎 ……………… 239
　→岡本増次郎 ……………… 92

立木真六郎
　→成沢玲川 ……………… 291
立木義浩
　→山岸章二 ……………… 411
辰野隆
　→池島信平 ……………… 23
　→浦城光郷 ……………… 63
伊達千広
　→東生亀次郎 ……………… 262
伊達得夫 ……………… 240
舘石昭 ……………… 240
立石白虹
　→篠原敏之 ……………… 189
立松久昌 ……………… 240
館山一子
　→鎌田敬止 ……………… 119
田所太郎 ……………… 241
　→大橋鎮子 ……………… 83
　→大輪盛登 ……………… 86
　→柴田錬三郎 ……………… 191
　→花森安治 ……………… 317
田中一村
　→藤井勇夫 ……………… 340
田中磐根 ……………… 241
田中王堂
　→石橋湛山 ……………… 32
田中かく ……………… 241
　→内藤万春 ……………… 270
田中喜重郎
　→田中弥助 ……………… 246
田中久四郎 ……………… 241
　→田中久雄 ……………… 245
田中恭吉
　→恩地孝四郎 ……………… 105
田中慶太郎 ……………… 242
田中乾郎
　→田中慶太郎 ……………… 242
田中剛三郎 ……………… 242
田中三郎 ……………… 242
田中重弥 ……………… 242
　→田中富弥 ……………… 244
　→田中弥助 ……………… 246
田中治兵衛
　→田中慶太郎 ……………… 242
田中周二
　→田中新 ……………… 243

田中正造
　→巌本善治 ……………… 52
田中如水
　→田中義廉 ……………… 246
田中四郎 ……………… 243
　→目黒四郎 ……………… 391
　→矢島定男 ……………… 405
田中二郎
　→新川正美 ……………… 203
　→田村勝夫 ……………… 249
田中新 ……………… 243
田中清玄
　→岡本陸人 ……………… 92
田中大
　→田中新 ……………… 243
田中太右衛門 ……………… 243
　→大塚桂三 ……………… 77
田中孝知 ……………… 244
田中武雄 ……………… 244
田中達治 ……………… 244
田中智学
　→椛山弥兵衛 ……………… 107
　→中平千三郎 ……………… 282
田中貫行 ……………… 244
田中富弥 ……………… 244
　→田中重弥 ……………… 242
　→田中弥助 ……………… 246
田中直樹 ……………… 245
田中治夫 ……………… 245
田中久雄 ……………… 245
　→田中久四郎 ……………… 241
田中博之
　→田中貫行 ……………… 244
田中房次郎 ……………… 245
　→大井久五郎 ……………… 70
　→大井敏夫 ……………… 70
田中冬二
　→今里広記 ……………… 44
田中平八郎 ……………… 245
田中雅夫
　→桑原甲子雄 ……………… 151
田中増蔵 ……………… 246
　→今井甚太郎 ……………… 42
田中光顕
　→森下雨村 ……………… 397

田中貢
　→栗田碓也 …………… 148
田中康夫
　→平野稔 ……………… 333
田中弥助 ………………… 246
　→田中重弥 …………… 242
田中芳男
　→田中義廉 …………… 246
田中義廉 ………………… 246
棚橋一郎
　→斎藤精輔 …………… 168
田辺太一
　→三宅雪嶺 …………… 383
田辺茂一 ………………… 247
　→田辺礼一 …………… 247
　→松原治 ……………… 367
田辺礼一 ………………… 247
　→田辺茂一 …………… 247
谷川雁
　→小野二郎 …………… 101
　→八木俊樹 …………… 402
谷川徹三
　→長谷川鉱平 ………… 312
　→吉野源三郎 ………… 429
谷口正太郎 ……………… 247
　→谷口隆 ……………… 248
谷口隆 …………………… 248
　→谷口正太郎 ………… 247
谷口雅春 ………………… 248
　→辻村彦次郎 ………… 255
谷口光正
　→谷口正太郎 ………… 247
　→谷口隆 ……………… 248
谷崎潤一郎
　→青山虎之助 ………… 6
　→雨宮庸蔵 …………… 16
　→内山完造 …………… 59
　→神代種亮 …………… 152
　→嶋中雄作 …………… 194
　→高原四郎 …………… 229
　→滝田樗陰 …………… 232
　→橘弘一郎 …………… 237
　→矢部良策 …………… 410
　→柚登美枝 …………… 422
　→鷲尾洋三 …………… 432
谷沢永一
　→梶原正弘 …………… 109

　→萬玉邦夫 …………… 372
谷田昌平 ………………… 248
谷山尚義 ………………… 248
田沼志ん
　→田沼太右衛門 ……… 248
田沼太右衛門 …………… 248
田沼貞治 ………………… 249
田畑修一郎
　→山崎剛平 …………… 413
田畑弘 …………………… 249
田畑麦彦
　→坂本一亀 …………… 174
玉井乾介 ………………… 249
玉井五一
　→竹内達 ……………… 233
玉田玉秀斎（2代目）
　→立川熊次郎 ………… 239
田宮虎彦
　→田所太郎 …………… 241
田村明
　→田村義也 …………… 251
田村勝夫 ………………… 249
田村喜久蔵 ……………… 250
田村大五 ………………… 250
田村泰次郎
　→福島保夫 …………… 337
田村年雄 ………………… 250
田村治芳 ………………… 250
田村幸彦
　→田中三郎 …………… 242
田村義也 ………………… 251
田村隆一
　→都筑道夫 …………… 255
　→矢牧一宏 …………… 411
為藤五郎 ………………… 251
田山花袋
　→穴山篤太郎 ………… 14
　→国木田独歩 ………… 144
　→後藤宙外 …………… 157
　→佐藤義亮 …………… 181
　→関宇三郎 …………… 218
　→永代静雄 …………… 288
　→波多野秋子 ………… 315
　→福岡益雄 …………… 335
足沢禎吉 ………………… 251

多和田葉子
　→津田新吾 …………… 256
檀一雄
　→松木寿三郎 ………… 364
団藤重光
　→久保井理津男 ……… 146
丹波敬三
　→村越三千男 ………… 389

【ち】

近松秋江
　→滝田樗陰 …………… 232
筑紫恒男
　→筑紫義男 …………… 251
筑紫義男 ………………… 251
　→今田見信 …………… 44
　→今田喬士 …………… 45
千倉悦子
　→千倉孝 ……………… 252
　→千倉豊 ……………… 252
千倉成示
　→千倉孝 ……………… 252
千倉孝 …………………… 252
　→千倉豊 ……………… 252
千倉豊 …………………… 252
　→千倉孝 ……………… 252
茅野蕭々
　→安成二郎 …………… 406
茅野雅子
　→安成二郎 …………… 406
千葉栄助
　→千葉源蔵 …………… 252
千葉嘉蔵
　→千葉源蔵 …………… 252
千葉源蔵 ………………… 252
千葉省三
　→渋沢青花 …………… 192
ちばてつや
　→内田勝 ……………… 58
千葉紀雄
　→小峰広恵 …………… 163
千葉保之
　→大渡順二 …………… 87

中条精一郎
　→大下正男 …………… 74
千代忠央 ……………… 252
趙根在
　→久本三多 …………… 330
長得一 ………………… 253

【つ】

塚越停春 ……………… 253
塚越郁四郎 …………… 253
塚越芳太郎
　→塚越停春 …………… 253
司忠 …………………… 253
塚原渋柿園
　→細川芳之助（2代目）… 351
塚本邦雄
　→鎌田敬止 …………… 119
　→中井英夫 …………… 272
　→政田岑生 …………… 360
塚本哲三
　→三浦理 ……………… 373
都河龍 ………………… 254
月岡芳年
　→綱島亀吉（2代目）… 258
次田潤
　→河出静一郎 ………… 127
築井健人
　→小野康人 …………… 102
築田多吉
　→上本将 ……………… 56
筑土鈴寛
　→安原顯 ……………… 406
つげ義春
　→長井勝一 …………… 270
都崎友雄 ……………… 254
辻勝三郎
　→今里広記 …………… 44
辻邦生
　→坂本一亀 …………… 174
辻潤
　→松岡虎王麿 ………… 363
辻敬之 ………………… 254
　→西村正三郎 ………… 297

辻太
　→辻敬之 ……………… 254
辻岡屋文助
　→鶴屋喜右衛門 ……… 259
対馬滋 ………………… 255
津島佑子
　→寺田博 ……………… 260
辻村彦次郎 …………… 255
辻本卯蔵 ……………… 255
　→辻本経蔵 …………… 255
辻本経蔵 ……………… 255
　→辻本卯蔵 …………… 255
都筑道夫 ……………… 255
　→福島正実 …………… 337
津田梅子
　→津田仙 ……………… 256
　→土屋泰次郎 ………… 257
津田新吾 ……………… 256
津田仙 ………………… 256
　→巖本善治 …………… 52
津田左右吉
　→岩波茂雄 …………… 50
津田真道
　→森有礼 ……………… 395
蔦屋重三郎 …………… 256
　→片野東四郎 ………… 110
土子金四郎
　→長谷川興蔵 ………… 311
土田杏村
　→長谷川巳之吉 ……… 314
土田ヒロミ
　→山岸章二 …………… 411
土屋右近 ……………… 257
土屋清
　→土屋実 ……………… 257
土屋銀次郎
　→土屋実 ……………… 257
土屋泰次郎 …………… 257
土屋喬雄
　→赤木健介 …………… 7
土屋実 ………………… 257
筒井康隆
　→福島正実 …………… 337
筒井泰彦
　→馬場一郎 …………… 319

堤朝風
　→英平吉 ……………… 317
堤堯
　→藤田末治 …………… 343
堤精二
　→堤常 ………………… 258
堤常 …………………… 258
堤登 …………………… 258
綱島亀吉（2代目）…… 258
綱島梁川
　→金尾種次郎 ………… 114
恒藤恭
　→高島国男 …………… 223
常見千香夫
　→鎌田敬止 …………… 119
椿忠雄
　→金原一郎 …………… 116
壺井栄
　→茂木茂 ……………… 393
坪井正五郎
　→橋本福松 …………… 310
坪内逍遙
　→安部豊 ……………… 15
　→市島謙吉 …………… 36
　→大淵渉 ……………… 85
　→大村弘毅 …………… 85
　→神代種亮 …………… 152
　→後藤宙外 …………… 157
　→嶋中雄作 …………… 194
　→長谷川天渓 ………… 313
　→柚登美枝 …………… 422
　→和田篤太郎 ………… 433
坪田譲治
　→生田蝶介 …………… 22
　→向坂隆一郎 ………… 174
　→鈴木三重吉 ………… 215
坪野哲久
　→鎌田敬止 …………… 119
坪谷善四郎 …………… 258
　→瀬木博尚 …………… 218
津曲篤子 ……………… 258
　→津曲淳三 …………… 259
津曲淳三 ……………… 259
　→津曲篤子 …………… 258
津曲奈穂子
　→津曲篤子 …………… 258
　→津曲淳三 …………… 259

つるた　　　　　　　　　　　人名索引

鶴田久作 ……………… 259
鶴田尚正 ……………… 259
鶴見俊輔
　→嶋中鵬二 …………… 194
鶴屋喜右衛門 ………… 259

【て】

勅使河原宏
　→向坂隆一郎 ………… 174
手塚治虫
　→阿久津信道 …………… 11
手塚猛昌 ……………… 260
寺尾亨
　→江草斧太郎 …………… 64
寺尾寿
　→一戸直蔵 ……………… 36
寺尾貢
　→神田豊穂 …………… 130
寺沢音一 ……………… 260
寺沢敬一
　→寺沢音一 …………… 260
寺島文夫 ……………… 260
寺島迪
　→寺島文夫 …………… 260
寺島宗則
　→子安峻 ……………… 164
寺田重徳
　→井筒屋庄兵衛（初代）… 34
寺田透
　→小野二郎 …………… 101
寺田寅彦
　→岩波茂雄 ……………… 50
　→小林勇 ……………… 158
寺田博 ………………… 260
寺村五一 ……………… 261
　→中森季雄 …………… 287
寺山修司
　→内田勝 ………………… 58
　→鎌田敬止 …………… 119
　→中井英夫 …………… 272
天牛新一郎 …………… 261

【と】

土井伊惣太 …………… 262
　→水島治男 …………… 377
土居客郎
　→土井伊惣太 ………… 262
土居光華 ……………… 262
土肥春曙
　→西本翠蔭 …………… 299
藤貞幹
　→佐々木惣四郎 ……… 178
東海散士
　→高橋太華 …………… 227
　→原田庄左衛門 ……… 326
東郷青児
　→福岡易之助 ………… 335
　→八重樫昊 …………… 400
東枝吉太郎
　→東枝吉兵衛 ………… 262
東枝吉兵衛 …………… 262
東洲斎写楽
　→蔦屋重三郎 ………… 256
東生亀次郎 …………… 262
藤堂卓 ………………… 263
当銘由金 ……………… 263
遠山一行
　→遠山直道 …………… 263
遠山元一
　→遠山直道 …………… 263
遠山信二
　→遠山直道 …………… 263
遠山直道 ……………… 263
遠山啓
　→浅川満 ………………… 11
遠山美代子
　→遠山直道 …………… 263
富樫栄次
　→八木敏夫 …………… 402
戸川残花
　→岸上質軒 …………… 133
土岐善麿
　→中川謙 ……………… 274
　→西村辰五郎 ………… 298

　→西村寅次郎 ………… 298
　→野村泰三 …………… 307
常盤新平
　→岩本常雄 ……………… 52
徳川光圀
　→小川多左衛門 ………… 95
徳川夢声
　→池島信平 ……………… 23
　→扇谷正造 ……………… 70
　→志茂太郎 …………… 198
徳田一穂
　→山崎剛平 …………… 413
徳田秋声
　→足立欽一 ……………… 13
　→川合仁 ……………… 125
　→桜井均 ……………… 177
　→滝川民次郎 ………… 231
　→安成二郎 …………… 406
　→山崎剛平 …………… 413
徳富一敬
　→徳富蘇峰 …………… 263
徳富蘇峰 ……………… 263
　→草村松雄 …………… 142
　→斎藤昌三 …………… 168
　→庄司浅水 …………… 201
　→滝田樗陰 …………… 232
　→塚越停春 …………… 253
　→八重樫昊 …………… 400
　→結城礼一郎 ………… 422
徳富蘆花
　→徳富蘇峰 …………… 263
徳永直
　→大橋光吉 ……………… 81
得能通昌
　→得能良介 …………… 264
得能良介 ……………… 264
徳広巌城 ……………… 264
徳間康快 ……………… 265
　→山下辰巳 …………… 414
都倉義一
　→光岡威一郎 ………… 379
所国松
　→所貞一郎 …………… 265
所貞一郎 ……………… 265
所沢政夫
　→大渡順二 ……………… 87

戸坂潤
　→井村寿二 ･････････････････ 46
　→大畑達雄 ･････････････････ 84
利倉幸一 ････････････････････ 265
戸田謙介 ････････････････････ 266
　→大宅壮一 ･････････････････ 86
　→本位田準一 ････････････････ 354
戸田城聖 ････････････････････ 266
　→奥川栄 ･･･････････････････ 96
　→渡辺正広 ････････････････ 435
戸田節治郎 ･･････････････････ 266
戸田卓 ･･････････････････････ 267
　→戸田寛 ･･････････････････ 267
戸田寛 ･･････････････････････ 267
　→戸田卓 ･･････････････････ 267
外村繁
　→山崎剛平 ････････････････ 413
　→淀野隆三 ････････････････ 430
鳥羽茂 ･･････････････････････ 267
土橋金蔵 ････････････････････ 267
戸部虎夫 ････････････････････ 268
富岡永洗
　→宮川春汀 ････････････････ 383
富田常雄
　→岡本政治 ･････････････････ 91
富田与士
　→八木林之助 ･･････････････ 403
富永龍之助
　→湯川松次郎 ･･････････････ 423
友田純一郎
　→田中三郎 ････････････････ 242
友田不二男
　→柴田乙松 ････････････････ 190
朝永振一郎
　→益井俊二 ････････････････ 360
　→松井巻之助 ･･････････････ 362
土門拳
　→桑原甲子雄 ･･････････････ 151
　→名取洋之助 ･･････････････ 289
登山俊彦 ････････････････････ 268
登山俊文
　→登山俊彦 ････････････････ 268
豊島澂 ･･････････････････････ 268
豊島与志雄
　→足立欽一 ･････････････････ 13
　→豊島澂 ･･････････････････ 268

　→野上彰 ･･････････････････ 301
豊田有恒
　→福島正実 ････････････････ 337
豊田亀市 ････････････････････ 268
鳥居正博 ････････････････････ 269
鳥居達也
　→瀬戸忠信 ････････････････ 219
鳥居龍蔵
　→磯部辰次郎 ･･･････････････ 35
　→岡茂雄 ･･･････････････････ 88
ドン・ザッキー
　→都崎友雄 ････････････････ 254

【 な 】

内記稔夫 ････････････････････ 269
内藤濯
　→福岡易之助 ･･････････････ 335
内藤加我 ････････････････････ 269
内藤吉之助
　→鹿島守之助 ･･････････････ 108
内藤湖南
　→鈴木䂖 ･･････････････････ 209
　→田中慶太郎 ･･････････････ 242
　→原田庄左衛門 ････････････ 326
内藤伝右衛門 ････････････････ 269
　→太田金右衛門 ･････････････ 76
　→坂本篤 ･･････････････････ 173
　→内藤万春 ････････････････ 270
内藤万春 ････････････････････ 270
内藤裕治 ････････････････････ 270
直木三十五
　→川合仁 ･･････････････････ 125
直良信夫
　→浦城光郷 ･････････････････ 63
那珂太郎
　→伊達得夫 ････････････････ 240
那珂通世
　→宮川保全 ････････････････ 383
長井勝一 ････････････････････ 270
永井荷風
　→青山虎之助 ････････････････ 6
　→小山久二郎 ･･････････････ 104
　→神代種亮 ････････････････ 152
　→佐藤義亮 ････････････････ 181

　→佐藤嘉尚 ････････････････ 183
　→関宇三郎 ････････････････ 218
　→内藤加我 ････････････････ 269
　→籾山梓月 ････････････････ 394
　→山田朝一 ････････････････ 415
永井茂弥 ････････････････････ 271
長井庄一郎 ･･････････････････ 271
　→長井庄吉 ････････････････ 271
　→松岡虎王麿 ･･････････････ 363
長井庄吉 ････････････････････ 271
　→小酒井五一郎 ････････････ 154
　→小酒井益蔵 ･･････････････ 154
　→長井庄一郎 ･･････････････ 271
中井真三 ････････････････････ 271
永井隆
　→式場俊三 ････････････････ 187
中井猛之進
　→中井英夫 ････････････････ 272
永井龍男 ････････････････････ 272
　→車谷弘 ･･････････････････ 150
　→式場俊三 ････････････････ 187
中井英夫 ････････････････････ 272
　→宇山日出臣 ･･･････････････ 62
永井道雄
　→嶋中鵬二 ････････････････ 194
永井路子
　→豊島澂 ･･････････････････ 268
中江兆民
　→赤坂亀次郎 ････････････････ 8
　→磯部太郎兵衛(3代目) ･･ 35
長尾雨山
　→小谷重 ･･････････････････ 100
　→原田庄左衛門 ････････････ 326
長尾景弼 ････････････････････ 272
　→森岡栄 ･･････････････････ 396
中尾堅一郎 ･･････････････････ 273
中尾是正 ････････････････････ 273
永岡貞市 ････････････････････ 273
永岡修一
　→永岡貞市 ････････････････ 273
長岡光郎 ････････････････････ 273
長岡隆一郎
　→佐佐木茂索 ･･････････････ 178
永岡弥
　→秋山謙和 ･････････････････ 10

中上健次
　→寺田博 260
中川勘介
　→青木恒三郎 4
中川久四郎
　→加島謙次 107
中川謙 274
中川謙二郎
　→新保磐次 204
中川健蔵 274
中川広一
　→中川豊三郎 274
中川小十郎
　→永沢信之助 276
中川豊三郎 274
中川道弘 274
中川乃信
　→山本夏彦 420
長坂一雄 275
　→長坂金雄 275
長坂金雄 275
　→長坂一雄 275
長坂慶子
　→長坂一雄 275
長崎次郎 275
長崎政次郎 276
中里介山
　→神田豊穂 130
　→野口兵蔵 302
永沢信之助 276
中沢臨川
　→押川春浪 99
長嶋亜希子
　→西村辰五郎 298
中島喜代志
　→川崎吉蔵 126
中島謙吉 276
　→雑賀進 166
中島健蔵
　→北村治久 136
　→野上彰 301
中島四郎
　→田辺茂一 247
長嶋正巳 276
中島通子
　→中島岑夫 276

中島岑夫 276
中島元四郎
　→田辺茂一 247
永末英一 277
中曽根松衛 277
中曽根康弘
　→松原治 367
中田幸吉
　→中田清兵衛 278
永田耕作 277
　→永田与三郎 279
永田周作 277
中田俊吉
　→中田清兵衛 278
中田清兵衛 278
永田宗太郎 278
中田辰三郎 278
　→安部豊 15
永田長兵衛 278
永田敏之 278
永田宣夫
　→前田隆治 357
永田雅一
　→上森子鉄 120
中田雅久 279
長田幹雄 279
　→小林勇 158
中田勇吉
　→中田清兵衛 278
永田与三郎 279
　→永田耕作 277
中田亮吉
　→中田清兵衛 278
中谷孝雄
　→淀野隆三 430
中谷徳太郎
　→長谷川時雨 312
中塚栄次郎
　→鶴田久作 259
中土順平
　→中土義敬 279
中土義敬 279
中西悟堂
　→岡茂雄 88
　→松岡虎王麿 363

中西敏憲
　→瓜谷侑広 63
長沼直兄 280
中根香亭
　→新保磐次 204
　→田口卯吉 232
中根駒十郎 280
中野和高
　→中野ミツ 281
長野亀七
　→藤井利八 341
永野重雄
　→三鬼陽之助 376
　→水野成夫 379
中野重治
　→古田晁 348
中野正剛
　→千倉豊 252
　→三宅雪嶺 383
長野規 280
中野幹隆 280
　→二宮隆洋 299
　→塙嘉彦 318
中野ミツ 281
中野稔 281
中原洲一
　→中原淳一 281
中原淳一 281
　→内山基 60
中原中也
　→堀内達夫 353
　→矢部良策 410
中原美紗緒
　→中原淳一 281
中平千三郎 282
中平竹三郎
　→中平千三郎 282
中藤正三 282
仲摩照久 282
仲町貞子
　→山崎剛平 413
永峰秀樹
　→稲田政吉 39
長宗泰造 282
中村勝哉 283
　→小野二郎 101

中村菊男	中村洋一郎	→松木寿三郎 ……… 364
→奈須田敬 ……… 289	→中村進 ……… 283	→村上濁浪 ……… 388
中村吉蔵	中村義治 ……… 286	→森本光男 ……… 398
→河井酔茗 ……… 124	中村隆一 ……… 287	名取美和
中村草田男	→斉藤義雄 ……… 169	→名取洋之助 ……… 289
→北野民夫 ……… 134	中森晶三	名取洋之助 ……… 289
→八束清 ……… 407	→中森蒔人 ……… 287	→瀬戸忠信 ……… 219
中村敬宇	中森季雄 ……… 287	名取和作
→中村正直 ……… 285	中森蒔人 ……… 287	→名取洋之助 ……… 289
中村寿之助 ……… 283	中山義秀	浪花剛 ……… 290
中村真一郎	→荒木精之 ……… 17	鍋井克之
→小野二郎 ……… 101	→小山久二郎 ……… 104	→布井達雄 ……… 300
中村進 ……… 283	中山玄彦	浪岡具雄 ……… 290
中村清三郎 ……… 284	→中山三郎平 ……… 287	納屋嘉治 ……… 290
中村武志	中山三郎平 ……… 287	奈良静馬 ……… 291
→神吉晴夫 ……… 129	中山正善	楢崎勤 ……… 291
中村とうよう ……… 284	→反町茂雄 ……… 221	楢崎汪子 ……… 291
中村時之助 ……… 284	中山泰昌 ……… 287	成沢玲川 ……… 291
→福村保 ……… 340	中山太一 ……… 288	→品川力 ……… 189
中村徳二郎 ……… 284	永山則夫	成島柳北
中村富蔵 ……… 284	→竹森久次 ……… 237	→飯島虚心 ……… 19
中村直勝	中山正男 ……… 288	→稲田政吉 ……… 39
→田中新 ……… 243	永代静雄 ……… 288	成瀬恭 ……… 292
中村信以 ……… 285	→中山泰昌 ……… 287	→原道男 ……… 325
→中村富蔵 ……… 284	→丸島誠 ……… 372	成瀬正一
中村宏	南雲克雄 ……… 288	→菊池寛 ……… 132
→川仁宏 ……… 128	南雲清太郎 ……… 289	成瀬雅人
中村浩	南雲忠勝 ……… 289	→成瀬恭 ……… 292
→中村徳二郎 ……… 284	那須皓	南条初五郎 ……… 292
中村浩美	→千倉豊 ……… 252	→南条正男 ……… 292
→青木日出雄 ……… 4	那須正幹	→南条安昭 ……… 292
中村正直 ……… 285	→田中治夫 ……… 245	南条正男 ……… 292
→厳本善治 ……… 52	奈須田敬 ……… 289	→南条初五郎 ……… 292
→佐久間貞一 ……… 175	夏川清丸	→南条安昭 ……… 292
→東生亀次郎 ……… 262	→帆刈芳之助 ……… 350	南条安昭 ……… 292
→森有礼 ……… 395	夏堀茂 ……… 289	→南条初五郎 ……… 292
中村武羅夫 ……… 285	夏目伸六	→南条正男 ……… 292
→楢崎勤 ……… 291	→森本光男 ……… 398	南日恒太郎
中村弥左衛門	→鷲尾洋三 ……… 432	→三浦理 ……… 373
→中村弥二郎 ……… 286	夏目漱石	難波卓爾 ……… 293
中村弥二郎 ……… 286	→岩波茂雄 ……… 50	難波常雄
中村康	→後藤宙外 ……… 157	→早川純三郎 ……… 321
→中村富蔵 ……… 284	→鈴木三重吉 ……… 215	南部新一 ……… 293
中村安孝 ……… 286	→滝田樗陰 ……… 232	南部亘国
中村有楽	→長田幹雄 ……… 279	→南部新一 ……… 293
→中村弥二郎 ……… 286	→中根駒十郎 ……… 280	

【に】

新島章男 ･･････････････ 293
新島淳良
　→新島章男 ･･････････ 293
新島襄
　→石井白露 ･･････････ 28
新村長次郎 ･･････････ 293
西周
　→福沢諭吉 ････････ 336
　→森有礼 ･･････････ 395
西沢之助
　→橋本忠次郎 ･･････ 310
西井一夫 ････････････ 294
西内貞吉
　→博多久吉 ････････ 308
西川一三
　→上法快男 ････････ 202
西川光二郎
　→恩地孝四郎 ･･････ 105
西川祐信
　→八文字屋自笑 ････ 316
西川秀男 ････････････ 294
錦織登美夫 ････････････ 294
錦織与志二
　→錦織登美夫 ･･････ 294
西沢一風 ････････････ 294
西沢喜太郎（初代）
　→杉本七百丸 ･･････ 207
　→西沢喜太郎（2代目）･･ 295
西沢喜太郎（2代目）･･ 295
西沢仙湖
　→坂本篤 ･･････････ 173
西島九州男 ･･････････ 295
西塚定一 ････････････ 295
西田幾多郎
　→安成三郎 ････････ 406
西田天香
　→神田豊穂 ････････ 130
西田伝助
　→広岡幸助 ････････ 333

西館一 ･･････････････ 295
西谷能雄 ････････････ 296
西永達夫 ････････････ 296
西野虎吉 ････････････ 296
　→三木佐助 ････････ 375
西野文太郎
　→森有礼 ･･････････ 395
西村愛
　→西村定男 ････････ 296
西村勝三
　→西村茂樹 ････････ 296
西村定男 ････････････ 296
西村茂樹 ････････････ 296
　→森有礼 ･･････････ 395
　→山県悌二郎 ･･････ 410
西村七平 ････････････ 297
　→西村七兵衛（4代目）･･ 297
西村七兵衛
　→西村七平 ････････ 297
西村七兵衛（3代目）
　→西村七平 ････････ 297
　→西村七兵衛（4代目）･･ 297
西村七兵衛（4代目）･･ 297
　→西村七平 ････････ 297
西村七兵衛（5代目）
　→西村七兵衛（4代目）･･ 297
西村正三郎 ･･････････ 297
西村渚山
　→岩崎鉄次郎 ･･････ 47
西村辰五郎 ････････････ 298
　→金亨燦 ･･････････ 140
　→関根康喜 ････････ 219
　→西村寅次郎 ･･････ 298
西村天囚
　→原田庄左衛門 ････ 326
西村俊成 ････････････ 298
西村寅次郎 ･･････････ 298
　→西村辰五郎 ･･････ 298
西村平三 ････････････ 298
西本翠蔭 ････････････ 299
西谷操
　→秋朱之介 ････････ 9
新田敵 ･･････････････ 299
新渡戸稲造
　→石井満 ･･････････ 29
　→土屋泰次郎 ･･････ 257

　→増田義一 ････････ 360
　→吉野兵作 ････････ 429
二宮愛二 ････････････ 299
二宮隆洋 ････････････ 299
二宮道明
　→二宮愛二 ････････ 299
丹羽文雄
　→岩本和三郎 ･･････ 53

【ぬ】

額田六福
　→岡本経一 ････････ 90
布井達雄 ････････････ 300
布川角左衛門 ････････ 300
　→山崎賢二 ････････ 412
沼正三
　→矢牧一宏 ････････ 411
沼間守一
　→佐久間貞一 ･･････ 175
沼田稲次郎
　→逸見俊吾 ････････ 37
沼田藤次 ････････････ 300

【ね】

根岸謙 ･･････････････ 300
根岸武香
　→近藤瓶城 ････････ 166

【の】

野上彰 ･･････････････ 301
野上弥生子
　→小山久二郎 ･･････ 104
野口雨情
　→斎藤佐次郎 ･･････ 167
野口恭一郎 ･･････････ 301
野口健吉
　→吉野兵作 ････････ 429
野口竹次郎 ･･････････ 301

野口寧斎
　→岸上質軒 ················ 133
野口晴男 ···················· 302
野口兵蔵 ···················· 302
野坂昭如
　→岩瀬順三 ················· 49
　→佐藤嘉尚 ················ 183
野崎歓
　→津田新吾 ················ 256
野沢繁二 ···················· 302
野沢伸平
　→野沢繁二 ················ 302
野沢隆一 ···················· 302
野島康三
　→恩地孝四郎 ·············· 105
野田宇太郎 ·················· 302
野田誠三 ···················· 303
野田照夫
　→北原次郎 ················ 135
野中正孝 ···················· 303
野原一夫 ···················· 303
　→前田隆治 ················ 357
野平健一 ···················· 304
　→野原一夫 ················ 303
野平道男
　→早矢仕有的 ·············· 323
延原謙 ······················ 304
　→武内俊三 ················ 234
昇曙夢
　→中村德二郎 ·············· 284
野間惟道 ···················· 304
　→野間佐和子 ·············· 305
　→野間省一 ················ 305
野間左衛 ···················· 305
　→高木義賢 ················ 222
　→野間省一 ················ 305
　→野間清治 ················ 306
　→野間恒 ·················· 306
野間佐和子 ·················· 305
　→野間惟道 ················ 304
　→野間省一 ················ 305
野間省一 ···················· 305
　→野間惟道 ················ 304
　→野間左衛 ················ 305
　→野間佐和子 ·············· 305
　→茂木茂 ·················· 393

野間清治 ···················· 306
　→赤石喜平 ·················· 6
　→大沢一六 ················· 74
　→岡田貞三郎 ··············· 89
　→黒崎勇 ·················· 150
　→小玉邦雄 ················ 157
　→奈良静馬 ················ 291
　→野間左衛 ················ 305
　→野間恒 ·················· 306
　→長谷川卓郎 ·············· 313
　→茂木茂 ·················· 393
野間恒 ······················ 306
　→野間左衛 ················ 305
　→野間清治 ················ 306
野間宏
　→久保覚 ·················· 145
　→坂本一亀 ················ 174
　→庄幸司郎 ················ 201
　→竹之内静雄 ·············· 236
野間省伸
　→野間惟道 ················ 304
　→野間佐和子 ·············· 305
野村喜舟
　→不破博 ·················· 349
野村胡堂
　→岡本芳雄 ················· 92
　→佐藤垢石 ················ 181
　→戸田城聖 ················ 266
野村宗十郎 ·················· 306
野村泰三 ···················· 307
野村文夫 ···················· 307
野村和三郎
　→戸田謙介 ················ 266
野依秀市 ···················· 307
　→石山賢吉 ················· 33
　→三宅雪嶺 ················ 383
法月綸太郎
　→宇山日出臣 ··············· 62
乗竹孝太郎 ·················· 308
野呂栄太郎
　→小林勇 ·················· 158

【 は 】

灰谷健次郎
　→小宮山量平 ·············· 163

芳賀章 ······················ 308
芳賀矢一
　→巌谷小波 ················· 53
博多久吉 ···················· 308
萩原恭次郎
　→松岡虎王麿 ·············· 363
萩原朔太郎
　→大草実 ··················· 72
　→恩地孝四郎 ·············· 105
　→金児杜鵑花 ·············· 116
　→高橋元吉 ················ 229
萩原誠三郎 ·················· 308
萩原博志
　→清水寥人 ················ 197
挟間茂 ······················ 309
橋浦泰雄
　→戸田謙介 ················ 266
橋口景二 ···················· 309
橋口五葉
　→金尾種次郎 ·············· 114
橋立孝一郎 ·················· 309
橋本秀邦
　→土屋実 ·················· 257
橋本達彦 ···················· 310
橋本忠次郎 ·················· 310
橋本寿資
　→橋本福松 ················ 310
　→橋本真 ·················· 310
橋本福松 ···················· 310
　→橋本真 ·················· 310
橋本文夫
　→橘三雄 ·················· 239
橋本真 ······················ 310
　→橋本福松 ················ 310
橋本求 ······················ 310
長谷川泉 ···················· 311
長谷川海太郎
　→水谷準 ·················· 378
長谷川映太郎 ················ 311
長谷川かな女
　→開原朝吉 ················ 106
長谷川国雄 ·················· 311
長谷川興蔵 ·················· 311
長谷川鉱平 ·················· 312
長谷川時雨 ·················· 312

長谷川伸
　→井口長次 ……………… 23
　→島源四郎 …………… 193
　→戸田城聖 …………… 266
長谷川伸三
　→長谷川鉱平 ………… 312
長谷川卓郎 ……………… 313
長谷川天渓 ……………… 313
　→森下雨村 …………… 397
長谷川如是閑
　→大畑達雄 ……………… 84
　→岡茂雄 ………………… 88
　→三宅雪嶺 …………… 383
長谷川春子
　→長谷川時雨 ………… 312
長谷川光利 ……………… 313
　→橋口景二 …………… 309
長谷川巳之吉 …………… 314
　→秋朱之介 ……………… 9
長谷川凱久
　→長谷川光利 ………… 313
長谷川隆二
　→長谷川興蔵 ………… 311
長谷川零余子
　→開原朝吉 …………… 106
長谷部仲彦
　→前田円 ……………… 357
波田うた
　→下田憲一郎 ………… 199
羽田貞義
　→羽田武嗣郎 ………… 314
畑史郎
　→畑太郎 ……………… 314
畑太郎 …………………… 314
羽田孜
　→羽田武嗣郎 ………… 314
秦豊吉
　→嶋中雄作 …………… 194
　→牧野武夫 …………… 359
　→宮川和子 …………… 382
羽田武嗣郎 ……………… 314
　→小尾俊人 …………… 103
羽田雄一郎
　→羽田武嗣郎 ………… 314
畠山健
　→江草斧太郎 …………… 64

畑中繁雄 ………………… 315
　→篠原敏之 …………… 189
波多野秋子 ……………… 315
　→半沢成二 …………… 328
波多野勤子
　→神吉晴夫 …………… 129
　→波多野重太郎 ……… 315
　→茂木茂 ……………… 393
波多野完治
　→長谷川鉱平 ………… 312
　→波多野重太郎 ……… 315
波多野誼余夫
　→波多野重太郎 ……… 315
波多野重太郎 …………… 315
　→西塚定一 …………… 295
葉多野太兵衛 …………… 316
波多野一
　→波多野重太郎 ……… 315
波多野春房
　→波多野秋子 ………… 315
波多野里望
　→波多野重太郎 ……… 315
八文字屋自笑 …………… 316
発田栄蔵 ………………… 316
服部幾三郎 ……………… 316
服部之総
　→小沢正元 ……………… 98
服部誠一
　→稲田政吉 ……………… 39
服部敏幸 ………………… 316
花井卯助
　→鈴木常松 …………… 213
花井卓蔵
　→高楠順次郎 ………… 223
花田清輝
　→久保覚 ……………… 145
　→野原一夫 …………… 303
　→前田隆治 …………… 357
英文蔵
　→英平吉 ……………… 317
英平吉 …………………… 317
花森安治 ………………… 317
　→岩堀喜之助 …………… 51
　→扇谷正造 ……………… 70
　→大橋鎭子 ……………… 83
　→田所太郎 …………… 241

　→横山啓一 …………… 426
塙作楽 …………………… 318
塙嘉彦 …………………… 318
　→高橋善郎 …………… 229
羽仁翹
　→羽仁賢良 …………… 318
羽仁協子
　→羽仁もと子 ………… 318
　→羽仁吉一 …………… 319
羽仁恵子
　→羽仁もと子 ………… 318
　→羽仁吉一 …………… 319
羽仁賢良 ………………… 318
羽仁五郎
　→井村寿二 ……………… 46
　→小林勇 ……………… 158
　→羽仁もと子 ………… 318
　→丸山実 ……………… 372
羽仁進
　→向坂隆一郎 ………… 174
　→羽仁もと子 ………… 318
　→羽仁吉一 …………… 319
羽仁説子
　→羽仁もと子 ………… 318
　→羽仁吉一 …………… 319
羽仁未央
　→羽仁もと子 ………… 318
羽仁もと子 ……………… 318
　→羽仁吉一 …………… 319
羽仁吉一 ………………… 319
　→羽仁賢良 …………… 318
　→羽仁もと子 ………… 318
埴谷雄高
　→石井恭二 ……………… 27
　→久保覚 ……………… 145
　→長谷川鉱平 ………… 312
　→前田隆治 …………… 357
馬場一郎 ………………… 319
馬場孤蝶
　→細川芳之助（2代目）… 351
　→森下雨村 …………… 397
浜井修
　→浜井弘 ……………… 320
　→浜井松之助 ………… 320
浜井金次郎
　→浜井松之助 ………… 320

浜井武
　→浜井弘 ……………… 320
　→浜井松之助 ………… 320
浜井弘 …………………… 320
　→浜井松之助 ………… 320
　→浜井良 ……………… 320
浜井松之助 ……………… 320
　→浜井弘 ……………… 320
　→浜井良 ……………… 320
浜井良 …………………… 320
　→浜井松之助 ………… 320
浜口雄幸
　→相田岩夫 …………… 3
　→町田忠治 …………… 362
浜田四郎
　→石井研堂 …………… 27
浜田彦蔵
　→岸田吟香 …………… 133
浜田広介
　→今村源三郎 ………… 46
浜野知三郎
　→林平次郎 …………… 322
浜谷浩
　→桑原甲子雄 ………… 151
　→竹森清 ……………… 237
浜谷了一
　→桑原甲子雄 ………… 151
早川清 …………………… 321
　→福島正実 …………… 337
早川純三郎 ……………… 321
早川千吉郎
　→早川純三郎 ………… 321
早川浩
　→早川清 ……………… 321
林勲 ……………………… 321
林謙吉郎
　→波多野秋子 ………… 315
林三郎
　→林達夫 ……………… 322
早矢仕四郎
　→早矢仕有的 ………… 323
林善七 …………………… 322
　→川合晋（初代）…… 124
　→川合晋（2代目）… 124
　→林平次郎 …………… 322
林曽登吉
　→林達夫 ……………… 322

林忠彦
　→樋口豊三 …………… 329
林達夫 …………………… 322
　→小沢正元 …………… 98
　→下中弥三郎 ………… 200
　→野原一夫 …………… 303
林房雄
　→八重樫昊 …………… 400
林芙美子
　→長谷川時雨 ………… 312
　→松岡虎王麿 ………… 363
林平次郎 ………………… 322
　→林善七 ……………… 322
林巳奈夫
　→林達夫 ……………… 322
早矢仕有的 ……………… 323
　→山田九郎 …………… 414
林譲 ……………………… 323
林麟四 …………………… 323
　→秋田貞夫 …………… 9
早嶋喜一 ………………… 324
　→早嶋健 ……………… 324
早嶋茂
　→早嶋喜一 …………… 324
　→早嶋健 ……………… 324
早嶋健 …………………… 324
　→早嶋喜一 …………… 324
早田雄二
　→橘弘一郎 …………… 237
原敏 ……………………… 324
原石鼎
　→開原朝吉 …………… 106
原敬
　→水野錬太郎 ………… 379
原達平 …………………… 324
原胤昭 …………………… 324
原民喜
　→丸岡明 ……………… 370
原弘
　→名取洋之助 ………… 289
原勝
　→八重樫昊 …………… 400
原道男 …………………… 325
　→成瀬恭 ……………… 292
原亮一郎 ………………… 325
　→原亮三郎 …………… 325

原亮五郎
　→大野富士松 ………… 79
　→杉山辰之助 ………… 208
原亮三郎 ………………… 325
　→原亮一郎 …………… 325
原口統三
　→伊達得夫 …………… 240
原田磯夫 ………………… 326
原田邦穂
　→原田常治 …………… 326
　→原田稔 ……………… 327
原田庄左衛門 …………… 326
　→小川一真 …………… 93
原田常治 ………………… 326
　→原田稔 ……………… 327
原田繁一 ………………… 326
原田三夫 ………………… 327
　→松山思水 …………… 370
原田実
　→鈴木省三 …………… 211
原田稔 …………………… 327
　→原田常治 …………… 326
原田康子
　→石井立 ……………… 28
　→高橋清次 …………… 227
　→高橋哲之助 ………… 228
原野仲次 ………………… 327
　→佐藤武雄 …………… 182
　→曽川勝太郎 ………… 220
　→原野仲次 …………… 327
春山行夫 ………………… 328
　→武内俊三 …………… 234
　→鳥羽茂 ……………… 267
　→延原謙 ……………… 304
伴蒿蹊
　→佐々木惣四郎 ……… 178
半沢成二 ………………… 328
半田剛
　→金原一郎 …………… 116
　→長谷川泉 …………… 311
坂東恭吾 ………………… 328
阪東妻三郎
　→反町茂雄 …………… 221

【ひ】

東久世通禧
　→近藤瓶城 ································ 166
東淵修 ·· 329
干刈あがた
　→寺田博 ····································· 260
樋口一葉
　→和田芳恵 ································ 434
樋口勘次郎
　→曽根松太郎 ···························· 220
樋口欣一
　→樋口尚 ····································· 329
樋口進亮
　→樋口豊三 ································ 329
樋口豊三 ·· 329
　→藤川敏行 ································ 342
樋口尚 ·· 329
肥後栄吉 ·· 329
　→小倉一春 ································· 97
彦坂竹男 ·· 330
久生十蘭
　→水谷準 ····································· 378
久田尚子 ·· 330
久富達夫 ·· 330
　→高原四郎 ································ 229
　→山田米吉 ································ 416
久松潜一
　→矢島一三 ································ 405
久本三多 ·· 330
土方巽
　→川仁宏 ····································· 128
土方久元
　→高橋健三 ································ 226
菱川師宣
　→鱗形屋三左衛門・孫兵
　　衛 ··· 64
肥田務 ·· 331
肥田泰幸
　→肥田務 ····································· 331
日夏耿之介
　→柚登美枝 ································ 422

火野葦平
　→小山久二郎 ···························· 104
　→佐々木久子 ···························· 178
檜常太郎 ·· 331
檜常之助（2代目） ···················· 331
檜常正
　→檜常太郎 ································ 331
日比翁助
　→本吉信雄 ································ 394
檜山友蔵
　→小林竹雄 ································ 161
冷水茂太
　→野村泰三 ································ 307
平井功
　→秋朱之介 ································· 9
平井蒼太
　→斎藤夜居 ································ 169
平井正 ·· 331
平井晩村
　→佐藤垢石 ································ 181
平泉三枝子
　→鹿島守之助 ···························· 108
平尾不孤
　→金尾種次郎 ···························· 114
平岡正明
　→森道男 ····································· 396
平賀源内
　→蔦屋重三郎 ···························· 256
平河内公平 ···································· 332
平沢直吉 ·· 332
平田禿木
　→岩本和三郎 ····························· 53
平田良衛
　→美作太郎 ································ 382
平塚正雄
　→北野民夫 ································ 134
平野謙
　→坂本一亀 ································ 174
平野岑一 ·· 332
平野富二 ·· 332
　→本木昌造 ································ 393
　→陽其二 ···································· 424
平野正祐 ·· 333
　→平野稔 ···································· 333
平野光雄
　→鈴木重雄 ································ 210

平野稔 ·· 333
　→平野正祐 ································ 333
平野義太郎
　→大畑達雄 ································· 84
平林泰佑
　→北原義雄 ································ 136
広岡幸助 ·· 333
広川源治 ·· 333
広川節男
　→広川源治 ································ 333
広川英男
　→広川源治 ································ 333
宏仏海
　→佐久間貞一 ···························· 175
広瀬徳二 ·· 333
広瀬彦太
　→増永善吉 ································ 361
広瀬豊 ·· 334
広田精一 ·· 334
広津和郎
　→笹原金次郎 ···························· 179
　→滝田樗陰 ································ 232
　→福山秀賢 ································ 340
広津柳浪
　→後藤宙外 ································ 157
　→酒井久三郎 ···························· 170
　→滝川民次郎 ···························· 231

【ふ】

風月堂孫助 ···································· 334
深井深 ·· 334
深江屋太郎兵衛
　→井筒屋庄兵衛（初代） ········· 34
深沢七郎
　→嶋中鵬二 ································ 194
　→竹森清 ···································· 237
深見兵吉 ·· 335
深見兵八
　→深見兵吉 ································ 335
深山尚文 ·· 335
福岡信 ·· 335
福岡益雄 ·· 335
　→門野虎三 ································ 114

ふしもり

福岡易之助 ……………… 335
福田進太郎
　→福沢諭吉 ……………… 336
福沢桃介
　→石山賢吉 ……………… 33
　→福沢諭吉 ……………… 336
福沢諭吉 ……………… 336
　→岡島真七 ……………… 88
　→中村正直 ……………… 285
　→西村茂樹 ……………… 296
　→早矢仕有的 …………… 323
　→森有礼 ………………… 395
　→矢野龍渓 ……………… 409
福島四郎 ……………… 336
福島正実 ……………… 337
福島保夫 ……………… 337
福田栄一
　→鎌田敬止 ……………… 119
福田喜三郎
　→福田金次郎 …………… 337
　→福田元次郎 …………… 338
　→福田良太郎 …………… 338
福田金次郎 ……………… 337
　→岩崎好正 ……………… 48
　→福田元次郎 …………… 338
　→福田良太郎 …………… 338
福田敬業
　→万屋兵四郎 …………… 431
福田滋次郎 ……………… 338
福田恆存
　→郡司勝義 ……………… 151
　→向坂隆一郎 …………… 174
福田徳三
　→榎本文雄 ……………… 67
福田久道 ……………… 338
福田元次郎 ……………… 338
　→福田金次郎 …………… 337
　→福田良太郎 …………… 338
福田良太郎 ……………… 338
　→福田金次郎 …………… 337
　→福田滋次郎 …………… 338
　→福田元次郎 …………… 338
福武総一郎
　→福武哲彦 ……………… 339
福武哲彦 ……………… 339
福地泡介
　→山本和夫 ……………… 417

福留繁
　→福林正之 ……………… 339
福永一良
　→小林茂 ………………… 160
　→福永文之助 …………… 339
福永文之助 ……………… 339
　→今村謙吉 ……………… 45
福永政雄 ……………… 339
　→田中磐根 ……………… 241
福林正之 ……………… 339
福原信三
　→安成三郎 ……………… 406
福原誠一
　→小倉一春 ……………… 97
　→肥後栄吉 ……………… 329
福原麟太郎
　→小川五郎 ……………… 94
福村滋子
　→福村保 ………………… 340
福村惇一
　→福村保 ………………… 340
福村保 ………………… 340
福山秀賢 ………………… 340
富士正晴
　→竹之内静雄 …………… 236
藤井勇夫 ………………… 340
藤井嘉作 ………………… 340
藤井健次郎
　→沼田藤次 ……………… 300
藤井健治郎
　→西野虎吉 ……………… 296
藤井誠治郎 ……………… 341
藤井輝子
　→藤井嘉作 ……………… 340
藤井利八 ………………… 341
藤岡啓介
　→藤岡淳吉 ……………… 341
藤岡健太郎 ……………… 341
藤岡淳吉 ………………… 341
　→佐和慶太郎 …………… 185
藤岡俊夫
　→伊賀弘三良 …………… 21
　→佐々部承象 …………… 179
藤岡屋由蔵 ……………… 342
藤川敏行 ………………… 342
　→樋口豊三 ……………… 329

富士川游
　→吉野兵作 ……………… 429
藤子不二雄
　→加藤謙一 ……………… 111
藤実人華 ………………… 342
藤沢幾之輔
　→矢野道也 ……………… 408
藤沢乙安 ………………… 342
藤沢周平
　→萬玉邦夫 ……………… 372
藤沢玄雄
　→藤沢乙安 ……………… 342
ふじたあさや
　→藤田親昌 ……………… 343
藤田末治 ………………… 343
　→牛来丈助 ……………… 165
　→牛来武知 ……………… 165
　→藤田達夫 ……………… 343
藤田達夫 ………………… 343
　→牛来丈助 ……………… 165
　→藤田末治 ……………… 343
藤田圭雄 ………………… 343
藤田親昌 ………………… 343
　→福山秀賢 ……………… 340
　→渡辺潔 ………………… 435
藤田東湖
　→太田金右衛門 ………… 76
藤田文次郎
　→文入宗義 ……………… 347
藤田茂吉
　→赤坂亀次郎 …………… 8
　→矢野龍渓 ……………… 409
藤村作
　→矢島一三 ……………… 405
藤村操
　→岩波茂雄 ……………… 50
　→細川芳之助（2代目）… 351
藤本四八
　→藤本韶三 ……………… 344
藤本韶三 ………………… 344
藤本民雄 ………………… 344
藤森静雄
　→恩地孝四郎 …………… 105
藤森成吉
　→矢島一三 ……………… 405

519

藤森省吾	舟橋聖一	別所敬裵
→藤森良蔵 ……………… 345	→田辺茂一 ……………… 247	→別所信一 ……………… 349
藤森善貢 ……………… 344	船山馨	辺見じゅん ……………… 349
藤森良蔵 ……………… 345	→船山真之 ……………… 346	→角川源義 ……………… 113
→来島正時 ……………… 149	船山滋生	
藤山愛一郎	→船山真之 ……………… 346	【ほ】
→上森子鉄 ……………… 120	船山真之 ……………… 346	
藤山一郎	文入秀敏	
→伊東阪二 ……………… 38	→文入宗義 ……………… 347	法木徳兵衛 ……………… 350
藤原孝平	文入正敏	北条鷗所
→藤原佐一郎 …………… 345	→文入宗義 ……………… 347	→岸上質軒 ……………… 133
→藤原佐吉 ……………… 345	文入宗義 ……………… 347	北条民雄
藤原佐一郎 ……………… 345	古井由吉	→矢部良策 ……………… 410
→藤原佐吉 ……………… 345	→寺田博 ………………… 260	朋誠堂喜三二
藤原佐吉 ……………… 345	古岡秀人 ……………… 347	→鱗形屋三左衛門・孫兵
→藤原佐一郎 …………… 345	古岡勝 ………………… 347	衛 …………………… 64
藤原惣太郎 ……………… 345	古川宣誉	帆刈芳之助 ……………… 350
→葛原秀一 ……………… 143	→望月二郎 ……………… 392	→丸島誠 ……………… 372
藤原てい	古川忠司 ……………… 347	保坂弘司 ……………… 350
→式場俊三 ……………… 187	古川丁未子	星亨
藤原仁助 ……………… 346	→鷲尾洋三 ……………… 432	→手塚猛昌 ……………… 260
不退栄一 ……………… 346	古川沛雨亭 ……………… 348	→東生亀次郎 …………… 262
二上洋一 ……………… 346	古川ロッパ	星一
二木謙三	→上森子鉄 ……………… 120	→森沢信夫 ……………… 397
→橋口景二 ……………… 309	古田晃 ………………… 348	星加ルミ子
双葉十三郎	→臼井吉見 ……………… 57	→草野昌一 ……………… 141
→田中三郎 ……………… 242	→竹之内静雄 …………… 236	星沢正 ………………… 350
二葉亭四迷	古田敬三 ……………… 348	星沢哲也
→岩波茂雄 ……………… 50	古屋幸太郎 ……………… 348	→星沢正 ……………… 350
→内田魯庵 ……………… 58	古谷綱武	星沢浩
→高橋健三 ……………… 226	→向坂隆一郎 …………… 174	→星沢正 ……………… 350
→西本翠蔭 ……………… 299	古谷綱正	星野孝一 ……………… 350
二見和彦	→向坂隆一郎 …………… 174	→星野松次郎 …………… 351
→八木福次郎 …………… 402	古山高麗雄	星野錫 ………………… 351
二村定一	→萬玉邦夫 ……………… 372	星野天知
→堀内敬三 ……………… 352	不破博 ………………… 349	→巌本善治 ……………… 52
舩坂弘 ………………… 346		星野松次郎 ……………… 351
舩坂良雄	【へ】	→星野孝一 ……………… 350
→舩坂弘 ……………… 346		細川景正
船田小常		→細川芳之助（2代目）… 351
→斎藤龍太郎 …………… 169	別所業啓	細川花紅
船田兵吾	→別所信一 ……………… 349	→細川芳之助（2代目）… 351
→斎藤龍太郎 …………… 169	別所信一 ……………… 349	細川嘉六
船田龍太郎	別所藤四郎	→大森直道 ……………… 85
→斎藤龍太郎 …………… 169	→別所信一 ……………… 349	→山本実彦 ……………… 418

細川清助
　→細川芳之助（2代目）… 351
細川武夫
　→岡本芳雄 ……………… 92
細川鵡声
　→細川芳之助（2代目）… 351
細川芳之助（2代目） ……… 351
　→関宇三郎 ……………… 218
堀田達治 …………………… 352
堀経道
　→戸田謙介 ……………… 266
　→本位田準一 …………… 354
堀威夫
　→草野昌一 ……………… 141
堀丈夫
　→前田隆一 ……………… 357
堀辰雄
　→江川政之 ……………… 64
　→角川源義 ……………… 113
　→谷昌平 ………………… 248
　→野田誠三 ……………… 303
堀秀成
　→内藤万春 ……………… 270
堀井良仲 …………………… 352
堀内敬三 …………………… 352
堀内末男 …………………… 353
堀内達夫 …………………… 353
堀内俊宏 …………………… 353
堀内文治郎
　→堀内俊宏 ……………… 353
堀江敏幸
　→津田新吾 ……………… 256
堀江洪 ……………………… 353
堀口大學
　→秋朱之介 ……………… 9
　→岩谷満 ………………… 54
　→佐々木桔梗 ………… 177
　→長谷川巳之吉 ……… 314
堀野庄蔵 …………………… 353
　→堀野与七 ……………… 354
堀野与七 …………………… 354
　→堀野庄蔵 ……………… 353
本阿弥光遜
　→藤沢乙安 ……………… 342
本位田準一 ………………… 354
　→戸田謙介 ……………… 266

本郷あや
　→本郷保雄 ……………… 354
本郷保雄 …………………… 354
　→今井田勲 ……………… 44
　→長野規 ………………… 280
本田市次郎
　→本田芳太郎 …………… 355
　→山田直三郎 …………… 415
本田金之助
　→本田芳太郎 …………… 355
本田種竹
　→岸上質軒 ……………… 133
本田精一
　→土屋泰次郎 …………… 257
本多静六
　→村越三千男 …………… 389
本田正明
　→本田芳太郎 …………… 355
本多光夫 …………………… 354
本多庸一
　→巌本善治 ……………… 52
本田芳太郎 ………………… 355

【ま】

馬海松 ……………………… 355
　→牧野英二 ……………… 359
前川一郎 …………………… 356
前川佐美雄
　→金児杜鵑花 …………… 116
　→鎌田敬止 ……………… 119
前川康男
　→向坂隆一郎 …………… 174
真栄城玄明 ………………… 356
前田晃
　→川合仁 ………………… 125
　→渋沢青花 ……………… 192
前田勇
　→前田隆一 ……………… 357
前田梅吉 …………………… 356
前田勝雄 …………………… 356
前田勘次
　→前田梅吉 ……………… 356
前田完治 …………………… 356

前田健
　→前田豊 ………………… 358
前田琴子
　→前田豊 ………………… 358
前田純孝
　→松木寿三郎 …………… 364
前田隆一 …………………… 357
前田隆治 …………………… 357
前田武志
　→前田隆一 ……………… 357
前田俊秀
　→前田完治 ……………… 356
前田肇
　→前田隆一 ……………… 357
前田寛 ……………………… 357
前田正男
　→前田隆一 ……………… 357
前田又兵衛（16代目）
　→前田隆治 ……………… 357
前田又兵衛（17代目）
　→前田隆治 ……………… 357
前田円 ……………………… 357
前田実
　→前田豊 ………………… 358
前田夕暮
　→有本芳水 ……………… 18
　→中曽根松衛 ………… 277
前田豊 ……………………… 358
前田義徳
　→酒井寅吉 ……………… 171
前谷惟光
　→原田三夫 ……………… 327
牧祥之助
　→牧恒夫 ………………… 358
牧経雄
　→牧恒夫 ………………… 358
牧恒夫 ……………………… 358
牧靖久
　→牧恒夫 ………………… 358
牧義雄 ……………………… 358
巻菱湖
　→英平吉 ………………… 317
牧口常三郎
　→戸田城聖 ……………… 266
　→渡辺正広 ……………… 435
牧野英二 …………………… 359

まきの

→今里広記 ……………… 44
→馬海松 ……………… 355
牧野信一
　→牧野英二 ……………… 359
牧野武夫 ……………… 359
牧野毅
　→岡本美雄 ……………… 93
牧野武朗 ……………… 359
牧野富太郎
　→福田良太郎 ……………… 338
　→村越三千男 ……………… 389
牧野虎次
　→内山完造 ……………… 59
牧野立
　→岡本美雄 ……………… 93
正岡容
　→都筑道夫 ……………… 255
正岡子規
　→五百木良三 ……………… 21
　→金尾種次郎 ……………… 114
政田岑生 ……………… 360
正富汪洋
　→有本芳水 ……………… 18
正宗白鳥
　→青山虎之助 ……………… 6
　→滝川民次郎 ……………… 231
間島保夫 ……………… 360
益井俊二 ……………… 360
増井勤
　→増井知三 ……………… 360
増井知三 ……………… 360
増田義一 ……………… 360
　→石井白露 ……………… 28
　→増田義彦 ……………… 361
　→光岡威一郎 ……………… 379
増田啓策
　→守屋荒美雄 ……………… 398
増田義和
　→増田義一 ……………… 360
　→増田義彦 ……………… 361
増田義彦 ……………… 361
　→増田義一 ……………… 360
増永善吉 ……………… 361
増永勇二 ……………… 361
増永嘉之助
　→増永善吉 ……………… 361

人名索引

増山新一 ……………… 362
股野潜
　→長尾景弼 ……………… 272
股野琢
　→長尾景弼 ……………… 272
股野達軒
　→長尾景弼 ……………… 272
町尻量基
　→野間恒 ……………… 306
町田忠治 ……………… 362
松井簡治
　→坂本嘉治馬 ……………… 173
松井巻之助 ……………… 362
松浦貞一 ……………… 362
松浦豊敏
　→久本三多 ……………… 330
松浦伶 ……………… 363
松尾太一
　→久保覚 ……………… 145
松尾芭蕉
　→中尾堅一郎 ……………… 273
　→風月堂孫助 ……………… 334
松尾正直
　→伊東阪二 ……………… 38
松尾善高 ……………… 363
松岡鼎
　→岡村千秋 ……………… 90
松岡虎王麿 ……………… 363
松岡佑子
　→松岡幸雄 ……………… 363
松岡幸雄 ……………… 363
松岡譲
　→長谷川巳之吉 ……………… 314
松川二郎 ……………… 364
松木寿三郎 ……………… 364
真継伸彦
　→坂本一亀 ……………… 174
松木春吉 ……………… 364
真継不二夫
　→藤川敏行 ……………… 342
松木平吉(5代目) ……………… 364
松崎慊堂
　→英平吉 ……………… 317
松崎天民
　→磯部辰次郎 ……………… 35

松沢老泉 ……………… 365
　→太田金右衛門 ……………… 76
松下幸之助 ……………… 365
松下大三郎
　→丸岡桂 ……………… 371
松下英麿 ……………… 365
松下正治
　→松下幸之助 ……………… 365
松下正幸
　→松下幸之助 ……………… 365
松島剛
　→村上濁浪 ……………… 388
松田正助 ……………… 366
松田甚次郎
　→羽田武嗣郎 ……………… 314
松谷春男
　→宗武朝子 ……………… 387
松谷みよ子
　→伊藤英治 ……………… 37
　→宗武朝子 ……………… 387
松谷与二郎
　→宗武朝子 ……………… 387
松永貞徳
　→井筒屋庄兵衛(初代) ……………… 34
松永安左ヱ門
　→石山賢吉 ……………… 33
　→下島連 ……………… 198
松根東洋城
　→不破博 ……………… 349
松野志気雄 ……………… 366
松信総次郎
　→松信大助 ……………… 367
　→松信隆也 ……………… 367
松信泰輔 ……………… 366
　→松信大助 ……………… 367
　→松信隆也 ……………… 367
松信大助 ……………… 367
　→松信隆也 ……………… 367
松信隆子
　→松信大助 ……………… 367
　→松信隆也 ……………… 367
松信隆也 ……………… 367
　→松信大助 ……………… 367
松信太助
　→松信泰輔 ……………… 366
　→松信大助 ……………… 367

みうら

→松信隆也	367	
松信裕		
→松信泰輔	366	
→松信大助	367	
松信幹男		
→松信大助	367	
→松信隆也	367	
松信八十男		
→松信泰輔	366	
→松信大助	367	
→松信隆也	367	
松信義章		
→松信泰輔	366	
→松信大助	367	
→松信隆也	367	
松林勤	367	
松林恒	367	
松原治	367	
松原純一	368	
松原泰道		
→伊賀弘三良	21	
松原真樹		
→松原治	367	
松原正樹	368	
松原義治		
→松原治	367	
松宮龍起	368	
松村英一		
→山本友一	420	
松村介石		
→巌本善治	52	
松村一雄		
→岩村蓬	52	
松村九兵衛	368	
→杉山辰之助	208	
→森岡栄	396	
松村謙三		
→逸見俊吾	37	
松村任三		
→村越三千男	389	
松邑孫吉（2代目）	368	
松村操		
→望月誠	392	
松本浅次郎	369	
松本かつぢ		
→内山基	60	

松本克平		
→古田晃	348	
松本喜太郎		
→芳賀章	308	
松本清	369	
松本君平		
→石原俊明	32	
松本竣介		
→佐藤彬	180	
松本昇平	369	
松本清張		
→神吉晴夫	129	
→茂木茂	393	
松本善次郎	369	
松本善助		
→田中太右衛門	243	
松本昌次		
→庄幸司郎	201	
松本最	370	
松本万年		
→磯部太郎兵衛（3代目）	35	
松本洋介		
→松本清	369	
松山思水	370	
松山善三		
→向坂隆一郎	174	
松山高吉		
→福永文之助	339	
松山文雄		
→下田憲一郎	199	
松浦詮		
→青山清吉（8代目）	6	
まど・みちお		
→伊藤英治	37	
真船豊		
→岩本和三郎	53	
間宮不二雄	370	
間宮茂輔		
→小山久二郎	104	
摩耶雄嵩		
→宇山日出臣	62	
真山青果		
→中村武羅夫	285	
眉村卓		
→福島正実	337	
丸尾文六	370	

丸岡明	370	
→丸岡桂	371	
→丸岡大二	371	
丸岡桂	371	
→丸岡明	370	
→丸岡大二	371	
丸岡莞爾		
→丸岡明	370	
→丸岡桂	371	
→丸岡大二	371	
丸岡圭一		
→丸岡大二	371	
丸岡大二	371	
→丸岡明	370	
→丸岡桂	371	
丸岡美耶子		
→丸岡明	370	
丸島日出夫		
→丸島誠	372	
丸島誠	372	
→萩原誠三郎	308	
丸谷才一		
→坂本一亀	174	
丸屋善七		
→早矢仕有的	323	
丸山蒡三		
→広田精一	334	
丸山真男		
→小尾俊人	103	
→塙作楽	318	
丸山実	372	
馬渡一真		
→赤尾稔	7	
萬玉邦夫	372	

【み】

三浦理	373	
三浦和義		
→堀内俊宏	353	
三浦兼助（初代）	373	
三浦捷一		
→三浦理	373	
三浦正	373	
三浦規	373	

523

みうら　人名索引

三浦銕太郎 ……………… 373
三浦周行
　→西野虎吉 ……………… 296
三浦兆志 ……………… 374
三浦良吉
　→三浦兼助(初代) …… 373
三重野康
　→山本阿母里 …………… 417
三上於菟吉
　→川合仁 ………………… 125
　→長谷川時雨 …………… 312
三上雅子
　→三上益弘 ……………… 374
三上益弘 ……………… 374
三樹愛二
　→三樹一平 ……………… 375
　→三樹退三 ……………… 376
三樹彰 ………………… 374
　→三樹一平 ……………… 375
　→三樹退三 ……………… 376
三木章 ………………… 374
三木敦雄 ……………… 375
三樹一平 ……………… 375
　→三樹退三 ……………… 376
　→三樹良知 ……………… 377
三樹樹三
　→三樹一平 ……………… 375
　→三樹退三 ……………… 376
三木清
　→小山久二郎 …………… 104
　→鹿島守之助 …………… 108
　→小林勇 ………………… 158
　→長田幹雄 ……………… 279
　→吉野源三郎 …………… 429
三木健嗣
　→三木敦雄 ……………… 375
三木佐助 ……………… 375
　→鹿田静七(2代目) …… 187
三樹精吉
　→三樹創作 ……………… 376
三樹創作 ……………… 376
三樹退三 ……………… 376
　→三樹彰 ………………… 374
　→三樹一平 ……………… 375
三木竹二 ……………… 376

御木徳近
　→岩瀬順三 ……………… 49
三木富雄
　→三木敦雄 ……………… 375
三樹譲
　→三樹彰 ………………… 374
三樹胖
　→三樹一平 ……………… 375
三鬼陽之助 …………… 376
　→飯塚昭男 ……………… 20
三樹良知 ……………… 377
三岸節子
　→向坂隆一郎 …………… 174
美坂哲男 ……………… 377
三島由紀夫
　→坂本一亀 ……………… 174
　→桜井均 ………………… 177
　→佐々木桔梗 …………… 177
　→奈須田敬 ……………… 289
　→新田敞 ………………… 299
　→長谷川泉 ……………… 311
　→森谷均 ………………… 399
水木しげる
　→内田勝 ………………… 58
　→長井勝一 ……………… 270
水久保澄子
　→馬海松 ………………… 355
水品一郎 ……………… 377
水島治男 ……………… 377
水谷三郎 ……………… 378
水谷準 ………………… 378
　→横溝武夫 ……………… 426
水谷章一 ……………… 378
水谷不倒
　→奥川栄 ………………… 96
　→西本翠蔭 ……………… 299
水谷まさる
　→渋沢青花 ……………… 192
水野慶次郎(3代目) …… 378
水野成夫 ……………… 379
　→三鬼陽之助 …………… 376
水野誠一
　→水野成夫 ……………… 379
水野葉舟
　→中山泰昌 ……………… 287
水野錬太郎 …………… 379

三田村鳶魚
　→島源四郎 ……………… 193
　→長坂金雄 ……………… 275
三田村泰助
　→宮脇俊三 ……………… 386
道広栄
　→小野高久良 …………… 102
三井正光 ……………… 379
光岡威一郎 …………… 379
　→増田義一 ……………… 360
三ツ木幹人 …………… 380
箕作秋坪
　→森有礼 ………………… 395
三土忠造
　→曽根松太郎 …………… 220
　→宮脇俊三 ……………… 386
光永真三
　→光永星郎 ……………… 380
光永星郎 ……………… 380
三橋猛雄 ……………… 380
光行紘二
　→光行寿 ………………… 381
光行次郎
　→光行寿 ………………… 381
光行寿 ………………… 381
光行宮子
　→光行寿 ………………… 381
緑川亨 ………………… 381
南方熊楠
　→岡茂雄 ………………… 88
　→坂本篤 ………………… 173
　→長谷川興蔵 …………… 311
水上滝太郎
　→内藤加我 ……………… 269
　→丸岡明 ………………… 370
南喜一
　→水野成夫 ……………… 379
南博
　→神吉晴夫 ……………… 129
南川円太郎
　→栖川甚蔵 ……………… 107
三野友吉
　→藤森善貢 ……………… 344
美濃部俊吉
　→美濃部洋次 …………… 381

524

むらかみ

美濃部達吉
　→江草斧太郎 …………… 64
　→江草重忠 ……………… 65
　→千倉豊 ……………… 252
　→美濃部洋次 ………… 381
美濃部洋次 ………………… 381
美濃部亮吉
　→美濃部洋次 ………… 381
　→安江良介 …………… 405
箕輪錬一 …………………… 381
美平晴道 …………………… 381
美作太郎 …………………… 382
　→藤田親昌 …………… 343
　→渡辺潔 ……………… 435
美作治夫
　→美作太郎 …………… 382
三村清三郎
　→横尾勇之助 ………… 425
宮太郎
　→井村寿二 ……………… 46
宮井宗兵衛(初代) ………… 382
宮井徳治 …………………… 382
宮川和子 …………………… 382
宮川春汀 …………………… 383
宮川経輝
　→高木貞衛 …………… 222
宮川保全 …………………… 383
　→原亮一郎 …………… 325
宮城谷昌光
　→萬玉邦夫 …………… 372
三宅克己
　→大橋光吉 ……………… 81
　→北原鉄雄 …………… 136
三宅花圃
　→三宅雪嶺 …………… 383
三宅恒徳
　→三宅雪嶺 …………… 383
三宅晴輝
　→青山虎之助 …………… 6
三宅雪嶺 …………………… 383
三宅恒方
　→三宅雪嶺 …………… 383
三宅米吉 …………………… 384
　→加藤駒二 …………… 111
　→新保磐次 …………… 204
　→原亮三郎 …………… 325

宮坂栄一 …………………… 384
宮崎湖処子
　→国木田独歩 ………… 144
宮崎駿
　→尾形英夫 ……………… 89
宮沢賢治
　→木内高音 …………… 131
　→関根康喜 …………… 219
　→羽田武嗣郎 ………… 314
宮沢俊一 …………………… 384
宮下軍平 …………………… 385
　→中藤正三 …………… 282
宮嶋資夫
　→松岡虎王麿 ………… 363
宮田昇
　→福島正実 …………… 337
宮武外骨 …………………… 385
　→島屋政一 …………… 195
　→瀬木博尚 …………… 218
宮原敏夫 …………………… 385
宮部一郎 …………………… 385
宮部金吾
　→宮部一郎 …………… 385
宮本顕治
　→春山行夫 …………… 328
宮本常一
　→山本朝一 …………… 415
宮本信太郎 ………………… 386
宮守正雄
　→岩崎勝海 ……………… 47
宮脇梅吉
　→宮脇俊三 …………… 386
宮脇英一
　→宮脇富子 …………… 387
宮脇俊三 …………………… 386
宮脇長吉
　→宮脇俊三 …………… 386
宮脇灯子
　→宮脇俊三 …………… 386
宮脇範я
　→宮脇富子 …………… 387
宮脇富子 …………………… 387
三好十郎
　→桜井均 ……………… 177
　→遠山直道 …………… 263

三好退蔵
　→小野梓 ……………… 101
三好達治
　→長谷川巳之吉 ……… 314
　→淀野隆三 …………… 430
美輪明宏
　→佐藤嘉尚 …………… 183

【む】

向坊寿 ……………………… 387
椋鳩十
　→伊藤英治 ……………… 37
　→山浦常克 …………… 410
向田邦子
　→武内俊三 …………… 234
武者小路実篤
　→西島九州男 ………… 295
牟田口義郎
　→山本阿母里 ………… 417
無着成恭
　→佐和慶太郎 ………… 185
陸奥宗光
　→山東直砥 …………… 186
　→東生亀次郎 ………… 262
棟方志功
　→山口繁太郎 ………… 411
宗武朝子 …………………… 387
村井知至
　→篠崎信次 …………… 189
村岡花子
　→渋沢青花 …………… 192
村上勝樹 …………………… 388
　→岡角次 ……………… 87
村上勘兵衛 ………………… 388
　→穴山篤太郎 ………… 14
村上菊一郎
　→野田誠三 …………… 303
村上元三
　→島源四郎 …………… 193
村上俊吉
　→今村謙吉 ……………… 45
村上濁浪 …………………… 388
村上輝雄 …………………… 388

525

村上浪六
　→神戸文三郎 ……………… 130
　→村上信彦 ……………… 389
村上信彦 ……………… 389
村口四郎 ……………… 389
　→村口半次郎 ……………… 389
村口半次郎 ……………… 389
　→村口四郎 ……………… 389
村越三千男 ……………… 389
村崎敏昶
　→村崎長昶 ……………… 390
村崎長昶 ……………… 390
村田愛子 ……………… 390
村松金治 ……………… 390
　→稲庭桂子 ……………… 40
村松剛
　→奈須田敬 ……………… 289
村松友視
　→塙嘉彦 ……………… 318
　→安原顕 ……………… 406
村山俊男 ……………… 391
村山知義
　→武井武雄 ……………… 233
牟礼慶子
　→谷田昌平 ……………… 248
室生犀星
　→恩地孝四郎 ……………… 105
　→松木寿三郎 ……………… 364
室伏高信
　→青山虎之助 ……………… 6
室伏章郎 ……………… 391

【め】

明治天皇
　→大塚周吉 ……………… 78
　→岡本陸人 ……………… 92
目黒謹一郎
　→目黒四郎 ……………… 391
目黒三策 ……………… 391
　→水島治男 ……………… 377
目黒十郎 ……………… 391
　→杉本七百丸 ……………… 207
　→目黒甚七 ……………… 392

目黒四郎 ……………… 391
目黒甚七 ……………… 392
　→鮎貝秀三郎 ……………… 16
　→岩田儁太郎 ……………… 49
　→杉本七百丸 ……………… 207
　→目黒十郎 ……………… 391
　→目黒四郎 ……………… 391

【も】

毛里英於菟
　→美濃部洋次 ……………… 381
望月二郎 ……………… 392
望月誠 ……………… 392
望月政治 ……………… 392
望月優子
　→鈴木重雄 ……………… 210
茂木茂 ……………… 393
　→五十嵐勝弥 ……………… 22
　→神吉晴夫 ……………… 129
茂木茂八 ……………… 393
本居宣長
　→植松有信 ……………… 56
　→片野東四郎 ……………… 110
本木昌造 ……………… 393
　→大輪盛登 ……………… 86
　→野村宗十郎 ……………… 306
　→平野富二 ……………… 332
　→陽其二 ……………… 424
本島三良 ……………… 393
本野盛亨
　→子安峻 ……………… 164
本宮昭五郎
　→向坂隆一郎 ……………… 174
本吉欠伸
　→堺利彦 ……………… 171
本吉敏男 ……………… 394
　→本吉信雄 ……………… 394
本吉信雄 ……………… 394
　→本吉敏男 ……………… 394
　→柳沼沢介 ……………… 403
籾山梓月 ……………… 394
百田宗治
　→春山行夫 ……………… 328

森明
　→森有礼 ……………… 395
森敦
　→飯田貴司 ……………… 21
森有礼 ……………… 395
　→西村茂樹 ……………… 296
　→原亮三郎 ……………… 325
森有正
　→小野二郎 ……………… 101
　→森有礼 ……………… 395
森市三郎
　→藤原佐吉 ……………… 345
森鷗外
　→神代種亮 ……………… 152
　→長谷川泉 ……………… 311
　→長谷川巳之吉 ……………… 314
　→松原純一 ……………… 368
　→三木竹二 ……………… 376
　→和田篤太郎 ……………… 433
森一祐 ……………… 395
森暁紅 ……………… 395
森幸次郎
　→森一祐 ……………… 395
森繁夫
　→横尾勇之助 ……………… 425
森重治
　→森松雄 ……………… 396
森潤三郎
　→三木竹二 ……………… 376
森正蔵
　→増永善吉 ……………… 361
森銑三
　→反町茂雄 ……………… 221
森篤次郎
　→三木竹二 ……………… 376
森僞郎
　→佐藤義人 ……………… 183
森寅雄
　→野間清治 ……………… 306
森松雄 ……………… 396
森道男 ……………… 396
森三千代
　→山崎剛平 ……………… 413
森要蔵
　→野間清治 ……………… 306
森江佐七 ……………… 396

森岡巖 ……………… 396
森岡熊彦
　→森岡栄 ……………… 396
森岡栄 ……………… 396
守岡道明 ……………… 397
森北常雄 ……………… 397
森北肇
　→森北常雄 ……………… 397
森沢公雄
　→森沢信夫 ……………… 397
森沢信夫 ……………… 397
　→石井茂吉 ……………… 29
森沢嘉昭
　→森沢信夫 ……………… 397
森下雨村 ……………… 397
森下松衛 ……………… 398
　→三樹良知 ……………… 377
盛田昭夫
　→亀井豊治 ……………… 121
森田草平
　→岩波茂雄 ……………… 50
森村市左衛門
　→大倉孫兵衛 ……………… 72
森本光男 ……………… 398
守屋紀美雄
　→守屋荒美雄 ……………… 398
守屋荒美雄 ……………… 398
森谷均 ……………… 399
　→高橋彰一 ……………… 226
守屋博
　→大渡順二 ……………… 87
守屋美賀雄
　→守屋荒美雄 ……………… 398
守屋美智雄
　→守屋荒美雄 ……………… 398
森山啓
　→山崎剛平 ……………… 413
森山甲雄 ……………… 399
　→森山章之丞 ……………… 399
森山譲二 ……………… 399
　→菅田直実 ……………… 205
　→森山章之丞 ……………… 399
森山章之丞 ……………… 399
　→加藤駒二 ……………… 111
　→森山甲雄 ……………… 399
　→森山譲二 ……………… 399

森山大道
　→山岸章二 ……………… 411
森山太郎 ……………… 400
諸井薫
　→本多光夫 ……………… 354
諸橋轍次
　→鈴木一平 ……………… 209

【 や 】

八重樫祈美子
　→八重樫昊 ……………… 400
八重樫昊 ……………… 400
　→福山秀賢 ……………… 340
八尾新助 ……………… 401
　→森岡栄 ……………… 396
八木朗
　→八木敏夫 ……………… 402
八木佐吉 ……………… 401
八木壮一
　→八木敏夫 ……………… 402
矢貴東司 ……………… 401
八木敏夫 ……………… 402
　→酒井宇吉（初代） ……………… 170
　→八木福次郎 ……………… 402
八木俊樹 ……………… 402
八木福次郎 ……………… 402
　→八木敏夫 ……………… 402
八木林之助 ……………… 403
八木岡英治 ……………… 403
柳沼沢介 ……………… 403
　→鷹見思水 ……………… 230
八切止夫 ……………… 403
夜久義重
　→夜久勉 ……………… 404
夜久勉 ……………… 404
　→長井勝一 ……………… 270
矢口純 ……………… 404
八坂浅次郎（初代） ……………… 404
　→八坂浅次郎（2代目） ……………… 404
八坂浅次郎（2代目） ……………… 404
　→八坂浅次郎（初代） ……………… 404
矢崎正治 ……………… 405

矢沢貫一
　→矢沢領一 ……………… 405
矢沢領一 ……………… 405
矢島一三 ……………… 405
　→森山譲二 ……………… 399
矢島楫子
　→徳富蘇峰 ……………… 263
矢島定男 ……………… 405
矢島寧之
　→須貝正義 ……………… 205
矢島羊吉
　→古田晁 ……………… 348
八代亜紀
　→松信泰輔 ……………… 366
八代国治
　→早川純三郎 ……………… 321
安井曽太郎
　→石原龍一 ……………… 33
安江孝司
　→安江良介 ……………… 405
安江良介 ……………… 405
安岡章太郎
　→田村義也 ……………… 251
安岡正篤
　→小林日出夫 ……………… 162
　→力富阡蔵 ……………… 431
八杉貞利
　→橘徳 ……………… 239
安田善次郎
　→増田義一 ……………… 360
安田善之助
　→三木竹二 ……………… 376
保田久成
　→佐久間貞一 ……………… 175
保田与重郎
　→伊藤長蔵 ……………… 38
　→奥西保 ……………… 96
　→高鳥賢司 ……………… 225
　→渡辺久吉 ……………… 434
安成貞雄
　→野依秀市 ……………… 307
　→安成三郎 ……………… 406
　→安成二郎 ……………… 406
安成三郎 ……………… 406
　→安成二郎 ……………… 406

やすなり　　　　　　　　　　人名索引

安成四郎
　→安成三郎 ………… 406
安成二郎 ………………… 406
　→安成三郎 ………… 406
安原顯 …………………… 406
　→塙嘉彦 …………… 318
安原真琴
　→安原顯 …………… 406
八住利雄
　→山本夏彦 ………… 420
矢田挿雲
　→内藤加我 ………… 269
八谷政行 ………………… 407
八束清 …………………… 407
柳河春三 ………………… 407
　→早矢仕有的 ……… 323
柳宗悦
　→寿岳文章 ………… 200
柳八重子
　→小橋三四子 ……… 158
柳沢盛平 ………………… 408
　→小貫英 …………… 100
柳田泉
　→岩本和三郎 ……… 53
　→斎藤昌三 ………… 168
柳田国男
　→岡茂雄 …………… 88
　→岡村千秋 ………… 90
　→角川源義 ………… 113
　→国木田独歩 ……… 144
　→田中増蔵 ………… 246
　→戸田謙介 ………… 266
柳田謙十郎
　→久保井理津男 …… 146
柳原喜兵衛(6代目) …… 408
　→岸本栄七 ………… 134
柳瀬正夢
　→下田憲一郎 ……… 199
矢野道也 ………………… 408
矢野光儀
　→矢野龍渓 ………… 409
矢野龍渓 ………………… 409
　→内田魯庵 ………… 58
　→国木田独歩 ……… 144
　→羽仁吉一 ………… 319
藪田嘉一郎 ……………… 409

藪田夏雄
　→藪田嘉一郎 ……… 409
矢部敬一
　→矢部文治 ………… 410
　→矢部良策 ………… 410
矢部昭三
　→矢部外次郎 ……… 409
　→矢部文治 ………… 410
　→矢部良策 ………… 410
矢部外次郎 ……………… 409
　→今村謙吉 ………… 45
　→矢部良策 ………… 410
矢部洋文 ………………… 410
矢部文治 ………………… 410
　→矢部外次郎 ……… 409
　→矢部良策 ………… 410
矢部良策 ………………… 410
　→小林茂 …………… 160
　→矢部外次郎 ……… 409
　→矢部文治 ………… 410
山浦真一
　→山浦常克 ………… 410
山浦常克 ………………… 410
山岡荘八
　→島源四郎 ………… 193
　→矢貴東司 ………… 401
山県悌三郎 ……………… 410
　→河井酔茗 ………… 124
山川永徳斎(2代目)
　→山本夏彦 ………… 420
山川均
　→堺利彦 …………… 171
矢牧章
　→矢牧一宏 ………… 411
矢牧一宏 ………………… 411
山岸章二 ………………… 411
　→西井一夫 ………… 294
山口勘蔵 ………………… 411
山口健二
　→川仁宏 …………… 128
山口繁太郎 ……………… 411
山口誓子
　→金児杜鵑花 ……… 116
山口瞳
　→矢口純 …………… 404
山口比呂志 ……………… 412

山口昌男
　→久保覚 …………… 145
　→塙嘉彦 …………… 318
山崎斌 …………………… 412
山崎賢二 ………………… 412
山崎剛平 ………………… 413
山崎清一 ………………… 413
　→山崎誠 …………… 413
山崎青樹
　→山崎斌 …………… 412
山崎貞
　→小酒井五一郎 …… 154
山崎直方
　→西野虎吉 ………… 296
山崎信興 ………………… 413
山崎誠 …………………… 413
　→山崎清一 ………… 413
山崎正和
　→坂本一亀 ………… 174
山崎桃麿
　→山崎斌 …………… 412
山崎安雄 ………………… 414
山路愛山
　→結城礼一郎 ……… 422
山下清
　→式場俊三 ………… 187
山下重民 ………………… 414
　→山本松谷 ………… 419
山下辰巳 ………………… 414
山階芳麿
　→岡茂雄 …………… 88
山田一雄
　→白井赫太郎 ……… 203
山田和男
　→竹田憲正 ………… 235
山田九郎 ………………… 414
　→早矢仕有的 ……… 323
山田耕筰
　→北原鉄雄 ………… 136
山田三郎太 ……………… 414
　→沢村嘉一 ………… 185
山田禎三郎 ……………… 415
山田鉄之助
　→山田三郎太 ……… 414
山田朝一 ………………… 415
　→酒井宇吉(初代) … 170

人名索引　　よかた

山田直三郎 …………… 415	山本鼎	山本弥助
→本田芳太郎 ……… 355	→恩地孝四郎 ………… 105	→山本芳太 ………… 421
山田彦弥 …………… 416	→北原鉄雄 ………… 136	山本有三
山田美妙	→北原義雄 ………… 136	→吉野源三郎 ……… 429
→原亮三郎 ………… 325	→斎藤佐次郎 ……… 167	山本良樹
山田正道 …………… 416	山本慶治 …………… 417	→山本七平 ………… 419
山田実	→山本健二 ………… 418	山本芳太 …………… 421
→山田米吉 ………… 416	→山本俊一 ………… 419	山本れい子
やまだ紫	山本健吉	→山本七平 ………… 419
→長井勝一 ………… 270	→和木清三郎 ……… 432	山本露葉
山田茂助 …………… 416	山本健二 …………… 418	→山本夏彦 ………… 420
山田米吉 …………… 416	→山本慶治 ………… 417	山谷徳治郎 ………… 421
山高登	→山本俊一 ………… 419	弥吉光長 …………… 421
→関口良雄 ………… 219	山本作兵衛	鑓田研一
山谷虎三	→久本三多 ………… 330	→佐藤道夫 ………… 182
→山谷徳治郎 ……… 421	山本実彦 …………… 418	
山手樹一郎	→山本重彦 ………… 419	【ゆ】
→井口長次 ………… 23	山本重彦 …………… 419	
山名文夫	→山本実彦 ………… 418	湯浅七左衛門
→名取洋之助 ……… 289	山本思外里	→早川純三郎 ……… 321
山中市兵衛 ………… 416	→山本阿母里 ……… 417	湯浅治郎
→朝野文三郎 ……… 12	山本七平 …………… 419	→徳富蘇峰 ………… 263
→前田円 …………… 357	山本周五郎	由井京一 …………… 422
山中笑	→秋朱之介 …………… 9	由井千春 …………… 422
→坂本篤 …………… 173	→井口長次 ………… 23	柚登美枝 …………… 422
山中散生	→新田敏 …………… 299	結城素明
→鳥羽茂 …………… 267	山本俊一 …………… 419	→金尾種次郎 ……… 114
山中峯太郎	→山本慶治 ………… 417	結城無二三
→加藤謙一 ………… 111	山本松谷 …………… 419	→結城礼一郎 ……… 422
山之内一次	→山下重民 ………… 414	結城礼一郎 ………… 422
→中川謙 …………… 274	山本太一郎	湯川秀樹
山本阿母里 ………… 417	→山本安夫 ………… 421	→八束清 …………… 407
山本伊吾	山本長兵衛	湯川松次郎 ………… 423
→山本夏彦 ………… 420	→檜常之助（2代目）…… 331	柚口篤 ……………… 423
山本格	山本留次 …………… 420	湯本武比古 ………… 423
→山本慶治 ………… 417	山本友一 …………… 420	→来島正時 ………… 149
→山本健二 ………… 418	山本夏彦 …………… 420	
→山本俊一 ………… 419	→桜井均 …………… 177	【よ】
山本遺太郎	山本博	
→鳥羽茂 …………… 267	→山本留次 ………… 420	
山本一清	山本政喜	陽其二 ……………… 424
→土井伊惣太 ……… 262	→山本阿母里 ……… 417	→本木昌造 ………… 393
山本英吉 …………… 417	山本三生	与賀田辰雄 ………… 424
→篠原敏之 ………… 189	→山本実彦 ………… 418	
山本和夫 …………… 417	→山本重彦 ………… 419	
	山本安夫 …………… 421	

529

横井憲太郎 …… 424	横山美智子	吉沢義則
横井時雄	→斎藤佐次郎 …… 167	→博多久吉 …… 308
→徳富蘇峰 …… 263	→横山銀吉 …… 426	吉田五十八
横井川彰	横山光夫	→太田信義（初代） …… 76
→横井川治男 …… 424	→今井龍雄 …… 43	吉田岩次郎
横井川治男 …… 424	横山実 …… 426	→相賀武夫 …… 69
横尾卯之助	与謝野晶子	吉田久兵衛 …… 428
→横尾勇之助 …… 425	→金尾種次郎 …… 114	→内藤万春 …… 270
横尾勇之助 …… 425	→武井一雄 …… 233	吉田啓一
横瀬夜雨	与謝野馨	→三鬼陽之助 …… 376
→野口竹次郎 …… 301	→石川数雄 …… 30	吉田庄造
横関愛造 …… 425	与謝野鉄幹	→大沢一六 …… 74
横田整三 …… 425	→武井一雄 …… 233	吉田全三 …… 428
横田久次	→三樹一平 …… 375	吉田東伍
→鳥羽茂 …… 267	吉井勇	→坂本嘉治馬 …… 173
横田地巴 …… 425	→松浦貞一 …… 362	吉田朗 …… 428
横溝正史 …… 425	吉江喬松	吉武月二郎
→延原謙 …… 304	→矢島一三 …… 405	→西島九州男 …… 295
→水谷準 …… 378	吉岡専造	芳根次朗 …… 429
→森下雨村 …… 397	→堀内俊宏 …… 353	吉野源三郎 …… 429
→横溝武夫 …… 426	吉岡平助	→小林勇 …… 158
横溝武夫 …… 426	→大葉久吉 …… 80	吉野作造
→戸田謙介 …… 266	→岸本栄七 …… 134	→麻田駒之助 …… 12
→本位田準一 …… 354	吉岡実	→石井研堂 …… 27
横溝亮一	→伊達得夫 …… 240	→岡野他家夫 …… 90
→横溝正史 …… 425	吉岡保五郎 …… 427	→木村毅 …… 138
横光利一	吉川英治	→滝田樗陰 …… 232
→岩本和三郎 …… 53	→扇谷正造 …… 70	→宮武外骨 …… 385
→江川政之 …… 64	→加藤謙一 …… 111	吉野孝雄
→片山修三 …… 110	→高原四郎 …… 229	→宮武外骨 …… 385
→高原四郎 …… 229	→本位田準一 …… 354	吉野兵作 …… 429
→難波卓爾 …… 293	→森山太郎 …… 400	吉村昭
→半沢成二 …… 328	→矢貴東司 …… 401	→岩本常雄 …… 52
→福岡益雄 …… 335	→吉川晋 …… 427	吉村浩二 …… 429
横山銀吉 …… 426	吉川圭三 …… 427	吉村教子
→斎藤佐次郎 …… 167	吉川幸次郎	→吉村浩二 …… 429
横山啓一 …… 426	→竹之内静雄 …… 236	吉本馨 …… 430
→大橋鎮子 …… 83	吉川晋 …… 427	吉本隆明
横山源之助	芳川赳 …… 427	→飯田貴司 …… 21
→堀田達治 …… 352	吉川長一 …… 427	→石井恭二 …… 27
横山哲弥	吉川半七 …… 427	→井村寿二 …… 46
→横山実 …… 426	→青山清吉（8代目） …… 6	吉本ばなな
横山夏樹	→林平次郎 …… 322	→寺田博 …… 260
→横山銀吉 …… 426	→林譲 …… 323	→安原顕 …… 406
横山寿篤	吉川美夫	吉屋信子
→横山銀吉 …… 426	→竹田憲正 …… 235	→内山基 …… 60
	吉崎巌 …… 428	

→高原四郎 ………………… 229
　　→和田古江 ………………… 433
吉行淳之介
　　→今里広記 ………………… 44
　　→佐々木桔梗 ……………… 177
　　→佐藤嘉尚 ………………… 183
依田学海
　　→前田円 …………………… 357
与田準一
　　→鈴木三重吉 ……………… 215
淀野隆三 ……………………… 430
米倉嘉兵衛
　　→石山賢吉 ………………… 33
米沢嘉博 ……………………… 430
米林富男 ……………………… 431
米林喜男
　　→米林富男 ………………… 431
万屋兵四郎 …………………… 431

【ら】

頼山陽
　　→太田信義（初代） ………… 76
頼支峰
　　→太田信義（初代） ………… 76

【り】

力富阡蔵 ……………………… 431
笠信太郎
　　→大畑達雄 ………………… 84
　　→高橋巳寿衛 ……………… 228
柳亭種彦（初代）
　　→鶴屋喜右衛門 …………… 259
林語堂
　　→竹田憲正 ………………… 235

【ろ】

蝋山政道
　　→嶋中鵬二 ………………… 194

　　→嶋中雅子 ………………… 194

【わ】

若桑みどり
　　→山本阿母里 ……………… 417
若槻礼次郎
　　→町田忠治 ………………… 362
若菜正 ………………………… 432
若林屋清兵衛
　　→吉川半七 ………………… 427
若松賤子
　　→巖本善治 ………………… 52
若山牧水
　　→有本芳水 ………………… 18
　　→斎藤佐次郎 ……………… 167
　　→前田梅吉 ………………… 356
　　→山崎斌 …………………… 412
和木清三郎 …………………… 432
脇阪要太郎 …………………… 432
鷲尾貢
　　→神田龍一 ………………… 130
鷲尾洋三 ……………………… 432
　　→池島信平 ………………… 23
和田欣之介 …………………… 433
和田古江 ……………………… 433
　　→鷹見思水 ………………… 230
和田伝
　　→山崎剛平 ………………… 413
和田篤太郎 …………………… 433
　　→和田欣之介 ……………… 433
　　→和田利彦 ………………… 433
和田利彦 ……………………… 433
和田恒 ………………………… 433
和田万吉
　　→岡茂雄 …………………… 88
和田実
　　→高市次郎 ………………… 222
和田洋一 ……………………… 434
和田芳恵 ……………………… 434
　　→豊島澹 …………………… 268
和田垣謙三
　　→加島虎吉 ………………… 108

渡辺海旭
　　→岩野真雄 ………………… 51
渡辺一夫
　　→津曲篤子 ………………… 258
渡辺勝蔵
　　→渡辺肇 …………………… 435
渡辺喜恵子
　　→豊島澹 …………………… 268
渡辺久吉 ……………………… 434
渡辺京二
　　→久本三多 ………………… 330
渡辺潔 ………………………… 435
　　→藤田親昌 ………………… 343
渡辺周一 ……………………… 435
渡辺専一
　　→椰川弥兵衛 ……………… 107
渡辺潜蔵
　　→木村喜平（3代目） ……… 137
渡辺太郎 ……………………… 435
渡辺直樹
　　→馬場一郎 ………………… 319
渡辺肇 ………………………… 435
渡辺正憲
　　→渡辺正広 ………………… 435
渡辺正広 ……………………… 435
渡辺水太郎
　　→渡辺正広 ………………… 435
渡辺龍策
　　→森道男 …………………… 396
渡部道太郎
　　→池田秀男 ………………… 25
和辻哲郎
　　→林達夫 …………………… 322
椀屋伊兵衛（7代目）
　　→江島伊兵衛 ……………… 66

監修者あとがき

　「略歴を掲げよとや僕の族籍年齢が知りたくば区役所にて調べたまへ番地が分らずば派出所にて尋ねたまへ」(斎藤緑雨)とは昔の話。今ならさしずめ当社の人物データベース「WHO」の利用が簡便であろう。日々新聞雑誌の訃報欄、死亡記事、追悼録に目を通し、物故者のデータを蓄積更新しているから、故人の業績の情報は容易に入手できるだろう。Obituary(死亡記事)は洋の東西を問わず人物調査の定石になっている。

　そういう時代に今回『出版文化人物事典』を敢えて編成刊行する意味はどこにあるのだろうか。単純に考えて当社の汎用人物データから出版文化に関係する人々を抽出すれば簡単に一丁上がりになると見る向きがいるかも知れない。しかしそれは日本の出版文化の歴史が古くて永いことを忘れた素人考えと云うものであろう。江戸初期から今日に至るまで出版や本屋商売に携わった人々を過不足なく取り上げて、その略歴活動を記述するためにはどのような方法が最も有効なのだろうか。実を云うと汎用人物データには遡及入力が済んでいない広大な空白があって、とくに過去の人物情報には弱くて用をなさないのが現実である。従って江戸から現今までの人物を網羅するには、平凡ながら従来通り方々に散在する関係資料を小まめに捜して追加増補するより王道はないと言っても良いかもしれない。そのような地道な作業を積み重ねて、はじめて他書にはない特色をもった有用な事典が出来るのであって、我々の苦心もそこにあったわけである。

　この半年間ずいぶん色々な資料を捜して見てきたのだが、人物調査の参考に資するためにいくつかの種類に分けて簡単なコメントをつけておこう。

1.「書目」に収載された本屋・出版人情報

　『日本出版関係書目』(日本エディタースクール出版部　2003)＊出版人の項目

　『近世書籍研究文献目録　増補改訂』鈴木俊幸編(ぺりかん社　2007)＊本屋の項目に三都、名古屋、その他の地方に分けて掲載

『本屋名寄　〜明治二十年』鈴木俊幸編（科研費報告書『近世日本における書籍・摺物の流通と享受についての研究』　1999）＊五畿七道に大別し旧国名別に掲載

『明治前期の本屋覚書き　附・東京出版業者名寄せ』磯部敦編（金沢文圃閣　2012）

『明治前期思想史文献』三橋猛雄著（明治堂書店　1976）＊書肆索引は有用

2．追悼録、回想録、思い出および出版社史

　　仕事柄、本造りはお手のものと見えて、他の業界に比べるとかなり多いようだ。俗に饅頭本と云われるが、年譜や往時の写真などは貴重である。思い出話には雑誌連載のままで単行本にならないものもある。

3．業界紙・誌および年鑑

　　戦前の「出版通信」「出版同盟新聞」、戦後の「新文化」「出版クラブだより」など、また『出版年鑑』のバックを可能な限り見た。おもに没年の調査確認のためだが、時には思いがけない人物を見つけることもあった。

4．業界人名録、書籍商名簿

『東京書籍商組合史及組合員概歴』（1912，複製：『東京書籍商伝記集覧』青裳堂書店　1978）

『日本出版大観；人と事業』（出版タイムス社　1930，複製：『出版・書籍商人物情報大観—昭和初期』金沢文圃閣　2008）

『全国書籍商総覧　昭和10年版』（新聞之新聞社　1935，複製：『出版文化人名辞典』第4巻　日本図書センター　1988）

『日本出版人総鑑　1976年版』（文化通信社　1976）など。

5．実業家人名事典

『商海英傑伝』（冨山房　1893，複製：ダイヤモンド社　1978）

『実業家人名辞典』（東京実業通信社　1911，複製：立体社　1990）

　　＊かなり多くの出版人が載っていて珍しい。

6．個別の研究論文

　　『出版研究』『日本出版史料』のほかに、大学の研究紀要、博物館報告書などに多数あり。フォローするには上記1．の文献目録のほか、鈴木俊幸編『書籍文化史』1〜14の補遺が便利である。

7．美術館、博物館の図録
　　＊挿絵画家など、また加島虎吉コレクション（目黒区）
8．叢伝（複数の人が載るもの）・対談・聞き書き
　　代表的なものを挙げれば、鈴木省三『日本の出版界を築いた人びと』（柏書房　1985）、戸田寛『対談・出版社のトップは何を考えているか』（正続，講談社　1977-78）、尾崎秀樹等『日本の書店百年』（青英舎　1991）、田中治男『書店人国記』1〜4（東販商事・メディアパル　1977-1992）など。

　終わりに編集担当の河原努と、親友にして強力な助っ人前河賢二の絶大な尽力について一言述べておきたい。編集作業の始まった昨年8月以降、ほとんど休日を返上して関係蔵書の多い図書館（都立、県立川崎、区立千代田、そして国会）に通い、追悼録や社史などの調査から次第に業界紙・誌のバックをシラミ潰しに見て、果ては『出版社調査録』などのリサーチ物にまで目を通し知られざる出版人の発掘に努力した。おかげで当方も煽られて、寝食は忘れなかったが随分多くの資料を見る機会を与えられた。例えば東京書籍商組合の機関誌『図書月報』30年分に一応目を通したが、もう二度とこんな経験はないだろう。苦労はしたが、それが一向に苦にはならず、むしろ若い二人や近代書誌懇話会の有志諸賢と歓談する機会が増えて却って楽しかった記憶の方が多い。この書に何か価値があるとするなら、その多くは彼等の献身的な努力に負っており、その労を多としたい。

2013年4月

稲岡　勝

監修者略歴

稲岡 勝（いなおか・まさる）
昭和18年、中国・上海生まれ。47年東京都立日比谷図書館勤務を経て、平成11～20年都留文科大学教授。明治の出版史を専門とする。共編に『日本出版関係書目 ―1868-1996』（布川角左衛門監修、平成15年）、編・解題に『明治十年代の新刊情報誌 ―「出版新報」と「出版月報」と』（平成23年）などがある。

出版文化人物事典
―江戸から近現代・出版人1600人

2013年6月25日　第1刷発行

監　　修／稲岡　勝
発 行 者／大高利夫
編集・発行／日外アソシエーツ株式会社
　　　　　〒143-8550 東京都大田区大森北1-23-8 第3下川ビル
　　　　　電話 (03)3763-5241(代表)　FAX(03)3764-0845
　　　　　URL http://www.nichigai.co.jp/
発 売 元／株式会社紀伊國屋書店
　　　　　〒163-8636 東京都新宿区新宿3-17-7
　　　　　電話 (03)3354-0131(代表)
　　　　　ホールセール部(営業)　電話 (03)6910-0519

電算漢字処理／日外アソシエーツ株式会社
印刷・製本／光写真印刷株式会社

不許複製・禁無断転載　　《中性紙三菱クリームエレガ使用》
〈落丁・乱丁本はお取り替えいたします〉
ISBN978-4-8169-2417-0　　Printed in Japan,2013

本書はデジタルデータでご利用いただくことができます。詳細はお問い合わせください。

日本出版文化史事典
―トピックス1868-2010

A5・570頁　定価14,800円（本体14,095円）　2010.12刊

1868～2010年の、日本の出版文化に関するトピック5,538件を年月日順に掲載した記録事典。出版関連企業の創業、主要な文学作品の刊行や文学賞の受賞状況、業界動向など幅広いテーマを収録。

日本ジャーナリズム・報道史事典
―トピックス1861-2011

A5・490頁　定価14,910円（本体14,200円）　2012.10刊

日本初の新聞が発行された1861年から、テレビがデジタル放送へ移行した2011年までのジャーナリズム・報道の歴史を、主要なトピックス4,454件で辿る年表事典。

ノーベル賞受賞者業績事典
新訂第3版―全部門855人

ノーベル賞人名事典編集委員会編
A5・790頁　定価8,925円（本体8,500円）　2013.1刊

1901年の創設から2012年までの、ノーベル賞各部門の全受賞者の業績を詳しく紹介した人名事典。835人、20団体の経歴・受賞理由・著作・参考文献を掲載。

「現代物故者事典」総索引（昭和元年～平成23年）

Ⅰ 政治・経済・社会篇
A5・1,410頁　定価19,950円（本体19,000円）　2012.10刊

Ⅱ 学術・文芸・芸術篇
A5・1,230頁　定価19,950円（本体19,000円）　2012.11刊行

昭和以降の物故者を網羅した「物故者事典」シリーズ11冊の日本人総索引。全国的な著名人だけでなく、地方で活躍した人物まで幅広く収録。

データベースカンパニー
日外アソシエーツ　〒143-8550　東京都大田区大森北1-23-8
TEL.(03)3763-5241　FAX.(03)3764-0845　http://www.nichigai.co.jp/